Geschichte der Stadt Münster

Geschichte der Stadt Münster

Unter Mitwirkung von Thomas Küster
herausgegeben von
Franz-Josef Jakobi

Band 3

Aschendorff Münster

Textredaktion: Thomas Küster
Rainer Auts

Bildredaktion: Thomas Küster

Mitarbeit: Ulrich Winzer
Thomas Kleinknecht
Jens Metzdorf
Irmgard Pelster
Petra Titze
Anja Gussek-Revermann
Michael Kleinsorge
Axel Koppetsch
Cristoforo Schweeger

1. Auflage Mai 1993

2. Auflage August 1993

Gesamtherstellung: Druckhaus Aschendorff, Münster, 1993

ISBN 3-402-05370-5

Inhalt

1. Die Nachkriegszeit und die Perspektiven der Stadtentwicklung

2. Bildende Kunst, Musik, Sprache und Literatur

Anhang

1.

Die Nachkriegszeit und die Perspektiven der Stadtentwicklung

KARL TEPPE

Politisches System, gesellschaftliche Strukturen und kulturelles Leben seit dem Zweiten Weltkrieg

1. Besatzungsherrschaft und Wiederaufbau – 2. Profile und Strukturen in Gesellschaft und Politik – 3. Kulturpolitik und kulturelles Leben – 4. Metropole als Leitbild: Von der Provinzialhauptstadt zum Oberzentrum

1. Besatzungsherrschaft und Wiederaufbau

Stadt in Trümmern

Als die Kapitulation der Wehrmacht am 8. Mai 1945 besiegelt wurde, besaß dieser völkerrechtlich bedeutsame Vorgang für die Bevölkerung Münsters eher eine symbolische Qualität, denn bereits am 2. April 1945 waren britische und amerikanische Kampfverbände in die Stadt eingerückt. Sie demonstrierten den ausharrenden Menschen das Ende des Krieges und den Beginn neuer politischer Herrschaftsverhältnisse.

Die alliierten Truppen übernahmen die Macht nur mehr über eine Trümmerwüste. Die soeben noch allgegenwärtige Omnipotenz des NS-Regimes war von einem zum anderen Augenblick von der Bildfläche verschwunden. Der Stadt und ihren Menschen blieben glücklicherweise die anderenorts praktizierten Durchhaltemaßnahmen in Form von sinnlosen, einen hohen Blutzoll fordernden Häuser- und Straßenkämpfen erspart. Allerdings hatten noch wenige Tage zuvor, am 25. März, 112 Flugzeuge 441 Tonnen Bomben über der Stadt abgeworfen und diese gleichsam sturmreif bombardiert. Die auf Gegenwehr eingestellten alliierten Panzertruppen und Fallschirmjäger stießen deshalb nicht auf eine um jeden Preis zum Widerstand entschlossene Bevölkerung, sondern auf Überlebende, die gezeichnet waren von Erschöpfung, Resignation und Zukunftsangst.

Der gleichsam apokalyptische Zustand, in den Münster – wie durchweg fast alle deutschen Städte – hineingebombt worden war, ließ auch die einrückenden Sieger nicht unbeeindruckt. Ein Major der 17. US-Airborne-Division formulierte lakonisch: „Es sieht aus wie in Pompeji" – „kaputt" [1804: Müller, fünf vor null, S. 127]. Und Sir William Strang, politischer Berater des britischen Feldmarschalls Montgomery, übermittelte seinem Außenminister Eden folgende Eindrücke: „Endlich erreichten wir eine gute Straße nach Münster, die durch fruchtbare Felder mit Gerste und Weizen eine erfrischende Abwechslung zum verwüsteten Ruhrgebiet bot. Aber die Straße führte uns in eine völlig zerstörte Stadt. Nur der Turm und das zerfetzte Gerippe des Domes standen. 1600 Brüche soll allein das Kanalisationsnetz haben, so daß das Wasser langsam im Boden verrinnt" [zit. nach 1702: Kuropka, Ende und Neubeginn, S. 1].

Die Erlebnisweisen von Niederlage, Zusammenbruch und Befreiung, Besetzung und Besatzungsherrschaft entziehen sich einer allgemeingültigen Beschreibung. Untergang, Überleben und Neuanfang vollzogen sich in vielfältigen Formen. Verläufe und Strukturen können zwar eine Summe abbilden; die Dimensionen von Einzel-

Einrückende amerikanische Panzer auf dem Prinzipalmarkt

und Familienschicksalen werden dabei aber nur in begrenzter Weise sichtbar. Einen Eindruck von den Überlebensformen vermitteln die Tagebuchaufzeichnungen der bei Kriegsende 36 Jahre alten Elisabeth Hoemberg. Die gebürtige Kanadierin war mit einem Deutschen verheiratet und hatte mit ihren Kindern Krieg und Nachkriegszeit in Roxel verbracht. Sie wurde vom englischen Stadtkommandanten als Dolmetscherin verpflichtet. Ihre festgehaltenen Erlebnisse und Betrachtungen lassen erkennen, wie die Politik auf die private Biographie einwirken konnte. Sie geben Einblicke in die Alltagsnöte jener Zeit und in die damals Deutschen weithin unzugängliche Welt der Militärregierung. Insofern besitzen diese Aufzeichnungen neben ihrem dokumentarischen Wert einen gewissen zeitgeschichtlichen Rang.

Einen Tag nach der Besetzung der Stadt notierte Elisabeth Hoemberg am 3. April folgende Gedanken und Erfahrungen: „Timeo Danaos! Es war mir immer bewußt, daß die ‚Befreiung', die uns von der BBC versprochen wurde, auch ihre Schattenseiten haben würde. Ich war mir allerdings nicht darüber im klaren, daß die Engländer und Amerikaner sich derart benehmen könnten. Natürlich haben sich die deutschen Truppen wahrscheinlich nicht besser aufgeführt, und SS-Truppen haben sich unaussprechlich schlimmer verhalten, aber das ist nur ein schwacher Trost für jemanden, dem ein solcher Vergleich bis heute nie in den Sinn gekommen wäre! [. . .] Nun aber, da sie mir so gewaltsam genommen worden sind, merke ich, wie tiefgreifend die Illusionen waren, die ich in bezug auf die englischsprachige Welt hegte. Würdest du, H., dich an einem verängstigten, schmalen jungen Mädchen vergreifen? Würdest du, P., das Leben eines Kindes bedrohen, um es dir gefügig zu machen? Nein, bei Gott, das würdest du nicht. Aber ihr, Väter und Mütter und Schwestern britischer und amerikanischer Soldaten, die hier kämpfen, würdet ihr glauben, daß eure Söhne und

Brüder solche Dinge tun könnten? Nein, das würdet ihr nicht, und ich würde es auch nicht – bis heute! Oh, ich wünschte, ich könnte den ganzen Schmutz aus meiner Erinnerung fortwaschen, wie ich ihn von meinen Händen gewaschen habe!" [1655: Hoemberg, Thy people, S. 212 (Übersetzung K.T.)].

Und unter dem 11. April 1945 heißt es: „Die Besatzung hat uns nicht Frieden gebracht, sondern einen neuen Krieg! Den Krieg gegen das Chaos. All die latenten Kräfte von Gewalt, die von einem gewalttätigen Regime und den Unbilden des Krieges in Schach gehalten worden waren, wurden nun auf das Land losgelassen. Und mit den Härten des Krieges und der Unterdrückung durch das alte Regime sind scheinbar auch unsere letzten Überreste von Selbstdisziplin, gegenseitigem Respekt und persönlicher Würde geschwunden. Es existiert keine deutsche Autorität, die die Kraft hätte, mit der gegenwärtigen Situation fertig zu werden. Deshalb wird es sich noch zeigen müssen, wie die alliierten Behörden das Problem bekämpfen werden. Einer Sache bin ich mir allerdings sicher, nämlich, daß die Briten Exzesse jedweder Art unterbinden werden, denn, was immer sie auch für Fehler haben mögen, sie waren stets strenge Hüter von Gesetz und Ordnung" [1655: Hoemberg, Thy people, S. 218].

Diese ausschnitthaften, die persönliche Erlebnisweise widerspiegelnden Tagebuchnotizen werfen ein Licht auf den Alltag der Menschen in einer Stadt, deren Lebensadern und Lebensräume abgestorben zu sein schienen. Mit einem Gesamtzerstörungsgrad von 61,2 Prozent war Münster nach Köln und Aachen die am stärksten zerstörte Stadt der britischen Besatzungszone. Es gab Gebiete wie die Altstadt, die zu 91 Prozent verwüstet waren und faktisch nicht mehr existierten. Außenbezirke wie etwa Gievenbeck waren vergleichsweise glimpflich davongekommen. Hier blieben etwa 83 Prozent der Gebäude unversehrt bzw. wurden nur leicht beschädigt. Die Versorgung mit Wasser, Strom und Gas fiel praktisch aus. Das Wasserleitungsnetz war nicht mehr funktionstüchtig. Die Gasversorgung mußte eingestellt werden; die Stromerzeugung war nach der Bombardierung des Elektrizitätswerks zunächst nicht möglich. Im Hochspannungsnetz mußten 850 und im Niederspannungsnetz etwa 15 000 Kabelfehler ausgebessert werden. Der Personennahverkehr war völlig zusammengebrochen; annähernd 40 Prozent der Fahrbahndecken waren zerstört. Schließlich und vor allem: Von den ehemals 132 800 Einwohnern (Mai 1939) lebten bei Kriegsende noch 23 500 in der Stadt. In der Innenstadt sollen es sogar nur noch 17 Familien gewesen sein. 1594 Menschen waren Opfer der alliierten Luftangriffe geworden.

Der Zusammenbruch der städtischen Infrastruktur zog zwangsläufig katastrophale hygienische Verhältnisse und Probleme der Unterernährung nach sich. Hatte vor dem Krieg die tägliche Kalorienmenge im Schnitt bei 2990 Kilokalorien gelegen, so schwankte sie nach 1945 zwischen 1300 und 1600 Kilokalorien. Am schlimmsten wurde die Situation 1947, als die Kalorienmenge zeitweilig deutlich unter 1000 sank und der Nahrungsanteil an Fett nur noch 13,5 Gramm (1937: 103,2), an Eiweiß 37,5 Gramm (1937: 76,2) und an Kohlehydraten 302,6 Gramm (1937: 397,6) betrug. Auch die monatlichen Brotrationen, die vor allem von ausländischen Getreidelieferungen abhängig waren, schwankten stark und lagen im Schnitt bei etwa 6 Kilogramm.

Die Ernährungssituation gehörte deshalb permanent zur Tagesordnung der politischen Gremien. Alarmierende Zahlen des zuständigen Stadtrats Dr. Engelmeier vom

November 1946, nach denen in etwa vier Monaten alle Erntevorräte verbraucht sein würden und die Rationen in der ersten Novemberwoche 1946 nur 395 Kilokalorien betragen hätten, oder der Appell von Oberbürgermeister Rediger in der Ratssitzung vom 16. Dezember 1946, die Bevölkerung möge der „bedürftigen studierenden Jugend" einen „Mittags- oder Abendtisch" bereitstellen, werfen Schlaglichter auf die prekäre Situation. In der gleichen Sitzung wurde eine Entschließung an die Militärregierung verabschiedet, die anerkannte Grenze für das Existenzminimum heraufzusetzen, weil „nur dadurch", wie es hieß, „der schleichenden Vertrauenskrise zwischen der deutschen Bevölkerung und der Militärregierung der Boden entzogen werden" könne (Ratsprotokoll vom 16. Dezember 1946).

Ein ständiges Problem stellten Kontrollen gegen Hamsterer und Schwarzhändler dar. Die Bauern bildeten im Februar 1946 bewaffnete Nachtwachen, weil besonders nach Schlachtungen Plünderungen vorgekommen waren. Allerdings erfüllten die Bauern selbst offensichtlich ihre Ablieferungspflicht nicht, so daß man mit dem Gedanken spielte, Beschlagnahmungen vorzunehmen. Zu all dem kamen noch Verständigungs- und Lieferprobleme zwischen den Provinzen Nordrhein und Westfalen hinzu, die die Nahrungsmittellage in der Stadt zusätzlich verschärften. So teilte beispielsweise ein münsterischer Lebensmittelbetrieb im Januar 1946 der Verwaltung mit, daß er Sauerkraut lediglich in die Nordrheinprovinz ausliefern dürfe, weil sich die Provinz Westfalen in ähnlichen Fragen „sehr engherzig und kleinlich gezeigt hätte".

Es kam einem Wunder gleich, daß trotz der Mangelernährung und der katastrophalen hygienischen Verhältnisse, und obwohl kostenlose Impfungen zunächst nicht

Britische und amerikanische Soldaten beraten über ihren Karten (4. April 1945)

die erhoffte Resonanz fanden, größere Epidemien verhindert werden konnten. Stehende Gewässer wie Granattrichter und Feuerlöschteiche, die gerade von Jugendlichen gerne zum Baden benutzt wurden, legte man trocken, und in den Trümmern waren ständig „Kammerjäger" gegen Ratten und Mäuse im Einsatz. Gleichwohl nahmen die Infektionserkrankungen bedrohliche Ausmaße an. Neben der Tuberkulose gehörten die Geschlechtskrankheiten zu den am meisten verbreiteten Infektionskrankheiten, was nicht zuletzt auch ein Indiz für die soziale und moralische Zerrüttung jener Zeit war. Seit Juni 1945 wurden 211 Syphilisfälle registriert, deren Zahl sich in den nächsten zwei Jahren mehr als verdoppelte und erst 1949 wieder auf 332 sank. An Gonorrhöe litten 1945 493 Personen und 1946 sogar 1089. Noch 1949 gab es 563 solcher Krankheitsfälle, obwohl die Militärregierung inzwischen Penicillin zur Verfügung gestellt hatte.

Problematisch war auch die stationäre Krankenhausversorgung. Gab es vor dem Krieg in Münster rd. 4900 Betten, so waren es 1945 gerade noch 750. Ihre Zahl stieg 1946 immerhin auf 1600. Die Situation entspannte sich, nachdem die Militärregierung dazu bewogen werden konnte, ihr Standortlazarett auch für zivile Zwecke zur Verfügung zu stellen.

Eine solche Statistik der Verwüstung, der Zerstörung und des Todes liefert zunächst nur Anhaltspunkte. Sie symbolisiert letztlich nicht erschließ- und darstellbare Verluste im Bereich der persönlichen Lebenswelten, der sozialen Beziehungen, des geistig-kulturellen Lebens. Dagegen erwiesen sich die ökonomischen Schäden als reparabel, ja sogar als Stimulans für einen beherzten und energischen Wiederaufbau.

Politische Weichenstellungen

Zwei Tage nach der militärischen Invasion zogen am 3. und 4. April britische Besatzungstruppen in die Stadt ein. Als erstes verhafteten sie den nationalsozialistischen Oberbürgermeister Albert Hillebrand mit seinem Stab in einem Bunker in der Nähe des Franziskushospitals am Hohenzollernring. Die Befehlsgewalt übernahm der britische Major H. F. Jackson. Dieser amtierte bis Mitte Februar 1946. Sein Nachfolger als Stadtkommandant, Major Travers, wurde schon nach einem Monat durch Oberstleutnant le Gallais abgelöst.

Die Militärdienststellen auf der Ebene der kreisfreien Städte und Landkreise bildeten die unterste Stufe der englischen Militärregierung. Diese orientierte sich im übrigen am Instanzenaufbau der deutschen bzw. preußischen Verwaltung. So wurden auf der Ebene der Regierungsbezirke und der Provinzen jeweils Militärregierungen eingerichtet, wobei in der Provinz Westfalen das 307. Military Government Detachment zuständig war, das dem Kommando eines Brigadegenerals unterstand. Die Stadt Münster bildete das 317. Military Government Detachment. Es wurde, wie schon erwähnt, zunächst von Major Jackson befehligt, einem nach dem Eindruck von Elisabeth Hoemberg jugendlich wirkenden Offizier mit der allerdings unangenehmen Angewohnheit, in Besprechungen auf den Enden seines dicht gezwirbelten Schnauzbartes zu kauen. Als Amtsgebäude diente das beschlagnahmte Oberfinanzpräsidium, während die Provinzialmilitärregierung in den Räumen des ehemaligen Wehrkreiskommandos am Hindenburgplatz Quartier bezog. Die für die Regierungsbezirksebene zuständige Militärregierung mußte mangels geeigneter Gebäude nach Warendorf ausweichen.

Die Besatzungsmacht ließ von Anfang an keine Zweifel darüber aufkommen, daß sie im Besitz der militärischen und politischen Macht war und Ziele, Formen und Tempo der politischen Zukunft der Stadt allein bestimmen wollte. Zur Maxime der Besatzungspolitik gehörte aber auch die Absicht einer „indirekten Herrschaft". Man wollte die Verwaltung nicht an sich ziehen, sondern in deutschen Händen belassen bzw. diesen Schritt für Schritt administrative Verantwortung übertragen. Dieses Herrschafts- und Besatzungskonzept sah vor, daß auf englischer Seite – entsprechend der Aufgaben- und Organisationsstruktur der städtischen Verwaltung – jeweils Offiziere als Fachdezernenten fungierten, um als Ansprechpartner und Entscheidungsorgane präsent zu sein.

Major Jackson beauftragte am 7. April zwölf Offiziere mit den entsprechenden Funktionen. Bereits einen Tag später kam es zum ersten Zusammentreffen zwischen der Militärregierung und der Stadtverwaltung bzw. ausgewählten Repräsentanten des öffentlichen Lebens. Der Ablauf war charakteristisch für die offiziellen Kontakte zwischen Besetzern und Besetzten in der unmittelbaren Nachkriegszeit. Solche Zusammenkünfte hatten zunächst weniger den Charakter von Besprechungen als von Rapporten. Mit der Zeit jedoch entwickelte sich auf beiden Seiten mehr und mehr eine vertrauensvolle Zusammenarbeit, zumal die Offiziere der ersten Stunde sich in hohem Maße mit ihren Aufgaben identifizierten. Möglicherweise traf das für die späteren Truppeneinheiten nicht mehr zu. Zunächst aber war es „unmöglich", so das Urteil von Elisabeth Hoemberg, „etwas anderes als Bewunderung für die Männer zu empfinden, die sowohl fair als auch aufrichtig sind und deren Fehler eher auf Mißverständnissen als auf böser Absicht beruhen" (8. Juni 1945) [1655: Hoemberg, Thy people, S. 238].

In der unübersichtlichen, ja chaotischen Situation bei Kriegsende mußten gerade personalpolitische Entscheidungen nicht selten aus dem Stand getroffen werden. Entsprechend hoch war das Risiko, daß sich die Militärregierung wieder korrigieren mußte, weil sich nationalsozialistische Belastungen herausstellten oder weil man sich mit Übergangskandidaten beholfen hatte.

So entschied sich die Militärregierung beispielsweise bei der Besetzung des Oberbürgermeisteramts zunächst für eine Übergangslösung und berief den 74jährigen Justizrat Fritz Carl Peus am 14. April 1945 zum kommissarischen Oberbürgermeister. Dieser entstammte einer alteingesessenen und angesehenen Familie der Stadt. Als führender Repräsentant des politischen Katholizismus war er Mitglied der Zentrumspartei gewesen und hatte bis 1933 der Stadtverordnetenversammlung angehört, zuletzt als ihr Vorsitzender. Um Peus die Aufgabe zu erleichtern, wurde ihm der Rechtsanwalt Petermann zur Seite gestellt. Gleichzeitig setzte die Militärregierung ihre Sondierungen fort, um diese provisorische Lösung zu überwinden. Die Wahl fiel schließlich auf Dr. Karl Zuhorn, den letzten demokratisch legitimierten Oberbürgermeister vor Beginn der nationalsozialistischen Diktatur. Doch auch dessen Berufung erfolgte unter merkwürdigen Begleitumständen, die auf einen gestörten Informationsfluß bzw. auf Abstimmungsprobleme innerhalb der Militärregierung schließen lassen.

„Am Mittwoch morgen" – so schildert nämlich Hoemberg die Berufung Zuhorns – „bekam die Abteilung unerwarteten Besuch vom amtierenden Oberpräsidenten. Er wurde von dem früheren münsterischen Oberbürgermeister begleitet, den die Nazis

1933 entlassen hatten und der nun schon mehrmals zur Wiederernennung vorgeschlagen wurde. Sein unerwartetes Erscheinen in der Abwesenheit des C.O. schuf eine ziemlich heikle Situation. Denn als sein Stellvertreter mich in sein Büro holte, fragte er mit seiner knabenhaften Offenheit: ‚Was sollen wir jetzt tun, Mrs. H?' Die Beratungen dieses Tages hatten zum Ergebnis, daß die Stadt vom Mittwoch abend an einen neuen amtierenden Bürgermeister oder Oberbürgermeister hatte (die Engländer sind ziemlich ungenau in ihrem Gebrauch deutscher Ausdrücke)" [1655: Hoemberg, Thy people, S. 239f].

Zuhorn stand im 59. Lebensjahr, als ihn die Besatzungsmacht am 13. Juni 1945 zum Oberbürgermeister ernannte. Dieser Mann verfügte politisch und fachlich über alle Voraussetzungen, um in der sogenannten Stunde Null zu avancieren: Er war politisch unbelastet, hatte ein überdurchschnittliches, erprobtes Fachwissen und verfügte über Erfahrungen in der Kommunalverwaltung. Überdies war er – was in Münster bei der Besetzung dieses Amtes in der Vergangenheit wie auch in der Nachkriegszeit immer eine Rolle gespielt hatte und noch spielt – fest im katholisch geprägten Sozialmilieu der Stadt verankert.

Zuhorns Stellung hing allein vom Wohlwollen der Militärregierung ab. Jede seiner politischen und administrativen Initiativen hatte sich an ihren Direktiven zu orientieren und war genehmigungspflichtig. Insofern gab es auch kein kommunales Gremium, dem Zuhorn Rechenschaft schuldig war. Ein erster Schritt in diese Richtung war die Bildung eines Allgemeinen Beirats. Er setzte sich aus zwölf Männern zusammen, die Zuhorn vorzugsweise nach berufsständischen Kriterien ausgewählt hatte; daneben spielten konfessionelle und frühere parteipolitische Bindungen eine gewisse Rolle. Die Ernennung lag bei der Militärregierung. Formell betrachtet hatte dieser Allgemeine Beirat durchaus Gemeinsamkeiten mit den nationalsozialistischen Gemeinderäten. Ohne jede Entscheidungskompetenz war es ihre Aufgabe gewesen, „den Oberbürgermeister zu beraten und die Fühlung mit der Bürgerschaft herzustellen". Faktisch aber waren die Unterschiede erheblich, so daß der Beirat durchaus Einfluß auf Weichenstellungen des Wiederaufbaus ausüben konnte. Denn allen Beteiligten war klar, daß dieser pseudodemokratische Zustand so schnell wie möglich überwunden werden mußte. Darüber hinaus berief Zuhorn für einzelne Abteilungen der Verwaltung Sonderausschüsse, so eine Baukommission und eine Kommission beim Wohnungsamt.

Der Drang nach politischer Mitwirkung zeigte sich auch in der damals zeittypischen Bildung eines zwölfköpfigen Bürgerausschusses noch in den Aprilwochen. Was diese Personen aus den verschiedenen politischen Lagern verband, das war die entschiedene Ablehnung des NS-Regimes, die Forderung nach Säuberung der öffentlichen Verwaltung von Nationalsozialisten sowie der Wille, den Wiederaufbau der Stadt in die eigenen Hände zu nehmen. Dieser politische Gestaltungsanspruch konnte auch deshalb glaubwürdig vertreten werden, weil dem Ausschuß Personen angehörten, die zu politisch motivierten KZ- bzw. Zuchthausstrafen verurteilt worden waren, wie etwa der Sozialdemokrat Theodor Geringhoff und der Kommunist Georg Kipp. Letzterer war bis 1933 Mitglied der SPD gewesen. Mit der moralischen Autorität des politisch Verfolgten vermochten sie Vorbehalte bei der Militärregierung abzubauen. Auch bildete sich kurz nach Kriegsende ein sogenannter Frauenausschuß, in dem beispielsweise die ehrenamtliche Leiterin der hauswirtschaftlichen

Abteilung im Ernährungs- und Wirtschaftsamt der Stadt tätig war. Dieser Ausschuß kümmerte sich zwar zunächst vordringlich um die existentiellen Sorgen der Menschen, aber seine weiblichen Mitglieder verfolgten darüber hinaus weitergehende frauenpolitische Ziele.

Der Allgemeine Beirat kam am 28. Januar 1946 zu seiner 14. und letzten Sitzung zusammen. Er hatte wichtige kommunalpolitische Schrittmacherdienste leisten können; gemessen aber an den politischen Prinzipien kommunaler Selbstverwaltung war er doch nur ein Dekorum. Es verwundert daher nicht, daß alle politischen Parteien immer energischer auf einen Wandel, d. h. auf angemessene Repräsentation und Mitbestimmung drängten. Zuhorn zeigte dafür zwar Verständnis, ohne sich aber an die Spitze solcher Demokratisierungsforderungen zu setzen. Damit entsprach er ganz der Rolle, die die Militärregierung einem Oberbürgermeister in dieser Phase zugedacht hatte, nämlich Sachwalter der Not und nicht der Parteien zu sein. Dies mag mit ein Grund dafür gewesen sein, daß die Sprecher der Parteien auf eigene Faust handelten und „‚Wahlpropaganda' bei den Militäroffizieren" betrieben [1655: Hoemberg, Thy people, S. 282].

Um die Jahreswende 1945/46 zeichnete sich die Bildung einer neuen, allerdings wiederum ernannten Stadtvertretung ab. Die Form der Auswahl der insgesamt 36 Personen war ohne Beispiel und demonstrierte den Parteien aufs neue, daß sie sich allenfalls im Vorhof der politischen Macht befanden. Sie konnten zwanzig Personen benennen, deren Namen der Oberbürgermeister an den Stadtkommandanten weiterleitete. Die restlichen 16 Sitze wurden je zur Hälfte auf Vorschlag von Berufsvertretungen bzw. des Oberbürgermeisters durch Persönlichkeiten des öffentlichen Lebens besetzt. Auch die Aufteilung der zwanzig Parteimandate hatte sich die Militärregierung vorbehalten und so entschieden: CDU (6), SPD (6), Zentrum (4), FDP (2), KPD (2).

In der konstituierenden Ausschußsitzung am 30. Januar 1946 würdigte Zuhorn die Bildung der Stadtvertretung als „Meilenstein". Zugleich appellierte er in diplomatischen Formulierungen an die anwesenden Spitzen der Militärregierung, dem Verlangen nach einem gewählten Stadtparlament alsbald stattzugeben (Ratsprotokoll vom 30. Januar 1946).

Wie sich bei der Stimmabgabe zu den ersten Kommunalwahlen im Oktober 1946 zeigen sollte, entsprach dieses Gremium in erstaunlichem Maße den politischen, sozialen und konfessionellen Verhältnissen der Stadt. Auch gehörten ihm eine Reihe von Persönlichkeiten an, die später in den gewählten Räten wie überhaupt in der Kommunalpolitik eine zum Teil einflußreiche Rolle spielten. Zu nennen sind beispielsweise für die CDU der Kaufmann Ludwig Pape und Professor Dr. Hans-Erich Stier; für das Zentrum Rechtsanwalt Dr. Bernhard Reismann und Studienrat Dr. Wilhelm Siehoff; für die SPD der Bauunternehmer Theodor Geringhoff. Bemerkenswert erscheint auch, daß in der Stadtvertretung mit Helene Gurske, Berta Hüffer und Elisabeth Schmidt nun drei Frauen saßen, und zwar nicht auf Vorschlag der Parteien, sondern des Oberbürgermeisters. Sie bildeten, wie es in Zuhorns Redeentwurf zur Eröffnungsfeier vieldeutig hieß, „den Schluß der stolzen Reihe" und wurden „als Vertreterinnen der münsterischen Frauenwelt" besonders begrüßt.

Unter dem Wächteramt der Besatzungsoffiziere entwickelte sich die ernannte Stadtvertretung mit ihren Ausschüssen zum Ort wichtiger politischer Debatten und

Konstituierende Sitzung des ersten – ernannten – Rates nach Kriegsende (30. Januar 1946)

Weichenstellungen. Hier wurden – zum Teil in Fortführung der Arbeiten des beratenden Ausschusses – Fragen der Wohnungsnot und der Rückführung von evakuierten Familien ebenso beraten wie die Schwierigkeiten bei der Grundversorgung der Bevölkerung mit Wasser, Elektrizität, Energie, Lebensmitteln und andere Probleme mehr.

Dabei stand die katastrophale Lage auf dem Wohnungsmarkt ganz im Vordergrund. Sie bildete überdies einen ständigen Konfliktpunkt mit der Militärregierung, deren Beschlagnahmepolitik die Menschen zutiefst erregte. Als wieder einmal eine Konfiskation drohte, kam es in der Sitzung des Rates am 12. Dezember 1947 zu massiven Protesten aller Fraktionen. „Wir Deutschen" sind „keine Neger-Kolonie", entrüstete sich laut Sitzungsprotokoll der CDU-Ratsherr Kaiser, „wir [sind] ein kultiviertes Volk und haben einen anderen Lebensstandard". Und der SPD-Ratsherr Geringhoff fürchtete, daß solche Maßnahmen geeignet seien, „die ehrlichen und beharrlichen Bemühungen um den Aufbau einer Wirtschaft und die Errichtung einer Demokratie zu sabotieren und die Vertreter der demokratischen Parteien als Marionetten der Besatzungsmächte in den Augen der Bevölkerung zu stempeln" (Ratsprotokoll vom 12. Dezember 1947).

Immer wieder zur Sprache kam auch das Thema der Entnazifizierung. Bereits unmittelbar nach der Etablierung der Militärregierung waren die Symbole der nationalsozialistischen Herrschaft beseitigt worden. Straßen und Schulen mit den Namen von Nationalsozialisten erhielten wieder ihre alten Bezeichnungen. Die Ehrenbürgerrechte Hitlers und Rosenbergs wurden aberkannt. Prominente und exponierte Repräsentanten des alten Systems wurden, soweit sie greifbar waren, in den ersten Tagen der Besetzung verhaftet, inhaftiert oder aus ihren öffentlichen Dienstverhältnissen entfernt.

Bis Anfang August 1945 waren von den 1800 Bediensteten der Stadt 183 als politisch belastet entlassen worden. Damit war nach dem Eindruck des zuständigen Beigeordneten Theodor Wenking „die politische Sichtung nahezu ganz durchgeführt“ (Ratsprotokoll vom 10. August 1945). Tatsächlich blieb das Thema noch länger auf der politischen und öffentlichen Tagesordnung, zumal Zuhorn mit einem gewissen Recht einräumte, daß die Funktionsfähigkeit der Verwaltung zu Kompromissen zwinge.

Unbeschadet der außerordentlichen Wiederaufbauprobleme machte sich in den Auseinandersetzungen in der Stadtvertretung mehr und mehr der Drang der Parteien bemerkbar, sich politisch zu profilieren. Sie deuteten darauf hin, daß es nur noch eine Frage der Zeit war, wann die erste Kommunalwahl stattfinden und damit über die politischen Mehrheits- und Machtverhältnisse in der Stadt entschieden werden würde.

Am 1. April 1946 hatten die Briten in ihrer Zone eine neue Gemeindeordnung in Kraft gesetzt, die in einem wesentlichen Punkt die bisherige Kommunalverfassung veränderte. Orientiert am Vorbild der englischen Kommunalverfassung wurden „Exekutive“ und „Legislative“ voneinander getrennt, d. h. die politische Führung der

Barackensiedlung an der Gartenstraße (Aufnahme vom 8. März 1949)

Gemeinde lag fortan beim Rat und dem ehrenamtlichen Bürgermeister, der in ihm auch den Vorsitz hatte. Dagegen wurde die Gemeindeverwaltung von einem Hauptgemeindebeamten mit der Bezeichnung „Gemeindedirektor" bzw. „Stadt-" oder „Oberstadtdirektor" geleitet.

In Münster stieß die Kommunalreform zunächst auf wenig Gegenliebe. So beantragten alle politischen Parteien, daß Zuhorn bis zu den ersten Kommunalwahlen die Ämter des Oberbürgermeisters und des Oberstadtdirektors in Personalunion ausüben sollte. Hier mögen auch gewisse parteitaktische Überlegungen eine Rolle gespielt haben. Doch die Militärregierung lehnte das Ansinnen ab, weil sie mit der Ämtertrennung Erfahrungen sammeln wollte. Zuhorn selbst tendierte zunächst zum Oberbürgermeisteramt in der Annahme, daß „die großen Aufgaben der Planung maßgebend durch den Oberbürgermeister und nicht durch den Oberstadtdirektor gestaltet würden". Dies erwies sich jedoch als Trugschluß. Die revidierte Gemeindeordnung wies dem ehrenamtlichen Oberbürgermeister im wesentlichen die Rolle des politischen Repräsentanten zu, während der Hauptgemeindebeamte, also der Oberstadtdirektor, als „der Schriftführer des Rates der Gemeinde" definiert wurde. Diese nüchterne, gesetzestechnische Formulierung wurde freilich der Kompetenzfülle nicht gerecht, die dieses Amt in Zukunft haben sollte. Zuhorn, Mitglied der CDU, verhielt sich dann wie die meisten der damaligen Oberbürgermeister. Er kandidierte für den Posten des Oberstadtdirektors und wurde am 24. April 1946 vom Rat in geheimer Abstimmung bei einer Enthaltung einstimmig gewählt. Zuvor hatte der Rat das Mitglied der Zentrumsfraktion, den 65jährigen Studienrat Dr. Wilhelm Siehoff, mit 30 Stimmen zum Oberbürgermeister und den Sozialdezernenten Heinrich Hemsath (SPD) mit 27 Stimmen zum Ersten Beigeordneten gewählt.

Die eindeutigen Wahlergebnisse lassen darauf schließen, daß die Parteien und Gruppierungen sich vorab verständigt hatten. Gleichwohl erscheint die Besetzung der beiden höchsten politischen Ämter der Stadt bemerkenswert. Sie besaß in gewisser Weise einen Signalcharakter für die Verteilung der politischen Macht in der Stadt, noch bevor es Wahlen gegeben hatte. Zuhorn wie Siehoff waren Exponenten des politischen Katholizismus und bestimmter bürgerlicher Gruppierungen der Stadt. Andererseits deutete sich in der Berücksichtigung von Hemsath eine Proporzpolitik zwischen CDU und SPD an, die fortan und auf lange Zeit eine Rolle spielte. Aufschluß über die tatsächlichen Mehrheitsverhältnisse und damit auch über demokratisch legitimierte Ansprüche auf die Besetzung öffentlicher Ämter der Stadt konnte allerdings erst eine Kommunalwahl bringen.

Diese fand in den Stadt- und Landkreisen der britischen Zone am 13. Oktober 1946 statt. Das von der Militärregierung festgelegte Mehrheitswahlrecht in Verbindung mit einem Verhältniswahlrecht beeinflußte entscheidend die Verteilung der 36 Sitze. So wurden in den neun Wahlbezirken der Stadt je drei Ratsmitglieder in direkter Wahl gewählt, während die restlichen neun Mandate über die Reserveliste der Parteien vergeben wurden. Bei einer Wahlbeteiligung von 71,6 Prozent entfielen auf die CDU 43,3 Prozent, während SPD und Zentrum 24,7 bzw. 22,3 Prozent erreichten. Weit abgeschlagen davon landeten die FDP mit 5,4 und die KPD mit 4,3 Prozent.

Das kombinierte Wahlrecht verstärkte noch den Wahlsieg der CDU. Da sie in direkter Wahl 25 von 27 Mandaten errungen hatte – die übrigen wurden von der

Dr. Wilhelm Siehoff, Oberbürgermeister von April bis Oktober 1946 und von 1951 bis 1952, und Dr. Karl Zuhorn, der 1945 zum Oberbürgermeister ernannt worden war, jedoch 1946 in das neue Amt des Oberstadtdirektors wechselte

SPD geholt – und zwei weitere Mandate über die Reserveliste erhielt, verfügte die CDU mit ihren 27 Mandaten über 75 Prozent der zu vergebenden Sitze, obwohl ihr Stimmenanteil nur 43,3 Prozent betrug. Der Wahlausgang schlug sich auch in der Besetzung der politischen Spitzen des Rates nieder. Am 21. Oktober 1946 wurde Landesrat Franz Rediger (CDU) zum Oberbürgermeister gewählt; erster Stellvertreter wurde der Sozialdemokrat Theodor Geringhoff, zweiter Stellvertreter der Studienrat Dr. Peter-Paul Wagner (CDU).

Unbeschadet der Tatsache, daß insbesondere die CDU von dem Wahlrecht profitiert hatte, war das Wahlergebnis bemerkenswert. Mit der CDU hatte eine Partei sozusagen aus dem Stand heraus 43 Prozent der Stimmen errungen, die erst nach dem Krieg gegründet worden war und fortan die stärkste politische Kraft in der Stadt bleiben sollte.

Die politische Gründergeneration

Die erste Kommunalwahl war eine politische Zäsur in der Nachkriegsgeschichte Münsters. Sie kennzeichnet den Übergang von der absoluten Besatzungsherrschaft zur politischen Mit- und Selbstbestimmung und erlaubt Einblicke in die politische Gründergeneration der Stadt.

Von den zwölf Mitgliedern des Allgemeinen Beirats waren vor 1933 neben Oberbürgermeister Zuhorn mindestens sechs weitere kommunalpolitisch in Münster aktiv gewesen, teils als Angehörige der Stadtverordnetenversammlung, teils als Mitglieder des Magistrats. Alle zwölf Beiratsmitglieder waren Mitglied bzw. schlossen sich einer politischen Partei an: sechs der CDU, zwei der SPD, zwei dem Zentrum, von denen einer später zur CDU wechselte, zwei der KPD, von denen einer dann zur FDP ging.

Dem ernannten Rat gehörten neun Mitglieder des Allgemeinen Beirats an, acht davon als Vertreter der Parteien, ein Mitglied als „Repräsentant des öffentlichen Lebens". Von den 36 Männern und Frauen des ernannten Rates hatten sich mindestens 14 bereits vor 1933 parteipolitisch engagiert, und zwar neun im Zentrum, zwei in der SPD und drei in der KPD. Sechs Mitglieder des Beirats saßen auch im gewählten Rat. Schließlich zogen elf Mitglieder des früheren ernannten Rates in den nun gewählten Rat ein, darunter sieben für die CDU, drei für die SPD und ein Mitglied für das Zentrum.

Nachdem sich frühere Zentrumsmitglieder mehrheitlich der CDU angeschlossen hatten, repräsentierte diese Partei im gewählten Rat die größte Kontinuität. Denn 15 ihrer 27 Mitglieder hatten bereits in der Weimarer Republik politische bzw. kommunalpolitische Mandate bekleidet. Von den neun Ratsmitgliedern der übrigen drei Fraktionen hatte vor 1933 nur der Sozialdemokrat Geringhoff der Stadtverordnetenversammlung angehört.

Schließlich verdient es festgehalten zu werden, daß in allen drei Gremien Personen vertreten waren, die vom NS-Regime aus politischen Gründen verfolgt, diskriminiert oder inhaftiert worden waren. Dies trifft beispielsweise auf vier Mitglieder des Allgemeinen Beirats und auf neun Angehörige des ernannten Rates zu. Von den 36 Mitgliedern des gewählten Rates waren zehn, also mehr als ein Viertel, politischen Verfolgungen oder Sondergerichtsverfahren ausgesetzt gewesen oder hatten, wie etwa Franz-Josef Ballhorn (CDU), emigrieren müssen, um sich dem Zugriff der Gestapo zu entziehen. Von diesen zehn Ratsmitgliedern gehörten acht der CDU und je einer der SPD und der Zentrumsfraktion an.

Diese Zahlen demonstrieren nicht nur eine bemerkenswerte partei- und personalpolitische Kontinuität zwischen den Mandatsträgern der Weimarer Republik und der politischen Gründergeneration der Nachkriegszeit. Auch die viel kritisierte Besetzungspolitik der Militärregierung bzw. Zuhorns bei der Bildung des Allgemeinen Beirats und der ernannten Stadtvertretung erscheinen in einem neuen Licht. Beide in der vordemokratischen Konstitutionsphase der Stadt berufenen Gremien entsprachen in hohem Maße den dann durch Wahlen bestimmten politischen Mehrheitsverhältnissen. Sie können also mit Fug und Recht als die Keimzellen der späteren, demokratisch legitimierten Räte angesehen werden. Was nun das Sozialprofil dieser Gründergeneration angeht, so sind zwar aufschlußreiche Aussagen zur beruflichen Zusammensetzung und zur Verteilung der Geschlechter möglich, nicht aber zur Alters- und Konfessionsstruktur. Doch darf man vermuten, daß der weitaus größte Teil der Frauen und Männer aller drei Gremien im Kaiserreich geboren wurde und daß zumindest unter den Mitgliedern der CDU-Fraktion die Katholiken in der deutlichen Überzahl waren. Der Zentrumsfraktion gehörten ohnehin nur Katholiken an.

Die für alle drei Gremien vorliegenden Angaben repräsentieren ein breites Spektrum von insgesamt 22 Berufen. Es ist auffällig, daß zwischen den Institutionen ein Wandel stattfand bei gleichzeitiger Konzentration auf bestimmte Berufsgruppen. Durchweg stark repräsentiert waren die Kaufleute mit zunächst drei, dann mit fünf Mitgliedern. Die Angehörigen der mehrheitlich selbständigen Handwerkerschaft waren im Beirat zunächst mit einer Person, dann mit fünf und im gewählten Rat sogar mit neun Mitgliedern vertreten und bildeten damit die stärkste Gruppe. Umgekehrt entwickelte sich die Repräsentanz bei der Berufsgruppe „Arbeiter“. Hatten dem Allgemeinen Beirat noch zwei, dem ernannten Rat sogar sechs Arbeiter angehört, so klassifizierte sich keiner der 36 gewählten Ratsmitglieder mehr als Arbeiter. Dieser Befund mag allerdings auch mit einer geänderten beruflichen Selbsteinschätzung zusammenhängen, die zumindest für einen Mandatsträger nachweisbar ist.

Stetig zugenommen hatte demgegenüber die Zahl der Beamten und Angestellten. So gehörten dem Allgemeinen Beirat und dem ernannten Rat jeweils ein Beamter, dem gewählten Rat fünf Beamte an. Angestellte waren im Beirat überhaupt nicht repräsentiert, aber im ernannten Rat mit vier und im gewählten Rat mit fünf vertreten. Die Berufsgruppe der Lehrer und Landwirte war annähernd gleich stark: Dem ernannten und dem gewählten Rat gehörten ein bzw. jeweils zwei Vertreter an. Eine ähnliche Repräsentanz wies die Gruppe der freien Berufe auf. Sie war im Allgemeinen Beirat durch einen Rechtsanwalt, danach durch einen Arzt bzw. zwei Architekten vertreten. Doch fällt auf, daß dem gewählten Rat vom Oktober 1946 kein frei praktizierender Rechtsanwalt mehr angehörte.

Eine deutliche Minderheit bildeten auch jetzt wieder die weiblichen Mitglieder. Während im Allgemeinen Beirat nur Männer saßen, waren im ernannten Rat immerhin drei Frauen zum Zuge gekommen. Dem gewählten Rat wiederum gehörten zwei Frauen an. Beide waren Mitglied der CDU-Fraktion, von denen eine, Dr. Idamarie Soltmann, leitend in der Wohlfahrtspflege, die andere, Berta Hüffer, als Hausfrau tätig war.

Gründung und Wiedergründung der politischen Parteien

Gründung und Aufbau der politischen Parteien erfolgten auch in Münster nicht von einem Nullpunkt aus. Alle Parteien, ob sie sich nun wiedergründeten oder neu konstituierten, standen in bestimmten Traditionen und verkörperten mit ihren Repräsentanten und Funktionsträgern immer auch sachliche und personelle Kontinuitäten. Daneben gab es erkennbare Anzeichen für Veränderungen und Brüche. Spürbar war schließlich eine breite Übereinstimmung in der Absicht, einen neuen Anfang zu setzen.

Für die Entwicklung und Struktur der Parteienlandschaft in Münster besaß die Auseinandersetzung innerhalb des politischen Katholizismus eine erhebliche Bedeutung. Im Grundsatz ging es um die Frage, ob die traditionsreiche und im Münsterland auf große Wahlerfolge zurückblickende Zentrumspartei wieder ins Leben gerufen oder ob eine neue, interkonfessionell-christliche Partei gegründet werden sollte.

Die Gründung der CDU in Münster erfolgte am 15. Oktober 1945, damals allerdings noch unter der Bezeichnung Christlich-Demokratische Partei (CDP). Damit gehörte die CDP-Gruppe Münster, verglichen mit den Unionsgründungen im Rheinland oder im Ruhrgebiet, zu den Spätstartern. Diese Verzögerung erklärt sich insbesondere aus der starken Anhängerschaft des Zentrumsgedankens gerade in Münster und im Münsterland. Um ihn wurde hier besonders erbittert gerungen. Ein erster Vorstoß zur Überwindung der konfessionellen Schranken ging bereits im Mai 1945 von Rechtsanwalt Georg Jöstingmeier und Johannes Peters, dem stellvertretenden Direktor des Verbandes ländlicher Genossenschaften, aus. Sie fanden Unterstützung durch prominente Persönlichkeiten wie etwa den Zentrumspolitiker und Universitätsprofessor Dr. Georg Schreiber. Vor allem aber ergriff der münsterische Bischof Graf von Galen für den Unionsgedanken Partei, was in der damals noch unentschiedenen Situation und angesichts der Autorität gerade dieses Kirchenmannes im Münsterland außerordentlich hoch veranschlagt werden muß. Überhaupt spielten einzelne katholische Geistliche in diesem Kampf durchweg im Hintergrund eine Rolle, sei es als Vermittler zwischen den Fronten oder als Exponenten der einen oder anderen Position.

Nachdem wiederholte Versuche der Verständigung gescheitert waren und am 2. September 1945 in Bochum die Christlich-Demokratische Partei Westfalens gegründet worden war, marschierte man auch in Münster zielstrebig auf einen Ortsverband zu. In jedem Fall wollte man einer Neugründung des Zentrums in der Stadt zuvorkommen.

Die organisatorischen Fäden liefen bei dem letzten Vorsitzenden der münsterischen Zentrumspartei bis 1933, dem Studienrat Aloys Dieckmann, zusammen. Er übernahm auch den Vorsitz einer Mitte September 1945 gegründeten „Arbeitsgemeinschaft zur Bildung der CDP in Münster". Um deren Resonanz zu erhöhen, suchte man eine Persönlichkeit mit Reputation und Integrationskraft und fand sie in Dr. Hermann Pünder. Mit ihm hatte man zwar einen politisch integren und allseits respektierten Mann gewonnen, doch war die Wahl für die sich gerade konstituierende Partei nicht unproblematisch. Denn Pünder war gleichsam auf dem Sprung in ein hohes öffentliches Amt. Außerdem hatte die Militärregierung es seit dem 1. September leitenden Verwaltungsbeamten untersagt, parteipolitisch in den Vordergrund zu treten. So wurde Pünder zwar am 15. Oktober in der von über 400 Personen besuchten Kundgebung und Gründungsversammlung zum Vorsitzenden gewählt, aber die Militärregierung bestätigte ihn zunächst nur unter Vorbehalt. Nachdem Pünder am 28. November 1945 zum Oberbürgermeister von Köln bestellt worden war, mußte die Partei erneut einen Vorsitzenden suchen, der schließlich in dem Rechtsanwalt Ernst Roters gefunden und am 19. Februar 1946 gewählt wurde. Nur, Roters war politisch ein völlig unbeschriebenes Blatt und gehörte noch nicht einmal dem erweiterten, 61 Mitglieder starken Vorstand an. Insofern hatte seine Wahl mehr den Anschein einer Verlegenheitslösung; vermutlich war man froh, daß sich überhaupt jemand mit beruflicher und persönlicher Reputation zur Verfügung stellte.

Die lückenhaften Unterlagen erlauben nur tendenzielle Aussagen über das Sozialprofil der Frauen und Männer der CDU-Gründergeneration. Jedenfalls dominierten unter den Initiatoren und in den frühen Zirkeln Personen mit bürgerlich-akademischer Herkunft, darunter insbesondere Angehörige freier Berufe, zum Beispiel Rechtsanwälte und Prokuristen, Vertreter selbständiger Handels- und Handwerksberufe, Universitätsprofessoren und Lehrer sowie Landwirte. Daneben spielten leitende Beamte von Verwaltungs- und Justizbehörden eine Rolle wie etwa der Vizepräsident der Provinzialregierung von Westfalen, Regierungspräsident Clemens Freiherr von Oer, und Senatspräsident Dr. Paul Litten. Sie mußten sich zwar von exponierten Parteiämtern fernhalten, wirkten dafür aber als Werbeträger für die neue Partei. Dagegen waren die ersten Vorstandsgremien zunächst sozial ausgewogener zusammengesetzt. Völlig unterrepräsentiert hingegen waren die Frauen, die lediglich im erweiterten Vorstand zwei Sitze einnahmen.

Die Gründungs- und Programmaussagen der CDP standen noch ganz unter dem Eindruck der totalitären Erfahrungen im NS-Regime. Das Plädoyer für eine geistig-kulturelle Erneuerung der Gesellschaft auf christlichen Fundamenten durchzog wie ein roter Faden alle öffentlichen Erklärungen der Partei.

Die skizzierte Gründungsgeschichte der CDP macht deutlich, daß sie bis zu einem gewissen Punkt auch Einfluß auf die Wiederbelebung der Zentrumspartei in Münster genommen hat. Nachdem die CDP auf Provinz- und Ortsebene Fakten geschaffen hatte, gründeten etwa vierzig Frauen und Männer am 14. Oktober 1945 in Soest die Deutsche Zentrumspartei. Sechs Wochen später, am 1. Dezember, konstituierte sich in Münster ein Ortsverband; aber erst nach einem weiteren Monat wurde der Landesvorsitzende Dr. Bernhard Reismann auch zum Vorsitzenden der münsterischen Partei gewählt.

Allein diese zeitlichen Verzögerungen lassen darauf schließen, daß der traditionelle Zentrumsgedanke in seiner früheren Hochburg an Attraktivität eingebüßt und mit erheblichen personellen und organisatorischen Problemen zu kämpfen hatte, obwohl sich ehemals prominente Repräsentanten des alten Zentrums wie Johannes Brock-

Wahlplakat des Zentrums für die Landtagswahl am 18. Juni 1950

Empfang der Stadt für Teilnehmer an der Domfestwoche im Oktober 1956: Oberbürgermeister Peus stellt dem Kölner Kardinal Frings den Vorsitzenden der SPD-Ratsfraktion Theodor Geringhoff vor

mann und Bernhard Reismann entschieden exponierten. Andere namhafte Anhänger, wie der Oberpräsident Dr. Rudolf Amelunxen und Dr. Fritz Stricker, dagegen mußten sich öffentlich zurückhalten, da sie führende Positionen in der Provinzialregierung Westfalens bekleideten.

Angesichts vielfacher Überschneidungen in der politischen Programmatik wie auch in den christlichen Grundüberzeugungen von CDU und Zentrum war es für das Zentrum außerordentlich mühsam, ein eigenständiges Profil zu gewinnen. Die bereits angedeuteten personellen und organisatorischen Defizite taten ein übriges. So konnte sich diese Partei in den ersten Nachkriegsjahren zwar auf einen Traditionsbestand in der Wählerschaft stutzen; aber sie war nicht in der Lage, sich ein stabiles Wählerreservoir zu sichern.

Die SPD war in Münster politisch präsent, noch bevor sich die Partei formell konstituiert und ein organisatorisches Gerüst gegeben hatte. Auch hier ergriffen einzelne Funktionäre und bereits erfahrene Mandatsträger wie Heinrich Hemsath und Theodor Geringhoff die nötigen Initiativen und wurden gleichsam zu Knotenpunkten eines sich allmählich herausbildenden Netzwerks informeller Zusammenkünfte und Kontakte. Auch war es bezeichnend für das lebendige Traditionsbewußtsein und die Kommunikationsformen dieser Partei, daß man zunächst das stark beschädigte Traditionslokal „Zum Felsen“ wiederherstellte, damit es wie früher als „Stammkneipe“ und Treffpunkt von Mitgliedern und Sympathisanten benutzt werden konnte.

Nach einer Reihe vorbereitender Gespräche im Haus von Geringhoff beschloß man am 25. August 1945 die Wiedergründung der Ortspartei – zu einem Zeitpunkt also, als die Bildung von politischen Parteien noch nicht offiziell erlaubt war. Erst am 15. September erließ die Militärregierung eine entsprechende Verordnung. Öffentlich wurde die Entscheidung dann auf einer feierlichen Gründungsversammlung am 25. November 1945 mit Carl Severing als Festredner. Sie wurde von Hemsath als kommissarischem Parteivorsitzenden eröffnet, ohne daß jedoch klar ist, welches Gremium ihn wann gewählt hatte. Jedenfalls mußte Hemsath die gleichen Erfahrungen machen wie schon andere Beamte in öffentlichen Ämtern. Die Militärregierung bestand auf der Niederlegung des Mandats, so daß der spätere Parteisekretär Oscar Möhle zum Vorsitzenden und Josef Hufnagel zu seinem Stellvertreter gewählt wurde. Insgesamt umfaßte der Vorstand zwölf Personen, darunter eine Frau. Die Mitgliederzahl lag damals bei etwa 200 Personen.

Neben den Bemühungen um den Aufbau der Parteiorganisation betrieben einzelne Mitglieder die Wiederzulassung der SPD-Jugendorganisation. Sie wurde von Major Jackson am 8. September mit der Einschränkung genehmigt, sich nicht politisch zu betätigen. Auch bemühte man sich erfolgreich darum, daß die „Arbeiterwohlfahrt“, die vor 1933 eine Parteigliederung war und nach 1945 nach etlichen Kontroversen und zunächst regional unterschiedlich als eigenständiger Wohlfahrtsverband neu gegründet wurde, bereits im Mai 1945 wieder tätig werden konnte.

Abgesehen von Aufrufen, die im Zusammenhang mit der Gründungsversammlung veröffentlicht wurden und in denen mit dem NS-Regime abgerechnet und gleichzeitig um Vertrauen für die SPD geworben wurde, sucht man vergeblich nach programmatischen Entwürfen. Was immer auch die Gründe dafür gewesen sein mögen, etwa die völlige Inanspruchnahme durch den Nachkriegsalltag, fehlende personelle Kapazitäten oder zunächst der Rückgriff auf traditionelle Leitbilder und Grundsätze – die Situation in Münsters SPD war kein Einzelfall. Sie bestätigt aufs neue die schon für Niedersachsen formulierte Feststellung von Helga Grebing, daß „keine Spuren einer programmatischen Diskussion auf der Ebene der Ortsvereine nachgewiesen werden“ können.

Die Rekonstruktion der Gründungsgeschichte der KPD in Münster erweist sich als außerordentlich schwierig. Aufgrund der lückenhaften schriftlichen wie mündlichen Überlieferungen ist nicht einmal das genaue Gründungsdatum bekannt. Einer der Parteiaktivisten der ersten Stunde, der Buchdrucker Reinhold Schmidt, hat es so formuliert: „Die KPD entstand neu aus Freunden, die mit mir im Gefängnis oder sogar im Zuchthaus oder im KZ gewesen waren. Die Gründungsversammlung war keine Feier. Sie fand in einer Wohnung nahe der Strafanstalt statt, also nicht weit von den Zellen, in denen viele von uns jahrelang gesessen hatten“ [zit. nach 1835: Thieken, Demokratiegründung, S. 50].

Anfang November 1945 jedenfalls agierte die Partei auf der politischen Bühne und wurde am 26. November förmlich von der Militärregierung zugelassen. Bis zu diesem Zeitpunkt hatten einzelne Mitglieder wie Georg Kipp unter denkbar schwierigen Bedingungen versucht, Kontakte insbesondere zu den vergleichsweise vitalen Gruppen im Ruhrgebiet herzustellen. So fuhr er beispielsweise einmal wöchentlich mit dem Fahrrad nach Essen, um die Isolierung zu überwinden und Einfluß auf die Reorganisation der Partei auf der Bezirksebene zu nehmen. Als Vorsitzender der Ortspartei fungierte der Monteur August Dieckmann, der sich bis dahin insbesondere um die Betreuung von politischen Gefangenen und Verfolgten gekümmert hatte und auch Vorsitzender des Wiedergutmachungskomitees der Stadt war.

Nach dem pointierten Urteil von Elisabeth Hoemberg waren die „städtischen Kommunisten" in Münster „ein harmloser Haufen – als Repräsentanten einer erklärtermaßen revolutionären Weltorganisation beruhigend harmlos. Man könnte ihnen fast eine solidere Parteistrategie und gesünderen Politikverstand wünschen, schon allein, um den Spießbürgern etwas Dampf zu machen. Denn ohne eine radikalere Partei, die ihre linke Flanke abdeckt, werden die Sozialdemokraten nie in der Lage sein, sich gegen die rechten Parteien zu behaupten" (30. November 1945) [1655: Hoemberg, Thy People, S. 283].

Für die westfälische FDP bildete Münster neben Hagen und Dortmund das dritte „Gründungszentrum" [2204: Hein, Liberale Milieupartei, S. 137]. Die maßgebliche Rolle spielte hier zunächst der 36jährige Kaufmann Helmut Friedrich. Er wurde dank seiner politischen Begabung, Emsigkeit und Organisationsfähigkeit zum Mittelpunkt eines politischen Freundeskreises, der später die „Liberal-Demokratische Partei – Berufsständische Union" ins Leben rief. Seit Mai 1945 war Friedrich, eingesetzt von der Militärregierung, als Leiter des Gewerbeamts tätig. Bereits früh engagierte er sich auch auf der Provinz- bzw. Landesebene der Partei, die sich am 20. November 1945 in Dortmund offiziell als Liberal-Demokratische Partei für die gesamte britische Zone konstituierte. In Münster gründete sich die Ortsgruppe am 16. Dezember 1945 und wählte Friedrich zum Vorsitzenden. Dieser aber war inzwischen in den Verdacht geraten, „Amt, Politik und Geschäft" [1741: Breßer, SPD und Gewerkschaft, S. 122] in unzulässiger Weise miteinander verquickt zu haben, und schien damit politisch für seine Partei nicht mehr tragbar. Seine dienstliche Position hatte Friedrich bereits aufgeben müssen. Am 19. Februar 1946 wählte die Partei einen neuen Vorsitzenden.

Die Gründungs- und Konstitutionsphase der münsterischen Parteien stellt sich als ein bemerkenswert eigenwilliger Prozeß dar. Die Militärregierung vermochte zwar Form und Zeitpunkt offizieller Gründungsakte zu bestimmen, doch unterhalb und jenseits ihrer Direktiven entwickelte dieser Prozeß eine selbständige Dynamik. Nach zwölf Jahren politischer Entmündigung gab es einen starken Drang nach demokratischer Machtausübung vor allem bei jenen Frauen und Männern, die schon vor 1933 politisch aktiv gewesen waren. Daraus erklärt sich auch das bei allen Parteien zu beobachtende hohe Maß an personeller Kontinuität.

Daneben war immer die Furcht mit im Spiel, politisch zu spät zu kommen. Angesichts der zusammengebrochenen öffentlichen Kommunikationswege hing es stark von der persönlichen Initiative einzelner ab, ob und wann erhaltene Informationen weitergegeben werden konnten und vor allem, wen man für die jeweilige Gruppierung gewinnen konnte. Zwar waren es in allen Parteien in der Regel ehemalige Funktions- und Mandatsträger, die die Fäden knüpften, Beziehungen herstellten und als Anlaufstelle dienten. Nicht minder wichtig war es jedoch, neue Personen und gesellschaftliche Gruppen für ein Engagement in der Politik zu gewinnen.

Aufbau der Gewerkschaften

Wie das politische, so begann sich auch das gewerkschaftliche Leben schon bald nach Kriegsende von unten her und ohne Billigung der Besatzungsmacht zu entfal-

Plakat des Deutschen Gewerkschaftsbundes zum 1. Mai 1948

ten. Hier wie dort waren es primär frühere Funktionsträger der Weimarer Zeit, die die Initiative ergriffen, wobei nicht selten politisches und gewerkschaftliches Engagement ineinanderflossen. So waren führende Gewerkschafter Mitglied des Bürgerausschusses, des Antifa (= Antifaschistischen Ausschusses) und des Allgemeinen Beirats, gleichzeitig gehörten sie zu den Gründern von SPD und KPD, wie sich andererseits ehemalige christliche Gewerkschafter bei der Gründung von CDU und Zentrum engagierten.

Das eigentliche gewerkschaftliche Leben begann ab Mai 1945, als sich in einzelnen Betrieben spontan Betriebsräte bildeten. Parallel dazu loteten ehemalige Funktionäre der freien und christlichen Gewerkschaften bei der Militärregierung die Möglichkeiten für ihre Arbeit und den Aufbau einer Organisation aus. Einig waren sich die Gewerkschafter darüber, daß die Weichen in Richtung von partei- und konfessionsneutralen Einheitsgewerkschaften gestellt werden sollten.

Die Reichseisenbahner legten als erste Einzelgewerkschaft Ende Juni 1945 einen offiziellen Zulassungsantrag vor, aber zunächst ohne Erfolg. Erst am 17. September 1945 konnte sich die „Gewerkschaft der Reichseisenbahner" als erste münsterische Gewerkschaft in der Nachkriegszeit konstituieren, mit Johann Glanemann, einem Kommunisten, an der Spitze. Im gleichen Monat wurde in Münster ein provisorisches Gewerkschaftsbüro eingerichtet und damit ein inoffizieller Dachverband zur Koordinierung des gewerkschaftlichen Aufbaus in der Provinzialhauptstadt und im Regierungsbezirk Münster gebildet. Geleitet wurde das Büro von dem früheren christlichen Gewerkschafter Hans Görtsches. Er koordinierte die Verhandlungen mit der Militärregierung, erfaßte systematisch die bisherigen Betriebsräte und beauftragte Aktivisten mit dem Aufbau von Einzelgewerkschaften. Trotz dieser organisatorischen Fortschritte gab die Militärregierung den Weg für die Arbeit überbetrieblicher Gewerkschaften noch nicht frei. Die Besatzungsmacht favorisierte ein Drei-Phasen-Modell, wonach in der ersten Phase zunächst der Bedarf für eine Gewerkschaftsgründung auf örtlicher Ebene nachgewiesen werden mußte. Diese restriktive Haltung verzögerte auch in Münster den Gewerkschaftsaufbau erheblich und begünstigte andererseits die rasche Durchsetzung des Industrieverbandsprinzips gegenüber einer zunächst anvisierten zentralistisch verfaßten Einheitsgewerkschaft. Erst am 17. Januar 1947 wurde in Münster offiziell ein Gewerkschaftskartell gebildet, dessen Leitung wiederum Görtsches übernahm.

Dagegen hatten sich in der Stadt bis zum Sommer 1946 acht Einzelgewerkschaften gegründet: Verkehr, Metall, Bau, Textil/Bekleidung, Druck, Eisenbahner, Öffentlicher Dienst und Deutsche Angestelltengewerkschaft (DAG); bis Ende 1949 war die Zahl auf vierzehn angestiegen. Unter ihnen war die Gewerkschaft Öffentlicher Dienst, Transport und Verkehr (ÖDTV) die mit Abstand mitgliederstärkste. Als einzige Berufsgewerkschaft bildete sich im Mai 1946 die DAG. Allerdings wurde sie nach langwierigen und auch in Münster heftigen Auseinandersetzungen – die übrigen Gewerkschaften hatten ihre Umwandlung in eine Verbandsgewerkschaft gefordert – im Sommer 1948 aus dem Deutschen Gewerkschaftsbund ausgeschlossen.

Nach der Konstituierung des Deutschen Gewerkschaftsbundes für die britische Zone Ende April 1947 in Bielefeld wurde auch in Münster ein Kreisausschuß des DGB für den Stadt- und Landkreis Münster gebildet. Bei den ersten Vorstandswahlen im November gelangte mit Werner Hettwer ein der KPD nahestehendes Mitglied der Deutschen Angestelltengewerkschaft auf den Posten des Kartellsekretärs. Aber die Wahl Hettwers und ein von den Gewerkschaften ÖDTV und DAG beherrschter Vorstand führten in der Dachorganisation zu erheblichen Spannungen. Die Arbeitergewerkschaften fühlten sich ausgebootet und nicht angemessen repräsentiert. Außerdem gab es politische Vorbehalte gegen Hettwer. Bei den Neuwahlen im Oktober 1948 konnte sich Görtsches durchsetzen und stand nun an der Spitze des DGB in Münster.

Aber auch jetzt kehrte keine Ruhe in die Gewerkschaftsführung ein. Der neue Vorsitzende war in den Verdacht geraten, einen ehemaligen exponierten Nationalsozialisten beruflich protegiert zu haben, wodurch er politisch isoliert wurde und unter massiven Druck geriet. Am 27. März 1949 wurde er vom Kreisausschuß einstimmig von seinem Amt entbunden. Zu seinem Nachfolger wählte man den bisherigen Zweiten Vorsitzenden Werner Hettwer.

2. *Profile und Strukturen in Gesellschaft und Politik*

Ausgangslage und Rekonstruktionen

Als der Krieg zu Ende war, lag nicht nur die Stadt in Trümmern, auch das gesellschaftliche Gefüge und die sozialen Strukturen waren aufs stärkste in Mitleidenschaft gezogen. Bereits die Einberufungen zur Wehrmacht – ihre Zahl betrug zuletzt 24 000 – hatten Zusammenhalt und Zusammenleben in Familien und Nachbarschaften, in Vereinen und Pfarrgemeinden nachhaltig beeinträchtigt. Mit den ab 1943 verstärkt durchgeführten Evakuierungen wurde der soziale und gesellschaftliche Organismus der Stadt geradezu atomisiert. Bei Kriegsende betrug die Zahl der evakuierten Personen 88 356; das waren rd. 66 Prozent der Stadtbevölkerung vor Kriegsbeginn. Zurückgeblieben war nur, wer dazu verpflichtet oder abkommandiert war oder aus welchen Motiven auch immer ausharrte. Dazu gehörten gezwungenermaßen die 9788 Fremdarbeiterinnen und -arbeiter (2939 Frauen, 6849 Männer), die in jeder Hinsicht eine Randexistenz fristeten. Der Krieg hatte Münster gleichsam zu einer Stadt ohne Gesellschaft gemacht.

Die Formierung der Nachkriegsgesellschaft hatte ihre eigenen Gesetze und ihr eigenes Tempo. Formierung, das bedeutete in der Situation gesellschaftlicher Zerrissenheit zunächst Rekonstruktion persönlicher Beziehungen und institutioneller Strukturen und beinhaltete mittel- und langfristig Umbruch und Wandel gesellschaftlicher Milieus.

Trotz des hohen Zerstörungsgrades der Stadt und obwohl Militärregierung und Stadtverwaltung schon am 1. Mai 1945 Richtlinien für die „Wohnraumlenkung und den Wiederzuzug nach Münster" erlassen hatten und diese im Juni sogar noch verschärften, setzte mit dem Schweigen der Waffen eine Rückwanderung in die Heimatstadt ein. Die Einwohnerzahl stieg in wenigen Jahren sprunghaft und rapide an. Bis zum Oktober 1946 war sie bereits von 23 500 auf über 87 000 angewachsen und überschritt 1948 die Marke von 100 000. In diesen Rückwanderungsströmen befanden sich evakuierte Familien, in der Mehrzahl Frauen, Kinder und Großeltern, entlassene Wehrmachtsangehörige und Kriegsgefangene sowie Personen, die in ausgelagerten oder fernab gelegenen Rüstungsbetrieben gearbeitet hatten. Unter diese „Heimkehrer" mischten sich mehr und mehr auch Flüchtlinge und Vertriebene, obwohl Münster als „Schwarze Stadt" eingestuft, d. h. nicht verpflichtet war, Flüchtlinge aufzunehmen. Das war auch mit ein Grund, warum Münster erst ab 1950 sogenannte SBZ-Flüchtlinge aufnehmen mußte. Im August 1947 jedenfalls waren in der Stadt 4334 Flüchtlinge und Vertriebene registriert; das entsprach einem Anteil von 4,8 Prozent an der Gesamtbevölkerung. Gut zwei Jahre später, im November 1950, war ihre Zahl auf 11 933 (11,4 Prozent) angestiegen, belief sich Ende 1952 auf 27 013 (20,2 Prozent) und erreichte Ende 1960 mit 47 454 (26,3 Prozent) ihren höchsten Nachkriegsstand. Von ihnen ließen sich rd. 33 000 dauerhaft in der Stadt nieder.

Was bedeutete dieses Zusammen- und Aufeinandertreffen von daheimgebliebenen und zurückkehrenden Einheimischen, von Flüchtlingen und Evakuierten für das soziale Gefüge, für die sich neu formierende Gesellschaft der Stadt? Auch ist in diesem Zusammenhang die Gruppe der Fremdarbeiterinnen und -arbeiter zu nennen, die nun unter dem Sammelbegriff „Displaced Persons" (DPs) erfaßt wurden. Obwohl ihre Rückkehr in die Heimatländer alsbald nach der Kapitulation in die Wege geleitet wurde, befanden sich im August 1947 noch 487 von ihnen auf dem Gebiet der Stadt.

Diese Zusammenballung von beschädigten, zerrütteten Familien, verwahrlosten Kindern und Jugendlichen, stellungslosen Soldaten ohne familiären Halt, vagabundierenden „DPs" sowie von politisch und sozial deklassierten ehemaligen Parteifunktionären enthielt ein enormes sozial- und gesellschaftspolitisches Konfliktpotential. In ihm spiegelte sich wider, wie sehr Gesellschaft und öffentliche Ordnung aus den Fugen geraten waren. Allein die wachsende Zahl von Kriminaldelikten sowie die geradezu sprunghafte Zunahme von Geschlechtskrankheiten waren grelle Facetten der persönlichen Notlagen und objektiven Verhältnisse jener Zeit.

Dieser Zustand sozialer Desintegration und Desorganisation konnte nur überwunden werden, weil zum einen städtische, kirchliche sowie andere Behörden und Institutionen regulierend und unterstützend eingriffen, materielle und seelische Hilfe leisteten sowie als Anlauf- und Informationsstellen dienten. Doch für den Prozeß der gesellschaftlichen Neubildung war nicht minder wichtig, daß sich in den Notlagen der Nachkriegszeit traditionelle, vor allem familiäre und nachbarschaftliche Verbindungen bewährten und sich neue, dauerhafte Solidarbeziehungen zwischen Alt- und Neubürgern entwickelten. Und ebenso gehört zu den sozialen Realitäten jener Zeit die Erfahrung, daß ad hoc zustande gekommene Notgemeinschaften, aber auch Familienverbände unter den existentiellen Versorgungsproblemen rasch wieder brüchig werden konnten.

Aber nicht nur hier lagen die Ursachen für das Auseinanderbrechen von Familien und Partnerschaften. Der Krieg hatte die Daheimgebliebenen ebenso wie die Eingezogenen geprägt, verändert und häufig einander fremdgemacht; wie sehr, das trat nach der Rückkehr aus Krieg bzw. Gefangenschaft zutage. So wurden 1948 in Münster 195 Ehen geschieden – eine bis dahin für diese Stadt ungewöhnlich hohe Quote, die in den folgenden Jahren allmählich wieder zurückging. Und auch die Zahl der unehelichen Geburten wirft ein Licht auf die Notstände der Zeit. Im Jahr 1945 wurden 107 uneheliche Kinder geboren, was einem Anteil von knapp 23 Prozent aller Lebendgeborenen entsprach und das Vierfache des Vorkriegsstandes darstellte. Bereits ein Jahr später halbierte sich die Quote auf 12,1 Prozent (157), sie lag aber 1952 mit 8,7 Prozent (172) nach wie vor über dem Stand von 1938 mit 5,2 Prozent (145).

Gleichwohl können Rolle und Funktion der Familie bei der Bewältigung der Nachkriegsjahre und damit auch bei der Rekonstruktion und Stabilisierung sozialer und gesellschaftlicher Strukturen und Beziehungssysteme in der Stadt nicht hoch genug veranschlagt werden. Dies trifft auch und in besonderer Weise auf die Gruppe der Vertriebenen und Flüchtlinge zu. Gerade weil sie in der Fremde nicht mit offenen Armen empfangen wurden und das Zusammenleben untereinander und mit den Einheimischen alles andere als spannungsfrei war, fungierte die Familie als Rückhalt und Auffangstation. Schon die Tatsache, daß beispielsweise im Oktober 1950 von der „ortsansässigen Bevölkerung" noch 31 500 Personen, d. h. 26,5 Prozent, in Bunkern, Notwohnungen und Massenquartieren untergebracht waren – zu diesem Zeitpunkt lebten 12 768 Flüchtlinge und Vertriebene in der Stadt –, läßt erahnen, welch sozialer Konfliktstoff allein dadurch noch existierte.

Außerdem verdient das Wirken der Frauen in der Trümmergesellschaft besonders erwähnt zu werden. Sie hatten in der Regel die Hauptlast von Versorgungsengpässen in den Familien zu tragen, wobei sie ebenso entbehrungsreiche wie phantasievolle und mutige Überlebensstrategien entwickelten. Überall dort, wo „Not am Mann" war, wurden sie dienstverpflichtet: in den Betrieben und Verwaltungen, beim Schutträumen und Steineklopfen. Die Trümmergesellschaft nahm keine Rücksicht auf die ansonsten praktizierten geschlechtsspezifischen Konventionen, ganz abgesehen davon, daß sie sich dies auch gar nicht hätte leisten können. Doch die Situtation änderte sich in dem Moment, als es nicht mehr ums Überleben ging, die Trümmer notdürftig beseitigt waren und die Männer zurückkehrten. Fortan gewannen traditionelle Sozial-, Arbeits- und Geschlechterbeziehungen wieder die Oberhand. Es schien so, als hätten die Frauen mit der Beseitigung der Schutthalden als Zeichen einer gesellschaftlichen Ausnahmesituation zugleich die Basis ihrer in Kriegs- und Nachkriegszeit eingenommenen Positionen in Familie und Gesellschaft beiseite geräumt. Die Konsequenzen dieser familiären und gesellschaftlichen Weichenrückstellung waren weitreichend. Sie dürfte die jahrelange Verkennung der tatsächlichen Rolle der Frauen als „Trägerinnen des Wiederaufbaus" [1772: Heuvelmann/Hüppe, Zurück zum alten Zustand, S. 105] ebenso beeinflußt haben wie sie die Stabilisierung und Tradierung überkommener Strukturen in der Arbeits- und Lebenswelt förderte. Erst mehr als drei Jahrzehnte später gelang es einer neuformierten und offensiv agieren-

Die „Trümmerfrauen" übernahmen nach dem Krieg freiwillig oder als dienstverpflichtete Arbeiterinnen die Aufräumarbeiten in der Stadt

Spiel der Oberligamannschaft des SC Preußen Münster 06 in den fünfziger Jahren

den Frauenbewegung, teils verlorenen, teils preisgegebenen Boden wieder wettzumachen sowie neue Handlungs- und Gestaltungsräume für Frauen durchzusetzen.

Neben den Familien und nachbarschaftlichen Netzwerken erfüllten Vereine sowie Jugendorganisationen und -verbände wesentliche Funktionen bei der gesellschaftlichen Formierung. Sicherlich stand dieser Aspekt weder im Vordergrund, noch wurde er in diesem Sinne bei der Wiederaufnahme des Spielbetriebs von Sport- oder kulturellen Vereinen thematisiert. Doch steht die sozialintegrative Wirkung der Vereine über den Kreis der Mitglieder hinaus außer Frage. Das war insbesondere bei einer so populären Sportart wie dem Fußballspiel zu beobachten. Die Begeisterung, mit der beispielsweise „eine ganze Stadt“ die Erfolge des traditionsreichen Vereins „Preußen Münster 06“ begleitete und feierte, wirft ein Licht auf die gemeinschaftsstiftenden Effekte von sportlichen Ereignissen in der damaligen Zeit. Die 1. Ligamannschaft des Vereins – er hatte im September 1946 sein 40jähriges Bestehen mit einer Jubiläumssportwoche gefeiert – war 1948 in die Oberliga West aufgestiegen und stand drei Jahre später sogar im Endspiel um die Deutsche Fußballmeisterschaft. Das Finale gewann zwar der 1. FC Kaiserslautern, doch wurde die Mannschaft wie ein Meister empfangen. Nach ihrem „festliche[n] Einzug in die westfälische Provinzialhauptstadt“, wo sich „in den Straßen, an den Fenstern, auf den Dächern“ die Menschen „ballten“, um ihre Preußen zu begrüßen, erwartete „der Rat der Stadt, an der Spitze Oberbürgermeister Boyer und Oberstadtdirektor Dr. Zuhorn“ die Spieler. Der „großartige Empfang“ klang „mit einem großen Volksfest in der Münsterlandhalle“ aus [Westfälische Nachrichten vom 3. Juli 1951]. Und nicht zuletzt bildeten Freundschaftsspiele zwischen Fußballvereinen aus Münster und englischen Soldatenmannschaften eine Brücke, über die gegenseitiges Mißtrauen abgebaut und zukunftsweisende Kontakte angebahnt werden konnten.

Im Jahr 1949 gab es in Münster wieder 25 Sportvereine, in denen 5445 aktive Mitglieder zwölf Sportarten betrieben. Daneben wurde die vielfältige Vereinsarbeit in den konfessionell orientierten Jugendverbänden wie „Quickborn", „Neudeutschland" und Christlicher Verein Junger Männer (CVJM), Pfadfinderschaft und Bündischen Gruppen wiederbelebt, oder es wurden neue Jugendorganisationen gegründet, die Parteien oder Gewerkschaftsverbänden nahestanden. Bereits 1946 existierten wieder sechs Jugendverbände, deren Zahl sich in den nächsten zwei Jahren verdoppelte und 8200 Mitglieder umfaßte. Unter ihnen war die katholische Pfarrjugend am stärksten repräsentiert. 1947 gehörten ihr 30 Prozent aller organisierten Jugendlichen im Alter von 10 bis 25 Jahren an. 1949 waren – die Sportvereine nicht mit eingerechnet – knapp 20 Prozent der Kinder und Jugendlichen in Münster fest organisiert.

Sicherlich setzte sich in den ersten Nachkriegsjahren die Mitgliedschaft dieser Vereine und Organisationen im wesentlichen aus früheren Mitgliedern bzw. alteingesessenen Münsteranern zusammen. Doch auch in der Stadt verbliebene Vertriebene und Flüchtlinge schlossen sich nach und nach den Vereinen an. Die Vereinszugehörigkeit war ein bedeutender Faktor gesellschaftlicher Integration und erleichterte gerade Neubürgern das Einleben in ihrer neuen Heimat.

Schließlich beeinflußten besondere öffentliche Ereignisse den Prozeß der gesellschaftlichen Formierung und gaben dem städtischen Gemeinschaftsbewußtsein Auftrieb. Dazu gehörten insbesondere so symbolträchtige Feierlichkeiten wie die zur 300. Wiederkehr des Westfälischen Friedens im Oktober 1948 oder anläßlich des Wiederaufbaus exponierter öffentlicher Gebäude wie Rathaus und Paulusdom. Am 24. Oktober nahmen über 30 000 Menschen an der zentralen Gedenkveranstaltung

Ansprache des Ministerpräsidenten Karl Arnold während der von der Landesregierung und dem Rat der Stadt ausgerichteten Friedensgedenkveranstaltung im Lichthof des Landesmuseums

zum Westfälischen Frieden auf dem Domplatz teil, und zur Grundsteinlegung des Rathauses waren „Tausende von Menschen unter einem wogenden Meer von Wimpeln und Fahnen" auf dem Prinzipalmarkt erschienen und gaben dem Ereignis den Charakter eines Volksfestes [Westfälische Nachrichten vom 3. November 1948]. Gerade die Stationen der Rathauserrichtung: Fertigstellung des Friedenssaals zur Gedenkfeier (1948), Grundsteinlegung (1950), Richtfest (1952) und schließlich die Übergabe des Rathauses (1958) waren für Politik und Gesellschaft willkommene Gelegenheiten, um das Erreichte als Bekenntnis gegenüber Tradition und Geschichte der Stadt sowie als gemeinsame Wiederaufbauleistung herauszustellen. Zu dieser Wiederaufbauleistung gehörte auch die gesellschaftliche Integration derjenigen, die – so der Vorsitzende des Wiederaufbauausschusses, Friedrich Leopold Hüffer, bei der Grundsteinlegung – „aus ihrer Heimat vertrieben, in unserem Westfalenlande Aufnahme und eine neue Heimat gefunden haben" [Westfälische Nachrichten vom 10. Juli 1950]. So sehr auch der Wiederaufbau des historischen Münster vom öffentlichen Widerstreit der Meinungen begleitet wurde, bei diesen Gelegenheiten dominierte der Wille zu Harmonie und Einmütigkeit. Es waren Gelegenheiten, bei denen „kommunale Identität als gemeinschaftliche Inszenierung" arrangiert und erlebt wurde [2230: Holtmann, Kommunale Identität, S. 89]. Als beispielsweise der Rat sich am 6. September 1948 mit dem Programm „300 Jahre Westfälischer Friede" befaßte, hielt es der stellvertretende Oberbürgermeister Geringhoff (SPD) „nicht für angebracht, daß über diese Angelegenheit lange diskutiert" werde, denn „die Bürgerschaft sei begeistert" (Ratsprotokoll vom 6. September 1948).

Überdies besaßen diese Feierlichkeiten nie einen bloß lokalen Anstrich. Sie wurden auch dazu benutzt, das Selbstverständnis der Stadt als westfälischer Metropole zu dokumentieren oder sich sogar als eine Stadt ins Gespräch zu bringen, die sich dem europäischen Gedanken besonders verpflichtet fühlte. Beispielsweise waren beim „Friedensgedenkakt" im Lichthof des Landesmuseums Ministerpräsident Arnold mit dem kompletten Landeskabinett, General Bishop als hochrangiger Vertreter der englischen Militärregierung sowie Repräsentanten der Europa-Union anwesend. Und auch das Rahmenprogramm enthielt eine Reihe von Veranstaltungen, die sich mit dem Thema Europa und europäische Einigung auseinandersetzten. So hatte der Deutsche Gewerkschaftsbund zu einer Kundgebung eingeladen, auf der seine Spitzenfunktionäre Hans Böckler und Matthias Foecher über die „Bedeutung der Gewerkschaften für Völkerverständigung und Völkerfrieden" sprachen.

Neben solchen weltlichen Feierlichkeiten gab es kirchliche Ereignisse, bei denen politisches Gemeinwesen, Kirche und Kirchenvolk gleichsam eine Symbiose bildeten und die Katholizität der Stadt ebenso demonstrativ wie selbstverständlich in Erscheinung trat. Dazu gehörten gleichermaßen der triumphale Empfang, den über 50 000 Menschen „ihrem" Bischof Clemens August am 16. März 1946 nach der Kardinalserhebung bereiteten, wie die Anteilnahme, mit der die Bevölkerung ihre Betroffenheit über den Tod des Kardinals wenige Tage später bekundete. Beide, Triumph- wie Trauerzug, symbolisierten, daß dieser Kirchenmann vor allem wegen seiner vehementen öffentlichen Proteste gegen die „Euthanasie"-Praktiken des NS-Regimes sowie gegen Maßnahmen der Militärregierung eine Popularität und Wertschätzung, Zuneigung und Verehrung genoß, wie sie keiner weltlichen Autorität in Münster entgegengebracht wurde. Von Galen war – obwohl er im Habitus und Auftreten

Aufruf zu einer von zwölf deutschen Friedensorganisationen getragenen internationalen Versöhnungsinitiative in Münster (1949)

durchaus Züge eines Kirchenfürsten besaß – die überragende Leit- und Integrationsfigur in der Stadt. Nimbus und Ausstrahlungskraft dieses Priesters dürften entscheidend mit dazu beigetragen haben, daß die Kirchentreue und das katholische Milieu der Stadt nach dem Krieg sich nicht nur behauptete, sondern neuen Auftrieb erhielt.

Als der Paulusdom im Oktober 1956 wiederhergestellt war, da bestand auch, wie es Oberbürgermeister Peus formulierte, „die jahrhundertalte Diagonale unserer Stadt [. . .] – die Diagonale Rathaus – Dom" wieder. Deutlicher konnte man das Aufeinanderbezogensein von politischer und kirchlicher Gemeinde nicht formulieren. Inwieweit allerdings eine solche Sichtweise mit ihren politischen Implikationen zu diesem Zeitpunkt noch auf ungeteilte Zustimmung in der Bürgerschaft rechnen konnte, mag dahingestellt bleiben. Peus jedenfalls ließ keinen Zweifel daran, wo für ihn die zeitlos gültigen Fundamente der Stadt lagen. Als Bistum und Stadt am 4. Mai 1960 das Liudger-Fest auf dem Prinzipalmarkt feierten, begann der Oberbürgermeister vor dem aufgestellten Schrein des Heiligen das apostolische Glaubensbekenntnis zu beten. Der „ehrwürdige Prinzipalmarkt", so schrieb damals die Bistumszeitung, „erlebt[e] eine Stunde, die in seine Geschichte eingehen wird" [Kirche und Leben vom 15. Mai 1960]. Im Rat dagegen wurde Peus mit der Frage aus der Bürgerschaft konfrontiert, ob ein solches religiöses Bekenntnis sich mit seiner „Eigenschaft als Oberbürgermeister" vereinbaren lasse. Immerhin bekundeten alle Fraktionsvorsitzenden, „daß der Rat das Verhalten des Oberbürgermeisters voll respektiere“ (Ratsprotokoll vom 9. Mai 1960).

Das Beispiel des Katholizismus

Die hier herausgegriffenen Beispiele der Kardinalserhebung und der Einweihung des Paulusdoms waren zweifellos Gipfelpunkte kirchlich-religiöser Selbstdarstellung. Zugleich waren sie machtvolle Demonstrationen für die Vitalität und Regenerationskraft des seit jeher dominierenden katholischen Milieus in der Stadt. Tatsächlich deutete zunächst alles auf eine kraftvolle Renaissance des Katholizismus sowie seiner Stellung und Interessenwahrnehmung in Gesellschaft und Politik hin. Dieser verfügte über eine dichte institutionelle wie personelle Präsenz in der Stadt. Trotz der Lücken, die das NS-Regime und der Krieg gerissen hatten, waren die Voraussetzungen für die pastorale Betreuung der Gläubigen vergleichsweise gut. Im Jahr 1947 standen für die 77 000 Katholiken 22 Pfarrer, 18 Kapläne sowie fünf geistliche Religionslehrer zur Verfügung. In den 14 Pfarreien des Dekanats formierten sich die katholischen Organisationen, Verbände und Vereine zügig und fungierten als Stützpfeiler des katholischen Milieus. Kirchliche Feiern sowie katholische Kultur- und Lebensformen konnten sich im öffentlichen Raum frei entfalten. Wallfahrten, Prozessionen und Gottesdienste erlebten einen Zulauf wie schon seit Jahren nicht mehr. Dies galt insbesondere für die alljährlich im Sommer stattfindende sogenannte Große Prozession, die ein kirchliches und weltliches Ereignis zugleich war. Die Teilnahme an dieser bis in das späte 14. Jahrhundert zurückreichenden Bitt- und Sühneprozes-

Wiederaufbau des Rathauses (Aufnahme nach dem Richtfest 1952)

sion war für die katholische Bevölkerung ebenso selbstverständlich wie für die politischen Repräsentanten der Stadt und die Spitzen aller in Münster ansässigen Behörden.

Gleichzeitig kam es zu einer christlichen, d. h. überwiegend katholischen Revitalisierung von so zentralen Lebensstationen wie Kindergärten und Schulen. Die Kindergärten befanden sich zunächst ausschließlich in der Trägerschaft der katholischen bzw. evangelischen Kirche. Die Stadt übernahm erstmals 1971 Kindergärten in ihre Regie, weil kein freier Träger zur Verfügung stand. Und zum konfessionellen Charakter der Volksschulen hatte eine auf Anordnung der Militärregierung vom 14. Januar 1946 durchgeführte Abstimmung eindeutige Ergebnisse erbracht: Von den Abstimmungsberechtigten katholischen Eltern erklärten sich 4591, das waren 94,4 Prozent, für die katholische Schule, und 574 evangelische Eltern, das entsprach einem Anteil von 55,8 Prozent, für eine Schule ihrer Konfession. Besonders aussagekräftig ist auch die Zahl derjenigen Katholiken bzw. Protestanten, die nicht mit abstimmten. Bischof Galen hatte in einem Hirtenwort vom 2. Februar 1946 die Teilnahme von katholischen Eltern zur Gewissenspflicht erklärt und gleichzeitig praktische Handlungsanweisungen gegeben: „Die Ausfüllung der Vordrucke wird etwas mühsam sein, da viele Fragen zu beantworten sind und die uns ungewohnte Druckschrift anzuwenden ist. [. . .] Wenn ihr selbst damit nicht fertig werden könnt, dann fragt die Geistlichen oder andere vertrauenswürdige Personen um Auskunft“ [1481: Akten, Briefe und Predigten, S. 1293].

Diese Abstimmung bildete die Grundlage für eine anteilige Errichtung katholischer und evangelischer Volksschulen und erwies sich als eine langfristige, bis in die Gegenwart hinein wirkende schul- und auch konfessionspolitische Weichenstellung. Denn die städtische Schulpolitik legte Wert darauf, daß bei den konfessionellen Volksschulen Schul- und Pfarrbezirksgrenzen übereinstimmten. Der „weltanschauliche Charakter der Volksschulen“ so interpretierte der spätere Schuldezernent der Stadt, Dr. Karl Hoss, die Motive des Schulausschusses, verlange „die enge Bindung an die jeweilige Ortskirche“ [1777: Hoss, Schulwesen, S. 58].

Daneben engagierten sich das Bistum sowie kirchliche Kongregationen als Träger von weiterführenden Schulen und Fachschulen in Münster. So war die Bischöfliche Marienschule, die nur Mädchen aufnahm, 1955 mit 1054 Schülerinnen das am stärksten besuchte Gymnasium in der Stadt. Nach der Gebietsreform im Jahr 1975 gab es in Münster drei Gymnasien in bischöflicher Trägerschaft, die beispielsweise 1976 knapp 22 Prozent aller münsterischen Gymnasiasten umfaßten.

Dies alles – pastoraler Aufbruch, Bekundungen der Kirchentreue und außerkirchliches Engagement sowie ein dichtes Angebot schulischer und sozialer Fortbildung – war auch in Münster Anzeichen „eines neu anbrechenden religiösen Frühlings“, wie Hans Maier die kirchlich-religiöse Situation der frühen Nachkriegszeit charakterisiert hat [2417: Kirche, Religion und Kultur, S. 130]. Aber wie sich zeigen sollte, waren diese Anzeichen trügerisch. Auch der münsterische Bischof Dr. Michael Keller, der in der Nachfolge des Kardinals Graf von Galen das Bistum seit 1947 leitete, muß das in dem „Frühling“ bereits enthaltene Wetterleuchten gespürt haben. Denn in einem Rundschreiben an seinen Klerus vom 25. Februar 1948 artikulierte er eine Reihe der Probleme, die in den folgenden Jahrzehnten die Position der Kirche und des Katholizismus aufs engste berührten. „Ist wirklich noch alles in Ordnung?“, so

Einladung zu einer Kundgebung für den Erhalt des konfessionellen Charakters der Volksschulen unter Teilnahme von Bischof Keller (1952)

begann der Bischof seine Überlegungen und fuhr dann fort: „Vergleichen wir einmal die innere Haltung unserer Gemeinde, wie sie vor 50 Jahren sein mochte, mit heute. Waren damals Glauben und Leben noch eine Einheit? Ist es das heute auch noch? Wie steht es mit der Ehemoral, mit den Erziehungsgrundsätzen und der Erziehungspraxis? Wie mit der gesamten Lebensauffassung? Wie mit dem Verhältnis der Geschlechter zueinander? Wäre damals eine Mischehe denkbar gewesen? Und heute? Und morgen? Wie wirken sich die Hitlerzeit und der Krieg aus? Arbeitsdienst, Soldatenzeit? Früher durfte man hoffen, daß die jungen Leute, die in die Heimat zurückkehrten, allmählich wieder ganz hineinwuchsen in die damals noch vollständig vom Glauben geformte Umwelt. Heute auch noch? Ist die Umwelt in der Heimat noch wirklich so vom Glauben geformt? Ist nicht schon, abgesehen von allem anderen, durch die Unterbringung Andersgläubiger, Ungläubiger aus dem Osten in unseren Familien das Klima wesentlich verändert? Ist wirklich noch alles in Ordnung? [. . .] Täuschen wir uns nicht! Auch in unseren katholischen Gemeinden beginnt es ganz bedenklich abzubröckeln“ [zit. nach 1660: Iter para tutum, S. 69f].

Tatsächlich traten in den folgenden Jahrzehnten eine Lockerung kirchlicher Bindungen und eine Abkehr von katholisch geprägten Lebensformen zutage, die seit den späten 1960er Jahren einen progressiven Verlauf nahmen. Diese Entwicklung war zwar kein münsterisches Phänomen, sondern entsprach einem langfristigen und auch bundesweiten Trend, aber dieser vollzog sich in Münster in auffallend rapider Weise und beeinträchtigte damit zwangsläufig die Fundamente und die Konsistenz des katholischen Milieus der Stadt.

Dieser „Erosionsprozeß" (Hans Maier) katholischer Kirchlichkeit und katholischer Milieuformen kann hier allerdings weder in seiner ganzen Vielfältigkeit und Reichweite beschrieben werden, noch ist es möglich, an dieser Stelle den ihm zugrundeliegenden inneren und äußeren Ursachen nachzugehen. Vielmehr soll dieser Prozeß anhand ausgewählter Indikatoren wie der Kirchenzugehörigkeit, dem sonntäglichen Gottesdienstbesuch sowie dem Heiratsverhalten verfolgt werden – Faktoren also, die für die eingetretene Entwicklung besonders aussagekräftig erscheinen.

In der unmittelbaren Nachkriegszeit war für Münster wie für Deutschland zunächst ein gemeinsamer, dominierender Trend charakteristisch: Hier wie dort kam es zu einer Rückkehrbewegung von Katholiken, die offenbar in der Zeit des NS-Regimes ausgetreten waren. Aber bereits ab 1950 war der Saldo der Über-, Aus- und Wiedereintritte in der katholischen Kirche Deutschlands negativ. In Münster trat

Katholische Kirchlichkeit in Deutschland 1930–1985:

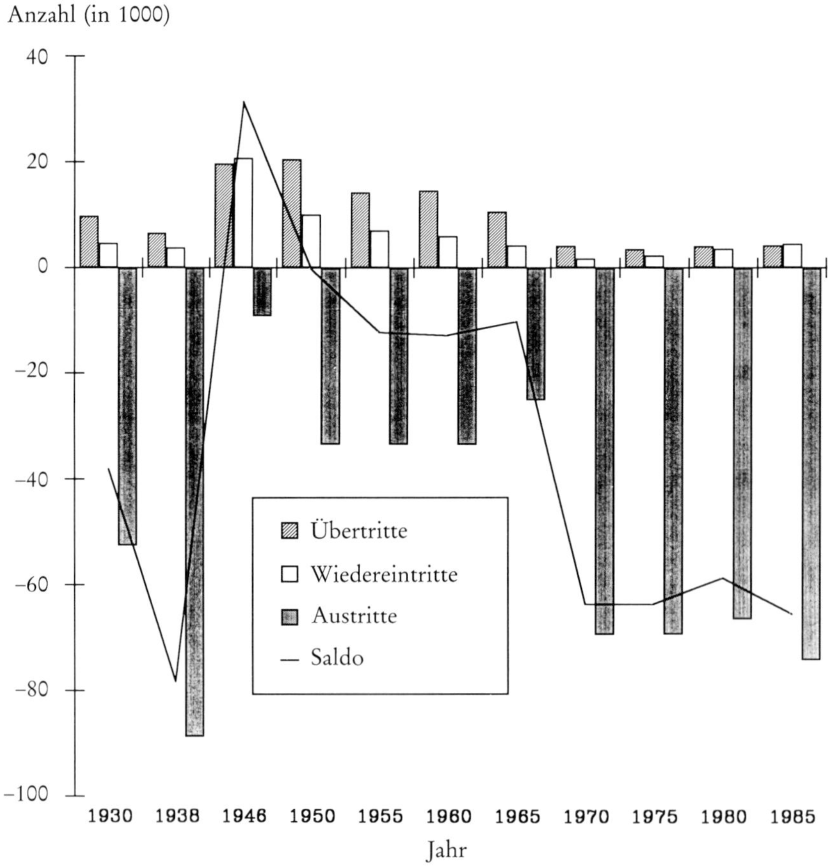

Quelle Kirchliches Handbuch

Katholische Kirchlichkeit in Münster 1946–1990:

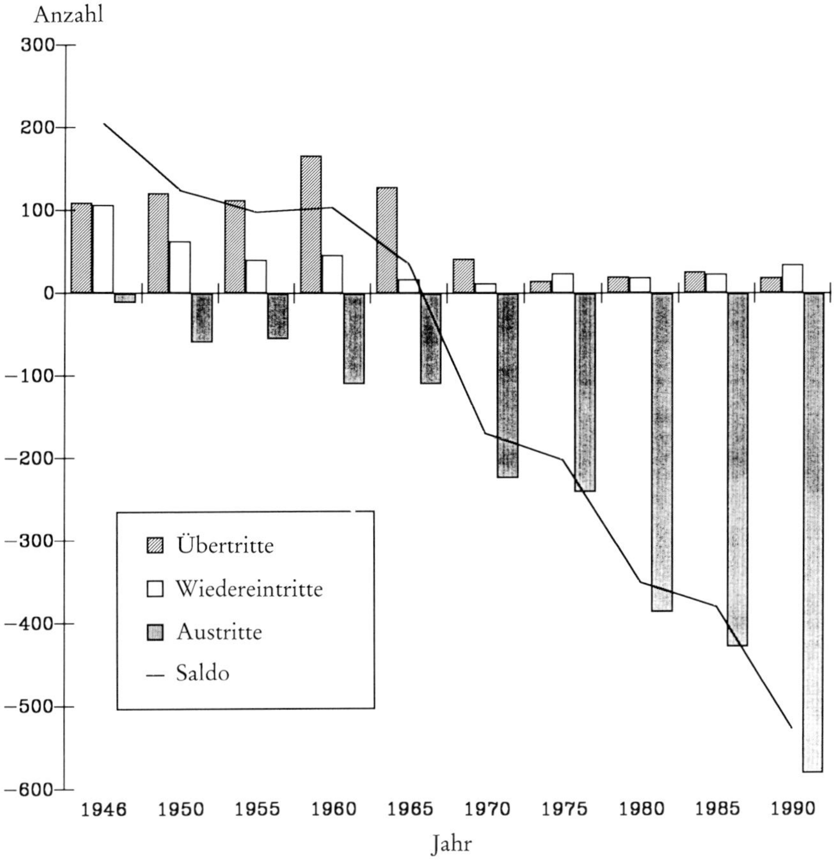

Quelle Statistische Jahresberichte der Dekanate des Bistums Münster

dieser Effekt zwar erst nach 1965, dann aber mit steigender Tendenz ein. Während der Prozentanteil dieses Saldos an der Gesamtzahl der Katholiken bis 1975 für Münster wesentlich günstiger ausfiel als auf Bundesebene, zog der Anteil der Katholiken, die der Kirche in Münster den Rücken kehrten, seit 1980 fast mit dem Bundesdurchschnitt gleich. So deutet alles auf eine progressive Entwicklung hin. Auffällig für Münster war auch, daß die bis 1965 hohe Zahl an Übertritten in die katholische Kirche nach 1970 geradezu abrupt abbrach und inzwischen gegen Null tendiert.

Mit diesen rückläufigen Tendenzen korrespondierte die Entwicklung beim sonntäglichen Kirchgang.

Das Diagramm macht deutlich, daß nach 1945 in Münster wie in ganz Deutschland die Zahl der Kirchenbesucher zunächst anstieg, ohne allerdings den Vorkriegsstand zu erreichen. Doch bereits ab 1950 setzte eine rückläufige Entwicklung ein, die im Bundesdurchschnitt kontinuierlich verlief, in Münster aber ab Mitte der 1960er Jahre fast dramatische Ausmaße annahm. Innerhalb eines Jahrzehnts, von 1965 bis 1975, sank die Zahl der Kirchgänger von 44,1 auf 26,8 Prozent. Ein Vergleich der

Anteil der Kirchenbesucher an der Gesamtzahl der Katholiken 1930–1990:

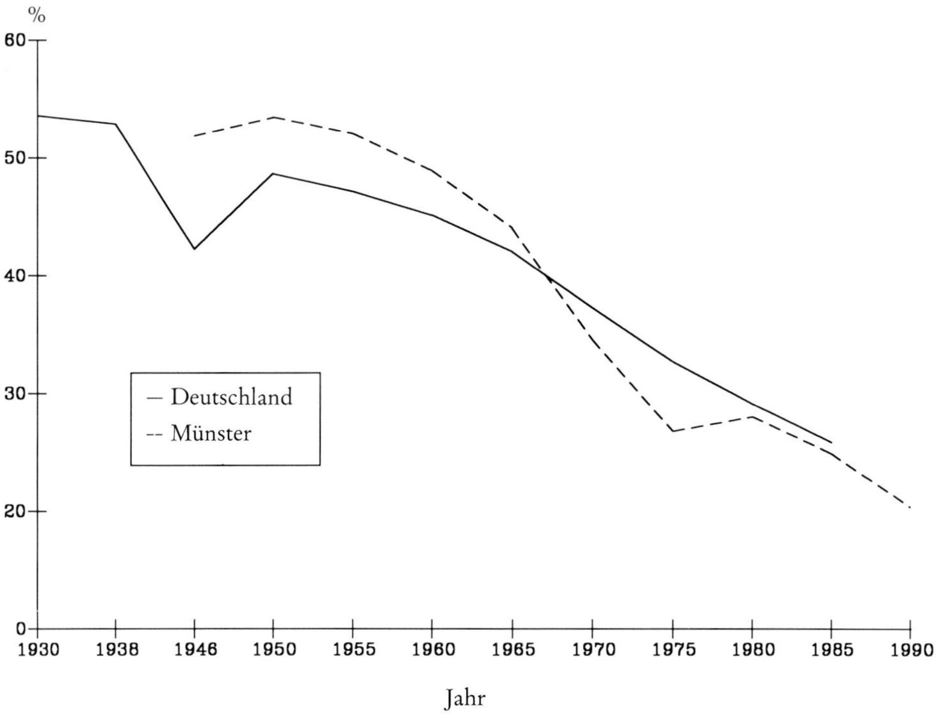

Quellen Kirchliches Handbuch; Statistische Jahresberichte der Dekanate des Bistums Münster

Daten von 1960 und 1985 verdeutlicht, daß sie sich in diesem Vierteljahrhundert sogar halbierte. 1990 kam nur noch ein gutes Fünftel der münsterischen Katholiken seiner kirchlichen Sonntagspflicht nach. Seit 1970 liegt ihr Prozentanteil mehr oder minder deutlich unter dem Bundesdurchschnitt.

Diese Entwicklungstrends beim Kirchenbesuch sowie bei den Über-, Aus- und Wiedereintritten erwecken auf den ersten Blick den Anschein, als seien kirchliche Welt und innerer Zusammenhalt des katholischen Milieus in Münster bis in die 1960er Jahre hinein vergleichsweise stabil gewesen. Doch bekräftigen eine Reihe anderer Indikatoren wie etwa die steigende Zahl von konfessionellen Mischehen, geschiedenen Ehen oder nichtehelichen Geburten, daß der bereits angesprochene weit- und tiefreichende „Erosionsprozeß" früher einsetzte und daß die katholische Sozialethik an Überzeugungs- und Kohäsionskraft eingebüßt hatte.

So gab es beispielsweise auf Bundes- wie auf Stadtebene einen unverkennbaren Trend zur Mischehe, wenngleich zu berücksichtigen ist, daß die Ausgangswerte, d. h. die Bevölkerungsanteile der Konfessionen, stark unterschiedlich waren. Hier wie dort nahm die Zahl der Ehen, in denen beide Partner die gleiche Konfession hatten, ab. Hatte es in Münster 1937 noch 68,6 Prozent rein katholische und 11,8 Prozent rein evangelische Eheschließungen gegeben, so waren es im Jahr 1950 nur noch 57,3 bzw. 13,1 Prozent. Bis zum Jahr 1989 reduzierten sich die Anteile sogar auf 46,2 bzw. 7,8 Prozent. Demgegenüber blieb die Quote von konfessionellen Mischehen – sie betrug 1937 15,4 Prozent – zwischen 1950 und 1989 relativ konstant, wobei Ehen von evangelischen Männern und katholischen Frauen durchweg häufiger waren als solche von katholischen Männern und evangelischen Frauen. Insgesamt bewegte sie sich zwischen 24,5 (1950) und 27,4 Prozent (1989). Dagegen stieg der Anteil aller sonstigen Eheschließungen, d. h. etwa von und mit Partnern, die konfessionslos waren oder nichtchristlichen Glaubensgemeinschaften angehörten, deutlich an. Ihre Quote hatte 1937 4,2 Prozent betragen, kletterte 1950 auf 4,6 Prozent und lag 1989 bei 18,5 Prozent.

Bei dem zweiten Indikator, der Scheidungsquote, ist zu beobachten, daß sie – wie bereits erwähnt – auch in Münster nach dem Krieg zunächst spürbar in die Höhe ging. Noch 1950 ließen sich 173 Ehepaare scheiden. In den Folgejahren nahm die Zahl wieder ab und hatte 1960 einen Tiefstand von 119 erreicht. Danach jedoch stieg die Kurve kontinuierlich, zum Teil sprunghaft an, wobei sich natürlich das 1977 in Kraft getretene neue Ehescheidungsrecht auswirkte. 1986 wurden 631 Ehen geschieden, was die bis dahin höchste Scheidungsquote für die Stadt bedeutete, während im gleichen Jahr 1460 Ehen geschlossen wurden.

Wie bei der Scheidungskurve, so ist auch bei der sprunghaften Entwicklung der nichtehelichen Geburten in den ersten Jahren zunächst von einem Kausalzusammenhang mit den spezifischen Bedingungen der Nachkriegszeit auszugehen. In den fünfziger Jahren gingen die Prozentzahlen nichtehelicher Geburten um mehr als die Hälfte zurück, erreichten 1965 ihren tiefsten Stand, um danach ebenso kontinuierlich wieder anzusteigen. 1989 betrug ihr Anteil 12,8 Prozent. Mit dieser Tendenz korrespondierte auch die Entwicklung auf Bundesebene, wenngleich die münsterischen Zahlen stets unter dem Bundesdurchschnitt lagen.

Schließlich drückte sich auch in der Entwicklung der Heiratsziffern die schwindende Akzeptanz kirchlicher Moralgebote aus, wobei wiederum in Münster und im Bundesgebiet parallele Trends zu beobachten sind. Von 1950 bis 1980 sank die Heiratsziffer – bezogen auf jeweils 1000 Einwohner – von 11,4 Prozent in Münster bzw. 10,7 Prozent im Bundesgebiet auf jeweils 5,9 Prozent, um danach bis 1989 wieder leicht zu steigen, und zwar auf 6,5 bzw. 6,4 Prozent.

Im Frühjahr 1950 war erstmals wieder nach dem Krieg mit erheblichem Aufwand eine Volksmission in den katholischen Pfarrkirchen durchgeführt worden. Über diese etwa alle zehn Jahre stattfindende innere Missionierung mit dem Ziel, das religiös-sittliche Leben der Katholiken zu erneuern und zu fördern, zog die Bistumszeitung „Kirche und Leben" eine im Grundton teils skeptische, teils hoffnungsvolle Bilanz, wenn sie schrieb: „Die alte Seele Münsters regte sich. Die Menschen füllten die wieder erbauten Kirchen mehr als man erwarten konnte. Auf den Kanzeln standen Prediger alter Orden und neuer Genossenschaften. Ihr Wort ward nicht, wie es ehedem wohl sein mochte, Gespräch einer Stadt in seinen alten Lokalen, aber es traf die Seele Münsters. Und das ist der Erfolg, den man nicht berechnen kann, der aber beglückt, weil er hoffen läßt. Viele, die sich für die Mission in Münster interessieren, lieben die Zahlen. Ob überhaupt die 50, 60 sogar 70 Prozent, die man in verschiedenen Pfarreien errechnet hat, etwas aussagen? [. . .] Besser ist's zu wissen, vom alten Münster ist ein Stück katholisches Bewußtsein ins Heute hinüber gerettet worden und mit ihm der Wille, dieses Bewußtsein dem neuen Münster zu erhalten. Den Verantwortlichen obliegt es, Bewußtsein und Wille, durch die Mission geweckt, nicht zu berechnen, sondern zu pflegen" [Kirche und Leben vom 11. Juni 1950].

Betrachtet man dazu die eingetretene Entwicklung, so ist eindeutig, daß das Ziel, Münsters katholisches Bewußtsein in die Zukunft zu retten, so nicht erreicht wurde. Sicherlich dokumentieren die hier nurmehr indizienhaft beschriebenen Veränderungen innerhalb des Katholizismus, seiner religiösen Praktiken und Moralvorstellungen nicht die ganze Bandbreite dessen, was katholische Identität in der Nachkriegszeit konstituierte und dem katholischen Milieu mit seinen Alltagspraktiken und Alltagsritualen eigentümlich war und ist. Auch ist zu bedenken, daß sich gerade Ausdrucksweisen religiöser Mentalität und Gesinnung dem Blick der Öffentlichkeit entziehen können wie etwa der Glaubensvollzug in den Familien, die religiöse Durchdringung persönlicher Lebensführung, aber auch bei der Wahrnehmung öffentlicher Aufgaben, wo die religiös-ethische Grundhaltung vielleicht zwar einfließt, zumeist aber nicht artikuliert wird.

Auch heute noch erscheint Münster als eine katholische Stadt, nimmt man allein die Konfessionsverteilung zum Maßstab. Der Anteil der Katholiken an der Gesamtbevölkerung umfaßte 1989 immerhin noch 64,8 Prozent, während er 1950 sogar 72,9 Prozent betragen hatte. Doch die Zahlen lassen kaum etwas von den weitreichenden Prozessen des Wandels erkennen, die sich hinter dieser statistischen Fassade vollzogen und die das gesellschaftliche Gefüge der Stadt veränderten. Sie sind es, in denen sich die erodierende Kirchlichkeit sowie Formen und Reichweite des sozialkulturellen Wandels im katholischen Milieu der Stadt untrüglich widerspiegeln. Mit dem Verlust an Kirchenverbundenheit und Kirchlichkeit im Lebensalltag korrespondierte eine wachsende Abkehr von kirchlich geprägten Denk- und Verhaltensweisen. Spätestens seit Mitte der 1960er Jahre konnte von einem intakten katholischen Milieu in Münster keine Rede mehr sein. Zu stark war der äußere Druck, der von der modernen pluralistischen Gesellschaft ausging, und zu schwach, zu überzeugungsarm oft die Position der Kirche, um ihre dominierende Rolle als normsetzende Lebensmacht behaupten zu können. Mit Blick auf das allgemeine Erscheinungsbild der Kirche und Kirchlichkeit in der Bundesrepublik hat Hans Maier von einem „Vitalitätsverlust und einer Tradierungskrise" gesprochen [2417: Kirche, Religion und Kultur, S. 132]. Diese Begriffe erfassen zwar Wesentliches, doch bieten sie zunächst nur allgemeine Erklärungsmuster für einen innerkirchlichen wie weltlichen Prozeß, der in der Bundesrepublik ja keineswegs gleichförmig verlief. Es bleibt die Frage, warum dieser für den Katholizismus so verlustreiche Wandel in konfessionell homogenen Städten und Regionen offenbar progressivere Züge besaß als anderswo.

Auch stellt sich die Frage, was dieser Wandel für die Politik, d. h. für das Verhältnis von Kommunalpolitik und Katholizismus in Münster bedeutete. Die nach dem Krieg bekundete Bereitschaft, im Verhältnis zu Staat und Gesellschaft neue Wege der Interessenwahrnehmung zu gehen – die gleichsam bischöflich-priesterliche „Zustimmung" zur Gründung der interkonfessionellen Volkspartei CDU anstelle der Wiederbelebung des katholischen Zentrums war hierfür das entscheidende Signal –, sowie die Durchbrechung bzw. Aufgabe einer traditionellen Ghettomentalität hatten sich für die Position der katholischen Kirche alles in allem als richtig und vorteilhaft herausgestellt. Die „Diagonale Rathaus – Dom", mit der Oberbürgermeister Peus im

Oktober 1956 das Zusammenwirken von politischen und kirchlichen Interessen bildlich umschrieben hatte, funktionierte in der Stadt in hohem Maße. Andererseits lag es in der Natur der Sache, daß dieses Zusammenwirken von CDU-dominiertem Rathaus, Amtskirche und katholischem Milieu insonderheit von den oppositionellen Ratsfraktionen nie ohne Vorbehalt, ja mit wachsendem Argwohn verfolgt wurde. Wie stark dieser war bzw. inzwischen geworden war, zeigte sich daran, daß die SPD-Fraktion 1978 in einer Dokumentation über die finanzielle Förderung des kirchlichen Büchereiwesens durch die Stadt von einer Konfessionalisierung der Kommunalpolitik sprach. Ob dem so war, wo und wie die Einflußsphären verliefen und welche Motive in politische Entscheidungsprozesse einflossen, sei dahingestellt und muß späteren Forschungen vorbehalten bleiben.

Als jedenfalls die CDU bei den Kommunalwahlen 1979 ihre 1961 errungene absolute Mehrheit verlor und die Grüne Alternative Liste (GAL) erstmals in den Rat einzog, markierten diese Ergebnisse nicht nur eine politische Zäsur in der städtischen Nachkriegsgeschichte. Die veränderten Mehrheitsverhältnisse waren auch und vor allem Ausdruck des sozialen Wandels, der seit etwa Mitte der 1960er Jahre das gesellschaftliche und kulturelle Profil der Stadt verändert hatte und weiterhin beeinflußt. Bestimmte Erscheinungsweisen in den letzten Jahren, die einzelne Sozialwissenschaftler veranlassen, von einem „epochemachenden Umbruch“ der deutschen Gesellschaft zu sprechen, können auch in Münster beobachtet werden: „neue Familien- und Haushaltsformen“, der Anstieg nichtehelicher Lebensgemeinschaften und Alleinerziehender sowie eine „Pluralisierung von Milieus, Subkulturen und Lebensstilen“ (Stefan Hradil). Welche Folgen sie indes für die Struktur der städtischen Gesellschaft, für die politische Kultur und die Konsensfähigkeit der Kommunalpolitik überhaupt haben werden, läßt sich noch gar nicht absehen.

Rat und Verwaltung

Die Zeit nach dem Zweiten Weltkrieg entspricht inzwischen einer Zeitspanne, in der zuvor in Deutschland drei politische Systeme aufeinander folgten. Überblickt man diese knapp fünfzig Jahre Stadtgeschichte, so gewinnt man den Eindruck, daß wichtige Zäsuren mit den Amtszeiten einzelner Oberbürgermeister und Oberstadtdirektoren zusammenfallen und daß sich politische Entwicklungen und Stationen im Kontext des Zusammen- und Widerspiels von Rat und Verwaltung, von Oberbürgermeister und Oberstadtdirektor verfolgen lassen. Sicherlich bilden politische Daten oft nur die Eckpunkte von sich überschneidenden Prozessen in Politik und Kultur, Wirtschaft und Gesellschaft, und es wäre unzulässig, komplizierte kommunalpolitische Willensbildungs- und Entscheidungsprozesse auf die beiden Spitzenpositionen der Stadt zu reduzieren. Dennoch ist die politische Handschrift einzelner Oberbürgermeister und Oberstadtdirektoren in der münsterischen Kommunalpolitik unverkennbar.

Bei durchaus fließenden Übergängen lassen sich in der Nachkriegsgeschichte drei Perioden voneinander abgrenzen.

- Die erste Epoche reicht bis in die Mitte der sechziger Jahre hinein. Sie ist charakterisiert durch den elementaren Wiederaufbau, infrastrukturelle Weichenstellungen und beachtliche Aufbauleistungen. Das Ausscheiden von Dr. Busso Peus aus dem Amt des Oberbürgermeisters bezeichnet 1964 das Ende dieser städtischen Nachkriegs- und Wiederaufbauphase.

- Die zweite Phase, politisch markiert durch die Amtsperiode des Oberbürgermeisters Dr. Albrecht Beckel von 1964 bis 1973, steht im Zeichen der Konsolidierung des Erreichten und der Setzung neuer kommunalpolitischer Prioritäten.
- Die dritte, bis in die Gegenwart reichende Periode wird eingeleitet durch das Inkrafttreten der kommunalen Neuordnung. Sie fällt zusammen mit einem Wechsel in den beiden politischen Spitzenpositionen. Im Oktober 1972 löste Dr. Werner Pierchalla Beckel als Oberbürgermeister ab; gut ein Jahr später wurde Dr. Hermann Fechtrup Nachfolger von Oberstadtdirektor Heinrich Austermann, der dieses Amt zwanzig Jahre lang bekleidet hatte.

In den ersten Nachkriegsjahren war Karl Zuhorn die beherrschende politische Figur im Rathaus. Das hing zum einen mit den Maximen der Besatzungspolitik zusammen, die zunächst die Stellung der „Exekutive" gegenüber den Ansprüchen der politischen Parteien und Ratsgremien stärkte. Zum anderen wurde Zuhorns fachliche Qualifikation von niemandem in Zweifel gezogen. Mit seiner kommunalpolitischen Erfahrung in leitenden Ämtern, seinem profunden Expertenwissen und breiten kulturellen Interessen verkörperte Zuhorn den Typus eines gelehrten, aber durchaus entscheidungsstarken Spitzenbeamten. Seine dominierende Position wurde noch dadurch verstärkt, daß er auf seiten des Rates keinen wirklichen politischen Widerpart hatte und die in seiner Zeit als Oberstadtdirektor amtierenden vier Oberbürgermeister schon aufgrund ihrer kurzen Amtszeit kaum eine Chance zur Profilierung besaßen. Möglicherweise trieb sie aber auch gar kein Ehrgeiz. Im Beigeordnetenkollegium war Zuhorns fachliche wie persönliche Autorität ohnehin unangefochten. Wenn es zu Konfliktsituationen etwa mit dem Rat kam, dann solidarisierte er sich voll und ganz mit seinen leitenden Beamten. So war es den Beigeordneten ein Ärgernis, daß Ratsherren ihnen gegenüber zu sehr von „sollen" und „müssen" redeten, anstatt das Verb „wollen" zu gebrauchen. Sie beschwerten sich deshalb am 23. Juni 1947 bei Oberbürgermeister Rediger, „daß einige Ratsherren zur Arbeit der Dezernenten nicht die richtige Einstellung" hätten, weil „diese Herren weniger auf fruchtbare Zusammenarbeit als auf Kritik abzielen" [StadtAM, Oberbürgermeister 145].

Diese Episode mag in gewisser Weise aufschlußreich sein für das Verhältnis der leitenden Beamten zu Teilen des Rates. Politisch ist sie bemerkenswert, weil sie ein traditionelles Rollenverständnis widerspiegelt, das eher einer Honorationenverwaltung eigentümlich war. Rat und Verwaltung mußten offenbar erst noch Formen der Zusammenarbeit finden, die dem neuen demokratischen Verhältnis entsprachen. Zuhorn jedenfalls unterstützte den Vorstoß ausdrücklich.

Zwei Problemen widmete Zuhorn seine besondere Aufmerksamkeit: dem Wiederaufbau des historisch wertvollen Stadtkerns und der Aufgabe, Münster den traditionellen Rang als Verwaltungs- und Kulturzentrum Westfalens zu sichern. Darin wurde er einmütig vom Rat und einer breiten Mehrheit der Bevölkerung unterstützt. Bei Abstimmungen von grundsätzlicher Bedeutung für die Zukunft der Stadt war es üblich, daß die Fraktionsschilder umgelegt wurden. Allerdings gingen die Meinungen über den Wiederaufbau des zerstörten Stadtkerns und über die Gestaltung von Fassaden exponierter öffentlicher Gebäude wie des Rathauses erheblich auseinander.

Man war sich im Grundsatz einig, das Stadtzentrum mit dem Prinzipalmarkt als Mittelpunkt organisch, d. h. soweit wie möglich auf der Grundlage der alten Fluchtlinienpläne, wiederaufzubauen. Nur im Ausnahmefall sollten neue Straßenzüge angelegt werden, um die alte Bausubstanz zu schonen. Andererseits sollte ein „mumienhafter Historizismus" (Wilhelm Vernekohl) vermieden werden [Rheinischer Merkur vom 10. Dezember 1949]. So widersetzte sich Zuhorn der Vorstellung, „alle Giebel des Prinzipalmarktes wieder kopieren" zu wollen. In diesem Punkt mußten insbesondere Widerstände aus dem einflußreichen Verein der Kaufmannschaft unter ihrem damaligen Vorsitzenden Friedrich Leopold Hüffer überwunden werden, der gleichzeitig Vorsitzender des „Ausschusses für den Wiederaufbau des Rathauses" war.

Als Zuhorn am 30. September 1952 in einer Sondersitzung des Rates als Oberstadtdirektor verabschiedet wurde, hatte er die Pensionsgrenze bereits um acht Monate überschritten. Seine Dienstzeit war auf Antrag der Fraktionen von CDU und SPD verlängert worden, was noch einmal das hohe Ansehen unterstreicht, das dieser Mann genoß. Einer erneuten Verlängerung hatte sich der Innenminister Franz Meyers widersetzt.

Das Ausscheiden Zuhorns fiel mit dem Ende der Trümmerzeit in Münster zusammen. Wichtige Weichen für den politischen, gesellschaftlichen und kulturellen Wiederaufstieg der Stadt waren gestellt. Anfang der fünfziger Jahre trat ihr Wiederaufbau in eine qualitativ wie quantitativ neue Phase, die bis in die Mitte der sechziger Jahre hineinreichte. Politisch ist sie vor allem mit den Namen des Oberbürgermeisters Dr. Busso Peus und des Oberstadtdirektors Heinrich Austermann verbunden. Beide Persönlichkeiten ergänzten sich in vorteilhafter Weise zum Wohl der Stadt, weil sie die ihren Ämtern gemäße Rollenverteilung grundsätzlich respektierten, gleiche politische Grundeinstellungen besaßen und in ihren geistigen und kulturellen Interessen nahe beieinanderlagen. Obwohl beide konservativen Grundüberzeugungen anhingen, verfügte Austermann offenbar über eine größere Fähigkeit und Bereitschaft zur Liberalität.

Der Lebens- und Ausbildungsgang beider Männer hatte verwandte Züge. Beide entstammten einem bürgerlichen, von katholischem Geist geprägten Elternhaus. Peus wurde 1908 in Münster als viertes von fünf Kindern einer alteingesessenen, gesellschaftlich angesehenen Familie geboren. Austermann kam 1909 in Papenburg zur Welt, wo sein Vater als Studienrat unterrichtete. Die familiären Wurzeln jedoch lagen bei bäuerlichen Vorfahren im Münsterland.

Beide Männer studierten Jura. Nach den Examina trat Peus 1933 in die väterliche Anwaltspraxis ein. Austermann entschied sich für die Kommunalverwaltung und wurde 1935 von der Stadt Münster als juristischer Hilfsarbeiter eingestellt. Beide erlebten den Zweiten Weltkrieg als Soldaten, gerieten in Gefangenschaft und kehrten 1946 nach Münster zurück. Peus arbeitete weiterhin in der Anwaltspraxis, ohne sich politisch zu engagieren. Dies änderte sich mit der Kommunalwahl von 1952, bei der er für die CDU erfolgreich kandidierte. Obwohl ohne jede kommunalpolitische Erfahrung, wurde er am 20. November bei vier Enthaltungen einstimmig zum Oberbürgermeister gewählt. Eine Wiederwahl des bisherigen Oberbürgermeisters Siehoff hatte die SPD abgelehnt.

Oberbürgermeister Busso Peus und Maire Roger Sécretain nehmen anläßlich der Jeanne-d'Arc-Feier in der Partnerstadt Orléans die Ehrung vor. In der ersten Reihe der Offiziellen (zweiter von rechts) Oberstadtdirektor Heinrich Austermann (8. Mai 1962)

Austermann, der 1942 zum Städtischen Rechtsrat ernannt worden war, kehrte zur Stadtverwaltung zurück, wo er einen raschen Aufstieg erlebte. Am 5. Februar 1948 wurde er zum Stadtrat mit dem besonderen Auftrag gewählt, sich um die wirtschaftliche Entwicklung zu kümmern. Drei Jahre später erhielt er das Amt des Kämmerers in einer Stadt, die in eine „schier ausweglose Finanzkrise" geraten war [1775: Hoss, Austermann, S. 15]. Die Art und Weise, mit der Austermann seine Aufgaben meisterte, prädestinierte ihn zum Nachfolger Zuhorns als Oberstadtdirektor, wozu ihn der Rat am 27. Oktober 1952 einstimmig wählte.

Mit Peus und Austermann standen nunmehr, so ein Kommentator der „Westfälischen Nachrichten", „Neue Repräsentanten" an der Spitze von Rat und Verwaltung, von denen man erwarten konnte, daß sie „Münsters Ruf als Universitäts- und Provinzialhauptstadt sowie als Sitz hoher kirchlicher und weltlicher Behörden erneut" festigen würden [Westfälische Nachrichten vom 21. November 1952]. Die kommunal- wie personalpolitischen Voraussetzungen dazu waren günstig. Peus und Austermann konnten sich im Rat wie in der Öffentlichkeit auf einen erheblichen Vertrauensvorschuß stützen. Die von Peus nach seiner Wahl bekundete Losung: „Nun ans Werk mit Gott!“ dürfte auch dem Selbstverständnis von Austermann entsprochen haben.

Beide Männer beeinflußten in den nächsten zwölf Jahren nachhaltig den Kurs der münsterischen Kommunalpolitik. Diese vollzog sich in Formen, die für die Kommunalpolitik jener Jahre mit bürgerlichen Mehrheiten so selten nicht gewesen sein dürfte. Peus, ein in der Sache harter, aber Argumenten gegenüber offener und im Umgang verbindlicher Mann, zog im Rat die Zügel entschlossen an sich. Während der gesamten Zeit als Oberbürgermeister war er überdies Vorsitzender des Schulausschusses. Er besaß sogar die Angewohnheit, sich in Sitzungen nicht auf seine Rolle als Ratsvorsitzender zu beschränken. Wenn er sich zur Sache äußern wollte, was häufig der Fall war, übergab er den Vorsitz seinem Stellvertreter. Auch die CDU-Fraktion dominierte er in einer Weise, daß das Wort vom „Ein-Mann-Betrieb“ die Runde machte. Gleichzeitig pflegte er Distanz zu seiner Partei. Im Verständnis heutiger „Basisarbeit“ tat er nur das Nötigste und trat als Parteipolitiker wenig hervor. Die politischen und repräsentativen Verpflichtungen seines Amtes dagegen erfüllte er mit Eloquenz, Souveränität und Hingabe.

In der Ära von Peus und Austermann wurde die Kommunalpolitik, zugespitzt formuliert, von den Chefetagen der Stadtverwaltung aus gesteuert. Hier wurde sie von Austermann und dem Beigeordnetenkollegium konzipiert, initiiert und realisiert, wobei Peus, Austermann und die Fraktionsvorsitzenden bei grundlegenden Entscheidungen eine Art politische Clearingstelle bildeten. Was hier besprochen und beschlossen wurde, das galt. Die Neigung zur kommunalen Demokratie im Sinne eines breiten politischen Willensbildungs- und Entscheidungsprozesses war nicht besonders ausgeprägt. Hier wirkten offenbar noch politische Sozialisationserfahrungen sowie ein Politikverständnis nach, das der Verwaltungsspitze bzw. einem exklusiven Kreis aus Verwaltung und Politik einen Vorrang gegenüber den Mitwirkungsansprüchen der Repräsentativorgane einräumte.

Doch ungeachtet solcher Gepflogenheiten im Führungs- und Beratungsstil versetzte schon der außerordentliche Planungs- und Entscheidungsdruck der Wiederaufbauphase die Verwaltung in eine strategisch günstigere, aber auch verpflichtende Position. Sie wurde noch dadurch verstärkt, daß die Beigeordneten zu den Tagesordnungspunkten der Ausschüsse in der Regel nur mündlich vortrugen. Die Form der schriftlichen Vorlage, die es den Fraktionen ermöglichte, sich vorab mit den Konzepten der Verwaltung auseinanderzusetzen und gegebenenfalls abweichende und korrigierende Vorstellungen zu erarbeiten, wurde erst Ende der 1950er Jahre eingeführt. Das änderte freilich nichts an der dominanten Position der „kommunalen Expertokratie“ [2231: Holtmann, Politik und Nichtpolitik, S. 286], die in den folgenden Jahren, wenn auch aus anderen Gründen, ein wichtiger kommunalpolitischer Faktor war und blieb.

Unbeschadet der außerordentlichen Aufbauleistungen in der Ära Peus und Austermann mußte eine solche Form der Machtausübung und Entscheidungskultur Kritik hervorrufen. Sie zeichnete sich schon nach der Kommunalwahl vom 19. März 1961 ab, in der die CDU nach 1946 erstmals wieder die absolute Mehrheit erreichte. Neue, jüngere Fraktionsmitglieder der CDU rieben sich an dem als autoritär empfundenen Führungsstil und an der Art und Weise, wie kommunalpolitische Entscheidungen zustande kamen. Das Verhältnis zwischen Peus und Teilen der Fraktion spitzte sich

„wegen der mangelnden politischen Zusammenarbeit mit dem Oberbürgermeister" so zu, daß die 1963 fällige Wiederwahl in der eigenen Fraktion gefährdet schien. Erst als Peus signalisiert hatte, nach Ablauf der Ratsperiode nicht erneut das Oberbürgermeisteramt anzustreben, erhielt er fraktionsintern „eine knappe Mehrheit" [Westfälische Nachrichten vom 4. August 1964 (Leserbrief)].

Zwei Jahre später kam es in der CDU zu einer „Flurbereinigung" bei der Kandidatenaufstellung für die Kommunalwahl. Ihr prominentestes „Opfer" war Peus, der sich doch noch einmal um ein Mandat beworben hatte, aber insbesondere am Widerstand des „linken Flügels" der Partei sowie der Jungen Union scheiterte. Was vordergründig als ein Austausch von Personen erscheinen mochte, war in Wirklichkeit ein generativer Schnitt und ein kommunalpolitisches Signal. Dahinter stand der Anspruch, die politische Stellung der einzelnen Organe der kommunalen Selbstverwaltung zu überprüfen, konkret: das Verhältnis von Rat und Verwaltung neu auszutarieren, die Position des Rates und seiner Ausschüsse stärker zu gewichten und die Beratungs- und Entscheidungsprozesse demokratischer und transparenter zu gestalten.

Außerdem signalisierte die Ablösung von Peus eine Verschiebung des inneren Machtgefüges in Münsters CDU. Peus galt als ein Repräsentant rechtskonservativer Gruppierungen im Ortsverband. Aus der Sicht des Chefredakteurs der „Westfälischen Nachrichten", Antonius Eickhoff, handelte es sich um „eine seit langem schwelende Revolte von unten", die „zum offenen Ausbruch" gekommen sei. Er fürchtete um die „Vorherrschaft einer Gruppe, die nicht ausschließlich die CDU als Volkspartei zu repräsentieren in der Lage ist" und meinte, „der Bürger der Stadt" solle „bedenken, wie weit er selbst an dieser Entwicklung schuld" sei. „Es ist doch so, daß Dr. Peus seit Jahr und Tag darum gerungen hat, es möchte sich eine hinreichende Anzahl von Bürgern aus der Kaufmannschaft, aus den geistigen und freien Berufen für ein politisches Mandat im Rat zur Verfügung stellen" und daß „seinen politischen Bestrebungen ein hinreichender Erfolg versagt" geblieben sei [Westfälische Nachrichten vom 30. Juli 1964].

Damit hatte Eickhoff ohne Zweifel ein Grundproblem der münsterischen Kommunalpolitik und insonderheit der CDU aufgeworfen: die wachsende Abstinenz bestimmter Berufe und von Teilen des Bürgertums im Rat. Diese sahen sich offenbar nicht in der Lage, politische Verantwortung in Form eines Ratsmandats zu übernehmen, wollten aber gleichwohl Einfluß und Macht nicht verlieren.

Der sich hier ausdrückende Veränderungswille war allerdings weder ein münsterisches Phänomen noch spezifisch für die Kommunalpolitik. Was sich damals – belastet und überlagert von persönlichen Zerwürfnissen – im städtischen Mikrokosmos ankündigte, das war ein grundsätzlicher politischer Generationskonflikt. Er artikulierte sich wenige Jahre später in dem Postulat nach umfassender Demokratisierung von Politik und Gesellschaft. In den 1970er Jahren mündete er – orientiert an den Leitbegriffen der Partizipation und Emanzipation – in eine progressive Veränderung von politischen Verhaltensformen und gesellschaftlichen Wertmaßstäben ein.

Der politische wie generative Erneuerungswille schlug sich auch in der Wahl des Oberbürgermeisters nieder. Am 9. Oktober 1964 wählte der Rat mit 41 von 47 Stimmen den 39jährigen Dr. Albrecht Beckel zum ersten Bürger der Stadt. Seine Wahl schien vorgezeichnet und bildete den vorläufigen Höhepunkt einer beruflichen wie politischen Blitzkarriere.

Beckel, 1925 in Emmerich geboren, verbrachte seine Kindheit in Münster, wohin die Familie umgezogen war. Nach Abitur und Kriegsdienst bei der Marine studierte er Rechtswissenschaft in Münster und Fribourg und wurde 1952 mit einer Arbeit aus dem Strafrecht zum Dr. jur. promoviert. Bereits ein Jahr später erhielt er mit 28 Jahren die Leitung der sozialen Seminare im Bistum Münster und wurde, wiederum nach einem Jahr, zum Direktor des Franz-Hitze-Hauses, der Katholisch-Sozialen Akademie des Bistums Münster, berufen. Dieses Amt behielt er bis zum Jahr 1988.

Nicht weniger zielstrebig verlief die politische Karriere Beckels. Er fungierte zwar als Speerspitze eher linkskonservativer, reformorientierter Gruppierungen und wurde politisch insoweit auch beansprucht, aber ein Mann der CDU-Sozialausschüsse war Beckel nicht. Im Jahr 1960 wurde er im Alter von 35 Jahren Kreisvorsitzender der CDU in Münster, rückte ein Jahr später in den Rat ein und löste 1963 den damals 55 Jahre alten Kaufmann Heinrich Stadtbäumer, wie Peus ein Angehöriger der Vorkriegsgeneration, als Fraktionsvorsitzenden ab.

Bereits diese äußeren Daten lassen erkennen, daß mit Beckel der Vertreter einer neuen Generation in die kommunalen Führungspositionen drängte. Beruf und Politik waren in einer Weise miteinander verknüpft, die für das Oberbürgermeisteramt in Münster beispiellos war. Aber auch dieser Wandel vollzog sich nicht nur hier. In der Tendenz lief dieser Karrieretypus darauf hinaus, Politik, also auch Kommunalpolitik, zum Beruf zu machen. Insofern kann es nicht überraschen, daß Beckel seinen Wirkungskreis über die Grenzen der Stadt hinaus ausdehnte. So bekleidete er von

Vereidigung des neugewählten Oberbürgermeisters Dr. Albrecht Beckel (9. Oktober 1964)

1968 bis 1972 das Präsidentenamt des Zentralkomitees der deutschen Katholiken und gehörte von 1970 bis 1990 dem Landtag von Nordrhein-Westfalen an.

Mit einer stark verjüngten CDU-Fraktion im Rücken packte Beckel sein neues Amt selbstbewußt und ohne politisches Lampenfieber an. Ebenso wortgewandt wie scharfzüngig und erfahren in den Techniken der Versammlungsführung, wollte er als Oberbürgermeister neue Maßstäbe setzen. Bereits in seiner Dankrede nach der Wahl deutete Beckel an, wie er das Verhältnis von Rat und Oberbürgermeister verstand: „Das Gesamtbild des Rates soll auch in der Öffentlichkeit stärker als die Figur des Oberbürgermeisters in die Erscheinung treten" [Westfälische Nachrichten vom 17. Oktober 1964].

Man kann darüber spekulieren, ob diese Charakterisierung Beckels noch eine geschickt verpackte Kritik an seinem Amtsvorgänger war. Das Signal jedenfalls, wer in Zukunft die dominante Rolle nach außen wie innen spielen wollte und sollte, war eindeutig und galt unausgesprochen wohl auch der Verwaltung. Die örtliche Presse reagierte skeptisch: „Inwieweit das seine volle Verwirklichung erfahren kann, vermag erst die Zukunft zu zeigen. Es ist nämlich dabei zu bedenken, daß wohl kein Amt in der Stadt seinen Träger so oft zumindest an die Grenze seiner Zuständigkeiten bringt und so viele Anlässe in sich birgt, die Funktion über das vom Gesetz Gewollte auszudehnen, wie das Amt des Oberbürgermeisters. Manche Nachwirkungen der alten Magistratsverfassung aus der Vorkriegszeit, als der – damals noch hauptamtliche – Oberbürgermeister die Aufgabe des Ratsvorsitzenden und des Verwaltungschefs auf sich vereinigte, zeigen sich hier. Ihnen wollte Dr. Beckel mit seinen Worten wohl nachdrücklich entgegentreten" [Westfälische Nachrichten vom 17. Oktober 1964].

Der „Neue Stil", wie es die „Dülmener Zeitung" vom 21. Januar 1965 nannte, erschöpfte sich nicht nur in Äußerlichkeiten. Es formierte sich ein neues Selbstverständnis des Rates und der Fraktionen, das auch das Verhältnis zur Verwaltung, speziell zur Verwaltungsspitze und zu den Beigeordneten, berühren mußte und insbesondere das Zusammenwirken von Mehrheitsfraktionen und Oberstadtdirektor bzw. Beigeordneten beeinflußte. Die von der Gemeindeordnung definierte Allzuständigkeit des Rates wurde mehr und mehr im Sinne einer umfassenden politischen Verantwortung interpretiert. Politischer Gestaltungsanspruch und formale Kompetenzzuweisung zwischen Politik und Verwaltung kollidierten miteinander.

Sowenig der hier angedeutete Strukturwandel in der kommunalen Selbstverwaltung mit personellen Konstellationen allein angemessen erklärt werden kann, so offensichtlich ist, daß es maßgeblich vom Verhältnis der Partner im kommunalen System abhing, ob und in welcher Weise dieser Prozeß bewältigt wurde. Was immer die Gründe im einzelnen gewesen sein mögen – Unterschiede des Alters, der Mentalität und im Rollenverständnis ihrer Ämter – Beckel und Austermann jedenfalls taten sich schwer miteinander. Immerhin zog Beckel bei der Niederlegung seines Oberbürgermeisteramtes ein selbstkritisches Fazit, wenn er formulierte: „Mittler zu sein zwischen Rat und Verwaltung, das ist nicht leicht. Ich gestehe ganz offen, daß in meiner Amtszeit das Problem nicht ganz gelöst worden ist" [Münstersche Zeitung vom 12. September 1972].

Gleichwohl war die kommunalpolitische Bilanz ihrer Zusammenarbeit beachtlich. Zu verweisen ist stellvertretend auf die Entwicklung neuer Stadtteile und die Durchsetzung münsterischer Interessen im Zuge der kommunalen Neuordnung. Vor allem aber bleibt es ein Verdienst Austermanns, daß er seinen ganzen Einfluß geltend gemacht hatte, die um die Mitte der sechziger Jahre ernsthaft drohende Abwanderung der damaligen Landesbank für Westfalen – sie wurde später Teil der Westdeutschen Landesbank – nach Dortmund zu verhindern, und daß er gleichzeitig den Umschlag von Grund und Boden mit der Konzipierung attraktiver Projekte jenseits des Aaseegeländes verknüpfte. Die Stadt stellte der Bank das Gelände des alten Zoos zur Verfügung und entwickelte um den neuen Zoo herum ein vielseitiges Naherholungszentrum, wo unter anderem das Westfälische Museum für Naturkunde des Landschaftsverbandes sowie die volkskundliche Museumsanlage „Mühlenhof", getragen vom Verein „De Bockwindmüel", errichtet wurden. Diese erfolgreich abgeschlossenen politischen Sondierungen sowie Verhandlungen mit privaten Grundstückseigentümern unterstreichen, welchen fachlichen und persönlichen Bonus Austermann in der Bürgerschaft Münsters besaß.

Beckel und Austermann schieden im Abstand von einem Jahr aus ihren Ämtern. Als Oberbürgermeister und als Oberstadtdirektor hatten sie die Nachkriegsgeschichte der Stadt entscheidend mitgeformt. Beckel, Protagonist und Moderator einer neuen tonangebenden kommunalpolitischen Generation, vermochte in der politischen Kultur der Stadt neue Akzente zu setzen. Er begnügte sich nicht mit der alltäglichen Ausfüllung seines Amtes, sondern räsonierte auch in Wort und Schrift über Formen und Inhalte kommunaler Politik. Er suchte die Kommunikation mit der Öffentlichkeit und nutzte die Möglichkeiten seines Amtes, um dem wachsenden Legitimationsdruck kommunaler Politik gerecht zu werden.

Austermann wiederum verkörperte schon aufgrund seiner Amtszeit zwischen 1952 und 1973 die Epochen des Wiederaufbaus und der Neugestaltung der Stadt. Den Anteil, den er daran hatte, sowie die völlige Hingabe an das Amt und die Interessen der Stadt würdigte der Rat auf besondere Weise. Er verlieh Austermann am 28. Oktober 1973 die Ehrenbürgerschaft und verband damit eine Anerkennung für die Aufbauleistung der Verwaltung überhaupt.

Dies war eine bemerkenswerte Entscheidung, wenn man bedenkt, wie sehr gerade das Amt des Oberstadtdirektors im Schnittpunkt von politischen Interessen liegt und wie konfliktträchtig es daher ist. Der Rat ehrte mit Austermann einen Verwaltungschef, der es verstanden hatte, die Maximen von Erneuerung und Bewahrung so auszutarieren, daß seine Amtsführung auf ein hohes Maß an öffentlicher Zustimmung stieß. Das war viel in einer Zeit, in der das Neue und Andere immer gleich als Inbegriff des Fortschritts betrachtet wurde.

Darüber hinaus stellte die Verleihung dieses Ehrenbürgerbriefs einen symbolischen Akt dar. Gewürdigt wurde dadurch auch die parteiübergreifende Zusammenarbeit beim Wiederaufbau und der sie tragende bürgerschaftliche Gemeinsinn. Dieses Bekenntnis zum Wiederaufbau als Gemeinschaftsleistung rückte demonstrativ die Konsensfähigkeit der politischen Kräfte der Stadt in der Nachkriegszeit ins Bewußtsein. Es war zugleich ein Bekenntnis zu den Formen einer demokratischen politischen Kultur, die vor dem Hintergrund der politischen Zerrissenheit in den Jahren der Weimarer Republik besonders ins Gewicht fiel.

Wie schon 1952, so waren auch jetzt beide Spitzenpositionen der Stadt kurzfristig zu besetzen. Binnen Jahresfrist wählte der Rat am 2. Oktober 1972 mit 43 von 48 Stimmen den Vorsitzenden der CDU-Fraktion, Dr. Werner Pierchalla, zum Oberbürgermeister und am 29. Oktober 1973 den bisherigen Oberkreisdirektor des Kreises Münster, Dr. Hermann Fechtrup, zum Oberstadtdirektor.

Ihre Wahl erfolgte zu einem Zeitpunkt, als die Stadt vor einer wichtigen Zäsur stand. Am 1. Januar 1975 trat die kommunale Gebietsreform in Kraft. Dem außerordentlichen Zugewinn an Raum und Fläche stand das Problem der politischen Integration dieser Gebiete und ihrer Bevölkerung gegenüber – Aufgaben also, die für die neue kommunale Spitze besondere Herausforderungen darstellten.

Wie Beckel gehörten Pierchalla und Fechtrup der Zwischenkriegsgeneration an. Pierchalla wurde 1921 in Königshütte (Oberschlesien) in einem christlich-katholisch geprägten Elternhaus geboren. Sein Vater war Standesbeamter. Nach dem Abitur wurde Pierchalla zum Kriegsdienst eingezogen, geriet in russische Kriegsgefangenschaft und hatte das Glück, bereits 1950 freizukommen. In Münster studierte er Rechtswissenschaft, wurde promoviert und war nach dem Assessorexamen für kurze Zeit Richter am Landgericht. Dann entschied er sich für eine Laufbahn in der Finanzverwaltung, wo er zuletzt Dezernent in der Oberfinanzdirektion Münster war. Nach den Kommunalwahlen 1961 zog er in den Rat ein und machte sich insbesondere als Finanz- und Haushaltsexperte einen Namen. Die CDU-Fraktion wählte ihn nach den Kommunalwahlen 1969 zu ihrem Vorsitzenden.

Mit Pierchalla war ein Mann Oberbürgermeister geworden, der über fundierte kommunalpolitische Erfahrungen verfügte und seine Mandate und Funktionen mit wachem politischen Instinkt, Durchsetzungskraft und einer für münsterische Gepflogenheiten mitunter ungewohnt robusten Offenheit wahrgenommen hatte. Dies änderte sich auch in seiner Zeit als Oberbürgermeister nicht und verschaffte ihm eine beträchtliche Popularität. Schließlich war Pierchalla der erste Oberbürgermeister der Nachkriegszeit, dessen landsmannschaftliche Herkunft von den regionalen Traditionen dieses Amtes abwich.

Fechtrup verdankte seine Wahl vordergründig dem Umstand, daß sein Posten als Oberkreisdirektor ein Opfer der kommunalen Neuordnung wurde und daß die Stadt Münster sich so oder so Gedanken machen mußte, wie sie diesen kommunalen Spitzenbeamten angemessen unterbringen konnte. Tatsächlich eröffnete die Auflösung des Landkreises Münster der Stadt eine personalpolitisch seltene Option. Fechtrup erfüllte nicht nur fachlich und politisch alle Voraussetzungen für das Amt des Oberstadtdirektors. Vor allem die Möglichkeit, den bisherigen Oberkreisdirektor des weithin in Münster aufgehenden Kreises nun als Oberstadtdirektor mit der ebenso vielschichtigen wie diffizilen Integration der neuen Stadtteile verantwortlich zu beauftragen, erwies sich für die Stadt als Glücksfall. Fechtrups Wahl symbolisierte gleichsam eine Art vertrauensbildender Maßnahme.

Fechtrup war 1928 in Münster geboren worden. Die Schulzeit wurde durch den Einsatz als Flakhelfer unterbrochen, so daß er das Abitur erst 1949 machen konnte. Er studierte Rechtswissenschaft und erlangte 1956 mit einer Dissertation über ein kommunalrechtliches Thema den Doktorgrad. Nach einer kurzen Tätigkeit im Kommunalwissenschaftlichen Institut der Universität Münster war der Weg in die Kommunalverwaltung vorgezeichnet. Am Beginn stand eine Tätigkeit beim Landkreis Wiedenbrück. Im Jahr 1960 wurde er Kreisdirektor beim Landkreis Münster, neun Jahre später, als Nachfolger von Klaus Meyer-Schwickerath, mit 41 Jahren Oberkreisdirektor. Aus dieser Position heraus wählte ihn der Rat der Stadt Münster

Ratssitzung unter Vorsitz des Oberbürgermeisters Dr. Werner Pierchalla

1973 für zwölf Jahre zum Oberstadtdirektor; 1985 wurde er noch einmal für acht Jahre bestätigt.

Pierchalla und Fechtrup amtierten gemeinsam bis 1984. In diesen elf Jahren veränderten sich die Handlungs- und Gestaltungsräume der kommunalen Politik ebenso nachhaltig wie die Formen, in denen politische Interessen und Konflikte ausgetragen wurden. In dem Maße, in dem die Kommunen immer stärker als Exerzierfeld und Vollzugsorgan von öffentlichen, aber keineswegs immer genuin lokalen Aufgaben von Bund und Land in Anspruch genommen wurden, gewann auch die Frage nach der Steuerbarkeit der Stadt als politisches, gesellschaftliches und administratives System an Schärfe und Dringlichkeit.

Unter diesen Bedingungen wurde zwar ein enger Informationsaustausch zwischen Politik und Verwaltung unverzichtbar. Er war aber gleichzeitig dazu angetan, die komplizierten Abstimmungsprozesse in das Vorfeld politischer Funktionsträger zu verlagern, d. h. in die Gruppe von „Vorentscheidern" [1949: Banner, Politisch-administrative Steuerung, S. 42], zu denen einerseits die Rats-, Ausschuß- und Fraktionsvorsitzenden, andererseits der Verwaltungschef mit seinen Beigeordneten gehörten. Den damit verbundenen präjudizierenden Wirkungen auf die Gestaltungs- und Entscheidungsfreiheit von Fraktionen, Ausschüssen und Rat glaubte man dadurch begegnen zu können, daß immer umfangreichere, anspruchsvollere Vorlagen von der Verwaltung eingefordert wurden. Doch das berechtigte Verlangen, allen Ratsmitgliedern einen ebenbürtigen Informationsstand zu vermitteln, erwies sich als ambivalent, ja geradezu als kontraproduktiv. Die jenseits der Alltagsroutine von der Verwaltung erarbeiteten Vorlagen – erstellt mit wissenschaftlicher Präzision und Methodik – bekamen mehr und mehr den Charakter komplexer Dokumentationen. Sie konnten von der Mehrzahl der Ratsmitglieder zeitlich und argumentativ kaum mehr bewältigt werden, so daß die politisch eingeforderte Transparenz und Aufklärung geradezu eine dialektische Wirkung besaß. Der Verständigungsprozeß zwischen ehrenamtlichen Mandatsträgern und professioneller Verwaltungskraft wurde zusehends komplizierter und konfliktträchtiger.

Im Endeffekt vermochte dieses Informationssystem die angestrebte Argumentations- und Entscheidungsfähigkeit des Rates und des einzelnen Mitglieds nur bedingt zu stärken. Es sei denn, man war in der Lage, aus eigener Kraft oder mit Hilfe externen Sachverstandes Alternativkonzepte zu entwickeln. Vor dieser schwierigen Situation stand in der Regel die Opposition, während die Mehrheitsfraktionen die Erfahrung machen mußten, daß einer kommunalen Politik gegen eine fachlich versierte und politisch selbstbewußte Verwaltung enge Grenzen gesetzt waren.

Mochte es den Anschein haben, daß die kommunalen Entscheidungsprozesse bis in die 1960er Jahre hinein im wesentlichen von einer administrativen Funktionselite gesteuert wurden, so bildete sich seit den 1970er Jahren mehr und mehr eine komplexe Gemengelage von Politik und Verwaltung heraus, wobei das Denken und Handeln in den parlamentarischen Kategorien von „Regierung“ und „Opposition“ zusehends die kommunalpolitischen Entscheidungsprozesse prägte.

Schließlich erlebten die kommunalen Gremien in der Amtszeit von Pierchalla und Fechtrup bis dahin nicht bekannte Formen der politischen Auseinandersetzung. Der Wandel im Umgang miteinander zeichnete sich bereits nach den Kommunalwahlen von 1975 ab und bekam nach dem Einzug der Fraktion der Grünen Alternativen Liste (GAL) 1979 eine neue Qualität. Die politische Profilierung der Fraktionen ging einher mit einer fortschreitenden Polarisierung im Rat. 1975 war eine stark verjüngte SPD-Fraktion in den Rat eingezogen. In der Mehrzahl akademisch geprägt und ohne Ratserfahrung – 20 der 24 Fraktionsmitglieder besaßen erstmals ein kommunales Mandat –, schlug diese Fraktion neue politische Töne an und betrieb eine offensive Oppositionspolitik, die allerdings in diesem Zusammenhang nicht weiter dargestellt werden kann. Mit der Präsenz der GAL-Fraktion verschärfte sich das politische Klima im Rat erneut und abrupt. Zwischen Teilen des Rates schlug die politische Rivalität um in eine für dieses Gremium bis dahin beispiellose politische Gegnerschaft. Sie blieb nicht ohne Rückwirkungen auf die Kommunikations- und Konsensfähigkeit des Rates und auf die politische Kultur in der Stadt insgesamt; die Konsequenzen werden allerdings unterschiedlich bewertet.

Insofern dürften auch diese interfraktionellen Beziehungen zu einem gut Teil erklären, daß ehrgeizige und langfristige, vor allem aber „unpopuläre“ kommunale Projekte nur noch mühsam oder gar nicht mehr zu realisieren waren. Dazu gehörten etwa die von der Verwaltung mit Nachdruck betriebenen Planungen für eine attraktive Verkehrsanbindung an Ostwestfalen, die Schließung des innerstädtischen Ringverkehrs und die Ausweisung eines Gewerbegebiets in den Rieselfeldern.

Andererseits konnte unter Pierchalla und Fechtrup die Entwicklung der Stadt mit ihren urbanen Qualitäten weiter vorangetrieben werden, weil sie gleichsam im politischen Schulterschluß arbeiteten und die politische Rollenverteilung funktionierte. Die politische wie administrative Integration der neuen Außenstadtteile erfolgte ebenso erfolgreich wie geräuschlos. Und auch die fundamentale, sich jeder Stadtführung immer wieder neu stellende Aufgabe – nämlich Münsters zentralen Rang als Stadt der Kultur, Verwaltung und Wirtschaft zu festigen und auszubauen – wurde durch kreative Projekte aufgegriffen.

Mit dem Ablauf der Wahlperiode zog sich Pierchalla 1984 aus der aktiven Kommunalpolitik zurück, in der er seit 1961 tätig gewesen war. Die CDU nominierte Dr. Jörg Twenhöven als Spitzen- und damit auch als Oberbürgermeisterkandidaten. Da CDU und FDP 36 von 67 Mandaten holten und damit die Mehrheit besaßen, wurde Twenhöven am 17. Oktober 1984 zum Oberbürgermeister gewählt.

Twenhöven war 1975 in den Rat gewählt worden und hatte sich vor allem als Kulturpolitiker profiliert. Beruflich besaß er eine leitende Stellung in der Erwachsenenbildung beim Bistum Münster. Neben seinem kommunalen Mandat und den damit verbundenen Verpflichtungen und Funktionen engagierte sich Twenhöven in überregionalen Gremien und Vereinigungen seiner Partei. 1990 zog er in den Landtag von Nordrhein-Westfalen ein – eine berufliche und politische Karriere also, die bemerkenswerte Parallelen zu der von Albrecht Beckel aufweist.

Der schwierige Balanceakt zwischen Oberbürgermeister und Oberstadtdirektor gestaltete sich in der Amtszeit von Twenhöven und Fechtrup zusehends schwieriger.

Uwe Baumann, der Fraktionsvorsitzende der GAL-Fraktion, trägt sich anläßlich der konstituierenden Sitzung des Rates am 19. Oktober 1989 in das Goldene Buch ein (rechts Oberbürgermeister Dr. Jörg Twenhöven)

Obwohl die Bewältigung dieses kommunalpolitischen Strukturproblems nicht von den jeweiligen Amtsinhabern abstrahiert werden kann, handelte es sich hier nicht um ein münsterisches Phänomen. Vielmehr trat das der Gemeindeordnung immanente Konfliktpotential aus einer Reihe von Gründen, aber auch durch teils kooperierende, teils konkurrierende Amtsinhaber gerade in der kommunalen Wirklichkeit von Großstädten immer schärfer zutage.

Wider Erwarten kam es auch im Amt des Oberstadtdirektors zu einem Wechsel. Fechtrup trat zum 31. März 1989 vorzeitig in den Ruhestand. Im Zusammenhang mit den öffentlichen Auseinandersetzungen um Fehler und Versäumnisse der Verwaltung bei der Sanierung von Wohnungen im „Klarastift" war die Frage der Verantwortlichkeit politisch kontrovers beurteilt worden. Diese Auseinandersetzung und ihre eskalierenden Formen bildeten den äußeren Anlaß für Fechtrups Entscheidung. Ob dabei noch andere Gründe eine Rolle spielten, kann bei dieser Gelegenheit nicht weiter verfolgt werden und muß der Beantwortung in einer späteren Zeit vorbehalten bleiben. Zum Nachfolger Fechtrups wählte der Rat am 9. August 1989 den damaligen Regierungspräsidenten von Gießen, Dr. Tilman Pünder, der seit dem 1. September 1989 als Oberstadtdirektor amtiert.

Am Zusammen- und Widerspiel von Rat und Verwaltung der Stadt Münster läßt sich verfolgen, wie sich in der Nachkriegszeit die Formen und Strukturen der kommunalen Demokratie im Sinne einer Politisierung und Parlamentarisierung veränderten. Konnte die Verwaltung bis weit in die 1960er Jahre hinein mit ihren Einflußmöglichkeiten dominieren, so drängten danach die Parteien und Fraktionen mehr und mehr in das Zentrum der kommunalpolitischen Entscheidungsprozesse. Verkürzt formuliert, vollzog sich hier ein Wandel von der „Verwaltungsvorherrschaft" zur „Parteienvorherrschaft" [2462: Müller, Parteien- oder Verwaltungsvorherrschaft?]. Dieser Wandel wurde insbesondere von einer neuen politischen Generation in den sechziger Jahren eingeleitet und vorangetrieben. Sie hatte andere Vorstellungen von Demokratie und politischer Partizipation als die Generation der „Gründerväter" und „-mütter". Man empfand das Zustandekommen von politischen Entscheidungen häufig als autoritär, ja undemokratisch und zollte deshalb dem Ablauf von Willensbildungsprozessen besondere Beachtung. In der Realität indes gingen solche Forderungen nicht selten im Kalkül parteipolitischer Machtstrategien unter oder wurden ein Opfer von „Sachzwängen".

Die politische Funktionselite

Als der Rat der Stadt Münster am 20. November 1952 das Mitglied der CDU-Fraktion, den Rechtsanwalt und Notar Dr. Busso Peus, nahezu einstimmig zum Oberbürgermeister gewählt hatte, kommentierten die „Westfälischen Nachrichten" die Entscheidung wie folgt: „Die Auswahl derjenigen Männer, die eine Stadt wie Münster zu repräsentieren haben, hat in erster Linie stets darauf Bezug zu nehmen, daß diese Stadt durch eine große kulturelle Tradition charakterisiert ist, daß sie in erster Linie ein kulturelles Zentrum darstellt, und daß Münster nicht ein Gemeinwesen ist wie Großstädte, die vornehmlich nur wirtschaftsgebundenen, zivilisatorischen Bedürfnissen dienen. Münster sollte auch in seiner Repräsentanz deutlich machen, daß in einer Zeit, wo alle überkommenen Werte mehr und mehr verfallen, in der echten Rangordnung die kulturellen und geistigen Werte an der Spitze liegen."

Dies war ohne Zweifel eine pointierte Sichtweise. Doch was davon war Klischee, was Wunsch und was Wirklichkeit? Gewisse Aufschlüsse lassen sich gewinnen, wenn man die politische Funktionselite näher in den Blick nimmt, d. h. in erster Linie die Oberbürgermeister und Oberstadtdirektoren sowie die Fraktionsvorsitzenden und Beigeordneten. An ihnen lassen sich beispielhaft Stabilität und Wandel von Karrieremustern und Sozialprofil verfolgen, läßt sich zeigen, welche Faktoren beim Aufstieg in der Kommunalpolitik wirksam waren und wie der politische Generationswechsel funktionierte. Allerdings kann es im Rahmen dieser Darstellung nur darum gehen, die wesentlichen Merkmale und Tendenzen in komprimierter Form zu beschreiben, ohne die zugrundeliegenden sozialstatistischen Daten ausführlich auszubreiten.

In Münster amtierten seit Kriegsende neun Oberbürgermeister. Sie lassen sich zwar gleichsam in zwei Generationen unterteilen, in ihrem Sozialprofil aber waren sie bemerkenswert homogen. Die fünf Oberbürgermeister zwischen 1945 und 1952, nämlich Friedrich Carl Peus, Karl Zuhorn, Wilhelm Siehoff, Franz Rediger und Gerhard Boyer, hatten durchweg eine kurze Amtszeit, im Schnitt nur 1,3 Jahre. Peus hatte mit zwei Monaten die kürzeste, Boyer mit drei Jahren die längste Amtsperiode. Ihr durchschnittliches Lebensalter bei der Wahl betrug rd. 65 Jahre. Peus war mit 74 Jahren der mit Abstand älteste, Zuhorn mit 58 der jüngste Oberbürgermeister dieser Gruppe. Die zweite Oberbürgermeistergeneration von 1952 bis zur Gegenwart mit Busso Peus, Albrecht Beckel, Werner Pierchalla und Jörg Twenhöven amtierte im Schnitt 9,7 Jahre. Ihr durchschnittliches Lebensalter bei der Wahl betrug 42 Jahre. Beckel war mit 39 Jahren der jüngste, Peus mit 44 Jahren der älteste.

Idealtypisch könnte man den Oberbürgermeister der ersten Generation so charakterisieren: Er war gebürtiger Westfale, Katholik und promovierter Jurist, der nach einer erfolgreichen beruflichen Karriere zum Oberbürgermeister gewählt wurde, d. h. am Beginn des letzten Lebensdrittels. Die Berufung in dieses Amt bildete gleichsam den Abschluß des politischen und gesellschaftlichen Wirkens. Alle waren sie Gründungsmitglieder der CDU bzw. des Zentrums gewesen. Der Oberbürgermeister der zweiten Generation besaß folgende charakteristischen Merkmale: ebenfalls regionale Verwurzelung in Westfalen, Katholik und promovierter Jurist; beruflich und gesellschaftlich zwar bereits in einer arrivierten Position, aber noch auf einer unteren Stufe der Karriereleiter. Die Wahl in das Oberbürgermeisteramt bedeutete einerseits Anerkennung für das Erreichte und diente andererseits als Sprungbrett und Manövrierfeld für weitergehende Karrierepläne, die durch eine Ämterkumulation abgesichert wurden.

Die beiden Nichtakademiker waren Boyer und Rediger. Boyer hatte nach dem Abitur die gehobene Beamtenlaufbahn eingeschlagen, während Rediger nach Herkunft und Karrieremuster ein Außenseiter war. Er entstammte einer Arbeiterfamilie, war Bergmann und engagiertes Mitglied in der christlichen Gewerkschaftsbewegung. Über sie stieß er zur Politik, wurde 1922 zum Vorstandsmitglied und Landesrat der Landesversicherungsanstalt Westfalen gewählt und gehörte zu den ersten, die von den Nationalsozialisten nach 1933 als sogenannte Parteibuchbeamte entlassen wurden. Redigers Wahl zum Oberbürgermeister markiert sozialhistorisch zwar einen Bruch, aber sie war keine Entscheidung gegen die Tradition dieses Amtes. Denn Rediger war ein Übergangskandidat. Angesichts der labilen Stimmenverhältnisse im

Rat war dieser Mann mehrheitsfähig, weil er vor und nach 1933 politische Überzeugungstreue an den Tag gelegt hatte und seine persönliche Integrität unbestritten war. Insofern erscheint die Wahl Redigers zugleich als ein Akt politischer Wiedergutmachung und Respektbezeugung.

Schließlich dürfte es die Wahl zum ersten Bürger der Stadt teils erleichtert, teils gefördert, im Einzelfall überhaupt erst ermöglicht haben, ob und in welche gesellschaftlichen Netzwerke ein Kandidat integriert war.

Dieser Eindruck drängt sich auch bei den vier Oberstadtdirektoren der Nachkriegszeit auf, wie überhaupt ihr Sozialprofil und ihr Karrieremuster in markanter Weise mit dem der Oberbürgermeister übereinstimmen. So waren die Oberstadtdirektoren entweder in Münster geboren oder hatten vor ihrer Wahl lange in der Stadt gelebt und in zum Teil leitenden kommunalen Positionen gearbeitet. Alle vier waren Katholiken, hatten Jura studiert und bis auf einen den juristischen Doktorgrad erworben. Alle vier waren Mitglieder der CDU. Schließlich verfügten alle über langjährige Erfahrungen in der Kommunalverwaltung, wobei nur ein Oberstadtdirektor, nämlich der amtierende Tilman Pünder, von außerhalb in das Amt gewählt wurde.

Wie die Oberbürgermeister der „ersten Stunde“, so waren auch die beiden ersten Oberstadtdirektoren vor 1914 geboren, also Kinder der Monarchie. Die beiden folgenden sind wiederum der Zwischenkriegsgeneration zuzurechnen; sie wurden um 1930 geboren.

Demgegenüber liegt die Anzahl der Beigeordneten, die seit 1945 in Münster tätig waren, mit 24 Beamten deutlich höher. Darunter werden die Wahlbeamten gefaßt, die in Münster die Amtsbezeichnung „Stadtrat“ tragen und von denen einzelne besondere Titel wie „Stadtkämmerer“, „Stadtschulrat“ oder „Stadtbaurat“ führen. Die Stadt verfügte zunächst über fünf Beigeordnetenstellen. Ihre Zahl wurde Mitte 1956 auf sechs und dann auf sieben erhöht (ein Dezernat führt der Oberbürgermeister). Bis zum Jahr 1979 betrug die Wahlzeit für Beigeordnete zwölf, seitdem acht Jahre. Angesiedelt an der Nahtstelle von Politik und Verwaltung bekleiden die Beigeordneten kommunalpolitische Schlüsselstellungen und verkörpern zugleich den fachlichen wie bürokratischen Rückhalt der Stadtverwaltung.

Bei den bisherigen 24 Besetzungen von Beigeordnetenstellen wurden ausschließlich Männer gewählt. Sie gehörten bis 1956 alle der Generation an, die vor dem Ersten Weltkrieg geboren worden war. Wie dicht andererseits die Generationslinien beieinanderlagen, kann man daran ablesen, daß 1956 mit Dr. Karl Hoss ein Angehöriger des Jahrgangs 1912 und mit Dr. Egbert Möcklinghoff ein Angehöriger des Jahrgangs 1924 gewählt wurde. Hoss war zugleich der letzte Beigeordnete der Vorkriegsgeneration, Möcklinghoff der erste, der die Zwischenkriegsgeneration repräsentierte. Sie bildete bis 1978 das Reservoir für die Beigeordnetenposten. Mit der Wahl von Dr. Berthold Tillmann (1984) gelangte erstmals ein Angehöriger der Nachkriegsgeneration in diese Position.

Der Zugang zur Position eines Beigeordneten hing entscheidend von professionellen Merkmalen ab. Alle Beigeordneten hatten zuvor Erfahrungen sammeln können, die für ihre spätere leitende Stellung einschlägig waren. Ganz überwiegend hatten sie Stationen in der Kommunalverwaltung durchlaufen. Die Berücksichtigung von zwei Nichtakademikern bildete die Ausnahme und ändert nichts an dem Gesamteindruck, daß Laufbahn- und Karrieremuster der Beigeordneten fest gefügt waren. Sie mußten bestimmten fachlichen Standards genügen, um zu reüssieren. Überdies spiegelt sich auch im Beigeordentenkollegium eine zunehmende Spezialisierung in der Kommunalverwaltung wider, die letztlich auf eine Durchbrechung des vielzitierten Juristenmonopols hinauszulaufen scheint. In Zahlen ausgedrückt: Im Jahr 1990 standen den drei juristisch ausgebildeten Beigeordneten vier gegenüber, von denen jeder eine andere akademische Ausbildung hatte. Die „Juristen" – läßt man einmal die erste Beigeordnetengeneration des Jahres 1945 beiseite – befanden sich also 1990 erstmals in der Minderheit. Hierbei handelt es sich allerdings nicht um eine spezifisch kommunale Entwicklung. Vielmehr zeichnet sich auch in anderen Bereichen des Öffentlichen Dienstes wie etwa in der Ministerialbürokratie ein Umbruch in den Karrieremustern ab. Mehr und mehr kommen nicht nur sogenannte Laufbahnbeamte bei Führungspositionen zum Zuge, sondern auch Personen mit „Mischkarrieren" [2050: Derlien, Regierungswechsel, S. 260].

Angesichts dieser dominierenden professionellen Merkmale ist es bezeichnend, daß die beiden einzigen „Außenseiter" im Beigeordnetenkollegium, nämlich Heinrich Hemsath und Theodor Wenking, im Jahr 1945 reüssieren konnten – also unter den besonderen Umständen der unmittelbaren Nachkriegszeit. Beide hatten eindeutig gegen das nationalsozialistische Regime Position bezogen. Dies trifft auch auf die beiden anderen nach Kriegsende ernannten Beigeordneten, Dr. Paul Engelmeier und Hubert Pollert, zu. Von ihnen hatte Engelmeier als einziger in der Weimarer Zeit bereits der Stadtverwaltung angehört. Er war seit 1928 hauptamtliches Mitglied des Magistrats gewesen, bis ihn die Nationalsozialisten 1933 entlassen hatten. Die Berücksichtigung von „Außenseitern" und „Laufbahnbeamten" bedeutete deshalb keine Preisgabe fachlicher Maßstäbe, sondern das Setzen von Prioritäten. Anders formuliert: Die Beigeordnetenebene wurde zunächst und ausschließlich mit Persönlichkeiten besetzt, die politisch nicht belastet waren.

Die Beigeordnetenstelle, die Hemsath erhielt, wurde gleichsam zu einem Erbhof der SPD, während die FDP erst 1991 ihren Anspruch auf eine solche Position durchzusetzen vermochte. Im übrigen regulierte die CDU als stärkste politische Kraft in der Stadt den Zugriff auf diese Stellen, was sich auch in der zahlenmäßig starken Repräsentanz dieser Partei unter den Beigeordneten – 14 von ihnen waren Mitglied der CDU – niederschlug.

Bemerkenswert ist schließlich die Entwicklung der konfessionellen Bindung. Unter den sechs Beigeordneten, die evangelisch waren, gehörten zwei der SPD an, die übrigen vier, es handelte sich um die Stadtbauräte, waren parteipolitisch nicht gebunden. Bis Ende der 1950er Jahre war nur ein Beigeordneter evangelisch; die übrigen fünf Protestanten wurden erst seit den 1960er Jahren gewählt. Diese Zahlen sprechen für sich und können schwerlich mit Zufälligkeiten erklärt werden. Sie bestätigen aufs neue, daß das Konfessionsprinzip bei der Besetzung exponierter Stellen in der Stadtverwaltung ein gewichtiger Faktor war. Von ihm profitierten zunächst und vor allem Katholiken, was angesichts der konfessionellen Strukturverhältnisse und einer weithin exponierten katholischen Repräsentanz in Politik, Gesellschaft und Verwaltung der Stadt nicht überrascht. Im Jahre 1965 beispielsweise waren von den 193 369 Einwohnern Münsters 68 Prozent katholisch und 29,5 Prozent evangelisch. Daß dann seit Mitte der sechziger Jahre auch evangelische Beigeordnete verstärkt zum Zuge kamen, läßt zum einen auf eine wachsende konfessionspolitische Öffnung der münsterischen CDU schließen; zum anderen reagierte man damit auf verstärkt angemeldete Ansprüche evangelischer Kirchenvertreter auf eine größere Repräsentanz ihrer Konfession in Führungspositionen der Stadt.

Die dritte Gruppe schließlich, die Fraktionsvorsitzenden, ist die zahlenmäßig stärkste innerhalb der politischen Funktionselite. Seit den Kommunalwahlen im Jahr 1946 hat es im Rat der Stadt insgesamt dreißig Fraktionsvorsitzende gegeben; 29 davon waren Männer. Die einzige Vorsitzende war Hildegard Graf, die zwischen 1979 und 1982 zweieinhalb Jahre der CDU-Fraktion vorstand. Die CDU stellte überdies die Fraktion, die elfmal – und damit am häufigsten – die Spitze wechselte. Demgegenüber hatten die Fraktionen von SPD und FDP sechs bzw. sieben Vorsitzende, die GAL-Fraktion drei. Die Fraktionen von Zentrum, Bund der Heimatvertriebenen und Entrechteten (BHE) und Freier Wählervereinigung (FWV) hatten jeweils nur einen Vorsitzenden.

Für die auffallend starke Fluktuation an der CDU-Spitze drängen sich mehrere Erklärungen und Vermutungen auf. Sie hatte drei Fraktionsvorsitzende mit überdurchschnittlich langen Amtszeiten, nämlich Heinrich Stadtbäumer mit zehn (1954–1963), Dr. Paul Hüffer mit acht (1971–1979) und den amtierenden Ruprecht Polenz (seit 1984) mit bisher 8,5 Jahren. Dazwischen durchlebte die Fraktion offenkundig Phasen der Instabilität und des Übergangs, denn die in diesen Abschnitten gewählten acht Fraktionsvorsitzenden amtierten im Durchschnitt nur 2,6 Jahre. Derart häufige Wechsel im wichtigsten Amt einer Fraktion lassen zunächst auf massive interne Rivalitäten und Konflikte schließen. Denkbar sind aber auch vereinbarte Interimslösungen oder die Wahl in ein anderes Amt. Das letztere traf bei Beckel und Pierchalla zu. Der eine wurde nach 22 Monaten, der andere nach zwei Jahren aus diesem Amt heraus zum Oberbürgermeister gewählt.

Die vergleichsweise stabile Amtsfolge bei den beiden anderen großen Parteien ergibt sich im Fall der SPD aus der langen Amtszeit Geringhoffs mit 13 Jahren, Josef Prochaskas mit knapp zehn Jahren (1969–1979) und Heinz Lichtenfelds mit mehr als sieben Jahren (1972–1979), und im Fall der FDP aus der 14,5jährigen Amtszeit Wolfgang Kästners (1975–1989) und den 9,5 Amtsjahren seines Vorgängers Friedrich Ohlgart (1965–1975).

Zum Zeitpunkt ihrer Wahl verfügten alle Fraktionsvorsitzenden von CDU, SPD und FDP über mehrjährige Ratserfahrung, wenn auch mit deutlichen Unterschieden. So wurden die elf Vorsitzenden der CDU-Fraktion überwiegend schon nach zwei bis drei Jahren Ratsangehörigkeit bei einem durchschnittlichen Lebensalter von knapp 50 Jahren gewählt. Bei den Fraktionen von SPD und FDP war das in der Regel erst nach einer Ratsperiode, d. h. frühestens nach fünf bis sechs Jahren der Fall, und zwar bei der SPD mit einem Lebensaltersdurchschnitt von gut 42, bei der FDP von knapp 47 Jahren. Maßstäbe ganz anderer Art galten offenbar bei der GAL. Ihre Vorsitzenden waren jeweils Neulinge im Rat und zugleich die Jüngsten in dieser Position.

Abgesehen von wenigen Ausnahmen in der SPD-Fraktion ist die bürgerliche Herkunft die beherrschende soziale Gemeinsamkeit aller Fraktionsvorsitzenden. Aber bereits der schulische und berufliche Werdegang verlief in hohem Maße disparat. So besaßen alle elf CDU-Fraktionsvorsitzenden einen höheren Schulabschluß. Zehn von ihnen absolvierten ein Studium, fünf erwarben den Doktorgrad. Bis auf eine Ausnahme erreichten alle berufliche Positionen mit hohem Sozialprestige im öffentlichen Dienst, in der Wirtschaft oder im Verbandswesen. Wiederum bis auf eine Ausnahme waren alle katholisch. Diese Homogenität ist bemerkenswert und spiegelt zu einem gut Teil das Sozialmilieu wider, in dem die CDU in Münster verankert war bzw. aus dem sich ihre Führungskräfte rekrutierten.

Während die berufliche Laufbahn der FDP-Fraktionsvorsitzenden hierzu tendenzielle Gemeinsamkeiten aufweist, erscheinen die der sechs SPD-Fraktionsvorsitzenden so heterogen, daß man weder von einer Dominanz noch von einer Tendenz sprechen kann. Ihr berufliches Spektrum reichte vom Bauunternehmer bis zum Exportkaufmann, Gewerkschaftssekretär, parlamentarischen Geschäftsführer, kaufmännischen Angestellten und Fachhochschuldozenten. Zwei von ihnen hatten studiert, einer davon mit dem Abschluß der Promotion. Nicht weniger heterogen fällt der beruflich-soziale Befund bei der GAL aus. Die Uneinheitlichkeit ist schließlich auch kennzeichnend für die Konfessionszugehörigkeit, die entweder, so bei SPD und FDP, paritätische Züge zwischen katholisch und evangelisch besitzt oder aber nicht erkennbar ist.

Insgesamt drängt sich der Eindruck auf, daß man von einem allgemeingültigen oder dominierenden Karrieremuster nicht sprechen kann. Die vorliegenden Merkmale deuten allenfalls darauf hin, daß in der CDU und FDP einem beruflichen Status mit Sozialprestige ein größeres Gewicht beigemessen wurde als in der SPD. Bei ihr scheint die Verankerung in der Partei und in ihr nahestehenden Organisationen eine stärkere Rolle zu spielen. Ferner wäre noch zu überprüfen, ob und inwieweit sich auch katholische Akademiker in der münsterischen SPD engagierten. Und schließlich ist zu bedenken, daß sich andere qualifizierte Fraktionsmitglieder für dieses ebenso anspruchsvolle wie zeitaufwendige Amt eben nicht zur Verfügung stellten.

Zusammenfassend und vergleichend läßt sich für die hier dargestellte Funktionselite Münsters in Politik und Verwaltung – in der Frauen so gut wie nicht präsent waren – resümieren: Sie rekrutierte sich in dominanter Weise aus dem Bürgertum, verfügte durchweg über eine akademische Ausbildung, bekleidete überwiegend exponierte berufliche bzw. gesellschaftliche Positionen und bekannte sich in ihrer Mehrheit glaubensmäßig zum Katholizismus, parteipolitisch zur CDU. Dieser Befund verweist einerseits auf die sozialstrukturellen Gegebenheiten, andererseits auf die politischen Machtverhaltnisse in der Stadt. Die seit Kriegsende über viele Jahrzehnte hin stabilen Mehrheitsverhältnisse verschafften der CDU und der ihr verbundenen Klientel gleichsam eine hegemoniale Stellung. Sie war so dominant, daß die Partei Zugang und Besetzung der städtischen Spitzenpositionen kontrollierte und maßgeblich bestimmte.

Ebenso wird erkennbar, daß kirchliche Bindungen und religiös geprägte Lebensformen in der politischen Kultur Münsters faktisch und symbolhaft eine bedeutende Rolle spielten. So gehörte es zur Maxime dieser Kommunalpolitik, daß „ein gutes Verhältnis zwischen Rathaus und Domplatz", wie die Bistumszeitung Oberbürgermeister Busso Peus zitierte, „nur dem Wohl der ganzen Stadt dienen könne" [Kirche und Leben vom 22. November 1964]. Auch war es beispielsweise üblich, daß bei der Vereidigung von Ratsmitgliedern und Wahlbeamten das gotische Kruzifix aus dem Friedenssaal aufgestellt und Wachskerzen angezündet wurden, daß Rat und Verwaltung an bestimmten kirchlichen, d. h. katholischen Festtagen gemeinsam den Gottesdienst besuchten oder geschlossen an Prozessionen teilnahmen.

Was den generativen Wechsel angeht, so überschneiden sich zwischen den Gruppen entweder die Generationslinien oder sie liegen zu weit auseinander, als daß man von auffälligen Gleichzeitigkeiten sprechen könnte. Während beispielsweise im Amt des Oberbürgermeisters und des Fraktionsvorsitzenden der entscheidende politische Generationswechsel in der ersten Hälfte der sechziger Jahre erfolgte, als nämlich die vor dem Ersten Weltkrieg geborenen Jahrgänge von denen der Zwischenkriegszeit abgelöst wurden, vollzog sich dieser Wechsel im Amt des Oberstadtdirektors erst zehn Jahre später. Demgegenüber kamen bei den Beigeordneten die Jahrgänge, die in den Jahren der Weimarer Republik geboren worden waren, vereinzelt bereits in der Mitte der fünfziger Jahre zum Zuge.

Beim Wechsel in den politischen Führungspositionen von der Generation der „alten Männer" zur Generation der nachdrängenden „Söhne" handelte es sich also um einen uneinheitlichen und ungleichzeitigen Ablösungsprozeß. Er setzte im Bereich der (partei)politischen Positionen zu einem Zeitpunkt ein, als beispielsweise auf Landes- und Bundesebene von einem generationsspezifischen Revirement noch wenig erkennbar war. Dagegen bildete der Sektor der Verwaltung bis in die siebziger Jahre hinein eine eigentümliche Gemengelage von „alten" und „neuen" Generationen. Die naheliegende Schlußfolgerung, daß die personellen Kontinuitäten in der „Verwaltung" mithin dauerhafter als in der „Politik" gewesen seien, ist jedoch nur bedingt zutreffend. Denn diese Konstellation hing auch mit den Wahlperioden der Beigeordneten zusammen, was einem Vergleich mit dem Amt des Oberbürgermeisters bzw. des Fraktionsvorsitzenden Grenzen setzt.

Wahlen und Wahlverhalten

Für die politische Landschaft in Münster ist signifikant, daß die Konstellation zwischen den maßgeblichen Parteien seit den ersten Kommunalwahlen vom Oktober 1946 bis heute unverändert geblieben ist. Die CDU konnte die damals errungene Spitzen- und Führungsposition behaupten, wenn auch mit wechselnden Stimmenanteilen, gefolgt von der SPD. Die dritte Stelle nahm bis 1952 das Zentrum ein, das sie 1956 an die FDP verlor. Dieses Parteienspektrum veränderte sich für eine Ratsperiode, als in den Wahlen von 1952 die Freie Wählervereinigung und der Bund der Heimatvertriebenen und Entrechteten drei bzw. zwei Ratssitze gewannen, wobei BHE und FDP eine Fraktionsgemeinschaft bildeten. Ab 1964 waren CDU, SPD und FDP im Rat fünfzehn Jahre lang unter sich. Erst 1979 gelang es wieder einer Partei, nämlich der Grünen Alternativen Liste (GAL), im Rathaus Fuß zu fassen.

Die bereits in den ersten Kommunalwahlen am 13. Oktober 1946 zur stärksten Fraktion gewählte CDU konnte 1961 erstmals die absolute Mehrheit erringen und bis 1975 kontinuierliche Zuwächse verzeichnen. Ihre im Jahr 1975 errungenen 54,3 Prozent markierten für die Partei gleichzeitig Gipfel- wie Wendepunkt. Denn so kontinuierlich der Aufschwung war, so stetig verlief seitdem der Abschwung. Die in den letzten Kommunalwahlen von 1989 erreichten 43,4 Prozent bedeuteten das drittschlechteste Ergebnis der Partei in Münster. Die absolute Mehrheit hatte sie bereits fünf Jahre zuvor verloren. Seitdem bildet sie eine Koalition mit der FDP.

Die bei Kommunalwahlen „ewige Zweite", die SPD, erlebte bis Mitte der sechziger Jahre eine sprunghafte Entwicklung. Sie startete 1946 mit 24,7 Prozent und er-

Wahlen zum Rat der Stadt Münster 1946–1989
Stimmenanteile der gegenwärtig im Rat vertretenen Parteien:

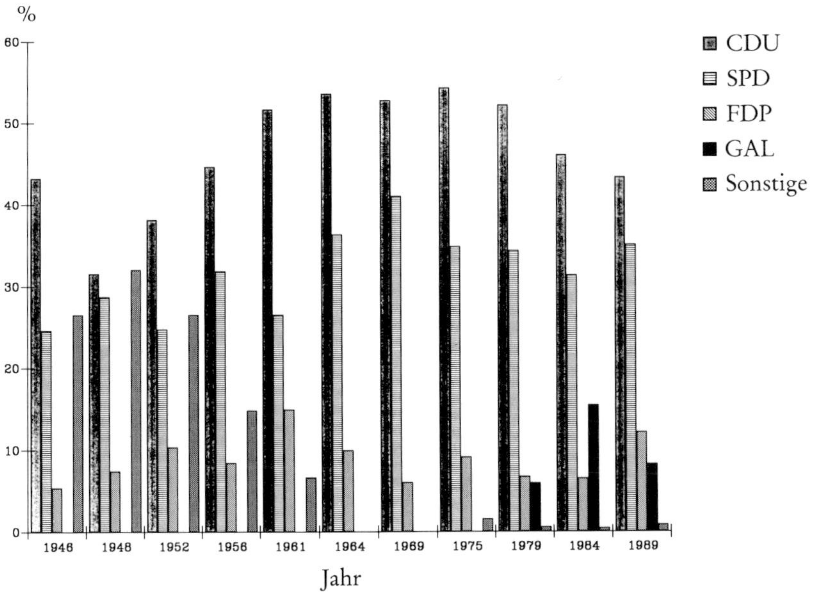

Stimmenanteile ehemaliger bzw. gescheiterter Parteien im Rat:

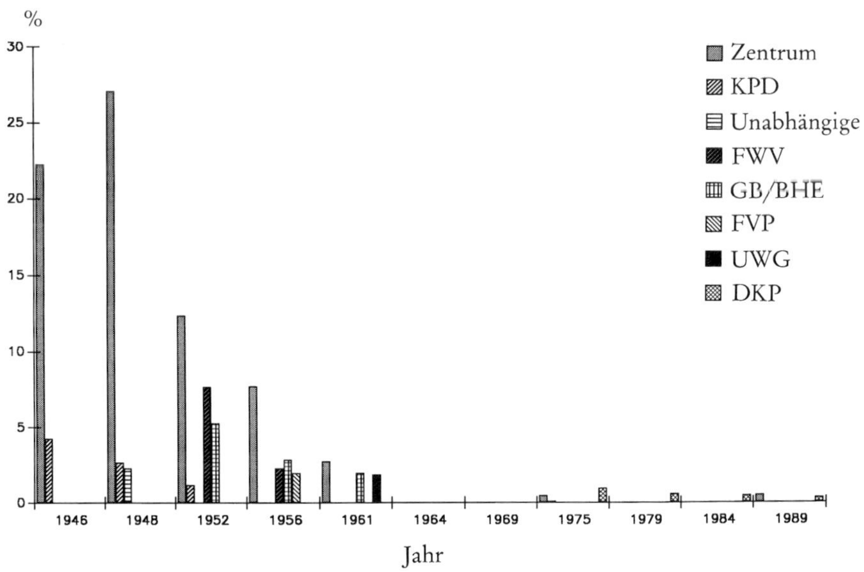

Quelle 1662: Statistische Jahresberichte

reichte nach wiederholten Rückschlägen 1969 mit 38,6 Prozent ihr bis heute bestes Ergebnis. Danach mußte sie bis 1984 wieder Einbußen von 7,2 Prozent hinnehmen. 1989 vermochte sie ihren Anteil wieder auf 35,1 Prozent der Stimmen zu steigern. Die gegenwärtige Koalitionpartnerin der CDU, die FDP, durchlebte von allen kommunalen Fraktionen am stärksten Tiefen und Höhen. Ihre Stimmenanteile schwankten zwischen 5,4 Prozent im Jahr 1946 und 15 Prozent im Jahr 1961. Danach ist sie unter die Zehn-Prozent-Marke gerutscht, die offenbar eine magische Grenze dieser Partei in Münster bildet. Die 1979 erstmals angetretene GAL zog mit 6 Prozent in den Rat ein, steigerte fünf Jahre später ihren Stimmenanteil auf 15,5 Prozent, was weit über die Grenzen der Stadt hinaus Aufsehen erregte, und fiel 1989 auf 12,2 Prozent zurück. Das Zentrum hatte sich 1946 mit 22,3 Prozent eine bemerkenswerte Ausgangsposition verschafft, die sie zwei Jahre später noch auf 27,1 Prozent ausbauen konnte. In den folgenden Wahlen von 1956 und 1961 verlor sie jedoch so rapide an Boden, daß sie 1961 mit ihren 2,8 Prozent nicht mehr den Einzug in den Rat schaffte und fortan auf der politischen Bühne Münsters keine Rolle mehr spielte. Ein kurzes Gastspiel von nur einer Ratsperiode zwischen 1952 und 1956 gaben der BHE und die FWV. Beim BHE handelte es sich um eine spezifische Vereinigung der frühen Nachkriegszeit. Ihre Anhängerschaft rekrutierte sich überwiegend aus Flüchtlingen und Heimatvertriebenen. In dem Maße, in dem diese sozial und ökonomisch integriert werden konnten, verlor der BHE auf allen politischen Ebenen an Zulauf. Die FWV wiederum war die lokale Variante einer Bewegung, die sich Anfang der fünfziger Jahre mit unterschiedlichen, durchweg kurzfristigen Erfolgen in einzelnen Städten und Gemeinden Nordrhein-Westfalens gebildet hatte. Der politische Impetus dieser Gruppe mit einem bürgerlichen Habitus speiste sich aus einem Antiparteiensyndrom. Ihre Wortführer in Münster waren ein Klempnermeister, ein Kaufmann und ein Staatsanwalt. Die KPD dagegen, die in den ersten Nachkriegsmonaten jeweils auf dem Ernennungsweg in politische Gremien der Stadt gelangt war, vermochte sich in demokratischen Wahlen nicht durchzusetzen. Die Partei konnte in keiner Wahl die für einen Ratssitz erforderliche Stimmenzahl erringen.

Wie aber veränderte sich zwischen 1946 und 1989 das altersmäßige, soziale und generative Profil des Rates und seiner Fraktionen?

Altersstruktur der Ratsmitglieder 1946–1989 (nach Geburtsjahrgängen):

Kommunalwahl	1946		1952		1964		1979		1989	
	abs.	%	abs.	%	abs.	%	abs.	%	abs.	%
1877–1886	7	(19,4)	1	(2,3)						
1887–1896	11	(30,5)	11	(26,1)	3	(6,1)				
1897–1906	14	(38,8)	15	(35,7)	9	(18,3)				
1907–1916	4	(11,1)	11	(26,1)	11	(22,4)				
1917–1926			4	(9,5)	16	(32,6)	9	(13,4)	2	(2,9)
1927–1936					10	(20,4)	24	(35,8)	10	(14,9)
1937–1946							24	(35,8)	28	(41,7)
1947–1956							10	(14,9)	23	(34,3)
1957–1966									4	(5,9)

Das Durchschnittsalter der Ratsmitglieder betrug 1946 rd. 50 Jahre, das von 1989 rd. 45 Jahre. Der im Oktober 1946 gewählte Rat war mit 50,3 Jahren der im Durchschnitt „älteste", der von 1984 mit 41,8 Jahren der im Durchschnitt „jüngste" Rat. Hier dürften die zehn Mitglieder der GAL mit ihrem Altersdurchschnitt von 29,6 Jahren den Ausschlag gegeben haben.

Im Rat von 1946 bildete die Vorkriegsgeneration mit den Jahrgängen 1897 bis 1906, d. h. die 49- bis 59jährigen, die stärkste Gruppe. Dies war auch noch 1959 so. Die Jahrgänge von 1917 bis 1926, also die Zwischenkriegsgeneration, verfügten erstmals nach der Wahl von 1964 über eine Mehrheit. Es waren die Jahrgänge, die nicht mehr in der Monarchie, sondern in der Zeit der Weimarer Republik, vor allem aber des Nationalsozialismus politisch entscheidend geprägt worden waren, wenn man die Spanne zwischen 14 und 18 Jahren als die Phase der primären und die zwischen 18 und 24 Jahren als die der prägenden politischen Sozialisation annimmt. Aber die Vorkriegsgeneration geriet 1964 nicht nur zahlenmäßig in die Minderheit. Sie verlor auch politische Schlüsselpositionen an die Zwischenkriegsgeneration, was in der bereits erwähnten Wahl des Oberbürgermeisters Albrecht Beckel in signifikanter Weise zum Ausdruck kam. Die Wahl von 1964 markiert also nicht nur einen generativen Schnitt, sie erwies sich auch als eine kommunalpolitische Zäsur.

Sieht man einmal von dem 1946 gewählten Rat ab, so stellte die CDU bis 1969 die „jüngste" Fraktion. Im Jahr 1964 hatte sie sogar einen Altersdurchschnitt von 44,6 Jahren, wobei die Zwischenkriegsgeneration mit über 65 Prozent die mit Abstand stärkste Altersgruppe stellte. Die SPD war bis 1969 die „älteste" Fraktion. Ihr Durchschnittsalter lag 1964 mit 53 Jahren um mehr als acht Jahre über dem der CDU. Den von der CDU bereits 1964 vollzogenen generativen Bruch vollzog die SPD 1969 und 1975, dann aber um so radikaler. Das Durchschnittsalter der Fraktion sank 1964 auf 41,8 Jahre und 1975 auf 36,3 Jahre – also eine Verjüngung von 16,7 Jahren innerhalb von zwei Ratsperioden!

Die Nachkriegsgeneration kam – allerdings nur zögerlich – in der CDU- wie in der SPD-Fraktion erstmals 1969 zum Zuge. Ihr Anteil betrug lediglich 7,4 Prozent, bei der SPD bereits 33,3 Prozent. Um so bemerkenswerter entwickelte sich in den folgenden Jahren das Gewicht der Nachkriegsgeneration in diesen Fraktionen. In der CDU-Fraktion stieg ihr Anteil bei den Wahlen von 1975 auf 18,9 Prozent und 1979 auf 31,4 Prozent. In der gegenwärtigen, 1989 gewählten Fraktion umfaßt er sogar 96,6 Prozent. Davon entfallen – im Unterschied zur SPD – 20 Prozent auf Jahrgänge, die erst nach 1957 geboren wurden. Anders formuliert: Die CDU-Fraktion hat im Gegensatz zur SPD den Übergang zu den 30jährigen bereits eingeleitet. Gleichzeitig gehören bei der SPD noch 12,5 Prozent der Ratsmitglieder der Zwischenkriegsgeneration an, bei der CDU nur noch 3,3 Prozent. Ganz neue Maßstäbe setzte die GAL, als sie 1979 mit einer Fraktion in den Rat kam, die durchschnittlich 26,2 Jahre alt war. Allerdings war die zehn Jahre später gewählte GAL-Fraktion um 7,5 Jahre älter, die SPD dagegen im Durchschnitt um 6,7 und die CDU um 2,8 Jahre.

Auch die Berufsstruktur der Ratsfrauen und -herren veränderte sich zwischen den Kommunalwahlen von 1946 und 1989 gravierend.

Der signifikanteste Wandel erfolgte bei den Selbständigen einerseits und den Beamten und Angestellten andererseits. Während im gewählten Rat von 1946 noch 55,5

Berufsstruktur im Rat der Stadt Münster 1946–1989 (Anteile kumuliert):

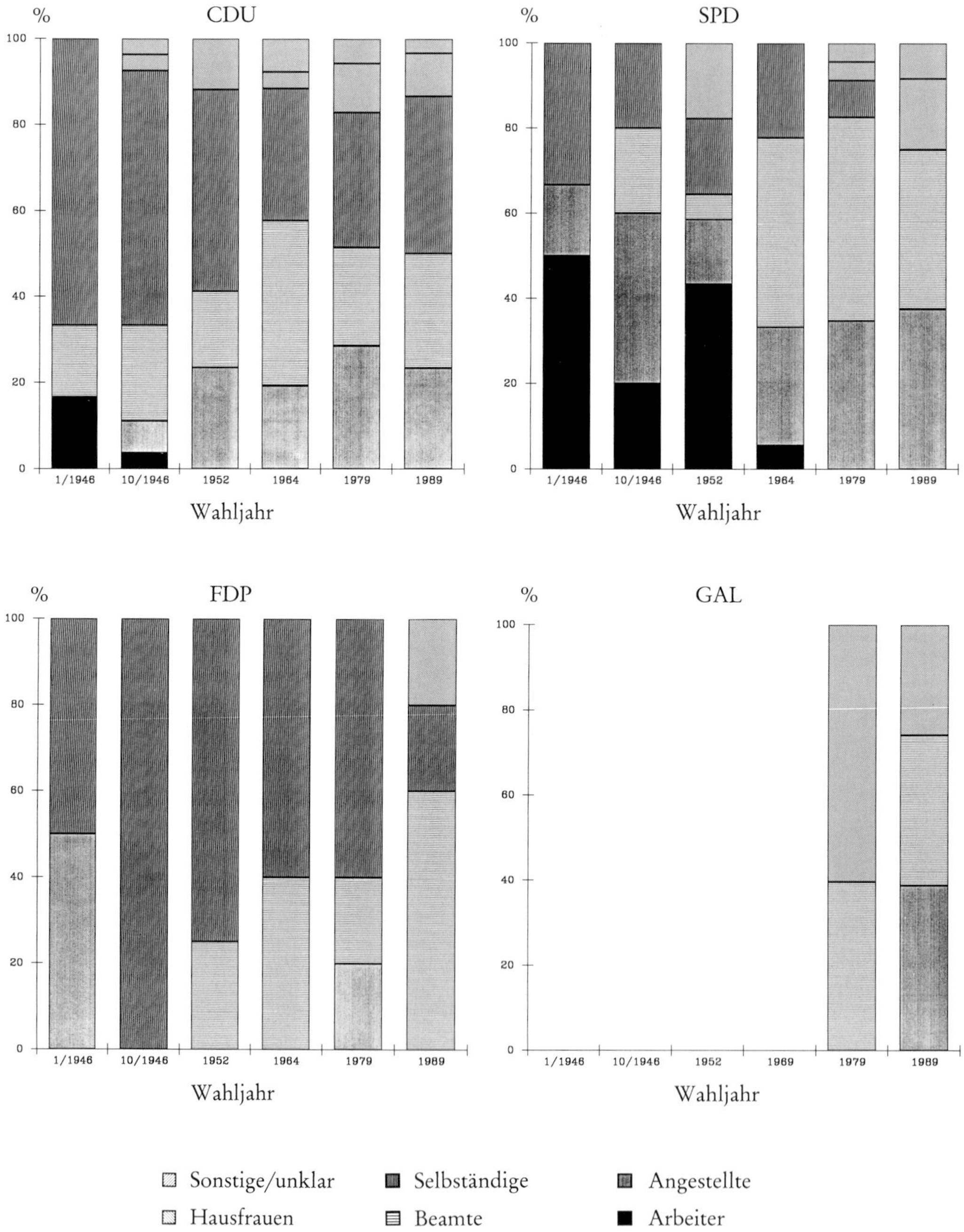

Prozent Selbständige saßen, waren es 1989 nur noch 17,9 Prozent. Dagegen gehörten 1946 dem Rat nur 33,3 Prozent Beamte und Angestellte an, 1989 aber waren es 62,6 Prozent. Zusammen stellen diese drei Berufsgruppen im gegenwärtigen Rat 84,6 Prozent der Mitglieder.

Der rückläufige Trend der Selbständigen ist am stärksten bei der FDP zu beobachten; ihr Anteil sank von 100 (1946) auf 22 Prozent (1989). Sie sind im gegenwärtigen Rat mit 36,7 Prozent am stärksten in der CDU vertreten, bei der sie 1946 noch mit 59,3 Prozent präsent waren. Den deutlichsten Zuwanderungsgewinn an Beamten hatte die FDP: 1946 waren keine Beamten in der Fraktion vertreten, gegenwärtig liegt deren Anteil bei 60 Prozent. Es folgt die SPD-Fraktion mit 60 Prozent Beamten und Angestellten im Jahr 1946 und mit 75 Prozent im gegenwärtigen Rat.

Völlig auf der Strecke blieb die Gruppe der Arbeiter. War sie schon von Anfang an nur schwach repräsentiert, und zwar bei der CDU und SPD mit zusammen 5,6 Prozent im Jahr 1946, so gehörte dem 1979 gewählten Rat erstmals kein Arbeiter mehr an. Daran hat sich bis heute nichts geändert, wobei allerdings auch die Frage der beruflichen Selbsteinschätzung eine Rolle spielen könnte. Angesichts der Tatsache, daß die Beamten und Angestellten in Münster die stärkste Berufsgruppe bilden – ihr Anteil an der Gesamtzahl der Erwerbspersonen stieg von 44,6 (1950) auf 63,3 Prozent (1987), der Anteil der Arbeiter ging von 42,1 auf 26 Prozent zurück – erscheint diese sozialstrukturelle Entwicklung im Rat zwingend. Andererseits ist festzustellen, daß das völlige Verschwinden einer Sozialgruppe wie der Arbeiterschaft aus dem Rat den sozialen Realitäten in der Stadt in keiner Weise entspricht.

Schließlich bestehen im Rat bis heute erhebliche Diskrepanzen bei der geschlechtsspezifischen Sitzverteilung, obwohl das Mißverhältnis zwischen dem Frauenanteil an der Bevölkerung und an den Ratsmandaten schon frühzeitig und immer wieder neu thematisiert worden war. Sogar die britische Militärregierung hatte am 25. Mai 1948 beim Oberstadtdirektor auf eine stärkere Repräsentanz von Frauen in öffentlichen Ämtern und speziell im Rat gedrängt. Und in einer Resolution vom 3. November 1948 an den Rat forderten die Frauenverbände der Stadt vehement, daß „man der Frau heute in so bedeutsamer und schicksalhafter geschichtlicher Stunde einen entsprechenden Einfluß [. . .] bei[m] Neuaufbau des Staates und in der Arbeit der Kommunen“ einräumen solle [StadtAM, Oberbürgermeister 145]. Der Anteil von Frauen im Rat stieg von 8,3 (1946) auf 37,3 Prozent (1989). In absoluten Zahlen ausgedrückt: Dem 36köpfigen Rat von 1946 gehörten drei Frauen an, im Rat von 1989 werden von den 67 Mandaten 25 von Frauen wahrgenommen. Obwohl eine deutliche Steigerung des Mandatsanteils erfolgte, waren und sind Frauen im Rat der Stadt Münster unterrepräsentiert. Immerhin betrug der Anteil der weiblichen Bevölkerung in Münster 1946 rd. 54,5 Prozent und 1989 rd. 53,5 Prozent.

3. *Kulturpolitik und kulturelles Leben*

Die gegenwärtige Kulturlandschaft Münsters ist von einer großen Vielfalt und Bandbreite gekennzeichnet. Neben den etablierten, von der Stadt getragenen Kulturinstituten wie Theater, Oper und Orchester, Bücherei, Museum, Archiv, Musikschule und Volkshochschule sowie kultureller Einrichtungen etwa des Landschaftsverbandes Westfalen-Lippe oder der Universität existiert ein breites kulturelles Spektrum. Es umfaßt Musik- und Theatergruppen ebenso wie Künstlervereinigungen und literarische Zirkel, außerdem Organisationen, die sich um Heimat- und Brauchtumspflege kümmern wie etwa Schützenvereine und Karnevalsgesellschaften, Folkloreensembles und Volkstanzgruppen. Ferner gehören dazu spontane Initiativen und Aktivitäten, sei es in Form von Arbeitsgemeinschaften oder Werkstätten. Ihnen allen ist gemeinsam, daß sie sich außerhalb städtischer oder anderer institutioneller Bindungen bewegen, doch unterscheiden sie sich erheblich in ihren Traditionen und in ihrem Selbstverständnis. Dies trifft insbesondere auf jene Laien- und Initiativkultur zu, die sich in den letzten zwei Jahrzehnten zunächst in bewußter Frontstellung zum etablierten Kulturbetrieb entwickelte und als Alternativkultur auftrat, mittlerweile aber weitestgehend in die städtische Kulturszene eingebunden ist und nicht selten an der kommunalen Förderungspolitik teilhat.

Diese Pluralität ist inzwischen für die städtische Kulturlandschaft charakteristisch und gehört wie selbstverständlich auch zum Bestandteil und Aufgabenfeld kommunaler Kulturpolitik. Dies war nicht immer so. Die kulturelle Ausdifferenzierung und Entgrenzung war vielmehr Teil und Ergebnis eines Wandels im Selbstverständnis der kommunalen Kulturpolitik. Beides hing mit einer Ausweitung des Kulturbegriffs zusammen und hatte – worüber noch zu sprechen ist – eine Neuorientierung der kommunalen Kulturpolitik zur Folge.

Bei Kriegsende war die Situation anders, einförmiger, weil in der kommunalen Kulturpolitik ein festgefügter Kulturbegriff dominierte und ihr Aufgabenkanon unstrittig war. Kultur wurde, so Anton Henze in einem Artikel vom 8. Dezember 1951 in den „Westfälischen Nachrichten", „im Sinne der schönen Künste begriffen". Und „als eigentliche Aufgabenbereiche der kommunalen Kulturpflege" bezeichnete der damalige Kulturdezernent der Stadt, Wilhelm Vernekohl, „die Unterhaltung eines Stadttheaters, [. . .] die Pflege hochwertiger Symphoniekonzerte durch ein leistungsfähiges Städtisches Orchester, die Betreuung einer Stadtbücherei [. . .] und schließlich auch die Unterhaltung eines Stadtarchivs". Für Vernekohl gehörten außerdem dazu „die beiden münsterischen Kunstschulen, die Werkschule [. . .] und die Westfälische Schule für Musik" sowie „die Volkshochschule, deren Träger Stadt, Universität und der Deutsche Gewerkschaftsbund sind". Ferner vertrat er die Auffassung, dem „Stadtarchiv sollte ein städtisches Museum angegliedert werden, das die kaum bekannten Reichtümer einer breiten Öffentlichkeit erschließen könnte" [Westfälische Nachrichten vom 3. Oktober 1951].

Was hier von Vernekohl als das kulturelle Aufgabenfeld der Stadt beschrieben wurde, entsprach in hohem Maße und bis in die Mitte der siebziger Jahre hinein der Realität. Insofern kann man von zwei kulturpolitischen Epochen in der Nachkriegszeit sprechen. Die erste stand ganz im Zeichen des Wiederaufbaus, der Fortentwicklung und Sicherung der traditionellen kulturellen Infrastruktur. Diese Jahre sind zugleich aufs engste mit dem Wirken der zuständigen Stadträte Wilhelm Vernekohl und Dr. Karl Hoss verbunden. In der zweiten, bis in die Gegenwart reichenden Epoche trat eine Wende im kulturpolitischen Denken und Handeln ein, die die kulturelle Szene in der Stadt erheblich beeinflußte, nicht aber von Grund auf veränderte.

Kulturpolitik im Spiegel der Haushaltsentwicklung

Nimmt man die Haushaltspläne zwischen 1950 und 1990 zum Maßstab der Kulturpolitik, so signalisieren sie zunächst und vor allem einen dominanten Aufwärtstrend. In diesem Zeitraum, in dem der Gesamthaushalt der Stadt von rd. 36,5 auf fast 795 Millionen DM anstieg, kletterten die Ausgaben des Kulturhaushalts von rd. 1,7 auf rd. 48,5 Millionen DM – oder anders betrachtet: Die Stadt wandte 1950 pro Kopf der Bevölkerung 14,20 DM und 1990 187,24 DM auf. Diese auf den ersten Blick außerordentliche Steigerung gewinnt an Transparenz, wenn sie nach ihren prozentualen Anteilen gewichtet wird. Danach entsprachen nämlich die 1,7 Millionen DM einem Anteil von 4,6 Prozent und die rd. 48,5 Millionen DM einem Anteil von 6,1 Prozent am Gesamthaushalt. Mit anderen Worten: Unbeschadet der teils kontinuierlichen, teils sprunghaften Auf- und Abwärtsbewegungen stieg der Anteil des Kulturhaushalts am Gesamthaushalt in den letzten vierzig Jahren um lediglich 1,5 Prozent.

Eine solche Sichtweise der Haushaltszahlen läßt allerdings nicht erkennen, daß Gesamt- und Kulturhaushalt, gemessen am Volumen des Jahres 1950, unterschiedliche Entwicklungskurven besitzen und daß sich auch das Verhältnis von Kulturhaus-

Kulturhaushalt der Stadt Münster 1950–1990 (Anteil am Gesamthaushalt):

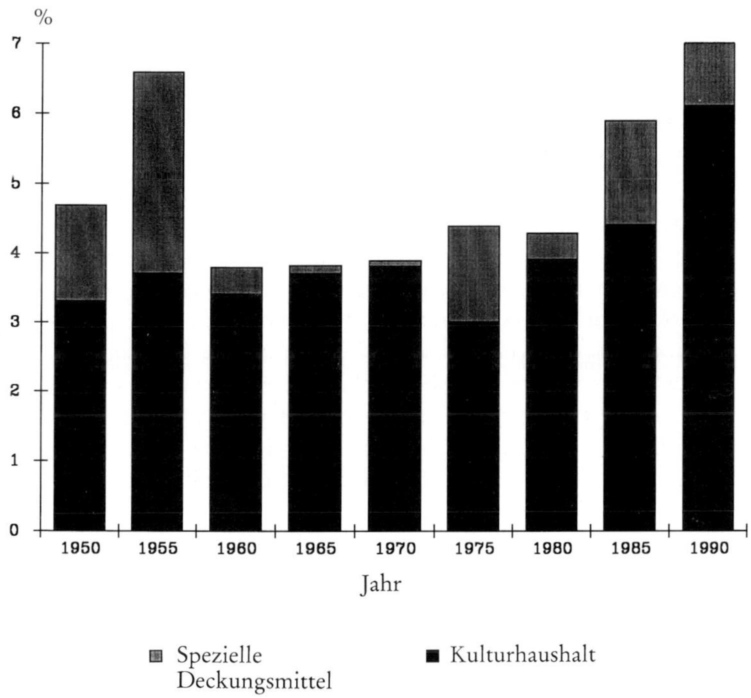

Quelle Haushaltspläne der Stadt Münster

halt und Zuschußbedarf veränderte. Die nachstehenden Graphiken verdeutlichen anschaulich, daß sich Gesamt- und Kulturhaushalt sowie der Zuschußbedarf für die Kulturausgaben bis zur Mitte der siebziger Jahre weitgehend parallel entwickelten. Danach aber verzeichnet der Kulturhaushalt eine höhere Steigerungsquote als der Gesamthaushalt, und zu Beginn der 1980er Jahre treten auch Kulturhaushalt und der von diesem beanspruchte Zuschußbedarf auseinander.

Die hier erkennbare Scherenbildung hing damit zusammen, daß die Stadt ihr kulturpolitisches Engagement in bestimmten Aufgabenfeldern veränderte, d. h. teils verstärkte, teils verlagerte, oder aber neue, ehrgeizige Projekte wie das Stadtmuseum in Angriff nahm. Im Endeffekt erfolgte ab Mitte der siebziger Jahre eine Neuformierung der städtischen Kulturtopographie, die mit kultur- und kommunalpolitischen Grundsatzentscheidungen zusammenhing und zu einem gut Teil die Handschrift des

Entwicklung des Kulturhaushalts 1950–1990:

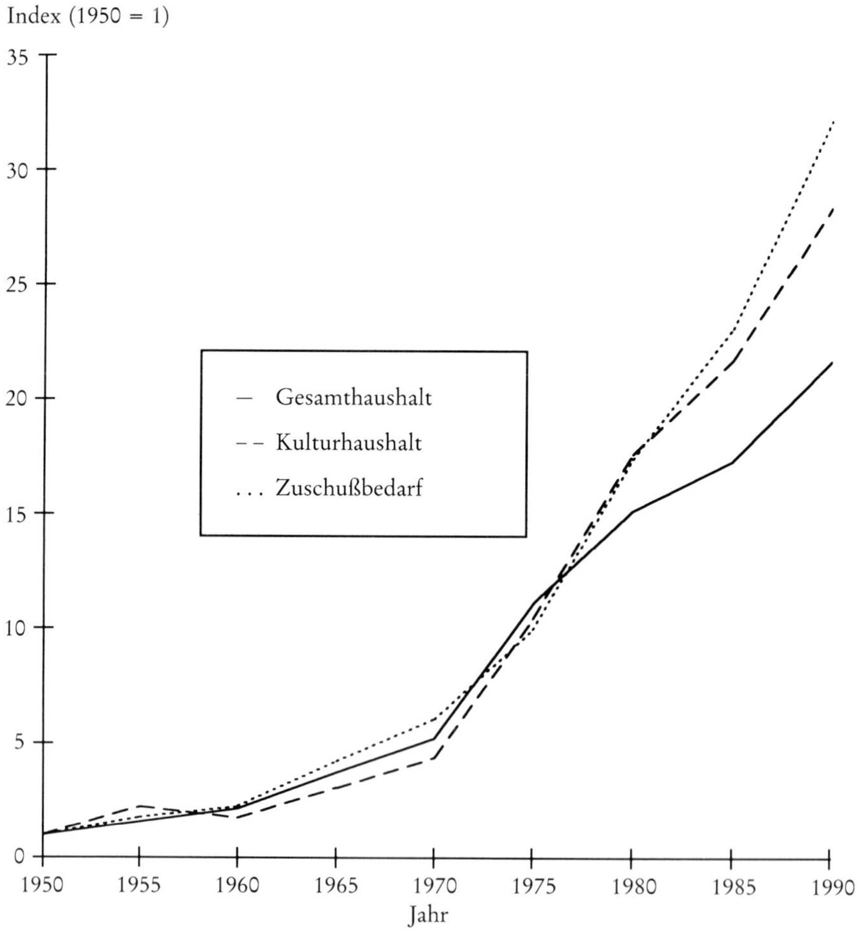

Quelle Haushaltspläne der Stadt Münster

Vergleich des Zuschußbedarfs für den Kulturhaushalt nach Aufgabenbereichen 1950–1990:

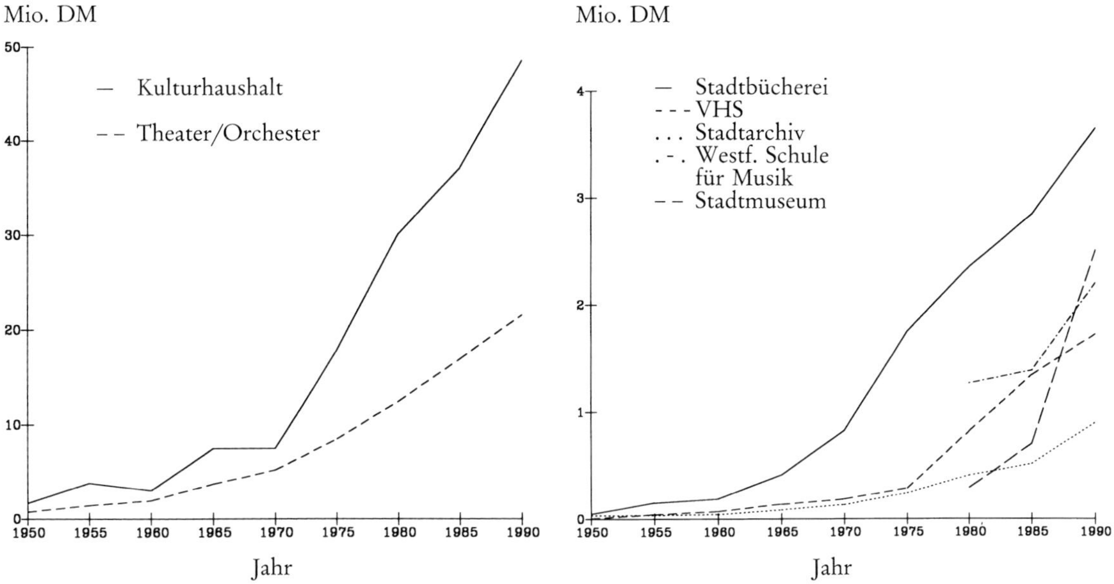

seit 1976 amtierenden Kulturdezernenten Hermann Janssen erkennen läßt. Die neuen kulturpolitischen Akzentsetzungen hatten zur Konsequenz, daß sich zum einen die Anteilsverhältnisse einzelner Kulturinstitute am Haushalt untereinander verschoben und daß zum anderen die Mittel für die sogenannte freie Kulturszene anstiegen.

Der größte Teil des Kulturetats wurde und wird von den klassischen Kulturangeboten der Stadt wie Schauspiel, Oper, Operette und Orchester – hier zusammengefaßt in dem Begriff „Theater“ – beansprucht. Verglichen mit den übrigen Kultureinrichtungen bewegte sich der Theaterhaushalt von Anfang an auf hohem Niveau. Er betrug 1950 rd. 1,2 Millionen und umfaßte 1990 rd. 27,2 Millionen DM. Demgegenüber standen für alle übrigen in der nachstehenden Graphik aufgeführten Institute 1950 lediglich 278 475 DM zur Verfügung, während es 1990 knapp 21 Millionen DM waren.

Deutlich wird der Wandel in der Haushalts- und Zuschußstruktur allerdings erst, wenn man die Ausgaben für die einzelnen Institute anteilmäßig umrechnet und im zeitlichen Längsschnitt verfolgt. Dann zeigt sich nämlich, daß der Theaterhaushalt zwar auch expandierte, aber an der Ausweitung des Kulturhaushalts proportional nicht in dem Maße partizipierte wie andere Einrichtungen. Vielmehr sind es vor allem die Stadtbücherei (ab 1970), die Volkshochschule (ab 1975) sowie das Stadtmuseum und das Stadtarchiv (ab 1985), die – wenn auch in unterschiedlichem Umfang – durchweg überproportionale Steigerungen erreichen.

Im Vergleich mit diesen dominanten Haushaltspositionen nahmen und nehmen die Ausgaben der Stadt für „freie“, sich außerhalb städtischer Institutionen bewegende kulturelle Initiativen und Aktivitäten nur einen marginalen Rang ein. So standen beispielsweise 1990 für diesen Sektor 1 059 660 DM zur Verfügung, also nur 2,1 Prozent des Kulturetats. Immerhin erfolgte auch hier ein kontinuierlicher Anstieg, der besonders nach 1980 und 1985 signifikant war. Zwischen 1975 und 1980 stieg nämlich dieser Etatposten von 52 290 DM auf 261 410 DM, was mit der Unterstützung von Musikschulen in freier Trägerschaft zusammenhing, und erlebte in den folgenden Jahren bis 1985 nahezu eine Verdoppelung auf 500 030 DM.

Doch welche kulturpolitischen Weichenstellungen, welche Konzeptionen und Interessen verbergen sich hinter diesen Statistiken und prozentualen Anteilen? Unter welchen politischen Vorzeichen und allgemeinen Rahmenbedingungen entwickelte sich die Kulturpolitik in Münster nach dem Zweiten Weltkrieg?

Wiederaufbau und Neuanfänge

Der Krieg hatte auch das kulturelle Leben in der Stadt mehr und mehr eingeschnürt und schließlich so gut wie ganz zum Erliegen gebracht. Als die Waffen schwiegen, fehlte es an allen äußeren Voraussetzungen. Die Gebäude, in denen bisher größere Kulturveranstaltungen stattgefunden hatten, waren zerstört. Vom Theater, einem ehemaligen Adelshof, standen nur noch die Mauern; von der Stadthalle, die nach dem Ersten Weltkrieg gebaut worden war, hatte lediglich das Foyer die Bombenangriffe überlebt. Das Kammerspielhaus war noch in den letzten Kriegstagen zerstört worden. Und natürlich waren auch die Ensembles von Theater und Orchester nicht mehr funktionstüchtig. Einberufungen und Gefangenschaft hatten ihren Personalbestand erheblich dezimiert, ganz abgesehen davon, daß Requisiten und Kostüme stark in Mitleidenschaft gezogen waren.

Es gehört zu den Eigentümlichkeiten der unmittelbaren Nachkriegszeit, daß in dieser Phase totaler Erschöpfung die kulturellen Bedürfnisse besonders stark waren. Der Besuch von Musik- und Theateraufführungen diente in der Trümmerzeit gleichsam als „Lebens- und Überlebensmittel", wie es Hermann Glaser anschaulich formuliert hat [2138: Kulturgeschichte, S. 94]. Dies war in Münster nicht anders. Auch hier machte man aus der Not eine Tugend.

Erste Formen kulturellen Lebens waren auch deshalb möglich, weil Improvisation zum Alltag der Menschen gehörte und die Ensembles selbst mithalfen, provisorische Konzert- und Theaterräume zu schaffen wie etwa in der Aula des Schillergymnasiums, im „Großen Zoosaal" des Lindenhofs und sogar in einer ehemaligen Reithalle. Doch klar war auch, daß die kommunalen Gremien über kurz oder lang grundsätzliche kulturpolitische Entscheidungen, und das hieß auch stadtplanerische Beschlüsse, treffen mußten. Eine wichtige Voraussetzung war schließlich die Abgrenzung der administrativen Zuständigkeiten.

Aufgrund des hohen Zerstörungsgrades der Stadt vergingen mehr als zehn Jahre, ehe die wichtigsten Kultureinrichtungen nach und nach wieder funktionstüchtig waren. Dazu gehörte vor allem die Schaffung angemessener Räumlichkeiten. Die Stadtbücherei konnte bereits 1951 eröffnet werden. Sie fand ihr Domizil im wiederhergestellten Krameramtshaus, in dem sie auch früher untergebracht war. Der Rat hatte ein Jahr zuvor entsprechende Beschlüsse gefaßt, die darüber hinaus beinhalteten, dieses historisch wertvolle und traditionsreiche Gebäude zu einem städtischen Kulturzentrum zu machen. Das von Vernekohl entwickelte Konzept sah vor, Kulturpolitik, Kulturverwaltung und kulturelles Leben unter einem Dach zu vereinigen. Zukünftig

Kulturdezernent Wilhelm Vernekohl begrüßt die Intendanten der Theatergemeinschaft Münster-Enschede

sollten hier die kulturpolitischen Gremien der Stadt tagen, die Kulturverwaltung und bestimmte Kultureinrichtungen untergebracht werden sowie kulturelle Veranstaltungen stattfinden. Der in sich schlüssige Plan konnte jedoch nur teilweise verwirklicht werden, weil die räumlichen Kapazitäten einfach nicht ausreichten.

Während der Wiederaufbau der ersten Gebäude für diese Einrichtungen politisch nahezu geräuschlos in Gang gesetzt und vollendet wurde, entzündete sich an der Entscheidung über einen Theaterneubau in den Gremien der Stadt sowie in der Öffentlichkeit eine kontroverse, zum Teil leidenschaftliche Diskussion. Es war zugleich eine grundsätzliche Debatte über Rang und Profil der Kulturpolitik in Münster.

Die unzureichenden Spiel- und Gestaltungsmöglichkeiten in den räumlichen Nachkriegsprovisorien waren so offenkundig, daß ohnehin eine generelle Lösung gefunden werden mußte. Der Gutachterausschuß beispielsweise, der im Auftrag des Rates am 12. Januar 1953 zu den eingereichten Entwürfen für einen Theaterneubau Stellung nahm, hielt den Zustand des „Behelfstheaters“ für „wohl einmalig in dem ganzen Bundesgebiet. Es muß als Ausdruck eines seltenen Idealismus bezeichnet werden“, urteilte das Gremium, „daß Intendant und Generalmusikdirektor mit dem gesamten Personal bis heute unter diesen Umständen haben arbeiten können und trotzdem solche Leistungen vollbrachten“ [1680: Dokumentation Wiederaufbau, S. 186].

Andererseits war die Entscheidung für einen kostspieligen Theaterneubau keineswegs populär. Angesichts der eklatanten Kriegsschäden in der Stadt gingen die Meinungen darüber, ob andere Projekte zur Wiederherstellung der kommunalen Infrastruktur – etwa in den Bereichen von Sport, Schule und Jugend – nicht dringlicher seien, quer durch die politischen Parteien und gesellschaftlichen Gruppen.

Der gerade gewählte Kulturdezernent Vernekohl jedenfalls, ein Mann mit ausgeprägten philosophischen und historisch-literarischen Interessen, gab einem Theaterneubau erste kulturpolitische Priorität und entwickelte entsprechende Aktivitäten. Jedoch drohte eine prekäre Liquiditätskrise der Stadt Anfang der fünfziger Jahre allen Initiativen und Planungen den Boden zu entziehen. Ende 1951 hatte sich die Finanzlage der Stadt so zugespitzt, daß die Verwaltung in einer Vorlage für den Rat vom 16. November sogar die Frage einer Schließung des Theaters aufwarf. Es könne nur dann fortgeführt werden, wenn das Land seinen Zuschuß wesentlich erhöhe.

In dieser Situation ergriffen einzelne Bürgerinnen und Bürger die Initiative. Sie gründeten am 14. Mai 1952 im Krameramtshaus die „Gesellschaft der Musik- und Theaterfreunde", um „in allen Schichten der Bevölkerung das Verständnis für Kunst und Kunstwerke" zu wecken [zit. nach 1776: Hoss, Kultur, S. 117]. Vor allem aber und vordringlich ging es der Gesellschaft um den Theaterneubau. Ihre Appelle und Spendenaufrufe blieben nicht ohne Wirkung. Sie trugen mit dazu bei, daß das ebenso kostspielige wie umstrittene Projekt gesellschaftlich konsensfähig und damit politisch durchsetzungsfähig wurde.

Im Laufe des Jahres 1953 faßte der Rat in rascher Folge die notwendigen Beschlüsse und beauftragte am 25. Januar 1954 die Architektengruppe Harald Deilmann, Max von Hausen, Ortwin Rave und Werner Ruhnau mit der Erstellung des ersten Bauabschnitts. Die Tatsache, daß die veranschlagten Kosten von 3 950 000 DM zu 80 Prozent über Kreditmittel finanziert wurden, „unterstreicht die Entschlossenheit des damaligen Rates, mit dem Theaterneubau ein kulturelles Eckdatum zu setzen" [1776: Hoss, Kultur, S. 29]. Letztlich beliefen sich die Kosten jedoch auf insgesamt 5,3 Millionen DM.

Bereits zwei Jahre später, am 4. Februar 1956, konnte der Spielbetrieb im sogenannten Großen Haus mit der Premiere von Mozarts „Zauberflöte" aufgenommen werden. Die zunächst zurückgestellten Bauabschnitte II und III mit Räumen für das künstlerische, technische und Verwaltungspersonal sowie das „Kleine Haus" wurden erst sehr viel später realisiert und mit einem Kostenaufwand von 9 245 000 DM errichtet. Die erste Aufführung fand dort am 7. November 1971 statt.

Die Architektur des Theaters wie auch seine Funktionalität stießen in der Fachwelt auf ungeteilte Zustimmung. Nach dem Urteil des renommierten Frankfurter Stadtplaners Professor Ernst May stellte das Haus „einen befreienden Donnerschlag angesichts der vielfachen restaurativen Tendenzen im Städtebau" dar. Das kulturelle Pendant zum Theater indes, eine Konzert- und Kongreßhalle, konnte bis heute nicht realisiert werden. Trotz entsprechender Grundsatzbeschlüsse des Rates und Rücklagenbildung im Haushalt 1970 scheute man offenbar vor den sich abzeichnenden Kosten zurück.

Mit dem Theaterneubau erlebten die Städtischen Bühnen zunächst einen lebhaften Aufschwung. Während die Besucherzahl in den Jahren davor bei etwa 100 000 stagnierte, stieg sie zwischen 1954/55 und 1959/60 von 109 906 auf 280 603, d. h. um

Besucherzahlen der Städtischen Bühnen und des Orchesters 1947–1989/90:

Quelle 1662: Statistische Jahresberichte

knapp 170 Prozent. Danach ging sie kontinuierlich zurück und erreichte in der Spielzeit 1984/85 mit nur 172 790 Besuchern einen Tiefstand.

Demgegenüber verlief die Entwicklung bei den Besucherzahlen des Orchesters aufs Ganze gesehen ungleich kontinuierlicher, wenn auch auf einem erheblich niedrigeren Niveau. Dabei ist zu berücksichtigen, daß die Zahl der Vorstellungen des Orchesters (ohne Mitwirkung bei Opern und Operetten) stets deutlich unter der des Theaters lag.

Wenn man allerdings das Publikumsinteresse anhand der besuchten Theater- und Orchesteraufführungen verfolgt, so zeigt sich ein anderes Bild. Danach scheint – mit allerdings erheblichen Schwankungen – das Interesse für Konzerte durchgängig höher gewesen zu sein als für Theaterstücke. Auch verdient es festgehalten zu werden, daß Operetten bis in die 1960er Jahre hinein in der Gunst des Publikums ganz vorne lagen. Paul Abrahams „Die Blume von Hawaii“ erlebte in der Spielzeit 1959/60 37 Vorstellungen mit insgesamt 31 037 Besuchern. Nicht minder bemerkenswert erscheint der Erfolg, den das Brecht-Stück „Der kaukasische Kreidekreis“ in der Spielzeit 1969/70 mit 33 Vorstellungen und 27 100 Besuchern hatte. Dagegen hatte dieser Autor wie auch andere in den ersten Nachkriegsjahren so gut wie keine Chance, auf den Spielplan zu kommen, wie überhaupt das dominierende kulturelle Klima einer liberalen und experimentierfreudigen Theater- und Inszenierungspolitik alles andere als förderlich war. So hatte beispielsweise Oberbürgermeister Zuhorn Anfang 1946 das heitere Boulevardstück „Spiel im Schloß" von Franz Molnar und Arthur Schnitzlers „Liebelei" kurzerhand vom Spielplan absetzen lassen, nachdem vor allem katholische Organisationen daran Anstoß genommen hatten.

Die seit Mitte der 1960er Jahre rückläufigen Besucherzahlen waren keine münsterische Besonderheit, sondern entsprachen einem bundesweiten Trend. Neben einem allgemein diagnostizierten schwindenden Publikumsinteresse am Schauspiel hatte diese Entwicklung auch lokale und hausinterne Ursachen und Anlässe. Allein die Tatsache, daß Münsters Theater seit 1946 neun Intendanten besaß, deutet auf erhebliche Probleme und Konflikte hin.

Aber nicht nur aus diesen Gründen befand sich das münsterische Theater in den kommunalen Schlagzeilen. Gravierender war die Entwicklung des städtischen Zuschußbedarfs für die Bühnen.

Der Anstieg dieses Zuschusses machte den Bühnenbetrieb zum finanzpolitischen Sorgenkind der Stadt. Folglich führten die jährlichen Haushaltsberatungen über den Bühnensonderhaushalt seit den späten sechziger Jahren erneut und immer schärfer zu prinzipiellen Überlegungen. „Kläranlage oder Theater" – auf diese polemisch zugespitzte Formel brachte die Ratsfrau Hildegard Graf (CDU) die Situation; „Amputation ist eine Barbarei!" – so lautete das Fazit eines Hearings, zu dem die Stadt eine Expertenrunde eingeladen hatte [Westfälische Nachrichten vom 21. April 1971]. Tatsächlich stand mit dem Bühnensonderhaushalt nicht mehr ein Haushaltsposten zur Diskussion. Es ging um die kultur- und kommunalpolitische Grundsatzentscheidung, in welchen Formen und mit welchen Prioritäten Kultur in Münster fortan eine Zukunft haben sollte und – so die Position des Kulturdezernenten Karl Hoss – was ein Abbau oder sogar eine Preisgabe elementarer Bestandteile des Theater- und Orchesterbetriebs für „Münsters Attraktivität als Universitäts- und Behördenstadt", für seine Ausstrahlung in die Region und seinen zentralörtlichen Führungsanspruch bedeuten würde.

Die Antwort des Rates fiel nicht einmütig, aber eindeutig aus. Gestützt auf die Empfehlung des Expertenhearings und anderer Gutachten votierte er am 7. Juni 1971 bei drei Gegenstimmen und drei Enthaltungen mit 29 Stimmen für die Beibehaltung des Drei-Sparten-Theaters und des Orchesters. Damit war ein wesentliches Element traditioneller städtischer Kultur zwar vorerst gesichert, Fragen und Skepsis aber blieben.

Neben den städtischen Instituten formierte sich das kulturelle Leben Münsters in einer Vielzahl von Vereinen, Vereinigungen und privaten Initiativen. Ihre Anfänge reichten zum Teil bis in das 19. Jahrhundert zurück, zum Teil gründeten sie sich erst in der Nachkriegszeit. Im Bereich des Theaters beispielsweise rief Ende Dezember 1956 eine Gruppe jüngerer Schauspieler das „Zimmertheater", das heutige Wolfgang-Borchert-Theater, ins Leben. Daneben nahmen Laienbühnen wie die „Niederdeutsche Bühne" wieder ihre Spieltätigkeit auf, die sich traditionsgemäß der Pflege plattdeutscher Bühnenwerke widmete.

Schließlich war für den Aufbau und die Fortentwicklung der kulturellen Infrastruktur Münsters bürgerschaftliches Engagement von Bedeutung. Von ihm profitierten zunächst und vor allem die kulturellen Großinstitutionen Theater und Orchester. Dies gilt in besonderer Weise für das Wirken der „Gesellschaft der Musik- und

Theaterfreunde Münsters und des Münsterlandes", in der sich das münsterische Bildungs- und Wirtschaftsbürgertum zahl- und einflußreich engagierte. Auch nützte es der Reputation der Gesellschaft und ihren Einflußmöglichkeiten, daß sich jeweils Persönlichkeiten für den Vorsitz zur Verfügung stellten, die exponierte öffentliche Ämter bekleideten wie etwa der Präsident des Oberverwaltungsgerichts, Dr. Wilhelm Pötter, der Generaldirektor der Landesbank Westfalen, Ludwig Poullain, oder der Erste Landesrat des Landschaftsverbandes Westfalen-Lippe, Klaus Meyer-Schwickerath.

Auch nach dem Erreichen des vorrangigen, gleichsam gesellschaftsstiftenden Zieles eines Theaterneubaus unterstützte die Gesellschaft das Theater- und Musikleben in der Stadt auf ideelle wie materielle Weise. Dies geschah durch gezielte Buchungen von Abonnements, die Stiftung von Förderpreisen für herausragende künstlerische Leistungen sowie durch gemeinsame Veranstaltungen mit den Ensembles. Solche Aktivitäten waren dem Zusammenleben von Künstlern und Stadtgesellschaft ebenso förderlich wie dem Austausch von wechselseitigen Interessen und Positionen.

Bürgerschaftliches Engagement zeigte sich auch, als in der zweiten Hälfte der 1960er Jahre die Finanzierbarkeit der Städtischen Bühnen ernsthaft bedroht und ihre Zukunft in Frage gestellt schien. So gut wie alle kulturell tätigen Vereinigungen der Stadt trafen sich am 18. Januar 1967, um die finanziell schwierige und politisch heikle Situation zu erörtern. Knapp einen Monat später bildete sich der „Kulturkreis Münster und Münsterland" unter der von dem Ratsherrn Josef Prochaska (SPD) ausgegebenen Parole: „Rettet das Theater und Orchester!" [zit. nach 1776: Hoss, Kultur, S. 120].

Schließlich sind in diesem Zusammenhang die Besucherorganisationen zu erwähnen, die in den 1950er Jahren gegründet wurden, so die „Volksbühne" (1950), seit 1971 umbenannt in „Theaterring Volksbühne Münster", die „Christliche Theatergemeinde" (1955) und der „Theater-Jugendring". Wie alle Theater- und Konzertringe, so verfolgten auch die münsterischen Organisationen zunächst den Zweck, ihren Mitgliedern Eintrittskarten zu günstigen Preisen zu vermitteln. Doch erschöpfte sich ihr Engagement keineswegs im Erreichen materieller Vorteile. Sie verstanden sich immer auch als natürliche Verbündete „ihres Theaters", was gerade in Krisenzeiten zu Buche schlagen konnte.

Mit im Spiel war schließlich das Motiv, auf das Spielangebot Einfluß zu nehmen. Die besondere Berücksichtigung christlicher Bühnendichtung und Dramenliteratur etwa von französischen Autoren wie Paul Claudel entsprach einer expliziten Erwartungshaltung der Christlichen Theatergemeinde. Zu ihren Gründungsinitiatoren zählten unter anderem der damalige Inhaber des Lehrstuhls für katholische Dogmatik an der Universität Münster und spätere Bischof von Mainz, Professor Dr. Hermann Volk, Superintendent Georg Gründler und der Chefredakteur der „Westfälischen Nachrichten", Dr. Antonius Eickhoff, der über fünfzehn Jahre lang den Vorsitz hatte.

Wandel der Konzeptionen und neue Akzente

Während die kommunale Kulturpolitik nach einer intensiven Aufbauphase in den sechziger Jahren vor allem damit beschäftigt war, das Erreichte zu bewahren und haushaltspolitisch motivierte Einschnitte in das kulturelle Leistungsangebot abzuwehren, erlebte sie seit den siebziger Jahren einen bemerkenswerten Aufschwung und Wandel. Beides hatte seine Ursachen unter anderem in einer neuen Deutung und Wertschätzung des Kulturellen, die wiederum beeinflußt waren von einem allgemeinen Wandel kultur- und stadtpolitischer Konzeptionen. Sie schlugen sich unter anderem nieder in programmatischen Erklärungen der kommunalen Spitzenverbände zum Verhältnis von Kultur und städtischer Gesellschaft. Inspiriert von der allgemeinen Aufbruchstimmung der 68er-Bewegung mit ihren alternativen Lebensgefühlen, Lebensweisen und Lebenszielen waren es vor allem städtische Kulturdezernenten wie Hermann Glaser in Nürnberg und Hilmar Hoffmann in Frankfurt, die für ein neues Kulturverständnis und damit auch für eine neue Kulturpolitik plädierten. „Kultur für alle" – diese von Hoffmann geprägte Formel erfaßte ein aufbrechendes, sich in vielfältigen Formen artikulierendes Zeitgefühl und enthielt zugleich eine programmatische Botschaft. Sie verstand Kultur als Bürgerrecht und wies der Politik die Aufgabe zu, allen Bevölkerungsschichten die Teilhabe am kulturellen Geschehen zu ermöglichen. Dieses neue, demokratisch erweiterte Verständnis von Kultur beinhaltete keine generelle Preisgabe des traditionellen Aufgabenkanons, wohl aber eine Öffnung und Offenheit gegenüber neuen und alternativen Formen kulturellen Lebens.

In der Fortentwicklung dieser Konzeption wird städtische Kulturpolitik inzwischen nicht mehr als eine ressortmäßig abgegrenzte Zuständigkeit, sondern als kommunale Querschnittsaufgabe begriffen, d. h. als integrales Element städtischer Politik schlechthin. Die 1986 in einer Erklärung des Deutschen Städtetags formulierte These: „Die Selbstgestaltung der Stadt ist zugleich ihre erste Kulturaufgabe" brachte diesen fundamentalen Wandel auf einen ebenso bündigen wie programmatischen Nenner [2695: Stadt und Kultur, S. 10].

Dieser Wandel machte sich in den siebziger und achtziger Jahren auch in der Kulturpolitik Münsters bemerkbar. Er überschnitt sich – wie bereits erwähnt – mit einem Wechsel in der Leitung des Kulturdezernats. Der langjährige Beigeordnete Dr. Karl Hoss trat Ende 1976 in den Ruhestand; ihm folgte der damals 38jährige Hermann Janssen, der zuvor Beigeordneter in Minden war.

Die nun einsetzende zweite Epoche der Kulturpolitik in Münster nach dem Weltkrieg stand indessen nicht im Zeichen einer kulturpolitischen Wende. Angemessener dürfte es sein, von einer kontinuitätsgeprägten Epoche mit innovativen Akzentsetzungen zu sprechen. Obwohl zwischen Rat und Verwaltung, Kulturinstitutionen, Künstlern und Öffentlichkeit immer wieder konkurrierende Konzeptionen und Interessen zutage traten, blieb ein bürgerliches, tendenziell konservatives Kulturverständnis im Sinne einer Leitkultur dominierend, so daß avantgardistische Projekte wie die 1977 erstmals durchgeführte Skulpturenausstellung eher eine Ausnahme bildeten. Gleichwohl: Die Ausweitung des Kulturbegriffs im Kontext einer kritischen Gesellschafts- und Kulturdebatte veränderte den Blickwinkel der städtischen Kulturpolitik. Sie wurde beweglicher und sensibler und entwickelte mit der Zeit ein entkrampfteres Verhältnis zur sogenannten Alternativkultur, während diese wiederum ihre Berührungsängste gegenüber städtischen Institutionen und Subventionen ablegte. Was sich ursprünglich im Zuge einer Subkulturbewegung formierte und als Gegenstück zum arrivierten Kulturbetrieb verstand, streifte nach und nach seine gesellschafts- und kulturpolitische Randständigkeit ab und kann kaum mehr mit dem Etikett „Alternativkultur" belegt werden. Sie gehört mittlerweile zum festen Bestandteil der städtischen Kulturszene und hat sie facettenreicher, kreativer und spontaner, aber auch provokanter gemacht.

In welchem Maße Münsters Kulturlandschaft von dem kulturellen Aufbruch seit Anfang der siebziger Jahre profitierte, spiegelt das 1985 von der Stadt herausgegebene „Kulturadreßbuch". Diese ohne Anspruch auf Vollständigkeit veröffentlichte Zusammenstellung von Instituten, Vereinen, freien Gruppen und Initiativen gibt nicht nur einen Einblick in das vielfältige kulturelle Leben der Stadt, sondern auch in dessen Entwicklungsgeschichte. So kann man mit Blick auf die freie Kulturszene Münsters für die siebziger und achtziger Jahre von einem regelrechten „Gründungsboom" sprechen. Denn 143 von 296 Gruppen entstanden in diesem Zeitabschnitt [1700: Kulturadreßbuch].

Im Bereich der Musik beispielsweise gründeten sich in den Sparten Pop/Rock sowie Jazz, Blues, Folk alle 30 aufgeführten Gruppen in dieser Phase. Auch Klassik-Ensembles, nämlich 9 von 13, wurden in dieser Zeit ebenso ins Leben gerufen wie Vereine zur Musikförderung und zur musikalischen Bildung (7 von 11). Anders sieht es in der Sparte Chöre/Volksmusikgruppen aus. Von ihnen stammen nur 12 von 46 Gruppen aus den siebziger und achtziger Jahren. Vor allem Chöre und Kapellen von Schützenvereinen wurden bereits im 19. Jahrhundert oder in den Jahren der Weimarer Republik bzw. in den fünfziger Jahren der Bundesrepublik gegründet. Insgesamt fallen 59 von 97 Gründungen der freien Musikszene in den Zeitraum von 1970 bis 1985.

Popkonzert im Schloßgarten (1980)

Ähnlich entwickelte sich die freie Theaterszene mit 30 von 33 Gründungen seit 1970. Im Bereich Schauspiel wurden seit diesem Zeitpunkt sieben von neun Bühnen, die fünf Musik- oder Tanztheater, alle sechs Figurentheater, alle sechs Sprechtheater oder Kabarettgruppen und einzelne Vereine für Theaterförderung und -pädagogik gegründet.

In dem gleichen Zeitabschnitt entstanden außerdem die drei münsterischen Literaturzeitschriften, sechs der sieben Gesellschaften zur Literaturförderung oder -pädagogik (mit Ausnahme der 1928 gegründeten Droste-Gesellschaft) und zwei von drei Autorengruppen bzw. -verbänden. Ähnlich stellt sich die Situation für die Bereiche bildende Kunst (9 von 12) und Photo/Film (8 von 12) dar.

Demgegenüber weist die Entwicklung in der Volkskultur einen anderen Trend auf, wo nur sechs von 48 Gründungen in der Zeit nach 1970 erfolgten. Die Mehrzahl von ihnen, nämlich zwölf, fanden bereits vor 1900 statt, was auch mit der Bildung von Volksmusikgruppen in dieser Phase korrespondierte. Danach kam es in den Jahren der Weimarer Republik zu vereinzelten und verstärkt in den 1950er Jahren zu volkskulturellen Zusammenschlüssen (9). In den sechziger und siebziger Jahren entstanden ausschließlich Gruppen zur Heimat- und Brauchtumspflege.

Auch in der Arbeit der städtischen Kulturinstitute machte sich ein demokratischer und emanzipatorischer Impetus bemerkbar, der dem gewandelten Kulturverständnis eigentümlich war. So wurden neue didaktische und methodische Konzepte entwikkelt, um die kulturellen Zeugnisse etwa im Stadtmuseum und Stadtarchiv einer breiteren Öffentlichkeit nahezubringen. Die von beiden Einrichtungen seit 1978 herausgegebene Reihe „Geschichte original – am Beispiel der Stadt Münster" war ein früher und beispielhafter Versuch, das Interesse an der Geschichte der Stadt zu wecken und gleichzeitig historisches Bewußtsein zu fördern. Von solchen Motiven ließ sich die Stadt auch leiten, als sie 1978 aus Anlaß der 330-Jahr-Feier des Westfälischen Friedens einen „Historikerpreis" stiftete, der inzwischen dreimal verliehen wurde. „Mit ihm will die Stadt Münster", wie es im Stiftungsbeschluß des Rates hieß, „in mehrjährigen Abständen ein Werk der Geschichtsschreibung auszeichnen, das auf hohem fachlichen Niveau eine Epoche der europäischen Geschichte mit ihren Gegenwartsbezügen darlegt und Beachtung über Fachkreise hinaus findet".

Schließlich rückte Kultur als ökonomischer, Image- und Standortfaktor immer stärker in den Vordergrund, wenn das Für und Wider neuer und kostenträchtiger kommunaler Kulturprojekte oder überhaupt eine Ausdehnung des kulturellen Engagements der Stadt zur Debatte standen. Die veränderte Wahrnehmung spielte beispielsweise eine maßgebliche Rolle, als ein Neubau für das 1979 eröffnete Stadtmuseum politisch durchgesetzt wurde. Das hier entwickelte Konzept „Kultur und Kommerz" verlieh diesem Trend plakativen Ausdruck und ließ die erheblichen finanziellen Aufwendungen nicht von vorneherein als nutz- und bodenlose Subvention, sondern als eine Investition in die Zukunftsfähigkeit der Stadt erscheinen.

Eine Reihe von Indizien deuten darauf hin, daß diese Verbindung von „Kultur und Kommerz" für die Kultur in der Stadt, für ihre Formen, Räume und Freiräume noch an Bedeutung gewinnen wird. Neue Begriffe wie „Kultursponsoring" und „Kulturconsulting" signalisieren eine neue Etappe in dieser Entwicklung. Welche Konsequenzen allerdings dieses „Bündnis von Wirtschaft, Kultur und Geist" (Hermann

Das 1989 eröffnete Stadtmuseum verbindet – hinter der Fassade eines in den zwanziger Jahren entstandenen Kaufhauses – „Kultur und Kommerz"

Janssen) für Profil, Qualität und Kreativität der städtischen Kulturlandschaft haben wird, bleibt abzuwarten [2578: Region und Kultur, S. 78].

4. Metropole als Leitbild: Von der Provinzialhauptstadt zum Oberzentrum

„Provinzialhauptstadt" und „Oberzentrum" – die Begriffe symbolisieren in markanter Weise den Wandel im politischen Selbstverständnis der Stadt. Beide erfüllten auf unterschiedliche Weise Leitbildfunktionen, die allerdings in dem ersten ungleich prätentiöser und klangvoller zum Ausdruck kamen als in der technokratisch anmutenden Vokabel aus der Planungssprache. Der Titel „Provinzialhauptstadt" atmete Geist, Tradition und Rang der preußischen Epoche Westfalens, in der Münster der unbestrittene Mittelpunkt dieser Provinz war. Demgegenüber vermittelt die Klassifizierung „Oberzentrum" allenfalls die Existenz funktionaler Hierarchien und die konkurrierende Position Münsters im Netz eines multizentralen Städtesystems.

Die Begriffe wurden zur Standortbestimmung und Entwicklung von Perspektiven ebenso benutzt wie zur Imagewerbung und Identitätsstiftung. Auch dienten sie als historisch-politische Kristallisationspunkte, an denen sich das kommunalpolitische Planen und Handeln orientierte und legitimierte. Inwieweit aber befanden sich

Selbstbild und tatsächliche Realität im Einklang? Und welche Konsequenzen hatte ihre Inanspruchnahme für die konkrete Politik?

Bis in die Mitte der 1960er Jahre hinein speiste sich das Selbstverständnis Münsters aus vier Quellen. Dazu gehörten:

1. das lebendige Bewußtsein von den religiösen Ursprüngen der Stadt. Die vielfältige Präsenz kirchlichen Lebens in der politischen Kultur Münsters stieß auf breite Akzeptanz, so daß man wie selbstverständlich vom katholischen Münster sprach;
2. die Herausstellung als Stadt eines selbstbewußten Bürgertums mit Kaufmannschaft und Handwerkerschaft als tragenden Pfeilern. Ihr städtischer Patriotismus hatte sich beispielhaft in dem gegen „Zeitgeist und Expertenmeinung" durchgesetzten Wiederaufbau Münsters manifestiert [1653: Fechtrup, Rolle Münsters, S. 29];
3. die Betonung der Verflechtungen von Stadt und Land und der in Münster beheimateten Interessenverbände der westfälischen Landwirtschaft;
4. die Inanspruchnahme Münsters als Stadt der Wissenschaft und Verwaltung.

Alle vier Elemente konstituierten das Bild, das die Stadt von sich hatte, das man nach außen trug und zu dem sich ihre Repräsentanten immer wieder aufs neue bekannten: Es war die Vorstellung von Münster als der *Metropolis Westphaliae*, deren Wurzeln bis ins Mittelalter zurückreichen. So verabschiedete der Rat der Stadt nur zwei Tage nach Bekanntgabe der Gründung des Landes Nordrhein-Westfalen am 19. Juli 1946 eine Resolution, in der es hieß: „Münster als traditionelle Hauptstadt der Provinz Westfalen ist der politische, wirtschaftliche und kulturelle Mittelpunkt Westfalens. Es wird diese Stellung trotz aller zeitbedingter Schwierigkeiten weiter behaupten" (Ratsprotokoll vom 19. Juli 1946).

Ein Jahr später veröffentlichte Oberstadtdirektor Zuhorn eine Schrift unter dem Titel „Münster – die Hauptstadt der Provinz Westfalen in schwerer Notzeit nach dem Kriege". Und Oberstadtdirektor Austermann stellte 1956 in einer Bilanz kurz und bündig fest: „Münster ist ein gesundes, im besten Sinne modernes Gemeinwesen voll blühenden Lebens, würdig in seinem äußeren Aufbau, seinen Rang als Hauptstadt Westfalens unbestritten behauptend" [1661: 10 Jahre Wiederaufbau, S. 18]. Selbst der Regierungspräsident von Münster, Franz Hackethal, verwandte in einem Schreiben vom 17. Dezember 1948 an den Ministerpräsidenten des Landes die Bezeichnung „Hauptstadt Westfalens", um so den Wünschen Münsters auf Sitz eines Verwaltungsgerichts Nachdruck zu verleihen [HauptstaatsA Düsseldorf, NW 63–555].

Allerdings, das unbeirrte Festhalten am Hauptstadttitel war ambivalent, wenn man an die neuen politischen Realitäten denkt, die mit der Auflösung der preußischen Provinzen und der Gründung des Landes Nordrhein-Westfalen durch die britische Militärregierung am 23. August 1946 geschaffen worden waren. Die Entscheidung für ein neues Land mit Düsseldorf als Hauptstadt war eine Entscheidung gegen Münsters Rang als Provinzialhauptstadt und alle damit verbundenen Interessen und Ansprüche. Jedenfalls wirkte sie sich so aus. Hinzu kam, daß die Ministerialbürokratie des noch jungen Landes die Inanspruchnahme des Hauptstadttitels mit Argwohn betrachtete. So nahm beispielsweise der Chef der Landeskanzlei, der späteren Staatskanzlei, am 5. Januar 1947 daran Anstoß. Die Bezeichnung sei „unzweckmäßig und unerwünscht". Das „regionale Substrat für eine Provinz Westfalen" sei mit der Bildung des Landes Nordrhein-Westfalen fortgefallen und damit die Titulatur „Provinzialhauptstadt" gegenstandslos [HauptstaatsA Düsseldorf, NW 23–364]. Gleichwohl scheute die Landesregierung davor zurück, die Frage im Wege der Staatsaufsicht zu entscheiden, zumal sich die Stadt mit guten Argumenten auf Tradition und Gewohnheitsrechte berief.

Ob aus Überzeugung, aus verletztem Stolz oder weil man die neuen Konstellationen nicht wahrhaben wollte – die Stadt machte aus der Not eine Tugend. Wenn es darum ging, Besitzstände zu wahren, argumentierte sie historisch; forderte sie vom Land neue Institutionen und Ressourcen, so taktierte sie politisch.

Vor diesem kommunalen westfälischen Hintergrund ist beispielsweise die Kabinettsentscheidung vom 7. Februar 1949 zu sehen, Münster zum Sitz des Oberverwaltungsgerichts und damit zugleich des Verfassungsgerichtshofs des Landes zu bestimmen. Obwohl die Ministerialbürokratie nachdrücklich gegen Münster optiert hatte, setzte sich Ministerpräsident Arnold über alle Bedenken hinweg und entschied am 20. Oktober 1948: „Als mit der Bildung des Landes Nordrhein-Westfalen Düsseldorf zur Landeshauptstadt bestimmt wurde, verlor die bisherige Provinzialhauptstadt Münster ihre Bedeutung als Mittelpunkt wichtiger staatlicher Behörden. Es ist bisher noch nicht möglich gewesen, Münster für diesen Ausfall zu entschädigen, so daß allmählich in Westfalen der Eindruck entstehen könnte, die Landesregierung trage den berechtigten Belangen des westfälischen Landesteils zu wenig Rechnung. Es ist daher dringend erforderlich, das Oberverwaltungsgericht des Landes in Münster zu errichten" [HauptstaatsA Düsseldorf, NW 63–560].

Die Strategie der Stadt, aus ihrer historisch begründeten Stellung politisches Kapital zu schlagen, war zunächst durchaus erfolgreich. Sie vermochte wichtige Behörden und Institutionen mit „gesamtwestfälischen Verwaltungsaufgaben" zu halten und neue zentrale Dienststellen, darunter vier Landesoberbehörden, zu gewinnen. Und auch von seiten der übrigen westfälischen Großstädte wurde ihr besonderer Rang durchaus anerkannt und gewürdigt. So nahm beispielsweise der Dortmunder Oberbürgermeister Fritz Henßler den Wiederaufbau des Rathauses zum Anlaß, um die „Verbundenheit mit der Provinzialhauptstadt" auszudrücken. Der „Wiederaufbau des Rathauses in Münster", schrieb Henßler am 24. April 1951, sei „eine Angelegenheit der ganzen Provinz Westfalen" [Westfälische Nachrichten vom 30. Oktober 1958 (Sonderbeilage)].

Auf Dauer jedoch mußte der Nimbus als Provinzialhauptstadt an Überzeugungs- und Legitimationskraft verlieren, wenn es nicht gelang, den damit verbundenen Zentralitätsanspruch mit zukunftsorientierten Perspektiven und Projekten zu sichern, d. h. der Stadt neue Visionen zu eröffnen und diese in strukturpolitische Konzepte umzusetzen.

Seit Mitte der 1960er Jahre geriet diese Thematik mehr und mehr in die öffentliche Diskussion. So nahm beispielsweise die „Münstersche Zeitung" am 10. Oktober 1964 die konstituierende Sitzung des neugewählten Rates zum Anlaß, um über die Zukunftschancen der Stadt und die Bereitschaft, neue Wege zu gehen, zu räsonieren. Ihr Fazit „Mit Mönster bliv Mönster ist es nicht getan" traf exakt den neuralgischen Punkt, an dem sich die politischen Geister von Beharrung und Wandel schieden. „Wer einen Zirkel auf dem Prinzipalmarkt ansetzt", so hieß es in dem Artikel von

Gerd Schroeder, „kann getrost einen Kreis mit einem Durchmesser von 30 Kilometern schlagen und findet im weiten Rund doch nur ‚Landstädtchen, deren Bewohner auf Münster als Einkaufs- und Kulturstadt angewiesen sind'. Selbst mit dem besten Fernstecher wird man von den Türmen der Stadt oder vom zwölften Stockwerk des Hochhauses der Stadtverwaltung keine Konkurrenzstadt am Horizont sehen. Das ist Chance und Gefahr zugleich. Zwar kann man in der Tat die sogenannte Konkurrenz nicht sehen, aber sie ist längst da. Verkehrsfachleute und Kaufleute wissen ein leidiges Lied davon zu singen. Der gut Konservative ist hellhörig geworden. Ihm bleibt nichts anderes, als die Entwicklung in die Bahnen zu lenken, die mit Geist und Gesinnung der Stadt vereinbar sind. Der Verkalkte aber wird sich die Ohren weiter zuhalten und glauben, daß wir noch ‚Provinzialhauptstadt' seien. Er wird mit Gleichgesinnten das Glas Altbier anstoßen und sich mit einem selbstzufriedenen ‚Mönster bliv Mönster' die Bettdecke über die Ohren ziehen."

Ob man wollte oder nicht, allein der von der Landesregierung seit der zweiten Hälfte der 1960er Jahre in Gang gesetzte Prozeß der kommunalen Neugliederung zwang die Stadt dazu, über ihre Stellung und Entwicklungspotentiale intensiv und umfassend nachzudenken. So war es nicht nur von symbolischer Qualität, daß 1966 erstmals ein Verwaltungsbericht erschien, dessen Umschlag nicht mehr die Bezeichnung „Provinzialhauptstadt" trug. Vier Jahre später versank der Titel gleichsam in der Versenkung. Zuvor war es im Rat zu einer von der SPD-Fraktion ausgelösten kontroversen Debatte über Sinn und Nutzen und damit über die Zeitgemäßheit des Begriffs „Provinzialhauptstadt" gekommen. Obwohl kein förmlicher Beschluß gefaßt wurde, benutzte die Stadt fortan diesen prätentiösen Titel nicht mehr, den sie seit Beginn der Weimarer Republik in ihren Briefköpfen und im Impressum ihrer Veröffentlichungen und Dokumentationen geführt hatte.

Statt dessen etablierte sich die Bezeichnung „Oberzentrum" als neuer Schlüsselbegriff, wie überhaupt die spröde Terminologie der Raumordnung und Landesplanung mehr und mehr Eingang fand in das kommunalpolitische wie öffentliche Vokabular. Es handelte sich dabei freilich um Begriffe, die universell und austauschbar waren und die Individualität von Städten und Gemeinden zunächst einmal nach Lage und Größe, Funktionalität und Wirkungsgrad erfaßten.

Dieser Wandel in der politischen und planerischen Wahrnehmung der Stadt trat augenfällig zutage, als der Oberstadtdirektor 1973 seinen „Bericht [...] über das kommunale Geschehen und die Arbeit von Rat und Verwaltung" zwischen 1967 und 1972 vorlegte. Den „Rang des Oberzentrums Münster sichern" – unter dieser Überschrift befaßte sich ein Kapitel eingehend mit der Zukunftsfähigkeit der Stadt. Sie wurde als „zentraler Ort höherer Stufe mit Teilfunktionen eines Großzentrums" bezeichnet, dessen „Einzugsbereich [...] über das Münsterland hinaus nach Norden in den Emsländischen Raum Lingen und Meppen" reiche [1667: Münster 1967–1972, S. 26].

Dies war nicht nur eine neue Sprache. Bemerkenswert war vor allem die Zuordnung von Zentralität und Regionalität. Obwohl nach wie vor die Funktion Münsters als „Sitz zahlreicher zentraler Behörden für das Münsterland und den Raum Westfalen" betont wurde, ja sogar von einer „Weltoffenheit" der Stadt die Rede war, geriet die so lange in Anspruch genommene Hauptstadtrolle politisch und bewußtseinsmäßig ins Abseits. Das Hauptstadtbewußtsein wurde überlagert von einem Denken und

Protest von Saerbecker Bürgern gegen die Neuordnung des Landkreises auf einer Sitzung des Kreistages (1969)

Optieren in neuen Raumkategorien. Die Stadt schickte sich an, ihr Verhältnis zu den sie umgebenden Regionen neu zu gewichten, die für ihre Zentralität in besonderer Weise konstitutiv waren. Es handelte sich dabei zunächst um die neuen Gebietskörperschaften, die mit der kommunalen Neuordnung geschaffen worden waren. Doch wie sich zeigen sollte, entwickelte sich gerade dieses Verhältnis zu einem konkurrierenden Mit- und Gegeneinander, was wiederum zwangsläufig die Stellung und Leistungsfähigkeit Münsters als Oberzentrum tangierte und in den 1980er Jahren erneut zu kommunalpolitischen Kurskorrekturen führte.

Denn die Gebietsreform erwies sich nicht nur für die Stadt als ein folgenreicher Einschnitt. Sie veränderte auch das politische, soziale und ökonomische Profil der Umlandgemeinden grundlegend. Auch Münster hatte in der Nachkriegszeit zunächst von der Tatsache profitiert, daß die säkularen Modernisierungsprozesse in Stadt und Land ungleichzeitig abliefen. Umgeben von weithin agrarisch-handwerklich geprägten Städten und Gemeinden vollzogen sich die ökonomischen und kulturellen Beziehungen zwischen Münster und seinem näheren und weiteren Umland gleichsam wie in einem Einbahnstraßensystem. Man konnte sich autark und konkurrenzlos fühlen und tat dies auch.

Die kommunale Neuordnung schaffte die Rahmenbedingungen dafür, daß die sozialstaatliche Maxime der gleichen Lebensbedingungen in Stadt und Land nunmehr auch die Dörfer rund um Münster erfaßte – mit geradezu revolutionären Umformungsprozessen innerhalb von zwei Jahrzehnten. Mit diesem Wandel ging ein wachsendes Selbstbewußtsein und Selbstwertgefühl einher, das sich mitunter in einem deutlich zur Schau getragenen Konkurrenzverhalten gegenüber dem Metropolanspruch Münsters artikulierte. Das Modernisierungsgefälle zwischen Stadt und Umland war so gut wie eingeebnet. Daß diese Modernisierung auch ihre sozialen Kosten hatte, soll hier nur erwähnt, nicht aber weiter thematisiert werden.

In dem gleichen Zeitraum orientierte sich die Politik der Stadt Münster daran, ihren oberzentralen Rang als Verwaltungsstadt, wirtschaftlicher und kultureller Mittelpunkt sowie als Dienstleistungs- und Bildungszentrum zu sichern und auszubauen. Diese Politik hatte Erfolge, sie erlebte aber auch Rückschläge. Das Konzept der Zentralität eröffnete der Stadt neue Entwicklungspotentiale und implizierte zugleich kommunale Rivalitäten. So konstatierte Oberstadtdirektor Fechtrup in seiner Etatrede von 1980 einen Zentralitätsverlust insbesondere gegenüber Dortmund. Diese Stadt betrachtete sich nach den Worten ihres Oberstadtdirektors inzwischen als das „bedeutendste Oberzentrum des westfälischen Landesteiles" und als „das überragende Handels-, Verwaltungs- und Dienstleistungszentrum Westfalens" [1652: Fechtrup, Beginn, S. 13].

Die Beispiele mögen als Hinweise dafür genügen, daß die Oberzentralität Münsters im Widerstreit der Interessen von Stadt, Umland und anderen westfälischen Großstädten behauptet werden mußte. Diese und andere Erfahrungen wie etwa die Rückwirkungen nationaler und europäischer Entwicklungen lösten bei der Stadt in den 1980er Jahren offenkundig ein verstärktes Nachdenken über ihre Rolle in der Region und in Westfalen aus. Eine Reihe von Anzeichen deuten darauf hin, daß man den traditionellen Rang und Führungsanspruch Münsters unter veränderten zukunftsorientierten Vorzeichen wiederbeleben und neu legitimieren will. So bezeichnete beispielsweise Oberbürgermeister Twenhöven bei der Verabschiedung von Oberstadtdirektor Fechtrup am 15. März 1989 die „Stadt Münster als westfälische Hauptstadt" [1682: Oberstadtdirektor Fechtrup, S. 8]. Noch deutlicher benutzte Oberstadtdirektor Pünder Tradition und Geschichte der Stadt als politisches Argument, als er in einer Rede zum Friedensmahl am 17. Oktober 1991 Münster als „historische und faktische Hauptstadt Westfalens" charakterisierte [1814: Pünder, Münster und Westfalen, S. 42].

Pointierter konnte man das alte und neue Selbstbewußtsein der Stadt nicht formulieren – und dies in Anwesenheit einer beachtlichen politischen, gesellschaftlichen und wirtschaftlichen Prominenz aus Westfalen, dem Land und dem Bundesgebiet. Ob und inwieweit aber hauptstädtischer Anspruch und die Vision einer postindustriellen Metropole von der Wirklichkeit bestätigt werden, muß die Zukunft zeigen.

Quellen und Literatur

Die Erforschung der Geschichte der Stadt Münster seit dem Zweiten Weltkrieg ist in hohem Maße defizitär: Es gibt weder eine historische Gesamtdarstellung noch – sieht man einmal von wenigen Ausnahmen für die frühe Nachkriegszeit ab, wie zum Beispiel der auch Zeitzeugenwissen einbeziehenden Dissertation von Gisela Schwarze [2671: Region im demokratischen

Aufbau] – wissenschaftliche Teiluntersuchungen zur Stadtgeschichte in den letzten vierzig Jahren. Insofern ist selbst eine Überblicksdarstellung wie diese mit dem Ziel, Ereignisse, Tendenzen und Strukturen in Politik, Gesellschaft und Kultur darzustellen, in besonderer Weise auf gedruckte Materialien und Archivalien angewiesen. Dazu wurden in erster Linie die Verwaltungsberichte der Stadt Münster, die Veröffentlichungen des Statistischen Amtes sowie Bestände des Stadtarchivs – insbesondere die Niederschriften der Ratssitzungen (Amt 10) – herangezogen. Außerdem wurden Bestände des Hauptstaatsarchivs Düsseldorf, des Staatsarchivs Münster und des Bistumsarchivs Münster berücksichtigt.

Einen geradezu dokumentarischen Rang besitzen auch die drei umfangreichen Darstellungen, die Karl Hoss zur Geschichte des Schulwesens [1777: Schulwesen], des Sports [1778: Sport], des Theaters und der Musik [1776: Kultur] für die Zeit zwischen 1945 und 1976 verfaßt hat. Diese Bände sind für die Forschung wie für den historisch interessierten Laien nicht nur eine Fundgrube für Daten und Fakten; sie geben darüber hinaus einen vorzüglichen, wenn auch nicht abschließenden Überblick über zentrale Felder der jüngsten Stadtgeschichte. Schließlich verdienen die Untersuchungen hervorgehoben zu werden, die in den letzten Jahren im Rahmen des Schülerwettbewerbs entstanden sind und gerade wegen ihres kleinräumigen, d. h. vielfach stadtteilorientierten Zugriffs, für die stadtgeschichtliche Forschung oft ein Gewinn sind, hier aber nicht im einzelnen und namentlich erwähnt werden können. Diese Arbeiten werden im Stadtarchiv Münster gesammelt und Benutzern zur Verfügung gestellt.

HERBERT SOWADE / FRIEDRICH WILHELM BAUKS

Die Kirchengemeinden in der Nachkriegszeit

1. Die katholische Kirche – 2. Die evangelische Gemeinde

1. Die katholische Kirche

Der entschiedenste Gegner der Nationalsozialisten in Münster, der zur Leitfigur der Katholiken in der Zeit der Unterdrückung und zum überregional und international bekannten Symbol der nicht gelungenen „Gleichschaltung" eines ganzen Volkes gewordene Bischof Clemens August Graf von Galen, setzte sich nach dem Zusammenbruch des von ihm konsequent und beharrlich bekämpften Systems getreu seinem Motto „Unrecht bleibt Unrecht" genauso entschieden für die Rechte der Besiegten ein. Er verwahrte sich gegen die Kollektivschuldthese, protestierte gegen die Vertreibung der Deutschen aus den Gebieten jenseits von Oder und Neiße und prangerte an der deutschen Zivilbevölkerung verübte Verbrechen – Mord, Plünderungen und Vergewaltigungen – in aller Schärfe an. Der „Löwe von Münster" mußte sich deswegen als „deutscher Nationalist" den Besatzungsbehörden gegenüber verantworten.

Auf der anderen Seite erhielt Bischof von Galen eine hohe Auszeichnung für seine Standhaftigkeit während des Dritten Reiches: Der Papst rief ihn vor Weihnachten 1945 nach Rom, um ihn bei der ersten Kardinalserhebung nach dem Krieg in den Kreis der höchsten kirchlichen Würdenträger aufzunehmen. Am 16. März kehrte er in die zerstörte Stadt zurück – begeistert empfangen von Kirchenvolk und Bürgerschaft, die sich auf dem Domplatz bzw. vor der Lambertikirche versammelt hatten. Am 17. März feierte er in der nur wenig zerstörten Kreuzkirche, die schon in den Nachkriegsmonaten seine Predigtkirche gewesen war, sein erstes Pontifikalamt als Kardinal. Es sollte zugleich sein letztes sein. Völlig unerwartet verstarb er am 22. März 1946 an einer nicht rechtzeitig behandelten Infektionskrankheit. Am 28. März standen die mit ihm kreierten deutschen Kardinäle Frings (Köln) und Preysing (Berlin) zusammen mit einer unübersehbaren, tief betroffenen Trauergemeinde an seinem Grab. Es sollte mehr als ein Jahr dauern, bis das Bistum Münster mit dem Osnabrücker Domkapitular und Regens des dortigen Priesterseminars Michael Keller einen neuen Oberhirten erhielt. Er wurde am 19. Juli 1947 in Rom ernannt und am 28. Oktober von Kardinal Frings geweiht und inthronisiert.

Wiederbeginn des Gemeindelebens und der kirchlichen Verwaltung

Der Wiederaufbau der Kirche in Freiheit, der – wie für die Stadt insgesamt – nicht nur die Beseitigung der äußeren Zerstörung betraf, mußte in Münster also ohne die Integrationskraft des weithin berühmten Kirchenführers und Volkshelden beginnen. Zunächst galt es, sich in den Trümmern notdürftig einzurichten und das kirchliche Gemeindeleben wiederherzustellen. Im Bereich des Stadtdekanats stellte sich die Lage wie folgt dar: Der Gottesdienst konnte wegen nur geringer Beschädigung der

Empfang Clemens August von Galens auf dem Prinzipalmarkt nach der Kardinalsweihe in Rom (16. März 1946)

Bausubstanz in sechs der 14 Pfarrkirchen weiter abgehalten werden (St. Aegidii, Erpho, Heilig-Geist, St. Josef Kinderhaus, Heilig-Kreuz und St. Mauritz); acht waren so schwer getroffen, daß sie nur noch teilweise bzw. überhaupt nicht mehr benutzbar blieben, und man in Notquartiere ausweichen mußte. Als Ausweichräume dienten für St. Antonius die Krypta und die Friedrichsburg, für Herz-Jesu ein Wirtshaus, für St. Lamberti (St. Servatii) und St. Martini eine eigens hergerichtete Notkirche, für Liebfrauen-Überwasser und St. Ludgeri das Priesterseminar, das Hüfferstift und das Kapuzinerkloster. Nach Feststellung der ersten Pastoralkonferenz mit Bischof Keller betreuten im Jahr 1947 22 Pfarrer mit 18 Kaplänen und fünf geistlichen Religionslehrern 77 000 Katholiken mit einem sonntäglichen Kirchenbesuch von durchschnittlich 55 Prozent.

Als Bischofskirche dienten bis zur Wiederherrichtung des Doms (1956) zunächst Heilig-Kreuz, dann Heilig-Geist (bis 1953) und, nachdem diese große Innenstadtkirche wiederhergestellt war, St. Lamberti. Bischof Keller (18. Oktober 1947) sowie die Weihbischöfe Gleumes (1948) und Baaken (1952) wurden in Heilig-Geist, die Neupriester seit 1950 bereits in der Lambertikirche geweiht. Die Gottesdienste waren zunächst nicht nur durch die Zerstörungen selbst behindert. Der britische Stadtkommandant verfügte, daß sie wochentags so zu legen seien, daß die Aufräumarbeiten nicht behindert würden. Prozessionen durften nur sonntags stattfinden und die militärischen Versorgungsstraßen nicht berühren.

Eine erste allgemeine Bemühung der Pfarreien galt den nach Tegernsee, Reit im Winkl und Bad Reichenhall evakuierten Schulkindern. Die Pfarrämter organisierten

Bischof Dr. Michael Keller (1947–1961)

die brieflichen Kontakte und schließlich mit der Caritas die Rückführung der Kinder. Danach mußte der Schulunterricht neu organisiert werden. Man versuchte, das Problem innerhalb der Pfarreien zu lösen. Der Unterricht konnte zunächst nur schichtweise erfolgen. Von Anfang an wurde auch wieder Religionsunterricht erteilt. Bereits 1946 lagen dafür Neuausgaben des Kleinen und des Großen Katechismus vor. Den Erstkommunionkindern verschaffte man über die Pfarrämter vom städtischen Wirtschaftsamt Bezugsscheine für Schuhe und Textilien. Kreisvikar Kamp war beauftragt, den Religionsunterricht an den höheren Schulen zu organisieren und auf die Gemeinschaftskommunion vorzubereiten; Kaplan Soddemann wurde zum Dekanatsjugendseelsorger ernannt. Die pastorale und karitative Sorge galt außerdem den heimgekehrten Soldaten. In St. Mauritz wurde 1945 eine „Männerwoche" für sie organisiert; die Bürgersodalität und die Michaelsgemeinschaft nahmen sich ihrer konkreten Nöte an.

Noch lange Zeit hatten die kirchlichen Amtsträger und die mit der Seelsorge Betrauten ganz allgemein damit zu tun, der Opfer des Krieges zu gedenken, die Trauernden zu begleiten und die Not der Betroffenen zu lindern. Die materielle Not war anfangs sehr groß. Als „Anwalt der Armen" geißelte Bischof Keller 1948 die Wucherpreise, die den Hungernden für Bedarfsgüter und Lebensmittel abgepreßt wurden. Darüber hinaus versuchte man, auch der Verfolgung der Kirche im engeren Sinne zu gedenken und an die Opfer aus den eigenen Reihen zu erinnern. Die Fuldaer Bischofskonferenz hatte schon 1945 veranlaßt, die Kirchenverfolgung der Nationalsozialisten zu dokumentieren. Das Bistumsarchiv legte daraufhin entsprechende Materialsammlungen an, die vor allem auch deshalb erforderlich waren, weil bereits beim Bombenangriff vom 10. Oktober 1943 alle Unterlagen des Generalvikariats vernichtet worden waren.

Größere Gedenkveranstaltungen, die noch ganz im Zeichen der Nachkriegszeit standen, waren am 10. Oktober 1948 eine Wallfahrt der Bombengeschädigten nach Telgte und am 10. Jahrestag des verheerenden Angriffs vom 10. Oktober 1943 ein Pontifikalamt im noch nicht wiederhergestellten Dom sowie seine Einweihung nach Abschluß der Restaurierungsarbeiten am 14. Oktober 1956, die mit einer Domfestwoche begangen wurde. Das Telgter Gnadenbild wurde am 20. Mai 1951 aus Anlaß der Weihe des gesamten Bistums an das Unbefleckte Herz Mariens zum erstenmal nach Münster übertragen. Der Domplatz war mit Menschen überfüllt, als der Bischof das Weihegebet sprach. Zum Gründungsjubiläum des Bistums 1959 (1150 Jahre) waren die Straßen der Stadt geschmückt. Der Rat versammelte sich um den Ludgerusschrein, der in einer Prozession von Werden kommend eingeholt worden war. Oberbürgermeister Peus begann vor der versammelten Menge laut das Glaubensbekenntnis zu beten; das jedoch hatte ein Nachspiel im Rat: Man fragte, ob der gewählte Repräsentant aller Bürger der Stadt in dieser offiziellen Form ein religiöses Bekenntnis ablegen dürfe.

Vom 20. bis 24. August 1962 versammelten sich zum Goldenen Priesterjubiläum des Domkapitulars Reinhold Friedrichs neunzig geistliche Mithäftlinge aus dem Konzentrationslager Dachau in Münster, um ihren geistlichen Vater und ehemaligen Blockwart zu ehren. Bei der Stadtmission von 1963 waren siebzig Missionare in den damals 25 Pfarreien im Einsatz, um den Christusglauben bei der seit 1950 um 50 Prozent gewachsenen Bevölkerung zu wecken. 1964 schließlich kamen am Buß- und Bettag 30 000 Gläubige innerhalb und außerhalb des Doms zusammen, um an das Verbot der katholischen Arbeiterschaft (KAB) vor dreißig Jahren zu erinnern. Am 8. Juli 1934 war auf einer großen Kundgebung ein Totenbuch mit 14 000 Namen von Opfern des Ersten Weltkriegs niedergelegt worden; die Gestapo war nach der Kundgebung in die Büroräume der KAB eingedrungen, hatte die Bezirksstelle beschlagnahmt und Präses Bernhard August Konermann verhaftet. Jetzt wurde dem Gedenkbuch eine neue Rubrik eingefügt: „Die in der Heimat Verfolgten“; herausgestellt wurden vor allem die Arbeiterführer Prälat Otto Müller, Bernhard Letterhaus, Nikolaus Groß und Gottfried Konzgen. Zugleich erinnerte man an den Ausbruch des Ersten und des Zweiten Weltkriegs sowie an das Hitlerattentat vom 20. Juli 1944. Als Glaubenszeugen aus der Zeit der Verfolgung wurden in der Nachkriegszeit in Münster neben Kardinal von Galen besonders die auf dem Zentralfriedhof beerdigte Schwester Euthymia sowie die jüdische Karmeliterin Edith Stein verehrt.

Die Pfarrgemeinden, die sich in Münster über alle Umbrüche und Verfolgungsmaßnahmen des 19. und 20. Jahrhunderts hin bewährt hatten, galten weiterhin als die Urzellen kirchlichen Lebens. Hauptanliegen Bischof Kellers und der Verantwortlichen für die Seelsorge im Bistum war es deshalb, lebendige und integrationsfähige Gemeinschaften zu erhalten. Es galt, im Bistum ca. 180 000 Heimatvertriebene zu integrieren, davon allein 13 000 in der Stadt und im Landkreis Münster. Eine Teilung der Großpfarren erschien deshalb dringend geboten. In einem kontinuierlichen Prozeß, der in der Mitte der 1960er Jahre zum Abschluß kam, erhöhte sich die Zahl der Pfarreien im Stadtdekanat Münster von 23 auf 42. Die Wachstumsschwerpunkte waren Liebfrauen-Überwasser mit einem Zuwachs an Kirchenmitgliedern von 28 Prozent, Hiltrup mit 27,4 Prozent und St. Mauritz mit 16,8 Prozent zwischen den Vergleichsjahren 1956 und 1967.

Parallel zu den seelsorgerischen Bemühungen um die Wiederbelebung des religiösen Gemeindelebens galt es von Anfang an, auch die kirchlichen Verwaltungs- und Organisationsstrukturen neu aufzubauen. Nachdem das Generalvikariat bereits Ende 1945 von Sendenhorst nach Münster zurückgekehrt und im Gebäude Breul 23 provisorisch untergekommen war, vollzog sich die Neuorganisation in den Jahren nach der Währungsreform in ungeahnter Geschwindigkeit. Vor allem beim technischen Aufbau, aber auch bei der Gestaltung des innerkirchlichen Lebens wurden zunehmend die Mitsprache und Mitverantwortung von Laien wirksam, und zwar zunächst auf der Basis der „Katholischen Aktion" (Bischof Keller) und des Laienapostolats. Die Mitwirkung und Mitverantwortung an der Kirchenleitung „von unten" war in Münster schon auf der Diözesansynode von 1958 dekretiert worden. In einem ständigen Dialog gemischter Beratungsgremien sollte die hierarchisch-monokratische Priesteramtskirche dabei allmählich verändert werden.

Die strukturelle kirchliche Aufbauarbeit hatte bereits 1946 mit den monatlichen Pfarrerkonferenzen und dem Katholikenausschuß der Stadt begonnen. Hier wurden die gemeinsamen Aktionen geplant – so etwa die Religionsbücherverteilung, die Volksmission (1950), das Sozialseminar (1951), die Bedarfsfeststellung und der Bau von Kindergärten (1953 bereits zehn). 1952 sprach man sich für ein Einheitsdekanat der Stadt aus, aber bereits zwei Jahre später wurden erstmals seit fast hundert Jahren vier Dekanate – Hiltrup (sechs Pfarreien), Lamberti (13), Liebfrauen (11), Mauritz (12) – im Stadtdekanat gebildet. Die enorme Entwicklung wird mit dem Blick auf die Jahrhundertwende anschaulich, als es mit der Dompfarrei im Stadtdekanat nur sieben Pfarreien gab. Nach 1971 schlossen sich zehn Pfarrgemeinden zu zwei Pfarrverbänden zusammen (Münster-Süd und Münster-Nordost).

Besondere Bedeutung kam in den ersten zwei Nachkriegsjahrzehnten den dringend erforderlichen kirchlichen Bauprogrammen zu. Schon seit dem Ersten Weltkrieg bestand ein erheblicher Baubedarf für Kirchen, Kindergärten, Jugendheime und Dienstwohnungen, der durch die Kriegszerstörungen enorm gesteigert worden war. Allein 180 Kirchen und 600 andere kirchliche Gebäude waren im Bistum dem Bombenkrieg zum Opfer gefallen. Der Wille zum Wiederaufbau der zerstörten Bausubstanz und zur Errichtung neuer Gebäude war überall spürbar, doch standen einer gleichmäßigen und gerechten Erfüllung des Bedarfs zwei Hemmnisse gegenüber: die ungleiche Größe der Pfarreien und die ungleichmäßige Verteilung der Finanzmittel. Erst durch die Aufteilung der Großpfarreien und vor allem durch die Ablösung der Ortskirchensteuern, die 1957 durch die Diözesankirchensteuern ersetzt wurden, konnte das Problem organisatorisch gelöst werden. Jetzt war man nicht mehr auf freiwilligen Ausgleich – d. h. auf Abgaben der finanzkräftigen an die finanzschwachen Gemeinden – angewiesen, sondern hatte eine Basis für den systematischen und gerechten Einsatz der Finanzen. Der schon 1950 begründete Kirchensteuer(bei)rat erhielt Entscheidungsvollmacht über die Verwendung der kirchlichen Einkünfte. Die auf Anregung der Diözesansynode ebenfalls 1950 geschaffene „Darlehnskasse der Kirchengemeinden und kirchlicher Einrichtungen im Bistum Münster" sollte als Selbsthilfeinstitution durch günstige Kredite bessere Voraussetzungen zur Lösung vor allem auch der sozialen und karitativen Aufgaben schaffen.

Bereits fünf Jahre nach der Neuregelung von 1957 konnte ein erheblicher Erfolg bilanziert werden: 105 Kirchen, 150 Kindergärten, 116 Jugendheime und 185 Dienstwohnungen waren neu errichtet, von 1950 bis 1960 waren für den Wohnungsbau über 5000 Erbbaurechte auf über 460 Hektar Kirchenland mit den dazugehörenden Krediten genehmigt worden; d. h. für über 20 000 Menschen konnten Wohnungen geschaffen werden. Zum Teil wurde das kirchliche Siedlungswerk für Bedürftige in Münster (Vennheide und Nienberge) durch den Bauorden des Prämonstratenserpaters Werenfried van Straaten unterstützt; schließlich bildeten die vier Diözesen Nordrhein-Westfalens mit der „Aachener Siedlungs- und Wohnungsgesellschaft" das größte katholische Siedlungswerk Deutschlands mit einem hohen Eigenanteil der Bauherren von 16,8 Prozent.

Ein Symbol für den entschiedenen Wiederaufbauwillen der Katholiken in der Nachkriegszeit und zugleich auch für den schnell fortschreitenden Prozeß der „Kirche im Wandel" stellte die Restaurierung des Doms dar. Heftig umstritten, aber schließlich doch im Konsens der Verantwortlichen kam der Entwurf der Architekten Fritz Thoma und Emil Steffann mit dem auffälligen geschlossenen Westwerk und den 16 rosettenförmig angeordneten Rundfenstern zur Ausführung. Bischof und Stadtdechant waren im Bistumsblatt „Kirche und Leben" für diese Formgebung eingetreten. Die Stadtbevölkerung nahm am Baugeschehen lebhaft Anteil, was unter anderem darin zum Ausdruck kam, daß der Dombauverein und die Dombaulotterien immerhin 850 000 DM zur Finanzierung der Baukosten beitragen konnten. Im Inneren der Kirche vollzog sich dann nach der Neuordnung der Liturgie durch das Zweite Vatikanische Konzil der größte Wandel: Alle Altäre wurden zum Volk hingewendet, Wort und Opfergottesdienst wurden auch räumlich getrennt durch den Ambo für die Wortverkündigung und den Priestersitz im Chorraum. Auf Ausmalungen und historisierende Ausstattung wurde gänzlich verzichtet.

Grundzüge der Entwicklung kirchlicher Organisations- und Lebensformen nach dem Zweiten Vatikanischen Konzil (1962–1965)

Die Veränderungen, die das Zweite Vatikanische Konzil in der Kirche bewirkte, betrafen nicht nur die Liturgie und Kirchenraumgestaltung. Eine wesentliche Neugestaltung erfuhr auch die kirchliche Organisationsstruktur, und zwar durchgängig von der Ebene der Bistumsleitung über die Dekanate bis zu den Pfarreien.

In der Leitung des Bistums Münster stehen seit 1973 dem Diözesanbischof fünf Weihbischöfe zur Seite, die für die Leitung der Seelsorge in fünf Regionen verantwortlich sind. Vorformen dieser bis heute gültigen Organisation waren für drei Regionen schon länger gegeben: Das Oldenburger Münsterland hatte mit dem bischöflich münsterischen Offizialat bereits seit 1830/31 einen zentralen Verwaltungssitz in Vechta; für die Region Niederrhein (Xanten) gab es mit dem Kommissariat in Wesel eine solche Einrichtung seit 1953; die Region Recklinghausen/Coesfeld hatte mit dem historischen Vest Recklinghausen ein Kommissariat seit 1621; neu eingerichtet wurden dann die Regionen Münster/Warendorf und Borken/Steinfurt.

Weihe der Regionalbischöfe (1973)

Die Mitwirkung der Laien an der Kirchenleitung, die durch das Zweite Vatikanische Konzil besonders akzentuiert wurde, konnte sich in Münster sogleich bei der Regelung der Nachfolge im Bischofsamt bewähren. Während der Papst den münsterischen Bischof Höffner 1968 noch einfach zum Koadjutor mit dem Recht auf Nachfolge des fast neunzigjährigen Kölner Erzbischofs Kardinal Frings ernennen konnte, sollten die Diözesanen in Münster bei der Wahl ihres neuen Oberhirten erstmals beteiligt werden, und zwar durch Kandidatenvorschläge zur Aufstellung der Dreierliste beim Dompropst.

Während der ersten Jahre des bischöflichen Wirkens Bischof Tenhumbergs fanden die Sitzungsperioden des Konzils und der gemeinsamen Synode der Bistümer in der Bundesrepublik Deutschland (1971/75) statt, für die zum erstenmal Laien und Priester, Männer und Frauen zu ordentlichen Mitgliedern gewählt worden waren. Die Hoffnungen auf einen allgemeinen religiösen Aufbruch und die Erneuerung der Kirche erfüllten sich jedoch nur bedingt. Vieles blieb in der ungeheuren Masse von Reformvorschlägen, Positionspapieren und Fragebögen im Streit der Parteien und im Getriebe des bürokratischen Alltags stecken. Dennoch setzte sich die Mitwirkung der Laien an der Kirchenverwaltung in Form wichtiger Neuregelungen im Prinzip durch: Als organisierte Form des Laienapostolats wurden Komitees gegründet (die heutigen Rätegremien), die nach einer Diözesanwahlordnung auf allen Ebenen – Pfarrei, Dekanat, Diözese – gewählt wurden und gemäß ihren Statuten wirken konnten. Das höchste dieser Gremien zur Beratung des Bischofs ist – seit 1982 – der

Bischof Tenhumberg auf einer Kundgebung gegen die Reform des § 218 (1973)

Diözesanpastoralrat, bestehend aus den Mitgliedern Bischof, Generalvikar, Leiter der Seelsorgeabteilung im Generalvikariat (von Amts wegen) und den gewählten Delegierten aus den Kreisdekanatsversammlungen, den Kreisdechanten, dem Priesterrat, dem Ordensrat, dem Kirchensteuerrat und den Diözesankomitees der katholischen Verbände; hinzu kommen noch fünf ernannte Mitglieder. Die Amtsperiode des Diözesanpastoralrats dauert vier Jahre und ist an die Amtszeit des Diözesanbischofs gebunden. Für besondere, durch Zuständigkeiten der Verwaltung bzw. der Kirchenleitung nicht berücksichtigte Aufgaben sind Kommissionen durch den Bischof zu berufen.

Die verwaltungsmäßige Neuordnung der Kirche Münsters wird als gelungen angesehen. Bei den äußeren Grenzregulierungen hat sich die kirchliche Eigenständigkeit mit ihrer natürlichen Entwicklung gegenüber den staatlichen Gebietsreformen behauptet. Auf der Basis des Strukturplans von 1970 ist die Regionalisierung verwirklicht. Die Einheit des Stadtdekanats, für die der Stadtklerus schon 1952 plädiert hatte, mit dem Bestand der 42 Pfarreien ist gesichert. Der letzte Kirchenneubau war St. Marien in Sprakel im Jahr 1967. An Abpfarrungen denkt niemand mehr, obwohl St. Clemens in Hiltrup und St. Josef in Kinderhaus bereits wieder über 11 000 Seelen zählen. Aber auch von dem Plan des Generalvikariats, Großpfarreien mit je 20 000 bis 100 000 Katholiken zu schaffen, wobei die bisherigen Pfarreien als kirchliche Gemeinden unter Leitung eines Gemeindeausschusses erhalten bleiben, während Großpfarrer das Sakramenten- und Weiheamt ausüben sollten, ist keine Rede mehr.

Dennoch gilt das starre Pfarrprinzip, vor allem der territoriale „Pfarrbann“ mit der strengen Zugehörigkeit der Katholiken zur Pfarrgemeinde ihres Wohnbereichs, als „ein Hindernis der modernen Seelsorge“ (Heinz Mussinghoff). Darüber hinaus müssen Verwaltungsaufgaben schon aus ökonomischen Gründen in Form von Pfarrverbänden gemeinschaftlich von mehreren Pfarreien gelöst werden. Die Dekanate haben Seelsorgeaufgaben zu koordinieren, die Kreisdekanate und das Stadtdekanat für alle Pfarreien ihres Bezirks die Kontakte zu den kommunalen Verwaltungen wahrzunehmen.

Am deutlichsten hat sich der Wandel der Jahrzehnte nach dem Zweiten Vatikanischen Konzil wohl in der Gestaltung des Gottesdienstes ausgewirkt. Die Liturgie wird in der Landessprache gefeiert und mitgestaltet von Frauen und Männern, die liturgische Gewandung und das Zeremoniell sind zurückgedrängt. Priester konzelebrieren und das Mittun der gerade Anwesenden ist eine Selbstverständlichkeit.

Ein Höhepunkt in der Geschichte des Bistums Münster war und ist sicher für lange Zeit der Besuch Papst Johannes Pauls II. in der Stadt des hl. Liudger und des Kardinals von Galen am 1. Mai 1987. Die Botschaft, die der Papst von hier aus an alle Menschen verkündete, lautete „Wähle das Leben“.

(Herbert Sowade)

2. *Die evangelische Gemeinde*

Aufbau nach dem Krieg

Die äußeren Voraussetzungen für eine geordnete Gemeindearbeit waren in der Stadt, die in Trümmern lag, kaum noch gegeben. Nach jahrelangem Kampf um die Erhaltung des kirchlichen Bekenntnisses zeigte sich auch eine gewisse innere Erschlaffung, die von der Schwierigkeit des Überlebens in einer so stark zerstörten Stadt zusätzlich negativ beeinflußt wurde. Gerade in der schwer getroffenen Altstadt regten sich schon bald Herzen und Hände zur Schaffung einer neuen Gottesdienststätte in der Johanneskapelle an der Bergstraße, die länger als ein Jahrhundert profaniert war und nach der Instandsetzung (geweiht am 28. November 1948) in kirchliches Eigentum überging. Ging hier die Initiative vom Christlichen Verein Junger Männer aus, so gelang es Pfarrer Gründler bereits 1947, eine Kaserne an der Roxeler Straße zu übernehmen. Dort fanden in einem Kapellenraum Gottesdienste statt; außerdem wurde das große Gebäude als Altenheim, Studentenhaus und Dienststelle der örtlichen Inneren Mission genutzt. Allein die Lebensmittelversorgung für die in der ehemaligen Kaserne Untergebrachten stellte die Hausleitung vor erhebliche Schwierigkeiten. Georg Gründler hat dazu eine aufschlußreiche und eindrückliche Aufzeichnung hinterlassen. Auch beim Wiederaufbau der Apostelkirche waren die freiwilligen Kräfte aus der Gemeinde und die beteiligten Bauhandwerker in dieser „kalorienarmen“ Zeit täglich zu verpflegen. Dem heutigen Betrachter stellt sich die angesichts der schwierigen Bedingungen doch gelungene Wiederingebrauchnahme des Ost- und Mittelteils des großen Kirchenraums am 30. Oktober 1949 und nach dem Wiederaufbau des rückwärtigen Teils und des Westwerks die Wiedereinweihung der völlig wiederhergestellten Kirche genau sechs Jahre später als eine anzuer-

Die zerstörte Apostelkirche im Jahr 1946. Zeichnung von J. Daniel

kennende Leistung dar. Leider trifft das für die Erlöserkirche nicht zu. Sie war in ihren Außenmauern inzwischen so defekt geworden, daß die Wiederherstellung nicht möglich erschien. Unter großer Hilfeleistung des Lutherischen Weltbundes und des Weltbundes der Evangelischen Kirchen entstand im Anschluß an den im oberen Bereich abgetragenen Kirchturm eine Notkirche nach der Planung des bekannten Kirchenbaumeisters Professor Otto Bartning (eingeweiht am 5. März 1950). Sie bleibt auch zum Gedenken an den in jeder Hinsicht verlustreichen letzten deutschen Krieg und zur Mahnung der künftigen Generationen erhalten. Hinter schlichten Außenmauern verbirgt sich ein gelungener und in seiner Ausstattung einladender Gottesdienstsaal. Die ebenfalls beschädigte Kirche auf der Geist ist am 12. Juni 1949 der Gemeinde zurückgegeben und dabei in Trinitatiskirche umbenannt worden.

Als erstes Gemeindehaus konnte das des Trinitatisbereichs (Fliednerhaus) am 5. März 1950 wieder bezogen werden. Das Gemeindehausgrundstück am Horsteberg kam für eine Neubebauung nicht in Frage. Der Ersatzbau (Dietrich-Bonhoeffer-Haus), vor allem für die wiederbelebte Jugendarbeit gedacht, entstand 1957 neben der Apostelkirche. Das große Gemeindehaus an der Eisenbahnstraße (Paul-Gerhardt-Haus) stand teilweise für kirchliche Arbeit seit 1950 bereit. Auch das enteignete Eleonorenheim in der Hörsterstraße konnte der Kirchengemeinde rückübertragen werden.

Konfirmationsgottesdienst in der wiederhergestellten Apostelkirche

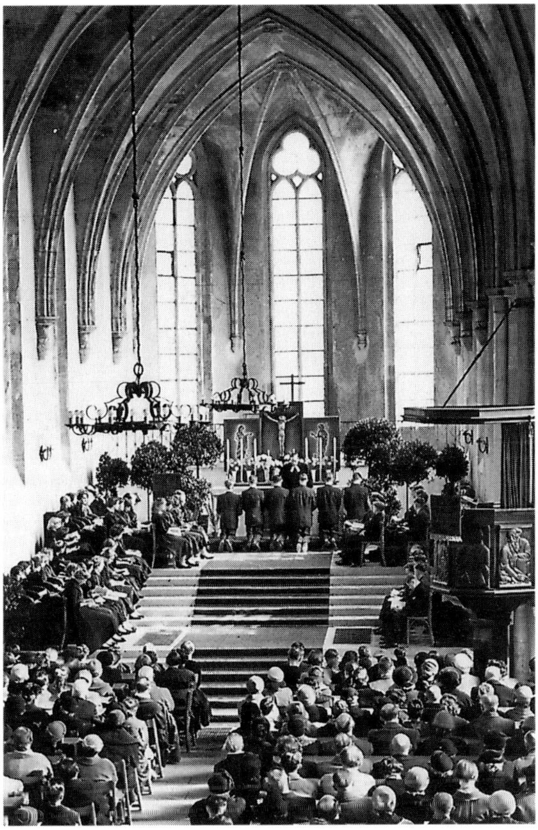

Etwa zeitgleich mit dem Bezug ihrer neuen und der wiederaufgebauten Gebäude setzte die Erneuerung der Gottesdienstordnung ein. Beibehalten wurden die Erkenntnisse und Erfahrungen aus der Kirchenkampfzeit, die man zur Feier des Gottesdienstes und des hl. Abendmahls gesammelt hatte. 1951 nahm das Presbyterium die lutherische Form der neuen Kirchenagende an und führte sie in allen Gottesdienststätten der Gemeinde, auch in den Außenbezirken, ohne Schwierigkeiten ein. Es ist nicht zuviel gesagt, daß die beiden Jahrzehnte nach dem Kriegsende in Münster vor allem im Zeichen des Gottesdienstes standen.

Die Aufgliederung der stark wachsenden Kirchengemeinde

Der ländliche Diasporabereich der Kirchengemeinde, der sich wie ein Kragen um die Stadt legte, umfaßte 1937 nur etwa tausend Evangelische. Durch den Flüchtlingszustrom wuchs diese Zahl bis 1952 auf das Elffache an. Außengottesdienststätten gab es vereinzelt schon seit Jahrzehnten. Die wohl älteste Außenstelle der Kirchengemeinde ist Telgte, wo von 1862 bis 1866 in der Wohnung eines evangelischen Chausseegelderhebers sporadisch Gottesdienst gehalten wurde. Nach dem Rückgang der Gemeindegliederzahl setzte man diese Gottesdienste aus, bis 1896 ein Hilfsgeistlicher aus Münster die auf 65 angestiegene Zahl von Eisenbahn- und Staatsbediensteten wieder gottesdienstlich und seelsorgerisch zu betreuen begann. Um die Jahrhundertwende nahm der evangelische Anteil an der Hiltruper Bevölkerung so schnell zu, daß seit 1914 auch in einem Schulraum Gottesdienst gehalten werden mußte. 1925 schlossen sich die dortigen Gemeindeglieder zur „Evangelischen Vereinigung Hiltrup" zusammen. 1929 nahm der Hilfsgeistliche seinen Wohnsitz in Hiltrup. Von hier aus betreute er die gesamte Diaspora der Kirchengemeinde. 1932 konnte der Kapellenneubau in Hiltrup bezogen werden. In Havixbeck und Roxel begannen schon bald nach 1920 die regelmäßigen Gottesdienste in Schulräumen oder in Privatwohnungen. Wolbeck folgte als weitere Predigtstation 1922, etwas später Gremmendorf, Angelmodde und Sprakel-Sandrup. Da die Arbeitskraft des einen Pastors für inzwischen zehn zum Teil weit entfernte Predigtstellen nicht ausreichte, wurde von der Kirchenbehörde seit 1936 ein zweiter Hilfsgeistlicher in der Diaspora eingesetzt.

Die seit 1945 aus Mittel- und Ostdeutschland Vertriebenen lösten im Münsterland fast ein gesellschaftliches Erdbeben aus. Diesen Außenseitern in den gewachsenen Strukturen des Münsterlandes trat man längst nicht überall freundlich gegenüber. In einzelnen Dörfern des Münsterlandes kam es sogar zu Aufnahmeverweigerungen. Pfarrer Gründler setzte sich auf der Tagung der Kreissynode 1946 in einem offenen Wort zur Flüchtlingsfrage für das Recht der Vertriebenen auf Einbeziehung in die neue Heimat ein, auch um sie vor Verzweiflung zu bewahren. Er regte schon früh die Sammlung in eigenen Gemeinschaften an. Als Beispiel für mögliches kirchliches Entgegenkommen wurde die Überlassung der katholischen Mauritzkirche für eine Konfirmation im Jahr 1946 gewürdigt. Die kirchliche Aufbauarbeit der nächsten zwei Jahrzehnte im ländlichen Bereich des Münsterlandes ging fast ausschließlich auf die Initiative ostvertriebener Pastoren zurück. Ihnen verdanken die Flüchtlingsgemeinden ihre Grundlegung und kirchliche Eigenart, die bis heute deutlich erkennbar ist.

Die Verselbständigung dieser von der Stadt Münster entfernteren kleinen Gemeindegruppen erwies sich seit 1954 als dringend geboten. In diesem Jahr wurden Hiltrup, Telgte und Wolbeck aus der Gesamtgemeinde Münster herausgelöst und zu rechtlich selbständigen Kirchengemeinden erhoben. Hiltrup hatte, wie berichtet, schon 1932 seine eigene Kapelle erhalten und später der Gemeindeteil Amelsbüren die Kreuz-Christi-Kirche (seit 1965). Die Gemeinde Wolbeck errichtete 1952 eine Kirche in Gremmendorf, der 1965 die Kirche in Wolbeck folgte. Auch diese beiden neuerrichteten Gemeinden erhielten eigene Pfarrstellen. Der heutige Stadtteil Handorf war 1954 in die Kirchengemeinde Telgte eingegliedert worden. Handorf erlangte 1988 die Selbständigkeit einer Kirchengemeinde (die Zionskirche wurde 1959 errichtet).

Der verbleibende Rest des westlichen Außenbereichs wurde 1962 zur Evangelischen Kirchengemeinde Roxel zusammengefaßt. Diese räumlich große Gemeinde mußte 1989 wiederum aufgegliedert werden. Dabei verselbständigte sich der im Stadtbereich Münsters gelegene Gemeindeteil Nienberge und erhielt eine eigene Pfarrstelle. In Roxel entstand 1965 die Nicolaikirche, in Nienberge 1971 ein Gemeindezentrum mit Kirchsaal und in Albachten das Matthias-Claudius-Haus mit Kirchsaal (1979).

Den zahlreichen Gemeindeneugründungen im Außenbereich – es handelt sich zum größeren Teil um heutige Stadtteile Münsters – ging die kirchliche Aufgliederung innerhalb der Stadt voraus. Am 1. Januar 1965 teilte sich die alte Kirchengemeinde Münster auf in fünf neue Gemeinden: die Apostel-, Auferstehungs-, Erlöser-, Matthäus- und Trinitatis-Kirchengemeinde. Die damals größte von ihnen, die Apostel-Kirchengemeinde mit fünf Pfarrstellen, besaß außer der Apostelkirche die Johanneskapelle, die Kirche zum Evangelisten Lukas am Coesfelder Kreuz (seit 1961) und die Versöhnungskirche am Friesenring (seit 1963). 1966 trennte sich von ihr die Markus-Kirchengemeinde in Kinderhaus mit der Kapelle (seit 1965) und der Markuskirche (seit 1983). Durch Ausgemeindung aus der Markusgemeinde entstand 1972 die Andreas-Kirchengemeinde in Coerde mit eigener Pfarrstelle (Notkirche 1965, Gemeindezentrum mit Andreaskirche seit 1982). Die Auferstehungsgemeinde mit ihrer Kirche am Laerer Landweg (seit 1957) blieb bis heute eine Einpfarrstellengemeinde. Die Erlöser-Kirchengemeinde mit zwei Kirchen (Erlöserkirche und seit 1963 Epiphaniaskirche) wird durch fünf Pfarrer versorgt. Die Matthäuskirche (seit 1958) mit zwei Pfarrern liegt im Bereich der Stadtmitte. Aus ihr löste sich 1971 die Jakobus-Kirchengemeinde in der Aaseestadt (mit Gemeindezentrum seit 1964 und eigener Kirche 1987).

Innenraum der neuen Epiphaniaskirche (erbaut 1963)

Heutiger Stand der kirchlichen Arbeit

Innerhalb der Gesamtkirche mit ihren Positionen, wie sie immer wieder in die politische und weltanschauliche Diskussion der gesellschaftlichen Grundfragen eingebracht werden, bewegen sich auch die evangelischen Kirchengemeinden der Stadt Münster. Sie sind gerufen, christlichen Glauben und daraus folgendes Handeln beispielhaft und glaubwürdig darzustellen. Dabei wird versucht werden müssen, Transzendenzbezug in der Frömmigkeit wie in der Weltverantwortung zur Einheit zu bringen. Christliches Engagement bleibt immer Versuch und daher mehr oder weniger hinter der Grundforderung zurück. Dabei ist der Versuch selbst oft pluriform und auch wohl dissonant. Wer die Kirchengemeinden mustert, entdeckt Unterschiede in den Arbeitsprogrammen. Manche Gemeinden sind stärker in soziale Aufgaben eingebunden (Erlöser- und Andreasgemeinde mit Jugendhäusern der offenen Tür; Friedensgemeinde mit Jugend- und Arbeitslosentreff). Neben Jugendarbeit und Schöpfungsbewahrung gibt Hiltrup in einem Pilotprojekt neue Anstöße zum schwierig gewordenen kirchlichen Unterricht unter Einbeziehung der Eltern. Die Apostelgemeinde nimmt den kirchlichen Öffentlichkeitsauftrag dadurch ernst, daß regelmäßige Vortragsreihen, auch in biblischen und ethischen Fragen, veranstaltet werden. Daneben ist diese Gemeinde seit langem bekannt für anspruchsvolle Kirchenmusik in alter und neuer Form, ebenso wie die Erlöserkirche und seit einiger Zeit Handorf. Gemeindearbeit in Nachfolge der älteren Männervereine findet sich im Gemeindebezirk der Gnadenkirche (Trinitatisgemeinde). Missionarisch lebendig im Sinne eines modernen Pietismus gibt sich die Matthäusgemeinde auch für Kirchenpendler des weiteren Umfeldes. Posaunenchöre in größerer Zahl verstehen sich als Verkündiger des Wortes Gottes und sind dabei auch Sammelbecken für kirchliche Jugendarbeit. Die Öffentlichkeit nimmt von alledem gern Notiz und ist oft mitwirkend beteiligt. Im Innenfeld der Kirche haben Gottesdienst und Predigt, ganz sicher für die Kerngemeinden, nach wie vor ihren Rang. Frauen-, Jugend- und Altenarbeit sind in den Gemeindehäusern feste Größen. Allen Gemeinden bewußt ist der Auftrag Jesu „Auf daß sie alle eins seien", der sie zu ökumenischer Mitarbeit ruft. Daß der geistliche Auftrag auch in der Stille erfüllt wird, soll nicht verschwiegen werden.

(Friedrich Wilhelm Bauks)

Bischöfe, Generalvikare und Stadtdechanten in Münster

Bischöfe

Clemens August Graf von Galen
(1933–1945, 1945 Kardinal)

Michael Keller
(1947–1961)

Joseph Höffner
(1962–1968, Kardinal von Köln)

Heinrich Tenhumberg
(1970–1979)

Reinhard Lettmann
(seit 1980)

Weihbischöfe

Heinrich Roleff
(1936–1966)

Heinrich Gleumes
(1948–1951)

Heinrich Baaken
(1952–1976)

Heinrich Tenhumberg
(1958–1969, Bischof)

Laurenz Böggering
(1967–1979, emeritiert)

Reinhard Lettmann
(1973–1980, Bischof)

Friedrich Ostermann
(seit 1981)

Generalvikare

Franz Meis
(1923–1946)

Heinrich Gleumes
(1947–1948, Weihbischof)

Johannes Pohlschneider
(1948–1954, Bischof von Aachen)

Laurenz Böggering
(1954–1967, Weihbischof)

Reinhard Lettmann
(1967–1973, Weihbischof)

Hermann Josef Spital
(1973–1980, Bischof von Trier)

Heinz Janssen
(1981–1986, Weihbischof Niederrhein)

Werner Thissen
(seit 1986)

Stadtdechanten

Karl Berghaus, Pfarrer St. Mauritz
(1938–1953)

Bernhard Huskamp, Pfarrer Heilig-Geist
(1954–1957)

Josef Vennemann, Pfarrer St. Ludgeri
(1957–1964)

Friedrich Larsen, Pfarrer Heilig-Kreuz
(1964–1967)

Johannes Schmidthausen, Pfarrer St. Joseph
(1967–1990, resigniert)

Michael Scharf, Pfarrer St. Michael,
Gievenbeck
(seit 1990)

Pfarrgemeindegrenzen der katholischen Kirche 1986:

Dompfarre
1 St. Lamberti
2 St. Martini
3 St. Ludgeri
4 St. Aegidii
5 St. Antonius
6 St. Josef
7 St. Sebastian
8 St. Stephanus
9 Hl. Geist
10 St. Gottfried
11 St. Anna
12 St. Ludgerus
13 Liebfrauen
14 Hl. Kreuz
15 St. Bonifatius
16 Dreifaltigkeit
17 St. Theresia
18 St. Michael
19 St. Pantaleon
20 St. Sebastian
21 St. Joseph
22 St. Norbert
23 St. Marien
24 St. Mauritz
25 Christkönig (Erpho)
26 St. Pius
27 St. Thomas Morus
28 St. Mariä Himmelfahrt
29 St. Joseph
30 St. Petronilla
31 St. Konrad
32 Herz Jesu
33 St. Elisabeth
34 St Margareta
35 St. Ida
36 St. Clemens
37 St. Sebastian
38 St. Marien
39 St. Bernhard
40 St. Agatha
41 St. Nikolaus

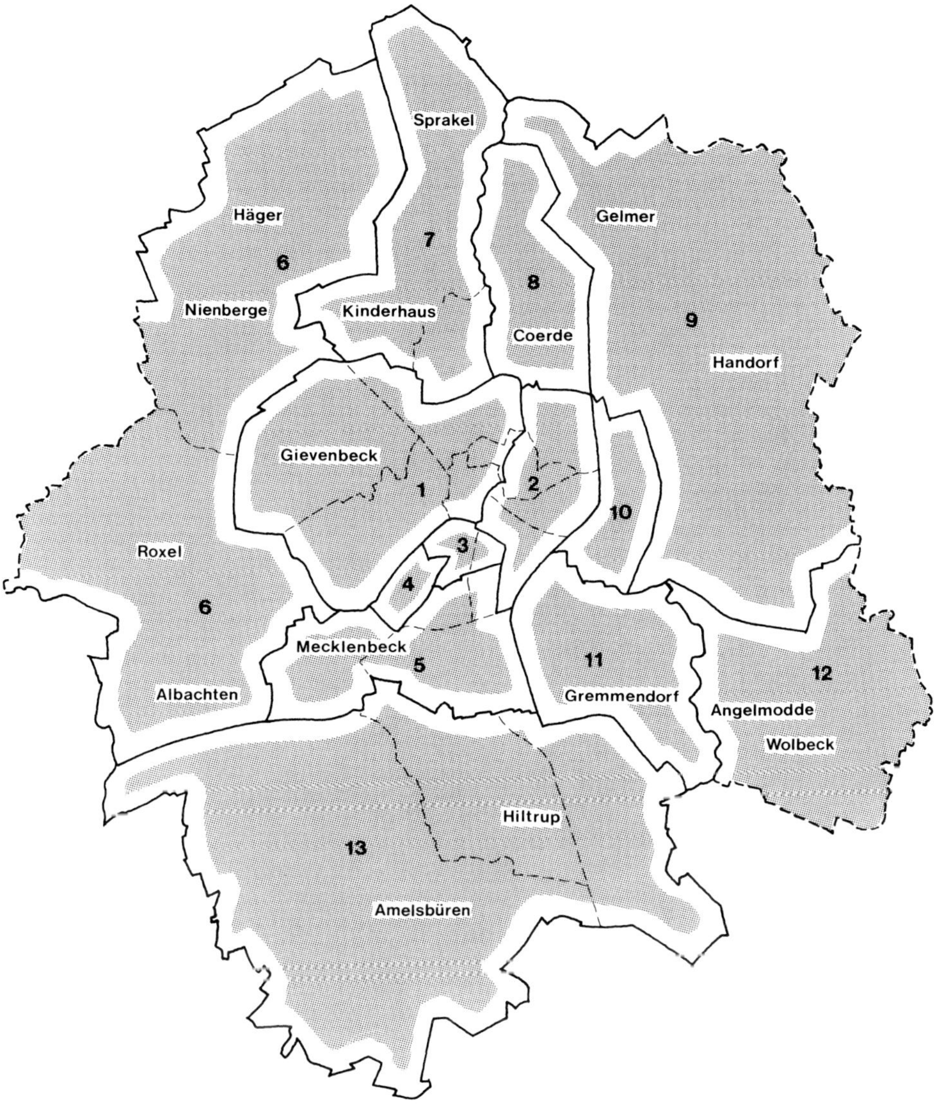

Kirchengemeindegrenzen und Pfarrbezirke der evangelischen Kirche 1986:

1 Apostelgemeinde
2 Erlösergemeinde
3 Matthäusgemeinde
4 Jakobusgemeinde
5 Trinitatisgemeinde
6 Gemeinde Roxel
7 Markusgemeinde
8 Andreasgemeinde
9 Gemeinde Telgte (Pfarrbezirk Handorf)
10 Auferstehungsgemeinde
11 Friedensgemeinde
12 Gemeinde Wolbeck
13 Gemeinde Hiltrup

Quellen und Literatur

Unverzichtbar für die Beschreibung des Aufbruchs der katholischen Kirche in der Nachkriegszeit ist die Auswertung des „Kirchlichen Amtsblattes“, der Schematismen und der Kirchenzeitung „Kirche und Leben“. Überblicke über den Aufbau der kirchlichen Organisation in Münster bieten die Veröffentlichungen der ehemaligen Generalvikare Pohlschneider [1668: Jahre des Aufbaus] – vor allem über die Auseinandersetzungen um die Schulgesetzgebung – und Böggering [1651: Erinnerung und Erlebnisse]. Die publizierten Akten zur Bistumssynode [1679: Diözesansynode] und zur gemeinsamen Synode der Bistümer der Bundesrepublik [2729: Gemeinsame Synode] geben einen Gesamteindruck über das Selbstverständnis der katholischen Kirche vor und nach dem Zweiten Vatikanischen Konzil.

Der spätere Bischof Michael Keller hat in seinem bereits 1933 veröffentlichten Entwurf zur „Katholischen Aktion“ versucht, seine Vorstellungen über ein modernes Kirchenwesen darzulegen [2307: Katholische Aktion]. Hirtenworte des Bischofs hat Böggering herausgegeben [1660: Iter para tutum]. Für den „Organisator“ eines kirchlichen Neubeginns, Bischof Tenhumberg († 1979), liegt eine Gedenkschrift vor [1746: Im Dienst für Entwicklung]. Einen Überblick über die Entstehungsgeschichte und die ersten Jahre der Tätigkeit des Franz-Hitze-Hauses gibt Albrecht Beckel [1735: Akademie]. Von Karl Hagemann stammt eine Übersicht über die 70 städtischen Gotteshäuser, in dem auch „Porträts“ der 42 katholischen Pfarrkirchen enthalten sind [144: Stadt der Kirchen].

Für die Darstellung zur Geschichte der evangelischen Kirchengemeinde wurden außer den Sachakten des Kreiskirchenamtes Münster vor allem die entsprechenden Beiträge aus der Festschrift „700 Jahre Apostelkirche“ [76: Bauks, Evangelische Kirchengemeinde] herangezogen. Einen sehr persönlichen Bericht gibt Georg Gründler [1758: Erste Nachkriegszeit]. Auf die Kriegsfolgen und ihre Beseitigung gehen auch Matthias Herzler [1771: Wohltätigkeit], Traugott Wendt [1542: Festschrift Trinitatis-Kirchengemeinde] und die Festschrift des CVJM aus dem Jahr 1951 [176: Hundert Jahre] ein.

Die neugebildeten Kirchengemeinden und ihre Kirchenbauten werden in Chroniken und Festschriften dargestellt, die zum größten Teil von den Kirchengemeinden selbst herausgegeben wurden.

Für die gesamte Nachkriegszeit und die Flüchtlingsbewegung ist auf die Jahresberichte des Superintendenten in den Verhandlungsniederschriften der Jahrestagungen der Kreissynode Münster und auf die entsprechenden Jahrgänge des evangelischen Sonntagsblattes „Unsere Kirche“ zu verweisen. Dort finden sich Einzelberichte aus dem kirchengemeindlichen Leben und zu den herausragenden Ereignissen in den Kirchengemeinden.

DIETMAR PETZINA

Wirtschaftliche Entwicklung und Daseinsvorsorge

1. Probleme der Nachkriegszeit (1945–1949) – 2. Die Stadt und der Wiederaufbau – 3. Die Wirtschaft in den „langen fünfziger Jahren“ (1950–1970) – 4. Umbruch und Wandel seit den siebziger Jahren – 5. Rückblick und Ausblick

Zu Beginn der neunziger Jahre ist Münster ein vitales städtisches Gemeinwesen, das oberzentrale Funktionen für große Teile Westfalens erfüllt, Standort einer der größten deutschen Universitäten mit mehr als 45 000 Studierenden, Sitz vieler Bildungs- und Kultureinrichtungen sowie von Behörden des Bundes und des Landes. Wirtschaftlich, gesellschaftlich und politisch von dieser Vielfalt von Dienstleistungsaufgaben geprägt, hat die Stadt seit dem Zweiten Weltkrieg an ihre historische Rolle einer Residenz- und Verwaltungsstadt in neuem Gewand anknüpfen können, wie auch das Bild der Stadt insgesamt, trotz der verheerenden Zerstörungen des Krieges, eine Symbiose von neuer Architektur und alten Formen darstellt. Münster in der Gegenwart ist aber mehr als nur Bildungs- und Verwaltungsmetropole. In mehr als 80 Industriebetrieben, 2000 Handwerksunternehmen sowie annähernd 9000 Handels- und Dienstleistungsbetrieben wird eine Bruttowertschöpfung erwirtschaftet, die die durchschnittliche Wirtschaftsleistung im Land Nordrhein-Westfalen, bezogen auf die Einwohnerzahl, um 40 Prozent überschreitet.

Wenn im folgenden die Grundlinien der wirtschaftlichen Entwicklung der Stadt, die Daseinsvorsorge für ihre Bürger und die materielle Lebenslage der Menschen seit dem Zweiten Weltkrieg dargestellt werden, so gilt es, den Ursachen für diesen Aufstieg nachzuspüren. Die Jahrzehnte von 1945 bis 1990 sind einerseits bestimmt von den direkten Folgen des Zweiten Weltkriegs, andererseits vom Wieder- und Neuaufbau der fünfziger und sechziger Jahre, schließlich von den Herausforderungen und Umbrüchen der siebziger und achtziger Jahre. Am Ende des Zeitraums wird schließlich eine Zäsur ganz anderer Art sichtbar, deren Folgen für einzelne Gemeinwesen noch nicht überschaubar sind: die Vereinigung Deutschlands, die zumindest langfristig nachhaltige Konsequenzen für das Verhältnis der Teilregionen zueinander, für Standortvorteile und Standortnachteile einzelner Städte haben dürfte.

Alles in allem zählte dieser Zeitraum zu den glücklichsten Abschnitten der deutschen Geschichte, politisch und wirtschaftlich. Die zweite deutsche Demokratie konnte sich endgültig stabilisieren, die Wirtschaft blieb von vergleichbaren Katastrophen wie jenen in der ersten Hälfte dieses Jahrhunderts verschont. Im Gedächtnis der Zeitgenossen haben sich seit den fünfziger Jahren keine vergleichbaren Verwerfungen, wie etwa Inflation und Weltwirtschaftskrise in der Weimarer Republik, eingegraben, vielmehr – zumindest bis in die siebziger Jahre hinein – die Erfahrung, daß die wirtschaftliche Zukunft sich jeweils besser darstellen würde als die Vergangenheit. Nicht zuletzt die über den gesamten Zeitraum hinweg stabilen politischen Rahmenbedingungen haben vertrauensfördernd gewirkt, ähnlich wie in der „guten alten Zeit“ des Kaiserreichs, doch im völligen Gegensatz zu den Erfahrungen der Zwischenkriegszeit. Was gelegentlich auch von Historikern nicht hinreichend bedacht wird, gleichwohl von eminenter Bedeutung für das Selbstverständnis der Menschen in der Bundesrepublik Deutschland war: Die Geschichte der zweiten deutschen Republik umschließt bis 1990 einen Zeitraum, der der Spanne vom Wilhelminismus über den Ersten Weltkrieg, die Weimarer Republik, die Schreckensherrschaft des Nationalsozialismus bis hin zum Zweiten Weltkrieg entspricht. Erst ein derartiger Vergleich verdeutlicht die positive Ausnahmesituation, die unseren Betrachtungszeitraum bestimmte, ihn abhebt von früheren Perioden der neueren deutschen Geschichte.

Die Geschichte einer Stadt, auch ihrer wirtschaftlichen und sozialen Aspekte, läßt sich ohne diesen größeren Zusammenhang nicht verstehen. Zwar sind Städte jeweils individuelle Gemeinwesen mit eigenen Gestaltungs- und Handlungsspielräumen, andererseits immer auch Teil eines größeren Ganzen, einer Region, eines Bundeslandes und eines Gesamtstaates. Staatliche Entscheidungen wirken vielfältig auf städtische Befindlichkeiten ein, ebenso die wirtschaftlichen Trends und Zyklen. Sie bilden den größeren Strom, der die Entwicklungsrichtung und die Manövrierfähigkeit der Stadt vorgegeben und geprägt hat. Unsere Schilderung der wirtschaftlichen Entwicklung und Daseinsvorsorge, der Veränderung von Bevölkerungs- und Arbeitsmarktstruktur, der städtischen Wirtschafts- und Finanzpolitik wird sich insoweit an den größeren Zäsuren deutscher und westeuropäischer Entwicklung orientieren:

- der Epoche der ersten Nachkriegszeit von 1945 bis 1949/50, die bestimmt war von der Improvisation des Überlebens und der Organisation des Mangels innerhalb der deutschen Nachkriegsgesellschaft;
- der Periode von Wiederaufbau, „Wirtschaftswunder“ und Konsolidierung in den „langen fünfziger Jahren“, jener über den engeren Rahmen des Jahrzehnts hinausreichenden Zeitspanne bis etwa Mitte der sechziger Jahre, in der wieder- und neuaufgebaut wurde, institutionell und materiell gleichermaßen, in der zugleich Anschluß an die ökonomische Dynamik der westlichen Demokratien gefunden wurde, so daß bescheidener Wohlstand erstmals auch für die Mehrheit der Bevölkerung erfahrbar war;
- schließlich der Phase von Umbruch und Wandel in den siebziger und achtziger Jahren, wirtschaftlich bestimmt von den weltweiten Krisen 1974/75 und zu Beginn der 1980er Jahre, mit dem damit einhergehenden Zwang zur grundlegenden technologischen und wirtschaftlichen Modernisierung. Sieht man diese Prozesse im Zusammenhang des tiefgreifenden gesellschaftlichen Wertewandels, der sich in den achtziger Jahren vor allem in der ökologischen Wende demonstrierte, so wird der Bruch deutlich, der die Wirtschaftsgeschichte seither von jener der 25 Jahre des Wiederaufbaus und der Konsolidierung bis etwa 1970 unterscheidet.

Es würde die Möglichkeiten eines Überblicks sprengen, wollte man den Versuch einer möglichst umfassenden Dokumentation von Ereignissen im 40jährigen Leben einer Stadt unternehmen. Einzelne Sachverhalte können nur beispielhaft benannt werden, zur Verdeutlichung von wirtschaftlicher Entwicklung insgesamt.

Hierzu dienen:

- zum einen die Analyse der grundlegenden Strukturen und langfristig wirksamen Prozesse der Wirtschaft innerhalb der Stadt und der ihnen entsprechenden Struktur des Arbeitsmarktes;

- zum anderen die Untersuchung von Handlungsspielräumen städtischer Instanzen bei der Mitgestaltung von „Wirtschaftspolitik", aber auch der Aktivitäten anderer wirtschaftlich relevanter Akteure, der Kammern etwa und der Verbände sowie einzelner Unternehmer;
- schließlich die Überprüfung der materiellen Lebenslage der Menschen in Münster. Dabei ist der enge Zusammenhang mit Entscheidungen über die Infrastruktur, den Wohnungsbau oder über Unternehmensgründungen augenscheinlich.

1. Probleme der Nachkriegszeit (1945–1949)

„Zerstörung und Trümmer waren das Erbe des zusammengebrochenen Dritten Reiches. Die Städte Münster, Dülmen, Dorsten, Coesfeld, Borken, Bocholdt [sic!], Stadtlohn, Freeden [sic!], Ahaus, Rheine [. . .] waren bis auf kärgliche Reste mit ihren gewerblichen Betrieben vernichtet." Mit diesen Worten faßte der erste Bericht der Industrie- und Handelskammer Münster nach dem Zweiten Weltkrieg im Frühjahr 1947 die wirtschaftliche Ausgangslage in den Städten des Münsterlandes zusammen. Einschließlich des folgenreichsten aller Luftangriffe auf Münster am 25. März 1945 wurden über der Stadt 32 000 Spreng-, 642 000 Stabbrandbomben und 8100 Phosphor- und Benzinkanister abgeworfen. Die Altstadt mit ihren charakteristischen kirchlichen und anderen Bauten war zu neun Zehnteln zerstört, in den Stadtbezirken „Hafen" und „Geist" lagen zwei Drittel, im Mauritzviertel die Hälfte und in „Uppenberg" 40 Prozent der Wohn- und Arbeitsstätten in Trümmern. Von den 1939 vorhandenen 33 737 Wohnungen, so die Bilanz, waren Ende 1945 gerade noch 12 590 Einheiten bewohnt, der Anteil der nicht mehr bewohnbaren Häuser und Etagenwohnungen belief sich auf 63 Prozent. 1644 Einwohner hatten die Luftangriffe des Krieges sowie die Kämpfe bei der Besetzung nicht überlebt, hinzu kamen annähernd 4000 gefallene Wehrmachtsangehörige und mehr als tausend Vermißte, deren Schicksal selbst Mitte der fünfziger Jahre noch ungeklärt war. Die Stadt als historisch gewachsene und soziale Einheit schien weithin ausgelöscht, Verkehrswege waren zerstört, große Teile der materiellen und sozialen Infrastruktur nicht mehr funktionsfähig.

Die Wohnbevölkerung der Stadt, die 1939 141 000 betragen hatte, war bei Ende der Kampfhandlungen auf weniger als 25 000 geschrumpft. Vor allem seit 1944 hatte es Massenevakuierungen gegeben, viele Männer befanden sich in Gefangenschaft oder im militärischen Einsatz. Das Kriegsende bedeutete einerseits das Ende des Schreckens der Bombennächte, zum anderen aber auch weitere und teilweise langanhaltende Ungewißheit über das Schicksal von Angehörigen oder über die Möglichkeit, wieder in der Stadt leben zu können. Ein großer Teil der Bevölkerung war zwangsweise mobil geworden, lebte an einem anderen Ort als noch ein Jahr vorher oder hauste in Notunterkünften und Provisorien. Um so erstaunlicher war es, daß bereits im Laufe des Jahres 1945 Zehntausende das Wagnis unternahmen, wieder in die scheinbar tote Stadt zurückzukehren, Kontakt mit ihren Angehörigen zu suchen, erste tastende Schritte zur Normalisierung der Lebensumstände zu machen. Im Dezember 1945 hatte sich die Wohnbevölkerung immerhin wieder auf 76 000 erhöht,

Notunterkünfte für Vertriebene und Flüchtlinge im Lotharinger Kloster (1949)

bis Ende 1947 stieg sie dann auf 97 000 an, wovon 6000 Flüchtlinge und Vertriebene waren.

Dieser in allen deutschen Städten beobachtbare Rückstrom kam sowohl für den britischen Stadtkommandanten Jackson wie für die von ihm eingesetzten deutschen Behörden offensichtlich völlig überraschend, waren doch bereits am 1. Mai des Jahres Richtlinien über den Zuzug nach Münster erlassen worden, die bereits am 9. Juni erheblich verschärft werden mußten. Diese von der deutschen Verwaltung erarbeiteten und vom Stadtkommandanten in Kraft gesetzten Richtlinien erhielten dabei eine Festlegung, die große Probleme für die Rückkehrer aufwarf. Der frühere Wohnungsinhaber genoß zwar prinzipiell den Vorrang bei der Wiederbesetzung von Wohnraum, mußte jedoch seine Wohnung anderen überlassen, wenn „bereits eine in Münster verbliebene oder früher zurückgekehrte Partei, die die Bedingungen erfüllt, vom Wohnungsamt ordnungsgemäß eingewiesen wurde" [1702: Kuropka, Ende und Neubeginn, S. 6]. Tatsächlich war angesichts des Rückstroms in die Stadt die Entwicklung nicht hinreichend zu steuern, bestenfalls konnte die Verwaltung eine nachträgliche Sanktionierung einer „vollzogenen Tatsache" vornehmen. Einen restriktiven Kurs, wenngleich angesichts der Zahlen ebenfalls mit zweifelhaftem Erfolg, verfolgten die Behörden gegenüber den Flüchtlingen und Vertriebenen, selbst im Fall einer gesicherten Unterkunft bei Verwandten. Es war sicherlich kein Ruhmesblatt der Nachkriegsverwaltung, daß sie diese Ärmsten der Armen nur dann zulassen wollte, wenn nachgewiesener personeller Bedarf für den städtischen Wiederaufbau bestand. Freilich war diese Tendenz keine münsterische Besonderheit, vielmehr Vorwegnahme bzw. Teil einer insgesamt engherzigen Zuwanderungspolitik im neugegründeten Bundesland Nordrhein-Westfalen. Trotzdem waren bei der ersten sogenannten Flüchtlingszählung im Juni 1946 bereits 1900 Vertriebene in Münster.

Die Versuche zur Steuerung des Stroms von Rückkehrern und Flüchtlingen war allerdings nur ein – wenngleich wichtiges – Problem unter vielen anderen. Im eigentlichen Sinn des Wortes „funktionierte" 1945 beinahe nichts mehr, ob es sich um die Wasser- und Energieversorgung handelte oder den Nahverkehr, die Medien oder die Versorgung der Betriebe mit Rohstoffen. Vor allem gab es zum Ende der Kampfhandlungen am 2. April 1945 keine städtische Autorität mehr, die sich kurzfristig diesen Problemen hätte zuwenden können. Der nationalsozialistische Oberbürgermeister wurde wenige Tage nach dem Einmarsch der britischen Truppen verhaftet, die Gesamtverantwortung für die Geschicke Münsters lag beim Stadtkommandanten Major Jackson. Freilich gab es auch auf deutscher Seite kein völliges Vakuum. Verwaltungseinrichtungen – wenngleich personell ausgedünnt und ohne Kontakt zu staatlichen Instanzen – existierten weiterhin und damit auch das Wissen um die organisatorische Bewältigung kommunaler Probleme.

Die führenden Kommunalpolitiker bis in die fünfziger Jahre hinein entstammten der „Weimarer" Generation, waren häufig bereits vor 1933 Teil der städtischen Funktionselite. Daran änderte auch die Verschiebung zugunsten der Sozialdemokratie bei der zweiten Kommunalwahl im Oktober 1948 nur wenig, zumal hier dasselbe

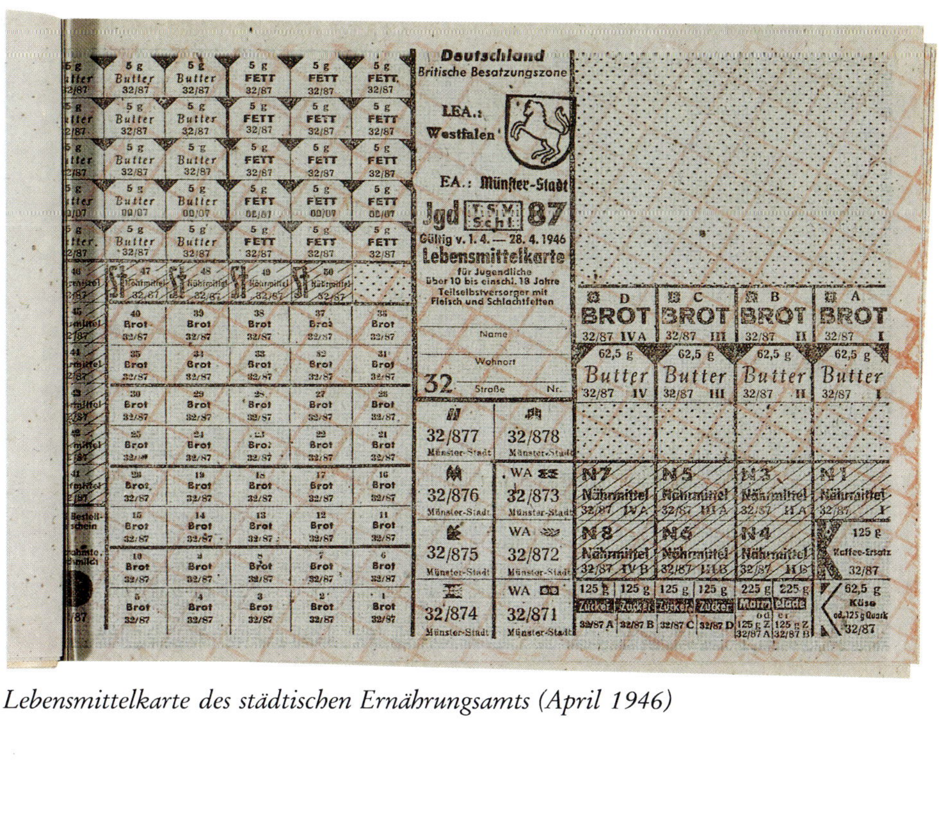

Lebensmittelkarte des städtischen Ernährungsamts (April 1946)

galt wie bei Zentrum und CDU. Diese Kontinuität bei der Bestellung von führenden Kommunalpolitikern hat die Bewältigung der Nachkriegsprobleme ebenso erleichtert wie das hohe Maß an Zusammenarbeit über die Parteien hinweg. Wie in anderen Städten auch waren die großen Parteien in die Spitze von Rat und Verwaltung eingebunden – die Sozialdemokraten etwa seit 1946 durch den stellvertretenden Oberbürgermeister Geringhoff –, so daß die Konsensbildung untereinander sowie die Wahrnehmung der städtischen Interessen gegenüber der Besatzungsmacht erheblich gefördert wurde, freilich auch ein unpolitisch-technokratisches Verständnis von kommunaler Politik. Doch nicht um die großen Weichenstellungen ging es 1945/46, sondern zunächst um die praktische Lösung von schier unlösbaren Aufgaben: Sicherung der Versorgung mit den dringlichsten Gütern, Beschleunigung der Trümmerräumung, Verbesserung der hygienischen Verhältnisse, kurzum: um das Überleben in der Stadt.

An erster Stelle stand dabei zunächst ein Mindestmaß an Daseinsvorsorge. Der Zusammenbruch des 1939 eingeführten Bewirtschaftungssystems war in Münster, wie auch in anderen Städten im deutschen Westen, zwischen Ende 1944 und dem Ende des Krieges erfolgt. Erstaunlicherweise blieb gleichwohl die Versorgung mit Lebensmitteln bis März 1945 einigermaßen stabil, doch dann sanken die Zuteilungen drastisch ab. Gegenüber etwa 1800 Kalorien Ende 1944 standen im Mai 1945 rechnerisch gerade noch 910 Kalorien zur Verfügung, nach Einbringung der Ernte kurzfristig 1500, um dann im Mai 1947 mit 885 den Tiefpunkt zu erreichen. In der Woche

Achtung!

Stromabschaltungen! Abschalttage!

	Abschaltplan für die Zeit vom 28. 10. bis 23. 11. 1946					
Es werden abgeschaltet am:	**Montag,**	**28. 10.**	**4. 11.**	**11. 11.**	**18. 11.**	Bezirke 1—13 einschl. 17, 22
	Mittwoch,	**30. 10.**	**6. 11.**	**13. 11.**	**20. 11.**	
	Freitag,	**1. 11.**	**8. 11.**	**15. 11.**	**22. 11.**	
	Dienstag,	**29. 10.**	**5. 11.**	**12. 11.**	**19. 11.**	Bezirke 14, 15, 16, 18, 19, 20, 21, 23 — 29 einschl.
	Donnerstag,	**31. 10.**	**7. 11.**	**14. 11.**	**21. 11.**	
	Samstag,	**2. 11.**	**9. 11.**	**16. 11.**	**23. 11.**	

Nach Ablauf von 4 Wochen wird ein Wechsel der Abschalttage durchgeführt. Die Bekanntgabe erfolgt durch **neuen Anschlag!**

Abschaltzeit von 7 bis 18 Uhr

An Sonntagen werden keine Abschaltungen vorgenommen!

Münster (Westf.), den 23. Oktober 1946 **Stadtwerke Münster - Elektrizitätswerk**

Mitteilung der Stadtwerke Münster über Stromabschaltungen (1946)

vom 21. bis 27. April 1947 gab es statistisch sogar weniger als 700 Kalorien. Bei aller Skepsis gegenüber amtlichen Zahlen aus dieser Zeit scheint unstrittig, daß in Münster, wie in den meisten anderen deutschen Städten auch, der lebensnotwendige Mindeststandard für annähernd zwei Jahre deutlich unterschritten wurde. Die Krankheitsgefährdung der Einwohner nahm deshalb rapide zu; zudem führten der katastrophale Zustand der Verkehrswege, der bald wuchernde Schwarzmarkt und private Hortung, aber auch die Desorganisation der Verwaltung dazu, daß selbst dürftige Rationen im System der Mangelwirtschaft häufig nicht gesichert waren. Das örtliche Ernährungsamt, die unterste Instanz des Reichsernährungsministeriums zur Durchführung der bereits 1939 eingeführten Bewirtschaftung, hatte auf zentral erstellte und von den britischen Behörden genehmigte „Aufrufrationen" keinen Einfluß, so daß ortsnahe, unbürokratische Lösungen sich nur langsam durchsetzen konnten. Allgemeine Appelle der Besatzungsmacht, „jeder einzelne Deutsche in der britischen Zone muß [. . .] zunächst alles tun, um die Nahrungsmittelversorgung zu steigern und eine gerechte Verteilung sicherzustellen", waren gut gemeint, hatten jedoch nur geringe Wirkung. Immerhin gab es jedoch Formen der Selbsthilfe, etwa die Bestellung der Hausgärten und des verfügbaren Brachlandes. Und um angesichts des Versorgungschaos wenigstens zu einer geordneten Kontrolle des Mangels zu kommen, wurde noch im Mai 1945 von seiten der Militärregierung verfügt, daß Personen im erwerbsfähigen Alter nur dann Anspruch auf Lebensmittelkarten besaßen, wenn sie dem Arbeitsmarkt zur Verfügung standen. Weitere Verschärfungen erfolgten im Oktober 1945, als nur noch Personen mit einem nachgewiesenen Beschäftigungsverhältnis einen gesicherten Anspruch auf die Lebensmittelzuweisung erhielten. Für Arbeiter, Schwangere und Mütter mit kleinen Kindern gab es Zulagen, Selbstversorger und Teilselbstversorger erhielten Abzüge. Andere Maßnahmen zur besseren Ausnutzung der geringen Nahrungsmittelvorräte bestanden in der Einrichtung von Notküchen, die Essensportionen an die Bevölkerung ausgaben, und nach der Wiedereröffnung der Schulen wurde mit dem System der Schulspeisung für Kinder zumindest ein Zeichen der Hilfe von außen gesetzt.

Der Nahrungsmangel, die extreme Verschlechterung der hygienischen Bedingungen, der zeitweise Zusammenbruch des Versorgungssystems sowie erhebliche Probleme bei der Wiederherstellung des Stromnetzes und der städtischen Kanalisation führten zu einer deutlichen Verschlechterung des Gesundheitszustandes der Bevölkerung, vor allem im „Jahrhundertwinter" 1946/47. 1945 standen nur noch 990 planmäßige Krankenbetten zur Verfügung, weniger als die Hälfte des Vorkriegsstandes; die Tuberkulosefürsorge meldete erschreckende Krankheitszahlen, Säuglingssterblichkeit, Krätze und Geschlechtskrankheiten erreichten eine seit Jahrzehnten nicht mehr gekannte Höhe. Zwar konnten Massenimpfungen und Entlausungsaktionen größere Epidemien verhindern, doch gab es 1947 immerhin 905 Fälle von Lungentuberkulose, 51 Typhus- und 43 Paratyphusfälle sowie mit 1874 eine Rekordzahl von amtlich gemeldeten Fällen an Krätzeerkrankung.

Neben der Verbesserung der Ernährungslage und der Mindestsicherung der Gesundheit galt es vor allem, den Menschen eine Unterkunft zu sichern, die ersten Schneisen in die Trümmerlandschaft der Stadt zu schlagen und mit dem Aufbau zu beginnen. Oberbürgermeister Zuhorn war es zu verdanken, daß schon am 6. Juli des Jahres ein „kleiner Räumplan" mit dem Ziel verkündet wurde, Straßen und Bürger-

Trümmerräumung auf dem Prinzipalmarkt (1946)

steige freizumachen. Mit seinem Appell an die Bürger sollte nicht nur die Bewegungsfähigkeit innerhalb der Stadt wiederhergestellt werden, vielmehr wußte Zuhorn diese Aktion zugleich als erste Etappe in Richtung eines scheinbar utopischen Ziels, der Wiederherstellung der Stadt, zu deuten. Ehrenamtliche „Räumwarte" betreuten die Freiwilligen, mit gutem Beispiel sollten die Bediensteten der Behörden vorangehen. Dieser kleine Räumplan, koordiniert vom ehemaligen Stadtverordneten Ernst Kaiser, war ein erster erfolgreicher Schritt, der das Gesicht der Stadt bereits wesentlich veränderte. Erst jetzt wurde der Einsatz von Kleinbahnen und Baggern möglich, der wiederum einen Zwischenschritt zum beginnenden Aufbau darstellte.

Die folgenden Kampagnen starteten im Januar 1946 (Aufruf „Neue Stadtstraßenräumung" vom 8. Januar 1946), die Hauptaktion begann als „Großräumung 1946". Während bei den ersten Kampagnen eher improvisiert werden mußte, konnten nunmehr alle Männer zwischen 16 und 60 Jahren zu Dienstleistungen herangezogen werden, über die Ableistung der einwöchigen „Räumpflicht" stellte die Verwaltung eine Bescheinigung aus, die als Vorbedingung für die Inanspruchnahme öffentlicher Leistungen galt. So konnten sich Studenten an der Universität nur nach Vorlage dieser Bescheinigung immatrikulieren. Bestimmungen über die Beschlagnahme stark beschädigter Gebäude zur Beseitigung von Gefährdungen und über die Gewinnung von Altbaustoffen sowie ein Verbot des wilden Ablagerns von Schutt rundeten diese Aktionen bürgerlicher Selbsthilfe ab. Gleisanlagen in einer Länge von 29 Kilometer durchzogen schließlich 1946 die Stadt, um die auf zweieinhalb Millionen Kubikmeter geschätzte Schuttmenge abtransportieren zu können. Zwischen 1946 und 1948 wurden auf mehr als 600 Loren dank Tausender von Helfern insgesamt 580 000 Kubikmeter Trümmermasse geräumt und damit eine wichtige Voraussetzung für den Wiederaufbau geschaffen. Und nicht ohne Stolz konstatierte die Stadtverwaltung in ihrer Zehnjahresbilanz zum Wiederaufbau der Stadt, daß „bis Ende Mai 1955 [...] von insgesamt 2,5 Mill. cbm rund 2,1 Mill. cbm Schuttmassen geräumt [wurden], so daß noch rund 0,4 Mill. cbm verbleiben" [1671: Ein Jahrzehnt Wiederaufbau, S. 14].

Trümmerräumung in Münster 1946–1955:

Jahr	Tagewerke (in 1000)	Schuttmasse (in 1000 cbm)
1946	109,2	102,8
1947	118,5	184,4
1948	95,4	292,2
1949	46,9	438,7
1950	23,5	260,7
1951	16,6	222,2
1952	10,0	134,9
1953	11,9	214,6
1954	9,0	143,8
1955	11,9	226,4

Quelle 1671: Ein Jahrzehnt Wiederaufbau, S. 74f

Der eigentliche Wieder- und Neuaufbau von Wohngebäuden begann erst nach der Währungsreform, vor allem mit Verabschiedung der Förderungsgesetze des Bundes nach 1950. In den unmittelbaren Nachkriegsjahren überwogen auch hier Improvisation sowie städtische Hilfe bei der allernotwendigsten Instandsetzung. Wie erwähnt, waren vom ursprünglichen Wohnungsbestand von 34 000 Einheiten 1945 gerade noch 12 600 bewohnbar bzw. teilweise zu nutzen, lediglich 1050 waren unbeschädigt, während 21 000 Wohnungen einen Zerstörungsgrad von 40 Prozent und mehr aufwiesen. Ende 1947 war immerhin ein Drittel der beschädigten Wohngebäude wieder instand gesetzt, jeweils ein weiteres Drittel der Gebäude war freilich noch total zerstört bzw. beschädigt. Gemessen an der Situation von 1945 war das Ergebnis durchaus beachtlich, doch änderte dies nur wenig an der katastrophalen Wohnungsnot, zumal erst 1948 mit Hilfe öffentlicher Zuschüsse des Landes in Höhe von 1,53 Millionen DM erste Neubauten gefördert werden konnten. 1950 betrug die durchschnittliche Belegungsdichte noch 1,27 Personen je Wohnraum – das entsprach etwa dem Mittelwert vergleichbarer Städte in Nordrhein-Westfalen wie etwa Hagen oder Mülheim/Ruhr – gegenüber 0,78 im Jahr 1939.

Angesichts der bedrückenden Not dieser Jahre stellt sich die Frage, welche Gestaltungsmöglichkeiten Rat und Verwaltung überhaupt besaßen, die über das bloße Verwalten des Elends hinausreichten. Sicher war es ein bescheidener Erfolg von kommunaler Daseinsvorsorge, wenn bis Ende 1947 elf Kilometer Kanalisationsrohre und ein Fünftel der zerstörten Fahrbahnfläche wiederhergestellt werden konnten. Auch hatte sich 1948 die Höhe der Lebensmittelrationen nicht zuletzt wegen besserer administrativer Erfassung von Vorräten deutlich gegenüber 1946/47 verbessert – „Otto Normalverbraucher" konnte etwa in der 111. Zuteilungsperiode im Februar des Jahres in Münster wieder über 1241 Kalorien täglich verfügen, bei gleichzeitiger bescheidener Verbesserung der Zusammensetzung der Nahrungsmittel. Auch hatte die Stromabgabe 1948 wieder den Durchschnittswert der Jahre von 1939 bis 1943 erreicht, und die Abgabe von Gas und Wasser entsprach immerhin wieder der Größenordnung der dreißiger Jahre. Das alles deutete auf erste Normalisierung hin, revidiert sogar die Vorstellung einer langanhaltenden „Stunde Null" im Bereich der Daseinsvorsorge zwischen Kriegsende und Währungsreform.

Auf der anderen Seite blieb die Verkehrsinfrastruktur jahrelang ein extremer Engpaß. Die Hafenbecken blieben wegen der Trümmermassen ein volles Jahr gesperrt, die Hauptlinie der Straßenbahn konnte erst im Mai 1948 wieder in Betrieb genommen werden, die Verbindungen ins Umland waren dem steigenden Personenverkehr nicht gewachsen, die notwendigen Ersatzinvestitionen für Kriegsschäden von 20 Millionen Reichsmark im Bereich der Stadtwerke (zusätzlich die Schäden des Hafenbetriebs von 1,3 Millionen Reichsmark) scheiterten zunächst am Mangel an Material und am desolaten Zustand des Geld- und Finanzwesens. Bis zum Stichtag der Währungsreform am 20. Juni 1948 konnten gerade für 2,4 Millionen Reichsmark neue Anlagewerte geschaffen werden, also etwa für 10 Prozent der Schäden, und es entsprach der Schwarzmarktlogik dieser Jahre, daß für die Wiederherstellung eines zerstörten Turbinengenerators der Stadtwerke zehn Tonnen Altpapier gefordert wurden.

Die Handlungsfähigkeit der Stadt war somit vielfältig begrenzt, durch die materiellen Zerstörungen, die Zwänge der Besatzungsverwaltung, das ungeplante Einströmen der Menschen aus dem näheren und weiteren Umland, schließlich wegen der finanziellen Verarmung. Die Steuereinnahmen erreichten zwischen 1945 und 1948 bei einem durchschnittlichen Volumen von 6 Millionen Reichsmark die Hälfte des Standes von 1938, vor allem wegen des Niedergangs der Gewerbesteuer, während die allgemeinen Finanz- und Steuerüberweisungen erst ab 1946/47 wieder eine relevante Rolle spielten. Um so überraschender war der sprunghafte Anstieg der Haushaltsvolumina seit 1946 – bei den Ausgaben von 33,6 auf 47,3 Millionen Reichsmark ein Jahr später, was einmal die Folge steigender Fürsorgeleistungen, zum anderen aber mit den Kosten der Trümmerbeseitigung und der Reparaturen im Hoch- und Tiefbau verknüpft war.

Die Frage stellt sich damit erneut: Gab es in dieser Konstellation Raum für Zukunftsvisionen? Von welchem Aufbaukonzept gingen Rat und Verwaltung als Repräsentanten der Bürger aus? Die Planung für die Stadtentwicklung steht dabei stellvertretend für die politische Perspektive der Stadt insgesamt, bestimmte bis weit in die fünfziger Jahre hinein die kommunalpolitischen Strategien. Sie bildete zugleich die Klammer zwischen Nachkriegszeit und dem Neubau der Stadt unter dem Vorzeichen des „Wirtschaftswunders". Worauf sie zielte und wie sich im folgenden Jahrzehnt die materielle Basis Münsters veränderte, soll im folgenden überprüft werden.

Wiederaufbau des Prinzipalmarktes. Aquarell von Martin Pfannschmidt (1947)

2. Die Stadt und der Wiederaufbau

Die Währungsreform hat im Bewußtsein der Deutschen in den Westzonen tiefere Spuren hinterlassen als die Gründung der Bundesrepublik. Sie trennte symbolisch das Elend und die Hoffnungslosigkeit von Aufbruch und Neubeginn, mit ihr vollzog sich, folgt man der zeitgenössischen Einschätzung der Industrie- und Handelskammer, „unter dem Leitgedanken der Wiederherstellung größerer Freiheit eine fundamentale Wandlung" [1665: Lage- und Tätigkeitsbericht 1948, S. 3]. Und in der Tat: Mit der Zäsur der Währungsreform hat sich nicht nur die Stimmungslage schlagartig verändert. Gleichsam über Nacht verbesserte sich das Warenangebot, zeigten die ökonomischen Indikatoren nach oben, verschwanden Naturaltauschgeschäfte und schwarze Märkte. Nicht zuletzt verdeutlichte die neue Währung die realwirtschaftliche Situation der Nachkriegszeit, die nicht mehr hinter dem Schleier eines inflationären Geldüberhangs verschwand, sondern Unternehmen, privaten Haushalten sowie Städten und Gemeinden eine wirklichkeitsnahe Aufstellung des jeweiligen Soll und Habens ermöglichte.

Die Eröffnungsbilanzen verdeutlichten zweierlei: Die deutsche Gesellschaft war durch den Weltkrieg und seine Folgen arm geworden, Geldvermögen hatten ihren Wert verloren und vor allem die „kleinen" Sparer mußten – anders als die Eigentü-

Rechtzeitig zur Feier des 300. Jahrestages des Westfälischen Friedens (1948) wurde der Friedenssaal fertiggestellt. Der Wiederaufbau des gesamten Rathauses konnte erst zehn Jahre später abgeschlossen werden

mer von Sachwerten – nunmehr die vollen Kosten des Krieges begleichen; andererseits war das Ausmaß der Zerstörung des industriellen Kapitalstocks – von Fabriken, Anlagen und Maschinen – niedriger als ursprünglich vermutet, die Voraussetzungen für wirtschaftlichen Neuaufbau – nicht zuletzt wegen hoher Investitionen während des Nationalsozialismus – erheblich besser als zunächst von den Experten geschätzt. Die Statistik für den westlichen Teil Deutschlands bestätigt diesen Sachverhalt. Das Bruttoanlagevermögen in der britischen Zone überschritt 1945 den Stand von 1936 um etwa 20 Prozent, der Grad der „Modernität" war deutlich gewachsen, da sich vor allem die kriegs- und rüstungswichtigen Industrien in der Ära des Vierjahresplans eines eindrucksvollen Investitionsbooms erfreut hatten. Nach den Berechnungen des Deutschen Instituts für Wirtschaftsforschung summierten sich die laufenden Investitionen bis 1945 auf 75 Prozent des Anlagestocks von 1936, während die Abschreibungen nicht mehr als 37 Prozent erreichten.

Städtische Planungen

Bedeutsamer noch als derartige makroökonomische Befunde zum Zeitpunkt der Währungsreform waren im Fall Münsters, das zudem nicht zu den Industriestädten im eigentlichen Sinne zählte, die psychologischen Folgen der 1948 eingeleiteten ordnungspolitischen Wende. Was planerisch bereits seit 1946 vorgedacht wurde, erhielt seither nachhaltigen Auftrieb. Sicherlich die erste, wenngleich niemals öffentlich diskutierte Entscheidung war jene für den Wieder- und nicht für den Neuaufbau der Stadt. Flüchtige Erwägungen für einen neuen Standort des städtischen Zentrums, nicht zuletzt bei den britischen Besatzungsbehörden, blieben folgenlos. Mehr noch, bereits 1946 kam es zur zukunftsweisenden Entscheidung, die Stadt in Anlehnung an den mittelalterlichen Grundriß zu errichten. Mit Hilfe einer zeitlich befristeten Bausperre für das Gebiet der Altstadt sollte eine anderweitige Bebauung verhindert werden, was freilich nicht mit einem totalen Baustopp gleichzusetzen war. Das ortsrechtliche Planungsinstrumentarium überbrückte zugleich das planungsrechtliche Vakuum, das erst mit einer entsprechenden Ordnung des nordrhein-westfälischen Ministeriums für Wiederaufbau vom März 1947, die die Aufstellung eines Neuordnungsplans vorsah, ausgefüllt wurde. Wie sehr dabei die Vision von der Wiederherstellung der alten Stadt bestimmend war, belegt die seinerzeitige Begründung der Bausperre gegenüber dem Regierungspräsidenten durch den Baurat Scharf im Januar 1946: „Die Altstadt muß als Ganzes, als einheitliches Kunst- und Kulturwerk aufgefaßt und als solches nicht nur gegen grobe Verunstaltungen, sondern gegen alles geschützt werden, was den Altstadtcharakter auch nur ‚beeinträchtigt'" [zit. nach 1696: Gutschow/Stiemer, Wiederaufbau, S. 46]. 1947 konnten die Planer unter Leitung des Stadtbaurates Heinrich Bartmann ein erstes Planungskonzept in Form eines Entwurfs zum Wirtschaftsplan präsentieren, anders als etwa im Fall der Ruhrgebietsstädte, in denen wegen des erwarteten – und später auch eingetretenen – Bevölkerungszuwachses bereits erhebliche zusätzliche Wohnbauflächen ausgewiesen sowie – wie etwa im Bochumer Fall – ein konsequentes Sternstadtkonzept proklamiert wurden, erwiesen sich die münsterischen Planer auch hier als eher behutsam. Neue Wohngebiete waren zunächst nicht vorgesehen, und die großen Verkehrsachsen sollten im Interesse des alten Stadtbildes tangential an der Stadt vorbeigeführt werden.

Eine wichtige Zäsur im Bemühen um die Wiederherstellung der historischen Stadt war die Einweihung des wiedererrichteten Friedenssaals im zerstörten Rathaus anläßlich der 300. Wiederkehr des Westfälischen Friedens am 24. Oktober 1948. Dieser termingerechte Wiederaufbau wurde durch eine einzigartige psychologische Mobilisierung ermöglicht, die sich unter anderem in der Selbstverpflichtung der Mitglieder der Baugewerken-Innung dokumentierte, die termingerechte Fertigstellung zu sichern. Diese Aktion symbolisierte zugleich den Beginn des Wiederaufbaus des Prinzipalmarktes, dessen unverwechselbare Giebelhäuser zwar einem einheitlichen Konzept folgend neu errichtet wurden, jedoch im Einzelfall mehr als eine bloße Kopie des früheren Zustandes darstellten. Eine Ausnahme war von vornherein nur beim Rathaus vorgesehen, das in Gemeinschaft mit dem Stadtweinhaus historisch getreu wiederentstehen sollte.

Diese zunächst auf die Wiederherstellung der Innenstadt bezogene Konzeption wurde im Neuordnungsplan von 1949 weitergeführt, bis schließlich auf neuer rechtlicher Grundlage des Landes zumindest planerisch das Ende des Improvisierens kam. Mit dem Aufbaugesetz vom 29. April 1950 wurde der Aufbau zur Selbstverwaltungsaufgabe der Kommunen, auf dessen Grundlage die Stadt Münster noch im selben Jahr, am 4. Dezember 1950, einen Leitplan für die Entwicklung der Stadt verabschiedete. Er war das planungsrechtliche Fundament für den gesamten Wiederaufbau in den fünfziger Jahren und erwies sich als flexibles Instrument, das mit Hilfe einer Serie von Durchführungsplänen die Anpassung an neue städtische Herausforderungen ermöglichte – an Bevölkerungszuwachs, Industrieansiedlungen und anderes mehr. Erst 1959, zum absehbaren Ende des eigentlichen Wiederaufbaus, erhielt der Leitplan einen Nachfolger. Die Dauer und Stabilität der Nachkriegsplanungen war somit auch ein Beleg dafür, daß Rat und Verwaltung im Jahrfünft von 1945 bis 1950 sich nicht von den Tagesproblemen hatten absorbieren lassen, vielmehr die vergleichsweise offene politische und rechtliche Situation als Chance eigenständiger Gestaltung genutzt hatten.

Die Wohnungsfrage

Die Versorgung mit Wohnraum stellte sich, von der Eingliederung der Flüchtlinge und Vertriebenen einmal abgesehen, nach dem Zweiten Weltkrieg als das wichtigste sozialpolitische Problem dar. Die Wohnungswirtschaft war bereits seit dem Ersten Weltkrieg kein Wirtschaftszweig wie andere, vielmehr ein „Sonderfall der deutschen Wirtschaftsordnung“ [2664: Schulz, Wohnungspolitik und Wirtschaftsordnung, S. 123]. Der Staat hat seither durch eine Fülle von Instrumenten interveniert, durch Mietpreisregulierungen, Kündigungsschutzrecht, Subventionierung, Festlegung des rechtlichen Rahmens, durch direkte Wohnraumbewirtschaftung und nicht zuletzt durch den eigenen Wohnungsbau. Den Städten und Gemeinden kam vor allem bei der Errichtung von Wohnbauten in der Weimarer Republik eine herausragende Stellung zu, als sie mit der Hauszinssteuer auch die notwendigen finanziellen Mittel zu einer weitreichenden Lenkung besaßen. Bei allen relevanten politischen Kräften war es angesichts der historischen Erfahrungen – vor allem aber wegen des Ausmaßes der Zerstörung – weithin unbestritten, daß Staat und Kommunen mehr denn je nach 1945 eine zentrale Rolle zu spielen hätten. Die Wohnungsversorgung wurde als vorrangiger Teil der öffentlichen Daseinsvorsorge begriffen, politische Unterschiede gab es nicht im Prinzip, sondern nur graduell – vor allem zwischen Sozialdemokraten und FDP.

Die wohnungswirtschaftliche Entwicklung in Münster weist zwischen 1945 und 1960 zwar einige Besonderheiten auf, alles in allem spiegeln sich hier jedoch alle Probleme, vor denen die Mehrzahl der deutschen Städte stand: extremer Wohnungsmangel, zerstörte Bausubstanz, schneller Anstieg der Bevölkerung. Die Besonderheiten ergaben sich zum einen aus dem besonders hohen Grad der Zerstörung – Münster lag neben Köln und Aachen an der Spitze in Nordrhein-Westfalen –, zum anderen aus einer für eine Großstadt eher untypischen Wohnungsstruktur mit einem hohen Anteil von Eigenheimen von 42,2 Prozent an den Wohngebäuden (Bielefeld: 23 Prozent, Hagen: 27,5 Prozent), die die Folge einer ebenso untypischen Sozialstruktur der Einwohnerschaft mit einem geringen Anteil relativ niedrig verdienender Arbeiter war. Einige der politischen Reaktionen auf die Wohnungsmisere der Nachkriegsjahre wurden bereits angesprochen: Hilfen für provisorische Instandsetzung, die Restriktion des Zuzugs durch Verordnung der Militärregierung im Jahr 1945 und schließlich das vom Minister für Wiederaufbau verfügte Zuzugsverbot nach Münster am 19. September 1947, mit dem Münster zum „Brennpunkt des Wohnungsbedarfs“ erklärt wurde und das Ausnahmen nur in eng umschriebenen Fällen (Familienzusammenführung, Heimkehr aus der Kriegsgefangenschaft etc.) erlaubte. Tatsächlich hat sich diese Politik der Verbote nicht bewährt, sie konnte vor allem auch das selbstgesteckte Ziel der Anpassung von Wohnraum und Bevölkerungszunahme nicht erreichen. 1950, als die Zuzugssperre aufgehoben wurde, wies die Stadt mit einer Einwohnerzahl von 120 637 (Dezember 1950) wieder annähernd die Größenordnung von 1939 auf (132 760), während der Bestand an „Normalwohnungen" mit 22 276 erst zwei Drittel des Vorkriegsstandes erreichte. Auffällig an der Zusammensetzung des Wohnungsbestandes im selben Stichjahr war – neben dem großen Anteil an Eigenheimen – die hohe Quote des Hausbestandes, der sich im Eigentum der gemeinnützigen, teilweise mit der Stadt verflochtenen Wohnungsgesellschaften befand. Mit 17,9 Prozent entsprach er einem Wert, der – abweichend von den sonstigen Merkmalen – eher für die Größenordnung einer Industriestadt typisch war (Hagen: 15,1 Prozent, dagegen Bonn: 3,2 Prozent). Die nähere Aufgliederung des privaten Bestandes bestätigt hingegen wiederum die Besonderheit Münsters, entfielen doch nicht weniger als zwei Drittel der Eigentümer auf Pensionäre und Rentner sowie Selbständige.

Die Zeit des Improvisierens und der bloßen Reparatur war Ende der vierziger Jahre endgültig zu Ende. Wohnungsbaupolitik in staatlicher Verantwortung, gleichsam als „öffentliche Veranstaltung", wurde zu einem Kernstück der Wirtschafts-, Finanz- und Sozialpolitik in der neugegründeten Bundesrepublik bei gleichzeitiger nachhaltiger Zentralisierung der Entscheidungskompetenz. Das Erste Wohnungsbaugesetz vom 24. April 1950 bildete den Grundstein bis weit in die fünfziger Jahre hinein, wobei in Form eines politischen Kompromisses marktwirtschaftliche Steuerungselemente mit interventionistischen Instrumenten – zum Beispiel Mietpreis- und Bele-

Wohnungsbau aus ERP-Mitteln am Sentmaringer Weg

gungsbindungen bei finanzieller Förderung – verknüpft wurden. Das Herzstück dieser Politik war in den fünfziger Jahren der soziale Wohnungsbau, der dank einer Kombination von Zuschüssen, zinslosen bzw. begünstigten Darlehen, Bürgschaften, Steuerbegünstigungen und planungsrechtlicher Bevorzugung zwischen 1949 und 1959 regelmäßig zwischen 50 Prozent und 70 Prozent des gesamten Wohnungsbaus in der Bundesrepublik auf sich vereinigte. Wie erfolgreich dieses Modell seinerzeit war, zeigt sich am Bau von jahresdurchschnittlich 300 000 Sozialwohnungen in der Bundesrepublik, und auch in Münster lag dieser Anteil der geförderten Wohnungen bei einer vergleichbaren Quote – 55,5 Prozent etwa im Jahresdurchschnitt 1957 bis 1961. Innerhalb des Landes nahm Münster darüber hinaus zwischen 1951 und 1960 beim Gesamtzugang an Wohnungen von insgesamt 25 865 einen Spitzenplatz ein, so daß Ende 1961 mit einem Bestand von 51 320 „Normalwohnungen" der Stand von 1939 (33 700) um 52 Prozent, das Niveau von 1950 gar um 130 Prozent überschritten wurde.

Alle Indikatoren – Wohnungszahl, Ausstattung, Eigentumsquoten – bestätigen die positiv herausragende Stellung der Stadt im Kreis der übrigen Städte des Landes. Gleichwohl war Münster weit davon entfernt, in der Phase des Wiederaufbaus das Problem der Wohnungsversorgung wirklich gelöst zu haben. Es zeichnete sich die scheinbar paradoxe Situation ab, daß die Stadt zum Opfer ihrer Erfolge und ihrer eigenen Attraktivität wurde, da kein großstädtisches Gemeinwesen im Land einen vergleichbaren Bevölkerungszuwachs aufzuweisen hatte.

Allein zwischen 1957 und 1961, als die Einwohnerzahl im Ruhrgebiet bereits zu stagnieren begann, wuchs die Bevölkerung Münsters um 17 Prozent auf 185 000, in Köln, das den zweiten Platz einnahm, um 14 Prozent, in Aachen um 12,6 Prozent. Ein Indikator für die steigende Attraktivität war vor allem der Wanderungsgewinn von jährlich etwa 4000 Personen, der den durchschnittlichen Geburtenüberschuß (1300) um das Dreifache übertraf. Wenn davon auch ein Teil auf die landesweit gesteuerte Umsiedlungsaktion für Vertriebene und Flüchtlinge aus der DDR entfiel, so kam doch die Mehrheit aus eigenem Antrieb, sei es durch den Ausbau der Verwaltungen und Bildungseinrichtungen, sei es wegen der positiv eingeschätzten wirtschaftlichen Möglichkeiten in der Stadt. Münster, dies war die Einsicht und Erfahrung der städtischen Planer im Jahr 1962, hatte „als einzige Großstadt in einem weiten landwirtschaftlichen Umland seit jeher eine besondere Anziehungskraft auf die Umgebung ausgeübt". Und weiter: Der „Strom von ca. 18 000 Menschen, die aus Entfernungen bis zu 80 Kilometer täglich nach Münster kommend, hier ihrer Arbeit nachgehen" mache „offensichtlich, daß hier noch ein großer Personenkreis [...] an einem Zuzug nach Münster interessiert ist" [1678: Denkschrift über die Wohnraumsituation, S. 15f]. Das Ergebnis, so begrüßenswert es für die wirtschaftliche Entwicklung sein mochte, war für den Wohnungsmarkt der Stadt belastend. Das rechnerische Wohnungsdefizit betrug Ende 1960, zum Zeitpunkt des teilweisen Abbaus der Wohnungszwangswirtschaft, 9,2 Prozent – gemessen am Überhang der Haushalte gegenüber der Zahl der verfügbaren Wohnungen. Gegenüber dem Stichtag der Wohnungszählung 1956 (17,6 Prozent) bedeutete dies einen gewaltigen Sprung nach vorn, und andere Städte wie Aachen oder Bonn waren noch sehr viel stärker vom Mangel betroffen; doch die 4862 Haushalte – etwa ein Zehntel aller Haushalte –, die 1961 noch in der Dringlichkeitsliste des Wohnungsamtes geführt wurden, konnten aus dieser Bilanz kaum Vorteil ziehen. Es handelte sich dabei vorrangig um große Familien (40 Prozent mit vier und mehr Personen), um junge Familien mit niedrigem Einkommen und vor allem um Arbeiter (53 Prozent).

Die Stadt versuchte durch eigene Initiativen, vorrangig mit Hilfe des „1000-Wohnungs-Programms" von 1959, diesem besonderen Engpaß zu begegnen. Vor allem Bewohner von Notunterkünften und Elendsquartieren, kinderreiche Familien und Problemgruppen wie etwa Räumungsschuldner profitierten von dieser Aktion. Sie ist freilich nicht als isolierte Maßnahme zu sehen, sondern ordnete sich in die Versuche der Stadt seit der Nachkriegszeit ein, auch mit eigenen finanziellen Mitteln einen Beitrag zur Lösung des Wohnungsproblems zu leisten. Mit 11,7 Millionen DM zwischen 1948 und 1961 war diese Summe im Vergleich zu anderen Städten allerdings bescheiden – im Fall Bochums belief sie sich etwa auf 56 Millionen DM –, in Verbindung mit dem Förderungsvolumen von Bund und Land in Höhe von 163,7 Millionen DM wurde aber auch in Münster der entscheidende finanzielle Akzent durch die öffentliche Hand gesetzt.

Bilanzierend bleibt festzuhalten, daß die Stadt Münster zwischen Kriegsende und „Wirtschaftswunder", von 1945 bis zum Beginn der sechziger Jahre, in vielfältiger Weise Einfluß auf die Entwicklung der Stadt und die Lebensbedingungen ihrer Bürger nahm. Die Aufstellung von Bau- und Leitplänen sowie das aktive Engagement bei der Trümmerbeseitigung und die Wohnungspolitik waren wesentliche Bereiche der Daseinsvorsorge. Münster hatte am Ende der eigentlichen Wiederaufbauphase, trotz der nach wie vor bestehenden Engpässe, erneut hohe Attraktivität gewonnen. Daß dies nicht nur ein Ergebnis stadtplanerischen Bemühens war, sondern in sehr konkreter Weise in vielfältigen infrastrukturellen Aktivitäten sichtbar wurde, sei im folgenden noch exemplarisch verdeutlicht.

Städtische Infrastrukturpolitik und stadtische Unternehmen

Kommunale Selbstverwaltung bedeutet in der Tradition deutscher Städte seit dem 19. Jahrhundert zugleich die Pflicht zu umfassender Leistungsverwaltung. Die Entfaltung der öffentlichen Daseinsvorsorge ging in Deutschland Hand in Hand mit der Ausdifferenzierung der städtischen und gemeindlichen Leistungsangebote, die erst seit dem Ersten Weltkrieg teils in staatliche Obhut genommen, teils durch zentrale Vorsorgesysteme staatlich ergänzt wurden. An diese historisch gewachsene „Allzuständigkeit" der Städte ist zu erinnern, wenn auf das Gewicht städtischer Infrastrukturpolitik in Münster eingegangen wird, die unentbehrlich sowohl für die Existenzsicherung der Bürger wie für den wirtschaftlichen Neuaufbau gewesen ist. Die Stadt besaß dabei in den fünfziger und sechziger Jahren, verglichen etwa mit den Industriestädten des eigenen Kammerbezirks am Nordrand des Ruhrgebietes (Gelsenkirchen, Recklinghausen), als Folge ihrer traditionellen, historisch gewachsenen Zentralitätsfunktionen erhebliche Vorteile. Vor allem der Bereich der sozialen Infrastruktur – Bildungs- und Kultureinrichtungen, Freizeitangebote, Verwaltungsinstitutionen – war sehr viel besser entwickelt als in den meisten Ruhrgebietsstädten, bedurfte deshalb nicht völlig neuer Anstrengungen. Die materielle Infrastruktur befand sich noch zu Beginn der fünfziger Jahre in einem ähnlich desolaten Zustand wie anderswo auch. Zwar waren bis 1950 die sichtbarsten Schäden im Bereich des Verkehrswesens behoben, von einer wirklichen Rekonstruktion, gar von Erweiterungen –

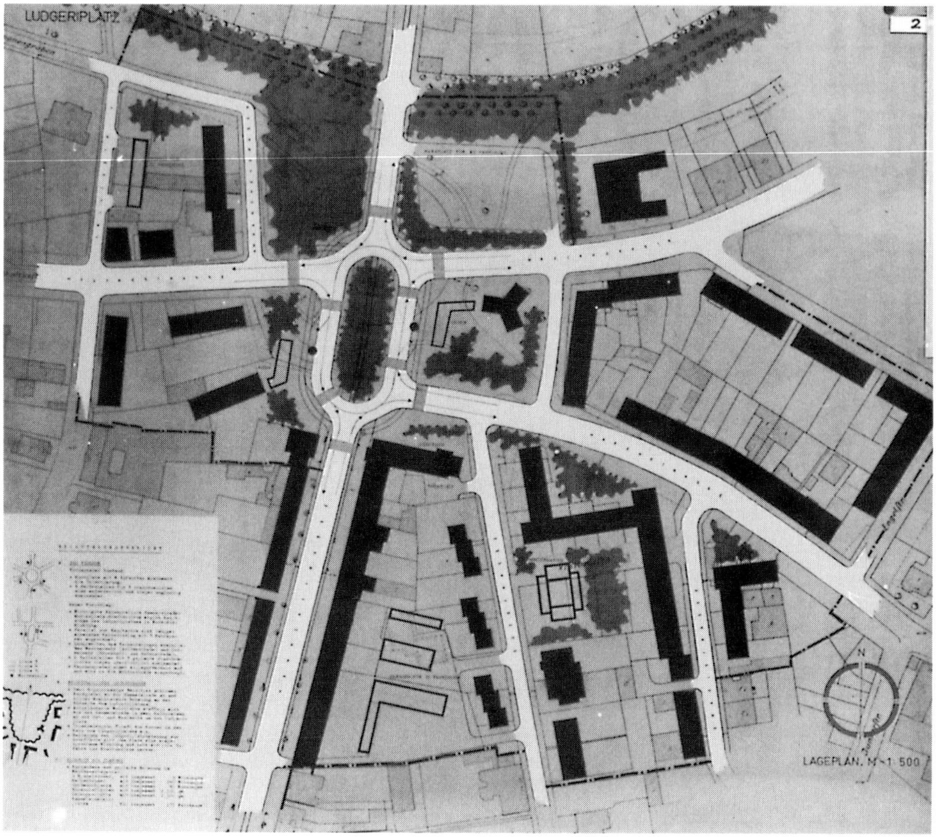

Verkehrsplanung für die Neugestaltung des Ludgeriplatzes (Entwurf aus dem Jahr 1953)

etwa im Verkehrsbereich, bei der Ver- und Entsorgung, aber auch bei den städtischen Betrieben – konnte noch keine Rede sein. 1955 überschritt zwar die Fläche der befestigten Straßendecken – seinerzeit ein uneingeschränkt positiv bewerteter Aufbauindikator – die Größenordnung von 1939 um etwa ein Zehntel, doch wies noch ein Viertel Kriegsschäden auf. Dabei wurde Münster angesichts der sprunghaften Motorisierung – zwischen 1945 und 1955 war der Kraftfahrzeugbestand auf das Zwölffache, gegenüber 1938 auf etwa das Doppelte gestiegen – wie die meisten Städte auch zum Getriebenen einer unkontrollierbaren Dynamik des Individualverkehrs, mit dem kein noch so intensiv betriebener Straßenbau langfristig Schritt halten konnte. 1960 gab es bereits 20 416 Fahrzeuge in der Stadt, 116 auf 1000 der Einwohner, 1978 im größeren Münster 91 279 (342 je 1000 Einwohner) und 1989 schließlich 137 000, was 507 je 1000 entsprach. Freilich hatte Münster auch in den fünfziger Jahren nicht mit jenem Nachdruck das Leitbild der „autogerechten" Stadt verfolgt wie die meisten Städte des Ruhrgebietes, so daß zumindest der städtische

Kernbereich nicht jenen Belastungen ausgesetzt war, die mit der einseitigen Förderung einer autogerechten Infrastruktur einhergingen.

Wenig zukunftsorientiert war die drastische Verringerung des Staßenbahnnetzes, obgleich die Straßenbahn zwischen ihrer Eröffnung am 13. Juli 1901 für mehr als vier Jahrzehnte das Rückgrat des städtischen Verkehrs gewesen war. Das Liniennetz wurde von 13 auf 6,8 Kilometer (1952) halbiert, teilweise als Reaktion auf nur schwer behebbare Schäden am Gleiskörper; die Beförderungszahl blieb unter dem Stand der Vorkriegszeit, und Schritt für Schritt erfolgte die Verknüpfung der einzelnen Stadtteile durch Busse. Die grundlegenden verkehrspolitischen Entscheidungen der fünfziger Jahre – Ausbau eines Ringstraßennetzes sowie Verdichtung des Straßennetzes insgesamt, Zurückdrängung der Straßenbahn zugunsten des Stadtbussystems – haben ein Menschenalter später zu einer Umkehr der Verkehrsarten geführt. Nach einer Erhebung aus den 1980er Jahren entfielen im Jahr 1982 58 Prozent des fahrenden Verkehrs auf das Auto, hingegen nur noch 13 Prozent auf Bus oder Bahn. Was freilich als positive Besonderheit Münsters zu sehen ist: 30 Prozent des fahrenden Verkehrs entfielen auf das Fahrrad, womit die Stadt innerhalb der Bundesrepublik eine Spitzenstellung einnahm – Folge nicht zuletzt einer verkehrspolitischen Wende in den siebziger Jahren, die Münster zumindest auf diesem Gebiet zu einem Vorbild werden ließ.

Schneller als im Bereich des Verkehrsnetzes gelang es den Stadtwerken, die Versorgung mit Gas, Wasser und Strom sicherzustellen und zu modernisieren. Trotz der vollständigen Zerstörung des eigenen Kraftwerks konnte durch Lieferungen der Vereinigten Elektrizitätswerke bereits am 17. April 1945 Strom bereitgestellt werden, so daß noch im selben Jahr ein Überschuß von 403 000 Reichsmark erwirtschaftet wurde. Die Strombereitstellung, ab 1951 wieder zum kleineren Teil aus eigenem Werk, blieb auch in der Folgezeit der gewinnträchtigste Zweig des stadteigenen Unternehmens, gefolgt vom Gaswerk, das ab Frühjahr 1948 zunächst 10 735, ab 1953 dann wieder dieselbe Zahl von Haushalten (28 000) wie 1939 versorgte. Im Sinne einer Mischkalkulation konnten dank der finanziellen Überschüsse die Defizite der übrigen Zweige der Stadtwerke, zu denen seit 1953 auch der Hafenbetrieb zählte, ausgeglichen werden, wobei schon in den fünfziger Jahren der öffentliche Nahverkehr, aber auch die Wasserversorgung besonders ins Gewicht fielen. Die Stadtwerke waren zugleich größter Arbeitgeber und Investor in einer Stadt, in der große Industrieunternehmen in den fünfziger Jahren fehlten. Immerhin belief sich das durchschnittliche jährliche Investitionsvolumen bereits zwischen Währungsreform und 1953 auf 3,84 Millionen DM, mit steigender Tendenz in den folgenden Jahren: 5,28 Mio. DM (1953), 9,5 Millionen DM (1961). Und mit 738 Beschäftigten (1953) waren die Stadtwerke ein zentraler Faktor des städtischen Arbeitsmarktes, der erst mit der großen Industrieaquisition der Armstrong-Werke zu Beginn der 1960er Jahre relativiert wurde.

An der Aufgabe, die Grundversorgung der Bürger mit Energie und Wasser, die Entsorgung sowie die Mobilität innerhalb der Stadt und im näheren Umland sicherzustellen, hat sich in den dem Wiederaufbau folgenden Jahrzehnten nichts verändert. Gewandelt hat sich allerdings die Art und Weise der Aufgabenerfüllung. An die Stelle einer behördenähnlich organisierten Einrichtung, die zwischen 1909 und 1939 auch noch „Städtische Betriebsverwaltung" hieß, trat ein nach Managementprinzipien arbeitendes, technisch und kaufmännisch von Verwaltungsaufgaben unabhängiges Dienstleistungsunternehmen, welches mit einem Stammkapital von 100 Millionen DM (1990) zwar die Stadt als Eigentümerin besaß, das jedoch privatrechtlich organisiert war. 1990 wurden allein 21 Verkehrslinien von den Verkehrsbetrieben auf 344 Kilometern Streckennetz bedient – das war das Vierfache im Vergleich zu den fünfziger Jahren –, bei insgesamt freilich stagnierender Zahl beförderter Personen in den achtziger Jahren; monatlich wurden zwischen 80 und 85 Millionen Kilowattstunden Strom bereitgestellt, verglichen mit einer Gesamtabgabe von 52 Millionen im gesamten Jahr 1953, und eine ähnliche Expansion läßt sich über den längeren Zeitraum hinweg bei der Abgabe von Gas und anderen Bereichen der öffentlichen Daseinsvorsorge und der materiellen Infrastruktur konstatieren. Die Stadt und ihre Unternehmen sicherten auf diese Weise im kommunalen Bereich die historisch einmalige wirtschaftliche Expansion in den fünfziger und sechziger Jahren ab, ja wurden selbst ein Teil jenes Systems permanenten Wachstums, dessen Grenzen erst Mitte der siebziger Jahre deutlich erkennbar wurden.

Die unternehmerische Tätigkeit der Kommune bewegte sich im historisch gewachsenen Bereich der Daseinsvorsorge, wie er sich seit dem Ende des 19. Jahrhunderts herausgebildet hatte: Über die genannten Bereiche hinaus wurde der Schlachthof betrieben – seit 1979 an die „Münsterische Schlachtvieh-Verwertungsgesellschaft“ verpachtet –, die „Regionalverkehr Münsterland GmbH“ im Verein mit umliegenden Landkreisen zur besseren Verknüpfung von Stadt und Umland gegründet, der Zoologische Garten mit seinem Stammkapital von 9,2 Millionen DM (1989) als Freizeitangebot vorgehalten und schließlich – von besonderem finanziellen Gewicht – Mehrheitsbeteiligungen bzw. Vollbeteiligungen bei Wohnungsbau- und Wohnungsverwaltungsgesellschaften sowie der Halle Münsterland gehalten. Rechnet man noch einige kleinere Einrichtungen wie den Technologiehof Münster oder das städtische Engagement beim Münsterländischen Heimathaus in Telgte hinzu, so war die Stadt mit einem Beteiligungsvolumen von 166,3 Millionen DM (1989) nicht nur der Beschäftigung nach, sondern auch über ihre Betriebe der größte Unternehmer der Region, gleichsam ein Mischkonzern mit den Sparten Daseinsvorsorge, Kultur und Unterhaltung. In den beiden wohnungswirtschaftlichen Unternehmen, der „Westfälischen Bauindustrie GmbH“ sowie der „Deutsches Heim GmbH“, konkretisierten sich die praktischen Möglichkeiten der Stadt, auf die lokale Wohnungsversorgung Einfluß zu nehmen. Beispielhaft lassen sich Aufgabenstellung und Funktionserweiterung am kapitalmäßig bedeutendsten dieser Unternehmen – der „Westfälischen Bauindustrie“ – verdeutlichen (ähnliches gilt für das „Deutsche Heim“). Seit 1959 war die Stadt alleinige Gesellschafterin des Unternehmens, das 1965 640 Mietwohnungen, daneben Garagen und Parkhäuser besaß und große Reserven an Grundstücken vorhielt. In den folgenden Jahrzehnten engagierte sich das Unternehmen über den engeren wohnungswirtschaftlichen Bereich hinaus mehr und mehr auch im gewerblichen Bau sowie bei einschlägigen Dienstleistungen, etwa bei der Verwaltung von Fremdvermögen und im Betrieb von Parkhäusern, bei der Veräußerung von Grundstücken usw. Daß diese Tätigkeit, wie ansonsten im kommunalwirtschaftlichen Bereich zumeist die Ausnahme, auch zum Nutzen der Stadt gewinnbringend war, belegen Jahresüberschüsse, die sich 1985 etwa auf 3,125 Millionen DM beliefen, wovon wegen der Einstellung von Rücklagen allerdings am Ende bilanziell nur 173 000 DM „zu Buche" schlugen. Doch war auch in den achtziger Jahren nicht die Ertragserwartung ein entscheidendes Motiv des unternehmerischen Engagements der Stadt, vielmehr die über Jahrzehnte hinweg immer wieder bestätigte Erfahrung, daß zumindest ohne eine hinreichende „kritische Masse" kommunalen Wohnungseigentums der Ausgleich von Angebot und Nachfrage noch prekärer wäre, als er dies in den mehr als vier Jahrzehnten seit Beginn des städtischen Wiederaufbaus ohnehin gewesen ist.

Greifen wir noch zwei weitere wichtige Beispiele städtischer Unternehmenspolitik heraus, das eine mit alter Tradition, das andere ein Produkt der Infrastrukturpolitik der sechziger Jahre: die Halle Münsterland und den Flughafen Münster/Osnabrück. Am 17. April 1926 lud Oberbürgermeister Georg Sperlich namens der Stadt gemeinsam mit der Landwirtschaftskammer Westfalen „zur Feier der Einweihung der städtischen und landwirtschaftlichen Zwecken zugleich dienenden Halle Münsterland" ein. Damit war ein Ziel der Halle benannt, das nach dem Zweiten Weltkrieg allmählich in den Hintergrund trat: Treffpunkt und Messeplatz der regionalen Agrarwirtschaft zu sein. Seit den sechziger Jahren wurde die Halle verstärkt für Tagungen, Kongresse sowie für Show-, Sport- und Unterhaltungsveranstaltungen genutzt, auf die 1970 schon zwei Drittel entfielen und 1980 sogar die weit überwiegende Zahl aller Ereignisse, während an die landwirtschaftliche Zweckbestimmung gerade noch eine Tagung des „Bundesverbandes Deutscher Kornbrenner", vor allem aber die Kapitalbeteiligung des Schweinezüchterverbandes Westfalen-Lippe, des „Westfälischen

Gärtnerbörse in der Halle Münsterland (April 1949)

Pferdestammbuchs e.V.", des „Verbandes Westfälischer Rotbuntzüchter" und des „Westfälischen Rinderstammbuchs e.V." erinnerten. Eine neue Perspektive, über das frühere Konzept der Agrarvermarktung hinaus, war zu Beginn der neunziger Jahre notwendig, um angesichts der wachsenden überregionalen Konkurrenz von Veranstaltungs- und Messeplätzen die erfolgreiche Vermarktung des Standortes Münster zu ermöglichen. Der Bau einer Ausstellungs- und Großveranstaltungshalle wurde deshalb 1990 ebenso geplant wie „kongreßbegleitende Fachausstellungen", da regionsbezogene Standortpräsentation sich in den achtziger Jahren zum Imperativ kommunaler Wirtschaftspolitik entwickelte.

Das zweite Beispiel städtischer Unternehmenspolitik, das Engagement der Stadt beim Aufbau eines eigenen Flughafens, war in den sechziger Jahren vor allem von den Wirtschaftsverbänden und der Industrie- und Handelskammer gefordert und vorangetrieben worden. 1966 konnte die Kammer konstatieren, die „seit Jahren geführten Verhandlungen über den Ausbau eines Nahverkehrsflugplatzes" seien „im Berichtsjahr ein gutes Stück vorangekommen" [1657: Jahresbericht 1966, S. 47]. Ende desselben Jahres kam es zur Unterzeichnung eines Gesellschaftervertrags, an dem sich die Städte Münster und Osnabrück sowie die umliegenden Landkreise beteiligten. Zum Stichjahr 1990 war die Stadt Münster über ihre Stadtwerke mit 35,6 Prozent am Stammkapital beteiligt, gefolgt vom Kreis Steinfurt, der Stadt Osnabrück, der Stadt Greven sowie den Landkreisen Osnabrück und Warendorf, ergänzt von einer symbolischen Beteiligung der Industrie- und Handelskammer. Mit der offiziellen Eröffnung im Mai 1972 hatten Stadt und regionale Wirtschaft ein wichtiges Ziel zur Verbesserung der Infrastruktur erreicht, zumal die 1970 getroffene Grundsatzentscheidung des Bundes und der nordrhein-westfälischen Landesregierung zum Bau eines internationalen Verkehrsflughafens bei Drensteinfurt bereits zwei Jahre später gefährdet, schließlich hinfällig war. Für die Stadt Münster wirkte sich das Engagement, unbeschadet hoher Zuwachsraten im Passagieraufkommen in den siebziger Jahren, betriebswirtschaftlich freilich negativ aus. Von einem bescheidenen Gewinn 1968, also vor Aufnahme des Flugverkehrs einmal abgesehen, war das Betriebsergebnis bis in die achtziger Jahre hinein immer negativ, mit einem Spitzenwert von 3 Millionen DM 1983. Die weltwirtschaftliche Krise 1980/82 bedeutete einen schweren Rückschlag für Passagieraufkommen und Einnahmen, so daß in einer internen Studie der Stadt aus dem Jahr 1982 immerhin als theoretische Möglichkeit der Verkauf der Geschäftsanteile und in der Presse die Schließung diskutiert wurden. Tatsächlich erwies sich die Erwägung zum „Laden dichtmachen" [Westfälische Nachrichten vom 17. April 1982] als unangebrachter Pessimismus, da einerseits das Land seit 1985 mit erheblichen Zuschüssen die Funktionsfähigkeit des Flughafens verbesserte, zum anderen der Luftverkehr seither eine nicht prognostizierte Boomperiode erlebte und schließlich über die Aufnahme regelmäßiger Verbindungen in europäische Städte neue Nachfrage erschlossen werden konnte.

3. Die Wirtschaft in den „langen fünfziger Jahren" (1950–1970)

Die „langen fünfziger Jahre", die in ihrer „wirtschaftlichen und sozialen Grundentwicklung eng zusammenhängenden anderthalb Jahrzehnte vom Anfang der fünfziger Jahre bis zur Mitte der sechziger Jahre" [1911: Abelshauser, Fünfziger Jahre, S. 15], zeichneten sich in der deutschen Wirtschaftsgeschichte durch eine historisch einmalige Intensität des Wachstums und des Tempos des Wieder- und Neuaufbaus aus, zeitlich begrenzt vom Koreaboom einerseits und der ersten Stagnation 1966/67 andererseits. Wirtschaftshistoriker begreifen diese Zeitspanne als einheitliche „Rekonstruktionsperiode", in der sich die wirtschaftlichen Entwicklungspotentiale – qualifizierte Menschen und der Realkapitalbestand – dank der ordnungspolitischen Wende der sozialen Marktwirtschaft sowie der weltwirtschaftlichen Impulse in den fünfziger und sechziger Jahren voll entfalten konnten. Ein „Wunder" war diese Zeitspanne nicht, vielmehr das Ergebnis der produktiv genutzten Arbeit von Millionen Menschen im westlichen Teil Deutschlands, davon Zehntausenden in Münster, die zu dem vielfach bestaunten Aufstieg aus Schutt und Asche führte.

Strukturelle Bilanz

Münster als die Stadt der Verwaltung und der Universität besaß in dieser Periode des wirtschaftlichen Wiederaufbaus strukturelle Nachteile und Vorzüge gleichermaßen – Nachteile, weil Entwicklungsmöglichkeiten und Prosperität seinerzeit vor allem mit dem sekundären Sektor, dem Gewerbe und der Industrie, und hier vorrangig mit den Produktions- und Investitionsgüterbereichen verknüpft waren; Vorzüge, weil die wirtschaftliche Grundlage der Stadt mit ihrem hohen Anteil an öffentlichen und privaten Dienstleistungen auf lange Sicht dem Idealtyp der Ökonomen von einer „tertiärisierten" Wirtschaft entsprach, die auf kürzere Sicht eine höhere Stabilität gegenüber konjunkturellen Schwankungen aufwies. Das ökonomische Strukturprofil Münsters läßt sich in seinen wesentlichen Trends anhand der großen Volks-, Berufs- und Betriebszählungen beschreiben, die im Vergleich der Stichjahre 1950, 1961 und 1970 die folgenden Hinweise zur Zusammensetzung der Wirtschaft und des Arbeitsmarktes vermitteln:

- Münsters Erwerbsstruktur wurde in den fünfziger Jahren durch einen spektakulären Anstieg der Zahl der Beschäftigten beeinflußt. Zwischen 1950 und 1961 stieg die Zahl der in Münster wohnhaften Erwerbstätigen von 48 217 auf 76 528, d. h. um 58,7 Prozent. Im folgenden Jahrzehnt stagnierte hingegen die Zahl bei einem Niveau von 77 411 (+ 0,9 Prozent). Zum Teil erklärt sich dieser Anstieg aus einem Nachholeffekt, da die Zahl der Erwerbstätigen nach dem Krieg, parallel zum Bevölkerungstief, auch im Vergleich zur Vorkriegszeit besonders niedrig gewesen war, teilweise spiegelt sich hier jedoch die positive Entwicklung der fünfziger Jahre. Bei Berücksichtigung des engeren wirtschaftlichen Einzugsgebietes, das etwa identisch war mit den späteren Eingemeindungen, zeigte sich ebenfalls ein Zuwachs von 50 Prozent, in den Randgemeinden freilich mit einer bemerkenswerten zeitlichen Verschiebung. Anders als in der Kernstadt erfolgte der wesentliche Zuwachs in den später eingemeindeten Orten in den sechziger Jahren.
- Die Zahlen geben nur Auskunft über die Erwerbstätigkeit der in Münster bzw. den Umlandgemeinden wohnenden Bevölkerung, beantworten hingegen nicht die Frage, wo sich der jeweilige Arbeitsplatz befand. Bei Berücksichtigung der Pendlerströme wird die oberzentrale Position der Stadt noch deutlicher: 1961 fanden zusätzlich zu den Bewohnern der Stadt 20 036 Menschen aus der näheren und

weiteren Umgebung ihren Arbeitsplatz in Münster, 1970 bereits 28 090. Die Gesamtzahl der Beschäftigten betrug demnach 1961 96 564, 1970 105 189 (+ 8,9 Prozent), was auf die nach wie vor starke wirtschaftliche Expansion in den sechziger Jahren hindeutet. Eine vergleichbare „Pendlerintensität" gab es nur in wenigen nordrhein-westfälischen Städten, etwa in Düsseldorf oder Bonn.

- Die städtische Wirtschaft war wegen der fehlenden industriellen Umgestaltung im 19. Jahrhundert sowie der traditionell bedeutsamen Position als überregionales Verwaltungs- und Dienstleistungszentrum bestimmt von den „tertiären" Bereichen: den öffentlichen und privaten Diensten, dem Handel, den Banken und Versicherungen und dem Verkehr.
- Münster war und ist sozialstrukturell eine Stadt der Beamten und Angestellten. Ihr Anteil an der Gesamtzahl der Erwerbspersonen stieg von 44,6 Prozent (1950) auf 66 Prozent (1970), während der Anteil der Arbeiter von 42,1 Prozent auf 24,9 Prozent zurückging. Im Vergleich zu typischen Industriestädten des Ruhrgebietes war wegen des hohen Anteils an Angestellten die Zahl der berufstätigen Frauen mit 37,1 Prozent aller Erwerbstätigen (1970) relativ größer – in Bochum etwa war nur jeder vierte Arbeitsplatz von Frauen besetzt –, gegenüber anderen Dienstleistungsstädten wie beispielsweise München (41,9 Prozent) war ihre Quote allerdings nicht herausragend hoch, sondern entsprach dem bundesdeutschen Durchschnitt.
- Die strukturellen Merkmale des Arbeitsmarktes bewirkten in der Stadt und im Landkreis Münster in den sechziger Jahren eine positive „Sonderkonjunktur" sowohl bezüglich des Beschäftigungszuwachses als auch im Hinblick auf die Höhe der Arbeitslosigkeit. Bei einem Vergleich mit Nordrhein-Westfalen insgesamt (Münster + 14,1 Prozent, NRW – 0,8 Prozent) lassen sich mit Hilfe der sogenannten Shiftanalyse jene Effekte benennen, die auf die günstigere Wirtschaftsstruktur (+ 11,3 Prozent) und auf besonders ausgeprägte Standortvorteile zurückzuführen waren (+3,6 Prozent). In der Stadt gab es keinen Bergbau, jedoch einen überdurchschnittlichen Anteil an Beschäftigten in der chemischen Industrie und vor allem in den tertiären Sektoren. Aber selbst Bereiche, die sich auch im Land insgesamt als besonders expansiv erwiesen (Kreditinstitute, „sonstige" Dienstleistungen, Wissenschaft etc.), waren innerhalb der Stadt zumeist noch wachstumsträchtiger. Eine Analyse des Statistischen Amtes bestätigt im einzelnen diese positiven Abweichungen zugunsten Münsters (einschließlich des später eingemeindeten Verflechtungsgebietes).

Diese Hinweise zum Gesamtbild von Wirtschaft und Beschäftigung in den fünfziger und sechziger Jahren mögen als Beleg für die insgesamt positiven Trends genügen. Die Daten der Statistik werden freilich den im einzelnen differierenden Entwicklungen, den dahinterstehenden unternehmerischen und politischen Entscheidungen nur unzureichend gerecht, ebensowenig wie der Lebenslage der Bürger und den sehr unterschiedlichen materiellen Lebenschancen. Es gilt deshalb, hinter den Makrostrukturen exemplarisch einige Facetten der den Wirtschaftsverlauf bestimmenden Kräfte zu verdeutlichen, danach zu fragen, ob es „Leitsektoren" gab, die andere Bereiche vorangetrieben haben, oder ob es unternehmerische Entscheidungen waren, die zu neuen Weichenstellungen innerhalb des münsterischen Wirtschaftsraums führten.

Erwerbstätige nach Wirtschaftsbereichen (abs. und in %):

Gebiet	Jahr	Primärer Bereich	Sekundärer Bereich	Tertiärer Bereich	Gesamt
Stadt	1950	1 529 (3,2)	14 442 (30,0)	32 246 (66,8)	48 217 (100,0)
Münster	1970	965 (1,3)	16 798 (21,8)	59 336 (76,9)	77 019 (100,0)
Verflech-	1950	4 586 (33,4)	4 113 (30,0)	5 033 (36,6)	13 732 (100,0)
tungsgebiet*	1970	1 969 (13,7)	6 639 (31,4)	12 523 (59,3)	21 131 (100,0)

Quelle 1684: Beiträge zur Stadtentwicklung 3, S. 9f

* Gemeinden Albachten, Amelsbüren, Angelmodde, Handorf, Hiltrup, Nienberge, Roxel, St. Mauritz, Wolbeck

Industrie und Handwerk

Die Industrie hat in Münster, dies wurde aus dem Überblick deutlich, zu keinem Zeitpunkt eine zentrale Rolle gespielt. Von den im Jahr 1952 1210 im Handelsregister eingetragenen Unternehmen waren lediglich 93 Industriebetriebe, während annähernd 30 Prozent dem Groß- und Einzelhandel zuzurechnen waren. Münsters Industrieunternehmen waren zudem mit durchschnittlich knapp fünfzig Beschäftigten (1952) überwiegend der Kategorie der Kleinunternehmen zuzurechnen, und daran hatte sich trotz der Verdoppelung im Laufe der fünfziger Jahre auch zwei Jahrzehnte später (1960 bzw. 1968 jeweils etwa 100) weniger als in anderen Städten verändert. Dennoch war die damit einhergehende Verdoppelung der industriellen Arbeitsplätze von 4200 (1950) auf ca. 9000 (1968) bemerkenswert, was zwar nach wie vor erst einem Zehntel der Beschäftigtenzahl in der Stadt entsprach, angesichts der damit einhergehenden Multiplikatoreffekte jedoch einen überproportionalen Anstieg von Kaufkraft und Gewerbesteuereinnahmen bedeutete. Und zu registrieren war auch die veränderte Einstellung der Kommune gegenüber neuer Industrieansiedlung, die sich vor dem Zweiten Weltkrieg zumindest nicht aktiv in der industriellen Wirtschaftsförderung engagiert hatte. Das soziale Selbstverständnis leitete sich seinerzeit weitgehend von den Verwaltungs- und Dienstleistungsfunktionen ab, so daß Industrielle in Münster mutmaßlich nicht jene gesellschaftliche Privilegierung erfuhren wie etwa in den Industriestädten des Westmünsterlandes oder Ostwestfalens, beispielsweise in Steinfurt oder Bielefeld. Seinerzeit waren bedeutendere Unternehmen rar, konzentrierten sich vor allem um den Stadthafen, dessen Areal sich wegen der großen Verkehrsgunst zum bevorzugten Standort entwickelte. Zu nennen sind etwa die metallverarbeitenden Betriebe Hupfer, Tepper und Lancier, die Schloßfabrik Winkhaus, das Landmaschinenunternehmen Stille oder die Mühlenwerke Kiesekamp. Typisch war zumeist die Orientierung am regionalen Markt und den Bedürfnissen des agrarischen Umlandes (Mühlen, Futtermittelherstellung, Textil/Bekleidung etc.), während Weltmarktorientierung die Ausnahme blieb.

Nach 1945 war es dann allerdings erklärtes Ziel, „verstärkte Ansiedlung und erhöhte Tätigkeit der Industrie in der Stadt Münster" zu befördern, da, wie es umständlich und beinahe entschuldigend in einer internen Studie der Stadt aus dem Jahr 1948 hieß, „die Förderung solcher Bestrebungen das Gebot der Zeit ist für eine Stadt,

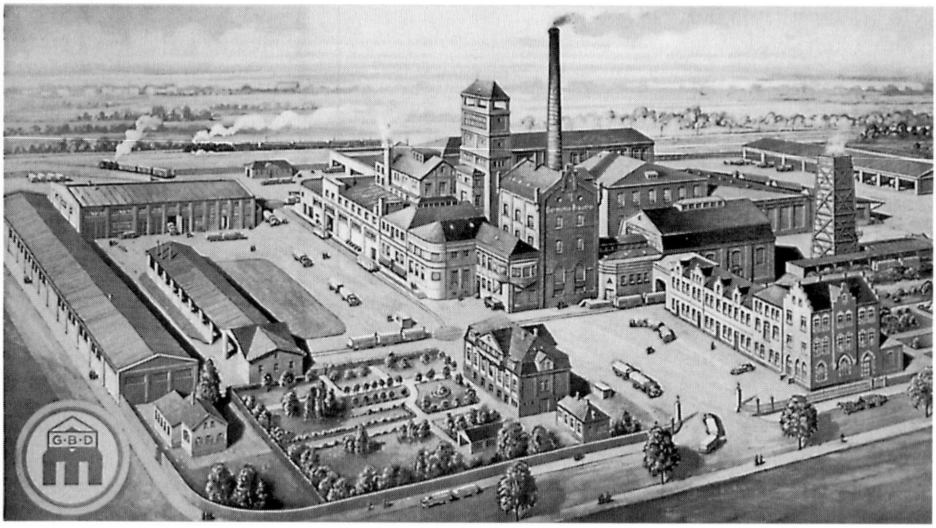

Die Germania-Brauerei Dieninghoff an der Grevener Straße in den dreißiger Jahren

die sich nicht mehr, wie früher, auf das öffentliche Leben eines wohlhabenden Volkes stützen kann" [StadtAM, Amt 12–15]. Der Abzug von Behörden, der Verlust der Garnison sowie die Unsicherheit bezüglich der künftigen Rolle des Behördenstandortes Münster nach Neugründung des Landes Nordrhein-Westfalen mochten bei diesem Umdenkprozeß Pate gestanden haben, das Ergebnis zumindest war bald erkennbar. Die Stadt schuf ein Amt für Gewerbeförderung, leistete in den Nachkriegsjahren Hilfestellung bei der Lösung des Wohnungsproblems für besonders benötigte Arbeitskräfte und konnte vor allem beim Ausweis neuer Gewerbeflächen aktiv werden. Bei der Bereitstellung der für den wirtschaftlichen Aufbau so bedeutsamen Mittel des „Europäischen Wiederaufbauprogramms" (ERP) war die Stadt, etwa bei der Ansiedlung von Flüchtlingsunternehmen, institutionell beteiligt, und der Neuaufbau der Infrastruktur, vor allem im Verkehrsbereich, erfolgte nicht zuletzt unter dem Gesichtspunkt der Gewerbeansiedlung. An neuen Industriegebieten wurden in den fünfziger Jahren vor allem das frühere Flughafengelände Loddenheide – im Südosten der Stadt – und das Gelände am Königsweg, in der Nähe des Dortmund-Ems-Kanals, erschlossen, kleinere Flächen schließlich an der Mersmannstiege (Stadtteil Geist). Freilich waren dieser Erschließungspolitik enge Grenzen gesetzt, da die Stadt innerhalb des „alten" Stadtgebietes nur über bescheidene Flächenreserven verfügte – ein wichtiges Argument in der Diskussion um die kommunale Neugliederung in den frühen siebziger Jahren – und, kaum weniger bedeutsam, letztlich auch in ihrem Flächennutzungsplan überwiegend dem Selbstverständnis und den Bedürfnissen einer Dienstleistungsstadt verpflichtet blieb.

Die Förderungspolitik der fünfziger Jahre wies durchaus Erfolge auf, legt man die Zahlen der Beschäftigtenentwicklung, die Verlagerung von Unternehmen, aber auch die Bestandspflege angesichts der häufig preiswerteren Areale außerhalb der Stadt zugrunde. Im Loddenheide-Gebiet siedelten sich beispielsweise die Firma Paul Jaspers an, ein Unternehmen der Leichtbetonindustrie, das ursprünglich seinen Standort in Gütersloh hatte, die Briefumschlagfabrik Petersen, das Calcanitwerk Snoek und die Mineralwasserfabrik „Quellen Lehnig“. Im Industriegebiet am Dahlweg entstand, nach Verlagerung aus Ostdeutschland, das Unternehmen Hamel (Textilmaschinen) neu – mit 500 Beschäftigten eines der Spitzenunternehmen in den fünfziger Jahren –, am Königweg das Betonwerk „Münsterland“ und schließlich, als bedeutendste Neuansiedlung in den vergangenen Jahrzehnten, das deutsche Werk der amerikanischen Armstrong-Gruppe. Da sich bei dieser Aquisition exemplarisch die Verknüpfung von unternehmerischen Standortentscheidungen und kommunaler Wirtschaftspolitik erkennen läßt, soll das städtische Engagement kurz verdeutlicht werden.

Im Januar 1960 wandte sich die international operierende US-Firmengruppe „Armstrong Cork Company“ (Lancaster/USA), deren Produktpalette in Zweigwerken in den USA, Kanada, Großbritannien und Spanien von Fußbodenbelägen bis zu Dichtungsmaterialien reichte, über die Vermittlung des Frankfurter Battelle-Instituts und der Bezirksregierung Münster an die Stadt wegen des Baus eines Zweigwerks. Innerhalb weniger Tage erfolgten Vorverhandlungen zwischen führenden Vertretern von Unternehmen und Stadt, wurde in einer gemeinsamen Sitzung von städtischem Wirtschaftsausschuß und Liegenschaftsausschuß bereits am 30. Januar der Beschluß des Rates wegen der Konditionen des Grundstückverkaufs und der erforderlichen

Einfahrt in das Gewerbegebiet Robert-Bosch-Straße (1969)

Werk Münster des amerikanischen Kunststoffherstellers Armstrong (1969)

Infrastrukturmaßnahmen vorbereitet, wurden schließlich am 3. Februar im Frankfurter Battelle-Institut die konkreten Verhandlungen zwischen Verwaltung und Unternehmen geführt und erfolgte nach einer auf wenige Wochen befristeten Optionszeit die endgültige Entscheidung über die Gründung des Zweigwerks. Die Stadt erwies sich dabei als reaktionsschneller Akteur, der mit Hilfe beträchtlicher Vorleistungen sowohl bezüglich der Preisgestaltung (7,50 DM je Quadratmeter bei Sofortkauf oder Angebot eines Erbbauzinses von 4 Prozent, orientiert an einem Grundstückswert von 10 DM je Quadratmeter, bei einem tatsächlichen Selbstkostenpreis für die Stadt von 13 DM je Quadratmeter) und der Konditionen als auch der Erschließungsleistungen wesentlich diese Standortentscheidung beeinflußt hat – fraglos zum langfristigen Nutzen der städtischen Finanzen und des regionalen Arbeitsmarktes. 1969 betrug die Zahl der Mitarbeiter 530, 1972 mehr als 800 und 1989, nach Übernahme eines Werkes in Leutkirch, in der Bundesrepublik insgesamt 1320.

Freilich blieb diese Ansiedlung sowohl bezüglich der damit verbundenen Finanzleistungen als auch im Hinblick auf den Beschäftigungseffekt eine Ausnahme. Das zu Beginn der sechziger Jahre erreichte Niveau der Industriebeschäftigung wurde im folgenden Jahrzehnt nicht mehr überschritten, doch haben sich Umsatz und Lohnsumme jeweils verdoppelt. Diese relative „Stagnation“ bei Neuansiedlungen stand in gewissem Widerspruch zur Analyse des Battelle-Instituts Frankfurt a. M., das in ei-

Beschäftigtenentwicklung in Münster (einschließlich Verflechtungsgebiet) im Vergleich zu Nordrhein-Westfalen:

Wirtschaftszweig	Beschäftigte 1961	Beschäftigte 1970	Veränderung in % in Münster	Veränderung in % in NRW	Veränderung absolut tatsächlich Münster	Veränderung absolut bei %-Veränderung wie in NRW	Standortvorteile (+) bzw. -nachteile (–)
Tierhaltung	48	77	+ 60,4	– 2,9	+ 29	– 1	
Gärtnerei	203	464	+ 128,6	+ 34,6	+ 261	+ 70	+
Energiewirtschaft, Wasserversorgung	1 270	1 324	+ 4,3	+ 7,4	+ 54	+ 94	
Chemie, Mineralölverarbeitung	2 148	3 054	+ 42,2	+ 9,3	+ 906	+ 200	+ (Energiewirtschaft bis Kunststoff)
Kunststoff-, Gummi-, Asbestverarbeitung	217	569	+ 162,2	+ 28,2	+ 352	+ 61	
Steine, Erden, Keramik, Glas	1 109	1 013	– 8,7	– 11,2	– 96	– 124	
Metallerzeugung, Gießerei	986	304	– 69,2	– 8,5	– 682	– 84	
Stahl-, Maschinen-, Fahrzeugbau	3 892	4 074	+ 4,7	+ 10,8	+ 182	+ 420	
Elektrotechnik, Feinmechanik, Optik	2 475	2 180	– 11,9	+ 0,8	– 295	+ 20	
Holz, Papier, Druck	3 258	2 653	– 18,6	– 2,6	– 605	– 85	– (Metallerzeugung bis Nahrungs- und Genußmittel)
Leder, Textil, Bekleidung	2 809	1 687	– 39,9	– 28,0	– 1 122	– 787	
Nahrungs- und Genußmittel	3 410	2 548	– 25,3	– 12,4	– 862	– 423	
Bauhauptgewerbe	8 278	7 302	– 11,8	– 11,5	– 976	– 952	
Ausbau-, Bauhilfsgewerbe	2 903	2 706	– 6,8	+ 3,7	– 197	+ 107	–
Großhandel	7 440	8 430	+ 13,3	+ 10,4	+ 990	+ 774	+
Handelsvermittlung	1 087	862	– 20,7	– 19,4	– 225	– 211	
Einzelhandel	10 354	11 494	+ 11,0	+ 0,2	+ 1 140	+ 21	
Verkehr, Nachrichtenübermittlung	9 456	10 084	+ 6,6	– 7,1	+ 628	– 671	+ (Einzelhandel bis Kredit)
Kredit, Finanzinstitute	2 738	4 310	+ 57,4	+ 41,1	+ 1 572	+ 1 125	
Versicherungen	2 783	3 666	+ 31,7	+ 34,9	+ 883	+ 971	
Private Dienste	10 592	14 093	+ 33,1	+ 16,5	+ 3 501	+ 1 748	
Organe ohne Erwerbscharakter	4 493	7 109	+ 58,2	+ 31,7	+ 2 616	+ 1 424	
Gebietskörperschaften	15 080	22 459	+ 48,9	+ 36,3	+ 7 379	+ 5 474	+ (Private Dienste bis Sozialversicherung)
Sozialversicherung	2 224	2 898	+ 30,3	+ 21,5	+ 674	+ 478	
Gesamt	99 253	115 360	+ 16,2	– 0,8	+ 16 107	(+ 9 649) (– 794)	

Quelle 1684: Erwerbstätige, Beschäftigte, Pendler, S. 30

ner im Dezember 1966 vorgelegten Standortanalyse der Stadt bescheinigte, sie sei „für jeden Gewerbebetrieb ein attraktiver Standort“, mit der Einschränkung: „nur für Betriebe, bei denen das Produktionsprogramm und die Arbeitsweise im Einklang stehen mit der traditionell bedingten Sozialstruktur der Wohnbevölkerung“ [1683: Eignung der Stadt, S. 4]. Respektierung der sozialen „Befindlichkeit“ und Konzentration auf kleinere Betriebe mit hoher Wertschöpfung und großer Standortbindung, so lautete die wissenschaftliche Zukunftsempfehlung, die teilweise auch in einem späteren Zeitraum, in den achtziger Jahren, eingelöst werden konnte. Daß die Stadt gute Gründe hatte, Industrieansiedlung mit Priorität zu behandeln, ergab sich in den sechziger Jahren auch bei einem Vergleich mit Städten, die eine vergleichbar hohe Verdichtung im Bereich von Verwaltung oder Bildung aufwiesen: Aachen, Bonn und Arnsberg mit Industriedichten von 19,7, 7,8 bzw. 6,8 während die entsprechende Ziffer in Münster bei 4,9 lag.

Anders als im engeren industriellen Bereich stellte sich die Stellung Münsters in den fünfziger und sechziger Jahren in den beiden anderen Segmenten des gewerblichen Sektors, dem Handwerk und dem Baugewerbe, dar. Die Beschäftigtenzahl entsprach hier jeweils der Größenordnung in der Industrie mit 9000 (Handwerk) bzw. 9500 (Bau), wobei das Bau- und Ausbaugewerbe seinen Betriebsgrößen nach, aber auch wegen seiner primär lokalen Wirtschaftsverflechtung und seinem gesellschaftlichen Selbstverständnis nach weitgehend dem Handwerk zuzurechnen war. Im Vergleich zu den anderen Großstädten Nordrhein-Westfalens wies Münster 1959, gemeinsam mit Bonn, den höchsten Handwerksumsatz je Einwohner auf, wobei vor allem die Unterschiede gegenüber den mit handwerklichen Diensten traditionell unterversorgten Ruhrgebietsstädten augenfällig sind.

Handwerk (ohne Bauhandwerk) in ausgewählten Städten 1959:

Stadt	Zahl der steuerpflichtigen Handwerker		Gesamtumsatz (1000 DM)	Umsatz je Einwohner (DM)
	absolut	je 1000 Einwohner		
Aachen	1 144	6,81	146 113	870
Bielefeld	1 172	6,70	177 425	1 014
Bochum	1 202	3,32	241 683	668
Bonn	1 019	6,98	162 743	1 115
Dortmund	2 768	4,35	491 288	771
Duisburg	2 246	4,47	441 298	879
Düsseldorf	3 960	5,72	602 175	870
Essen	3 359	4,61	582 289	800
Gelsenkirchen	1 579	4,04	285 862	731
Köln	4 789	6,11	810 068	1 039
Krefeld	1 542	7,41	196 126	943
Münster	1 129	6,44	195 175	1 115
Recklinghausen	587	4,52	123 596	951

Quelle 1840: Welp, Wirtschaftsleben, S. 175a

Die Ursachen für diese führende Position Münsters sowohl bei der Handwerksdichte als auch vor allem bei der Umsatzhöhe je Einwohner sind einmal im Fehlen des industriellen Verdrängungswettbewerbs zu sehen – die relative Schwäche der Industrie war die Stärke des örtlichen Kleingewerbes –, zum anderen gab es in der Stadt angesichts relativ hoher durchschnittlicher Arbeitseinkommen eine größere Nachfrage nach qualifizierten Handwerksleistungen als in klassischen Industriestädten. Vor allem das Baugewerbe sowie die Ausbauhandwerke profitierten von der überdurchschnittlichen Wohnungsbautätigkeit auch über den engeren Zeitraum des Wiederaufbaus hinaus. 1970 wies Münster in diesen Bereichen 41,2 Beschäftigte je 1000 Einwohner auf, Gelsenkirchen als typische Stadt des schwerindustriellen Ballungsraums hingegen nur 26,5. Freilich galt diese positive Bilanz nicht für alle Handwerksbereiche gleichermaßen, vielmehr setzten sich auch innerhalb der Stadt jene Tendenzen durch, die für das Handwerk in den vergangenen Jahrzehnten insgesamt galten: Rückgang der produzierenden Handwerke gegenüber den dienstleistenden (zum Beispiel Reinigungsgewerbe) und Verschwinden traditioneller Handwerksbetriebe, die gegenüber der rationelleren Fertigung der Industrie auch in Münster nur noch geringe Chancen besaßen (Schneider, Schuster etc.). Bereits zwischen 1955 und 1960 schrumpfte die Zahl der Handwerksbetriebe von 2100 auf 1963 (– 6,5 Prozent), woran die Holz- sowie die Textil- und Bekleidungshandwerke mit – 17,7 Prozent bzw. – 15,9 Prozent überproportional beteiligt waren. Die Bereiche Gesundheits- und Körperpflege sowie Reinigung, aber auch die Metallhandwerke wiesen erhebliche Zuwächse auf, so daß sich die Branchenstruktur über die Jahrzehnte hinweg nachhaltig veränderte. 1955 zählten etwa noch 12,1 Prozent aller Betriebe zum Bereich Nahrungsmittelhandwerk, im Jahr 1990 noch 7,9 Prozent, während der Anteil der Metall- und Reinigungshandwerke geradezu spektakulär wuchs. Bemerkenswert ist dabei die Beobachtung, daß entgegen landläufiger Meinung das Handwerk in den achtziger Jahren nicht mehr schrumpfte, vielmehr sowohl bei der Zahl Betriebe als auch der Beschäftigten eine positive Bilanz aufzuweisen hatte.

Die folgende Aufstellung bilanziert diese gegenläufigen Prozesse innerhalb der Stadt.

Branchenstruktur des Handwerks 1955, 1980 und 1990 (abs. und in %):*

	1955		1980		1990	
Bau- und Ausbau	390	(18,6)	378	(22,0)	368	(21,1)
Metall	452	(21,5)	611	(35,5)	645	(37,0)
Holz	158	(7,5)	101	(5,9)	105	(6,0)
Bekleidung, Textil, Leder	559	(26,6)	135	(7,6)	124	(7,1)
Nahrungsmittel	255	(12,1)	159	(9,2)	137	(7,9)
Gesundheit, Körperpflege, Reinigung	213	(10,1)	271	(15,8)	288	(16,5)
Sonstiges	73	(3,5)	62	(3,6)	75	(4,3)
Gesamt	2 100	(100)	1 719	(100)	1 742	(100)

Quelle 1664: Jahreswirtschaftsbericht 1990, S. 45

* Zahlen beziehen sich 1955 auf das frühere Stadtgebiet, deshalb absolut nicht mit 1980 und 1990 vergleichbar.

Öffentliche Einrichtungen und Universität

So bedeutsam im einzelnen auch Industrie und Handwerk für die wirtschaftlichen Aktivitäten sein mochten, sehr viel wichtiger für das Sozialprofil der Stadt waren und sind die Bereiche Handel und Verkehr sowie öffentliche und private Dienste. Münsters Position als Oberzentrum für das gesamte Münsterland, zugleich Knotenpunkt der Verkehrsströme zwischen dem Ruhrgebiet und den norddeutschen Hansestädten, den Niederlanden und den ostwestfälischen Gewerbezentren, hat sich seit dem Zweiten Weltkrieg – unbeschadet der Befürchtungen in den Nachkriegsjahren – weiter verstärkt. Obgleich die Stadt den politischen Status einer „Provinzialhauptstadt" verloren hat, blieben ihr die wesentlichen administrativen Funktionen erhalten. Sie sind hier im einzelnen nicht aufzuführen, da auf sie in anderen Beiträgen genauer eingegangen wird. Doch auch für die wirtschaftshistorische Analyse haben sie ihr besonderes Gewicht, da ihnen im Fall Münsters gleichsam die Rolle eines Leitsektors zukam. 1969 vereinigten allein Gebietskörperschaften und Sozialversicherung annähernd ein Viertel (absolut 24 633) aller Arbeitsplätze auf sich – d. h. ohne Berücksichtigung der Bildungseinrichtungen –, und 1987 wiesen die Daten der Volks- und Berufszählung für den Gesamtbereich der öffentlichen Dienstleistungen nicht weniger als 43 522 der 143 617 Arbeitsplätze aus; das entsprach einem Anteil von 30,3 Prozent. Dank der insgesamt höheren Einkommen im öffentlichen Sektor erwirtschafteten die dort Bediensteten 1969 Einkommen von 373 Millionen DM, was mit 37 Prozent der gesamten Lohn- und Gehaltssumme sogar noch deutlich über der entsprechenden Arbeitsplatzquote lag. Die besondere Struktur der privaten Dienstleistungen, etwa die Vielfalt des gastronomischen Angebots, die Differenziertheit des Handels, die Fülle der Finanzinstitute, aber auch die Breite der Reparatur- und Ausbauhandwerke wären ohne die geballte Nachfrage dieser Transfereinkommen und die besonderen Bedürfnisse eines landesweit untypischen Sozialprofils der Beschäftigten schwerlich vorstellbar gewesen. Diese sozialstrukturellen Besonderheiten zeigten sich nicht zuletzt auch in der überdurchschnittlichen Quote von Einwohnern mit Hoch- bzw. Fachhochschulabschluß, die 1987 mit 18,5 Prozent (zusammen mit Bonn) bei weitem an der Spitze des Landes lag und das Niveau der kreisfreien Städte Nordrhein-Westfalens (9,5 Prozent) um annähernd das Doppelte überschritt.

Die Stadt war nach der Universität der größte öffentliche Arbeitgeber mit 4076 Beschäftigten 1975 (ohne Stadtwerke) und 4121 im Jahr 1987. Auffällig ist freilich die Stagnation in den achtziger Jahren – völlig trendwidrig im Vergleich zur Entwicklung der privaten Dienste –, die einerseits als Folge der Probleme der städtischen Finanzen, andererseits als Ergebnis des Automatisierungsschubs und der damit einhergehenden Arbeitsplatzeinsparungen zu deuten ist. Die wirtschaftliche Bedeutung der Verwaltung läßt sich freilich nur zum kleineren Teil über ihre Arbeitgeberrolle erfassen. Bedeutsamer waren die Rolle als Investor und als Institution der Wirtschaftsförderung, deren unentbehrliche Maßnahmen von der Entwicklungsplanung über die Flächenbereitstellung bis hin zur bereits erwähnten Hilfestellung bei der Unternehmensansiedlung reichten. Dabei war der Verweis auf die Nähe zur Vielfalt öffentlicher Einrichtungen – von den Landesbehörden über zentrale Bundeseinrichtungen bis hin zu den Bildungs- und Kultureinrichtungen – seit Jahrzehnten ein bedeutsames Standortargument, welches seit den achtziger Jahren gezielt als Instrument einer „weichen“ kommunalen Wirtschaftspolitik eingesetzt wird.

Die Universität war für die Stadt und ihre Bürger stets mehr als eine öffentliche Einrichtung unter anderen, vielmehr, neben der früheren Provinzialbehörde und der Bezirksregierung, ein konstitutiver Teil des eigenen Selbstverständnisses, und dies auch in einem praktisch-materiellen Sinn. Was diese Institution, von ihrer kulturell-gesellschaftlichen Ausstrahlung einmal abgesehen, ökonomisch für die Stadt bedeutete, läßt sich aus einigen Indikatoren ablesen. 1633 Stellen wies der Universitätshaushalt im Jahr 1951 aus, vom Professor bis zum Hausmeister, 6965 waren es dreißig Jahre später, womit die Universität längst zum größten Arbeitgeber der Stadt geworden war. Gerade 628 900 Reichsmark umfaßten die Personalkosten im Jahr der Währungsreform, 7,5 Millionen DM dann 1951, 24,8 Millionen DM 1960 und mehr als das Zehnfache (299,5 Mio. DM) 1980. Weniger dramatisch verliefen die Steigerungsraten bei den Sachaufwendungen für Lehre und Forschung – für Bücher, medizinische Instrumente, Lehrsammlungen, Geräte für die Naturwissenschaftler. Der Finanzaufwand erhöhte sich von bescheidenen 180 000 Reichsmark 1948 auf 15,6 Millionen DM 1980, die Bauinvestitionen mit ihrer Multiplikatorwirkung auf Bauwirtschaft und Zulieferindustrie der gesamten Region erreichten allein für die Neuerrichtung des Klinikums nach den Planungen des Jahres 1971 annähernd eine Milliarde DM. Für Vermieter, Einzelhandelsgeschäfte, Büchereien, Gasthäuser und Kinos mochte indes der wirtschaftliche Nutzen steigender Studentenzahlen noch augenfälliger sein als die Großprojekte der siebziger Jahre. Der Anstieg von 2688 Immatrikulierten im ersten Nachkriegsjahr – das war die Hälfte von 1930 – über 6224 (1960) und 31 613 (1979) auf schließlich 44 511 im Wintersemester 1990/91 bedeutete zwar gewaltige Folgekosten für die Erweiterung der städtischen und universitären Infrastruktur, brachte aber auf der anderen Seite einen Zustrom von Kaufkraft, ohne den viele Einrichtungen nicht hätten existieren können. Zwar haben nur etwa zwei Drittel der Studierenden ihren Semesterwohnsitz innerhalb der Stadt (27 963 im Jahr 1990), doch auch das letzte Drittel entfaltet in vielfältiger Weise Nachfrage nach Gütern und Diensten, so daß ein Minimum von 300 Millionen DM je Jahr studentischer Kaufkraft innerhalb der Stadt geschätzt werden konnte – immerhin mehr als die Hälfte der gesamten Lohn- und Gehaltssumme, die im verarbeitenden Gewerbe Münsters 1987 ausgezahlt wurde.

Handel, Banken, Versicherungen

Wenden wir uns zum Abschluß unserer wirtschaftlichen Bilanz zwei Bereichen zu, die beide noch vor dreißig Jahren vorrangig produktionsnahe Dienstleistungen bereitstellten, danach jedoch ihre Tätigkeiten mehr und mehr am Endverbraucher orientierten: dem Handel, hier vorrangig dem Großhandel, sowie den Banken und Versicherungen. Das engere Münsterland, d. h. die Stadt und die neuerdings das Stadtgebiet direkt berührenden Kreise Steinfurt, Coesfeld und Warendorf, zählten seit den fünfziger Jahren nicht zuletzt als Folge der Massenmotorisierung zum selbstverständlichen Einzugsbereich des münsterischen Handels und der verbrauchernahen Dienstleistungsangebote. Weniger als in anderen Städten setzte sich dabei der Trend zu den großen Verbrauchermärkten am Stadtrand durch, wenngleich mit den

Niederlassungen von „Ratio" am Albersloher Weg oder des HIT-Verbrauchermarkts an der Geringhoffstraße auch innerhalb des Stadtgebietes erste Ansätze für eine Trendwende sichtbar wurden. Die Großmärkte im Umland, etwa in Nordwalde oder Greven, stellten den Standort Münster, vor allem die Funktion der Altstadt als „regionalem Basar", nicht ernsthaft in Frage. Analysen des städtischen Amtes für Wirtschaftsförderung formulierten zwar Besorgnis wegen der Folgen der Stadt-Umland-Wanderungen, die „umfangreiche Austausche von ins Umland abgewanderten Bevölkerungsschichten gegen zugewanderte kaufkraftärmere Schichten (z. B. Studenten)" bewirken würden, eine grundlegende Gefährdung des Handels oder einen Anlaß für eine Veränderung der städtischen Genehmigungspraxis sah das Amt jedoch auch im Jahr 1982 nicht.

Noch weniger galt dies für die stabile Position der Stadt als Standort des weit über die engere münsterländische Region hinausgreifenden Großhandels. Nicht zuletzt dem Hafen war es zu verdanken, daß die historisch gewachsene Position der Handelsstadt im 20. Jahrhundert erneut gestärkt werden konnte, da dort Speditionen und Lagerhausgesellschaften die notwendige Infrastruktur vorfanden und einen engen geschäftlichen Verbund mit Großhandelsunternehmen eingingen. „Rhenus" ist etwa für die fünfziger Jahre zu nennen oder die alteingesessene Reederei und Spedition Lehnkering und der Spediteur August Peters, die seinerzeit die Standortvorzüge nutzten. Insgesamt überwogen 1961 unter den zumeist mittelständischen Großhan-

Dortmund-Ems-Kanal und Hafen mit den Silos der WCG

delsfirmen die Bereiche Getränke und Lebensmittel sowie Elektrotechnik, Eisen- und Metallwaren, auf die zusammen 294 der 609 Betriebe entfielen (1970: 497 Betriebe mit 7800 Beschäftigten). Insgesamt betrug der Umsatz in dieser „goldenen" Zeit des schnell ansteigenden Konsums 1,15 Milliarde DM, womit Münster unter den mittleren Großstädten des Landes einen hervorgehobenen Platz einnahm (vor Aachen, Bielefeld, Krefeld und Gelsenkirchen) und, bezogen auf den Umsatz je Einwohner, sogar zur Spitzengruppe zählte. Freilich war trotz dieser Erfolge bis in die siebziger Jahre hinein – allein zwischen 1968 und 1976 ging der Großhandelsumsatz sprunghaft von 2,78 auf 7,4 Milliarden DM in die Höhe – unübersehbar, daß die vorherrschende kleinbetriebliche Struktur künftig erheblichem Veränderungsdruck ausgesetzt sein würde. Der Rückgang der Unternehmen in den sechziger Jahren war hierfür ein nachdrückliches Signal.

Münster war und ist nicht nur ausweislich der Beschäftigungsstatistik ein wichtiges Zentrum für Banken. 104 Bank- und Sparkassenstellen gab es in den achtziger Jahren im Stadtgebiet, wovon allein 48 Institute Filialen der Stadtsparkasse waren und 17 auf die Volksbank Münster entfielen. Die Expansion des Filialnetzes nach dem Zweiten Weltkrieg spiegelt dabei in herausragender Weise nicht nur den Einstieg in die bankmäßige Betreuung des „Kleinkunden", sondern war Voraussetzung und Folge des wirtschaftlichen Wiederaufstiegs der Stadt gleichermaßen.

Entwicklung der Geschäftsstellen ausgewählter Kreditinstitute in Münster (Stadtgebiet von 1980):

Jahr	Stadtsparkasse	Volksbank	Deutsche Bank	Dresdner Bank
1932	6	5	1	1
1950	10	5	1	1
1960	19	6	1	1
1970	43	14	6	4
1983	48	17	9	4

Quelle 1765: Heineberg/de Lange, Cityentwicklung, S. 257

Die Stadtsparkasse war und blieb in den vergangenen Jahrzehnten vorrangig dem kundennahen Kleinkreditgeschäft verpflichtet, hat gleichwohl ihre Aktivitäten weithin differenziert und strukturell erweitert. Den nachhaltigsten institutionellen Einschnitt bedeutete der Zusammenschluß von Stadt- und Kreissparkasse Münster im Jahr 1975, womit mehr als eine bloße Addition von Mitarbeitern und Einlagen, vielmehr ein großer Schub für die Ausweitung der Dienste erfolgte. Die Bilanzsumme des vereinigten Instituts belief sich zu diesem Zeitpunkt auf 2,2 Milliarden DM, die Zahl der Beschäftigten auf 920. 15 Jahre später war die Bilanzsumme auf 5,24 Milliarden DM, die Zahl der Mitarbeiter auf 1184, das Volumen der langfristigen Darlehen – vorrangig Hypothekendarlehen – gleichzeitig von 900 Millionen auf 2,14 Milliarden DM angestiegen. Diese Expansion des Sparkassengeschäfts entwickelte sich vor dem Hintergrund verschärfter Konkurrenz innerhalb des Bankensektors, da die

Niederlassungen der privaten Großbanken über die Kreditvergabe an Wirtschaftsunternehmen hinaus seit den siebziger Jahren in wachsendem Maße auch das Kreditgeschäft mit dem einzelnen Bürger, einschließlich des Baudarlehensgeschäfts, entdeckt hatten.

Eine andere Orientierung wies demgegenüber traditionell die Volksbank Münster auf, obgleich auch hier die Erweiterung der Kreditgeschäfte über die eigentliche Zielgruppe – Handwerk und Kleingewerbe – hinaus längst deutlich wurde. In der Geschäftspolitik blieb die genossenschaftlich organisierte Volksbank dennoch vorrangig das finanzielle Selbsthilfeinstrument des Mittelstandes, der vor allem in der Periode des Wiederaufbaus angesichts des fehlenden Zugangs zum Kapitalmarkt der gezielten finanziellen „Hilfe zur Selbsthilfe" bedurfte. Wenngleich in den Dimensionen mit den anderen Bankinstituten nicht vergleichbar, ist die zahlenmäßige Entwicklung der zumeist mittelständischen Mitglieder (1948: 1102; 1970: 3003), der Geschäftsguthaben (83 000 DM auf 1,615 Mio. DM) und der Bilanzsumme (1,339 auf 75,249 Mio. DM) ein getreuer Spiegel der wirtschaftlichen Entwicklung Münsters in der Zeitspanne des Wieder- und Neuaufbaus.

Den eigentlichen Zentralitätsausweis im Banken- und Versicherungsbereich bildete freilich weniger die jeweilige Dichte von Filialnetzen als vielmehr die Präsenz von überörtlich bedeutsamen Hauptverwaltungen. Münster hat dabei in diesen Dienstleistungsbereichen vor allem aus seiner politisch-administrativen Rolle als Provinzialhauptstadt Gewinn ziehen können. Vor dem Zweiten Weltkrieg bereits hatten die der Provinzialverwaltung zugeordneten Institute – die Landesversicherungsanstalt Westfalen, die Provinzial-Lebensversicherung und die Westfälische Provinzial-Feuersozietät – ihre „Hauptquartiere" in der Stadt, ebenso die seit 1935 in der gemeinsamen Trägerschaft von Provinzialverband und Sparkassen- und Giroverband befindliche „Landesbank und Sparkassenzentrale für Westfalen".

Alle diese Institute mit ihrer jeweils in das 18. und 19. Jahrhundert zurückreichenden, staatlich bestimmten Aufgabenstellung der kollektiven Risikoabsicherung bzw. der Förderung der Wirtschaft im Sinne der „Kulturverbesserungen" und der finanziellen Sicherung „außerordentlicher Bedürfnisse" – so der Satzungsauftrag der Provinzial-Hilfskasse aus dem Jahr 1818 – konnten nach dem Zweiten Weltkrieg ihre zentrale Position in Münster erhalten. Die Landesversicherungsanstalt als wichtigste Versicherungsinstitution wies zu Beginn der achtziger Jahre etwa 2000 Angestellte auf, die zweite Position nahm die aus der ehemaligen Provinzialverwaltung hervorgegangene Westfälische Provinzialversicherung (1500 Beschäftigte) ein, gefolgt von der LVM-Versicherung mit 1260 Beschäftigten und ebenfalls „oberzentraler Bedeutung" [1765: Heineberg/de Lange, Cityentwicklung, S. 256]. Die Landesbank für Westfalen (Girozentrale) schließlich – so der Name nach der Fusion von Westfälischer Landesbank und „Landesbank und Sparkassenzentrale" im Jahr 1943 – bildete als das zentrale Bankinstitut für alle westfälischen Sparkassen das Rückgrat für große Teile des Einlagen- und Kreditgeschäfts. Seit 1955 in gemischter staatlich-kommunaler Verantwortung – durch Eintritt des Landes in die Trägerschaft des Instituts – konnte die Bank über ihre früheren regionalen Beschränkungen und klassischen Arbeitsfelder hinaus verstärkt im Bereich des Industriekredits, im Wertpapier- sowie im Auslandsgeschäft tätig werden. Hinzu kamen wichtige, treuhänderisch für das Land

Der Neubau der Westdeutschen Landesbank/Landesbausparkasse auf dem Gelände des alten Zoos – Anfang der siebziger Jahre von den Münsteranern auch als „Schloß Poullain" bezeichnet

wahrgenommene Aufgaben, etwa auf dem Feld der Wohnungsbauförderung und der regionalen Strukturpolitik, so daß die Bank zum Zeitpunkt des Zusammenschlusses mit der Rheinischen Landesbank zur Westdeutschen Landesbank Girozentrale (WestLB) im Jahr 1969 längst das Profil einer mit den privaten Großbanken konkurrierenden Geschäftsbank gewonnen hatte. Das Umsatzvolumen als Ausweis der Gesamtaktivitäten hatte sich zwischen 1955 und 1968 auf das Siebenfache, von 41,5 auf 310 Milliarden DM erhöht, so daß das westfälische Institut Ende der sechziger Jahre mit einem Beschäftigtenstand von 2443 – gegenüber 941 (1955) – zu den großen Banken der Bundesrepublik zählte. Und auch über 1969 hinaus blieb Münster, nicht zuletzt wegen der Verbundenheit des neuen Vorsitzenden Ludwig Poullain mit der Stadt, der zweite Hauptsitz der Bank mit den damit einhergehenden oberzentralen Aufgaben. Münster zählte somit auch zwanzig Jahre später (1990) zu den wichtigen Adressen der deutschen Bankenwelt, zumindest im Bereich der öffentlichen Institute.

Wirtschaftliche Bilanz und materielle Lebenslage

Die wirtschaftliche Bilanz Münsters für die beiden Jahrzehnte des Wieder- und Neubaus, aber auch zeitlich darüber hinaus, stellt sich insgesamt positiv dar. Die wirtschaftsstrukturellen Besonderheiten der Stadt, dies wurde deutlich, bedeuteten mehr Vorzug denn Schwäche, dämpften die für Industrieregionen ausgeprägten konjunkturellen Zyklen und kräftigten die historisch gewachsene Position eines weit in das nördliche Westfalen ausgreifenden Zentrums. Sicher waren für diese insgesamt glücklichen Umstände dieses etwa 25 Jahre dauernden Aufschwungs die günstigen gesamtwirtschaftlichen Bedingungen ebenso maßgebend wie die politischen Festlegungen, den Status der Stadt als Sitz einer Vielzahl von Verwaltungen und Bildungseinrichtungen erneut zu befestigen. Auf diese Weise erfolgte auch eine Sogwirkung auf Wirtschaftsverbände und andere Institutionen, die zu einer kumulativen Verstärkung der zentralörtlichen Funktionen führte, welche Münster zum wichtigsten Entscheidungszentrum und „Schreibtisch" innerhalb des westfälischen Landesteils werden ließen. Hierzu bedurfte es freilich auch der aktiven Mitgestaltung der städtischen Instanzen, die durch städtebauliche und infrastrukturelle Weichenstellungen die Wieder- und Neugestaltung der Stadt planerisch und materiell absicherten und vorantrieben. Die damit einhergehende Standortqualität erlaubte es der Stadt, den gesellschaftlichen und wirtschaftlichen Kontrapunkt zu den Industriestädten im Ruhrgebiet zu bilden und erneut zum unbestrittenen Zentrum einer Region zu werden, die über die engeren Grenzen des Münsterlandes hinausreichte.

Die materielle Lebenslage der Menschen wurde in den fünfziger und sechziger Jahren durch die Erfahrungen scheinbar ungebrochenen wirtschaftlichen Wachstums bestimmt. Die Verdoppelung der preisbereinigten Lohn- und Gehaltseinkommen in den fünfziger Jahren sowie ihre Verdreifachung bis zum Ende der sechziger Jahre, die überdurchschnittliche Zurückbildung der Arbeitslosigkeit und die Erfahrung von Vollbeschäftigung seit dem Ende der fünfziger Jahre ermöglichten eine „Demokratisierung" von Konsum und Lebenschancen, an der erstmals in der deutschen Geschichte auch die Masse der „kleinen Leute" Anteil hatte. Der schnell wachsende Bestand an preiswerten Sozialwohnungen gab auch der Mehrzahl der Arbeiter, die 1950 immerhin noch 42 Prozent der Bevölkerung repräsentierten, die Möglichkeit, die Kleinst- oder Notwohnung mit einer 60-Quadratmeter-Wohnung zu tauschen. Der Kauf eines Fernsehgerätes und die erste Urlaubsreise nach Italien waren auch für die materiell bessergestellten Beamten Ausdruck einer neuen Lebensqualität, die man in den dreißiger und vierziger Jahren nicht gekannt hatte. Eine Momentaufnahme der Einkommensschichtung aus dem Jahr 1955 bestätigt das Vorherrschen „mittlerer" Lebenslagen innerhalb der Stadt, macht freilich bei aller Aufwärtsentwicklung auch deutlich, daß der Lebenszuschnitt der überwiegenden Mehrheit zehn Jahre nach Kriegsende noch sehr bescheiden war.

Der durchschnittliche männliche Facharbeiter verdiente in Nordrhein-Westfalen 1955 110 DM in der Woche, also etwa 450 DM monatlich, die Angestellten je Monat (1957) 656 DM, so daß die Arbeitnehmer in Münster insgesamt wohl über dem Landesdurchschnitt lagen. Statistisch ergab das im selben Stichjahr 1957 ein Nettoeinkommen der Arbeitnehmerhaushalte (einschließlich des Verdienstes von Ehefrauen) von 618 DM, das zu 45 Prozent für Nahrungs- und Genußmittel ausgegeben wurde, zu 12,7 Prozent für Wohnen, aber auch zu 7,4 Prozent für Erholung und Unterhaltung. Zwanzig Jahre später (1977) konnte dieser Durchschnittshaushalt über 2455 DM verfügen, die er dann nur noch zu 30,8 Prozent für Nahrungs- und Genußmittel ausgab, allerdings zu 21,5 Prozent für Wohnzwecke. Deutlich vergrößerte sich der dispositionelle Anteil des Einkommens (Reisen, Sparen), so daß diese Gegenüberstellung einen groben Eindruck von der „Konsumrevolution" vermittelt, die in diesem

Zeitraum eine zentrale und von den meisten gewollte Lebenserfahrung darstellte. Was aus der Sicht der neunziger Jahre womöglich kritisch gesehen wird – die Verfügung über Güter als zentrales Symbol von Lebensqualität –, war in den sechziger Jahren der Zustimmung der Menschen gewiß.

Einkommensschichtung in Münster 1954/55:

Monatliches Einkommen (in DM)	Einkommensteuer-pflichtige 1954		Lohnsteuer-pflichtige 1954	
	abs.	in %	abs.	in %
bis 400	2 585	33,9	18 035	45,5
400–700	1 733	22,8	15 201	38,2
700–1000	1 284	16,9	4 241	10,6
über 1000	2 013	26,4	2 258	5,7
Gesamt	7 615	100,0	39 735	100,0

Quelle 1790: Kühne-Büning, Existenzgrundlagen, S. 55

So galt es für die Betroffenen als Erfolgsausweis, individuell und kollektiv, wenn von den für Münster gesellschaftlich charakteristischen Beamtenhaushalten im Jahr 1962 40,2 Prozent über ein Auto verfügten (Arbeiter: 22 Prozent), 39,8 Prozent über ein Fernsehgerät (Arbeiter: 41,1 Prozent), 22,9 Prozent über eine elektrische Küchenmaschine (Arbeiter: 11 Prozent), 73,5 Prozent über einen Kühlschrank (Arbeiter: 53,7 Prozent) oder 20,4 Prozent über ein Telefon (Arbeiter: 2,2 Prozent). Tatsächlich handelte es sich dabei um das Nachholen von materiellen Lebenschancen, die die vom Krieg weniger betroffenen Gesellschaften, etwa in den USA, bereits eine Generation vorher hatten verwirklichen können.

4. Umbruch und Wandel seit den siebziger Jahren

Seit Mitte der sechziger Jahre begann ein Prozeß der Veränderung gesellschaftlicher Einstellungen und Werte, der die bundesdeutsche Gesellschaft innerhalb eines Jahrzehnts in ihren sozialen Normen und Verhaltensweisen endgültig in Gleichklang mit den anderen entwickelten westlichen Industrieländern brachte. Freilich zielten Hoffnungen und Kritik eines Teils der akademischen Jugend sehr viel weiter, der die Institutionen einer Gesellschaft in Frage zu stellen begann, die nicht nur von ihm als drückend und restaurativ empfunden wurde. Vor allem in Universitätsstädten wie Heidelberg oder Münster kumulierten Protest und sozialkritische Rhetorik, zumal hier das Widerlager einer zumeist konservativ empfindenden Arbeiterschaft wie etwa in Dortmund oder Bochum fehlte. Das meiste blieb am Ende im Unverbindlichen stecken, und ungewollt beförderten radikale Kritiker die Modernisierung einer Gesellschaft, in der die soziale Realität immer stärker in Widerspruch zum tradierten Selbstverständnis von Politik und Moral der Ära Adenauer geraten war. Verbesserung des Bildungswesens, Veränderung des Verhältnisses der Geschlechter zueinan-

Bundeskanzler Willy Brandt wird von Oberbürgermeister Beckel im Friedenssaal empfangen (1970)

der, bürgernähere Verwaltungen und die Demokratisierung von Politik wären vermutlich nicht so intensiv befördert worden, hätte es die prinzipielle Herausforderung der Gesellschaft durch ihre Kritiker nicht gegeben.

Was sich im Vergleich zu den spektakulären Inszenierungen einer „Gesellschaft im Aufbruch" (Hermann Korte) eher verhalten und von vielen unbemerkt vollzog, war freilich für die materielle Lebenslage der Menschen, zumindest auf kürzere Sicht, von noch größerer Bedeutung. Wirtschafts-, Finanz- und Sozialpolitik veränderten sich in Stil, Anspruch und Inhalt, erlebten in der Bundesrepublik seit 1966 einen Reformschub, der in seinen Ausmaßen eine Umgründung der Republik bedeutete. Ausgelöst von der ersten Rezessionserfahrung von 1966/67 kam es zunächst in der Ära der „Großen Koalition" – die selbst ein Ergebnis dieser Krise war –, dann in den ersten Jahren der sozialliberalen Koalition zu tiefgreifenden, auch grundgesetzändernden Maßnahmen mit dem Ziel, als föderaler Staat den neuen gesellschaftlichen und wirtschaftlichen Herausforderungen gewachsen zu sein. An die Stelle einer vor allem reaktiven Sozialpolitik trat durch die Reform der Renten- und Krankenversicherung, die Einführung von Arbeitsförderungsgesetz und Wohnraumkündigungsgesetz, um nur einige Gesetze aus den Jahren 1969 bis 1972 zu nennen, ein umfassender Anspruch auf sozialpolitische Leistungen, wofür nicht zuletzt die Kommunen – ähnlich wie beim Sozialhilfegesetz von 1961 – gefordert waren. Zum massiven Ausbau des „sozialen Netzes" kam eine veränderte Konzeption von Wirtschafts- und Finanzpolitik mit dem Ziel der verbesserten Steuerung und föderalen Abstimmung der Konjunktur- und Strukturpolitik. In diese neue Form der Verflechtung von Bund und Ländern über Gemeinschaftsaufgaben sowie über die Finanzhilfen des Bundes zum Ausgleich der Lebenschancen waren die Städte als die weitaus bedeutendsten öffentlichen Investoren direkt einbezogen. Und schließlich erfolgte durch das Finanzreformgesetz von 1969 eine Neuverteilung der Finanzen zugunsten der Städte und Gemeinden, dessen Folgen für Münster noch zu überprüfen sind.

Diese Reformära kam freilich bereits nach acht Jahren, 1974, nachhaltig ins Stokken. Die vom Geist des Keynesianismus geprägten Versuche, wirtschaftliches Wachstum und sozialpolitische Expansion gleichsam mit staatlicher Garantie ausstatten zu wollen, erwiesen sich angesichts der weltweiten Krise als Illusion. Was zudem als einmaliger wirtschaftlicher Einbruch als Folge des ersten Ölpreisschocks interpretiert wurde, war der Auftakt für eine zehn Jahre währende strukturelle Krise, die zu verringerten Wachstumsraten, schwierigen wirtschaftlichen Umformungsprozessen und zu einem dauerhaften Schrumpfen der Zahl der Arbeitsplätze im produzierenden Sektor führte. Aus der Sicht der neunziger Jahre markiert das Jahr 1975 den Beginn einer Wachstums- und Umbruchkrise in allen westlichen Industrieländern, die ihre Fortsetzung und Vertiefung in der dann folgenden Weltwirtschaftskrise von 1980/82 erfuhr. Die daraus resultierende Diskussion um die Grenzen der Sozialpolitik, das Infragestellen staatlicher Legitimation und die Bürokratiekritik waren Ausdruck eines damit einhergehenden Empfindens, sich vor dem Zwang zur erneuten grundlegenden Umgestaltung öffentlicher Aufgaben und der staatlichen und kommunalen Finanzpolitik zu befinden. Arbeitslosigkeit in einer Höhe, wie sie seit den dreißiger Jahren unbekannt gewesen war, die strukturelle Schwäche der öffentlichen Budgets, die unbewältigten Folgen des Gastarbeiterstroms der sechziger und frühen siebziger Jahre – sie vereinigten sich zu einer brisanten Mischung, die politische Unrast, die Vorstellung vom nunmehr erreichten „Ende der Fahnenstange" sowie die Angst vor dem Zuzug von Fremden gleichermaßen beinhaltete und erst im Verlauf der achtziger Jahre allmählich ihre Schärfe verlor.

Städtische Finanzen und Handlungsspielräume

Das wirtschaftliche Geschick Münsters, wie das aller Städte als den „schwächsten Gliedern" im bundesstaatlichen Verbund, war mit diesen dramatischen Veränderungen der politisch-gesellschaftlichen sowie der weltwirtschaftlichen Rahmenbedingungen aufs engste verknüpft. Die Städte waren in den siebziger und achtziger Jahren Labors gesellschaftlicher Konflikte, in denen besonders deutlich die Folgen verringerter finanzieller Handlungsspielräume sichtbar wurden. Die damit für Münster einhergehenden Probleme, die Versuche, als Stadt handlungsfähig zu bleiben, und die Entwicklung der städtischen Finanzen sollen im folgenden übersichtsartig skizziert werden.

Die Haushaltspolitik vor dem Umbruch in den siebziger Jahren, im Zeitraum der „langen fünfziger Jahre", war generell und auch im Fall Münsters von zwei gegenläufigen Tendenzen bestimmt: Einerseits stiegen die Ausgaben der Gemeinden im Jahresdurchschnitt der fünfziger und sechziger Jahre (1951/66: 12,3 Prozent) deutlich schneller an als die Ausgaben von Bund und Land, andererseits blieben die verfügbaren Einnahmen – vor allem die Steuern – zurück. In Münster stieg das Ausgabevolumen von ordentlichem und außerordentlichem Haushalt von 42,7 Millionen DM im ersten Jahr nach der Währungsreform auf 193,8 Millionen DM (1965) und schließlich 427,4 Millionen DM (1974). Über 25 Jahre hinweg hat sich das Volumen damit, bei einer durchschnittlichen Steigerungsrate von 10,4 Prozent, verzehnfacht, in den folgenden 15 Jahren seit der Vergrößerung der Stadt durch die kommunale Neugliederung hingegen nur noch knapp verdoppelt, von 533,6 auf 996 Millionen DM; das entsprach einer Zuwachsrate von jährlich 4,5 Prozent. Bei Korrektur um Durchlauf- und Verrechnungspositionen beliefen sich die bereinigten städtischen Ausgaben auf 407 Millionen (1975) bzw. 802 Millionen DM (1990), was allerdings an der Trendwende bei der Ausgabenexpansion in diesen 15 Jahren nichts ändert.

Die über die Jahrzehnte hinweg eindrucksvolle Bilanz der Ausgaben sagt indes wenig über deren Finanzierung aus. Der Anteil der Gemeinden am Steueraufkommen insgesamt sank bis Ende der fünfziger Jahre von annähernd 13 auf 11 Prozent, die Steuerfinanzierungsquote bei den ordentlichen Ausgaben der Städte nahm tendenziell ab, womit diese mehr und mehr zu Kostgängern der staatlichen Ebene wurden. Eine Momentaufnahme bestätigt nachdrücklich die für Münster vorhandenen Probleme: Im Jahr 1956 konnten gerade 36,9 Prozent der ordentlichen Ausgaben durch Steuern gedeckt werden, und 1968 galt eine ähnliche Größenordnung. Der relative Bedeutungsschwund der Steuern und damit die Einengung selbstverantworteter Ausgaben war vorrangig auf die unterschiedliche Einnahmedynamik der Steuern zurückzuführen, vor allem zwischen den den Städten vorbehaltenen Realsteuern und den schneller wachsenden Personalsteuern. Strukturell erhielt zudem die Gewerbesteuer ein problematisches Gewicht gegenüber der zweiten steuerlichen Einnahmequelle, der Grundsteuer, was nicht nur die Abhängigkeit von wenigen großen Gewerbesteuerzahlern vergrößerte, sondern auch die finanzielle Ausstattung der einzelnen Städte sehr unterschiedlich gestaltete. Das Gewerbesteueraufkommen erhöhte sich in Münster in der Rekonstruktionsphase zwischen 1950 und 1968 kräftig von 4,56 auf 51,6 Millionen DM, während die Grundsteuer wegen der politisch gewollten niedrigen Tarife nur von 3,8 auf 8,7 Millionen DM stieg. Angesichts eines sehr niedrigen Ausgangsniveaus, vor allem aber wegen der schmalen Basis gewerbesteuerpflichtiger Unternehmen, blieb die Steuerkraft im Vergleich zu breiter differenzierten Industriestädten gleichwohl unterdurchschnittlich. In einer Stellungnahme an den Regierungspräsidenten vom 4. August 1965 beklagte Oberstadtdirektor Austermann zu Recht, daß die Steuerkraft Münsters unter den 38 kreisfreien Städten des Landes nur den 34. Rang einnähme. Er leitete daraus die Forderung ab, Münster zum Förderungsgebiet innerhalb des damaligen Landesentwicklungsprogramms zu erklären, freilich ohne Erfolg.

Zwei Gründe haben die Steuerkraft der Stadt im Lauf der vergangenen zwei Jahrzehnte positiv verändert, so daß sich der seinerzeitige Pessimismus zumindest in der Perspektive der achtziger Jahre als hinfällig erwies. Münster zog zum einen in besonderer Weise Nutzen aus der großen Gemeindefinanzreform von 1969, zum anderen konnte die Stadt dank der Eingemeindungen von 1975 sowie der im Vergleich zu der Mehrzahl der übrigen Städte Nordrhein-Westfalens besonders erfolgreichen Unternehmensentwicklung in den achtziger Jahren ihre Besteuerungsgrundlage nachhaltig verbreitern. Das Kernstück des Gemeindefinanzreformgesetzes von 1969 bildete die Beteiligung der Städte an der Einkommenssteuer mit einem Satz von damals 14 Prozent, während im Gegenzug Bund und Länder am Aufkommen der kommunalen Gewerbesteuer beteiligt wurden. Münster mit seinem vergleichsweise hohen Einkommensniveau hat von dieser Neuverteilung der öffentlichen Ressourcen – der Anteil der Kommunen in der Bundesrepublik an allen öffentlichen Einnahmen erhöhte sich von 23,8 (1970) auf 27,1 Prozent (1981) – überproportional profitieren können. Damit veränderte sich insgesamt nachhaltig die Struktur der städtischen Einnahmen zugunsten der eigenverantworteten Positionen – Steuern, Verwaltungs- und Betriebseinnahmen –, wie die folgende Aufstellung dokumentiert.

Vergleich einzelner Einnahmearten (bereinigt) 1975 gegenüber 1990:

Einnahmeart	1975 Mio. DM	%	1990 Mio. DM	%	Veränderung in %
Verwaltungshaushalt					
Steuern	153,1	39,0	392,2	51,6	156,2
Allgemeine Zuweisungen	64,4	16,4	31,1	4,1	- 51,7
Verwaltung und Betrieb	73,7	18,8	186,8	24,6	153,5
Zuweisungen, Zuschüsse	17,7	4,5	10,5	1,4	- 40,7
Sonstige Finanzeinnahmen	24,1	6,1	56,5	7,5	134,4
Vermögenshaushalt					
Rückflüsse Darlehen	3,9	1,0	1,7	0,2	- 56,4
Veräußerung von Vermögen	9,0	2,3	10,2	1,3	13,3
Beiträge, Entgelte	13,9	3,6	13,4	1,8	- 3,6
Zuweisungen und Zuschüsse für Investitionen	32,6	8,3	57,1	7,5	75,2
Gesamt	392,4	100,0	759,5	100,0	93,6

Quelle 1654: Haushaltsplan 1990, S. 6

Münster, so der damalige Stadtkämmerer Milbradt anläßlich seiner Haushaltsrede zum Haushaltsplan 1990 selbstbewußt, zähle nunmehr „zu den gewerbesteuerstarken Städten in Nordrhein-Westfalen", die Gewerbesteuer sei „in den letzten Jahren zur dominierenden Einnahmequelle geworden", und trotz des für den Kämmerer obligaten Hinweises auf „deutliche Warnlichter", die mit einer hohen Kreditaufnahme verbunden seien [1654: Haushaltsplan 1990, S. 7], war die relative Position Münsters auch in dieser Hinsicht aus der Perspektive anderer Städte beneidenswert. 1989 betrug der Schuldenstand je Einwohner 1284 DM, in den Städten des Ruhrgebietes das Zweifache (2309), in Köln oder Düsseldorf gar das Vierfache und bei allen Kommunen des Landes Nordrhein-Westfalen durchschnittlich 2379 DM, so daß Münster mit der niedrigsten Verschuldung aller kreisfreien Gemeinden zu den wenigen Städten im Land zählte, die noch über Handlungsspielräume für Zukunftsinvestitionen verfügten. Keine der großen Städte Nordrhein-Westfalens konnte zudem in den achtziger Jahren ihre Steuerkraft vergleichbar entwickeln, mit der Folge, daß sich die Stadt 1990, zusammen mit Köln und Düsseldorf, in der Spitzengruppe befand.

Steuerkraftmeßzahlen ausgewählter Städte in DM/Einwohner 1980–1990:*

Stadt	1980	1984	1988	1990	Zunahme in %
Bochum	531,8	747,4	942,9	955,4	79,6
Bielefeld	634,9	892,9	1 179,6	1 284,3	102,3
Dortmund	527,3	751,3	956,6	1 008,5	91,3
Düsseldorf	942,1	1 423,3	1 975,4	2 093,7	122,2
Köln	792,0	1 116,9	1 467,7	1 709,4	115,8
Münster	630,2	991,2	1 250,4	1 406,9	139,1
NRW	548,4	792,0	1 023,8	1 147,6	109,3

Quelle 2699: Städte- und Kreisstatistik Ruhrgebiet, S. 317

* Aufkommen aus Grundsteuer, Gewerbesteuer nach Kapital und Ertrag, Gemeindeanteil an der Einkommensteuer und der auf Grundlage der Gewerbesteuerumlage modifizierten Werte der Gemeinde.

Freilich ergäbe es ein zu rosiges Bild, würden über der Verbesserung der Finanzposition die großen Risiken und Probleme übersehen, die in den vergangenen zwei Jahrzehnten immer wieder zu tiefgreifenden Kurskorrekturen zwangen. Die beiden Wirtschaftskrisen von 1974/75 und 1981/82 führten zu jeweils erheblichen Einbrüchen bei den öffentlichen Einnahmen, so daß die Nettokreditaufnahme – wie auch erneut Ende der achtziger Jahre – deutlich anstieg, wenngleich weniger als in anderen Städten. Bedeutsamer waren indes die Verschiebungen bei den Ausgaben, die in Münster wiederum spiegelbildlich die bundesweit erkennbaren Veränderungen signalisierten. Vor allem der Anteil der Sachinvestitionen ging seit Beginn der achtziger Jahre drastisch zurück, und real lag das städtische Bauvolumen 1990 sogar unter dem Niveau von 1975. Generell läßt sich eine Verschiebung von den investiven zu den konsumtiven Ausgaben erkennen, wobei diese vor allem Sozialhilfeaufwendungen nach dem Bundessozialhilfegesetz bedeuteten. Dahinter stand der strukturelle Anstieg von Langzeitarbeitslosen, aber auch die Zunahme von Pflegebedürftigen sowie von Rand- und Problemgruppen, die auch in Münster diese schwierige Veränderung erzwangen.

Bilanzierend bleibt festzuhalten, daß sich die kommunale Finanzwirtschaft in den vergangenen Jahrzehnten alles in allem problemloser entwickeln konnte als in den meisten anderen Großstädten des Landes. Niedriger Schuldenstand und relativ hohe Steuerkraft waren Ausdruck einer in den achtziger Jahren florierenden Wirtschaft, deren Grundlage das ausgewogene, zukunftsträchtige Verhältnis von öffentlichen und privaten Dienstleistungen, Handel, Kleingewerbe und Industrie darstellte. Die Stadt blieb auf diese Weise ein insgesamt handlungsfähiger Akteur im Bereich der sozialen Dienste und der materiellen Infrastruktur, wenngleich die für alle Kommunen spezifischen Belastungen durch die Explosion der sozialen Hilfen auch in Münster ihre Spuren hinterlassen haben.

Vergleich einzelner Ausgabearten (bereinigt) 1975 und 1990:

Ausgabeart	1975 Mio. DM	%	1990 Mio. DM	%	Veränderung in %
Verwaltungshaushalt					
Personal	138,2	33,9	284,4	31,0	79,7
Sächliche Verwaltungs- und Betriebsausgaben	60,3	14,8	144,8	18,0	140,1
Sozialleistungen	42,6	10,5	139,9	17,4	228,4
Sonstige Zuweisungen	12,5	3,1	33,1	4,1	164,8
Zinsen	18,0	4,4	21,1	2,6	17,2
Umlagen	19,6	4,8	62,2	7,8	217,3
Sonstiges	–	–	2,0	0,3	–
Vermögenshaushalt					
Darlehensvergabe	0,9	0,2	0,6	0,1	– 33,1
Vermögenserwerb	29,4	7,2	36,3	4,5	23,5
Baumaßnahmen	80,9	19,9	104,4	13,0	29,0
Investitionszuschüsse	4,0	1,0	8,9	1,1	122,5
Kreditbeschaffungskosten	0,6	0,2	0,6	0,1	0,0
Gesamt	407,0	100,0	802,3	100,0	97,1

Quelle 1654: Haushaltsplan 1990, S. 4

Die Einengung der Handlungsspielräume drohte freilich seit den siebziger Jahren noch von einer anderen Seite, vom „goldenen Zügel" der Finanzzuweisungen. Beginnend mit den Konjunkturprogrammen des Bundes im Jahr 1967 und intensiviert durch die großen antizyklischen Programme der siebziger Jahre, die sich auf ein finanzielles Gesamtvolumen von 106 Milliarden DM zwischen 1974 und 1981 kumulierten, wurden allein vier spezielle Ausgabenpakete zugunsten der Städte und Gemeinden mit insgesamt 15 Milliarden DM geschnürt – etwa das Programm zur Stärkung von Bau- und anderen Investitionen vom August 1975 oder das Zukunftsinvestitionsprogramm mit seinen städterelevanten Anteilen für den Zeitraum 1977 bis 1981. Die Chance zweckgebundener Projektzuschüsse wurde auch von Münster genutzt, ebenso wie ein Jahrzehnt später die Möglichkeiten der Finanzhilfen für strukturschwache Länder, die allerdings wiederum – als Kehrseite der Medaille – Auflagen des Zuschußgebers, hier des Landes, aufwiesen. Was deshalb bereits 1978 als Kritik des Städtetages formuliert wurde, „daß sich Verschiebungen in der kommunalen Investitionsstruktur" [Der Städtetag 1 (1978), S. 6] losgelöst von den eigentlichen Ausgabeprioritäten der Kommunen ergäben, wurde Ende 1989 in der Haushaltsrede des Stadtkämmerers erneut unterstrichen, als er das „Recht der Gemeinden zur Selbstverwaltung" der Zweckbindung von Zuschüssen mit ihren unkalkulierbaren Folgerisiken gegenüberstellte. Die Bewahrung städtischer Eigenständigkeit, dies ist eine der finanzwirtschaftlichen Lehren der achtziger Jahre, setzt die Kraft von Rat und Verwaltung voraus, dem Vordringen von „Verflechtungstatbeständen" nachhaltig entgegenzutreten. Die Fähigkeit hierzu könnte einer der Prüfsteine für selbstverantwortetes Handeln der Stadt Münster in den neunziger Jahren sein.

Neue Herausforderungen im größeren Münster

Die Zeitspanne seit Mitte der siebziger Jahre – vor allem die achtziger Jahre – brachte mit den wirtschaftlichen Turbulenzen, der Beschleunigung des Strukturwandels, der Veränderung von Standortpotentialen in einem zusammenwachsenden europäischen Markt sowie dem neuen ökologischen Denken Herausforderungen ganz neuer Art, die sich nachhaltig von den Problemen der Rekonstruktionsphase unterschieden. Reaktions- und Innovationsfähigkeit waren gleichermaßen bei der Kommunalpolitik, den Unternehmen und den Verbänden und Kammern gefragt, um gegen die verschärfte Konkurrenz der Regionen bestehen zu können. Einige wirtschaftlich bedeutsame Aspekte dieses Prozesses von Neuorientierung und strategischem Umdenken sollen beispielhaft für die Veränderungen einer „Stadt im Umbruch" abschließend diskutiert werden.

1975 bedeutete für Münster zunächst einen Neuanfang besonderer Art, mit dem sich der Großteil der Kommunen des Landes auseinandersetzen mußte. Am 1. Januar des Jahres hatte sich das Territorium der Stadt als Folge der kommunalen Gebietsre-

Gewerbegebiet an der Mersmannstiege (1977)

form mehr als vervierfacht, von 73,8 auf 302,2 Quadratkilometer, gleichzeitig stieg die Einwohnerzahl durch Eingemeindung der neun Gemeinden St. Mauritz, Handorf, Angelmodde, Wolbeck, Hiltrup, Amelsbüren, Albachten, Roxel und Nienberge von 200 000 auf 265 000. Damit endete eine langjährige, mit viel Emotion geführte Debatte, die die Stadt Münster sechs Jahre früher durch Ratsbeschluß vom 7. Juni 1969 förmlich mit dem Ziel eröffnet hatte, die Gemeinden des Verflechtungsgebietes – gemäß den Kriterien der Landesplanungsgemeinschaft Westfalen – mit der Stadt zu vereinigen. Münster konnte sich mit dem eigenen, ausführlich begründeten Vorschlag gegenüber alternativen Konzepten des Kreises Münsters und der ihn tragenden Gemeinden durchsetzen, die vor allem die Selbständigkeit von Hiltrup (vereinigt mit Amelsbüren) sowie die Schaffung einer neuen Großgemeinde aus Angelmodde, Albersloh und Wolbeck vorsahen.

Innerhalb des neuen Gebietes besaß die Stadt nunmehr im Überfluß, was früher gefehlt hatte: freie Fläche, die sowohl für Wohnbebauung und neue Erholungsgebiete als auch – wie der Gewerbeflächenbericht des Jahres 1987 es im einzelnen dokumentierte – für die Ausweisung von Gewerbeflächen genutzt werden konnte. Dies galt vorrangig für die peripheren Stadtteile, etwa Mecklenbeck und Roxel im Westen oder Hiltrup und Wolbeck im Süden bzw. Südosten sowie Coerde im Norden. Freilich stieß diese gewerbefreundliche Planungspolitik auf wachsende Kritik, so daß die von den Stadtplanern favorisierte Angebotspolitik – „ein breitgefächertes Angebot an attraktiven gewerblichen Bauflächen sollte den Wandel der einseitig auf Dienstleistungen ausgerichteten Wirtschaftsstruktur begünstigen“ – in den achtziger Jahren von der Einsicht begleitet wurde, „daß heute einige Bauflächen [...] als nicht realisierbar einzustufen sind“ [1693: Gewerbeflächenbericht 1987, S. 13]. In dieser Diskussion um „Nutzungskonflikte“ wurde beispielhaft ein tiefergehendes Umdenken bezüglich der wirtschaftlichen Prioritäten in der Stadt deutlich, das sich vorrangig im Ruf nach Berücksichtigung ökologischer Belange konkretisierte. Weiterreichende Ansätze für eine Wende in der innerstädtischen Verkehrspolitik waren eine der kommunalpolitischen Folgen dieser in Münster besonders intensiv geführten Debatte um den Vorrang von Ökologie und Ökonomie, die freilich innerhalb der Wirtschaft auch Sorge und Widerspruch hervorrief. Die Industrie- und Handelskammer griff die Diskussion offensiv mit einer eigenen Aktion „Wirtschaft und Umwelt“ auf und dokumentierte gegenüber der Öffentlichkeit den hohen Anteil der für den Umweltschutz aufgewandten Investitionen (15 Prozent) in den von ihr befragten Unternehmen des Kammerbezirks. Zugleich machte sie deutlich, daß die technische Entwicklung ihrer Meinung nach „die einzige Möglichkeit [sei], die Umwelt zu entlasten und gleichzeitig den wirtschaftlichen Wohlstand und die Beschäftigung zu sichern“ [1658: Jahresbericht 1987, S. 29]. Die Auseinandersetzung zwischen dem ökologiepolitisch besonders engagierten Teil der gesellschaftlichen Gruppen und den Repräsentanten der Wirtschaft entbehrte dabei der für alte Industriegebiete typischen Schärfe, da die tatsächlichen Probleme im Raum Münster geringer waren als etwa im Ruhrgebiet. Die Konflikte entzündeten sich zumeist in der unterschiedlichen Beurteilung des überregionalen Straßenbaus, beispielsweise bezüglich der von Stadtverwaltung und Kammer geforderten Verbesserung der Ost-West-Verbindungen, aber auch in der Frage zusätzlicher Gewerbeflächen. Sie veranlaßten Oberstadtdirektor Pünder und den Wirtschaftsdezernenten Milbradt zu dem mahnenden Hinweis: „was die Stadt für ihre Bürger tun kann, wird zu rund einem Viertel von den Gewerbesteuern finanziert" [1664: Jahreswirtschaftsbericht 1990, S. 4].

Eines der weiteren großen Probleme der achtziger Jahre war innerhalb der Stadt das Auseinanderdriften von zukunftsträchtiger wirtschaftlicher Entwicklung und den Problemen des Arbeitsmarktes. 1973 hatte die Arbeitslosenquote nicht mehr als 0,7 Prozent betragen. 1979 lag sie mit 3,7 Prozent immer noch deutlich unterhalb des Landesdurchschnitts, danach jedoch zeigte sich ein fataler Schereneffekt zu Lasten der Stadt.

Arbeitslosigkeit in Münster und in Nordrhein-Westfalen (in %):

Jahr	Münster	NRW	Jahr	Münster	NRW
1973	0,7	1,3	1982	7,7	8,6
1974	1,9	2,9	1983	9,9	10,6
1975	3,3	4,8	1984	10,5	10,7
1976	3,4	4,9	1985	11,9	11,0
1977	3,7	5,0	1986	12,2	10,9
1978	3,6	5,0	1987	12,2	11,0
1979	3,7	4,6	1988	12,2	10,6
1980	4,2	4,6	1989	9,9	9,4
1981	5,2	6,4			

Quelle 1663: Jahreswirtschaftsbericht 1984, 1990; 2699: Städte- und Kreisstatistik Ruhrgebiet

Münster befand sich dabei in einer widersprüchlichen Lage, da die überdurchschnittlich hohe Arbeitslosigkeit mit einem ebenso überdurchschnittlichen Zuwachs der Beschäftigtenziffern einherging. 1985 überschritt die Beschäftigtenzahl (102 012) wieder den Stand vor der Krise, während der Einbruch im Land tiefer und langwieriger war. 1990 wurde in der Stadt die Rekordziffer von 112 391 sozialversicherungspflichtig Beschäftigten registriert – 10,6 Prozent mehr als 1980 –, obgleich die Arbeitslosenziffer immer noch zweimal so hoch war wie 1980/81.

Die Wirtschaftsstruktur der Stadt mit ihrem hohen Anteil an Dienstleistungen hatte sich auch in der Zeit der Krise als sehr stabil erwiesen, und vor allem im Bereich der privat erbrachten Dienste – von der Wirtschaftsberatung bis zum Schönheitssalon – war mit einem Zuwachs von 6067 Arbeitsplätzen zwischen 1983 und 1990 der weitaus kräftigste Anstieg zu vermerken. Überdurchschnittlich hatten sich aber auch die Beschäftigtenzahlen im verarbeitenden Gewerbe mit einem Anstieg von 2680 oder 17 Prozent erhöht, während sie landesweit stagnierten. Dabei hatte Münster noch verspätet Gewinn aus einer wertvollen Morgengabe der Eingemeindung gezogen, den in Hiltrup seit 1903 ansässigen Glasuritwerken, seit 1986 als BASF Lacke + Farben AG firmierend. Als größtes Industrieunternehmen der Stadt, mit einer Mitarbeiterzahl von 3000 (1991), trug es auch in den achtziger Jahren maßgeblich dazu bei, daß sich der Beschäftigtenstand im produzierenden Gewerbe positiv entwickelte.

Sozialversicherungspflichtige Beschäftigte in Münster 1980–1990 (jeweils 30. Juni):

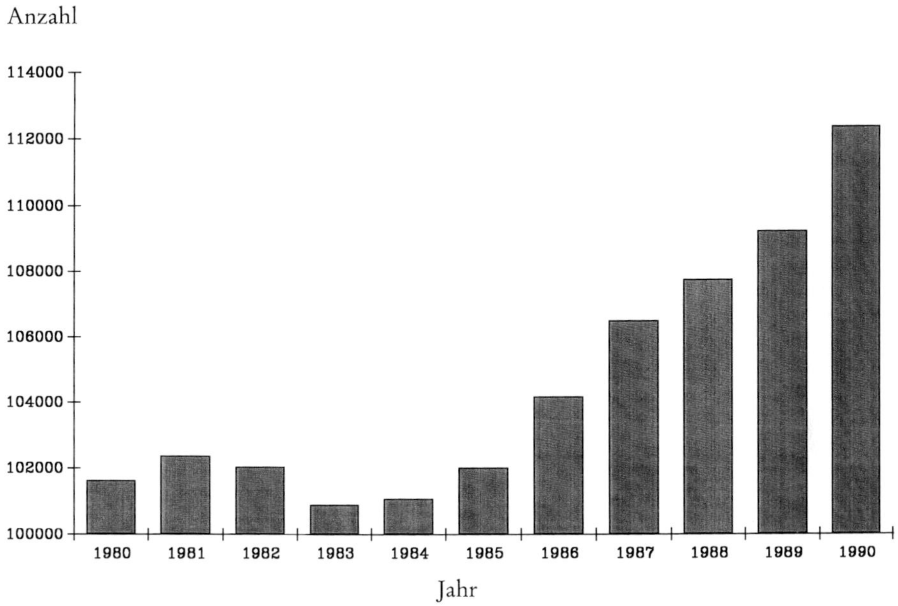

Quelle 1664: Jahreswirtschaftsbericht 1990, S. 28

Die Arbeitslosenziffer von absolut 9100 (Sommer 1990) war demnach nicht mit spezifischen Problemen des münsterischen Beschäftigungssystems zu erklären, vielmehr durch eine strukturelle Besonderheit der Stadt: die hohe Zahl der Studenten und Universitätsabsolventen. Ein Viertel der Erwerbslosen bestand 1990 aus Hochschulabgängern, die vielfach nur für eine kurze Übergangsfrist beschäftigungslos waren, wofür die unterdurchschnittliche Dauer der Arbeitslosigkeit den statistischen Beleg lieferte. In den meisten anderen Bereichen hingegen war die Arbeitslosigkeit zwischen 1985 und 1990 stark rückläufig, und bei Bau- oder Handwerksberufen gab es sogar mehr Klagen wegen des Facharbeitermangels als Probleme der Unterbringung von Arbeitslosen.

Wäre Münster demnach seit Mitte der achtziger Jahre eine „Insel der Seligen" gewesen, weithin unbelastet von Schwierigkeiten, denen sich die altindustriellen Räume an der Ruhr, aber auch das Aachener Revier durch die Krisen ihrer Schlüsselindustrien ausgesetzt sahen? Fraglos bestätigte die Entwicklung der zwei Jahrzehnte nach 1970 den selbstbewußten Optimismus, der in der zusammenfassenden Bewertung des Amtes für Wirtschaftsförderung zur Lage der münsterischen Wirtschaft im Jahr 1990 anklang: „Münster ist eine bedeutende Dienstleistungsmetropole in Westfalen mit kleinem, aber wachstumsstarkem Produktionssektor, geprägt durch oberzentrale Funktionen für eine große Region" [1664: Jahreswirtschaftsbericht 1990, S. 31]. Dieses Ergebnis entsprang indessen keiner naturwüchsigen Eigenlogik des

Das BASF-Werk in Hiltrup – größter Industriebetrieb im Stadtgebiet (1985)

Wirtschaftsprozesses, mußte vielmehr durch das Zusammenwirken vieler Akteure in der Stadt und im Umland, in den Unternehmen, Kammern und Verwaltungen erarbeitet und gesichert werden. Die neuen Elemente der wirtschaftlichen Entwicklungsstrategie der achtziger Jahre lassen sich dabei in drei Innovationen erkennen: in der Nutzung von Neuerungspotentialen von Universität und Fachhochschulen für die Entwicklung der Unternehmen; in der Formulierung eines Standortkonzepts, welches die Gesamtheit der kulturellen, infrastrukturellen und ökonomischen Möglichkeiten der Stadt als Einheit verstand; schließlich in der „Neuentdeckung" der größeren Region Münsterland nicht nur als eines Verflechtungsraums, sondern auch als des entscheidenden Aktionsfeldes von Wirtschafts- und Strukturpolitik in dem sich zu Beginn der neunziger Jahre abzeichnenden Europa der Regionen.

Technologietransfer und Innovationsförderung galten seit Beginn der achtziger Jahre als wichtige neue Instrumente zur Vitalisierung bestehender und zur Gründung neuer Unternehmen. Dahinter stand die in der deutschen Wirtschaftsgeschichte bereits im späten 19. Jahrhundert gesammelte Erfahrung, daß der „Produktionsfaktor Wissenschaft" vor allem in Zeiten krisenhafter Strukturbrüche – der Hochindustrialisierung nach 1880 oder auch der neuen technologischen Revolution hundert Jahre später – das Aufspüren neuer marktfähiger Güter und Dienste fördern könne. Die enge und lange Zeit so erfolgreiche Symbiose von naturwissenschaftlichen Instituten der Universität Jena und des Unternehmens Zeiss bildete hierfür vermutlich das wichtigste historische Beispiel. In Münster haben Stadt, Industrie- und Handelskammer und Universität relativ früh – auch im Vergleich zu anderen Standorten des Landes – ein neues Konzept für den Technologietransfer entwickelt und in verschiedener Weise institutionell abgesichert. Die Gründung eines Instituts für angewandte Informatik in gemeinsamer Trägerschaft von Universität und Kammer im Jahr 1985 war hierfür ein praktischer Beleg, ebenso die Eröffnung des Technologiehofs Münster (1986), mit dessen Hilfe Jungunternehmern der Start in die Selbständigkeit ermöglicht werden sollte, schließlich die Ausschreibung eines Innovationspreises der Stadt. Bedeutsam waren dabei weniger die kurzfristigen Wirkungen auf Unternehmensbestand und Arbeitsmarkt als vielmehr die damit einhergehende Ermunterung vorrangig für kleinere Betriebe, die Chancen neuer Ideen und Technologien zu nutzen. Die längerfristigen Wirkungen derartiger Förderung, die im Verbund mit dem traditionellen Instrumentarium regionaler Struktur- und Wirtschaftspolitik zu sehen sind, entziehen sich noch einer abschließenden Bewertung. Gesichert scheint jedoch, daß ohne derartige Versuche, die auch im Konzept eines integrierten Standortmarketings erkennbar waren – Nutzung „weicher“ Standortvorteile wie Bildung, Kultur- und Freizeitangebote als Aktivposten bei der Einwerbung von Unternehmen –, der Raum Münster auf wichtige Zukunftsmöglichkeiten verzichten würde.

Die „Neuentdeckung der größeren Region“ im Sinne neuer strukturpolitischer Strategiebildung durch die Stadt Münster und die Städte und Gemeinden des Münsterlandes bedurfte eines doppelten Anstoßes, um aus Möglichkeiten allmählich eine neue Wirklichkeit enger Zusammenarbeit werden zu lassen und zumindest die ersten Schritte einzuleiten:

- 1988 formulierte die Kommission der Europäischen Gemeinschaft – nach langen Jahren lähmender Stagnation – das Ziel „Europa 92“: die Perspektive eines grenzenlosen Marktes für Menschen, Waren, Kapital und Dienstleistungen innerhalb der Zwölfergemeinschaft. Die Verwirklichung dieses aufregenden Vorhabens, so der breite politische Konsens der späten achtziger Jahre, würde angesichts der Relativierung nationalstaatlicher Kompetenzen zugleich handlungsfähige Regionen voraussetzen, wobei deren Zuschnitt freilich strittig war.
- 1989 verabschiedete die nordrhein-westfälische Landesregierung das Programm „Zukunftsinitiative Nordrhein-Westfalen“, das die Regionalisierung der Landesstrukturpolitik anstrebte. Damit verknüpft war eine wichtige und innovative Veränderung des herkömmlichen, etatistisch geprägten Politiktypus. Bei früheren Entwicklungsprogrammen wirkten regionale Gebietskörperschaften oder Unternehmen in der Regel nur als Adressaten oder Vollzugsträger staatlicher Vorgaben. Angesichts der insgesamt nur spärlichen Ergebnisse dieser Politik, so die verbreitete Einschätzung der Experten, sollte nunmehr durch die Einbeziehung einer Vielfalt von Akteuren in die inhaltliche Formulierung von regionsbezogenen Entwicklungskonzepten ein höherer Effekt erzielt werden.

Die ersten praktischen Schritte zur engeren institutionellen Verknüpfung des Münsterlandes – der Stadt Münster sowie der Kreise Borken, Coesfeld, Steinfurt und Warendorf – erfolgten 1989 durch die Einberufung eines „Münsterlandtages“ und die gemeinsame Festlegung, ein Aktionsprogramm für die Gesamtregion zu erarbeiten. Damit begann ein Raum praktische Gestalt anzunehmen, der zwar historisch dank der oberzentralen Aufgaben Münsters eng verknüpft war, sich jedoch in der

Vergangenheit kaum auf die gemeinsame Vertretung der gebündelten wirtschaftlichen Interessen besonnen hatte. Die zweite Etappe wurde mit der Gründung der „Aktion Münsterland e.V." im Juni 1990 markiert. Mit ihrer Hilfe sollte, über den ursprünglichen Anlaß der Kooperation hinaus, ein auf längere Frist angelegtes Konzept entwickelt werden, als dessen Ziele die verbesserte Zusammenarbeit der relevanten gesellschaftlichen Kräfte, die „Profilierung des Münsterlandes [. . .] als eigenständiger Region" [1664: Jahreswirtschaftsbericht 1990, S. 9] sowie die Beförderung zukunftsweisender Initiativen auf dem Gebiet der Strukturpolitik, Umwelt und Kultur formuliert wurden. In welchem Ausmaß sich aus derartiger Verknüpfung Synergieeffekte zugunsten der Stadt ergeben werden, ist noch nicht eindeutig zu beantworten. Gesichert erscheint jedoch, daß die verstärkte Regionalisierung der Wirtschaft das historisch gewachsene Verständnis Münsters als einer Solitärstadt „mit Hinterland" verändern wird. Münster beginnt konstitutiver Teil des Münsterlandes zu werden – eine Einsicht, die von der Wirklichkeit enger Verflechtung längst vorweggenommen worden ist.

5. *Rückblick und Ausblick*

Aus der Vergangenheit für die Zukunft lernen? Historiker können keine Zukunftsentwürfe anbieten, besitzen vielmehr eine gehörige Skepsis gegenüber allen Versuchen, das Kommende aus der Verlängerung des vertrauten Früheren vorhersagen zu wollen. Kenntnis der eigenen Geschichte vermag jedoch der Selbstvergewisserung und Orientierung zu dienen und auf diese Weise einen Beitrag zur Gestaltung der Zukunft zu leisten. Deshalb sei am Schluß erneut eine der leitenden Fragen dieses Beitrags aufgeworfen: Was waren die Ursachen für den Wiederaufstieg einer Stadt, die 1945 an ihr Ende gekommen schien? Was wäre von den vielen Verweisen in unserem Überblick zu vierzig Jahren münsterischer Wirtschaftsgeschichte und Daseinsvorsorge nutzbringend für die Bewältigung von Gegenwart und Zukunft der Stadt? Vier Ergebnisse könnten hierfür abschließend thesenhaft genannt werden:

1. Die Stadt konnte nach 1945 den Wiederaufbau meistern und ein wirtschaftlich erfolgreiches Gemeinwesen werden, weil sie ihre Handlungsspielräume trotz vieler Gefährdungen erhalten hat. Selbstverwaltung und Selbstverantwortung, nicht nur im rechtlichen Sinne, mobilisierten Initiative und Aufbauwillen, sei es in den Trümmeraktionen der Nachkriegszeit, bei der Gestaltung des Zusammenwachsens von Kernstadt und Umlandgemeinden in den siebziger oder bei der Sicherung der finanziellen Gestaltungsfähigkeit in den achtziger Jahren. Die Erfahrung gegenläufiger Tendenzen, vor allem die drohende staatliche Überformung durch die Politik des „goldenen Zügels", kann Warnung für die Zukunft sein, daß ohne eine handlungsfähige kommunale Finanzpolitik städtische Entwicklung in die Gefahr bürokratischer Außensteuerung geriete.
2. Aufstieg und Entwicklung waren realisierbar, weil die wesentlichen gesellschaftlichen Kräfte innerhalb der Stadt auf produktive Weise in wirtschaftlich und infrastrukturell bedeutsame Entscheidungen eingebunden waren. Es bedurfte des Zusammenwirkens von Stadt, Kammern, Unternehmen und Verbänden, um beispielsweise das Signal der Währungsreform zu nutzen, den Friedenssaal auf dem

Weg der „Selbstverpflichtung" von Innungsangehörigen der Bauinnung termingerecht fertigzustellen, die Ansiedlung eines großen Unternehmens wie Armstrong zu realisieren oder bei der Institutionalisierung des Technologietransfers mit Hilfe der Hochschulen erfolgreich in der Konkurrenz der Städte bestehen zu können. Diese unterschiedlichen Hinweise belegen den Vorzug eines kooperativen städtischen „Korporatismus" bei der Aktivierung von Initiativen und neuen Ideen, die angesichts des verstärkten Wettstreits von Standorten in den neunziger Jahren besonders bedeutsam sein werden.

3. Die Sicherung von materieller Existenz und Daseinsvorsorge setzte in der Vergangenheit eine ständig neue Mobilisierung der in der Stadt vorhandenen Potentiale voraus. Der Verweis auf Universität und städtische Lebensqualität war ein wichtiges Argument für den Standort Münster bei der Ansiedlung von Unternehmen. Vor allem in den achtziger Jahren wuchs die Einsicht, daß beides zur wirtschaftlichen Attraktivität der Stadt zählt: „weiche" Standortfaktoren der Umwelt, der städtischen Lebensqualität und der Bildungschancen ebensosehr wie die „harten" – eine gute materielle Infrastruktur etwa oder qualifizierte Arbeitskräfte. Gefragt war und ist fortan ein integriertes Verständnis von Standortvorzügen und deren Vermittlung und „Vermarktung" nach außen. Was in der Vergangenheit bei Wirtschaftsförderern und Kämmerern gelegentlich als Nachteil verstanden werden konnte – das hohe Gewicht kultureller Einrichtungen mit ihrem geringen Kostendeckungsgrad –, entwickelte sich zu einem zukunftsträchtigen Faktor gerade auch für die wirtschaftliche Entwicklung.

4. Münster war seit eh und je dicht mit einem weiten Umland verbunden, leitete auch ökonomisch seinen Rang von der Wahrnehmung zentraler Aufgaben für das gesamte Münsterland ab. Die Weiterentwicklung eines historisch gewachsenen Verflechtungsraums von 1,4 Millionen Einwohnern zu einem handlungsfähigen Akteur im Wettlauf der europäischen Regionen hatte mit bedeutsamen Entscheidungen Ende der achtziger Jahre begonnen. Dahinter stand die Einsicht, daß nur eine größere Region „ein wettbewerbskonformes, europaoffenes, scharfes Profil gewinnen" könne [1815: Pünder, Künftige Herausforderungen, S. 10], zudem auch so handfeste Fragen wie die Abfallwirtschaft, die Kommunikationsversorgung oder die Wirtschaftsförderung gemeinsam besser zu lösen seien. Die Einsicht in die Chancen vielfältiger Kooperation und in die gegenseitigen Abhängigkeiten auf dem Feld der Wirtschaft, des Arbeitsmarktes oder der Infrastruktur dürfte künftig verstärkt gefragt sein, um das gesamte Münsterland in seiner Funktion als einer europäischen Zentralregion zu stärken. Europäische Wirtschaftseinigung und deutsche Vereinigung haben um 1990 neue Rahmenbedingungen für den relativen Rang von Regionen geschaffen – Münster und das Münsterland besitzen aufgrund der Erfahrung aus vierzig Jahren Wirtschaftsgeschichte die Chance, daraus Gewinn zu ziehen.

Quellen und Literatur

Bei der Bereitstellung und Aufbereitung der erforderlichen Materialien hat Herr cand. phil. Marcus Weidner (Münster) wertvolle Hilfe geleistet. Dafür sei ihm herzlich gedankt.

In der wissenschaftlichen Literatur wurde die Wirtschafts- und Sozialgeschichte der Stadt Münster bisher nur in wenigen Teilaspekten aufgearbeitet, eine Gesamtuntersuchung liegt nicht vor. Der vorliegende Beitrag stützt sich deshalb vorrangig auf Materialien von städtischen Ämtern, Verbänden, Kammern und Unternehmen. Zu nennen sind hier etwa die Verwaltungsberichte der Stadt Münster, die Veröffentlichungen des Statistischen Amtes in Form regelmäßig erscheinender statistischer Berichte, aber auch Publikationen zu Schwerpunktthemen (etwa die Auswertung von Wohnungszählungen, die Präsentation der auf die Stadt bezogenen Daten der 1950, 1961, 1970 und 1987 bundesweit durchgeführten Volks- und Berufszählungen) oder zu besonderen zeitlichen Anlässen, zum Beispiel die 1955 erschienene Dokumentation zum Wiederaufbau [1671: Ein Jahrzehnt Wiederaufbau]. Zum weiten Feld unentbehrlicher „grauer" Literatur zählen die vor allem seit Beginn der 1980er Jahre vorgelegten Berichte des städtischen Amtes für Wirtschaftsförderung, so die Reihe „Wirtschaft und Wirtschaftspolitik in Münster", die „Jahreswirtschaftsberichte" oder die „Wirtschaftsbriefe", die in ihrer Fülle und Differenziertheit zugleich Ausdruck verstärkter kommunaler Wirtschaftsförderung sind. Insgesamt gilt, daß für die Zeitspanne des letzten Jahrzehnts eine Überfülle gedruckter amtlicher und nichtamtlicher Quellen verfügbar ist, hingegen für den Zeitraum bis etwa 1960 eine vergleichbare Überlieferung fehlt. Für diese Zeitspanne ist deshalb auch der verstärkte Rückgriff auf Akten der Stadtverwaltung erforderlich, die es gestatten, etwa interne Entscheidungsabläufe bei Industrieansiedlungen (Armstrong) oder die Position der Stadt bei Großprojekten (zum Beispiel Flughafenausbau) zu rekonstruieren.

Wichtige Unterlagen für die Analyse wirtschaftlicher Strukturen finden sich in den Jahresberichten der Industrie- und Handelskammer und den Publikationen der Handwerks- und Landwirtschaftskammer sowie den in Münster ansässigen Verbänden. Von besonderem Wert sind dabei für den Wirtschaftshistoriker wiederum statistische Dokumentationen, aber auch Stellungnahmen zu wirtschafts- und infrastrukturpolitisch relevanten Entscheidungen. Festschriften von Unternehmen bzw. Verbändepublikationen liegen für Münster wegen der geringen Zahl von großen Unternehmen nur in wenigen Fällen vor. Benutzt wurden unter anderem die Darstellung von Alfred Schottner über das Baugewerbe [295: Baugewerbe-Innung], die Festschrift von Hans Pohl anläßlich des 150jährigen Jubiläums der Westdeutschen Landesbank [273: Von der Hülfskasse zur Landesbank] sowie die Jubiläumsschrift der Volksbank Münster [338: 75 Jahre Volksbank].

Unter den wenigen wissenschaftlichen Veröffentlichungen waren für das Thema unter anderem zwei stadtgeographische Arbeiten ergiebig: die Dissertation von Hubert Welp über die räumliche Struktur des münsterischen Wirtschaftslebens [1840: Räumliche Struktur] und die Untersuchung der Cityentwicklung von Dortmund und Münster seit der Vorkriegszeit von Heineberg/de Lange [1765: Cityentwicklung].

Zur Einordnung der münsterischen Wirtschaftsgeschichte in den größeren Zusammenhang der deutschen Wirtschafts- und Sozialgeschichte nach 1945 waren die Überblicksdarstellungen von Werner Abelshauser über die wirtschaftliche Entwicklung bis zum ersten Konjunktureinbruch 1966 [1911: Fünfziger Jahre] und der Abriß einer Wirtschaftsgeschichte der Bundesrepublik [1912: Wirtschaftsgeschichte] sowie ein Sammelband über die Wirtschaft des Landes Nordrhein-Westfalen [2828: Wirtschaft] hilfreich. Außerdem wurden herangezogen die Studie über die Bundesrepublik in den sechziger Jahren von Hermann Korte [2343: Gesellschaft im Aufbruch] und ein von Werner Conze und M. Rainer Lepsius herausgegebener Sammelband über die Sozialgeschichte der Bundesrepublik [2687: Sozialgeschichte].

HANNES LAMBACHER

Von der Notstandsverwaltung zum Dienstleistungsunternehmen. Kommunale Selbstverwaltung von 1945 bis 1989

1. Die Ära Zuhorn – 2. Rationale Verwaltungsorganisation unter Heinrich Austermann – 3. Kommunale Gebiets- und Verwaltungsreform unter Oberstadtdirektor Dr. Hermann Fechtrup

Die so vielbemühte „Stunde Null" hat es in der Kommunalverwaltung in Münster sowenig wie anderwärts gegeben. Ämterkontinuität und sogar eine gewisse Personalkontinuität belegen dies. Anders als die zentrale Staatsgewalt blieben die Verwaltungen auf örtlicher Ebene in der Regel intakt [2253: Hüttenberger, Entstehung, S. 191f; 2554: Quellen zum modernen Gemeindeverfassungsrecht, S. 699]. Auch für Münster gilt, daß die Verwaltung nach dem Zusammenbruch des nationalsozialistischen Regimes nicht neu formiert werden mußte. Es waren freilich viele Stellen neu zu besetzen, zunächst an der Spitze, da zwei Tage nach der Einnahme der Stadt durch amerikanische und britische Panzertruppen am 2. April 1945 Oberbürgermeister Albert Hillebrand und „andere leitende Beamte" [1672: Verwaltungsbericht 1945–1954] verhaftet worden waren.

Der zum kommissarischen Oberbürgermeister bestellte Fritz Carl Peus, der auf der Leitungsebene eher informell von Rechtsanwalt Theodor Petermann unterstützt wurde, mußte auf die Mithilfe von Beigeordneten oder Dezernenten verzichten. Zu wichtigen Funktionsträgern wurden somit in dieser Phase die Amts- und Dienststellenleiter der schon im späten 19. und frühen 20. Jahrhundert ausdifferenzierten städtischen Verwaltung. In einer zweiten Welle ab Ende April wurden jedoch auch einige Amts- oder Dienststellenleiter entlassen. Meist ging die Initiative vom britischen Stadtkommandanten aus – oft nach Hinweisen aus der Bevölkerung –, bei einfachen Büroangestellten konnte der geschäftsführende Bürgermeister wohl auch einigermaßen autonom handeln. Der Besatzungsmacht war daran gelegen, die örtliche Verwaltung ohne tiefergehende Brüche funktionstüchtig zu halten. Als der Stadtkommandant am 21. April 1945 von Peus die sofortige Entlassung des Leiters des Gesundheitsamts und des Schlachthofdirektors forderte, verlangte er auch gleichzeitig, daß unverzüglich geeignete Persönlichkeiten zum wenigstens zeitweiligen Ersatz benannt würden.

1. *Die Ära Zuhorn*

Am 13. Juni 1945 wurde Dr. Karl Zuhorn zum Oberbürgermeister ernannt. Schon zum 1. Mai war eine andere, sehr bald prominente Persönlichkeit der Nachkriegsgeschichte in die Dienste der Stadt getreten, zunächst freilich eine Ebene weiter unten: Heinrich Hemsath trat als Nachfolger des entlassenen Leiters des Wohlfahrts- und Jugendamts in dessen Funktion. Zuhorn konnte in einigen Verwaltungsbereichen auf

Justizrat Fritz Carl Peus und Rechtsanwalt Theodor Petermann übernahmen nach Kriegsende die kommissarische Leitung der Stadtverwaltung

die Unterstützung erfahrener Amts- und Dienststellenleiter zurückgreifen, die in Amt und Würden bleiben konnten. Die profiliertesten unter diesen waren der Vermessungsdirektor Clemens Brand und der Leiter des Rechtsamts und anderer Dienststellen, Rechtsrat Paul Voßkühler. Es ist sicherlich dem energischen Handeln Zuhorns zuzuschreiben, daß schon im Sommer 1945 die Leitungsfunktionen weitestgehend wieder besetzt waren. Die vom Oberbürgermeister benannten neuen Männer mußten vom britischen Stadtkommandanten in ihren Tätigkeitsbereichen bestätigt werden. Am 26. Juni erfolgte dies für Theodor Wenking als Leiter des Personal- und Finanzwesens der Stadtverwaltung, für Heinrich Hemsath als Leiter des gesamten Wohlfahrtswesens und des Wohnungsamts, für Dr. Richard Kropff als Leiter des Gesundheitsamts, für Poeschel als Leiter des neuen Straßenverkehrsamts und für einige weitere Dienstkräfte. Wohl noch im Juli hatte Zuhorn Dr. Hubert Pollert, ehedem Leiter der Geistschule, später Oberstudiendirektor im Luftwaffenfachschuldienst, zum kommissarischen Stadtschulrat berufen. Anfang Oktober 1945 gab der Oberbürgermeister bekannt, daß er den bis dato freischaffenden Architekten und Diplomingenieur Heinrich Bartmann mit der Gesamtleitung des städtischen Bauwesens beauftragt habe. Bartmann führte zwar den Titel „Stadtbaudirektor“, war aber mit der Stadt Münster nur einen Fünfjahresvertrag eingegangen, aus dem er jedoch schon im Frühjahr 1948 auf eigenen Wunsch wieder ausschied, um erneut freischaffend tätig sein zu können; im Jahr 1954 wurde er zum ordentlichen Professor der Architekturwissenschaft an die Technische Hochschule Darmstadt berufen.

Soweit erkennbar ist, hat wohl kein einziges Amt der Stadtverwaltung im Jahr 1945 seine Tätigkeit für längere Zeit eingestellt. Sehr erschwert wurde deren Tätigkeit allerdings dadurch, daß die 52 verschiedenen Dienststellen in 28 unterschiedlichen Gebäuden der ausgebombten Stadt untergebracht werden mußten. Einige Ämter, die man der sogenannten Notstandsverwaltung zurechnen muß, die aber schon während des Krieges entstanden waren (Wohnungsamt, Ernährungs- und Wirtschaftsamt, Feststellungsbehörde für Kriegsschäden), mußten ihre Tätigkeit intensivieren und wurden noch im Jahr 1945 vergrößert („Rechenschaftsbericht" des Oberbürgermeisters vom 30. Januar 1946). Insgesamt mußte jedoch ein Personalabbau vorgenommen werden. Am Ende des Krieges beschäftigte die Stadtverwaltung rd. 1200 „Kopfarbeiter" und etwa 1000 „Handarbeiter". Bis März 1946 war rd. 300 Beschäftigten das Dienstverhältnis aufgekündigt worden, da die an Bevölkerung so ungemein geschrumpfte Stadt keinen Bedarf an einem so großen Verwaltungskörper hatte. Gleichzeitig wurden etwa hundert kranke, überalterte und dienstunfähige Beamte in den Ruhestand versetzt. Eine weitere Entlastung brachte die Anweisung der Militärregierung, mehr als 300 Kräfte der Stadtverwaltung aus politischen Gründen aus dem Dienst zu entlassen. Umgekehrt mußten aber noch 1945 Fachkräfte neu eingestellt werden.

Zwar hatte die Verwaltung eine Reihe neuartiger Aufgaben wahrzunehmen, wie etwa den Verkehr mit den Dienststellen der Militärregierung, die Zahlung und Verrechnung örtlicher Besatzungskosten, die treuhänderische Verwaltung des ehemaligen Wehrmachtseigentums und die politische Sichtung in Verwaltung und Wirtschaft. All dies leistete man mit weniger Personal und dem im wesentlichen vorhandenen Apparat. Lediglich zur Neuregelung der Gewerbezulassungen wie überhaupt zur „Ordnung des Wirtschaftslebens" wurde auf Anordnung der Militärregierung ein neues Amt, das Gewerbeamt, geschaffen. Zunächst hatte dieses die heikle Aufgabe der Zuteilung der erhalten gebliebenen Ladengeschäfte an die lebenswichtigen Betriebe auszuführen; in Zukunft sollte die Hauptaufgabe des Gewerbeamts nach dem Willen Zuhorns die Förderung des städtischen Gewerbelebens allgemein sein. Außerdem war schon im Mai das Straßenverkehrsamt errichtet worden, dessen Aufgabe in der Gewährleistung der Versorgung der Stadt mit Wasser, Kohlen, Benzin und auch Lebensmitteln bestand. Im Sommer wurde ein Räumungsamt zur Organisation der Straßenräumung eingerichtet, das unter der ehrenamtlichen Leitung von Ernst Kaiser, später Ratsmitglied, arbeitete und hauptsächlich auf der Basis freiwilliger Mitarbeit seine Aufgaben bewältigte.

Nach dem Zusammenbruch aller staatlichen Organisation im April/Mai 1945 fiel den Kommunen wieder eine Aufgabe zu, die von den größeren Städten – auch Münster – schon in preußischer Zeit wahrgenommen worden war: die gesamte Ordnungs- und Sicherheitswahrung. Schon am 8. Mai 1945 erließ die Militärregierung „Richtlinien für die deutsche Polizei" [1812: S.K. Polizei Münster, S. 1]. Hiernach wurde die von den Nationalsozialisten vollständig verstaatlichte Polizei wieder den Oberbürgermeistern und Landräten unterstellt. Der Oberbürgermeister fungierte somit wieder als „Ortspolizeibehörde". Mit Verordnung vom 25. September 1945 gingen die Funktionen der Verwaltungspolizei von den Polizeipräsidien wieder auf die

Kommunalverwaltungen über. Die Stadtverwaltung hatte im Laufe des Frühjahrs 1946 vom Polizeipräsidium Münster die Dienststellen Einwohnermeldeamt, Preisprüfungsstelle, Paßabteilung, Gewerbeaufsichtsamt, Fundbüro, Straffestsetzungsbüro sowie vier Meldestellen bei den Polizeirevieren zu übernehmen. Die neuen Aufgaben (unter anderem auch Waffenwesen, Jagd- und Fischereiaufsicht, Wasseraufsicht, Armenrecht, Obdachlosenangelegenheiten, Gesundheits-, Veterinär- und Lebensmittelaufsicht sowie Straßenverkehrsangelegenheiten) wurden teilweise dem schon bestehenden Gewerbeamt und dem Rechtsamt zugewiesen. Ein Teil der Aufgaben wurde im Aufsichtsamt gebündelt, das später (etwa 1947) die moderne, heute noch gebräuchliche Bezeichnung „Ordnungsamt" erhielt.

Gemäß einem Erlaß des Innenministers des neuen Landes Nordrhein-Westfalen vom 20. Dezember 1946 mußten die Kommunen, soweit sie Ortspolizeibehörden beherbergten, Polizeiausschüsse bilden, deren Aufgabe unter anderem in der Auswahl, Ernennung und Entlassung des „Chefs der Polizei" bestand. Letzterem unterstanden die Kriminal- und Schutzpolizei; in dienstrechtlicher und fachlicher Hinsicht war der Polizeichef direkt dem Innenministerium unterstellt. Dem Polizeiausschuß der Stadt Münster gehörten sieben Ratsmitglieder an, die Oberbürgermeister Franz Rediger und Gerhard Boyer führten jeweils den Vorsitz. Den Gesamtaufbau der Polizei konnte dieser Ausschuß maßgeblich beeinflussen [1812: S.K. Polizei Münster, S. 10]. Die Tendenz ging jedoch bald wieder hin zu einer Verstaatlichung der Polizei. Den Abschluß dieses Prozesses bildete das Polizeiorganisationsgesetz vom 11. August 1953 [2607: Rudzio, Neuordnung des Kommunalwesens, S. 143ff]. Die reine Ordnungsverwaltung allerdings verblieb den Kommunen.

Die von den Militärregierungen in der Britischen Zone eingesetzten Bürgermeister und Landräte waren zwar einerseits einem nahezu „unbeschränkten Weisungsrecht" der örtlichen Offiziere unterworfen, galten andererseits aber „als völlig frei bei der Ernennung von Dezernenten und sonstigen Beamten, ebenso wie ihnen allein sämtliche Verwaltungszweige, Selbstverwaltungs- und Auftragsangelegenheiten einschließlich der örtlichen Polizei, unterstanden" [2607: Rudzio, Neuordnung des Kommunalwesens, S. 40f]. Allerdings mußten sie regelmäßig vor der Militärregierung erscheinen und Bericht erstatten, eventuell Weisungen entgegennehmen und Personalentscheidungen bestätigen lassen. Wie vielen seiner Kollegen in der Britischen Zone wurde auch Karl Zuhorn nahegelegt, sich einen „vorläufigen repräsentativen Zentralausschuß aus der Bürgerschaft" an die Seite zu stellen, dessen Aufgaben einerseits in der Beratung des Oberbürgermeisters, andererseits in der „Herstellung einer möglichst engen Fühlung mit der Bürgerschaft" bestanden. Dieser auch in Münster „Allgemeiner Beirat" genannte Ausschuß trat am 10. August 1945 erstmals zusammen und bestand aus zwölf Beiräten, die verschiedenen Berufsgruppen und verschiedenen politischen Parteien entstammten [2607: Rudzio, Neuordnung des Kommunalwesens, S. 40f]. Bemerkenswert für die Geschäftsführung Zuhorns war die regelmäßige Hinzuziehung eines ganz bestimmten Kreises seiner Beamten zu den etwa alle vierzehn Tage stattfindenden Sitzungen des Beirats, der keine Beschlußkompetenzen besaß, sondern nur beratende Funktion. Oberbürgermeister Zuhorn betonte in der konstituierenden Sitzung des Allgemeinen Beirats, daß vorerst die gesamte Entscheidungsbefugnis allein in den Händen des Oberbürgermeisters liege. Tatsächlich erhielt der Beirat mehr und mehr den Charakter eines Gremiums zur

Einladung zur konstituierenden Sitzung des ersten gewählten Stadtparlaments am 21. Oktober 1946

Eröffnungssitzung
der neuen Stadtvertretung

Die erste Sitzung der neugewählten Stadtvertretung findet statt am

Montag, dem 21. Oktober 1946, um 17 Uhr

im Sitzungssaal im Oberfinanzpräsidium, Hohenzollernring 80.

Nach der Abgabe der Erklärung der neugewählten Vertreter über die Annahme ihres Amtes, die durch den Wahlleiter entgegengenommen wird, nimmt der Wahlleiter die Vereidigung vor. Anschließend wird der Herr Stadtkommandant eine Ansprache an die Versammlung halten.

TAGESORDNUNG

1. Wahl des Oberbürgermeisters und seiner Vertreter.
   (Punkt 1 der Tagesordnung wird in geheimer Sitzung behandelt.)
2. Verlesung der Niederschrift der letzten Sitzung.
3. Bildung des Ausschusses für die Vorbereitung der Wahlen zu den verschiedenen Ausschüssen.

Die Bevölkerung wird zur Teilnahme eingeladen.

Dr. Zuhorn
Oberstadtdirektor

Entgegennahme der Berichte des Oberbürgermeisters und seiner leitenden Beamten über bereits vollzogene Organisationsmaßnahmen und Verwaltungsakte.

Noch bevor mit der Ernennung der ersten Stadtvertretung durch die Militärregierung nach dem Ende der nationalsozialistischen Herrschaft ein erster Schritt zur Wiederherstellung der kommunalen Selbstverwaltung mit weniger autoritären Zügen erreicht war, fällte Zuhorn gegen Ende des Jahres 1945 wichtige Personalentscheidungen. Am 22. Oktober teilte er dem Allgemeinen Beirat mit, daß er Dr. Paul Engelmeier, vor der Machtergreifung der Nationalsozialisten schon Beigeordneter in Zuhorns erster Amtszeit als Oberbürgermeister, in sein Amt zurückberufen habe. Engelmeier führte sogleich die Bezeichnung „Stadtrat" und stand in Dezernentenfunktion dem Ernährungs- und Wirtschaftsamt sowie dem Gewerbeamt vor. Im Dezember ernannte Zuhorn den bisherigen Verwaltungsrat Theodor Wenking und Heinrich Hemsath, den Leiter des Wohnungs-, Wohlfahrts- und Jugendamts, ebenfalls zu Stadträten.

Am 30. Januar 1946 trat die von der Militärregierung ernannte 36köpfige neue „Stadtvertretung" zu ihrer feierlichen Eröffnungssitzung zusammen. Nachdem der Stadtkommandant in einer kurzen Ansprache das Aufgabengebiet der Stadtvertretung umrissen hatte, erstattete Zuhorn einen ausführlichen Bericht über die bisher geleistete Tätigkeit der Verwaltung. Die Stadtvertretung wählte Ende Februar eine ganze Reihe von Ausschüssen, trat aber – abgesehen von der geheimen Sondersitzung vom 15. März zur Beschlußfassung über die Verleihung des Ehrenbürgerrechts an Kardinal von Galen – erst nach Inkrafttreten der „Revidierten Deutschen Gemeindeordnung“ vom 1. April 1946 am 24. April wieder zusammen. Mitte März hatte der Hauptausschuß schon die vorgeschriebene „Grundsatzung der Stadt Münster“ beraten, die, soweit eben schon bekannt, das britische Modell der „Trennung von Politik und Verwaltung“ bereits umzusetzen versuchte [2592: Richter, Gemeindeordnung, S. 54]. Die Revidierte Gemeindeordnung bestimmte dann, daß die Verwaltung der Gemeinde voll und ausschließlich dem Rat der Gemeinde obliege (§ 32); seine Verwaltungsaufgaben habe der Rat durch Verwaltungsbeamte zu erfüllen (§ 34).

In der Sitzung vom 24. April 1946 erklärte Zuhorn, daß die neue Gemeindeordnung es ihm unmöglich mache, sich für das Amt des Oberbürgermeisters zur Verfügung zu stellen. Da er aber weiter im Dienste der Stadt Münster tätig sein wolle, bewerbe er sich für das Amt des Hauptverwaltungsbeamten, des Oberstadtdirektors. In geheimer Sitzung wurde er mit großer Mehrheit in dieses Amt gewählt, zu seinem Stellvertreter und Ersten Beigeordneten bestimmten die Mitglieder der Stadtvertretung Heinrich Hemsath. In Absprache mit den Fraktionsführern hatte Zuhorn vor seiner Wahl noch durchgesetzt, daß die Dezernenten und Hilfsdezernenten der Verwaltung an allen Sitzungen der Stadtvertretung teilnehmen konnten.

Am 21. Oktober 1946 konnte die erste gewählte Stadtvertretung, in der die CDU über 27 der 36 Sitze verfügte, zu ihrer konstituierenden Sitzung zusammentreten. Zum neuen Oberbürgermeister wurde Landesrat Franz Rediger gewählt. Die Meinung, daß die von der Militärregierung eingesetzten Spitzen der Stadtverwaltung nun zurückzutreten hätten und eine Neuwahl für diese Positionen stattfinden müsse, war nicht mehrheitsfähig, und so blieben Oberstadtdirektor Zuhorn sowie der Erste Beigeordnete Hemsath und ebenso die von Zuhorn noch während seiner Zeit als Oberbürgermeister ernannten Stadträte Pollert, Engelmeier und Wenking in Amt und Würden – und dies zunächst für unbestimmte Zeit. Die Revidierte Gemeindeordnung hatte es in das Ermessen des Rates gestellt, die Amtsdauer des Hauptgemeindebeamten zu bestimmen (§ 118); selbst lebenslängliche Anstellung war nach einem gängigen Kommentar nicht ausgeschlossen [2129: Gemeindeordnung, S. 92]. Die Bestimmungen für den Hauptgemeindebeamten wurden auch auf die Stadträte angewandt. Oberstadtdirektor Zuhorn machte sich im Einklang mit dem Rat bzw. der Mehrheit im Rat diesen Spielraum zunutze. Ohne die vorausgegangenen Erwägungen nachvollziehen zu können, beschloß der Rat am 12. Dezember 1947, Stadtschulrat Dr. Pollert auf weitere zehn Jahre – bis zur Erreichung seiner Altersgrenze für den aktiven Dienst – anzustellen, Stadtrat Hemsath aber auf weitere zwölf Jahre. Als am 5. Februar 1948 der Rat auf Antrag Zuhorns den bisherigen Rechtsrat Heinrich Austermann zum Stadtrat und „Wirtschaftsdezernenten“ berief und am 27. Februar dieses Jahres den bisherigen Oberbaurat Dr. Erich Kabel zum Stadtbaurat und Nachfolger Heinrich Bartmanns als Leiter des städtischen Bauwesens wählte, machte er wieder von seinem Recht Gebrauch, die Amtszeit zunächst nicht zu begrenzen. Den Beigeordneten als Wahlbeamten mit einer festgesetzten Amtsdauer kannte die Zeit zwischen 1945 und 1952 also noch nicht.

Die Vertreter von Rat und Stadtverwaltung bei der Großen Prozession 1947 (in der ersten Reihe Theodor Geringhoff, Oberbürgermeister Franz Rediger und Oberstadtdirektor Dr. Karl Zuhorn)

Die Bündelung von Aufgaben auf der unteren, der Amts- und Dienststellenebene, und die Neubesetzung der Leiterstellen, soweit sich dies überhaupt als nötig erwies, waren der erste Schritt zur Sicherung der Verwaltungskontinuität. Karl Zuhorn und Theodor Wenking, der neben dem Oberstadtdirektor als Organisationsfachmann bezeichnet werden darf, unternahmen dann schon im Sommer 1946 den zweiten Schritt, den zu einer neuen Gesamtorganisation der Stadtverwaltung. Im August legte die Verwaltungsspitze einen Organisationsplan, einen Hauptplan für die Verwaltung, einen Dezernatsverteilungsplan und einen Geschäftsverteilungsplan vor. Von der von 1936 herrührenden Verwaltungs- und Dezernatsgliederung wurde unter dem Druck der Verhältnisse – sicherlich auch geprägt von einer schmaleren Basis befähigter Führungskräfte – wieder abgerückt. Der vorgelegte Organisationsplan, der die Verwaltung nach ihren sachlichen Aufgaben gliederte, weist jedoch schon in die seit den fünfziger Jahren in den Kommunen der Bundesrepublik sich durchsetzende Richtung, die Aufgaben als Ausgangspunkt aller organisatorischen Überlegungen zu nehmen [2831: Wittkämper, Entstehung und Entwicklung, S. 33f].

Die Dinge blieben freilich noch im Fluß. Stadtrat Wenking entwarf die vom Rat am 5. Juli 1948 angenommene „Allgemeine Geschäftsordnung für die Stadtverwaltung Münster (Westf.)“, deren Dezernatsverteilungsplan (zwölf Dezernate, bezeichnet von A bis M) sicherlich als Rückschritt bezeichnet werden muß. Gleichwohl

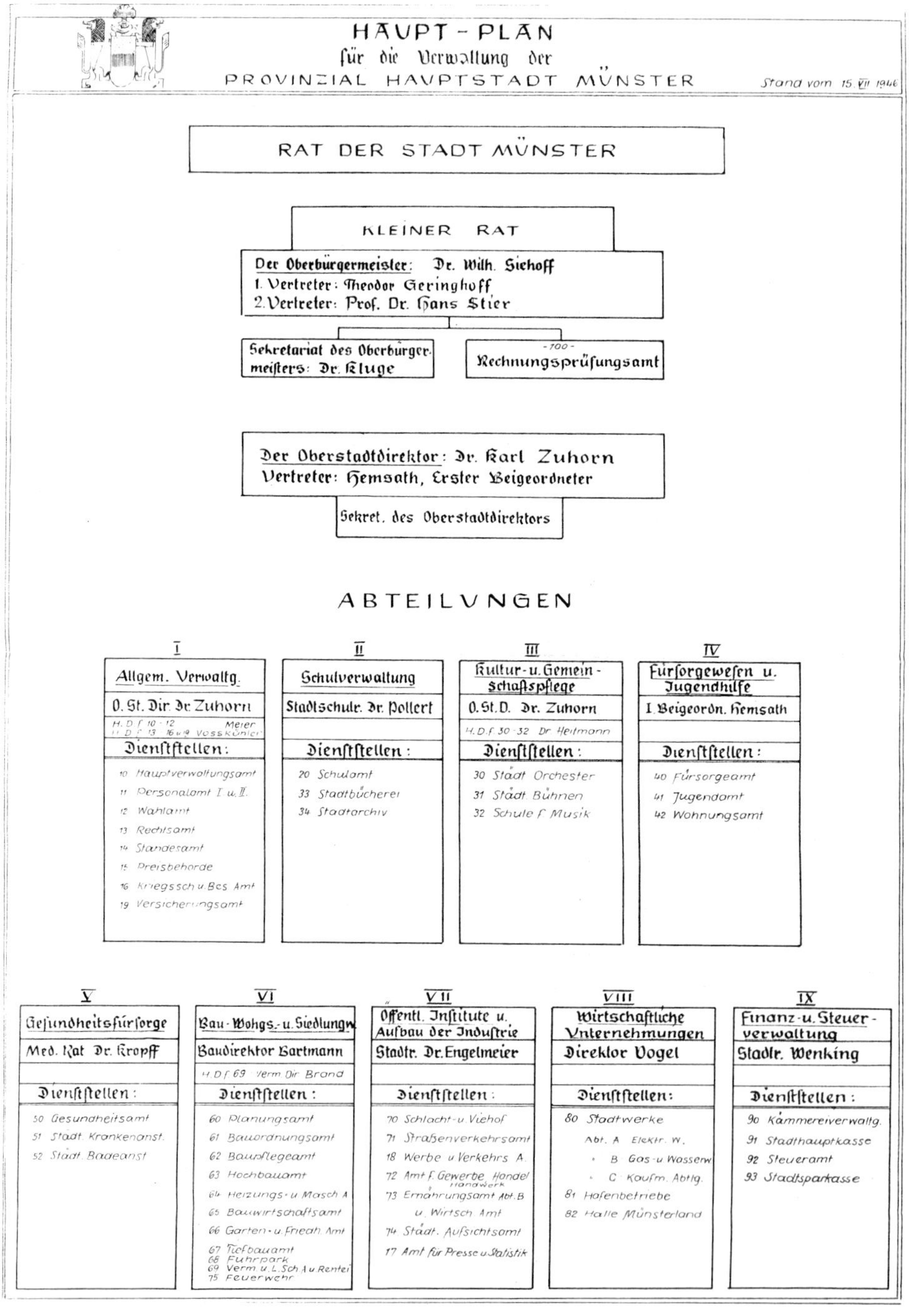

Aufbau der Stadtverwaltung im Jahr 1946

bewertete der Deutsche Städtetag (konkret Dr. Wilhelm Loschelder) die „neue Verwaltungsordnung" Münsters als die beste Regelung, die augenblicklich bekannt sei, und empfahl, sie allen Mitgliedsstädten als Muster zukommen zu lassen. Dieses Urteil dürfte sich wohl nur auf den modernen Verwaltungsgliederungsplan, nicht aber auf die Dezernatsverteilung bezogen haben.

Die Revidierte Gemeindeordnung von 1946 hatte dem Hauptgemeindebeamten keine Organqualität zugemessen. Der Versuch, das „britische Modell" in reinster Form auf die Kommunen in der Britischen Zone zu übertragen, scheiterte jedoch. Die nach britischer Tradition zunächst auf ein Jahr beschränkte Amtszeit des Bürgermeisters war nicht durchsetzbar; der Versuch, „die Verwaltung voll und ausschließlich dem Rat" zu übertragen, blieb Norm, wurde nicht Verfassungswirklichkeit [2592: Richter, Gemeindeordnung, S. 62f]. Als die leitenden Beamten Münsters im Sommer 1946 die den Kommunen nach der Gemeindeordnung zugewiesenen Aufgaben verteilten, durften sie, offenbar ohne von seiten des Rates in seiner Gesamtheit oder einzelner Mitglieder Widerspruch zu erfahren, den Oberstadtdirektor als drittes „Verwaltungsorgan" neben Rat und Oberbürgermeister stellen. Die Organisationsgewalt des Hauptgemeindebeamten, dessen Kernstück die Geschäftsverteilungskompetenz ist, war vor Inkrafttreten der Gemeindeordnung für Nordrhein-Westfalen im Jahr 1952 rechtlich nicht geregelt oder fixiert. Ein so selbstbewußter und kompetenter Oberstadtdirektor wie Karl Zuhorn wußte diese Gestaltungsfreiheit zu nutzen; das hatte er schon im Jahr 1945 durchscheinen lassen, als er den Allgemeinen Beirat, der eigentlich beratend an wichtigen Entscheidungen mitwirken sollte, im Grunde immer vor vollendete Tatsachen gestellt hatte. Die Verwurzelung Zuhorns in der Tradition einer „autoritären Demokratie" ist auch nach 1945 erkennbar.

Die Amtszeit Karl Zuhorns war relativ kurz bemessen. Er hat mit den ihm zur Seite stehenden leitenden Beamten ohne Zweifel Verwaltungskontinuität gesichert und nicht nur die „Notstandsverwaltung" bewältigt, sondern auch Verwaltungsroutine wiederhergestellt. Die Ansätze zu einer modernen Großstadtverwaltung sind unverkennbar. Eine wirklich moderne rationale Verwaltungsorganisation ist ihm freilich noch nicht gelungen. Zweifellos hing dies aber auch damit zusammen, daß noch während seiner ganzen Amtszeit im Land Nordrhein-Westfalen kein abschließender verfassungsmäßiger Rahmen geschaffen worden war.

2. *Rationale Verwaltungsorganisation unter Heinrich Austermann*

Am 10. November 1952 trat die am 29. Juli vom Landtag verabschiedete Gemeindeordnung für das Land Nordrhein-Westfalen in Kraft. Zuvor hatten das Grundgesetz für die Bundesrepublik Deutschland vom 23. Mai 1949 in Artikel 28 eine Selbstverwaltungsgarantie der Gemeinden geschaffen und die Verfassung des Landes Nordrhein-Westfalen vom 28. Juni 1950 in Artikel 78 die Gemeinden (und Gemeindeverbände) als die in ihrem Gebiet alleinigen Träger der öffentlichen Verwaltung definiert, soweit gesetzliche Regelungen nichts anderes bestimmten; Artikel 79 der Landesverfassung räumte den Gemeinden das Recht ein, zur Erfüllung ihrer Aufgaben eigene Steuerquellen erschließen zu können. Die Gemeindeordnung erklärte zwar in § 28 den Rat der Gemeinde für alle Angelegenheiten der Gemeindeverwaltung zuständig, räumte aber in § 47 dem Gemeindedirektor die alleinige Zuständigkeit „für die Durchführung von Weisungen bei Aufgaben zur Sicherung der verfassungsmäßigen Ordnung“ zu und erklärte ihn dienstordnungsrechtlich allein dem Innenminister gegenüber verantwortlich. Damit war eine „Abkehr von der absoluten Unterordnung der Verwaltung, von ihrer Rolle des bloßen ‚instrumentalen Hilfsmittels‘ (Arnold Köttgen), und vom Ausschließlichkeitsrecht des Rates vollzogen“ [2592: Richter, Gemeindeordnung, S. 63]. Der Hauptverwaltungsbeamte erhielt „eigene Organqualität“. Prägend für die kommunale Selbstverwaltung in Nordrhein-Westfalen blieb jedoch die Vorgabe des „britischen Modells“, nämlich die Trennung von Politik und Verwaltung in den Organen des Rates einerseits und des Hauptgemeindebeamten andererseits sowie in dem ausgeprägten Vorrang des Rates.

Als die Gemeindeordnung in Kraft trat, war Dr. Karl Zuhorn bereits mit Wirkung vom 1. Oktober 1952 in den Ruhestand getreten. Am 27. Oktober wählte der Rat den Kämmerer Heinrich Austermann zum neuen Oberstadtdirektor. Der Erste Beigeordnete Heinrich Hemsath hatte sich ebenfalls um die Stelle beworben, am Tag der Wahl aber durch das Ratsmitglied der SPD-Fraktion Josef Hufnagel erklären lassen, daß er seine Bewerbung zurückziehe. Die SPD-Fraktion schlug nun ebenfalls, wie schon zuvor die Fraktionen der CDU, des Zentrums und der FDP, Heinrich Austermann zur Wahl vor, und so konnte er einstimmig zum Oberstadtdirektor gewählt werden. Am 9. November 1952 wählten die Bürger einen neuen Rat.

Austermann war erst am 22. Oktober 1951 zum Kämmerer bestimmt worden, nachdem der bisherige Inhaber dieses Amtes, Theodor Wenking, da er der schwierigen Aufgabe nicht gewachsen war, von seiner Verantwortung entbunden worden war; mit Wirkung vom 1. Januar 1952 wurde Wenking dann in den Ruhestand versetzt. Austermann führte zunächst die Ämter des Oberstadtdirektors und Kämmerers entgegen den Bestimmungen der Gemeindeordnung in Personalunion, bis am 27. Juli 1953 der bisherige Rechtsrat Heinrich Kochs, seit Mai 1950 als Dezernent zuständig für Haupt-, Personal- und Wahlamt sowie für den Beschlußausschuß, zum Beigeordneten und neuen Stadtkämmerer gewählt wurde.

Nach den Bestimmungen der Gemeindeordnung mußte jede Gemeinde eine Hauptsatzung erlassen. Unter anderem mußte in ihr zwingend die Zahl der Beigeordneten festgelegt werden. Die am 23. März 1953 vom Rat verabschiedete „Hauptsatzung der Provinzialhauptstadt Münster (Westf.)“ bestimmte die Zahl auf fünf. Die Hauptsatzung übertrug dem Oberstadtdirektor die „Geschäfte der laufenden Verwaltung“, unbeschadet des Rechts des Rates, in einzelnen Geschäften selbst zu entscheiden. Entsprechend der Geschäftsordnung des Rates vom 8. März 1954 wurden die dem Oberstadtdirektor im einzelnen übertragenen Befugnisse konkret und abschließend in der Zuständigkeitsordnung vom 24. September 1956 festgeschrieben.

Zwar hatte die Gemeindeordnung in § 53 bestimmt, daß der Gemeindedirektor die Geschäfte leitet und verteilt, aber schon im gleichen Absatz festgelegt, daß der Rat den Geschäftskreis der Beigeordneten festlegen könne. Dies stellt sicherlich eine wesentliche Beschneidung der Organisationsgewalt des Hauptgemeindebeamten dar; vor allem aber läßt sie politische und machtpolitische Überlegungen und Motive auf an sich rationale Organisationsfragen durchschlagen. Oberstadtdirektor Austermann war freilich selbst an einer Mitwirkung des Rates bei der Neuorganisation der Stadtverwaltung interessiert und schlug am 2. Februar 1953 dem Hauptausschuß vor, ei-

Oberstadtdirektor Heinrich Austermann sammelt auf der letzten Fahrt der Straßenbahn Geschenke für das Personal (1954)

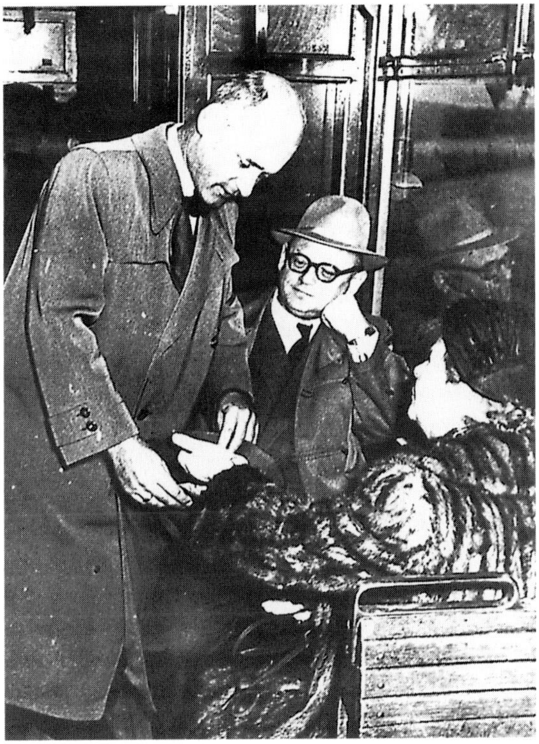

nen Unterausschuß mit Namen „Organisationsausschuß" zu bilden, dessen Aufgabe die „Prüfung der Arbeiten der Verwaltung unter dem Gesichtswinkel der Sparsamkeit und größtmöglichsten Wirtschaftlichkeit" sein sollte, freilich auch die „Prüfung der Arbeit des Rates und seiner Ausschüsse, sowie der Zusammenarbeit mit der Verwaltung". Anfangs zeigte sich das Ausschußmitglied Ratsherr Josef Prochaska (SPD) sehr engagiert und brachte unkonventionelle Ideen in Vorschlag. So dürfe es in Zukunft kein Wohlfahrts-, Fürsorge-, Gesundheits-, Jugend-, Fluchtlings- und Lastenausgleichsamt mehr geben, sondern nur noch ein Sozialamt, in dem alle genannten Aufgaben zusammengefaßt würden. Die Schaffung von Großdezernaten sollte eine effektivere Arbeit der Verwaltung ermöglichen. Nach amerikanischem Vorbild sollte ein „Amt für die Beziehungen zur Öffentlichkeit" errichtet oder aber die Fragestunde für Bürger in Sondersitzungen des Rates eingeführt werden, um die Mitverantwortung der Bürger an den Geschicken ihrer Stadt zu stärken, aber auch eine gewisse Disziplinierung der Ratsherren, Beamten und Angestellten der Stadt zu erzielen.

Austermann hatte bei seinem Amtsantritt die noch von Zuhorn und Wenking geschaffene rückständige Dezernatsverteilung übernommen, der immerhin eine Verwaltungsgliederung mit modernen Zügen zugrunde lag. Der Oberstadtdirektor betrachtete die Neuorganisation der Verwaltung durchaus als Chefsache. Sein Stellvertreter, der Erste Beigeordnete Hemsath, hat sich offenbar für Organisationsfragen wenig interessiert. Die im Frühjahr 1953 bald konkrete Gestalt annehmenden Pläne zur Aufgaben-, Verwaltungs- und Dezernatsgliederung glichen sich, von Details abgesehen, den von der Kommunalen Gemeinschaftsstelle für Verwaltungsvereinfachung (KGSt) in Köln erstmals 1953 erarbeiteten Modellen für Verwaltungsaufbau und -organisation an, wiewohl kein intensiver Austausch zwischen dieser Institution und der Stadtverwaltung erkennbar ist. Austermann war allerdings schon 1953 in die Arbeit des Deutschen Städtetages eingebunden; die KGSt ihrerseits hatte ihren Ausgang von einer Abteilung des Städtetages genommen. Aus den Protokollen des Hauptausschusses ist dann erkennbar, daß insbesondere in der Endphase der Beratungen über die von der Verwaltungsspitze erarbeiteten Organisationspläne einzelne Ratsherren ihr Recht an der Abgrenzung der Geschäftskreise der Beigeordneten ausübten. Auch die Rathausfraktionen scheinen intern Beratungen über Organisationsfragen vorgenommen zu haben.

Gegenüber der alten, in zwölf Dezernaten sehr feingliederig organisierten Geschäftsverteilung ergab sich nun die Besonderheit, daß grundsätzlich zu Dezernatsleitern nur Beigeordnete im Sinne der Gemeindeordnung genommen wurden. Die Hauptsatzung hatte die Zahl der Beigeordneten des Oberstadtdirektors auf fünf festgelegt. Die Dezernatsverteilung versuchte gleichzeitig, die von der KGSt entwickelte Verwaltungsgliederung nach acht Aufgabenhauptgruppen nicht zu sehr zu deformieren. Diese acht Gruppen gliederten die Gesamtverwaltung in:

1. Allgemeine Verwaltung,
2. Finanzen,
3. Recht, Sicherheit und Ordnung,
4. Schule und Kultur,
5. Soziales, Jugend und Gesundheit,
6. Bauwesen,
7. Öffentliche Einrichtungen,
8. Wirtschaft und Verkehr.

Der schließlich durch Ratsbeschluß vom 27. Juli 1953 festgelegte Dezernatsverteilungsplan erreichte das gesteckte Ziel insbesondere deshalb, weil der Oberstadtdirektor selbst das Dezernat „Allgemeine Verwaltung“ leitete und an dieses Dezernat Aufgabenbündelungen aus der Hauptgruppe „Wirtschaft und Verkehr“ anband.

In der gleichen Sitzung hatte der Rat auf Antrag Austermanns beschlossen, die Stelle des Stadtverwaltungsdirektors wieder einzurichten; sie wurde auch sogleich mit Heinrich Melchior besetzt. Im engeren Sinne war Melchior Leiter des Hauptamtes, der Oberstadtdirektor übertrug ihm aber auch die Aufgabe des allgemeinen Personaleinsatzes und gab ihm gegenüber den anderen Amtsleitern eine herausgehobene Stellung. In der ebenfalls am 27. Juli 1953 stattfindenden Sitzung des Hauptausschusses wählten dessen Mitglieder – wie schon erwähnt – den aus 27 Bewerbern in die engere Wahl genommenen Rechtsrat Heinrich Kochs zum Kämmerer. Aber schon mit Wirkung vom 1. Juni 1954 wechselte Kochs in das Amt des Oberkreisdirektors des Kreises Coesfeld. Austermann übernahm, wie schon nach seiner Wahl zum Oberstadtdirektor, erneut die Geschäfte des Kämmerers, übertrug aber gleichzeitig die „laufenden Geschäfte im Finanzdezernat“ dem Stadtverwaltungsdirektor Melchior. Noch zu Beginn des Jahres 1955 konnte die Stelle des Kämmerers mit Josef

Harnisch wieder besetzt werden. Neben Kochs war am 23. Juli 1953 Rechtsrat Eberhard Hoffschulte zum Beigeordneten und Leiter des Dezernats Rechts-, Sicherheits- und Ordnungsverwaltung gewählt worden. Auch er hatte schon vor seiner Wahl eine Dezernentenfunktion ausgeübt.

Am 29. Februar 1956 wurde Heinrich Hemsath als neuer Arbeits- und Sozialminister des Landes Nordrhein-Westfalen vereidigt. Seine Wahlzeit als Erster Beigeordneter der Stadt Münster endete jedoch erst am 14. Januar 1958. Aufgrund entsprechender gesetzlicher Regelungen ruhten damit die in dem Beamtenverhältnis Hemsaths zur Stadt Münster begründeten Rechte und Pflichten vom Tag seiner Ernennung zum Mitglied der Landesregierung an für die Dauer dieser Mitgliedschaft. Die von ihm eingenommene Beigeordnetenstelle konnte also vorerst nicht neu besetzt werden. Daher verfügte Austermann am 21. März, daß bis auf weiteres der seit 1954 als Persönlicher Referent des Oberstadtdirektors bei der Stadtverwaltung tätige Rechtsrat Dr. Egbert Möcklinghoff mit der Wahrnehmung der Geschäfte des Dezernenten für das Dezernat Sozialverwaltung beauftragt sei. Der Sozialdemokrat Hemsath, 1947 bis 1948 schon Mitglied des Wirtschaftsrates des Vereinigten Wirtschaftsgebiets in Frankfurt, hatte schon zuvor Ambitionen erkennen lassen, in die Landespolitik zu gehen. 1950 war er über die SPD-Reserveliste Mitglied des Landtags geworden. Bei der Landtagswahl 1954 war er im Wahlkreis Münster-Stadt dem Direktkandidaten der CDU, Georg Jöstingmeier, deutlich unterlegen geblieben, kam jedoch über die Landesliste wieder in den Landtag.

Bereits am 25. Juli 1958 schied Heinrich Hemsath aufgrund einer Regierungsneubildung wieder aus dem Ministeramt. Obwohl im Spätherbst 1958 der CDU-Ratsherr und Abgeordnetenkollege von Hemsath, Hermann Josef Neuhaus, in der Presse heftig gegen den SPD-Politiker polemisiert und offenbar auch die Gesamt-CDU Münsters die Wiederwahl Hemsaths abgelehnt hatte, fiel die Entscheidung in den einschlägigen Ausschüssen (Personal- und Hauptausschuß) und im Rat der Stadt Münster eindeutig und klar aus: Er wurde mit Wirkung vom 1. Januar 1959 auf weitere zwölf Jahre zum Beigeordneten gewählt. Ende Dezember 1958 unterrichtete dann Hemsath Oberstadtdirektor Austermann darüber, daß ihm der Ministerpräsident des Landes Hessen einen Ministerposten angeboten habe. Ende Januar 1959 erklärte er schließlich, daß er seine Wahl zum Beigeordneten nicht annehme, sondern in das Kabinett Georg August Zinn in Hessen eintreten werde.

Heinrich Hemsath muß wohl eher als Kommunalpolitiker denn als Verwaltungsmann gewürdigt werden. Seine Verdienste bei der gerechten Verteilung des knappen Wohnraums und in der Förderung des Wohnungsbaus sowie bei den sozialen Aufgaben der Stadtverwaltung sind unbestreitbar. Als allgemeiner Vertreter des Hauptgemeindebeamten hat er sich weder unter Zuhorn noch unter Austermann profiliert. Er hatte wohl auch diesbezüglich keine Ambitionen. Das Verhältnis zu seinen beiden unmittelbaren Vorgesetzten scheint von tiefem Vertrauen geprägt gewesen zu sein. Man wird Heinrich Hemsath sicherlich neben den Ratsherren Theodor Geringhoff und Josef Hufnagel als Integrationsfigur für sozialdemokratische Wähler und gewerkschaftlich orientierte Bürger bezeichnen dürfen; in Angelegenheiten der Gesamtverwaltung und der Kommunalpolitik im weitesten Sinne war er nicht von prägender Wirkung.

Dezernatsverteilungsplan der Stadtverwaltung Münster (Westf.)

— Stand: Juni 1961 —

Dezernat I Hauptdezernat	Dezernat II Finanzdezernat	Dezernat III Rechts-, Ordnungs- u. Liegenschaftsdezernat	Dezernat IV Schul- u. Kulturdezernat	Dezernat V Sozial- u. Gesundheitsdezernat	Dezernat VI Baudezernat	Dezernat VII Wohnungswesen u. öffentl. Einrichtungen	Eigenbetrieb Stadtwerke
Oberstadtdirektor Austermann Vertreter: Stadtdirektor Harnisch zugeteilt: Stadtverwaltungsdirektor Melchior	**Stadtdirektor Harnisch** Vertreter: Stadtrat Hoffschulte	**Stadtrat Hoffschulte** Vertreter: Stadtdirektor Harnisch	**Stadtschulrat Dr. Hoss** Vertreter: Stadtrat Hoffschulte zugeteilt: Kulturdezernent Stadtrat Vernekohl	**Stadtrat Neuhaus** Vertreter: Stadtrat Dr. Kelm zugeteilt: Kreisarzt Obermedizinalrat Dr. Plato **)	**Stadtbaurat Dr. Dübbers** Vertreter: Amtsleiter des Hochbauamts	**Stadtrat Dr. Kelm** Vertreter: Stadtrat Neuhaus	**Erster Werkleiter** z. Z. unbesetzt Vertreter: Kaufmännischer Werkleiter
10 Hauptamt 11 Personalamt 12 Statistisches Amt 13 Presseamt 14 Rechnungsprüfungsamt ***)	20 Stadtkämmerei 21 Stadtkasse 22 Stadtsteueramt 24 Amt für Verteidigungslasten einschl. Lohnstelle 71 Schlacht- und Viehhof 81 Amt f. Gewerbeförderung	23 Liegenschaftsamt 30 Rechtsamt 32 Ordnungsamt einschl. Einwohnermeldeabtlg. und Straßenverkehrsabtlg. 32 Vet Kreisveterinärrat *) **) 34 Standesamt 35 Versicherungsamt	40 Schulamt 40 Wk Werkkunstschule *) 41 Amt für Kulturpflege 41 Th Städt. Bühnen *) 41 Or Städt. Orchester *) 41 Mu Westf. Schule für Musik *) 42 Stadtbücherei 43 Stadtarchiv 44 Volkshochschule 51 Jugendamt 52 Amt für Leibesübungen 80 Werbe- und Verkehrsamt	50 Fürsorgeamt 50 Kl Städt. Altersheim Klarastiftung 50 Sp Städt. Altersheim Haus Spital 53 Gesundheitsamt 53 Kk Städt. Kinderkurheim Juist 53 Wo Stadtbad Wolbecker Straße 53 We Städt. Freibad Werse 55 Ausgleichsamt	60 Bauverwaltungsamt 61 Stadtplanungsamt 62 Vermessungs- u. Katasteramt 63 Bauordnungsamt 65 Hochbauamt 66 Tiefbauamt einschl. Fuhrpark 67 Garten- und Friedhofsamt 69 Baupflegeamt	36 Wohnungsamt 37 Berufsfeuerwehr 38 Amt für zivilen Bevölkerungsschutz 64 Amt für Wohnbauförderung	85 Eigenbetrieb Stadtwerke Stromversorgung Gasversorgung Wasserversorgung Verkehrsbetrieb Hafenbetrieb Stadtbad am Zoo Kaufm. Verwaltung

*) Die Leiter dieser Einrichtungen unterstehen dem Dezernenten unmittelbar. **) In fachlicher Hinsicht nicht an Weisungen gebunden. ***) In sachlicher Hinsicht dem Rat unmittelbar verantwortlich und unterstellt (§ 101 GO NW).

Dezernatsgliederung von 1961

Während das Sozialdezernat von März 1956 bis September 1959 vom Referenten des Oberstadtdirektors und nachmaligen Wirtschaftsdezernenten und vom Oktober 1959 bis 18. April 1960 vom Stadtschulrat mitverwaltet wurde, vertrat den Ersten Beigeordneten Hemsath vom 1. März 1956 bis zum 27. März 1960 der Stadtbaurat Dr. Karl Dübbers. Ab 19. April 1960 verfügte dann der Oberstadtdirektor mit Heinrich Neuhaus (ebenfalls SPD) wieder über einen auf zwölf Jahre gewählten Beigeordneten und Sozialdezernenten.

Im Sommer 1956 hatten Rat und Verwaltung aus der faktischen Vakanz der ersten Beigeordnetenstelle die Konsequenz gezogen und eine neue Stelle institutionalisiert. Dazu mußte die Hauptsatzung geändert werden. Am 18. Juni beschloß der Rat, die Zahl der Beigeordneten von fünf auf sechs zu erhöhen. Schon am 23. Juli wurde Egbert Möcklinghoff zum sechsten Stadtrat gewählt und mit der Leitung des neugeschaffenen Wirtschaftsdezernats beauftragt. Am 30. September 1959 schied Möcklinghoff infolge seiner Wahl zum Oberkreisdirektor des Kreises Lüdinghausen aber wieder aus den Diensten der Stadt. Ebenfalls am 23. Juli 1956 wurde Dr. Karl Hoss als Nachfolger Dr. Hubert Pollerts für zwölf Jahre zum Beigeordneten und Stadtschulrat gewählt.

Der 1953 begründete Organisationsausschuß des Rates wurde nach der Vollendung der Zuständigkeitsordnung im September 1956 zwar in der im November 1956 beginnenden neuen Ratsperiode wieder gebildet, er hatte jedoch vorerst weniger zu

Verwaltungsgliederungsplan der Stadtverwaltung Münster (Westf.)

— Stand: Juni 1961 —

1 Allg. Verwaltung	2 Finanzverwaltung	3 Rechts-, Sicherheits- u. Ordnungsverwaltung	4 Schul- u. Kulturverwaltung	5 Sozial- u. Gesundheitsverwaltung	6 Bauverwaltung	7 Verwaltung f. öffentl. Einrichtungen	8 Verwaltung für Wirtschaft und Verkehr
10 Hauptamt 11 Personalamt 12 Statistisches Amt 13 Presseamt 14 Rechnungsprüfungsamt	20 Stadtkämmerei 21 Stadtkasse 22 Stadtsteueramt 23 Liegenschaftsamt 24 Amt für Verteidigungslasten einschl. Lohnstelle	30 Rechtsamt 32 Ordnungsamt einschl. Einwohnermeldeabtlg. und Straßenverkehrsabtlg. 32 Vet Kreisveterinärrat 34 Standesamt 35 Versicherungsamt 36 Wohnungsamt 37 Berufsfeuerwehr 38 Amt für zivilen Bevölkerungsschutz	40 Schulamt 40 Wk Werkkunstschule 41 Amt für Kulturpflege 41 Th Städt. Bühnen 41 Or Städt. Orchester 41 Mu Westf. Schule für Musik 42 Stadtbücherei 43 Stadtarchiv 44 Volkshochschule	50 Fürsorgeamt 50 Kl Städt. Altersheim Klarastiftung 50 Sp Städt. Altersheim Haus Spital 51 Jugendamt 52 Amt für Leibesübungen 53 Gesundheitsamt 53 Kk Städt. Kinderkurheim Juist 53 Wo Stadtbad Wolbecker Straße 53 We Städt. Freibad Werse 55 Ausgleichsamt	60 Bauverwaltungsamt 61 Stadtplanungsamt 62 Vermessungs- u. Katasteramt 63 Bauordnungsamt 64 Amt für Wohnbauförderung 65 Hochbauamt 66 Tiefbauamt einschl. Fuhrpark 67 Garten- und Friedhofsamt 69 Baupflegeamt	71 Schlacht- und Viehhof	80 Werbe- und Verkehrsamt 81 Amt f. Gewerbeförderung 85 Eigenbetrieb Stadtwerke Stromversorgung Gasversorgung Wasserversorgung Verkehrsbetrieb Hafenbetrieb Stadtbad am Zoo Kaufm. Verwaltung

Verwaltungsgliederung von 1961

regeln oder zu entscheiden und tagte daher sehr selten. Erst im Jahr 1960 entwickelte er neue Aktivitäten. Die bevorstehende Fertigstellung des neuen Stadthauses bot einen recht konkreten stadtspezifischen Anlaß, allgemeine Organisationsüberlegungen bei den Kommunalverwaltungen kamen hinzu. Nach kurzen Beratungen traten zum 10. Mai 1961 die neuen Organisationspläne in Kraft. Verwaltungsgliederungsplan und Dezernatsverteilungsplan von 1953 wurden aufgehoben.

Die neuen Organisationspläne waren im wesentlichen auf der Grundlage der von der KGSt erarbeiteten Grundsätze neuzeitlicher Organisation in Städten erstellt worden. Der Verwaltungsgliederungsplan, der bislang nach Dezernaten ausgerichtet war, wurde nun „als festes, von der jeweiligen Personalbesetzung unabhängiges Gerüst der Verwaltungsorganisation“ erstellt [1670: Münster 1961–1966, S. 20]. Er gliederte die Gesamtverwaltung auf der dritten Ebene in Ämter und Einrichtungen. Der Dezernatsverteilungsplan grenzte die Geschäftsbereiche der Beigeordneten gegeneinander ab.

Oberstadtdirektor Austermann unterzog in den Jahren 1961 bis 1966 die Verwaltung systematischen Organisations- und Geschäftsprüfungen, die eine Ordnung und Verbesserung des Verwaltungsablaufs zum Ziel hatten. Der Verwaltungsgliederungsplan von 1961 erfuhr dadurch aber bis in die Gegenwart hinein keine prinzipiellen Änderungen mehr. Als mit Ratsbeschluß vom 7. Mai 1973 die Hauptsatzung in Paragraph 8 die Neufassung „Die Zahl der Beigeordneten wird auf 7 festgelegt“ erhielt, hatte dies keine grundlegend neuen Geschäftsverteilungen zur Folge. Der neue, siebte Beigeordnete übernahm in der hergebrachten Bündelung das Dezernat des Oberstadtdirektors. Austermann, hier schon für seinen Nachfolger handelnd, der in der Ratssitzung vom 28. Mai gewählt werden sollte, begründete die Freistellung von Dezernatsführungsaufgaben mit der Entwicklung der Stadt im Blick auf die kommunale Neugliederung. Der Oberstadtdirektor werde in Zukunft vermehrt „Aufgaben der Koordination und dezernatsübergreifenden Planung" wahrzunehmen haben. Die Integration der in den Stadtverband eingegliederten Gemeinden, der Abbau der Vorbehalte und die Entwicklung eines Gemeinschaftsbewußtseins bedürften des verstärkten persönlichen Einsatzes des Oberstadtdirektors. Mit dem Oberstadtdirektor wurde der siebte Beigeordnete und Dezernent für Personal- und Organisationsangelegenheiten gewählt. Dr. Erich Lauhoff, seit 1961 in städtischen Diensten, von 1964 bis 1968 Persönlicher Referent des Oberstadtdirektors, mit Wirkung vom 1. August 1968 Hilfsdezernent im Dezernat des Oberstadtdirektors und dort betraut mit Führungs- sowie dezernatsübergreifenden Aufgaben, war von den Ratsfraktionen der CDU und FDP für diese Stelle vorgeschlagen worden und erhielt auch das Votum.

Die Geschäftsprüfungen der Jahre 1961 bis 1966 in der Verwaltung hatten zwar zu keinen Organisationsänderungen gegenüber 1961 geführt, aber zu einer tiefgreifenden Änderung in der Aufgabenwahrnehmung in einem bestimmten Bereich. Die Stadtwerke waren jahrzehntelang als Eigenbetrieb der Stadtverwaltung geführt worden. Dies erforderte zwar von der Kommune erheblichen Personal- und Sachmittelaufwand, brachte aber auch bedeutende Einnahmen. „Aus steuerlichen Gründen und zur Erreichung einer größeren Flexibilität in der Unternehmensführung" beschloß man, die Stadtwerke in eine Gesellschaft in der Rechtsform einer GmbH umzuwandeln [1667: Münster 1967–1972, S. 224]. Alleinige Gesellschafterin blieb die Stadt Münster. Am 5. Dezember 1967 erfuhr die „Stadtwerke Münster GmbH" den Eintrag ins Handelsregister des Amtsgerichts Münster, zum 1. Januar 1968 wurde das bewegliche und unbewegliche Vermögen des Eigenbetriebs Stadtwerke gegen die Gewährung von Gesellschaftsrechten in die neue Gesellschaft eingebracht. Die bisherigen Bediensteten des städtischen Eigenbetriebs wurden per Personalüberleitungsvertrag von der GmbH übernommen. Dem Aufsichtsrat gehören neben Rats- und Belegschaftsmitgliedern der jeweilige Oberstadtdirektor und der jeweilige Stadtkämmerer an.

Als Heinrich Austermann mit Wirkung vom 1. November 1973 in den Ruhestand versetzt wurde, konnte er auf eine über zwanzigjährige Spanne an der Spitze der Verwaltung zurückblicken. Er darf sicher als der Former der modernen rationalen Stadtverwaltung in Münster bezeichnet werden, wenn auch längst nicht alle Organisationsmaßnahmen oder Einrichtungen als originäre Schöpfungen Austermanns gelten dürfen, sondern durch allgemeine Erkenntnisse, Modelle oder Bestimmungen vorgegeben wurden. Der Rat der Stadt würdigte die Verdienste Austermanns durch die Verleihung der Ehrenbürgerschaft am 28. Oktober 1973. Beim Vollzug der kommunalen Gebiets- und Verwaltungsreform im Jahr 1975 war Austermann schon von Dr. Hermann Fechtrup, dem vormaligen Oberkreisdirektor des aufgehobenen Kreises Münster, im Amt abgelöst. Viele Ergebnisse der Reform für Münster waren jedoch noch unter maßgeblicher Mitwirkung Austermanns gestaltet worden.

3. Kommunale Gebiets- und Verwaltungsreform unter Oberstadtdirektor Dr. Hermann Fechtrup

Die Gebiets- und Verwaltungsreform wurde in Nordrhein-Westfalen wie in den anderen Bundesländern von der Landesregierung initiiert [2422: Mattenklodt, Gebiets- und Verwaltungsreform]. Die Reformdiskussion kam 1964 in Gang, 1968 lag das bestimmende Gesamtgutachten für die kommunale und staatliche Neugliederung (sogenanntes Rietdorf-Gutachten) vor. Rat und Verwaltung der Stadt Münster reagierten sofort [StadtAM, Protokolle des Hauptausschusses 1968]. Unter der sehr weitgehenden persönlichen Einflußnahme und Leitung des Oberstadtdirektors sowie des seit 1. August 1968 fungierenden Hilfsdezernenten im Dezernat des Oberstadtdirektors, Dr. Erich Lauhoff, erarbeitete die Verwaltung eigene Vorschläge zur kommunalen Neugliederung im Raum Münster. Am 7. Juni 1971 beschloß der Rat, eine abschließende Stellungnahme zur gemeindlichen Neugliederung abzugeben. Der Zusammenschluß der Stadt Münster mit den Gemeinden Albachten, Amelsbüren, Angelmodde, Handorf, Hiltrup, Nienberge, Roxel, St. Mauritz und Wolbeck wurde darin als Notwendigkeit erklärt. Die Gemeinden Bösensell, Rinkerode und Albersloh wurden in einer „Versorgungsbeziehung" zur Stadt Münster gesehen. Sie sollten „einem der dem Oberzentrum Münster zugeordneten Kreise angehören" [1708: Kommunale Neugliederung, S. 4].

Der Verlauf der Diskussionen auf den beteiligten Ebenen (Organe der betroffenen Gemeinden und des Kreises, Parteien in den Gemeinden, Bürger und Bürgervereinigungen) kann hier nicht nachgezeichnet werden. Wie überall waren sie stark emotionalisiert, sogar auf Verwaltungsebene. Am 30. Mai 1973 kam schließlich der Gebietsänderungsvertrag zwischen der Stadt Münster und den Gemeinden Albachten, Amelsbüren, Angelmodde, Handorf, Hiltrup, Nienberge, Roxel, St. Mauritz, Wolbeck sowie den Ämtern Roxel, St. Mauritz und Wolbeck zustande. Die Stadt Münster wurde die Rechtsnachfolgerin der genannten neun Gemeinden sowie der drei Ämter. Im Vertrag wurden insbesondere Interessen der ihre Selbständigkeit verlierenden Gemeinden gesichert; es wurde festgeschrieben, daß vier Stadtbezirke (Münster-Handorf, Münster-Wolbeck, Münster-Hiltrup und Münster-Roxel) zu bilden waren, die in etwa alte Bindungen berücksichtigten. Am 6. Juni 1973 kam ein Gebietsänderungsvertrag zwischen der Stadt Münster und den Gemeinden Albersloh, Gimbte und Rinkerode zustande, da aus diesen Gemeinden Gebietsteile der Stadt eingegliedert wurden. Sanktioniert wurden die Verträge im sogenannten Münster/Hamm-Gesetz (Gesetz zur Neugliederung der Gemeinden und Kreise des Neugliederungsraumes Münster/Hamm) vom 9. Juli 1974, das am 1. Januar 1975 in Kraft trat.

Auf die Verwaltungsorganisation hatte die Gebietsreform nur insofern Auswirkungen, als aufgrund der Einführung der Bezirksverfassung für kreisfreie Städte per Gesetz vom 29. Oktober 1974 neben den Bezirksvertretungen als „eigenständigen Kommunalparlamenten" in jedem zu bildenden Stadtbezirk auch Bezirksverwaltungsstellen einzurichten waren [2592: Richter, Gemeindeordnung, S. 166]. Zu diesem Zweck erließ der Rat der Stadt Münster am 30. Juni 1975 eine neue Hauptsatzung. Mittels dieser Hauptsatzung wurde das Stadtgebiet in sechs Stadtbezirke einge-

Sitzung des Kreisausschusses 1969 (in der Mitte Landrat Dr. Hugo Pottebaum, dahinter stehend Oberkreisdirektor – seit 1973 Oberstadtdirektor – Dr. Hermann Fechtrup)

teilt. Allerdings war zunächst vorgesehen, daß für drei Bezirke (Mitte, Nord und Ost) eine Verwaltungsstelle eingerichtet würde, deren Aufgaben aber faktisch die zentralen Verwaltungsstellen der Stadt miterfüllen sollten. In den Stadtbezirken Südost, Hiltrup und West wurden eigene Verwaltungsstellen (Wolbeck, Hiltrup, Roxel) eingerichtet. Seit 1985 gibt es auch eine eigenständige Verwaltungsstelle Nord in Kinderhaus für den Stadtbezirk Nord, während die Aufgaben der Verwaltungsstellen Mitte und Ost weiterhin von zentralen Verwaltungsstellen wahrgenommen werden. Ähnlich wie bei den Bezirksvertretungen, denen im Laufe der Zeit gegen den Widerstand der politischen Führung und der Verwaltung mehr Kompetenzen zugesprochen wurden, zuletzt per Änderungsgesetz von 1984 [2592: Richter, Gemeindeordnung, S. 67], wurde und wird auch bei den Bezirksverwaltungsstellen versucht, diesen mehr Aufgaben zuzuweisen.

Am 1. November 1973 trat Dr. Hermann Fechtrup, seit 1969 der leitende Beamte des Kreises Münster und in dieser Eigenschaft an den Neuordnungen im Raum Münster ebenfalls maßgeblich beteiligt, sein Amt als Oberstadtdirektor in der Nachfolge Austermanns an. Ihm oblag damit die Ausführung der kommunalen Neugliederung und die von Austermann schon artikulierte Integration der eingegliederten Gemeinden. Während seiner Amtszeit erfuhr die Verwaltung keine grundlegende Neuorganisation. Immerhin weitete sich ihr Aufgabenkatalog aus. So wurde im Jahr 1981 das Kulturamt in neuer Form etabliert, dem wichtige städtische Einrichtungen wie das

Bürgerhaus Kinderhaus, die Stadthalle Hiltrup und Haus Rüschhaus zugeordnet waren. Planung und Durchführung kultureller Veranstaltungen und Kulturförderung im weitesten Sinne gehören zum Aufgabenkatalog dieses städtischen Amtes. Am 1. Juni 1987 wurde die erste Frauenbeauftragte der Stadt Münster in ihr Amt eingeführt. Die Stelle wurde direkt dem Oberstadtdirektor zugeordnet. Schließlich entstand ebenfalls im Jahr 1987 als neuestes Amt das Umweltamt. Am 31. März 1989 trat Dr. Hermann Fechtrup vorzeitig von seinem Amt zurück.

Arten und Vielfalt der Aufgaben einer Großstadt, wie sie in den sechziger und siebziger Jahren nach modernen Grundsätzen strukturiert und gebündelt wurden und im wesentlichen bis heute bestehen, hatten sich schon seit dem späteren 19. Jahrhundert entwickelt. Heute werden die Arten der Aufgaben nach freiwilligen und pflichtigen Selbstverwaltungsaufgaben (eigenverantwortliche Aufgabenerfüllung) einerseits, nach Auftragsangelegenheiten (übertragener Wirkungskreis) und Pflichtaufgaben zur Erfüllung nach Weisung andererseits unterschieden [2080: Erichsen, Kommunalrecht Nordrhein-Westfalen, S. 57ff; 2386: Leesch, Verwaltung in Westfalen, S. 196f]. Die Trennung von eigenen oder Selbstverwaltungsaufgaben und übertragenen, eigentlich staatlichen Aufgaben findet sich schon in der Steinschen Städteordnung von 1808. Die Deutsche Gemeindeordnung von 1935 formulierte dann in § 2 eine Allzuständigkeit der Gemeinden in ihrem Gebiet und bestimmte zugleich, daß den Gemeinden „durch Gesetz staatliche Aufgaben zur Erfüllung nach Anweisung übertragen werden" können. Die Verfassung des Landes Nordrhein-Westfalen hat dieses dualistische Aufgabenmodell nicht übernommen, sondern in Artikel 78 ein prinzipiell monistisches Aufgabenverständnis verankert. Dieses Verständnis bestimmte denn auch die Regelungen der §§ 2 und 3 der Gemeindeordnung (Wirkungskreis und Übertragung von Aufgaben). Die Verfassung bindet indes nur den Landesgesetzgeber, hindert aber nicht den Bundesgesetzgeber, im Rahmen des Artikels 85 Grundgesetz die Gemeinden in den Vollzug von Gesetzen einzubeziehen [2080: Erichsen, Kommunalrecht Nordrhein-Westfalen, S. 58f].

Die kommunalen Leistungsaufgaben sind in der Regel nicht Auftragsangelegenheiten, sondern „noch heute klassische Domäne der gemeindlichen Selbstverwaltung". Dennoch ist auch in diesem Verwaltungsbereich eine „Abwanderung" von Versorgungsaufgaben aus dem Sektor der freiwilligen zu den pflichtigen Selbstverwaltungsangelegenheiten zu konstatieren [2161: Gröttrup, Kommunale Leistungsverwaltung, S. 95]. Als zum Beispiel der Deutsche Bundestag am 18. Juni 1953 das Änderungsgesetz zum Reichsjugendwohlfahrtsgesetz verabschiedete, war sich die Verwaltung der Stadt Münster durchaus dessen bewußt, daß die Jugendhilfe nunmehr eine Pflichtaufgabe geworden war, wenngleich das Jugendamt der Stadtverwaltung schon viel länger Bestand hatte. Zwar schreibt das Jugendwohlfahrtsgesetz den kreisfreien Städten zwingend die Errichtung von Jugendämtern und die Wahrnehmung bestimmter Aufgaben (zum Beispiel Förderung der Erziehung in der Familie, Gewährung von Hilfen zur Erziehung, Vormundschafts- und Jugendgerichtshilfe) vor, viele andere Aufgaben nahm und nimmt die Kommune jedoch freiwillig wahr, zum Beispiel in der Errichtung und Unterhaltung eines Jugendinformations- und -beratungszentrums sowie allgemeinen Jugendzentrums im Jahr 1973. Für den Berichtszeitraum 1983 konnte das Jugendamt konstatieren, daß die Stadt für 83,5 Prozent der Kinder im Kindergartenalter Kindergartenplätze zur Verfügung gestellt habe und damit die im Kindergartengesetz des Landes Nordrhein-Westfalen geforderte Quote von 75 Prozent deutlich überschritten sei. Die freiwillige Aufgabenwahrnehmung der Gebietskörperschaft in diesem Bereich wurde und wird jedoch in Münster durch ein hohes Engagement freier Trägerschaften entlastet. Im Jahr 1983 befanden sich elf Schüler- und sechs Jugendwohnheime, fünf Kinder- und fünf Sonderheime (heilpädagogische Einrichtungen) sowie vier Wohngemeinschaften für schwer erziehbare Jugendliche und ein Wohnheim für Mutter und Kind in freier Trägerschaft.

Neben dem Jugendwohlfahrtsgesetz (JWG) prägte das Bundessozialhilfegesetz (BSHG) von 1961 das sozialpolitische Aufgabengebiet der Kommunen und bestimmte gewisse Formen der Sozialhilfe zu Pflichtaufgaben der kreisfreien Städte. Auch das Wohlfahrtsamt der Stadt Münster bestand schon vor Inkrafttreten des Sozialhilfegesetzes, die Gesetzessystematik von JWG und BSHG hatten aber über die Qualitätsänderung und die Bestimmung des Aufgabenkatalogs hinaus hier wie anderenorts Auswirkungen auf die „Verwaltungsfragmentierung“ [2819: Windhoff-Héritier, Kommunale Sozialpolitik, S. 263]. Zwar freiwillig, aber letztlich doch einer gewissen Dynamik unterliegend wurde zuletzt bei der Stadtverwaltung neben dem Sozialamt im Jahr 1984 das Amt für soziale Dienste errichtet. Sozialamt, Jugendamt, Amt für soziale Dienste und Gesundheitsamt – letzterer Verwaltungsbereich per Landesgesetz dem Oberstadtdirektor als Auftragsangelegenheit übertragen – sowie Ausgleichsamt (ebenfalls pflichtige Aufgabenerfüllung) sind jedoch seit den späten siebziger Jahren nach modernen und rationalen Grundsätzen in einem Dezernat zusammengefaßt.

Die staatliche Auftragsverwaltung bindet in anderen Verwaltungsbereichen die Kommune teilweise noch enger und unterwirft sie nicht nur einer Rechtsaufsicht, sondern sogar einer Fachaufsicht und im Einzelfall eben den Weisungen der vorgesetzten Behörde. Im Bereich Polizei- und Ordnungsverwaltung spricht man zwar von einer „Entpolizeilichung“ und „Kommunalisierung“ der Gefahrenabwehr seit den fünfziger Jahren, der staatliche Charakter ist der Ordnungsverwaltung und der Gefahrenabwehr im engeren Sinn jedoch nicht verlorengegangen [2505: Oldiges, Polizei- und Ordnungsrecht, S. 241f, 284, 300]. Die Belastung des städtischen Ordnungsamtes durch die Zuweisung von Aufgaben durch Bundes- und Landesgesetzgeber und damit die Zunahme der Fachaufsicht ist noch heute durch eine wachsende Tendenz bestimmt. Die kreisfreie Stadt ist nicht nur Ordnungsbehörde, sondern auch Bauaufsichtsbehörde [2356: Krebs, Baurecht, S. 402]. Das Bauordnungsamt der Stadt Münster wurde also keineswegs freiwillig geschaffen. „Die räumliche und städtebauliche Planung [jedoch] kann generell als eines der wichtigsten Handlungsfelder der kommunalen Selbstverwaltung bezeichnet werden“ [2622: Schäfer, Kommunale Bauleitplanung, S. 240], wenn auch nicht übersehen werden darf, daß auch die Arbeit des Stadtplanungsamts durch Gesetzesvorgaben geprägt wird [1699: 12 Jahre Bauverwaltung, S. 83].

Die Belastungen der Gemeinden durch zusätzliche Aufgaben und Standards aufgrund gesetzlicher Regelungen usw. des Landes bzw. Bundes werden von den Kommunalverwaltungen in Nordrhein-Westfalen allgemein als einschnürend empfunden. Das Recht der kommunalen Selbstverwaltung ist einem „schleichenden Substanzverlust" ausgesetzt, der gemeindliche Aufgabenbestand und seine eigenverantwortliche Wahrnehmung werden insbesondere durch gesetzliche Vorgaben als regelrecht bedroht angesehen [2472: Mutius, Aufgabenerfüllung, S. 227ff]. Dr. Hermann Fechtrup, von 1973 bis 1989 Oberstadtdirektor der Stadt Münster, hat dies nach vieljähriger Erfahrung als Hauptgemeindebeamter artikuliert [2092: Fechtrup, Kommunen im Zugriff, S. 748ff]. Gleichzeitig wird die Verwaltungsführung der Großstädte zunehmend kritisiert: Die Kommunen entwickelten sich von der Behörde zum Dienstleistungsunternehmen und brauchten demnach ein neues „Steuerungsmodell" nach Art eines Konzernmanagements [1948: Banner, Behörde]. Damit nicht genug, wird auch die Gemeindeverfassung Nordrhein-Westfalens, insbesondere die sogenannte Doppelspitze (Ratsvorsitzender – Verwaltungsleiter) seit mehreren Jahren von vielen Seiten in Frage gestellt. Die Entwicklung der kommunalen Selbstverwaltung in Nordrhein-Westfalen ist also am Ende des 20. Jahrhunderts in einem hohen Maße offen.

Quellen und Literatur

Die Überlieferung zur Geschichte der kommunalen Verwaltung der Nachkriegszeit und der Schaffung einer modernen und rationalen Verwaltungsstruktur und -organisation findet sich nahezu ausschließlich im Stadtarchiv Münster. Eine sehr wichtige Quellenart stellen die Niederschriften der Sitzungen des Allgemeinen Beirats, des Rates und seiner Ausschüsse dar; sie haben bis etwa zur Mitte der fünfziger Jahre noch mehr narrativen Charakter als die dürren Ergebnisprotokolle der jüngeren Zeit. Der Verwaltung selbst war an einer Dokumentation ihrer Tätigkeit gelegen, und sie hat deshalb mehrere „Verwaltungsberichte", insgesamt den Zeitraum von 1945 bis 1972 umfassend, vorgelegt [1672: Verwaltungsbericht 1945–1954; 1669: Münster 1955–1960; 1670: Münster 1961–1966; 1667: Münster 1967–1972]. Sie sind materialreich, aber sicher nicht ganz unbefangen. Fur die Jahre 1945 bis 1954 sind informativer die Entwürfe zu dem Verwaltungsbericht in der Aktenüberlieferung. Seit 1973 gibt es die Arbeitsberichte der städtischen Ämter und Dienststellen.

Für die Jahre 1938 bis 1948 legte die Verwaltung einen zusammenfassenden „Statistischen Bericht" vor [1493: Statistischer Bericht 1938–1948]. Mit dem Jahr 1949 setzt wieder der regelmäßige „Statistische Jahresbericht" ein [1662: Statistischer Jahresbericht]. Weitere offizielle Quellen sind die Amtsblätter (Bekanntmachungen), die Amtlichen Mitteilungen und die Rundverfügungen. Das facettenreiche Druckschriftenangebot der städtischen Ämter ist zur Abrundung des Aktenschriftgutes heranzuziehen.

Spezielle Literatur zur Geschichte der Verwaltung der Stadt Münster nach 1945 existiert bislang nicht. Lokale Kommunalpolitik und -verwaltung in Münster stellte bis heute auch keinen Gegenstand einer politikwissenschaftlichen Untersuchung dar.

KARL-ERNST JEISMANN

Die Bildungsinstitutionen der Stadt Münster seit 1945

1. Wiederaufbau und Etablierung vom Kriegsende bis zum Beginn der sechziger Jahre – 2. Kritik und Bewegung: Die sechziger Jahre – 3. Reform, Expansion, Stagnation: Die Entwicklung der Bildungsinstitutionen nach 1970 – 4. Rückblick

1. Wiederaufbau und Etablierung vom Kriegsende bis zum Beginn der sechziger Jahre

Der Wiederbeginn des Unterrichts

Das erste Jahrzehnt nach dem Krieg war eine Phase des äußeren und inneren Wiederaufbaus der Bildungsanstalten. Dazu bedurfte es einer Vielzahl von Bemühungen und Maßnahmen der verbliebenen deutschen Dienststellen unter der Direktive der englischen Militärbehörden; denn nach der Kapitulation im Mai 1945 gab es weder faktisch noch im strengen Rechtssinn eine existente Schule. Die Wiederaufnahme des Unterrichts für die in Münster gebliebenen und für die nach dem Ende ihrer Evakuierung zurückkehrenden Schüler und Schülerinnen wurde im Sommer und Herbst 1945 zu einer unausweichlichen Notwendigkeit. Dazu mußten nicht nur die praktischen Schwierigkeiten überwunden, sondern auch die behördlichen Genehmigungen erwirkt werden. Einer schnellen Wiedereröffnung der Schulen standen nicht nur der Mangel an Gebäuden und Lehrpersonal, sondern auch das politisch-pädagogisch schwierig zu realisierende Erfordernis eines neuen Unterrichts im Sinne der von den Alliierten angestrebten *reeducation* entgegen. Dazu bedurfte es politisch nicht belasteter Lehrer und neuer Unterrichtsmaterialien. Die englische Militärbehörde nahm diese Erfordernisse sehr ernst und setzte aus praktischen Gründen, aber auch in der Meinung, daß der neue Unterricht am schwierigsten in den höheren Schulstufen durchzusetzen sei, eine vorgegebene Reihenfolge für die Genehmigung des Unterrichtsbeginns fest: Zuerst sollten die Grundschulen, dann die Oberstufen der Volksschulen, die Mittelschulen und als letztes die Gymnasien den Unterricht wiederaufnehmen.

Als erste Volksschulen wurden im Oktober 1945 die Kinderhauser und die Gievenbecker Schule wieder eröffnet. Bis zum Beginn des neuen Schuljahres (Ostern 1946) waren alle Volksschulen wieder in Betrieb – wenngleich wegen des Raummangels mit gekürzter Stundenzahl. Die beiden Mittelschulen für Jungen und für Mädchen wurden im März 1946 wieder eröffnet. Nur sukzessiv erhielten die Gymnasien die Genehmigung zur Aufnahme des Unterrichts, was Proteste in der Bevölkerung nach sich zog. Als erste höhere Schule wurde im Januar 1946 die Ordensschule der Schwestern von der Göttlichen Vorsehung in St. Mauritz, die 1942 von den Nationalsozialisten geschlossen worden war, wieder eröffnet. Noch im gleichen Monat folgte die Genehmigung zum Unterricht für die „Oberschule am Wasserturm" – ebenfalls außerhalb der Stadt mit dem bezeichnenden Namen „Münsterische Ausweichschule für Jungen und Mädchen in Sendenhorst". Erst 1949 kam diese Schule als „Gymnasium am Wasserturm" nach Münster zurück, wurde zunächst in der Johannisschule untergebracht und erhielt im Dezember 1949 ihren jetzigen Namen „Wilhelm-Hittorf-Gymnasium". Die anderen höheren Schulen konnten im Frühjahr 1946 in verschiedenen behelfsmäßigen Unterkünften den Unterricht wiederaufnehmen. In der Kinderhauser Schule teilten sich das Ratsgymnasium und die ehemalige Oberrealschule – das heutige Johann-Conrad-Schlaun-Gymnasium – die Nachmittage. Die Annette-von-Droste-Hülshoff-Schule benutzte mit den zusammengefaßten staatlichen Gymnasien Paulinum und Schillergymnasium das noch brauchbare Gebäude des Schillergymnasiums in der Gertrudenstraße. Die Freiherr-vom-Stein-Schule begann in der Kaffeewirtschaft Rumphorst und im Martin-Luther-Haus mit dem Unterricht. Ostern 1946 öffneten dann die Gewerbliche Berufsschule und im Juni des gleichen Jahres die Städtische Handelslehranstalt wieder ihre Pforten – angesichts des Zustandes der Gebäude ein zu poetischer Ausdruck! Auch die 1913 bereits von der Stadt übernommene Kunsthandwerkschule, die seit 1937 als „Meisterschule des Deutschen Handwerks" vom Staat getragen wurde, konnte im Juni 1947 in den Räumen der Gewerblichen Berufsschule und der Überwasserschule den Unterricht wieder aufnehmen. Die ehemalige Königliche Baugewerkschule begann ihren Unterricht als „Höhere Technische Staatslehranstalt für Hoch- und Tiefbau"; 1953 wurde sie „Staatliche Ingenieurschule für Bauwesen". Die 1919 als private Anstalt gegründete Musikschule nahm schon im September 1945 den Unterricht wieder auf und konnte 1951 die Villa Terfloth am Kreuztor beziehen. Auch die Universität hatte im Wintersemester 1945/46 mit 1250 Studenten die Vorlesungen in den wenigen noch intakten Räumen (insbesondere in den Kliniken) wieder beginnen können – ein Neubeginn, dem intensive Überlegungen der Besatzungsmacht und deren Abklärung mit deutschen Konzeptionen vorausgegangen waren.

So waren ein Jahr nach Kriegsende die Grundstrukturen der Bildungsinstitutionen der Stadt reaktiviert. Bedenkt man, daß für das Genehmigungsverfahren bei der Wiedereröffnung vom örtlichen Schulrat über die verschiedenen Instanzen der deutschen Verwaltung bis zur Militärregierung neun Behörden beteiligt waren, daß eine heute in ihren Einzelheiten gar nicht mehr zu rekonstruierende Unsumme personeller und materieller Schwierigkeiten der Wiederaufnahme des Unterrichts im Wege stand und daß die Lebensbedingungen insgesamt katastrophal waren, ist diese schnelle Wiederbelebung des Bildungssystems als eine erstaunliche Leistung zu werten.

An die materiellen Schwierigkeiten mögen einige Hinweise erinnern. Die Schulspeisungen waren bis ins Jahr 1947 wichtige Elemente des Schullebens. Eine Mitteilung der Steinschule vom Januar 1947 lautete: „Jede Schülerin muß einen eigenen Becher für die Schulspeisung besitzen mit einem Fassungsvermögen von ½ l. Falls kein Becher vorhanden, Konservendose, Rand stumpf gehämmert" [118a: Freiherr-vom-Stein-Gymnasium, S. 65]. Unterrichtsmaterial gab es so gut wie nicht mehr. Mit Genehmigung des Stadtkommandanten durften Lehrer in den alten Flakstellungen – wo im Krieg die Flakhelfer unterrichtet worden waren – danach suchen. Schüler sammelten Kräuter, um aus der Prämie den Kauf von Kreide, Tafeln und Schulmöbeln mitfinanzieren zu können. Heizmaterial war knapp. Schon im Herbst 1945 wurden Schüler zum Holzsammeln vom Unterricht befreit. In den beiden darauffol-

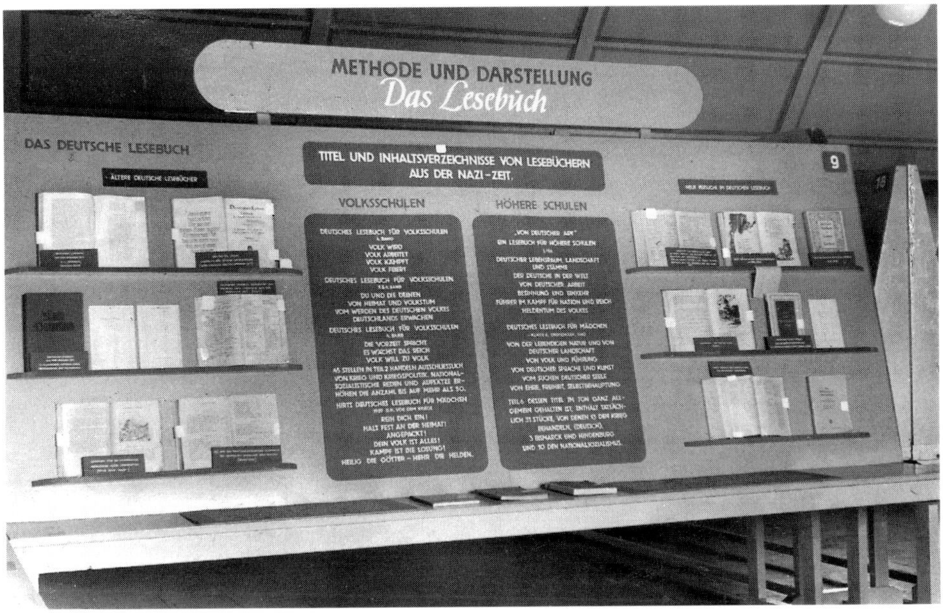

Ausstellung über Schulbuchgestaltung in England, Amerika und Deutschland auf dem Hindenburgplatz (Februar 1949)

genden Wintern gab es Kohleferien, die wochenweise noch bis ins Jahr 1951 nötig wurden. Die Lehrer, sofern sie nicht wegen ihrer politischen Vergangenheit entlassen worden waren, befanden sich in einer „Warteschleife" und wurden bis zum Abschluß ihrer Überprüfung mit Ersatzarbeiten beschäftigt: der Bergung brauchbarer Schulmöbel, der Beaufsichtigung der Schüler bei der Heilkräutersammlung oder bei der Kartoffelkäferbekämpfung. Erst im September 1946 war die Überprüfung der Lehrer und Lehrerinnen der Stadt weitgehend abgeschlossen: 79 wurden entlassen, 416 wiedereingestellt, 50 Fälle blieben noch ungeprüft. Aber selbst bei einem annähernd vollständigen Kollegium bestanden viele Schwierigkeiten, die Lehrer pünktlich zum Unterricht zusammenzubringen; das zeigt ein Antrag der Freiherr-vom-Stein-Schule an den Oberpräsidenten auf Bereitstellung einiger Fahrräder bzw. Bereifungen. Da die Zerstörungen in der zerbombten Stadt zum Wohnen in den umliegenden Dörfern zwangen, war – so hieß es – ohne diese Fortbewegungsmittel „das Kollegium nicht einsatzfähig".

Unter solchen Umständen bedeutete die Wiedereröffnung der Schulen noch nicht eine volle Realisierung der Schulpflicht, zumal durch die vorrangigen Sonderlehrgänge für Kriegsteilnehmer zur Vorbereitung auf die Reifeprüfung, die sich noch bis 1949 hinzogen, weitere Raum- und Personalkapazitäten gebunden waren. Nur 50 Prozent der schulpflichtigen Kinder besuchten 1946 den Unterricht. Erst 1947 war mit dem Schulbesuch von 9119 Kindern in den Volksschulen der Vorkriegsstand annähernd wieder erreicht.

Der Aufbau des Nachkriegssystems der Bildungsanstalten

Im Juni 1946 wurde die Bildung des Landes Nordrhein-Westfalen bekanntgegeben. Nach der Konstituierung der neuen Landesbehörden gab die Militärregierung die Schulhoheit wieder in die deutsche Verantwortlichkeit zurück. Jetzt begann die Periode der systematischen Neugliederung und Ausformung des Schulwesens der Stadt. Dazu gehörten zunächst die Beseitigung der katastrophalen Raumnot und sodann die innere Neugestaltung des Schulwesens durch organisatorische und pädagogische Maßnahmen nach der Deformation der Bildungsanstalten im Nationalsozialismus.

Das äußere Bild der Schulen und das Leben der Schüler und Lehrer waren noch ein Jahrzehnt nach dem Krieg durch „Wanderschaft" oder durch „Schichtunterricht" bestimmt. Die Annetteschule zum Beispiel hielt 1946 zunächst im Schillergymnasium Unterricht, im Sommer 1948 in der Erpho- und in der Mauritzschule. 1953 zog

Die Relation Schüler – Klassenräume:

1937–1950

	Volksschulen			Mittelschulen			Gymnasien		
	Schüler	Räume	Sch. je Raum	Schüler	Räume	Sch. je Raum	Schüler	Räume	Sch. je Raum
1937	11 548	244	47	640	23	28	4 700	151	31
1947	10 108	74	137	689	7	98	3 377	60	56
1948	11 175	82	136	797	11	72	3 863	70	55
1949	12 436	108	115	887	12	74	4 024	64	63
1950	13 350	111	120	1 078	13	83	4 480	67	67

1957

	Klassenräume			
	Bedarf	vorhanden	fehlend	im Bau
Volks- und Hilfsschulen	345	234	111	45
Realschulen	60	12	48	27
Höhere Schulen	120	46	74	52
Berufsschulen	91	73	18	–
	616	365	251	124

Insgesamt sind noch 42 Prozent aller Schüler vom Schichtunterricht betroffen.

1960

	Klassenräume			
	Bedarf	vorhanden	fehlend	im Bau
Volks- und Hilfsschulen	372	319	53	24
Realschulen	67	39	28	12
Höhere Schulen	131	122	9	–
Berufsschulen	102	73	29	–
	672	553	119	36

Quellen 1662: Statistischer Jahresbericht 1950; 1777: Hoss, Schulwesen

die Unterstufe in die Kreuzschule. 1956 konnte die Schule ihr neues Gebäude beziehen. Ähnlich verlief die Wanderschaft der Steinschule. Nachdem sie die Gastwirtschaft Rumphorst verlassen konnte, zog sie in die Geistschule und fand seit 1949 in den überfüllten Räumen der Handelslehranstalt am Hansaring Unterkunft, in der neun Schulen beherbergt wurden. Die schädlichen Folgen für die Gesundheit der Mädchen legte ein Gutachten des Direktors der Universitätskinderklinik, Professor Mai, ausführlich dar. Fast so eng waren auch die Verhältnisse im Gebäude des Schillergymnasiums. Nachdem die Annetteschule ausgezogen war (1948), dauerte es noch bis zum Juli 1957, ehe der Schichtunterricht der zunächst vereinigten, dann wieder getrennten staatlichen Gymnasien mit dem Auszug des Paulinums in seinen Neubau am Stadtgraben beendet wurde.

Ein Jahr nach der Währungsreform gab ein Landeszuschuß von 479 000 DM die Initialzündung für das Jahrzehnt eines großzügigen Wiederaufbaus und Neubaus der zerstörten Schul- und Universitätsgebäude. Bis zum Ende der fünfziger Jahre entstanden die modernen und großzügig entworfenen Schulbauten, die heute noch dem Stadtbild einen besonderen Akzent geben – nur beispielhaft sei auf die Marienschule in der Hermannstraße, den ersten Neubau eines Gymnasiums nach dem Krieg, das Paulinum am Stadtgraben, die Freiherr-vom-Stein-Schule am Hindenburgplatz, das Hittorfgymnasium am Wasserturm, die Fürstin-von-Gallitzin-Schule in der Richthofenstraße oder die Antoniusschule am Aasee in der Nähe der neuen Pädagogischen Akademie verwiesen. An ihren alten Plätzen wurden Schiller- und Schlaungymnasium sowie die Martin-Luther-Schule wieder hergestellt oder erhielten, wie die Annet-

Schulhof des Freiherr-vom-Stein-Gymnasiums (Aufnahme aus dem Jahr 1962)

teschule, einen Neubau. Am Stadtrand entstanden neue Volksschulen, so die Wartburgschule in Gievenbeck. Die schlimmste Raumnot war am Ende des Jahrzehnts behoben, obgleich bis 1960 der Bedarf an Klassenräumen nicht vollständig gedeckt werden konnte; insbesondere litten die Volksschulen noch lange unter beengten Raumverhältnissen.

Bis zum Ende der fünfziger Jahre stiegen die für den Schulbau verwendeten Mittel auf fast 85 Millionen DM. Sie gliederten sich wie folgt auf:

Landesmittel	60 300 000 DM
Bundesmittel	2 400 000 DM
Eigenmittel der Stadt	22 226 331 DM
	84 926 331 DM

Davon wurden verwandt:

für Volksschulen	45 282 180 DM
für Realschulen	9 340 925 DM
für höhere Schulen	16 707 629 DM
für Berufs- und Fachschulen	13 902 597 DM

In der Baugeschichte der Universität läßt sich, ähnlich wie für die Schulen, die Periode der provisorischen Notlösungen bis zum Beginn der fünfziger Jahre vom großzügigen Neuausbau im nächsten Jahrzehnt unterscheiden. Zu den Übergangslösungen gehörten zum Beispiel die Unterbringung der physikalischen Institute in Gebäuden des ehemaligen Oberpräsidiums, der chemischen Institute im früheren Offizierskasino, die vorläufige Verteilung jener klinischen Institute, deren Gebäude gelitten hatten, in den Räumen der Zahnklinik oder Chirurgischen Klinik, die Benutzung des Palmenhauses im Botanischen Garten für Veranstaltungen der Philosophischen Fakultät. Ein Provisorium war auch die Unterbringung der Seminare der Geisteswissenschaften an den verschiedensten Stellen der Stadt – so des Historischen Seminars im unzerstörten Staatsarchiv und später in den Kasernen an der Steinfurter Straße. Aber diese Provisorien ermöglichten doch die Aufnahme eines geordneten und regelmäßigen Studienbetriebs.

Für den späteren Ausbau wurden in diesen Jahren behelfsmäßiger Unterbringung die Weichen gestellt. Die Entscheidung, statt einen Campuskomplex im Westen vor der Stadt neu zu bauen, das alte innerstädtische Universitätsgelände mit dem historischen Kern der Universität durch Neubauten und Umgestaltung gleichsam zu einem „Quartier latin" zu machen, war für das künftige Verhältnis von Stadt und Universität architektonisch, aber auch als Bedingung lebendiger Durchmischung und Verbindung prägend. Wichtig für das Gelingen dieses großzügigen Plans war es, daß das Schloß als Hauptgebäude in Universitätsbesitz überging und Hörsäle, Verwaltungsräume und zunächst auch die mathematischen Institute aufnahm. So entstand mit der Wiederherstellung der alten Universitätsbibliothek, dem frühen Neubau des Juridicums (1951/53) auf dem Platz der ehemaligen Kürassierkaserne und der Verlegung des vorher wenig ansehnlichen Bettes der Aa ein zentrales städtisches Universitätsviertel in gewachsenem Ambiente. Durch die Gebäude der Evangelisch-Theologi-

Errichtung des Fürstenberghauses an der Stelle des im Krieg zerstörten Akademiegebäudes (1956)

schen Fakultät, des Fürstenberghauses auf den Grundstücken der ehemaligen Akademie bzw. des Jesuitenkollegs und der Katholisch-Theologischen Fakultät wurde zwischen Schloß und Dom bis 1960 ein großzügiger Komplex abgesteckt, der zugleich ein integrierter Teil des Stadtbildes blieb.

Wie die Baugeschichte, so nahm auch die Geschichte der organisatorischen und pädagogisch-fachlichen Wiederherstellung der Bildungsanstalten einen Weg, der vom Behelf über den Ausbau und die Vervollkommnung des Hergebrachten bis an die Schwelle eines Neu- und Umbaus führte. Man knüpfte an den Ausbaustand der Bildungsanstalten am Ende der Weimarer Republik an. Die nationalsozialistische Herrschaft war kurz, die pädagogischen Ideen und Konzepte der Weimarer Zeit waren noch kräftig, viele ihrer Vertreter noch in Schule und Verwaltung aktiv. Im Rückgriff auf diese Tradition setzten sich die Befürworter einer liberalen, humanistischen und bildungsbürgerlich bestimmten Bildungskonzeption durch, die ein demokratisches und offenes, aber in sich nach Bildungsstufen und -wegen deutlich gegliedertes und getrenntes Unterrichtssystem anstrebten. Traditionen sozialistischer Herkunft, die eine stärker egalitäre Schulorganisation gemäß der alten Idee der Einheitsschule dem vertikal gegliederten Schulsystem vorzogen, waren durch die formal gleichen Bestrebungen der Nationalsozialisten diskreditiert.

1949 wurde in Nordrhein-Westfalen das Preußische Schulgeldgesetz von 1930 wieder in Kraft gesetzt. 1952 regelte das „Erste Gesetz zur Ordnung des Schulwesens“ die Einrichtung von Klassen- und Schulpflegschaften, den konfessionellen

Lesesaal der Universitätsbibliothek (um 1950)

Charakter der Volksschulen, die Verpflichtung ihrer Lehrer zur Erteilung von Religionsunterricht sowie das Recht der Unterhaltung von Privatschulen. Im Düsseldorfer Abkommen von 1955 wurden dann die Klassenbezeichnungen, die Aufgaben der Mittelschulen und der Gymnasien und deren besonderer Aufbau geregelt und schließlich (1958) durch das Schulverwaltungsgesetz und das Schulfinanzierungsgesetz die staatliche Schulaufsicht auf drei Ebenen etabliert und die Lehrer als Landesbeamte übernommen.

Wie bei den allgemeinbildenden Schulen vollzog sich auch der Wiederaufbau des berufsbildenden Schulwesens in den bereits vor 1933 beschrittenen Bahnen. Aus der Sicht der siebziger Jahre hat man diesen inneren Aufbau des Unterrichtswesens als „Restauration" bezeichnet. Ist dieser Begriff als Vorwurf gemeint, so trifft er weder die Sache, noch wird er den inneren und äußeren Möglichkeiten nach dem Ende des Krieges gerecht. Die Beratungen und Entschlüsse zur Schulreform, die seit 1947 auf Landesebene entwickelt wurden und für die Organisation des Schulwesens bis in die sechziger Jahre hinein grundlegend blieben, festigten zwar das in der Weimarer Republik bereits entstandene dreigliedrige Schulwesen; aber sie schufen bereits stärkere Übergangsmöglichkeiten und Ansätze für eine Auflockerung der prinzipiell vertikalen Struktur. Eine von Grund auf andere Schulorganisation war denkbar und in pädagogischen Programmen vorgedacht; sie wäre aber weder in der nötigen Schnelligkeit noch ohne starken politischen Zwang einzuführen gewesen – ein Blick auf die

Entwicklung der Schulen in der DDR zeigt diesen anderen Weg. Daß ein starker Akzent auf die humanistisch fundierte Bildung einer Verantwortungselite gelegt wurde, die nach der geistigen und moralischen „Autarkie" der NS-Zeit wieder auf die Tradition der europäischen Zivilisation als Gegengewicht gegen die barbarischen Konsequenzen moderner „Weltanschauungen" verpflichtet werden sollte, war naheliegend – wenn auch, wie alle erzieherischen Zukunftsentwürfe, nicht ohne illusionäre Züge. Der starke Anteil des Lateinunterrichts an den höheren Schulen – überhaupt das angestrebte hohe kognitive Niveau ihres Unterrichts, die Wiedereinführung der neunjährigen Klassenstufung, die Bestätigung der hergebrachten Grundständigkeit vom 5. Schuljahr an – haben das Gymnasium gegenüber der „Deutschen Oberschule" stärker als einen eigenen Bereich höherer Bildung profiliert und abgegrenzt. Von der Volksschule und der Mittel- bzw. Realschule hob es sich um so deutlicher ab, je mehr es sich als Schule wissenschaftlicher Propädeutik mit dem Ziel der Vermittlung der Hochschulreife begriff. Alle drei Formen der neuen höheren Schule hießen nun programmatisch „Gymnasium", differenzierten sich aber als altsprachliche, neusprachliche und mathematisch-naturwissenschaftliche Zweige, die aufgrund vermuteter Schülerbegabungen einerseits, nach Wissenschafts- und Weltverständnis andererseits die wissenschaftliche Grundbildung differenzierten. Wo der Lateinunterricht mit der Sexta begann, wurde die Übergangsmöglichkeit aus der Volksschule oder der Realschule noch einmal stark begrenzt; anders war es bei den gymnasialen Schullaufbahnen, die grundständig mit Englisch begannen. Hier gab es Übergangsmöglichkeiten von der Realschule auf die Langzeitgymnasien und – in ländlichen Gebieten – von der Volksschuloberstufe zu den Aufbaugymnasien.

Für die große Mehrheit der Schüler blieb aber die Volksschule als undifferenzierter, achtjähriger Kursus mit fakultativer 9. Klasse das normale Schulangebot; der Übergang in höhere Schulen war als Ausnahme gedacht. Die Realschule, wie sich die Mittelschule künftig nannte, wurde als mittlerer Zweig zwischen Gymnasium und Volksschule bestätigt und gefestigt – noch ganz in dem Sinne, in dem bereits das 19. Jahrhundert von den „mittleren" Berufen gesprochen hatte, die sowohl eine praktische wie auch die Grundlagen einer theoretischen Ausbildung brauchten. In dieses System gegliederter Vielfalt gehörte auch die Wiederzulassung und staatliche Unterstützung von privaten Schulen, die vornehmlich in kirchlicher Trägerschaft standen.

Nach diesem in Nordrhein-Westfalen und auch in anderen Bundesländern mit Varianten geltenden Modell – die sechsjährige Grundschule blieb die Ausnahme in Hamburg und Berlin – organisierte sich das allgemeinbildende Schulsystem der Stadt Münster nach 1947. Seine klare Binnengliederung wurde noch einmal segmentiert durch die prinzipielle Trennung von Jungen- und Mädchenschulen bei allen weiterführenden Anstalten oder von Jungen- und Mädchenklassen in den Volksschulen. Ein Überblick über die Zahl und Art der Schulen in Münster in dieser Phase des Wiederaufbaus zeigt folgendes Bild: Es bestanden

23 Volksschulen,
2 Realschulen (eine katholische, eine evangelische),
ab 1953 geschlechtsspezifisch in 4 Realschulen getrennt,
8 Gymnasien (5 Jungen- und 3 Mädchengymnasien, davon ein privates).

Eine neue, auf die Kriegsfolgen zurückzuführende Gründung war die Einrichtung des Lettischen Gymnasiums im Jahr 1946, das 1965 seinen Neubau an der Wienburgstraße bezog und zu einem kulturellen Mittelpunkt der lettischen Emigration in aller Welt wurde.

Die Gymnasien differenzierten sich in einer Weise, die ihre unterschiedliche Herkunft deutlich werden ließ: Die beiden Schulen in staatlicher Trägerschaft, das Paulinum und das Schillergymnasium, setzten die Tradition des preußischen Gymnasiums als altsprachlicher Schule fort. Erst 1956 wurde dem Schillergymnasium erlaubt, einen neusprachlichen Zweig einzurichten. Die drei städtischen höheren Jungenschulen – das Rats-, das Schlaun- und das Hittorfgymnasium – wurden entsprechend ihrer Tradition als realistische höhere Schulen nun Gymnasien mit neusprachlichem bzw. mathematisch-naturwissenschaftlichem Profil, wie auch die beiden städtischen höheren Mädchenschulen und die bis 1952 von den Vorsehungsschwestern, dann vom Bistum unterhaltene Marienschule, die jedoch zeitweise einen altsprachlichen Zweig führte. Nur das Schillergymnasium zählte seit 1952 auch einige Mädchen zu seiner Schülerschaft – eine Ausnahmeregelung, weil sonst in Münster für Mädchen keine Möglichkeit bestand, ein öffentliches altsprachliches Gymnasium zu besuchen.

Auch das Konfessionsprinzip wurde als Reaktion auf die Einführung der Gemeinschaftsschule durch die Nationalsozialisten nach dem Krieg wieder als Gliederungskriterium der Schulorganisation angewendet. Die britische Militärverwaltung ließ zu Beginn des Jahres 1946 eine Abstimmung unter den Eltern der Volksschulkinder durchführen, die eine deutliche Mehrheit für die Wiedereinrichtung der Konfessionsschule ergab. Die Realschulen folgten, obwohl der Rat der Stadt sie nicht als konfes-

Die Marienschule – erster gymnasialer Schulneubau nach dem Zweiten Weltkrieg (Aufnahme aus dem Jahr 1955)

Neubau der Pädagogischen Hochschule an der Scharnhorststraße

sionelle Anstalten etabliert hatte, faktisch dem Konfessionsprinzip. Selbst die öffentlichen höheren Schulen, die im Rechtssinn paritätischen Charakter besaßen, führten die alten, konfessionellen Strukturen als inoffizielle, soziokulturelle Akzente weiter – insbesondere das Gymnasium Paulinum und das Schillergymnasium. Der starke Zuwachs der evangelischen Bevölkerung Münsters nach dem Krieg bewirkte bei dieser Tendenz zu konfessionell betonten höheren Schulen, daß die schon beabsichtigte Rückgliederung des Schillergymnasiums in das Paulinum auf wachsenden Widerstand stieß und unterblieb.

Bei Neugründungen von Volksschulen, so bei der Schule in Coerde, war die Dominanz des Konfessionsprinzips nicht unumstritten und provozierte heftige Auseinandersetzungen in den Gremien der Stadt wie in der Elternschaft, die an den Schulkampf zu Beginn der Weimarer Republik erinnerten. Aber das waren Nachklänge. Die Problematik ließ sich nicht mehr auf generelle politische Fragen übertragen, sondern wurde als begrenzter, auf den Ausdruck des Elternwillens reduzierbarer Konflikt empfunden und behandelt.

Die fünfziger Jahre brachten auch eine didaktische Konsolidierung und Profilierung der einzelnen Schularten. Die neuen Lehrpläne ebenso wie die neuen Schulbücher, die zu Beginn des Jahrzehnts erschienen, waren schulformspezifisch angelegt und boten ein immer reicher werdendes, differenziertes Angebot. Die fachliche und didaktische Diskussion entwickelte sich schnell in schulformbezogenen Periodika. Die Ausbildung der Lehrer an Universitäten und Studienseminaren – in Münster wurde nach dem Krieg ein zweites Studienseminar für Gymnasiallehrer errichtet –

entwickelte sich in den Bahnen weiter, die sie bereits am Ende der Weimarer Republik eingeschlagen hatte. Auch die Volksschullehrerausbildung knüpfte an das Modell der Pädagogischen Akademien aus den zwanziger Jahren an. Die 1946 in Emsdetten eingerichtete katholische Pädagogische Akademie wurde 1953, nicht zuletzt auf Drängen des Bischofs, nach Münster verlegt und lehrte zunächst in zwölf verschiedenen Gebäuden, bis sie 1958 ihr neues Haus am Aasee bezog – die Stadt hatte dem Land das Gelände für den Neubau kostenlos zur Verfügung gestellt.

Dem Aufbau des höheren Schulwesens kam zugute, daß das Provinzialschulkollegium, das in nationalsozialistischer Zeit als „Abteilung für höheres Schulwesen" der Verwaltung des Oberpräsidenten eingegliedert worden war, von der britischen Besatzungsmacht anerkannt wurde und nach dem Ende der Provinzialverwaltung wieder als eigene Sonderbehörde für das höhere Schulwesen arbeiten konnte. Damit begann die letzte Phase der mit ihrem Namen an die seit 1825 bestehende preußische Tradition erinnernden Behörde. Es war zugleich die Periode ihrer umfangreichsten Tätigkeit. 1948 unterstanden ihr etwa 200 höhere Schulen im Landesteil Westfalen; 1975 waren es 313 Schulen mit zusammen 12 000 Lehrern. Die Zahl der Oberschulräte, die im 19. Jahrhundert nie über zwei hinausgegangen war, stieg bis zu diesem Jahr auf 18. Obwohl das Schulverwaltungsgesetz 1958 das Schulkollegium dem Regierungspräsidenten angliederte, blieb es faktisch als Sonderbehörde das fachliche und schulrechtliche Zentrum der Gymnasien in Westfalen und überdies – in Fortsetzung der Aufgabe der alten wissenschaftlichen Prüfungskommission – verantwortlich für die Staatsexamina sowie die Ausbildung und Prüfung der Studienreferendare.

Nicht nur quantitativ hat sich in dieser Zeit die Aufgabe der Behörde vervielfacht; die Entwicklung der Verwaltungsgerichtsbarkeit hat der Schulaufsicht nach dem Krieg eine neue und zunehmend schwierige Aufgabe beschert: pädagogische Maßnahmen und Entscheidungen, soweit sie wie Versetzungen oder Prüfungen Verwaltungsakte waren, mit juristischen Begriffen und Regelungen kompatibel und gerichtsfest zu machen. Für Schulen und Unterricht war jedoch die Fortsetzung und Ausweitung der koordinierenden, fachlichen und didaktischen Beratungstätigkeit des Schulkollegiums fruchtbarer. Die Behörde wurde nicht nur zu einem organisatorischen und verwaltenden, sondern auch zu einem beratenden und anregenden Zentrum der Entwicklung der Fächer und der Umsetzung der Lehrpläne sowie des fachlichen und didaktischen Austausches zwischen den Lehrern an Gymnasien. Zwar kam dem Schulkollegium bei wachsendem Umfang und schärfer werdender Trennung zwischen der juristischen und schulfachlichen Abteilung die kollegiale Verfahrensweise abhanden; aber an den Schulen blieb die alte, kollegiale Tradition des Umgangs der „Philologen" miteinander lange erhalten und galt als ein besonderes, administrative Hierarchien übergreifendes Prinzip einer pädagogischen und geistigen Atmosphäre.

Wir greifen hier ein Menschenalter voraus. Es mag in der Logik der inneren Staatsverwaltung liegen, daß Sonderbehörden von der allgemeinen Verwaltung aufgesogen werden, und eine Tendenz unserer Zeit sein, daß sich die „pädagogische Provinz" von der regelnden Verwaltung nicht mehr abschirmen kann: 1984 wurden die Schulkollegien in Münster und Düsseldorf aufgehoben und den Schulabteilungen der

Regierungspräsidenten eingeordnet. Damit ist in der Verwaltungsstruktur die ursprünglich in der preußischen Reform bereits geplante gemeinsame Verwaltung aller Schulen in einer Behörde verwirklicht worden. Es wird sich aber zeigen müssen, ob sich in dieser Verbindung mit der allgemeinen Verwaltung die Besonderheiten erhalten lassen, welche die staatliche Aufsichtskompetenz über den administrativ letztlich nicht zu regelnden Bereich von Erziehung und Unterricht vor eigene Aufgaben stellt.

Für die Universität waren die anderthalb Jahrzehnte nach dem Krieg eine Periode der pragmatischen Etablierung. Die nationalsozialistischen Satzungsänderungen waren durch die Militärregierung aufgehoben worden. Indessen blieb nach der Verabschiedung des Grundgesetzes und der Landesverfassung die notwendige neue Satzung der Universität noch im Stadium der Entwürfe. Man griff, ohne sie förmlich wieder in Kraft zu setzen, auf die Satzung von 1929 zurück. Erst 1960 wurde eine Verfassung verabschiedet und vom Minister genehmigt.

Obgleich die Verdoppelung der Studentenzahl in dieser Zeit die Lehrenden wie auch die Kapazität der Institutionen und die Funktionsweise der Universitätsgremien erheblich belastete, war nicht Neugründung, sondern Ausdifferenzierung der alten Institute, Seminare oder Lehrstühle das Hauptmerkmal der Entwicklung. Diese Differenzierung der alten Strukturen trat am deutlichsten in der gleich nach Kriegsende beschlossenen Ausgliederung der Mathematik und der Naturwissenschaften aus der Philosophischen Fakultät hervor. Die fachliche Aufgliederung der Gesamtinstitute – so der Chemie in je ein Institut für anorganische und organische Chemie oder die Differenzierung des Lehrkörpers im Englischen Seminar durch je einen Lehrstuhl für die ältere und neuere Abteilung – mag als Beispiel für die allgemein eintretende Aus-

Rektoratsübergabe am 14. November 1964 in der Aula des Schlosses

weitung und Spezialisierung des Lehrkörpers – also auch der Forschung und Lehre – dienen.

Die Zeit des ersten Ausbaus der Institute und Seminare nach dem Krieg, der Wiederherstellung brauchbarer Räumlichkeiten und der Einrichtung benutzbarer Bibliotheken oder Laboratorien hat – darf man der Erinnerung der damals Lehrenden und Studierenden vertrauen – eine intensive Studienatmosphäre, engen persönlichen Austausch und einen faszinierenden Kontakt mit der wissenschaftlichen Entwicklung jenseits der Grenzen gebracht. Gastprofessuren oder Studentenaustausch stießen damals die Tür in eine fremde, anregende Welt auf und befreiten von der erzwungenen nationalen Isolierung. Was immer man später über Strukturen und Gepflogenheiten der Universität im ersten Nachkriegsjahrzehnt bis zum Ende der fünfziger Jahre Kritikwürdiges sagen mochte – von innen betrachtet war diese Zeit keine Restaurations-, sondern eine Innovationsepoche, die sich für die immensen quantitativen Entwicklungsschübe der folgenden Jahrzehnte wie auch für die qualitativen Metamorphosen, die Gesellschaft, Wissenschaft und Selbstverständnis der Universität ergriffen, als tragfähige Grundlage erwiesen hat. Zugleich war dieses Jahrzehnt auch die „Inkubationszeit" der stürmischen sechziger Jahre. Dies gilt für die Wiederherstellung der studentischen Selbstverwaltung in neuen, gesetzlich geregelten Bahnen wie auch für die Heranbildung eines wissenschaftlichen Nachwuchses aus den Reihen der Kriegsteilnehmer.

In dieser Phase wurden auch die Ansätze aus der Zeit der Weimarer Republik zur Einrichtung einer Volkshochschule fortgeführt. Im Dezember 1946 wurde die Satzung der Volkshochschule Münster, die sich als eingetragener Verein konstituierte, verabschiedet. Durch ihren Vorstand war sie mit der Universität, der Stadt, den beiden Kirchen, den Gewerkschaften und Vertretern ihrer Hörer verbunden. Das Volkshochschulgesetz des Landes vom März 1953 sicherte die Existenz des Vereins nach den Prinzipien der Selbstverwaltung und Selbstverantwortung und gab der Volkshochschule das Recht freier Lehrplangestaltung und freier Wahl der Mitarbeiter und Lehrer.

Bis zum Ende der fünfziger Jahre konnten die Einnahmen der Volkshochschule ihre Ausgaben weithin decken; ein geringes Defizit wurde durch einen Zuschuß der Stadt und des Landes ausgeglichen. Bei einem Minimalbestand an hauptamtlichen Mitarbeitern und einer großen Zahl nebenamtlich Lehrender konnte ein breites Spektrum von Veranstaltungen angeboten werden. Sowohl die berufliche Fortbildung wie auch Themen allgemeiner Bildung fanden Berücksichtigung. Einen deutlichen Akzent setzte der Verein programmatisch auf die Forderung der „mitbürgerlichen Verantwortung eines Jeden". Die Volkshochschule verstand sich im ersten Jahrzehnt nach ihrer Gründung als eine Institution zur Erweckung und Förderung der Fähigkeit, an den öffentlichen Aufgaben teilzunehmen. Die belastende weltanschauliche Diskussion der Weimarer Zeit blieb ihr nach dem Zweiten Weltkrieg erspart.

Zu Beginn der sechziger Jahre waren also im städtischen Schulwesen nicht nur die materiellen Kriegsschäden überwunden; es hatte eine organisatorisch klar gegliederte und pädagogisch deutlich profilierte Gestalt gewonnen. Die schon im Kaiserreich formulierten Programme, die Grundzüge der Organisationsformen und Verzweigungen im allgemeinbildenden und berufsbildenden Schulwesen, die – während der Weimarer Republik weiterentwickelt – nach 1933 deformiert worden waren, hatten

Schülerzahl an Grundschulen (in Prozent der Grundschülerzahl ingesamt):

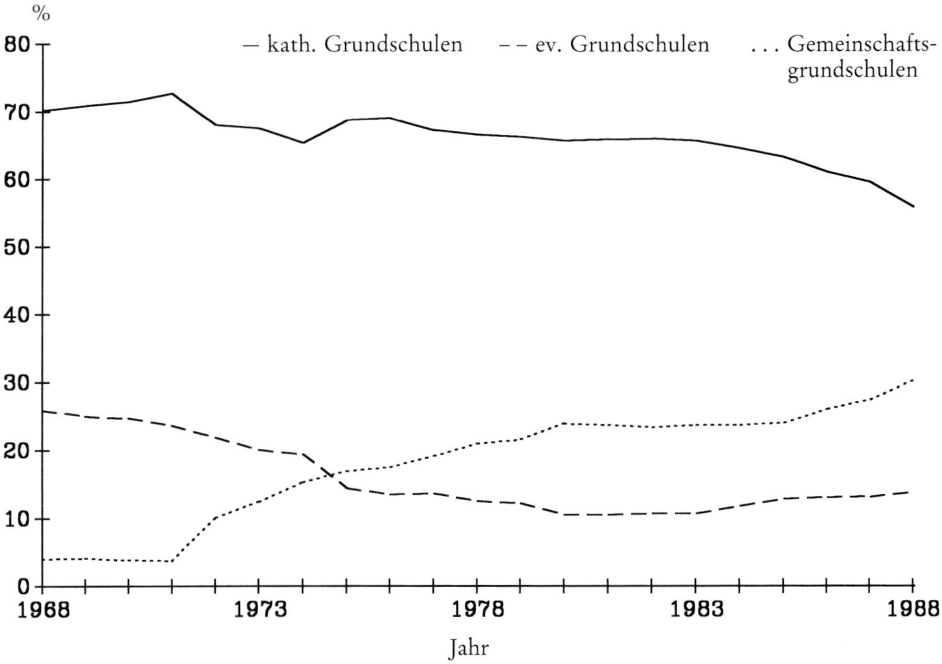

Quelle 1662: Statistische Jahresberichte

sich jetzt zu einem gegliederten System ausdifferenziert, das in jedem Sektor fachlich und pädagogisch deutliche Konturen zeigte und in den verschiedenen Schulkarrieren auf bestimmte Berufsfelder verwies. So war der Reifezustand des Bildungssystems zu Beginn der sechziger Jahre erreicht und eine Balance zwischen seinen verschiedenen Stufen und Formen gewonnen, die durch die alten Kontroversen politischer, konfessioneller, pädagogischer Art kaum noch tangiert, geschweige denn gestört zu werden schien.

2. *Kritik und Bewegung: Die sechziger Jahre*

Die Stabilität des ausgefächerten Systems der Bildungsinstitutionen setzte die Geltung überkommener und zu überliefernder Bildungsgüter, eine prinzipielle Übereinstimmung von Schullaufbahnen und Berufsfeldern und die Akzeptanz der damit verbundenen Lebensbereiche und Lebensaussichten – also eine Balance von Bildungs- und Sozialstruktur – voraus.

Schon in der Weimarer Republik hatte sich eine Tendenz zur Störung dieser Balance in der Verschiebung der Relation zwischen Volksschülern und höheren Schülern gezeigt. Die starke Durchmischung der Bevölkerung in und nach dem Zweiten Weltkrieg, die infolge des Vermögensverlustes weiter steigende Bedeutung der Bildungslaufbahn für die künftige soziale Stellung, aber auch die Verschiebung der Berufsfelder zugunsten des tertiären Sektors in der sich entwickelnden „Dienstklassengesellschaft" (Ralf Dahrendorf) lassen im Rückblick die Stabilität des ausdifferenzierten Bildungssystems des ersten Nachkriegsjahrzehnts als eine Übergangserscheinung der Aufbauzeit erkennbar werden, in der die materiellen Zwänge und die mentalen Sicherheitsbedürfnisse die Energien auf bereits gebahnte Wege wiesen: „Keine Experimente!" Zu Beginn der sechziger Jahre aber setzten überall in der westlichen Welt, national verschieden akzentuiert, eine intellektuelle Kritik, ein mentales Unbehagen und eine soziale Umbruchstimmung gegenüber dem „Establishment" ein, die verfestigte hierarchische Formen in Beruf und Gesellschaft, institutionelle Zwänge und wirkliche oder vermeintliche Autoritäten als unbegründet und unerträglich empfanden. Diese neue Dynamik, die kulturrevolutionäre Formen entwickeln konnte, verlieh der einsetzenden Kritik am hierarchisch geführten Bildungssystem in der Bundesrepublik eine stimulierende, emotionale Kraft. Jetzt zeigte sich, daß offenbar selbstverständlich wiederaufgenommene Prinzipien der Organisation des öffentlichen Unterrichts auf schwindenden, historisch werdenden Voraussetzungen ruhten.

Das betraf zunächst das Prinzip der Konfessionalität der Schulen. Als 1968 die Volksschulen institutionell nach Grundschulen und weiterführenden Hauptschulen getrennt wurden, war es mit der konfessionellen Volksschule vorbei, ohne daß es größeres Aufsehen erregt hätte. Die Mehrzahl der Hauptschulen wurde zu Gemeinschaftsschulen. In Münster blieben die Heilig-Geist- und die Fürstenbergschule zunächst noch katholische Hauptschulen – aber nur bis 1983. Seit dieser Zeit bestehen Hauptschulen nur noch als Gemeinschaftsschulen. Das Konfessionsprinzip war nun auf die Grundschulen beschränkt, galt aber auch hier nicht mehr generell. Nach und nach gewannen die Gemeinschaftsgrundschulen an Boden. 1988 gab es in Münster 27 katholische, 7 evangelische und 13 Gemeinschaftsgrundschulen. An den Gymnasien verlor die informelle Geltung des Konfessionsprinzips rasch ihre Bedeutung; an den städtischen Schulen war es ohnehin wegen des stärkeren Zustroms evangelischer Schüler nicht zu halten. Aber auch das Schillergymnasium ging bald von der konfessionellen Einheitlichkeit des Lehrkörpers ab und wurde in den siebziger Jahren auch faktisch eine paritätische Schule. Der konfessionelle Akzent des Paulinums blieb zwar weiterhin deutlich erkennbar, verlor aber im Selbstverständnis seine programmatisch-pädagogische Abgrenzungsfunktion.

Auch das einst nicht minder selbstverständliche Prinzip der Trennung der Geschlechter geriet ins Wanken. 1953 wurden bei der Gründung der späteren Eichendorff-Realschule für Jungen und Mädchen getrennte Klassen für beide Geschlechter eingerichtet; man wiederholte dieses Verfahren noch einmal zehn Jahre später bei der Einrichtung der Karl-Wagenfeld-Schule. Aus der evangelischen Realschule für Jungen und Mädchen wurde 1959 die Paul-Gerhardt-Schule für Mädchen und die Wichernschule für Jungen. In den sechziger Jahren aber schlug die Tendenz um. Schon früher hatten das Schillergymnasium und das Hittorfgymnasium erste positive Erfahrungen mit der Koedukation gemacht. Als 1966 ein neues städtisches Gymnasium – das „sechste", das spätere Pascalgymnasium – eröffnet wurde, legte der Rat der Stadt ein förmliches Bekenntnis zur Koedukation ab, und es entstand das erste Jungen- und Mädchengymnasium (neusprachlich mit mathematisch-naturwissenschaftlichem

Zweig) in Münster. Im folgenden Jahrzehnt gingen alle öffentlichen weiterführenden Schulen zu Koedukation über – als letzte die beiden ältesten „Höheren Töchterschulen“ der Stadt, die Stein- und die Annetteschule (1976) sowie das Paulinum (1978). Im Landesteil Westfalen gab es 1980 nur noch elf nicht-koedukative Gymnasien, davon zwei in Münster: die bischöfliche Marienschule und das inzwischen auch in bischöflicher Trägerschaft stehende Mädchengymnasium in St. Mauritz; aber 1983 führte schließlich auch das alte „Vorsehungskloster“ die Koedukation ein. Die bischöfliche Schulaufsicht und mit ihr die so lange als konservativ geltende katholische Pädagogik löste sich entschlossen vom Dogma der naturgegebenen Notwendigkeit verschiedener Erziehungs- und Unterrichtsweisen für die Geschlechter, als 1969 die Friedensschule als integrierte Gesamtschule in kirchlicher Trägerschaft programmatisch koedukativ gegründet wurde.

Das Schwinden der konfessionellen Geschlossenheit und der geschlechterspezifischen Erziehung im öffentlichen Schulwesen zeigte das Vordringen einer weitergehenden Veränderungstendenz an: Die Egalisierung der Bildungsansprüche und damit auch der Bildungsinhalte und der Bildungswege führte zur Aufhebung jahrhundertealter Segmentierungen des Bildungssystems; sie mischte Schüler und Lehrer nicht nur nach Konfession und Geschlecht, sondern auch nach sozialer Herkunft und beruflicher Zukunft. Sie drängte folgerichtig auf Angleichung der Schultypen. Schon in der Wiederaufbauperiode begann eine schleichende Enttypisierung der höheren Schulen durch Bündelung verschiedener Zweige an einer Anstalt, so daß schließlich kein „reiner“ Typ mehr bestand. Alle Gymnasien boten mehrere Zweige an, und die Gewöhnung an das Miteinanderleben verschiedener Bildungsgänge unter einem Dach schliff die alten, mental hartnäckigen Abgrenzungen zwischen „Humanisten“ und „Realisten“ allmählich ab – auch wenn Nachwirkungen der Tradition Besonderheiten hervorbrachten, so beim Paulinum, das sich 1968 einen neusprachlich-romanischen Zweig angliederte. Die Frauenoberschulen, die an den Mädchengymnasien bestanden, wurden aufgewertet, ermöglichten ihren Abgängerinnen den Zugang zu pädagogischen Akademien (1954/56) und wurden schon ein Jahrzehnt später zu Gymnasien für Frauenbildung, die stärker wissenschaftlich ausgerichtet waren und zur Hochschulreife führten.

So näherten sich die höheren Schulen einander immer stärker an. Als seit 1969/70 an den städtischen Gymnasien nur noch Englisch als erste Fremdsprache angeboten wurde, war eine Hürde für die Durchlässigkeit der Schullaufbahnen zwischen Realschule und Gymnasium weggeräumt. Schon 1960 richtete das Hittorfgymnasium einen „Realschulaufbauzug“ ein, der Realschüler mit guten Leistungen zum Abitur führte. Der Egalisierungseffekt zwischen den weiterführenden Schulen erreichte auch die 1968 mit deutlich höherem Leistungsanspruch ausgestatteten Hauptschulen. Englischunterricht als freiwilliges Kursangebot und die Möglichkeit, ein zehntes Hauptschuljahr zu absolvieren, ermöglichten den Übergang von der Hauptschule zur Realschule. Schon 1967/68 hatte die Wichern-Realschule einen entsprechenden Schulversuch durchgeführt.

Diese Angleichungstendenz zwischen den unterschiedlichen Schullaufbahnen und Schulformen erhielt ihre politische Schubkraft durch eine Steigerung der sozialen Mobilität. In einer sich arbeitsteilig immer weiter ausdifferenzierenden Berufswelt, die ständig höhere Ansprüche stellte, wurden stärker als zuvor Bildungskarrieren als

Schülerzahl an allgemeinbildenden Schulen (in Prozent der Gesamtschülerzahl):

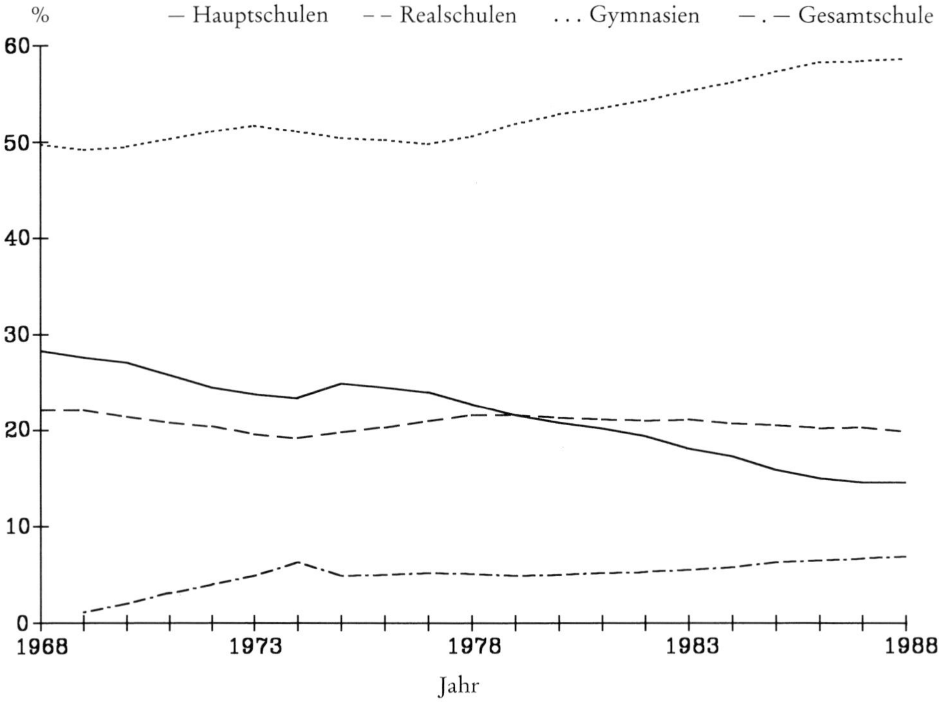

Quelle 1662: Statistische Jahresberichte

Mittel zum sozialen Aufstieg und zum materiellen Wohlstand gesehen. Die Forderung nach Ermöglichung eines solchen Aufstiegs über Bildung – unter dem Schlagwort der „Chancengleichheit" zusammengefaßt – setzte sich in bildungspolitische Programmatik um, welche die Parteien in den sechziger Jahren – wie einst die Frage der konfessionellen Schulen – allgemeinpolitisch instrumentalisierten. „Bildung ist Bürgerrecht" (Dahrendorf) war eine Parole, welche die Vermehrung des Bildungsangebots, die Wegräumung von strukturellen Hindernissen bei der Wahl der Schullaufbahn zum Politikum machte. Diese neue soziale Mobilität erhielt kräftige Förderung durch bildungsökonomische und bildungspolitische Berechnungen und Mutmaßungen, welche die Situation in der Bundesrepublik zu der in anderen westlichen Industriestaaten, aber auch in sozialistischen Bildungssystemen in Beziehung setzten. Im internationalen Wettbewerb des wissenschaftlichen und technisch-industriellen Fortschritts lag die Bundesrepublik am Schluß dieses Vergleichs, wenn man die Zahl ihrer Abiturienten und Studierenden zum Maßstab nahm. So sah Georg Picht 1964 die „deutsche Bildungskatastrophe" heraufziehen. Diese und ähnliche Prognosen riefen in den Ländern eine intensive bildungspolitische Tätigkeit hervor, die sich in den verschiedensten Schulversuchen und einer generellen Bildungswerbung mit dem Ziel äußerte, „Begabungsreserven" in qualifiziertere Bildungs- und Berufswege zu führen.

Diesem Drang nach breit zugänglichen höheren Bildungslaufbahnen entsprach das in den fünfziger Jahren wieder aufgebaute Schulsystem weder in seinen quantitativen Möglichkeiten noch in seiner inneren Struktur. In den sechziger Jahren traten die starken Nachkriegsjahrgänge in die weiterführenden Schulen ein, von denen ein ständig steigender Prozentsatz aus der Grundschule auf die Realschulen und die Gymnasien überging. Die schnelle Expansion verschärfte den schon in den fünfziger Jahren spürbaren Lehrermangel drastisch. Mit der Schnellausbildung bereits qualifizierter, vornehmlich weiblicher Lehrkräfte („Mikätzchen" nach der durch den Kultusminister Mikat veranlaßten Maßnahme) oder durch die stundenweise Beschäftigung von Auftragslehrern suchte man die Lehrernot zu steuern. Noch in den siebziger Jahren wurden zum Beispiel am Paulinum bis zu fünfzig Auftragslehrer (häufig Studenten in höheren Semestern, aber auch promovierte Fachleute ohne Lehrerexamen) beschäftigt.

Die allgemeine Steigerung der Schülerzahl und der Andrang zu den höheren Schulen verliefen in Münster besonders pointiert. Die Frequenz der einzelnen Schularten zeigte eine schnell steigende Zunahme der Schüler an Gymnasien und Realschulen auf Kosten der Schülerzahl an den Hauptschulen. Münster lag bei dieser Verschiebung an der Spitze aller Städte des Landes. Zwar konnten die einzelnen Hauptschulen infolge der stärkeren Jahrgänge und des Zugangs ausländischer Jugendlicher ihren Bestand ungefähr halten, aber prozentual fiel ihr Anteil bei den Vierzehnjährigen

Doppelseitig belichtete Klassenräume der ehemaligen Antoniusschule (1960)

von fast 75 Prozent im Jahr 1950 schon in den sechziger Jahren auf unter 50 Prozent. Ende 1969 lag der Anteil der Schüler des 4. Grundschuljahres, die an weiterführende Schulen wechselten, in Münster bei 69 Prozent. Heute sind im Landesdurchschnitt noch 23 Prozent der Schüler jenseits des Grundschulalters auf der Hauptschule – in Münster sank die Quote weit unter 20 Prozent. Das alte Bildungssystem wurde gleichsam von den Füßen auf den Kopf gestellt.

In dem Maße, wie Bildungswege als soziale Chancen verstanden wurden, konnte das Verhältnis zwischen Schule und Schülern, Lehrern und Schülern, Professoren und Studenten als ein institutionalisiertes Herrschaftsverhältnis erscheinen, in dem die Lehrenden durch die Art und die Zuteilung von Bildung und Bildungszertifikaten Macht ausübten – ein „Repressionsverhältnis", von dem man sich zu emanzipieren strebte. Studentenproteste und – in gemäßigterer Form – Schülerproteste kamen gegen Ende des Jahrzehnts in Mode und entwickelten eine bildungspolitisch wirksame Kraft. Die Schülermitverwaltung wurde aus einer Hilfe für die Schulleitung bei der Gestaltung des außerunterrichtlichen Schullebens zu einer bisweilen massiven Opposition, Schülerzeitungen zu Blättern der Kritik. Demonstrationen der Oberstufen der Gymnasien, Teilbesetzungen – wie an der Annetteschule (1970) – Diskussionsrunden zwischen Lehrern und Schülern, Einführung von Stufenparlamenten und Schülervollversammlungen, Störungen von Abiturfeiern (am Schillergymnasium 1968) waren Anzeichen einer Krise, die das Schulsystem in seinen Formen wie im inneren Selbstverständnis erfaßt hatte.

Diese vielschichtige Bewegung ging einher mit einer Verschiebung der Prioritäten und der Veränderung der Deutung der Inhalte des Lernens. Die modernen Gesellschaftswissenschaften lieferten nicht nur das Vokabular, mit dem die Situation interpretiert und der Protest in Argumente verwandelt wurde; sie forderten auch breiteren Raum im Fächerspektrum. Die nach dem Krieg erlassenen Lehrpläne erschienen plötzlich in Sprache und Inhalt als unerträglich obsolete Überreste einer bürgerlichen Bildungstradition und Herrschaftsinstrumente ihrer Träger. Die moderne Erziehungswissenschaft versprach eine Gesamtreform des Bildungswesens durch die Revision des Curriculums, die sich nach den künftigen Bedürfnissen der Schüler, nicht nach tradierten Bildungsgütern zu richten habe. Diese Diskussion hat nicht nur Fächer des traditionellen Kanons – die alten Sprachen oder die Geschichte – betroffen; sie verwandelte auch die Gegenstände und Ziele der unangefochtenen, weil unentbehrlichen Schulfächer, der modernen Sprachen und der Naturwissenschaften. „Qualifikation" trat anstelle von „Bildung", Beherrschung von Lebenssituationen anstelle von Sinnsuche und Normverinnerlichung. Eine Lawine von Lehrplanarbeiten kam in Gang – angefangen von Curricula einzelner Schulen bis hin zu landesweit erarbeiteten neuen (meist vorläufigen) Richtlinien, die im Strom eines permanenten Reformbedürfnisses bald wieder neuen Entwürfen Platz machten.

Der quantitative und qualitative Wandel, der sich in den sechziger Jahren im Schulsystem ankündigte, ergriff auch die Universität. Die Zahl der Studenten vermehrte sich von 1955 bis 1970 fast auf das Dreifache (18 200). Die Zahl der weiblichen Studierenden stieg, insbesondere an der Philosophischen Fakultät, überdurchschnittlich. Die Vermehrung der Professorenstellen konnte mit diesem Anstieg nicht Schritt halten. An der Philosophischen Fakultät verschlechterte sich die Studenten-Professoren-Relation um mehr als das Doppelte. Zunehmend mußten die Assistenten und der jetzt entstehende sogenannte Mittelbau im Lehrbetrieb eingesetzt werden. Das machte dessen abhängige Stellung noch fühlbarer als zuvor. Die Satzung von 1960 hatte weder den Andrang von Studenten vorhergesehen noch eine hinreichende Vertretung der wissenschaftlichen Mitarbeiter in den Gremien festgesetzt. So kam es zu einer Emanzipationsbewegung der Studenten und wissenschaftlichen Mitarbeiter, die weit über das Ziel der Partizipation an der Selbstverwaltung hinausging und weitgreifende hochschulpolitische und wissenschaftsorganisatorische Reformen anstrebte. 1968 wurde in der geänderten Satzung auch den wissenschaftlichen Mitarbeitern die Zugehörigkeit zur Körperschaft und ihre Vertretung in den Gremien gewährleistet; zwei bis vier Studenten konnten mit Stimmrecht an Fakultätssitzungen teilnehmen, wenn studentische Belange behandelt wurden.

Die Inhalte des neuen Studentenprotestes reichten von Forderungen nach besseren Studienbedingungen, Mitbestimmung über die Lehre, teilweise auch über Forschungsgebiete, bis zu hochschulpolitischen Programmen der Mitbestimmung in den Gremien, der „Transparenz" von Prüfungen, der „Entrümpelung" von Studienordnungen oder – von den neuen linken Gruppen gefordert – bis zur marxistisch-leninistischen Indoktrination der Lehre, zum Anspruch auf ein allgemeinpolitisches Mandat des AStA und zur Mobilisierung generell politischen Protestes. Der Vietnamkrieg war der Katalysator für Emotionen und Argumente gegen ein kapitalistisch-faschistoides Feindbild. Auch wo solche plakativen Polit-Ideologien in der Studentenschaft nicht geteilt wurden, herrschte doch ein tiefes Mißtrauen gegen die etablierte Nachkriegsgesellschaft und ihre „unbewältigte Vergangenheit", so daß der Protest zeitweise breiten Widerhall fand.

Mögen seine Formen in anderen Universitätsstädten radikaler gewesen sein – es blieb auch in Münster nicht bei Diskussionen, Demonstrationen und Boykott. Es kam zur „Gewalt gegen Sachen", zu Bedrohung und Nötigung von Personen, zur Sprengung von Sitzungen und Veranstaltungen und, über den Universitätsrahmen hinausgreifend, zu gezielten politischen Aktionen wie der Blockade der Verkehrsbetriebe. Der Bildungssektor wurde zu einem Zentrum neuer Unruhe mit nicht nur hochschul- und schulpolitischen Nachwirkungen. Diese waren ambivalent. Mit den alten, bisweilen paternalistisch-hierarchischen Verhaltensweisen und Umgangsformen schwand auch viel von persönlicher Nähe und Vertrauen im Verhältnis von Lehrern und Schülern. Interesse- und sachbezogene, wohl auch karrierebezogene Verhaltensmuster drangen vor, die Konflikte letztlich verwaltungsgerichtlich beizulegen zwangen – kein gutes Klima für Forschung und Lehre. Andererseits schwand viel an überflüssiger „Reverenz"erwartung und -bereitschaft, an Diskussionsverweigerung zugunsten von Offenheit und Direktheit; von ungebärdigem und oft ungehörigem Protest blieb ein erfreuliches Stück Selbstbewußtsein und Mut zu eigener Positionswahl, zum „Selbstdenken" in den folgenden Jahrgängen der Studentenschaft.

Vor allem aber waren angesichts des Protestes organisatorische Veränderungen und materieller Ausbau der Hochschulen nicht mehr zu verschieben. Das galt für die gesamte Bundesrepublik und wurde durch gesetzliche Maßnahmen möglich – die Hochschule in Münster, als eine der größten Universitäten, wurde von diesen organisatorischen und rechtlichen Umformungen nachhaltig erfaßt.

Der Ausbau ergriff den gesamten Hochschulbereich in der Stadt, nicht nur die Westfälische Wilhelms-Universität. Wie an den Schulen eine starke Tendenz zur

„Egalisierung" der Anspruchsniveaus und der Berechtigungen drängte, so auch im Hochschulsektor. Zunächst setzten der Ausbau und die Statuserweiterung der Pädagogischen Akademien ein. 1960 bereits wurde in Münster neben der katholischen eine evangelische Pädagogische Akademie gegründet, die in der Johannisschule und verschiedenen anderen Quartieren der Stadt untergebracht war, ehe sie 1969 den Neubau am Coesfelder Kreuz bezog. Zu dieser Zeit waren die Pädagogischen Akademien des Landes bereits durch Gesetz (1965) zu wissenschaftlichen Hochschulen und Körperschaften des öffentlichen Rechts geworden und zu drei Pädagogischen Hochschulen mit Promotions- und Habilitationsrecht zusammengefaßt. Die Pädagogische Hochschule Westfalen-Lippe hatte mit den beiden Abteilungen in Münster sowie den Abteilungen Paderborn, Siegen und Bielefeld zwei katholische, zwei evangelische und eine simultane Abteilung (Siegen). Münster war Sitz des Rektorats. 1969 wurde der konfessionelle Charakter aller Abteilungen aufgehoben, auch hier wiederum ohne Protest oder gar öffentlichen Widerstand der katholischen Kirche; die beiden Abteilungen Münster I und Münster II wurden zusammengelegt – mit der Folge, daß Münster Sitz einer der größten und am besten ausgestatteten Pädagogischen Hochschulen der Bundesrepublik wurde.

Noch weitreichender waren die Planungen für das Fachhochschulwesen, die 1968 in einem Übereinkommen der Ministerpräsidenten der Länder und 1969 in der Ver-

Studentendemonstration auf dem Domplatz und dem Prinzipalmarkt in den sechziger Jahren

abschiedung des Fachhochschulgesetzes ihren Abschluß fanden. Schon im August 1971 wurde die Fachhochschule Münster als Körperschaft öffentlichen Rechts gegründet. Sie war eine mit Selbstverwaltung ausgestattete Zusammenfassung der dritten Stufe des Berufsbildungssystems, die auf den Berufs- und Fachschulen aufbaute. Acht bestehende Einrichtungen wurden als Fachbereiche in die neue Fachhochschule Münster eingegliedert: die staatlichen Ingenieurschulen in Münster und Steinfurt, die höheren Fachschulen für Hauswirtschaft und die Werkkunstschule. So entstanden die Fachbereiche Architektur- und Bauingenieurwesen, Ernährung und Hauswirtschaft und Design. Als Neugründungen traten die Bereiche Wirtschafts- und Sozialwesen hinzu.

Die Musikschule, die seit 1960 in zwei Abteilungen – für Berufsausbildung und für Laienausbildung – aufgegliedert ist, wurde mit ihrem berufsbildenden Zweig (Konservatorium) vom Fachhochschulgesetz erfaßt und 1972 als eigenes Institut in die staatliche Hochschule für Musik Westfalen-Lippe eingegliedert.

So waren die sechziger Jahre eine Periode des bisweilen tumultuarischen Umbruchs, der Projekte, Entwürfe und Versuche, vielfältiger innerer und äußerer Veränderungen, die noch ohne allgemeine Regelungen, teilweise spontan an einzelnen Anstalten vor sich gingen und in ihrer Summe das alte System der Bildungsanstalten äußerlich und im Innern auflösten. Die Überführung in neue Formen wurde im folgenden Jahrzehnt zur Sache der Gesetzgebung und der Verwaltung. Den Jahren spontaner Initiativen, Aktionen und Reaktionen folgte die Periode gesetzesförmiger Regelung und ihrer administrativen Umsetzung. Spontane, bisweilen chaotische „Demokratisierung“ zog systematische „Bürokratisierung“ nach sich. Noch stärker als zuvor wurde die Bildungsgeschichte der Stadt von allgemeinen Vorgängen in Land und Bund geprägt.

3. *Reform, Expansion, Stagnation: Die Entwicklung der Bildungsinstitutionen nach 1970*

Der Hochschulbereich

Die Grundtendenzen der sechziger Jahre: Öffnung der weiterführenden Bildungswege, Egalisierung einerseits, Differenzierung andererseits wirkten auch im folgenden Jahrzehnt weiter als Prinzipien der Reform. Sie erhielten durch die demographische Entwicklung und durch den Drang nach vertikaler sozialer Mobilität eine elementare Schubkraft.

Das Hochschulgesetz des Landes von 1970 stellte unter dem Sammelbegriff „wissenschaftliche Hochschulen“ Universitäten, Pädagogische Hochschulen, Technische Hochschulen und die Sporthochschule Köln rechtlich gleich. Damit fielen die bislang streng beachteten Grenzen zwischen den verschiedenen Hochschulen; der Gesetzgeber hatte den Weg zur Zusammenfassung unterschiedlicher Hochschularten zu Gesamthochschulen freigemacht. Zum anderen wurde der Partizipationsanspruch der bisher an der Mitarbeit in den Gremien der Universitäten nur marginal beteiligten Studenten, wissenschaftlichen und auch nichtwissenschaftlichen Mitarbeiter anerkannt. Anders als die rheinischen Hochschulen in Bonn, Köln und Aachen, deren

Entwicklung der Zahl der Studierenden an der Universität Münster 1962–1988:

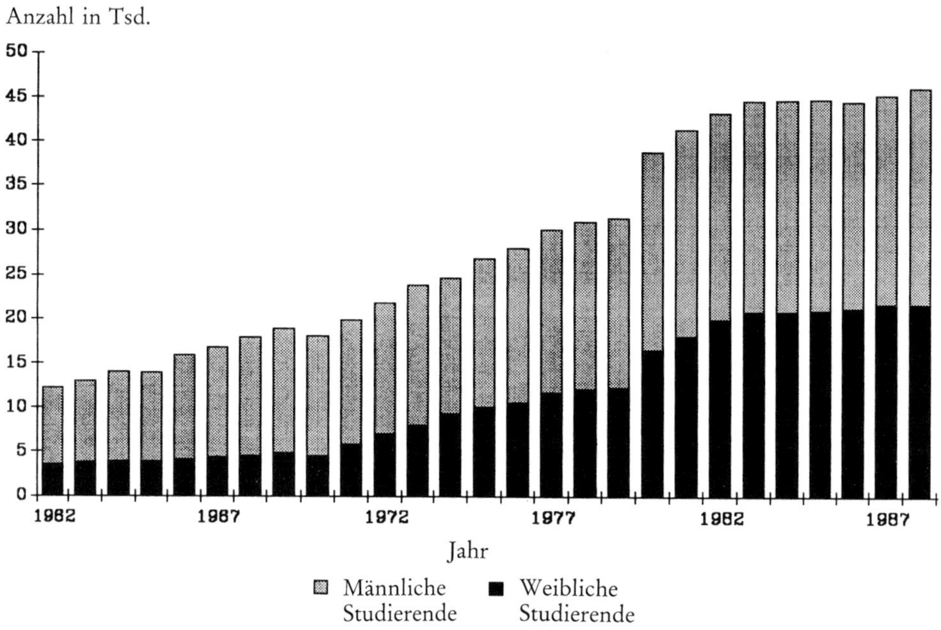

Quelle 1721a: Struktur und Entwicklung, S. 19

Gremien sich dem Auftrag zur Ausarbeitung einer neuen Verfassung verweigerten, hat die Universität Münster ihre Autonomie im Rahmen der Gesetze produktiv wahrzunehmen gesucht. Das schwierigste und umstrittenste Problem bei der Neufassung der Satzung war die Regelung der Beteiligung der verschiedenen Gruppen; die Auseinandersetzungen um seine Lösung steigerten die Spannungen in der Universität bisweilen ins Unerträgliche. Schließlich kam die neue Satzung dem Partizipationsbegehren der Studenten und der wissenschaftlichen Mitarbeiter, deren Zahl sich angesichts der gestiegenen Lehrverpflichtungen weiterhin vermehrt hatte, weit entgegen. Wenn auch die Extremforderung nach „Drittelparität“ nicht erfüllt wurde, war doch das Verhältnis der für den Konvent, den Senat und die Fachbereiche festgesetzten Gruppenvertretung der Hochschullehrer, wissenschaftlichen Mitarbeiter und Studenten 2 : 1 : 1 – eine Stimmverteilung, die nach dem Urteil des Bundesverfassungsgerichts von 1973, das den Hochschullehrern einen „maßgebenden“ Einfluß vorschrieb, zugunsten der Professoren leicht verändert wurde.

Das zweite Problem war die Neugliederung der Binnenstruktur. Es betraf vor allem die Philosophische und Naturwissenschaftliche Fakultät. Während die anderen Fakultäten unter dem neuen Begriff des „Fachbereichs“ ihren Zusammenhang wahren konnten (Fachbereiche 1–5), wurden die Philosophische und die Mathematisch-Naturwissenschaftliche Fakultät in 14 neue Fachbereiche aufgegliedert, die verwand-

Wissenschaftliches Personal der Universität Münster nach Stellenart 1968–1990:

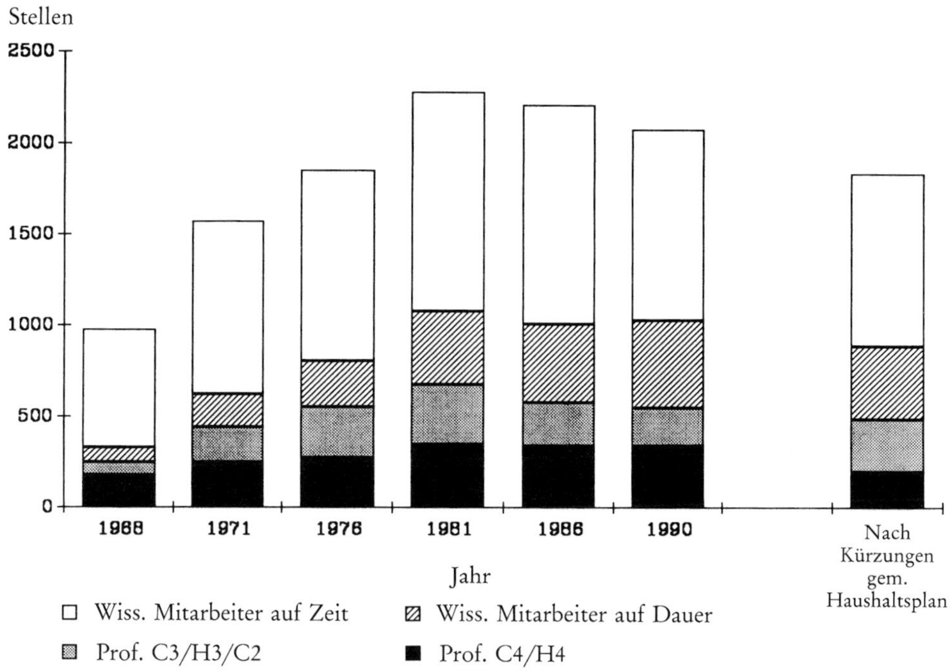

Quelle 1721a: Struktur und Entwicklung, S. 25

te Fächer zu eigenen Einheiten der Selbstverwaltung zusammenfaßten. Zwar blieben die beiden Fakultäten als Koordinierungsinstanzen für akademische Studiengänge und Prüfungen bestehen; aber die eigentlichen Entscheidungen über alle Belange der Fächer trugen hinfort die Fachbereiche.

Wie überall in Nordrhein-Westfalen hat man in Münster die erweiterte Rektoratsverfassung der Präsidialverfassung vorgezogen und damit eine Form gefunden, in der die Überwindung der Trennung zwischen der Hochschulselbstverwaltung einerseits, der staatlichen Universitätsverwaltung andererseits in ein kooperatives Miteinander verwandelt wurde, das doch die unterschiedlichen Akzente weiter zur Geltung kommen ließ.

In dieser neuen Form ging die Universität der größten Expansionsphase ihrer Geschichte entgegen. Die Studentenzahlen stiegen als Folge der Ausweitung der Wege zum Abitur, die Zahl der Professorenstellen und der Stellen im akademischen Mittelbau wuchs sprunghaft an. Hatte man bis zur Mitte der sechziger Jahre das Neubauprogramm im wesentlichen als abgeschlossen angesehen, so erwies sich diese Phase nur als ein Übergang zu weiterer Bautätigkeit, die dem Westteil der Stadt im alten Gebiet der Überwasserpfarre ein neues Bild gab. Neben dem zentralen Universitätsbereich zwischen Dom und Schloß, der durch das neue Hörsaalgebäude am Hindenburgplatz und die neue Universitätsbibliothek vervollständigt wurde, entstand ein

Letzter Bauabschnitt des neuen Großklinikums (1975)

zweiter Campus mit großen, modernen Gebäuden als ein Zentrum der mathematisch-naturwissenschaftlichen Institute mit einer neuen Mensa zwischen Von-Esmarch-Straße und Horstmarer Landweg. Um diese Zone legte sich ein Kranz studentischer Wohnheime. Schließlich setzte das neue Klinikum mit seinen „Bettentürmen" einen weithin, schon von der Autobahn her sichtbaren Akzent der Stadtsilhouette. Dennoch konnten nicht alle naturwissenschaftlichen Institute in diesem Bereich untergebracht werden. Um- und Neubauten im alten Kernbezirk der Universität waren nötig, und eine Vielzahl kleinerer geisteswissenschaftlicher Institute blieb in angemieteten Gebäuden im Zentrum der Stadt. Die als evangelische Universitätskirche wieder aufgebaute barocke Observantenkirche und die von der Stadt der Universität übereignete Dominikanerkirche in der Salzstraße sind Zeichen der Stärke und Vielfalt architektonischer Impulse, welche vom Ausbau der Universität auf die Stadt zurückwirkten: von der sorgfältigen Restaurierung und Einbeziehung alter Bausubstanz bis zur Megalomanie des neuen Klinikums.

Diese Hinweise müssen als wichtige Beispiele der umfangreichen baulichen Erweiterung der Universität genügen. Aus der kleinen Theologisch-Philosophischen Akademie des 19. Jahrhunderts war die neben München und Köln größte Universität der alten Bundesrepublik (ohne Berlin) geworden. Ihr Gesamthaushalt kommt dem der Stadt Münster gleich; während der Semestermonate werden weite Teile des Stadtbildes von der Studentenschaft geprägt. Franz Hitzes Wort von 1902, dem Jahr der

Wiedereinrichtung der Universität, in Münster lasse es sich gut studieren, gilt offenbar nach wie vor.

Allerdings zeigte sich schon in der Mitte der siebziger Jahre, daß die Finanzdecke für die weitgreifenden Ausbau- und Reformmaßnahmen zunehmend kürzer wurde. In Nordrhein-Westfalen entstand mit den fünf neuen Gesamthochschulen eine der dichtesten Hochschullandschaften Europas. An den alten Universitäten konnten bald nicht mehr alle Bauplanungen realisiert werden. Insbesondere erwies sich die Umgestaltung aller Universitäten des Landes zu Gesamthochschulen nicht nur überhaupt als problematisch, sondern offensichtlich auch als zu teuer.

Zwar gab es seit dem Hochschulrahmengesetz des Bundes einen zunehmend engeren Kontakt und bei zentralen Einrichtungen wie der Studienberatung oder dem Rechenzentrum auch eine Zusammenarbeit zwischen der Universität, der Pädagogischen Hochschule und der Fachhochschule in Münster. Aber die Fachhochschule nahm mit ihren Fachbereichen einen autonomen Weg, stark unterstützt durch das Interesse aus der Berufswelt insbesondere an den Absolventen der technischen Fächer. Angesichts der Selbständigkeit und des Aufblühens dieser Anstalt erschien die Schaffung einer Gesamthochschule in Münster als überflüssiges Experiment, von dem die Landesregierung absah. Neben der Fachhochschule Münster mit ihren teils in Burgsteinfurt angesiedelten fünf Fachbereichen entstanden vielmehr andere, eigenständige Fachhochschulen oder Fachhochschulinstitute – so das der Hochschule für Musik in Detmold zugeordnete Institut in Münster (1972), das mit der Kunstakademie in Düsseldorf verbundene Institut für Kunsterziehung (1974) und die Fachhochschule für öffentliche Verwaltung Nordrhein-Westfalen (1978). Damit beherbergte die Stadt ein breites, berufsbezogenes Hochschulangebot außerhalb des universitären Spektrums, das sowohl mit dem allgemeinbildenden wie mit dem berufsbildenden Schulwesen eng verbunden war.

Dagegen wurden die Pädagogischen Hochschulen wie in fast allen Bundesländern in die Universitäten integriert (Integrationsgesetz vom Dezember 1978). Die Pädagogischen Hochschulen hatten zunehmend einen Weg der Verwissenschaftlichung eingeschlagen, die Lehre und Forschung in den erziehungswissenschaftlichen Disziplinen von den entsprechenden Fächern der Universität nicht mehr zu unterscheiden erlaubte und sich in den Unterrichtsfächern nur quantitativ und durch den didaktischen Schwerpunkt abhob, allerdings im Spezialisierungsgrad der Forschung nicht den Ausbaustand der Fachbereiche der Universität erreichte. Für die Integration sprach ferner die Veränderung der Lehrerbildung im Land. Seit das Gesetz über den Stufenlehrer erlassen und die entsprechenden Prüfungsordnungen in Kraft getreten waren, war die Zusammenführung der Fächer der Pädagogischen Hochschulen mit den entsprechenden Fachbereichen der Universität die am nächsten liegende Möglichkeit, in einer Kombination der Kapazitäten den Anforderungen der Prüfungsordnungen von der Hochschulseite her nachzukommen.

Bedenken gegen diesen Weg gab es auf beiden Seiten, konkrete Widerstände insbesondere bei der Universität; der Vollzug des Integrationsgesetzes wurde durch Interventionen vor dem Oberverwaltungsgericht verzögert. Nach langen Auseinandersetzungen und Verfahrensregelungen wurde die Integration in Münster schließlich 1982 rechtlich vollzogen. Mit der neuen Verfassung der Universität von 1985 wurde auch die innere Struktur der Universität und ihrer Institute im Sinne des Gesetzes über die wissenschaftlichen Hochschulen des Landes (1979) geordnet.

Zu dieser Zeit hatten sich politische Energie und materielle Ressourcen der Bildungsreformen erschöpft. Schon in den siebziger Jahren kündigte sich eine deutliche Abnahme der Schülerzahlen an. Bis dahin war der Lehrermangel an Schulen und Hochschulen als das große, mit Bildungswerbung zu überwindende Problem erschienen. In den achtziger Jahren wurde Arbeitslosigkeit der Absolventen der Lehrerberufe verschiedener Stufen wie auch der promovierten und habilitierten Wissenschaftler in den Fächern des Lehramts zu einer verbreiteten Erscheinung.

Der Umschlag von der mit Reformmaßnahmen verbundenen Expansion zur Stagnation auf dem erreichten Stand wird an der quantitativen Entwicklung der Schulen in der Stadt Münster deutlicher als an der Universität, die Rezessionen in einzelnen Sektoren durch Steigerung in anderen wettmachte und ihre Studentenzahl auf über 45 000 (1985) steigerte. Die Periode der Expansion hat die Universität und die anderen in Münster ansässigen Hochschulen zu wissenschaftlichen Großbetrieben werden lassen, die, alles in allem, über 60 000 Menschen in der Stadt beschäftigen; jeder fünfte Einwohner Münsters, die Bewohner der eingemeindeten Randbezirke mitgerechnet, gehört zur Universität. Die alte Fürstenbergsche Universität zählte kurz vor ihrer Auflösung 1818 375 Studenten und insgesamt nicht viel mehr als 400 Personen – etwas über 2 Prozent in einer Stadt von ca. 15 000 Einwohnern. Im 19. Jahrhundert, während der Zeit der Theologisch-Philosophischen Akademie, war der relative

Festakt zur 200-Jahr-Feier der Universität im Hörsaalgebäude am Hindenburgplatz (1980)

Anteil der Universitätsangehörigen in der Stadt noch weiter gesunken. Seine Verzehnfachung im Laufe der zweiten Hälfte des 20. Jahrhunderts hat dem einst vornehmlich durch Kirche und staatliche Verwaltungsbehörden bestimmten Charakter der Stadt eine besondere Prägung hinzugefügt.

Das Schulwesen: Innere Differenzierung und Ausweitung

Die Tendenz zur Auflösung starrer Abgrenzungen zwischen den Schulformen und zur Steigerung der „Durchlässigkeit" hatte in den sechziger Jahren bereits zum Übergang von Realschülern in besondere Realschulaufbauzüge an Gymnasien geführt – was nicht immer ohne Widerstand abging, weil die jeweilige Schule, wie zum Beispiel 1969/70 das Schillergymnasium, solche Zusatzlast tragen mußte, ohne mehr Lehrer oder Räume zu erhalten. An einigen münsterischen Hauptschulen wurde versuchsweise ein 10. Schuljahr eingerichtet, das den Übergang in andere weiterführende Schulen vorbereitete. Die Expansion der Bildungsangebote zeigte sich auch in der Einrichtung von Schulkindergärten einerseits, im Ausbau des Sonderschulwesens andererseits. Nach dem Krieg war die einzige in Münster vorhandene Hilfsschule zunächst nicht wieder eingerichtet worden; behelfsweise gab es in der Uppenbergschule zwei Klassen für Hilfsschüler. Jetzt entstanden die Albert-Schweitzer-Schule, die Augustin-Wibbelt-Schule in Roxel, die Johannisschule in Hiltrup, die Schule für Erziehungshilfe und schließlich die Uppenbergschule als Sonderschule für Lernbehinderte. In den siebziger Jahren wurde das Spektrum dieser Sonderschulen noch erweitert: Landesgehörlosenschule und Schule für Schwerhörige, eine Sonderschule für Sehbehinderte und für Sprachbehinderte, schließlich die Westfälische Schule für Körperbehinderte und die Papst-Johannes-Schule als Privatschule für geistig Behinderte in kirchlicher Trägerschaft sowie ein Sonderkindergarten „Arche" in der Trägerschaft des Bistums.

Vom steilen Anstieg der Schülerzahlen waren seit den Gesetzen über Schulgeld- und Lehrmittelfreiheit (1965) die Realschulen, stärker aber noch die Gymnasien betroffen. In den späten sechziger Jahren hatten sich nicht ohne scharfe Auseinandersetzungen innerhalb der Lehrerkollegien sowie zwischen den Vertretern der Schüler, der Lehrerschaft und der Verwaltung die Reformtendenzen in Unterricht und Organisationsform an den Gymnasien noch ohne generelle Regelungen durch das Kultusministerium in verschiedenen Maßnahmen manifestiert. Das innere Schulleben hatte sich verändert. War im Hinblick auf das gesamte Schulsystem die Egalisierung, Angleichung, Verbindung der einzelnen Schularten untereinander das große Thema, so ging es vor Ort um die Auflösung und Differenzierung des starren Lehrplans und der kanonischen Geltung der überkommenen Fächer. Im Binnenraum zeigte sich die Tendenz der Egalisierung als Drang zur Individualisierung der Schullaufbahn. Insbesondere zielten die Forderungen der Schüler, von vielen Schulen unterstützt, auf die Differenzierung der Oberstufe, die stärkere Wahlmöglichkeit durch die Einführung eines breiten Kursangebots anstelle des alten Klassensystems. Die in den einzelnen Schulen erarbeiteten Vorschläge und bisweilen mit erheblicher Mühe bis zur behördlichen Anerkennung gebrachten Reformvorhaben waren alle auf Individualisierung und Ausweitung der Wahlmöglichkeiten gerichtet: so die Einführung anderer Sprachenfolgen, Russisch als Ersatzmöglichkeit für Französisch, die Einrichtung eines sozialwissenschaftlichen Gymnasiums neben den bisherigen Typen an der Annette-

Zahl der Schulen in Münster 1945–1989:

	Volksschulen	Sonderschulen (bis 1960 bei Volksschulen)	Grundschulen	Hauptschulen	Realschulen	Gymnasien
1945	3				–	–
1946	13				2	7
1948	14					
1949	23					
1950						
1951	26				3	
1952	27					
1953	29				4	8
1955	31					
1957	32					
1959	33				5	
1961	30 →	3				
1962	32					
1963					6	
1965						
1966	36					
1968		5	31	12		
1969						9
1970		6		11		
1971		7	30	10		
1972		10				
1973						
1974			31			
1975		12	49	14	10	14
1976		13				
1977			48			
1983		14		10		
1987			47			
1988		13				
1989				7*	9**	

* Fürstenberg- und Heriburgschule zusammengelegt zur Hauptschule Münster-Ost. Kinderhauser-, Überwasser- und Norbertschule zusammengelegt zur Hauptschule Münster-Nord.

** Eichendorff- und Wichernschule zusammengelegt zur Realschule im Kreuzviertel.

Schülerzahlen an Volks- und Hilfsschulen (ab 1968 Grund-, Haupt- und Sonderschulen), Realschulen, Gymnasien und Berufsschulen 1945–1988:

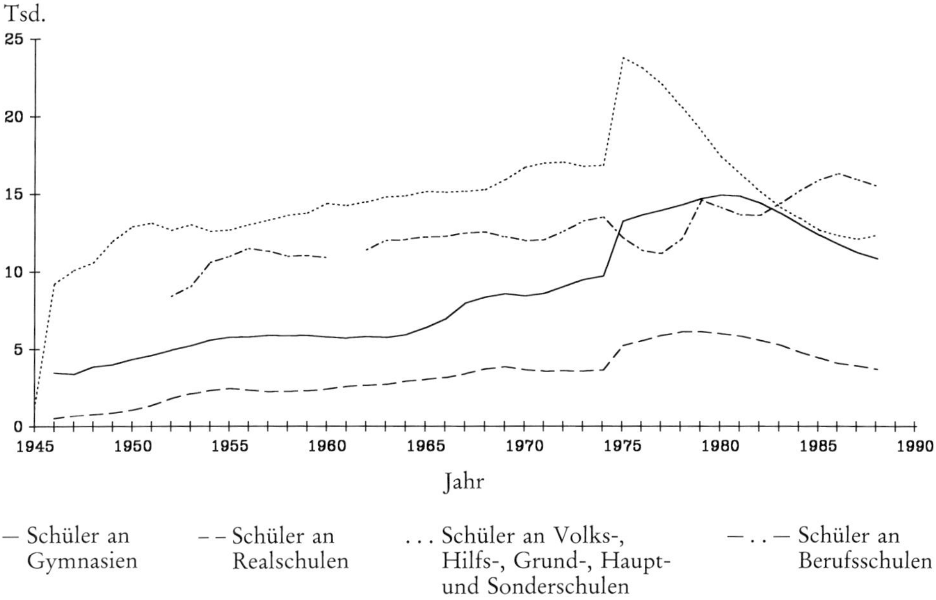

Quelle 1662: Statistische Jahresberichte

schule, die Erprobung neuer Organisationsformen von Halbjahreskursen mit verschiedenen Wahlprogrammen am Paulinum, unterschiedliche Versuche der Oberstufenreform, die Einführung der nach Fächern differenzierten Mittelstufe zu Beginn der siebziger Jahre, ein Versuch der Schwerpunktdifferenzierung des Unterrichts in den Klassen 9 und 10 an den Realschulen. Diese Reformen lösten die klare Typik der gymnasialen Schulformen auf und schufen ein unterschiedliches, breit gefächertes Angebot der Wege zur Hochschulreife. So wurden zeitweise in der Oberstufe des Paulinums dreißig verschiedene Unterrichtsfächer (unter anderem Hebräisch, Niederländisch, Italienisch, Spanisch, Rechtskunde, Informatik) angeboten. In der zweiten Hälfte der siebziger Jahre legten die letzten nach altem Modus ausgebildeten Schüler die Abiturprüfung ab – von jetzt an nahmen die Abgangszeugnisse ein individuelles Profil an.

Solange die Reformen vor Ort diskutiert, bekämpft oder befördert wurden, verliefen die Kontroversen konkret in bezug auf vielfältige Vorhaben und noch diesseits politischer Lagerbildung. Als sich über einzelne Maßnahmen hinaus die Bildungspolitik der Landesregierungen programmatisch verdichtete und verallgemeinerte, strömten politische Gegensätze massiv in die Auseinandersetzung ein. An dem langfristigen Ziel der Landesregierung, die Gesamtschule zur Regelschule, vielleicht gar zur Normalschule zu machen, entzündete sich der politische Grundsatzstreit besonders heftig – bis zur Organisation einer Volksbefragung. Wie während des Schulkampfes zu Beginn der Weimarer Republik wurde die Bildungspolitik wieder zu einem Thema, das das politische Kräfteverhältnis beeinflussen und verändern konnte – wie in den weit heftigeren Schulkämpfen in Hessen deutlich wurde. Gymnasien und Realschulen waren zu Reformen bereit und hatten sie selbst gegen innere Widerstände der Anhänger des alten Systems vorangetrieben, soweit es sich um Modernisierung der Unterrichtsstoffe, Verbreiterung der Übergangsmöglichkeiten, Differenzierung der Oberstufe handelte – ihre geplante Auflösung in einem Gesamtschulsystem akzeptierten sie nicht. Die Gewerkschaft Erziehung und Wissenschaft, die mit Nachdruck dieses Projekt vertrat, konnte an den weiterführenden Schulen in Münster keine Mehrheit finden; der Philologenverband behielt die Meinungsführung in der gymnasialen Lehrerschaft. Die Bildungspolitik des Landes konnte daher zwar in den siebziger Jahren eine generelle Regelung der Reformen an den verschiedenen Schulformen erreichen und damit die landesweite Gleichartigkeit des weiterführenden Schulwesens wiederherstellen, eine völlige Auflösung und Neuformung gelang nicht. Die Vereinbarung der Kultusministerkonferenz zur Neugestaltung der gymnasialen Oberstufe in der Sekundarstufe II von 1972 war die Grundlage einer Reform, die das Gymnasium stark veränderte, aber zugleich bestätigte. Der hohe Differenzierungsgrad des Lehrplans führte verschiedene Gymnasien dazu, ihre Oberstufenkurse, besonders im Bereich der Leistungskurse, gemeinsam anzubieten. Obgleich wiederholt durch die Stärkung des allgemeinen Pflichtanteils revidiert, gibt diese Vereinbarung bis heute die Varianten der Schullaufbahn für die Abiturienten vor.

Hinter der Enttypisierung, Differenzierung und Individualisierung der Bildungsgänge, welche die innere Reform der weiterführenden Schulen kennzeichnete, stand als elementare Tatsache der quantitative Sprung des Gymnasialwesens in diesem Jahrzehnt. Berücksichtigt man die Erweiterung der Stadtgrenzen nach der Gebietsreform, entstanden in der Stadt Münster seit Mitte der sechziger Jahre sieben weitere Gymnasien oder zur Hochschulreife führende Bildungsanstalten – unter ihnen das Städtische Abendgymnasium und das Overbergkolleg als bischöfliches Institut zur Erlangung der Hochschulreife sowie die Friedensschule als einzige Gesamtschule Nordrhein-Westfalens in kirchlicher Trägerschaft. Auch der Realschulsektor hat sich wesentlich ausgeweitet und umfaßt, die Städtische Abendrealschule eingeschlossen, nunmehr zehn Anstalten.

Die Differenzierung hat auch die Berufsschulen erfaßt. Das Adreßbuch führt – neben einer Reihe von ebenfalls berufsbezogenen freien Bildungseinrichtungen, die sich auf spezielle Kenntnisse, wie zum Beispiel EDV-Schulung, oder auf Umschulungsprogramme konzentrieren – sieben städtische Berufsschulen auf, die sich als „Bündelschulen“ der Ausbildung für verschiedene Berufssparten widmen, sowie fünf weitere Berufsschulen in kirchlicher oder genossenschaftlicher Trägerschaft. Diese Vermehrung der Zahl der Berufsschulen ist Folge der Entflechtung der verschiedenen Berufssparten an einzelnen Schulen und zugleich der Vermehrung der Angebote an unterschiedlichen Schullaufbahnen. So sind zum Beispiel an der Adolph-Kolping-Schule die gestaltenden Berufe und das Nahrungsgewerbe zentriert, an der Anne-Frank-Schule die Zweige der Hauswirtschaft, der Fotoberufe, Friseure und Floristen, Verkäuferinnen und Textilberufe, an der Hansaschule und an der Ludwig-Erhard-Schule die kaufmännischen Berufe, an der Hans-Böckler-Schule die Elektro- und Metallgewerbe. Die innere Differenzierung hat ein kompliziertes System verschiedener Lehrgänge hervorgebracht: Vorklassen zum Berufsgrundschuljahr, Berufsgrundschuljahr, zweijährige Berufsfachschule, Fachoberschule, Höhere Berufsfachschule mit gymnasialer Oberstufe sind als Teilzeit- und Vollzeitlehrgänge in einem System zusammenfaßt.

So hat sich aus den relativ einfachen Anfängen des Berufsschulwesens zu Beginn des Jahrhunderts, das sich nur nach kaufmännischen und handwerklichen Berufen unterschied, ein komplexes Feld beruflicher Bildungswege entwickelt, das quantitativ und im Fächerspektrum dem allgemeinbildenden Schulwesen – wenn man die betroffenen Jahrgänge berücksichtigt – nicht nachsteht. Die Hans-Böckler-Schule, um ein Beispiel anzuführen, hatte 1989 etwa 2700 Schülerinnen und Schüler. Davon besuchten ca. 2200 die nach Berufssparten gegliederten Teilzeit-Berufsschulklassen, standen also in einem Lehrverhältnis; etwa 500 waren Vollzeitschüler, die entweder in einem Berufsgrundschuljahr die Zeit bis zum Antritt einer Lehrstelle überbrücken und damit den Hauptschulabschluß der Klasse 10 – Sekundarstufe I – erreichen konnten oder die Berufsaufbauschule, die Fachoberschule bzw. die dreijährige höhere Berufsfachschule besuchten. Die Lehrgänge der Berufsaufbauschule führen bei erfolgreichem Abschluß zur Fachoberschulreife, die nach dem 12. Schuljahr auf der Fachoberschule das Erreichen der Fachhochschulreife ermöglicht. Daneben kann mit dem dreijährigen Besuch der gymnasialen Oberstufe der höheren Berufsfachschule die allgemeine Hochschulreife erworben werden. Qualifizierte Fachoberschüler oder Absolventen der 10. Klasse im allgemeinbildenden Schulwesen treffen hier zu einer kombinierten beruflichen und allgemeinen Bildungslaufbahn zusammen, deren Ab-

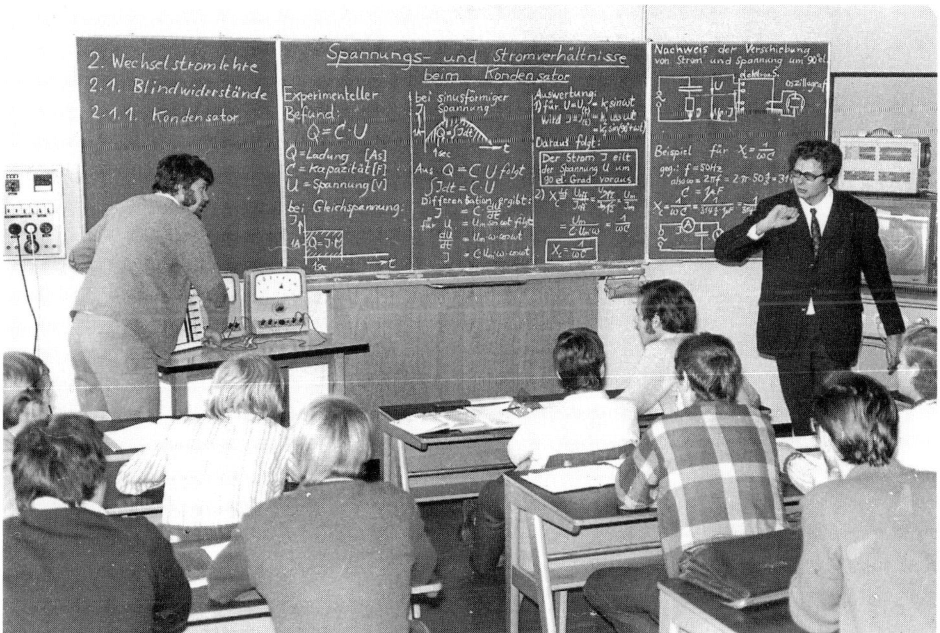

Unterrichtsstunde in der Städtischen Gewerblichen Berufsschule für Jungen

Ausgaben der Stadt Münster für das Schulwesen 1945–1988:

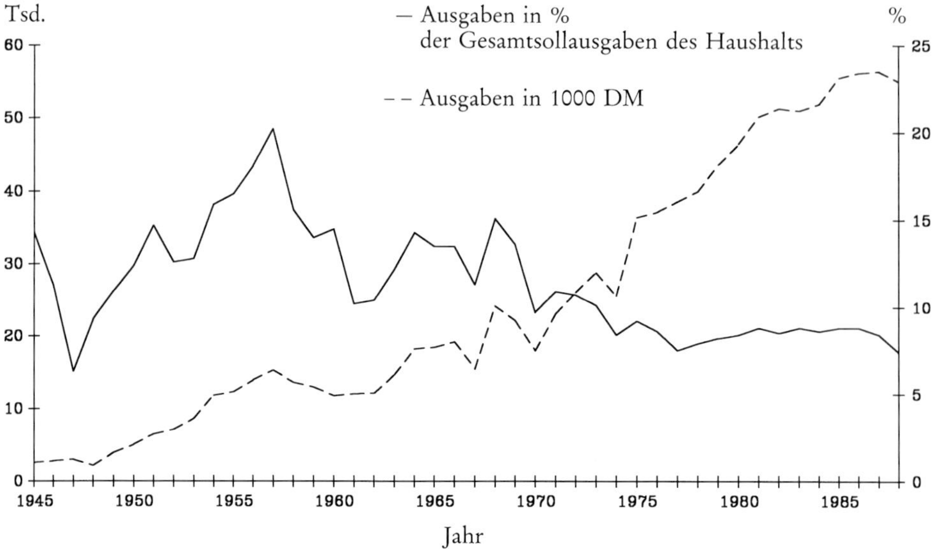

Quelle 1662: Statistische Jahresberichte

schluß alle Studienberechtigungen verleiht. Damit ist die fundamentale Zweiteilung des Unterrichtswesens, wie sie sich im 19. Jahrhundert entwickelt hatte, an dieser Schulform jedenfalls der Möglichkeit nach überwunden.

Noch deutlicher als im allgemeinbildenden Schulwesen zeigt sich in dieser Organisation der berufsbildenden Schulen die Flexibilisierung und die soziale Öffnung der Bildungswege, die von der Hauptschule über verschiedene Stufen bis zur allgemeinen Hochschulreife führen – und doch ist dies nur ein Fragment weitergehender Planungen, die auf eine generelle Integration von Allgemeinbildung und Berufsbildung in der gymnasialen Oberstufe zielten, aber an die Grenze des finanziell und politisch Machbaren stießen.

Allein an der Zahl und der Art der Bildungseinrichtungen ist eine neue Epoche in der Entwicklung des Bildungssystems der Stadt zu erkennen, die in den sechziger Jahren begann. Die Vervielfachung, Vervielfältigung, Enthierarchisierung der Schulen und Hochschulen war eine Reaktion auf die Dynamisierung der Berufsfelder und der sozialen Gruppierungen und trieb sie zugleich weiter. Bildungswege und Bildungsinstitutionen sind seitdem weniger als zuvor mit sozialer Herkunft und bestimmten, festen Berufslaufbahnen sowie sozialer Positionsverheißung verbundene, deutlich voneinander geschiedene Sektoren; sie tendieren vielmehr dazu, flexible Angebote für unterschiedliche Bildungsinteressen zu liefern und die Berufsorientierungen offener zu halten, als es bislang üblich war.

Ob das sozialpolitische Ziel der Bildungsreform – die Herstellung gleicher Bildungschancen und die absolute und relative Vermehrung des Anteils der Kinder aus unteren Sozialschichten an höherer Bildung – erreicht wurde, bleibt in der Forschung umstritten. Eher scheint es so zu sein, daß die Veränderung der Bildungssituation dem seit Beginn unseres Jahrhunderts zu bemerkenden Aufstieg des „neuen Mittelstandes", der Vermehrung der Beschäftigten im tertiären Sektor und den Trägern der „Dienstklassengesellschaft" zugute kam: Es ist die wachsende und in sich stark differenzierte Gruppe der „Angestellten", die an der Bildungsexplosion partizipierte. Eine Sozialstatistik der Zugänge des Kardinal-von-Galen-Gymnasiums in Hiltrup gibt die Möglichkeit, das an einer Einzelstudie und gewiß nicht mit repräsentativem Anspruch, aber doch als Tendenzerfassung zu belegen [1873: Kardinal-von-Galen-Schule]. Die neue soziale Dynamik bediente sich der Schulen mit altem Prestigevorsprung und Leistungsanspruch, formte sie nach den neuen Bedürfnissen um und stabilisierte damit ihre Existenz.

Die Geschichte der höheren, allgemeinbildenden Schulen der Stadt Münster zeigt dies besonders deutlich daran, wie sich die Gymnasien und Realschulen im Verhältnis zu den Hauptschulen entwickelten. Das weitgesteckte Ziel der Schulreform – die Einrichtung von Gesamtschulen als Regelschulen – wurde nicht erreicht. Statt dessen verlagerten sich die Schülerströme von den Hauptschulen auf die weiterführenden Schulen, insbesondere auf die Gymnasien. Der soziale Aufstiegswille und die Erleichterung seiner Betätigung verschob die Quantitäten, so daß die Hauptschule als „Restschule" für diejenigen Kinder erscheinen kann, die höhere Schulen nicht besuchen konnten oder wollten. Nicht der so häufig vermutete Konservativismus oder eine „elitäre" Haltung der Gymnasien und ihrer Klientel, sondern Partizipationswille an einem prestigeträchtigen und Chancen eröffnenden Zweig der Bildungsinstitutionen war es, der der Umwandlung der Gymnasien in Gesamtschulen in einer Stadt mit dem Sozialprofil Münsters nicht nur Widerstand entgegensetzte, sondern entgegen der bildungspolitischen Intention zur Vermehrung der reformierten Gymnasien führte.

Die Friedensschule – ein Gesamtschulversuch in Münster

Die Gründung einer Gesamtschule in Münster ging nicht auf Initiativen der Schulbehörden, der Stadt oder auf das Verlangen breiter Bevölkerungskreise zurück; sie war vielmehr das Ergebnis einer Initiative des Bistums, das die Empfehlung des Deutschen Bildungsrates von 1969 zum „Experimentalprogramm Gesamtschule" aufgriff. 1969 trat die bischöfliche integrierte Gesamtschule ins Leben. An dieser Schule sind typische Merkmale der Entwicklung der städtischen Bildungsanstalten zu fassen.

Die Gesamtschulkonzeption kam dem Wunsch jener Eltern entgegen, die nicht ohnehin fest entschlossen waren, ihr Kind in eine Gymnasiallaufbahn zu schicken, sondern die Entscheidung über die Wahl der Schule möglichst lange offenhalten und also nicht so sehr Herkunft oder Zukunft, sondern Interesse und Begabung der Kinder zu Kriterien der Schullaufbahn und des möglichen Berufswegs machen wollten. Mit flexiblen Kursangeboten und der Entkanonisierung des Bildungsstoffes entsprach die Gesamtschule der Individualisierungstendenz. Schließlich mochte ihre Verheißung, soziale Schranken nicht bereits im Schulleben aufzubauen, alle jene überzeugen, die Erziehungsmaximen einer emanzipatorischen Pädagogik vertraten, zumal die pädagogisch-politische Literatur der Gesamtschule zugleich attestierte, antiautoritäre Erziehungsformen zu praktizieren. Hinzu kam, daß Gesamtschulen als Tagesschulen angelegt waren und eine umfassendere Betreuung der Kinder berufstätiger Eltern gewährleisteten als die herkömmlichen weiterführenden Schulen.

Das neue Gebäude der Friedensschule an der Echelmeyerstraße, 1973 bezogen, setzte neue pädagogische Gedanken auch architektonisch um: Großraumklassen, variable Wände für unterschiedlich große Lerngruppen, eine Fülle von Sonderräumen, Vorbereitungsräumen, Mediothekabteilung und große Dreifachturnhalle schufen das bauliche Ensemble, das auf eine dynamisierte, flexible Unterrichtsorganisation zugeschnitten war.

Wie alle Gesamtschulen ging auch die Friedensschule von der Programmatik aus, durch die Revision des Curriculums Bildungsreform zu realisieren. Dazu bedurfte es gesamtschulspezifischer, auf die Eigentümlichkeit von Integration und Differenzierung der Schüler zugeschnittener Lehrpläne mit neuformulierten Bildungszielen und – im Prinzip – auch neuer Bildungsmaterialien.

Das war eine gewaltige Aufgabe. Das Bistum suchte die Neugründung durch wissenschaftliche Begleitung und Betreuung der Planungen durch das Deutsche Institut für wissenschaftliche Pädagogik auf gesicherte Grundlagen zu stellen. Die richtige Art von Unterricht und Schulleben sollte wissenschaftlich aus obersten Zielen deduziert und die Umsetzung empirisch ausgewertet werden. Also begannen die Gesamtschulen mit dem Unmöglichen: einer Analyse der gesamtgesellschaftlichen Situation der Gegenwart, um von daher die konkreten Lernziele für das Curriculum zu gewinnen und daraus wiederum die Inhalte und Methoden des Unterrichts abzuleiten und

Die Friedensschule an der Echelmeyerstraße – einzige Gesamtschule in der Stadt Münster

das Ergebnis zu evaluieren, damit noch Unzulängliches vervollkommnet werden konnte.

Bei diesem schwierigen Vorhaben verhielt sich nun die Friedensschule in Münster in besonderer Weise. Als Schule in kirchlicher Trägerschaft ging sie beim Entwurf des Curriculums nicht von der emanzipatorisch säkularisierten pädagogisch-politischen Euphorie aus, welche die Gesamtschulbewegung in ihrer frühen Zeit prägte, sondern blieb auf der Basis eines christlich bestimmten Welt- und Menschenverständnisses, das die normativen Grundüberzeugungen des Evangeliums höher stellte als gesellschaftstheoretische Konzeptionen. Aber ihre Gründer wollten diese Normen nun in den Spannungen der modernen Welt, auch in Hinwendung zu erziehungs- und gesellschaftswissenschaftlichen Analysen und nicht durch Rückwendung zu vergangenen Zuständen zur Geltung bringen. So stellte sich die Friedensschule in ihren Lehrplanentwürfen und den sie leitenden Kriterien dem Anspruch, die Balance zwischen Modernität und Überlieferung, Gesellschaft und Kirche, „Freisetzung" und „Bergung" im Erziehungsprozeß zu halten. Das war ein Ausbruch aus dem Ghetto, in welches das kirchliche Schul- und Bildungswesen im 19. Jahrhundert geraten war. Die Dogmen des Glaubens galten nicht mehr als Maximen für Wissenschaft und Fachunterricht, sondern wurden verstanden als ein „prinzipiell intendierter konfrontierender Gesichtspunkt" in der Auseinandersetzung mit den Forderungen und Bewegungen der modernen Wissenschaft und Gesellschaft.

Diese Grundhaltung hat der Friedensschule, wie überhaupt den katholischen Privatschulen in Münster, eine Distanz zu den herrschenden politisch-pädagogischen Trends der siebziger Jahre gegeben, die Unabhängigkeit ohne Abschließung erlaubte. So hat die Friedensschule zum Beispiel nicht die im Land entwickelten Rahmenlehrpläne für die Gesellschaftslehre übernommen, die – eine schlechte Kopie der Hessischen Rahmenrichtlinien – eine bestimmte Gesellschaftstheorie zum Dogma für Wissenschaft und Unterricht in den Gesamtschulen zu erheben bestrebt waren. Die Friedensschule praktizierte vielmehr den durch die Gesetzgebung ermöglichten, durch kirchliche Entscheidung vollzogenen Aufbruch der katholischen Privatschulen in das freie Feld kontroverser pädagogischer Bewegung ohne Aufgabe der christlichen Bindung der Erziehung – ein für die Bildungsgeschichte der Stadt Münster wesentliches Ereignis.

Aber auch andere Erscheinungen und Probleme der Bildungsreform werden an der Gesamtschule in Münster deutlich. Das betrifft zunächst die Klientel der Schule. Daß auch evangelische Schüler, wenngleich eine kleine Zahl, daß auch Ausländerkinder programmatisch Aufnahme fanden, zeigt die neue Offenheit der Schule. Schwierig war die selbstgesetzte Forderung zu erfüllen, daß die Schülerschaft auch sozial in bestimmten Proportionen heterogen sein sollte. Es mußte verhindert werden, daß die Gesamtschule als Tagesschule eine Schule für Scheidungswaisen oder für „Problemkinder" einerseits, für Kinder progressiv-bewegter, intellektueller Elternhäuser andererseits wurde. Das Vorhaben, eine katholische Privatschule, die, abgesehen von den Landeszuschüssen, aus Kirchensteuern bezahlt wurde, auch Nicht-Katholiken zu öffnen, zugleich die Aufnahme der Schüler so zu regeln, daß ungefähr je ein Drittel künftiger Hauptschul-, Realschul- und Gymnasialabgänger der Begabung nach aufgenommen und überdies die sozialen Schichtungen berücksichtigt wurden, war eine nicht konfliktfrei zu lösende Aufgabe; es zeigt aber die neue Vorstellung von der Beziehung zwischen Bildungsweg und Gesellschaftssystem: Schule als ein Instrument zur Überbrückung sozialer Segregation.

Die Friedensschule hat der Versuchung widerstanden, sich von der Lösung dieser Aufgabe durch die programmatische Forderung zu suspendieren, es dürfe im Land nur noch Gesamtschulen geben, wenn das gesellschaftspolitische Ziel erreicht werden solle. Das Bistum hat vielmehr diese Schule als ein Modell neben anderen verstanden und sich von der Gesamtschulideologie ferngehalten. Geschützt war die Schule auch vor dem dogmatischen Glauben an die Unfehlbarkeit wissenschaftlicher Curriculumrevision. Als sich erwies, daß konkrete Lernvorgänge nicht aus obersten Lernzielen deduzierbar waren, als Spontaneität und Freiheit des Bildungsprozesses den Lernzielketten des Curriculums spotteten, als sich zeigte, daß die Dynamisierung der Lernvorgänge, das ständige Wechseln zwischen Groß- und Kleingruppen, die Überziehung des emanzipatorischen Faktors das Schulleben wie den Unterricht negativ beeinflußten, hat die Friedensschule manche Hypothese des Beginns als durch die Wirklichkeit widerlegt erkannt und variiert.

Das hat ihrem Ruf und ihrem Zulauf genützt. Neun Jahre nach ihrer Einrichtung war sie vollständig ausgebaut. 1977/78 bestanden 95 Schüler das Abitur – 44 Prozent der im ersten Jahrgang Eingeschulten. Die Abiturientenzahl pendelte sich zwischen 30 und 40 Prozent der eintretenden Schülerjahrgänge ein – eine erhebliche Steigerung der Abiturientenquote, die der allgemeinen Steigerung an Hochschulanfängern vorauseilte.

Schließlich zeigt die Gesamtschule, daß ihre komplizierte Unterrichtsorganisation und ihr hoher Anspruch an Methoden, Arbeitsmittel und Beratung eine erhebliche Belastung des Lehrerkollegiums mit sich bringen und hohe Personal- und Sachkosten verursachen. Nicht nur die Einrichtungs- und Erstausstattungskosten übersteigen zum Beispiel die der bischöflichen Marienschule bei weitem, auch die laufenden Kosten sind wesentlich höher als bei einem üblichen Halbtagsgymnasium – so konnte die Friedensschule nie die für die Erfüllung ihrer weitreichenden Aufgaben ursprünglich vorgesehene Zahl an Planstellen etatisieren.

An der Entwicklung der Friedensschule in Münster und dem Verhältnis zu den anderen Anstalten des allgemeinbildenden Schulwesens lassen sich Reichweite und Begrenzung des Reformschubes ermessen, der seit den sechziger Jahren die Bildungsanstalten ergriff: Ausweitung und Ausbau der Schulen, Verbreiterung der sozialen Basis für weiterführende Bildungswege, Modernisierung des Bildungsstoffes, Individualisierung der Schullaufbahnen und der Wahlmöglichkeiten, Annäherung und Enthierarchisierung der verschiedenen Schulformen, Aufhebung der Trennung von Schulen oder Klassen für Geschlechter und Konfessionen. Das Abrücken von der Forderung der Kirchen nach öffentlichen Bekenntnisschulen, statt dessen die Förderung der privaten „Ersatzschulen“, die ohne Ausschluß von Kindern anderer Konfessionen doch ein deutlich konfessionell bestimmtes Erziehungsprinzip verwirklichen können, hat den Schulstreit zwischen Staat und Kirche einerseits, die Frontstellung zwischen den Konfessionen andererseits aufgehoben. Auch die Themen und Formen der neuen schulpolitischen Auseinandersetzungen sind an der Geschichte der Gesamtschule in Münster abzulesen: Die Inanspruchnahme der Schule für eine bestimmte Richtung politischer Bildung, die unter der Losung der Emanzipation alte, als selbstverständlich geltende Autoritäten in Frage stellte und Bildungspolitik als Gesellschaftspolitik betrieb, die nach eigenem Verständnis „Abbau von Herrschaft" und Chancengleichheit für alle wollte und zugleich die Auseinandersetzung mit dieser Richtung, welche die Reichweite ihrer Berechtigung an den Normen eines christlichen Menschenbildes in offener Diskussion abwog – das gehört zu den wichtigen und bleibenden Beiträgen münsterischer Schulen zur allgemeinen Bildungsgeschichte.

Stillstand der Reformen

Die weitgreifende Programmatik der Bildungsreform wurde jedoch nicht nur innerer Widersprüche wegen in einem Stadium des Kompromisses festgehalten; sie wurde durch massive materielle Zwänge aus der Phase euphorischer Veränderung in eine Periode der Stagnation geführt. Der Haushalt des Kultusministeriums stieg seit den sechziger Jahren sprunghaft und übertraf alle Etats der anderen Ministerien des Landes. Eine weitere Steigerung war als Folge fortschreitender Reformen abzusehen. Die optimistischen Hoffnungen auf die Finanzierbarkeit der Bildungsreform schwanden jedoch in den Jahren wirtschaftlicher Rezession. Als sich in der Mitte der siebziger Jahre ein scharfer Einschnitt der demographischen Entwicklung ankündigte, kehrte sich die expansive Tendenz im Bildungssektor um. Finanzielle Restriktionen setzten ein, beschränkten die Realisierung vieler Reformvorhaben und stärkten die bildungspolitischen Kräfte, die eher auf Bewahrung als auf Veränderung setzten. Als der Rückgang der Geburtenzahl die schulpflichtigen Jahrgänge erreichte, blieben Zusammenlegungen von Grundschulen und Hauptschulen unvermeidlich. Auch die seit den späten sechziger Jahren hochgeschnellten Schülerzahlen der Gymnasien sanken wieder ab, so daß selbst der Erhalt des Bestandes an Gymnasien in der Stadt nicht gesichert erscheint. Die Einrichtung der Friedensschule hat das hergebrachte Schulsystem ergänzt, aber nicht bedroht; eine neue öffentliche Gesamtschule würde das Gefüge der städtischen Hauptschulen, Realschulen und Gymnasien jedoch verändern – konkret: zur Aufhebung einiger bestehender Schulen führen. Die bildungspolitische Forderung nach einer städtischen Gesamtschule und die Versuche, den Elternwillen für deren Einrichtung zu mobilisieren, stießen daher auf erhebliche Widerstände und blieben bisher erfolglos. Im Kampf um eine kommunale Gesamtschule treffen noch einmal die gegensätzlichen Intentionen der Schulpolitik der Parteien der Stadt aufeinander. Der Ausgang dieser Auseinandersetzung erscheint dennoch nur von marginaler Bedeutung für das Schulwesen der Stadt. Die Struktur ihrer Bildungsanstalten befindet sich in ihrer inneren Form wie in ihrer äußeren Systematik auf einem Niveau, das den Stand der Aufbauphase im ersten Jahrzehnt nach dem Krieg erheblich übersteigt, aber in seiner differenzierten Gestalt für längere Zeit festgeschrieben ist.

Insgesamt erscheint die Geschichte der städtischen und staatlichen Bildungseinrichtungen der Stadt in den Jahrzehnten nach dem Krieg – je länger, desto mehr – als Funktion und als Variante der allgemeinen Entwicklung der Bildungsanstalten des Landes und der Bundesrepublik; nur die Besonderheit der bischöflichen Gesamtschule setzte einen eigenen, Tradition und Fortschritt verbindenden Akzent.

Das Anna-Krückmann-Haus in der Friedensstraße – Beispiel einer freien (paritätischen) Bildungsstätte

Weiterbildung

Die Phasenfolge von der Expansion zur Stagnation der Reformen trifft nicht in gleicher Weise auf die freien Bildungsangebote zu, die sich mit einiger Verzögerung in der Stadt dem Ausbau des öffentlichen Schulwesens anschlossen. Münster ist seit den sechziger Jahren zunehmend zum Sitz vieler Bildungseinrichtungen geworden, die unterschiedlichen Bedürfnissen der Gesellschaft entgegenkommen. Dazu zählen traditionelle Einrichtungen wie die Familienbildungsstätte des „Anna-Krückmann-Hauses“ und so modern-progessive wie das „Kreativ-Haus e.V.“, die hergebrachten privaten Handels- oder Sprachenschulen, wie die „Berlitz-School“ oder die „Funnemann-Schule“, aber auch moderne Freizeit- und Bildungsstätten wie das „Forum-Frieden – Einrichtung der Weiterbildung“ oder das „Backhaus“, wo sich Bildung, Geselligkeit und Lebenshilfe miteinander verbinden. Die steigende Zahl der Aussiedler ließ Bildungseinrichtungen ins Leben treten, deren Hauptaufgabe die Vermittlung deutscher Sprachkenntnisse an vornehmlich polnisch- oder russischsprechende deutsche Volksangehörige ist, die aber zugleich auch Informatikkurse oder berufliche Bildung vermitteln. Unter diesen Einrichtungen hat das Kolpingwerk seine besondere Stellung nicht nur wegen seines kirchlich-katholischen Charakters, sondern auch wegen der nach 1933 problematisch gewordenen, nach 1945 aber doch wieder gelungenen Fortsetzung seiner Arbeit unter ganz veränderten Verhältnissen der Berufswelt bewahren können. Nach 1945 dezentralisierte sich die „Kolpingfamilie“ in Münster durch Gründung neuer Zentren in einzelnen Stadtteilen. Sie versteht sich weiterhin als „familienhafte Lebens-, Bildungs- und Aktionsgemeinschaft, die das Gemeinwohl in christlichem Sinn fördern und an der ständigen Humanisierung der Gesellschaft mitwirken will“ [2053: Dienst am Menschen]. Obwohl seit den siebziger Jahren an Mitgliederzahl sinkend, ist das Kolping-Bildungswerk in der Gesamtdiözese Münster mit 30 000 Mitgliedern (1977) eine der zahlenstärksten Kolpingfamilien überhaupt.

Es ist unmöglich, all diese freien, teils langfristig, teils kurzfristig wirkenden Bildungsanstalten aufzuzählen oder zu beschreiben – ebensowenig die zahlreichen auf bestimmte Berufs- oder Tätigkeitssparten ausgerichteten Weiterbildungsinstitutionen; das Adreßbuch der Stadt Münster präsentiert in der Abfolge seiner Auflagen ein beeindruckendes, vielfältiges Bild. Hervorzuheben sind nur zwei nicht-kommunale, gleichwohl für die Stadt bedeutende Einrichtungen: die vom Land Nordrhein-Westfalen getragene Polizeiführungsakademie in Hiltrup und die vom Bundesfinanzministerium in den achtziger Jahren auf dem Gelände der ehemaligen Flakstellungen erbaute Finanzschule des Bundes, die am westlichen Stadtrand einen besonderen architektonischen Akzent gesetzt hat.

Unmittelbar in städtische Verantwortung und Trägerschaft kam die Volkshochschule, deren Entwicklung abschließend zu skizzieren ist. Im Rahmen des Weiterbildungsgesetzes wuchsen ihr neue Aufgaben, infolge des verstärkten Bildungsinteresses neue Hörergruppen und im Zuge der Verschiebung und Erweiterung der Interessen neue Sachbereiche zu. Aus einer Veranstaltung, die neben nützlichen Fertigkeiten vornehmlich die Bildung der „Gebildeten“ ins Volk tragen wollte, wurde eine Institution der Weiterbildung mit erheblich vermehrtem Angebot. 1958 erhielt die Volkshochschule eine neue Satzung, in deren Rahmen sich ihre Tätigkeit in den sechziger und siebziger Jahren ständig ausweitete. Seit der Mitte der siebziger Jahre versteht sie sich programmatisch als eine Institution der Weiterbildung, die ein die Nachfrage deckendes Angebot bereitzustellen bemüht ist. Sie differenzierte ihren Auftrag in mehreren Feldern: der nichtberuflichen, auf einen Schulabschluß bezogenen Allgemeinbildung, bestimmten Sektoren der beruflichen Bildung, der wissenschaftlichen und politischen Bildung, freizeitorientierten Angeboten sowie der Eltern- und Familienbildung.

In dieser entwickelten Form wurde die Volkshochschule aufgrund des Weiterbildungsgesetzes des Landes Nordrhein-Westfalen von 1974 in kommunale Trägerschaft übernommen; seither ist sie die zentrale Weiterbildungsanstalt der Stadt. 1979 bezog sie ihre jetzige Unterkunft im neuen Gebäude am Aegidiimarkt; sie bietet ihre Veranstaltungen aber nicht mehr nur in zentral gelegenen städtischen Schulräumen, sondern auch in neuen Stadtteilen wie Coerde, Kinderhaus oder Berg Fidel an. Der hauptamtliche Personalbestand hat sich erheblich vermehrt, wenngleich das breitgestreute Angebot der Volkshochschule in der Hauptsache von nebenamtlichen Experten bestritten wird. Nach 1971 waren neben dem Direktor zwei pädagogische Mitarbeiter und zwei Geschäftsführer hauptamtlich tätig; seit 1978 bilden neben dem Direktor sieben Fachbereichsleiter, zwei pädagogische Mitarbeiter und ein Ge-

Veranstaltungen und Besucher der Volkshochschule 1951–1988:

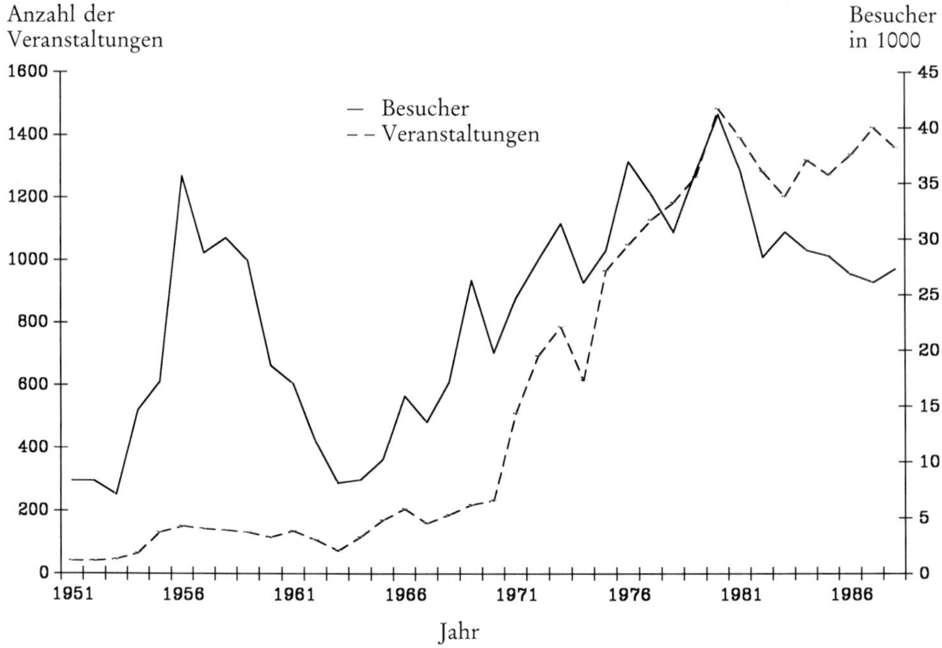

Quelle 1662: Statistische Jahresberichte

schäftsführer den hauptamtlichen Stab der Volkshochschule. Nach wie vor ist sie mit der Universität und den Fachhochschulen in Münster durch die personelle Zusammensetzung des Beirats verbunden. Die Neuordnung ihrer inneren Organisation in neun Fachbereichen seit 1990 zeigt in ihrer klaren Orientierung an Inhalten die sachbezogene Verfestigung ihrer Struktur, die nicht mehr auf wechselnde Zielgruppen, sondern auf nachgefragte Sachbereiche gegründet ist.

Entsprechend der Ausweitung ihrer Tätigkeit ist der Etat der Volkshochschule seit den fünfziger Jahren erheblich gestiegen: von 54 000 DM (1955) auf 3,1 Millionen DM (1986). Nur 750 000 DM davon konnten aus Einnahmen bestritten werden; den Ausgleich des Defizits teilen sich die Stadt, die etwa 35 Prozent des Haushalts abdeckt, und das Land, das 41 Prozent übernimmt.

4. *Rückblick*

Die Geschichte der Bildungsinstitutionen in der Stadt Münster nach dem Zweiten Weltkrieg zeigt zunächst eine erstaunlich schnelle Rekonstruktion nach den äußeren und inneren Zerstörungen durch Nationalsozialismus und Krieg. Im Anschluß an die bereits in der Weimarer Republik entwickelten Grundformen hatte sich am Ende der fünfziger Jahre ein differenziert ausgebildetes System des allgemeinbildenden und beruflichen Schulwesens sowie der freien Bildungsarbeit entwickelt, das in Quantität und Differenziertheit den Vorkriegsstand übertraf. Sein Zustand kann wie die Vollendung der zu Beginn des 19. Jahrhunderts einsetzenden bildungsgeschichtlichen Epoche erscheinen, die das einfach gegliederte staatlich-städtische Schulsystem des 19. Jahrhunderts organisatorisch, pädagogisch und in seinen sozialen Bezügen aufgefächert und systematisiert hat.

In den sechziger Jahren trat die Geschichte der Bildungsanstalten in eine neue Periode ein – als Reflex und wirkender Faktor einer viel weiter reichenden Veränderung der Wirtschafts- und Berufswelt, des sozialen Gefüges und der politisch-mentalen Emanzipationsschübe. Zwar blieb das Grundmuster des neuzeitlichen Bildungswesens noch erkennbar, aber die Bildungsanstalten wurden in ihrem Verhältnis zueinander wie in ihrer inneren Form tiefgreifend verändert. Am auffälligsten war die Vermehrung des Angebots an höherer, weiterführender Bildung und der bis dahin unerhörte Quantitätsbruch, der das Verhältnis von Schülern in höheren Bildungsanstalten zu denen mit Volksschullaufbahn fast umkehrte. Die Differenzierung nahm bis zur Unübersichtlichkeit zu. Die Modernisierung und Individualisierung der Bildungsangebote sowie eine Vielzahl von Übergangsmöglichkeiten zwischen den Bildungsanstalten hatten eine Flexibilisierung der Bildungswege zur Folge, die bis an die Grenze der Vertauschbarkeit von allgemeiner und berufsbildender Schullaufbahn geht.

Dieser Umbruch hatte heftige gesellschafts- und bildungspolitische Auseinandersetzungen in seinem Gefolge, während die älteren Spannungen zwischen kirchlichem und staatlichem Anspruch auf die Schulen in den Hintergrund traten. Es entwickelte sich vielmehr eine neue, mit der staatlichen Schulpolitik durchaus verträgliche, sie unterstützende Bildungspolitik der Kirche, als diese die Möglichkeiten des Gesetzes zur Einrichtung privater Ersatzschulen mit starker staatlicher Förderung ergriff und mit dem Verzicht auf Dominanz im öffentlichen Schulwesen verband.

Eine durchgehende Tendenz der Bildungsgeschichte seit dem frühen 19. Jahrhundert ist die Stärkung des staatlichen Anspruchs auf Schulhoheit. Sie hat sich bis in die jüngste Zeit nicht abgeschwächt. So war die Geschichte der Bildungsanstalten der Stadt Münster weithin nur als ein Exempel der allgemeinen Entwicklung der Schul- und Bildungspolitik des Landes Nordrhein-Westfalen zu schreiben. Aber unverkennbar trat seit dem frühen 20. Jahrhundert, stärker noch nach dem Zweiten Weltkrieg, die Beteiligung der Stadt am allgemeinbildenden und berufsbildenden Schulwesen immer deutlicher hervor, so daß im Rahmen des Schulverwaltungsgesetzes und des Schulfinanzierungsgesetzes von 1958 die Stadt im Zusammenspiel mit dem Land zum Träger aller allgemeinbildenden und eines großen Teils der berufsbildenden Schulen wurde. Auch der freie Sektor der von gesellschaftlichen Gruppen oder beruflichen Verbänden getragenen Bildungsanstalten weitete sich aus: Um den Kern des staatlich-städtischen allgemein- und berufsbildenden Schul- und Hochschulwesens legt sich heute ein Kranz unterschiedlicher jüngerer Bildungsanstalten.

Bei diesem schnellen Wandel blieb die Stadt Münster – wie schon zu Beginn des 19. Jahrhunderts – unter den Städten in Westfalen diejenige mit dem dichtesten Bildungsangebot. Die Impulse aus dem Bildungswesen reichen weit in die verschiedensten Bereiche des gesellschaftlichen und geselligen Lebens der Stadt und geben ihr kulturell und wirtschaftlich, optisch und atmosphärisch ein eigenes Profil.

Quellen und Literatur

Die Hinweise am Ende des Beitrags zur Geschichte der Bildungsinstitutionen in Münster von 1815 bis 1945 (Band 2) sind auch für diese Darstellung zutreffend. Soweit die dort angeführte Literatur, insbesondere zu einzelnen Anstalten, auch den Zeitraum nach 1945 berücksichtigt, ist sie auch hier zugrundegelegt worden. Wie dort sind die Festschriften oder Jahresberichte einzelner Schulen, die in großer Zahl vorliegen, hier nicht aufgenommen.

Allein auf die Zeit nach dem Zweiten Weltkrieg beziehen sich die übergreifenden Aufsätze und Monographien von Drewek [2057: Nordrhein-westfälisches Bildungssystem], Heumann [2215: Entwicklung des allgemeinbildenden Schulwesens], Kirchhoff [2311: Schulpolitik] und Schulte [2661: Höhere Schulen Westfalens]. Die Schulen der Stadt Münster nach 1945 behandelt im Überblick die Arbeit von Hoss [1777: Schulwesen]. Darüber hinaus wurden für diesen Beitrag die Darstellung von Humborg über die Geschichte des Ratsgymnasiums [168: Ratsgymnasium] und der jüngste Bericht über den Gesamtschulversuch „Friedensschule" herangezogen [1747: Dikow, Gründung und Entwicklung].

Zu danken habe ich Herrn Dr. Axel Koppetsch, der beim Auffinden und Ordnen des Quellenmaterials – vor allem der statistischen Unterlagen – behilflich war und die Befunde in graphischer Form veranschaulichte.

BERNHARD SICKEN

Münster als Garnisonstadt – Von den Besatzungstruppen zu den Streitkräften der Verbündeten und der Bundeswehr

1. Kontinuität als Standort und Ausbau der militärischen Infrastruktur – 2. Standortprobleme unter veränderten Bedingungen: Kommunale Neugliederung und Abrüstung

1. Kontinuität als Standort und Ausbau der militärischen Infrastruktur

Nach der Kapitulation der deutschen Streitkräfte übernahmen die Siegermächte de jure und de facto die Gewalt in Deutschland. Sie verboten die Wehrmacht und alle anderen militärischen oder paramilitärischen Organisationen und beschlagnahmten den Besitz der feindlichen Streitmacht, um ihn für eine militärische Verwendung unbrauchbar zu machen, soweit er nicht für die Bedürfnisse der Besatzungstruppen benötigt wurde. Maßgebend für die Dislokation der alliierten Verbände und Einheiten war die Kontrolle des eroberten Landes und insbesondere der Zentren ihrer Besatzungszonen; ferner galten eine gute Verbindung zu den eigenen in- und ausländischen Versorgungsbasen als wichtig und zudem eine intakte militärische Infrastruktur als erwünscht, die die Stationierung von Stäben und Truppenteilen erleichterte. Viele bisherige Garnisonorte wurden deswegen neuerlich mit Truppen belegt. Damit entfielen für die betroffenen Städte größtenteils die Aussichten, ehemalige Wehrmachtskasernen und andere Dienstgebäude als Wohnraum zu nutzen, auf den die Kommunen zur Unterbringung von Ausgebombten und Evakuierten, Flüchtlingen und Vertriebenen dringend angewiesen waren.

Zu den Städten, denen eine zivile Nutzung militärischer Anlagen nach Kriegsende durchweg versagt blieb, zählte Münster [30: Dethlefs, Soldaten und Bürger, S. 12f; 1613: Prinz, Bilanz des tausendjährigen Reiches]. Die meisten Kasernen, die bekanntlich im Krieg nur relativ gering beschädigt worden waren, beanspruchte die britische Besatzungsmacht, während das kleine amerikanische Kontingent und die für wenige Jahre bei Handorf untergebrachten niederländischen Soldaten kaum ins Gewicht fielen. Darüber hinaus übernahmen die Briten auch einige Dienstgebäude, unter anderen das des Generalkommandos und – von einem kurzen Zwischenspiel 1949/51 abgesehen – das des Standortlazaretts. Ferner beschlagnahmten sie eine Reihe von Wohnhäusern, um den Familienangehörigen von in Münster stationierten Soldaten Platz zu schaffen. Zeitweise belief sich die Zahl dieser Wohnungen auf beinahe 450, was angesichts des hohen Zerstörungsgrades der Stadt eine überaus harte Last bedeutete. Erst mit dem Bau von Wohnhäusern für die Besatzungstruppen und späteren Verbündeten trat in den fünfziger Jahren eine merkliche Entspannung ein. Von den Kasernen Münsters dienten jene an der Grevener Straße (die ehemalige Infanterie- und die frühere Divisionsnachrichtenkaserne), in Coerde, am Albersloher Weg und in Gievenbeck nunmehr britischen Einheiten zur Unterkunft, die überdies den Flugplatz auf der Loddenheide zur Aufnahme von Truppen und Gerät herrichteten und

Parade britischer Truppen vor dem zerstörten Hauptbahnhof (1945)

hier zahlreiche Wohn- und Verwaltungsbaracken sowie Lager- und Werkstatthallen aufbauten.

Die Stärke der Einheiten betrug trotz merklicher Schwankungen stets mehrere tausend Mann und stellte sich beispielsweise im Jahr 1983 auf über 5000 Soldaten, somit auf eine Kopfzahl, die zuvor im Frieden bloß von der Wehrmacht übertroffen worden war. Für kurze Zeit waren bei den Besatzungstruppen bis zu 9000 Zivilpersonen beschäftigt, was sich auf den Arbeitsmarkt Münsters jedoch nur begrenzt auswirkte, weil viele dieser Kräfte anscheinend von auswärts zugezogen waren. Nach der Währungsreform ging die Beschäftigtenzahl stark zurück. Auch von der Nachfrage dieser stattlichen Garnison nach Wirtschaftsgütern profitiert der münsterische Handel bloß in geringem Maß, denn die Masse der benötigten Konsumwaren kommt aus dem Mutterland und wird durch einen Großmarkt vertrieben, der als Einrichtung des Londoner Verteidigungsministeriums firmiert, zu dem nur die Angehörigen der Streitkräfte Zugang haben. Die Versorgungsquote dieses Geschäfts an den Privateinkäufen belief sich noch in den achtziger Jahren auf ca. 70 Prozent.

Am 9. Mai 1955 trat die Bundesrepublik Deutschland dem Nordatlantikpakt (NATO) bei und übernahm gegenüber dem Bündnis die Verpflichtung, mit Streitkräften in einer Stärke bis zu 500 000 Mann zur gemeinsamen Verteidigung beizutragen. Daraufhin wurden 1955 und 1956 die maßgebenden Wehrgesetze durch den Bundestag verabschiedet und – beginnend im November 1955 – Freiwillige in Dienst genommen, die die strukturellen Voraussetzungen zum zügigen Aufbau der Bundeswehr zu schaffen hatten. Das erwies sich insofern als schwierig, als die erforderliche Vorbereitungszeit knapp bemessen war und bei diesem Neuaufbau nach zehnjähriger totaler Entwaffnung konzeptionell nur zum Teil an frühere Erfahrungen angeknüpft werden konnte. Große Schwierigkeiten bereitete insbesondere die Unterbringung der personell rasch expandierenden Streitmacht, die ab 1957/58 in wachsendem Umfang auf Wehrpflichtige zurückgriff; denn von den ehemaligen Wehrmachtsanlagen, die dafür vor allem in Betracht kamen, waren viele in alliierter Hand und folglich nicht verfügbar, während andere nach 1945 zivilen Nutzern überlassen worden waren und – soweit sie überhaupt noch für eine militärische Verwendung geeignet waren – meist nur längerfristig freigemacht werden konnten. Von vornherein war der Bau einer stattlichen Anzahl von Anlagen erforderlich, zumal die Ausrüstung einer vollmotorisierten Truppe mit einem hohen Anteil an Großgerät ungleich umfangreichere Anforderungen an die Infrastruktur stellt, und das heißt stets: mehr Unterstell-, Wartungs- und Reparaturplätze, breitere Straßen, leistungsfähigere Einrichtungen zur Energieversorgung und Abwasserbeseitigung und nicht zuletzt großflächigere Übungsplätze. Doch nicht genug damit, auch die Soldaten verlangen nach modernen, sozial verträglichen und hygienisch einwandfreien Unterkünften mit Betreuungsstätten und Sporteinrichtungen sowie mit Parkraum für ihre Personenwagen.

Münster wurde wenige Monate nach der Einstellung der ersten Soldaten wieder zum Standort deutscher Streitkräfte. Konkrete Hinweise auf die Gründe für diese Entscheidung fehlen ebenso wie Erkenntnisse darüber, ob die Stadt vor dieser neuerlichen Belegung mit Truppen angehört wurde oder gar auf die Entschließungen Einfluß nehmen konnte. Aus militärischer Sicht war vermutlich für die Wahl Münsters zum Standort in erster Linie der Rückgriff auf bundeseigene Liegenschaften und Gebäude bedeutend, die in kürzerer Zeit für die Bundeswehr zumindest teilweise freigemacht werden und somit den ersten Bedarf decken konnten. Das traf beispielsweise für den Gebäudekomplex des ehemaligen Luftgaukommandos an der Manfred-von-Richthofen-Straße zu, der nach dem Kriegsende zeitweise von der britischen Besatzungsmacht belegt worden war und dann in rascher Folge verschiedenen zivilen Dienststellen sowie vorübergehend Flüchtlingen zur Unterbringung gedient hatte. Als Ende Februar 1956 die deutsche Luftwaffe ihren Anspruch anmeldete, war die Bundesbahn Hauptnutzerin der Gebäude. Nach raschen Umbaumaßnahmen und einer Teilfreigabe zogen schon am 11. Mai 1956 die ersten Soldaten als Vorkommando für das „Kommando der Fliegerhorste Nord“, aus dem nach wiederholten Umorganisationen und Umbenennungen 1970 ein Luftwaffenunterstützungsgruppenkommando hervorging, in diese Dienstgebäude, deren großzügige Anlage nach Beseitigung kriegsbedingter Schäden und nach einigen Umbauten zudem die Unterbringung der Stabskompanie und eines Musikkorps erlaubte [1811: Pipahl-Meyer zum Felde, Luftgau S. 9ff]. Später fand hier zusätzlich der Stab einer Fliegerdivision Platz. In den sechziger Jahren lagen in diesem Komplex zeitweise sogar zwei Stäbe von Luftwaffendivisionen und somit drei höhere Kommandobehörden, ab 1970/71 mit dem erwähnten Unterstützungsgruppenkommando und dem Lufttransportkommando hingegen wieder zwei solcher Stäbe.

Hinter der Luftwaffe blieb das Heer nicht zurück, das mit ersten Soldaten Ende Juni 1956 in der westfälischen Metropole präsent war. Dabei handelte es sich um das

Vorauspersonal des aufzustellenden Heeresstabes I, der wenig später in Stab I. Korps umbenannt wurde und demnach auf einen zu formierenden Großverband hinwies, dessen Kommandobehörde ihren Dienstsitz in Münster hatte [1782: 25 Jahre I. Korps, S. 40ff]. Der Korpsstab fand im Gebäude des früheren Wehrkreis- bzw. Generalkommandos Unterkunft, das er in den ersten Jahren noch mit Dienststellen der Bundespost und der Kriminalpolizei teilte. Im Jahr 1961 räumten schließlich die letzten Angehörigen dieser zivilen Behörden den Gebäudekomplex und folglich zu einem Zeitpunkt, als das I. Korps mit der Mehrzahl seiner Verbände und Einheiten bereits formiert war. Damit war die wachsende Raumnot allerdings nicht behoben, so daß in den nahegelegenen Kasernen an der Steinfurter Straße (früher Kürassierkaserne, heute Carl-von-Einem-Kaserne) und an der Einsteinstraße (früher Roxeler Straße, heute Blücherkaserne) die Kommandos einiger Korpstruppen, die Stabskompanie und einige Spezialeinheiten des Korps untergebracht werden mußten, während andere wiederum mit der Unterbringung in umliegenden Standorten vorliebzunehmen hatten.

Neben diesen Kommandobehörden wurden Dienststellen und Geräteeinheiten des Territorialheeres sowie vor allem Behörden und Einrichtungen der Wehrverwaltung in Münster auf- und ausgebaut, deren Personalumfang teils bei weniger als einem Dutzend Soldaten und Zivilbeschäftigten anzusetzen ist, teils jedoch wie beim Kreiswehrersatzamt die Zahl von hundert Mitarbeitern merklich übersteigt und bei der Standortverwaltung sogar auf rd. 380 Beamte, Angestellte, Arbeiter und Auszubildende (Stand 1990) zu beziffern ist. Von deutschen Truppenteilen mit größerer Personalstärke und zahlreichen Gefechtsfahrzeugen blieb Münster hingegen frei, da deren Raumbedarf auf städtischer Gemarkung offenbar nicht mehr zu befriedigen war. Statt dessen fanden solche Truppen in einem zügig ab 1956 auf dem ehemaligen Flugplatz Handorf und somit auf staatlichem Grund im Landkreis errichteten Kasernement Platz [1859: Dobelmann, Handorf, S. 83, 112]. Diese großflächige Kaserne (71,3 Hektar), die bei Baubeginn noch an der dörflichen Peripherie lag und außerdem einen eigenen Eisenbahnanschluß erhielt, der ein Verladen gepanzerter Fahrzeuge ohne längeren Straßenmarsch erlaubt, wurde zwischen 1958/59 von einem Panzer-, einem Feldartillerie- (später Panzerartillerie-) und einem Panzergrenadierbataillon bezogen. Den drei Bataillonen gesellten sich im Laufe der Zeit noch mehrere Kommandos und dezentral stationierte Kompanien hinzu, so daß die Zahl der Soldaten bei gelegentlicher Überbelegung unter anderem infolge von Wehrdienstverlängerungen 2100 bis 2200 Mann betrug, jedoch in jüngster Zeit durch Umorganisationen und Änderungen in der Dislozierung spürbar gesunken ist. Als günstig hat zu gelten, daß den Truppen zwei anrainende Übungsplätze zur Verfügung stehen, von denen der kleinere, unvorteilhaft zugeschnittene Platz rd. 47 Hektar und der größere ca. 210 Hektar mißt. Den Anforderungen gepanzerter Truppenteile vermögen die Areale aber längst nicht mehr zu genügen [vgl. 2680: Sicken, Stadt und militärische Anlagen, S. 96], weshalb eine Erweiterung dringend geboten ist, zumal ein Ausweichen auf den unweit bei Dorbaum gelegenen britischen Übungsplatz nur bedingt in Betracht kommt. Das Erweiterungsvorhaben hat indes unter den Einwohnern Handorfs, deren soziale Zusammensetzung sich infolge der raschen Expansion seit den fünfziger Jahren gewandelt und das frühere Dorf zu einem Wohnvorort Münsters gemacht hat, Widerspruch hervorgerufen und ist bis heute nicht realisiert worden.

2. *Standortprobleme unter veränderten Bedingungen: Kommunale Neugliederung und Abrüstung*

Die kommunale Neugliederung des Jahres 1975 hat Handorf zum Stadtteil Münsters gemacht; administrativ erfuhr demnach der Militärstandort Münster einen bedeutenden Zuwachs an Soldaten. Durch den gleichzeitigen Gewinn an Einwohnern aus den früheren Landgemeinden und insbesondere durch die Gebietserweiterung, die die Stadtfläche auf 302,2 Quadratkilometer ausdehnte und somit mehr als vervierfachte, relativieren sich allerdings die Folgen. Um 1991 betrug der Anteil deutscher Soldaten an der Bevölkerung Münsters ungefähr 1,2 Prozent (um 1985/86 noch 1,5 bis 1,6 Prozent) bzw. der Bundeswehrangehörigen einschließlich der Zivilbeschäftigten ca. 1,6 Prozent. Rechnet man die verbündeten britischen Truppen und das kleine amerikanische Kontingent hinzu, stellt sich die Quote an Soldaten und Zivilbeschäftigten schätzungsweise auf 3,2 Prozent. Die gesamte militärisch genutzte Fläche beansprucht einen Anteil von ca. 3,4 Prozent an der städtischen Gemarkung, von dem wiederum gut 60 Prozent den britischen Streitkräften, mehr als 38 Prozent der Bundeswehr und 0,7 Prozent den amerikanischen Truppen überlassen ist. Die von den Angehörigen der Streitkräfte belegten Wohngebäude sind hierbei nicht berücksichtigt, zumal darüber zum Teil verläßliche Informationen fehlen. Bekannt ist aber, daß sich der Bestand an Wohnungen („Bundesdarlehenswohnungen") mit bevorzugter Nutzungsberechtigung durch Bundeswehrangehörige in Münster um 1990 auf gut 1100 belief, während jener der britischen Rheinarmee aufgrund anderer struktureller Voraussetzungen deutlich höher liegt und vermutlich ca. 1900 Wohnungen zählt.

Die wirtschaftlichen Auswirkungen der Belegung einer Stadt mit Kommandobehörden, Dienststellen und Truppenteilen sind in ihrer Komplexität nicht exakt zu ermitteln. Schwierigkeiten bereitet insbesondere eine branchen- und marktbezogene Aufschlüsselung der öffentlichen und privaten Ausgaben sowie der lokalen und regionalen Impulse, die die Streitkräfte durch ihre Nachfrage auslösen; das gilt vor allem für einen kleinen Standort im Einzugsraum einer attraktiven Großstadt, die erfahrungsgemäß eine stattliche Quote dieses Bedarfs deckt. Ein erheblicher Teil der Investitionen in die militärische Infrastruktur Handorfs, die sich von 1956 bis 1991 auf insgesamt 76,75 Millionen DM beliefen, sowie der Kaufkraft der Soldaten dürfte daher stets nach Münster geflossen sein. Andererseits verdient Beachtung, daß die Errichtung der großen Kaserne das Wachstum Handorfs beschleunigte, die Gemeinde zum Ausbau der zivilen Infrastruktur zwang und somit zu Modernisierungsimpulsen beitrug, die diesen Vorort Münsters merklich aufwerteten. Staatliche Zuschüsse zum Bau von Straßen, Sportstätten, Schulen und Kindergärten – von 1963 bis 1991 betrug die Summe 8,3 Millionen DM – haben die Entwicklung ebenso erleichtert wie der Anschluß Handorfs Anfang der sechziger Jahre an eine bundeseigene Kläranlage, verbunden mit einer Kanalisation des Ortes, und der Anschluß an das bundeseigene Wasserwerk [1859: Dobelmann, Handorf, S. 113]. Die Kapazitäten dieser Versorgungs- und Entsorgungsanlagen reichen aber längst nicht mehr aus und zwangen folglich die Gemeinde bzw. die Stadt Münster zu zusätzlichen Investitionen. Inwieweit diese öffentlichen Ausgaben durch den Bau der Kaserne verursacht oder ausgelöst wurden, ist angesichts der Interdependenz der sich überlagernden und verstärkenden Impulse und Faktoren nicht zu sagen.

Mit den Sold-, Gehalts- und Lohnzahlungen an die Bundeswehrangehörigen, den investierten Geldern in die Infrastruktur sowie den Unterhaltslasten für die Anlagen im Bereich der Standortverwaltung Münster, der seit 1975 eindeutig durch den Standort Münster dominiert wird, liegen wenigstens punktuelle Angaben vor, die Rückschlüsse auf die ökonomische Bedeutung der deutschen Streitkräfte erlauben. Demnach stellte sich die Sold-, Gehalts- und Lohnsumme beispielsweise im Jahr 1989 auf gut 81 Millionen DM, von der ca. 45,5 Prozent auf die Soldaten und 54,5 Prozent auf die Zivilbeschäftigten entfiel. Die Ausgaben für Baumaßnahmen, den Unterhalt und die Bewirtschaftung der Immobilien erforderten in diesem Jahr 36,4 Millionen DM, von denen ca. 5,5 Prozent an Gebühren für Abwasser und Abfall sowie an Pflege- und Reinigungskosten der Dienstgebäude zu entrichten waren. Für den Kauf von frischer Verpflegung sind rd. 2,66 Millionen DM abgerechnet worden, wobei dieser Bedarf wohl überwiegend auf dem lokalen oder regionalen Markt gedeckt wurde. Ob auch bei größeren Hoch- und Tiefbauprojekten in erster Linie ortsansässige oder regionale Betriebe zum Zuge kamen, ist unbekannt. Hingegen dürfte bei der Gebäudereinigung und bei kleineren Reparatur- und Verschönerungsarbeiten ein Rückgriff auf Firmen aus dem Nahbereich die Regel sein, weil weitere Anfahrten bei solchen Aufträgen durchweg unrentabel sind. Von nicht zu unterschätzendem Gewicht sind zudem die Arbeitsmarkteffekte, zählten doch zur Wehrverwaltung in Münster einschließlich der Auszubildenden Ende 1989 ca. 1030 Zivilbeschäftigte.

Kasernengelände Handorf (Lützowkaserne)

Zusammen mit den Arbeitnehmern bei den alliierten Streitkräften stellt sich die Quote an der Gesamtzahl der Beschäftigten in Münster auf beinahe 1,5 Prozent und stärkt demnach merklich den Anteil der im öffentlichen Dienst Tätigen, deren Arbeitsplatz – von den Arbeitskräften bei den Verbündeten einmal abgesehen – größtenteils als krisenfest einzustufen ist.

Das Verhältnis zwischen der Bürgerschaft und den Streitkräften ist durch ein zufriedenstellendes Nebeneinander gekennzeichnet, dem sowohl größere Vorbehalte als auch und erst recht enthusiastische Züge fremd sind. Unbefangenheit und Sachlichkeit prägen vor allem die Beziehungen zur Bundeswehr, deren Wehrpflichtige sich zu mehr als 50 Prozent aus der Region rekrutieren, während der Umgang der Münsteraner mit den verbündeten Truppen eher durch Distanz bestimmt ist, was unter anderem auf die Sprachbarrieren, die geschlossenen Wohnquartiere der britischen Familien, eigene Schulen und gesonderte Einkaufsmöglichkeiten, kurzum, auf eine kaum ansatzweise erfolgte und offenbar auch nicht systematisch geförderte Integration zurückzuführen ist.

Auf seiten der Bundeswehr hat die rege Öffentlichkeitsarbeit, die den Bürger über die Anliegen und Vorhaben der Streitmacht meist ausführlich unterrichtet, zu diesem entkrampften Verhältnis maßgebend beigetragen und Verständnis in der Bevölkerung für die Belange der Truppe zu wecken vermocht. Dadurch werden die offiziellen Kontakte zwischen den Befehlshabern und Repräsentanten staatlicher und kommunaler Behörden, die dienstlich geboten sind und sich überdies bei festlichen Anlässen ergeben, in sachdienlicher Weise ergänzt. Dieser durch Offenheit und Verständnis geprägte Umgang schließt Reibungen nicht aus, die etwa aus unterschiedlichen Ansichten in den politischen Lagern über eine sachgerechte Verteidigungskonzeption resultieren, mitunter bei Forderungen der Streitmacht nach Ausbau der militärischen Infrastruktur entstehen oder Protesten von Anliegern an Kasernen und Übungsplätzen über wachsende oder gar unerträgliche Belästigungen durch Lärm, Staub oder Abgase zuzuschreiben sind. Von solchen Divergenzen künden die Einsprüche gegen die Erweiterung des Standortübungsplatzes bei Handorf, Klagen über die intensive Waffenausbildung auf dem Schießstand Coerheide oder Beschwerden über Starts und Landungen von Hubschraubern in Kasernen, die manchem Bewohner angrenzender Stadtviertel als unzumutbar erscheinen. Diese und vergleichbare Streitpunkte, in denen sich unterschiedliche Interessen und zum Teil ein wachsendes Engagement zum Schutz der Umwelt artikulieren, dem übrigens die Standortverwaltung Münster in ihrem Zuständigkeitsbereich nach Kräften längst Rechnung trägt, verweisen nicht auf unlösbare Probleme, sondern markieren in erster Linie alltägliche Interessenkollisionen und differierende Einschätzungen über funktionale Notwendigkeiten, die nach einem Kompromiß verlangen und in der Regel auch zu einem tragfähigen Ausgleich führen.

Die Voraussetzungen für einvernehmliche Lösungen haben sich in jüngster Zeit durch das Ende des Ost-West-Gegensatzes und den eingeleiteten Truppenabbau strukturell verbessert, denn mit der drastischen Reduzierung der Streitkräfte werden zahlreiche Liegenschaften zur zivilen Nutzung freigegeben, erübrigt sich oft ein geplanter Ausbau der militärischen Infrastruktur und wird die Auslastung der Übungsplätze zurückgehen. Zugleich ist mit gewissen negativen Folgen für die lokale und regionale Wirtschaft, den Arbeitsmarkt sowie für manchen kommunalen Haushalt

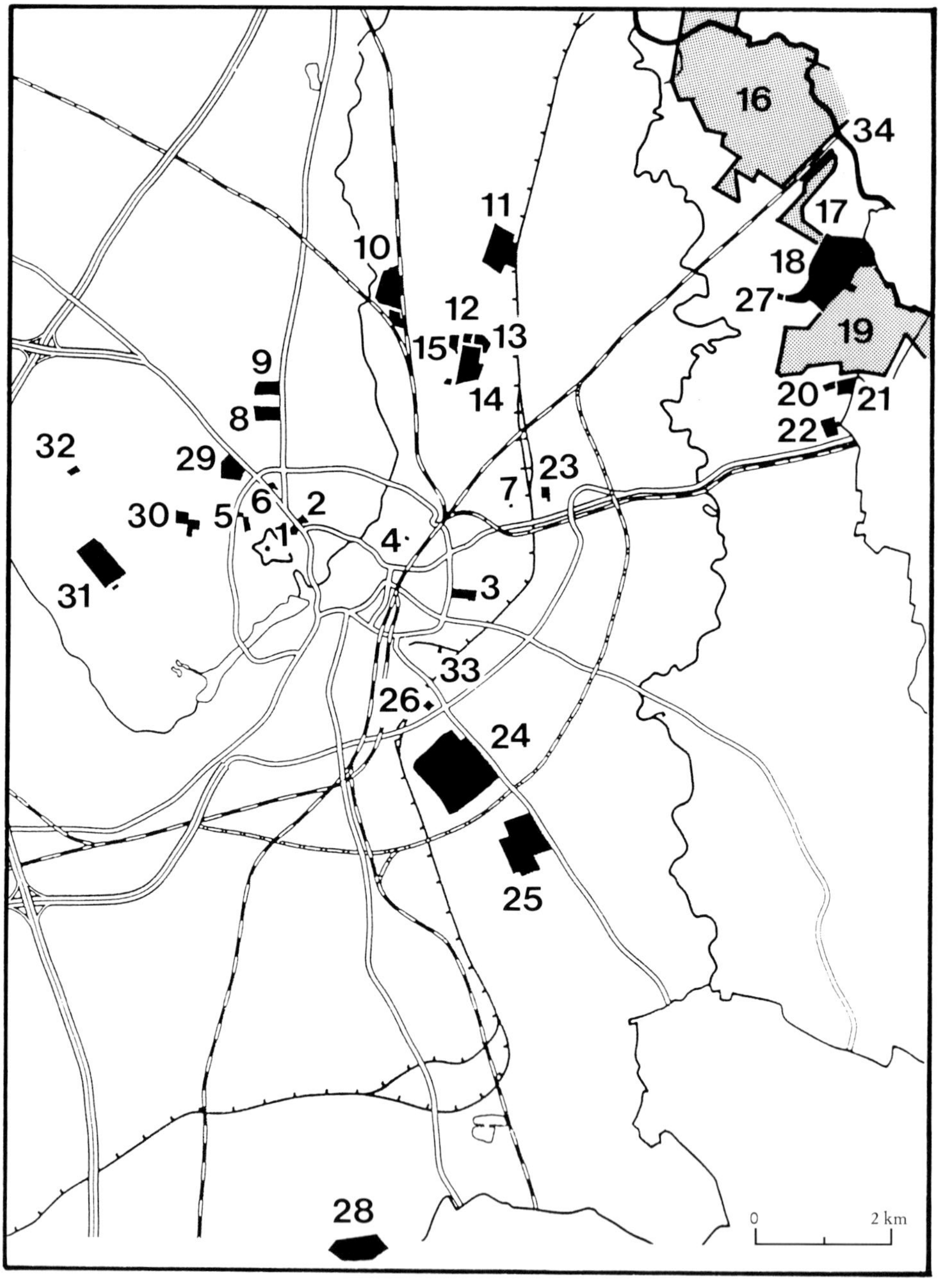

Militärisch genutzte Liegenschaften und Einrichtungen 1990

durch geringere Schlüsselzuweisungen zu rechnen, deren Auswirkungen ohne genauere Kenntnisse über die künftige Dislozierung der verminderten und umstrukturierten Streitkräfte jedoch erst grob abzuschätzen sind. Andererseits bietet die Freigabe von Dienstgebäuden, Kasernen und sonstigen Liegenschaften aber auch Perspektiven für gezielte Maßnahmen zur Stadtentwicklung, wie die Diskussionen in den Ratsfraktionen und die Vorplanungen der Stadtverwaltung bekunden. Ausgehend von ersten Nutzungsentwürfen, die zum Teil frühere Überlegungen zur längerfristigen kommunalen Entwicklung aufgreifen und größtenteils Immobilien der Stationierungsstreitkräfte betreffen, sollen diese Liegenschaften künftig unter anderem zur Gewerbe- und Industrieansiedlung und zur Arrondierung von Wohnvierteln dienen, während die Kasernen – soweit voraussichtlich verfügbar und zu einer Umwidmung geeignet – zu Wohnraum für Studenten und zur Aufnahme universitärer Einrichtungen ausgebaut werden sollen. Die im Jahr 1990 einsetzenden Überlegungen haben bisher keine konkrete Gestalt angenommen, weil die militärischen Vorgaben noch nicht hinlänglich geklärt sind, so daß sie in erster Linie auf Nutzungskonzeptionen verweisen, die von den Verantwortlichen in der Stadtverwaltung und den politischen Repräsentanten favorisiert werden. Gewißheit herrscht indes darüber, daß Münster Standort der Bundeswehr bleiben wird. Die Personalstärke der deutschen Soldaten wird künftig allerdings deutlich unter 2000 Mann und die der Wehrverwaltung schätzungsweise bei 900 bis 950 Beschäftigten liegen. Darüber hinaus werden in der Stadt weiterhin britische Truppen stationiert sein, deren Umfang ebenfalls spürbar verringert wird, was mit der Freisetzung zahlreicher ziviler Arbeitnehmer verbunden ist. Genauere Angaben über den Abzug der Verbündeten und die Entlassungen von Arbeitskräften fehlen. Hingegen zeichnet sich ab, daß die britische Trup-

---

Legende zur Karte „Militärisch genutzte Liegenschaften und Einrichtungen 1990"

1 Dienstgebäude I. Korps
2 Dienstgebäude Standortältester
3 Stabsgebäude Luftwaffe
4 Verkehrskommandantur
5 Blucherkaserne
6 Lager der Standortverwaltung
7 Lager der Standortverwaltung
8 Nelson-Kaserne
9 Lincoln-Kaserne
10 Winterbourne-Kaserne
11 Standortschießanlage
12 Bundeswehrfachschule
13 Standortverwaltung
14 Portsmouth-Kaserne
15 Sportplatz
16 Standortübungsplatz Handorf-Dorbaum
17 Standortübungsplatz Handorf (Nord)
18 Lützowkaserne
19 Standortübungsplatz Handorf (Süd)
20 Handorf Community Center
21 Ehemaliges Holländercamp
22 Simpson-Kaserne
23 „Pulverschuppen"
24 Buller-, Swinton- u. Waterloo-Kaserne
25 York-Kaserne
26 Kreiswehrersatzamt (Außenstelle)
27 Soldatenheim
28 Depot
29 Carl-von-Einem-Kaserne
30 Militärhospital
31 Oxford-Kaserne
32 Sportplatz
33 Militärpolizei
34 Panzerverladeanlage Handorf

penreduzierung den städtischen Wohnungsmarkt nicht wie erhofft entlasten wird, da nur mit der Freigabe von knapp 240 Wohnungen, also kaum 15 Prozent des vermutlich von den Familien der alliierten Berufssoldaten beanspruchten Wohnraums, zu rechnen ist.

Die lange und wechselvolle Tradition Münsters als Garnisonstadt wird durch diese Truppenverminderung nicht abreißen; andererseits werden aber die Vor- und Nachteile, die sich aus der Belegung mit Stäben, Dienststellen und Truppenteilen ergeben, durch die Abrüstungsmaßnahmen reduziert und relativiert. Dennoch wird die westfälische Metropole weiterhin zu den größeren Standorten in Deutschland gehören und außerdem wichtige deutsche Kommandobehörden und militärische Ausbildungseinrichtungen beherbergen, die Münsters zentralörtliche Funktionen stärken und deshalb für die Stadt von Bedeutung sind.

Quellen und Literatur

Die Nachkriegsgeschichte ist wissenschaftlich bisher kaum behandelt worden, wenn man von einigen „Pilotstudien" einmal absieht [vgl. 2596: Roeder, Auswirkungen von Bundeswehrgarnisonen], zumal der größere Teil des Aktenmaterials (unter anderem das Bundesarchiv-Militärarchiv Freiburg) zur Benutzung noch nicht freigegeben ist. Zur Klärung von Einzelheiten konnte lediglich auf einige Jubiläumsschriften und Broschüren zurückgegriffen werden, die in erster Linie als Rückblick auf den Ausbau deutscher Truppenteile und Dienststellen konzipiert sind und durchweg über Beobachtungen zur Formation und Organisation oder zum Truppenalltag nicht hinausführen. Verläßliche Informationen über die in Münster stationierten Besatzungstruppen bzw. alliierten Truppen, ihre Stärke und wirtschaftliche Bedeutung, ihr Verhältnis zur einheimischen Bevölkerung und ihre Anforderungen an die Infrastruktur fehlen. Das trifft auch weitgehend für die Bundeswehr zu, falls man moderne stadt- und militärgeschichtliche Forschungsstandards zugrunde legt. Immerhin konnten einige Informationslücken dank großzügig von Clemens Köyer (Standortverwaltung Münster) und Jörg Tettenborn (Stadtplanungsamt Münster) bereitgestellter Unterlagen geschlossen werden, die Einblick in die jüngste Vergangenheit des Standorts und Ausblicke auf die Planungsvorhaben für die kommenden Jahre gewähren. Nach wie vor ist die Geschichte der Garnison bzw. des Standorts Münster aber ein Forschungsdesiderat.

ALOIS MAYR / WERNER SOMMER

Münster als Oberzentrum – Entwicklung von Ausstattung und Reichweite

1. Zielsetzung, Begriffe und Probleme

Die in der Zwischenkriegszeit entwickelte klassische Theorie der zentralen Orte [2036: Christaller, Zentrale Orte], derzufolge Zentralität eine Versorgungsleistung darstellt, insbesondere aber den Bedeutungsüberschuß einer Siedlung gegenüber ihrem Umland beinhaltet, hat seit den 1950er Jahren bedeutsame Weiterentwicklungen erfahren und ist seither zu einem wichtigen Forschungsproblem der Landeskunde sowie zur Leitidee von Raumordnung und Landesplanung geworden. Dabei sind die Inhalte des Begriffs der Zentralität, die Methoden der hierarchischen Stufung zentraler Orte sowie der empirischen Erfassung zentralörtlicher Systeme erheblich verändert worden.

In welchem Ausmaß zentralörtliche Einrichtungen und damit der Rang von Gemeinden auch politische Strukturen und Entwicklungen beeinflussen, wird daran deutlich, daß die Ausweisung zentraler Orte 1964 in das damals erste nordrhein-westfälische Landesentwicklungsprogramm übernommen wurde, daß sie während der Phase der Verwaltungsgebietsreform (1968–1975) von höchster Bedeutung war und auch heute noch Kommunalpolitiker beschäftigt. Zentralität ist dabei ein Sachverhalt, der zugleich mit der Entwicklung von Siedlungen gewachsen ist und bereits in vorindustrieller Zeit große Bedeutung hatte, auch wenn er im Vergleich zu heute in zum Teil anderen Bestimmungsfaktoren seinen Ausdruck fand.

Die Aufgabe des nachfolgenden geographischen Beitrags besteht darin, die Entwicklung Münsters als zentraler Ort in den Grundzügen aufzuzeigen und insbesondere die diesbezügliche Stellung der Stadt für die Gegenwart zu analysieren und zu bewerten.

Zentralität als Angebotskonzentration von Gütern und Dienstleistungen kann unterschiedlich definiert werden: Während die sogenannte relative Zentralität eines Ortes aufgrund seiner Ausstattung mit zentralen Einrichtungen die über die Nachfrage der eigenen Einwohner hinausreichende Versorgung von Bewohnern des Umlandes beinhaltet – d. h. den Bedeutungsüberschuß –, versteht man unter der sogenannten absoluten Zentralität die Gesamtbedeutung aller an einem Ort konzentrierten Einrichtungen, d. h. Umfang und Qualität der Ausstattung. Je nach Angebotsspektrum und Reichweite werden verschiedene Rangtypen eines zentralörtlichen Hierarchiesystems und der ihnen zugeordneten Versorgungsbereiche unterschieden, wobei zumeist eine Differenzierung in drei oder vier Stufen vorgenommen wird:

- zentrale Orte unterer Stufe oder Grundzentren zur Deckung des allgemeinen täglichen oder kurzfristigen Bedarfs,
- zentrale Orte mittlerer Stufe oder Mittelzentren zur Deckung des allgemeinen periodischen und des normalen gehobenen Bedarfs,
- zentrale Orte höherer Stufe oder Oberzentren zur Deckung des allgemeinen episodischen und des speziellen Bedarfs sowie
- zentrale Orte höchster Stufe, auch Regionalzentren, Großzentren oder Metropolen genannt, für die Wahrnehmung überregionaler Verwaltungs-, Verkehrs-, Wirtschafts- und Kulturfunktionen (in der Landesplanung unter dem Begriff des Oberzentrums subsumiert).

Zwischenstufen innerhalb des Hierarchiesystems dienen dazu, diese Gliederungen mit der Wirklichkeit noch besser in Übereinstimmung zu bringen (zum Beispiel Mittelzentrum mit Teilfunktionen eines Oberzentrums). Für die einzelnen Rangstufen existieren Ausstattungskataloge der Versorgungszentren, die als Mindestausstattung der jeweiligen zentralörtlichen Infrastruktur zu verstehen sind. Im Rahmen dieses Beitrags ist es nicht möglich, die Gesamtheit der zentralörtlichen Ausstattung der durch die kommunale Neugliederung ganz erheblich vergrößerten Stadt Münster und ihres innerstädtischen Zentrensystems zu berücksichtigen, vielmehr sollen insbesondere die oberzentralen und zum Teil auch die mittelzentralen Funktionen behandelt werden. Als charakteristisch für Oberzentren gelten Einkaufs- und Dienstleistungseinrichtungen in möglichst vollständiger spezialisierter Differenzierung, Hochschuleinrichtungen, Fachbibliotheken, Theater als ständige Einrichtungen, Konzertsäle, Kongreßsäle, Krankenhäuser mit allen Fachabteilungen, ein Sportstadion mit regionaler Bedeutung sowie Einrichtungen der beruflichen Aus- und Fortbildung. Mittelzentren schließen unter anderem Schulen im Bereich der Sekundarstufe II (Gymnasium, Gesamtschule), Weiterbildungseinrichtungen, Büchereien und Mehrzweckhallen ein [2375: Landesentwicklungsplan I/II (Anlage D)].

Besonders kontrovers wird in Wissenschaft und Praxis die empirische Erfassung zentralörtlicher Systeme und insbesondere die Abgrenzung von Einzugsbereichen diskutiert und praktiziert. Zu jeder zentralen Einrichtung gehört ein Einzugsbereich, der von ihr oder von einer Gruppe im zentralen Ort konzentrierter Einrichtungen versorgt wird; dieser Einzugsbereich wird durch die Reichweite der entsprechenden zentralen Einrichtungen begrenzt. Die Summe aller Einzugsbereiche eines zentralen Ortes ergibt dessen zentralörtlichen Bereich. Reichweiten sind von einer Vielzahl von Faktoren abhängig, zu denen unter anderem Anzahl, Qualität und Preis angebotener Güter und Dienstleistungen, Größe und Bedeutung des zentralen Ortes insgesamt und konkurrierender Zentren sowie die Entfernung zwischen Wohnort und zentralem Ort und der für deren Überwindung benötigte Zeitaufwand gehören.

Damit stellt die Reichweite einer zentralen Einrichtung den Grenzwert einer Zeit-Kosten-Mühe-Relation dar, bis zu dem eine Inanspruchnahme gerade noch erfolgt.

Domplatz und Umgebung (Aufnahme aus dem Jahr 1969)

Die Festlegung der überwiegenden Ausrichtung eines Gebietes ist trotz statistisch abgesicherter Erhebungsverfahren durchaus problematisch, da alters- und sozialgruppenspezifische Differenzierungen bestehen und die Kopplung von Aktivitäten die Inanspruchnahme zentraler Orte entscheidend beeinflußt.

Von dem distanzorientierten Begriff der Reichweite hebt sich der raumorientierte Begriff des Einzugsbereichs ab, der unterschiedliche Intensitäten in der Nutzung zentraler Einrichtungen enthalten kann. So hat Winfried Meschede am Beispiel von Münster aufgezeigt, daß es im Einzugsgebiet eines zentralen Ortes Intensitätsgefälle gibt, die eine viel größere Bedeutung haben als eventuell nur schwach ausgebildete Außengrenzen [2444: Grenzen, Größenordnung und Intensitätsgefälle, S. 265].

Bei der Erfassung der Inanspruchnahme zentraler Orte sind Behörden, Verbände und andere Einrichtungen, für die feste Zuständigkeiten bestehen (sogenannte gebundene Zentralität), von solchen Einrichtungen zu unterscheiden, die durch individuelle Entscheidung eines Nachfragers in Anspruch genommen werden (sogenannte freie Zentralität). Der zentralörtliche Bereich einer Stadt ist stets Resultat des Zusammenwirkens spezifischer Einzugsbereiche, wobei die Zuständigkeitsbereiche der gebundenen Zentralität weniger stark zu gewichten sind. Die zweifelsfrei existierenden Teilzentralitäten für verschiedene Funktionsbereiche konnten entsprechend der Beschäftigtenstruktur für die höheren Zentren Nordrhein-Westfalens differenziert aufgezeigt werden, jedoch nicht ihre jeweiligen Einzugsbereiche. Zum zentralörtlichen Bereich werden die Einzugsbereiche mit dominanter Ausrichtung von Versorgungsbeziehungen durch die Bündelung von Reichweiten zusammengefaßt.

Im folgenden sei auf einige Probleme hingewiesen, die die Datengrundlagen und Repräsentativität der Untersuchung betreffen. Es war nicht möglich, für die Abhandlung umfassende Primäruntersuchungen durchzuführen, die für das gleiche Bezugsjahr die Reichweiten der bedeutendsten zentralörtlichen Einrichtungen ermittelt hätten. Auch eine angemessene Berücksichtigung der mit Münster konkurrierenden Oberzentren (Enschede, Osnabrück, Bielefeld, Paderborn, Dortmund, Bochum und Essen) mußte unterbleiben, da ansonsten intensive zusätzliche Erhebungen und Studien erforderlich gewesen wären. Unbestritten ist jedoch, daß durch Ausstattung und Reichweite der benachbarten Oberzentren wie auch herausragender Mittelzentren der Rang und die Raumwirksamkeit der Stadt Münster wesentlich beeinflußt werden. Die Untersuchung basiert außer auf den Ergebnissen einschlägiger Literatur auf der statistischen Auswertung vorliegender Zählungen, Befragungen und anderer Erhebungen, auf Auskünften von Gewährspersonen, der Auswertung amtlicher Statistiken und auf den Ergebnissen eines mit Verkehrszählungen und Besucherbefragungen verbundenen Geländehauptseminars am Institut für Geographie der Westfälischen Wilhelms-Universität Münster im Wintersemester 1988/89. Weitgehend aber muß sich die Untersuchung an den zufallsbedingten Erhebungen orientieren, die von den zentralen Einrichtungen selbst durchgeführt wurden. Dabei sind die Zeitpunkte nur zum Teil vergleichbar und die Auswertungen auf der Ebene unterschiedlicher räumlicher Aggregationsniveaus durchgeführt worden. Teilweise mußte auf eine differenziertere räumliche Aufbereitung ausschließlich für Westfalen-Lippe oder Nordrhein-Westfalen zurückgegriffen werden, die leider nicht ergänzt werden konnte, da Urmaterialien nicht mehr verfügbar waren. Schließlich ist zu betonen, daß die Erhebungen der beteiligten Institutionen methodisch stark variieren, da sie die Herkunft ihrer jeweiligen Besucher unterschiedlich exakt und über verschieden lange Zeiträume erfassen.

Bei der Darstellung der zentralörtlichen Ausstattung werden die Standorte der Einrichtungen innerhalb des Stadtgebiets in Grundzügen erläutert, nicht jedoch im einzelnen durch Kartierungen des funktionalen Gefüges dokumentiert. Das Schwergewicht liegt – soweit faßbar – auf der möglichst aktuellen Analyse der Einzugsbereiche; wenn diesbezügliche Unterlagen für historische Zeitstände sowie für die räumliche Inanspruchnahme der meisten privaten zentralörtlichen Einrichtungen nicht zur Verfügung standen, verlagert sich die Darstellung auf eine Bewertung der Ausstattung in Verbindung mit Abschätzungen der Reichweite.

Trotz der genannten Einschränkungen stellt der vorliegende Beitrag eine umfassende Analyse der oberzentralen Bedeutung der Stadt Münster dar. Auch bei einem breit angelegten Großprojekt würden sich vermutlich hinsichtlich der ermittelten Reichweiten nur unwesentliche Veränderungen ergeben. Allerdings sei betont, daß Zentralität keine statische Größe ist, sondern vielmehr durch Änderungen der Ausstattung von zentralen Orten und des Versorgungsverhaltens der Bevölkerung dynamischen Prozessen unterliegt, wie dies im folgenden auch am Beispiel bestimmter zentralörtlicher Einrichtungen in der Stadt Münster erläutert wird.

2. *Zur Entwicklung zentralörtlicher Funktionen und ihrer Reichweite von den Anfängen bis zur kommunalen Neugliederung 1975*

Von der Gründung bis zur Integration in das Königreich Preußen

Münster besaß bereits in seiner Frühzeit als Missionsstation und Bischofssitz die Funktionen eines wichtigen Verkehrs- und Dienstleistungszentrums, die auch heute noch charakteristisch sind. An der Aafurt kreuzten sich mehrere Fernhandelswege, nämlich die Friesische Heerstraße von Emden nach Soest, die Holländische Straße von Deventer nach Paderborn sowie die Kölnische bzw. Rheinische Straße von Wesel über Haltern nach Osnabrück. Die um eine Kaufmannssiedlung erweiterte Domimmunität entwickelte sich in der Folgezeit zu einem wichtigen Handelsplatz und zum Verwaltungssitz eines geistlichen Territoriums, das im 16. Jahrhundert von den Niederlanden bis ins östliche Münsterland sowie von der Lippe bis Ostfriesland reichte. Innerhalb des Hansebundes, der sich ab 1400 konsolidierte, entstand der Bereich eines eigenen Vororts Münster, der zahlreiche Beistädte im gesamten Münsterland und in der Grafschaft Bentheim umfaßte; weitere Vororte existierten innerhalb Westfalens in Dortmund, Soest und Osnabrück.

Am Verwaltungssitz des Fürstbischofs von Münster, der zugleich weltlicher und geistlicher Landesherr war, entwickelten sich im Mittelalter und in der frühen Neuzeit verschiedene kulturelle und wirtschaftliche Einrichtungen, die den zentralörtlichen Charakter Münsters entscheidend prägten. Zu ihnen gehörten die fürstbischöfliche Kanzlei am Domplatz als Sitz der Zentralbehörden des Hochstifts sowie in Fortführung der Domschule und des Gymnasium Paulinum bzw. des Jesuitenkollegs die 1773 gegründete Universität. Von Bedeutung waren auch das fürstbischöfliche Theater, die Hofkapelle für die Musikpflege, eine Anzahl kultureller und gesellschaftlicher Vereinigungen sowie die ortsansässigen Buchdruckereien und Buchhandlungen, deren Mitglieder bzw. Kundenkreise aus dem gesamten Münsterland und zum Teil angrenzenden Regionen stammten. Von der bischöflichen Landespost am Roggenmarkt wurde Personenverkehr abgewickelt, während die Thurn-und-Taxissche Briefpost am Prinzipalmarkt den Postverkehr mit den Orten des Hochstifts, dem Niederstift und dem Ausland organisierte. Die Reichweite des Einzugsgebiets der Stadt Münster war im wesentlichen auf das Oberstift Münster und damit auf das heutige Munsterland begrenzt; es wird angenommen, daß darüber hinaus entsprechend den territorial-konfessionellen Zugehörigkeiten auch das Niederstift, d. h. das Emsland bis in den Raum Papenburg und die später als Oldenburger Münsterland bezeichneten Räume Cloppenburg und Vechta, in geringerer Intensität auf Münster ausgerichtet waren. Das Osnabrücker Land war auf das als zentraler Ort weniger ausgestattete Osnabrück und auf Münster gleichzeitig ausgerichtet, während die Lippe nach Süden eine deutliche Grenze bildete und im östlichen Münsterland die Einflußgebiete von Münster und Paderborn einander im Raum Rheda-Wiedenbrück berührten.

Am Ausgang des 18. Jahrhunderts war Münster im nordwestlichen Deutschland unter Berücksichtigung aller seiner Funktionen die bedeutendste Stadt zwischen den rheinischen Metropolen Köln und Düsseldorf einerseits sowie Bremen andererseits [1995: Blotevogel, Zentrale Orte, S. 178f und Abb. 58].

Münster als Provinzialhauptstadt

Zwischen 1803 und dem endgültigen Übergang an Preußen 1815 dürften – angelehnt an die jeweilige Verwaltungsstellung – zentrale Funktionen für ein unterschiedlich großes Umland weiterbestanden haben, die jedoch sicherlich durch die territorialen Rahmenbedingungen stark eingegrenzt waren.

Der Verlust der Selbständigkeit als Territorium bedeutete für Münster nicht eine Schwächung, sondern im Gegenteil eine Stärkung seiner Funktionen, da die Stadt innerhalb der neugeschaffenen Provinz Westfalen Sitz eines Regierungspräsidenten und vor allem Provinzialhauptstadt wurde. Als solche erhielt Münster nicht nur den Sitz des Oberpräsidenten von Westfalen sowie des Provinziallandtags als Ständevertretung und des Provinzialverbandes Westfalen, sondern auch zahlreiche weitere öffentliche Verwaltungen und militärische Administrationsfunktionen. Münster wurde im 19. Jahrhundert einer der bedeutendsten deutschen Garnisonstandorte und konnte diese Funktion sogar bis in die Gegenwart hinein erhalten und ausbauen. Die Begründung kultureller Einrichtungen, zum Beispiel des Landesmuseums für Kunst und Kulturgeschichte, festigte den Rang Münsters als erste Stadt Westfalens.

Diese Ausstrahlung galt weniger für die Universität, die lediglich als Theologisch-Philosophische Akademie fortbestand und sich erst ab 1902 nach Angliederung weiterer Fakultäten und bei gleichzeitiger Entkonfessionalisierung zur gesamtwestfälischen Universität entwickeln konnte [1797: Mayr, Studentischer Einzugsbereich].

Für die zentralörtliche Stellung waren darüber hinaus auch Funktionen von Bedeutung, die durch Handwerk, Handel sowie Banken und Versicherungen in der zweiten Hälfte des 19. Jahrhunderts begründet wurden. Demgegenüber stehen relative Bedeutungsminderungen, da im Zuge des Heranwachsens des Ruhrgebiets auch dessen größere Städte, insbesondere Dortmund, und andererseits die Stadt Bielefeld in Ostwestfalen zunehmend nicht nur wirtschaftliche, sondern auch kulturelle Zentralfunktionen entwickeln konnten, durch die der Einfluß Münsters in diesen Räumen abgeschwächt wurde.

In die zweite Hälfte des 19. Jahrhunderts fällt – beginnend mit dem Bau der Eisenbahnlinie Münster–Hamm – der Ausbau Münsters zu einem wichtigen Eisenbahnknotenpunkt. Mit der Eröffnung des Dortmund-Ems-Kanals 1899 erhielt Münster einen Kanalhafen und damit eine unmittelbare Wasserstraßenanbindung zur Nordsee, die bereits mit dem unvollendet gebliebenen Max-Clemens-Kanal zu Anfang des 18. Jahrhunderts erreicht werden sollte.

In der ersten Hälfte des 20. Jahrhunderts galt Münster weiterhin als eine der wichtigsten Städte und darüber hinaus als Metropole Westfalens. 1932 wurde die Stadt durch die Nationalsozialisten zur Gauhauptstadt von Westfalen-Nord bestimmt; das Amt des Oberpräsidenten wurde schließlich mit dem des Gauleiters vereinigt. Für die zentralörtliche Stellung Münsters blieb diese Zuständigkeit ohne wesentliche Bedeutung.

Vom Wiederaufbau bis zur kommunalen Neugliederung von 1975

Die im Jahr 1933 durch Walter Christaller begründete Zentralitätsforschung erreichte ihre eigentliche Wirksamkeit erst ab ca. 1950; sie war Gegenstand eines großen, im Institut für Landeskunde der Bundesforschungsanstalt für Landeskunde und

Raumordnung angesiedelten Forschungsprojekts in den Jahren 1966 bis 1968 [2320: Kluczka, Nordrhein-Westfalen] und erreichte eine besonders nachhaltige Wirkung durch die Integration in die Landesentwicklungsplanung der Flächenländer der Bundesrepublik Deutschland.

Die traditionellen Versorgungsfunktionen, die die Stadt Münster vor 1945 entwickelt hatte, konnten ungeachtet der Kriegszerstörungen im wesentlichen wiederbegründet und sogar fortentwickelt werden. Dieser Sachverhalt gilt insbesondere für die freie Zentralität, weniger jedoch für die gebundene Zentralität, weil die Provinz Westfalen lediglich bis 1946 bestand und danach durch die britische Militärregierung mit dem Nordteil der ehemaligen Rheinprovinz zum neuen Land Nordrhein-Westfalen zusammengefaßt wurde. Dieser Vorgang war insofern mit einem Funktionsverlust verbunden, als nunmehr eine eigenständige Provinzialverwaltung in Westfalen nicht mehr existierte. Landtag und Landesregierung des neuen Bundeslandes nahmen ihren Sitz in Düsseldorf, während in Münster lediglich der Verfassungsgerichtshof und das Oberverwaltungsgericht Nordrhein-Westfalen angesiedelt wurden. Allerdings gab es weiterhin den früheren Provinzialverband Westfalen, dessen Funktionen seit 1953 durch den Landschaftsverband Westfalen-Lippe mit Sitz in Münster wahrgenommen werden.

Die zentralörtlichen Funktionen der Orte des inneren Münsterlandes wurden 1957/58 von Hans Friedrich Gorki [2155: Verwaltungsorte], der Stand der Zentralitätsforschung für ganz Westfalen 1967 von Georg Kluczka [2321: Problem der zentralen Orte] untersucht und zusammenfassend bewertet. Das erste nordrhein-westfälische Landesentwicklungsprogramm von 1964 legte nicht nur erstmals für ein Land der Bundesrepublik Deutschland eine landesplanerische Gesamtkonzeption vor, sondern wies innerhalb der ländlichen Zonen zugleich alle Gemeinden aus, denen eine zentralörtliche Bedeutung zuerkannt wurde, und klassifizierte sie nach der Größe ihrer Versorgungsbereiche. Diese Einstufung wurde 1966 in den Landesentwicklungsplan I übernommen (verändert 1970), der das Land in die Gebietskategorien der Ballungskerne, Ballungsrandzonen und ländlichen Zonen untergliederte und in letzterer die zentralen Orte und städtischen Verflechtungsgebiete auswies.

Die Stadt Münster stellte nach diesem frühen Landesentwicklungsplan I ein städtisches Verflechtungsgebiet dar, das aus dem eigenen Stadtgebiet sowie Hiltrup und St. Mauritz bestand. Im Vorfeld weiterer landesplanerischer Überlegungen beauftragte das Land Nordrhein-Westfalen das Institut für Landeskunde, eine umfassende zentralörtliche Bestandsaufnahme durchzuführen, welche die zentralen Orte und ihre Versorgungsbereiche zum Inhalt haben sollte [2320: Kluczka, Nordrhein-Westfalen]. Diese Untersuchung basierte ebenso wie die vorher angeführte Studie über die gesamte Bundesrepublik auf der empirischen Umlandmethode und erbrachte durch Befragungen von Schlüsselpersonen in den Wohnorten und ergänzende Geländestudien Abgrenzungen der zentralörtlichen Versorgungsbereiche nach Rangstufen. Für Münster war als Ergebnis folgendes festzustellen: Die Stadt wurde – vergleichbar mit Düsseldorf, Essen, Kassel und Hannover – als zentraler Ort höherer Stufe mit Teilfunktionen eines zentralen Ortes höchster Stufe klassifiziert und nimmt damit einen herausgehobenen Rang ein, der lediglich noch von den Großzentren übertroffen wird (zum Beispiel Hamburg, Köln). Die Bereichsgrenze des zentralen Ortes höherer Stufe, heute vereinfacht Oberzentrum genannt, schließt das weitere Münsterland so-

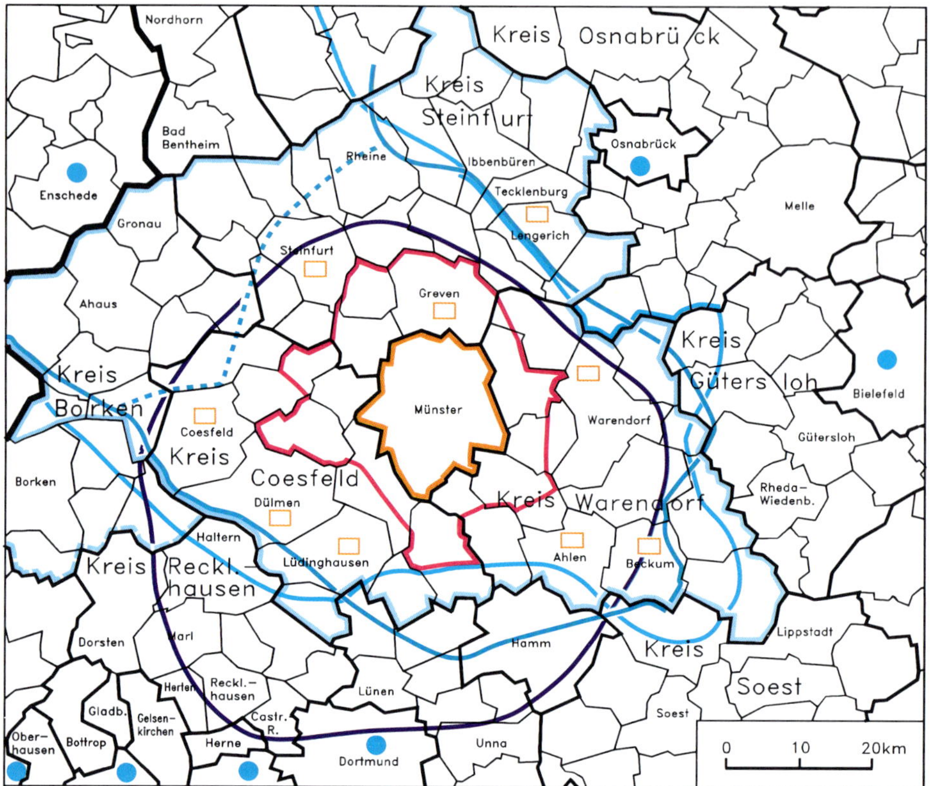

Mittelbereich Münster 1968 ohne mehrfach orientierte Bereiche, die keinem Mittelzentrum eindeutig zugeordnet werden können (Kluczka 1970)

Mittelbereich Münster (Landesentwicklungsplan I/II 1979)

Benachbarte Mittelzentren (LEP I/II 1979)

Oberbereich Münster (LEP I/II 1979)

Auf die Oberzentren Münster und Essen ausgerichtete Mittelbereiche (LEP I/II 1979)

Benachbarte Oberzentren (ohne Differenzierung nach Einwohnern im Oberbereich)

Oberbereich Münster 1968 (Kluczka 1970)

Erreichbarkeitsgleicher gegenüber konkurrierenden Oberzentren (Meschede 1971)

Ungefährer Kundeneinzugsbereich münsterischer Warenhäuser 1988

Quelle: Eigene Erhebungen
Entwurf: A. Mayr, W. Sommer; Kartengrundlage Computerkartographie: D. Förg

Ober- und mittelzentrale Verflechtungsbereiche der Stadt Münster

wie das südwestliche Emsland ein, während der Raum Borken–Bocholt ausgenommen und auf Essen ausgerichtet erscheint. Als zentraler Ort mittlerer Stufe (Mittelzentrum), der Münster ja zugleich ist, versorgt die Stadt einen beachtlich großen Raum, der sich von Drensteinfurt im Süden bis Greven im Norden, von Havixbeck im Westen bis Telgte im Osten erstreckt und am 31. Dezember 1968 362 600 Einwohner umfaßte.

Die Stadt Münster hat die zwischen ihr und den Nachbargemeinden bestehenden Versorgungsbeziehungen in einem umfangreichen Werk dokumentiert und auf dieser Grundlage einen „Stadtentwicklungsplan 2000" erarbeitet, der den Zusammenschluß mit den neuen unmittelbar angrenzenden Umlandgemeinden als Vorschlag enthielt. Nach langwierigen politischen Auseinandersetzungen wurde durch das sogenannte Münster-Hamm-Gesetz diesem Antrag mit Wirkung vom 1. Januar 1975 entsprochen und gleichzeitig auch das übrige Münsterland umfassend neu gegliedert. Dabei wurde der frühere Kreis Münster aufgelöst; die neuerrichteten Großgemeinden des Münsterlandes wurden in den neuen Kreisen Warendorf, Steinfurt, Coesfeld und Borken zusammengefaßt [vgl. 2432: Mayr, Verwaltungsgliederung, Atlaskarte].

Die Gebietsreform erfolgte ganz wesentlich unter Berücksichtigung zentralörtlicher Verflechtungen und sollte gleichzeitig die neugeschaffenen Gemeinden in ihrer Leistungskraft stärken. Ein 1979 aufgestellter veränderter Landesentwicklungsplan I/II enthält die Raum- und Siedlungsstruktur nach der kommunalen Neugliederung und klassifiziert erneut die Gemeinden des Landes Nordrhein-Westfalen. Münster wird nunmehr als sogenanntes solitäres Verdichtungsgebiet dargestellt, d. h. als ein Oberzentrum von herausragender Bedeutung im ländlichen Raum ohne die traditionellen Erscheinungsformen von Ballungskernen und Ballungsrandzonen. Das erweiterte Stadtgebiet wird mit dem Mittelbereich der Stadt gleichgesetzt, der jedoch in der Realität größer sein dürfte; gleichzeitig werden alle Nachbargemeinden als eigenständige Grundzentren, Telgte und Senden als Grundzentren mit Teilfunktionen eines Mittelzentrums und Greven als Mittelzentrum eingestuft. Als Oberbereich Münster werden die vier Münsterlandkreise ausgewiesen, wobei jedoch der Bereich Borken–Bocholt gleichzeitig als auf Essen und Münster ausgerichtet erscheint. Grenzüberschreitende Verflechtungen zu Niedersachsen – wie von Kluczka dargestellt – sowie zu den Niederlanden bleiben unerwähnt. Mit etwa 5600 Quadratkilometern oder 16,5 Prozent der Landesfläche Nordrhein-Westfalens ist der Oberbereich Münster arealmäßig der größte von 16, während er mit etwa 1,3 Millionen Einwohnern bzw. 7,7 Prozent der Landesbevölkerung den vierten Platz einnimmt [2326: Knop, Oberbereiche, S. 107].

Die Nachkriegsentwicklung hat zwar den zentralörtlichen Rang Münsters insgesamt nicht verändert, doch hat die Stadt selbst mannigfache Wandlungen von Ausstattung und Attraktivität erfahren. So ist zum Beispiel die Erreichbarkeit im Straßennetz durch zwei Autobahnen deutlich verbessert worden. In Kultur und Bildung, Kredit- und Versicherungswesen, im Einzelhandel und zum Teil auch bei öffentlichen Dienstleistungen hat die Stadt zusätzliche Einrichtungen an sich binden können, andererseits auch im Zuge von Behördenzusammenlegungen bzw. Funktionalreformen Einrichtungen verloren. Gleichzeitig haben sich aber auch Ausstattung und Attraktivität der Münster benachbarten Oberzentren und weiterer zentraler Orte im Umland deutlich verbessert.

Entwicklung und Dynamik Münsters als zentraler Ort werden im folgenden umfassend dargestellt und kritisch bewertet.

3. Lage und Erreichbarkeit

Die Mittelpunktlage Münsters ~~in~~ der Westfälischen Bucht und der Rang der Stadt hatten zur Folge, daß sich auch Verkehrslinien unterschiedlichster Art in Münster bündeln. Insgesamt kann die Anbindung der Stadt an das überregionale Verkehrsnetz als gut bezeichnet werden.

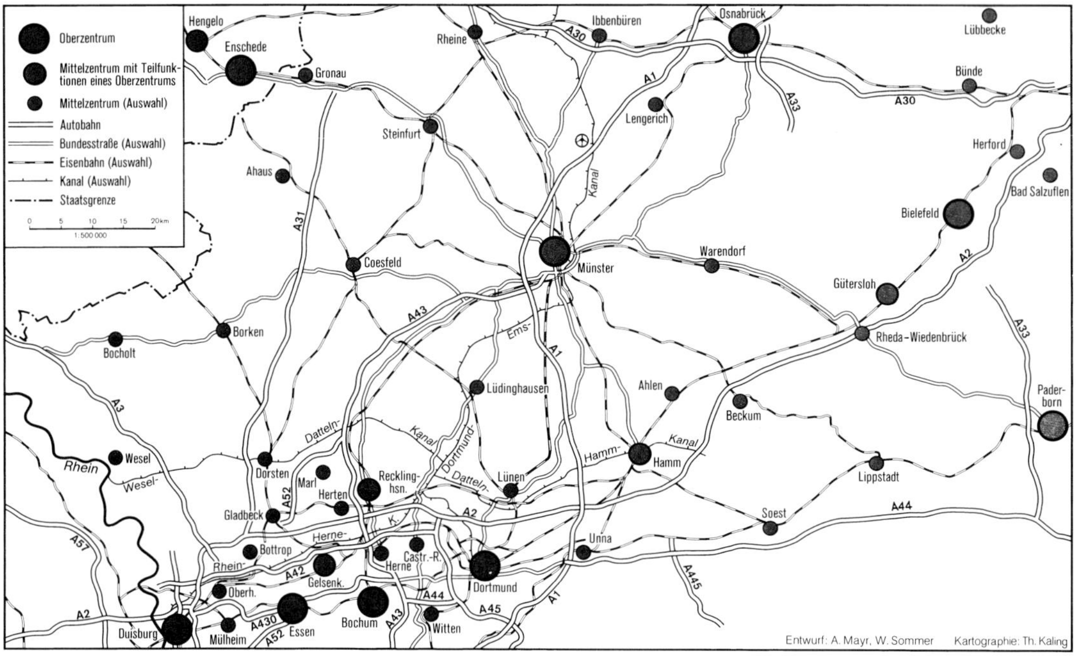

Lage Münsters im Verkehrsnetz

Straßennetz

Münster ist hervorragend in das System der Bundesfernstraßen eingebunden. Die Stadt wird im Westen von der von Südwest nach Nordost verlaufenden Autobahn A 1 („Hansalinie") durchzogen, die das Rhein-Ruhr-Gebiet mit den Hansestädten im Nord- und Ostseeraum verbindet; im Stadtgebiet Münster liegen das Autobahnkreuz Münster-Süd und die Anschlußstelle Münster-Nord. Im südwestlichen Stadtgebiet beginnt an der Weseler Straße die A 43, die über das Autobahnkreuz Münster-Süd hinweg die Stadt mit dem mittleren Ruhrgebiet und mit Wuppertal verknüpft.

In Münster kreuzen sich die Bundesstraßen B 51 (Bochum–Recklinghausen–Dülmen–Münster–Telgte–Osnabrück) und B 54 (Dortmund–Werne–Münster–Steinfurt–Gronau), die zwischen Münster und Steinfurt als Schnellstraße ausgebaut ist (Verlängerung nach Gronau und Enschede im Bau bzw. in Planung). Eine weitere, jedoch kürzere Bundesstraße nimmt in der Stadt ihren Ausgang (B 219 Münster–Greven–Ibbenbüren). Für den Verkehr aus Münster heraus und in die Stadt hinein haben ferner mehrere Landes- und Kreisstraßen größere Bedeutung sowie weitere Bundesstraßen, die in nur kurzer Entfernung außerhalb der Stadtgrenze ihren Ausgang nehmen (B 64 Telgte–Rheda-Wiedenbrück–Paderborn, B 235 Senden–Lüdinghausen–Bochum, B 67 Appelhülsen–Coesfeld–Borken–Bocholt, B 481 Greven–Rheine).

Eisenbahnnetz

Münster kann mit der Eisenbahn aus acht verschiedenen Richtungen erreicht werden, von denen fünf eine größere Bedeutung haben. Am wichtigsten ist die stündlich von Intercity-Zügen befahrene Strecke Köln–Dortmund–Münster–Osnabrück–Hamburg, die zugleich das Rückgrat des Fernverkehrs für den münsterischen Hauptbahnhof darstellt. Ihr kommt bedeutungsmäßig die Strecke Hamm–Münster–Rheine–Emden–Norddeich am nächsten, die für den Pendlerverkehr, für Reisen in die Niederlande (mit Umstieg in Rheine) und zu den Ostfriesischen Inseln ebenso wichtig ist wie für Reiseziele im Ruhrgebiet, im Rheinland sowie in Südostwestfalen und Nordhessen (zum Teil mit Umstieg in Hamm). Eine dritte wichtige Strecke, die partiell auch von Fernzügen befahren wird, beginnt in Münster und führt über Dülmen nach Recklinghausen, Wanne-Eickel, Gelsenkirchen und Essen (mit neu eingerichteten Regionalschnellbahn-Zügen seit 1990/91 und IC-Verbindungen im Zweistundentakt seit 1991). Schließlich nehmen noch drei Nahverkehrsstrecken in Münster ihren Ausgang, und zwar über Steinfurt nach Gronau (seit 1981 ohne Fortführung zum niederländischen Enschede), über Billerbeck nach Coesfeld und über Warendorf nach Rheda-Wiedenbrück (mit einigen durchlaufenden Zügen nach Bielefeld oder darüber hinaus). Die letztgenannte Strecke wird bis Warendorf oder Beelen, die beiden übrigen werden in ihrer gesamten Länge in einem festen Zeittakt befahren. Die Inanspruchnahme ist allerdings relativ gering. Nicht mehr im Personenverkehr betrieben wird die Strecke der Westfälischen Landeseisenbahn von Münster über Neubeckum und Beckum nach Warstein.

Der Hauptbahnhof Münster hatte im Sommer 1988 mit 227 Zügen nach Dortmund (394) und Hagen (238) das drittstärkste werktägliche Bedienungsangebot aller westfälischen Bahnhöfe [2358: Kreft-Kettermann, Eisenbahnen, S. 13]. Mit dem Winterfahrplan 1992 war die Zahl der Münster werktäglich (Montag bis Donnerstag) verlassenden Züge auf 272 angestiegen. 1987 kamen nach Auskünften der Bundesbahndirektion Essen täglich rd. 19 000 Reisende in Münster an, und zwar 4000 aus Richtung Rheine, 3300 aus Richtung Dortmund, jeweils 2800 aus den Richtungen Hamm und Recklinghausen, 2300 aus Richtung Osnabrück, 1900 aus Richtung Gronau, 1000 aus Richtung Warendorf und 900 aus Richtung Coesfeld [1832: Sommer, Reichweite, S. 12]. Der Hauptbahnhof ist außerdem im Netz des Öffentlichen Personennahverkehrs ein wichtiger Verknüpfungspunkt (Stadtbusse und Regionalverkehr). Vorortbahnhöfe werden im Stadtgebiet von Münster derzeit mit Ausnahme von Hiltrup, Amelsbüren, Albachten, Sprakel und Nienberge nicht mehr betrieben, sollen aber möglicherweise reaktiviert oder neuerrichtet werden (Zentrum Nord). Eine Wiederaufnahme des durchlaufenden Bahnverkehrs Münster–Gronau–Enschede, der vor allem von der deutsch-niederländischen Kommunalgemeinschaft „Euregio“ sowie anderen Institutionen nachhaltig gefordert wird, ist geplant. Die 1991 von der Bundesbahn in Betrieb genommenen Hochgeschwindigkeitszüge des „Intercity-Expreß" (ICE) sollen ab 1994 auch auf der Strecke Hamburg–Münster–Köln eingesetzt werden. Damit würde Münsters Stellung im deutschen Eisenbahnnetz nachhaltig gestärkt.

Eine gemeinsame Betrachtung der Straßen- und Eisenbahnverbindungen Münsters läßt erkennen, daß insbesondere die Verknüpfung mit dem Oberzentrum Bielefeld und dem ostwestfälischen Raum unzureichend ist. Aus diesem Grund ist der Bau einer leistungsfähigen Schnellstraße seit Jahren in der Diskussion. Neben den guten Nord-Süd-Achsen sind gerade nach der Wiedervereinigung leistungsfähige West-Ost-Verbindungen für den Wirtschaftsstandort Münster unverzichtbar.

Öffentlicher Personennahverkehr: Verkehrsgemeinschaft Münsterland

Münster bildet innerhalb des Münsterlandes traditionell einen herausragenden Knotenpunkt des Öffentlichen Personennahverkehrs. Aus verschiedenen Richtungen läuft ein engmaschiges Busliniennetz auf das Oberzentrum Münster zu; die Linien wurden ehemals am Bremer Platz östlich des Hauptbahnhofs zusammengeführt und werden seit einer konzeptionellen Neugestaltung des Hauptbahnhofbereichs ab 1989 am Berliner Platz westlich des Hauptbahnhofs gebündelt.

Das Busliniennetz in der Stadt Münster und den vier Münsterlandkreisen Warendorf, Steinfurt, Coesfeld und Borken wird seit 1983 von der Verkehrsgemeinschaft Münsterland (VGM) betrieben, der flächengrößten der 13 nordrhein-westfälischen Verkehrsgemeinschaften. In ihr kooperieren die Stadtwerke Münster, die Westfäli-

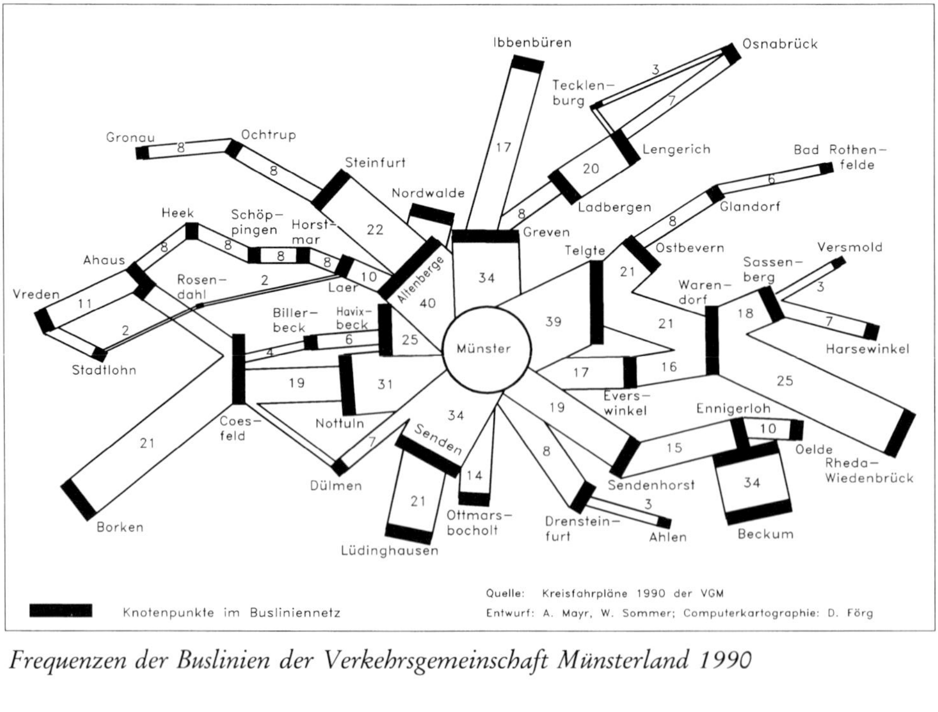

Frequenzen der Buslinien der Verkehrsgemeinschaft Münsterland 1990

sche Verkehrsgesellschaft als Geschäftsführungsgesellschaft der Regionalverkehr Münsterland GmbH (RVM), die Westfalen Bus GmbH der Deutschen Bundesbahn und die Kraftverkehr Münsterland C. Weilke GmbH & Co. KG. Die Stadtwerke Münster betreiben innerhalb des Stadtgebiets neben zwei Ringlinien 19 als Diagonallinien geführte Stadtbusstrecken, die das Rückgrat des Öffentlichen Personennahverkehrs in Münster bilden und zugleich die Verknüpfung mit den städtischen Vorortnetzen sicherstellen.

Durch die anderen genannten Unternehmen werden zwanzig Buslinien unterhalten, die sämtlich in Münster ihren Ausgangs- bzw. Endpunkt haben. In festem Zeittakt bediente Regio-Takt-Linien führen unter anderem von Ibbenbüren, Ahaus, Coesfeld, Lüdinghausen, Beckum und Warendorf nach Münster. In unregelmäßiger Bedienungsfolge und zum Teil weniger häufig werden Linien ab Gronau-Steinfurt, Borken, Billerbeck, Ottmarsbocholt, Osnabrück, Bad Rothenfelde und Ahlen nach Münster betrieben. Innerhalb dieser Verbindungen gibt es besonders verdichtete – zum Teil alternativ verlaufende – Teilstrecken zu den unmittelbaren Nachbargemeinden, zum Beispiel nach Nottuln, Havixbeck, Altenberge, Greven, Telgte, Sendenhorst und Senden.

Die Karte der überörtlichen Busfrequenzen vermittelt eine Vorstellung von der Erreichbarkeit der Stadt Münster aus dem Umland heraus, für das das Oberzentrum selbst als Spinne in einem enggeknüpften Verkehrsnetz eine herausragende Bedeutung hat. Erwähnt sei, daß einige Busstrecken in Konkurrenz zur Eisenbahn betrieben werden (zum Beispiel nach Telgte-Warendorf oder Havixbeck–Billerbeck), dabei aber Flächenerschließung ermöglichen.

Als besondere Angebote unterhält die Regionalverkehr Münsterland GmbH eine aus einem Anruf-Sammel-Taxidienst hervorgegangene Bedienung des Flughafens Münster/Osnabrück sowie seit Februar 1992 die zu einem großen Erfolg gewordene Nachtbuslinie Ahlen-Sendenhorst-Münster (samstags), darüber hinaus als Spitzenprodukt die seit Sommer 1990 bestehende Schnellbusstrecke Lüdinghausen–Senden–Münster, die angesichts beachtlicher Fahrzeitverkürzungen und höheren Ausstattungsstandards Nachfragesteigerungen um über 50 Prozent ausgelöst hat.

Während sogenannte Schwachlaststrecken nur einen Kostendeckungsgrad um 30 bis 50 Prozent haben, erreichen nachfragestarke Linien 90 bis 100 Prozent. Als bedeutsam haben sich ein differenziertes Bedienungsmodell für die verschiedenen Verkehrsmärkte sowie eine gute Verknüpfung der verschiedenen Anbieter erwiesen; dabei ist die seit 1984 bestehende Kooperation Bus/Schiene im Münsterland ziemlich einmalig.

Wasserstraßennetz

Seit 1899 ist Münster über den Dortmund-Ems-Kanal an das westdeutsche Kanalnetz angeschlossen (mit Stadthäfen I und II sowie verschiedenen Privathäfen). Die Bedeutung des Kanals für Münster besteht vor allem in der Beförderung von Massengütern (Empfang von Baustoffen, Düngemitteln, Agrarprodukten für Viehfutter, Kohle für das Heizkraftwerk und Öl), der Nutzung für Freizeit und Erholung und zum Teil der Wasserentnahme; Personenschiffahrt findet nur im Rahmen des Ausflugsverkehrs statt.

Der Flughafen Münster/Osnabrück bei Greven

Flughafen Münster/Osnabrück

Der Flughafen Münster/Osnabrück in Greven hat sich seit seiner offiziellen Eröffnung im Jahr 1972 zunächst zu einem bedeutenden Regionalflughafen entwickelt und ist nach insgesamt starkem Wachstum seit 1986 als 12. internationaler Verkehrsflughafen der damaligen Bundesrepublik Deutschland anerkannt. Mit direkten innerdeutschen Verbindungen nach Frankfurt, Berlin, München, Stuttgart, seit Frühjahr 1992 auch nach Leipzig und Dresden, sowie Auslandsdirektflügen nach Zürich, London, Paris und Olbia (Sardinien) bietet der Flughafen ein attraktives, von verschiedenen Fluggesellschaften unterhaltenes Linienangebot. Speziell durch die direkte Anbindung an die Luftverkehrskreuze Frankfurt, München, Zürich, Paris und London bestehen damit weltweite Umsteigeverbindungen. Im Touristikcharterverkehr wurden im Sommer 1992 zwölf südliche Urlaubsziele angeflogen, die von den Kanarischen Inseln (Las Palmas/Gran Canaria, Teneriffa) über Südportugal (Faro), die Balearen (Palma de Mallorca, Ibiza), Sardinien (Olbia), Tunesien (Monastir), Kreta (Heraklion) bis in die Türkei reichen (Istanbul, Izmir, Dalaman, Antalya). Im Winter 1992/93 bestanden Charterflugverbindungen nach Mallorca, zu den Kanarischen Inseln, nach Tunesien und in die Türkei.

Der Flughafen wurde im Jahr 1992 von insgesamt 433 604 Passagieren in Anspruch genommen, wovon 19 549 auf den nichtgewerblichen und 414 055 auf den gewerblichen Verkehr entfielen (unter anderem rd. 250 000 Linien- und rd. 143 000

Pauschalreisefluggäste im Lokalaufkommen ohne Transit). Außerdem wurden 4293 Tonnen Luftpost und 5566 Tonnen Luftfracht einschließlich Luftfrachtersatzverkehr von und nach Münster/Osnabrück transportiert. Nach einer durch den Golfkrieg bedingten vorübergehenden Stagnation der Verkehrsleistungen im Jahr 1991 erreichte der Flughafen damit im zwanzigsten Jahr seines Bestehens 1992 mit einer Steigerung um 126 293 seine bisher höchste Passagierzahl, wobei die Nachfrage im Urlauberverkehr mit einer Zunahme von 84 Prozent bedeutend stärker wuchs als im Linienverkehr (+ 32 Prozent).

Als engerer Einzugsbereich des Flughafens wird in Publikationen des Flughafenträgers ein Gebiet mit 1,3 Millionen Einwohnern im nördlichen Westfalen und nordwestlichen Niedersachsen angegeben; der erweiterte Einzugsbereich soll sogar 5,9 Millionen Einwohner umfassen. Da der Einzugsbereich für Charterfluggäste größer, in Abhängigkeit von den wechselnden Ferienterminen aber schwankend ist, berücksichtigt die folgende Abbildung lediglich die Nutzungsintensität des Flughafens durch Linienfluggäste. Grundlage ist die jüngste Fluggastbefragung des Flughafens, bei der von September bis Dezember 1987 3712 von 22 340 Linienpassagieren (= 16,6 Prozent) erfaßt wurden. Dabei überwog der Quellverkehr aus der Region mit 77,4 Prozent [1723: Struktur des Fluggastaufkommens, S. 3ff]. Die Karte gibt auf Gemeindebasis die Zahl der Flughafennutzer je 10 000 Einwohner wieder (nach der Volkszählung 1987) und ermöglicht damit eine einwohnergrößenunabhängige Beurteilung der Inanspruchnahme des Flughafens.

Es ergibt sich, daß eine besonders starke Nutzung durch Bewohner der Städte Münster, Greven und Lengerich vorherrscht, und zwar in einer Größenordnung von jeweils über 600 Linienfluggästen je 10 000 Einwohner. Schon mit deutlichem Abstand folgen Orte einer zweiten Intensitätsklasse, die von Osnabrück angeführt wird (über 400) und zu der unter anderem einige weitere Orte im unmittelbaren Umfeld des Flughafens, im weiteren Münsterland sowie auch Lingen und Bad Bentheim in Niedersachsen gehören. Eine dritte Intensitätsklasse umschließt im wesentlichen die engeren Münsterlandkreise, das südliche und mittlere Osnabrücker Land sowie weitere Gemeinden des Emslandes und als Besonderheit Bergkamen im Kreis Unna (spezielle Firmennachfrage). Erst in der letzten dargestellten Intensitätsklasse sind auch das westliche und südöstliche Münsterland, Grenzgemeinden des Minden-Ravensberger Landes sowie Orte des Oldenburger Münsterlandes (Kreis Cloppenburg) erfaßt.

Passagiere des Flughafens nehmen in sehr starkem Maße auch andere Flughäfen in Anspruch, insbesondere Düsseldorf, aber auch Amsterdam, Hannover, Hamburg und Bremen. Es kann nicht ausgeschlossen werden, daß die Luftverkehrsteilnehmer aus dem Einzugsbereich des Flughafens nach der mehrheitlichen Ausrichtung überwiegend auf Düsseldorf wegen des dort vielfältigeren und differenzierteren Angebots orientiert sind. Dennoch hat sich der Flughafen Münster/Osnabrück zu einer wichtigen, zunehmend stärker nachgefragten zentralörtlichen Einrichtung entwickelt, die für die Bewohner und die Wirtschaftsunternehmen der Region von wachsender Bedeutung ist.

Nach der lange hinausgezögerten Gewährung von Strukturfördermitteln im Herbst 1992 wird derzeit ein neuer, der veränderten Nachfrage entsprechender Terminal mit einer Kapazität von 1,2 Millionen Passagieren errichtet.

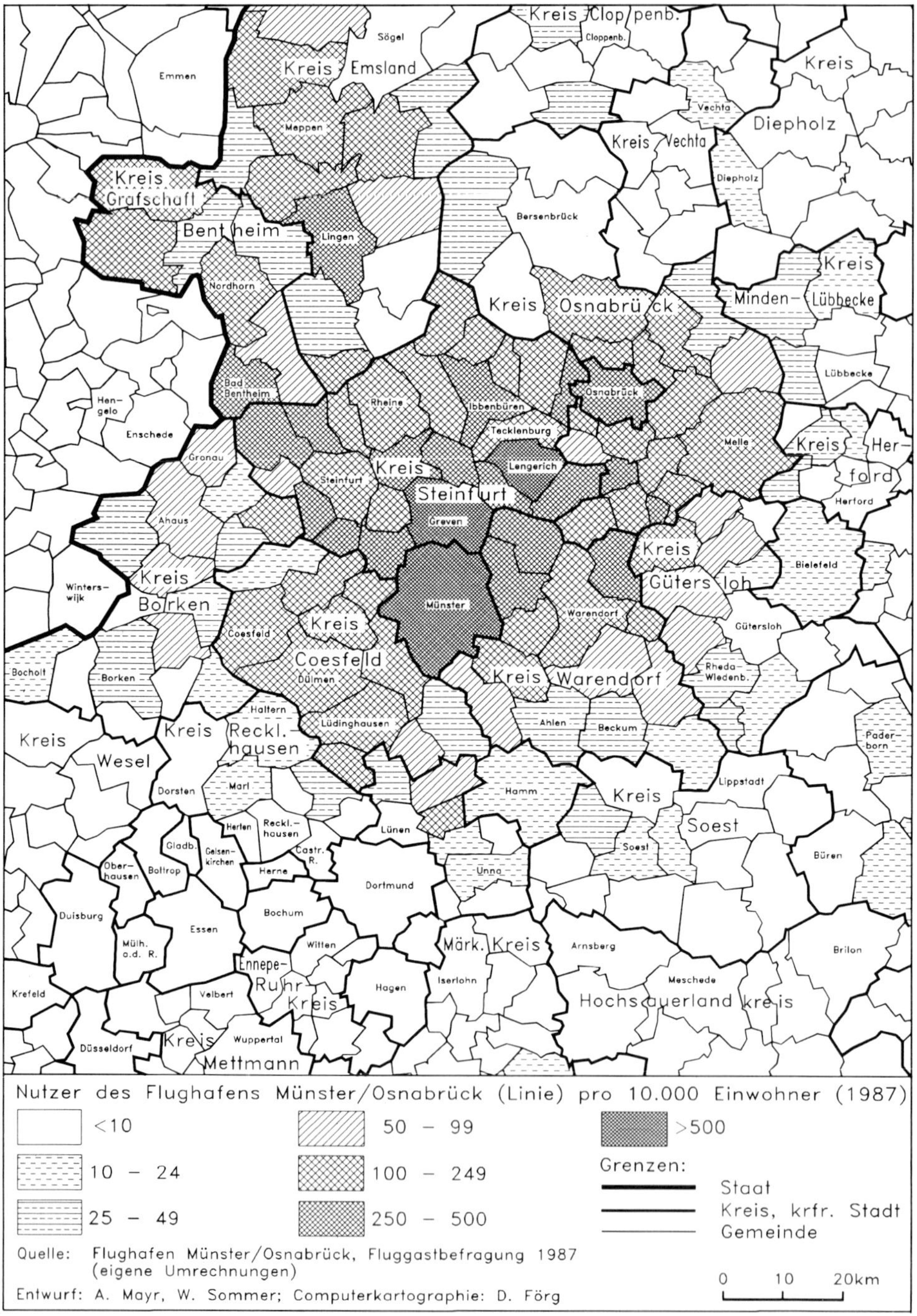

Einzugsbereich des Flughafens Münster/Osnabrück 1987

4. Verwaltung

Als Hauptstadt des ehemaligen Fürstbistums Münster und der früheren preußischen Provinz Westfalen sowie als Sitz des Landschaftsverbandes Westfalen-Lippe steht die Stadt Münster noch heute in der Tradition eines führenden gesamtwestfälischen Verwaltungszentrums, das durch zahlreiche staatliche und kommunale Behörden ebenso geprägt wird wie durch kirchliche und öffentlich-rechtliche Einrichtungen. Innerhalb des tertiären Sektors im weiteren Sinne waren bei der Arbeitsstättenzählung 1987 in Münster insgesamt 117 658 Erwerbstätige beschäftigt, darunter 43 522 (= 37 Prozent) im öffentlichen Bereich; hierzu zählen Organisationen ohne Erwerbscharakter, Gebietskörperschaften und Sozialversicherungen [1649: Statistischer Bericht 1–2/1989, S. 41].

Allgemeine Behörden der Staats- und Kommunalverwaltung

Bedeutendste staatliche Verwaltungsbehörde Münsters ist der Regierungspräsident als staatliche Mittelinstanz für den Nordwesten des Landesteils Westfalen, bei der zugleich auch die Schulverwaltung und die Regionalplanung im Regierungsbezirk angesiedelt sind. Von größter Bedeutung sind auch die vielfältigen Aufgaben und Aktivitäten der Stadt Münster im Bereich der Kommunalverwaltung (einschließlich der Stadtwerke Münster und weiterer städtischer Wirtschaftsunternehmen) und insbesondere der Landschaftsverband Westfalen-Lippe, der zu den größten öffentlichen Arbeitgebern zählt und in den Bereichen Sozialhilfe sowie Gesundheitsfürsorge, Straßenbau, landschaftliche Kulturpflege und Kommunalwirtschaft tätig ist; nachgeordnet ist die Landesversicherungsanstalt Westfalen.

Justizbehörden

Ein besonders breites Behördenspektrum existiert im Bereich der Rechtspflege. Mit dem Verfassungsgerichtshof und dem Oberverwaltungsgericht besitzt Münster die beiden ranghöchsten Gerichte des Landes Nordrhein-Westfalen. Im Rahmen der allgemeinen Rechtspflege gibt es ein Amts- und ein Landgericht (mit einem 1992 eingeweihten modernen Erweiterungsbau), darüber hinaus im Rahmen besonderer Zuständigkeiten ein Arbeits-, ein Sozial-, ein Finanz- und ein Verwaltungsgericht sowie eine Staatsanwaltschaft.

Weitere Fachbehörden des Bundes und des Landes

Als bedeutende Bundesbehörden sind in Münster die für weite Bereiche Nordwestdeutschlands zuständige Wasser- und Schiffahrtsdirektion West, eine für Nordwestfalen verantwortliche Oberpostdirektion mit Folgeeinrichtungen von Postdienst, Telekom und Postbank sowie eine Generalvertretung der Bundesbahndirektion Essen (bis in die siebziger Jahre eigene Direktion) ansässig. Bei der geplanten Aufteilung und Neugliederung der Oberpostdirektionen soll Münster zwar eine Direktion für den Postdienst („Gelbe Post“) behalten, diejenige für den Bereich Telekom aber verlieren. Ferner sind das noch junge Zentralamt für Mobilfunk (1991) und die Bundesanstalt für Güterfernverkehr in Münster angesiedelt. Als weitere Bundesbehörde ist das ausschließlich für das Stadtgebiet zuständige Arbeitsamt zu erwähnen. Als Landesinstitutionen sind der Polizeipräsident, zwei sogenannte Festsetzungsfinanzämter (mit Zuständigkeit des Finanzamts Münster-Außenstadt auch für die Stadt Telgte), ein Finanzbauamt, zwei Staatshochbauämter und ein Eichamt zu nennen. Der Oberfinanzdirektion obliegt die Leitung und Überwachung der Finanzverwaltung des Bundes und des Landes.

Als Oberbehörden des Landes Nordrhein-Westfalen besitzt Münster das in seinem Fortbestand gefährdete Landesamt für Agrarordnung Nordrhein-Westfalen (sowie ein nachgeordnetes Amt für Agrarordnung) und das Landesversorgungsamt Nordrhein-Westfalen. Im Bereich der Forstverwaltung ist Münster Sitz der Höheren Forstbehörde Westfalen-Lippe und eines nachgeordneten Forstamts. Als Umwelt- und Gesundheitsbehörden seien schließlich das Staatliche Amt für Wasser- und Abfallwirtschaft sowie das Staatliche Gewerbeaufsichtsamt, das Chemische Landesuntersuchungsamt, das Hygienisch-bakteriologische Landesuntersuchungsamt Westfalen und das Staatliche Veterinäruntersuchungsamt erwähnt.

Bundeswehrverwaltung

Unter den zahlreichen militärischen Einrichtungen, soweit diese der Bundeswehr unterstehen, sind vor allem der Sitz des Kommandierenden Generals des I. Korps des Heeres sowie eine Außenstelle der Wehrbereichsverwaltung III Nordrhein-Westfalen (Sitz Düsseldorf) zu erwähnen. Als eine von drei Organisationseinheiten der Landesverteidigung in Deutschland ist das I. Korps für Schleswig-Holstein, Hamburg, Bremen, Niedersachsen und Nordrhein-Westfalen zuständig. Daneben existieren Standortverwaltung und Kreiswehrersatzamt, ein Verteidigungsbezirkskommando, ein Luftwaffentransportkommando, die Luftwaffenunterstützungsgruppe Nord und das Truppendienstgericht Nord.

Kirchliche Verwaltung

Als Bistumssitz verfügt Münster über ein großes Bischöfliches Generalvikariat (Kirchenverwaltung) sowie ein Offizialat (Bischöfliches Gericht). Das Bistum Münster mit Flächen im Münsterland und nördlichen Ruhrgebiet, am Niederrhein sowie – räumlich abgetrennt – in Oldenburg bis hin zur Nordseeküste ist eines der größten katholischen Bistümer ganz Deutschlands. Zahlreiche kirchliche Bildungs-, Sozial- und Standeseinrichtungen ergänzen die eigentliche Diözesanverwaltung. Im Bereich der evangelischen Kirchenverwaltung hat die Stadt lediglich den Sitz des von Olfen bis Greven und Sassenberg ausgreifenden Kirchenkreises Münster mit Superintendentur innerhalb der Evangelischen Kirche von Westfalen (Landeskirchenamt in Bielefeld) und verfügt über Verwaltungen einiger kirchlicher Hilfswerke, zum Beispiel des Diakonischen Werkes von Westfalen und des Landesverbandes der Inneren Mission von Westfalen.

Von 1815 bis 1945 war Münster Sitz der westfälischen Kirchenprovinz der preußischen Landeskirche, danach für kurze Zeit der neugegründeten Evangelischen Kirche von Westfalen, ehe – zuerst kriegsbedingt – nach einem anfänglichen institutionellen Provisorium der Sitz der Kirchenleitung 1946 von Münster nach Bielefeld verlegt wurde. Ursachen waren der hohe Zerstörungsgrad Münsters (einschließlich Zerstörung des Konsistorialgebäudes am Domplatz), die größere Nähe Bielefelds zu damals verantwortlichen Handlungsträgern, die Möglichkeit der Mitnutzung der Infrastruktur Bethels und vermutlich auch als mentale Gründe eine intensivere Unterstützung durch die mehrheitlich evangelische Bevölkerung des Raumes Minden–Ravensberg.

Kammern und Verbände

Münster ist Sitz einer stattlichen Anzahl berufsständischer Kammern und Verbände, die zum Teil auch staatliche Aufgaben wahrnehmen. Im Bereich der gewerblichen Wirtschaft sind mit vielfältigen Aufgaben die Industrie- und Handelskammer sowie die Handwerkskammer tätig, die Träger der jeweiligen Selbstverwaltung und Körperschaften des Öffentlichen Rechts sind; ihr Zuständigkeitsbereich ist jeweils der gesamte Regierungsbezirk Münster (mit Außenstellen der Industrie- und Handelskammer in Gelsenkirchen und Bocholt). Für ganz Westfalen-Lippe zuständig sind die Landwirtschaftskammer, die Ärzte-, Zahnärzte- und Tierärztekammer, die Apothekerkammer sowie die Kammer der Steuerbevollmächtigten. Die Landwirtschaftskammer ist dabei nicht nur Selbstverwaltungsinstitution, sondern nimmt auch hoheitliche Landesaufgaben im Bereich der Land- und Forstwirtschaft wahr, die dem Direktor bzw. den Geschäftsführern der Kreisstellen übertragen sind.

Als Mittelpunkt der westfälischen Landwirtschaft ist Münster Sitz zahlreicher land- und forstwirtschaftlicher Fachvereinigungen. Unter den zahlreichen Verbänden mit Sitz in Münster seien aufgrund ihrer Bedeutung der Westfälisch-Lippische Sparkassen- und Giroverband, der Westfälische Genossenschaftsverband, der Landesverband Westfalen-Lippe des Deutschen Roten Kreuzes (mit Blutspendedienst) sowie der für den Landesteil Lippe nicht zuständige Westfälische Heimatbund beispielhaft hervorgehoben.

Ausländische Vertretungen

Drei europäische Staaten unterhalten in Münster konsularische Vertretungen. Bereits seit 1901 gibt es ein Honorarkonsulat der Niederlande („Consulaat"), seit 1980 ein Honorarkonsulat der Republik Frankreich („Agence consulaire"). Beide werden von Deutschen geleitet, sind innerhalb des Regierungsbezirks Münster Anlaufstellen und nehmen vor allem vermittelnde und beratende Tätigkeiten sowie Repräsentationsaufgaben für ihr Land wahr. Sie unterstehen den jeweiligen Generalkonsulaten in Düsseldorf.

Demgegenüber existiert seit 1982 ein direkt der Botschaft unterstelltes türkisches Generalkonsulat in Münster (als eines von 13 in Deutschland), das von einem türkischen Staatsangehörigen geleitet wird. Sein Zuständigkeitsbereich umfaßt die Regierungsbezirke Münster und Detmold.

Münster als Verwaltungszentrum

Die zahlreichen im Oberzentrum Münster ansässigen Behörden, Kammern und Verbände, die hier keineswegs vollständig aufgelistet sind und aus thematischen Gründen zum Teil an anderer Stelle behandelt werden, weisen aufgrund ihrer Kompetenzen unterschiedliche Reichweiten auf. Als dominanter Zuständigkeitsbereich treten dabei das Münsterland und besonders der Regierungsbezirk Münster heraus, gefolgt vom gesamten Landesteil Westfalen. Nur die oberste Gerichtsbarkeit sowie

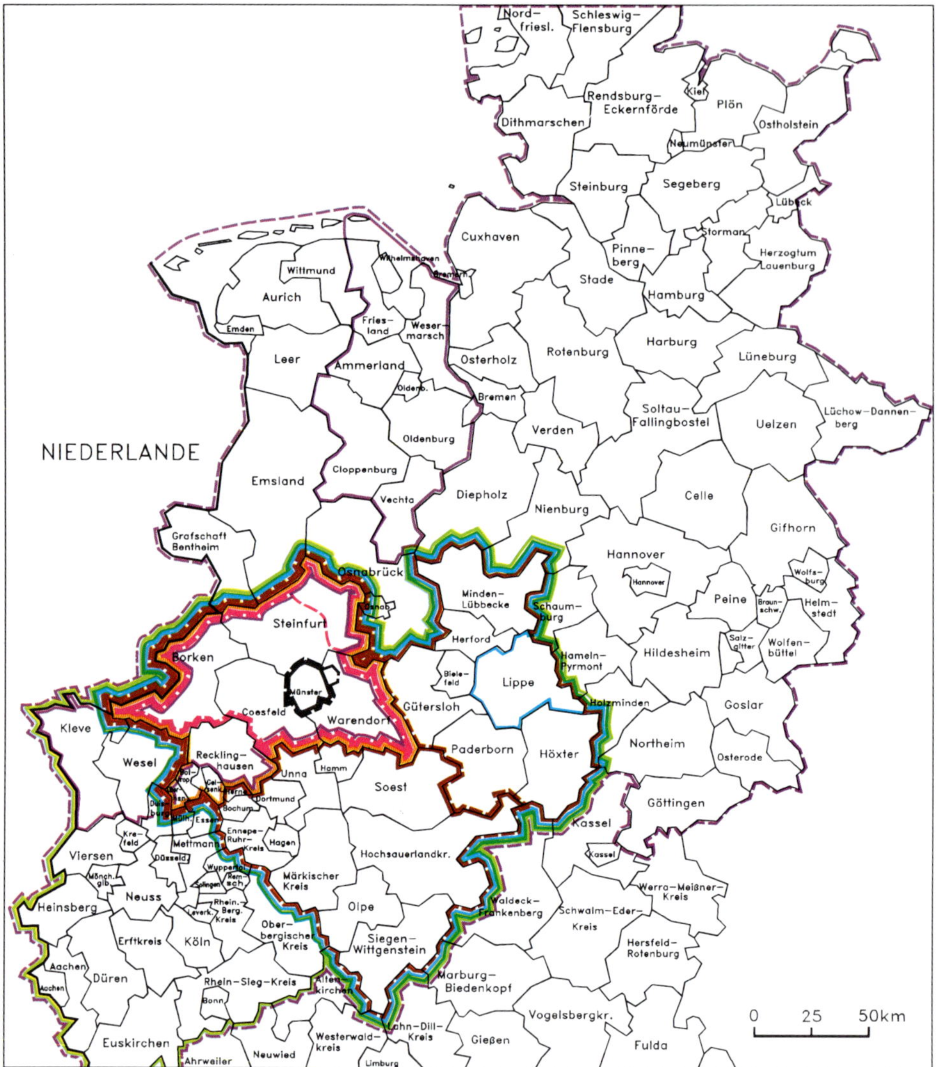

1. Stadt Münster
- Stadtverwaltung, Amtsgericht, Arbeitsamt, Polizeipräsidium
- Finanzämter (mit Telgte)

2. Münsterland
- Landgericht, Regionalkonferenz Münsterland, Landesstudio des Westdeutschen Rundfunks
- Fremdenverkehrsregion des Landesverkehrsverbandes Westfalen (ohne Altkreis Tecklenburg)

3. Regierungsbezirk
- Regierungspräsidium (u.a. mit Schulverwaltung und Regionalplanung), Industrie- und Handelskammer, Handwerkskammer, Niederländisches und Französisches Honorarkonsulat

4. Teilräume Westfalen-Lippes
- Oberpostdirektion, Türkisches Generalkonsulat
- Staatsarchiv

5. Westfalen
- Westfälischer Heimatbund

6. Westfalen-Lippe
- Landschaftsverband (u.a. mit Straßenbauverwaltung), Oberfinanzdirektion, Landwirtschaftskammer, Ärzte-, Zahnärzte-, Apotheker-, Architekten- und Steuerbevollmächtigtenkammer, Westfälisch-Lippischer Sparkassen- und Giroverband, Westfälischer Genossenschaftsverband
  Landwirtschaftliche und caritative Organisationen (z.B. Deutsches Rotes Kreuz)

7. Nordrhein-Westfalen
- Verfassungsgerichtshof, Oberverwaltungsgericht, Landesamt für Agrarordnung, Landesversorgungsamt

8. Teilräume Nordwestdeutschlands
- Bistum Münster
- 1. Korps des Heeres (Bundeswehr)
  Wasser- und Schiffahrtsdirektion West (nicht darstellbar, da linienbezogen)

Quelle: Eigene Erhebungen
Entwurf: A. Mayr, W. Sommer; Kartengrundlage Computerkartographie: D. Förg

Ausgewählte Zuständigkeitsbereiche von Behörden, Kammern und Verbänden mit Sitz in der Stadt Münster

zwei Landesoberbehörden sind für das gesamte Land Nordrhein-Westfalen zuständig. Über die Landesgrenzen hinaus greifen – bei zum Teil nur partieller Zuständigkeit für Westfalen – das Bistum Münster, die Wasser- und Schiffahrtsdirektion West und das I. Korps des Heeres.

5. *Kultur, Bildung und Publizistik*

Gymnasien und Gesamtschule

Mit 18 allgemeinbildenden Einrichtungen, die zur Hochschulreife führen, besitzt die Stadt Münster ein traditionell herausragendes, nach dem Zweiten Weltkrieg in den äußeren Stadtteilen noch deutlich erweitertes Bildungsangebot. Unter ihnen befinden sich elf städtische und drei bischöfliche Gymnasien, ein privates Gymnasium mit Internat (Lettisches Gymnasium), ein städtisches Abendgymnasium, ein bischöfliches Institut zur Erlangung der Hochschulreife (Overbergkolleg) sowie eine bischöfliche Gesamtschule (Friedensschule).

Diese Schulen werden immer noch in großer Anzahl auch von auswärtigen Schülern besucht, obwohl die Umlandgemeinden in zunehmendem Maße eigene Angebote aufbauen und zusätzlich Umorientierungen durch die Einstellung von Schulbussubventionierungen erfolgt sind. Die größte Anzahl auswärtiger Schüler hat die Friedensschule (344 im Schuljahr 1987/88 bei 1270 Schülern), da es im Umland bis 1990 keine weiteren Gesamtschulen gegeben hat. Für die städtischen Gymnasien liegen keine Gesamtdaten vor; die meisten Anmeldungen neuer Schüler zum Schuljahr 1987/88 entfielen auf die Gemeinden Havixbeck (41), Drensteinfurt (35), Telgte (31), Everswinkel (26) und Altenberge (22). Von den bischöflichen Gymnasien hatte das im Osten der Stadt gelegene Gymnasium St. Mauritz den höchsten Anteil an Schulpendlern (360 von 720), und zwar vor allem aus den Nachbargemeinden Telgte (266) und Ostbevern (93); das in Hiltrup ansässige Kardinal-von-Galen-Gymnasium hatte auswärtige Schüler insbesondere aus Drensteinfurt (156) und die in der südlichen Innenstadt gelegene Marienschule hohe Schulpendlerzahlen vorzugsweise aus den südlich und westlich angrenzenden Gemeinden Senden (93), Altenberge (68), Havixbeck (60) und Nottuln (27) [1832: Sommer, Reichweite, S. 20ff; 1662: Statistischer Jahresbericht 1988, S. 157].

Es bleibt abzuwarten, inwieweit sich durch die Eröffnung der Gesamtschule Havixbeck (1990) und des Gymnasiums Nottuln (1991) sowie weiterer geplanter weiterführender Schulen – Gymnasium in Senden, Gesamtschulen in Telgte und Nordwalde – die Anteile der auswärtigen Schüler in Münster verringern. Mit Sicherheit werden die neuentstehenden Schulen in den Nachbargemeinden Auswirkungen auf die Tragfähigkeit der münsterischen Gymnasien haben.

Weiterbildungseinrichtungen

Weiterbildung stellt heute nach Vor- und Grundschulerziehung, weiterführender Schulbildung und Hochschulbildung die vierte Säule des Bildungswesens dar und umfaßt die Bereiche Fortbildung, Umschulung und Erwachsenenbildung (Weiterbildungsgesetz 1975). Die entsprechenden Institutionen werden von unterschiedlichen

Trägern unterhalten, die sich teils mit der allgemeinen Weiterbildung, teils mit berufsbezogener Weiterbildung befassen.

In der Stadt Münster existieren insgesamt über dreißig Weiterbildungseinrichtungen von unterschiedlicher Bedeutung und mit unterschiedlicher Reichweite, aus denen hier nur einige beispielhaft herausgegriffen werden können. Verschiedene Bildungswerke der Allgemeinbildung in kommunaler, kirchlicher oder privater Trägerschaft überschreiten mit ihren Einzugsbereichen kaum oder nur unwesentlich die Stadtgrenze (zum Beispiel die städtische Volkshochschule, die Familienbildungsstätte oder das Kreativhaus). Einige berufsorientierte Bildungswerke werden entsprechend ihren Zuständigkeiten von Teilnehmern aus dem Regierungsbezirk Münster (Bildungswerke der Industrie- und Handelskammer und der Deutschen Angestelltengewerkschaft, Berufsbildungswerk des Deutschen Gewerkschaftsbundes, Handwerkskammer-Bildungszentrum) oder gar aus dem ganzen Landesteil Westfalen-Lippe in Anspruch genommen (Westfälische Verwaltungsakademie, Westfälisch-Lippische Sparkassenakademie, Bildungszentrum des Westfälischen Genossenschaftsverbandes). Noch größere Einzugsbereiche umfassen das gesamte Bundesland Nordrhein-Westfalen (Verwaltungsschule der Bundesversicherungsanstalt für Angestellte, Rotkreuz-Heimvolkshochschule, Höhere Landespolizeischule „Carl Severing") oder das Bistum Münster und angrenzende Bereiche. So stammen die Besucher der Katholisch-Sozialen Akademie Franz-Hitze-Haus aus einem Raum, der vom Niederrhein über das Münsterland bis ins Emsland und Oldenburger Land reicht; ähnliches dürfte für das Diözesanbildungswerk Münster zutreffen. Die Polizeiführungsakademie des Bundes und der Länder in Münster-Hiltrup wird vorzugsweise von Beamten des Höheren Dienstes aus Nordrhein-Westfalen, bei Fortbildungsveranstaltungen aber auch aus der gesamten Bundesrepublik in Anspruch genommen.

Damit tragen die Weiterbildungseinrichtungen beträchtlich zur Stärkung der oberzentralen Funktion Münsters bei, wobei der Haupteinzugsbereich das Münsterland bzw. den Regierungsbezirk Münster umfaßt.

Universität

Die Westfälische Wilhelms-Universität ist sicherlich der bedeutendste Imageträger der Stadt Münster und mit über 44 000 Studierenden und mehr als 10 000 Beschäftigten einer ihrer gewichtigsten Wirtschaftsfaktoren. Der Einzugsbereich unterlag seit der Eröffnung im Jahr 1780 jedoch beträchtlichen Schwankungen, die von Trägerschaft, Ausstattung und konkurrierenden Standorten abhängig waren.

In den Jahren unmittelbar nach der Gründung durch das Fürstbistum wie auch während des 19. Jahrhunderts, als die ehemals katholische Hochschule durch Preußen zu einer Königlich Philosophisch-Theologischen Akademie zurückgestuft war, umfaßte der Einzugsbereich lediglich das Ober- und Niederstift Münster sowie weitere Regionen mit dominant katholischer Bevölkerung. Erst nach der Wiedereröffnung der Universität 1902, der Begründung neuer Fakultäten und der zunehmenden Entkonfessionalisierung weitete sich der Einzugsbereich auf ganz Westfalen und Nordwestdeutschland aus; nächste konkurrierende Standorte waren Köln, Hamburg und Göttingen. Diese Situation hielt weit über den Zweiten Weltkrieg hinaus bis zur Mitte der sechziger Jahre an. Hochschulneugründungen im Ruhrgebiet (Bochum,

Dortmund, Essen, Duisburg), in Ostwestfalen (Bielefeld, Paderborn), im westlichen Niedersachsen (Osnabrück, Oldenburg) sowie in Bremen haben den Einzugsbereich der Studierenden hinsichtlich der Intensität der Bindung an Münster räumlich eingeschränkt, obwohl die Studentenzahlen in Münster im Zuge der allgemeinen Bildungsexpansion weiter gewachsen sind.

Die folgende Abbildung verdeutlicht den Haupteinzugsbereich der Universität Münster während des Sommersemesters 1990. Die Studierenden sind jeweils nach Hauptwohnsitzgemeinden im Verhältnis zur Wohnbevölkerung zum Zeitpunkt der Volkszählung 1987 ausgewiesen; zeitgleiche Bevölkerungsdaten für das Jahr 1990 waren noch nicht verfügbar. Hinsichtlich der Orientierung ergeben sich besonders intensive Ausrichtungen der Gemeinden des Münsterlandes einschließlich der Stadt Hamm auf die Universität Münster, die im allgemeinen Werte über 50 Studierende je 10 000 Einwohner übersteigen und im engeren Kerngebiet mehr als 100 erreichen. An dieses Haupteinzugsgebiet schließt sich eine Zone geringerer Orientierung auf die Universität Münster an; zu ihr gehören Teilbereiche des Kreises Grafschaft Bentheim, das Emsland und das südliche Oldenburger Münsterland, der südwestliche Kreis Osnabrück, die Kreise Gütersloh, Soest, Unna und Recklinghausen sowie weitere anschließende oder räumlich isolierte Gemeinden (zum Beispiel des nördlichen Hochsauerlandkreises, Paderborn, Detmold oder Minden). Die übrigen Bereiche Ostwestfalens, des nördlichen und mittleren Sauerlandes, des kirchlich auf Münster ausgerichteten Niederrheingebietes sowie des übrigen nordwestlichen Niedersachsens weisen eine noch geringere Studentenquote für die Universität Münster auf. Hier macht sich selbstverständlich der Einfluß konkurrierender Universitäten bemerkbar, die räumlich näher zu diesen Gebieten liegen.

In einer die gesamte alte Bundesrepublik berücksichtigenden Studie zum Entscheidungsverhalten bei der Studienortwahl und zu den Einzugsbereichen der Universitäten wurden die Hochschulregionen für das Wintersemester 1986/87 nach dem Ausschöpfungsgrad der Studienanfanger abgegrenzt. Aus der kreisfreien Stadt Münster und dem Kreis Coesfeld waren danach 72 bzw. 54 Prozent, aus den Kreisen Warendorf, Steinfurt, Borken sowie der kreisfreien Stadt Hamm 30 bis 50 Prozent aller in diesen Verwaltungsgebieten beheimateten Studienanfänger an die Universität Münster gekommen. Zum erweiterten Einzugsbereich (Ausschöpfung über 10 Prozent) bzw. zum Herkunftsgebiet (2,5–10 Prozent) gehörte weiterhin ein Raum vom Sauerland bis zur Nordseeküste [2498: Nutz, Räumliche Mobilität, S. 48ff, 72f].

Die erhebliche Größe des Einzugsbereichs auch im Verhältnis zu konkurrierenden Einrichtungen beruht ganz entscheidend auf dem breiten Fächerangebot und der Vielzahl der möglichen Studienabschlüsse der Universität sowie nicht zuletzt auf der hohen Attraktivität der Stadt [2142: Giese/Hoehl/Langer, Anziehungskraft und Wettbewerbsfähigkeit]; selbst die beträchtliche Überfüllung der meisten wissenschaftlichen Einrichtungen der Universität Münster konnte diese Nachfrage kaum mindern.

Fachhochschulen

Münster verfügt insgesamt über vier Fachhochschuleinrichtungen unterschiedlicher Größe und Trägerschaft. Die Fachhochschule Münster ist eine auf zwei Standorte verteilte Einrichtung mit sechs Fachbereichen in Münster und fünf weiteren

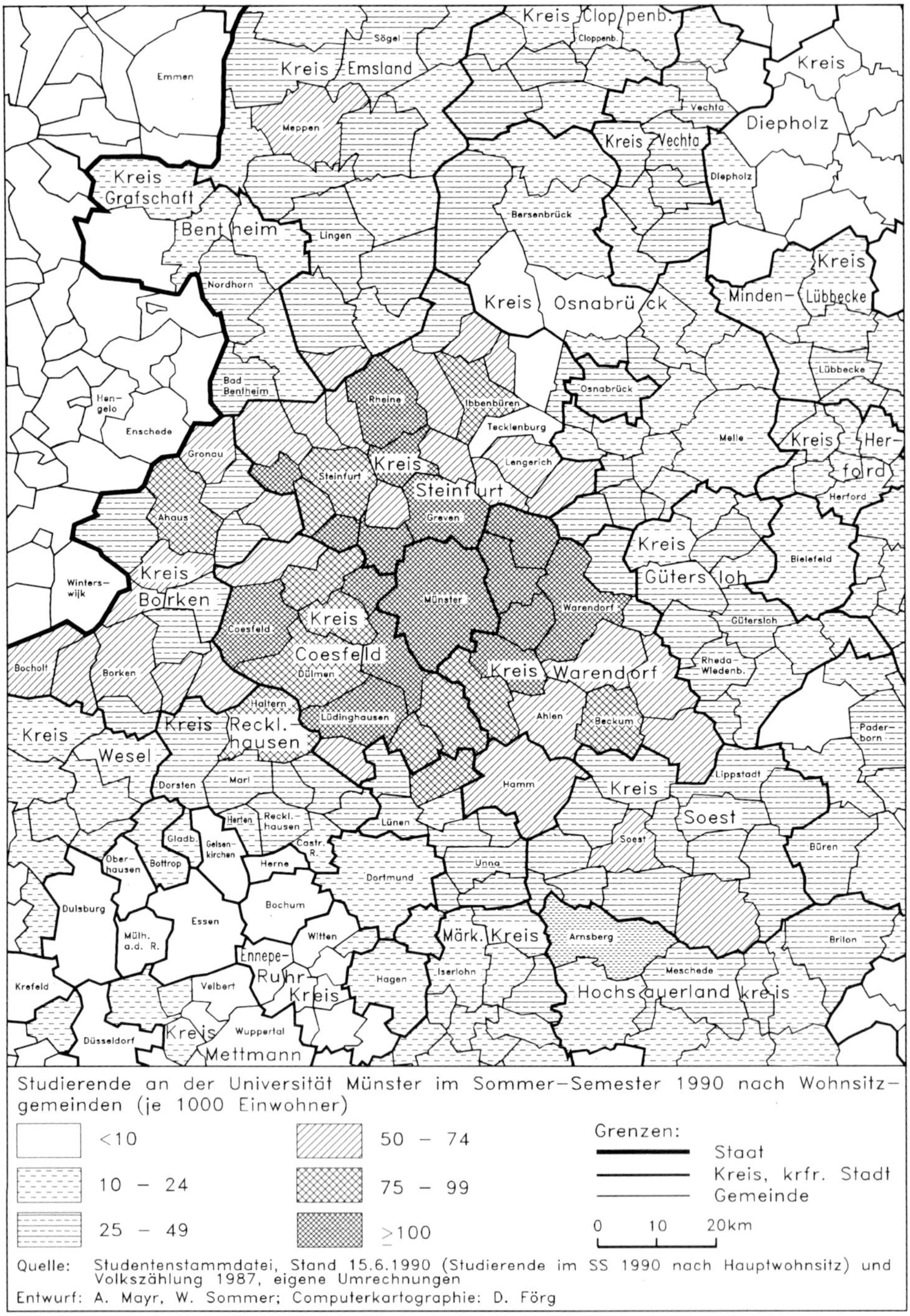

Einzugsbereich der Universität 1990

Fachbereichen in Steinfurt. An der Abteilung Münster waren im Wintersemester 1987/88 6361 Studierende immatrikuliert, womit sie zu den größten derartigen Hochschuleinrichtungen in Deutschland zählte. Beide Abteilungen weisen räumlich ähnliche Einzugsbereiche auf, wobei Münster im Vergleich zu Steinfurt deutlich weiter ausgreift. Von der Abteilung Münster waren allein 35 Prozent der Studierenden in der Stadt Münster und im Kreis Steinfurt beheimatet, mehr als 52 Prozent im Münsterland und etwa 61 Prozent im Regierungsbezirk Münster. Beachtliche Studentenströme kamen auch aus dem Sauerland, insbesondere den Kreisen Soest, Hochsauerlandkreis und Märkischer Kreis (gesamter Regierungsbezirk Arnsberg: rd. 13 Prozent), aus den niedersächsischen Kreisen Grafschaft Bentheim, Emsland und Osnabrück (gesamter Regierungsbezirk Weser-Ems fast 9 Prozent) sowie aus dem Kreis Gütersloh. Der Einzugsbereich der Fachhochschule Münster (Abteilung Münster) ist angesichts einer Vielzahl konkurrierender Einrichtungen – Bochum (mit Abteilung Gelsenkirchen), Dortmund, Hagen, Bielefeld, Lippe (Detmold, Lemgo), Osnabrück, Oldenburg, Bremen sowie den Abteilungen Soest, Paderborn und Höxter der Universität-Gesamthochschule Paderborn – erstaunlich groß und weist deutliche Übereinstimmungen mit der Universität auf. Die für die Universität angeführten Attraktivitätsgründe spielen auch für die Fachhochschule eine wesentliche Rolle.

Die Katholische Fachhochschule Nordrhein-Westfalen (Abteilung Münster) bietet im Bereich Sozialwesen die Studienschwerpunkte Sozialarbeit, Sozialpädagogik und Heilpädagogik an. Von ihren 581 Studierenden im Wintersemester 1987/88 kamen 52 Prozent aus dem Regierungsbezirk Münster, und zwar jeweils 10 bis 13 Prozent aus der Stadt Münster sowie den Kreisen Steinfurt und Borken und 5 bis 7 Prozent aus den Kreisen Warendorf und Coesfeld sowie Emsland (Niedersachsen). Der Einzugsbereich wird nach Südosten und Nordosten durch gleichartige Fachhochschulstandorte in Paderborn und Osnabrück begrenzt, nach Südwesten durch das Angebot des Standortes Köln als Sitz der Katholischen Fachhochschule Nordrhein-Westfalen.

An der Fachhochschule für öffentliche Verwaltung Nordrhein-Westfalen mit Sitz in Gelsenkirchen, Abteilung Münster, werden angehende Beamte des Landes und der Kommunen im nichttechnischen Verwaltungsdienst ausgebildet, die neben ihrer beruflichen Tätigkeit über drei Jahre hinweg einige Monate studieren. Die Studienorte werden zugewiesen, wobei für einzelne Landesbehörden bestimmte Zuständigkeiten bestehen (zum Beispiel Münster für nachgeordnete Behörden des Ministers für Umwelt, Raumordnung und Landwirtschaft). Von den 396 Studierenden im Wintersemester 1987/88 waren 88 Prozent im Regierungsbezirk Münster beheimatet, davon die Hälfte in der Stadt Münster und im Kreis Steinfurt.

Die Fachhochschule des Bundes für öffentliche Verwaltung, Fachbereich Finanzen, Abteilung Münster, ist für die Ausbildung von Beamtenanwärtern der Bundesfinanzverwaltung zuständig; das Grundstudium kann nur in Münster, das Hauptstudium alternativ in Sigmaringen oder Münster absolviert werden. Die Anwärter stammen entsprechend aus dem gesamten Bundesgebiet. Von den 425 Studierenden im Wintersemester 1987/88 kamen nur drei aus der Stadt und insgesamt elf aus dem Regierungsbezirk Münster; die Anteile aus den Bundesländern Nordrhein-Westfalen, Niedersachsen, Baden-Württemberg und Bayern waren annähernd gleich.

Kunstakademie, Musikhochschule und Philosophisch-Theologische Hochschule

Alle drei Institutionen stellen relativ kleine Hochschuleinrichtungen dar. Die Kunstakademie Münster, längere Zeit eine Abteilung der Kunstakademie Düsseldorf, besitzt seit dem Wintersemester 1987/88 den Status einer eigenständigen Hochschule; ihre Schwerpunkte sind insbesondere die bildenden Künste sowie die Ausbildung für das künstlerische Lehramt an allgemeinbildenden Schulen. Von den 237 Studenten (Wintersemester 1987/88) kamen allein 25 Prozent aus der Stadt Münster und rd. 40 Prozent aus dem Regierungsbezirk Münster. Auf Nordrhein-Westfalen entfielen allein 83 Prozent aller Studierenden, auf Niedersachsen 8 Prozent. Die nächsten konkurrierenden Einrichtungen sind insbesondere die Kunstakademie Düsseldorf sowie die Hochschule für Künste (früher Hochschule für gestaltende Kunst und Musik) in Bremen und die Gesamthochschule Kassel (mit der früheren Hochschule für bildende Künste).

Die Musikhochschule Münster ist keine selbständige Hochschuleinrichtung, sondern – ähnlich wie die Musikhochschule Dortmund – eine Abteilung der Hochschule für Musik in Detmold (bis Sommersemester 1987 Hochschule für Musik Westfalen-Lippe). Das Studium an der Abteilung Münster ermöglicht die Ausbildung in den künstlerischen Hauptfächern sowie zum Musikpädagogen, nicht jedoch zum staatlichen Lehramt. Von den 174 Studenten (Wintersemester 1987/88) kamen rd. 20 Prozent aus der Stadt Münster und sogar 47 Prozent aus dem Regierungsbezirk Münster. Nordrhein-Westfalen stellte insgesamt 78 Prozent der Studierenden, Niedersachsen rd. 9 Prozent. Außer den Standorten Detmold und Dortmund mit jeweils breiterem Lehrangebot existieren als Konkurrenten weitere Musikhochschulen in Essen (mit Abteilungen Essen und Duisburg), Düsseldorf, Köln (mit Abteilungen Köln, Wuppertal und Aachen), die Hochschule für Musik und Theater in Hannover und die bereits erwähnte Hochschule für Künste in Bremen.

Einen noch eingeschränkteren Einzugsbereich hat die kleine Philosophisch-Theologische Hochschule der Franziskaner und Kapuziner in Münster. Von ihren insgesamt nur 47 Studierenden (Wintersemester 1987/88) kamen 53 Prozent aus der Stadt Münster und zusammen 74 Prozent aus dem Regierungsbezirk Münster.

Theater- und Konzertwesen

In der Stadt Münster gibt es ein breites, differenziertes Angebot regelmäßiger Theaterveranstaltungen und Konzertaufführungen. Die Städtischen Bühnen Münster haben als oberzentrale Einrichtung eine sehr lange Tradition, denn ein Theater wurde erstmals bereits durch den Minister Franz von Fürstenberg als fürstbischöfliches Komödienhaus am Roggenmarkt begründet und 1775 eröffnet. Das heutige moderne Große Haus an der Neubrückenstraße mit 961 Plätzen wurde auf dem Gelände des im Krieg zerstörten Stadttheaters im Jahr 1956 eröffnet, 1971 um ein Kleines Haus mit 287 Plätzen und schließlich um einen Ballettsaal mit 99 Plätzen erweitert. Die Städtischen Bühnen bieten Aufführungen in den Sparten Schauspiel, Oper, Operette, Musical und Ballett an.

Im folgenden soll die Reichweite des münsterischen Theaters anhand der Abonnentenzahlen in der Spielzeit 1988/89 (Stand 25. August 1988) dargestellt werden. Der ganz überwiegende Anteil der Theaterabonnenten, nämlich 2468 von 3132 (oder

78,8 Prozent), war in der Stadt Münster selbst beheimatet. Darüber hinaus ist eine Konzentration auf Gemeinden des zentralen Münsterlandes charakteristisch, wobei die direkten Umlandgemeinden verständlicherweise die höchsten Besucherzahlen stellen. Unter ihnen ragen insbesondere die Nachbarorte Greven (66) und Telgte (64) heraus, aber auch die Kreisstädte Steinfurt (51) und Warendorf (37). Vereinzelte Abonnenten kommen auch aus dem Westmünsterland, dem Kreis Grafschaft Bentheim, dem Osnabrücker Land, dem Kreis Gütersloh und dem nördlichen Ruhrgebiet. Die im Vergleich zum zentralen Münsterland abnehmenden Besucherzahlen erklären sich aus der zunehmenden Entfernung nach Münster sowie aus vergleichbaren öffentlichen und privaten Theatern in den benachbarten Oberzentren und ausgewählten Mittelzentren mit entsprechenden Einrichtungen (Enschede, Osnabrück, Bielefeld, Detmold, Paderborn, Dortmund, Castrop-Rauxel, Bochum, Gelsenkirchen, Essen, Ruhrfestspiele Recklinghausen u. a.). Darüber hinaus werden in zahlreichen Mittelzentren des Münsterlandes regelmäßige Gastspiele durch Landes- und Tourneetheater und teilweise auch durch die Städtischen Bühnen Münster selbst angeboten. In den letzten Jahren sind nach einem Wechsel in der Intendanz die Abonnentenzahlen, die Gesamtbesucherzahlen (einschließlich des freien Verkaufs) und die Platzausnutzung bei den Städtischen Bühnen Münster deutlich gestiegen; die Inanspruchnahme der Aufführungen durch Bewohner der Region dürfte sich anteilig aber kaum verändert haben.

Neben den Städtischen Bühnen existiert als reines Sprechtheater seit 1958 das im Gebäude des Hauptbahnhofs gelegene Wolfgang-Borchert-Theater (bis 1982 „Zimmertheater“) mit 120 Sitzplätzen; es wird vom „Verein zur Förderung des Wolfgang-Borchert-Theaters“ getragen und von der Stadt Münster unterstützt. Als kritisch-engagiertes Gegenwartstheater bietet es vorzugsweise anspruchsvolle Stücke jüngerer Autoren und ist durch einen überdurchschnittlichen Anteil studentischen Publikums charakterisiert. Das Wolfgang-Borchert-Theater kennt keine Abonnements, wohl aber sogenannte Freundschaftskarten für zehn Aufführungen, von denen 1988 allerdings nur 73 verkauft wurden. Von diesen blieben 59 in der Stadt Münster – d. h. prozentual nur geringfügig mehr als bei den Städtischen Bühnen –, während die übrigen Karteninhaber in einem Umkreis von bis zu 55 Kilometern wohnten.

Als dritte, ebenfalls von der Stadt Münster unterstützte Schauspielbühne ist das 1986 von einer freien Theaterinitiative gegründete Theater im Pumpenhaus mit 99 Plätzen (Gartenstraße) zu nennen, das durch Aufführungen zeitkritischer Stücke, Lesungen und Diskussionsforen auf sich aufmerksam gemacht hat.

Darüber hinaus gibt es weitere, zum Teil alternative Theater- und Kulturangebote. Zu den länger bestehenden Einrichtungen gehören die Niederdeutsche Bühne im Kleinen Haus der Städtischen Bühnen, die Abendgesellschaft des Zoologischen Gartens im Lindenhof (beide plattdeutsche Laienbühnen) und die Studiobühne der Universität am Domplatz mit unregelmäßigen Aufführungen. Zusätzliche Angebote erbringen das seit 1984 existierende Studio für künstlerischen Tanz, Pantomime und Drama „Der Kleine Bühnenboden“ (Schillerstraße), das „Rebel-Tanztheater“ (Berliner Platz) und das „Charivari-Puppentheater“ (Körnerstraße), ergänzt durch weitere Kulturinitiativen (zum Beispiel Kreativhaus in der Diepenbrockstaße oder Kultur- und Begegnungszentrum „Cuba“ in der Achtermannstraße) und ortsteilspezifische Laientheater. In jedem Herbst findet in Münster ein Niederdeutsches Theatertreffen

Aufführung der „Dreigroschenoper" von Bertolt Brecht und Kurt Weill im Wolfgang-Borchert-Theater (1993)

statt. Der Einzugsbereich dieser Theaterangebote dürfte – mit Ausnahme der plattdeutschen Aufführungen – fast ausschließlich auf die Stadt Münster beschränkt bleiben. Sie sind indessen charakteristisch für die Vielfalt der kulturellen Angebote in einer Stadt oberzentralen Ranges.

Auch im Bereich des Konzertwesens nimmt die Stadt Münster einen oberzentralen Rang ein. Die Stadt unterhält seit 1919 ein eigenes Symphonieorchester, das außer der Mitwirkung bei Opern-, Operetten- und Musicalaufführungen im Großen Haus der Städtischen Bühnen regelmäßig eigene Konzertreihen anbietet, zu denen oft auch auswärtige Solisten verpflichtet werden. Insgesamt neun münsterische Konzertdirektionen, darunter vier bedeutendere, bieten verschiedene, sehr stark nachgefragte Konzertreihen an, zu denen ausschließlich international bekannte Solisten, Kammer- und Symphonieorchester verpflichtet werden. Darüber hinaus existieren Kammerkonzertreihen an verschiedenen innerstädtischen Standorten (zum Beispiel Rathaus- und Erbdrostenhofkonzerte), die jedoch nur einem begrenzten Zuhörerkreis zugänglich sind. Einzelkonzerte moderner und klassischer Musik gehören zum traditionellen Programmangebot der Halle Münsterland und der Jovel Music Hall und werden auch an anderen Aufführungsstätten der Innenstadt sowie in Außenstadtteilen angeboten.

Im folgenden soll die Nachfrage zu den Konzertreihen der münsterischen Konzertdirektion Schoneberg charakterisiert werden, die als bedeutendste Anbieterin für Konzerte international renommierter Künstler seit 1959 tätig ist. Wichtig ist in die-

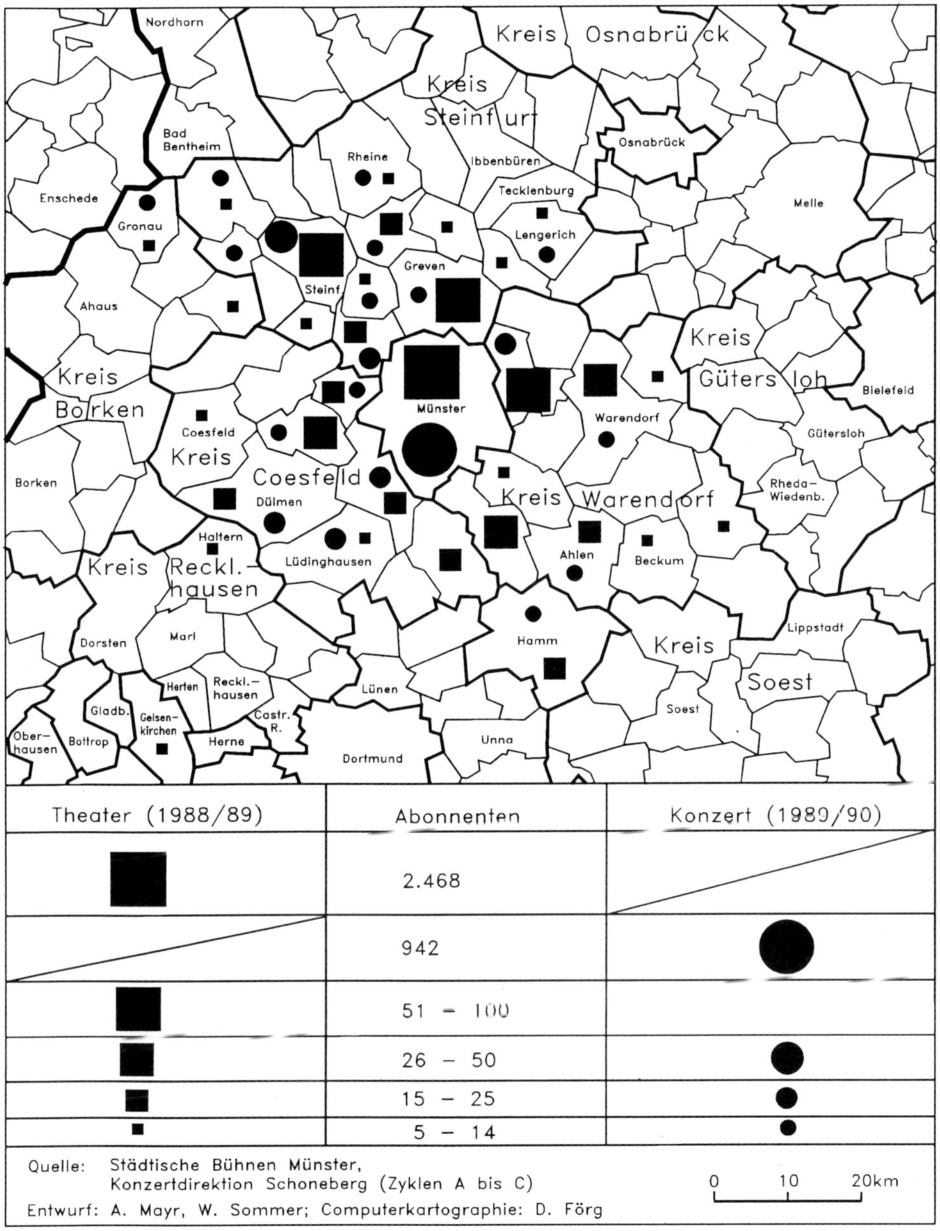

Einzugsbereich der Städtischen Bühnen und ausgewählter Konzertreihen 1988/89

sem Zusammenhang, daß die nächsten Standorte mit einem vergleichbaren qualifizierten Angebot die Oberzentren Enschede, Osnabrück, Bielefeld, Dortmund, Bochum und Essen sind; in Herford, Marl, Recklinghausen und Gelsenkirchen sind darüber hinaus weitere Symphonieorchester beheimatet. Zu beachten ist auch, daß in verschiedenen Städten des Münsterlandes attraktive Konzertangebote in Stadthallen, Schulaulen oder auch in Form spezieller Schloßkonzerte bestehen.

Analysiert man die räumliche Herkunft der Abonnenten der Konzertdirektion Schoneberg im Winterhalbjahr 1989/90, so ist festzustellen, daß allein 76 Prozent der Bestellungen durch Einwohner der Stadt Münster erfolgten (942 von insgesamt 1240). Die zweitstärkste Nachfrage erfolgte aus der Kreisstadt Steinfurt (46 = 3,7 Prozent), deren Bewohner schon traditionell münsterische Konzerte besuchen. Eine starke Nachfrage besteht auch aus Münsters unmittelbaren Nachbargemeinden und dem weiteren Umland. Insgesamt reicht das Einzugsgebiet der Konzertbesucher von Wetter an der Ruhr im Süden bis Papenburg im Norden, von der niederländischen Grenzstadt Haaksbergen im Westen bis Bad Pyrmont im Osten. Generell ist eine starke Konzentration auf das zentrale Münsterland als Herkunftsraum der Konzertreihen festzustellen, während aus dem westlichen Münsterland (Kreis Borken und westlicher Kreis Coesfeld), dem östlichen Münsterland sowie dem Bereich des Tecklenburger Landes, der Grafschaft Bentheim und des Emslandes deutlich weniger Konzertbesucher kommen. Zu bedenken ist dabei, daß die Konzerte im Hörsaal H1 der Universität Münster stattfinden und daß der dortige Ausstattungsstandard nicht optimal sowie das Platzangebot zu gering ist. Die Zahl der möglichen Besucher der Konzerte könnte ganz erheblich gesteigert werden, wenn die Stadt Münster – wie Bielefeld, Osnabrück oder seit 1988 auch Enschede („Muziekcentrum") – über eine zweckdienliche Stadt- oder Konzerthalle von ausreichender Größe verfügen würde. So sind die benachbarten Oberzentren als Anbieter von Konzerten für Bewohner der Region recht attraktiv; insbesondere deutsche „Grenzgänger" aus dem nordwestlichen Münsterland werden von Enschede aus verstärkt umworben. Eine 1989 entstandene Bürgerinitiative mit über 4000 Mitgliedern bemüht sich darum, die Verantwortlichen der Stadt Münster für ein Musikhallenprojekt auf dem südlichen Schloßplatz zu gewinnen, und hat auch mehrere Vorschläge mit konkreten Entwürfen und Kostenvoranschlägen vorgelegt.

Museen

Im Gebiet der Stadt Münster existieren insgesamt 18 Museen mit unterschiedlichen Trägern, Schwerpunkten, Mikrostandorten und Besucherzahlen. In Münster publizierte Übersichten schließen zumeist vier weitere Museen ein, von denen eines unmittelbar jenseits der Stadtgrenze liegt (Droste-Museum Burg Hülshoff in Havixbeck); drei weitere befinden sich in Nachbargemeinden (Telgte, Ostbevern und Senden).

Die größten und bekanntesten der 18 Museen sind die vom Landschaftsverband Westfalen-Lippe unterhaltenen drei Landesmuseen für Kunst und Kulturgeschichte, für Archäologie sowie für Naturkunde (mit Planetarium). Auch die Stadt Münster selbst besitzt mit dem historischen Friedenssaal im Rathaus, dem Stadtmuseum und dem Droste-Museum Haus Rüschhaus drei bedeutende und stark nachgefragte Museen. Der Kathedralkirche des Bistums ist die Domkammer als kirchliches Kunstmuseum angegliedert. In der Trägerschaft des Landes Nordrhein-Westfalen befinden sich vier Universitätsmuseen (Bibelmuseum, Geologisch-Paläontologisches, Mineralogisches und Archäologisches Museum), die vor allem der Lehre und Forschung dienen. Die übrigen sieben Museen werden von privater Seite getragen. Die meisten dieser Einrichtungen haben einen zentralen Standort im Stadtkern, zwei liegen im Freizeitsektor Aasee (Naturkunde- und Mühlenhofmuseum), die übrigen in Vororten oder im Außenbereich.

Als Indikatoren für die Attraktivität der Museen sind die jeweiligen Besucherzahlen und die regionale Herkunft der Gäste anzusehen. Abgesehen von gewissen jährlichen Schwankungen, die überwiegend durch Sonderausstellungen bedingt sind, ragen regelmäßig fünf Museen heraus, deren Einzugsbereiche im folgenden näher betrachtet werden.

Das Westfälische Landesmuseum für Kunst und Kulturgeschichte ist mit Abstand Münsters bekanntestes und mit durchschnittlich 350 000 Besuchern pro Jahr eines der beiden attraktivsten Museen. Seit 1825/31 durch Trägervereine vorbereitet, existiert es als Landesmuseum seit 1882 (mit eigenem Gebäude seit 1908), erlitt schwere Kriegszerstörungen und verfügt seit 1974 über einen repräsentativen Neubau. Die Sammlungen enthalten ein großes Angebot alter und neuer Kunst vom Mittelalter bis ins 20. Jahrhundert; zusätzlich werden jährlich mehrere stark nachgefragte Sonderausstellungen gezeigt, die hohe Besucherzahlen weit über die sonstigen Frequenzen nach sich ziehen. Eine detaillierte Analyse des Einzugsbereichs liegt nicht vor; Näherungswerte ergeben sich durch Auswertung des Besucherbuches für Gruppen, die systematisch erfaßt werden. Dabei dominierten 1987 Gruppen aus den Kreisen Steinfurt (75), Warendorf (51), Coesfeld (39) und Recklinghausen (34), d. h. aus dem Regierungsbezirk Münster. Mit deutlich geringeren Besuchergruppen waren die Kreise Unna (25), Gütersloh (19), Hochsauerlandkreis (16), Borken (15), die kreisfreien Städte Dortmund (12) und Herne (11) sowie die Landkreise Emsland (7) und Grafschaft Bentheim (7) vertreten. Die deutlich schwächer werdende Nachfrage ist bedingt durch die Konkurrenz vergleichbar attraktiver Museen insbesondere in Dortmund und Bielefeld.

Für das in der Besuchergunst mit jährlich ca. 400 000 Gästen führende Westfälische Museum für Naturkunde liegen regionalisierte Einzugsbereichserhebungen vor, jedoch nur für Besuchergruppen des Planetariums und nur für das Gebiet des Landschaftsverbandes Westfalen-Lippe. Der Einzugsbereich ist mit demjenigen des Museums für Kunst und Kulturgeschichte weitestgehend vergleichbar, wobei allerdings Ostwestfalen-Lippe stärker, das Ruhrgebiet aufgrund des Planetariums Bochum schwächer angebunden ist. Setzt man die Besucherzahlen in Relation zu den Einwohnerzahlen der Herkunftsräume, so führt die Stadt Münster mit großem Abstand (346 je 10 000 Einwohner) vor den Kreisen Coesfeld (157), Steinfurt (117) und Warendorf (101).

Nach den von Hans-Joachim Klein zwischen 1984 und 1986 repräsentativ durchgeführten Erhebungen in Museen des Landschaftsverbandes Westfalen-Lippe, die auch Befragungen zu den Einzugsbereichen einschlossen, hatten die beiden erwähnten Landesmuseen nach Distanzbereichen sehr unterschiedliche Besucheranteile. Dabei entfiel auf das Museum für Kunst und Kulturgeschichte mit 62 Prozent ein sehr hoher Anteil von ortsansässigen und im Umland bis zu dreißig Kilometern wohnen-

Museen in Münster:

Name	Besucher 1985–89	Besucher 1990	Ausstellungsfläche (in m²)	Träger	Eröffnung/ Neueröffnung (Vorgänger)	Standort
1. Westfälisches Museum für Naturkunde	404 092	435 873	4 200	Landschaftsverband Westfalen-Lippe	1892/1982	Aasee
2. Westfälisches Museum für Kunst und Kulturgeschichte	343 968	246 472	6 500	Landschaftsverband Westfalen-Lippe	1908/1974 (1825)	Innenstadt
3. Friedenssaal im Rathaus	138 248	175 074	130	Stadt Münster	1948 (1890)	Innenstadt
4. Freilichtmuseum Mühlenhof	175 200	148 239	1 500/F*	Verein „De Bockwindmüel e.V.“	1961	Aasee
5. Stadtmuseum	40 873	120 000	2 560	Stadt Münster	1982/1989	Innenstadt
6. Westfälisches Museum für Archäologie	45 368	36 597	2 000	Landschaftsverband Westfalen-Lippe	1934/1970 (1825)	Innenstadt
7. Domkammer der Kathedralkirche St. Paulus	34 575	33 690	760	Bistum Münster	1981 (1930)	Innenstadt
8. Karnevalsmuseum	26 000**	22 000	500	KG Paohlbürger	1987 (1982)	St. Mauritz
9. Westpreußisches Landesmuseum Drostenhof Wolbeck	18 635	18 927	600	Landsmannschaft Westpreußen, Stiftung	1975	Wolbeck
10. Droste-Museum Haus Rüschhaus	18 481	16 066	160/F*	Stadt Münster	1936	Gievenbeck
11. Geologisch-Paläontologisches Museum	11 582	10 921	900	Universität Münster	1867/1908 (1824)	Innenstadt
12. Bibelmuseum	4 351	5 600	140	Universität Münster	1979	Innenstadt
13. Hiltruper Museum	6 800	5 500	200	Hiltruper Museum e.V.	1984	Hiltrup
14. Archäologisches Museum der Universität	7 100	3 500	300	Universität Münster	1965 (1883)	Innenstadt
15. Lepramuseum	2 700***	2 200	32/F*	Gesellschaft für Leprakunde e.V.	1986	Kinderhaus
16. Eisenbahnmuseum	1 290	2 200	150/F*	KG Pängelanton	1985 (1982)	Gremmend[illegible]
17. Mineralogisches Museum	1 820	1 750	560	Universität Münster	1928/1938 (1824)	Innenstadt-Rand
18. Orgelmuseum	916	1 400	50	Fa. Orgelbau Fleiter, Münster	1983	Nienberge

* F = Freilichtmuseum bzw. Museum mit ergänzendem Freigelände.
** Besucherzahl Karnevalsmuseum 1987–1989.
*** Besucherzahl Lepramuseum 1986–1989.

Quellen 1662: Statistischer Jahresbericht 1989, 1990; 2275: Statistisches Jahrbuch deutscher Gemeinden 57, S. 260f und eigene Erhebungen

den Besuchern, während dieser Wert beim Naturkundemuseum lediglich 38 Prozent erreichte. Beim Naturkundemuseum waren die meisten Besucher, nämlich 45 Prozent, aus 30 bis 100 Kilometern Entfernung angereist. Der Anteil der Besucher aus dem Ausland war mit 4 Prozent beim Museum für Kunst und Kulturgeschichte bzw.

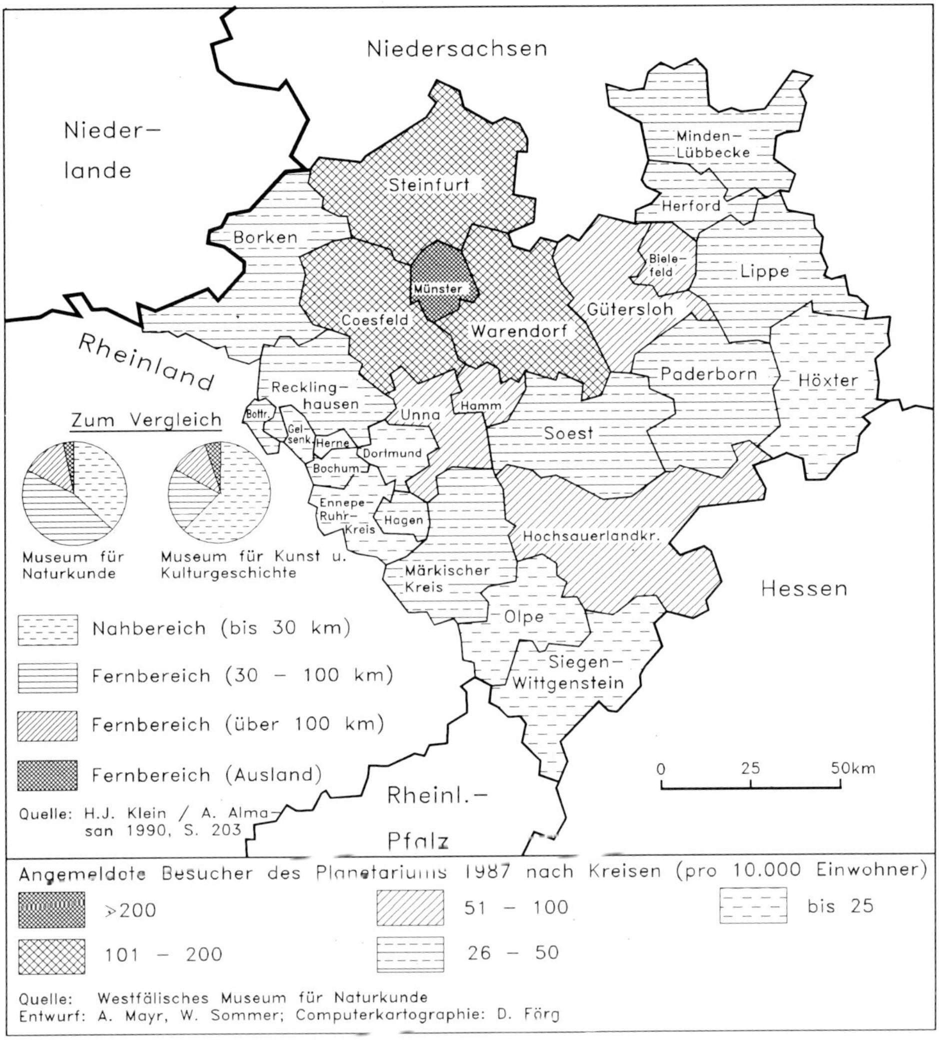

Einzugsbereich des Planetariums im Westfälischen Museum für Naturkunde 1987

3 Prozent beim Naturkundemuseum annähernd gleich. Das bedauerlicherweise zur Verlagerung nach Herne vorgesehene Westfälische Museum für Archäologie zählte mit nur 29 Prozent den geringsten Anteil ortsansässiger Besucher (davon ein Viertel Studenten). 36 Prozent der Besucher kamen aus einem Umkreis von dreißig bis hundert Kilometer, 16 Prozent aus über hundert Kilometer Entfernung und 6 Prozent aus dem Ausland. Wie hoch die unterschiedliche jährliche Besucherzahl im Verhältnis zur Einwohnerzahl von Standortgemeinde und Umland bis zu dreißig Kilometern Entfernung angesetzt werden kann, wird mit Hilfe der sogenannten Ausschöpfungsquote des Publikumspotentials erläutert. Danach besuchten von 1000 Einwohnern des Nahbereichs 44 das Westfälische Museum für Archäologie, 105 das Müh-

lenhof-Freilichtmuseum, 238 das Westfälische Museum für Naturkunde und nicht weniger als 329 das Westfälische Landesmuseum für Kunst und Kulturgeschichte, das somit den höchsten lokalen Zuspruch erfährt [2316: Klein/Almasan, Gläserner Besucher, S. 195, 203ff (und unveröffentlichte Umfrageergebnisse)].

Der Friedenssaal im Rathaus der Stadt, der Ort, der mit dem Westfälischen Frieden am engsten verbunden ist (seit 1890 Museum), wird jährlich von rd. 140 000 Besuchern besichtigt. Die Internationalität seiner Gäste läßt sich daraus erklären, daß hier die meisten offiziellen Gäste der Stadt empfangen werden. In das im Friedenssaal ausliegende Gästebuch trugen sich 1989 18 852 Personen ein, d. h. etwa 14 Prozent der Gäste. Eine Auswertung erfolgte nur auf der Basis von Nationalitäten [1662: Statistischer Jahresbericht 1989, S. 186]. Nach den deutschen Gästen (etwa 77 Prozent) kamen die größten Anteile ausländischer Besucher aus den Niederlanden (4,8 Prozent), Frankreich (3,4 Prozent), den USA (2,6 Prozent) und Großbritannien (2,2 Prozent). Das starke Interesse aus den Niederlanden erklärt sich außer durch die räumliche Nähe aus der Tatsache, daß im Friedenssaal zu Münster 1648 die staatliche Unabhängigkeit der Niederlande offiziell verkündet wurde; bei den übrigen Besucherzahlen spielen die intensiven Beziehungen zu den Partnerstädten Orléans und York eine herausragende Rolle.

Das Stadtmuseum wurde – für eine Stadt vom Rang Münsters relativ spät – erst 1982 im damaligen Gerlinghaus an der Engelenschanze eröffnet und konnte 1989 im „Salzhof" neue Räumlichkeiten beziehen (Neueröffnung am 31. August 1989). In einem geschmackvollen und modernen museumspädagogischen Konzepten genügenden Gebäude, das nach Umbau eines ehemaligen Warenhauses „Kunst und Kommerz" miteinander vereint, sind neben dem repräsentativen Museum auch etliche Einzelhandelsgeschäfte und gastronomische Betriebe im Erdgeschoß untergebracht. Das Museum bietet einen chronologischen Durchgang durch die münsterische Stadtgeschichte und orientiert sich dabei an der topographischen Entwicklung der Stadt; daneben werden stark nachgefragte Sonderausstellungen organisiert. Die Besucherzahl ist seit dem Umzug 1989 sprunghaft angestiegen. Erhebungen über den Einzugsbereich existieren nicht; Schulen und andere Besuchergruppen kommen insbesondere aus dem Münsterland und dem nordwestlichen Niedersachsen.

Das Freilichtmuseum Mühlenhof als bedeutendstes in privater Trägerschaft stehendes Museum Münsters wurde im Freizeitsektor Aasee 1960 durch den Verein „De Bockwindmüel" gegründet, 1961 eröffnet und mehrfach erweitert; es gewährt Einblicke in die bäuerliche Kultur des Münsterlandes. Im Jahr 1987 besuchten 1075 Gruppen aus dem gesamten Bundesgebiet, aber auch aus dem europäischen Ausland (Niederlande, Frankreich, Großbritannien) sowie aus Übersee (insbesondere aus den USA) das Museum; die Zahl der Jahresbesucher betrug rd. 176 000. Eine hier auf Gemeindebasis mögliche Auswertung ergab, daß die Hauptherkunftsräume das Ruhrgebiet, das Münsterland und das nördliche Sauerland sind. Darüber hinaus zählen auch das Emsland, das Rheinland und Ostwestfalen zum Einzugsgebiet des Museums. Trotz der höheren Attraktivität der jeweils sehr viel größeren Freilichtmuseen bäuerlicher Kulturdenkmale in Detmold, Cloppenburg und Kommern (Eifel) ist das Mühlenhofmuseum durch stabile Besucherzahlen und einen erstaunlich großen Einzugsbereich bestimmt.

Das Freilichtmuseum „Mühlenhof" – Beispiel für ein Museum in privater Trägerschaft (um 1970)

Die Eröffnung zweier weiterer Museen steht in Münster kurz- oder mittelfristig bevor. Zum Stadtjubiläum wird die BASF Lacke + Farben AG ihr früher in Köln beheimatetes Museum für Lackkunst nach Münster verlegen und im ehemaligen Stadtmuseum an der Windthorststraße im September 1993 neu eröffnen. Ein von einer Stiftung geplantes Westfälisches Pferdemuseum ist in Vorbereitung und soll in der Nachbarschaft von Zoo, Naturkunde- und Mühlenhofmuseum am Aasee entstehen.

Außer in verschiedenen Museen werden Werke bildender Künstler auch in den rd. 15 Galerien und Kunsthandlungen Münsters ausgestellt, die überwiegend privat unterhalten werden und zumeist in der Innenstadt liegen. Besonders erwähnt seien die städtische Ausstellungshalle am Hawerkamp (ehemalige Fabrikhalle nahe der Halle Münsterland) sowie der Wewerka-Pavillon am Aasee, der vor allem Absolventen und Studierenden der Kunstakademie Ausstellungsmöglichkeiten bietet.

Archive und Bibliotheken

Als kulturelles Oberzentrum verfügt die Stadt Münster über ein breites Angebot von Archiven und Bibliotheken, deren Existenz mit den Funktionen einer Verwaltungs- und Hochschulstadt zusammenhängt. Unter den Archiven, deren allgemeine Aufgabe die systematische Erfassung, Ordnung, Verwahrung und Auswertung insbesondere von Schriftgut, aber auch von anderen Quellenmaterialien ist, kommt der erste Rang dem Nordrhein-Westfälischen Staatsarchiv Münster zu, dem einzigen im westfälischen Landesteil; weitere benachbarte Staatsarchive gibt es in Osnabrück, Oldenburg, Düsseldorf und Marburg. Das 1829 errichtete Staatsarchiv Münster war bis 1947/1955 für die ganze Provinz Westfalen zuständig; ab 1955 übernahm das neue Nordrhein-Westfälische Staatsarchiv Detmold neben den Beständen des früheren Landes Lippe die Akten der ehemaligen Regierung Minden (ab 1947 Detmold).

Das Staatsarchiv Münster besitzt über 25 Regalkilometer Akten, mehr als 100 000 Urkunden, 82 000 Karten und eine Bibliothek von über 100 000 Bänden; pro Jahr erfolgen rd. 8000 Benutzungen und die gleiche Anzahl schriftlicher Auskünfte [49: Kurzführer; 26: Bestände des Staatsarchivs]. Größere Bedeutung haben auch das Bistumsarchiv, das Archiv des Landschaftsverbandes Westfalen-Lippe und das Stadtarchiv Münster. Ein personenbezogenes Spezialarchiv stellt das Peter-Wust-Archiv in Münster-Mecklenbeck dar.

Unter den Bibliotheken als systematisch angelegten Sammlungen von Büchern, Karten, Nachlässen und Handschriften sind insbesondere die wissenschaftlichen Büchereien hervorzuheben. Größte ist mit Abstand die Universitätsbibliothek Münster, die – zusammen mit der Zweigbibliothek Scharnhorststraße der ehemaligen Pädagogischen Hochschule, jedoch ohne die zahlreichen Institutsbibliotheken – einen Buchbestand von mehr als zwei Millionen Bänden hat, darunter allein 9000 laufende Zeitschriften. Der Buchbestand einschließlich der 212 Institutsbibliotheken beträgt fünf Millionen Bände. Die Universitätsbibliothek Münster geht auf die Bücherei des früheren Jesuitenkollegs sowie die 1823 hinzugekommene Dombibliothek zurück und konnte – insbesondere im 20. Jahrhundert – kontinuierlich zu ihrer heutigen Größe ausgebaut werden (Neubau 1973). Gemäß dem Pflichtexemplargesetz von 1824 ist sie zugleich Landesbibliothek von Westfalen und verfügt über die landesweit größte „Westphalica“-Sammlung; darüber hinaus betreut die Bibliothek mit Fördermitteln der Deutschen Forschungsgemeinschaft bundesweit das Sondersammelgebiet „Niederländisch-flämischer Kulturkreis“. Die Zahl der Ausleihen – nicht nur an Lernende und Lehrende der Universität, sondern auch an sonstige Nutzer (ca. 10 Prozent) aus ganz Westfalen, dem nordwestlichen Niedersachsen und den östlichen Niederlanden – überstieg 1989 die Millionengrenze [82: Bibliothek in vier Jahrhunderten; 1813: Poll, Universitätsbibliothek]. Auch die übrigen münsterischen Hochschulen besitzen eigene Bibliotheken. Ihr Angebot wird ergänzt durch eine Vielzahl von besonderen Fachbibliotheken, so zum Beispiel die Diözesanbibliothek, die Bibliotheken des Staatsarchivs, des Landesmuseums für Kunst und Kulturgeschichte, des Westfälischen Amts für Denkmalpflege, des Westfälischen Instituts für Regionalgeschichte (früher Provinzialinstitut für Westfälische Landes- und Volksforschung – Wissenschaftliche Hauptstelle) und des Westfälischen Heimatbundes.

Die Stadt Münster selbst verfügt im Krameramtshaus über eine große Stadtbücherei, für die auf dem Parkplatz Asche ein großzügiger moderner Neubau errichtet worden ist. Sie unterhält Zweigstellen in einigen Stadtteilen (Hansaplatz, Aaseemarkt, Coerdemarkt, Kinderhaus, ergänzt durch die katholische öffentliche Bücherei St. Clemens als Stadtteilbibliothek in Hiltrup) und eine mobile Autobücherei. Die Bücherei verfügte im März 1990 über ca. 282 000 Medien; die Zahl der Benutzer im Jahr 1989 belief sich auf rd. 740 000, diejenige der Ausleihen auf etwa 1,36 Millionen [1649: Statistischer Bericht 1/1990, S. 51; 1662: Statistischer Jahresbericht 1989, S. 181f].

Eine herausragende Besonderheit stellt die 1955 gegründete Westdeutsche Blindenhörbücherei in Münster-Mecklenbeck dar, die über 7000 blinde und hörgeschädigte Benutzer insbesondere in Nordrhein-Westfalen und Rheinland-Pfalz sowie in anderen alten und neuen Bundesländern versorgt. Der Bestand umfaßt über 9000 „Hörbücher“ mit mehr als 40 000 Kopien; per Post werden jährlich mehr als 400 000

Lesesaal der Stadtbücherei im Krameramtshaus (1980)

Sendungen verschickt (nach mündlichen Auskünften). Die Westdeutsche Blindenhörbücherei ist eine von fünf und zugleich die größte ihrer Art in der Bundesrepublik Deutschland.

Medien

Einen überaus wichtigen Träger für Information, Kommunikation und Bildung stellen die Medien dar. Sie werden in Münster vor allem durch zwei Tageszeitungen mit unterschiedlicher Auflagenhöhe und regionaler Reichweite, durch das Landesstudio Münster des Westdeutschen Rundfunks (Hörfunk und Fernsehen), das Lokalradio und eine Anzahl von Verlagen repräsentiert.

Die „Westfälischen Nachrichten" haben als größte Tageszeitung zusammen mit dem Verbund der Zeno-Zeitungen (eigene Titel und Lokalteile, aber Mantel der „Westfälischen Nachrichten") eine verkaufte Gesamtauflage von ca. 218 000 Exemplaren; von ihnen werden – als „Westfälische Nachrichten" – 43 000 unmittelbar in der Stadt Münster und weitere 73 000 in den angrenzenden Kreisen verbreitet. Die seit 1986 zur Dortmunder Zeitungsgruppe der „Ruhr-Nachrichten" gehörige „Münstersche Zeitung" hat in Münster selbst eine verkaufte Auflage von ca. 22 500 Exemplaren, mit Ausgaben in den münsterländischen Kreisen und der selbständigen, aber assoziierten „Ibbenbürener Volkszeitung" von ca. 60 000. Die beiden in Münster erscheinenden Tageszeitungen bilden zusammen mit sechs weiteren Blättern für einen gemeinsamen Anzeigenmarkt die 1972 begründete und 1990 erweiterte Zeitungsgruppe Westfalen mit einer Gesamtauflage von über einer Million Exemplaren. Standorte weiterer regionaler Tageszeitungen sind die Städte Essen, Dortmund, Recklinghausen, Hamm, Unna, Oelde, Bielefeld und Osnabrück. Die beiden münsterischen Tageszeitungen sind mit eigenen Verlagen verbunden, zu denen noch einige weitere Verlagshäuser mit zum Teil langer Tradition hinzutreten. Älteste der insgesamt 58 Unternehmen im Verlags- und Druckereibereich sind die Verlage Regensberg (gegründet 1591) und Aschendorff (gegründet 1718).

Auch als Rundfunkstadt hat Münster eine – wenn auch nicht überragende – längere Tradition. So wurde als Vorläufer des Westdeutschen Rundfunks (WDR) 1924 in Münster die „Westdeutsche Funkstunde AG" begründet, die jedoch drei Jahre nach der Beendigung der Rheinlandbesetzung nach Köln umzog und dort ihren heutigen Namen annahm. Seit 1955 ist das Kölner Funkhaus selbständige öffentlich-rechtliche Landesrundfunkanstalt von Nordrhein-Westfalen und konnte sich seither zum größten deutschen Sender entwickeln, der in verschiedenen Landesteilen Zweigbüros eröffnete. In Münster wurde schon 1956 ein WDR-Büro errichtet; nach zweimaliger Unterbringung in angemieteten Räumen konnte das Landesstudio Münster 1970 einen eigenen, inzwischen erheblich erweiterten Gebäudekomplex an der Mondstraße beziehen. Im Rahmen der seit Anfang der achtziger Jahre eingeleiteten systema-

Ausstrahlung des Münsterland-Magazins aus dem Landesstudio Münster des WDR mit Moderator Michael Stoffregen-Büller

tischen Regionalisierung und Dezentralisierung des WDR-Sendegebietes wurden den Studios einiger Städte neben der Beteiligung an landesweiten Sendungen sukzessive versorgungstechnische Zuständigkeiten für Regionalprogramme übertragen. Aus Münster werden seit 1984 unter anderem fünfmal wöchentlich eine dreistündige Morgensendung im WDR-Hörfunkprogramm sowie viermal wöchentlich ein fünfzehnminütiges Fenster im 3. Fernsehprogramm ausgestrahlt. Das etwa siebzig Mitarbeiter zählende Landestudio Münster ist außer für das eigene Stadtgebiet für die vier Münsterlandkreise sowie die Städte Haltern und Dorsten (Kreis Recklinghausen) zuständig. Weitere Regionalstudios für Hörfunk und Fernsehen existieren in Bielefeld (Ostwestfalen), Dortmund (Ruhrgebiet und Südwestfalen), Düsseldorf und Köln sowie im Zuständigkeitsbereich des Norddeutschen Rundfunks Büros in Osnabrück und Oldenburg; nur im Hörfunkbereich tätige WDR-Studios gibt es außerdem in Essen, Siegen, Wuppertal, Bonn und Aachen. Mit den aufgezählten Hörfunk- und Fernsehstudios ist eine beträchtliche Intensivierung der regionalen Berichterstattung sowie eine Stärkung des zentralörtlichen Charakters der Sitzstädte erfolgt.

Seit dem 29. September 1991 hat als jüngste Einrichtung das Lokalradio „Antenne Münster“ seinen Betrieb aufgenommen; es wird inhaltlich von einer breiten Veranstaltergemeinschaft getragen, während die Betriebsgesellschaft von den örtlichen münsterischen Zeitungen und der Stadt Münster getragen wird. Nach dem neuen Landesrundfunkgesetz von 1986 ist dieser private, durch Werbung finanzierte Sender ausschließlich zur Versorgung der kreisfreien Stadt Münster – d. h. für die Nahraumkommunikation – genehmigt, während in den angrenzenden Kreisen jeweils weitere Lokalradios bestehen (zum Beispiel Radio Steinfurt). Die Konkurrenz im Medienbereich ist mit dem Lokalradio beträchtlich größer geworden.

6. *Mehrzweckhallen und Zoo als multifunktionale Einrichtungen*

Halle Münsterland und Stadthalle Hiltrup

Seit 1926 gibt es in Münster mit der Halle Münsterland am Albersloher Weg eine vielseitige, zunächst private Mehrzweckhalle, die nach Kriegszerstörungen 1948 wiedereröffnet, mehrfach vergrößert und den veränderten Anforderungen angepaßt wurde. Die „Halle Münsterland GmbH“ wird zu 80 Prozent von der Stadt Münster und zu 20 Prozent von landwirtschaftlichen Vereinigungen getragen, auf deren Initiative hin sie ursprünglich entstanden ist. Das Raumangebot enthält neben der großen Halle mit bis zu 5000 Sitzplätzen in Reihenbestuhlung mehrere Kongreßsäle, Spezialhallen und Freigelände.

Das Programmangebot umfaßt die Sparten Tagungen und Kongresse, Ausstellungen, landwirtschaftliche Veranstaltungen sowie Veranstaltungen im Bereich Unterhaltung und Kultur. Charakteristische Tagungen werden überwiegend von Ärzteverbänden, anderen wissenschaftlichen oder berufsbezogenen Vereinigungen oder auch politischen Parteien mit sehr unterschiedlichen Einzugsbereichen durchgeführt. Außerdem finden Sportveranstaltungen statt. Die vorwiegend regional bedeutsamen Ausstellungen mit zumeist 50 000 bis 100 000 Besuchern rekrutieren ihre Gäste zu 50 bis 60 Prozent aus der Stadt Münster und dem Kernmünsterland. Bei den landwirtschaftlichen Veranstaltungen dominieren heute Viehauktionen in den Nachbarhallen

Radrennen in der Halle Münsterland (um 1970)

und auf dem Freigelände. 65 Prozent der Besucher stammen aus dem Münsterland, 35 Prozent aus Nachbarregionen. Die neben den Ausstellungen wichtigsten Imageträger sind Kultur- und Unterhaltungsveranstaltungen; sie umfassen Gastspiele von Chören, Orchestern und Tourneetheatern, wobei Rock- und Popkonzerte, Volks- und Unterhaltungsmusik, Eisrevuen und Shows dominieren. Nachfragestärkste aller Veranstaltungen ist „Europas größte Kegelparty" mit ca. 20 000 bis 25 000 Besuchern an nur wenigen Tagen; mehr als 40 Prozent der Teilnehmer kommen bei bundesweitem Einzugsbereich aus Regionen außerhalb des Münsterlandes (unter anderem mit Sonderzügen aus Frankfurt, Hamburg und Braunschweig).

Die Gesamtzahl der Besucher betrug 1989 rd. 763 000, davon 644 000 in den drei Hallen, 76 000 im Kongreßsaal und die übrigen in sonstigen Sälen [1662: Statistischer Jahresbericht 1989, S. 120]. Konkurrierende Veranstaltungsträger sind unter anderem die sehr viel größere Westfalenhalle in Dortmund, die Oetkerhalle und die Stadthalle in Bielefeld sowie die Stadthalle in Osnabrück. Die Reichweite einzelner Konzert- und Unterhaltungsveranstaltungen hängt außer von der individuellen Attraktivität in sehr starkem Maße davon ab, ob die gleiche Veranstaltung zu einem früheren oder späteren Zeitpunkt auch in den genannten Oberzentren angeboten wird. Dabei nimmt Münster innerhalb Nordwestdeutschlands aufgrund der geringen Tragfähigkeit der Region keinen Spitzenplatz ein (etwa im Vergleich zu Köln, Düsseldorf, Dortmund, Bremen), wohl aber einen im Verhältnis zur Nachfrage aus der Region durchaus angemessenen Rang.

Neben der Stadt und Region versorgenden Halle Münsterland existiert im Stadtteil Hiltrup die von der früheren Gemeinde Hiltrup geplante und 1974/75 sowie 1978 bis 1980 errichtete Stadthalle Hiltrup. Diese durch die Bezirksverwaltungsstelle Hiltrup geführte, über maximal 700 Sitzplätze verfügende Mehrzweckhalle nimmt mit Veranstaltungen kultureller und geselliger Art vor allem stadtteil- und stadtversorgende Funktionen wahr (unter anderem Tagungen, Kongresse und Seminare, Schul- und Jugendveranstaltungen, Theateraufführungen, Ausstellungen und Feste). Die Zahl der Besucher betrug (nach Auskünften der Bezirksverwaltungsstelle Hiltrup) 1988 32 000, 1989 62 000. Tagungen und Kongresse werden in Münster jedoch nicht nur in der Halle Münsterland sowie der Stadthalle Hiltrup durchgeführt, sondern auch in den Hörsälen und Seminarräumen der Universität, im neuen Universitätsklinikum sowie in verschiedenen Hotels; diese liegen überwiegend in der Innenstadt sowie im Innenstadtrandbereich, aber auch in den Stadtteilen Handorf, Hiltrup, Roxel und Kinderhaus [1770: Henseling, Fremdenverkehr, S. 66ff].

Innerhalb des deutschen Messe- und Ausstellungswesens nimmt Münster nach Angebot und Besucheranzahl überregionaler und regionaler Veranstaltungen einen Platz im Mittelfeld ein [vgl. 2451: Möller, Messe- und Ausstellungswesen, S. 230f, 241, 281]. Zur Sicherung ihrer Stellung und zur Stärkung der Wettbewerbsfähigkeit sind für die Halle Münsterland beträchtliche Ausbaumaßnahmen vorgesehen, die kurzfristig unter anderem eine Erweiterung der vorhandenen Halle, einen neuen Eingangsbereich („Südfoyer") sowie zusätzliche Kongreßräume beinhalten, darüber hinaus mittel- bis langfristig den Bau einer neuen Großhalle für 8000 bis 10 000 Besucher (inzwischen in dieser Größe nicht mehr als notwendig erachtet) und Überlegungen zur städtebaulichen Neuordnung des Umfeldes. Auf dem Gelände des von der Halle Münsterland GmbH betriebenen Lindenhofs war seitens der Stadtverwaltung ein leistungsfähiges Kongreßhotel mit Tiefgarage geplant, das die Weiterentwicklung Münsters als Tagungs- und Kongreßstadt entscheidend verbessern sollte. Standort und Planung waren in der Bürgerschaft wie auch im Rat der Stadt außerordentlich umstritten. Nach heftigen Kontroversen wurde der Bebauungsplan für das Kongreßhotel vom Rat der Stadt im Herbst 1991 mit knapper Mehrheit abgelehnt; die Diskussionen über Bedarf, Größe und Standort halten an.

Allwetterzoo Münster

In der Stadt Münster gibt es neben dem Westfälischen Museum für Naturkunde drei weitere Einrichtungen, die sich außer um spezielle zoologische und botanische Forschungen auch darum bemühen, der allgemeinen naturwissenschaftlichen Belehrung und der Kurzzeiterholung zu dienen. Dazu zählen der bereits 1804 im Schloßgarten gegründete Botanische Garten der Universität Münster mit 4,6 Hektar Freilandfläche und 2000 Quadratmetern Gewächshausfläche, die ab 1968 im „Europareservat Rieselfelder" nördlich von Coerde von einem privaten Verein aufgebaute Biologische Station [1721: Biologische Station Rieselfelder; 1685: Europareservat] sowie insbesondere der münsterische Zoo, an dessen Trägergesellschaft die Stadt Münster maßgeblich beteiligt ist (45,4 Prozent der Anteile der GmbH „Westfälischer Zoologischer Garten").

Gegründet 1874 auf Anregung von Hermann Landois, lag der „Westfälische Zoologische Garten" bis 1973 südwestlich der Altstadt recht beengt zwischen Himmel-

Der Allwetterzoo am erweiterten Aasee nach seiner Fertigstellung (1974)

reichallee und Aa auf einer nur 6 Hektar großen Fläche. Der wachsende Raumbedarf des lange einzigen westfälischen Zoos, innenstadtnahe Flächenwünsche eines großen Kreditinstituts (Westdeutsche Landesbank – heute Landesbausparkasse) und neue stadtplanerische Möglichkeiten (Vergrößerung des Aasees) führten zur Auslagerung und Neuansiedlung des Zoologischen Gartens zwischen Sentruper Höhe und neuem Aasee. Er wurde 1974 – wegen der überdachten Verbindungsgänge – als sogenannter Allwetterzoo auf einer Fläche von 30 Hektar neueröffnet und weist heute 352 Arten (etwa 2250 Tiere) aus; besondere Einrichtungen sind ein großes Delphinarium und ein Aquarium. Der Zoo zieht jährlich rd. 750 000 bis 900 000 Besucher an [1662: Statistischer Jahresbericht 1989, S. 192].

Eine an 15 Tagen im Jahr 1988 vom Allwetterzoo Münster durchgeführte Erfassung von 11 727 Pkw-Kennzeichen auf dem Zooparkplatz zeigt, daß die weitaus meisten Besucher aus der Stadt Münster selbst kommen (12 Prozent). Der engere Einzugsbereich umfaßt mit den Kreisen Borken (5 Prozent), Coesfeld (6 Prozent), Steinfurt (7 Prozent) und Warendorf (5 Prozent), das Münsterland sowie zusätzlich den Kreis Recklinghausen (5 Prozent). Darüber hinaus stammen größere Besucherkontingente aus den räumlich anschließenden Kreisen Gütersloh, Soest, Unna und den Städten Dortmund und Bielefeld. Trotz der zum Teil schon gegebenen räumlichen Nähe zu konkurrierenden Zoologischen Gärten stellen die Kreise am unteren Niederrhein, des Bergischen Landes, des Sauerlandes, Ostwestfalens und des nordwestlichen Niedersachsens noch jeweils 2 Prozent der Besucher des münsterischen

Einzugsbereich des Allwetterzoos 1984

Zoos. Gleiches gilt auch für die Städte Essen, Bochum und Gelsenkirchen, obwohl gerade das Ruhrgebiet mit den Zoologischen Gärten in Duisburg und Gelsenkirchen sowie den Tierparks in Bochum, Herne, Dortmund und Hamm eine hohe Dichte derartiger Einrichtungen aufweist. Nördlich von Münster sind der Zoo Osnabrück, die Tierparks Rheine und Nordhorn sowie bei spezialisiertem Tierbestand der Vogelpark Metelener Heide die bedeutendsten Konkurrenten des münsterischen Allwetterzoos.

Eine geringfügig ältere Erfassung von Kraftfahrzeugen im Jahr 1984 erfolgte viel differenzierter, schloß alle Herkunftsräume außerhalb Nordrhein-Westfalens ein und wurde deshalb auch kartographisch umgesetzt. Bei fast unverändertem Einzugsbereich gegenüber der Erhebung von 1988 wird deutlich, daß die Besuchsintensität (erfaßte Kraftfahrzeuge je 10 000 Einwohner) mit zunehmender räumlicher Distanz nahezu konzentrisch abnimmt und im allgemeinen hundert Kilometer nicht übersteigt.

7. *Krankenhausversorgung*

Die Stadt Münster verfügt seit langem über ein zugleich breites und spezialisiertes Angebot an Krankenhausbetten, das sich auf verschiedenartige Versorgungsstufen aufteilt. Zu den Allgemeinkrankenhäusern, die der Grundversorgung bzw. der gehobenen Breitenversorgung dienen, zählen das Evangelische Krankenhaus Johannisstift, die Raphaelsklinik, das St.-Franziskus-Hospital, das Clemenshospital und das Krankenhaus der Missionsschwestern Hiltrup mit zusammen 2135 Betten (zwischen 205 und 592); sie werden sämtlich von Orden bzw. kirchlichen Stiftungen unterhalten. Daneben existieren in der Trägerschaft des Landes Nordrhein-Westfalen die Universitätskliniken, die das älteste und größte Hochschulklinikum des Landesteils Westfalen-Lippe bilden und ein Verbund von Schwerpunktkrankenhäusern der höchsten medizinischen Versorgungsstufe sind. Außer durch einige Altkliniken und Institute, die am Domagkring und Jungeblodtplatz liegen, werden sie seit 1980 physiognomisch insbesondere durch das neue Zentralklinikum mit seinen vier 61 Meter hohen Bettenhochhäusern geprägt und verfügen über hochdifferenzierte Diagnose- und Therapieeinrichtungen (insgesamt 1558 Betten). Schließlich gibt es eine Anzahl besonderer Fachkrankenhäuser (zum Beispiel die Westfälische Klinik für Psychiatrie, das Alexianerkrankenhaus und die Fachklinik Hornheide), die im folgenden ebenso wenig behandelt werden sollen wie das frühere Britische Militärhospital.

Der Erfassung der Einzugsbereiche der münsterischen Krankenhäuser liegt die Auswertung einer statistischen Zusammenstellung zugrunde, die die stationär behandelten Patienten des Jahres 1987 nach Heimatkreisen ausweist [1832: Sommer, Reichweite, Tab. 43]; bedauerlicherweise können kreisbezogene Angaben wiederum nur für Nordrhein-Westfalen gemacht werden.

Wie erwartet, erfolgt die intensivste Inanspruchnahme der medizinischen Einrichtungen außer durch Bewohner der Stadt Münster aus den Kreisen des Münsterlandes. Dabei überwiegt für die Kreise Coesfeld und Warendorf noch die Behandlung in den Allgemeinkrankenhäusern, für Steinfurt und Borken bereits die Inanspruchnahme der Universitätskliniken. Diese vier Kreise bilden zusammen mit ihrem Oberzen-

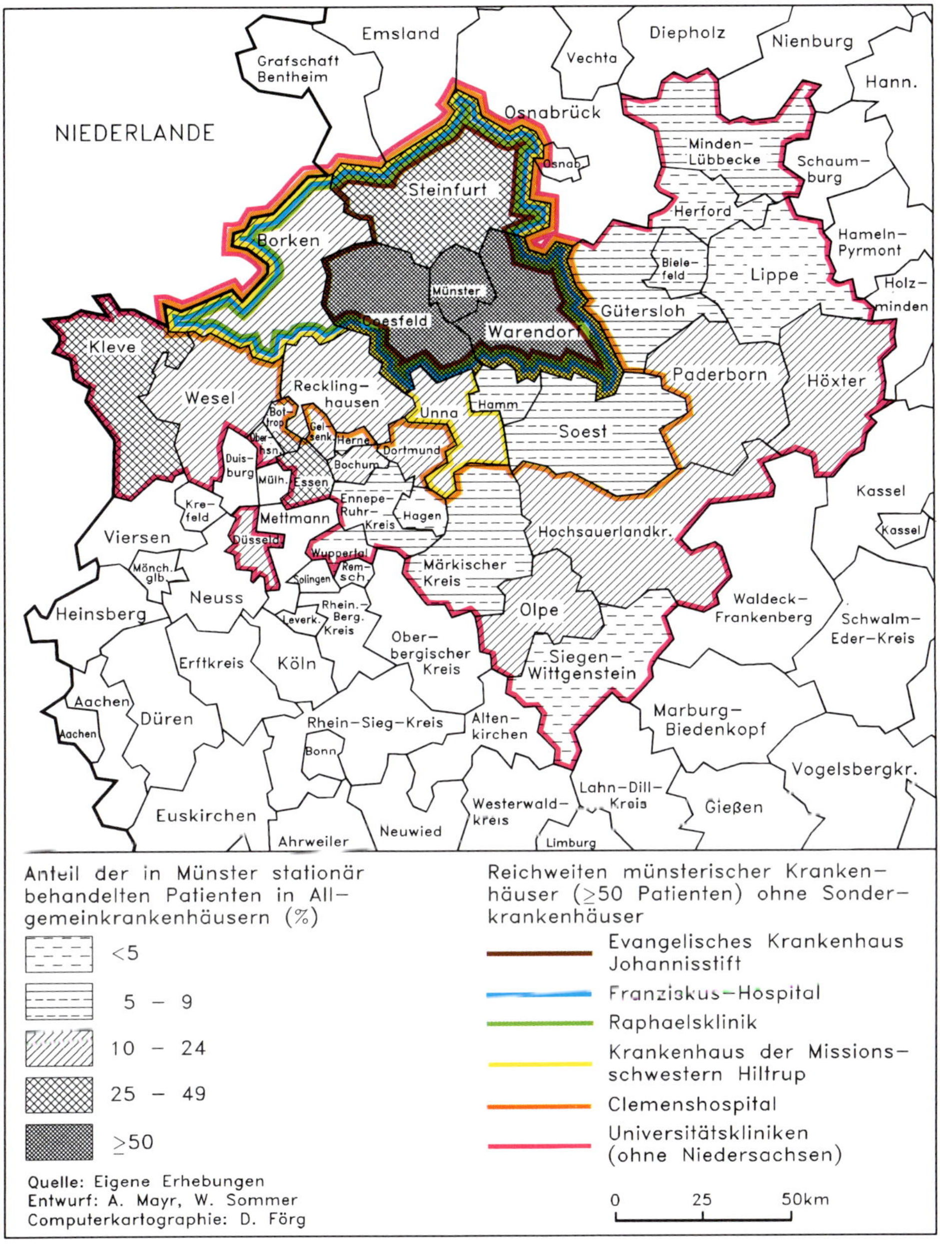

Einzugsbereiche der münsterischen Krankenhäuser und der Universitätskliniken innerhalb Nordrhein-Westfalens 1987

trum das Krankenhausversorgungsgebiet Münster nach den Zielvorstellungen des Landes Nordrhein-Westfalen.

Während nur einige Krankenhäuser der Grund- bzw. gehobenen Breitenversorgung auch von Patienten aus angrenzenden Kreisen aufgesucht werden, werden die Universitätskliniken recht ausgeprägt aus allen weiteren Kreisen Westfalens, darüber hinaus des Niederrheingebietes, in Anspruch genommen. Die abnehmende Nachfrage dieser oberzentralen medizinischen Spitzenversorgung in Münster wird im Rheinland und Ruhrgebiet selbstverständlich durch die dortigen Universitätskliniken in Bonn, Köln, Aachen, Düsseldorf, Essen und Bochum/Herne (Ruhr-Universität) sowie in weiteren Regionen Westfalens durch die städtischen Schwerpunktkrankenhäuser in Dortmund, Bielefeld, Paderborn und Siegen beeinflußt. Das Klinikum Münster bedient aber nicht nur weite Teile Nordrhein-Westfalens, sondern darüber hinaus auch das nordwestliche Niedersachsen bis hin zur Nordseeküste. Von 40 135 im Jahr 1987 stationär behandelten Patienten stammten rd. 91 Prozent aus Nordrhein-Westfalen und etwa 6 Prozent aus Niedersachsen. Diese Daten lassen die Reichweite und Bedeutung von Hochschulkliniken, aber auch von anderen Krankenhäusern für die zentralörtliche Bedeutung der Städte erkennen.

Von Bedeutung für die Zentralität ist auch die Inanspruchnahme der in freier Praxis tätigen Allgemein-, Fach- und Zahnärzte durch Bewohner aus der Stadt Münster und dem Umland. Mit insgesamt 608 niedergelassenen Ärzten, davon 88 Allgemeinmedizinern, 287 zum Teil sehr spezialisierten Fachärzten und 233 Zahnärzten, weist die Stadt eine überdurchschnittlich gute ambulante medizinische Versorgung auf. So entfallen in Nordrhein-Westfalen 1988 auf einen Arzt (ohne Zahnärzte) 920, in Münster 1989 nur 675 Einwohner, in Nordrhein-Westfalen auf einen Zahnarzt 1973 (1988), in Münster aber nur 1086 Einwohner (1989) [1662: Statistischer Jahresbericht 1989, S. 201ff; 2372: Landesentwicklungsbericht 1988, S. 350].

Erwähnt sei außerdem, daß den Kliniken und Krankenhäusern eine große Anzahl von Fachschulen für Krankenpflegeberufe und Medizinalhilfspersonal angeschlossen ist, die die Ausbildungsfunktion der Stadt Münster verstärken.

8. *Kredit- und Versicherungswesen*

Die Stadt Münster verfügt auch im Kredit- und Versicherungswesen über oberzentrale Spitzenfunktionen, die in erster Linie auf die frühere Provinzialhauptstadtfunktion zurückgeführt werden können.

Neben lokalen Kreditinstituten, vor allem der mit der früheren Kreissparkasse vereinigten Stadtsparkasse Münster, und Niederlassungen privater Filialgroßbanken und sonstiger privater Bankhäuser ist eine Anzahl herausragender überregionaler Banken in Münster vertreten. Zu ihnen zählt insbesondere die Westdeutsche Landesbank Girozentrale, die die Aufgaben einer Sparkassenzentralbank wahrnimmt. Während nach der Fusion zweier vor 1969 getrennter Landesbanken die eigentliche Hauptverwaltung dieser umsatzstärksten Landesbank bei doppeltem Firmensitz (Düsseldorf/Münster) in Düsseldorf konzentriert wurde, erhielt Münster die Verwaltung der zugeordneten Landesbausparkasse, der größten öffentlichen Zwecksparkasse in der Bundesrepublik Deutschland, mit einem Wirkungsbereich in ganz Nordrhein-Westfalen.

Außerdem ist die erst 1970 gegründete Westdeutsche Genossenschafts-Zentralbank (WGZ) anzuführen, die als große Regionalbank und gemeinsame Einrichtung für rd. 850 Kreditgenossenschaften und andere Mitgliedsbanken in Nordrhein-Westfalen Großbankfunktionen übernimmt, darunter vor allem für die Volksbanken, Spar- und Darlehnskassen sowie Raiffeisenbanken. Die Landeszentralbank, Außenstelle der Landesniederlassung der Deutschen Bundesbank, zog 1982 im Zuge einer notwendigen Erweiterung vom Domplatz auf einen relativ citynahen Standort an der Geiststraße (ehemaliges Brauereigelände). Mit dem Westfälisch-Lippischen Sparkassen- und Giroverband, dem Dachverband der ungefähr hundert Sparkassen im Landesteil Westfalen-Lippe, gibt es in der Stadt Münster eine weitere hochrangige Zentralfunktion für das Kreditwesen. Von Bedeutung sind ferner die „Westfälische Landschaft" als eine der großen Bodenkreditbanken sowie kirchliche Kreditinstitute, zum Beispiel die Darlehenskasse im Bistum Münster und die Darlehensgenossenschaft der Westfälischen Inneren Mission. Verschiedene Zwecksparkassen, darunter insbesondere Bausparkassen, unterhalten in Münster Bezirkszweigstellen.

Unter den verschiedenen Versicherungen kommt im wesentlichen drei Einrichtungen eine herausragende Funktion zu: der seit 1973 im Bürozentrum Nord ansässigen Landesversicherungsanstalt Westfalen mit rd. 2000 Beschäftigten, der am Bröderichweg ansässigen Westfälischen Provinzial-Versicherung der Sparkassen (unter anderem Provinzial-Feuersozietät, Provinzial-Lebensversicherungsanstalt von Westfalen) mit rd. 1500 Beschäftigten und dem an der Weseler Straße untergebrachten, in jüngster Zeit sehr expansiven Landwirtschaftlichen Versicherungsverein (LVM) mit rd. 1300 Beschäftigten. Als jüngere moderne Zweckbauten seien ferner die R+V Versicherung, die Versicherung der Raiffeisenbanken an der Mecklenbecker Straße, sowie die Aachener und Münchener Versicherungen im Bürozentrum Nord genannt. Die Dynamik der Standortdezentralisierung der Versicherungen in das Bürozentrum Nord und den Südwestsektor entlang der Weseler Straße hat sich seit Anfang der siebziger Jahre sehr ausgeprägt entwickelt [1768: Heineberg/Steltemeier, Standortdezentralisierung]. Die Kreditinstitute, unter denen auffälligerweise im Vergleich zu den rheinischen Großzentren ausländische Geschäftsbanken mit der seit 1986 in Münster ansässigen niederländischen ABN Amro Bank Deutschland AG nur ein einziges Mal vertreten sind, sind hingegen im zentralen Standortraum der City verblieben.

9. *Akzeptanz von Einzelhandel und Dienstleistungen*

Theoretischer Einzugsbereich und empirische Überprüfung 1970/1982

Die Grenzen des theoretisch ermittelten kommerziell-zentralen Einzugsbereichs des Einzelhandels ergeben sich nach Winfried Meschede aus den sogenannten Erreichbarkeitsgleichern. Diese stellen Verbindungslinien der Punkte dar, von denen das Zentrum Münster und ein gleichwertiges Zentrum gleich schnell erreicht werden können. Dabei befinden sich zum Beispiel die Erreichbarkeitsgleicher zwischen Münster und Bielefeld sowie streckenweise auch zwischen Münster und Dortmund genau auf halber Distanz, während sich aufgrund der geringeren Größe des Osnabrücker Zentrums eine Verschiebung der Außengrenze des münsterischen Einzugsbereichs nach Nordosten hin ergibt. Auch an seiner Südwestflanke verschiebt sich die Außengrenze, allerdings in diesem Fall gegenüber dem attraktiveren Essener Zentrum zuungunsten von Münster.

Zwei in den Jahren 1970 und 1982 von Winfried Meschede durchgeführte Untersuchungen sollten anhand von Befragungen Aufschluß darüber geben, inwieweit der Verlauf der Außengrenzen des theoretischen Einzugsbereichs mit ihrem tatsächlichen Verlauf übereinstimmt, welche Grundstrukturen innerhalb des Einzugsbereichs bestehen und inwieweit seine Ausdehnung zeitlichen Schwankungen unterliegt. Dabei wurde eine erstaunlich hohe Übereinstimmung des theoretischen Verlaufs der Außengrenzen des Einzelhandelseinzugsbereichs mit den empirisch ermittelten Außengrenzen festgestellt. Es wurden allerdings erhebliche Unterschiede im Intensitätsgefälle innerhalb des Einzugsbereichs sichtbar, wobei das Gebiet höchster Kundendichte nördlich und nordwestlich von Münster (Emsdetten, Steinfurt) eine wesentlich größere Ausdehnung als südlich und östlich von Münster erreichte.

Im Verlauf der Untersuchung 1982 ergab sich eine im Vergleich zu 1970 deutlich veränderte räumliche Struktur des kommerziell-zentralen Einzugsbereichs. So hatte der Anteil der auswärtigen Kunden aus einem Gebiet von über dreißig Kilometern Entfernung von Münster an den gesamten auswärtigen Kunden 1970 noch rd. 20 Prozent betragen, war 1982 aber schon auf 36 Prozent angestiegen. Diese Strukturveränderungen dürften im wesentlichen auf die zunehmende Koppelung von Einkaufs- und Freizeitaktivitäten zurückzuführen sein.

Akzeptanz des Parkraumangebots 1988/89

Im Rahmen von Geländeseminaren des Instituts für Geographie der Westfälischen Wilhelms-Universität Münster unter der Leitung von Alois Mayr wurden an den vier Adventssamstagen 1988 jeweils von 9 bis 17 Uhr sowie anläßlich des Stadtfestes am 3. Juni 1989 von 8 bis 18 Uhr Untersuchungen über die Inanspruchnahme des Parkraums an ausgewählten Standorten durchgeführt. Ziel der Erhebungen war eine Erfassung aller ankommenden Personenkraftwagen und Reisebusse nach Kfz-Kennzeichen sowie deren Aggregierung nach Herkunftsregionen. Berücksichtigt wurden bei beiden Aktionen die Parkhäuser Aegidiimarkt und Theater sowie die innerstädtischen Parkplätze Stubengasse, Hörsterstraße und Hindenburgplatz (Ost- und Südeinfahrt). In der Vorweihnachtszeit 1988 wurden zusätzlich auch die Park-and-ride-Parkplätze Pottkamp und Mensa II in die Untersuchung einbezogen. Damit waren die zum damaligen Zeitpunkt wichtigsten Parkflächen der Innenstadt Münsters zu rd. 60 Prozent erfaßt. Es stellte sich heraus, daß die Nutzung durch Kraftfahrer verschiedenartiger Herkunftsräume relativ stark von der innerstädtischen Lage der Parkflächen abhängig ist.

Bei der folgenden Interpretation ist zu bedenken, daß sowohl die vier Adventssamstage als auch das Stadtfest Zeitpunkte verstärkter Konsumentennachfrage darstellen. Nach Herkunftsräumen ergaben sich weitgehend gleiche Rangfolgen mit allerdings unterschiedlich großen Anteilen, die auf die verschiedenartige Intensität der Inanspruchnahme von Einzelhandel und Dienstleistungen zurückzuführen sind.

Zu beiden Zeitpunkten stammte der größte Teil der erfaßten Fahrzeuge aus den vier Münsterlandkreisen Steinfurt, Warendorf, Coesfeld und Borken, wobei in der Vorweihnachtszeit 1988 25,7 Prozent, beim Stadtfest 1989 sogar 35,8 Prozent auf diese Region entfielen. Erst an zweiter Stelle folgte mit 19,1 bzw. 28,1 Prozent die Stadt Münster. Die quantitativen Unterschiede sind einerseits Ergebnis der unterschiedlichen Einwohnerzahlen und beruhen in ihrer Anteilsdifferenzierung auf einer offensichtlich weniger starken Inanspruchnahme der ausgewählten Parkflächen durch Bewohner der Stadt Münster während des besonders lebhaften Weihnachtsverkehrs. Die drittstärkste Nachfragegruppe stammte mit 15,1 bzw. 11,5 Prozent jeweils aus dem Ruhrgebiet; auch in diesem Fall ist die höhere Attraktivität Münsters in der Vorweihnachtszeit sehr charakteristisch.

Beim Stadtfest 1989 folgten mit großem Abstand das nordwestliche Niedersachsen (5,6 Prozent), Ostwestfalen-Lippe (3,9 Prozent), das Rheinland ohne den Ruhrgebietsanteil (3,4 Prozent) sowie Südwestfalen (3 Prozent), während auf die verbleibenden Regionen nur unbedeutende Besucherkontingente entfielen, darunter 1,8 Prozent auf die Niederlande. Demgegenüber war in der Vorweihnachtszeit 1988 die Reihenfolge eine deutlich andere: Zu diesem Zeitpunkt nahmen die Niederlande mit 7,6 Prozent (über 2200 Fahrzeuge!) bereits den vierten Rang ein, gefolgt von Nordwest-Niedersachsen (Osnabrücker Land, Oldenburger Münsterland, Emsland), dem Rheinland, Ostwestfalen-Lippe und Südwestfalen. Dieser hohe Besucherverkehr von Niederländern, die nicht allein aus den Grenzprovinzen, sondern sogar aus der „Randstad" Holland und Westfriesland angereist waren, erklärt sich aus der außergewöhnlichen Anziehungskraft der Weihnachtsmärkte sowie der speziellen Atmosphäre und historischen Bedeutung Münsters. Unter den Besuchern aus dem Rheinland waren Bewohner des Niederrheingebietes besonders stark vertreten, das in der kirchlichen Organisation zum Bistum Münster gehört.

Den Ausführungen ist zu entnehmen, daß Münster bei unterschiedlich hohen Nachfrageintensitäten die größte Akzeptanz aus der eigenen Region erfährt, aber auch für die angrenzenden Gebiete durchaus attraktiv ist.

Passanten- und Haushaltsbefragungen 1988

Im Auftrag der Stadt Münster legte die Prognos AG 1988 ein Gutachten zur Bedeutung des Einzelhandels für die Funktion Münsters als Oberzentrum vor. Dabei wurden im einzelnen unter anderem das Maß der Versorgungsfunktion des münsterischen Einzelhandels für die in Münster und in seinem Umland lebende Bevölkerung sowie die Bedeutung der Stadtmitte als Magnet für Kaufkraft aus der Gesamtstadt und dem Umland untersucht. Die für ein Oberzentrum charakteristische Nachfrage episodisch erworbener langwertiger Warengruppen bleibt darin jedoch unverständlicherweise überwiegend unberücksichtigt.

Die im Mai und Juni 1988 durchgeführten 3000 Haushalts- und Passantenbefragungen ergaben, daß der periodische Bedarf der Umlandbewohner in den drei angrenzenden Kreisen nur zu einem geringen Teil in Münster gedeckt wird. Von acht im Rahmen der Haushaltsbefragungen berücksichtigten Warengruppen ergaben sich unter den Nachfragern lediglich für Textilien, Bekleidung und Schuhe größere Anteile von Umlandbewohnern, die diese Güter in Münster einkauften (Kreis Steinfurt 18 Prozent, aus dem Kreis Warendorf 29 Prozent, dem Kreis Coesfeld 42 Prozent der

Befragten). In allen übrigen Warengruppen wiesen die Umlandkreise nur geringe Anteile von Käufern auf, die ihren entsprechenden Bedarf in Münster deckten (0,2–15 Prozent). Damit ist allgemein hinsichtlich des periodischen Bedarfs eine nur geringe Kaufkraftbindung aus dem Umland zu konstatieren.

Eine im Vergleich zu früher insgesamt gewachsene Bedeutung für die Bedarfsdekkung der Umlandbewohner besitzen heute die deutlich attraktiver gewordenen Mittelzentren (zum Beispiel Coesfeld, Warendorf) sowie Verbraucher- und Fachmärkte in Wohnortnähe, d. h. näher gelegene Einkaufsstandorte. Die Inanspruchnahme Münsters wird aber auch durch konkurrierende gleichartige Oberzentren beeinflußt, die hinsichtlich ihres Angebots, der Parkmöglichkeiten, der städtischen Attraktivität und der Bedienungsfreundlichkeit subjektiv als günstiger empfunden werden, zum Beispiel Osnabrück, Bielefeld und Dortmund. Bewohner der Region, die in Münster einkaufen (im Prognos-Gutachten „Umlandbewohner" genannt), suchen überwiegend nur das Stadtzentrum und sehr viel seltener in Münster gelegene größere Märkte auf. So nehmen aus den Kreisen Steinfurt und Warendorf nur etwa 30 Prozent der Citybesucher und aus dem Kreis Coesfeld nur knapp 20 Prozent beide in Anspruch. Als Schwächen des münsterischen Einzelhandels werden nach Prognos die nicht ausreichend vorhandenen preiswerteren Sortimentsbereiche angesehen.

Parallel zu den Erfassungen der Kfz-Kennzeichen in der Vorweihnachtszeit 1988 durch das Institut für Geographie wurden an den ersten drei Adventssamstagen 1805 Passanten an ausgewählten Standorten der Innenstadt, an den Parkplätzen sowie den

Fußgängerzone Ludgeristraße

Park-and-ride-Einstellplätzen nach ihrer regionalen Herkunft befragt. 33,4 Prozent der Konsumenten stammten aus Münster, 62,1 Prozent aus der übrigen Bundesrepublik sowie 4,5 Prozent aus dem Ausland, und zwar ganz überwiegend aus den Niederlanden. Der Anteil der auswärtigen Besucher in der Innenstadt hat sich damit gegenüber den Befragungen von Winfried Meschede von 41 (1970) über 59 (1982) auf 66,6 Prozent nach eigenen Befragungen im Jahr 1988 erhöht [2443: Geschäftsstandorte, S. 240f]. Damit hat Münster entgegen den Aussagen der Prognos AG – zumindest in der Vorweihnachtszeit – nicht an Attraktivität eingebüßt, sondern im Gegenteil noch eine steigende Inanspruchnahme durch auswärtige Konsumenten erfahren.

Unter den auswärtigen Kunden Münsters waren bei den Erhebungen des Instituts für Geographie Bewohner der Kreise Steinfurt (145), Coesfeld (117), Warendorf (84), Recklinghausen (79) und Borken (60) am stärksten vertreten. Beachtliche Anteile entfielen ferner auf die kreisfreien Städte bzw. Kreise Dortmund, Unna, Hamm, Ennepe-Ruhr-Kreis, Märkischer Kreis sowie Osnabrück, Emsland, Herford und Lippe. Allein aus den vier Münsterlandkreisen kamen 22,5 Prozent der Befragten, ein Anteil, der annähernd denjenigen der erfaßten Fahrzeuge erreicht (25,7 Prozent). Besonders hervorzuheben ist, daß rd. 44 Prozent der erfaßten Besucher während der Vorweihnachtszeit 1988 nicht in der Stadt Münster und im Münsterland beheimatet waren, was die hohe Attraktivität als Einkaufs- und Besucherziel deutlich dokumentiert.

Attraktivitätssteigerung der Innenstadt

Die Stellung Münsters als Einkaufsziel wurde ungeachtet der eingetretenen Kaufkraftabflüsse auch dadurch erhöht, daß die beiden in der City ansässigen Warenhausniederlassungen völlig umstrukturiert wurden und das Angebot an Fachgeschäften deutlich vergrößert wurde.

Die den gestiegenen Ansprüchen nicht mehr genügende Filiale der an der Salzstraße gelegenen Karstadt AG wurde im Sommer 1984 abgerissen und durch einen im Herbst 1986 eröffneten, architektonisch ansprechenden Neubau ersetzt, der auf wesentlich größerer Verkaufsfläche ein höheres Ausstattungs- und Sortimentsniveau bietet. Die an der Ecke Ludgeristraße/Klemensstraße gelegene, schon zuvor deutlich vergrößerte Horten-Filiale wurde 1988 in die „Galeria-Horten" umgewandelt. Dieses Konzept beinhaltet – bei Ausschluß einiger Branchengruppen – eine deutliche Niveauanhebung, die sich in einer fachgeschäftsähnlichen Verkaufsraumgestaltung und einem höherwertigen Sortiment dokumentiert. Die beiden Warenhäuser sind bedeutende Einkaufsmagnete der Stadt Münster und unterstreichen nachhaltig deren oberzentrale Stellung hinsichtlich der kommerziellen Zentralität.

Das gesamte innerstädtische Angebot an Einzelhandelsniederlassungen und zum Teil spezialisierten Dienstleistungen (einschließlich Praxen von Ärzten, Rechtsanwälten, Steuerberatern usw.) hat seit Anfang der achtziger Jahre einen bemerkenswerten Nutzungswandel erfahren. Dieser ist durch eine ausgeprägte Orientierung von Anbietern hochwertiger Waren oder spezialisierter Dienstleistungen auf innerstädtische Teilräume mit historischem Lage- oder Prestigewert charakterisiert [vgl. 1769: Heineberg/Tappe, Nutzungsanalyse].

10. Münster als Einpendlerzentrum

Münster als solitäres Verdichtungsgebiet stellt eine Stadt dar, die nach dem Zweiten Weltkrieg – bedingt durch den Bedeutungsgewinn im Dienstleistungsbereich – eine außerordentliche Ausweitung ihres Pendlereinzugsgebietes erfahren hat.

Um 1930 beschränkte sich der Einzugsbereich auf das Kreisgebiet und reichte nur in eine Entfernungszone von zwanzig bis dreißig Kilometern bis Warendorf, Sendenhorst und Ascheberg. Trotz der vorhandenen Bahnlinie nach Rheine wiesen demgegenüber die Orte Greven, Saerbeck und Emsdetten keine Auspendler nach Münster auf. Bei der Volkszählung vom 13. September 1950 war die Zahl der Berufseinpendler auf 13 023 angewachsen, erreichte beim Zensus am 6. Juni 1961 bereits 22 947 sowie bei der Volkszählung am 27. Mai 1970 sogar 32 235. Für diese Entwicklung waren die gewachsene Wohnvorortbildung und Suburbanisierung, der Abbau von Arbeitsplätzen in der Landwirtschaft, das weitere Wachstum von Arbeitsplätzen im tertiären und quartären Sektor, die Monopolstellung Münsters als Arbeitsmarktzentrum bei weitgehend fehlenden Alternativen nach Qualität und Erreichbarkeit und insbesondere die zunehmende Motorisierung der Erwerbstätigen verantwortlich.

Der ganz überwiegende Teil der Berufseinpendler war zunächst noch in den unmittelbaren Vorortgemeinden sowie im übrigen Kreis Münster beheimatet, doch stieg die Pendlerdistanzweite insbesondere seit 1960 sehr stark an. Der Pendlerraum des Oberzentrums Münster entwickelte sich zusehends zum idealtypischen Beispiel eines monozentrierten Raumes [1646: Wiegelmann-Uhlig, Berufspendler in Westfalen, S. 212ff und Kartenbeilagen]. Die Anteile der Auspendler nach Münster an den Erwerbspersonen der neun Vorortgemeinden (1961 zwischen 31 und 67 Prozent), die als Berufseinpendler in der Stadt Münster beschäftigt waren (10 037 von 32 235 im Jahr 1970), waren neben anderen Verflechtungen ein wesentlicher Grund für den Zusammenschluß dieser Gemeinden mit Münster bei der kommunalen Neugliederung 1975.

Bei der jüngsten Volkszählung am 25. Mai 1987 betrug die Anzahl der Berufseinpendler nach Münster 48 137, ergänzt durch weitere 14 714 Ausbildungspendler (Schüler und Studierende). Somit hatte trotz Eingliederung der neun früher bedeutendsten Pendlerwohnsitzgemeinden die absolute Zahl der Einpendler erneut außergewöhnlich um 49,3 Prozent in Distanzen bis zu sechzig Kilometer bzw. einer Stunde Fahrzeit zugenommen [2070: Ein- und Auspendler; 1751: Faber, Berufspendelverkehr; 1745: Diehl, Verkehrsmittelwahl].

Münster stellt nach den Ergebnissen der Volkszählung 1987 das absolut dominierende Auspendlerziel für die Gemeinden des Münsterlandes dar; lediglich in den Randgebieten werden auch die Arbeitsplatzangebote von Osnabrück, Lengerich, Ibbenbüren, Rheine, Bocholt, Marl, Hamm und Beckum in nennenswertem Umfang in Anspruch genommen. Die Reichweite der Pendlerverflechtungen greift insbesondere nach Norden und Nordwesten bis Rheine, Ochtrup und Gronau aus, zielt mit größeren Pendlerströmen nach Westen und Süden bis Coesfeld, Haltern und Dortmund sowie im Südosten, Osten und Nordosten bis Hamm, Ahlen, Ibbenbüren und Osnabrück. Die weitaus meisten der in Münster erwerbstätigen Pendler hatten ihren

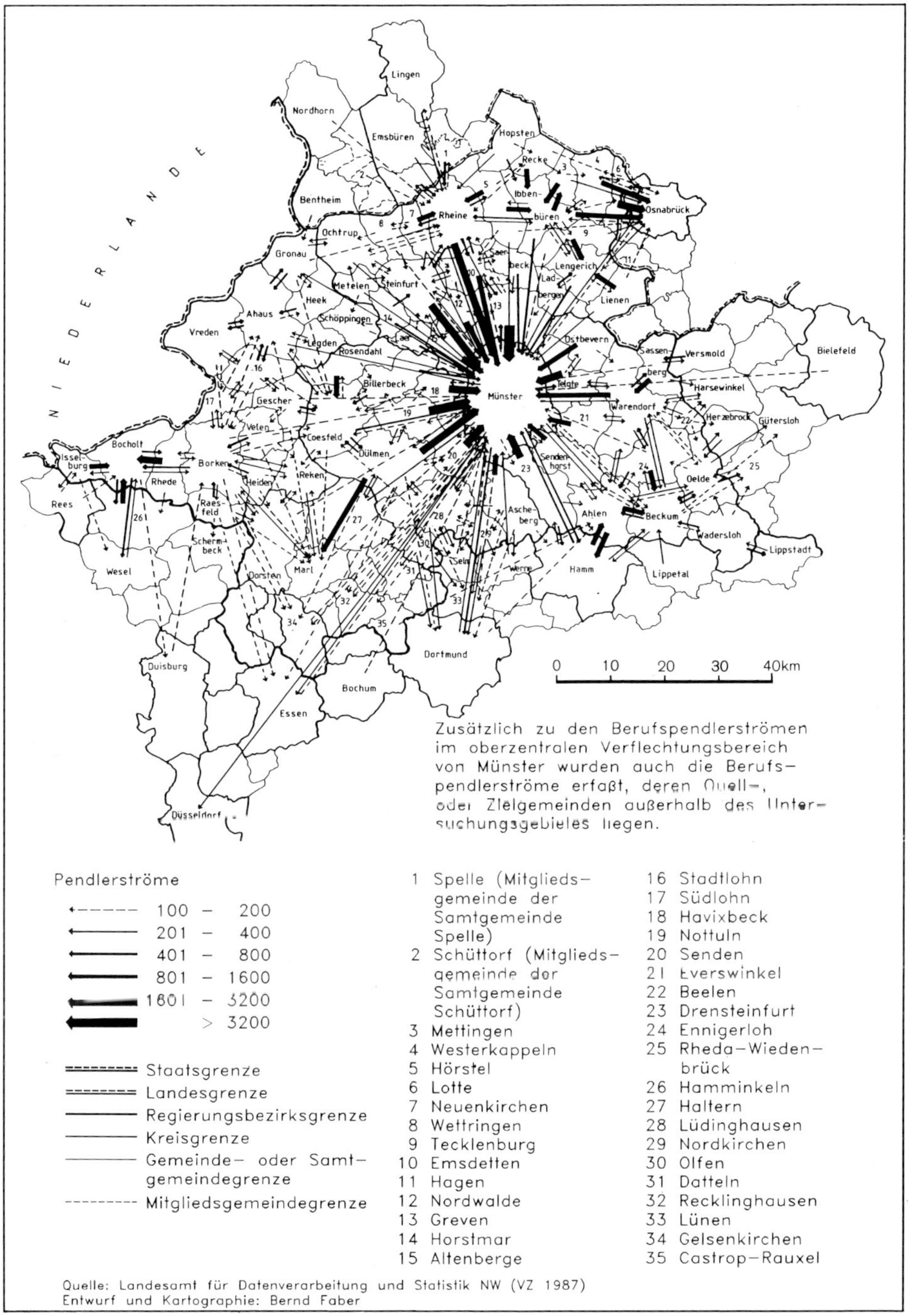

Bedeutende Berufspendlerströme im Oberbereich Münster 1987

Wohnsitz in Greven (3739), Telgte (3056), Senden (2771), Nottuln (2318), Havixbeck (2079) sowie in Steinfurt, Rheine, Drensteinfurt, Dülmen, Emsdetten, Altenberge, Ascheberg, Warendorf, Everswinkel und Sendenhorst.

Eine Analyse der Berufspendler nach hauptsächlich benutztem Verkehrsmittel ergibt, daß ganz überwiegend der Pkw für die Fahrt zur Arbeitsstätte benutzt wird. Höhere Anteile an Fahrgästen der Bundesbahn weisen aufgrund günstiger Anschlüsse insbesondere die Gemeinden Drensteinfurt (28,2 Prozent), Dülmen (24,1 Prozent) und Steinfurt (20,8 Prozent) auf. Die Stadt Münster versucht, die aus ihren Wohnsitzgemeinden täglich einströmenden Pendler an der Stadtgrenze mit eigens an den Ausfallstraßen eingerichteten Park-and-ride-Plätzen (zum Beispiel Weseler Straße) zum Umstieg auf öffentliche Nahverkehrsmittel zu bewegen. Zum Zeitpunkt der Volkszählung 1987 pendelten 8582 Erwerbstätige täglich aus, und zwar erneut überwiegend mit dem eigenen Fahrzeug. Bedeutendste Auspendlerziele waren Hamm (576), Dortmund (491), Telgte (461), Greven (437) und Ahlen (307) sowie zahlreiche weitere Orte. Allein nach Düsseldorf pendelten täglich 224, nach Osnabrück 188 Erwerbstätige. Bei den Auspendlern nach Essen (249 Auspendler) überwog die Zahl der Bahnnutzer (135), die vermutlich zu einem größeren Anteil aus Bediensteten der Bundesbahn bestehen dürfte.

Bei 48 137 Berufseinpendlern und 8582 entsprechenden Auspendlern betrug zum Zeitpunkt der Volkszählung 1987 die Pendlerbilanz genau 39 555 Erwerbstätige zugunsten von Münster. Täglich verließen Münster außerdem 718 Schüler, Studierende und Auszubildende, insbesondere nach Steinfurt (Fachhochschule) und Dortmund, während umgekehrt 14 714 Ausbildungspendler vorwiegend aus den unmittelbaren Nachbargemeinden in die Stadt Münster kamen; innerhalb dieser Gruppe beträgt die Bilanz somit 13 996.

Die hohe Anzahl von täglich insgesamt etwa 72 000 Pendlerbewegungen stellt für die Verkehrsplanung der Stadt Münster ein außerordentliches Problem dar.

11. Der Send als Beispiel einer attraktiven Großveranstaltung

Nicht nur stationäre Einrichtungen sind für die oberzentrale Stellung Münsters von Bedeutung; zu ihnen zählen vielmehr auch besondere Großereignisse wie beispielsweise der dreimal jährlich auf dem Hindenburgplatz stattfindende Send, der seit 1970 im Rathausinnenhof veranstaltete Weihnachtsmarkt (seit einigen Jahren mit drei kleineren ergänzenden Märkten auf dem Aegidiimarkt, an der Lambertikirche und am Kiepenkerl) oder auch das Stadt- und das Barockfest.

Der Send als bedeutendstes dieser Ereignisse geht zurück auf mittelalterliche Kirchenversammlungen, entwickelte sich im Hochmittelalter zum Jahrmarkt und fand lange auf dem Domplatz und ergänzenden innerstädtischen Standorten statt. Seit 1951 wird er regelmäßig auf dem Hindenburgplatz abgehalten, und zwar über jeweils fünf Tage hinweg im Frühjahr (ursprünglich nach der Diözesansynode), im Sommer (zum Patronatsfest des Doms St. Peter und Paul) und im Herbst (zum Domweihfest).

Send auf dem Domplatz (um 1950)

Der Send besteht aus zwei Teilbereichen, nämlich einem vorwiegend durch Fahrgeschäfte geprägten Vergnügungsteil und einem sogenannten Topfmarkt. Mit ca. 220 Schaustellern, die regelmäßig aus etwa 1000 Bewerbern um einen Standplatz ausgewählt werden, ist der münsterische Send eine der größten Kirmesveranstaltungen Westfalens.

Gemäß einer Besucherzählung des Schaustellerverbandes Münsterland anläßlich des Herbstsends 1988 wurde dieses Großereignis von rd. 260 000 Interessenten besucht; man darf demzufolge von rd. 750 000 Besuchern pro Jahr bei drei Sendveranstaltungen ausgehen – Zahlen, die die Beliebtheit dieses Angebots nachhaltig unterstreichen und zugleich auch die Bedeutung des Sends als Wirtschaftsfaktor betonen. Der besucherstärkste Tag ist jeweils der Sonntag, der besucherstärkste Zeitraum der Freitagabend mit dem traditionellen Feuerwerk. Nach Auskünften des Schaustellerverbandes sind ca. 60 Prozent der Sendbesucher Bürger der Stadt Münster und 40 Prozent Auswärtige. Eine repräsentative Befragung durch das Institut für Geographie unter Leitung von Alois Mayr anläßlich des Herbstsends 1991 ergab gleiche Größenordnungen (43 Prozent Auswärtige). Dabei wurde festgestellt, daß bei ausgeprägter Dominanz des Münsterlandes Besucher vom nördlichen Ruhrgebiet zwischen Bottrop, Dortmund und Hamm bis zum benachbarten Niedersachsen (von Osnabrück bis ins Emsland) angezogen werden. Damit erfüllt der Send auch in hohem Maße eine Werbefunktion für das Oberzentrum Münster.

12. Stellung und oberzentraler Einzugsbereich Münsters

Ziel dieses abschließenden Kapitels ist es, anhand der im einzelnen nach Entwicklung und Bestand aufgezeigten Einrichtungen eine Synthese der oberzentralen Verflechtungen der Stadt Münster zu erstellen und dabei unterschiedlich starke Intensitätsstufen herauszuarbeiten. Bei dieser Aufgabenstellung treten erhebliche Probleme auf, die vorab erläutert werden sollen.

1. Die Abgrenzung des oberzentralen Einzugsbereichs der Stadt Münster erfolgt überwiegend aus der Sicht des Oberzentrums Münster bzw. anhand hier erhobener Materialien, weniger jedoch aus der Sicht der mit Münster konkurrierenden benachbarten Oberzentren.
2. Im Bereich der freien Zentralität, insbesondere bei der Inanspruchnahme von Einzelhandels- und privaten Dienstleistungseinrichtungen, ist der Einzugsbereich eines Oberzentrums am wenigsten an bestehende Verwaltungsgrenzen gebunden. Dabei darf aber nicht vergessen werden, daß gerade im Zusammenhang mit der kommunalen und staatlichen Neugliederung auch der Versuch unternommen wurde, Einzugsbereiche mit Verwaltungsräumen soweit wie möglich zur Dekkung zu bringen.
3. Zuständigkeitsbereiche der gebundenen Zentralität stimmen nahezu vollständig mit den amtlichen Verwaltungsräumen überein. Ausnahmen bilden als Ergebnisse noch nicht angepaßter Zuordnungen die Grenzen des Bistums Münster, die sogar Stadtgebiete durchschneiden (zum Beispiel Hamm und Duisburg), und des Finanzamtes Münster-Außenstadt (mit Telgte).
4. Viele Daten waren ausschließlich in Aggregationen auf Kreisebene vorhanden, so daß schon aus diesem Grund eine gemeindebezogene schärfere Abgrenzung nicht möglich war. Es muß jedoch unterstellt werden, daß insbesondere bei sehr großflächigen Kreisen (zum Beispiel Landkreis Emsland oder Hochsauerlandkreis) keine Gleichartigkeit der oberzentralen Versorgungsbeziehungen für alle Teilräume gegeben ist.
5. Die Zusammenfassung der Einzugsbereiche unterschiedlicher Funktionen ist selbst bei Heranziehung statistischer Verfahren notwendigerweise mit subjektiven Wertungen verbunden, die sich aus der jeweiligen Gewichtung der verschiedenen Funktionen ergeben.
6. Die Erhebungszeitpunkte für einzelne Sachthemen schwanken ganz überwiegend zwischen 1987 und 1991. Dynamische Veränderungen innerhalb einiger Funktionsbereiche können durchaus zu – wenn auch nicht bedeutenden – Verschiebungen geführt haben.

Als zentrales Ergebnis ist herauszustellen, daß sich der eindeutige oberzentrale Verflechtungsbereich der Stadt Münster bzw. deren Oberbereich innerhalb der Grenzen Nordrhein-Westfalens aus der kreisfreien Stadt Münster sowie den direkt angrenzenden Kreisen Warendorf, Steinfurt und Coesfeld zusammensetzt und rd. 1,05 Millionen Einwohner zählt. Dabei darf nicht ausgeschlossen werden, daß die an der Peripherie dieser Kernregion liegenden Gemeinden durchaus bereits dominant auf benachbarte Oberzentren ausgerichtet sind, zum Beispiel der östliche Teil des Altkreises Tecklenburg (heutiger Kreis Steinfurt) auf Osnabrück. Deutlich weniger auf Münster ausgerichtet erscheint der heutige Kreis Borken. Während für seinen Nordbereich (Stadtlohn/Vreden/Ahaus/Gronau) eine dominante Orientierung des Versorgungsverhaltens nach Münster anzunehmen ist, weist das südliche Kreisgebiet (Borken/Bocholt/Isselburg) eine doppelte Orientierung auf Münster und Essen bei überwiegend administrativen Zuständigkeiten in Münster auf. Unter Einbeziehung des Kreises Borken als erweiterte Kernregion zählt die Bevölkerung im Oberbereich Münster rd. 1,35 Millionen Einwohner. Unberücksichtigt bleiben die im Wochenverlauf stark schwankenden Versorgungsbeziehungen entlang der deutsch-niederländischen Grenze; in diesem Zusammenhang sind die kürzeren Fahrwegdistanzen der Konsumenten aus dem Westmünsterland in die Niederlande sowie die hohe Attraktivität des Oberzentrums Enschede und anderer niederländischer Zentralorte mit ihren sehr anziehenden Wochenmärkten von Bedeutung [vgl. 2441: Meschede, Einzugsgebiete].

An den eigentlichen Oberbereich schließen sich Gebiete an, die in mehreren Funktionen starke Verflechtungen mit Münster aufweisen, von ihrer dominanten zentralörtlichen Ausrichtung aber wohl ganz überwiegend auf andere Oberzentren orientiert sind. Diese Gebiete werden als weiterer Einzugsbereich des Oberzentrums Münster charakterisiert. Zu ihnen gehören die niedersächsischen Kreise Grafschaft Bentheim und Emsland sowie Stadt und Landkreis Osnabrück und die nordrhein-westfälischen Kreise Gütersloh, Soest, Unna und Recklinghausen sowie die kreisfreie Stadt Hamm. Kriterien der Zuordnung sind die stark auf Münster bezogene Ausrichtung in den Bereichen Kultur und Bildung, Krankenhausversorgung sowie Einzelhandel und private Dienstleistungen. Der Kreis Grafschaft Bentheim und der Südbereich des Landkreises Emsland sind möglicherweise sogar der erweiterten Kernregion des Oberzentrums Münster zuzurechnen [vgl. 2320: Kluczka, Nordrhein-Westfalen]; eine exakte Zuordnung kann nur auf der Grundlage einer umfassenden empirischen Erhebung erfolgen.

Noch weniger mit Münster verbunden ist der engere Einflußbereich, dessen Bewohner nur noch einige Funktionsbereiche in Münster nutzen. Zu ihnen gehören zum Beispiel die Universität, ausgewählte Museen, das Planetarium und der Zoo. Der engere Einflußbereich umfaßt die kreisfreien Städte Bielefeld, Dortmund, Bochum, Gelsenkirchen und Bottrop sowie die Kreise Hochsauerlandkreis und Märkischer Kreis.

Als letzte Region mit Verflechtungen zu Münster sei der weitere Einflußbereich genannt, aus dem heraus nur vereinzelt noch Angebote der Stadt Münster in Anspruch genommen werden bzw. Zuständigkeiten in Münster gegeben sind. Hierzu gehören alle übrigen Räume Ost- und Südwestfalens, die Kreise Vechta und Cloppenburg im sogenannten Oldenburger Münsterland und der Kreis Leer, der untere Niederrhein und das nördliche Bergische Land. Während Einkaufsbeziehungen bzw. die Nutzung privater Dienstleistungen nur noch zu vereinzelten Zeitpunkten (Vorweihnachtszeit) existieren, werden insbesondere noch die Universität und die Universitätskliniken in Anspruch genommen. Das Niederrheingebiet und das Oldenburger Land gehören kirchlich zum Bistum Münster und haben deshalb eine besondere Beziehung zur westfälischen Metropole.

Gemäß Landesentwicklungsplan I/II von 1979 sind in Nordrhein-Westfalen insgesamt 16 Städte als Oberzentren ausgewiesen, von denen sieben in Westfalen liegen.

Zu den Oberzentren mit mehr als zwei Millionen Einwohnern im Oberbereich zählen im Landesteil Nordrhein Köln, Düsseldorf und Essen sowie im Landesteil Westfalen Dortmund. Münster gehört zusammen mit Bielefeld und Duisburg zur zweiten Gruppe der Oberzentren mit ein bis zwei Millionen Einwohnern im Oberbereich. Die dritte Kategorie von Oberzentren mit 750 000 bis einer Million Einwohnern im Oberbereich ist nur im Landesteil Nordrhein vertreten, während zur letzten Gruppe mit 500 000 bis 750 000 Einwohnern im Oberbereich innerhalb Westfalens Bochum, Hagen, Siegen und Paderborn zählen [zur Stellung der Oberzentren vgl. zusammenfassend 1994: Blotevogel u. a., Zentralörtliche Gliederung].

Aus den bisherigen Ausführungen ist ersichtlich, daß Münster für Westfalen einen herausragenden Rang einnimmt, aber keineswegs die alleinige Metropole bildet, wenngleich dieser Rang aufgrund des historischen Erbes gern in Anspruch genommen wird. Vielmehr muß Münster sich den Rang als führende westfälische Regionalhauptstadt insbesondere mit den Städten Dortmund und Bielefeld teilen. Zwar haben letztere nicht das breite und fast vollständige Spektrum an allgemeinen und speziellen staatlichen Verwaltungsfunktionen wie Münster aufzuweisen, besitzen aber mit besonderen Verwaltungsfunktionen eine durchaus bemerkenswerte Ausstattung (zum Beispiel Einrichtungen der Rechtspflege, der Arbeits- und Gewerbeaufsichtsverwaltung). Dortmund ist darüber hinaus Sitz des Landesoberberg- und des Materialprüfungsamtes Nordrhein-Westfalen und wie Münster Sitz einer eigenen Oberpostdirektion, Bielefeld Sitz der Evangelischen Landeskirche von Westfalen. Beide Städte – wie auch die übrigen westfälischen Oberzentren – sind Standorte eigener Industrie- und Handelskammern, Bielefeld und Dortmund auch von Handwerkskammern. Im Bereich der Kultur verfügen Dortmund und Bielefeld mit Universitäten und weiteren Hochschulen, Theatern, Symphonieorchestern und Museen und Dortmund auch mit bemerkenswerten außeruniversitären Forschungseinrichtungen (Max-Planck-, Fraunhofer-Institute u. a.) über eine mit Münster vergleichbare, mit ihren großen Mehrzweckhallen gar über eine bessere Ausstattung. Größere westfälische Industriekonzerne haben zwar in Bielefeld und Dortmund, nicht jedoch in Münster ihre Sitze. Auch in den Bereichen der kommerziellen Zentralität sowie privater Dienstleistungseinrichtungen sind die Angebote der beiden bedeutendsten Mitbewerber mit Münster vergleichbar, wenngleich Münster aufgrund seiner Stadtgestalt von Konsumenten in Grenzregionen der Oberbereiche und bei Sonderaktionen auch aus deren Einzugsbereichen bevorzugt werden mag.

Die gemäß Ziffer 5.3 des Erläuterungsberichts zum Landesentwicklungsplan I/II vorgesehene Prüfung, inwieweit auch die Städte Gelsenkirchen, Hamm und Recklinghausen Funktionen eines Oberzentrums wahrnehmen und deshalb bei einer Fortschreibung eventuell als weitere Oberzentren darzustellen sind, ist bisher seitens der Landesplanung nicht erfolgt. Sie wird mit großer Wahrscheinlichkeit auch die bisherige Abgrenzung des Oberbereichs Münster beeinflussen [vgl. 1975: Bericht des Ministers; 2326: Knop, Oberbereiche].

In einer aktuellen Studie über die zentralörtliche Gliederung und Städtesystementwicklung in Nordrhein-Westfalen wurden durch Blotevogel, Dohms, Graef und Schickhoff [1994: Zentralörtliche Gliederung] auf der Grundlage der Sozialversichertenstatistik für 1983 sogenannte stufenspezifische Beschäftigtenbesatzzahlen erarbeitet (1990). Die höheren Zentren Nordrhein-Westfalens werden dabei in vier Katego-

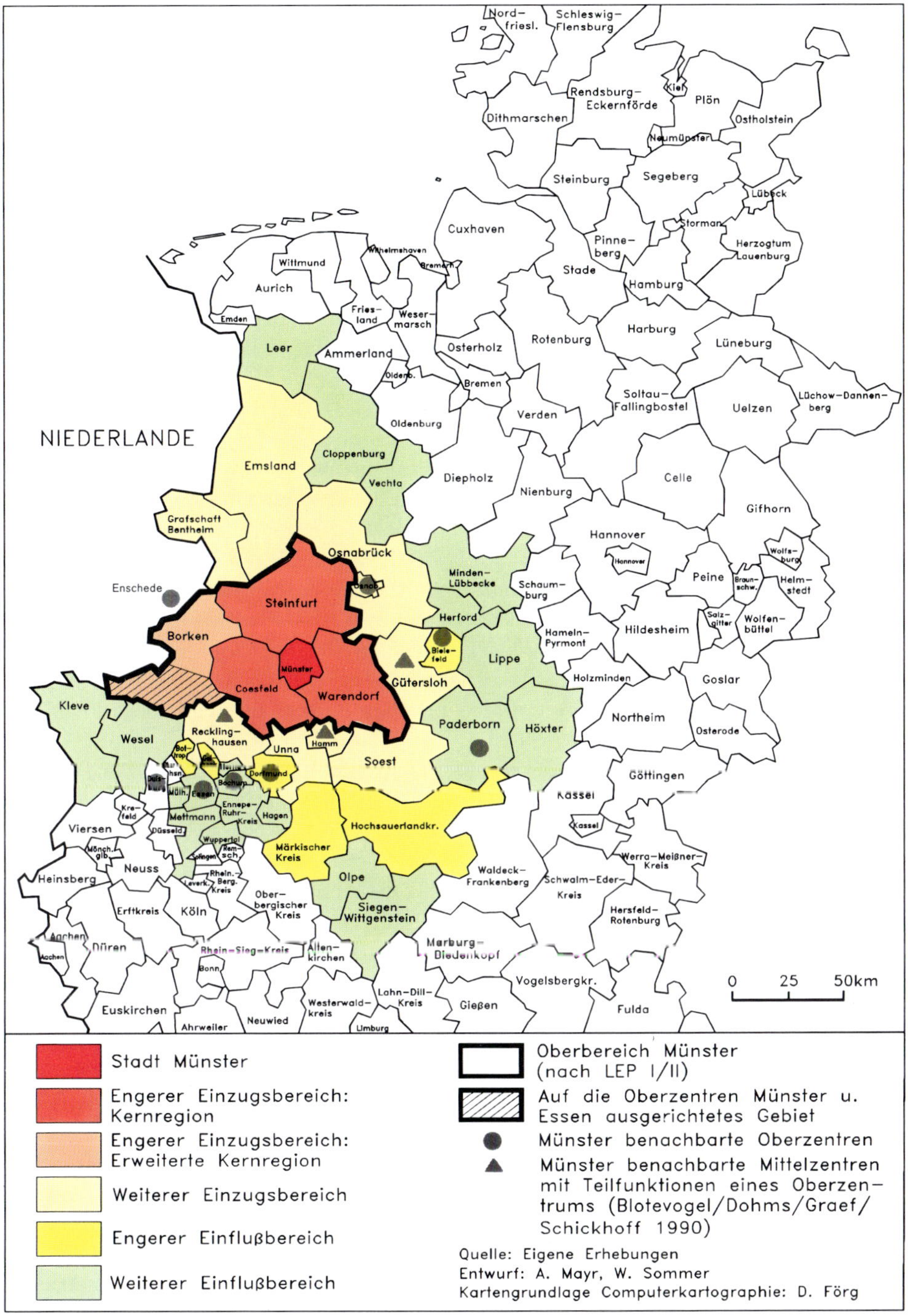

Oberbereich Münster und oberzentrale Inanspruchnahme ausgewählter Funktionen nach Intensitätsstufen

rien untergliedert. Zu den Metropolen oder Großzentren zählen Düsseldorf und Köln, wobei die Landeshauptstadt inzwischen vor dem ehemals führenden Großzentrum Köln eingeordnet wird. Als überdurchschnittliche Oberzentren werden nach ihrem Zentralitätsrang Bonn, Essen, Münster und Dortmund eingestuft, und zwar in dieser Reihenfolge; Münster und Dortmund sind dabei annähernd gleichwertig und weisen in vielen Teilzentralitäten eine deutliche Komplementarität auf [vgl. 1994: Blotevogel u. a., Zentralörtliche Gliederung, S. 40]. Zu den durchschnittlichen Oberzentren zählt in Westfalen lediglich Bielefeld, zu den unterdurchschnittlichen Oberzentren gehören Bochum, Hagen, Siegen und Paderborn. Als Mittelzentren mit oberzentralen Teilfunktionen, deren Stellung auch Einfluß auf die Position Münsters hat, werden nicht nur Recklinghausen, Hamm und Gelsenkirchen, sondern auch Gütersloh angeführt. Eine aktuelle Bewertung auf der Basis der Volks- und Arbeitsstättenzählung von 1987 steht nach wie vor aus.

Aus diesen Erläuterungen folgt, daß sich Münster – ebenso wie die anderen genannten Oberzentren – in einem stärker werdenden Wettbewerb behaupten und demzufolge auf eine Sicherung und Stärkung seiner oberzentralen Einrichtungen bedacht sein muß. Münster hat in den letzten dreißig Jahren eine Reihe bemerkenswerter Verluste, aber auch Gewinne bei den zentralörtlichen Einrichtungen erfahren. So verlor die Stadt den Sitz der Kirchenleitung der Evangelischen Kirche von Westfalen, die Außenstelle des Landesvermessungsamtes, die Bundesbahndirektion (deren Auflösung als besonderer Aderlaß empfunden wurde), das Provinzialschulkollegium, den Containerbahnhof, das Westfälische Museum für Archäologie (Beschluß der Landschaftsversammlung des Landschaftsverbandes Westfalen-Lippe vom 7. November 1991) und mußte Verlagerungen bei großen Banken hinnehmen. Der Fortbestand weiterer Einrichtungen in Münster, zum Beispiel des Landesamtes für Agrarordnung, ist gefährdet. Andererseits konnte Münster bedeutsame Einrichtungen hinzugewinnen, die neu errichtet oder ausgebaut wurden, zum Beispiel den Flughafen Münster/Osnabrück, die großen Landesmuseen des Landschaftsverbandes Westfalen-Lippe einschließlich des Planetariums, den Allwetterzoo, das WDR-Landesstudio, einige Fachhochschulen einschließlich des Bildungszentrums der Bundesfinanzverwaltung, Fortbildungseinrichtungen des Handwerks und Genossenschaftswesens, Institute der Landwirtschaftskammer und Verwaltungen bzw. Filialen der Versicherungswirtschaft, der Westdeutschen Lotterie GmbH und von Warenhauskonzernen. Bei kritischer Abwägung wird Münster sicherlich eine überwiegend positive Bilanz im Bereich seiner oberzentralen Einrichtungen ziehen können. Besonderes Augenmerk wird auf die Stellung im überregionalen Straßennetz und auf die Einbindung in das künftige Fernverkehrsnetz der Deutschen Bundesbahn zu richten sein, da durch neuere Entwicklungen in anderen Räumen die Stellung Münsters derzeit eher geschwächt wird. Eine Stabilisierung bzw. ein Ausbau Münsters als westfälisches Oberzentrum erscheint um so wichtiger, als nach der bisher schon bevorzugten Förderung des Ruhrgebiets und der Rheinschiene sich nach dem Beschluß zur Verlagerung der Hauptstadt nach Berlin eine nochmalige Priorisierung des Raumes Köln/Bonn auf Kosten des Landesteils Westfalen und damit auch zuungunsten Münsters abzeichnet.

Die Stadt Münster hat es erfolgreich verstanden, in jüngerer Zeit sehr viel stärker die Zusammenarbeit mit der Region zu pflegen, da beide jeweils wechselseitig aufeinander angewiesen sind. Außerdem bemüht sie sich vor dem Hintergrund des europäischen Binnenmarktes auch um grenzüberschreitende Kooperationen und ist seit 1989 mit Osnabrück und Enschede/Hengelo im Rahmen eines sogenannten Städtedreiecks regional verbunden. Neben einem Informations- und Erfahrungsaustausch soll über zwei besondere Arbeitskreise eine engere Zusammenarbeit in den Bereichen „Raumordnung, Verkehrsinfrastruktur, Wirtschaftsentwicklung" und „Kultur, Freizeit, Tourismus und Sport" realisiert werden. Insbesondere werden die Sicherung und der Ausbau der Verkehrsinfrastruktur zwischen der niederländischen Doppelstadt, der Stadt Osnabrück und Münster im Rahmen der grenzüberschreitenden europäischen Zusammenarbeit angestrebt. Die Partner im Städtedreieck sehen sich in einer günstigen Zwischenlage zwischen den europäischen Ballungsräumen „Randstad" Holland, Rhein-Ruhr-Gebiet, den deutschen Nordseehäfen und Berlin. Als benachbarte Oberzentren in nationaler Randlage wollen sie gemeinsam die Entwicklungschancen offensiv nutzen, die sich aus der Vollendung des europäischen Binnenmarktes eröffnen.

In der Konkurrenz mit seinen Mitbewerbern wird das Oberzentrum Münster mittel- und langfristig insbesondere seine Standortpolitik für den oberzentralen Dienstleistungssektor intensivieren, den sekundären Sektor im regionalen Verbund stärken und die Stadt als attraktiven Wohn- und Wirtschaftsstandort in seiner ganzen Breite präsentieren müssen. Zur Imagepflege der Stadt gehören dabei auch vielfältige, die Stadt nach außen profilierende, identitätsbildende Veranstaltungen und Aktionen, wie sie in einmaligen oder wiederkehrenden Ereignissen ihren Ausdruck finden (Internationale Skulpturenausstellungen, Lyriker- und Theatertreffen, Jazzfestival, Barockfest, Niederdeutsche Tage, Fahrradtage, Reit- und Springturnier usw.). Auch die im Zusammenhang mit dem 1200-Jahr-Jubiläum der Stadt Münster im Jahr 1993 geplanten Aktivitäten können in hervorragender Weise dazu beitragen, das Image der Stadt und ihre oberzentrale Stellung nachhaltig zu stärken.

Quellen und Literatur

Der Beitrag wurde im Juli 1991 abgeschlossen und für ausgewählte Teilaspekte bis Januar 1993 mehrfach aktualisiert.

Eine umfassende Veröffentlichung zur Stellung Münsters als zentralem Ort liegt nicht vor; eine 1988 von Werner Sommer für die Stadt erarbeitete Untersuchung, die Grundlage für ein Stadtmarketing-Konzept sein sollte, blieb unveröffentlicht [1832: Reichweite].

Die Zentralität der Stadt Münster und ihre Stellung im Städtesystem Westfalens bzw. Nordrhein-Westfalens wurde innerhalb von wissenschaftlichen Gesamtdarstellungen mehrfach vor allem von Georg Kluczka [2321: Problem der zentralen Orte; 2320: Nordrhein-Westfalen] sowie Hans Heinrich Blotevogel sowohl in raum-zeitlicher Betrachtung [1995: Zentrale Orte] als auch – zum Teil zusammen mit drei Koautoren – in ihren gegenwärtigen Strukturen und Problemen analysiert und diskutiert [1996: Blotevogel, Städtesystem; 1993: Blotevogel, Entwicklungstendenzen; 1994: Blotevogel u. a., Zentralörtliche Gliederung].

Im Rahmen regional begrenzter Untersuchungen widmete sich Hans Friedrich Gorki [2155: Verwaltungsorte] den zentralörtlichen Bereichen des inneren Münsterlandes. Im Vorfeld der Verwaltungsgebietsreform veröffentlichte die Stadt Münster ein umfassendes Werk zur kommunalen Neugliederung, das auch Verflechtungsbeziehungen zwischen Stadt, Umland und Region ausführlicher erfaßte [1708: Kommunale Neugliederung]. Georg Kluczka untersuchte die zentralörtliche Struktur und die Umlandverflechtungen des ehemaligen Kreises Münster [1789: Zentralörtliche Struktur und Umlandverflechtungen].

Anläßlich des 44. Deutschen Geographentages 1983 legte Heinz Heineberg einen Beitrag über Entwicklung und Funktionen der westfälischen Metropole mit kartographischer Darstellung der Umlandbeziehungen für ausgewählte Aspekte vor [151: Entwicklung und Funktion]. Die Stellung als Oberzentrum wurde vom gleichen Autor auch in einem mit Karl-Heinz Kirchhoff verfaßten Beitrag mitbehandelt [153: Geschichtliche Entwicklung].

Außer diesen übergreifenden Untersuchungen sind spezielle Elemente des zentralörtlichen Funktionsspektrums Gegenstand verschiedener Studien: So dokumentiert Helga Kreft-Kettermann die Netzentwicklung und Bedeutung der Eisenbahnen für den Personenverkehr [2358: Eisenbahnen] und Alois Mayr – zum Teil mit zwei Koautoren – die Entwicklung und Situation Münsters im Luftverkehr [1798: Mayr, Münster im Luftverkehr; 2434: Mayr/Henseling/Thienel, Luftverkehr I; 2435: Mayr/Henseling/Thienel, Luftverkehr II]. Von denselben Autoren existieren Westfalen betreffende Studien über Behörden und ihre Zuständigkeitsbereiche sowie die kommunale und staatliche Verwaltungsgliederung [2357: Kreft-Kettermann, Behörden und ihre Zuständigkeitsbereiche; 2432: Mayr, Verwaltungsgliederung].

Mit dem kommerziell-zentralen Einzugsbereich der Stadt Münster beschäftigte sich Winfried Meschede [2444: Grenzen, Größenordnung und Intensitätsgefälle; 2443: Geschäftsstandorte]. Die Struktur der münsterischen City, die innerstädtische Standortentwicklung ausgewählter Dienstleistungseinrichtungen und die Dynamik von Bürobetrieben und Weiterbildungseinrichtungen sind intensiv von Heinz Heineberg und zum Teil weiteren beteiligten Autoren erforscht worden [152: Heineberg, Innerstädtische Standortentwicklung; 1765: Heineberg/de Lange, Cityentwicklung; 1768: Heineberg/Steltemeier, Standortdezentralisierung; 1769: Heineberg/Tappe, Nutzungsanalyse]. Diese empirisch breit angelegten Studien zeichnen sich auch durch eine umfassende kartographische Ausstattung aus. Mit Blick auf die Wirtschaftsförderung erstellten Mitarbeiter der Prognos AG zwei Untersuchungen zur Stellung des Einzelhandels sowie zu einer allgemeinen Standortpolitik im oberzentralen Dienstleistungsbereich [1725: Stürmer/Walter, Analyse und Empfehlungen; 1697: Holst/Stürmer, Chancen und Handlungsgrundlagen].

Hinsichtlich der Attraktivität und Reichweite von Universitäten existieren zwei die gesamte alte Bundesrepublik umfassende Untersuchungen von Ernst Giese und Mitarbeitern [2142: Giese/Hoehl/Langer, Anziehungskraft und Wettbewerbsfähigkeit] sowie von Manfred Nutz [2498: Räumliche Mobilität]. Im Rahmen einer mehrere Hochschulstandorte und die jeweilige Stadtentwicklung vergleichenden umfangreichen Studie untersuchte Alois Mayr auch die Raumwirksamkeit der Universität Münster [2431: Universität und Stadt] sowie in weiteren Beiträgen ihre Stellung im Hochschulsystem Nordrhein-Westfalens [2430: Hochschulsystem und Hochschulstädte] und ihren studentischen Einzugsbereich [1797: Studentischer Einzugsbereich]. Eine Monographie über Publikumsstrukturen der „westfälischen Museumslandschaft" von Hans-Joachim Klein und Anneliese Almasan berücksichtigt auch die Gegebenheiten der in Münster ansässigen Landesmuseen [2316: Gläserner Besucher].

Die Bedeutung der Arbeitsplatzzentralität wird aus unveröffentlichten Studien über Münster als Einpendler-Zentrum deutlich. Edith Wiegelmann-Uhlig untersuchte in einer umfassenden Dissertation die Berufspendler Westfalens von 1930 bis 1970 und stellte darin die Funktion Münsters als solitäres Pendlerzentrum heraus [1646: Berufspendler in Westfalen]. Bernd Faber analysierte für die Volkszählung 1987 die Pendlerstrukturen im gesamten Oberbereich Münster [1751: Berufspendelverkehr], Peter Diehl Verkehrsmittelwahl und zurückgelegte Distanzen der Berufs- und Ausbildungspendler nach Münster [1745: Verkehrsmittelwahl]. In einer stark methodisch-theoretisch orientierten Abhandlung hat Josef Nipper das Wanderungs- und Wahrnehmungsverhalten der Bevölkerung im „Migrationsfeld" der Solitärstadt Münster untersucht [1808: Mobilität].

Kürzere Textbeiträge zu ausgewählten Problemen finden sich auch – ergänzt durch längere Tabellen und Karten – in den „Statistischen Berichten der Stadt Münster", weitere kurze Abhandlungen zur Entwicklung ausgewählter Einrichtungen im „Wirtschaftsreport der Stadt Münster" sowie in verschiedenen anderen städtischen Veröffentlichungen.

HEINZ HEINEBERG / ALOIS MAYR

Räumlich-strukturelle Entwicklung Münsters und Probleme der Stadtplanung seit 1945

1. Zielsetzung und Probleme der Darstellung – 2. Grundzüge der Stadtentwicklung Münsters bis 1945 – 3. Wiederaufbau und Planungsgrundsätze in der ersten Nachkriegszeit in ihrer Bedeutung für die Stadtgestalt – 4. Die Stadtentwicklung von 1960 bis zur kommunalen Neugliederung 1975 – 5. Räumlich-strukturelle Entwicklung und Auswirkungen der Stadtplanung seit 1975 – 6. Zusammenfassende Bewertung und Ausblick

1. Zielsetzung und Probleme der Darstellung

Im Rahmen der Stadtgeschichte Münsters widmet sich dieser geographische Beitrag einer relativ kurzen Phase der historischen Stadtentwicklung. Diese war jedoch aufgrund der Zerstörungen des Zweiten Weltkriegs und des Wiederaufbaus, der Siedlungsexpansion und kommunalen Neugliederung sowie der vielfältigen Auswirkungen planerischer Maßnahmen durch eine besondere Dynamik und beträchtliche raumstrukturelle Veränderungen gekennzeichnet.

Mit heute 302 Quadratkilometern Fläche besitzt die Stadt Münster unter den kreisfreien Städten Nordrhein-Westfalens nach Köln das größte Gemeindegebiet. Seit 1875 ist es durch vier Eingemeindungen, deren letzte einen Zugewinn von etwa 75 Prozent der heutigen Stadtfläche bedeutete, ganz außergewöhnlich gewachsen. Daraus resultiert, daß Münster seit 1975 eine räumlich-strukturell und funktional sehr differenzierte Stadtgliederung besitzt. Aus dieser hebt sich ein im wesentlichen vor dem Zweiten Weltkrieg entwickelter verdichteter Kernraum mit dem Stadtzentrum (City), daran anschließender, überwiegend geschlossener Wohnbebauung und früher gewerblicher Entwicklung im Hafengebiet heraus. Darum herum gruppieren sich randlich jüngere Stadtteile sowie zwei Ringe von in den letzten beiden Jahrzehnten stark gewachsenen Vororten – zum Teil mit bedeutender Gewerbeentwicklung. Die strukturelle Gliederung des Stadtgebiets mit seiner ausgeprägten Nord-Süd-Orientierung wird durch mehrere bedeutende Verkehrstraßen, von denen die beiden Autobahnen erst seit den 1960er Jahren entstanden sind, durch Naherholungs-, Gewerbe- und Industriegebiete sowie nicht zuletzt durch große landwirtschaftlich genutzte Flächen bestimmt.

Die zusätzlich im Kartenbild dargestellten ausgewählten zentralen Einrichtungen, die sich heute in starkem Maße auch außerhalb des Stadtkerns konzentrieren – zum Beispiel Universität mit Kliniken, Fachhochschulen, Halle Münsterland, Zentrum Nord und Allwetterzoo –, verdeutlichen die sehr differenzierten, überwiegend oberzentralen Funktionen der Stadt. Als sogenanntes solitäres Verdichtungsgebiet im Schnittpunkt mehrerer Entwicklungsachsen höherer Ordnung und als Oberzentrum mit über einer Million Einwohnern im Oberbereich nimmt Münster auch im Rahmen der neueren Landesentwicklungsplanung einen herausgehobenen Rang ein [2375: Landesentwicklungsplan I/II].

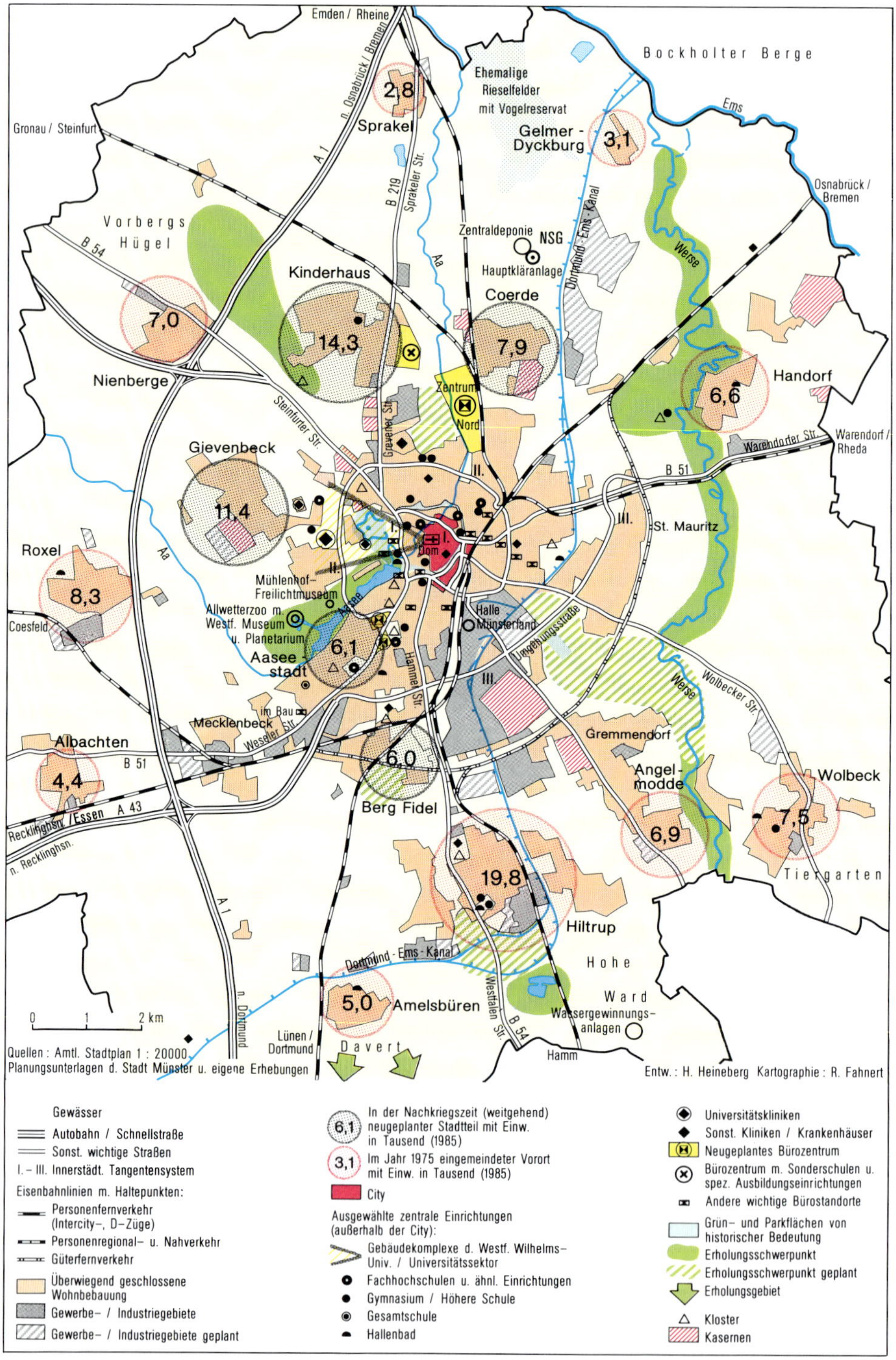

Räumlich-strukturelle und funktionale Gliederung des Stadtgebiets 1985

Aufgrund der angedeuteten sehr komplexen räumlichen Strukturen und Funktionen, die zu einem erheblichen Anteil erst in der Nachkriegszeit unter dem Einfluß vielfältiger planerischer Maßnahmen entstanden sind, kann der vorliegende Beitrag lediglich Grundzüge und ausgewählte Aspekte der strukturellen Entwicklung sowie der Stadtplanung berücksichtigen.

2. *Grundzüge der Stadtentwicklung Münsters bis 1945*

Das historische Erbe in der Altstadt

Bis zu den flächenhaften Kriegszerstörungen war der Kern der Stadt Münster, d. h. die durch die ehemaligen Festungsanlagen begrenzte Altstadt, noch in ausgeprägter Weise durch seine historisch gewachsenen, im Mittelalter und in der frühen Neuzeit entstandenen Grundriß- und Aufrißstrukturen bestimmt. Noch bis in die frühe Nachkriegszeit existierte das alte Straßensystem. Dieses bestand zum einen aus Radialstraßen, die – von den ehemaligen Stadttoren ausgehend – auf den halbkreisförmig um die mittelalterliche Domburg herumführenden Straßenzug (Rothenburg–Prinzipalmarkt–Drubbel–Spiekerhof) zuliefen, zum anderen aus einer Vielzahl schmaler, verwinkelter Gassen und kleinerer Verbindungsstraßen. Die historisch gewachsene Struktur der Altstadt wurde darüber hinaus durch die erhebliche Besiedlungsdichte innerhalb der unregelmäßig gestalteten Baublöcke gekennzeichnet.

Stadtgestaltverändernde Maßnahmen in der Urbanisierungsphase des 19. sowie des frühen 20. Jahrhunderts haben sich in der Altstadt kaum in der Straßennetzentwicklung (Fehlen von größeren Straßendurchbrüchen), wohl jedoch in der Bebauung (unter anderem mit größeren Verwaltungs- und Militärgebäuden) niedergeschlagen. Die sehr differenzierte Aufrißgestaltung spiegelte nicht nur sämtliche Städtebauepochen seit dem Mittelalter in einer charakteristischen Mischung und Viertelsgliederung wider, sondern auch die verschiedenen Funktionen, die Münster im Laufe seiner Geschichte geprägt haben: als kirchliches Zentrum ab 800 n. Chr., als bedeutende Handels- bzw. ehemalige Hansestadt sowie als preußische Verwaltungs- und Garnisonstadt (ab 1816 Hauptstadt der Provinz Westfalen). Die früheren übergeordneten Verwaltungs- und Militärfunktionen konzentrierten sich vor allem im fürstbischöflichen Barockschloß (Oberpräsidium) und in anderen größeren Gebäudekomplexen in der Nähe des westlich der Altstadt gelegenen heutigen Hindenburgplatzes.

Stadterweiterungen und Planungen seit dem 19. Jahrhundert

Die städtische Siedlungsexpansion außerhalb der Altstadt erfolgte im wesentlichen erst nach der ersten größeren Eingemeindung von 1875 und wurde in starkem Maße durch den Verkehrsausbau beeinflußt (Eisenbahn-, Kanal- und Hafenentwicklung). Diese gründerzeitliche Stadterweiterung im ehemaligen Gartenring um die Altstadt erfolgte auf der Grundlage eines ersten umfassenden Bebauungsplans von 1877, der auf der Städteordnung für die Provinz Westfalen von 1856 und dem preußischen Fluchtliniengesetz von 1875 basierte. Bereits in den 1890er Jahren wurde ein Planwerk für die Stadterweiterungsgebiete der Nord- und Ostviertel sowie der Südstadt geschaffen, das unter anderem eine Ringstraße um die Stadt vorsah. Dieses moderne

Bauarbeiten zur Ausschachtung des Aasees (1929)

Verkehrsplanungskonzept konnte teilweise seit Beginn der 1920er Jahre – in wesentlichen Abschnitten allerdings erst in den siebziger und achtziger Jahren – als zweiter Tangentenring realisiert werden.

Weitere wichtige Maßnahmen der Stadtplanung wurden nach dem Ersten Weltkrieg verwirklicht. Hierzu gehört die Errichtung der Gartenvorstadt Süd (Habichtshöhe/Grüner Grund), die nach den Idealen der Gartenstadtbewegung auf der Grundlage des preußischen Wohnungsgesetzes von 1918 sowie eines großen städtischen Freiflächenplans von 1920 im genossenschaftlichen Wohnungsbau ab 1924 entstand. Der Freiflächenplan war nicht nur Grundlage für Einzelpläne der Bebauung, sondern er legte auch Grünzonen fest und bildete somit die Voraussetzung für die Ausgestaltung des Aasees im Niederungsgelände der Aa seit den 1920er Jahren. Ein weiteres wichtiges Instrument für die Stadtentwicklung der Zwischenkriegszeit war der weitreichende Bauklassenplan von 1928, der „im Westen (Sentruper Höhe), im Süden und Norden große Erweiterungsgebiete vorsah und flächendeckend Baugebiete vom Außengebiet abgrenzte" [1557: Gutschow/Wolf, Stadtplanung in Münster, S. 210ff].

Die „Aufwertung" Münsters als „Gauhauptstadt" (1932) hat bis auf wenige Einzelgebäude keine größeren stadtplanerischen Überformungen nach sich gezogen, obwohl seit 1938 Planungskonzepte entwickelt wurden, die keine Rücksicht auf die gewachsenen Strukturen der Stadt nehmen sollten. Während der Planung der Ausgestaltung der Gauhauptstadt war das städtische Planungsamt mehr und mehr mit Fragen des Wiederaufbaus der ab 1940 einsetzenden starken Kriegszerstörungen beschäftigt.

Zerstörungen des Zweiten Weltkriegs

Münster zählt zu den am stärksten durch Kriegseinwirkungen zerstörten Städten Deutschlands. Bei Kriegsende betrug der Zerstörungsgrad, gemessen am Ausfall von Wohnraum durch Unbewohnbarkeit, für das gesamte Stadtgebiet etwa 63 Prozent bei ganz erheblichen Unterschieden in den einzelnen Stadtbezirken [1671: Ein Jahrzehnt Wiederaufbau, S. 11]. Lediglich 3 Prozent der Vorkriegswohnungen blieben unversehrt.

Vor allem innerhalb der von Kriegszerstörungen nahezu flächenhaft vernichteten Altstadt fiel ein sehr großer Teil der historisch wertvollen Bausubstanz den Bomben zum Opfer, darunter außer dem Dom zahlreiche weitere Kirchen, der größte Teil der Bebauung des Prinzipalmarktes mit dem historischen Rathaus und Stadtweinhaus, das Bischöfliche Palais, der barocke Erbdrostenhof und weitere Adelshöfe sowie das bis auf die Außenmauern zerstörte Residenzschloß. Schwerste Kriegsschäden erlitten auch zahlreiche weitere öffentliche Gebäude der Stadt: Von insgesamt 85 Verwaltungsbauten wurden 57 zerstört; lediglich drei von ehemals 39 Gebäuden der Universität blieben ohne wesentlichen Schaden. Sehr stark betroffen war auch die öffentliche Infrastruktur der Stadt: Wasser-, Gas- und Stromleitungen, Entwässerungskanäle, Verkehrswege und -anlagen (Straßenbahnen, Eisenbahnen, Häfen und Straßen) sowie Schulen und Krankenhäuser wurden in schwerstem Maße beschädigt. So waren bereits seit 1944 durch Bombenangriffe die Versorgungsleitungen der Elektrizitäts- und Wasserwerke sowie das Gasversorgungsnetz teilweise unbrauchbar geworden. Die gesamte Schuttmenge, die durch die Kriegszerstörungen hervorgerufen wurde, betrug etwa 2,5 Millionen Kubikmeter [1696: Gutschow/Stiemer, Dokumentation Wiederaufbau, S. 25].

3. *Wiederaufbau und Planungsgrundsätze in der ersten Nachkriegszeit in ihrer Bedeutung für die Stadtgestalt*

Instandsetzungsmaßnahmen und Wiederaufbau bis 1947

Nach Beendigung der Kriegshandlungen standen in der ersten Aufbauphase zunächst die Wiederherstellung des öffentlichen Ver- und Entsorgungsnetzes, die Straßen- und Grundstücksräumung sowie die Instandsetzung beschädigten Wohnraums im Vordergrund. So war schon im April 1945 die Stromversorgung wiederhergestellt, allerdings konnten erst 1948 sämtliche Wohnungen mit Gas und Wasser beliefert werden. Die Aufräumarbeiten für das Straßennetz begannen zunächst im Stadtkern. „Nachdem die Straßen im Herbst 1945 schon zumeist begehbar waren, wurde am 20. Mai 1946 die Großräumung der Grundstücke öffentlich bekannt gemacht. Jeder gesunde Münsteraner wurde zu sechs Tagen Arbeit herangezogen" [1502: Bomben auf Münster, S. 175]. Bereits im November 1946 fuhren wieder die ersten Straßenbahnen in der Stadt.

Zur Linderung der größten Wohnungsnot der Stadtbevölkerung, die nach vorheriger Evakuierung (Einwohnerstand im April 1945 lediglich rd. 23 500) bis zum Oktober 1945 bereits wieder auf knapp 76 000 angewachsen war, wurde im gleichen Monat durch die damals zuständige Militärregierung ein Sofortprogramm zur Instandsetzung leicht beschädigter Wohnungen in die Wege geleitet. Auch in den beiden darauffolgenden Jahren wurden Wohnungsnotprogramme erlassen, deren Verwirklichung jedoch wegen der schwierigen finanziellen Lage vor der Währungsreform (21. Juni 1948) und wegen des allgemeinen Baustoffmangels ganz erhebliche Probleme verursachte.

Zwar war bereits 1945 mit dem Aufbau und der Organisation einer städtischen Bauverwaltung begonnen worden, jedoch wurden erst 1946 – dem Jahr der ersten freien Nachkriegswahl – ein Stadtplanungsamt und ein Baupflegeamt zur Altstadtplanung begründet. Leitbild der frühen Planung wurde im Gegensatz zu Zielvorstellungen anderer vergleichbar zerstörter Großstädte der Wiederaufbau auf mittelalterlichem Grundriß (unter Nutzung der vorhandenen Straßen- und unterirdischen Versorgungsnetze) bei gleichzeitiger Wahrung der historischen Kontinuität der Stadtgestalt. In dieser ersten Phase der Wiederaufbauplanungen wurden von den zuständigen Ämtern auch Richtlinien zur Erfassung historischer Bauten erlassen, Bestandsaufnahmen der Kriegszerstörung und anderer räumlich-struktureller Sachverhalte durchgeführt sowie Ideenskizzen zur städtischen Planung entwickelt. Bereits im Frühjahr 1946 wurde mit einer isometrischen (dreidimensionalen) Zeichnung des Baupflegeamts eine erste Grundvorstellung für den an historischen Maßstäben – mit überwiegend zwei- bis dreigeschossiger, traufständiger Bebauung – orientierten Wiederaufbau entwickelt.

Freiräumung des Geländes am alten Clemenshospital zur Anlage des Parkplatzes Stubengasse (um 1955)

Neue rechtliche Möglichkeiten erlaubten es der Stadtplanung seit 1947, den Aufbau Münsters gezielter zu konkretisieren. Gab es 1946 lediglich das Instrument der Bausperre, um unerwünschte Entwicklungen zu verhindern, so war aufgrund der Ausweisung des Stadtkerns als sogenanntes Wohnsiedlungsgebiet gemäß einer Verordnung des nordrhein-westfälischen Ministers für Wiederaufbau vom 27. März 1947 nunmehr der Grundstücksverkehr kontrollierbar. Im Anschluß daran begann das Stadtplanungsamt mit der Bearbeitung eines Wirtschafts- und eines Baugebietsplans. Ein Entwurf zum Wirtschaftsplan und die Festlegung von Baufluchtlinien (September 1947) wurden vom Rat der Stadt bis auf wenige Ausnahmen genehmigt.

Von besonderer Bedeutung waren in dieser frühen Aufbauphase auch erste Konzepte und Maßnahmen der Verkehrsplanung. Dazu gehörten Beschlüsse, den Promenadengürtel in seiner ursprünglichen Funktion zu erhalten – in Dortmund wurden dagegen auf den alten Wallanlagen Ringstraßen angelegt – sowie den Bereich innerhalb der Promenade weitgehend vom Verkehr freizuhalten. „Planungen von 1946, die zu diesem Zweck erfolgten, wurden durch das Verkehrsgutachten des Planers Max Erich Feuchtinger aus Ulm 1947 detailliert ausgeführt. Für den Verkehr wurde ein Tangentenviereck festgelegt, das über Hindenburgplatz, Am Stadtgraben, Moltkestraße, Hafenstraße, Bahnhofstraße, Fürstenbergstraße, Breul und Münzstraße die Stadt umfließen sollte“ [1502: Bomben auf Münster, S. 175].

Die zweite Wiederaufbauphase zwischen 1948 und 1960

Der sogenannte Neuordnungsplan für die Stadt Münster, der im Juli 1949 als Maßnahmenplan verabschiedet wurde, übernahm mit einigen Abänderungen wesentliche Elemente des Feuchtinger-Plans. Dazu zählten zur Realisierung des Tangentenvierecks Straßendurchbrüche zwischen Bergstraße und Mauritzstraße (anstelle des Breul) sowie zwischen Hindenburgplatz und Aegidiitor (Stadtgraben), die allerdings erst später durchgeführt wurden. Trotz dieser und weiterer verkehrsplanerischer Veränderungen, zu denen unter anderem Straßenverbreiterungen zählten, blieb jedoch das historische Grundrißgefüge mit dem mittelalterlichen System der Radialstraßen, die von einer halbringförmigen Straße um den Dombereich abzweigen, im wesentlichen erhalten.

Entscheidend für den Wiederaufbau Münsters, insbesondere im Gebiet der Altstadt, war der Erlaß des nordrhein-westfälischen „Aufbaugesetzes“ vom 29. Februar 1950. Dieses Gesetz stellte für Neuaufbau, Erweiterung, Umbau und Wiederaufbau zum Zweck der Beseitigung der Kriegsfolgen in den Gemeinden die entscheidende neue Rechtsbasis dar und war auch Anlaß für die Verabschiedung eines Leitplans mit Ergänzungsplänen am 5. Dezember 1950 durch den Rat der Stadt; letzterer war allerdings inhaltlich weitgehend identisch mit dem Neuordnungsplan. Der Leitplan, der erst am 28. März 1954 von der Landesregierung bestätigt wurde, bildete – zusammen mit einer am 6. Februar 1950 für Münster in Kraft gesetzten neuen Baugebietsordnung („Polizeiverordnung über die Ausweisung von Baugebieten im Stadtbezirk Münster“) und dem darauf basierenden Baugebietsplan von 1950 – die rechtliche Grundlage für den Aufbau in den fünfziger Jahren, vor allem zwischen 1955 und 1960 [1669: Münster 1955–1960, S. 106].

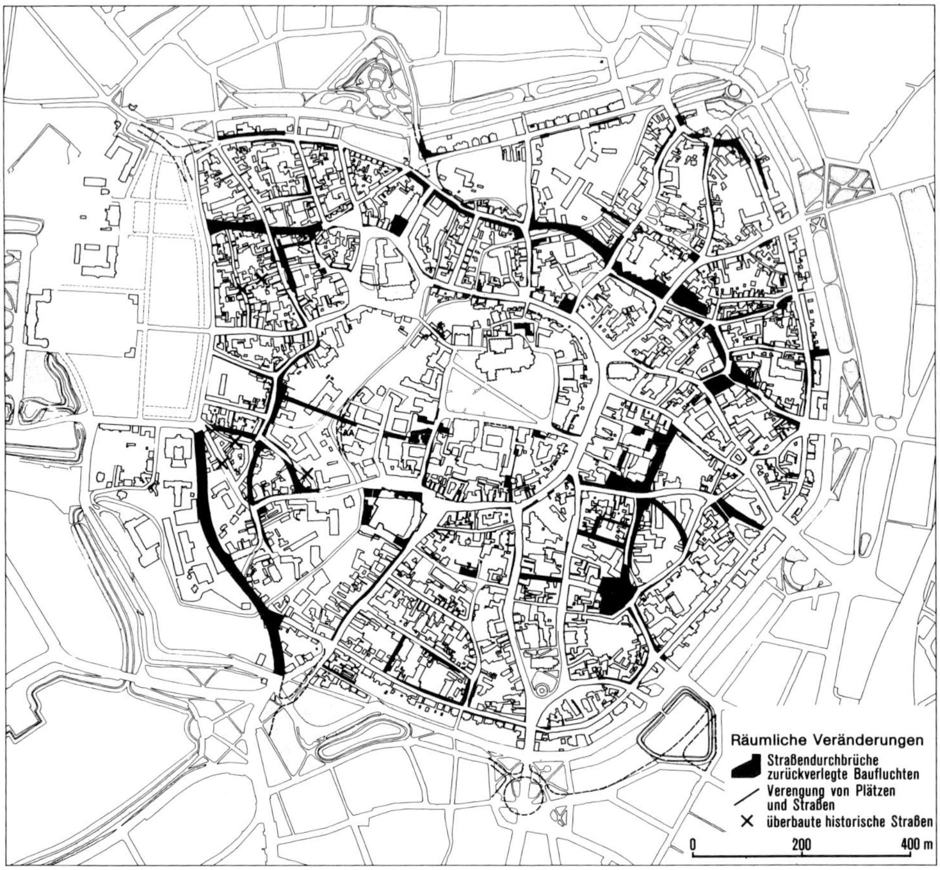

Veränderungen im Stadtgrundriß der Altstadt zwischen 1945 und 1980

Für den Wiederaufbau des historischen Kernbereichs der Altstadt war außerdem die vom Rat der Stadt am 26. Februar 1951 beschlossene „Ortssatzung zum Schutze der Eigenart des Orts- und Straßenbildes in der Stadt Münster (Westf.)“ von Bedeutung, die eine Reihe von Gestaltungsmaßnahmen vor allem für den Prinzipalmarkt und für wichtige historische Bauten verbindlich vorschrieb. Dazu zählten die Einhaltung maximaler Traufhöhen, die Errichtung von Säulen, Bögen und Gewänden aus gelbgrauem, natürlichem Werkstein und das Verbot von Leuchtreklame an den Fassaden.

Wichtig für die intensive Bautätigkeit in der zweiten Wiederaufbauphase waren nicht nur die neugeschaffenen rechtlichen Grundlagen des Landes und der Stadt, sondern auch andere Entscheidungen und Ereignisse. Dazu zählten unter anderem zwei städtebauliche Wettbewerbe, die die Stadt für den Altstadtbereich und das Bahnhofsviertel bereits 1947 ausgeschrieben hatte, die Dreihundertjahrfeier des Westfälischen Friedensschlusses im Jahr 1948 mit Wiedereröffnung des Friedenssaals im noch zerstörten Rathaus sowie die Währungsreform aus dem gleichen Jahr. Wäh-

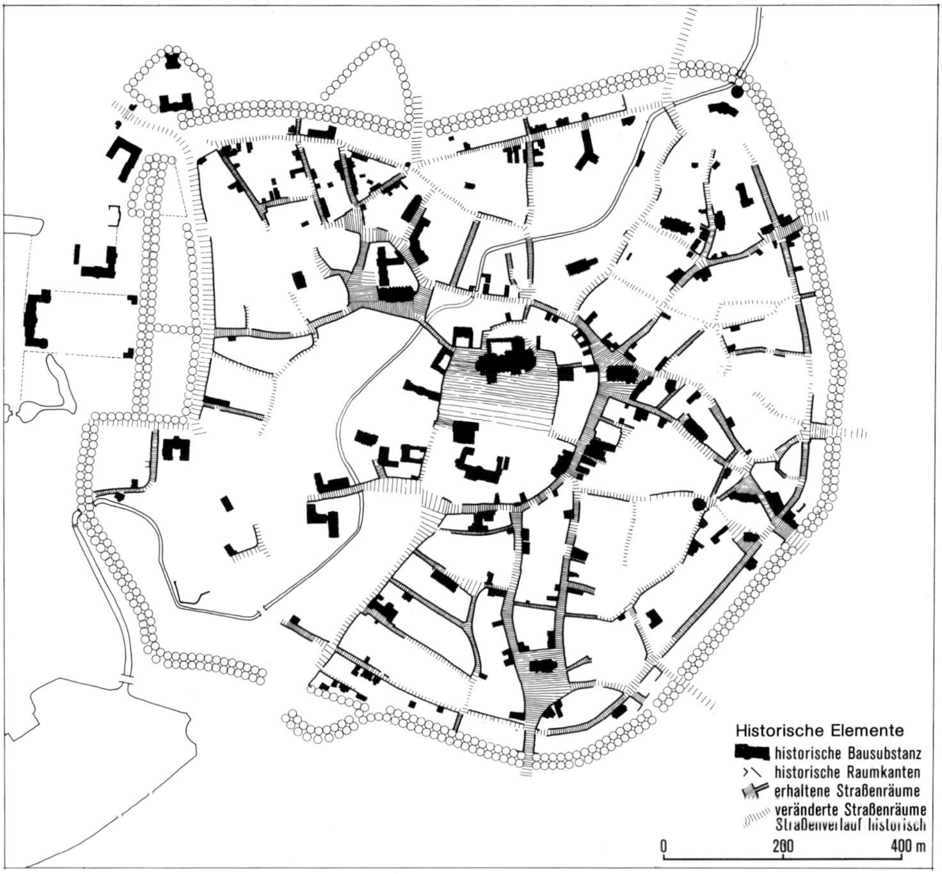

Historische Elemente im Stadtplan der Altstadt 1980

rend die geschäftlich genutzten Giebelhäuser am Prinzipalmarkt seit 1948 zwar überwiegend in einfacherer baulicher Gestaltung, jedoch in Anlehnung an historische Vorbilder und kleinteilige Parzellierungen wiederaufgebaut wurden, wurde 1950 mit der Wiedererrichtung des Rathauses und des Stadtweinhauses in alter Gestalt begonnen. Zu den eindrucksvollen Aufbauleistungen der fünfziger und sechziger Jahre zählten der Wiederaufbau und die Neueröffnung zahlreicher historisch wertvoller kirchlicher und bürgerlicher Baudenkmäler (1950 Bischöfliches Palais, 1953 Schloß, 1956 Dom, 1957/68 Erbdrostenhof, 1958 Rathaus) ebenso wie der 1956 abgeschlossene Bau des moderne städtebauliche Akzente setzenden Stadttheaters.

Im ebenfalls flächenzerstörten Bahnhofsviertel entstand nach längeren Auseinandersetzungen in den städtischen Gremien ein modernes Großstadtviertel mit mehrgeschossigen Büro-, Hotel- und Geschäftsgebäuden, dessen Verkehrsanbindung und Gestaltung sich jedoch später als problematisch herausstellten.

Nach der Währungsreform am 21. Juni 1948 kam ferner ein intensiver Wohnungsbau in Gang, durch den Münster in den folgenden Jahren nach Einschätzung der städtischen Verwaltungsberichte mit an die Spitze aller Großstädte des Landes Nordrhein-Westfalen rückte [1671: Ein Jahrzehnt Wiederaufbau, S. 17f, 21; 1669: Münster 1955–1960, S. 114]. Bereits Ende Mai 1955 war mit mehr als 35 000 Wohneinheiten der Wohnungsbestand der Vorkriegszeit überschritten, allerdings unter Einschluß von 1837 Notwohnungen. Zu diesem Zeitpunkt hatte die Einwohnerzahl der Stadt Münster mit rd. 152 000 das Maximum der Vorkriegszeit bereits wieder überschritten und sich gegenüber 1945 nahezu verdoppelt [1662: Statistischer Jahresbericht 1988, S. 34f].

Als erstes größeres Neubaugebiet mit überwiegend privaten Ein- und Zweifamilienhäusern in aufgelockerter Bauweise entstand in den fünfziger Jahren die Sentruper Höhe im unmittelbaren Anschluß an das bereits in der Zwischenkriegszeit errichtete Klinikenviertel westlich der Stadt. Weiter südlich wurde gegen Ende der fünfziger Jahre zwischen Aasee (Mecklenbecker Straße) und Weseler Straße die Aaseestadt als erstes modernes Großwohngebiet der Nachkriegszeit planerisch vorbereitet und in Angriff genommen, während im Nordosten auf einer von der Gemeinde St. Mauritz 1956 hinzugewonnenen 658 Hektar großen Erweiterungsfläche die planerischen Grundlagen für den Bau des zweiten großen Siedlungsgebiets Coerde geschaffen wurden.

Wiederaufbau und funktionale Entwicklung

Trotz der starken Kriegszerstörungen der ehemaligen preußischen Provinzialhauptstadt und der Erhebung Düsseldorfs zur Hauptstadt des neugegründeten Bundeslandes Nordrhein-Westfalen, die mit erheblichen Funktionsverlusten für Münster verbunden war, entwickelte sich die Stadt bereits in der Wiederaufbauphase erneut zu einem bedeutenden Mittelpunkt Westfalens. Diese Entwicklung fand schon in den fünfziger Jahren ihren Ausdruck in der Neuerrichtung zahlreicher größerer Behördenbauten, in denen Vorkriegs- oder Nachfolgeeinrichtungen angesiedelt wurden: Dazu zählten zum Beispiel die Direktion der Bundesbahn, das Landesamt Westfalen für Flurbereinigung und Siedlung, das Landeshaus als Sitz des Landschaftsverbandes Westfalen-Lippe, die Landwirtschaftskammer, das Amtsgericht und verschiedene Universitätsgebäude. Als Kompensation für den Verlust früherer hauptstädtischer Funktionen erhielt Münster 1949 das Oberverwaltungsgericht und 1952 den Verfassungsgerichtshof von Nordrhein-Westfalen mit Sitz in der City sowie zwei weitere Landesoberbehörden; 1953 wurde der Landschaftsverband Westfalen-Lippe als Nachfolgeeinrichtung des im 19. Jahrhundert geschaffenen Provinzialverbandes Westfalen gegründet. Unter den zentralen Einrichtungen mit regionaler und überregionaler Ausstrahlung, die sich ganz überwiegend auf die Altstadt und deren angrenzende Bereiche konzentrierten, sei beispielhaft die Westfälische Wilhelms-Universität Münster genannt, deren Studentenzahlen sich bereits in den fünfziger Jahren sprunghaft erhöhten.

Von beachtlicher Bedeutung waren auch die Wiederaufbauleistungen im Bereich der kommunalen Grundversorgung (zum Beispiel Neubauten zahlreicher Schulen), die Neuerrichtung der Halle Münsterland als wichtiges Veranstaltungszentrum bereits im Jahr 1948, die Neugestaltung der völlig zerstörten Hafenbetriebe und erste Erfolge in der Neuansiedlung von Unternehmen des sekundären Sektors in Hafennähe.

Eingemeindungen und Stadterweiterungen seit 1875

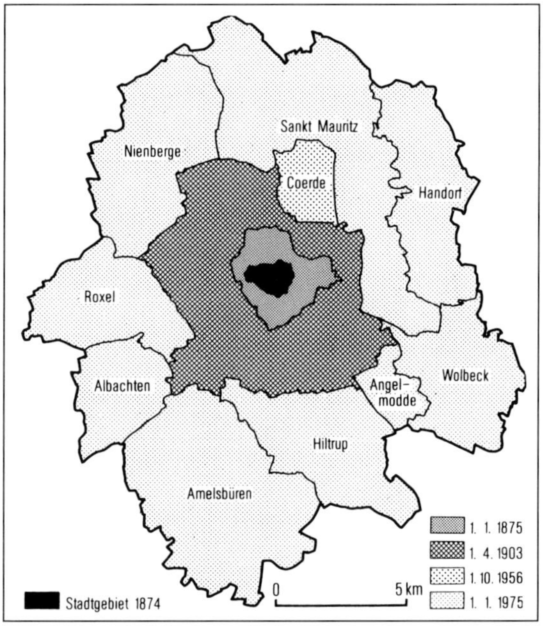

Die funktionale Neuentfaltung Münsters dokumentierte sich auch in der Entwicklung der Beschäftigten in der Stadt und ihrer Aufgliederung nach Wirtschaftsabteilungen. So nahmen zwischen den Volkszählungen 1950 und 1961 Anteil und Bedeutung der Beschäftigten vor allem im tertiären Sektor beträchtlich zu, wobei dem Handel sowie den Gebietskörperschaften – einschließlich der Sozialversicherungen – eine herausragende Bedeutung zukam.

4. *Die Stadtentwicklung von 1960 bis zur kommunalen Neugliederung 1975*

Entwicklung der Planungsvorstellungen und -maßnahmen im früheren Stadtgebiet

Diese Phase der Stadtentwicklungsplanung wurde maßgeblich durch die in den sechziger Jahren begründete neue Landes- und Gebietsentwicklungsplanung in Nordrhein-Westfalen sowie die Diskussionen und Maßnahmen bei der Vorbereitung der kommunalen Neugliederung beeinflußt. Von herausragender Bedeutung wurde der von der Landesplanungsgemeinschaft Westfalen 1967 veröffentlichte Entwurf des Gebietsentwicklungsplans (Teilabschnitt Münster Stadt und Land), der – inhaltlich über den Landesentwicklungsplan I von 1966 hinausgehend – die neun Umlandgemeinden von Münster (Hiltrup, Amelsbüren, Albachten, Roxel, Nienberge, St. Mauritz, Handorf, Wolbeck und Angelmodde) als sogenanntes städtisches Verflechtungsgebiet auswies. Der Rat der Stadt Münster stimmte am 27. Januar 1969 dieser Kernaussage des Gebietsentwicklungsplans zu und bot zugleich gemeinsame Planungen für die Stadt und ihr Verflechtungsgebiet an. Zwei Jahre später wurde von der Verwaltung im Rahmen der Denkschrift „Kommunale Neugliederung im Raum Münster" vom 7. Juni 1971 der „Plan 2000" als Stadtentwicklungskonzept für diesen Gesamtbereich vorgelegt, der den Raumbedarf der Stadt für die nächsten dreißig Jahre decken und für den gesamten Verflechtungsbereich eine städtebauliche Ordnung sowie die infrastrukturelle Entwicklung sicherstellen sollte. Unter Berücksichtigung des 1970 veröffentlichten Landesentwicklungsplans II, der Entwicklungsschwerpunkte und -achsen als neues Konzept verbindlich machte, und des 1970 aufgestellten „Nordrhein-Westfalen-Programms 1975" sah der „Plan 2000" neue Stadtteile, Gewerbe- und Industriegebiete – unter anderem ein neues „Verwaltungszentrum Nord" – im Rahmen eines in Nord-Süd-Richtung verlaufenden Verkehrsbandes sowie die Ausweitung der Universität mit den ihr zugeordneten Wohngebieten im Westen der Stadt als Entwicklungsschwerpunkte vor. Wenngleich dieses neue übergreifende Stadtentwicklungskonzept beim Kreis Münster und einigen Umlandgemeinden, insbesondere der Gemeinde Hiltrup, auf erhebliche Kritik stieß und zu gutachterlichen Gegendarstellungen führte [1789: Kluczka, Zentralörtliche Struktur; 1698: Hoppe/Tiggemann, Gutachten], so bildete es doch die entscheidende Grundlage für die kommunale Neugliederung mit einer nur wenig davon abweichenden beträchtlichen Gebietserweiterung am 1. Januar 1975.

Planung und Bau neuer Stadtteile

Seit den sechziger Jahren war die Stadtentwicklung Münsters – wie auch diejenige anderer Großstädte – durch die Planung und Errichtung neuer Großwohnsiedlungen im Außenbereich der Stadt geprägt.

Als erstes großflächiges Wohnsiedlungsgebiet entstand noch auf der Grundlage des früheren nordrhein-westfälischen Aufbaugesetzes zu Beginn der sechziger Jahre auf einer von der Stadt Münster erworbenen, ehemals überwiegend ackerbaulich genutzten Freifläche von 76 Hektar südöstlich der Aaniederung in der Nähe des Aasees die Aaseestadt. Im Gegensatz zu der in den fünfziger Jahren bebauten Sentruper Höhe wurde dieses für 6000 bis 8000 Einwohner vorgesehene neue Großwohngebiet (rd. 1700 Wohneinheiten im Jahr 1964) mit einem gänzlich neugeplanten fußläufigen Einkaufszentrum, größeren öffentlichen Grün- und Parkflächen, Einrichtungen der schulischen und kirchlichen Grundversorgung sowie mit einem vielseitigen Angebot von Wohnformen ausgestattet; letztere reichen von individuell gestalteten Einfamilien- und Reihenhäusern über Geschoßwohnungen bis zu drei Punkthochhäusern mit Miet- bzw. Appartementwohnungen. Die Aaseestadt wird im Nordosten an der Weseler Straße durch ein Büroviertel ergänzt.

Entsprechend dem um die Mitte der sechziger Jahre entstandenen, allgemein vorherrschenden städtebaulichen Leitbild der „Urbanität durch Dichte" wurde die um diese Zeit errichtete, im Nordosten Münsters gelegene neue Trabantensiedlung Coerde auf einer Fläche von nur 58 Hektar mit für 7000 Einwohner geplanten rd. 2400 Wohnungen wesentlich stärker verdichtet gebaut. Coerde war ein vom Land Nordrhein-Westfalen besonders gefördertes Demonstrationsprogramm für modernen Städtebau. Entsprechend der Konzeption einer treppenförmigen Gestaltung vom Kern (Einkaufszentrum Coerdemarkt) zum durch eine Ringstraße erschlossenen Rand wird das Wohngebiet im Osten durch Hochhausbauten markiert. Vorbildlich ist nicht nur die kommunale Grundausstattung, sondern auch die Versorgung durch ein bereits 1964 in Betrieb genommenes Fernheizwerk [vgl. 1906: Temlitz, Aaseestadt und Neu-Coerde].

Ein drittes neues Großwohngebiet der sechziger Jahre mit noch größerer Verdichtung in Hochhäusern bildet das auf einem städtischen Grundbesitz von nur 32 Hektar errichtete Wohngebiet Berg Fidel, das im südlichen Stadtgebiet auf der Geist zwischen dem Preußenstadion und Eisenbahnlinien angelegt wurde. Die hohe Dichte war nicht zuletzt durch den geplanten großen Anteil von Mietwohnungen im sozialen Wohnungsbau bedingt; 1978 machten diese 76 Prozent der insgesamt 1250 Wohneinheiten aus. Eine Infrastrukturausstattung mit einem kleinen Ladenzentrum und einfacher sozialer Grundausstattung, ein getrenntes Fußwegenetz sowie Brükkenanbindungen an benachbarte Park- und Freiräume sind weitere Kennzeichen dieses neuen Stadtteils.

Coerde als Beispiel eines größeren geplanten und gewachsenen Stadtteils (verkleinerter Ausschnitt aus der Deutschen Grundkarte 1:5000)

Baubeginn im Wohngebiet Berg Fidel am 3. November 1969: „Erster Spatenstich" durch Oberbürgermeister Beckel

Einen besonderen Schwerpunkt des Wohnungsbaus bildete in dieser Stadtentwicklungsphase seit 1967 ferner der vom Land Nordrhein-Westfalen wie ein Entwicklungsgebiet geförderte neue Stadtteil Kinderhaus im Norden der Stadt. Die gesamte Planungsfläche, die mit 230 Hektar mehr als doppelt so groß ist wie die Altstadt, war besitzmäßig stark zersplittert und machte ein kompliziertes Umlegungsverfahren nach dem Bundesbaugesetz von 1960 erforderlich. Bei einer geplanten Wohnungszahl von 6000 für etwa 16 000 Einwohner wurde die Großwohnsiedlung in mehrere Bebauungsgebiete gegliedert, von denen die durch Wohnhochhäuser stark verdichtete Nordwestschleife sowie das erst zu Anfang der achtziger Jahre errichtete multifunktionale Hauptzentrum besonders hervorgehoben seien. Die heutige Infrastrukturausstattung dieses neuen Stadtteils ist als insgesamt vorbildlich zu bewerten.

Schließlich begannen 1967 mit der Beauftragung von Professor Friedrich Spengelin (Hannover) zur Erstellung eines Strukturplans für den Bereich Gievenbeck im Westen der Stadt und zugleich für die Universitätsrahmenplanung wichtige Vorarbeiten für einen fünften neuen Stadtteil. Dieser sollte rd. 1500 Hektar mit im Endzustand 36 000 Einwohnern umfassen. Der in seiner zweiten Fassung vom Rat der Stadt im Oktober 1972 akzeptierte Strukturplan Gievenbeck ist jedoch bis heute nur in einigen Ansätzen realisiert worden.

Wirtschaftsstrukturelle und -räumliche Entwicklung

In den 1960er Jahren setzte sich die Zunahme der Beschäftigten im Stadtgebiet von Münster fort, allerdings gegenüber den fünfziger Jahren in verlangsamter Form. Den bei weitem größten Anteil des Zuwachses hatte wiederum der tertiäre Sektor, und zwar hauptsächlich Handel, Gebietskörperschaften und freie Berufe. Dabei bestanden innerhalb des ehemaligen Stadtgebiets beträchtliche räumliche Unterschiede: So nahm zwischen 1961 und 1970 die Zahl der Beschäftigten in der Altstadt um 408 (= 1,6 Prozent) ab, während sie in den Außenbezirken der früheren Stadt, d. h. insbesondere in Gremmendorf, Coerde, Kinderhaus, Geist und Mecklenbeck mit zum Teil neuen Gewerbegebieten, im gleichen Zeitraum um insgesamt 6154 (= 97,5 Prozent) zunahm [1714: Probleme des Städtebaus, S. 150]. Das relativ abgeschwächte Beschäftigtenwachstum von insgesamt 8,9 Prozent im ehemaligen Stadtgebiet stand zudem im Gegensatz zu der erheblich stärkeren relativen Zunahme in den seit 1975 mit Münster vereinigten früheren Umlandgemeinden, die von 1961 bis 1970 einen Beschäftigtenzuwachs von 22,2 Prozent erreichten. Diese Entwicklung stand in einem deutlichen Zusammenhang mit der in den sechziger Jahren beginnenden starken Motorisierung und Bevölkerungssuburbanisierung.

Ungeachtet der beginnenden Außenverlagerungen war die – bis zum zweiten Tangentenring reichende – Innenstadt mit der City jedoch nach wie vor der wichtigste Standortraum für die Konzentration des tertiären Sektors, der 1970 bereits 74 Prozent der Arbeitsplätze der Gesamtstadt umfaßte. Die frühe Verkehrsberuhigung der beiden Hauptgeschäftsstraßen Salzstraße (1955) und Ludgeristraße (1960) sowie deren Umbau in Fußgängerzonen (Ludgeristraße ab 1969, Salzstraße jedoch erst ab 1977), die Ansiedlung eines nach Karstadt zweiten Warenhauses – Horten (um 1960) –

Modell für den Neubau des LVA-Verwaltungsgebäudes im Bürozentrum Nord

sowie bedeutende Wachstums- und Spezialisierungserscheinungen im Einzelhandel der City waren wichtige Indikatoren für deren zunehmende Attraktivität und zentralörtliche Bedeutung [1765: Heineberg/de Lange, Cityentwicklung]. Zugleich machten der wachsende Raumbedarf der Universität sowie die Nachfrage nach größeren Büro- und Verwaltungseinrichtungen Auslagerungen an innenstadtnahe oder periphere Standorte notwendig. So wurde 1968 die an verschiedenen Standorten der Altstadt lokalisierte Landesversicherungsanstalt Westfalen mit ihren rd. 2000 Beschäftigten als erster größerer Betrieb in einem neuen Bürogroßgebäude im späteren Zentrum Nord neu angesiedelt. Das frühere Hauptgebäude am Bispinghof wurde von Universität und Staatlichem Prüfungsamt für Lehrämter übernommen. Ein weiteres Beispiel für bedeutende Auslagerungsprozesse bildet die Bereitstellung des ehemaligen, am Rande der Altstadt gelegenen Zoogeländes im Jahr 1967 für einen modernen Neubau der Westdeutschen Landesbank (heute Zentrale der Landesbausparkasse.)

Darüber hinaus wurde auf größtenteils stadteigenen Flächen im nördlichen und vor allem auch südlichen Außenbereich Münsters eine Anzahl neuer Industrie- und Gewerbegebiete mit Schwerpunkt im südlichen, verkehrsgünstig gelegenen Stadtgebiet ausgewiesen, in denen zahlreiche Grundstücke aus kommunalem Besitz zur Auslagerung und Neuansiedlung insbesondere von Unternehmen des sekundären Sektors und des Großhandels veräußert wurden. Dazu zählten die Industrie- und Gewerbegebiete Siemensstraße (unter anderem mit dem 1972 angesiedelten größten gewerblichen Unternehmen der Akustikplattenfabrik Armstrong), Loddenheide (unter anderem mit dem Großmarkt und SB-Warenhaus Ratio, dem ersten deutschen Verbrauchermarkt), das damals geplante Gewerbegebiet Höltenweg mit vorgesehenem Gewerbehof (Handwerksbetriebe, kleinere Großhandlungen) sowie das Gewerbegebiet Südwest entlang der Weseler Straße und dem neuen Autobahnzubringer.

Verkehrsentwicklung und -planung

Der Zeitraum zwischen 1960 und 1975, dem Jahr der kommunalen Neugliederung, war nicht nur durch bedeutende städtebauliche und gewerbliche Entwicklungen, sondern – zum erheblichen Teil damit im Zusammenhang stehend – ebenfalls durch einen beträchtlichen Zuwachs des Stadtverkehrs gekennzeichnet, was sich an der Zunahme der zugelassenen Kraftfahrzeuge ablesen läßt. So betrug die Anzahl der in Münster registrierten Personenkraftwagen Ende 1974 bereits 55 665 (1960: 16 347), was einem Anstieg um nahezu das Dreieinhalbfache entsprach. Der beträchtliche Zuwachs des Individualverkehrs in der Stadt resultierte nicht zuletzt aus dem Ausbau zentralörtlicher Funktionen.

Aufgrund der zunehmenden Motorisierung und der wachsenden Verkehrsdichte rückten in den sechziger Jahren der Straßenbau sowie die übergreifende Verkehrsplanung für das gesamte Stadtgebiet immer stärker in den Vordergrund. So nahm allein zwischen 1960 und 1966 das Straßennetz um 40,5 Kilometer zu und erreichte Ende 1966 eine Gesamtlänge von 410 Kilometern. Vorbildlich war die Durchführung der Trennung des Fahrradverkehrs durch gesonderte Radwege entlang zahlreicher Innenstadt- und Ausfallstraßen. Das Verkehrsnetz der Radwege wurde zum Beispiel zwischen 1960 und 1966 um 12 Kilometer auf eine Gesamtlänge von 57 Kilometern erweitert [1670: Münster 1961–1966, S. 88].

Nach Erstellung eines Generalverkehrsplans durch K. Leibbrand im Jahr 1962, der vornehmlich der Innenstadt gewidmet war, und darauffolgenden jahrelangen Beratungen wurde 1969 auf der Grundlage eines neuerlichen Gutachtens für die Gesamtstadt durch den gleichen Autor ein weiterer Gesamtverkehrsplan der Stadt Münster vom Rat beschlossen, der 1974 fortgeschrieben wurde [1689: Gesamtverkehrsplan 1969; 1691: Gesamtverkehrsplan 1974]. Ein Kernproblem dieser Verkehrsplanungen bestand darin, das Leitbild der damals als sinnvoll angesehenen autogerechten Stadt, das sich bereits in diesen Jahren als nicht mehr durchführbar erwies, mit Zielen einer verkehrsfreien Stadt durch Schaffung von Fußgängerbereichen zu verbinden.

Der Generalverkehrsplan von 1974 sah entsprechend der Verkehrsbelastung eine Planung des Straßennetzes und des Verkehrsverlaufs von innen nach außen vor, was in den darauffolgenden Jahren überwiegend realisiert wurde. Dazu zählten die Entwicklung zusammenhängender Fußgängerbereiche in der Altstadt, die Einrichtung von Einbahnstraßen und Verkehrsschlaufen in der Innenstadt einschließlich des Bahnhofsbereichs, die Errichtung von Parkhäusern und Tiefgaragen sowie der Ausbau eines Systems von drei Tangentenringen. Bereits zu Beginn der siebziger Jahre wurde in einer Parkraumuntersuchung die starke Belastung der Innenstadt durch Dauerparker als ein besonderes Problem herausgestellt. Außerdem wurde auch auf die Notwendigkeit einer Auslagerung von Behörden sowie einer weiteren Verbesserung des Öffentlichen Personennahverkehrs (ÖPNV) verwiesen.

Der Öffentliche Personennahverkehr wurde in diesem Zeitraum durch die Stadtwerke Münster weiter ausgebaut, zugleich aber auch betrieblich rationalisiert. So wurden zum Beispiel zwischen 1961 und 1966 moderne Gelenkzüge im Busverkehr sowie auf mehreren Strecken der Einmannverkehr eingeführt. Ende 1966 waren 49 Omnibusse, 15 Gelenkzüge sowie 22 Obusse im Einsatz. Trotz der Verbesserungsmaßnahmen im ÖPNV ließen sich aber zum Beispiel zwischen 1961 und 1966 Gesamtverluste von fast 9 Millionen DM nicht vermeiden, was in erster Linie auf den stark angewachsenen Individualverkehr zurückgeführt wurde [1670: Münster 1961–1966, S. 98]. Ein im Jahr 1974 abgeschlossenes Gutachten über den ÖPNV in der Stadt Münster und ihrem engeren Verflechtungsgebiet – d. h. einschließlich der 1975 eingemeindeten Vororte –, das von den Stadtwerken Münster in Auftrag gegeben und in enger Abstimmung mit dem Gutachten über den Individualverkehr erarbeitet wurde, kam zu der Empfehlung, die Attraktivität des ÖPNV durch eine Reihe weiterer Maßnahmen zu steigern. Dazu zählten die Verbesserung der Bedienungsqualität und der Anbindung der Fußgängerbereiche an den ÖPNV sowie die Gründung eines Verkehrsverbundes mit einheitlicher Planung, Betriebsführung und Tarifgestaltung zwischen den Stadtwerken Münster und den bereits bestehenden Verkehrsträgern für den Regionalverkehr einschließlich der Deutschen Bundesbahn.

Von großer Bedeutung war in diesem Zusammenhang auch die Einbindung der Stadt Münster in das Autobahnnetz. So konnte bereits 1965 der erste Bauabschnitt der „Hansalinie“ (A 1) zwischen Kamen und Münster-Süd fertiggestellt werden, an die die neue zweispurige städtische Umgehungsstraße (B 51) angebunden wurde. Im Jahr 1968 wurde die Fortführung der wichtigen Nord-Süd-Verbindung zwischen Rhein-Ruhr-Gebiet und Nordseehäfen in Richtung Osnabrück-Bremen eröffnet. In der Diskussion ist seit dieser Zeit die Errichtung einer leistungsfähigen West-Ost-

Autobahn zwischen dem Zubringer Münster-Süd und dem Verdichtungsraum Bielefeld.

Die ab 1957 in NordrheinWestfalen einsetzende Elektrifizierung der Bundesbahn-Hauptstrecken und die Errichtung eines Intercity-Systems von schnellen Qualitätszügen, die seit 1971 die bedeutendsten Städte der Bundesrepublik Deutschland miteinander verbinden, bedeutete für Münsters Stellung im Eisenbahnnetz eine nachhaltige Stärkung seiner Funktion als regionaler Sammel- und Verteilerpunkt des Fernverkehrs [2358: Kreft-Kettermann, Eisenbahnen].

Von regionaler und zum Teil überregionaler Bedeutung waren auch die Hafenbetriebe am Dortmund-Ems-Kanal, der die Stadt Münster an das europäische Binnenwasserstraßennetz anschließt. Die Häfen konnten 1961 mit 1,72 Millionen Tonnen den Rekordumschlag nach dem Krieg verzeichnen. Zwar ging aufgrund des im wesentlichen abgeschlossenen Wiederaufbaus der Stadt in den folgenden Jahren der Umschlag an Baustoffen erheblich zurück, jedoch konnte sich die Gesamttonnage bis Anfang der siebziger Jahre auf rd. 1,3 Millionen Tonnen stabilisieren. Wichtig für die Funktionsfähigkeit war in dieser Phase auch der weitere Ausbau der Hafenanlagen einschließlich der damit verbundenen übrigen Verkehrsinfrastruktur wie etwa der Erneuerung von Gleisanlagen.

Schließlich konnte die Stadt Münster 1972 durch die Eröffnung des Flughafens Münster/Osnabrück bei Greven den Anschluß an das Luftverkehrsnetz erreichen, in das sie schon vor dem Zweiten Weltkrieg mit dem früheren städtischen Flugplatz Loddenheide (heute Militär- und Gewerbegebiet) in bescheidener Weise integriert war [1798: Mayr, Raum Münster im Luftverkehr; 2435: Mayr/Henseling/Thienel, Luftverkehr II].

Planungen für Freizeit und Erholung

Mit dem Promenadenring, dem Schloßgarten, einigen Anlagen um ehemalige Herrensitze (zum Beispiel Haus Wilkinghege und Haus Wienburg), kleineren Stadtteilparks sowie weiteren Erholungs- und Sportflächen besaß die Stadt Münster in ihren alten Grenzen zu Anfang der sechziger Jahre bereits ein recht differenziertes System von Grünanlagen. Der Bestand an öffentlichen Grünflächen vergrößerte sich allein zwischen 1961 und 1966 um knapp 58 auf insgesamt 134 Hektar; bis zum Ende des Jahres 1974 wuchs diese Fläche auf 185 Hektar an [1670: Münster 1961–1966, S. 91; 1699: 12 Jahre Bauverwaltung, S. 57].

Bedeutendste Neuanlage der Freizeit- und Freiraumplanung war die Vergrößerung des Aaseegeländes mit dem Mühlenhof-Freilichtmuseum und dem neuen Zoo. Das von einer freien Bürgerinitiative ab 1960 errichtete Museum, das bis in die jüngere Vergangenheit kontinuierlich ausgebaut wurde, liegt in unmittelbarer Nähe des neuen Teils des Aasees. Dieser wurde entsprechend dem 1970 von der Landesregierung beschlossenen Nordrhein-Westfalen-Programm 1975 und dem Landesentwicklungsplan III von 1976 von 20,7 auf 40,4 Hektar vergrößert und zusammen mit neuen Grünflächen, Spielgelände, Wander- und Radwegen, Parkplätzen sowie dem 1973 eröffneten neuen Allwetterzoo als Freizeit- und Erholungsschwerpunkt ausgebaut. Der Aaseebereich ist mit den genannten Einrichtungen und dem 1982 hinzugekommenen Westfälischen Museum für Naturkunde nicht nur das bedeutendste innerstädtische Erholungsgebiet, sondern zugleich auch von regionaler Bedeutung.

Entwicklung und Verteilung der Bevölkerung

Nach dem außerordentlich starken Anstieg der Einwohnerzahl der Stadt Münster in der ersten Nachkriegszeit bis Ende der fünfziger Jahre, die durch Rückwanderung der im Krieg evakuierten Bevölkerung, natürliche Entwicklung (starke Geburtenüberschüsse) sowie die Flüchtlingsströme aus dem östlichen Deutschland bedingt war, schwächte sich das Wachstum zwischen 1960 und 1970 etwas ab; es erreichte in der ersten Hälfte der siebziger Jahre aufgrund der insgesamt sehr viel geringer gewordenen Wanderungsgewinne und der ab 1972 einsetzenden Geburtendefizite sogar eine gewisse Stagnation. Insgesamt nahm die Bevölkerung zwischen 1960 und Ende 1974 im alten Stadtgebiet absolut nur um rd. 20 000 Einwohner zu. Aufgrund der Zuwanderung in der Nachkriegszeit verringerte sich der traditionell sehr hohe katholische Bevölkerungsanteil von 72,9 Prozent im Jahr 1950 auf 67,2 Prozent im Jahr 1974, während im gleichen Zeitraum der Anteil der Evangelischen von 24,2 Prozent auf 28,4 Prozent anwuchs [1662: Statistischer Jahresbericht 1974, S. 19].

Hinsichtlich der räumlichen Verteilung unterschiedlicher Haushaltstypen im ehemaligen Stadtgebiet bestand zum Beispiel 1970 bereits das auch für die Gegenwart charakteristische Verteilungsmuster einer Konzentration von Einpersonenhaushalten im dichter besiedelten Innenstadtgebiet (mit sehr hohem Anteil von Studierenden im

Einwohnerentwicklung der Stadt Münster zwischen 1945 und 1990:

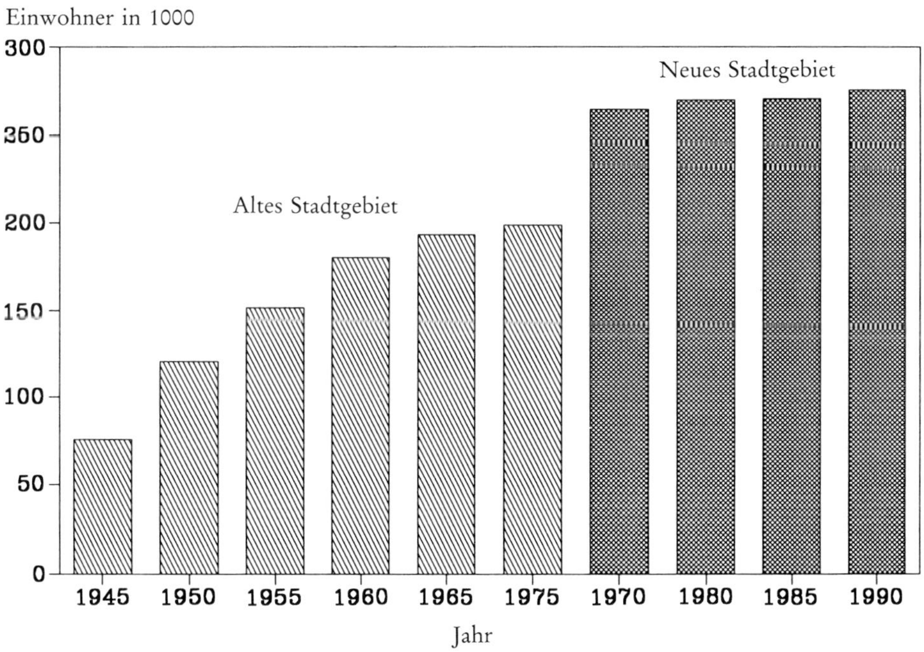

Quellen 1662: Statistischer Jahresbericht 1989, S. 38; 1650a: Bevölkerungsprognose, S. 40; 1649: Statistischer Bericht 4/1990, S. 64

Nordviertel) und einer Häufung von Mehrpersonenhaushaltungen in den randlichen Wohnvierteln der Stadt.

5. *Räumlich-strukturelle Entwicklung und Auswirkungen der Stadtplanung seit 1975*

Innerstädtische Differenzierung der Bevölkerungsentwicklung und -verteilung im Vergleich zu den Nachbargemeinden

Mit Wirkung vom 1. Januar 1975 wurde die Stadt Münster aufgrund des am 9. Juli 1974 vom Landtag verabschiedeten Gesetzes zur Neugliederung der Gemeinden und Kreise des Neugliederungsraums Münster/Hamm mit ihren neun Umlandgemeinden – bei gleichzeitiger Auflösung des bis dahin die Stadt umschließenden Kreises Münster – zu einer neuen politischen Einheit zusammengeschlossen. Durch diese kommunale Vereinigung des städtischen Verflechtungsgebiets, mit der die Fläche der Stadt Münster von ehemals 73,8 auf nunmehr 302,2 Quadratkilometer ganz erheblich anwuchs, vergrößerte sich auch die Einwohnerzahl sprunghaft, und zwar von etwa 200 500 auf rd. 262 500. Bevölkerungsstärkster neuer Stadtteil war die ehemalige Gemeinde Hiltrup mit etwa 14 700 Einwohnern, gefolgt von der flächengroßen, mehrere Siedlungsbereiche umfassenden früheren Gemeinde St. Mauritz (rd. 10 600 Einwohner) sowie von Angelmodde (rd. 6800 Einwohner), Handorf (rd. 6700 Einwohner), Wolbeck (rd. 6100 Einwohner), Roxel (rd. 5700 Einwohner), Amelsbüren (rd. 4600 Einwohner), Nienberge (3800 Einwohner) und Albachten (rd. 3500 Einwohner).

Gegenüber dem sehr starken Bevölkerungswachstum in der unmittelbaren Nachkriegszeit war der Einwohnerzuwachs im neuen Stadtgebiet zwischen 1975 und der Gegenwart deutlich abgeschwächt, wobei bis 1983 mit 273 453 Einwohnern das bisherige Bevölkerungsmaximum erreicht wurde und seither eine Stagnation in der Einwohnerentwicklung festgestellt werden kann. Dabei ist jedoch zu beachten, daß ab 1987 die statistische Erfassung der Einwohnerzahl durch das Landesamt für Datenverarbeitung und Statistik enger gefaßt wird (nach dem Volkszählungsergebnis vom 25. Mai 1987 lediglich 246 186 Einwohner) als die interne Fortschreibung der sogenannten wohnberechtigten Bevölkerung durch die Stadt Münster einschließlich der Einwohner mit Nebenwohnsitz.

Ungeachtet des relativ geringen Einwohnerzuwachses in der Gesamtstadt zwischen 1975 und 1989 lassen sich für die innerstädtischen Teilräume zum Teil erheblich unterschiedliche Entwicklungen feststellen. So war in dem stark verdichteten Kernraum der Stadt Münster (Altstadt, Innenstadtring, Mitte-Nord, -Ost und -Süd sowie Hafen) in den vergangenen 15 Jahren die Einwohnerzahl stark rückläufig. Entsprechendes gilt für die randlich gelegenen Teilräume Coerde und Sprakel.

Vor allem die peripheren Stadtteile im Südosten (Wolbeck, Hiltrup und Angelmodde) und im Westen (von Kinderhaus und Nienberge bis Mecklenbeck und Albachten) waren im gleichen Zeitraum durch überdurchschnittlich hohe Einwohnerzuwächse charakterisiert. So wuchs zwischen 1975 und 1989 zum Beispiel Nienberge um 66 Prozent auf ca. 7200 Einwohner an, Gievenbeck um 41 Prozent auf ca. 12 200 Einwohner, Kinderhaus um 39 Prozent auf 15 700 Einwohner, Roxel um 38 Prozent

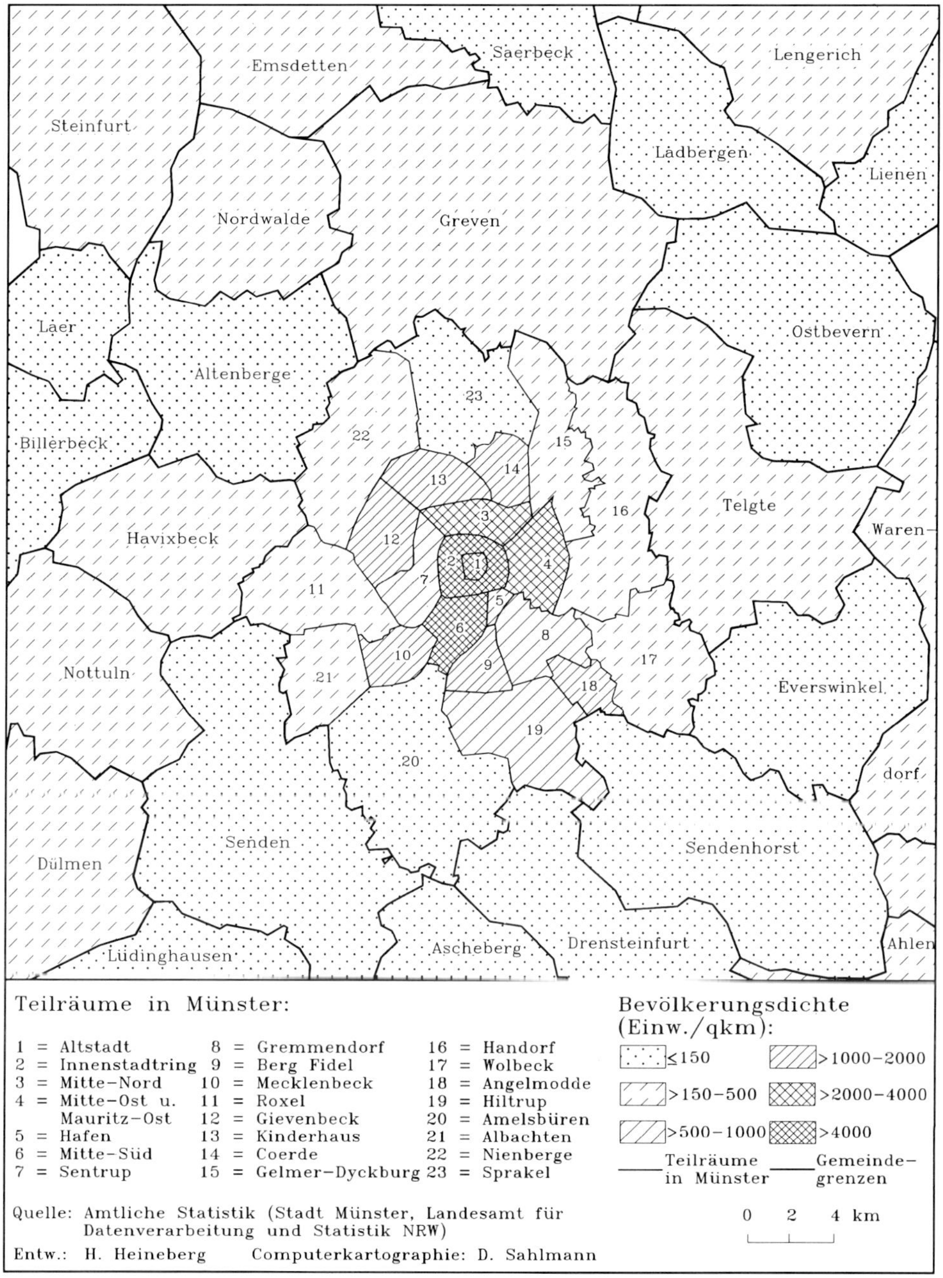

Bevölkerungsdichte in der Stadtregion Münster 1987

auf rd. 8200 Einwohner, Hiltrup um 34 Prozent auf rd. 20 400 Einwohner, Mecklenbeck um 32 Prozent auf rd. 8200 Einwohner sowie Albachten um knapp 27 Prozent auf rd. 4500 Einwohner. Das starke Wachstum der Bevölkerung in den randlich gelegenen Stadtteilen spiegelte die bedeutende Wohnungsbautätigkeit bis etwa 1984 wider. Dieser zentral-periphere Gegensatz in der Bevölkerungsumverteilung ist ein typisches Merkmal des auch für andere großstädtische Verdichtungsräume zutreffenden Suburbanisierungsprozesses, der in der Stadt Münster unter anderem auch durch Planung und Ausbau neuer Stadtteile sowie die Universitätsentwicklung beeinflußt wurde. Diese Suburbanisierung setzte sich über die Stadtgrenze hinaus auch in die angrenzenden, durch intensiven Pendlerverkehr mit Münster verflochtenen Gemeinden fort, insbesondere westlich, südlich und östlich der Stadt mit Spitzenwerten des Einwohnerzuwachses in Nottuln und Everswinkel.

Die bereits für die Nachkriegszeit vor 1975 im Bereich des alten Stadtgebiets herausgestellte unterschiedliche räumliche Differenzierung der Haushaltstypen mit dem sehr hohen Anteil von Einpersonenhaushaltungen in den dichter besiedelten älteren Stadtteilen und im Westen der Innenstadt (Gievenbeck) sowie von Mehrpersonenhaushaltungen im äußeren Stadtgebiet wurde durch die Eingemeindung benachbarter, vor allem durch Einfamilienhäuser geprägter Vororte noch deutlicher.

Die jeweilige bauliche Entwicklung in den verschiedenen Stadtteilen spiegelt auch die Differenzierung der Altersstruktur der Bevölkerung wider. So wurden um 1975 einerseits hohe Anteile von Kindern und von 30- bis 45jährigen in den jüngeren Neubaugebieten bzw. von heranwachsenden Schulkindern und Angehörigen der mittleren Jahrgänge in den älteren Wohngebieten sowie andererseits im Stadtbezirk Mitte eine Überalterung der Bevölkerung bei gleichzeitig überproportional starken „Studenten“-Jahrgängen festgestellt. Diese tendenziell auch in der Gegenwart noch bestehende ungleiche Verteilung der Haushalts- und Familientypen hatte erhebliche Konsequenzen für den Wohnfolgebedarf und die übrige Infrastruktur im vergrößerten Stadtgebiet, wie zum Beispiel für Kindergärten, Schulen, Jugend- und Alteneinrichtungen sowie Wohnheime.

Bauleit- und Entwicklungsplanung im neuen Stadtgebiet seit 1975

Mit der kommunalen Neugliederung ergab sich für die Stadt Münster nicht nur die Chance, sondern zugleich auch die Notwendigkeit einer völlig neuen Stadtentwicklungsplanung. Diese hatte sich an den Zielvorstellungen zu orientieren, die im Stadtentwicklungskonzept „Münster 2000“ formuliert wurden und als wesentliche Grundlage für den kommunalen Zusammenschluß dienten; darüber hinaus mußten aber auch übergeordnete landesplanerische Vorgaben und Ziele, andere planungsrechtliche Bedingungen sowie die reduzierten Wachstumserwartungen von Bevölkerung und Wirtschaft Berücksichtigung finden.

Der für das alte Stadtgebiet Münster bereits 1960 entworfene und 1962 genehmigte Flächennutzungsplan, der auf dem neuen Bundesbaugesetz von 1960 beruhte, die vorhandene und beabsichtigte Art der Bodennutzung im Stadtgebiet in den Grundzügen darstellte und behördenintern verbindlich war, war bis 1974 durch nicht weniger als 43 Änderungen beträchtlich modifiziert worden und bedurfte schon allein deshalb dringend einer Überarbeitung. Rechtsgültige Flächennutzungspläne existierten zudem für die 1975 eingemeindeten Vororte Handorf (genehmigt 1962, seitdem

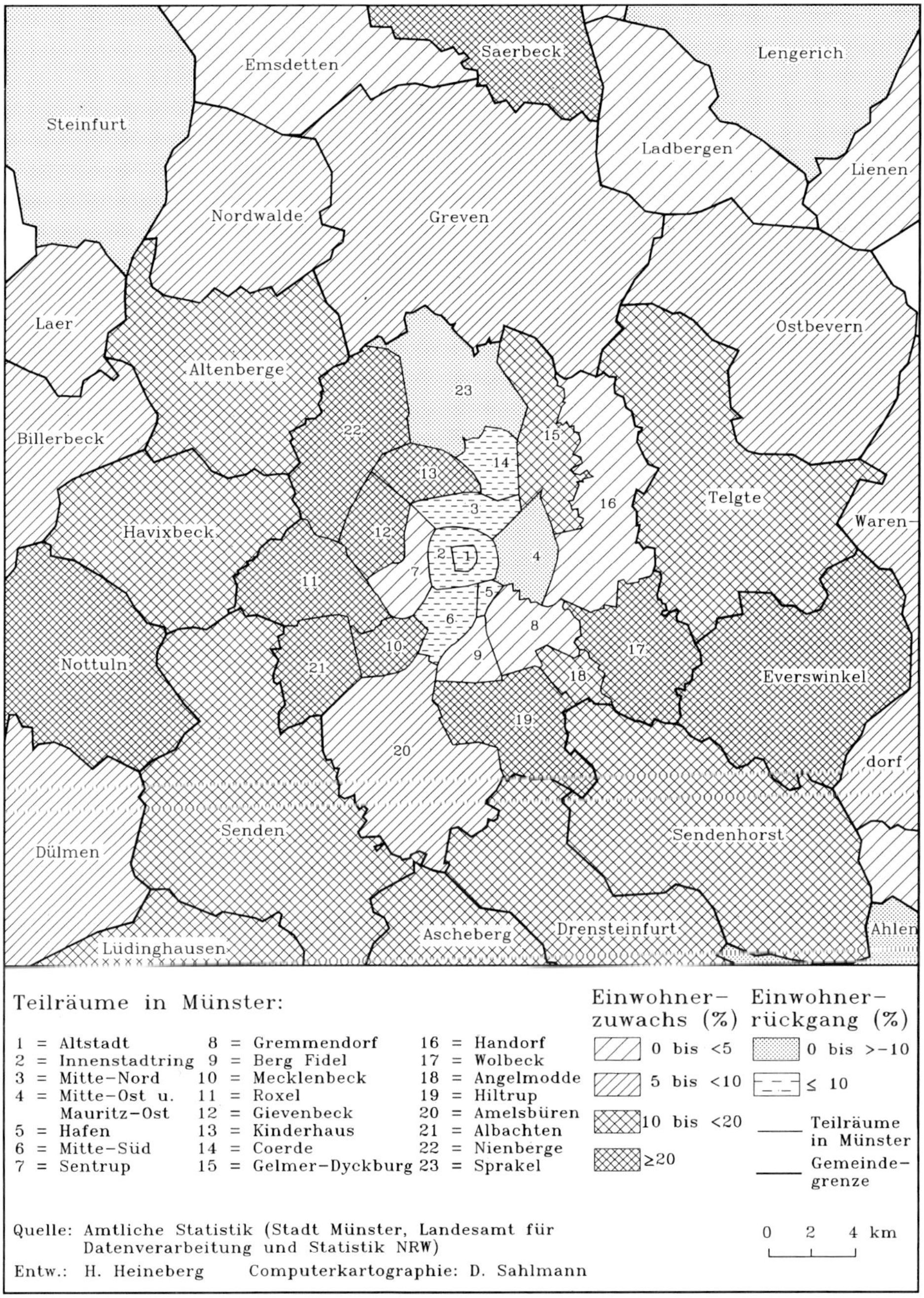

Bevölkerungsentwicklung in der Stadtregion Münster zwischen 1975 und 1989

vier Änderungen), Hiltrup (genehmigt 1964, drei Änderungen) und St. Mauritz (genehmigt 1966, drei Änderungen); darüber hinaus bestanden Flächennutzungsplanentwürfe für die Planungsverbände Albachten/Nienberge/Roxel (1972) und Angelmodde/Wolbeck (1974).

Während der Flächennutzungsplan für das alte Stadtgebiet Münster zunächst weiter Gültigkeit behielt, wurden die für die ehemaligen Nachbargemeinden bestehenden Flächennutzungspläne außer Kraft gesetzt. Bei der bereits am 30. Juni 1975 vom Rat der Stadt beschlossenen Erarbeitung und Aufstellung eines neuen Flächennutzungsplans für die beträchtlich vergrößerte Stadtfläche war aber auf die mehr als 200 bestehenden rechtskräftigen Bebauungspläne, davon 62 in den ehemaligen Umlandgemeinden, Rücksicht zu nehmen. Mit diesen allgemein rechtsverbindlichen Plänen der Bauleitplanung existierten bedeutsame Vorgaben für Baurechte – zum Beispiel für zahlreiche ausgewiesene Flächen des allgemeinen Wohnungsbaus.

Berücksichtigt wurde bei der Aufstellung eines neuen Flächennutzungsplans ferner eine Reihe von Fachgutachten einschließlich erster stadtteilbezogener Rahmenpläne, die teils bereits vor 1975 existiert hatten oder in der zweiten Hälfte der siebziger Jahre bearbeitet worden waren. Zu ihnen zählten zum Beispiel die Strukturpläne für Münster-Gievenbeck (1971/72) und Münster-Mecklenbeck (1975), das Konzept für das Zentrum Nord (1973) sowie Generalverkehrs-, Schulentwicklungs- und andere Fachpläne [1686: Erläuterungsbericht, S. 81f].

Nach dem Bundesbaugesetz war der Flächennutzungsplan den übergeordneten Zielen der Raumordnung und Landesplanung anzupassen. Die für diese Anpassung zu beachtenden Zielvorgaben waren bzw. sind festgelegt im Landesentwicklungsprogramm Nordrhein-Westfalen von 1974 sowie in den bereits erwähnten Landesentwicklungsplänen I (Fassung von 1970), II (1970) bzw. I/II („Raum- und Siedlungsstruktur" 1979), die ein Konzept von Entwicklungsschwerpunkten und -achsen vorsahen. Hinzu kam der 1976 beschlossene Landesentwicklungsplan III „Gebiete mit besonderer Bedeutung für Freiraumfunktionen – Wasserwirtschaft und Erholung". Die weiteren gegenwärtig bestehenden Landesentwicklungspläne lagen zum damaligen Zeitpunkt noch nicht vor; sie sind – abgesehen von der Novellierung des Landesentwicklungsplans III (1987) – für das Stadtgebiet Münster zudem ohne Belang. Auch die Entwürfe zu den Gebietsentwicklungsplänen „Westliches Münsterland" und „Zentrales Münsterland" befanden sich 1975 noch im Erarbeitungsverfahren, so daß diesbezüglich keinerlei Rücksichtnahme erforderlich war.

Der Verfahrensablauf zur Aufstellung des neuen Flächennutzungsplans – vom Aufstellungs- über den Feststellungsbeschluß bis zur Genehmigung durch den Regierungspräsidenten – zog sich über einen längeren Zeitraum hin. Bei der Genehmigungsverfügung 1980 nahm der Regierungspräsident jedoch 41 Teilbereiche aus, so daß nach einem neuerlichen Eintritt in das Verfahren erst nach insgesamt sechs Jahren (1981) der gesamte Flächennutzungsplan genehmigt und veröffentlicht werden konnte.

Allgemeines Ziel eines Flächennutzungsplans ist es, die städtebauliche Entwicklung einer Gemeinde so zu ordnen, daß für einen Zeitraum von zehn bis fünfzehn Jahren die voraussehbaren Bedürfnisse bestmöglich befriedigt werden können. Die Stadt Münster entsprach dieser Aufgabenstellung durch Erarbeitung eines Strukturmodells, das die Grundzüge der räumlichen Verteilung und Zuordnung von Siedlungsflächen (einschließlich Gewerbe und Sondernutzungen) und Freiflächen sowie auch die verbindenden Verkehrswege enthält. In ihm sind die Orientierung an einer von Nord nach Süd gerichteten Hauptentwicklungsachse, die tradierte Radialstruktur der Verkehrswege in Verbindung mit einem Konzept von Siedlungsschwerpunkten, die spezifische westwärts gerichtete Weiterentwicklung der Universität und die Gliederung der Frei- und Erholungsflächen zusammengefaßt. Auf spezielle Probleme einzelner Fachplanungen soll in den folgenden thematischen Abschnitten eingegangen werden.

Von Bedeutung für die weitere Stadtentwicklungsplanung waren aber auch Konzepte, die auf der Grundlage des ehemaligen Städtebauförderungsgesetzes (1971) zur Erneuerung einzelner städtischer Siedlungsräume in Angriff genommen wurden, sowie die den kreisfreien Städten und Kreisen durch das Landschaftsgesetz von 1975 übertragene Aufstellung von Landschaftsplänen.

Schließlich ist zu berücksichtigen, daß durch die Änderungen der nordrhein-westfälischen Gemeindeordnung (1974/84) als Ausgleich für die starke Verringerung der Verwaltungseinheiten in den kreisfreien Städten verpflichtend die Bezirksverfassung eingeführt wurde, die auch den Bezirksvertretungen einen in letzter Zeit noch gewachsenen Katalog von Aufgaben und Zuständigkeiten einräumt. In Münster existieren seit der kommunalen Neugliederung sechs Stadtbezirke (Mitte, West, Nord, Ost, Südost und Hiltrup).

Wohnungsbau und Stadterneuerung

Durch die Eingliederung der ehemaligen Umlandgemeinden nahm der Wohnungsbestand der vergrößerten Stadt Münster um rd. 18 000 Wohnungseinheiten auf insgesamt 88 930 am 1. Januar 1975 zu. In den folgenden sechs Jahren bis 1980 wurden in Münster 5754 Wohngebäude und 12 358 Wohnungen, d. h. durchschnittlich pro Jahr über 2000 Wohneinheiten, fertiggestellt. 1979 war mit 2679 neuen Wohneinheiten das Jahr maximaler Bautätigkeit in dieser Phase. Bei einer Gegenüberstellung des gesamten Wohnungsbestandes und der Haushalte war der Wohnungsmarkt innerhalb des neuen Stadtgebiets in dieser Phase im wesentlichen ausgeglichen; die Belegungsdichte lag am 1. Januar 1981 bei 2,67 Einwohnern pro Wohneinheit [1714: Probleme des Städtebaus, S. 29]. Dennoch gab es damals für einige Bevölkerungsgruppen deutliche Engpässe, und zwar für Studenten, Spätaussiedler und Flüchtlinge, Ausländer, Sozialhilfeempfänger und ältere Bürger. Diese Gruppen waren bzw. sind wesentlich an preisgünstigem Wohnraum aus früheren Förderungsjahren und an Altbauwohnungen interessiert, die nur beschränkt verfügbar sind. Problematisch war in diesem Zusammenhang, daß sich das Verhältnis zwischen öffentlich geförderten und der Gesamtzahl der Wohnungen ständig verschlechterte. Die Anteile der öffentlich geförderten Wohnungen am gesamten Wohnungsbestand betrugen 1975 rd. 32 Prozent, 1981 nur noch 26 Prozent.

Die Hauptschwerpunkte der Wohnungsbautätigkeit in der zweiten Hälfte der 1970er Jahre lagen in den neuen Stadtteilen – insbesondere in Hiltrup, Nienberge und Roxel mit vorherrschendem Einfamilienhausbau – sowie im Neubaugebiet von Kinderhaus-West mit unterschiedlichen Wohnformen von Flachdachbungalows bis zu Geschoßbauten. Die bedeutende Entwicklung des Wohnungsbaus in den äußeren

Fertiggestellte Wohnungen zwischen 1981 und 1990 nach Wohnungsart und Gebietstypen (Wohneinheiten):

Ein- und Zweifamilienhäuser

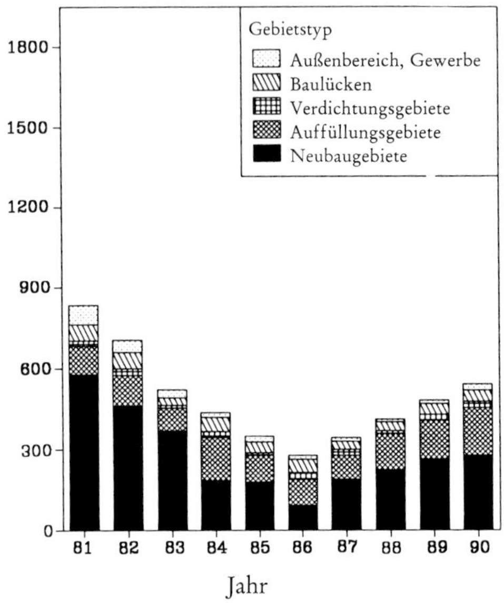

Mehrfamilienhäuser und Appartements

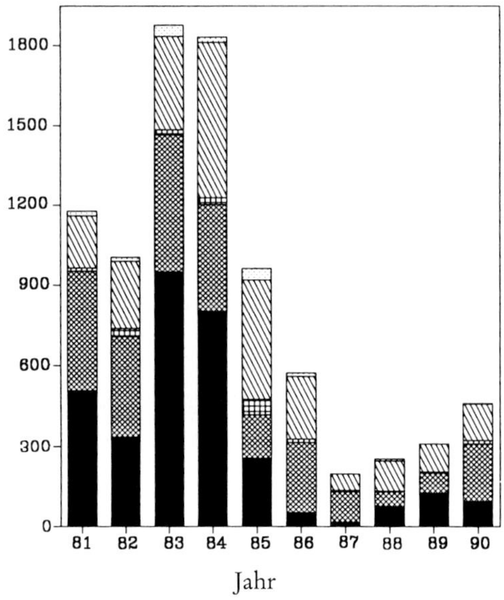

Quelle Baugebietsdatei des Stadtplanungsamts

Ortsteilen stellte ein Charakteristikum des allgemeinen jüngeren Suburbanisierungsprozesses dar.

Die 1980er Jahre waren hinsichtlich des Wohnungsbaus durch zwei verschiedene Phasen gekennzeichnet: Zwischen 1981 und 1984 verblieb die Wohnraumerstellung mit durchschnittlich 2138 neuen Wohneinheiten pro Jahr – bedingt durch große und insgesamt erheblich gewachsene Anteile von Wohnungen in Mehrfamilienhäusern und Appartements – auf einem hohen Niveau. Die außerordentliche Wohnungsbauleistung der Jahre 1983 und 1984 erfolgte nicht nur durch die Schließung innerstädtischer Baulücken, sondern auch durch die Fertigstellung neuer Siedlungskomplexe in den Stadtteilen Kinderhaus und Gievenbeck im alten Stadtgebiet. Ab 1985 setzte – unter anderem bedingt durch zunehmende Wohnungsleerstände in Großwohngebieten und durch das Auslaufen zeitlich befristeter Steuervorteile – eine abrupte Verringerung der Neubautätigkeit ein, die 1987 mit nur noch 543 Wohneinheiten ein absolutes Minimum erreichte und bis Ende der achtziger Jahre nur leicht wieder anstieg. Vor allem aufgrund des radikalen Rückgangs neuerstellter Mehrfamilienhäuser einerseits sowie der nicht vorausgesehenen Zuwanderungen von Spätaussiedlern, Übersiedlern und nicht zuletzt auch von Studierenden andererseits entstand jedoch – wie auch in den meisten anderen Großstädten der Bundesrepublik – nach 1988 wiederum eine wachsende Nachfrage nach Wohnraum; diese auch aktuell noch anhaltende Engpaßsituation wird bereits allgemein als „Neue Wohnungsnot“ charakteri-

Wohnungsbau zwischen 1981 und 1990 nach Wohnungsart (Wohneinheiten):

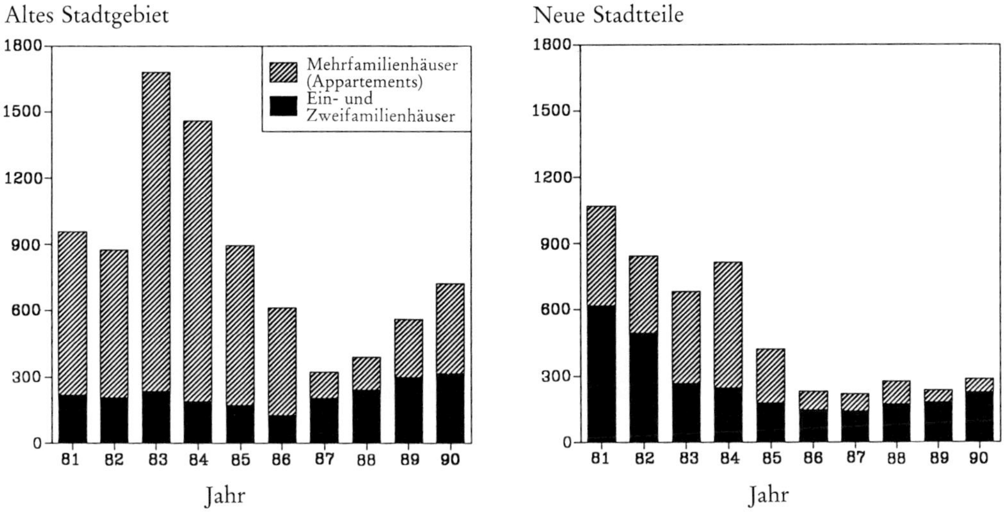

Quelle Baugebietsdatei des Stadtplanungsamts

siert. Der Gesamtwohnungsbestand in Münster betrug am 31. Dezember 1990 122 410 bei einer durchschnittlichen Belegungsdichte von lediglich 2,3 Einwohnern pro Wohnungseinheit bzw. – zum Zeitpunkt der Wohnungs- und Gebäudezählung 1987 – von 37 Quadratmetern Wohnraum pro Einwohner. Diese Zahlen verdeutlichen im Vergleich mit entsprechenden früheren Daten die zwischenzeitlich gestiegenen Ansprüche an größere und bessere Wohnflächen.

Ab Mitte der achtziger Jahre hatte sich aufgrund der genannten Entwicklungen erstmals in der Nachkriegsgeschichte ein Überangebot an baureifen Flächen für den Wohnungsbau herausgestellt. Die quantitative Ausweisung neuer Bauflächen hatte – vorübergehend – an Bedeutung verloren. In den Vordergrund waren vielmehr nachfrageorientierte, stärker qualitative Aspekte des Wohnungsbaus getreten. Dazu gehörten die erheblich zunehmende Einrichtung von Appartements und Kleinwohnungen innerhalb des Geschoßwohnungsbaus, das kosten- und flächensparende Bauen, das in Münster erstmals mit einem Neubaugebiet im Stadtteil Mecklenbeck (Am Dill) verwirklicht wurde, sowie vor allem auch Maßnahmen der Stadterneuerung und Wohnumfeldverbesserung in Altbaugebieten und vielfältige städtebauliche Nachbesserungen in Großwohnanlagen, vor allem in Kinderhaus-West (Brüningheide).

Die seit Mitte der siebziger Jahre wachsenden Bevölkerungsverluste und eine Anzahl weiterer Probleme in den stärker verdichteten Altbaugebieten der münsterischen Innenstadt hatten bereits um 1975 zu Strukturuntersuchungen bezüglich der Planung von Stadterneuerungsmaßnahmen seitens der Stadt Münster geführt; am 1. März 1978 beschloß der Rat der Stadt das „Innenstadtprogramm zur Verbesserung der Wohnqualität". Die Hauptziele dieses auch räumlich umfassenden Programms, das vor allem in den Bereichen Alter Schützenhof, Hansaviertel und Kreuzviertel in den achtziger Jahren in großen Teilen realisiert werden konnte, waren:

- keine Verdrängung der Wohnnutzung durch Ausdehnung anderer Nutzungen,
- keine Flächensanierung, sondern kleinteilige Erhaltungsund Modernisierungsmaßnahmen,
- Schaffung und Erhaltung preiswerter und großer Wohnungen für Familien mit mehr als zwei Kindern,
- Verbesserung der Wohnungs- und Wohnumfeldqualität sowie
- Anregung und Unterstützung der Privatinitiative.

Als Maßnahmen mit beträchtlicher finanzieller Unterstützung seitens der Stadt Münster dienten die Verkehrsberuhigung, die Auslagerung störender Gewerbebetriebe, die Umgestaltung einzelner Blockinnenbereiche, die Anlage von Grün-, Spiel- und Ruheflächen sowie Wohnungsmodernisierungen, deren Ausführungen allerdings mit unterschiedlichsten Problemen verbunden waren. Besonders auffällig sind die zahlreichen gelungenen Fassadenrenovierungen (zum Beispiel in der Raesfeldstraße im Kreuzviertel) und Verkehrsberuhigungsmaßnahmen, die zusammen mit den Modernisierungen von Altbauwohnungen zu beträchtlichen Wohnwertverbesserungen in der äußeren Innenstadt geführt haben. Bereits im Jahr 1981 lief das Innenstadtprogramm aus und wurde in das weniger geförderte „Programm zur Verbesserung der Wohnqualität" übergeleitet.

Jüngere Maßnahmen der komplexen Stadterneuerung haben sich nicht nur auf Gebiete mit überwiegender Wohnfunktion, sondern auch auf gemischte Baugebiete bezogen. Dazu zählen zahlreiche aktuelle Einzelmaßnahmen zur städtebaulichen Verbesserung und Verkehrsneuordnung im Bereich der Altstadt, insbesondere der Hauptgeschäftsstraßen, sowie die Umgestaltung des Bahnhofsviertels. Der Bahnhofsbereich ist zwar durch relativ gute ÖPNV-Verkehrsanbindungen gekennzeichnet; Probleme ergaben sich jedoch bis Ende der achtziger Jahre durch zu geringen Parkraum in Bahnhofsnähe sowie durch Baulücken und provisorische Wiederaufbauten und die Aufgabe von Betriebsstandorten – vornehmlich ehemalige Büronutzung – mit ungeklärter Folgefunktion. Negativ wirkten sich zudem für die Verknüpfung mit dem Ostviertel die Barrierewirkung des Bahnkörpers, insbesondere für Radfahrer und Fußgänger, ein zu geringes Angebot an Grün- und Parkflächen sowie störende Nutzungen und Parkprobleme in den angrenzenden Wohngebieten aus.

Im Jahr 1985 wurde ein städtebaulicher Ideenwettbewerb für die beiden Stadtteile westlich und östlich des Hauptbahnhofs ausgeschrieben. Zu den bis Anfang der neunziger Jahre im Bahnhofsviertel durchgeführten städtebaulichen Maßnahmen zählten die Errichtung von zwei Parkhochhäusern südwestlich und nordöstlich des Bahnhofs, einer Parkanlage unmittelbar östlich des Bahngeländes durch Umgestaltung des Bremer Platzes sowie der Umbau der Windthorststraße, die den Bahnhof mit der Altstadt verbindet, zu einer Fußgängerzone. Dennoch besteht im gesamten Bahnhofsumfeld noch immer eine Vielzahl von Verkehrs- und Gestaltungsproblemen, die in den neunziger Jahren gelöst werden sollen und bereits Gegenstand entsprechender Einzelpläne sind.

Positive Erfahrungen mit den bisherigen Maßnahmen zur Erneuerung und Entwicklung der Innenstadt sowie der Wunsch nach einer Erweiterung und umfassenden Integration der Einzelprojekte führten den Rat 1986 zu dem Beschluß, eine zukunftsweisende Zusammenschau und Fortentwicklung als „Leitplan Stadterneuerung" in Auftrag zu geben. Der 1989 als vorbereitende Untersuchung gemäß § 141 Bundesbaugesetz von einem Gutachterteam in Zusammenarbeit mit dem Stadtplanungsamt Münster erarbeitete Plan enthält eine Fülle von konzeptionellen Anregungen für folgende Problemschwerpunkte:
- Steuerung des Verkehrs,
- Sicherung und Mehrung natürlicher und naturnaher Elemente in der Stadt,
- Pflege der Stadtgestalt,
- Entwicklung der Wirtschaftskraft auch in der Innenstadt.

Im „Leitplan Stadterneuerung" wurde versucht, die bisherigen Planungen und Maßnahmen zur Verbesserung der Wohnqualität sowie die neuen Aufgabenfelder „ökologische Stadterneuerung" und „Stadtstrukturverbesserung" miteinander zu verbinden und aufeinander abzustimmen. Als besonders dringlich wurde die wechselseitige Verknüpfung unterschiedlicher „Kernräume" der Innenstadt angesehen, zum Beispiel der Altstadt mit dem Bahnhofsviertel als zweitem Kristallisationskern der City oder des Bahnhofsviertels mit dem Gebiet um Stadthafen und Halle Münsterland, das zu einem hochrangigen Gewerbegebiet und Messestandort entwickelt werden könnte. Darüber hinaus werden in dem Gutachten auch wichtige Anregungen zur zukünftigen Verkehrsplanung gegeben.

Tertiärer Sektor und Zentrenstrukturen

Die Stadt Münster zeichnet sich als herausragender solitärer Verdichtungsraum mit differenzierten oberzentralen Funktionen und großem Einzugsbereich aus. Die besondere Stellung der Stadt im System der zentralen Orte Nordrhein-Westfalens spiegelt sich auch in dem sehr hohen Beschäftigungsanteil im tertiären Sektor wider, der von 74 Prozent (1970) auf 80 Prozent (1987) angewachsen ist. Dem starken jüngeren absoluten und relativen Wachstum der Dienstleistungen von Unternehmen und freien Berufen steht der leicht rückläufige Anteil des Handels an der Gesamtzahl der Beschäftigten gegenüber; der Anteil von Gebietskörperschaften und Sozialversicherungen ist zwar relativ stabil geblieben, hat jedoch in absoluten Zahlen beträchtlich zugenommen.

Die herausragenden tertiären Funktionen mit ihrer jüngeren Dynamik werden auch in besonderer Weise im stadträumlichen Gefüge Münsters sichtbar. So hat die City als höchstrangiger zentraler Standortraum der Stadt, der sich sektorartig vom Altstadtkern bis zum Bahnhofsbereich erstreckt, seit 1975 einen weiteren Ausbau seiner ober- und mittelzentralen Nutzungsvielfalt erfahren. Beispiele dafür sind neben der beträchtlichen räumlichen Konzentration und Diversifizierung vor allem gehobener öffentlicher und privater Dienstleistungen [1765: Heineberg/de Lange, Cityentwicklung] die Neuerrichtung des Aegidiimarktes mit zehngeschossiger Tiefgarage als Cityerweiterungsprojekt (eröffnet 1979) oder die in den achtziger Jahren durchgeführten Vergrößerungen bzw. Neubauten der beiden City-Warenhäuser

Horten und Karstadt: das am Schnittpunkt der Ludgeristraße mit dem Prinzipalmarkt gelegene, 1962 eröffnete Warenhaus Horten konnte 1982/83 seine Verkaufsfläche auf ca. 12 500 Quadratmeter erweitern und damit nahezu verdoppeln, während das 1959 neuerrichtete Warenhaus Karstadt 1984 gänzlich abgerissen und bis 1986 durch einen großen Neubau mit rd. 16 000 Quadratmeter Verkaufsfläche ersetzt wurde. Danach erfolgte ein erneuter Umbau des Warenhauses Horten zu einer modernen „Galeria"-Verkaufsform mit neuer Eingangsgestaltung. Die Warenhausexpansion, die vor allem aus der besonderen Attraktivität der münsterischen City bei nur wenigen konkurrierenden Standorten (größere Stadtteilzentren, Selbstbedienungswarenhäuser oder Fachmärkte) im Außenbereich und näheren Einzugsbereich der Stadt resultiert, hat die beiden Hauptgeschäftsstraßen Ludgeristraße und Salzstraße nicht nur funktional aufgewertet, sondern auch besser miteinander verknüpft. Hinzu kamen weitere räumliche Erweiterungen bestehender Hauptgeschäftsbereiche – zum Beispiel Passagen zwischen Ludgeristraße und Rothenburg sowie Königsstraße – und zahlreiche weitere neue Geschäftsstandorte, vor allem des Bekleidungssektors, im Citykern; diese sind allerdings häufig Folgen mietpreisbedingter Verdrängungs- sowie allgemeiner Filialisierungsprozesse im Einzelhandel.

Eine wichtige Ergänzung der öffentlichen infrastrukturellen Ausstattung war das am östlichen Ende der Salzstraße errichtete neue Stadtmuseum, das im zum „Salzhof" umgebauten ehemaligen Karstadt-Möbelhaus nach dem Prinzip „Kultur und Kommerz" zusammen mit einigen Dienstleistungs- und Einzelhandelseinrichtungen 1989 eröffnet wurde. Von Bedeutung sind zudem der große Neubaukomplex der Stadtbücherei auf dem ehemaligen innerstädtischen Parkplatz „Asche" unmittelbar nördlich des Hauptgeschäftsbereichs, die vorgesehene Umgestaltung des benachbarten Krameramtshauses (ehemalige Stadtbücherei) in ein überwiegend von universitären Einrichtungen genutztes, repräsentatives „Haus der Niederlande" sowie das am Westrand der Altstadt neuerrichtete große Verwaltungsgebäude des Landgerichts (Am Stadtgraben).

Durch diese und andere wichtige neue öffentliche Gebäudekomplexe innerhalb und außerhalb der City (zum Beispiel Oberfinanzdirektion östlich der Innenstadt und Bildungszentrum der Bundesfinanzverwaltung in Gievenbeck) hat Münster seine Stellung als Verwaltungsmetropole weiter festigen können. Die Standortdezentralisierung von Bürobetrieben und speziellen Weiterbildungseinrichtungen außerhalb der Innenstadt ist ein besonderes Charakteristikum für die jüngeren Prozesse stadträumlicher Planung und Entwicklung nicht nur in Münster, sondern auch in zahlreichen anderen westdeutschen Großstädten. Besonders deutlich wird dies am Ausbau des Verwaltungszentrums Nord nördlich der Innenstadt (1973 mit damals 13 000 prognostizierten Arbeitsplätzen im Dienstleistungssektor geplant) mit einer Ergänzung am Bröderichweg im Stadtteil Kinderhaus; hier entstanden mehrere wichtige Einrichtungen des Dienstleistungssektors mit regionaler Bedeutung (unter anderem Landesversicherungsanstalt Westfalen und Provinzial-Versicherungen der Sparkassen); allerdings weisen größere noch ungenutzte Freiflächen auf Akzeptanzprobleme dieses Standortraums im nördlichen Stadtgebiet hin. Ebenso charakteristisch ist der – weniger geplante – Ansiedlungsprozeß größerer Bürobetriebe und Weiterbildungseinrichtungen beiderseits der Weseler Straße nahe der Auffahrt zu den Bundesautobahnen A 1 und A 43 im Südwesten der Stadt [1768: Heineberg/Steltemeier, Stand-

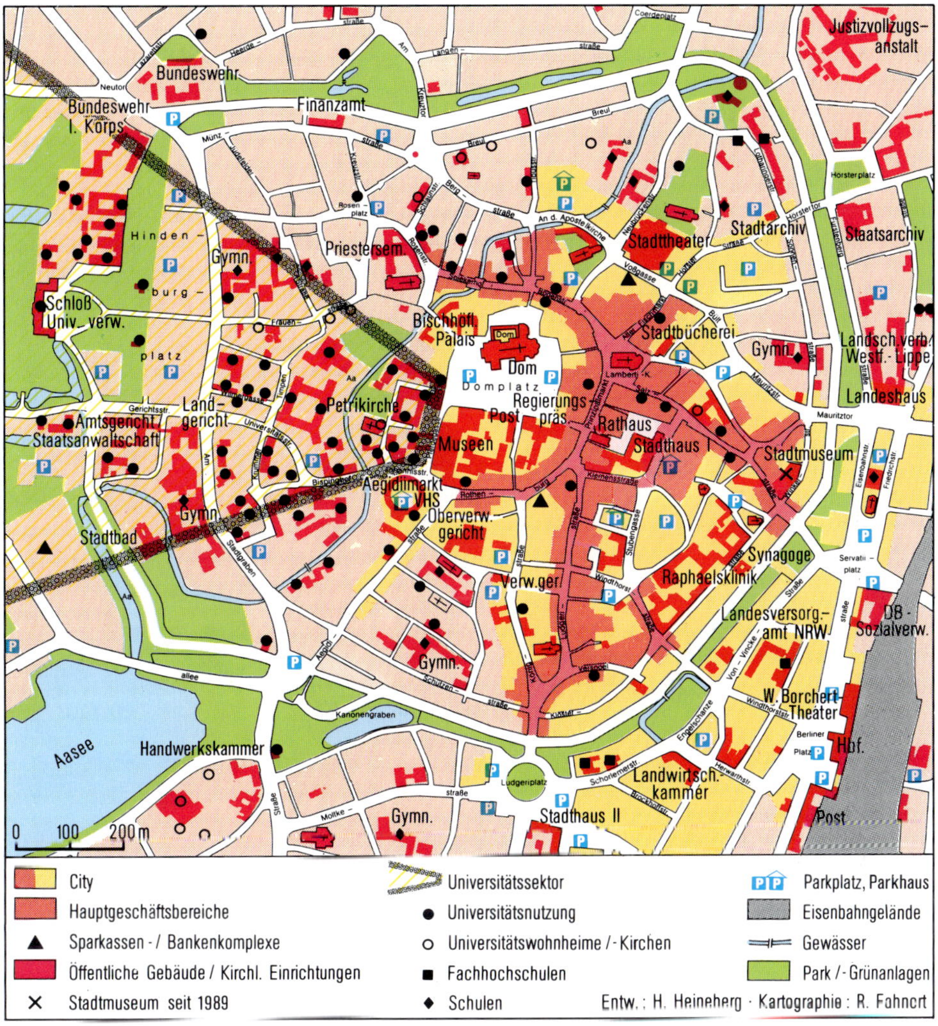

Innenstadt mit City und Universitätssektor um 1980 (mit Nachträgen bis 1989)

ortdezentralisierung]. Die verkehrsgünstige Lage hat die Ansiedlung und Expansion größerer Bürobetriebe im „Südwestsektor" besonders nachhaltig beeinflußt.

Eine weitere bedeutende Standortagglomeration gehobener Dienstleistungseinrichtungen existiert mit dem Universitätssektor im Westteil der Stadt. Dieser wurde durch das zwischen 1971 und 1980 errichtete neue Zentralklinikum mit seinen beherrschenden Bettenhochhäusern sowie durch Erweiterungen des Naturwissenschaftlichen Zentrums (Institutsgruppen, Sportanlagen, Heizwerk, Mensa II und Parkhaus) ganz beträchtlich ausgebaut.

Die Stadt Münster wird zwar gemeinhin als monozentrischer Verdichtungsraum bezeichnet, sie besitzt jedoch außer dezentralisiert angeordneten jüngeren Bürokomplexen auch ein ausgeprägtes hierarchisches System gewachsener und geplanter Stadtteil- und Ortszentren. Dazu zählen zunächst die radial vom Rand der Altstadt ausgehenden, durch verdichtete Wohngebiete der äußeren Innenstadt führenden Cityergänzungsstraßen – insbesondere die Hammer, Warendorfer und Wolbecker Straße mit ihren überwiegend grund- und mittelzentralen Versorgungseinrichtungen, zum Beispiel Arztpraxen, die mit bestimmten Funktionen die City ergänzen, aber auch entlasten [vgl. 1769: Heineberg/Tappe, Nutzungsanalyse]. Hinzu kommen außerhalb der Innenstadt gelegene größere Stadtteilzentren, die mit unterschiedlichen Einrichtungen der öffentlichen Infrastruktur ausgestattet sind. Allen voran steht die ehemals selbständige Gemeinde Hiltrup im südlichen Stadtgebiet mit zwei verkehrsorientierten Einkaufsstraßen, Wochenmarkt, Realschule und zwei Gymnasien, Stadthalle, Hallenbad, Stadtteilbibliothek, Krankenhaus und der Polizeiführungsakademie des Bundes und der Länder. Demgegenüber wurde im nördlichen alten Stadtgebiet im Zusammenhang mit dem Ausbau von Kinderhaus ein neues Stadtteilzentrum mit einem sogenannten Bürgerhaus (mit Hallenbad, Stadtbibliothek, Kommunikations- und Sozialeinrichtungen), Wochenmarkt und benachbartem Schul- und Sportkomplex (mit Gymnasium und Realschule) errichtet. Überdurchschnittlich ausgestattete Stadtteilzentren mit Einkaufsbereichen einschließlich Wochenmarkt, Gymnasium bzw. Realschule sowie Hallenbad existieren auch in den eingemeindeten gewachsenen Vororten Wolbeck und Roxel. Bezüglich der öffentlichen Infrastruktur sowie großenteils auch hinsichtlich privater Dienstleistungsangebote und des Einzelhandels deutlich geringer entwickelt sind eine Vielzahl von gewachsenen Ortsteilzentren (Sprakel, Handorf, Gremmendorf, Amelsbüren, Albachten, Mecklenbeck, Gievenbeck und Nienberge), die beiden im Rahmen neugeplanter Großwohngebiete entstandenen Zentren Aaseemarkt und Coerdemarkt, einige Ladenzeilen an Ausfallstraßen (unter anderem Steinfurter und Grevener Straße) sowie eine größere Zahl kleinerer Nahversorgungszentren.

Der Versorgung mit Einzelhandelsgütern dienen schließlich die an peripheren Standorten errichteten Angebotstypen der Verbraucher- und Fachmärkte mit umfassendem gebührenfreiem Parkraumangebot; diese neuen Einzelhandelsformen sind allerdings in Münster im Vergleich zu anderen Städten ähnlicher Größe – unter anderem aufgrund stadtplanerischer Entscheidungen – weniger stark vertreten. Zu ihnen zählen vor allem der bereits 1964 als erstes deutsches Selbstbedienungswarenhaus am Albersloher Weg errichtete Ratio-Markt mit 13 000 Quadratmetern Verkaufsfläche sowie einem angeschlossenem Großmarkt für Wiederverkäufer (10 000 Quadratmeter), der im Gewerbegebiet Mecklenbeck gelegene HIT-Markt mit ca. 5000 Quadratmetern Verkaufsfläche und je ein Verbrauchermarkt an der Friedrich-Ebert-Straße sowie an der Warendorfer Straße und am Hansaring. Die auch in Münster mit unterschiedlichen Branchen vertretenen Fachmärkte, zum Beispiel Möbel-, Bau- und Handwerker-, Haushaltsgeräte- oder Tapetenmärkte und Gartencenter, bilden eine jüngere Erscheinung im großflächigen Einzelhandelsangebot. Diese Betriebsformen häufen sich vor allem in dem verkehrsmäßig günstig gelegenen Gewerbegebiet Mecklenbeck entlang der Weseler Straße; sie konkurrieren als ebenfalls handelspolitisch aggressive und expansive Angebotsformen in besonderer Weise mit traditionellen Einzelhandelsstandorten und Zentren einschließlich der City.

Entwicklung, Verteilung und Nutzung von Gewerbe- und Industriegebieten

Der durch die kommunale Neugliederung bewirkte Zusammenschluß Münsters mit seinen Umlandgemeinden versetzte die vergrößerte Stadt in die Lage, weitere nach Lage und Preis differenzierte Grundstücke für Gewerbe- und Industriebetriebe anzubieten. Zum damaligen Zeitpunkt waren im neuen Stadtgebiet insgesamt rd. 750 Hektar Gewerbegebiet ausgewiesen, das sich auf 28 Standortbereiche unterschiedlicher Größe verteilte [1806: Musche, Neue Gewerbegebiete (Karte der „Gewerbegebiete im größeren Münster", Stand: 1. Oktober 1975)]. Die größten Flächen bestanden jedoch im alten Stadtgebiet, und zwar in den traditionellen Standortbereichen um den Hafen, den südlich daran anschließenden, erst in der Nachkriegszeit angelegten Gewerbegebieten Siemensstraße/Robert-Bosch-Straße/Loddenheide sowie Weseler Straße/Geringhoffstraße/Daimlerweg im Südwesten. Unter den 13 neu hinzugekommenen, meist relativ kleinen Flächen mit peripherer Lage nahm das Gewerbegebiet Hiltrup/Am Bahnhof nicht nur aufgrund seiner Größe, sondern auch als Standort der BASF Lacke + Farben AG (früher Glasuritwerk), dem bedeutendsten Industriebetrieb der Stadt Münster mit 2800 Mitarbeitern (1993), eine besondere Stellung ein.

Im Rahmen der Aufstellung des 1981 veröffentlichten neuen Flächennutzungsplans der Stadt Münster wurde auf der Basis der Vorausschätzung von ca. 50 000

Hiltrup als Beispiel für einen eingemeindeten Vorort (verkleinerter Ausschnitt aus der Deutschen Grundkarte 1:5000)

gewerblichen Arbeitsplätzen im Jahr 1990 und einem Flächenbedarf von 210 Quadratmetern je Arbeitsplatz notwendige gewerbliche Bauflächen von insgesamt ca. 1250 Hektar berechnet. Davon waren jedoch nur insgesamt 616 Hektar, d. h. knapp die Hälfte, frei verfügbar. Gemäß einer speziellen Untersuchung der Stadt Münster von 1980 und des Erläuterungsberichts zum Flächennutzungsplan (1981) wurde das System der gewerblich genutzten Flächen in vier räumliche Schwerpunkte (Gewerbebänder Mitte, Nord, Hiltrup und Südwest) sowie in kleinere ortsteilbezogene Gewerbeflächen untergliedert; letztere machten mit 377 Hektar fast 30 Prozent der gesamten Gewerbeflächen aus und sollten insbesondere der handwerklich-gewerblichen Nahversorgung der Wohnbevölkerung dienen [1686: Erläuterungsbericht, S. 166ff].

Bei der Standortwahl gewerblicher Bauflächen wurden vor allem folgende Faktoren berücksichtigt:
- verkehrsgünstige Lage (Autobahn, Eisenbahn, Kanal),
- ausreichende Abstandsflächen zu Wohngebieten (Anforderungen des Immissionsschutzes),
- Möglichkeit der Ausweisung von Industriegebieten innerhalb der gewerblichen Bauflächen,
- gewerbliche Nahversorgung für die kleineren Ortslagen sowie
- Verfügbarkeit städtischen Grundbesitzes (Ermöglichung vertretbarer Bodenpreise).

Bereits mit der Offenlegung des Entwurfs eines Flächennutzungsplans im Jahr 1979 entzündete sich ein jahrelanger Konflikt zwischen der Stadt Münster, der Höheren Landschaftsbehörde beim Regierungspräsidenten und Umweltschützern um die vorgesehene Ausweisung einer größeren gewerblichen Baufläche mit Industrieansiedlung im Südteil der ehemaligen Rieselfelder, in dem ein Feuchtbiotop als international bedeutendes Vogelreservat existiert. Eine im Vorgriff auf den neuen Landesentwicklungsplan III („Umweltschutz durch Sicherung von natürlichen Lebensgrundlagen") getroffene Nichtgenehmigung der Flächenausweisung und die Ablehnung eines vorgesehenen Bebauungsplans im Jahr 1984 für ein Industriegebiet durch den Regierungspräsidenten führten zu einer endgültigen Sicherung der Vogelreservatsfläche und damit zu einer Entscheidung zugunsten des Umwelt- und Naturschutzes.

Aufgrund des Fortfalls dieser weitaus größten Reservefläche für industriell-gewerbliche Nutzungen gerieten der Bedarf und die Realisierbarkeit neuer Gewerbeflächen erneut in die öffentliche Diskussion. Vor allem mit dem Gewerbeflächenbericht der Stadt von 1987, der erstmals auf einem regelmäßig fortgeschriebenen Raumbeobachtungssystem basierte, erhielt die vorausschauende Gewerbeflächenpolitik in Münster eine neue Qualität als mittel- und langfristige Planungsgrundlage.

Von Bedeutung für die Ansiedlung von Gewerbebetrieben in den dafür ausgewiesenen übrigen Flächen waren vor allem die frühen Aktivitäten und vielfältigen Auswirkungen der kommunalen Wirtschaftsförderung der Stadt, zu deren Zielen insbesondere die Erhaltung und Sicherung vorhandener Arbeitsplätze, die Neuansiedlung von gewerblichen Betrieben mit möglichst qualifizierten Arbeitskräften sowie nicht zuletzt auch eine umfassende Einflußnahme auf allgemeine Rahmenbedingungen der

Wirtschaftsentwicklung gehören. Als frühes gelungenes Beispiel der kommunalen Wirtschaftsförderung kann die bereits um die Mitte der siebziger Jahre getroffene Ausweisung und Funktionsbestimmung eines Gewerbehofs im Gewerbegebiet Höltenweg gelten. Dieser wurde als Modellversuch von der städtischen Baugesellschaft Westfälische Bauindustrie GmbH errichtet.

Eines der größten Gewerbegebiete der Stadt Münster bildet das „Gewerbeband Südwest", das sich seit den dreißiger Jahren, vor allem jedoch in den vergangenen drei Jahrzehnten, entlang der Weseler Straße zwischen dem Knotenpunkt Umgehungsstraße/Autobahnzubringer und der Autobahn „Hansalinie" entwickelt hat. Dieses Areal enthält etwa 190 Nutzungseinheiten (1991) und zeigt eine Zusammensetzung und betriebliche Struktur, die sich in ähnlicher Weise auch für die übrigen größeren Gewerbe- und Industriegebiete gilt. So ist nur etwa ein Fünftel aller Betriebe (39) dem produzierenden Sektor einschließlich des Handwerks zuzuordnen – darunter eine Farben- und Lackfabrik sowie mehrere Druckereien, unter anderem die beiden in Münster erscheinenden Tageszeitungen. Die größte Zahl der Unternehmen stellen mit 31 Prozent (57) Dienstleistungsbetriebe dar, von denen ein erheblicher Teil (17) auf gehobene Dienste entfällt – darunter Steuerberatungs- und Ingenieurbüros, Werbeagenturen, die Regionalverwaltung der Vereinigten Elektrizitätswerke Westfalen (VEW), mehrere Dienstleistungsbetriebe der Datenverarbeitung einschließlich eines großen privaten Rechenzentrums (GAD) und die Westdeutsche Blindenhörbücherei. Hinzu kommen 22 Dienstleistungsnutzungen, die mit Einzelhandelsfunktionen verbunden sind, darunter insbesondere Kraftfahrzeugwerkstätten mit Verkauf. Relativ hoch ist mit rd. 19 Prozent (37) der Einrichtungen der Einzelhandel vertreten, zu denen mehrere Fachmärkte (unter anderem für Bekleidung und Schuhe, Heimwerkerbedarf, Tapeten, TV und Hi-Fi) sowie ein großflächiger Verbrauchermarkt (HIT) gehören. 10 Prozent der Nutzungseinheiten (19) entfallen auf den Großhandel sowie auf einige kombinierte Unternehmen des Groß- und Einzelhandels.

Das Gewerbeband Südwest, das sich über 3,5 Kilometer auf einer Gesamtfläche von gut 100 Hektar erstreckt, profitiert vor allem von seiner verkehrsgünstigen Lage in der Nähe des Autobahnkreuzes Münster-Süd (A 1/A 43) und des dritten Tangentenrings.

Einen gänzlich anderen Typ bildet in bezug auf Entstehung und Struktur das 56 Hektar große Gewerbegebiet Höltenweg. Es erstreckt sich im Süden der zusammen 148 Hektar großen Gewerbe- und Industrieflächen Siemensstraße/Robert-Bosch-Straße und Loddenheide, und zwar südöstlich des Schnittpunkts zwischen Dortmund-Ems-Kanal und Umgehungsbahn. Auch der Höltenweg ist – wie viele andere Gewerbegebiete der Stadt Münster – durch klein- bis mittelbetriebliche Größenstrukturen charakterisiert. Als Besonderheit ist hier jedoch der bereits genannte seit Anfang der siebziger Jahre geplante und 1976 eröffnete, 22 000 Quadratmeter große Gewerbehof Höltenweg hervorzuheben; auf relativ kleinen Parzellen konnten bei niedrigen Grundstücks-, Erschließungs- und Baukosten sowie bei vorteilhaften Finanzierungsbedingungen individuelle Hallenflächen von kleinen und mittelgroßen Gewerbebetrieben genutzt werden, die überwiegend aus beengten Innenstadtlagen umgesiedelt wurden [1694: Gewerbeflächenuntersuchung, S. 214ff].

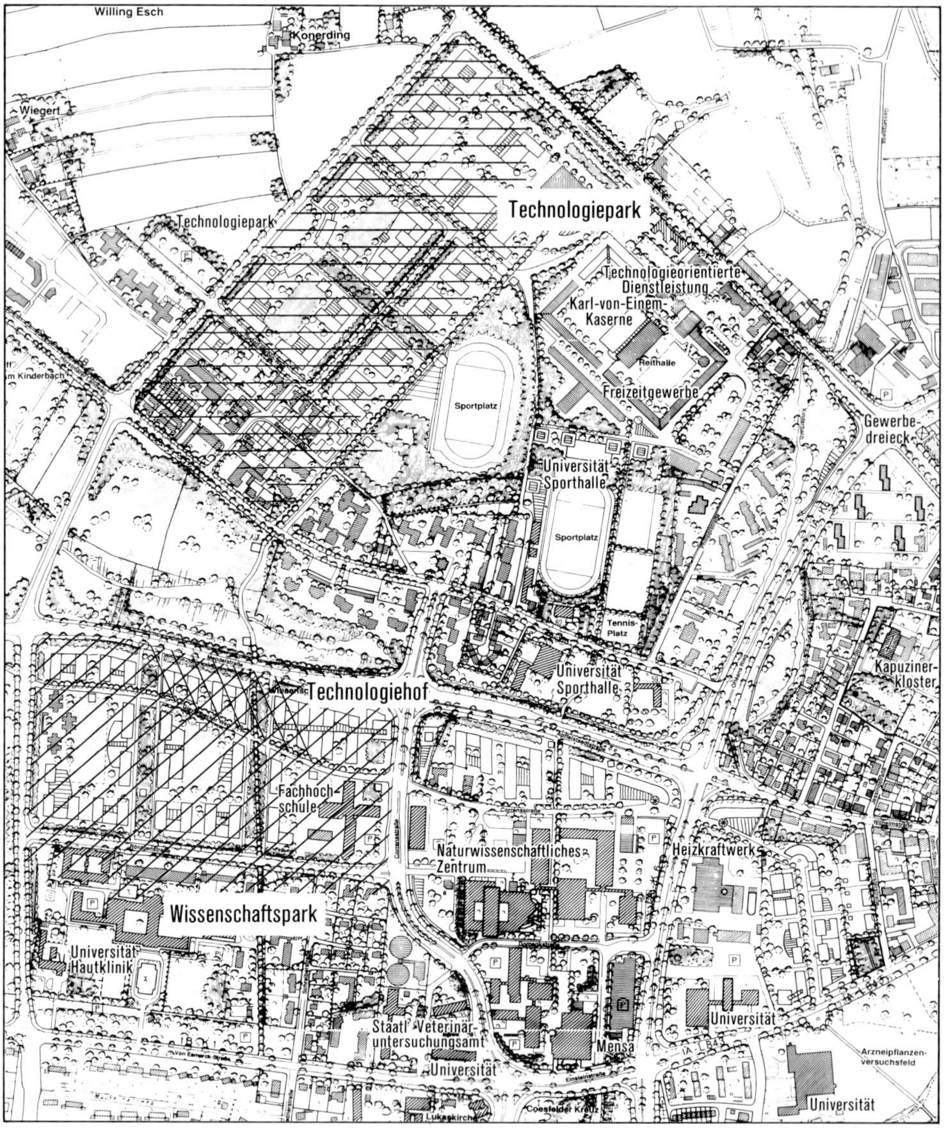

Lage des Technologiehofs innerhalb des geplanten Wissenschaftsparks und des Technologieparks

Die rund hundert Nutzungseinheiten des gesamten Gewerbegebiets Höltenweg bestehen zu einem Drittel aus Dienstleistungsbetrieben (unter anderen Westfälische Verkehrsgesellschaft, Computer-, Software-, Medien- und gehobene Dienstleistungsbetriebe), zu 30 Prozent aus Nutzungen des produzierenden Gewerbes mit dominanter Ausrichtung im handwerklichen Bereich, zu mehr als 15 Prozent aus Einzelhandelsfachbetrieben (zum Teil in Kombination mit Servicefunktionen), zu gut 10 Prozent aus Großhandelseinrichtungen sowie aus einer größeren Anzahl von Lagerflächen, insbesondere des relativ stark vertretenen Baugewerbes.

Einen anderen gewichtigen Beitrag zur kommunalen Wirtschaftsförderung stellt die Gründung einer Technologiehof GmbH im Jahr 1985 durch die Stadt Münster und zwei lokale Kreditinstitute dar. Unterstützt durch einen Beirat aus Vertretern der Industrie- und Handelskammer, der Handwerkskammer, der Universität, der Fachhochschule und der Stadt Münster strebt die Gesellschaft eine Förderung des Forschungs- und Technologietransfers – dabei insbesondere die Unterstützung innovativer Existenzgründungen und Wachstumsbranchen – an. Bereits 1986 konnte im Gebäude eines ehemaligen Fraunhofer-Instituts im Stadtteil Roxel der Technologiehof Münster mit acht Betrieben aus den Bereichen Mikroelektronik, Meß-, Umwelt- und Medizintechnik eröffnet werden. 1988 war der neue Technologiehof mit nunmehr zwölf Firmen auf 1600 Quadratmetern Gesamtnutzfläche und mehr als sechzig qualifizierten Arbeitskräften voll belegt [1786: Janetzki, Technologiehof ausgebucht (mit Betriebsverzeichnis)]. Zusammen mit einem 1990 hinzugekommenen Erweiterungsbau wuchs die Produktions- und Bürofläche auf 3500 Quadratmeter an (1991: 16 Firmen mit 31 Prozent Existenzgründungen). Die positive Entwicklung des Technologiehofs und der Wunsch nach engerer Zusammenarbeit mit den münsterischen Hochschulen führten zu der Idee, in unmittelbarer Nähe zum Naturwissenschaftlichen Zentrum der Universität sowie zur Fachhochschule einen Wissenschaftspark unter Einschluß eines gänzlich neuen Technologiehofs sowie einen Technologiepark zu errichten. Dieser zwischen Mendel- und Correnssstraße mit Unterstützung des Landes Nordrhein-Westfalen für 36 Millionen DM neuerrichtete Technologiehof konnte im März 1993 auf einer Brutto-Grundfläche von 13 500 Quadratmetern eröffnet werden. Dabei wurden vor allem Büro- und Labornutzungen in den Schwerpunktbereichen Chemo- und Biosensorik, Umweltanalytik, Medizintechnik und Telekommunikation realisiert. In unmittelbarer Nähe zum Technologiehof ist zeitgleich als weitere Keimzelle des Wissenschaftsparks unter anderem die Errichtung eines Forschungsinstituts für Chemo- und Biosensorik gelungen. Die Realisierung eines nördlich anschließenden Technologieparks zwischen Steinfurter Straße und Hensenstraße als Gewerbegebiet für innovative, hochschulbezogene Unternehmen ist ab 1994 vorgesehen [1801: Milbradt, Technologie- und Wissenschaftspark, S. 17].

Die für die Zukunft notwendigen Ausweisungen weiterer Gewerbeflächen werden durch die anstehenden Schließungen britischer Kasernen (zum Beispiel in unmittelbarer Nachbarschaft des Gewerbegebiets Loddenheide) und deren mögliche Umwidmungen erleichtert. Durch ein derartiges „Flächen-Recycling" würde der im Sinne des Umweltschutzes problematische Landschaftsverbrauch stark eingeschränkt werden können.

Verkehrsentwicklung und Probleme der Verkehrsplanung

Die Entwicklung des Verkehrs war seit den siebziger Jahren durch eine stetige und in jüngerer Zeit besonders dramatisch angewachsene Zunahme der Motorisierung als Hauptträger des Individualverkehrs gekennzeichnet. Diesem Verkehrswachstum wurde auf der überörtlichen Ebene durch den Bau einer zweiten Autobahnanbindung (A 43) der Stadt Münster an den Verdichtungsraum Rhein/Ruhr Rechnung getragen (Fertigstellung 1966–1981). Gegenüber den Nord-Süd-Autobahnverbindungen blieb der Ausbau leistungsfähiger West-Ost-Schnellstraßen lediglich auf die Neuerrichtung der überwiegend dreispurigen B 54a nach Steinfurt beschränkt, während die im Hinblick auf den in jüngerer Zeit stark zugenommenen West-Ost-Verkehr dringliche östliche Verlängerung der A 43 in den Raum Gütersloh–Bielefeld oder auch eine neue Bundesstraße (B 51n) parallel zur Warendorfer Straße aus Umweltschutzgründen bislang nicht durchsetzbar waren.

Von der starken Zunahme der Kraftfahrzeugverkehrs innerhalb der Stadt Münster zeugt der erhebliche Anstieg der Zahl der in Münster angemeldeten Kraftfahrzeuge, zum Beispiel von rd. 76 400 (1975) über rd. 117 100 (1986) auf 137 130 – davon 114 999 Pkw – zum Jahresende 1990 [1649: Statistischer Bericht 4/1990, S. 74]. Die beträchtliche Verkehrsbelastung der Stadt ergibt sich – wie auch in den meisten anderen westdeutschen Großstädten – außerdem aus der ebenfalls stark gewachsenen Anzahl der ganz überwiegend motorisierten Berufs- und Ausbildungseinpendler (zum Zeitpunkt der Volkszählung 1987 insgesamt rd. 63 000) sowie aus der Zunahme des Einkaufsverkehrs, der Behördenbesuche, des Stadttourismus und anderer Freizeitverkehre. Die Verkehrsprobleme entstehen unter anderem auch durch das historisch überkommene, dem Verkehrsvolumen nicht gewachsene Straßennetz, durch Mängel in den Ampelschaltsystemen, durch nicht ausreichende Parkgelegenheiten in Citynähe und nicht hinreichend attraktive alternative Verkehrsangebote. Dieser veränderten Verkehrsproblematik einerseits sowie den zwischenzeitlich gewandelten Grundzügen der kommunalen Verkehrsinfrastrukturpolitik und -planung andererseits versuchte der jüngste Gesamtverkehrsplan Münster von 1986 Rechnung zu tragen.

Die Verkehrsplanung der Stadt Münster sah in den ersten Jahren nach der kommunalen Neugliederung den autogerechten Ausbau eines dreifach gestuften innerstädtischen Tangentensystems vor, das im „Fachplan Verkehr" des 1981 verabschiedeten Flächennutzungsplans dargestellt ist. Dies betraf einerseits vor allem die Ergänzung des zweiten Tangentenrings, die durch eine Unterführung im Bereich des Niedersachsenrings im Nordosten, den Durchbruch der Westtangente im Klinikenbereich (1986) sowie den Neubau der vierspurigen Aaseebrücke – die 1989 eröffnete neue Torminbrücke – auch realisiert wurde. Andererseits war 1981 noch beabsichtigt, die zwischen Weseler Straße und Warendorfer Straße zweispurig angelegte, sehr stark belastete Umgehungsstraße als dritten Tangentenring mehrspurig auszubauen und zu einem geschlossenen Ring zu erweitern. Die in starkem Maße durch Bürgerproteste beeinflußten Veränderungen in der Städtebau- und Verkehrspolitik, die gestiegenen Ansprüche an Natur- und Landschaftsschutz sowie der Wunsch nach Verringerung von Verkehrsimmissionen haben zu einer weitgehenden Abkehr von den ursprünglichen Planungsvorstellungen und zu entsprechenden Änderungen im Flä-

Ausschachtungsarbeiten für den Bau des 1979 eröffneten Aegidiimarktes und -parkhauses

chennutzungsplan geführt. Um 1990 wurde lediglich noch der vierspurige, kreuzungsfreie Ausbau der bisherigen Umgehungsstraße mit aufwendigen Lärmschutzmaßnahmen in Angriff genommen, während der übrige dritte Tangentenring wohl nicht mehr realisiert werden wird. Der ausgebaute Umgehungsstraßenabschnitt zwischen Weseler und Hammer Straße ist seit September 1992 plankreuzungsfrei in Betrieb und hat die Hammer Straße deutlich entlastet.

Die Verkehrsinfrastrukturpolitik der Stadt Münster war in den achtziger Jahren auf eine größere Zahl zumeist kleinmaßstäblicher Veränderungen zur Verbesserung des Verkehrsflusses sowie vor allem auch zur Verkehrsberuhigung ausgerichtet. Zu den ersteren zählten zum Beispiel Eisenbahnüber- und -unterführungen (Schiffahrter bzw. Kappenberger Damm), einige innerörtliche Entlastungs- und Erschließungsstraßen (so im Stadtteil Hiltrup die Hansestraße mit anschließender neuer Kanalbrücke) sowie der begonnene Ausbau einiger Ausfallstraßen (zum Beispiel Hammer Straße, Albersloher Weg) und die Verbesserung und Erweiterung des Radwegenetzes.

Zur Minderung des großen Stellplatzbedarfs in der Innenstadt wurden jeweils in Citynähe mehrere – allerdings nicht unumstrittene – Parkhausprojekte durch die in städtischer Trägerschaft befindliche Westdeutsche Bauindustrie GmbH errichtet: die mit dem mehrfunktionalen Cityerweiterungsprojekt Aegidiimarkt verbundene Tiefgarage (1979 eröffnet, 795 Plätze), das unterirdische „Parkhaus Theater“ auf dem ehemaligen Tibus-Parkplatz (1986: 800 Plätze) sowie die am Hauptbahnhof errichteten neuen Parkhäuser Bremer Platz (1989: 425 Plätze) und Bahnhofstraße/Von-Steuben-Straße (1990: 345 Plätze). Eine weitere, heftig umstrittene Cityrand-Tiefgarage unter dem Ludgeriplatz wird vermutlich nicht mehr gebaut. Der Hindenburgplatz als größter ehemals gebührenfreier Parkplatz Münsters (1000 Einstellplätze) wurde auf Veranlassung des Regierungspräsidenten ab April 1992 verpachtet und damit in eine gebührenpflichtige Parkfläche umgewandelt. Ein städtebaulicher Wettbewerb für den Hindenburgplatz soll Ideen über Zukunftschancen dieses großen zentralen Platzes zwischen City und Schloß erbringen.

Die Forderung nach einer radikalen oder eingeschränkten Verkehrsberuhigung der Innenstadt („Autofreie Innenstadt") wurde und wird besonders kontrovers diskutiert. Bereits die achtziger Jahre waren durch die Realisierung unterschiedlicher Planungsmaßnahmen im Bereich der Verkehrsberuhigung gekennzeichnet. Dies betraf vor allem die Ausweitung und qualitative Verbesserung fußläufiger Zonen im Citygebiet (unter anderem Ausbau der Ludgeristraße), verkehrsreduzierende Maßnahmen in den Stadterneuerungsgebieten des Innenstadtprogramms, die Einführung verschiedener Tempo-30-Zonen im Rahmen eines bundes- und landesweiten Versuchsprogramms und den Rückbau überdimensionierter Ortsteilstraßen (zum Beispiel Nordwestschleife Kinderhaus) und der B 51 im Ortskern Albachten.

Hinsichtlich der Verkehrsmittelwahl ergab eine bei der Vorbereitung des Gesamtverkehrsplans 1986 durchgeführte Haushaltsbefragung, daß im Jahr 1982 an normalen Werktagen die münsterischen Verkehrsteilnehmer zu 39 Prozent das Kraftfahrzeug, zu 29 Prozent das Fahrrad, zu knapp 7 Prozent Bus oder Bahn benutzten und 25 Prozent der Wege zu Fuß zurücklegten [1705: Materialien zur Verkehrsplanung]. Zu den Leitzielen des Gesamtverkehrsplans 1986 zählten die Sicherung der Erreichbarkeit des Oberzentrums Münster, Erhalt und Verbesserung des Wohnwerts der Stadt, die Verbesserung der Verkehrssicherheit, die Entlastung von Innenstadt und Stadtteilzentren vom Kraftfahrzeugverkehr sowie die Schaffung attraktiver Alternativen zur Fahrt mit dem eigenen Auto.

Die Stadtwerke Münster unterhielten im Jahr 1992 21 Verkehrslinien mit einer Gesamtlänge von 344 Kilometern; durch 115 Omnibusse bzw. Gelenkzüge wurden 1991 20 Millionen Personen befördert, was nahezu wieder dem Wert von 1980 entsprach, während er 1988 noch um 2,5 Millionen niedriger lag [1662: Statistischer Jahresbericht 1991, S. 139; 1649: Statistischer Bericht 4/1990, S. 74]. Die Zahl der werktäglichen Beförderungsfälle betrug 1991 ca. 70 000, davon 27 000 ab Verknüpfungspunkt Hauptbahnhof (nach mündlichen Auskünften der Stadtwerke Münster). Zur Stärkung der Inanspruchnahme öffentlicher Nah- und Regionalverkehrsmittel wurden 1983 die Stadtwerke Münster und andere Verkehrsanbieter in einer Verkehrsgemeinschaft Münsterland zusammengefaßt sowie die Regionalbuslinien am Berliner Platz westlich des Hauptbahnhofs besser mit dem Stadtbusnetz und der Deutschen Bundesbahn verknüpft. Hinzu kamen – noch keineswegs voll ausgeschöpfte – Verbesserungen für den Busverkehr in Gestalt eigener Busspuren und neuer Ampelschaltungen sowie der Bau einer ersten überdachten Bike-and-ride-Anlage 1988 an der Hammer Straße (Preußenstadion) und einer ersten von sieben geplanten dauerhaften Park-and-ride-Anlagen 1990 an der Weseler Straße nahe dem Autobahnzubringer (mit ergänzendem Ausbau zu einer Park-and-bike-Einrichtung im Jahr 1993), wodurch die Nutzung des Öffentlichen Personennahverkehrs eine weitere Stärkung erfahren sollte. Zunehmend positive Erfahrungen wurden Ende der achtziger Jahre mit der Akzeptanz von Park-and-ride-Systemen gemacht, die in der Vorweihnachtszeit an den verkaufsoffenen Samstagen zwischen den Park-and-ride-Plätzen Mensa II und Pottkamp sowie der City durchgeführt wurden; Erweiterungen sind geplant. Zu den seit 1990 zunehmend öffentlich diskutierten Maßnahmen der zusätzlichen Verkehrsentlastung der Innenstadt und Akzeptanzsteigerung des Öffentlichen Personennahverkehrs zählen die weitere Verknappung und Verteuerung des öffentlichen Parkraums in der Stadtmitte sowie auch die Möglichkeit der Ausweitung ganzjähriger Park-and-ride-Angebote. Verkehrsentlastend wirken bereits die in den achtziger Jahren zu Lasten von Pkw-Parkplätzen zunehmend errichteten Fahrradeinstellplätze im Citygebiet (unter anderem Rothenburg, Ostende Salzstraße/Servatiiplatz oder vor dem Hauptbahnhof).

Leider ist es wegen mangelnder Tragfähigkeit nicht gelungen, die in Münster gebündelten Trassen des Bundesbahn-Schienenverkehrs für ein leistungsfähiges Nahverkehrssystem (Schnell- oder Stadtbahnnetz) zu nutzen. Die Bedeutung der Bundesbahn gilt somit in erster Linie für den Regional- und den Fernverkehr.

Der für die überregionale Verkehrsanbindung und insbesondere die Wirtschaftsentwicklung Münsters und seines Umlandes wichtige Flughafen Münster/Osnabrück nahm im Verlauf der achtziger Jahre eine außerordentlich positive Entwicklung. Die Anerkennung als 12. internationaler Verkehrsflughafen in der alten Bundesrepublik (1986), die Einbeziehung in das Nachtluftpostnetz der Deutschen Bundespost (1987), die Eröffnung einer eigenen Frachthalle und der in Ausführung befindliche Bau eines neuen Passagierterminals beweisen – zusammen mit der steigenden Anzahl von Fluggästen im Linien- und Charterverkehr – die zunehmende Akzeptanz des Flughafens in der Region.

Für den Gütertransport von ungleich größerer Bedeutung ist die Wasserstraßenverbindung über den für 1350-Tonnen Schiffe ausgebauten Dortmund-Ems-Kanal. Im Stadtgebiet Münster liegen derzeit zwischen Amelsbüren und Gelmer insgesamt 13 Häfen, von denen sich vier im Besitz der Stadtwerke Münster befinden, darunter die beiden Stadthäfen I und II. Die Gesamttonnage des Wareneingangs ist jedoch seit den siebziger Jahren nahezu kontinuierlich zurückgegangen (1980: 991 200 Tonnen, 1991: 466 900 Tonnen) [1662: Statistischer Jahresbericht 1991, S. 140]. An dieser Entwicklung war vor allem der rückläufige Baustofftransport beteiligt, während der Empfang von Brennstoffen in den achtziger Jahren deutlich angestiegen ist (Ölhafen Gelmer, Kohlebelieferung des Heizkraftwerks). Außerdem werden vor allem Holz, Getreide und Futtermittel nach Münster verschifft und in einigen hafengebundenen Unternehmen weiterverarbeitet. Der Warenausgang auf dem Wasserweg ist allerdings von sehr geringer Bedeutung. In Zukunft könnte die Gesamtbedeutung der Häfen und des Dortmund-Ems-Kanals aufgrund des europäischen Binnenmarktes und der allgemeinen Zunahme der Transportleistungen zunehmen, was jedoch einen weiteren Ausbau der Wasserwege für Schubverbände mit größeren Schiffseinheiten erforderlich machen würde.

Bezüglich der räumlichen Struktur des Hafengebiets im Bereich der beiden Stadthäfen ist von Bedeutung, daß die überwiegend auf Massengüterumschlag orientierte Bebauung sowie die häufige Nutzung der älteren Gebäude durch nicht hafenorientierte Betriebe dringend einer Erneuerung bedürfen. So wurden in jüngerer Zeit, ins-

Schleuse Münster am Dortmund-Ems-Kanal (Luftbild aus dem Jahr 1964)

besondere im Rahmen der Erarbeitung des 1989 veröffentlichten „Leitplans Stadterneuerung", erste Struktur- und Nutzungskonzepte für die weitgehende Umgestaltung der Bebauung des Hafengebiets vorgelegt. Dabei soll zwar der Stadthafen I als wichtiges Strukturelement für den Wirtschaftsverkehr der Stadt erhalten bleiben, gleichzeitig aber auch das Umfeld der benachbart gelegenen Halle Münsterland durch weitere Dienstleistungsnutzungen und durch eine attraktivere bauliche Gestaltung des Albersloher Weges als „Eingangstor" zur Stadtmitte aufgewertet werden. Häfen und Dortmund-Ems-Kanal bilden zudem ein wichtiges Potential für die in Zukunft sicherlich zunehmenden wassergebundenen Freizeitaktivitäten.

Freiraumstrukturen, Naherholungspotential und Freiraumplanung

Mitbedingt durch die Eingemeindung von neun baulich überwiegend wenig verdichteten Umlandgemeinden verfügt die mit 302,2 Quadratkilometern relativ großflächige Stadt Münster (Nord-Süd-Ausdehnung 24,4 Kilometer, West-Ost-Erstrekkung 20,6 Kilometer) über einen großen Freiraumanteil (Ackerland, Grünflächen, Gartenbauland, Wald und Wasserflächen); dieser macht mit 218,8 Quadratkilometern etwa 72 Prozent der Gesamtfläche aus. Unter den vielfältigen Merkmalen der agrarisch und ländlich geprägten Siedlungsstrukturen vor allem im äußeren Stadtgebiet seien beispielhaft herausgestellt:

- die traditionelle Streusiedlungsweise (Einzelhöfe und Drubbel) [vgl. 1805: Müller-Wille, Landkreis Münster; 1248: Pape, Kulturlandschaft],

- die noch immer beträchtlich große Anzahl landwirtschaftlicher Gehöfte (788 land- und forstwirschaftliche Betriebe einschließlich Erwerbsgartenbau, davon 51 Prozent Vollerwerbsbetriebe),
- das gut ausgebaute, auch für die Naherholung (Wanderungen, Fahrradtouren) bedeutsame Netz an zumeist asphaltierten Erschließungswegen,
- relativ günstige Böden für die landwirtschaftliche Nutzung, die durch zunehmende Vergrößerung des Ackerlandes (Gerste, Mais) auf Kosten des Grünlandes und durch zum Teil intensive Veredelungswirtschaft gekennzeichnet ist [vgl. 1958: Becks, Agrarwirtschaft Westfalens],
- die zumeist durch kleinere Waldflächen und Wallhecken gegliederte Parklandschaft des Münsterlandes (der Waldflächenanteil des Stadtgebiets beträgt etwa 16 Prozent) innerhalb und außerhalb der Stadt,
- die zahlreichen stadtnahen Betriebe des Erwerbsgartenbaus, Gartencenter und Reiterhöfe als Merkmale einer „urbanisierten Landwirtschaft“.

Entsprechend dem Fachplan „Grünordnung Münster“ von 1980, dem Flächennutzungsplan von 1981 und jüngeren Entwicklungen lassen sich die Frei- und Grünräume der Stadt Münster entsprechend ihrer Erholungseignung wie folgt charakterisieren. Unter den zahlreichen, das Stadtgebiet gliedernden Grün- und Erholungsflächen unterschiedlicher Nutzung und Bedeutung seien vor allem die besonderen Erholungsschwerpunkte genannt. Dazu zählt zunächst das durch den östlichen Außenbereich sich erstreckende Wersetal mit den besonders bevorzugten Räumen Angelmodde/Wolbeck mit dem sogenannten Tiergarten im Süden sowie dem Gebiet von Handorf (Boniburger Wald und zahlreiche Ausflugsgaststätten) und dem weiter nördlich gelegenen Emstal sowie den Bockholter Bergen jenseits der Stadtgrenze. Hinzu kommen die Waldgebiete der Hohen Ward mit dem Hiltruper See südlich von Hiltrup und die südlich von Amelsbüren beginnende Davert sowie das Gebiet Vorbergshügel östlich von Nienberge, das zum Altenberger Höhenrücken gehört. Schließlich bildet der südöstlich an die Altstadt mit ihrem Promenadengürtel anschließende Aaseebereich mit seinen zahlreichen Naherholungs- und Kultureinrichtungen den wichtigsten, in besonders hohem Maße akzeptierten Erholungsschwerpunkt der Stadt Münster. An Bedeutung zugenommen hat in jüngster Zeit das Gebiet der ehemaligen Rieselfelder im Nordteil der Stadt, das als Vogelreservat vor allem für jüngere Bevölkerungsgruppen von besonderer Attraktivität ist [1824: Schnell, Naherholungsraum der Solitärstadt; 1825: Schnell, Naherholungsraum der Münsteraner].

Hinzu kommen verschiedene, vor allem in der Nachkriegszeit angelegte oder ausgebaute sogenannte Stadtteilparks, zum Beispiel Waldpark und Klosterwald Hiltrup, Düesbergpark östlich des Kappenberger Damms, Südpark im Bereich Südstraße/Dahlweg, Bürgerpark Lütkenbeck am Grünzug Haus Lütkenbeck/Loddenbach oder der jüngst westlich des Zentrums Nord innerhalb des nördlichen Aatals neuerrichtete und besonders stark ökologisch orientierte Bürgerpark Nord.

Schließlich seien die zahlreichen, für die Kurzzeit- und Naherholung bedeutsamen Kleingartenanlagen (1977: 55 mit 3201 Gärten) sowie die unterschiedlichen Sporteinrichtungen herausgestellt, darunter eine Reihe größerer Bezirkssportanlagen, Sportzentren, Hallenbäder und die 1990 in der ehemaligen Germania-Brauerei als modernes multifunktionales Freizeitbad eröffnete „Germania-Therme“.

„Erlebnisbad" Germania-Therme auf dem Gelände der ehemaligen Brauerei an der Grevener Straße

Im Rahmen der Landschaftsplanung, die gemäß dem nordrhein-westfälischen Gesetz für die Entwicklung, den Schutz und die Pflege der Landschaft und ihrer Bestandteile Vorsorge tragen soll, hat die Stadt Münster als ersten von vier vorgesehenen Plänen 1986 den „Landschaftsplan Werse" für einen 6550 Hektar großen, typisch münsterländischen Landschaftsraum aufgestellt. Er sichert die engere Werseaue mit ihren Biotopen, benachbarten Wiesen, Hecken und Gehölzen, Wald- und Brachflächen, sieht zahlreiche Anpflanzungen zur Anreicherung der Landschaft, Pflege- und Erschließungsmaßnahmen für die Erholungsnutzung sowie schließlich Schutzausweisungen vor, darunter sechs neue Naturschutzgebiete. Landschaftspläne für die Räume Vorbergshügel und Hohe Ward befinden sich im Aufstellungsverfahren.

Zu den jüngeren Aufgaben und bereits weitgehend in Angriff genommenen Maßnahmen im Bereich Naturschutz und Landschaftspflege gehören ein Programm zur Flächensicherung für ein Biotopverbundsystem, ein 1982 beschlossenes Leitprogramm Natur- und Umweltpflege, ein Gewässerrenaturierungsprogramm sowie ein Entwicklungs- und Pflegekonzept für die historische Trasse des Max-Clemens-Kanals [vgl. 1727: UmweltBericht 1988, S. 173ff].

Von großer Bedeutung im Rahmen der Naherholungsgebiete und des Freizeitverhaltens ist das immer beliebtere Radwandern, das durch die Einrichtung eines regionalen Radwandernetzes im Münsterland (seit 1981), die Anlage der sogenannten 100-Schlösser-Route durch den Fremdenverkehrsverband „Grünes Band im Münsterland" und die Ausweitung des inzwischen 249 Kilometer langen Radwegenetzes in der Stadt Münster mit eigenen Verkehrsschildern einen starken Auftrieb erfahren hat; darüber hinaus werden noch rd. 300 Kilometer Wirtschaftswege als Radwege genutzt. Das Fahrrad als Freizeit-Verkehrsmittel nutzten 1975 knapp 29 Prozent, 1985 aber bereits 56 Prozent der Münsteraner [2118: Freund, Wandern].

6. *Zusammenfassende Bewertung und Ausblick*

Vor dem Hintergrund der Stadtentwicklung Münsters bis 1945 wurden in diesem Beitrag abrißartig die räumlichen Veränderungen im Stadtgebiet in drei für dessen Entwicklung und Planung besonders prägnanten Phasen behandelt und bewertet:

- der Wiederaufbau bis etwa 1960,
- die anschließende Stadtentwicklung bis zur kommunalen Neugliederung von 1975,
- die räumlich-strukturellen Wandlungen und Auswirkungen der Stadtplanung von 1975 bis zur Gegenwart.

Trotz stärkster Kriegszerstörungen ist durch gewaltige Wiederaufbauleistungen in den ersten 15 Jahren nach 1945 eine räumliche Stadtstruktur geschaffen worden, die wesentliche Elemente des historischen Grundriß- und Baugefüges wiederaufgenommen hat. Dies gilt insbesondere für die Altstadt, die sich zusammen mit dem gleichfalls zerstörten Bahnhofsviertel funktional erneut zu einem bedeutenden Zentrum Westfalens entwickeln konnte. In diese frühe Aufbauphase fällt auch der erste Ansatz des Baus neuer Wohngebiete der Nachkriegszeit.

Die Stadtentwicklung zwischen 1960 und Ende 1974 war aufgrund der Neuplanung und Errichtung mehrerer moderner Großwohngebiete als eigenständiger Stadtteile sowie neuer Gewerbegebiete durch eine erhebliche räumliche Expansion gekennzeichnet. Die wirtschaftliche Entwicklung war durch ein herausragendes Wachstum des tertiären Sektors mit bedeutenden zentralörtlichen Einrichtungen charakterisiert, was sich vor allem in der Ausweitung von Einzelhandel und Dienstleistungen bei gleichzeitiger Errichtung neuer Fußgängerbereiche im Stadtzentrum zeigte. Außerdem war dieser Zeitraum durch ein starkes Wachstum des Stadtverkehrs, durch wichtige Verkehrsplanungen und durch den Ausbau bedeutender Freizeiteinrichtungen, vor allem im Bereich des vergrößerten Aasees, geprägt. Die Siedlungsentwicklung in den äußeren Stadtteilen sowie in den funktional eng mit Münster verflochtenen Umlandgemeinden war durch den ab etwa 1960 in der gesamten Bundesrepublik Deutschland einsetzenden Suburbanisierungsprozeß nachhaltig bestimmt.

Die kommunale Neugliederung von 1975 erbrachte durch die Vereinigung mit neun Nachbargemeinden nicht nur einen ganz erheblichen Flächen- und Einwohnergewinn, sondern eröffnete auch neue Möglichkeiten für eine koordinierende Entwicklungsplanung in der Stadtregion. Grundlagen dafür sind vor allem ein 1981 für das vergrößerte Stadtgebiet beschlossener Flächennutzungsplan sowie zahlreiche Fachplanungen des Städtebaus, der Wirtschaftsförderung, der sozialen und technischen Infrastruktur sowie der Grünordnung und Landschaftspflege.

So war das erste Jahrzehnt nach der Neugliederung durch eine besonders starke Wohnungsbautätigkeit – insbesondere in den neuen Stadtteilen – gekennzeichnet, während sich in der zweiten Hälfte der 1980er Jahre – mitverursacht durch unvorhergesehene Zuströme von Aus- und Übersiedlern, neue Haushaltstrukturen und geändertes Wohnverhalten – erneut große Engpässe in der Wohnraumversorgung herausstellten. Zu den jüngeren wichtigen Maßnahmen des Städtebaus zählten auch Stadterneuerung und Wohnumfeldverbesserung in den stärker verdichteten Wohngebieten der äußeren Innenstadt. Das weitere Wachstum des tertiären und quartären Wirtschaftssektors hat nicht nur zu einer Stärkung oberzentraler Cityfunktionen, sondern zugleich auch zu Auslagerungen und Neuerrichtungen flächenexpandierender Betriebe und Institutionen des Büro- und Bildungssektors geführt. Die Stadt Münster besitzt mit ihren gewachsenen und neugeplanten Stadtteilen heute ein relativ ausgewogenes, hierarchisch gestuftes System von Versorgungszentren, die durch neue Formen des zumeist in Gewerbegebieten angesiedelten großflächigen Einzelhandels ergänzt werden.

Die in der jüngeren Zeit erheblich vergrößerten Industrie- und Gewerbegebiete sind in vier räumlichen Schwerpunkten als „Gewerbebänder" konzentriert und in ihrer Nord-Süd-Orientierung mit Eisenbahn-, Kanal- und Autobahnanschlüssen zumeist auch verkehrsgünstig gelegen. Im Rahmen der kommunalen Wirtschaftsförderung wird der Ansiedlung innovationsorientierter Gewerbe- und Forschungseinrichtungen in neugeplanten Wissenschafts- und Technologieparks in Hochschulnähe eine besondere Bedeutung beigemessen. Ein darüber hinaus bestehender Flächenbedarf im Wirtschafts-, zum Teil auch im Wohnbereich kann durch vorgesehene Umwidmung und Neugestaltung bisheriger Kasernengelände gemildert werden.

Die ursprünglich im Flächennutzungsplan von 1981 vorgesehenen „autogerechten" Straßenplanungen (unter anderem ein geschlossener dritter Tangentenring) mußten in den achtziger Jahren aufgrund geänderter gesellschaftlicher und städtebaulicher Leitbilder erheblich modifiziert werden. Zu diesen Veränderungen zählt neben Maßnahmen der Verkehrsberuhigung in Wohngebieten und im Stadtzentrum, denen in der Zukunft eine wohl noch größere Bedeutung zukommen wird, der beschränkte Ausbau der äußeren Stadttangente (Umgehungsstraße). Die immer noch stark zunehmende Verkehrsbelastung der Innenstadt durch den motorisierten Individualverkehr hat in jüngster Zeit zu umfassenden öffentlichen Diskussionen und planerischen Vorstellungen über die Einschränkung von Stellplätzen und über Förderungen des Öffentlichen Personennahverkehrs durch spezielle und integrierte Verkehrsangebote geführt.

Die durchweg positiv eingeschätzte Wohnqualität der Stadt Münster wird nicht zuletzt durch das innerstädtische Naherholungspotential in Gestalt von infrastrukturell gut ausgestatteten Freiräumen und Grünzonen mitbestimmt. Die Landschaftsplanung sowie Spezialprogramme der Landschaftspflege tragen zu dieser Entwicklung besonders bei.

Für die Zukunft der Stadt Münster wird es darauf ankommen, die bisherigen privaten und planerischen Leistungen seit dem Wiederaufbau im Rahmen einer integrierten, mit den Wünschen der Bürger abgestimmten Stadtentwicklungsplanung fortzuführen und zu optimieren. Inwieweit jüngere Rahmenpläne für einzelne Stadtteile (zum Beispiel für Mecklenbeck), die im deutschen Gesetzesinstrumentarium nicht vorgesehen sind, dazu positive Beiträge leisten können, wird die nähere Zukunft zeigen.

Quellen und Literatur

Die für den Beitrag benutzte Literatur bezieht sich auf Veröffentlichungen, die bis Mitte 1991 erschienen sind; im folgenden finden darüber hinaus auch einzelne jüngste Publikationen Erwähnung.

Eine umfassende Dokumentation und Bewertung der räumlich-strukturellen Entwicklung und Stadtplanung in Münster seit 1945 liegt nicht vor. Die in dem Beitrag berücksichtigten historischen Grundlagen der Stadtentwicklung vor 1945 wurden in allgemeinverständlicher Form von Werner Albsmeier [70: Münster], in einem Exkursionsführer von Lioba Beyer und Heinz Heineberg [1677: Stadtexkursion], unter planerischen Aspekten von Niels Gutschow und Johann A. Wolf [1557: Stadtplanung in Münster] sowie in fachwissenschaftlicher historischer und geographischer Perspektive von Heinz Heineberg und Karl-Heinz Kirchhoff [153: Geschichtliche Entwicklung] dargestellt. Anhand von vier Zeitschnitten (1841, 1895, 1928, 1981) zeichnen Heinz Heineberg und Alois Mayr die räumliche Entwicklung der Stadt Münster im Spiegel topographischer Karten nach [154: Räumliche Entwicklung]. Eine mit einer Fülle von Karten und Fotos ausgestattete Dokumentation über das Siedlungswachstum der Stadt Münster vom 19. Jahrhundert bis zum Zweiten Weltkrieg wurde von Ursula Richard-Wiegandt vorgelegt [285: Siedlungswachstum]; in einer unveröffentlichten Diplomarbeit von Beate Gröblinghoff wird die planmäßige Siedlungserweiterung seit 1875 mit besonderer Berücksichtigung der Versorgung mit Grünflächen untersucht [1555: Siedlungserweiterung].

Über das Ausmaß der Kriegszerstörungen hat das Stadtmuseum 1983 aus Anlaß einer eindrucksvollen Ausstellung einen Text- und Bildband veröffentlicht [1502: Bomben auf Münster]. Aus dem ersten Jahrzehnt des Wiederaufbaus und der Zeit von 1955 bis 1960 liegen besondere Verwaltungsberichte vor (Stadtarchiv Münster); der Wiederaufbau mit den vorangegangenen Diskussionen über Leitbilder der Stadtneugestaltung und Planungskonzepte wurde in umfassender Form sowohl als Druckschrift der Stadtverwaltung [1680: Dokumentation Wiederaufbau, Materialsammlung] als auch in Buchform veröffentlicht [1696: Gutschow/Stiemer, Dokumentation Wiederaufbau]. Der Wiederaufbau in Münster wird auch im Rahmen einer städtebaulichen Überblicksdarstellung über die Entwicklung westdeutscher Großstädte zwischen 1945 und 1960 von Gerhard Rabeler abgehandelt [2559: Wiederaufbau und Expansion].

In der nachfolgenden Phase bis 1975 wurde die Stadtentwicklungspolitik in entscheidender Weise durch die Vorbereitungen zur kommunalen Neugliederung bestimmt [1708: Kommunale Neugliederung; 1789: Kluczka, Zentralörtliche Struktur; 1698: Hoppe/Tiggemann, Gutachten zur kommunalen Neugliederung]. In diesen Zeitraum fallen auch Planung und Aufbau großer neuer Stadtteile in randlicher Lage, die durch zahlreiche Publikationen dokumentiert sind [1699: 12 Jahre Bauverwaltung; 1720: Spengelin, Strukturplan Münster-Gievenbeck; 1906: Temlitz, Aaseestadt und Neu-Coerde; 1889: Kinderhauskatalog].

Für das am 1. Januar 1975 erheblich vergrößerte Stadtgebiet wurde 1981 ein neuer Flächennutzungsplan mit umfassendem Erläuterungsbericht veröffentlicht [1686: Erläuterungsbericht]. Als eindrucksvolle Dokumentation jüngerer räumlicher Strukturen und Entwicklungsprozesse liegt der in Einzellieferungen vom Planungsamt der Stadt Münster seit 1982 herausgegebene Planungsatlas vor [1713: Planungsatlas]. Zu den Schwerpunkten der Stadtplanung seit Ende der 1970er Jahre gehören die Stadterneuerung in Verbindung mit Wohnumfeldverbesserungs- und Verkehrsberuhigungsmaßnahmen in den verdichteten älteren Wohngebieten der äußeren Innenstadt sowie neue Gestaltungs- und Verkehrskonzepte im Bahnhofsumfeld [1676: Bahnhofsbereich; 1711: Planungen Bahnhof-City; 1712: Planungen Bahnhof-Hansaviertel].

Zu den jüngeren raumwirtschaftlichen Prozessen innerhalb der Stadt zählen ebenfalls die Wandlungen des Citygebiets [1765: Heineberg/de Lange, Cityentwicklung; 1734: Baumeister, Warenhäuser im Umbruch; 1697: Holst/Stürmer, Chancen und Handlungsgrundlagen; 152: Heineberg, Standortentwicklung; 1769: Heineberg/Tappe, Nutzungsanalyse], die Dezentralisierung von Bürostandorten in geplanten oder gewachsenen Bürozentren [1768: Heineberg/Steltemeier, Standortdezentralisierung] sowie die Entwicklung neuer großflächiger Einzelhandelsformen in Gestalt von Super-, Verbraucher- und Fachmärkten an peripheren Standorten, zum Teil auch in Gewerbegebieten [1749: Dornieden/Peise/Schulte, Konsumentenverhalten; 1773: Hofste, Verbrauchermärkte].

Eine detaillierte Bestandsaufnahme der Gewerbeflächen wurde 1980 von den Ämtern für Stadtplanung und Wirtschaftsförderung vorgelegt [1694: Gewerbeflächenuntersuchung]. Über die Wirtschafts- und Gewerbegebietsentwicklung sowie Maßnahmen der kommunalen Wirtschaftsförderung berichten regelmäßig die von der Stadt herausgegebene Zeitschrift „Wirtschaftsreport" [1845: Wirtschaftsreport] und die Jahreswirtschaftsberichte der Stadt Münster. Einen besonderen Schwerpunkt der jüngeren Wirtschaftsförderung bildete die Entwicklung von Technologiehöfen sowie eines Technologie- und Wissenschaftsparks [1801: Milbradt, Technologie- und Wissenschaftspark; 2733: Tappe, Innovationszentren in Westfalen].

Seit den 1970er Jahren ist von der Stadtverwaltung angesichts der beträchtlichen Zunahme des Stadtverkehrs die Entwicklung von Gesamtverkehrsplänen [1691: Gesamtverkehrsplan 1974; 1705: Materialien zur Verkehrsplanung; 1692: Gesamtverkehrsplan 1986] und Konzepten für den Fußgängerverkehr in der Altstadt [1674: Münster Altstadt] besonders berücksichtigt worden. Außerdem wurden von der Stadt informative Publikationen zur Darstellung des Ausbaus der Umgehungsstraße [1726: Umgehungsstraße] und zur Förderung und Neugestaltung des Öffentlichen Personennahverkehrs vorgelegt [1710: ÖPNV-Förderprogramm]. Das Park-and-ride-System in Münster hat Ralf Simer untersucht [1831: Park-and-Ride].

Das Naherholungspotential und dessen Inanspruchnahme wurde von Peter Schnell durch zwei aufeinander aufbauende Untersuchungen 1977 und 1986 dokumentiert [1824: Naherholungsraum der Solitärstadt; 1825: Naherholungsraum der Münsteraner]. Für die städtische Freiraumplanung waren ein erster Grünordnungsplan [1695: Grünordnung], der Ausbau des sogenannten Bürgerparks Nord sowie vor allem die Entwicklung des Landschaftsplans Werse [1704: Landschaftsplan Werse] von herausragender Bedeutung. Ein kommunaler Umweltbericht [1727: UmweltBericht] dokumentiert den besonderen Stellenwert, aber auch die noch zu leistenden Aufgaben in den Bereichen Naturschutz, Landschaftspflege, Freiraumsicherung und Umweltvorsorge.

Über eine Vielzahl kommunaler Daten und Strukturen informieren die jährlich erscheinenden Statistischen Jahresberichte [1662: Statistische Jahresberichte], die vierteljährlich herausgegebenen Statistischen Berichte [1649: Statistische Berichte] sowie Sonderveröffentlichungen des Statistischen Amtes der Stadt Münster (bearbeitet von Klaus Puderbach und Mitarbeitern).

2.

Bildende Kunst, Musik, Sprache und Literatur

GÉZA JÁSZAI

Mittelalterliche Kunst (9.–16. Jahrhundert) – Werke und Werkstätten

1. Zum Bildtypus der Stadt – 2. Vorromanik (800–1080/90) – 3. Romanik und Frühgotik (1080/90–1250/60) – 4. Die Bau- und Bildkunst der Gotik (1280–1530) – 5. Die Maler und Bildhauer des 15. Jahrhunderts – 6. Kunst außerhalb der kirchlichen Bauten

1. Zum Bildtypus der Stadt

Unter den Stadtpersönlichkeiten Westfalens steht seine Hauptstadt Münster als Resultat schöpferischer Aktivitäten von einzigartigem Erfolg an vornehmster Stelle. Seinem Typus nach ist Münster eine Bischofsstadt. Zwar entstand sie nicht aus römischer Wurzel, wie etwa Köln oder Trier, doch begriffen sich auch hier die ersten Bischöfe als Sachwalter der *traditio Romana.* Neubeginn und *renovatio* waren – wie überall im Frankenreich – eng miteinander verknüpft. Auch die im 8. Jahrhundert zerstörte Sachsensiedlung blieb vermutlich nicht ohne prägende Kraft für die karolingische Stadtgründung, gewiß überhöht durch das am Horsteberg errichtete Missionszentrum.

Das Bild der Stadt beherrscht auch heute noch der mächtige Bau der Bischofskirche. Sie bleibt durch das ganze Mittelalter hindurch der kultisch-kulturelle Mittelpunkt mit Domkloster und -schule. Diese Dominanz gilt für die ganze Stadtbaukunst Münsters bis in das späte 14. Jahrhundert. Erst im Spätmittelalter gewinnt der Prinzipalmarkt als Mittelpunkt des gewerblichen Lebens mit dem neuen Rathaus und der neuen Stadt- und Marktkirche St. Lamberti immer mehr stadtbildenden Charakter. Das spätmittelalterliche Münster ist Bischofsstadt und Bürgerstadt zugleich, Zentrum des Kultes und Sitz des Handwerks. Das Zusammenwirken dieser beiden Träger der städtischen Kultur setzte in dem als Gemeinschaftsaufgabe verstandenen Dienst an Gottes Schöpfung immer wieder schöpferische Impulse frei. Das spiegelt sich eindrucksvoll in den künstlerischen Arbeiten wider, die im Dienste der mittelalterlichen Stadtpfarrkirchen und der benachbarten Landkirchen im Umfeld der Stadt entstanden sind.

2. Vorromanik (800–1080/90)

Die vereinzelten Grabungsfunde oder Handschriftenfragmente, wie zum Beispiel ein Einzelblatt einer liturgischen Handschrift aus dem 8. Jahrhundert (Universitätsbibliothek Münster), eine Kreuzbrosche aus der Zeit um 800 oder ein Schreibgriffel aus dem 10. Jahrhundert sind nur kulturhistorisch von Bedeutung (beide in der Domkammer). Erst das 11. Jahrhundert wird kunsthistorisch relevant und gleich durch ein Hauptwerk der spätottonischen Goldschmiedekunst: das Kopfreliquiar des hl. Paulus (um 1050/70). Die hohe kahle Stirn des Apostels ist an beiden Seiten durch

Kopfreliquiar des Apostels Paulus – um 1060/70 von einem unbekannten Goldschmied ausgeführt

glatt gesträhnte Haare eingerahmt; die dunkelblauen Saphire der Augen leuchten aus dem hellen Gold des strenggeformten Gesichtes mit suggestiver Kraft. Der schön gepflegte wellige Vollbart leitet zu der Form des kegeligen Schulterstücks über, das mit Almandinen, Bergkristallen, Perlen und spiralig geformten Filigranen (Ergänzungen des 13. Jahrhunderts) geschmückt ist, mit Lichtmaterien, die die Sphäre des Himmlischen versinnbildlichen. Im Typus des Kopfes lebt noch der antike Philosophenkopf Platons fort, aber im „Gefäßcharakter" des „redenden" Reliquiars, in dem die äußere Form (Kopf) und der Inhalt (Schädelreste) einander „antworten", kündigt sich schon das sakrale Wesen der hochmittelalterlichen Kunst an.

3. *Romanik und Frühgotik (1080/90–1250/60)*

Zu den ältesten künstlerischen Dokumenten der Stadt gehören die drei Nischenreliefs der ehemaligen Stiftskirche St. Mauritz, einer Gründung des Bischofs Friedrich I. (1064–1084), der die Mauritiusverehrung aus Magdeburg kommend nach Münster verpflanzt hat. Die drei besterhaltenen der ursprünglich zehn oder zwölf

Reliefs bewahrt heute das Westfälische Landesmuseum. Die anderen wurden in ihrer Zweitverwendung in den Osttürmen der Kirche der Verwitterung so stark ausgesetzt, daß sie für unsere Betrachtung inzwischen wertlos geworden sind. Sie waren ursprünglich für das Innere der Stiftskirche bestimmt. Das Relief mit der Darstellung Mariens in Orantenhaltung beim Empfang der Auferstehungsbotschaft am Grab Christi gehörte wohl zum bildnerischen Schmuck des Heilig-Grab-Altars der Kirche, den Bischof Erpho (1084–1097) in Verbindung mit seiner Pilgerfahrt ins Heilige Land in den Jahren 1091/92 gestiftet hat. Bischof Erpho weihte die ehemalige Stiftskirche und ihren Hochaltar den Heiligen Mauritius, Gereon, Victor und ihren Gefährten. Man vermutet, daß die Reliefs mit den Darstellungen der heiligen Legionäre aus dem oberägyptischen Theben die Chorschranken der Stiftskirche geschmückt haben. Eine andere Hypothese besagt, daß diese ritterlichen Gestalten als „Wächter des Stiftes" vielleicht dem Hauptportal der Kirche zugeordnet waren. Bei ihrer Darstellung wurde nicht das Individuelle, das Porträthafte angestrebt, sondern es sollte das Charakteristische dieser Gestalten, ihre „Haltung" herausgearbeitet werden: die Präsentation der Soldaten, der Mitglieder der *militia Christi,* bewaffnet mit dem „Schild des Glaubens". Sie sind, trotz ihres verwitterten Zustands, von erlesener Qualität – ursprünglich bemalt – und wirken wie von innen getriebene ziselierte Goldschmiedearbeiten. Diese zierlichen feingliedrigen Relieffiguren in frontaler Stellung erwecken den Eindruck eines „schwebenden Stehens" und erscheinen, ursprünglich in der Masse der Wand eingebunden, in einer zarten, mit mildem Licht und weichem Schatten rechnenden Modellierung. Ihr Reliefstil erinnert noch an die Arbeiten der provinzialrömischen Kunstindustrie des Rheinlandes.

Die Kunst des 11. Jahrhunderts repräsentiert vorzüglich auch das um 1090 entstandene Kreuzreliquiar von St. Mauritz, das sogenannte Erphokreuz. Es ist ein Reliquienkreuz mit reichem Edelstein- und Perlenbesatz, auf seiner Vorderseite mit dem Goldrelief des gekreuzigten Christus zwischen den endzeitlichen Zeichen Alpha und Omega (Anfang und Ende), zwischen huldigenden Engeln, zu seinen Füßen mit dem Kelch des Neuen Bundes und mit dem auferstandenen Adam, der der Legende nach auf Golgatha sein Grab hatte und als erster durch Christi Blut erlöst wurde. Der Perlen- und Edelsteinschmuck der Vorderseite weist das Kreuz als Zeichen für die Wiederkunft Christi zum Weltgericht aus. Die Rückseite des Kreuzes zeigt Christus als Lamm Gottes, als das Licht des himmlischen Jerusalem, umgeben von den vier himmlischen Thronwächtern der Apokalypse, die an die vier christologischen Hauptereignisse der Heilsgeschichte erinnern, an die Menschwerdung (Engel), den Opfertod (Stier), die Auferstehung (Löwe) und die Himmelfahrt (Adler). Die Inschrift der Kreuzbalken um das Lamm Gottes herum zählt die heiligen Reliquien des Kreuzes auf. Eine außerordentlich feine Treib- und Filigranarbeit zeichnet das ganze Werk aus.

Ein etwas später – um 1120/30 – entstandenes Kreuzreliquiar des St.-Paulus-Doms mit Bergkristallfuß, auf seiner Vorderseite mit reicher Edelstein- und Perlenzier und auf seiner Rückseite mit dem gravierten Bild des Erlösungstodes Christi ausgestattet, ist ein weiteres repräsentatives Hauptwerk der romanisch-salischen Goldschmiedekunst in Münster (Domkammer).

Die kunstreiche Tätigkeit der Baumeister, der Steinmetze und Bildhauer, der Bildschnitzer und -maler, der Goldschmiede, Gießer und Weber entfaltet sich um das bis

Vorderseite des Erphokreuzes aus dem Kirchenschatz der Mauritzkirche (um 1090)

heute monumentalste Kunstwerk der Stadt, um den dritten Dombau. Trotz Zerstörung im Zweiten Weltkrieg ist der heutige Bau des Doms noch immer ein Werk des 13. Jahrhunderts. Sein Westbau mit den unteren Turmgeschossen war bereits zwischen 1185 und 1202 in Arbeit. Das Westquerschiff mit der Paradiesvorhalle, das zweijochige Mittelschiff und zum Schluß das Ostquerschiff mit dem reichgegliederten Chorpolygon sind in fünf Bauphasen von Westen nach Osten zwischen 1225 und 1264 erbaut. Wie eine mächtige Burg erhebt sich der Dom aus dem Meer der umliegenden Häuser; der warme, lichte, sandsteinfarbene Bau mit seinen hellen kupfergrünen Dächern steht majestätisch leuchtend zwischen den dunkelroten Ziegelbauten seiner Umgebung aus späteren Zeiten. Fürstbischof Dietrich III., Graf von Isenburg, legte am 22. Juni 1225 den Grundstein für den heutigen Dom; seine Weihe erfolgte durch Fürstbischof Gerhard, Graf von der Mark, am 30. September 1264. In dieser vierzigjährigen Bauzeit entstand hier das eigenwilligste Bauwerk unter den Bischofskirchen des Heiligen Römischen Reiches zwischen Lübeck und Trient.

Der mächtigen Gesamtgestalt des Außenbaus antwortet im Inneren eine höchst eigenwillige Raumkomposition. Sie besteht aus zehn fast quadratischen Jochen – sechs in der Mittelachse, erweitert durch jeweils zwei weitere Joche an den Flügeln der beiden Querschiffe. Der Westbau öffnet sich heute nur zum Hauptschiff hin, nach Osten, begleitet von den tieferliegenden Turmkapellen. Seine Innenwände – die ältesten Teile des heutigen Baus – sind reich gegliedert durch Arkadengruppen und Laufgänge mit rundbogigen Säulenarkaden. Im Gegensatz zu seinem Halbdunkel steht das Mittelschiff in hellerem Licht. Die lichten Breiten der vier Mittelschiffsarkaden, die ihre Höhen übertreffen, öffnen dem Blick die Seitenschiffe. Der Raum der niedrigeren Seitenschiffe partizipiert so an der majestätischen Höhe des Hauptschiffes mit seinen Kuppelgewölben. Treffend sprach Hans Thümmler vom Charakter einer „basilikalen Hallenkirche“. Der Raum des Mittelschiffes mündet im Osten in einem polygonalen Abschluß aus fünf Seiten eines Zehnecks. Die zweischalige Wandbildung im Bereich des Hochchores und auch im Ostquerschiff nimmt das zweischalige System des Westwerks wieder auf. Die fünf großen rundbogigen Fenster der Hochwände verleihen dem Hochchor einen lichtvollen Charakter; dazu tragen auch die fünf unteren Bogenöffnungen bei, die sich zum Chorumgang bzw. zu den nachmittelalterlichen Chorkapellen öffnen. Die beiden Querschiffe – in voller Höhe des Mittelschiffes – bestimmen den monumentalen Raumeindruck mit. So entsteht ein Eindruck von unvergeßlich majestätischer Weiträumigkeit, die an die frühen westfälischen Stufenhallen erinnert. Hierin offenbaren sich der Wille und die Raumkunst des unbekannten genialen Baumeisters des 13. Jahrhunderts, einen Einheitsraum ohne das Fortfallen der basilikalen Gliederung und der Querschiffe zu gestalten. Ganz in diesem Sinne wurde der ursprüngliche Skulpturenschmuck des Innenraumes auf Weniges beschränkt. An erster Stelle stehen die monumentalen Sandsteinskulpturen der vier Evangelisten an den Vierungspfeilern im Ostquerschiff. Die vier Rundbogennischen mit eingestellten Arkaden dienten nicht nur zur Belebung der seitlichen Schildflächen im Mittelschiff, sondern auch als Skulpturennischen, in Analogie zu den seitlichen Figurennischen des Paradieses. Die einzigartigen Konsolenköpfe der Zickzackrippen in den Seitenschiffen und die Zierscheiben der Kuppelgewölbe gehören noch größtenteils in die Bauzeit des heutigen Doms.

In die Hauptbauphase des heutigen Doms fallen auch die bedeutendsten bildhauerischen Leistungen des 13. Jahrhunderts. Der gesamte Außenbau der Domkirche ist heute beinahe ohne Skulpturenschmuck. Ausnahmen bilden nur die südlichen Schauseiten der beiden Querschiffe, vornehmlich das Paradies des Westquerschiffes. Hoch oben an der südlichen Schauseite des Westquerschiffes erblickt man in der Mitte des oberen sechsteiligen Radfensters den mächtigen Kopf des hl. Paulus – des Hauptpatrons des Doms –, unterhalb des Pauluskopfes das Haupt Johannes des Täufers, der neben dem Salvator, der Muttergottes und dem Apostelfürsten Paulus im Dom besonders verehrt wurde. In dem Wandfeld unterhalb des Radfensters befinden sich, in Analogie zu den beiden kleinen Rosetten des Radfensters, zwei runde Nischen mit den Tiergestalten Löwe und Lamm, und hierunter das untere große, heute etwas verdeckte zwölfteilige Radfenster der Stirnwand. Unter diesem öffnete sich die Vorhalle des Paradieses: In ihr hatte das Sendgericht seinen Platz, verbunden mit kirchlichen Visitationen und anschließender Rechtsprechung, die seit dem Ende des 9. Jahrhunderts als kirchliche Einrichtung bekannt ist.

In unmittelbarem Zusammenhang mit dem eschatologischen Themenkreis des Paradieses stehen die Darstellungen der südlichen Schauseite, die durch die Erweiterungen nach 1516 voneinander getrennt wurden: das Bilderpaar Löwe und Lamm. Es fällt vor allem auf, daß die beiden Tiergestalten kompositionell aufeinander bezogen sind. Sie erscheinen nicht vereinzelt, sondern als ein Paar in szenischem Zusammenhang. Beide Tierskulpturen weisen die gleiche Körperhaltung auf, außerdem sind sie in der gleichen Handlung begriffen: Löwe und Lamm öffnen eine Buchrolle. Es ist das Bild der Anfangsvision der Apokalypse, das Bild der Öffnung der apokalyptischen Buchrolle durch Löwe und Lamm. Es heißt in der Offenbarung Johannes des Evangelisten: „Siehe, der Löwe aus dem Stamme Juda hat gesiegt, so daß er die Buchrolle [. . .] zu öffnen vermag" (Apk 5,5), und weiter: „Und ich sah [. . .] ein Lamm stehen, wie geschlachtet [. . .] und es hat die Buchrolle aus der Rechten dessen genommen, der auf dem Throne sitzt" (Apk 5,6). Dieser biblische Text ist der Kern dieser visionären Darstellung. Der Zentralgedanke ist das in den Evangelien bezeugte Sühneopfer durch den Löwen und das Lamm. Das Öffnen der Buchrolle bedeutet „Erleiden des Todes für die Menschen durch den Gottessohn Christus, der als Opferlamm *agnus* genannt wird und als Überwinder des Todes leo" (Wilhelm Köhler). Die Exegeten des Hochmittelalters zeichnen sich durch ähnliche Gedanken aus. Faßt man sie kurz zusammen, so kommt man zu bildparallelen, formelhaften Gegenüberstellungen: der geistige Löwe (Christus) vom Stamme Juda, der Höchste, der Siegreiche. Das geistige Lamm (Christus): der Niedrigste, das Opfertier, d. h. der Messias, der Löwe, der siegen soll, hat sich zum Lamm gemacht, das leiden soll. Auch die einzelnen Details wurden in diesem Sinne gedeutet: der Löwe mit geöffnetem Rachen und weit aufgerissenen Augen als Zeichen der siegreichen Auferstehung, Zeichen der Gottheit Christi; das Lamm – wie geschlachtet – mit zurückgewandtem Kopf als Zeichen der Wiederkunft Christi. Löwe und Lamm versinnbildlichen die beiden Naturen Christi (Löwe = Macht, Hoheit, Stärke; Lamm = Einfalt, Unschuld, Sanftmut).

Als Anfangsvision und bildgewordene Verkündigung der Mysterien Christi – Menschwerdung, Tod, Auferstehung und Wiederkunft – war diese Darstellung der „apokalyptischen Öffnung" auch optisch zu den eschatologischen Darstellungen des unteren Paradiesportals in Verbindung gebracht und verstanden, das in seiner Mitte den thronenden Christus als Richtergott zwischen seinen Jüngern und weiteren fürbittenden Heiligen und Stiftern zeigt.

Auch die südliche Ostwand des Westquerschiffes wurde im Zeichen des Weltgerichts gestaltet: Oberhalb des zwölfachsigen Radfensters befinden sich auch hier zwei kreisförmige Nischen mit den Tiergestalten Wolf und Kranich als Sinnbilder des Bösen und des Guten. Dem heulenden Wolf steht der wachsame Kranich gegenüber. Der Kranich, das Symbol der geistigen Wachsamkeit, ist mit einem Stein in seinen Krallen dargestellt, der – nach antik-frühchristlicher Überlieferung (Phädrus) – herunterfällt, wenn der Kranich einschläft und den Schlafenden aufweckt. In der Symbolik der Kirchenväter wurde er oft der Justitia, der Gerechtigkeit, zugeordnet. Verwandte Beispiele aus derselben Zeit sind auch in der Bauplastik der Kirchen von Bonn, Brauweiler und Knechtsteden zu finden. So erscheint das Innere der Paradiesvorhalle mit seinem großartigen und berühmten Skulpturenschmuck ikonologisch bereits mehrfach motiviert. Die gesamte Anlage steht unter dem Leitgedanken der *porta coeli*, der Pforte des Himmels.

Bau- und stilgeschichtliche Beobachtungen legen es nahe, daß der gesamte Skulpturenschmuck der Süd- und Ostseite des Westquerhauses (Pauluskopf, Johannesschüssel, Löwe und Lamm, Wolf und Kranich, Christus und seine Apostel) noch aus dem ersten Jahrzehnt nach der Grundsteinlegung (1225/35) stammt. Die Voraussetzungen dieser „zugleich schweren und dann in den Proportionen Mächtigkeit und Zierlichkeit wunderlich miteinander verbindenden Figurenbildung" hat die Forschung in der Skulptur der Kathedralen von Chartres und Reims erkannt: „Nicht die vollständige Übernahme und Imitation kompletter westfranzösischer Vorbilder ist es also, was wir vor Augen haben, sondern die Rezeption nordfranzösischer Anregungen und ihre Integrierung in einen autochthonen, noch ‚spätromanisch' gefärbten Stil von besonderer Beharrungskraft" [556: Sauerländer, Figurenportale, S. 6].

In den später zugemauerten seitlichen Bogenöffnungen der Paradiesvorhalle stehen weitere vier monumentale Skulpturen, die alle wohl in die Zeit Bischof Gerhards gehören, also noch vor der Domweihe (1264) entstanden sind. Künstlerisch gesehen gehören sie zu den größten Leistungen der deutschen Skulptur des 13. Jahrhunderts. Der Sinn ihrer Aufstellung – unabhängig von den verschiedenen Fragen ihrer kunsthistorischen Erforschung – kann kaum in Frage gestellt werden: Sie erscheinen hier vor dem Thron des Weltenrichters als Fürbitter, als Vermittler zwischen Gott und den Menschen. Rechts stehen die Statuen des Gründerbischofs Dietrich von Isenburg, in vollem bischöflichem Ornat, mit Grundstein und Schriftband, und des hl. Laurentius, des Patrons der unschuldig Verurteilten, heute in verkehrter Reihenfolge, da sie im 19. Jahrhundert im Zuge der allgemeinen Restaurierungsmaßnahmen vertauscht wurden. Als himmlischem Vermittler gebührt Laurentius der Platz vor dem Bischof, der nach der Ermordung seines Onkels, des Erzbischofs Engelbert von Köln (1225), als Mitwisser grundlos beschuldigt wurde. Die Inschrift seines Schriftbandes weist auf die Gründung des Doms hin. An der gegenüberliegenden westlichen Seitenwand stehen die Statuen der hl. Maria Magdalena und einer ritterlichen

Statuen der Apostel im Paradies des Doms (um 1230)

Gestalt. Magdalena steht zu dem Gründerbischof Dietrich eigenartigerweise in mehrfacher Beziehung. Dietrich III. führte ihr Fest in der Diözese ein und legte es auf den 22. Juli 1218, auf den Tag, an dem er die Bischofsweihe empfing; und am Tag der hl. Maria Magdalena starb er im Jahr 1226. Die Identifizierung der ritterlichen Gestalt, zur Rechten der hl. Magdalena, gelang der Forschung noch nicht. Manche wollten in ihm den seligen Gottfried von Cappenberg erkennen, andere dagegen den Namenspatron des Gründerbischofs Dietrich III., den hl. Theodor. Beide Deutungsversuche blieben jedoch nicht unwidersprochen; das gilt ebenfalls für die Identifizierungsversuche der beiden kleinen betenden, zu Füßen der Heiligen Laurentius und Maria Magdalena knienden Stifterfiguren. Es fällt immerhin auf, daß die beiden Figurenpaare ganz im Geist ihrer Zeit einander gegenübergestellt sind: rechts die Vertreter der Kirche (Diakon, Bischof), links die Vertreter des weltlichen Lebens (Frau, Ritter), in ihrer Heiligkeit die beiden Welten verbindend.

Neben dem monumentalen Dombau des 13. Jahrhunderts hat Münster noch zwei kleinere Kirchenbauten, die die spätromanische Baukunst in Münster vertreten: St. Ludgeri (1180–1210) und St. Servatii (1240/50). Die ehemalige Kollegiatkirche St. Ludgeri ist wohl die älteste münsterländische Hallenkirche gebundener Ordnung (Stufenhalle). Das Bausystem des ursprünglichen Kirchengebäudes ist im Kern des bestehenden Baus noch gut erhalten: die dreischiffige Halle mit etwas überhöhtem Mittelschiff. Die Wandgliederung zeigt Wechsel von Pfeilern und Zwischensäulen in zwei Doppeljochen. Das Querhaus mit achteckigem Vierungsturm (nach rheinischem Vorbild) und zwei Nebenapsiden öffneten sich ursprünglich nach Osten zu der gestelzten Hauptapsis. Die bemerkenswerte Bauplastik mit Blatt- und Adlerkapitellen gehört zu dem Qualitätsvollsten der Zeit um 1200. Die kleine Anlage von St. Servatii steht ganz in der Nachfolge von St. Ludgeri. Die kurze zweijochige Hallenkirche des gebundenen Systems mit Stützenwechsel hat verhältnismäßig schlanke Proportionen und schlichtes Baudekor.

Die Kunst der Gold- und Silberschmiede des 13. Jahrhunderts in Münster ist nur durch vereinzelt erhaltene Denkmäler vertreten, an erster Stelle durch das goldene Vortragekreuz des Domkapitels, das um 1230/40 entstanden ist, und die goldene Statue der thronenden Muttergottes aus dem ehemaligen Reliquienrepositorium des Doms (beide in der Domkammer) – erlesene Arbeiten, die ursprünglich zu dem eschatologisch geprägten hochmittelalterlichen Bilderkreis des Doms gehörten.

4. Die Bau- und Bildkunst der Gotik (1280–1530)

Kein anderer Stil der abendländischen Kunst hat das Bild der Stadt so stark und nachhaltig geprägt wie die Gotik, weit über die obere Zeitgrenze hinaus. Man denke nur an den Bau der 1590/97 errichteten Jesuitenkirche St. Petri, an die 1613 erbaute Kirche der Franziskaner-Observanten St. Antonius von Padua (heute evangelische Universitätskirche) oder an die Galenschen Chorkapellen des Doms aus der zweiten Hälfte des 17. Jahrhunderts, die mit ihren gotischen Maßwerkfenstern wie „Nachklänge“ dieser großen Stilepoche das Stadtbild noch mitprägen, ganz zu schweigen von den neugotischen Stilparaphrasen des 19. Jahrhunderts, die ihre höchste Leistung im Turmbau der Stadt- und Marktpfarrkirche St. Lamberti von 1887/98 gefeiert haben.

Die Anfänge der gotischen Baukunst in Münster sind bereits durch den doppelschaligen lichtdurchfluteten Ostchor des Doms markiert. Kurz nach Vollendung des Dombaus entstand 1278/80 die Klosterkirche der Franziskaner-Minoriten St. Katharina (heute evangelische Apostelkirche). Den Ordensgewohnheiten entsprechend ist sie ohne Turm als langgestreckte, verhältnismäßig niedrige Hallenkirche mit langem Mönchschor erbaut, die wir als die „erste rein gotische Kirche Münsters" [2322: Kluge/Hansmann, Westfalen] zu bezeichnen pflegen; die hohen schmalen Fenster mit klassischen Dreipässen und Fischblasenmaßwerk verleihen dem Bau einen lichten Charakter.

Der bestehende Bau der katholischen Pfarrkirche Liebfrauen zu Überwasser ist das dritte Bauwerk an dieser Stelle. Es wurde von 1340 bis 1346 erbaut. Die Errichtung des Turms erfolgte erst ab 1363. Der einheitliche Raum der Hallenkirche ist im Mittelschiff aus sechs schmalrechteckigen, in den Seitenschiffen aus quadratischen Jochen gebildet. Der einjochige Chorraum hat einen 5/8-Schluß. Durch die Anwendung der querrechteckigen Joche – nach dem Vorbild der ehemaligen Minoritenkirche – zeigt sich eine stärkere Ausrichtung auf den lichten Chorraum. Für den Innenraum ist eine maßvolle, von runden Pfeilern und hohen Fenstern begleitete Höhenentwicklung charakteristisch. Den Außenbau bestimmen das mächtige Satteldach über dem kastenartigen Baukörper und der mächtige, für das Stadtbild sehr charakteristische helmlose Turm.

Der kleine vierjochige Saalbau der ehemaligen Kapelle der Burgsteinfurter Johanniter von 1311 schließt sich hier gleich an, ausgezeichnet mit einem etwas aufwendigeren Baudekor, mit Laubwerkkapitellen und Masken.

In der Nachfolge der Liebfrauenkirche zu Überwasser entstand um 1360/80 die katholische Pfarrkirche St. Nikolaus zu Wolbeck als ländliche Hallenkirche mit einer auffälligen Verkürzung der Pfeilerzone und einem 5/8-Chorschluß, ferner mit schlichtem Baudekor.

Den Höhepunkt des gotischen Bauens repräsentiert die Stadt- und Marktpfarrkirche St. Lamberti, die „größte und schönste Pfarrkirche der Stadt und zugleich der reifste Hallenbau der Spätgotik in Westfalen" [2322: Kluge/Hansmann, Westfalen, S. 375], der zwischen 1375 und 1450 errichtet wurde. Städtebaulich ist die Kirche als nördlicher Abschluß des langgestreckten Hauptplatzes der Stadt, des Prinzipalmarktes, von Bedeutung. Das weiträumige Langhaus von lichter Höhe besteht aus vier nach Osten etwas kürzer werdenden Jochen. Der zweijochige Chor ist mit einem fünfseitigen Chorpolygon abgeschlossen. Die großen Jochweiten, die schlanken, abwechselnd runden und gebündelten Pfeiler und das zusammenfassende Netzgewölbe im Mittelschiff und Chor verleihen dem Raum einen äußerst lichtvollen Charakter. Die Seitenschiffe sind mit Sterngewölben, die Bündel- und Wandpfeiler mit reichen Laubkapitellen verziert. Das überwiegend aus Fischblasen zusammengesetzte Maßwerk der hohen Fenster gehört ohne Zweifel zu den schönsten und bedeutendsten der Spätgotik.

Nicht nur das Innere, auch das Äußere der Lambertikirche ist ungewöhnlich reich verziert: Die hohen vierteiligen Fenster sind von mit Krabben und Fialenspitzen besetzten Kielbogen abgeschlossen. Die ornamentierten und feingestuften Strebepfeiler

Innenraum der Martinikirche (um 1930)

ragen mit Fialen bis in die Dachzone hinein, begleitet von einer reichen – erneuerten – Maßwerkgalerie. Plastischer Reichtum zeichnete auch die Portale der Kirche aus: im Norden die Marienpforte, im Süden die Portale der „Wurzel Jesse" (Stammbaum Christi), der „Geburt Christi" und des „Schmerzensmannes" (heute alle erneuert), deren originaler Figurenschmuck wohl aus der letzten Bauphase der Kirche stammte (um 1440).

Wie in kleinen Schüben eroberte das gotische Bauen die Stadt. Dem romanischen Westturm der ehemaligen Kollegiatkirche St. Martini wurde um 1350/60 eine breitgelagerte gotische Halle von dreieinhalb Jochen im Mittelschiff und vier langgestreckten Seitenschiffjochen mit eingezogenem zweijochigem Chor angeschlossen. Die Fischblasenmaßwerke der Fenster weisen Verwandtschaft mit denen der Lambertikirche auf. Der schlichte kreuzrippengewölbte Innenraum ist durch schmucklose Rundpfeiler und Wanddienste gegliedert. Etwas später, um 1390/1410, bekommt die spätromanische Stufenhalle von St. Ludgeri einen neuen Chorbau, einen aus sieben Seiten des Zehnecks gebildeten Chorabschluß mit reichen und feingliedrig durchgebildeten Einzelformen und einem großartigen Sterngewölbe. Um 1380/95 entfaltet sich spätgotische Bautätigkeit auch im Bereich des Doms: Hier entstehen die Kapellen St. Marien und St. Elisabeth (abgebrochen) und der achtzehnjochige, großzügig angelegte Kreuzgang mit dem Domherrenfriedhof. Zu den im 14. Jahrhundert entstandenen gotischen Neubauten der Stadt gehörte auch die ehemalige

Pfarrkirche des Dombezirks St. Jakobi (1812 abgebrochen). Und es blieb nicht dabei: Nach der Neugestaltung des 13. Jahrhunderts erfuhr die Westfassade des Doms unter Fürstbischof Erich I. (1508–1522) einen wesentlichen Umbau. In diese Zeit gehört die Ausschmückung des Giebelfeldes mit der monumentalen Skulpturengruppe „Einzug Christi in Jerusalem“ von Heinrich Brabender. Die Originale, die heute im Westfälischen Landesmuseum aufbewahrt werden, wurden kurz vor 1900 durch Kopien ersetzt. An die Stelle des mittelalterlichen Radfensters wurde ein großes spitzbogiges Maßwerkfenster eingesetzt, das für die westlichen Teile des Doms als Lichtquelle diente. Die Gestaltung des Stufenportals nahm die ikonologische Idee des spätmittelalterlichen Paradieses auf: Am Mittelpfeiler stand die Statue der Muttergottes als Himmelskönigin mit dem Jesuskind. Zu seiten dieses Inbildes des menschgewordenen Erlösers waren die Statuen der klugen und törichten Jungfrauen aufgestellt, die hier die Idee der *porta coeli* (Pforte des Himmels) bildhaft verdeutlichten. Als weitere Figuren gesellten sich zu ihnen an der Außenwand die Statuen der Apostelfürsten Paulus und Petrus, die nicht mehr erhalten geblieben sind.

Die Kunst der Bildhauer des 14. Jahrhunderts ist am eindrucksvollsten durch die Westportalstatuen der ehemaligen hochadeligen Damenstiftskirche St. Marien zu Überwasser repräsentiert. Ihre Entdeckung 1897/98 in der Nähe des Buddenturms, wo die Täufer sie 1534/35 zur Verstärkung der Stadtbefestigung eingegraben hatten, war gewiß eine unvergeßliche Sternstunde der mittelalterlichen Archäologie in Westfalen. Ihr erster wissenschaftlicher Bearbeiter, Burkhard Meier, wies zuerst auf ihre ursprüngliche Funktion hin: „Dieser Statuenzyklus muß zu dem Westportal der Liebfrauen- oder Überwasserkirche gehört haben, das an seiner Mittelpforte Platz für Maria, in seinem Gewände Platz für je drei Apostel von etwa 50 cm Breite, was der Blockbreite der Figuren entspricht, bietet, und dessen vorgelagerte Fialenpfeiler an je drei Seiten eine Figur aufnehmen können“ [1408: Landesmuseum 1, S. 18]. Es wurde schon früh erkannt, daß diese Portalstatuen einen Höhepunkt in der Geschichte der abendländischen Skulptur der Gotik bedeuten. Sie wurden im Auftrag der adeligen Stiftsdamen von St. Marien zu Überwasser nach 1363 für die Westportalanlage ihrer Stiftskirche geschaffen. Die Figuren – ursprünglich 13 (Maria und die zwölf Apostel) – wurden durch die Täufer 1534/35 von ihren Konsolen gestürzt und bei der Kreuzschanze für Befestigungszwecke vergraben. Die Ausgrabungen zwischen 1898 und 1900 förderten nur zehn fragmentarisch erhaltene Statuen zutage, drei Apostelstatuen blieben also unentdeckt in den Wällen der Stadt. Bereits 1601/03 hatten neue Figuren ihre Stellen eingenommen. Dieser manieristisch-frühbarocke Zyklus, der nur archivalisch überliefert ist, wurde 1910 durch die neugotischen Skulpturen des Bildhauers Anton Rüller ersetzt. Im Zuge dieser Maßnahme wurden auch die Blattkonsolen und Baldachine des 14. Jahrhunderts ausgewechselt. Fast gleichzeitig (1907/08) fanden die ausgegrabenen und restaurierten Skulpturen (Maria und neun Apostel) im neuerrichteten Landesmuseum ihre erste Aufstellung.

Sieben der ausgegrabenen Apostelstatuen stehen auf den Rücken alttestamentlicher Propheten, ursprünglich waren es zehn. Die zwergenhaft kleinen Vertreter des Alten Bundes tragen auf ihren Rücken, die als Pseudokonsolen ausgebildet sind, die Vertreter des Neuen Bundes. Mit dieser typologischen Darstellung sollte bildhaft „verkündet“ werden, daß die Visionen der Propheten erst im Neuen Bund – durch die Menschwerdung Gottes – in Erfüllung gegangen sind. Dieser ikonologische Grundcharakter des Statuenzyklus wurde erst 1964/74 erkannt [537: Pieper, Bildwerke]. Die hockenden Propheten trugen ursprünglich auch Schriftrollen, die heute sehr demoliert sind, die aber einst „beschriftet" waren, wohl mit Zitaten aus den Büchern des Alten Bundes oder aus dem *Credo*.

Der stilistische Charakter der Statuen ist von prägender Schönheit. Die höfische Eleganz des leicht geschwungenen Körpers trägt überall beseelte Häupter, ernste, bärtige Gesichter, Verkörperungen einer idealen höfischen Männlichkeit; die materiell schönen Formen sind Ausdruck der geistigen Vorzüge.

Der fragmentarische Erhaltungszustand der Statuen, ihre heute fehlende ursprüngliche Farbfassung und ihr „museal" nicht anwesender architektonischer Rahmen schränken jede Aussage über ihre anschaulichen Charaktere ein. Diese Skulpturen bildeten einst einen integrierenden Teil der Fassade. Sie drückten gemeinsam mit den architektonischen Teilen die Bewegung des Bauwerks und seinen tektonischen Sinn aus. Noch mehr: „Es ist ausdrucksvollste Symbolik, daß die gotische Statue nicht leben kann ohne ihren Baldachin" [2516: Panofsky, Deutsche Plastik, S. 43f]. Die Baldachine zeichneten die Figuren als „Bewohner" der himmlischen Stadt, des himmlischen Jerusalems aus. Diese Baldachinstatuen stehen auf ihren Wolken- oder Figurenkonsolen, die Pseudokonsolen sind: Sie sind als Teile der einzelnen Statuen gebildet und nicht wie Trag- oder Kragsteine. Diese Figuren standen ursprünglich auf echten Blattkonsolen, ähnlich wie ihre schwachen „Nachfolger" von Anton Rüller.

Die bereits erwähnte Frage nach den Bildhauern sollte über die These Apffelstaedts hinaus neu bedacht werden. Seinen Händescheidungen darf schon entgegengesetzt werden, daß es durchaus möglich ist, die Anfertigung der 13 Statuen durch einen einzigen Bildhauer anzunehmen, wenn man bedenkt, daß die Möglichkeit der Fortbildung (Vervollkommnung!) des persönlichen Stils innerhalb der Entstehungszeit eines Statuenzyklus durchaus gegeben ist. Diese Möglichkeit erscheint mir wahrscheinlicher als die Tätigkeit von drei bis vier gleichrangigen Bildhauern eng nebeneinander. Solche Überlegungen berühren gleich die Frage der Datierung. Die angenommene Entstehungszeit von zwölf Jahren (1364–1374) scheint für die 13 Statuen allein sehr lang zu sein. Die ersten drei Geschosse des Turms füllen nun diese ganze Zeitspanne aus: für das Portalgeschoß mit den Skulpturen dürfen wir wohl die ersten drei Jahre (1364/66) veranschlagen. Dieser Annahme widerspricht die nördliche Türsturzinschrift des Portals in keiner Weise. Die Jahreszahl 1374 bezeugt nicht die Entstehung der Statuen, sondern nur die Reliquienstiftung des Fürstbischofs Florenz von Wevelinghoven: „Denn in diesem Jahre ließ Bischof Florenz [. . .] Reliquien der Hl. Margaretha, Barbara, Agatha und Perpetua in der rechten Schulter des Marienbildes einschließen" [304: Schulze, Frauen-Stift, S. 90].

Das plötzliche Auftreten des Meisters dieses Figurenzyklus in Münster ist bis heute etwas rätselhaft geblieben. Woher kam er? Als mögliche Orte für seine bildhauerische Ausbildung wurden die Bauhütten von Straßburg, Köln (die Hofkunst zur Zeit der Erzbischöfe Wilhelm von Gennep und Engelbert III. von der Mark), Lüttich oder Utrecht genannt, ohne konkrete Ergebnisse im Geiste einer strengen Stilkritik aufzeigen zu können. Vielleicht könnten Untersuchungen in einem größeren Rahmen mehr Klarheit schaffen. Immerhin soll festgehalten werden, daß seine Tätigkeit in eine Zeit der baukünstlerischen Blüte Münsters fiel, die ausgesprochen höfisch und „westlich“ orientiert war wie nie zuvor.

In dieser Zeitspanne (zweite Hälfte des 14. Jahrhunderts) sind folgende Bauten in Münster entstanden: St. Marien zu Überwasser (1340 bis nach 1376), Chor von St. Martini (um 1350), Chor von St. Lamberti (nach 1375), Domkreuzgang (nach 1378), gotisches Rathaus (1350/60) und Chorneubau von St. Ludgeri (ab 1383). Es war die große Zeit der Bischöfe Ludwig II. von Hessen (Kanoniker in Chartres), Adolf von der Mark (Scholar der Universität von Montpellier), Johann I. von Virneburg (Dechant in Köln) und Florenz von Wevelinghoven (geweiht am päpstlichen Hof zu Avignon). Die Entstehung des höfisch geprägten Skulpturenzyklus ist nur in diesem höfischen Rahmen zu verstehen. Es ist vielleicht doch nicht so abwegig, wenn unser suchender Blick weiterhin auf die französische Gotik gerichtet wird. Der höfische Rahmen gilt auch für die Äbtissinnen des Überwasserstifts, die nicht minder „französisch“ orientiert waren: Jutta Gräfin von Sayn (1342–1355), Margaretha Gräfin von der Mark (1356–1388) und Heilewigis Gräfin von Wevelinghoven (1367–1388), Schwester des Fürstbischofs Florenz.

Für die Zeit nach der Fertigstellung der Portalstatuen stellt sich dann die Frage: Wo hat dieser bedeutende Bildhauer seine Tätigkeit fortgesetzt? Verlieren sich seine Spuren nach 1374 ganz? Zu diesen Fragen hat zuletzt Guido de Werd die einzig brauchbaren Hinweise geliefert, indem er auf „das große Kapitell mit der Darstellung Samsons“ in der Kapelle des Bischofs Jan van Arkel (um 1380) am Dom zu Utrecht und einen Aposteltorso (Centraalmuseum Utrecht), der „mit der Portalskulptur der Überwasserkirche zu Münster verwandt zu sein scheint“, aufmerksam gemacht hat. Sie könnten durchaus vom Meister der Portalfiguren der ehemaligen Stiftskirche St. Marien zu Überwasser stammen. Die Tatsache, daß Fürstbischof Florenz von Wevelinghoven, der große Förderer der Devotio moderna, von 1378 bis 1393 den Utrechter Bischofsstuhl innehatte, dokumentiert auch die engen Beziehungen zwischen Köln, Münster, Utrecht und Lüttich im 14. Jahrhundert.

Neben der Werkstatt des Liebfrauen-Meisters ist noch die Werkstatt des Lamberti-Meisters zu erwähnen, dessen Werk heute allein durch die Madonnenstatue des Nordportals der Lambertikirche vertreten ist (heute am rechten Chorpfeiler der Kirche), da die figurenreichen Portale der Kirche im Westen und Süden, aber auch im Inneren der Kirche den Zerstörungen der Täufer zum Opfer gefallen sind. Im Gegensatz zur „adeligen“ Madonnenstatue der Liebfrauenkirche ist für St. Lamberti eine „bürgerliche“ Variante des großen Themas „Muttergottes mit dem Jesuskind“ geschaffen worden, ein sinnlich nahes Bild des Göttlichen.

Ansehnlich entwickelt ist die Kunst der Goldschmiede der Stadt im 14. Jahrhundert, vornehmlich im Dienste der Liturgie der Kirchen. Zahlreiche noch heute erhaltene Turmreliquiare, vor allem aber die 15 Reliquienstatuetten der Muttergottes, Johannes des Täufers und des Evangelisten sowie der zwölf Apostel, die „zu den größten Kostbarkeiten der gotischen Goldschmiedekunst“ des Abendlandes gehören [2120: Fritz, Goldschmiedekunst der Gotik], ferner die 14 Reliquienbüsten der alttestamentlichen Propheten (St.-Paulus-Dom und Domkammer), die gegen Ende des 14. Jahrhunderts geschaffen wurden, bezeugen die hohe Blüte der Goldschmiedekunst im spätmittelalterlichen Münster.

Reliquienstatuen der Apostel Paulus und Petrus (Details) vom Hochaltar des Doms zu Münster (um 1375/80)

5. Die Maler und Bildhauer des 15. Jahrhunderts

Auch die romanischen und frühgotischen Kirchen der Stadt waren mit Wandmalereien geschmückt, und ihre Altäre wurden nicht minder reich mit gemalten Altarbildern und ihre liturgischen Handschriften mit farbenprächtigen Miniaturen ausgestattet; sie haben die Zeiten leider nicht überdauert. So wird erst im 15. Jahrhundert die Malkunst in Münster breiter erfaßbar. Ihre scheinbar anfängliche Reife weist auf eine reiche Werkstatttradition des vorangegangenen Jahrhunderts hin.

Das zeigt sich vornehmlich in den Werken des münsterischen Malers des Warendorfer Hochaltars, der um 1420/40 tätig war. Seine beiden Hauptwerke, die Mitteltafel des Hochaltars der Pfarrkirche St. Fabian und Sebastian zu Darup mit den Szenen „Geißelung", „Kreuztragung", „Kreuzestod", „Grablegung" und „Auferstehung Christi" und die Tafelbilder des Hochaltars der Pfarrkirche St. Laurentius zu Warendorf mit den Szenen der Heilsgeschichte von der Verkündigung der Geburt Christi bis zum Weltgericht, erweitert durch vier Szenen aus dem Leben des hl. Laurentius, des Hauptpatrons der Warendorfer Pfarrkirche, zeigen die Szenen in die ganz gewöhnliche Alltäglichkeit versetzt. Dieser zur Darstellung des Alltags herabgestiegenen Bildkunst eröffnet sich ein großes Feld der Naturbeobachtung. Zu ihr gehört die ganz schlichte Form der Hallenkirche als Versammlungsraum, in dem der Altar als Mittelpunkt der liturgischen Feier besondere Hervorhebung bekommt, an dem sich das neue Gesamtkunstwerk des Spätmittelalters, der spätgotische Wandel- oder Flügelaltar, bildet.

Diese Phänomene der spätgotischen Tafelmalerei lassen sich auch im Werk des um 1440/80 tätigen münsterischen Malers des Schöppinger Hochaltars beobachten. Der vollständig erhaltene monumentale Flügelaltar der Schöppinger Kirche ist wohl um 1455 – vermutlich nach dem Brand der Kirche im Jahr 1453 – in der Werkstatt des nach diesem Altar genannten unbekannten Malers, des sogenannten Meisters von Schöppingen, in Münster entstanden. Alle diese Angaben, die die Entstehungszeit, den Entstehungsort und den Maler des Werkes betreffen, sind weder durch primäre (etwa durch Signatur oder Vertrag) noch durch spätere Quellen (durch Archivalien) überliefert. Wir verdanken sie der kunsthistorischen Forschung der letzten hundert Jahre, die bemüht war, die altwestfälische Malerei, insbesondere ihre große Blütezeit im 15. Jahrhundert, zu erforschen.

Das Thema des Altars, der fälschlicherweise oft als „Passionsaltar" bezeichnet wird, ist die ganze Heilsgeschichte, von der Menschwerdung Gottes bis zur Gründung der Kirche, mit anderen Worten: von der Verkündigung der Geburt Jesu bis zum Pfingstfest. Die gewöhnlichen Bezeichnungen der beiden Altarseiten als „Feiertags"- und „Werktags"-Seiten sind irreführend. Die Darstellungen des Altars in geschlossenem Zustand gehören dem Festkreis „Weihnachten", diejenigen in geöffne-

Mitteltafel des Hochaltars in der Warendorfer Pfarrkirche St. Laurentius mit Szenen vom Pilatusurteil bis zur Grablegung Christi (Meister des Warendorfer Hochaltars, um 1430)

tem Zustand dem Festkreis „Ostern“ an. Den weihnachtlichen Festkreis repräsentieren die Szenen der „Verkündigung“ und der „Geburt Jesu“. Der österliche Festkreis reicht von der „Zeit der Verirrung“ (von Septuagesima bis Ostern) auf dem linken Flügel des Altars – in der Mitte mit dem Opfertod Jesu als zentralem Ereignis – bis zur „Zeit der Versöhnung“ (von Ostern bis acht Tage nach Pfingsten) auf dem rechten Altarflügel.

Überblickt man den erhaltenen Denkmälerbestand der spätgotischen Malerei des 15. Jahrhunderts in Westfalen, wird klar, daß die Eingliederung dieses Werkes des Meisters des Schöppinger Hochaltars in die religiöse Tradition seiner Zeit ungebrochen ist.

Die Dominanz der Erzählfreude ist unverkennbar. Der ikonographisch-narrative Stil des Malers hat eine auffallend große Spannweite, die weder vor noch nach ihm überboten wurde. Neben dem narrativen Hauptzug greift er dramatische wie auch lyrische Elemente auf: wie Christus verspottet, wie er nach dem Urteilsspruch angegriffen wird, wie er unter der Last des Kreuzes in die Knie geht, wie Marias gleichbleibender Typus nach dem Sinn der einzelnen Ereignisse (eigentlich ikonologisch) variiert ist, wie der Maler den Guten „gute“ Tiere, den Bösen „böse“ Tiere zugesellt, wie differenziert er die Gesichter aus seinem Typenrepertoire einsetzt und modifiziert. Der Meister des Schöppinger Hochaltars interessiert sich nicht mehr für die Fläche und ihre gegebenen Ordnungen; er versucht eher, den Raum und die Körperlichkeit als der Fläche entgegengesetzte Werte mit der Fläche in Einklang zu bringen, weit über die bühnenartigen Tiefenschichtungen hinaus. Die Elemente des Religiösen sind in diesem Werk mit allen anderen Kräften des menschlichen Daseins Einheit stiftend zusammengeschmolzen.

Das zweite bedeutende Hauptwerk des Malers, der sogenannte Billerbecker Altar, der sich heute im Westfälischen Landesmuseum befindet, ist inhaltlich mehr „österlich“ und hagiographisch ausgerichtet mit den Szenen vom Gebet Christi am Ölberg bis zur Auferstehung und mit jeweils vier Bildern aus den Lebensbeschreibungen des hl. Johannes des Täufers und des hl. Bischofs Martinus. Ein weiteres Werk des Malers, die Altartafel mit der Darstellung des hl. Nikolaus zwischen den vier lateinischen Kirchenvätern von 1440/50, war vermutlich für die Nikolauskapelle des Dombezirks zu Münster bestimmt (heute im Westfälischen Landesmuseum). Das Bild ist von ungewöhnlich feiner zeichnerischer Qualität und subtiler Farbgebung.

Der von 1453 bis 1490 in Münster nachweisbare Stadtmaler Johann Koerbecke gehörte zu den bedeutendsten Künstlern des 15. Jahrhunderts in Münster. Sein Hauptwerk, der ehemalige Hochaltar der Marienfelder Klosterkirche der Zisterzienser, zeigte in seiner Mitte einen Reliquienschrein mit der Statue der thronenden Muttergottes als Himmelskönigin, auf seinen Flügelinnenseiten links vier Szenen des weihnachtlichen Festkreises und auf seinen Flügelinnenseiten rechts vier eschatologische Szenen. Die acht Tafeln der Flügelaußenseiten stellten die vier vorösterlichen und die vier österlichen Ereignisse dar. In allen diesen noch heute größtenteils erhaltenen Szenen des monumentalen Altarwerks zeigt sich deutlicher noch als am Schöppinger Altar die zur Schilderung des Alltags herabgestiegene Bildkunst der Spätgotik, besonders in den Landschaftsdarstellungen der Flügelaußenseiten und in der porträthaften Typisierung der einzelnen Physiognomien.

Tafelbild mit der Darstellung des Pilatusurteils von Johann Koerbecke (ehemaliger Hochaltar der Klosterkirche der Zisterzienser in Marienfeld, um 1457/58)

Gegen Ende des 15. Jahrhunderts ist Johannes von Soest, der sogenannte Meister des Liesborner Hochaltars, aus der Reihe der in Münster ansässigen Maler hervorzuheben. Für die Kunst- und Kulturgeschichte des mittelalterlichen Westfalen erlangte der unbekannte Maler des ehemaligen Hochaltars der Klosterkirche der Benediktiner in Liesborn einen über die Grenzen Westfalens hinausreichenden Berühmtheitsgrad. Sein heute zerstörtes, ziemlich isoliert stehendes, um 1475/80 im Auftrag des münsterischen Bischofs Hermann von Schwarzburg, des Domdechanten Hermann von Langen, des Domküsters Johann Stael und des Liesborner Abtes Heinrich von Kleve entstandenes Hauptwerk wurde vermutlich im Zusammenhang mit der Aufstellung des neuen barocken Hochaltars zu Anfang des 18. Jahrhunderts von seinem angestammten Platz entfernt. Im Bereich des Chores aufgehängt und später durch unsachgemäßes Abwaschen beschädigt, war das Werk dem Verfall völlig ausgesetzt. Nach der Säkularisation (1803) gelangten die erhaltenen Teile in den Besitz des Geheimrates Krüger in Minden, später in die Londoner Nationalgalerie (1854) und ins Westfälische Landesmuseum Münster (1879/1929). Anhand der 14 erhaltenen Fragmente läßt sich zweifelsfrei ein dreiteiliger, feststehender Altaraufsatz mit einem christologischen Bildprogramm rekonstruieren. Auf der linken Seite befanden sich die vier Szenen der Menschwerdung Christi (Verkündigung, Geburt, Anbetung der Heiligen Drei Könige und Darbringung im Tempel), auf der breiten Mitteltafel war der Kreuzestod Christi vergegenwärtigt mit den Heiligen Maria, Cosmas und Damian (auf der rechten Seite unter dem Kreuz) sowie Johannes dem Evangelisten, Scholastika und Benedikt (auf der linken Seite); auf der rechten viergeteilten Seite des Altars fanden die Szenen „Auferstehung", „Himmelfahrt", „Pfingstwunder" und „Wiederkunft Christi zum Weltgericht" (Parusie) ihre Darstellung. Die deutsche Kunstgeschichtsschreibung schätzt in dem Werk dieses münsterischen Meisters die besonders durchgeistigte Gestaltung der Heilsgeschichte und der Heiligen in einer hohen, künstlerisch verfeinerten Farb- und Formkultur.

In Analogie zur Tafelmalerei des 15. Jahrhunderts gelangte auch die Kunst der Bildhauer im spätmittelalterlichen Münster zu hoher Blüte. Aber gerade die Bildwerke dieser Zeit wurden durch die Zerstörungen der Täuferzeit sehr hart getroffen. Doch die hier und da vereinzelt noch erhaltenen Werke bestätigen diese Blüte und die hohe künstlerische Qualität der geschaffenen Bildwerke, vor allem in der Nachblüte des internationalen „schönen Stils". An erster Stelle sei hier der unbekannte, nur mit seinem Notnamen „Meister des Bentlager Kreuzigungsreliefs" registrierte münsterische Bildhauer genannt. Sein 1443 geschaffenes Hauptwerk befindet sich heute im Falkenhof-Museum der Stadt Rheine. Das Relief bildete ursprünglich den Aufsatz des Lettneraltars der ehemaligen Klosterkirche der Kreuzherren. In der Verehrung des gekreuzigten Christus sind – neben den Hauptzeugen des Kreuzestodes um Maria und den guten Hauptmann – die großen Heiligen des Kreuzherrenordens dargestellt, die Heiligen Nikolaus, Helena und Andreas an der linken, Augustinus, Gertrudis und Antonius der Große an der rechten Seite des Reliefs. Die mit großer Sorgfalt ausgearbeiteten, beseelten, höfisch gekleideten Gestalten erinnern an die spätburgundische Kunst der Zeit um 1400.

Haupt des jungen Königs aus der Szene „Anbetung der heiligen drei Könige" (Detail aus dem Liesborner Hochaltar des Johann von Soest, um 1464/65)

Die musealen Repräsentanten der münsterischen Werkstätten dieser Zeit sind fragmentarisch erhaltene Köpfe und Marienstatuetten, die heute im Westfälischen Landesmuseum aufbewahrt werden. Anni Pescatore und Paul Pieper hatten zuerst versucht, die Tätigkeit dieser Werkstätten zu erfassen [2518: Pescatore, Kreuzigungsreliefs; 536: Pieper, Bildhauerwerkstatt]. Ihre verdienstvolle Arbeit erscheint uns heute ergänzungsbedürftig und verlangt nach feinerer Differenzierung. Die Lokalisierung der Werkstätten oder Hüttenkreise blieb weiterhin ungeklärt, wenn auch stets auf das Münsterland hingewiesen wurde, wo sich heute die meisten erhaltenen Denkmäler aus dieser Zeit befinden. Die Notnamen wie „Meister der Bentlager Reliefs" oder „Meister des Paderborner Gaukirchenreliefs" stifteten nur Unklarheiten.

Im Mittelpunkt des Verbreitungsgebietes der erhaltenen Werke liegt eindeutig Münster, mit vereinzelten Schwerpunkten im Nordwesten um Rheine, im Nordosten um Bielefeld, im Südosten um Paderborn/Warburg und im Süden Westfalens um Dortmund. Aber gerade Münster wurde unzureichend berücksichtigt. Zu den Arbeiten dieser Werkstatt gehörten auch das monumentale Wurzel-Jesse-Relief vom Südportal der Stadtpfarrkirche St. Lamberti zu Münster, dessen Fragmente auf dem Hof des Berliner Bode-Museums in den letzten Jahrzehnten der totalen Verwitterung preisgegeben wurden, ferner eine vorzüglich erhaltene Pietà in der Kreuzkapelle des Doms zu Münster und eine thronende Figur Christi als Weltenrichter vom ehemaligen spätgotischen Sakramentshaus des münsterischen Doms (heute in der Domkammer) – darüber hinaus der 1979 entdeckte tuchbedeckte steinerne Kopf einer weiblichen Heiligen, der durch stille Beschaulichkeit und zeitlose Verinnerlichung geprägt ist (heute im Westfälischen Landesmuseum).

Diese Werke und die Stiftung der Bentlager Reliefs aus Münster legen es nahe, die Werkstatt in Münster zu lokalisieren. Dazu trägt weiterhin die Erkenntnis bei, daß auch die kleine hölzerne Pietà des Westfälischen Landesmuseums und die hölzerne Figur „Anna Selbdritt" im Besitz des Bistums Münster dem „Meister des Bentlager Sippenreliefs" zuzuordnen sind. Sie belegen auch die Tatsache, daß diese Bildhauer nicht nur in Stein, sondern auch in Holz gearbeitet haben. Die Hauptwerke dieses zweiten großen wohl in Münster wirkenden Bildhauers, des sogenannten Meisters des Bentlager Sippenreliefs, der „Altaraufsatz mit der hl. Sippe und Wurzel Jesse" und die steinerne „Predella mit Christus zwischen seinen Aposteln", beide aus der Zeit um 1450/60, befinden sich heute ebenfalls im Falkenhof-Museum der Stadt Rheine. Sie waren ursprünglich ebenfalls für die Klosterkirche der Kreuzherren zu Bentlage bestimmt.

Der letzte große Schwerpunkt in der Geschichte der münsterischen Bildhauerkunst des ausgehenden Mittelalters lag um 1480/1500. Die geistige Situation der Jahrzehnte um 1500, aus der dann die Reformation und der große Bauernkrieg erwuchsen, hatte eine ganze Reihe künstlerischer Kräfte auf den Plan gerufen, besonders auf dem Gebiet der Bildhauerei. Im Norden des Reiches arbeiteten Bernt Notke, im Rheinland Hans Backoffen, im Südosten wirkten die großen Bildhauer der ersten Jahrhunderthälfte Gregor Erhart, Veit Stoß, Tilman Riemenschneider, Hans Witten, Hans Leinberger, Adam Kraft, Peter Vischer der Ältere, Hans Daucher und Anton Pilgram. Zu dieser großen Bildhauergeneration des 16. Jahrhunderts gehört auch Heinrich Brabender in Münster. Es ist anzunehmen, daß schon sein Vater (Heinrich

Haupt des Pilatus aus einer Szene des „Pilatusurteils“ von Heinrich Brabender (nach 1516)

der Ältere?) als Bildhauer in Münster tätig war. In den Blomberger Akten des Staatsarchivs Detmold taucht sein Name unter dem 19. Januar 1491 zum erstenmal auf. Hier ist er bereits als Meister und Bürger in Münster bezeichnet. So ist er wohl um 1460 geboren. 1539 ist seine Frau Elisabeth erstmals als Witwe erwähnt. Demnach ist Heinrich Brabender 1538 in hohem Alter gestorben.

Sein bildhauerisches Werk ist in der Sammlung des Westfälischen Landesmuseums durch mehrere Skulpturen vertreten. Vor allem ist die monumentale Gruppe „Einzug Christi in Jerusalem“ zu nennen. „Eine hohe Gesinnung, verbunden mit der Vertiefung und Verdichtung des menschlichen Gehalts, hebt seine Schöpfungen unvermittelt weit über das hinaus, was zu seiner Zeit in Westfalen und im Norden Deutschlands überhaupt an plastischen Bildwerken hervorgebracht wurde“ [739: Eickel, Heinrich Brabender, S. 7]. Die vielfigurige Skulpturengruppe war ursprünglich für das Giebelfeld der Westfassade des münsterischen Doms bestimmt. Sie wurde im Jahr 1516 unter Bischof Erich von Sachsen-Lauenburg in Auftrag gegeben. 1902 nahm man sie wegen starker Verwitterungsschäden aus den Korbbögen des Westgiebels heraus und übergab sie als Dauerleihgabe dem Westfälischen Landesmuseum.

Trotz der tektonischen Komposition ist der Gruppe ein szenischer Charakter eigen: stiller Bewegungszug mit Christus und den ihn begleitenden Aposteln von links

Aufstellung der Kreuztorfunde von Max Geisberg im Landesmuseum (1908)

nach rechts. Ihm ist eine Gegenbewegung entgegengesetzt: die Gruppe des Volkes, das dem triumphierend in Jerusalem einziehenden Christus huldigt. Diese Szene bildete symbolisch den Auftakt zu den lebensgroßen Statuengruppen der Passion Christi, die ihre Aufstellung auf dem Domplatz gefunden haben. Wie auf einer großen Schaubühne wurden die Ereignisse der Passion „nachgebildet". Das gewaltige Skulpturenszenarium – ebenfalls im Jahr 1516 in Auftrag gegeben – wurde 1533/34 durch die Täufer zerstört. Die Skulpturen gelangten zur Verstärkung in die Wälle der Stadt. Dort wurden sie durch Max Geisberg 1898 entdeckt und ausgegraben. Ihre erste museale Aufstellung fand im 1908 eröffneten Landesmuseum statt. Ein Teil der Skulpturen wurde leider im Zweiten Weltkrieg nochmals zerstört. Ihre Neuaufstellung von 1974 zeigt sie so mit einem doppelt fragmentarischen Charakter. In freier Inszenierung sind drei statuarische Figurengruppen aufgestellt: „Ecce homo", „Christus vor Pilatus" und „Kreuzestod Christi".

Die Ecce-homo-Szene ist eindeutig durch das Fragment des mit dem Lendentuch und dem Spottmantel bekleideten dornengekrönten Christus zu bestimmen. An der linken Seite Christi stehen zwei beinahe vollständig erhaltene überlebensgroße Statuen, die eines Pharisäers und die eines Hohenpriesters; rechts von Christus steht die Skulptur einer Frau mit zwei Kindern aus der Reihe der Zuschauer. Diese Bildwerke sind für den herben Figurenstil Heinrich Brabenders von exemplarischer Bedeutung. In ihnen offenbart sich die gestalterische Qualität des Bildhauers am stärksten: scharfe, auf individuelle Charakterisierung gerichtete Schilderung, machtvolle Körperlichkeit und die Schwere und Blockhaftigkeit der Figuren mit großzügigem Mantelgefüge und reicher Oberflächenbehandlung auflockernde Gestaltungsweise.

Die Szene „Christus vor Pilatus“ mit der Gestalt des demütigen Christus zwischen zwei Schergen und des urteilsprechenden Pilatus bei der Handwaschung ist von denselben Gestaltungsprinzipien geprägt wie die des „Ecce homo“. Bei der folgenden – letzten – Szene, beim Kalvarienberg, steigert sich die Monumentalität zum Überwältigenden, gepaart mit großer Bearbeitungssorgfalt. Drei Hochkreuze ragten ursprünglich mit Christus und den beiden Schächern empor. Der fragmentarische Kopf Christi ist von starker Ausdruckskraft. Unter dem Kreuz Christi stehen drei Figuren: Maria und Johannes als Zweiergruppe und die Gestalt des blinden Longinus mit der Lanze (heute verloren). Die Skulpturen des guten Hauptmanns, des Stephaton mit dem Essigeimer, der Veronika, eines Kriegsknechtes und des kniend betenden Stifters sind zwar noch erhalten geblieben, aber gerade sie wurden während der Bombardierung der letzten Kriegstage besonders stark demoliert, zum Teil völlig zerstört.

Das monumentale Szenarium der Passion Christi war vermutlich für den Domplatz bestimmt. Seine Entstehung ist einer übergreifenden abendländischen Bewegung zu verdanken, in der angestrebt war – da die Pilgerfahrten ins Heilige Land wegen der islamischen Eroberungen immer mehr mit Schwierigkeiten verbunden waren – die Örtlichkeiten der Heiligen Stadt Jerusalem in der eigenen Stadt „nachzubilden“, um eine symbolische *peregrinatio ad loca sancta* für die Gläubigen der Stadt zu Ostern zu ermöglichen.

Vor und nach dieser monumentalen Skulpturengruppen der Passion Christi schuf Heinrich Brabender auch zahlreiche kleinfigurige Bildwerke, hauptsächlich Altaraufsätze, Epitaphien und Grabsteine. Repräsentativ für seinen Reliefstil sind das Velmede-Epitaph (1508), das Fragment eines Passionsepitaphs (um 1510) und der Philippus-Jakobus-Altar von 1510/20.

Neben der schwer faßbaren Tätigkeit der beiden kürzlich nachgewiesenen Bildhauer Johann Wolt (um 1459–um 1485) und Jost van Vorden (um 1500/1517) gehörte der zwischen 1485 und 1517 in Münster nachweisbare Bildhauer und -schnitzer Evert van Roden (um 1460–1520/30) ohne Zweifel zu den bedeutendsten Bildhauern der Spätgotik in Norddeutschland. In der früheren Forschung war er schon mit seinem Notnamen „Meister des Hochaltars der Osnabrücker Johanniskirche“ seit längerer Zeit bekannt, doch erst der neueren Forschung gelang es, ihn namhaft zu machen und mit einem umfassenden Lebenswerk in Verbindung zu bringen [2296: Karrenbrock, Evert van Roden]. Seine Frühwerke schuf er für den St.-Petri-Dom zu Bremen (Westempore) und die Kirche St. Jakobi in Lübeck (Brömsen-Altar). Sein Hauptwerk, der 1512 datierte Hochaltar für die ehemalige Stiftskirche St. Johannis in Osnabrück, zeigt ihn auf dem Höhepunkt seines Schaffens; das gilt auch für sein großes Spätwerk, den Lettner für die ehemalige Klosterkirche der Zisterzienser in Marienfeld von 1520/25, von dem die 13 Steinskulpturen der thronenden Apostel und Christi und der Kreuzaltar noch erhalten geblieben sind. Der wohl in Münster, Utrecht und Brüssel geschulte Bildhauer hat für diesen Lettner großartige Charakterköpfe von hohem Ernst und tiefer Beseeltheit geschaffen, die ihresgleichen suchen. Sein Werk in Münster ist heute nur museal präsent. Von ihm stammt auch der große Marienfelder Antoniusaltar, ein Hauptwerk aus der Zeit um 1520/25, der – neben mehreren kleineren Holz- und Steinstatuetten des Bildhauers – im Westfälischen Landesmuseum aufbewahrt ist.

6. *Kunst außerhalb der kirchlichen Bauten*

Die bisher erwähnten künstlerischen Arbeiten waren ausschließlich für die Kirchen der Stadt und ihres Umlandes geschaffen. Dabei war auch die künstlerische Ausstrahlung der mittelalterlichen Architekten, Bildhauer, Maler und Goldschmiede der Stadt gewiß nicht unbedeutend. Sie arbeiteten aber auch im Auftrag der Bürger dieser Gemeinschaft, hauptsächlich für Bauzier (Kapitelle, Türrahmen und ähnliches), Innenausstattungen aller Art (zum Beispiel Kamine) und für Zwecke des Totenkults (Memorientafeln). Die Häuser der reichen Kaufleute des mittelalterlichen Prinzipalmarktes und der Innenstadt in alten Abbildungen bezeugen diese heute total verschüttete Kunstproduktion – doch nicht so, als wäre Sakrales und Profanes voneinander streng zu trennen. Dafür spricht an erster Stelle das spätgotische Rathaus der Stadt, ein „Hauptwerk der gotischen Profanbaukunst in Europa" [2322: Kluge/Hansmann, Westfalen, S. 386]. Die künstlerische Gestaltung seiner Fassade, die nach den Zerstörungen des Zweiten Weltkrieges völlig erneuert wurde, übergreift mehrere Jahrhunderte. Sie reicht von der zweiten Hälfte des 14. Jahrhunderts bis zum späten 19. Jahrhundert. Der Kern ihres Bildprogramms zeugt jedoch noch immer exemplarisch vom religiösen Weltbild der mittelalterlichen Stadt: in der Bekrönung der Fassade das große Thema der Interzession, der Fürbitte Mariens bei Christus, dem König des Himmels, darunter die Darstellung des Gründers des Bistums und der Bischofsstadt Münster, Kaiser Karls des Großen, zu Füßen das Reichswappen (vermutlich vom selben Bildhauer, der die überlebensgroßen Statuen der Heiligen Paulus und Petrus für den Hochchor des St.-Paulus-Doms um 1360 geschaffen hat). Die späteren Jahrhunderte haben auch hier weitergebaut, um die Stadt als „Gesamtkunstwerk" stets zu bereichern.

Quellen und Literatur

Zur allgemeinen Orientierung über die Kunst der Stadt Münster ist der Beitrag von Dorothea Kluge und Wilfried Hansmann im Handbuch der deutschen Kunstdenkmäler (Dehio) von Bedeutung [2322; Westfalen], allerdings fehlen hier Aspekte der neueren Forschung; zum erstenmal sind die Kunstwerke der Stadt Münster systematisch von Max Geisberg erfaßt worden [132: Stadt Münster].

Burkhard Meier hat als erster die musealen Skulpturen erfaßt [1408: Landesmuseum 1], ohne zwischen „westfälischen" und „münsterischen" Skulpturen zu differenzieren. Wilhelm Pinders Darstellung über die deutsche Plastik vom ausgehenden Mittelalter bis zum Ende der Renaissance [2540: Deutsche Plastik] behandelt die westfälische Skulptur des späten Mittelalters in überregionalem Rahmen. Derselbe Autor zeigt mit Schwerpunkt im 15. Jahrhundert erneut münsterische Bildwerke in übergreifenden Perspektiven [2539: Plastik des fünfzehnten Jahrhunderts]. Pinders Buch über den gesamten Kunstbereich ergänzt seine vorangegangenen Darstellungen [2538: Kunst der ersten Bürgerzeit]. Hermann Beenkens Schilderung der Bildwerke Westfalens [1962: Bildwerke] stellt die Hauptwerke der mittelalterlichen Bildhauerkunst in Kurzinterpretationen vor, darunter auch einige, die in Münster entstanden sind. Hanns Joachim Apffelstaedts bahnbrechende Studie aus dem Jahr 1936 [427: Skulpturen der Überwasserkirche] erscheint heute überholt. Paul Piepers Beitrag zur westfälischen Skulptur des internationalen „Schönen Stils" beschreibt eine westfälische Bildhauerwerkstatt, ohne diese produktive Werkstatt lokalisieren zu können [536: Bildhauerwerkstatt].

Zwischen 1952 und 1967 sind wichtige Beiträge zu Einzelfragen der münsterischen Kunst – meist im Rahmen der regionalen westfälischen Kunst – veröffentlicht worden. Zu nennen sind hier ein in der Zeitschrift „Westfalen" abgedruckter Katalog des Landesmuseums [2528: Pieper, Maler der Spätgotik], die nur als Typoskript vorliegende Dissertation von Maria Brüggemeyer über die westfälische Plastik im 14. Jahrhundert [2027: Plastik Westfalens] sowie das Werk von Alfred Stange über die gotische Malerei in Deutschland [2701: Malerei der Gotik 6]. Paul Pieper behandelt sowohl in einem als Zeitschriftenaufsatz veröffentlichten Nachtrag zum Katalog des Landesmuseums (1954) als auch in einer eigenständigen Publikation (1956) die westfälischen Maler der Spätgotik [2528: Maler der Spätgotik; 2529: Meisterwerke]. Von Walter Paatz stammen drei Publikationen über diesen Zeitraum: Vorüberlegungen zu einer Geschichte der spätgotischen Skulptur in Deutschland [2510: Prolegomena], eine vergleichende Untersuchung über die Entwicklung der Bildhauerkunst des frühen 15. Jahrhunderts [531: Münster, Bremen und Lübeck] sowie eine Studie über die wechselseitigen Einflüsse in der Kunst der Spätgotik zwischen Westdeutschland und seinen westlichen Nachbarländern [2511: Verflechtungen]. Über den Meister von Schöppingen handelt eine Studie von Theodor Rensing [553: Meister von Schöppingen]; Franz Mühlen gibt einen Überblick über die westfälische Baukunst [2457: Baukunst]. Mitte der sechziger Jahre erschienen zwei weitere Darstellungen von Paul Pieper [2531: Malerei und Plastik; 269: Dom]. Ein Verzeichnis der deutschen Tafelbilder vor Dürer stammt von Alfred Stange [2702: Verzeichnis 1]; die Kalvarienbergdarstellungen im Spätmittelalter behandelt Elisabeth Roth [2604: Kalvarienberg].

Die Dissertation von Rainer Budde über den Skulpturenschmuck des Doms [436: Skulpturenschmuck], der Aufsatz von Sauerländer über die Figurenportale aus dem 13. Jahrhundert [556: Figurenportale] und Hermann Maués Arbeit über staufische Bauformen und -ornamentik in der Architektur Westfalens [2428: Bauformen] ergänzen das Bild der früheren Studien. Zu den neueren Arbeiten über westfälische Skulpturen zählen weiterhin Jászais Arbeit über die Wechselwirkungen zwischen Köln und Westfalen [2286: Skulpturale Wechselrede], die Untersuchungen über die Madonnenstatuen von Charlotte Klack-Eitzen [2315: Thronende Madonnen] sowie über die Entwicklungsphasen und Vermittlungswege höfischer Skulptur von Michael Viktor Schwarz [2670: Höfische Skulptur 1–2]. Die Darstellung der Paradieseapostel des Doms und die Öffnung der Buchrolle – im Juli 1987 „Kunstwerk des Monats" des Landesmuseums – behandelt Jászai [480: Apokalyptische Öffnung]; die Dissertation von Maria Anczykowski arbeitet die westfälischen Kreuze des 13. Jahrhunderts auf [1924: Kreuze]; Jászai untersucht in einer Arbeit von 1988 das Gewölbeornament des Doms in Münster [479: Gewölbe-Ornament], und bereits in zweiter Auflage erschienen ist ein zusammenfassender Beitrag zur Kunstgeschichte des frühen und hohen Mittelalters vom gleichen Autor [482: Frühes und hohes Mittelalter]. Die Christusdarstellungen in der mittelalterlichen Skulptur im westfälischen Raum untersuchen Maria Anczykowski und Reinhard Karrenbrock [1925: Christus am Kreuz]; eine weitere zusammenfassende Arbeit über gotische Skulptur in Westfalen stammt wiederum von Jászai [481: Gotische Skulpturen]. Evert van Roden, der sogenannte Meister des Hochaltars der Osnabrücker Johanniskirche, steht im Mittelpunkt der Dissertation von Reinhard Karrenbrock [2296: Evert van Roden].

Der Künstler Heinrich Brabender steht im Zentrum der Darstellungen von Hans Eickel [739: Heinrich Brabender] und Paul Pieper [538: Heinrich Brabender].

Domschatz und Domkammer behandeln Pieper [270: Domschatz] und Jászai [44: Dom und Domkammer]. Zu den im Domschatz befindlichen Kunstwerken sind von Bedeutung die Dissertation von Karl Bernd Heppe [2212: Gotische Goldschmiedekunst], die Arbeiten von Johann Michael Fritz [2120: Goldschmiedekunst der Gotik] und Dietmar Lüdke [2415: Statuetten].

Für die bildlichen Darstellungen in der westfälischen Kunst des Mittelalters sind von Relevanz die Studie von Wolfgang Pilz über Kompositions- und Erzählform des Triptychons [2537: Triptychon] und Rudolf Wesenbergs Arbeit über frühe mittelalterliche Bildwerke [2804: Bildwerke]. Heranzuziehen sind ebenfalls Götz Pochats Buch über das Verhältnis von Figur und Landschaft in der mittelalterlichen Malerei [2543: Figur und Landschaft] und Piepers wegweisende Studie über die Bildwerke der frühen und hohen Gotik [537: Bildwerke]. Mit dem sogenannten Meister von Liesborn beschäftigen sich die Studien von Wieland Koenig [2330: Meister von Liesborn]. Mit den Erzählformen des spätmittelalterlichen Simultanbildes bzw. der Landschaftsdarstellung und Bilderzählung in der deutschen Tafelmalerei des 14. Jahrhunderts befassen sich Ehrenfried Kluckert [2319: Simultanbild] und Shigeki Nagai [2474: Tafelmalerei]. In einem Katalog des Landesmuseums stellt Paul Pieper deutsche, niederländische und italienische Tafelbilder bis 1530 mit ausführlichen Literaturangaben vor [2530: Tafelbilder]. Der Hochaltar der Zisterzienserklosterkirche in Marienfeld ist Thema einer Arbeit von Jochen Luckhardt [2414: Hochaltar]; die Wirkung der niederländischen Tafelmalerei auf die Kunst der benachbarten Rheinlande im 15. Jahrhundert zeigt die Arbeit von Barbara Jakoby auf [2283: Einfluß niederländischer Tafelmalerei].

Der Ausstellungskatalog „Monastisches Westfalen" hat die Kunst der Klöster in Münster in einen regionalen Rahmen eingebettet [2808: Monastisches Westfalen]; eine Dokumentation der neueren Grabungen und Forschungen zum Dom in Münster liefert ein Sammelband aus dem Jahr 1990 [532: Paulus-Dom]. Das Mauritiuspatrozinium hat Helmut Lahrkamp behandelt [506: Mauritius-Patronizium].

Eine übergreifende, alle Epochen und Aspekte erfassende Darstellung der Kunstgeschichte Münsters steht noch immer aus.

GÉZA JÁSZAI

Die Bildhauerkunst in der Neuzeit

Der Bildersturm der Täuferzeit (1534), die organisierte und rücksichtslose Zerstörung der Ausstattung der mittelalterlichen Kirchen der Stadt, bedeutet für die Kunstgeschichte Münsters einen unübersehbaren Einschnitt: Fast das gesamte bildnerische Schaffen des 14. und 15. Jahrhunderts ging unwiederbringlich verloren. Gewiß, die Bilderstürmer dachten an eine neue soziale Ordnung; sie haben dabei jedoch außer acht gelassen, was schon der Kirchenvater Hieronymus mahnend ausgesprochen hatte, daß nämlich die großartigsten Kunstwerke oft dem Schweiß und der Not der Ärmsten abgerungen worden seien. Die demolierte Kunst rief gleich neue Kräfte auf den Plan: Im Zuge der Erneuerungen wurden Kräfte freigesetzt, die einen übergreifenden schöpferischen Neubeginn ermöglicht haben. Die Arbeiten des Bildhauers Johann Brabender (um 1500–1562) und des Bildschnitzers Johann Kuper (tätig um 1540/70) sind beredte Zeugnisse dieses Neubeginns. Auch der Generationswechsel, der sich zum Beispiel im Verhältnis von Vater und Sohn bei Heinrich und Johann Brabender am stärksten äußert, trug zu diesem Neubeginn bei.

Die Traditionen des Mittelalters prägten zwar noch überall die Künste, doch das Ornament wurde stärker naturalistisch belebt und die menschliche Gestalt gewann noch mehr Dominanz. Den westlichen und südlichen Einflüssen der Renaissance wurde nur zögernd Einlaß gewährt: Die letzten großen Baumaßnahmen – die Neugestaltung der Westfassade des Doms und der südlichen Schauseite des Ostquerhauses mit dem Salvatorgiebel, ferner die Errichtung der Dombibliothek oberhalb des Domparadieses zwischen 1512/16 und 1522 in reichen spätgotischen Formen – markierten schon das Ende der großen Zeit der abendländischen Kathedralbaukunst auch in Münster. Danach verlagerte sich der Schwerpunkt der künstlerischen Tätigkeit fast ausschließlich auf die Bildhauerkunst, die in Münster besonders in der Steinbildhauerei, aber auch in Schnitz- und Treibarbeit bedeutende Werte schuf.

1. Die Zeit der Bildhauerfamilie Brabender (1535–1570)

Einer der bedeutendsten Bildhauer der Spätgotik in Münster, Heinrich Brabender (um 1460–1538/39), mußte noch im hohen Alter erleben, wie seine Werke in den Kirchen der Stadt während der Täuferherrschaft demoliert wurden – man denke nur an das Epitaph des großen Humanisten und Domherrn Rudolf von Langen (1438–1519), das nach 1535 durch seinen Sohn Johann Brabender restauriert wurde, oder an seine monumentalen Passionsszenen, die um 1522 vor der südlichen Stirnwand des Ostquerhauses des Doms ihre Ausstellung gefunden hatten und nach ihrer Zerstörung in den Wällen der Stadt vergraben wurden (beide im Westfälischen Landesmuseum). Die Arbeiten Heinrich Brabenders, die nach 1535 in seinen letzten Lebensjahren entstanden sind, sind bereits stark unter der Mitwirkung seiner Söhne Franz und Johann entstanden. Dies läßt sich am deutlichsten an den beiden Statuengruppen des ehemaligen Epitaphs des Domdechanten Heinrich Hake († 1537), den Gruppen der „Apostelfürsten Petrus und Paulus mit dem knienden Stifter in Verehrung des Gekreuzigten" (St. Laurentius, Warendorf) und der „trauernden Maria und Johannes" (St. Viktor, Dülmen) ablesen. Die durchmodellierten Köpfe der beiden Apostel Petrus und Paulus in Warendorf weisen stilistisch schon auf die Gestaltungsweise derselben Apostelfiguren am 1542 vollendeten Lettneraltar des Doms voraus (Westfälisches Landesmuseum).

Die beiden Söhne Heinrich Brabenders, Franz und Johann, haben die väterliche Werkstatt weitergeführt. Franz Brabender (tätig um 1530/60), dessen Werk durch die nach 1536 entstandene große dreifigurige Kreuzigungsgruppe in einem Baldachingehäuse am nördlichen Turmpfeiler der Stadtpfarrkirche St. Lamberti und die lebensgroßen Statuen der neun Leuchterengel auf dem Laufgang des Hochchors im Dom (um 1554) repräsentiert ist, blieb eher der künstlerischen Auffassung seines Vaters treu. Johann Brabender, der berühmtere Sohn der Familie, tat die entscheidenden Schritte und gehörte bereits zur großen Generation der deutschen Renaissancebildhauer Konrad Meit, Loy Hering, Peter Vischer der Jüngere, Peter Flötner, Hans Schwarz, Hans Daucher der Jüngere und Wenzel Jammnitzer. In seinem Werk vollzieht sich in Münster am stärksten die Hinwendung zu den künstlerischen Problemen der Renaissance. Johann Brabenders Epitaphien zeigen den Typus des einachsigen Ehrenmals mit religiöser Darstellung, Stifterbild und Totengedächtnisinschrift, wie er in Münster schon im 15. Jahrhundert ausgebildet war. Er schuf mehrere Epitaphien: 1534 ein Epitaph für den Stiftsherrn Berthold Bischopinck mit der Szene „Ecce homo" (St. Mauritz), um 1540 für den Domdechanten Dietrich Schade mit der Szene „Taufe Christi im Jordan" (Dom), 1543 für den Weihbischof Johann Bischopinck mit der Darstellung der Anbetung der Heiligen Drei Könige (Marienkapelle im Dom) und um 1545 für den Domherrn Arnold Freydag mit der Darstellung „Anbetung Mariens mit dem Jesuskind" im Kreuzgang des Hildesheimer Doms.

In den späten dreißiger und frühen vierziger Jahren des 16. Jahrhunderts beschäftigten ihn – wohl in Zusammenarbeit mit seinem Bruder Franz – drei monumentale Aufgaben für den Hochchor des münsterischen Doms: das große, 13,30 Meter hohe, 1536 vollendete Sakramentshaus (1944 zerstört), das 7,80 Meter hohe Repositorium der Heiligen Öle und der um 1542 vollendete Domlettner, der bis 1868 zwischen den beiden östlichen Vierungspfeilern den Chorraum zum Hauptschiff hin abgeschlossen hat und der verräumlicht und plastisch reich durchgebildet als eine „zweite Fassade" mitten im Dom emporragte. Der Aufbau des Lettners entsprach damals dem Wunsch des Domkapitels, „seine" Kirche vom Raum der Laien abzusondern und einen allseitig umgrenzten Binnenraum im Dom zu besitzen. Diese Tradition der klassischen gotischen Kathedralen wurde hier am Ende des Mittelalters erneut lebendig. Ikonologisch gesehen wurde der Lettner zum Träger jener Inhalte, die schon seit dem 8./9. Jahrhundert im Kreuzaltar ihren Mittelpunkt gefunden hatten: des Mensch ge-

Der Domlettner von Johann Brabender vor dem Abbruch (1868)

wordenen und am Kreuz gestorbenen Erlösers. Das monumentale Relief des ehemaligen Lettneraltars, das sich heute im Westfälischen Landesmuseum befindet, ist im Zeichen dieser Bildtheologie entstanden. Die Darstellung des Todes Christi auf Golgatha hat hier ein breites narratives Feld. Das Kreuz Christi in T Form ragt von der Mitte der Schädelstätte bis zum Himmel empor, wo Gottvater als Papst *(pater aeternus)* in einem strahlenden Lichtsegment erscheint und die Taube des Heiligen Geistes zu dem Gekreuzigten sendet, seine Gottheit zu bezeugen. Eine Reitergruppe ist links um den blinden Longinus, eine andere rechts um den guten Hauptmann dargestellt. Zu Füßen des Kreuzes trauern die heiligen Frauen Maria, Maria Magdalena, Veronika u. a.; in der Verehrung des Gekreuzigten sind ferner die Heiligen Paulus und Petrus, Johannes der Evangelist und Bartholomäus sowie der Stifter des Lettneraltars, der kniend betende Domherr Adolph von Bodelschwingh († 14. Februar 1541) dargestellt. Die beiden das ganze Relief umrahmenden Ornamentbänder aus Granatapfel- und Eichenlaub voll mit reifen Früchten geben symbolische Hinweise auf Auferstehung und Ewigkeit, Triumphmotive aus dem Bereich der Natur. Auch der Statuenzyklus der thronenden Apostel und apostelgleichen Heiligen von der Brüstung des ehemaligen Domlettners, links und rechts Christus dem Weltenrichter zwischen den Fürbittern Maria und Johannes dem Täufer zugeordnet, ist vollständig erhalten geblieben (Domkammer). Sie gehören ohne Zweifel zu den wichtigsten Dokumenten der Kunst des 16. Jahrhunderts in Münster.

Im Auftrag des Domkantors Melchior von Büren des Älteren schuf Johann Brabender 1545/46 auch zwei Epitaphaltäre, den einen für die Verwandten des Domkantors in der Pfarrkirche St. Anna in Davensberg, den anderen für ihn selbst; dieser war bis zu seinem Abbruch wegen der Bauarbeiten der Galenschen Chorkapellen (1663/64) ursprünglich im Chorumgang des Doms aufgestellt. Das mittlere Relief dieses Epitaphaltars mit der Szene „Anbetung der Heiligen Drei Könige" befindet sich seit 1988 in der Kreuzkapelle des Doms. Dieser Altar als „Gesamtkunstwerk" im kleinen – eine charakteristische Arbeit der norddeutschen Sonderrenaissance – vereint in sich Architektur, Plastik und Malerei.

Johann Brabender schuf auch mehrere Einzelfiguren. Unter diesen Arbeiten ragt besonders die anmutige Statue der hl. Katharina von Alexandrien im Hauptschiff des Doms zu Münster hervor (um 1540); noch mehr seine Sündenfall-Gruppe von 1535/40, die ursprünglich für die Nische oberhalb des Haupteingangs des Domparadieses bestimmt war (Westfälisches Landesmuseum). Sie ist das schönste Beispiel für den reifen Figurenstil des Bildhauers, eine Glanzleistung der norddeutschen Sonderrenaissance, in der das Phänomen der vollrunden Nischenstatue mit der spätgoti-

Johann Brabender: Statue der hl. Katharina von Alexandrien im Dom (1535/40)

schen Formenwelt „synchronisiert" ist. Die Übernahme und Verwandlung des Dürerschen Vorbildes (Kupferstich „Sündenfall" von 1504) führte bei ihm zu einer einmaligen „Erhöhung" des Menschenbildes, indem er die Idee des Christlichen (Sündenfall) mit der Idee des Organischen zu verbinden unternommen hatte. In der apollinisch schönen Gestalt Adams und der amourös lächelnden Eva verbindet sich der sakrale Ernst des Themas mit dem sinnfällig Heiteren der Renaissance, begleitet vom Rückgriff auf die mittelalterliche Tradition und vom Willen zur christlich-humanistischen Erneuerung der Zeit nach dem Täuferreich.

Die Zeit der Bildhauerfamilie Brabender kannte die streng nach Gattungen geordnete Welt der Kunst noch nicht: Die beweglichen Flügel der Brabender-Altäre schufen die Mitglieder der münsterischen Malerfamilie tom Ring. Am Gesamtkunstwerk der astronomischen Uhr für den Dom zu Münster von 1540/42, die als Gemeinschaftswerk des Mathematikers und Druckers Dietrich Tzwyvel, des Kunstschmiedes Nikolaus Windemaker, des Franziskanertheologen Johann von Aachen und des Malers Ludger tom Ring des Älteren gilt, war Johann Brabender für den Figurenschmuck zuständig. Er war also auch Bildschnitzer; dafür spricht gleicherweise sein hölzernes Lettnerkreuz in der südlichen Turmkapelle des Doms von 1540/50.

Zur Kunstgeschichte einer Stadt gehört nicht nur die für diese Stadt, diese Gemeinschaft geschaffene Kunst, sondern auch das für andere Städte, andere Gemeinschaften Geschaffene – mit anderen Worten: die künstlerische Ausstrahlung der Stadt auf ihr Umfeld. Das Spätwerk Johann Brabenders zeigt uns dafür drei großartige, auch für die deutsche Kunstgeschichte wichtige Beispiele, in denen die Kunst des Bildhauers eine außerordentliche stilistisch-künstlerische Steigerung erfahren hat: Er schuf einen zweiten Lettner für den Hildesheimer Dom, einen Taufstein für die Marienkirche und ein Epitaph für die Johanniskirche in Osnabrück.

Der ehemalige Lettner des Hildesheimer Doms (Antoniuskirche), den Johann Brabender 1546 vollendet hat, ist keine architektonisch großzügig verräumlichte Schaubühne mehr wie der münsterische Lettner, sondern eine bilderreiche Schauwand, die ursprünglich zwischen den beiden westlichen Pfeilern der Ostvierung eingebaut war. Der fünfachsige Aufbau mit deckendem Gebälk und fünf von Pilastern getragenen, giebelbildenden Bogenstellungen entfaltet – auf beiden Seiten dieses Wandlettners – ein reiches theologisches Bildprogramm zwischen reich ornamentierten Rahmen auf Reliefs. Die zwölf alt- und neutestamentlichen Szenen der vorderen Schauseite sind kreuzestheologisch motiviert und reichen vom „Sündenfall" – über die Szenen „Opfer des Melchisedek"/„Das letzte Abendmahl", „Opferung Isaaks"/„Kreuztragung Christi", „Erhöhung der ehernen Schlange"/„Kreuzestod Christi", „Grablegung Christi"/„Versenkung des Jonas", „Höllenfahrt Christi"/„David besiegt den Goliath" – bis zur „Majestas Mariae". Die rückwärtige Schauseite enthält mariologisch motivierte Szenen des Alten und Neuen Testaments.

Der steinerne Taufstein von 1560 mit vier in reichem architektonischem Rahmen eingefaßten Reliefs der „Beschneidung", „Taufe Christi", „Kindersegnung" und „Auferstehung", der für die Osnabrücker Stadtkirche St. Marien geschaffen wurde, und das Weltgerichtsepitaph für den Dechanten Johann Mellinghaus († 1561) in der Johanniskirche zu Osnabrück zeugen von der künstlerischen Ausstrahlung der Stadt Münster um die Mitte des 16. Jahrhunderts.

Der Martinuspokal – eine Arbeit des münsterischen Goldschmiedemeisters Johannes Schouw (1597)

Zum plastischen Kunstschaffen trugen auch die Goldschmiede der Stadt bei. Die silberne teilvergoldete Reliquienstatuette der hl. Agnes (Domkammer), die im Auftrag des Domherrn Rudolf von Langen kurz vor 1520 entstanden ist und dem Dom gestiftet wurde, erinnert noch daran, daß auch die Goldschmiede der frühen Neuzeit in Münster mit vollplastischen Arbeiten vertraut waren. Diese qualitätvolle, heute ziemlich isoliert stehende Statuette eines unbekannten Goldschmieds erlaubt es doch, an eine reichere bildnerische Produktion zu denken. Wie weit die Divergenz zwischen dem heute erhaltenen und dem ursprünglich vorhandenen Kunstbestand reichen kann, veranschaulicht auch das zweite Beispiel vom Ende des 16. Jahrhunderts: der Martinuspokal von 1597 aus dem ehemaligen Kollegiatstift St. Martini (Westfälisches Landesmuseum), ein Hauptwerk der münsterischen Goldschmiedekunst mit reichem plastischem Dekor. Dieser Deckelpokal des Goldschmiedemeisters Johannes Schouw (um 1555–1608), der von 1594 bis 1608 als Gildemeister tätig war, ist das einzige Werk, das von ihm überhaupt erhalten geblieben ist. Die Bildnismedaillen des Pokals mit den Patronen des Stiftes St. Martini (dem Apostel Paulus, dem Papst Gregor I. und dem Bischof Martinus) weisen auf die Kunststadt Nürnberg, die Bildnismedaillen der drei Stützen der erneuerten Kirche des tridentinischen Zeitalters (Kaiser Karls V., Maximilians II. und Philipps II.) auf die künstlerische Ausstrahlung der lombardischen Hauptstadt Mailand hin. Das anregende künstlerische Wechselspiel von Empfangen und Geben galt für alle Zeiten.

Zu den großen Leistungen der Künste im 16. Jahrhundert gehört auch das Hauptwerk des münsterischen Bildschnitzers Johann Kuper: die Wandvertäfelung des Kapitelsaals, die 1558 vollendet wurde. Der nahezu quadratische Raum von etwa 10×10 Meter zeigt eine überaus reiche Eichenholzvertäfelung von erlesener Schnitzqualität. Entlang den vier Wänden läuft die Vertäfelung mit Sitzbank. Sie ist senkrecht in Felder aufgeteilt, deren Breite der einer Sitzbank entspricht. Der paarweisen Zusammenfassung von je zwei Feldern entsprechen die gegenseitige Wendung der väterlichen, behelmten Wappenschilde zueinander und der breite, giebelartige gemeinsame Aufbau über dem oberen Gesims. Oben befinden sich die Wappen väterlicherseits mit Helmzier und Schriftband mit den Namen der Domherren, unten die rundgerahmten Wappen der mütterlichen Familie ohne Helm und ohne Namen. Die Tür mit dem krönenden Wappen des Domkapitels führt direkt zum Hochchor des Doms. Die Füllungen der Sitzbänke zeigen ornamentale und figürliche Motive (Groteske), die oberen Abschlußzierleisten geschnitzte Büsten von Heiligen, vermutlich die der Namens- oder Schutzpatrone der einzelnen Domherren. Der Kapitelsaal gehört ohne Zweifel zu den schönsten Innenräumen der norddeutschen Sonderrenaissance.

2. *Die Bildhauer des späten 16. Jahrhunderts*

Das Wirken des Bildhauers Johann Brabender reicht bis in die späten fünfziger Jahre des 16. Jahrhunderts. Die Tradition seiner Werkstatt fand nach seinem Tod (1562) keine breitere Ausstrahlung. Noch zu seinen Lebzeiten, um 1550, wurde der Bildhauer Albert Reining (tätig um 1550–1583/84) in Münster ansässig. Im Auftrag des Dompropstes Bernhard von Münster hat er 1555 sein Hauptwerk, den Laurentiusaltar des Doms, geschaffen, vor dem der Stifter am 3. Mai 1557 begraben wurde. Dieser Epitaphaltar mit dem Relief „Martertod des hl. Laurentius" in seiner Mitte sowie den Darstellungen Gottvaters und der heiligen Märtyrer Laurentius und Vincentius, der an die Stelle des 1534 von den Täufern zerstörten Laurentius- und Vincentiusaltars getreten ist, repräsentiert das Werk dieses Bildhauers am eindrucksvollsten. Seine Ornamentvorlagen sind mit denen des Johann Brabender fast identisch, sein Figuren- und Reliefstil ist um so individueller geprägt. Zu seinen Arbeiten gehört auch das Epitaph für den Domdechanten Georg von Hatzfeld aus dem Jahr 1562 (Westflügel des Domkreuzgangs) – wohl nach einem Entwurf des Malers Hermann tom Ring –, das leider sehr verwittert ist. Seine monumentalen Figurengruppen am Salvatorgiebel des Doms von 1565 waren der jahrhundertelangen Verwitterung so ausgesetzt, daß sie 1905 durch Kopien ersetzt werden mußten. Seit 1565 hatte Albert Reining auch das Amt des Gildemeisters der Bild- und Steinhauer inne. Seine Arbeiten am Giebel des Stadtkellers von 1571 gingen verloren. Seine Spätwerke aus den Jahren zwischen 1573 und 1583 sind leider ebenfalls nicht überliefert. In diesem Jahrzehnt arbeitete sein Sohn Johann bereits in der väterlichen Werkstatt. Das Werk des Johann Reining ist nur durch ein einziges heute noch erhaltenes Werk nachweisbar: durch das Grabmal für Bischof Friedrich (1064–1084) in der Erphokapelle der Pfarrkirche St. Mauritz, das er im Jahr 1576 geschaffen hat. Er starb am 7. Februar 1596.

Eine reiche bildhauerische Tätigkeit für die Kirchen der Stadt dokumentieren die Werke des Bildhauers Johannes Kroeß (um 1550/60–1607). Im Ratsprotokoll vom 21. Februar 1597 wird er unter den neu aufgenommenen Bürgern als Bildhauer aus Nottuln verzeichnet. Am 18. März desselben Jahres schloß er mit dem Rektor des Jesuitenkollegs, Gisbertus Nierbach, einen Vertrag ab, den Kreuz- und Marienaltar der Petrikirche zu liefern. Beide Werke sind nicht erhalten geblieben. Der Vertrag für den Hochaltar der Petrikirche stammt aus dem Jahr 1599; am 16. Oktober 1601 ist dieser Auftrag bereits voll ausgezahlt. Die Mitte des Altars zeigte die Szene der „Schlüsselübergabe an Petrus“, verknüpft mit dem Bildmotiv „Verherrlichung des Namens Jesu“, flankiert von den Statuen der Apostelfürsten Petrus und Paulus. Die steinerne Predella barg den Tabernakel zwischen den Brustbildern der Kirchenväter Gregor, Ambrosius, Augustinus und Hieronymus. In der portalartigen Bekrönung des Altars stand die Statue Christi als Salvator, darüber die Statuette des Erzengels Michael, flankiert von den Statuetten der vier Evangelisten. Von diesem 1944 zerstörten Hauptwerk des Bildhauers sind nur die Reliefs der vier Kirchenväter (Westfälisches Landesmuseum), die beiden Statuen Petri und Pauli im Chorraum der Kirche, ferner das stark beschädigte Relief mit der „Schlüsselübergabe an Petrus“ (heute im Gymnasium Paulinum) erhalten. Die in der ersten Jahrhunderthälfte naturalistisch belebten Ornamente erfuhren bei Johannes Kroeß eine metallene Verhärtung, die menschlichen Figuren eine schwere blockhafte „Verkleidung“. Dies gilt auch für die lebensgroßen Statuen an den Hauptschiffpfeilern der Petrikirche, die Johannes Kroeß 1603/04 geschaffen hat. Neben den Altären und Apostelstatuen hat er für St. Petri auch eine Kanzel mit reichem Figurenschmuck geschaffen (datiert 1604), die sich heute in der Pfarrkirche St. Ludgerus in Albachten befindet. Im Jahr 1601 schuf er 15 lebensgroße Statuen Christi, Mariens und der Apostel für den Hochchor der Stadtpfarrkirche St. Lamberti, von denen heute noch elf erhalten sind. 1602 arbeitete Johannes Kroeß an acht lebensgroßen Statuen Christi, Mariens und sechs weiterer Heiliger für den Chorraum der Pfarrkirche St. Ludgeri. In den ersten Jahren des 17. Jahrhunderts hat er auch für den Dom gearbeitet. Von ihm stammen zum Beispiel die Statuen der vier lateinischen Kirchenväter (datiert 1602) und der drei Marien vom Grab Christi im Chorumgang des Doms, die Statuen des hl. Johannes des Täufers und des hl. Stephanus (datiert 1601) im Westquerschiff des Doms. Zu den wichtigsten Arbeiten von Kroeß gehört auch das Nordportal am Ostquerschiff des Doms mit den Statuen Johannes des Evangelisten und der hl. Agnes, die auch um 1600/02 entstanden sind. Viele seiner Einzelstatuen – auch im zyklischen Zusammenhang – sind „Memorienstatuen“, die die Memoria ihrer Stifter mit Wappen und Widmungsinschrift zu Füßen der einzelnen Figuren festhalten. Auch diese Statuen künden von der Emanzipation des Figürlichen; andererseits lebt die Tradition des gotischen Mittelalters in diesen Baldachinstatuen noch immer fort.

Ein einzigartiges Epitaph schuf Kroeß für die Liebfrauenkirche zu Überwasser im Auftrag der Äbtissin Elisabeth von Hoete 1603. Im Mittelpunkt des Werkes thront die Muttergottes als Königin des Himmels und des Rosenkranzes, geschmückt mit den Symbolen der Lauretanischen Litanei – ein Motiv, das durch eine Illustration in Peter Canisius' *De Maria Virgine* (Ingolstadt 1577) inspiriert wurde. Als sein letztes Werk gilt das kurz vor seinem Tod entstandene Epitaph der Domherren Christoph und Wilhelm von Elverfeldt im Dom (im Westjoch des südlichen Seitenschiffes) – in der Mitte mit dem Relief „Gastmahl des reichen Prassers" mit dem armen Lazarus, eingebettet in einen überreichen Figurenschmuck, Wappen- und Ornamentzier.

Auch Bernd Katman (um 1560–1609), der 1593 in Münster Meister wurde, hat die Bildhauerkunst der Stadt um 1600 bereichert. Er stammte, ähnlich wie Johann Brabender und Albert Reining, aus einer Bildhauerfamilie. Sein Vater Heinrich Katman war ebenfalls Bildhauer; seine Tätigkeit an dem nicht erhaltenen Lettner der Pfarrkirche St. Martini ist im Jahr 1589 archivalisch bezeugt. Das früheste erhaltene Werk Bernd Katmans ist das Epitaph des Stiftsherrn Bitter von Raesfeld aus dem Jahr 1592/93, das leider stark verwittert ist. Über seinen persönlichen Stil informiert besser das 1594/95 entstandene Epitaph des Domherrn Jodokus von Droste im nördlichen Seitenschiff des Doms, das er auch am bauchigen Gefäß der Verkündigungsszene signiert hat. Die Qualität der Figuren und der architektonischen Elemente des Epitaphs sind sehr verschieden; letztere sind entscheidend besser durchgebildet und feiner strukturiert. 1595/97 entstand in seiner Werkstatt das Nordportal der Jesuitenkirche St. Petri. Die dekorativen Elemente haben auch bei dieser Arbeit mehr Qualität als sein Figurenstil. Sein Sakramentshaus für die Pfarrkirche Liebfrauen zu Überwasser ist nur archivalisch überliefert (1598). Sein letztes bekanntes Werk, der Altar in der Pfarrkirche St. Peter und Paul in Hemmerde (Kreis Unna) von 1603, war ursprünglich für die Pfarrkirche St. Walburga zu Werl bestimmt.

Zur Generation der um 1550 geborenen Bildhauer gehörte auch Hans Lake (um 1547/48–1618). Er hatte lange Jahre das angesehene Amt des Gildemeisters der münsterischen Bild- und Steinhauer inne; von 1599 bis 1610 war er auch Ratsherr. Seine frühesten Arbeiten befinden sich im Amtshaus zu Lüdinghausen, wo er bei der bildhauerischen Ausstattung beteiligt war (1570/73). Hauptsächlich Wappentafeln, Kamine, Fenster- und Portalbekrönungen gehören zu diesen frühen Arbeiten. Ähnliche architekturgebundene Arbeiten hat er für Haus Vischering bei Lüdinghausen und für die Ratskammer in Münster ausgeführt (um 1577). 1588 schuf er den Epitaphaltar der Heiligen Fabian und Sebastian für den Dom im Auftrag des Domdechanten Gottfried von Raesfeld (heute in der Maximuskapelle des Doms), in dem die dekorativen Elemente noch überwiegen. In seinem zweiten Frühwerk, dem Doppelepitaph der Domherren Balthasar und Melchior von Büren von 1588/89 im nördlichen Seitenschiff des Doms – mit den Mittelreliefs „Geburt Christi" und „Anbetung der Heiligen Drei Könige" –, ist ein Stilwandel bemerkbar. Die Statuetten der Heiligen Petrus und Paulus sind viel ausgeprägter als die Statuetten des Sebastianaltars von 1588. Zu seinen Hauptwerken gehören das Epitaph der Familie Oldenhus-Schele in der alten katholischen Pfarrkirche St. Dionysius zu Welbergen (1604) und das Korler-Epitaph aus der Stadtpfarrkirche St. Lamberti in Münster (Westfälisches Landesmuseum), in denen die plastischen Akzente gegenüber der Epitapharchitektur weitere Steigerung erfahren haben (1608/10). In ihnen kündigt sich bereits die Betonung des Sinnlichen in der westfälischen Skulptur des 17. Jahrhunderts an.

3. *Die Epoche der Bildhauerfamilie Gröninger (1610–1730)*

Nach der späten Stauferzeit im 13. Jahrhundert und der Zeit der Bildhauerfamilie Brabender in der ersten Hälfte des 16. Jahrhunderts erlebt die westfälische Bildhauerkunst ihren dritten Höhepunkt im 17./18. Jahrhundert. Im Gegensatz zu den anderen norddeutschen Regionen ist die katholische Kirche in den Fürstbistümern Münster und Paderborn als Auftraggeberin ein für die Existenz der Bildhauer dieser Zeit und für die Entwicklung ihrer Kunst höchst entscheidender Faktor. Der tiefe Einschnitt des Dreißigjährigen Krieges bleibt zwar nicht ohne Auswirkung auf die bildenden Künste; die künstlerischen Leistungen der Epoche überzeugen jedoch schnell davon, daß die Entwicklung nie gänzlich unterbrochen wurde. Dafür sprechen auch die Zeichen, die gegen Ende des 16. Jahrhunderts den Sieg des Sinnlichen, die großartige Verbindung des Christlichen mit der Idee des Organischen ankündigen. Ganz in diesem Zeichen entwickelt sich die Kunst der Bildhauerei in Münster auch in der ersten Hälfte des 17. Jahrhunderts, gleichermaßen durch ihre eigene Art zu sehen wie durch die Tradition des guten Handwerks gekennzeichnet. Das immer stärker werdende Abwenden vom Bildornament, das eine mehr oder weniger dekorativ-heraldische und ästhetische Funktion zu erfüllen hatte, und das intensivere Hinwenden zum eigentlichen Bildinhalt sind die wichtigsten Phänomene bei der Entstehung der Barockskulptur in Münster, die sich etwa zwischen 1600 und 1640 vollzieht. Neben der lokalen Tradition der Werkstatt der Brabender und der manie-

Epitaph für Balthasar und Melchior von Büren im Dom – 1588/89 von Hans Lake ausgeführt

ristischen „Kleinmeister“ sowie dem starken Einfluß der antiken Kunst, vermittelt durch die italienische Hochrenaissance, bildet die niederländische Bildhauerkunst des 16./17. Jahrhunderts die dritte Hauptquelle für die weitere Entfaltung der Barockskulptur in Münster. Der Einfluß der flämischen Barockkunst bleibt während des ganzen 17. Jahrhunderts spürbar. Ganz entscheidend kommt in der Kunst des Bildhauers Gerhard Gröninger zum Ausdruck, daß das neue Jahrhundert im Zeichen des Organischen seine Kunst evoziert.

Gerhard Gröninger (1582–1652)

Er ist wohl im Jahr 1582 in Paderborn geboren als Sohn des Gerdt Gröninger und seiner Frau Engel Harbrink. Manche Archivalien deuten darauf hin, daß seine Eltern angesehene Bürger der Stadt Paderborn waren. Der Beruf des Vaters ist nicht überliefert. Gerhard hatte mehrere Geschwister. Unter ihnen ist besonders der etwas ältere Bruder Heinrich von Bedeutung, der ebenfalls Bildhauer war und bei dem Gerhard nach seiner Schulzeit bei den Jesuiten in die Lehre ging. 1604 starb sein Vater. Es folgen die Wanderjahre, die ihn vermutlich in die Niederlande geführt haben. Bevor er Paderborn verläßt, um nach Münster zu ziehen, wird ihm am 31. Dezember 1608 ein Lehrbrief ausgestellt, der bezeugt, daß er aus Paderborn stammt und „seine Kunst bei Meister Heinrich Gröninger seinem eheleiblichen Bruder voll gelernet“ hat. Kurz darauf – am 9. März 1609 – erhält er 27jährig das Bürgerrecht der Stadt Münster und tritt zunächst in die Bildhauerwerkstatt des Hans Lake auf der Hörsterstraße ein. Im folgenden Jahr heiratet er dessen Tochter Anna. Sie wohnen auf dem Bült; Gerhard arbeitet mit seinem Schwiegervater zusammen. Anna, die erste Frau Gerhards, stirbt schon im Jahr 1615. Vier Jahre später heiratet er die jüngere Schwester seiner Frau, Gertrud Lake. Es folgen arbeitsreiche Jahre. Die letzte Zeit seines Lebens (1635/38) ist durch Erbstreitigkeiten, Verschuldung, auch Verarmung und zuletzt Konkurs überschattet. Die Folgen des Dreißigjährigen Krieges zeigen sich auch in Münster. Am 23. Oktober 1637 ist sein Haus zum Zwangsverkauf ausgeschrieben. Kurz vor dem 29. September verläßt er Münster und zieht mit Frau und acht Kindern nach Rheine. Er arbeitet für die Städte Rheine, Vreden und Nimwegen. Er fühlt sich in seinem „Exil“ jedoch unwohl und versucht, nach Münster zurückzukehren. Am Vorabend des Westfälischen Friedens wird ihm ermöglicht, nach Münster zurückzukehren (1647). Von der Stadt erhält er eine finanzielle Unterstützung, die in den Registern der Gruetamtsherren bis zu seinem Tod im Jahr 1652 vermerkt ist.

Die Überlieferung, nach der Gerhard Gröninger zwischen 1609 und 1620 zwar selbständig, doch mit seinem Schwiegervater Hans Lake in seiner Werkstatt zusammengearbeitet hat, erschwert die Bestimmung seines Frühstils. Durch die Betrachtung eines der Werke Hans Lakes, bei dem Gerhard sicherlich mitgewirkt hat, lassen sich die Anfänge seines Werkes jedoch fassen: Hans Lake erhält 1608/09 den Auftrag für das Epitaph des Heinrich Korler und der Katharina Wesseling, das in der Stadtpfarrkirche St. Lamberti seine Aufstellung gefunden hat. Das mittlere Relief mit der „Verklärung Christi“ trägt noch die Handschrift Lakes; das Ornamentale bekommt aber neue, fast vollplastische Dimensionen. Auch die beiden vollplastischen Genien (Pseudoatlanten) sprengen fast das ganze Werk dadurch, daß sie ihm eine eigenwillige Dynamik des Plastischen verleihen. Diese Stilphänomene sind ohne die Mitwirkung Gerhards nicht zu denken.

Von hieraus wird das erste monumentale Werk Gerhard Gröningers, das Epitaph für den Domherrn Wennemar von Aschebrock, besser verständlich: die plötzlich alle Bereiche des Werkes durchdringende Dynamik des Plastischen. Das Werk wurde wohl noch vor dem Tod des Auftraggebers (30. Mai 1609) im Dom aufgerichtet. Die Mitte des Epitaphs beherrscht die Szene der „Geißelung“: Christus steht gefesselt an der Geißelsäule zwischen zwei Kriegsknechten, die mit Stöcken ausholen, um auf ihn einzuschlagen. Ein dritter Soldat drängt sich rechts aus dem Hintergrund nach vorne, um an der Geißelung teilzunehmen. Im Hintergrund ist das Haus des Pilatus mit Zuschauern dargestellt, darüber die aufgeregt diskutierenden Mitglieder des Hohen Rates. Diese Reliefs leiten über zu den vollplastischen Figuren des Vordergrundes. Über die ornamentalen Elemente hinaus ist das Werk reich mit heraldischem und angelologischem Dekor überladen: 17 Wappen zieren das Hauptgeschoß, 16 Puttenköpfe und zwei aufgeregt diskutierende Engel bezeugen die Gegenwart der Mächte des Himmels, d. h. die Göttlichkeit Christi. Im unteren Memorienteil des Epitaphs – zwischen zwei Figurenkonsolen schwebend – liegt der verstorbene Domherr in Soutane und Chorhemd gekleidet, von vier Putti umgeben, als würden sie dem Betenden die Anteilnahme des Himmels verkünden. Unmittelbar darunter ist die Inschrifttafel untergebracht, die das Gedächtnis des Verstorbenen festhält. Das Verhältnis von Architektur, Figur und Ornament zeichnet sich durch die Expansion des Figürlichen aus, die angetreten ist, die Architektur ganz zu verdecken und das Ornament überall plastisch zu intensivieren.

In den folgenden Jahren (1612–1616) beschäftigte Gerhard Gröninger ein großer Architekturauftrag: der Bau des Schlosses Darfeld. Die großartige, reiche und sehr qualitätvolle Verkleidung der Galerie dieses Wasserschlosses mit ornamentierten Flachreliefs ist eine sehr charakteristische Bildhauerarchitektur des frühen 17. Jahrhunderts in Norddeutschland, die im Grenzbereich des bildhauerischen Werkes Gerhard Gröningers geblieben ist. Daneben entstanden weitere Werke für den Dom zu Münster. An erster Stelle sei hier die 1613 entstandene und datierte Statue des hl. Mauritius im südlichen Chorumgang des Doms genannt. In ihr dürfen wir eine der schönsten Skulpturen des westfälischen Frühbarock bewundern: Der jugendliche Mohr, der Anführer der thebäischen Legion aus Oberägypten, steht auf einer profilierten quadratischen Sockelplatte. Seine Gestalt ist in ein römisches Kriegergewand gehüllt. Sein Haupt schmückt ein Helm mit Löwenmaske und Sphinx. In seiner Rechten hält er einen Schild, in seiner Linken die Fahne seiner Legion. Die körperliche Schönheit dieses schwarzen Apoll repräsentiert die geistige Schönheit der Mitglieder der *militia Christi,* deren Verehrung in Münster bis in das 11. Jahrhundert zurückreicht. Die Statue wurde vom Domherrn Heinrich von Galen 1613 gestiftet, der zugleich Stiftsherr von St. Mauritz war.

Während die Arbeiten für das Wasserschloß Darfeld weitergeführt wurden, arbeitete Gerhard Gröninger am Epitaph für den 1625 verstorbenen Domherrn Johannes von Hüchtebrock. Der Typus dieses Wandepitaphs ist eng verwandt mit dem des Westerholt-Epitaphs von 1611. Über dem Hauptgesims lagert eine Sockelzone mit Inschriftentafel, darüber die Hauptszene „Dornenkrönung Christi“ mit dem vor

Christus kniend betenden Stifter. Unter den Werken Gerhards läßt sich dieses Werk hinsichtlich Klarheit und Kraft des Aufbaus zu den besten rechnen.

Neben seiner Arbeit für die Stadtpfarrkirche St. Lamberti beschäftigte sich Gerhard Gröninger 1619 mit den Entwürfen für den neuen Hochaltar des Doms. Der Vertrag vom 17. Mai 1619, den er mit dem Domkapitel geschlossen hatte, gab die genauen Maße, die Materialien, die Art der Gestaltung, die Themen der seitlichen Reliefs und auch das vereinbarte Honorar genau an. Innerhalb von zwei Jahren wurde der Hochaltar – in seiner Mitte mit einem monumentalen Reliquienrepositorium – mit zwei skulpierten und sechs gemalten Flügelbildern termingerecht fertig. Die beiden Holzreliefs Gerhards mit den Szenen „Sturz des Saulus vor Damaskus" und „Enthauptung des Apostels Paulus vor den Mauern Roms" waren so angebracht, daß sie zu sehen waren, wenn das Repositorium geschlossen war. Der Bildhauer arbeitete hier nicht mehr mit dem mittelalterlichen Bedeutungsmaßstab, sondern mit einer „perspektivischen Figurenordnung": Auf beiden Tafeln „bewegt sich" die Erzählung perspektivisch vom Vordergrund in die Tiefe bzw. Höhe des Reliefraumes.

Es ist archivalisch überliefert, daß Gerhard Gröninger den Auftrag für den Hochaltar der St.-Johannis-Kirche in Münster, der ehemaligen Kirche der Johanniterkommende an der Bergstraße, am 18. August 1622 erhalten hat, d. h. unmittelbar nach der Vollendung des Hochaltars des Doms. Die enge stilistische Verwandtschaft zwischen den Holzreliefs der Paulus- und Johannes-Vita und die ikonographische Eigenart der beiden Holzreliefs mit Nebenszenen (aus dem Besitz des Bistums Münster) legen es nahe, in ihnen die Flügelbilder dieses Altars zu erkennen, die die Verkündigung der Geburt Johannes des Täufers an den Hohepriester Zacharias und des Täufers Frage „Bist du, der da kommen soll" vergegenwärtigen (Westfälisches Landesmuseum).

Nach diesen Höhepunkten seines künstlerischen Schaffens beginnt die zweite große Periode seiner Tätigkeit in Münster, die etwa mit dem Bösenseller Apostelzyklus anfängt (um 1620) und mit dem Altar für die Kirche zu Westbevern (1630/31) ihren vorläufigen Abschluß findet. Die zwölf lebensgroßen Statuen aus Baumberger Sandstein auf Puttenkonsolen, die sich heute unweit von Münster in der neugotischen Pfarrkirche zu Bösensell befinden, waren ursprünglich für eine der Kirchen Münsters bestimmt. Mit großer Formbeherrschung variiert Gerhard hier die verschiedenen Physiognomien, die Haltung der Hände und die faltenreichen Gewänder. Genau in diese Zeit gehört auch das Relief „Auferstehung Christi" (Westfälisches Landesmuseum), das ursprünglich die Mitte eines Altars gebildet hat. Die konsequent angewandte „perspektivische Figurenordnung" erinnert besonders an den reifen Reliefstil des Hochaltars im Dom von 1619/22.

Auch der Epitaphaltar der Äbtissin Ottilie von Fürstenberg in der ehemaligen Prämonstratenser-Klosterkirche in Oelinghausen aus dem Jahr 1622 trägt unverkennbar die Handschrift Gerhards. Zeitlich folgt das 1624 datierte Epitaph für Gerhard Billich und Wilbranda Velthaus in der Pfarrkirche St. Lamberti in Coesfeld. Am 7. November 1625 erhält Gerhard Gröninger den Auftrag, einen neuen Altar für die Pfarrkirche St. Johannes Baptist in Altenberge zu schaffen, der sich in einer etwas veränderten Form heute an der Ostwand des südlichen Seitenschiffes der Kirche befindet; für dieselbe Kirche schuf er auch einen Altar zu Ehren Johannes des Täufers.

Der Epitaphaltar für den Domdechanten Heidenreich von Letmathe – sogenannter Stephanusaltar – von Gerhard Gröninger (1625/30)

Das Jahr 1625 bringt Gerhard Gröninger einen Auftrag besonderer Art: Es handelt sich um den Epitaphaltar des hl. Erzmärtyrers Stephanus zur Memoria des am 27. September 1625 verstorbenen Domdechanten Heidenreich von Letmathe. Das etwa 7 Meter hohe fünfteilige Werk füllt die spätromanische Nische an der nordöstlichen Seite des Ostquerschiffes im Dom voll aus, ohne die Architektur zu beeinträchtigen. Auch nach gut drei Jahrhunderten überragt dieser Epitaphaltar alle anderen Bildwerke des Doms. Nicht nur formal, auch in seiner bildtheologischen Ausgestaltung signalisiert er einen Höhepunkt im Werk des Bildhauers.

Noch in das erste Viertel des 17. Jahrhunderts sind die großartigen – von der Forschung bisher verkannten und irrtümlich früher datierten – Statuen Mariens und der „Klugen und Törichten Jungfrauen" vom ehemaligen (1944 zerstörten) Westportal des Doms einzuordnen. Stilistische Analogien, besonders zu den Figuren des Epitaphaltars zu Ehren des hl. Stephanus, beweisen die Eigenhändigkeit Gerhard Gröningers (heute im Dom und Domkreuzgang).

Im Jahr 1627 schuf er im Auftrag des Domherrn Rembert von Ketteler zwei lebensgroße Statuen des hl. Petrus und Karls des Großen. Die beiden Statuen im Paradies des Doms gehören zu den wichtigsten Arbeiten Gerhards. Diese Statuen des Vertreters des Papsttums und des Gründers des Bistums Münster ergänzen ikonologisch das Bildprogramm der spätromanischen Paradiesvorhalle auf sinnvolle Weise. In die Nachbarschaft dieser Arbeiten der zwanziger Jahre gehört auch die neuentdeckte monumentale Statue „Christus als Schmerzensmann mit Engelassistenz" in St. Marien zu Ahlen.

Zu Anfang der dreißiger Jahre ist die Werkstatt Gerhard Gröningers noch voll beschäftigt. Mehrere Aufträge sind aus dieser Zeit auch archivalisch überliefert, zum Beispiel ein neuer Hochaltar für die Pfarrkirche St. Mauritz, der am 25. Januar 1629 bestellt wurde und von dem heute jede Spur fehlt. Ein neuer Hochaltar wurde auch für die ehemalige Klosterkirche St. Aegidii in Auftrag gegeben, wie durch das Ratsprotokoll von 1631 überliefert ist. Unter den für diese Zeit nachweisbaren Werken steht an erster Stelle die monumentale steinerne Kalvarienbergszene an der Nordseite der Pfarrkirche St. Mauritz, die vermutlich ebenfalls 1631 entstanden ist. Der Typus dieser Kalvarienbergszene mit dem erhöhten Kreuz Christi zwischen den Baumstammkreuzen der beiden Schächer, am Fuß des Kreuzes Christi mit der büßenden Maria Magdalena und den trauernden Hauptzeugen seines Opfertodes, Maria und Johannes dem Evangelisten, wurde in den frühen Kreuzigungsdarstellungen Gerhard Gröningers mehrfach vorgeprägt. Für den Dom zu Münster wurden im Jahr 1631 drei lebensgroße Statuen der heiligen Bischöfe Eberhard, Liborius und Kilian in Auftrag gegeben. Ebenfalls 1631 entstand der Epitaphaltar der Kirche St. Cornelius und Cyprianus in Westbevern. Es folgte das Epitaph des Kanonikus Lubbert Widow in St. Lamberti zu Coesfeld.

In diese Periode seines Schaffens gehören auch die beiden vorzüglich erhaltenen Reliefs „Verhör Christi vor Hannas" und „Begegnung Christi mit der hl. Veronika". Sie stammen aus der ehemaligen Klosterkirche der Kapuziner St. Aegidii. Diese Reliefs repräsentieren den reifen Reliefstil des Bildhauers am eindrucksvollsten (Westfälisches Landesmuseum). Am 13. Januar 1635 erhielt er den Auftrag, ein Epitaph für den Kanonikus des Alten Doms, Heinrich Plönies, zu gestalten, das leider nicht mehr erhalten ist. Es befand sich im 1875 abgebrochenen Alten Dom. Das andere Werk, das in zwei Schuldbriefen vom 26. Juni 1634 und vom 12. Februar 1635 genannt wird, war der Hochaltar des Alten Doms. Er wurde 1845 abgebrochen und der alten Pfarrkirche zu Seppenrade geschenkt. Nach deren Abbruch wurden drei Teile dieses Altars, die Statuen Petri und Pauli sowie das Kreuzigungsrelief, bei der Herstellung des neugotischen Hochaltars wiederverwendet. Die Statuen der Apostelfürsten Petrus und Paulus in Seppenrade gehören – trotz ihrer neugotischen Farbfassungen – zu den reifsten Arbeiten Gerhard Gröningers. Was darüber hinaus noch entstand, wurde schon durch die allgemeine – im Zuge der im Dreißigjährigen Krieg eingetretenen – Verarmung und Unstabilität der Jahre im „Exil" gezeichnet.

Gerhard Gröninger war in der ersten Hälfte des 17. Jahrhunderts nicht der einzige Bildhauer von Bedeutung in Münster. Neben ihm wirkten hier zum Beispiel Melchior Kribbe, der Bildhauer des monumentalen Dorgelo-Epitaphs von 1624/25 im Dom, Johann von Bocholt, der Architekt des Stadtweinhauses (1615) und Bildhauer der Kolossalstatue des hl. Christophorus (1627), ferner Wilhelm Spannagel (ein Geselle Gerhard Gröningers, der seit 1633 selbständig arbeitete), der den barocken Hochaltar der ehemaligen Stiftskirche zu Freckenhorst (1643) schuf.

Johann Mauritz Gröninger (1651/52–1708)

Johann Mauritz war in Münster von 1674 bis zu seinem Tod der Hofbildhauer der Fürstbischöfe Christoph Bernhard von Galen, Ferdinand von Fürstenberg, Maximilian Heinrich von Bayern und Friedrich Christian von Plettenberg. Sein Geburtsdatum ist nicht überliefert. Nach Eintragungen aus seiner Zeit als Schüler des Paderborner Gymnasiums ist er wohl 1651 oder 1652 in Paderborn geboren. Sein Vater, Dietrich (Theodor) Gröninger, war ebenfalls Bildhauer. Seine Mutter, Engelina Gröninger, war die Tochter des Auditeurs (des kirchlichen Vernehmungsrichters) Rabeling. 1677 starb sein Vater. Sein älterer Bruder Dietrich übernahm die väterliche Werkstatt in Paderborn. Es ist wahrscheinlich, daß Johann Mauritz zuerst bei seinem älteren Bruder in die Lehre ging. Christine, eine ältere Schwester des Johann Mauritz, war mit dem Paderborner Bildhauer Stephan Audtmann verheiratet. Es ist also auch möglich, daß er seine Ausbildung als Bildhauer in der Audtmannschen Werkstatt erhalten hat. Archivalisch ist er noch 1670 in Paderborn nachweisbar. Anschließend ging er wohl als Geselle auf Wanderschaft. Am 6. Oktober 1674 wurde der 23jährige Johann Mauritz zum Hofbildhauer in Münster ernannt. Die Bestallungsurkunde würdigt ihn bereits als „einen berühmten Künstler“. Fürstbischof Christoph Bernhard von Galen beauftragte ihn gleich mit der Ausstattung der drei Galenschen Kapellen am Chorumgang des Doms, die 1663/64 errichtet wurden. Die Arbeit des Bildhauers für die Ausstattung dieser Kapellen ist für die Jahre von 1674 bis 1677 belegt. Die Altäre dieser drei Kapellen gingen leider schon im 19. Jahrhundert verloren.

Die frühesten datierten Werke, die von Johann Mauritz erhalten sind, stammen aus dem Jahr 1675: die beiden lebensgroßen Nischenstatuen der Muttergottes und des hl. Joseph im Hochchor des Doms. Die Madonnenstatue ist die Stiftung des damals gerade neugewählten Domdechanten Johann Rotger Torck (1628–1686), des Vertrauten des Fürstbischofs Christoph Bernhard, der seinen Amtseid am 6. Januar 1675 abgelegt hatte. Die Statue des hl. Joseph ist vom amtierenden Domscholaster Christian von Plettenberg (1612–1687) gestiftet. Der Domdechant Torck hatte auch das Amt des Generalvikars und Sieglers inne und hinterließ mehrere Oden und religiöse Dichtungen. Seine dichterische Begabung war vermutlich nicht ohne Einfluß auf die Gestaltung dieser Statuen: Der hl. Joseph ist als Nährvater bei den „ersten Schritten“ des Gottessohnes vergegenwärtigt; die Muttergottes ist als „neue Eva“, als Töterin der Schlange (Symbol der Erbsünde) und als Königin des Himmels charakterisiert – sie hält das Jesuskind in ihren Armen während der Vision seines eigenen Opfer- bzw. Erlösungstodes. Das Statuarische dieser Figuren ist ins Szenische übergeleitet. Auch die Putti an den Konsolen der beiden Statuen „korrespondieren“ mit dem Gottessohn. Ihre himmlischen „Werkzeuge“ sind heute leider nicht mehr erhalten; sie haben ursprünglich den Sinn ihres Handelns signalisiert. Das ist gerade die besondere ikonologische Qualität dieser Statuen, die den irdischen Anfang („erste

Statue des hl. Joseph mit dem Jesuskind
von Johann Mauritz Gröninger (1675)

Schritte") und das irdische Ende (Kreuzigungsvision) so poetisch zum Ausdruck bringen und zugleich „himmlisch" motivieren. Johann Mauritz komponierte diese dreigliedrigen – aus Wappen- bzw. Inschriftenkonsole, Figur und Muschelkrone bestehenden – Statuen mit sicherem Proportionsgefühl in die vorhandenen flachen Nischen des 13. Jahrhunderts. Harmonischer Körperbau, natürlicher Bewegungs- und Ausdrucksreichtum antworten den inhaltlichen Aspekten von poetischer Kraft.

In der Werkstatt des Bildhauers wurden in den späten siebziger Jahren auch andere, kleinere Arbeiten ausgeführt, wie etwa die halbfigurige Sebastianstatue auf einer 1677 datierten Reliquienlade, die vermutlich eine eigenhändige Arbeit des Bildhauers ist (Westfälisches Landesmuseum); sie war ursprünglich für die Propsteikirche St. Stephanus und Sebastian in Beckum bestimmt. Johann Mauritz war also auch Bildschnitzer, nicht nur Bildhauer, ähnlich wie sein Onkel Gerhard.

Am 19. September 1678 starb Fürstbischof Christoph Bernhard von Galen in Ahaus. Man hat schon früher vermutet, daß Johann Mauritz mit der Errichtung seines Epitaphs bereits zu Lebzeiten des Fürstbischofs begonnen hat. Der Vertrag mit dem Bildhauer hat sich in Abschrift erhalten. In ihm verpflichtet sich der Bildhauer, „ein künstiglich nach extradirten abriß formirtes Epitaphium" zu errichten, „dergestalt, daß dessen districtur, von bestem schwartzem marmorn, die bildhawereyen aber von weißen Nordhaußern alabaster sein soll" [Archiv Galen, B. 1a 34]. Als Zeitraum der Herstellung wird mit ihm ein Jahr vereinbart, von Ostern 1678 bis Ostern 1679, mit Verlängerung höchstens bis Pfingsten 1679.

Gegen Ende dieser Periode entstehen zwei monumentale Epitaphien in der Werkstatt des Johann Mauritz, die zu seinen bedeutendsten Hauptwerken gehören: eines für Friedrich von Fürstenberg (1678–1683) in der ehemaligen Propsteikirche St. Laurentius zu Arnsberg und eines für den Fürstbischof Ferdinand in der Paderborner Franziskanerkirche (um 1683). Hier wird eine etwas andere stilistische Orientierung offenkundig, die wohl auf das Wirken des fürstbischöflichen Architekten Ambrosius von Oelde zurückzuführen ist. Die Beantwortung der Frage, ob die Entwürfe für die beiden Epitaphien von Ambrosius von Oelde stammen oder ob sie durch seine architektonischen Ideen beeinflußt wurden, ist nicht das Entscheidende. Die kühne Höhendimension dieser Epitaphien orientiert sich immerhin an Portal- und Triumphbogenarchitekturen, die auch durch verschiedene Stichvorlagen beeinflußt werden konnten. Die Zerstörung des Epitaphs für Ferdinand von Fürstenberg (1944) gehört mit Sicherheit zu den schmerzlichsten Verlusten, die das Lebenswerk des Künstlers hinnehmen mußte.

Sehr bedeutend war für Johann Mauritz die Auftraggeberrolle des Fürstbischofs Friedrich Christian von Plettenberg (1688–1706). Diese längere Periode von 18 Jahren war für ihn ohne Zweifel schöpferisch die reichste, obwohl sein Leben nicht ohne Schatten und Erschütterungen blieb. Zahlreiche Einzelstatuen, sechs große Epitaphien, vier Altäre, sechs monumentale Reliefs und kleinere architektonische Ausstattungsstücke bilden die imposante Reihe der in den neunziger Jahren entstandenen Arbeiten. Seine Werke waren außer für Münsters Kirchen auch für die Sakralbauten von Nottuln, Freckenhorst, Paderborn, Frenswegen, Lamspringe, Berwicke, Saerbeck und Trier bestimmt.

Für die barocke Umgestaltung bzw. Barockisierung des Hochchorraumes im Dom zu Münster bedeutete die Idee der Chorschrankenreliefs den ersten entscheidenden

Schritt: Es war vorgesehen, die Innenseite der spätgotischen Schrankenwände hinter dem Domlettner des Bildhauers Johann Brabender von 1542 mit monumentalen Alabasterreliefs zu verkleiden. Das ikonologische Programm sah vor, zu den längsgerichteten Chorschranken eine architektonisch betonte, christologische Querachse zu schaffen, und zwar mit den Szenen der „Kreuzaufrichtung“ (im Norden) und der „Kreuzabnahme“ (im Süden), an den beiden Seiten mit dem Wappen des Fürstbischofs zusätzlich ausgezeichnet. Diese Inszenierung rechnete mit dem Bezug zur Mitte des Chorraumes, d. h. zum Hochaltar mit dem silbernen Altarkreuz von 1680 und zum Thema „Opfer-“ bzw. „Erlösungstod Christi“ im liturgischen Rahmen des Meßopfers. Dieser christologischen Querachse wurden vier Szenen aus dem Leben der vier Hauptheiligen (Marschälle) des Doms an den vier Ecken der Chorschranken zugeordnet, die die Christianisierung Westfalens zum Thema hatten. Die Szenenfolge beginnt mit dem Schiffbruch des hl. Apostels Paulus auf der Insel Malta (nach Apg 27,13–28,9). Die Grundgedanken von Mission und Heilung sind hier als Anspielung auf den Beginn der Missionierung Westfalens (Altsachsens) im Geist des Völkerapostels Paulus, des Patrons des münsterischen Doms, zu verstehen. Das nächste Relief (im Uhrzeigersinn), auf der rechten Seite des Kreuzaufrichtungsreliefs, zeigt die Darstellung des Martertodes der beiden Ewalde, der ersten angelsächsischen Missionare in Westfalen, die um 695 an der Lippe durch die heidnischen Sachsen erschlagen bzw. enthauptet wurden. Das dritte Relief, an der linken Seite des Kreuzabnahmereliefs, zeigt eine Szene aus dem Leben Karls des Großen: Er ist im Zweikampf mit dem Sachsenherzog Widukind mitten in einer dramatischen Schlachtszene vergegenwärtigt – gemeint ist wohl die Schlacht an der Hase (783). Das vierte Relief stellt den ersten Bischof des Bistums Münster, den hl. Liudger, in vollem bischöflichen Ornat bei der Auferweckung des Roßknechtes Buddo in der Nähe von Meppen dar. Bereits im Jahr 794 hatte Karl der Große Liudger mit der Verwaltung des Bistums betraut. Die Szene zeigt ihn bei einem Auferstehungswunder, d. h. auf dem Höhepunkt seines Wirkens; zu ihm werden Kranke, Blinde und Lahme zur Heilung geführt, ganz in Analogie zu der ersten Szene mit den Wunderheilungen des hl. Apostels Paulus. Diese vier Szenen repräsentieren die Gründungsgeschichte des Bistums Münster. Ikonologisch gesehen sind diese Darstellungen auch Memorialbilder der vier Patrone des Doms in bezug zu ihren Taten für das Bistum: Der hl. Paulus hat das Bistum Münster „gepflanzt“ *(plantavit);* die beiden hl. Ewalde haben es „bewässert mit ihrem Marterblut“ *(rigarunt);* der hl. Karl der Große hat es „befestigt/gegründet“ *(fundavit)* und der hl. Liudger „fortgepflanzt“ *(propagavit).* In diesen vier Zeichen PLANTAVIT, RIGARUNT, FUNDAVIT und PROPAGAVIT schmückten die Bilder dieser vier Heiligen auch die Kalenderblätter des Domkapitels; in ihrem Zeichen wurde das ganze liturgische Jahr gestaltet, daher auch die Idee des Auftraggebers zu diesem großartigen Bildprogramm. Über den Lauf der Arbeiten sind wir gut unterrichtet.

Im Auftrag des Fürstbischofs Friedrich Christian begann Gröninger schon 1699 mit den Arbeiten für die Umgestaltung des ganzen Hochchors. Diese Arbeiten in der Werkstatt des Bildhauers liefen bis 1707 und umfaßten den Fußboden, die Chorschrankenreliefs (Domkammer), die Gestaltung der beiden nördlichen und südlichen Marmorpforten an den Chorschranken und zuletzt das Epitaph für seinen Auftraggeber. Die Gesamtkomposition, der Reliefstil, der Erzählstil und die technisch großartig ausgearbeiteten Einzelheiten zeugen heute unverändert von der künstlerischen Gestaltungskraft des Bildhauers.

Der Ruhm Johann Mauritz Gröningers reicht um 1700 weit über Münster hinaus. In dieser Zeit entstehen in seiner Werkstatt in der Bergstraße seine reichsten und bedeutendsten Spätwerke für die Dome von Trier und Mainz. Besonders hervorzuheben sind der Figurenschmuck und das monumentale Relief für den Kreuzaltar und den Dreikönigsaltar des Trierer Doms, die um 1701/03 entstanden sind. Der Kreuzaltar fällt durch die höchst eindrucksvolle, auf Christus und Maria Magdalena am Fuß des Kreuzes beschränkte Komposition auf, der Dreikönigsaltar durch Fülle und Figurenreichtum, mit denen Gröninger Huldigung, Freude der Erde und des Himmels, Neugier, Verwunderung und Sich-zur-Schau-Stellen im Rahmen dieser Gottesgeburt zu gestalten weiß.

Auch die letzten Jahre seines Lebens sind mit Arbeiten ausgefüllt. 1706 vollendet Johann Mauritz das Epitaph des Mainzer Dompropstes Heinrich Ferdinand von der Leyen († 1714). Die Bildidee des Mainzer Dompropstes war gewiß auch hier grundlegend. Doch die Monumentalität des Werkes läßt den Gedanken aufkommen, daß auch die Dimension des romanischen Doms den Bildhauer wohl herausgefordert hat.

Gleichzeitig entstand das Epitaph des Fürstbischofs Friedrich Christian von Plettenberg († 1706) in der Werkstatt des Johann Mauritz. Vermutlich wurde auch bei diesem Auftrag, ähnlich wie beim Galen-Epitaph von 1678, noch zu Lebzeiten des Fürstbischofs mit dem Entwurf und den bildhauerischen Arbeiten begonnen. Am 5. Mai 1706 starb Friedrich Christian; die Aufbauarbeiten wurden erst in den Monaten August/September 1708 – also kurz vor dem Tod des Bildhauers – durchgeführt, wie ein Protokoll des Domkapitels vom 4. August 1708 nahelegt. Ursprünglich war das Plettenberg-Epitaph im Hochchor an der Rückseite der astronomischen Domuhr aufgestellt; erst nach 1944 wurde es in die nordwestliche Nische des Stephanuschores versetzt. Demnach wandte sich der Fürstbischof mit segnend erhobener Hand ursprünglich an die im Chorraum versammelten Mitglieder des Domkapitels. Die besonderen Qualitäten des Werkes sind die ausgewogenen Proportionen der Epitapharchitektur, die sinnvolle Verteilung der plastischen Körper, der Hell-Dunkel-Rhythmus der plastischen und architektonischen Elemente, die noble Zweifarbigkeit und die ausgezeichnete Technik des Bildhauers, die die meisten seiner Arbeiten auszeichnet.

Johann Wilhelm Gröninger (1675–1724)

Unter den Söhnen des Johann Mauritz Gröninger, die den Beruf ihres Vaters erlernt haben, ragt besonders Johann Wilhelm hervor. Aus einem Schreiben Johann Wilhelms von 1701 an das Domkapitel geht hervor, daß er sich nach der Wanderschaft niederzulassen und seine Tätigkeit als Bildhauer in Münster fortzusetzen gedachte. Man vermutet, daß er seine Kunstfertigkeit im Kreis des Antwerpener Bildhauers Artus Quellinus des Jüngeren vervollständigt hat. 1704 hat er ein Haus in der Ludgeristraße erworben, was auf Selbständigkeit schließen läßt. Mehrfach wurde angenommen, daß er in diesen Jahren (1702/08) mit seinem Vater zusammengearbeitet und an seinen letzten Arbeiten (den Chorschrankenreliefs und dem Epitaph des

Epitaph für den Fürstbischof Friedrich Christian von Plettenberg von Johann Mauritz Gröninger (1705/06)

Fürstbischofs Friedrich Christian von Plettenberg) bereits einen größeren Anteil gehabt hat.

Sein Frühwerk ist vor allem durch das monumentale Epitaph der adeligen Familie Strünkede von 1707/08 (Märkisches Museum Witten) vertreten: Vor einem drapierten Vorhang, wie im „Rampenlicht" eines schmalen Bühnenraumes, ist die zwölfköpfige Familie stehend oder sitzend vergegenwärtigt. In der Mitte, aus der Raumachse etwas nach links gerückt, steht die Gestalt des verstorbenen Freiherrn Conrad von Strünkede, zu seiner Frau gewandt, die an seiner linken Seite das Testament in ihrer Rechten hält. Doch die Gestalt Conrads ist eher isoliert als zugewandt; dafür spricht auch die Hervorhebung des Verstorbenen durch Totenschädel, Sanduhr und Putti im Zeichen der Memoria. Die schwierige kompositionelle Aufgabe, den drei stehenden hohen Frauengestalten der rechten Seite die acht männlichen Mitglieder der Familie links gegenüberzustellen, ist durch die rhythmische Anordnung der kleinen und größeren, stehenden und sitzenden männlichen Figuren des Epitaphs großartig gelöst. Die besonderen künstlerischen Fähigkeiten des Porträtisten Johann Wilhelm treten schon hier in Erscheinung.

Johann Wilhelm Gröninger schuf im ersten Viertel des 18. Jahrhunderts mehrere kunstvolle Epitaphien, zum Beispiel für Wilhelm Goswin Anton von Galen in der Pfarrkirche St. Sixtus zu Haltern (1710), für den Dompropst Ferdinand Freiherr von Plettenberg im Dom zu Münster (1712), für den Dombursar Franz Johann von Vittinghoff gen. Schell ebenfalls im münsterischen Dom (1716), für Albrecht Georg Freiherr von Hüchtenbroeck in der ehemaligen Kirche St. Suitbertus zu Hünxe (1716) und kurz vor seinem frühen Tod noch das monumentale Epitaph der Freiherren Franz Caspar Ferdinand und Franz Ludolph Jodokus von Landsberg (1722/23), von dem nur das bekrönende Relief mit der „Sehendmachung des hl. Paulus" in der Paradiesvorhalle des Doms erhalten geblieben ist. Seine Altäre, die er für die Kirchen von Roxel, Billerbeck und Münster schuf, sind nicht mehr oder nur fragmentarisch erhalten. Seine lebensgroßen Kruzifixe oder Kreuzigungsgruppen (Billerbeck, Coesfeld, Freckenhorst, Greven, Münster) sind heute stark verwittert oder durch Übermalungen entstellt. Dies gilt auch für die zahlreichen Gartenskulpturen antiker Thematik, die er bzw. seine Werkstatt für die Wasserschlösser von Empel (1700), Hueth (um 1710), Anholt (1710/15), Gartrop (um 1715) und Nordkirchen (1718/21) schuf. Den Stil und Geist seiner religiösen Bildwerke repräsentieren am eindrucksvollsten der elfenbeinerne Kruzifixus für die Stadtpfarrkirche St. Lamberti in Münster (heute im Westfälischen Landesmuseum) und die beiden lebensgroßen Statuen der Heiligen Apollonia und Barbara im Westquerschiff des münsterischen Doms (1710/11), Stiftungen des Domherrn Dietrich Otto von Korff gen. Schmising, die zu den schönsten Statuen des 18. Jahrhunderts zu zählen sind. Die weltliche Anmut dieser Skulpturen weist auf die höfische Welt der frühen Neuzeit hin und erinnert zugleich an die bernineske Richtung des neuen Sakralstils, die die Verbindung der starken Bewegung und Plastizität mit malerischen Effekten in der Gesamtwirkung angestrebt hat.

Die Sphäre des Weltlichen nimmt im Schöpferischen auch in Münster immer mehr Raum ein. Der herkulische Mensch, der weltliche Herrscher, wird mächtig erhoben: Das soziale und künstlerische Vorbild von Versailles beginnt im 18. Jahrhundert auf Münster zu wirken. Vollkommen gleichberechtigt steht neben der Kirche das Haus des Herrschers in seinen ländlichen oder städtischen Erscheinungsformen, im Schloß und im Palast (Erbdrostenhof). In ihrer Bilderwelt herrscht der Kult der antiken Götter. Der Kult des „großen Menschen" fördert besonders die Kunst des Bildnisses. Bildnistreue und Lebensfrische, Größe und Vornehmheit ergänzen einander in reichem Wechselspiel. Vornehmlich in den späten Arbeiten Johann Wilhelm Gröningers findet man die Zuwendung zur Kunst des Porträts, zu dieser wichtigen Gattung der Barockskulptur, konzentriert auf die eindringliche Schilderung der Physiognomie: so bei den Büsten des Ferdinand von Plettenberg-Nordkirchen und seiner Gemahlin Bernhardine und der Statue ihres Sohnes Franz Joseph von Plettenberg im Vestibül des Schlosses Nordkirchen, die zu den glanzvollsten Leistungen der münsterischen Barockskulptur gehören – ausgezeichnet durch vornehme Haltung, verhaltene Blicke, Mehransichtigkeit, offene Unmittelbarkeit, sorgsam bearbeitete Details und reiche Oberflächenstrukturen.

Ferdinand Graf von Plettenberg und seine Gemahlin Bernhardine – Bildnisbüsten von Johann Wilhelm Gröninger für das Schloß Nordkirchen (um 1721)

4. Bildhauerkunst am Ende der frühen Neuzeit

Neben Johann Wilhelm Gröninger arbeiteten im 18. Jahrhundert mehrere Bildhauer in Münster, die nicht unerwähnt bleiben dürfen, zum Beispiel Wilhelm Heinrich Kocks († 1730), der um 1680 das Epitaph für Johann Wilhelm von Büren im Dom und 1700 einen figurenreichen Kamin für das Haus Königsstraße 60 geschaffen hat; Johann Christoph Manskirch († 1762), der um 1760 für den Dom gearbeitet hat; Joseph Feill († nach 1785), der vor allem als Ausführer Schlaunscher Entwürfe von Bedeutung ist, besonders durch seine Mitarbeit an der Bauskulptur des ehemaligen fürstbischöflichen Residenzschlosses (1767–1785). Diese Arbeiten am Schloß bildeten die letzte große skulpturale Aufgabe in Münster am Vorabend verschiedener historischer Ereignisse, die neben innovativen Aspekten auch kunstfeindliche Strömungen eingeleitet haben.

5. Rahmenbedingungen seit der Aufhebung des Fürstbistums

Im Zuge der Französischen Revolution und der Säkularisation änderte sich die Situation der Künstler radikal. Im Bereich der alten Aufgaben von Kirche, Rathaus und Schloß waren die Bildhauer zuletzt noch stark gefragt. Mit dem Aufkommen neuer Aufgaben (Landschaftsgarten, architektonisches Denkmal, Museum, Theater, Ausstellung, Fabrik, Verwaltungsgebäude, Bahnhof, Krankenhaus, Hotel, Universität und Sporthalle), um nur die wichtigsten zu nennen, reduzieren sich die Aufgaben für die Bildhauer entscheidend. Die traditionellen Orte und die festen Themen werden immer seltener. Die Arbeit des Bildhauers wird immer stärker „freigestellt", bleibt häufiger „ohne Auftrag" (nicht nur im materiellen Sinne des Wortes) und wird in die Sphäre des Privaten abgedrängt. Der eigentlich konservative Charakter der Bildhauerei mit ihrem Hauptthema „Mensch" bewahrt unter den bildenden Künsten durch das ganze 19. Jahrhundert hindurch etwas von der Würde des Menschlichen als zentralem Sujet, bevor die Ablösung der Bildhauerei vom Menschlichen – das weite Reich des „Außermenschlichen" – an seine Stelle tritt.

Im Zuge der um 1815 einsetzenden Bewegung, das gotische Kirchengebäude zu erneuern – dazu gehörte auch die Begeisterung, den unvollendeten Kölner Dom auszubauen –, kam der Eindruck auf, daß die Aufgabe der Gestaltung des Kirchengebäudes erneut die Leitfunktion übernehmen könnte. Der Eindruck täuschte, obwohl die neugotische Kirchenform (Hallenkirche) diejenige gewesen ist, die sich am längsten gehalten hat. Aber die Architektur und die christliche Ikonologie fallen auseinander, es entstehen keine gültigen neuen Kultbilder mehr; die Ästhetisierung des Religiösen nimmt ihren Platz ein. Gerade in diesem Bereich kommen den Bildhauern in Münster die größten Aufgaben zu.

Wilhelm Achtermann (1799–1884). Porträt von Caspar Görke

6. *Künstlerinnen und Künstler des 19. Jahrhunderts*

Als Sohn eines Schreinermeisters wurde am 15. August 1799 in Münster Wilhelm Achtermann geboren. Bis zu seinem 28. Lebensjahr arbeitete er auf dem landwirtschaftlichen Hof seines Onkels in der Nähe von Münster und schloß eine Schreinerlehre ab. Vom Oberpräsidenten der Provinz Westfalen, Freiherr von Vincke, empfohlen und von einem kleinen Stipendium des Königs unterstützt, kam Achtermann an die Berliner Akademie, wo er von 1833 bis 1839 geblieben ist. Aus dieser Frühzeit seines Schaffens stammt der klassizistische „Taufengel“ von 1834 (Domkammer), der in Analogie zu den barocken schwebenden Taufengeln entstanden ist; in der ausgestreckten Rechten eine Muschelschale haltend und die Linke segnend erhoben, war der Engel als Symbol für das Mitwirken des Himmels beim Sakrament der Taufe gedacht. Diese Funktion hat er jedoch nie erfüllt; kurz nach seiner Fertigstellung gelangte der „Taufengel“ als Geschenk des Künstlers in das durch Freiherr von Vincke 1825 gegründete Zentralmuseum der Provinz Westfalen. Achtermann fühlte sich wenig angezogen von der klassizistischen Richtung der Rauch-Werkstatt und vom aufgeklärten Protestantismus Berlins. Als gläubigen Katholiken faszinierten ihn die traditionellen Themen der christlichen Ikonographie. 1834 schuf er einen lebensgroßen Kruzifixus für die Berliner Hedwigsgemeinde, der später für die katholische Pfarrkirche zu Milte wiederholt wurde. 1837 entstand das Gipsmodell zu einer Anbetung der Könige für das Giebelfeld der katholischen Hedwigskirche.

Die „Kreuzabnahme“ von Wilhelm Achtermann – 1858 fertiggestellt, wurde die Skuptur erst 1882 an ihrem vorgesehenen Platz in der ehemaligen Vikariensakristei des Doms aufgestellt (im Krieg nur leicht beschädigt, jedoch nicht restauriert)

1840 verließ Achtermann Berlin, um nach Rom zu reisen, wo er bis zu seinem Tod blieb. Er arbeitete im Kreis der Nazarener um Overbeck und Thorwaldsen. 1849 entstand sein Hauptwerk, die lebensgroße Pietà für den Dom zu Münster, gewiß inspiriert durch das Jugendwerk Michelangelos in St. Peter zu Rom. Die Stadt erteilte ihm dafür 1850 die Ehrenbürgerrechte. Kurz darauf (1853/54) schuf er sein zweites Hauptwerk, die monumentale fünffigurige Gruppe „Kreuzabnahme“, ebenfalls für den münsterischen Dom, die ursprünglich als Grabmonument für den 1837 seines Amtes enthobenen Kölner Erzbischof Clemens August von Droste-Vischering gedacht war. Die anfängliche Unsicherheit, wo man die beiden Skulpturen, die Pietà und die „Kreuzabnahme“, im Dom aufstellen sollte, deutet auf ein kritisches Problem hin: Sie sind nämlich von vornherein als „Freiplastiken“ konzipiert worden, vollplastisch gearbeitet, um auf einem Sockel, ohne Bezug zu einem bestimmten architektonischen Rahmen, aufgestellt zu werden. In diesem Sinne wurde die Pietà zwischen Westbau und Westquerschiff, zwischen den beiden westlichen Vierungspfeilern des Westquerhauses, mit dem Rücken zum Hochchor(!), frei – quasi als „Altaraufsatz“ – aufgestellt. Die „Kreuzabnahme“ fand ihren Platz in der sogenannten Kreuzkapelle, in der nördlichsten Chorkapelle des Doms. Das Originalmodell der Kreuzabnahme befindet sich heute in der Kirche SS. Trinità dei Monti in Rom. Die Originale im münsterischen Dom wurden bei der Zerstörung des Doms am Ende des Zweiten Weltkrieges stark beschädigt und im Zuge des puristischen Wiederaufbaus aus dem Dom entfernt. Sechs Kopffragmente der beiden Gruppen bewahrt heute noch die Domkammer, darunter das Haupt des Joseph von Arimathia als Selbstbildnis des Künstlers. Ein weiteres Werk, eine marmorne Madonnenstatue, schuf Achtermann 1862 für die katholische Pfarrkirche St. Mauritz. Wilhelm Achtermann war auch ein exzellenter Porträtist. Das beweist seine Bildnisbüste des Rechtsprofessors Johann Heinrich Schmedding (1774–1846), ein Werk von nobler Schlichtheit, das er im Jahr 1839, kurz vor seiner Romreise, angefertigt hat (heute im neuen Bischöflichen Gartensaal am Kreuzgang des münsterischen Doms).

Am 26. Januar 1833 wurde Elisabeth Ney (1833–1907) als Tochter des Lothringer Bildhauers für religiöse Plastik, Johann Adam Ney, in Münster geboren. Bischof Johann Georg Müller vermittelte sie 1852 an eine Münchener Privatschule zum Zeichenunterricht. An der Münchener Akademie studierte sie bei Wilhelm Kaulbach und Max Widnmann. 1855 ging sie zu dem Bildhauer Christian Daniel Rauch nach Berlin. 1856 debütierte sie auf der Akademieausstellung mit zwei Büsten und einem Grabrelief. In dieser Phase ihrer Tätigkeit bevorzugte sie noch christliche Themen. „Durch Rauchs Tod (1857) wurde sie Erbin seiner Büstenaufträge (Joseph und Amalie Joachim, Karl August Varnhagen von Ense, Cosima von Bülow, Eilhard Mitscherlick, Jacob Grimm); Büsten bestimmten weiterhin Elisabeth Neys Œuvre: Schopenhauer (1859), König Georg V. von Hannover, Giuseppe Garibaldi (1865), Graf Georg von Werthern (1867), Bismarck (1867), Justus Liebig (1868), Friedrich Wöhler (1868), Ludwig II. (1869)“ [2246: Hüfler, Bildhauerinnen].

Die Provinzialstände übertrugen ihr 1862 die Anfertigung von vier Standbildern für das Ständehaus (ehemals an der Stelle des heutigen Landesmuseums). Levin Schücking kommentierte diese rühmend: „Für den Sitzungssaal des Ständehauses sind von drei münsterischen Künstlern acht Bildsäulen modelliert worden, die berühmte Männer aus der Geschichte Westfalens darstellen. Man kann sie sämtlich

Elisabeth Ney (1833–1907). Gemälde von Friedrich Kaulbach (1860)

wohl sehr gelungene Werke der Plastik nennen. Vier von ihnen gehören dem Fräulein Ney aus Münster, der talentvollen Schülerin Rauchs, zwei dem Bildhauer Allard und zwei dem Bildhauer Prang an. Die vier Arbeiten der Ney zeichnen sich durch geniale Auffassung, Leben und Bewegung der Gestalten in hohem Maße aus" [zit. nach 2459: Müller, Ney, S. 46f]. Die vier von Elisabeth Ney dargestellten Gestalten waren Graf Engelbert III. von der Mark, Stifter der Grafschaft Mark und Ahne des preußischen Königshauses († 1391), Wolter von Plettenberg, der Hochmeister des Deutschen Ordens in Livland († 1535), Justus Möser, der berühmte Syndikus von Osnabrück († 1794), und Minister Franz von Fürstenberg, der Stifter der Universität Münster († 1810). Nach dem Abbruch des 1861/62 errichteten Ständehauses wurden die oben erwähnten acht Skulpturen im 1904/08 errichteten Landesmuseum wieder aufgestellt, wo sie durch die Bombardierung am Ende des Zweiten Weltkrieges vernichtet wurden. Im Jahr der Entstehung der Ständehausfiguren (1861) beschäftigte sich Elisabeth Ney auch mit einem Denkmalentwurf für Franz Freiherr von Fürstenberg. Der preußische König Wilhelm I. gab 1863 seine Genehmigung zur Errichtung eines Ehrenmals. Die dafür vorhandenen Geldmittel reichten jedoch nicht zu einer

Ausführung. 1892 zog Elisabeth Ney nach Austin (Texas), wo sie bis zu ihrem Tod im Jahr 1907 wirkte. Zu ihrem Spätwerk gehören zahlreiche Büsten, Grab- und Denkmäler. Ihren künstlerischen Nachlaß in Austin bewahrt das 1911 gegründete „Elisabet Ney Museum" (The Texas Fine Arts Association and Elisabet Ney Museum), ihr Andenken in Münster nur ein einziges Werk, die Büste des Clemens August Graf von Westphalen von 1864 (Westfälisches Landesmuseum), und die Elisabeth-Ney-Straße in der Nähe ihres Geburtshauses (Ecke Elisabeth-Ney-Straße/ Bohlweg).

Das erste Standbild einer namentlich bekannten Persönlichkeit auf öffentlichem Platz in Münster schuf der münsterische Bildhauer Heinrich Fleige (1841–1892) im Jahr 1875: das Denkmal des Universitätsgründers Franz Friedrich Wilhelm Freiherr von Fürstenberg, das auf dem Domplatz, auf hohem Sockel seine Aufstellung gefunden hat. Die Statue war gleichzeitig die erste ganzfigurige plastische Darstellung Franz von Fürstenbergs – im Zeitkostüm, wie wir ihn bereits auf dem Gemälde des Theobald von Oer „Die Fürstin Gallitzin im Kreis ihrer Freunde" von 1863 vergegenwärtigt sehen. Die scharfen Züge der Totenmaske spiegeln sich besonders in den asketischen Gesichtszügen der Bronzestatue wider. Die guten Proportionen wie die Feinheiten des Kostüms heben Fleiges Plastik aus der Reihe der Denkmäler des spä-

Statue des Staatsministers und Universitätsgründers Franz von Fürstenberg von Heinrich Fleige (1875)

ten Historismus vorteilhaft hervor. Gegen Ende der fünfziger Jahre wurde sie von ihrem hohen Sockel „heruntergeholt" und an der Ecke der Jesuitenstiege etwas „abgestellt", später (1980) in die Mitte der kleinen Grünanlage an den Anfang der Pferdegasse gerückt, um der Skulptur mehr Raum zu geben.

Zu den volkstümlichsten Denkmälern der Stadt gehören außerdem noch: das Denkmal für die große Dichterin des Münsterlandes, Annette von Droste-Hülshoff, von Anton Rüller an der Promenade in der Nähe des Buddenturms (1896); das Kiepenkerl-Denkmal von August Schmiemann (1896), das die Symbolfigur des bäuerlich-ländlichen Wanderhändlers darstellt; das Overberg-Denkmal am Garten des Bischöflichen Priesterseminars von Anton Rüller (1897); das Julius-Otto-Grimm-Denkmal, ebenfalls von Anton Rüller, an der Promenade (1905) und nicht zuletzt das populäre Denkmal „Magd mit Ochs" und „Bauer mit Pferd" von Karl Hans Bernewitz (1912), die als Schenkung des Ehrenbürgers Konrad von Studt ursprünglich auch im Kontext der Promenade standen und das Phänomen „Landschaftsgarten als Museum" mitbestimmt haben. Sie mußten später dem wachsenden Verkehr weichen: Seit 1963 stehen sie als Symbolfiguren für den ländlichen „Background" der Stadt vor dem Stadthaus II am Ludgeriplatz.

Gegen Ende des 19. Jahrhunderts (1897) erfolgte die Errichtung des Kaiser-Wilhelm-Denkmals vom Berliner Bildhauer Bruno Schmitz (Charlottenburg) – unverkennbar nach dem Vorbild der Reiterstatue des Großen Kurfürsten von Andreas Schlüter vor dem Berliner Schloß (1698/1703) –, das nicht mehr erhalten ist. Die monumentale Mariensäule des Hubert Gerhard an der Südseite der Pfarrkirche St. Ludgeri (Marienplatz) wurde 1899 in Analogie zur Münchener Mariensäule auf dem dortigen Rathausplatz (1639) errichtet. Der Historismus arbeitete oft mit musealen „Setzungen", mit Zitaten aus der Geschichte der Kunst. Das Landois-Denkmal des Bildhauers August Schmiemann von 1900 (heute am neuen Zoo) bewahrt das Andenken an den Gründer des ersten Zoologischen Gartens in Münster.

Unter den Ehren- und Denkmälern für die gefallenen Soldaten ist das Denkmal zur Erinnerung an die Einigungskriege von 1864, 1866 und 1870/71 in der Promenadenanlage nördlich des Mauritztors hervorzuheben. Es ist das Werk des hochbegabten und jung vor Verdun gefallenen münsterischen Bildhauers Bernhard Frydag aus dem Jahr 1908/09. Auch hier, ähnlich wie bei der Reiterstatue Kaiser Wilhelms I. oder der Mariensäule, stand ein berühmtes Werk einer weit zurückliegenden Epoche Pate: das Grabmal Theoderichs des Großen in Ravenna (um 520) – aber ohne Grab und Grabraum. Der monolithische Block negiert den Raum; er ist nur Träger von Relieffiguren, von nackten Männern und Frauen, die symbolisch Stärke (Sieg) und Trauer (Verlust) repräsentieren.

7. Grabmäler – Kirchenplastiken – Porträtbüsten

Münster ist weder an künstlerischen Denk- noch an Grabmälern reich. Die zahlreichen noch erhaltenen neugotischen Grabsteine des 19. Jahrhunderts sind überwiegend ohne künstlerischen Anspruch angefertigt. Drei Grabmäler aus der Mitte des 19. Jahrhunderts markieren drei kurzlebige Phasen des herrschenden Stilchaos. Das Grabmal des preußischen Generals Wilhelm von Horn (1762–1829) mit einem mäch-

Baldachinstatuen am Westportal der Lambertikirche von Anton Rüller (1893/98)

tigen schlafenden Löwen nach einem Modell von Christian Daniel Rauch (von 1824) wurde in Münster im Zeichen des Neobarock 1832 errichtet. Im Gegensatz dazu steht das ganz im Stil des Biedermeier 1848 errichtete Grabmal des „Magus des Nordens", des Philosophen Johann Georg Hamann, der 1788 in Münster starb. Der Berliner Bildhauer Friedrich Drake schuf das künstlerisch anspruchsvollste Grabmal für Freiherr Roth von Schreckenstein (1789–1858), den Kommandierenden General des VII. Armeekorps, auf dem Friedhof der Pfarrkirche Liebfrauen zu Überwasser. Die sachliche, wie aufgebahrt wirkende bronzene Liegefigur erinnert an die Sarkophagstatuen Christian Rauchs, zum Beispiel am Grabmal der Königin Luise im Mausoleum von Schloß Charlottenburg (1811/15).

Die anfangs angedeutete Erneuerung des gotischen Kirchengebäudes entfaltete sich in Münster erst gegen Ende des 19. Jahrhunderts. An erster Stelle sei der Neubau des Lambertikirchturms (1887–1898) mit elf Skulpturen für das Westportal, mit zahlreichen Archivoltenstatuetten und einigen Reliefs für die Südportale sowie 21 lebensgroßen Statuen für die Ausstattung der Strebepfeiler erwähnt. Hier war eine ganze Reihe von Bildhauern tätig: Heinrich Kortmann, Wilhelm Bolte, Richard Lobenberg, Anton Rüller und August Schmiemann. Die Entwürfe fertigte Hilger Hertel der Ältere und ab 1896 sein Sohn Bernhard Hertel. Im Zuge der Erneuerungsarbeiten haben außer der Lambertikirche vor allem die Türme der innerstädtischen Pfarrkirchen

St. Martini und Liebfrauen zu Überwasser umfangreiche Statuenzyklen erhalten. Die zwanzig Statuen für den Turm der Martinikirche wurden von den gleichen Bildhauern wie die 21 Strebepfeilerstatuen der Lambertikirche geschaffen. Besonders Wilhelm Bolte und Anton Rüller nahmen eine bevorzugte Stellung für die Ausstattung der Kirchen von Münster und des Münsterlandes ein. Wilhelm Bolte schuf mehrere Altäre für die größte neugotische Hallenkirche des Münsterlandes, für St. Nikomedes in Borghorst. Heinrich Kortmann fertigte auch Modelle für die Statuetten der Goldschmiedewerkstatt Osthues, zum Beispiel für den Reliquienschrein der Heiligen Maximus und Martialis von 1888 (heute in der Domkammer). Von Anton Rüller stammen die neuen Statuen des Westportals der Pfarrkirche Liebfrauen zu Überwasser aus der Zeit von 1903/10. Zu diesem Aufgabenkreis gehören auch einige Andachtsbilder traditioneller Thematik, wie zum Beispiel das Vesperbild des Bildhauers Bernhard Allard nach einem Entwurf des Eduard von Steinle von 1862 und die Ölberggruppe von Heinrich Fleige aus dem Jahr 1876 (beide in der Pfarrkirche St. Aegidii).

Nicht unerwähnt bleiben darf die wohl edelste und wichtigste Gattung der bildhauerischen Arbeiten. Die große Porträtistin Elisabeth Ney wurde bereits erwähnt. Viele Bildhauer haben zur Kunst des Bildnisses in Münster beigetragen. Zwei Jahrzehnte nach dem Tod des Universitätsgründers Franz von Fürstenberg entstand die künstlerisch großartigste Darstellung seiner Physiognomie: die Marmorbüste des Bildhauers Christian Rauch (1828), die sich heute in der Universitätsbibliothek befindet. Seine klare, großzügige und sichere Formgebung übersteigt alles, was bisher bezogen auf die Person Fürstenbergs plastisch geformt wurde, und hält das Gleichgewicht zwischen Wirklichkeit und Idealität. Zu den wichtigsten Porträtisten unter den münsterischen Bildhauern gehörten Anton Rüller, Bernhard Frydag, Bernhard und Hermann Bleeker. Die Brüder Bleeker haben früh Münster verlassen und waren in München tätig.

8. Das Denkmälerchaos des 20. Jahrhunderts

In die Nachbarschaft der öffentlichen Denkmäler gehören auch die Brunnen des 19. Jahrhunderts, zum Beispiel der im Zweiten Weltkrieg zerstörte monumentale Ludgerusbrunnen von Heinrich Fleige aus dem Jahr 1889, der an der Südseite des Doms zwischen den beiden Querhäusern stand, oder der Lambertusbrunnen von Heinrich Bäumer (1909), der 1956 vereinfacht wieder aufgebaut wurde. In ihrer Tradition steht noch der in der südöstlichen Ecke des Domplatzes 1962 errichtete Michaelisbrunnen von Wilhelm Heiner. Zu diesen „alten Brunnen" gesellen sich zwischen 1909 und 1971 weitere zwölf kleine Brunnen, die in ihren Formen ganz der Geometrie huldigen, zum Beispiel der Brunnen Ernst Hermanns' von 1959, der Brunnen von Rolf Crummenauer vor dem Regierungsgebäude von 1971 und der Spielbrunnen von Werner Schoemen in Münster-Coerde von 1973. Diese „schmale" Tradition der Brunnenbaukunst wird vornehmlich in den sechziger Jahren des 20. Jahrhunderts mit einem Dutzend kleinerer „Brunnen" bereichert, die mehr den Charakter einer Taubentränke als den eines Brunnen haben. Münster ist keine „Stadt der Brunnen".

Drei Kugeln am Aasee (Giant Pool Balls) – Beitrag von Claes Oldenburg zum Skulpturenprojekt 1977

Das Stilchaos des 19. Jahrhunderts löst das Denkmälerchaos des 20. Jahrhunderts ab. In rascher Folge entstehen zwischen 1935 und 1970 über zwanzig „Denkmäler des unbekannten Kindes", in einer Zeit, in der das Schicksal des Kindes mehr als fragwürdig geworden ist. Sie sind meist ohne künstlerischen Anspruch und stehen in der Tradition der privaten „Gartenfiguren". Zu diesem Bereich gehören auch die zwischen 1950 und 1980 entstandenen zahlreichen „Denkmäler des unbekannten Tieres" der Bildhauer Albert Mazzotti, Arwald Schlick, Josef Rikus, Paul Mersmann, Joachim Berthold und Hans Gerd Ruwe.

9. Zur gegenwärtigen Situation

Münster war auch, trotz der Bemühungen des Westfälischen Kunstvereins, keine Stadt der bildhauerischen Avantgarde. Heftige Diskussionen um den Erwerb einer Skulptur von George Rickey („Drei rotierende Quadrate"), 1975 als freundlich-unproblematischer Einstieg in die Gegenwartskunst – im öffentlichen Raum – von der Kunstkommission der Stadt vorgeschlagen, zeigten das Defizit auf. Das Westfälische Landesmuseum, mit Unterstützung von Stadt und Land Nordrhein-Westfalen, konnte in einer großen Retrospektive 1977 die Entwicklung der modernen abstrakten Skulptur nachzeichnen und zugleich den ersten Schritt zu einem Unternehmen tun, das Münster in der Folge berühmt machen sollte: Zehn international angesehene Künstler, darunter die Amerikaner Richard Serra, Claes Oldenburg und Donald Judd sowie die Deutschen Joseph Beuys und Ulrich Rückriem, konnten an von ihnen bestimmten Orten der Stadt Skulpturen im öffentlichen Raum realisieren, die sich, im Kontext des städtischen Umfeldes, eher als „ästhetische Interventionen“ verstanden und als absolut zeitgemäße Antwort auf die Frage nach Kunst und Öffentlichkeit international verstanden wurden und für Aufsehen sorgten. Das Experiment der Einladung an Künstler in die Stadt, damit sie entsprechend ihren Vorstellungen und Interessen, gewissermaßen als eigene Auftraggeber, Projekte zum städtebaulichen, zum historischen oder sozialen Kontext der Stadt entwickelten, konnte 1987 fortgesetzt werden mit über sechzig Bildhauern der internationalen Avantgarde. Von den realisierten Arbeiten, die im Dialog mit der Stadt entstanden, konnten mehr als dreißig nach Ende der Ausstellung für Münster gesichert werden. Das Experiment der Skulpturenausstellungen hat mittlerweile Schule in der ganzen Welt gemacht und im übrigen der Stadt einen erstaunlich großen Bestand an Zeugnissen der Gegenwartskunst – und immer mit direktem Bezug zur Stadt – beschert.

Während die Künstler der siebziger Jahre – im Zuge von Concept-Art und Land-Art – sich mehr für die offene, landschaftlich freie Situation, zum Beispiel des Aasees, interessierten – bis auf die Deutschen Beuys und Rückriem, der mit seiner Arbeit an der Petrikirche einen „Meilenstein“ setzte auf dem Weg zu architektonischer Skulptur –, war in den achtziger Jahren das Interesse an der historisch gewachsenen Stadt, ihren urbanistischen Bezügen, den aufregenden Aspekten ihrer Vergangenheit stark gewachsen. Die „Irrlichter“ von Lothar Baumgarten in den Körben der Täufer an der Lambertikirche, die Installation von Rebecca Horn im alten Zwinger, die Tore von

Projekt: Skulptur (ohne Titel) von Ernst Hermanns (1987) – vorübergehend aufgestellt im Skulpturenhof des Westfälischen Landesmuseums

Daniel Buren und Isa Genzken, das Epitaph von Ian Hamilton Finlay für Annette von Droste-Hülshoff auf dem Überwassserfriedhof, die Hommage von Richard Serra an den Erbauer des Erbdrostenhofs Johann Conrad Schlaun – die Liste der Erinnerungsarbeiten ließe sich fortsetzen. Der Dialog zwischen den Vertretern der internationalen Avantgarde und der Stadt, der unterstützt wurde durch die Künstler vor Ort (nicht erst seit der Gründung der westfälischen Kunstakademie in Münster kamen wichtige Impulse und Kontakte auch aus der Stadt selbst: von den Münsteranern Ernst Hermanns als einem der wichtigsten Vertreter der konstruktiven Skulptur und Professor Reiner Ruthenbeck mit seinem Beitrag zum „Fahrradsyndrom" der Stadt), verbindet sich mit den Beiträgen der Künstler, die im Kontakt mit der Stadt ihre Sympathie für diesen Ort entdeckt haben, wie Eduardo Chillida, der große baskische Bildhauer, der, berührt von der Idee der Toleranz und des Friedens, wie sie im Westfälischen Frieden zum Ausdruck kam, eine Skulptur für den Rathausinnenhof geschaffen hat.

Quellen- und Literatur

Die Anfänge der Erforschung der westfälischen Skulptur des 16./17. Jahrhunderts markieren zu Beginn dieses Jahrhunderts die Bücher über die westfälische Plastik in der Zeit der Spätrenaissance und des Barock von Ferdinand Koch [1098: Gröninger] und Friedrich Born [2009: Beldensynder]. Karl Döhmanns Studie über die Familien Bunickmann und Brabender trug zur Klärung der Tätigkeit dieser beiden großen Bildhauerfamilien durch bis dahin unbekannte Archivalien bei [735: Bunickman und Brabender]. Die Brabender sind ebenfalls Thema eines in Brüssel (Musées Royaux des Beaux-Arts) publizierten Aufsatzes von Siegfried Fliedner [451: Brabender]. Margarete Lippe behandelt in einem längeren Aufsatz die münsterischen Bildhauer der Spätrenaissance [823: Bildhauer], Hans Melchers gibt einen Überblick über die westfälische Steinskulptur zwischen 1500 und 1560 [830: Westfälische Steinskulptur].

Kurze Informationen zu Leben und Werk von Johann Mauritz Gröninger finden sich in dem Lexikonartikel Burkhard Meiers aus dem Jahr 1922 [1123: Gröninger], sein Schaffen in der Stadt Münster ist bei Max Geisberg dokumentiert [132: Stadt Münster 5–6]. Sein Wirken außerhalb von Münster – in Vreden und Nottuln – wird von Hanna Lehmkuhl [1119: Johann Mauritz Gröninger in Vreden] und Heinrich Donner [1022: Pfarrkirche] behandelt. Um neuere Arbeiten zu Johann Mauritz Gröninger handelt es sich bei der Dissertation von Udo Grote [1042: Johann Mauritz Gröninger] und dem Beitrag von Géza Jászai in der Reihe „Westfälische Lebensbilder" [1077: Johann Mauritz Gröninger]. Die Rolle des Fürstbischofs Friedrich Christian von Plettenberg als Förderer von Johann Mauritz Gröninger behandelt eine Studie von Theodor Rensing [1149: Auftraggeber und Mäzen]. Vom gleichen Autor stammt ein Beitrag über die Gestaltung der Grabdenkmäler [2587: Monumenta memoriae].

Die Bildhauerfamilie Gröninger erschließen ein Forschungsbericht von Alois Fuchs [1033: Forschung über die Gröninger], ein prosopographischer Aufsatz von Theodor Rensing [867: Genealogie] sowie ein Beitrag von Wilhelm Honselmann über die ältere Geschichte der Familie in Paderborn und Münster [760: Bildhauerfamilie Gröninger]. Neuere Ergebnisse zum Werk von Johann Wilhelm Gröninger hat Roland Günter veröffentlicht [752: Johann Wilhelm Gröninger]. Das Werk von Gerhard Gröninger ist Gegenstand einer neueren Arbeit von Géza Jászai [778: Gerhard Gröninger].

Zusammenfassend wird die Barockskulptur in Münster bei Jászai behandelt [1075: Barockskulptur]; Jászai hat auch eine Arbeit über die Gestalt und das Bildprogramm des Martinuspokals veröffentlicht [775: Martinus-Pokal]. Einen weiteren Aspekt der Barockkunst in Westfalen behandelt Angelika Seifert in ihrer Dissertation über westfälische Altarretabel [2674: Altarretabel].

Anton Erich Brinckmann würdigt die westfälische Barockskulptur im europäischen Rahmen [2024: Barockskulptur]; eine Einordnung der münsterischen Kunst in die Barockplastik im norddeutschen Raum findet sich bei Jörg Rasmussen [2561: Barockplastik]. Die münsterische Goldschmiedekunst von der Täuferzeit bis zum Klassizismus ist Thema der Dissertation von Kristiane Menck [835: Goldschmiedekunst].

Die Erforschung der Skulptur des 19. und 20. Jahrhunderts in Münster war lange Zeit äußerst lückenhaft. Kritische Monographien und übergreifende phänomenologische Untersuchungen fehlen ganz. Isoliert steht bis heute die Monographie Eugen Müllers über Elisabeth Ney [2459: Ney]. Die Beschäftigung mit der Skulptur des 19. und 20. Jahrhunderts in Münster ist jedoch seit den siebziger Jahren wesentlich intensiviert worden. Der Bildhauer Achtermann wird in der Arbeit von Peter Bloch und Waldemar Grzimek über das klassische Berlin [1991: Klassisches Berlin], der Dissertation von Dagmar Kaiser-Strohmann [2295: Achtermann] und in einem Sammelband über die Berliner Bildhauerschule [2084: Ethos und Pathos] behandelt. Brigitte Hüfler widmet in ihrem Aufsatz über zwölf Bildhauerinnen des 19. Jahrhunderts auch Elisabeth Ney einen Abschnitt [2246: Bildhauerinnen]. Die Restaurierung der Lambertikirche ist Gegenstand der Untersuchung von Hans Josef Böker [90: Bau- und Restaurierungsgeschichte].

Zu den seit den siebziger Jahren entstandenen Arbeiten zur Skulptur des 20. Jahrhunderts zählen die Dissertation von Ursula Uber über die Stadtbildgestaltung durch Freiplastiken und eine Publikation über die Freiplastiken im Stadtgebiet [1837: Stadtbildgestaltung; 1836: Freiplastiken] sowie der Ausstellungskatalog zur Skulpturenausstellung in Münster von 1977 [1718: Skulptur]. Die moderne Kunst in Münster wird erneut thematisiert in einer Publikation von Barbara Klössel [1788: Moderne Kunst]; das zweite Skulpturenprojekt in Münster (1987) ist in einer Veröffentlichung von Klaus Bußmann und Kasper König [1719: Skulptur-Projekte] dokumentiert.

PAUL PIEPER

„In kvnsten steit all myn begeer van ringe malen ick mi erneer" – Die Malerei im 16. und 17. Jahrhundert

1. Die Malerfamilie tom Ring – 2. Weitere Maler des 16. Jahrhunderts

1. Die Malerfamilie tom Ring

Für die Kunst des Mittelalters haben die Täufer in der Bischofsstadt *tabula rasa* gemacht. Wenn sich nicht von der münsterischen Malerei und Plastik aus der Zeit vor der Täuferherrschaft einiges außerhalb der Stadt erhalten hätte, wüßten wir nichts von der sicherlich bedeutenden Produktion, die in münsterischen Werkstätten entstand. Doch für die Zeit kurz nach dem Ende der Täuferreiches kennen wir eine breite Schicht von Werken der Tafelmalerei und der Grafik, die ganz überwiegend mit einer einzigen Künstlerfamilie sich verbinden, den Malern tom Ring. Das Schaffen dieser Familie reicht durch drei Generationen, setzt in den dreißiger Jahren des 16. Jahrhunderts ein und endet erst im 17. Jahrhundert.

Dabei hat der Stammvater dieser Familie, Ludger tom Ring der Ältere, die schrecklichen Jahre der Täuferherrschaft noch selbst miterlebt, während seine beiden ältesten Söhne damals noch im jugendlichen Alter waren. Das erhaltene Werk des älteren Ludger ist klein, aber im Rahmen der deutschen Kunstgeschichte von hohem Rang.

Es ist ein ganz ungewöhnliches Phänomen in der Kunst der frühen Renaissance, daß sich sowohl vom Vater Ludger tom Ring dem Älteren wie von den beiden Söhnen die Selbstbildnisse erhalten haben. Man erblickt in den Porträts nicht nur die Selbstdarstellungen der drei Maler, sondern erfährt darüber hinaus etwas vom Charakter des hiesigen Bürgertums in jener Zeit. So seien zunächst die drei Bildnisse betrachtet.

Alle drei stellen sich in halber Figur hinter einer Brüstung dar. Der ältere Ludger dürfte ein Mann zwischen vierzig und fünfzig sein. Nach den wirren Jahren in die Heimatstadt zurückgekehrt, wird er sich so im Spiegel betrachtet haben. Der Blick aus dem vollbärtigen Gesicht ist energisch, das schwarze Barett tief in die Stirn gezogen. Die rechte Hand ruht auf der Brüstung und hält den Stechzirkel. Nun ist der Zirkel nicht das Zeichen des Malers, sondern des Baumeisters, und dieses Gewerbe wird Ludger neben der Malerei wie sein Sohn Hermann betrieben haben. Die gewählte Kleidung spricht dafür, daß sich dieser Mann nicht mehr als Handwerker im Sinne des Mittelalters, sondern durchaus als Künstler und als ein Vertreter gehobenen Standes versteht. Vor dem tiefgrünen Grund steht das Wappen mit dem Kruzifix – sicher kein Familienwappen, sondern ein Zeichen seiner Religiosität, das er sich selbst gewählt hat. Gegenbild ist das Bildnis seiner Frau Anna aus der Familie Rorup, wie das Wappen neben ihr ausweist. Sie ist, ihrem Mann entsprechend, als Bürgerin vornehmen Standes geschildert, mit großer Haube und reichem Gewand, das ein

Selbstbildnis Ludger tom Rings des Älteren und Bildnis seiner Frau Anna, geb. Rorup

golden gemusterter Gürtel besonders auszeichnet. Das ernste Gesicht ist geprägt von Willenskraft und Energie.

Das also sind die Stammeltern dieser Künstlerfamilie, die das 16. Jahrhundert in Münster seit der Täuferzeit beherrscht. Die Kinder des Ehepaares sind zahlreich, wie man aus der mächtigen Zehngebotetafel ablesen kann, die der älteste Sohn, Hermann, nach dem Tod der Eltern 1548 für die Pfarrkirche der Familie, die Liebfrauenkirche Überwasser, geschaffen hat.

Einige Jahre früher (1544) hat sich dieser Sohn selbst dargestellt, offenbar in Anlehnung an die Bildnisse seiner Eltern. Wie der Vater trägt er das Barett auf dem kurzgeschnittenen Haar. Es ist das weiche, noch unausgereifte Gesicht eines Jünglings, das uns versonnen anblickt. Neben dem Kopf erscheinen die Wappen des Vaters und der Malergilde, drei goldene Schilde auf dunklem Grund. Auf der Brüstung liegt das kostbar gebundene Buch, in das der junge Mann zeichnet – auch das kennzeichnet den Künstler der neuen Zeit. Neben das Buch hat Hermann sein Namenszeichen auf die Brüstung gemalt: ein großes „H" (= Her), in das ein großes „M" (= man) eingeschrieben ist, verbunden mit einem Fingerring, der sich auf den Familiennamen bezieht (Abbildung in Band 1, S. 656).

Besonders aufschlußreich für das Selbstbewußtsein des jungen Malers aber sind die Verse in niederdeutscher Sprache, die er in Majuskeln auf die Vorderseite der Brüstung gemalt hat:

ICK HERMAN TO RING MELER GNANT
ERSTGEBORN DO MEN DATVM VANT,
DVSENT, VIFHVNDERT, TWINTICH, EIN,
DE VIEFVNTWINTICHSTE VHR ICK MEIN.
HEF MI NAMALS GECONTERFEIT,
VP IAER VND DACH WV BOVEN STEIT.

Worauf legt der 23jährige Künstler in dieser Mitteilung an den Betrachter Wert? Betont nennt er seinen Namen und die Tatsache, daß er der älteste Sohn seiner Eltern ist. Und dann gibt er nicht nur das Jahr seiner Geburt (1521) an, sondern in fast pedantischer Weise auch deren Stunde. In der 25. Stunde des Jahres, also am 2. Januar um ein Uhr ist er geboren. Möglicherweise hat diese präzise Angabe einen astrologischen Sinn. Und abschließend weist er selbstbewußt auf das Datum der Entstehung des Porträts hin.

Auch der Bruder, Ludger der Jüngere, legt in seinem Selbstbildnis von 1547 Wert auf das genaue Datum seiner Geburt. Aber er verschlüsselt es in der Schriftstelle links von seiner Wange: am 19. November 1522 zwischen acht und neun Uhr wurde er geboren. Der Tenor des Textes unter dem Bildnis aber ist ein ganz anderer als bei dem Bruder. Er schreibt da, gleichfalls in niederdeutscher Sprache:

LOFF PRYS VND EER SI GODT ALLEIN
VAN WEM VNS ALLE GVET MOET SCHEIN
DORCH SINE GNAD HEB ICK MICH EVEN
GECONTERFETET AFF NAET LEVEN
EIN FIGVER GLYK ICK LEIT IN TIDEN
RECHT BOVEN STEIT TOR LVCHTREN SIDEN
IN KVNSTEN STEIT ALL MYN BEGEER
VAN RINGE MALEN ICK MI ERNEER.

Ludger, der uns hier offener und selbstbewußter anblickt als sein Bruder, beginnt mit dem Lobpreis Gottes, von dem alles Gute komme und durch dessen Gnade er sich eben selbst gemalt habe. Und er betont noch einmal, daß er selbst nach links gewendet zu sehen sei. Der Text endet mit einem Bekenntnis, indem er versichert, daß „sein Begehren nach der Kunst steht". Das bedeutet doch wohl, daß er sich als Künstler fühlt, sich der Kunst verschrieben hat. Hier spricht eindeutig das Selbstbewußtsein des freien Künstlers, und er fügt an seinen Namen und sein Namenszeichen anknüpfend hinzu, daß er sich vom Malen von Ringen ernähre. Das Namenszeichen Ludgers ist wie das seines Vaters der Fingerring, verbunden mit dem „L" (= Ludger) und dem „V" (= tom). Er also ist der Maler im engeren Sinne, und so hebt er auch die rechte Hand mit dem Pinsel, an dessen Spitze etwas Farbe von der Palette vor ihm haftet. Die Gewandung des jüngeren Ludger ist nicht weniger elegant als die seines älteren Bruders.

Das also sind die drei wichtigen Vertreter dieser Malerfamilie. Mit den Söhnen Hermann tom Rings, Nikolaus und Johann, geht es noch in die dritte Generation. Aber die Qualität ihrer Produktion erreicht bei weitem nicht die der Vorfahren.

Votivbild des Domscholasters Rotger Dobbe von Ludger tom Ring dem Älteren

Ludger tom Ring der Ältere

Vom Werk des Stammvaters haben sich neben dem Selbstbildnis und dem Bildnis seiner Gattin nur wenige Beispiele erhalten. Interessanterweise sind die drei wichtigen Arbeiten für den Dom bestimmt gewesen, zwei davon befinden sich noch heute im Dom. 1538, also wenige Jahre nach der Täuferzeit, malt Ludger das große Gedenkbild für den 1535 verstorbenen Domscholaster Rotger Dobbe, das noch heute an seiner ursprünglichen Stelle im Johanneschor hängt. Thema ist das sogenannte Pestbild, die *intercessio*, also die Vermittlung zwischen der Menschheit, so auch dem Verstorbenen, und dem zürnenden Gottvater durch Christus und Maria. Oben thront er feierlich, drei Pfeile in der rechten Hand, mit denen die drei Plagen – Pest, Krieg und Teuerung – gemeint sind. Spruchbänder über den Chören der Engel erläutern das. Links kniet Christus auf der Martersäule, auf seine Wunden weisend, darüber ein weit ausschwingendes Spruchband: „O vaer dorch mynen doth vnd pyn Wyl doch dem sunder gnedich syn." Gegenüber weist Maria auf ihre nackte – später durch ein Tuch übermalte – Brust mit den Worten: „Kynt su an dyner moder borste Troeste de sunder hemelvorste." In der Bildmitte schwebt über der reichen Landschaft, in der Rotger Dobbe anbetend kniet, die Taube des Heiligen Geistes. Die Landschaft ist unter dem Einfluß der gleichzeitigen niederländischen Malerei ganz aus dem Geist der Renaissance entstanden, während im übrigen die Konzeption des Bildes noch der Tradition des Mittelalters folgt.

Eine Auftragsarbeit ist die Gestaltung der Schaufront der astronomischen Uhr des Doms, die Ludger in den Jahren 1542/43 ausführte. Das große Zifferblatt wird von den Sinnbildern der Evangelisten begleitet; darüber ist eine Architektur in den Formen der Frührenaissance dargestellt, in der zahlreiche Personen, darunter der Maler, erscheinen. Noch heute ist die Uhr das beliebteste Kunstwerk des Doms.

Sein interessantestes Werk aber schuf Ludger der Ältere für den Chorumgang: einen Zyklus von 15 Bildern, der fünf Propheten und zehn Sibyllen des Altertums darstellt, jeweils ein Prophet zu den Seiten von Sibyllen begleitet. Mittelfigur des Zyklus ist der Dichter Vergil, der nach mittelalterlicher Auffassung ein Prophet war, der das Kommen Christi voraussah. Vergil wird als alter Mann mit geteiltem Vollbart und großer gelber Haube geschildert, der die Nietbrille mit der rechten Hand auf seiner Nase hält, um in einem großen Folianten zu lesen. Vergil waren in der ursprünglichen Anordnung die Sibyllen von Tibur links und von Cumae rechts zugeordnet. Wie das Bild der cumäischen Sibylle zeigt, setzte sich der Raum des Vergil – mit einem offenen Wandschrank im Hintergrund – im Bild der Sibylle mit einem Stilleben auf dem Wandbrett fort. Es läßt sich nachweisen, daß dieser Zyklus keine Erfindung Ludgers oder seiner Zeit ist, sondern in ähnlicher Form bereits im Mittelalter bestand. Er wurde nach der Zerstörung durch die Täufer von Ludger tom Ring erneuert, aber – wie die astronomische Uhr – in durchaus eigenständiger Weise.

Hermann tom Ring

Für die Kunstgeschichte Münsters in der frühen Neuzeit ist Hermann tom Ring noch wichtiger als sein Vater. Er hat in seinem langen Leben bis zu seinem Tod 1597 das künstlerische Leben in seiner Heimatstadt souverän beherrscht. In der 1553 erneuerten Gilde, deren Satzung überliefert ist, war er seit 1556 Zweiter Gildemeister,

Vergil als Prophet. Gemälde von Ludger tom Ring dem Älteren

von 1569 bis zu seinem Tod Erster Gildemeister. Hermann tom Ring war ein *homo universalis* im Sinne seiner Zeit, nicht nur als Maler, Zeichner und Grafiker, sondern auch als Architekt und Kartograph tätig.

Seine Leistung als Maler liegt auf zwei Gebieten. Nach den Verwüstungen der Täuferzeit in allen Kirchen der Stadt war eine Erneuerung ihrer Ausstattung dringlich, was zu Aufträgen an Hermann für Altäre und Andachtsbilder führte. Von diesen Werken haben sich zahlreiche Beispiele bis heute erhalten – leider ist kaum ein Werk noch im Besitz der Kirchen.

Das zweite Arbeitsgebiet Hermanns war die Bildnismalerei. Das 16. Jahrhundert ist eine große Zeit des Porträts in Deutschland, und die tom Rings haben daran einen wesentlichen Anteil. Persönlichkeiten des Adels und der hohen Geistlichkeit, aber auch Männer bürgerlichen Standes sind von ihm porträtiert worden.

Ein frühes Werk des jungen Meisters ist die riesige, 2,50 Meter hohe Votivtafel, die Hermann 1548 nach dem Tod seiner Eltern für die Überwasserkirche ausgeführt hat

Die cumäische Sibylle von Ludger tom Ring dem Älteren

und die sich noch heute im Turm der Kirche befindet. Mitte des Bildes ist die Doppeltafel mit den Zehn Geboten in niederdeutscher Sprache, in Anlehnung an das zweite und fünfte Buch Moses. In der Landschaft oben sieht man Moses, wie er die Tafeln mit den Geboten empfängt. Darunter die Familie tom Ring, wie sie beim Tod der Eltern 1547 aussah: links der Vater, auf die Gebote zeigend, rechts die betende Mutter, dazwischen betont die beiden Erstgeborenen und dann die weiteren sechs Kinder.

Aufschlußreich ist auch der Sockel aus schwarzem Marmor für die Tafeln mit einer Inschrift, die so beginnt:

LVDGER THO RING EIN MAELER GVDICH
WELCKEERS GELYCK MEN NICHT VEL VANT
VAN MANGEN KVNSTEN OVERVLODICH
DOCH WORT SE KLEIN AN EM ERKANT.

Das bedeutet doch wohl, daß der älteste Sohn die Kunst seines Vaters hochschätzte, aber der Meinung war, sie sei zu wenig gewürdigt worden.

Fast ein halbes Jahrhundert später (1592) malt der nun siebzigjährige Künstler ein Votivbild für seine eigene Familie, das heute dem Votivbild der Eltern gegenüberhängt. Thema sind nun nicht die Zehn Gebote, sondern das Vaterunser, das in niederdeutscher Sprache auf der Tafel oben verzeichnet ist. In der Bildmitte thront Christus umgeben von den Aposteln, die sich lebhaft unterhalten. Hinter einer Brüstung erscheint die Familie Hermanns, ganz links er selbst, ganz rechts seine Frau Adelheit tor Horst – dazwischen die zehn Kinder des Paares, von denen zwei schon kurz nach der Geburt starben. So widmet der Maler am Ende seines Lebens seiner eigenen Familie ein Denkmal, das diese mit Christus und den Aposteln verknüpft, sozusagen als Gegenbild zum Votivbild seiner Eltern. Im Vergleich wird auch der Wandel vom Stil der Renaissance zu einem betonten Manierismus, etwa an dem Apostel rechts vorn, ablesbar. Es ist der Wandel, der sich innerhalb der Lebenszeit Hermann tom Rings vollzieht.

Von den Bildern Hermanns mit religiösem Thema ist die „Auferweckung des Lazarus" das früheste. Mit Recht hat Theodor Riewerts, der Biograph der Malerfamilie, das Bild als ein „in Erfindung und Ausführung gleich geniales Werk" gewürdigt. Die Szene wird auf einen Friedhof verlegt, dessen Eingang links und rechts von einer

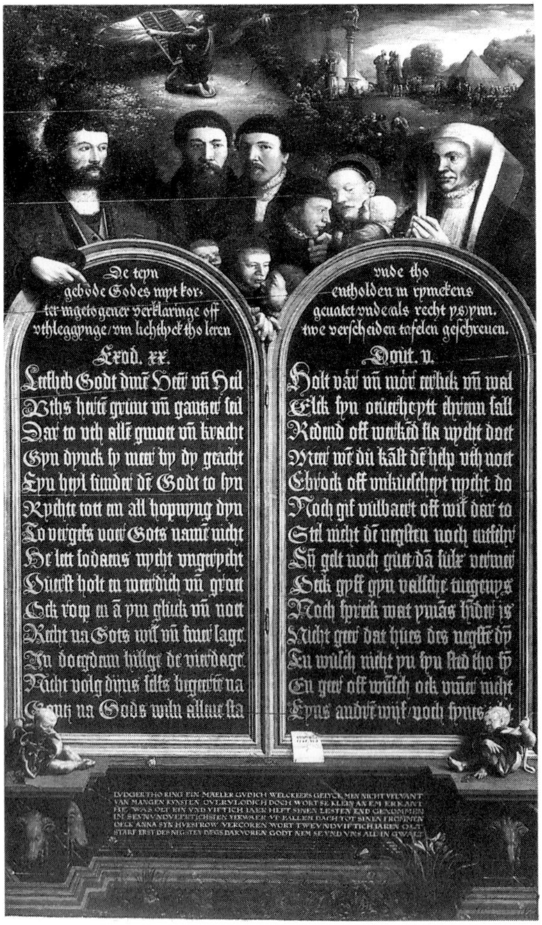

Votivtafel für Ludger tom Ring den Älteren und seine Familie in der Überwasserkirche. Gemälde von Hermann tom Ring

Votivtafel Hermann tom Rings für seine Familie in der Überwasserkirche

Säulenhalle flankiert ist, in der links die Heiligen Hubertus und Agnes, rechts Wilhelm und Gertrud erscheinen. Hinter dem Rost, der Vieh vom Friedhof fernhalten soll, kniet links ein Geistlicher im Chorhemd. Es ist der Domherr Andreas Valke, der an dem an der Vorderseite der Halle genannten Datum (20. April 1546) starb. Kurz darauf muß das Votivbild ausgeführt worden sein. Das Gitter und die Stäbe des Rostes lenken den Blick in strenger Perspektive auf Christus, der mit weisender Gebärde, begleitet von den Aposteln sowie von Maria und Martha, Lazarus aus dem Grab erweckt. Dieser erhebt sich, während Petrus die Binden seiner Hände löst. Die figurenreiche Handlung ist in eine detailliert geschilderte Landschaft verlegt.

Mit Recht hat man in diesem ungewöhnlichen Werk ein Zeugnis für die stilistische Herkunft Hermann tom Rings gesehen – zeigt es doch deutlich den Einfluß der benachbarten nördlichen Niederlande. Insbesondere die Kunst des Lukas van Leyden, der der Generation des älteren Ludger angehörte und 1533 starb, muß auf den Westfalen von Einfluß gewesen sein. Nach Abschluß seiner Lehrzeit, sicher bei seinem Vater, muß Hermann in seinen Wanderjahren die damals blühenden niederländischen Kunstzentren besucht haben.

Wohl zur gleichen Zeit wie das Lazarusbild malt Hermann das Bildnis eines jungen Mannes, mit dem er offenbar befreundet war. Aufgrund des Wappens auf seinem Siegelring ließ sich der 25jährige als Johannes Münstermann aus einer münsterischen Honoratiorenfamilie bestimmen. Offenbar ist er Flötist, denn vor ihm liegen eine kostbare, silberbeschlagene Flöte und Notenbücher für zeitgenössische Madrigale;

Hermann tom Ring: Die Auferweckung des Lazarus

der Dargestellte hebt taktierend die rechte Hand. Betont wendet sich der Blick aus dem offenen Gesicht an den Betrachter. Die elegante Kleidung spricht dafür, daß es sich um einen Angehörigen der höheren Stände handelt. Man kann hier ein klassisches Porträt der Renaissance sehen, und mit Recht hat man auf die Nähe zu den Porträts des jüngeren Holbein hingewiesen, der 1543 starb und den also der Maler kaum gekannt haben kann.

Wiederum nur wenige Jahre später (um 1550) malt Hermann, wohl im Auftrag eines holländischen Klosters, den kleinen Altar mit dem Weltgericht. Ein ungewöhnliches Jüngstes Gericht, in dessen Mitte nicht Christus steht, der oben auf Wolken schwebt, sondern der Tod. Der hat sich eben von der Bahre erhoben und zielt, von Leichentüchern umhüllt, auf den Betrachter. Man denkt an das bekannte Lied: „Der grimmig Tod mit seinem Pfeil tut nach dem Leben zielen." Das Motiv begegnet schon im Mittelalter, doch dürfte es Hermann tom Ring zum erstenmal in den Zusammenhang des Weltgerichts gestellt haben. Ungewöhnlich ist auch, daß vorn die Toten gehäuft liegen, während links ein Engel die Seligen zum Himmel ruft, rechts die Verdammten von einem Teufel zur Hölle geschickt werden. Auch hier dürfte ein niederländisches Vorbild den Maler beeinflußt haben. Stilistisch führt das Bild über das Lazarusbild hinaus zu einem nordisch geprägten Manierismus.

Neben Altarbildern, von denen einige überkommen sind, hat Hermann tom Ring Andachtsbilder geschaffen. Das schönste ist das einer Muttergottes in halber Figur, das nach dem in den Rand eines Tellers eingeschlagenen Wappen für eine Osnabrükker Familie entstand. Offenbar sind wir auch hier noch in der Frühzeit des Malers; etwa um 1560 mag das Bild entstanden sein. Das Bild ist ein kleines Kompendium der Mariensymbole. Der dralle Knabe hält den Lilienzweig in der Hand, das alte Sinnbild der unbefleckten Empfängnis. Und er zeigt auf die durchschnittene Zitrone, Zeugnis seines bitteren Leidens. Maria reicht Christus eine von den Kirschen, die auf dem Zinnteller liegen. Nach der Meinung des Mittelalters sind Kirschen Himmelsfrüchte. Um den Hals hängt Maria ein mit Steinen und Perlen besetztes Kleinod, um dessen Rand man das Wort TETRAGRAMMATON lesen kann. Das aber ist ein altes Zauberwort, das sich auf AGLA, die hebräische Bezeichnung für Gottvater, bezieht. Auch hier ist Hermann abhängig von einem niederländischen Vorbild, möglicherweise einer kleinen Muttergottestafel von Jan Gossaert, die wohl damals schon im Besitz des Dominikanerklosters zu Dortmund war, dem Maler also bekannt sein konnte.

Unter den Auftraggebern Hermann tom Rings waren mehrfach Angehörige des westfälischen Adels. So malte er 1560 den Grafen Eberwin von Bentheim im Alter von 25 Jahren. Ganz anders als das Portrait des lebensvollen, den Betrachter ansprechenden Musikers zeigt es einen strengen Herrn im höfischen Gewand, mehrere Gnadenketten um den Hals. Den neutralen Grund füllen nur die großen Wappen „Benthem" und „Hollant". Die übereinandergelegten, Handschuhe haltenden Hände ruhen auf der Brüstung. Der Wandel von Zeit und Stil wird deutlich – von der Renaissance zum Manierismus.

Von gleicher Prägung ist das bedeutendste Werk der Porträtkunst des Malers, das Viererbildnis der gräflichen Familie Rietberg, dessen Teile seit 1989 wieder im Landesmuseum vereinigt sind. Vor der strengen Kulisse einer Holzarchitektur erschei-

Der Weltgerichtsaltar von Hermann tom Ring für ein Kloster in Amersfoort (um 1550)

nen links die Eltern, Graf Johann von Rietberg und seine Gattin Agnes, rechts die beiden Töchter des Paares, Ermengard und Walburg. Die Gräfin Agnes – die Auftraggeberin des Bildes – ist die Schwester des Grafen Eberwin.

Eine ganz ungewöhnliche, auch im Rahmen der Kunst jener Zeit wohl einmalige Konzeption. Das Grafenpaar und die beiden Erbtöchter verknüpft eine strenge – man möchte auch hier sagen – manieristische Wandverkleidung. Die herrische Gestalt des Grafen hält in der Hand das Stundenglas mit dem Totenschädel, denn er lebte bereits nicht mehr, als das Bild gemalt wurde. Still daneben die dunkel gekleidete Gräfin, während die jungen Töchter, dreizehn und sieben Jahre alt, mit dem reichen Kostüm und Schmuck ihres Standes ausgestattet sind. Das Ganze ein faszinierendes Werk des damals gut vierzigjährigen Künstlers.

Die Kinder, wie man sie wohl nennen darf, sind von gleichem Ernst geprägt wie ihre Mutter. In einer zeremoniellen Geste überreicht die jüngere der älteren Schwester eine Nelke. Diese hält einen Papagei auf der Hand, an Walburg klammert sich ein Affe. Wir wissen, daß es exotische Tiere an den Höfen jener Zeit gegeben hat. Die Tafel zwischen den Schwestern verzeichnet Namen und Titel der jungen Damen.

Trotz dieser einmaligen Leistung liegt das Schwergewicht der Arbeit Hermanns doch bei den Werken mit religiösem Thema, bei den Andachtsbildern. So malt er etwa 1547 im Auftrag von zwei Geistlichen aus der Familie Bischopinck eine quer-

Hermann tom Ring: Muttergottes mit den Kirschen

Doppelbildnis der Gräfinnen Ermengard und Walburg von Rietberg. Teil eines Viererporträts der gräflichen Familie von Hermann tom Ring (1564)

formatige Tafel mit Christus am Kreuz und den Heiligen Petrus und Mauritius für die Mauritzkirche – ein Bild, in dem die Stifter mit ihren Wappen gebührend zur Geltung kommen.

Besonders eindrucksvoll, wenn auch wie viele Werke Hermanns schlecht erhalten, sind zwei großformatige Tafeln mit dem Weltgericht und der Begegnung Christi mit den Mühseligen und Beladenen aus der Kirche des Fraterherrenhauses (wohl um 1555 entstanden). Hier sind die Zeichnungen für beide Bilder in der Albertina zu Wien erhalten, und der Vergleich lehrt, wie sorgfältig Hermann tom Ring seine großen Kompositionen vorbereitet hat. Auch weitere Zeichnungen mit religiösem Thema dürften als Studien für Altarbilder, die sich nicht erhalten haben, entstanden sein.

Nicht nur für den Dom und die münsterischen Stadtkirchen hat Hermann tom Ring gearbeitet, sondern auch für Kirchen im Umland. Das wichtigste Beispiel ist der Altar in Davensberg. Der münsterische Domherr Melchior von Büren, der 1546 starb, stiftete einen steinernen Altarschrein, den der Bildhauer Johann Brabender ausführte. Diesem Schrein fügte Hermann – wohl in den fünfziger Jahren – Flügel an, die auf den Innen- und Außenseiten die vier Evangelisten zeigen. Die Evangelisten mit ihren Attributen erscheinen in großen Landschaften, die wiederum deutlich den Einfluß Lukas van Leydens zeigen.

In hohem Alter (1594) schuf Hermann noch einmal ein Großwerk für die Pfarrkirche seiner Familie, die Überwasserkirche. Leider sind von diesem Altar, dem Hochaltar der Kirche, nur die Flügel, nicht die Mitteltafel erhalten. Nachdem auf dem linken Innenflügel Christus am Ölberg, auf dem rechten Innenflügel die Auferstehung Christi dargestellt ist, darf man annehmen, daß die Kreuzigung in der westfälischen Form des Kalvarienberges Thema der Mitteltafel war. Bei geschlossenen Flügeln aber blickt man in einen reich ausgestatteten, großbürgerlichen Innenraum, in dem der Engel Gabriel Maria die Botschaft verkündet. Leicht übertreibend hat Theodor Riewerts von dieser Darstellung gesagt, ihre Wirkung sei „ungeheuer und schlechthin unbeschreiblich". Man richtet den Blick nicht zuerst auf die Szene, sondern auf den in allen Details geschilderten Wohnraum, der sicher den Raum einer Familie jener Zeit in Münster spiegelt. Ganz links sieht man den Kamin, dessen Bosen Sprüche des Alten Testaments trägt, unter dem ein Hal hängt und vor dem ein Feuerbock steht. Die Raumecke nimmt eine kissenbelegte Bank ein, darüber ein dreiteiliges Fenster, in dessen Scheiben Szenen des Alten Testaments geschildert sind.

In der Mitte des Raumes, von den Rahmen durchschnitten, steht ein Stollenschränkchen, auf ihm der Hausaltar. Und in der rechten Ecke steht das Himmelbett, das zur Ausstattung des Raumes der Verkündigung seit dem Mittelalter gehört. Die Gestalten von Maria und dem Engel fügen sich diesem Raumbild ein. Maria ist als eine Bürgerin geschildert, die an ihrem Betpult kniet, neben sich den Korb mit der Handarbeit. Als einzige unirdische Erscheinung stürmt der Engel in den Raum. Vorn steht die Vase mit Lilien und Rosen, bei deren Betrachtung man an die früher entstandenen Blumenvasen des Bruders Ludger denkt, die frühesten Blumenstilleben der europäischen Malerei.

Das also sind einige wichtige Werke des Malers Hermann tom Ring. Es wurde schon angedeutet, daß er daneben wie schon sein Vater auch als Architekt, als Entwerfer der Fassaden münsterischer Bürgerhäuser tätig war. Max Geisberg hat im dritten Band seines Werkes über die Bau- und Kunstdenkmäler in Münster für einige Häuser wahrscheinlich gemacht, daß sie auf Entwürfe von Hermann tom Ring zurückgehen. Keines dieser Häuser hat die Zerstörung im Zweiten Weltkrieg überstanden. Aber nach Geisbergs Werk kann man sich die wohlproportionierte Gliederung der Fassaden noch vorstellen.

Das war nicht die einzige Tätigkeit Hermanns neben Malerei und Zeichnung, von der wir wissen. Wahrscheinlich war er als wahrer *homo universalis* der Renaissance auf mehr Gebieten tätig, als uns heute bekannt ist. So war es eine Überraschung, als Joseph Prinz Hermann als Kartographen vorstellen konnte [864: Prinz, Hermann tom Ring als Kartograph]. Im Staatsarchiv Münster befinden sich eine Reihe von Karten, entstanden zwischen 1564 und 1584, die zweifellos Hermann aufgenommen und gezeichnet hat, denn sein Namenszeichen findet sich auf den Karten.

Wie schon sein Vater hat Hermann tom Ring auch für den Buchdruck gearbeitet. Vor allem sind die beiden Bücher, die er für den Alchemisten Leonhard Thurneisser in den Jahren 1569 und 1570 illustriert hat: „Archidoxa" und „Quinta essentia" zu nennen. Auf das Jahr 1570 datiert und Thurneisser gewidmet ist auch die schönste Ansicht der Stadt Münster von Westen her, ein 112 Zentimeter breites Blatt, von dem sich nur ein Exemplar im Britischen Museum erhalten hat. Nach einer Zeichnung Hermanns hat Remigius Hogenberg das Blatt in vier Platten gestochen. Von den Seiten zur Mitte ansteigend liegt die WESTVALIAE METROPOLIS MONASTERIVM in der weiten Landschaft des Münsterlandes, mit dem Dom als Mittelpunkt, begleitet von den Pfarrkirchen Liebfrauen-Überwasser und Lamberti. Mit dieser Ansicht hat Hermann seiner Vaterstadt das schönste Denkmal gesetzt.

Ludger tom Ring der Jüngere

Schon aus dem Selbstbildnis des 26jährigen jüngeren Ludger geht hervor, daß er ausschließlich Maler war. Anders als bei seinem Vater und seinem Bruder war Malen sein einziger Beruf. Von Ludgers Leben wissen wir wenig. Im Jahr 1555 lebt er noch im Hause seines Bruders. Dann verschwindet er aus Münster, ohne daß die Gründe für seinen Weggang bekannt wären. Man hat wohl mit Recht angenommen, er habe sich dem Luthertum zugewandt und deshalb das von der Gegenreformation bestimmte Münster verlassen. Wo er sich dann aufgehalten hat, wissen wir nicht. Wahrscheinlich ist er an den Höfen des niedersächsischen Adels Porträtaufträgen nachgegangen; jedenfalls haben sich zahlreiche Porträts aus diesem Bereich von seiner Hand erhalten. Im Jahr 1569 ist Ludger in Braunschweig nachzuweisen; 1572 wird ihm das Bürgerrecht verliehen, damals ist er fünfzig Jahre alt. In Braunschweig hat er die Witwe Ilse aus der Familie Bardenwerper geheiratet, dort ist er 1584 gestorben. In seinem Testament bedenkt er auch die Verwandten in Münster.

Der Themenkreis des jüngeren Ludger ist viel begrenzter als der seines Bruders: Neben Porträts hat er sich dem Thema Stilleben zugewandt. Mit Recht gilt er als der früheste Stillebenmaler der europäischen Kunst. Obwohl sich sein Leben und seine

Selbstbildnis Ludger tom Rings des Jüngeren

Die Hochzeit zu Kana – das sogenannte Küchenbild (1945 zerstört)

künstlerische Arbeit ganz überwiegend außerhalb von Münster abgespielt haben, soll hier auf das dritte Mitglied der Malerfamilie tom Ring eingegangen werden.

Sein bedeutendstes Werk, soweit wir es kennen, ist zweifellos das sogenannte Küchenbild, das als Besitz der Staatlichen Museen Berlin zu den Verlusten am Ende des Zweiten Weltkrieges gehört. Das Bild verknüpft sozusagen die beiden Hauptthemen im Werk des jüngeren Ludger – Porträt und Stilleben. Der Blick wird in etwas überzogener Perspektive in den Innenraum einer herrschaftlichen Küche gelenkt, wie er sicherlich in den Häusern des westfälischen Adels damals ganz ähnlich aussah. Rechts im Hintergrund sieht man durch eine offene Tür die Szene der Hochzeit zu Kana. Danach darf man annehmen, daß eine Hochzeit Anlaß für das Gemälde gewesen ist. Das Bildnis des Auftraggebers, der sich leider nicht benennen läßt, hängt links an der Anrichte, darunter in rundem Rahmen das Bildnis des Malers mit der Jahreszahl 1562.

Die Fülle der Objekte in diesem Bild ist fast unüberschaubar. Im Zentrum steht die Hausherrin in festlichem Gewand mit ihrem Kind, die der Magd Anweisungen für die Vorbereitung des Mahles gibt. Auf dem Tisch davor liegen die Zutaten für das Essen, während auf dem von einer Leinendecke belegten Tisch rechts die fertigen Speisen stehen. Fleisch und Gemüse ist vorne in zwei Körben gehäuft, Fische liegen auf dem Fliesenboden. Auf der Anrichte stehen kostbare Geräte und oben zwei Blumenvasen, wie Vorstufen der Stillebenmalerei, der sich Ludger wohl in den sechziger Jahren zuwandte. Über dem Kamin im Hintergrund hängt ein großes Gemälde mit

Adam und Eva, daneben Bretter mit Küchengeschirr. Und im Nebenraum, an dessen Eingang ein Hase am Haken hängt, holt ein Diener eben Wasser aus dem Brunnen, während am Boden zwei Kaninchen hocken. Diese Häschen schlagen eine Brücke zu einem kleinen Tierstilleben, das vom Westfälischen Landesmuseum vor kurzem erworben werden konnte. Das sieht aus wie eine Studie für das „Küchenbild"; den Kaninchen werden in überlegter Komposition zahlreiche weitere Tiere – ein Spitz, ein Igel, ein Fischotter, eine Fledermaus, Schmetterlinge, Libellen und vorn eine Ginsterkatze – zugefügt. Dieses ungewöhnliche, gefleckte Tier trägt ein Halsband und wird so als Haustier gekennzeichnet. Das Ganze steht vor einem grünlichen, neutralen Grund.

Wenige Jahre später (1566) malt Ludger ein meisterhaftes Tierstilleben, das er auf einem Stein in der optischen Bildmitte signiert und datiert hat. Drei Pfauen – zwei männliche und ein weiblicher – füllen das Bildfeld in strenger Komposition. Glanzvoll sind das Federkleid und die Köpfe mit den Krönchen der Pfauen geschildert; neben jedem liegt eine Feder auf dem steinigen Boden. Über den Sinn des Bildes kann man rätseln – der Pfau ist im Mittelalter ein Paradiesvogel, aber auch ein Sinnbild von Eitelkeit und Hochmut.

Im gleichen Jahr wie das „Küchenbild" sind die beiden frühesten unter den erhaltenen Blumenstilleben entstanden, zwei Alabastervasen mit weißen Lilien und rotbraunen Irisblüten. Die Worte, die quer auf den Vasen stehen, ergänzen sich zu: IN VERBIS IN HERBIS ET IN LA[PIDIBVS DEVS] (Gott ist in den Worten, in den Pflanzen und in den Steinen). Nach einer plausiblen Vermutung dienten die Bilder ursprüng-

Ludger tom Ring der Jüngere: Drei Pfauen. Auf dem Stein in der Mitte die Signatur des Malers und die Datierung (1566)

Blumenvasen von Ludger tom Ring dem Jüngeren (1562)

lich zusammen mit weiteren als Wandverkleidung in einer Apotheke [870: Riewerts/Pieper, Maler tom Ring, S. 155].

Ein selbständiges Blumenstilleben im heutigen Sinne ist erst die Darstellung einer bräunlichen Tonvase in einer Nische mit einem Strauß aus Nelken, Stiefmütterchen und Klee (1565). Wie die Blumenbilder dieser frühen Zeit überhaupt, ist auch dies sicher ein arrangiertes Stilleben, aus Einzelstudien nach kompositionellen Überlegungen zusammengestellt. Aus Anlaß einer Ausstellung zu den Tier- und Pflanzenstudien Albrecht Dürers hat Fritz Koreny einen Klebeband mit Pflanzenstudien in der Österreichischen Nationalbibliothek bekanntgemacht, eine Reihe dieser Blätter veröffentlicht und mit Recht Ludger dem Jüngeren zugeschrieben [2342: Dürer, S. 244]. Das sind sehr frei und sicher vor dem Naturvorbild gefertigte Studien mit Kornblumen, Mohn, Narzissen, Veilchen und anderen Blüten, die der Maler für seine komponierten Bilder benutzt hat.

Wie schon angedeutet war Ludger der erste, der das Blumen- und das Tierstilleben verselbständigt und zu einer eigenen Gattung erhoben hat. Ähnlich wie in der Dürer-Generation die ersten freien Landschaften der deutschen Kunst entstehen, hat sich der münsterische Maler einem Thema zugewandt, von dem eine kaum übersehbare Fülle von Werken bis in die Gegenwart ausging. Welche Antriebe dieser Werkgruppe bei Ludger zugrunde liegen, ist schwer zu sagen. Mit dem Stilleben ist immer der Gedanke an die *vanitas,* die Vergänglichkeit alles Irdischen, verbunden. Man muß wohl annehmen, daß es bereits in jener Zeit Sammler und Liebhaber gab, die solche Werke erwarben oder in Auftrag gaben.

„Van ringe malen ick mi erneer“ – die wichtigste Einnahmequelle Ludgers war aber sicherlich das Porträt. Aus seiner münsterischen Zeit hat sich offenbar neben dem Selbstbildnis kein Beispiel erhalten. Im Jahr 1568 malt er in Minden den – evangelischen – Pfarrer Hermann Huddaeus, hinter einer Brüstung in reiner Frontalität und vor der Silhouette der Stadt. Links erkennt man die Porta Westfalica, vor der Brüstung ein Distichon, das den Geistlichen, der kurz zuvor Superintendent geworden war, als gelehrten Lateiner ausweist, verbunden mit einem Chronostichon, das das Jahr 1568 ergibt. Auf der Brüstung ein Stilleben mit Stundenglas und Totenschädel (als Sinnbildern der Vergänglichkeit) sowie ein Lederband mit den Buchstaben „HH“, „WG“ (= Wort Gottes) und „DPVVPD“ *(= deus per verbum verbum per deum);* die reformatorische Überzeugung des Huddaeus läßt sich daraus erschließen.

Unter den Porträts Ludgers geht diesem noch ein Männerbildnis voraus, das sich im Besitz der Berliner Museen befindet. Es ähnelt in der Auffassung des Dargestellten dem Selbstbildnis von 1547 und dürfte wenig später entstanden sein. In großen Marginalien ist unten das Geburtsdatum des Mannes verzeichnet, wobei die letzte Zahl fehlt, weil das Bild an der rechten Seite beschnitten ist. Es dürfte eine „1“ gewesen sein, wonach der vornehm gekleidete Herr 1511 geboren wäre. Auf der Brüstung liegt ein kostbar gebundenes Buch, daneben hält die rechte Hand einen Brief mit einer Adresse, nach der es sich um Joest Hesselt handelt, der am Stalhof zu London tätig war. Danach muß Ludger in London gewesen sein und in der Tradition des jüngeren Holbein reiche Kaufleute porträtiert haben. Das ist ein wichtiges Zeugnis für die Wanderjahre Ludgers, die ihn sicherlich nicht nur nach London, sondern auch in die nördlichen Niederlande geführt haben. Hier sind mehr als im heimischen Münster die Quellen seiner Kunst zu suchen.

Von den zahlreichen Bildnissen des niedersächsischen Adels ist das reizvollste das der Mette von Münchhausen, um 1570 entstanden (heute in der Hamburger Kunsthalle). Einmalig in diesem ganzen Umkreis ist die junge Dame aus der bekannten Familie in ganzer Figur dargestellt, in einer vertäfelten Raumecke, an der eine Bank entlangläuft. In statuarischer Ruhe steht die Gestalt, der Rock fällt glockenartig bis zum Boden, die Hände sind zusammengelegt. Wir wissen, daß es auch hier wie bei den Schwestern Rietberg des Bruders ein Gegenbild gab, das die jüngere Schwester Margarete von Münchhausen darstellte. Sie wendete sich ähnlich gekleidet ihrer Schwester zu, ein Sträußchen in der rechten Hand. Im übrigen ist auch hier die Gestalt von Ernst und großer Form bestimmt. Leider wurde dieses Bild unten und an beiden Seiten beschnitten. Wir kennen es nur aus einem alten Foto; der jetzige Besitzer konnte nicht ermittelt werden.

In seinen späten Jahren hat sich Ludger Persönlichkeiten seiner zweiten Heimat, der Stadt Braunschweig, zugewandt. Männer und Frauen des Patriziats, etwa Bürgermeister und Theologen, sind jetzt sein Thema. Nur ein Beispiel sei hier noch besprochen: das besonders prachtvolle Bildnis des Reinhard Reiners aus dem Jahr 1569 im

Bildnis des Braunschweiger Bürgermeisters Reinhard Reiners von Ludger tom Ring dem Jüngeren

Braunschweiger Museum. Der etwa fünfzigjährige Patrizier steht in einem Innenraum vor einer kunstvoll vertäfelten Wand und vor Fenstern mit den Wappen seiner Familie. Er trägt einen hohen Hut und einen pelzbesetzten Mantel und hält Handschuhe aus hellem Leder in der beringten linken Hand. Die rechte Hand hält ein kostbares Schmuckstück mit einer männlichen Figur. Reiners steht hinter der Ecke eines Tisches, auf dem eine weiße Rose liegt, rechts sieht man eine Vase mit den gleichen Worten wie auf den Stilleben von 1562: VERBIS IN HERBIS I. Der Strauß in der Schnabelvase ist mit einem Faden gebunden. In diesem Bild fügen sich also die Themen des Malers – Porträt und Stilleben – zusammen. Auch das Gegenstück, die Darstellung von Frau Gese Reiners, ist erhalten. Sie trägt den kostbaren Schmuck ihres Standes; die Raumbilder gehen ineinander über.

Die Bildnisse der Braunschweiger Zeit, also der letzten 15 Lebensjahre Ludgers, spiegeln eine gewisse Starrheit des Porträtstils, bei gleichbleibender Qualität der Details. Man kann in dieser Spätphase von Manierismus sprechen, dabei handelt es sich um Zeugnisse eines selbstbewußten Bürgertums, wie es damals sicherlich in Münster trotz der verschiedenen Konfession ähnlich geprägt war.

Man wird fragen, ob es neben der Malerfamilie tom Ring noch andere Maler in der „Metropolis Westphaliae" gegeben habe. Nun sind bereits unter den zahlreichen Kindern Hermanns zwei Maler, Nikolaus und Johann; die Begabung vererbt sich also bis in die dritte Generation. Aber die Werke der beiden, die sich erhalten haben, sind nur von bescheidenem Rang, so daß hier darauf verzichtet werden kann, sie zu behandeln. Es scheint in der Tat so, als hätten Ludger der Ältere und vor allem sein Sohn Hermann recht souverän das Kunstleben Münsters im 16. Jahrhundert beherrscht.

2. *Weitere Maler des 16. Jahrhunderts*

Aber es gab natürlich in der Gilde weitere Maler, von denen sich allerdings nur wenig erhalten hat und von deren Leben wir wenig wissen. So befindet sich etwa in der Sakristei des Doms ein großes, noch spätgotisch geprägtes Tafelbild mit Christus, begleitet von Johannes dem Täufer links und dem Evangelisten Johannes rechts. Max Geisberg schreibt es Kilian Wegewort zu, der 1536 als Maler erwähnt wird und zwischen 1563 und 1565 starb. Er dürfte also der Generation Ludgers des Älteren angehört haben. Doch bleibt die Zuschreibung der auf das Jahr 1537 datierten Tafel ungesichert.

Der Generation nach den Brüdern tom Ring gehört auch Melchior Steinhoff an; er wird um 1560 geboren sein, denn 1573 beginnt er die Lehre bei dem Glaser Heinrich Egbers. Später tritt er in die Malergilde ein. Steinhoff ist dadurch mit Ludger dem Älteren und Hermann tom Ring verknüpft, daß er offenbar die sehr populäre Serie der Propheten- und Sibyllenbilder noch einmal nachgebildet hat, nachdem sie Hermann schon nach den Vorlagen seines Vaters frei kopiert hatte. Von der Serie Steinhoffs haben sich sechs Sibyllenbilder erhalten. Einer der Stifter dieser um 1603 entstandenen Bilder ist Dietrich von Galen, der Vater des späteren Fürstbischofs Christoph Bernhard von Galen. Im Vergleich zu den Bildern gleichen Themas der tom Rings spricht hier eine neue Zeit. Aus den noch mittelalterlich geprägten Sibyllen der älteren Folgen werden elegante, modisch gewandete Damen im Stil der Spätrenaissance. 1606 ist Steinhoff gestorben. Mit ihm endet für die Malerei das Zeitalter der Renaissance.

Quellen und Literatur

Die erste und bislang einzige Ausstellung für die Malerfamilie tom Ring veranstaltete Max Geisberg 1924 im Landesmuseum [701: Werke der Malerfamilie tom Ring]. Darauf aufbauend verfaßte Karl Hölker eine Monographie [758: Malerfamilie tom Ring]. Eine Zusammenfassung lieferte Max Geisberg in den „Westfälischen Lebensbildern" [747: Die tom Rings]. Die zweite Ausstellung zu den Malern tom Ring bereitet das Westfälische Landesmuseum für den Herbst 1994 vor.

Neue Impulse gab Theodor Riewerts [869: Deutsches und Niederländisches]. Unter schwierigen Umständen schrieb Riewerts während des Krieges die bis heute maßgebende Monographie über die Malerfamilie, die nach dem Tod des Verfassers von Paul Pieper herausgegeben und durch einen Katalog ergänzt wurde [870: Maler tom Ring].

In den folgenden Jahrzehnten hat sich unsere Kenntnis von der Kunst der Maler tom Ring erheblich erweitert. 1956 konnte das Bildnis der Schwestern Rietberg für das Landesmuseum erworben werden, kurz darauf das Bildnis ihres Vaters, des Grafen Johann, 1989 das Bildnis der Mutter, der Gräfin Agnes [853: Pieper, Hermann tom Ring als Bildnismaler; 852: Pieper, Rietberg-Bildnis]. Eine weitere Erwerbung des Landesmuseums, die Muttergottes mit den Kirschen, behandelte Pieper im Anzeiger des Germanischen Nationalmuseums Nürnberg [851: Pieper, Muttergottesbild]. Den Dargestellten des Musikerbildnisses von Hermann tom Ring bestimmte Joseph Prinz [862: Johannes Münstermann]. Prinz entdeckte auch Hermann tom Ring als Kartographen [864: Hermann tom Ring als Kartograph]. Über die große Stadtansicht Hermanns von 1570 schrieben Karl-Heinz Kirchhoff und Paul Pieper [658: Kupferstich des Remigius Hogenberg].

Das leider zerstörte Hauptwerk Ludger tom Rings des Jüngeren, die als „Küchenstück" bezeichnete „Hochzeit zu Kana", erläuterte Paul Pieper in den „Niederdeutschen Beiträgen zur Kunstgeschichte" [855: Hochzeit zu Kana]. Über die Stilleben und Porträts Ludger tom Rings des Jüngeren liegen zwei Aufsätze von Pieper vor [854: Anfänge des Stillebens; 856: Ludger tom Ring d. J. als Porträtist].

ANGELIKA LORENZ

Barockmalerei und „wissenschaftliche“ Kunstsicht im 17. Jahrhundert

1. Wolfgang Heimbach – 2. Everhard Alerdinck der Ältere – 3. Everhard Alerdinck der Jüngere
4. Jan Boeckhorst (der „Lange Jan“) – 5. Gerard Ter Borch

Im 17. Jahrhundert hat die Malerei in Münster keine herausragenden Malerpersönlichkeiten, keine Großaufträge mehr hervorgebracht. Zu sehr hatten die Wirren und Unwägbarkeiten im Gefolge des Dreißigjährigen Krieges öffentliche und private Auftraggeber verarmen lassen bzw. den unternehmerischen Mut zu größeren Werken versiegen lassen.

Eine kleine Schar von Malern ist dennoch in Münster ansässig gewesen; über ihre Namen und Tätigkeiten gibt das Gildebuch des Maleramtes in Münster Auskunft. Hierin wird sehr wenig von großen Arbeiten für die Kirche bzw. den Adel berichtet, vielmehr von handwerklich bestimmten Restaurierungen, von Dekorations- und Ausbesserungsarbeiten. So ist etwa der Anstrich von neun groben Geschützen mit Erzfarbe durch Dietrich Moll festgehalten. Heinrich Schmidts taucht 1655 in Rechnungen der Überwasser-Kirchengemeinde auf, für die er Malereien an einer Altartafel ausgeführt hatte. Hermann Schmitz macht 1696 gegenüber der Lambertigemeinde geltend, daß er den Hahn vergoldet und ein Kreuz angestrichen hat. Für Bemalungen am Stadtwappen und Pumpenanstriche erhält der Maler Adolph Henrich Schmock Zahlungen. Als 1650 die Seitenschiffwände des Doms mit Malereien versehen werden sollen – Bilder aus dem Marienleben auf der Nordseite und solche aus dem Leben des hl. Paulus an der Südseite –, werden diese von Dietrich Storp gen. Glasemacher ausgeführt, und zwar nach den Angaben des Domwerkmeisters Krabbe.

1. *Wolfgang Heimbach*

Es gibt in jenen Jahren nur wenige Künstler, die mit ihren Werken aus diesem Feld des Alltäglichen hervorragen. Zu ihnen gehört der taubstumme Wolfgang Heimbach (um 1615–1678). Aus Ovelgönne stammend erhielt er auf Reisen künstlerische Impulse in den Niederlanden und in Italien, bevor er 1670 als Hofmaler in die Dienste des münsterischen Fürstbischofs Christoph Bernhard von Galen trat. Im Landesmuseum befindet sich ein sehr gutes Porträt dieses Landesherrn von der Hand Heimbachs. Mit seinem kleinen Format, seiner unprätentiösen Anlage, steht dieses Bildnis in holländischer Tradition. Nichts lenkt den Blick des Betrachters ab vom eigentlichen Thema, den realistisch erfaßten Zügen des Dargestellten. Lediglich der rote Vorhang im Hintergrund zitiert barocke Herrscherikonographie. Das Bild ist

Christoph Bernhard von Galen. Gemälde von Wolfgang Heimbach

mit „Coesfeld 1672" bezeichnet und steht somit offenkundig im Zusammenhang mit dem Ausbau der fürstbischöflichen Residenz an diesem Ort.

Gleichsam als Pendant zu diesem stillen Porträt des Fürstbischofs malte Heimbach ein Reiterbildnis analog zum Kanon fürstlicher Standesporträts des Absolutismus. Das große Gemälde – es befindet sich in westfälischem Privatbesitz – zeigt Christoph Bernhard von Galen in ganzer Figur zu Pferde. Standesausweis sowie topographische Bezüge werden im Porträt zum einen durch die Bischofsinsignien gegeben, die von in den Lüften schwebenden Putten gehalten werden; zum anderen weist die am Horizont gemalte Stadtsilhouette von Münster auf die territorialen Ansprüche Christoph Bernhards hin, denen er durch seine zweifache Belagerung der Stadt Geltung verschaffen wollte. Ein ähnliches Bildnis desselben Malers zeigt im Hintergrund die Stadt Groningen (Abbildung in Band 1, S. 333).

2. *Everhard Alerdinck der Ältere*

Fest verankert im städtischen Leben Münsters in der ersten Hälfte des 17. Jahrhunderts sind zwei Maler, die den gleichen Namen tragen, aber nicht in direkter Linie miteinander verwandt sind: Everhard Alerdinck der Ältere und Everhard Alerdinck der Jüngere. Der ältere Alerdinck wird um 1579 in Münster geboren und absolviert bei Melchior Steinhoff zunächst eine Glaser-, dann eine Malerlehre. Das Gildebuch führt ihn seit 1609 als Meister, der mehrere Lehrlinge ausbildet. Für die Jahre von 1615 bis 1629 ist er dort mit diversen städtischen Aufträgen belegt, die aber fast alle den Charakter der schon erwähnten Restaurierungsarbeiten haben. So besorgt er den Anstrich der Stadtwaage und belegt die Fahnen des Stadtweinhauses mit Gold. Am Ludgeritor werden die Wappen von ihm neu bemalt, für die Rüstkammer des Rathauses fertigt er hölzerne Köpfe als Halterung für die Sturmhüte. Als im heutigen Sinne künstlerische Arbeit von Everhard Alerdinck dem Älteren kann eigentlich nur seine 1615 ausgeführte Bemalung und Vergoldung des von Gerhard Gröninger skulptierten Hochaltars der Lambertikirche gelten.

Vogelschauplan der Stadt Münster von Everhard Alerdinck dem Jüngeren (1636) – abgebildet ist das im Landesmuseum aufbewahrte Original

3. *Everhard Alerdinck der Jüngere*

Everhard Alerdinck der Jüngere (1598–1658) stünde künstlerisch in den Fußstapfen seines Namensvetters, wäre nicht durch ein Werk sein Name bleibend mit der Kunstgeschichte Münsters verknüpft. Er zeichnete 1636 den großen Vogelschauplan der Stadt Münster. Dies war eine Unternehmung in eigener Regie (d. h. keine Auftragsarbeit), für die er den Rat der Stadt um Unterstützung ersuchte, um das Werk veröffentlichen zu lassen. Der Rat bewilligte 50 Reichstaler, die Kämmerei 40, und auf dieser Grundlage ließ Alerdinck die Zeichnung in einer aus fünf Platten zusammengesetzten Radierung ausführen. Die Grafik, von der das Landesmuseum ein nur fragmentarisch erhaltenes Exemplar besitzt – ein weiteres befindet sich in Privatbesitz –, gibt eine Vorstellung vom Stadtbild Münsters, wie es von den Zeitgenossen erfahren wurde. Es ist die erste Darstellung Münsters aus der Vogelschau, einer Verbindung aus den geometrischen Gegebenheiten des Stadtplans mit perspektivisch angelegten Gebäuden. Auf diese Weise werden Straßenverlauf, Kirchen, Privathäuser samt Gärten sowie das Befestigungssystem der Stadt plastisch präsent – ein Verfahren, welches in der Folge oft kopiert wurde. Diese minuziöse Darstellung des Tatsächlichen macht deutlich, daß Alerdinck der Jüngere im 16. Jahrhundert wurzelt, einem Jahrhundert, an dessen Beginn auch in Münster – etwa mit der Domuhr Ludger tom Rings des Älteren – die Erforschung und Darstellung der Welt in ihren Gesetzmäßigkeiten stand; sie rückte in den Mittelpunkt des künstlerischen Interesses. Everhard Alerdinck der Jüngere muß mit diesen Intentionen vertraut gewesen sein. Nikolaus tom Ring war sein Lehrer; dessen Stadtansicht von Münster diente sicher als erstes Vorbild und Ansporn. Besonders werden ihn jedoch die Schuljahre bei den Jesuiten geprägt, die Unterweisungen in Geometrie und Mathematik die Grundlage für eine eigene Kunstsicht gelegt haben. In seinem Gesuch an den Rat der Stadt spricht Alerdinck von seinen Studien nach der Natur, seiner Liebe zur Vaterstadt und davon, daß er fleißig bemüht sei, sich die „Wissenschaften der Geometria und Abteilung der Landschaften und Städte, der Abkontrofeitung [. . .] anzueignen". Er habe seine Gedanken auf das gerichtet, was die Menschen „verleiten und erlustigen könne" und formuliert so gleichsam einen frühaufklärerischen Ansatz [zit. nach 784: Kirchhoff, Everhard Alerdinck, S. 283].

4. *Jan Boeckhorst (der „Lange Jan")*

Mit einem Maler fand Münster während des 17. Jahrhunderts Anschluß an international bedeutsame Kunstzentren, an die führenden Malerpersönlichkeiten der Zeit. Jan Boeckhorst wurde um 1604 in Münster als Sohn einer patrizischen Familie geboren. Er erhielt durch das Elternhaus – der Vater war Jurist, Ratsherr und Bürgermeister – eine umfassende, katholisch geprägte Erziehung, die ihre Abrundung erfuhr durch den Besuch des jesuitischen Gymnasiums. Das hier vermittelte christlich-humanistische Bildungsideal, auf dem ein Universitätsstudium aufbaute, führte zwangsläufig zu einer Weltläufigkeit, einem geistigen Horizont, dem die Vaterstadt in jenen Jahren nicht entsprach. Als der Berufswunsch „Maler" feststand, führte er Boeck-

Maria mit dem schlafenden Jesusknaben (1646). Gemälde von Jan Boeckhorst

horst 1626 zur Ausbildung nach Antwerpen, der europäischen Stadt, in der unter Führung von Peter Paul Rubens eine Erneuerung der Künste im Sinne der Gegenreformation vorangetrieben wurde. Boeckhorst ließ sich zum Porträt- und Historienmaler ausbilden, der nach den Quellen sowohl als Schüler Jakob Jordaens und Antonis van Dycks zu gelten hat. Sein Erfolg, sein Können wurden 1633 durch die Aufnahme in die Antwerpener Malergilde St. Lukas anerkannt. Der „Lange Jan", wie er seiner Körpergröße wegen oft genannt wird, hatte sich derart gute Kenntnisse der Kompositionsweise und Figurengruppierung bei Rubens und van Dyck angeeignet, daß er nach deren Tod in manchen Fällen um Komplettierung unvollendet gebliebener Werke gebeten wurde.

Jan Boeckhorst wurde ein gefragter Maler, der vor allem aus der flämischen Provinz viele Aufträge erhielt, um Kirchen und Klöster mit Gemälden auszustatten, die im Sinne der Gegenreformation in unmittelbarer, gefühlsbetonter Ansprache dem Betrachter die Lehrinhalte der Kirche vermitteln sollten. Entsprechend seiner Bildung fand er aber auch vorzügliche Bildformulierungen für profane Themen. Es sind die Allegorien, die Bilder zur antiken Mythologie und die leider nur in sehr geringer Anzahl überlieferten Porträts, in denen er sich zwar als Schüler seiner Meister zu erkennen gibt, aber doch zu künstlerischer Eigenständigkeit, einem „Boeckhorst-Stil" findet.

Das Leben Jan Boeckhorsts läßt einige wichtige Kriterien hervortreten, die für die Entwicklung einer Künstlerpersönlichkeit im Zeitalter des Barock typisch wurden. Die Maler des 17. Jahrhunderts bleiben nicht mehr in ihrer angestammten Umgebung, ihrer Heimatstadt, in der sie in früheren Zeiten einen sicheren – wenn auch oft bescheidenen – Platz im Rahmen des ständischen Gefüges einnehmen konnten. Sie verlassen zunehmend diesen, durch die heimischen Gilden geregelten Lebens- und Schaffensraum zugunsten einer Ausbildung, die sich – modern formuliert – an den internationalen Kunstzentren orientiert. Das Reisen und die künstlerische Ausrichtung nach neuen Zusammenhängen und Themen werden immer mehr zur unabdingbaren Voraussetzung für einen Künstler. Vorbild sind dabei die großen „Leitfiguren" wie Peter Paul Rubens und Antonis van Dyck, die sich auf Reisen ausgebildet hatten, in einem großen Atelier Mitarbeiter beschäftigten und parallel hierzu eigentlich Zeit ihres Lebens reisend bzw. in Diensten fremder Auftraggeber tätig waren.

So wandelte Jan Boeckhorst gleichsam auf den Spuren seiner Lehrmeister, als er sich 1636 zu seiner ersten Italienreise aufmachte und in Venedig und Genua die Palazzi und Kirchen studierte. Den Rombesuch, die Krönung jeder Italienfahrt in jenen Jahren, mußte er wegen Geldmangels verschieben; er holte ihn 1639 nach. Zeichnungen und Entwürfe aus Italien besaß später der Maler Erasmus Quellinus (1607–1678), mit dem Boeckhorst freundschaftlich verbunden war. Das Sammeln von Kunst wird übrigens auch ein Charakteristikum für den neuen Typus des Künstlers. Es ist der Sohn des Quellinus, der in seiner Ausgabe eines zeitgenössischen Kompendiums der großen Maler den Artikel über Boeckhorst mit einer aufschlußreichen Zeile versieht, indem er seinen Freund als *fuit vir philosophus* bezeichnet. Hiermit ist weniger ein Philosoph im klassischen Sinne gemeint als vielmehr ein Künstler, der es gewohnt war, Bildthemen und ihre Ausführung auf einer hohen Stufe gedanklicher Vorbereitung und Bildung aufzubauen. Das bedeutet auch, daß sich Jan Boeckhorst trotz Zugehörigkeit zur Antwerpener Gilde weit vom rein handwerklich tätigen Künstler alter Prägung entfernt hat; er nahm für sich in Anspruch, selbstentscheidend Themenwahl und Komposition eines Bildes zu bestimmen. Dieses Selbstverständnis schließt die Wünsche eines Auftraggebers nicht aus, gibt aber breiten Raum für künstlerische Autonomie.

Ein zentraler Aspekt barocker Malerei ist ihr Bemühen, menschliche Verhaltensweisen exemplarisch an Gestalten und Ereignissen aus Geschichte, Mythologie und Religion darzustellen. Personen werden in ihr zu Handlungsträgern von Moral oder Unmoral, fungieren etwa als *exemplum virtutis* oder *exemplum doloris,* verkörpern Tugend oder Leiden. Diese Bildersprache wurde besonders durch Rubens zu höchsten Ausformungen gebracht, wobei keiner der Themenkreise von ihm mit höherer moralischer Aussage definiert ist. Das heißt, es treten im Kontext ihrer Aussage die antiken und historischen Themen gleichwertig neben die religiösen. Vorrangiges Anliegen bleibt die zu vermittelnde Moral schwacher oder tugendhafter menschlicher Verhaltensweisen, die der Betrachter diesen Darstellungen entnehmen soll.

Beispielhaft sei eines dieser barocken Lehrstücke einmal näher betrachtet, das Bild „Achilles unter den Töchtern des Lykomedes". Die Sage erzählt von Achill, der seine Jugend am Hof des Königs Lykomedes verbringt und dort als Mädchen verkleidet mit des Königs Töchtern aufwächst. Dieses Verstecken war durch seine Mutter Thetis veranlaßt worden, die ihn, den Sterblichen, auf diese Weise vor seinem Schicksal zu schützen versuchte. Denn ihr war geweissagt worden, ihr Sohn stürbe entweder ruhmlos im Greisenalter oder fände im Krieg gegen Troja den Tod. Achill verweigert sich erst diesem Plan der Mutter, willigt aber in die Tarnung ein, als er Deïdameia,

Achill unter den Töchtern des Lykomedes (Odysseus entdeckt den als Mädchen verkleideten Achill). Gemälde von Jan Boeckhorst

die Tochter des Königs, gesehen hat. Herangewachsen gibt sich Achill zu erkennen und gesteht Deïdameia seine Liebe, die diese erwidert. Der gemeinsame Sohn Neoptolemos wird geboren, ohne daß Liebesbeziehung und Identität des Mannes in Frauenkleidern bei den Schwestern und Gespielinnen der Königstochter aufgedeckt werden. Die griechischen Heerführer rüsten in diesen Jahren zum Krieg gegen Troja und beginnen die Suche nach Achill, denn es war ihnen durch den Seher Kalchas prophezeit worden, daß sie nur mit dessen Hilfe siegen würden. Man schickt Odysseus und Diomedes, den zukünftigen Helden aufzufinden; diese entdecken zwar seinen Aufenthaltsort, können ihn in der Schar der Mädchen aber nicht erkennen. Sie bedienen sich deshalb einer List und treten bei Hof als Preziosenhändler auf, die den jungen Damen kostbare Schmuck- und Ausstattungsstücke, darunter auch einige Waffen offerieren. Als Achill spontan zu den Waffen greift, wird er als der Gesuchte enttarnt und von Odysseus in den Krieg geführt. Jan Boeckhorst hält in seinem Gemälde, welches sich heute im Besitz der Bayerischen Staatsgemäldesammlungen befindet, den dramatischen Moment des Erkennens fest. Mit großer Freude an der Erzählung und am malerischen Detail – etwa dem schimmernden Glanz der Schmuckstücke und Gewänder – läßt er die Hauptakteure wie auf einer Bühne agieren. Gerade hat Achill zu Schwert und Schild gegriffen und beugt sich, diese präsentierend, zu Deïdameia hin, als am rechten Bildrand Odysseus mit ausgestrecktem Arm und weisender Geste den Gesuchten seinem noch zögerlich verharrenden Begleiter zeigt.

Mit der in dieser Geschichte eingebetteten doppelten List wählte Boeckhorst eines der wichtigsten Leitmotive barocker Dichtung und Dramatik aus. Es ist das aus der aristotelischen Poetik stammende Motiv des Wiedererkennens, das in der Aufdekkung einer Täuschung, eines Irrtums gegründet ist. Der verkleidete Achill verkörpert das Prinzip der Täuschung, der listenreiche Odysseus das der Auflösung – deren Höhepunkt, den Moment des Erkennens, Jan Boeckhorst in seinem Gemälde festhält.

In der Kenntnis des antiken literarischen Stoffes – den „Metamorphosen" des Ovid, die 1591 in Antwerpen in einer sehr populären, lebendig erzählten Neuauflage erschienen waren – wie auch in der dramaturgischen Umsetzung und frei gewählten Durchdringung von Inhalt und Form, erweist sich Boeckhorst als der reflektierende, gebildete Künstler neuen Typs – als ein wahrer *vir philosophus.*

Boeckhorst hat von dieser Episode aus dem Leben des antiken Helden Achill mehrere Fassungen gemalt – Indiz dafür, wie sehr dieses Thema von den Zeitgenossen angenommen, seine Moral verstanden wurde. Die berühmteste, am überzeugendsten komponierte Fassung, diejenige der Bayerischen Staatsgemäldesammlungen, wurde in der Boeckhorst-Ausstellung des Landesmuseums gezeigt. Durch das Zusammentreffen glücklicher Umstände tauchte im Verlauf der Ausstellung die seit den dreißiger Jahren verschollene zweite Fassung des Münchener Gemäldes wieder auf. Dieses Bild, eine eigenhändig in allem Detailreichtum von Boeckhorst gemalte Replik,

Messe des hl. Martin. Gemälde von Jan Boeckhorst für die Martinikirche

konnte als Dauerleihgabe für die Sammlung des 17. Jahrhunderts im Westfälischen Landesmuseum gewonnen werden.

Wenn auch zu Lebzeiten des Malers seine Kunden und Auftraggeber in Westfalen nicht zahlreich waren, so hielt er doch immer Kontakt zu seiner Familie in Münster. Es bleibt Vermutung, ob er hier ein Atelier unterhielt, in dem er zeitweise arbeitete. Als künstlerisches Vermächtnis hinterließ er seiner Vaterstadt zwei große Altartafeln: für den 1664 geweihten Hochaltar der Stiftskirche St. Mauritz eine Kreuzigung, für St. Martini eine Darstellung der Messe des hl. Martin. In diesem Gemälde, welches in seiner Diagonalkomposition, seiner zum Hauptthema weisenden Figurenstaffelung, seiner Lichtführung die Kenntnis der Kunst van Dycks verrät, hat sich Jan Boeckhorst selbst dargestellt. Der Mann im Chorhemd am rechten Bildrand wird allgemein von der Forschung als ein Selbstbildnis des Malers gesehen, der trotz seines Weggangs in Münster so präsent und geachtet blieb, daß bei seinem Tod am 24. April 1668 die Glocken von St. Lamberti läuteten.

5. *Gerard Ter Borch*

Offenbar war das künstlerische Klima in Münster während des 17. Jahrhunderts nicht so anregend, daß es Maler des neuen, freieren Selbstverständnisses hervorgebracht hat, und auch „Künstlergäste" wie Wolfgang Heimbach und Jan Boeckhorst enteilten bald wieder zu neuen Auftraggebern und anderen „Lerninhalten". Münster konnte sich jedoch glücklich schätzen, anläßlich eines politischen Ereignisses von europäischer Tragweite bedeutende Maler in seinen Mauern beherbergen zu können. Schon lange bevor die Beschlüsse des Westfälischen Friedens, genauer gesagt die Friedensverhandlungen von Münster und Osnabrück, zur Beendigung des großen Krieges führen sollten, avancierten diese Städte zu überregional wirkenden Anziehungspunkten. Seit 1643 bestimmt wurde, in diesen Städten die Verhandlungen zu führen, und man sie aus diesem Grund für neutral erklärte, entfaltete sich ein von außen in sie hineingetragenes reges gesellschaftliches und politisches Leben.

So zog der erste Diplomatenkongreß der europäischen Geschichte neben einem Heer von Begleitpersonal und Geschäftsleuten auch Maler nach Münster. Der bedeutendste unter ihnen ist sicher der aus dem niederländischen Zwolle stammende Gerard Ter Borch. 1617 in eine Künstlerfamilie hineingeboren, erhielt er schon sehr früh Anleitung durch den Vater und beweist in seinen noch im Kindesalter angefertigten Zeichnungen eine hohe Beobachtungsgabe und beträchtliches künstlerisches Talent. Nach offiziellen Lehrjahren bei dem Landschaftsmaler Pieter Molyn in Haarlem und dem Erwerb des Meisterrechts in dieser Stadt begibt sich auch Gerard Ter Borch zur Erweiterung seines Gesichtskreises „malend" auf langjährige Reisen. Er hält sich in London, in Italien und Spanien auf, unterbricht diese Zeit für eine Weile der Tätigkeit in seiner Heimatstadt, um dann in die südlichen Niederlande und nach Frankreich zu reisen. Sein Stil verliert dabei trotz der aufgenommenen fremden Einflüsse nie die niederländische, besonders die durch die Kunst Frans Hals' vermittelte Prägung. Sie ist vor allem in den Bildnissen seiner Amsterdamer Zeit von 1644 und 1645 vollendet umgesetzt.

Einzug des Gesandten Adriaen Pauw. Gemälde von Gerard Ter Borch

Diese Tätigkeit als Porträtist brachte Ter Borch mit einflußreichen Persönlichkeiten in Berührung, unter anderem mit Adriaen Pauw, dem Gesandten Hollands, den er 1646 zum Friedenskongreß nach Münster begleitete. Im Rahmen dieser Mission ist eines der „Schlüsselbilder" der münsterischen Kunstgeschichte entstanden, der „Einzug Adriaen Pauws in Münster". Auf breitem Sandweg im Vordergrund des Bildes sieht man eine prächtige, von sechs Pferden gezogene Kutsche. In ihr sitzen Adriaen Pauw, der zweite Repräsentant Hollands und Westfrieslands, seine Frau Anna van Ruytenburgh und ihr Enkelkind. Begleitet durch eine berittene Vorhut und ein in festliches Rot gekleidetes Gefolge, hält man Einzug in die westfälische Metropole, die am Horizont auftaucht und im übrigen in altertümlicher Weise durch ein am linken Baum befestigtes Wappen mit den Stadtfarben bezeichnet ist. Der mit dem Stadtbild Münsters vertraute Bildbetrachter wird bei dieser ungewöhnlichen, von Südwesten gegebenen Stadtansicht einige topographische Ungenauigkeiten und Fehler entdecken – der gravierendste liegt sicher in der Trennung der Domtürme vom Langhaus. Dies spricht – im Verein mit der nicht den Gegebenheiten entsprechenden allzu hügeligen Landschaft – dafür, daß dieses Bild, wie durchaus üblich in dieser Zeit, die Gemeinschaftsarbeit zweier Künstler ist. Dabei ist davon auszugehen, daß Ter Borch für Tiere und Personen verantwortlich war und die bisher nicht identifizierte zweite Signatur „GVH." einen in der Tradition der flämischen Landschaftsmalerei stehenden Künstler bezeichnet. Denn daß sich Ter Borch während seines Aufenthalts in Münster gut mit den Örtlichkeiten und Bauwerken vertraut gemacht hatte, beweist eine detailgenaue Zeichnung von seiner Hand. Das große Gemälde, welches in seinen Staffagefiguren interessante volks- und kostümkundliche Details aufweist – etwa links in der Gruppe der Frauen die Darstellung eines Felken, eine vor Sonne und Regen schützende, zeltartige Kopfbedeckung – besticht in seiner Komposition vor allem durch das Motiv des in die Tiefe führenden Weges, dem Sinnbild des Einzugs, sowie durch die Präsenz der Porträts.

Gerard Ter Borch hat im Verlauf der Verhandlungen in Münster von mehreren Abgesandten höchst lebendige Porträtminiaturen angefertigt und dabei nochmals Adriaen Pauw und seine Frau porträtiert. Hier wie dort gelingen ihm trotz Kleinheit des Formats lebendige, sehr individuelle Schilderungen von Persönlichkeiten. Ihre Ernsthaftigkeit und Strenge erhält auf dem Einzugsbild durch das keck aus der Kutsche blickende kleine Enkelkind eine anekdotische Note. Ter Borchs „Einzug" stellt jedoch nicht nur ein szenisch angelegtes Familienporträt dar. Es beinhaltet vielmehr eine über das Private hinausweisende, politisch-programmatische Aussage. Der Einzug mit Pferd, Wagen und begleitendem Troß gehört in den Bereich fürstlicher Ikonographie. Wenn man weiß, daß Pauws Ankunft in Münster nicht an solch strahlendem Sommertag, sondern bereits im Januar 1646 stattfand, seine Frau bei diesem Ereignis nicht anwesend war, sondern Monate später eintraf, die abgebildete Prunkkutsche schwerlich den Widrigkeiten einer Tage währenden Reise gewachsen gewesen wäre, enthüllt sich der inszenierte Charakter dieser Darstellung. Adriaen Pauw war kein schlichter niederländischer Bürger, sondern – obwohl nur einer der Repräsentanten Hollands – federführend und mit großem Verhandlungsgeschick am Zustandekommen des Spanisch-Niederländischen Friedens beteiligt. Nun gab es seit Beginn des Kongresses Rangstreitigkeiten unter den Gesandten, Auseinandersetzungen um das Zeremoniell. So stand es allein den Ambassadeurs – den Vertretern der souveranen Monarchen – zu, mit großem Gepränge sechsspännig Einzug in die Stadt zu halten. Die niederländische Delegation beanspruchte von Anfang an ebensolche Rechte und machte hiervon ihr Erscheinen in Münster abhängig, was unter den Vertretern der spanischen und französischen Krone zunächst zu Verstimmungen führte. Vor diesem Hintergrund dokumentiert Pauws Auftrag zum Einzugsbild den Anspruch auf Teilhabe an den zeremoniellen Vorrechten der Ambassadeurs. Es steht darüber hinaus für den Aufstieg der Generalstaaten der Vereinigten Niederlande zu einer den Monarchien gleichgestellten Macht, und zwar zu einem Zeitpunkt, als diese Anerkennung noch nicht gesichert war.

Ter Borchs zweites Bild, das er 1648 in Münster malte, ist gleichsam das Bilddokument des Abschlusses der langen Friedensverhandlungen. „Die Beschwörung des Friedens zwischen den Niederlanden und Spanien" hält jenen Moment fest, als die Gesandten der beiden sich bislang bekämpfenden Mächte den Schwur auf den Frieden leisten. Ort des Geschehens am 15. Mai 1648 war die Ratskammer des Rathauses in Münster, der heutige „Friedenssaal". Ter Borch gruppiert die beiden Delegationen als eindrucksvolle vielköpfige Menge in zunächst kaum wahrnehmbarer bühnenartiger Staffelung vor der spätgotischen Wandvertäfelung, indem er die hinteren Personen auf Stufen oder einem Podest plaziert. Umflossen vom milden Licht, das rechts durch das Fenster einfällt, lassen sich 75 Figuren zählen, deren Gesichter alle den feierlichen Ernst des Ereignisses in individueller Mimik widerspiegeln – dies trotz der verhältnismäßig geringen Ausmaße der Kupfertafel, die 45,4 × 58,5 Zentimeter mißt. In dieser gespannt wogenden Menge der Köpfe erkennt man vorne in der linken Bildhälfte die Vertreter der Niederlande, wie sie unter Führung Bartold van Gents, der den Eid verlesen hatte, diesen mit erhobener Rechter beschwören. Auf der rechten Seite ist es für die Spanier Graf de Peñaranda, der den Eid verliest, wobei er die rechte Hand auf das Evangelienbuch legt. Der große Leuchter der Ratskammer scheint wie eine die Parteien verbindende Aureole über der Szene zu schweben. Der Maler, der diesen für die europäische Geschichte denkwürdigen Moment festgehalten hat, fügte sich selbst am linken Bildrand in die Menge ein – dies nicht als Fiktion, wie so oft bei Gemälden eingeschriebenen Selbstbildnissen; vielmehr war Ter Borch als Mitglied der spanischen Delegation Augenzeuge dieses historischen Aktes (Abbildung in Band 1, S. 320). Als Künstler war er offenbar so geschätzt und so frei von einem Auftraggeber, für den er zwei Jahre zuvor ein höchst brisantes Bild vollendet hatte, daß er gleichsam bruchlos zur Gegenpartei wechseln konnte, denn er stand 1648 in Diensten des Grafen Peñaranda.

Ter Borch schuf mit dem „Frieden von Münster", abgesehen von dessen Bedeutung als historisches Dokument, eine neue Bildfindung, denn es ist das einzige Historienbild in der holländischen Malerei des 17. Jahrhunderts geblieben, welches ein zeitgenössisches Ereignis festhält. Er hat die Bedeutung seines Werkes, das er noch im Sommer 1648 in Münster vollendete, wohl erkannt und behielt es lange in seinem Besitz, bis er es für den enormen Preis von 6000 Gulden anbot. Künstlerisches Selbstbewußtsein, gepaart mit Geschäftstüchtigkeit, belegt zusätzlich die Tatsache, daß er kurz nach Fertigstellung des Gemäldes durch Jonas Suyderhoff einen Kupferstich etwa in den Maßen des Originals herstellen ließ.

In ähnlicher Weise sorgte ein weiterer Künstler in Münster für die Publizierung der Ereignisse. Es ist dem flämischen Maler Anselm van Hulle zu danken, daß wir heute einen großen Teil der Anwesenden auf Ter Borchs „Friedensbild" identifizieren können. Van Hulle reiste 1646 im Auftrag des Prinzen von Oranien nach Münster, um die Gesandten zu porträtieren. Nachdem sein Auftraggeber im darauffolgenden Jahr gestorben war, scheint er auf eigene Rechnung gearbeitet zu haben und zusammen mit einem festen Mitarbeiterstab Hunderte dieser Bildnisse in Öl angefertigt zu haben. So erwarb auch der Rat der Stadt Münster zum Preis von zehn Talern pro Stück 34 Gesandtenporträts. Das Interesse weiter Kreise an den Ereignissen in Westfalen, der Wunsch, eine Vorstellung vom Aussehen der die Geschicke Europas verhandelnden Männer zu erhalten, ließ die Nachfrage nach diesen kleinen Bildnissen derart emporschnellen, daß sich van Hulle entschloß, die Porträts in Kupferstichen zu veröffentlichen. Im März 1648 erwirkte er bei den Generalstaaten der Niederlande ein Privileg hierfür, welches ihm auch Schutz vor Nachdrucken gewährte. Van Hulle konnte bedeutende Künstler für die Umsetzung seiner Porträts in Kupferstiche gewinnen, man arbeitete zügig, so daß die erste Auflage bereits im September des gleichen Jahres unter dem Titel *Pacis antesignani sive icones legatorum plena potestate instructorum* in Antwerpen bei Daniel Middeler erscheinen konnte. Die Porträtkupfer zeigen immer ein Brustbild in derselben Körperwendung, umfangen von einem ovalen Rahmen mit anliegenden Wappen- und Schriftkartuschen. Van Hulles

Gesandtenporträts wurden in mehreren Auflagen, später auch in Nachdrucken wiederholt, sie gerieten zu Topoi, wenn es galt, weitere Publikationen zum Westfälischen Frieden zu illustrieren.

Quellen und Literatur

Die archivalischen Grundlagen zur Geschichte der münsterischen Malergilde und ihrer Mitglieder untersuchte Max Geisberg [133: Studien zur Geschichte der Maler]. Neueste Forschungen zur gesellschaftlichen Stellung der Maler, zur allgemeinen Situation der westfälischen, wenngleich weniger der münsterischen Malerei des 17. Jahrhunderts, sind der Arbeit von Dirk Strohmann [1176: Rudolphi] zu entnehmen.

Die Aufträge an Wolfgang Heimbach durch Fürstbischof Christoph Bernhard von Galen werden vor dem Hintergrund der politischen Ereignisse in einem Katalog des Westfälischen Landesmuseums für Kunst und Kulturgeschichte behandelt [969: Bommen Berend]; eine Kurzbiographie hat Rolf Fritz verfaßt [1032: Heimbach].

Die Dokumentation zu Alerdincks Vogelschauplan findet sich bei Max Geisberg [132: Stadt Münster 1; 34: Ansichten und Pläne]. Die biographische Aufschlüsselung zu Everhard Alerdinck, dem Meister des Stadtplans „Münster 1636", und seinem gleichnamigen Zeitgenossen liefert Karl-Heinz Kirchhoff [784: Everhard Alerdinck].

Durch die Forschungen Helmut Lahrkamps konnten das Werk und die Malerpersönlichkeit Jan Boeckhorsts erstmals konturiert werden. Biographie und Werkverzeichnis wurden in der Zeitschrift „Westfalen" [1111: Langer Jan; 975: Werkverzeichnis] veröffentlicht. Die Ausstellung des Landesmuseums „Jan Boeckhorst – Maler der Rubenszeit", die 1990 in Münster und Antwerpen gezeigt wurde, stellte das Schaffen dieses Malers vor und leistete in ihrem gleichnamigen Katalog [968: Boeckhorst] die Einordnung Jan Boeckhorsts innerhalb des Spektrums der europäischen Barockmalerei. Die Bedeutung der Achill-Episode im Werk Boeckhorsts und ihr geistesgeschichtlicher Hintergrund werden in einem Aufsatz von Mechthild Beilmann dargelegt [990: Achilles].

Eine grundlegende Darstellung zum Leben und Werk Gerard Ter Borchs bietet die zweibändige Monographie von S. J. Gudlaugsson [2165: ter Borch]. Darüber hinaus wird auf die beiden Gemälde Ter Borchs in Münster eingehend im Ausstellungskatalog des Landesmuseums Bezug genommen [699: Ter Borch]. Aus der Sicht niederländischer Forschung wird das Thema von J. H. Scholte [883: Münster in het werk] besprochen. Der Katalog des Stadtmuseums [693: Westfälischer Frieden 1, S. 123ff] enthält ein Kapitel über die Gesandtenporträts van Hulles und ihre graphische Umsetzung. Ausführlicher behandelt Willibald Tekotte [682: Beiträge zur Publizistik] dieses Thema.

HILDEGARD WESTHOFF-KRUMMACHER

Die Malerei vom 18. bis 20. Jahrhundert

1. Die Hofhaltung Clemens Augusts – 2. Malereien in Adelshöfen, Kirchen und im Schloß – 3. Hofmaler – Porträtmaler – Malerinnen – 4. Johann Christoph Rincklake – ein neuer Typ des Künstlers – 5. Der Kunstverein als Förderer der Malerei

Es gab eine bedeutende, mit hohem Anspruch, Kunstsinn und großen Geldmitteln zusammengetragene Gemäldegalerie, aber nicht in Münster, sondern in Schloß Nordkirchen! Hier hingen fast 400 Meisterwerke, darunter Gemälde von Rembrandt, Rubens, van Dyck, Tizian, Veronese, Poussin, Lorrain, Ostade, Teniers, Wouwerman, Snyders, Netscher, Mieris. Mit zum Teil anderen Zuschreibungen hängen sie heute in bedeutenden Museen, so Rembrandts Reiterbildnis in der National Gallery in London [1187: Vey, Gemälde des Kurfürsten, S. 194].

Welch beflügelnde, wetteifernde, maßstabgebende Wirkungen hätten von der Galerie von Kurfürst Clemens Augusts erstem Minister Ferdinand von Plettenberg für die Ausstattung des münsterischen Residenzschlosses, für die Ausstattung der Adelshöfe ausgehen können! In der Konkurrenz mit seinem „Wahlmacher“ wäre der Funke vielleicht auch nach Münster übergesprungen. Doch die seit 1725 eingerichtete Galerie wurde 1738 und 1743 in Amsterdam versteigert.

1. Die Hofhaltung Clemens Augusts

Auch eine zweite Chance für die Belebung der hiesigen Malerei zerschlug sich durch den späten Bau des münsterischen Residenzschlosses. Clemens August von Bayern hatte 1719, bei der Wahl zum Fürstbischof von Münster, den Bau eines Residenzschlosses zugesagt. 1733 schien es soweit. Johann Conrad Schlaun reichte die Entwürfe ein. Doch dann kam die innere Abkehr des Landesherrn von Westfalen. Komtur Roll, der nächste Freund des Kurfürsten, wurde 1733 bei einem Duell mit Friedrich Christian von Beverförde-Werries im Park von Schloß Brühl erstochen. „Die Tragödie Roll zog den Sturz Plettenbergs nach sich. Wenige Monate nach dem Tod des Komturs trennten sich Kurfürst und Minister, die bisher ein Herz und eine Seele gewesen zu sein schienen, in vollem Unfrieden“ [2019: Braubach, Tragödie, S. 84f]. Der Sturz seines westfälischen Ministers und eine tiefe Betrübnis über den Verlust des Freundes veranlaßten den Kurfürsten, seine Schloßbaupläne in Münster auf sich beruhen zu lassen und statt dessen weitab im Niederstift Münster sich sein Jagdschloß Clemenswerth zu erbauen (1736–1750).

In Münster, dem Mittelpunkt des bedeutendsten nordwestdeutschen Territorialstaates, entstand also in der Zeit größter landesherrlicher Macht kein Residenzbau, der in der Phase der Ausstattung auch der Malerei eine Chance der Entfaltung geboten hätte. In der Hochzeit barocker Repräsentation hätte man damit rechnen können, daß Clemens August in seiner münsterischen Residenz wie in Schloß Augustusburg und im Poppelsdorfer Schloß in Brühl seine Schätze (Meißener Porzellan, Pariser Möbel und Uhren) gehäuft, eine Gemäldesammlung und eine Potentatengalerie, wenn auch etwas reduzierter, angelegt hätte.

Sucht man im 18. Jahrhundert nach herausragenden Leistungen der Malerei in Münster, dann sind sie nur in der Regierungszeit von Clemens August und nur da greifbar, wo der Landesherr die Kunst direkt förderte und auswärtige Künstler tätig wurden – so in der Clemenskirche, wo der schon in seiner Zeit berühmte Johann Adam Schöpf aus München 1750 die Verherrlichung des hl. Clemens und des hl. Johannes in einem vielfigurigen Kuppelfresko malte. Als Geschenk von Clemens August an das Clemenshospital kam 1752 wenigstens im Abglanz – in einer Kopie von Gerhard Kappers – ein „Desmarées" nach Münster.

2. *Malereien in Adelshöfen, Kirchen und im Schloß*

Auf Hofhaltung und Entfaltung kurfürstlichen Glanzes hatten auch die Familien des westfälischen Adels gesetzt. Als sich Ende des 17. Jahrhunderts schon unter den Landesherrn Friedrich Christian von Plettenberg (1688–1706) und Franz Arnold von Wolff-Metternich (1704–1718) abzeichnete, daß Münster zunehmend das Zentrum der fürstbischöflichen Hofhaltung werden würde, brach in der Stadt das große Bauen aus. Zwischen 1698 und 1800 entstanden nicht weniger als 18 Adelshöfe. Christoph Bernhard von Galen (1650–1678) hatte noch in der Ludgerusburg bei Coesfeld, Ferdinand von Fürstenberg (1661–1683) – als Fürstbischof von Paderborn – in Schloß Neuhaus residiert. Verstärkt wurden diese Hoffnungen durch Clemens August. Nach seinen anfänglich häufigen Besuchen in Münster, bei seiner zusehends wachsenden politischen Bedeutung, rechnete man auch in Münster mit der Entfaltung großen kurfürstlichen Glanzes. Nachdem das Geld für die Bauten, die mindestens mit Flügelbauten, Treppenhäusern und vor allem mit Prunk- und Festsälen ein gewisses Ansehen haben mußten, für den Architekten, den Stukkateur, den Parkettschreiner weitgehend ausgegeben war, mußte man an die mobile Ausstattung denken. Intarsierte Kommoden, Canapés, Sessel, Spiegel, Konsoltische, venezianische Lüster, Teppiche mußten heran, wenn die Repräsentation einigermaßen überzeugen sollte. Und da man als Standesperson auch ungeachtet von Verschuldung die Verpflichtung hatte, à la mode zu sein, konnte man um 1750 nicht mehr mit dem Silber von 1700 servieren lassen. Für aufwendige Malereien von namhaften Künstlern der Zeit war dann zumeist das Geld nicht mehr vorhanden.

Reiche Stukkaturen bestimmten die Innendekoration. Sie wies der Malerei feste Plätze zu – über dem Kamin, über den Türen hatte sie als Leinwand, in ausgesparten Deckenfeldern als Freskomalerei ihren Platz. Auch der Inhalt stand für ein höfisches Ambiente fest. Für den Platz über dem Kamin kam das Bildnis des Landesherrn in Betracht. Im Erbdrostenhof nimmt in Lebensgröße Kurfürst Clemens August, im Merveldter Hof Kurfürst Max Friedrich am höfischen Treiben im Festsaal teil. Ebenso kam etwa eine heroische Landschaft, eine mythologische Szene in Betracht (Merveldter Hof). Bei Supraporten bestimmten Putten das inhaltliche Repertoire. Die Deckengemälde waren der Götterwelt vorbehalten. Einen ganz festen Platz hatten

Festsaal des Erbdrostenhofs mit Wand- und Deckenmalereien

Malereien in der Kapelle. Hier war zumindest für den Hauptaltar ein Leinwandbild unabdingbar.

Das von dem Dekorationssystem losgelöste, gerahmte Gemälde spielte eine ganz geringe Rolle. Man trifft im Adelsbesitz gelegentlich auf kleine unscheinbare gerahmte Blumenstilleben von der „geistlichen Jungfer" Margarethe Elisabeth König. „Zehn kleine Landschaften, zwei Bilder in Rahmen, zehn Bilder, zwei Gemälde" werden im Nachlaß der Äbtissin von Nottuln, Ursula Sophia von Ascheberg, erwähnt. Sie wurden 1811 alle zusammen für noch nicht vier Reichstaler verkauft. „Vier gemalte Fruchtstücke für 6 Groschen, zwei gemalten Seestücke für 11 Groschen, 22 kleine Gemälde von einigen Frauenzimmermoden im Wert von immerhin fast 5 Reichstalern und viele kleine Porträts" hinterläßt 1811 Engelbert Freiherr von Landsberg, wie man in den Akten des Notars Clemens Deiters nachlesen kann (Staatsarchiv Münster).

Gemälde gehörten als Statussymbole zum notwendigen Standesaufwand. Was zählte, war der vielfarbige Luxus und der den Stand erhöhende Inhalt. „Über den Türen sieht man Gemälde mit mächtigen Hirschen, Hasen und borstigen Sauen [. . .] solche Beute weist stets auf ein herrschaftlich Haus. Ist doch das Waidwerk ein Vorrecht des vornehmen Herren", kennzeichnet Fabio Chigi, der päpstliche Friedensgesandte, Mitte des 17. Jahrhunderts die standesbezeichnende Hinweiswirkung von Gemälden in münsterischen Adelshäusern [610: Chigi, Gedichte zu seinem Aufenthalt, S. 47]. Wenn nicht Hirsche, Hasen und borstige Sauen auf den Supraporten zum Einsatz kamen, dann waren es die üblichen höfischen Heiterkeiten – spielende Putten, Blumenstücke oder Gestalten der antiken Mythologie, die die Tafelnden oder Tanzenden mit in den Götterhimmel erhoben. Die künstlerische Leistung würdigte keiner. In einer Malerei sah man einen selbstverständlichen Luxus, den der Handwerker im Einklang mit dem Zeitgeschmack in ansprechender Form zu erbringen hatte. Malernamen tauchen zumeist nur auf, wenn die Rechnung zu begleichen ist.

Innerhalb der Malereien, der Supraporten, Kaminbilder, Deckenfresken und Kabinettgemälde, die notwendiges Standesdekorum waren, nahmen die Porträts eine besondere Stellung ein. Mit ihnen dokumentierte man die Beziehung zum Landesherrn. Je nach Grad der Gönnerschaft und je nach erwiesenen Gnaden ließ man ihn im überlebensgroßen Bildnis oder auch nur in einer Silhouette gegenwärtig sein. Es gibt kaum einen westfälischen Adelssitz, bei dem nicht heute noch das Bildnis des Landesherrn hängt, von dem die Familie besondere Förderung erfuhr.

Ebenso wichtig war es, durch Bildnisse seine Zugehörigkeit zu den bestimmenden Familien zu veranschaulichen. Die Einflußnahme bei Hofe ließ sich danach abschätzen. Da alle das gleiche, oval geschnittene Standesgesicht hatten – mit langrückiger Nase, halbrund geschwungenen Augenbrauenbögen und hochgezogenen Mundwinkeln –, war ein hinzugemaltes, identifizierendes Wappen unerläßlich.

Hatte man Familienangehörige im Domkapitel, so ließen sich auch an der Anzahl der geistlichen Bildnisse das Maß der Förderung der Familie und die Aussichten auf Präbenden ablesen. Konnte man mit dompröpstlicher oder bischöflicher Verwandtschaft aufwarten, dann war über ein Bildnis der Zuschnitt notwendiger Familienrepräsentation abschätzbar. Denn die Ausstattung an Silber, Möbeln und Gemälden richtete sich danach, mit welchem Besuch zu rechnen war. Um seine Stellung in der höfischen Hierarchie zu verdeutlichen, waren Porträts unerläßlich und ein guter Porträtmaler nicht zu missen.

Auch in den münsterischen Kirchen und Klöstern gab es keine bedeutenden Malereien. Der Maler Johann Christoph Rincklake äußert sich 1812 in einem Gutachten für die französischen Behörden zu den Gemäldebeständen der münsterischen Konvente: „Tous sont plus ou moins des copies d'après des estampes et prèsque géneralement sous aucun prix d'art“ (Alle sind mehr oder minder Kopien nach Stichen und fast durchweg ohne jeden Kunstwert). „Tout le reste des tableaux [. . .] sont tout sous critique!“ (Und der ganze Rest der Gemälde ist unter jeder Kritik!) Wenn man auch damit rechnen muß, daß Rincklake im Hinblick auf einen eventuellen Zugriff der französischen Verwaltung den Kunstwert der Malereien herunterspielte – die kirchliche Malerei war künstlerisch anspruchslos. Dies gilt im besonderen für die im 18. Jahrhundert entstandenen Altarmalereien.

Der Siebenjährige Krieg (1756–1763) führte heraus aus der Zeit bedenkenlos verschwenderischer Prachtentfaltung. 1761 starb Kurfürst Clemens August. Zwar hatten jetzt, bei der Wahl des neuen Fürstbischofs, die massiven Forderungen der Landstände nach einer Residenz in Münster Erfolg. Doch der neue Landesherr Maximilian Friedrich von Königsegg-Rothenfels (1762–1784) hatte eine gewandelte Mentalität. Der barocke Enthusiasmus, sich als Bauherr und Mäzen Ruhm zu erwerben, war dank der um sich greifenden Aufklärung einem neuen Verständnis von Herrschaft und Herrschen gewichen. Das Glück und die Wohlfahrt aller Untertanen hatten

Vorrang vor egozentrischer Prachtentfaltung. Im übrigen blieb angesichts der hinterlassenen riesigen Schulden seines Vorgängers nur noch nüchternes Kalkulieren. Max Friedrich verlangte, daß das Schloß recht sparsam erbaut würde „als nur für die Nothurfft, auch Ehre und Anständigkeit eines Gnädigsten Landesherren" [zit. nach 1011: Bußmann, Planungs- und Baugeschichte, S. 180].

Das Inventar des münsterischen Schlosses vom 1. März 1784, das anläßlich des Todes von Maximilian Friedrich erstellt wurde, vermerkt einen höchst dürftigen Bestand an Gemälden: im Schlafkabinett ein Pastellporträt des verstorbenen Kurfürsten, in der kleinen Kapelle, einem Nebenkabinett des Audienzsaales, einen Klappaltar mit zwei Gemälden sowie ein Ölgemälde Christus im Garten Gethsemane, „von Tischbein aus Cassel gemahlet", in einer Mansarde „ein Paket mit Früchte- und Blumenmalerei auf Papier, drei Supraporten aus dem kurfürstlichen Schlafzimmer, eine große Mahlerey eine Seegegend vorstellend und ein neuer, noch nicht bezahlter, fein laquierter Tisch worauf die Historie von Jacob und Rachel gemalet".

Ein für den großen Saal geplantes Freskogemälde, das Anton Josef Stratmann aus Paderborn ausführen sollte, wurde nach dem Tod des Kurfürsten abgesagt. Lediglich die Porträts der sieben letzten münsterischen Bischöfe für den Fürstensaal kamen zur Ausführung. Das Bildnis des Kurfürsten Maximilian Friedrich malte Johann Heinrich Tischbein aus Kassel, die übrigen sechs Bildnisse Anton Josef Stratmann. Bei den Gesichtern der verstorbenen Bischöfe konnte er sich nur nach Vorlagen richten; dies beeinträchtigte ihre physiognomische Lebendigkeit, doch dank seines brillanten

Fürstensaal des Schlosses mit den Porträts der münsterischen Fürstbischöfe

malerischen Könnens war das Ergebnis eine ansehnliche Bildnisreihe. Sie wurde im Zweiten Weltkrieg vernichtet.

Von Max Franz von Österreich, dem letzten Kurfürsten, war dann auch nicht mehr viel für die Förderung der Malerei zu erwarten. Als Sohn Maria Theresias war er mit großer Leidenschaft der Musik zugetan, er hatte auch Sinn für Literatur und Theater, aber für Malerei keinerlei Verständnis. Als ihm sein Kammerpräsident Franz Wilhelm von Spiegel zum Desenberg den Vorschlag machte, den Malern Gerhard und Karl von Kügelgen ein Stipendium für einen Italienaufenthalt zu bewilligen, stimmte Max Franz zu, erklärte aber ausdrücklich, daß er von Malerei nichts verstehe [1000: Braubach, Max Franz, S. 246]. Im übrigen war er sehr sparsam und hatte, wie Max Braubach schreibt, wenig Sinn für große Hofhaltung. In Bonn wohnte er im Haus seines Hofrates Mastiaux in der Fischergasse; in Münster bezog er eine fast bürgerliche Wohnung in der alten Siegelkammer am Domhof, weil er „den Zwang nicht liebt und das Schloß ihm zu entlegen ist". „Seine Durchlaucht sind ein Feind von Windmachereien und Pracht." Aller Üppigkeit gibt er „prächtige Nasen", war das zusammenfassende Urteil seines Bonner Hofrates.

Zu fehlendem Verständnis und fehlenden finanziellen Mitteln kam der Wandel in den künstlerischen Anschauungen. Der von Frankreich geprägte Dekorationsstil mit geschnitzten Holzvertäfelungen dominierte. Die Zeit für große Freskomalereien an Decken und in Treppenhäusern war vorbei. Und nachdem „französische Kamine" mit Spiegel in Mode kamen, hatte die Malerei nur noch über der Tür als Supraporte, in kleinen Kabinettbildern und als Altargemälde in der Kapelle einen Platz. Die sehr verspätete Etablierung des Schlosses – als die Zeiten barocker Prachtentfaltung und persönlicher Würdeinszenierungen vorüber waren –, die nicht stattfindende Hofhaltung, der mangelnde Sinn der Bauherren für Malerei und „schlechte Zeiten" gaben der Malerei in Münster keine Entfaltungsmöglichkeit.

3. Hofmaler – Porträtmaler – Malerinnen

Welch kunstferne, bescheidene Rolle die Malerei im 18. Jahrhundert in Münster spielte, geht andeutungsweise auch aus dem „Adreß-Calender des Hochstifts Münster" hervor. Innerhalb des Hofstaates rangierten die Hofmaler fast als Schlußlicht unter der Kategorie „Hofofficianten, Aufseher, Lieferanten, Künstler und Arbeiter". Erst seit 1783 ist von „Künstlern" die Rede. Zuvor liefen sie unter „Hofarbeitern". Immerhin standen sie an deren Spitze. Zwar wurden sie nach den Hofuhrmachern, aber doch vor dem Hofmetzger, dem Hofhutmacher und dem Hofjuwelier angeführt. Wichtiger als der Hofmaler waren die Hofuhrmacher, die Hofbildhauer und Hofjuweliere. Lange waren diese mit zwei Stellen vertreten, während immer nur ein Hofmaler vorgesehen war.

Die Rolle, die man hier der Malerei zuwies, verdeutlicht sich im Vergleich mit der kurfürstlichen Hofhaltung in Bonn. Der „Chur-Cölnische Hof-Calender" verzeichnet 1759 sieben Hofmaler. Johann Matthias Schildt malte szenische Jagdbilder, Tierporträts und in Stilleben die Jagdbeute seines gnädigen Herrn, Johann Martin Metz Früchte-, Blumen-, Wildstücke und Schloßansichten. Der Hofmaler Peter Joseph Schmitz war wohl für die religiöse Thematik zuständig, Wenceslaus Roost, ebenso

Metz und Peter Rousseau – letzterer bekannt durch seine „Bönnischen Ballstücke" – malten Dekorationen für das Bonner Hoftheater. Was „Johann" Manskirsch malte, ist unklar. Jacob Manskirsch malte Stilleben, ein „J. Manskirsch" Landschaften [1066: Holzhausen, Clemens August und die Malerei, S. 77].

In der Reihe der sieben Hofkünstler stand für die Bildnismalerei die alle überstrahlende Künstlergestalt Georges Desmarées'. Wie an den meisten Höfen ging es auch Clemens August vornehmlich um nützliche Ausstattungskunst, um Supraporten, Kamin- und Altarbilder, Theaterdekorationen und vor allem um Bildnisse. Für seine Präsenz und Repräsentation, für seine Potentaten- und Hochmeistergalerie, für Bildnisgeschenke war der Bildnismaler für den Kurfürsten Clemens August am wichtigsten.

In Münster nahm seit 1763 Caspar Rottmann die Stelle als „Hof-, Stadt-Artillerie und Festungsmaler" ein [1053: Hartmann, Schlaun, S. 86 Anm. 3], dann übernahm sie Johann Heinrich Damelet (1745–1779). 1779 ging sie an Christian Rienermann. Caspar Rottmann gehörte zum näheren Künstlergefolge von Johann Conrad Schlaun. In Clemenswerth malte er zusammen mit Gerhard Kappers Supraporten mit Jagdszenen und Chinoiserien. Johann Heinrich Damelet fertigte 1761 aus Anlaß des Todes von Kurfürst Clemens August einen Riß und eine Zeichnung des Doms für die Sedisvakanzmedaillen an, und zusammen mit Gerhard Kappers malte er für den Dom ein *castrum doloris.* Im übrigen war er als Wappen- und Stammbaummaler für das Domkapitel tätig. Verstreute Erwähnungen geben ein Bild vom Aufgabenbereich des Hofmalers Rienermann: 1779 bewirbt er sich um die Ausmalung der Domorgel. Nach dem Tod von Damelet übernahm er die begehrte Aufgabe, die Stammbäume und Wappen für das Domkapitel zu malen. Auf der großen Ratskammer reinigt er Malereien, malt Dekorationen für das Komödienhaus, streicht im Romberger Hof den Billardsaal und in der Hofkanzlei die Zimmer des Geheimen Rats. Als die Hofaufträge ausbleiben, verkauft er Spiegelglas, Tapeten, Rahmen, Bordüren, Supraporteneinfassungen, Pilaster, Reliefs und Wagenkaleschen, wie man dem „Münsterischen Intelligenzblatt" vom 3. Juli 1797 entnehmen kann. Die Malerei blieb im Bereich des Handwerklichen, des gehobenen Anstrichs und der Dekoration. Und waren anspruchsvollere Aufgaben zu lösen, wurde auswärtigen Künstlern der Vorzug vor einheimischen gegeben, so bei den Altargemälden und den Porträts im Schloß, die Tischbein und Stratmann ausführten, oder auch bei den Ausmalungen im Komödienhaus, wo Bonner Maler und Stratmann beauftragt wurden.

Diesem kümmerlichen Erscheinungsbild der Malerei entspricht die münsterische Malergilde, die zugleich auch die Gilde der Glaser und Sattler war. Dank eines erhaltenen Protokollbuches der Malergilde gewinnt man einen Einblick, allerdings nur für die Jahre 1692 bis 1729. In diesem Zeitabschnitt hatte die Malergilde 25 Mitglieder, davon waren sechs Maler, die übrigen Glaser und Sattler. Es ist fast die Regel, daß die eingereichten Meisterstücke zunächst abgelehnt und die „Fauten", die Fehler, durch eine Geldstrafe auf der Berechnungsgrundlage von einer Tonne Koit zu zwei Reichstalern ausgeglichen werden mußten. Nur bei dem Maler Gerhard Kappers fanden die Meisterstücke in Ölfarbe, in Wasserfarben und eine Staffierarbeit die Anerkennung der Schaumeister; sie wurden 1709 als „passabel befunden". Zudem vermerkt man, daß „er ein guter contrafaiter" ist.

Gerhard Kappers (um 1680–1750), seine Söhne Johann Anton Kappers (1707–1762) und Jodokus Matthias Franz Kappers (1717–1781) etablierten sich als Vertreter der höfischen Porträtmalerei in Münster. Sie waren, als sich das höfische Leben zu Beginn des 18. Jahrhunderts entwickelte, mit ihrer Kunst gerüstet. Gerhard Kappers, dessen Geburtsdatum in Münster nicht zu ermitteln, aber um 1680 anzunehmen ist, heiratete 1705 in der Überwasserkirche Apollonia Theresia Verkruicen, die Tochter des münsterischen Malers Anton Verkruicen (1686–1717). Er hatte mit ihr fünf Kinder, von denen Johann Anton und Jodokus Matthias Maler wurden und eine Tochter den Maler Johann Heinrich Damelet heiratete. Damit hatten die Kappers schon durch ihre Familienverbindungen eine dominierende Stellung. Gerhard Kappers bekam Aufträge der verschiedenen Landesherren, von Friedrich Christian von Plettenberg, Franz Arnold von Wolff-Metternich und dem Kurfürsten Clemens August, von dessen leitendem Minister Graf Ferdinand von Plettenberg, vom Domkapitel, von der Geistlichkeit (im besonderen den Freiherren von Twickel), vom Rat der Stadt Münster und vom Adel. Vornehmlich waren Porträts gefragt, vielfach Kopien, vor allem die Bildnisse der Landesherren. Sie gehörten auch in den Stadthöfen des Adels sozusagen zur Grundausstattung der Repräsentation. Hinter den Landesherren rangierten die höheren Würdenträger des Domkapitels in der Porträtnachfrage. Aber auch große Altarmalereien gehörten zu Kappers Aufträgen.

Von Johann Anton Kappers sind nicht mehr erhaltene Gewölbegemälde im Dom aus den Jahren 1747 bis 1749 bekannt; 1761 hat er den Auftrag zu einem *castrum doloris* für den Kurfürsten Clemens August erhalten. Man weiß auch von signierten Bildnissen für die Familie des Freiherrn Clemens August von Kerckerinck-Borg (1739) und für die Familie von Ascheberg (1746). Porträts in der Familie von Senden werden ihm zugeschrieben. In der ersten münsterischen Kunstausstellung 1832 [2734: Taschenbuch für Vaterländische Geschichte, S. 227] ist er noch mit einem „Flötenbläser" vertreten.

Während Gerhard Kappers noch in der Tradition des 17. Jahrhunderts seine Dargestellten in düster gestimmten, würdevollen Bildnissen mit Säulen, wallenden Samtportieren, in schweren Seiden- und kostbaren Spitzengewändern inszeniert, zeichnen sich die Bildnisse seiner Söhne durch größere Lebensnähe aus. Anmutig und geschmackvoll sind sie ganz dem höfischen Lebensstil des 18. Jahrhunderts verpflichtet. Bemerkenswert ist, daß für Johann Anton Kappers Vermutungen über seine Ausbildung geäußert werden. Er gilt als der einzige münsterische Maler des 18. Jahrhunderts, der eine Fortbildung durch Reisen in Belgien und Brabant erfahren hat.

Am bekanntesten wurde Jodokus Matthias, der jüngere Sohn von Gerhard Kappers. Seine Werke sind besonders zahlreich. In seinen Porträts wird in kostbar gemalten Seidenkleidern die ganze münsterische Hofgesellschaft des 18. Jahrhunderts gegenwärtig. Nicht mehr nur die hohen Würdenträger, die Landesherren und die Geistlichkeit, sondern auch Freifrau von Landsberg, geborene Freiin von Velen, mit ihren drei Kindern, Augusta, die Nichte des kurkölnischen Ministers von Heyden-Belderbusch, die 1774 nach Münster heiratete, der Hofrat, die Hofrätin von Vagedes und ihre Kinder lassen sich von Matthias Kappers porträtieren. Die Soziologie des Porträts wird bunter. Es kommt Freude am eigenen Bildnis auf; es wird zur Gepflogenheit, sich aus Anlaß der Heirat porträtieren zu lassen. Auch die Kinder werden

Augusta von Böselager, geb. Freiin von Heyden-Belderbusch. Gemälde von Jodokus Matthias Kappers (um 1774)

nun porträtwürdig. Doch auch die Existenz der Maler Kappers bewegte sich in auslaufenden Strukturen.

Der auf allen Gebieten des öffentlichen Lebens umsichtige, impulsgebende und gestaltende Franz von Fürstenberg (1729–1810) hatte die förderungsbedürftige Lage der Kunst in Münster durchaus erkannt. In einer Zeit, als sich andernorts viele Kunstakademien gründeten, schrieb er 1791 an den Kurfürsten Max Franz: „die Errichtung einer Maler- und Bildhauer-Akademie hält hier sehr schwer, bei dem Mittelmäßigen kommt so wenig heraus, daß ich diesen Lehrstuhl nicht anraten kann. Dennoch kann der jetzige Zeichenmeister Wolffs so viel leisten, daß bei sonst verdeckt bleibenden Talenten der erste Keim die Lust zur Kunst entwickeln und man urteilen könne, ob ein Genie da sei, welches verdiente zu einer guten Akademie geschickt zu werden“ [1332: Gimpel, Zeicheninstitut, S. 12f]. Also blieb es dabei, daß um die Wende vom 18. zum 19. Jahrhundert der Zeichenlehrer Wolffs es für Münster übernahm, die „Lust zur Kunst“ zu wecken. Sein Zeicheninstitut war in den verlassenen Klostergebäuden der Überwasserkirche eingerichtet. Hier hatte man in schon fast rührender Weise das Anschauungsmaterial für die Studierenden bereitgestellt – einige Altargemälde, Kunst- und Kultobjekte. Das war also der künstlerische Auf-

Selbstbildnis von Jodokus Matthias (?) Kappers

bruch Münsters in das neue Jahrhundert. Doch mit ein paar Altargemälden und einem Zeichenmeister konnte man nicht gegen die Düsseldorfer Akademie antreten.

Neben den Kappers ist als freundliche und die – sonst glanzlose, mehr dem Anstrich als der Kunst verpflichtete – münsterische Malereiszene erhellende Gestalt die geistliche Jungfer Margarethe Elisabeth König (1736–1792) hervorzuheben. Biographisch weiß man wenig über sie. Sie war die Tochter des Hofbildhauers Johann Heinrich König. 1736 wurde sie in der Liebfrauenkirche getauft. Sie lebte in der Frauenstraße – wahrscheinlich als Begine im Kloster Rosenthal – und starb 1792 im Alter von 56 Jahren an der Wassersucht. Die Todeseintragung vermerkt, daß sie eine *devota virgo tertiaria [. . .] pingendi arte praestantissima* war, d. h. sie war eine geistliche Jungfer, die dem dritten Orden angehörte, der ein Leben in der Welt zuließ. „In der Kunst der Malerei", so fügt der Pfarrer der sonst knappen Todeseintragung im Kirchenbuch von Liebfrauen hinzu, „war sie ganz vortrefflich." Thematisch muß sie recht vielseitig gewesen sein. Am 25. März 1788 inseriert sie im „Münsterischen Intelligenzblatt" eine „Sammlung selbstgefertigter Gemälde – Bauernstücke, Landschaften, Wild-, Federvieh-, Blumen- und Fruchtstücke". Als „geistliche Jungfer" beherrschte sie selbstverständlich auch die figürliche, religiöse Malerei. Für St. Ludgerus in Heek (Kreis Ahaus) malt sie den hl. Ludgerus mit seinem Gefolge. Das Altargemälde ist 1752 datiert und von ihr signiert. 1780 und 1781 bemalt sie Fahnen – auf rotem Damast lorbeer- und laubumkränzt das Brustbild des hl. Lambertus, auf hellblauem Damast das des hl. Ludgerus. Wie der Pfarrer von der Überwasserkirche bedenkt auch ihr Malerkollege Johann Christoph Rincklake sie mit großem Lob, als er 1804 im Auftrag der Königlichen Studienkommission die besten Bilder im säkularisierten Kloster Marienfeld auszuwählen hat. Unter fünf Blumenstücken hält er eines für besonders qualitätvoll. „Dies Bild ist in Rücksicht der Behandlung und Anordnung vortrefflich und von der abgelebten hiesigen Künstlerin Mademoiselle König intentiert und gemahlt" [1192: Westhoff-Krummacher, Rincklake, S. 521]. Verschiedene Supraporten mit Blumen malte sie für den Fürstensaal, ländliche Szenen und Stilleben für den Speisesaal des Schlosses. Damit war sie die einzige unter Münsters Malern, die mit Gemälden im Schloß vertreten war. Noch vierzig Jahre nach ihrem Tod gedenkt man dieser verdienstvollen, malenden Münsteranerin. In der 1832 veranstalteten Ausstellung münsterischer Maler vom 16. Jahrhundert bis in die Moderne ist sie mit drei Stilleben und mit einer „mit Blumen umkränzten Büste" sehr gut repräsentiert.

Ihr Bruder, Adolf Joseph König (1742–1817), seines Zeichens Kramer, war nicht minder ein Vertreter der Musen in Münster. Er vermittelte ganz umfassend den Zugang zum Reich der Künste. Bei ihm konnte man Noten, Instrumente, Harfen und Waldhörner, Tapeten, Säulen und Rosetten, Farben und Malbedarf kaufen. Zudem handelte er mit Gemälden, wie man dem „Münsterischen Intelligenzblatt" vom 22. Oktober 1782 entnehmen kann: „Krameramtsverwandter Adolf König, auf der Rothenburg hat wiederum eine schöne Sammlung der besten Kabinetts-Malereyen von den berühmtesten italiänischen französischen und niederländischen Meistern erhalten. Die Herren Kenner und Liebhaber der Malerey können selbige täglich bey ihm in Augenschein nehmen und nicht allein die civilsten Preisen, sondern auch die vorzüglichsten Bedingungen vernehmen." Der Kolonialwarenhändler Georg Heinrich Brockhausen (1785–1869) erbte die Sammlung seines Onkels Adolf König, die aus über hundert Gemälden bestand. Tatsächlich scheint es eine ganze Reihe „Kenner und Liebhaber der Malerey" in Münster gegeben zu haben. Nach Louise Rincklake, der Tochter des Malers, zählten der Kolonialwarenhändler Brockhausen und Georg Egbert von und zur Mühlen zu den Gemäldeliebhabern der Stadt.

Karl Berghaus berichtet in seiner „Wallfahrt durchs Leben" von der eleganten und geschmackvollen Kurie des vom Niederrhein stammenden Kanonikus Caspar Joseph von Oydtmann (1763–1812) in St. Mauritz, „einem Mann voller Gelehrsamkeit und der feinsten Weltbildung. Von den schönen Künsten ging ihm die Malerei über Alles, von deren Schöpfungen er eine besondere Liebhaberei für Landschaften, See- und Jagd-, Blumen- und Fruchtstücke hatte" [1205: Wallfahrt 2, S. 176].

Ende des 18. Jahrhunderts belebt sich die Szene der Malerei etwas durch viele Wandermaler. Wiederholt sind es Absolventen der Mannheimer Akademie. Da bietet zum Beispiel „Monsieur Kempe, aus Frankfurt, so auf der Manheimer Akademie studiret hiedurch einem geehrten Publico seine Dienste an. Er malet en Miniatur und groß das Portrait für einen Ducaten. Ferner zeichnet er auf großem holländischen Papier mit Röthel oder schwarzer Kreide das Stück für einen Rthlr. [. . .] Ein fremder Silhouettier macht den hiesigen hohen Herrschaften und einem geehrten Publikum bekannt, daß er nach der neuesten Art die ganze Person auf Glas sehr accurat silhouettiert, und verspricht sich hier bestens zu rekommendieren" [Münsterisches Intelligenzblatt vom 15. Oktober 1782]. Von ihm könnte das 1782 entstandene Hinterglasbild stammen, das die Fürstin Gallitzin, ihre Kinder und Fürstenberg darstellt.

Nicht über das „Münsterische Intelligenzblatt", vielmehr auf höherer Ebene, durch Vermittlung und Empfehlungsschreiben, nahm Georg Oswald May, ein reisender Hofmaler vom Main, der seine Ausbildung an den Akademien in Mannheim und Düsseldorf erfahren hatte, Kontakte mit den hiesigen Adelsfamilien auf. In Frankfurt hatte er Goethes Mutter, in Weimar im Auftrag der Herzogin von Württemberg 1779 Goethe, Wieland und, wie Fräulein von Göchhausen an Goethes Mutter aus Weimar schreibt: „eine ganze Menge Angesichter schon dargestellt" [2110: Frau Rath, S. 140]. Der aus Weimar bestens empfohlene „Rath May" nahm seine ersten Kontakte in Münster 1777 wohl auf seiner Hinreise nach Weimar auf, wie die 1777 datierten Bildnisse des Oberkriegskommissars Jodokus Hermann Lipper und seiner Frau, einer geborenen Hosius, belegen. 1782 und 1794, vor allem aber in den Jahren 1783 bis 1785 ist er nach der Datierung seiner Bildnisse in Münster tätig. Er malt für die Familien des münsterländischen Adels: von Ketteler, Wintgens, Heereman, Plettenberg, Böselager, Elverfeldt, Boenen und Galen. Er porträtierte die Fürstin Gallitzin und den Minister Franz von Fürstenberg und – als bedeutendsten Auftrag – den Hochfürstlichen Münsterischen Erbdrosten Clemens August Freiherrn von Droste-Vischering mit seiner Frau und seinen acht Kindern. Diese reizvolle Inszenierung adeligen Familienlebens im Sinne aufgeklärter, mustergültiger elitärer Erziehung unter Aufsicht der Eltern, bei der jeder seinem Alter und Geschlecht gemäß

Clemens August Freiherr von Droste-Vischering und seine Familie. Gemälde von Georg Oswald May (um 1784)

beschäftigt ist, bei der die Hierarchie des Familiengefüges fein abgestimmt sichtbar wird, macht neue Impulse der Porträtmalerei sichtbar.

Trotz drohender *egalité* macht May durch seine Kunst auch innerhalb der Grenzen, die ein Lebensklima von Einfachheit und Sparsamkeit auferlegte, Stand und Rang der Personen deutlich. Zuzeiten einer Annäherung zwischen Adel und Bürgertum gewannen gerade die feinen Unterschiede an Bedeutung. Diese sublime Kunst nuancierter Standesdarstellung wird auch der Beurteilungsmaßstab seiner Kundschaft für sein porträtistisches Können gewesen sein. May führte hier das Porträt heraus aus einer nur kostbar dekorativen, höfischen Repräsentationsmalerei. Zudem gewinnt Georg Oswald May an Bedeutung als erster Lehrer von Johann Christoph Rincklake. Es spricht vieles dafür, daß Rincklake, der um 1782 seine Lehre beendet hatte und sich um 1786 in Düsseldorf aufhielt, in den Jahren von Mays Aufenthalt in Münster 1783 bis 1785 bei ihm lernte und seinen Weg zur Porträtkunst fand.

4. Johann Christoph Rincklake, ein neuer Typ des Künstlers

Vor dem Hintergrund der nur kärglich mit den Malern der Familie Kappers, der geistlichen Jungfer König und den wappen-, kaleschen- und türenstreichenden Hofmalern bestückten münsterischen Kunstszene des 18. Jahrhunderts wird die Bedeutung eines Malers wie Johann Christoph Rincklake (1764–1813) deutlich. In der Gestalt Rincklakes begegnet uns in Münster ein neuer Typ des Künstlers, der ohne den Rückhalt eines Hofes und auch ohne die sozial haltgebende handwerkliche Gemeinschaft der Zunft, aber mit einer qualifizierten Ausbildung und einem neuen Verständnis des Künstlers eine freie Malerexistenz wagte. Als Sohn eines Dorfschreiners in Harsewinkel geboren, begab er sich nach einer Lehre in Münster auf die Schauplätze des damaligen künstlerischen Lebens – nach Düsseldorf, Wien, Dresden und Berlin, wo er in Akademien und Galerien, in persönlicher Begegnung und Freundschaft mit bedeutenden Lehrern wie Anton Graff, Johann Gottfried Schadow, Daniel Chodowiecki die Maßstäbe für seine Bildniskunst gewann. Er malte den Adel und das Bürgertum, Personen von höchstem Ansehen und glänzenden Verdiensten, wie den Minister Franz von Fürstenberg, den Grafen Leopold von Stolberg, Blücher, den Freiherrn vom Stein, die Fürstin Pauline zur Lippe, aber auch die kleinen glanzlosen Leute, die Gastwirtstochter Cruse, den Schlossermeister Wermerskirch, den Hauslehrer der Familie von Korff und die Sängerin der fürstbischöflichen Kapelle Angela Schlüter (geborene Romberg).

Nach der langen Geringschätzung des Menschlichen kam die Porträtmalerei – trotz mangelnder akademischer Wertung, aber aufgrund eines elementaren Porträtbedürfnisses – zu hoher Blüte. In einer Zeit, die sich der Suche nach dem Menschlichen verschrieben hatte, konnte es für einen Künstler keinen wichtigeren Darstellungsgegenstand als den Menschen geben. Ausgehend von einer den Idealen eines neuen Humanismus verpflichteten Menschensicht befreite Rincklake das Bildnis aus seiner nur dekorativen Repräsentationsfunktion, die Dargestellten aus ihrer Rolle als schicksalslosen, austauschbaren Kleiderpuppen. Er rückte sie menschlich näher und verdichtete ihr äußeres Erscheinungsbild zum Wesenhaften, gab dem Bildnis eine neue familiäre Funktion und stellte sie in die geistige Auseinandersetzung der Zeit.

„Großmutter Beyerle". Ausschnitt aus dem Bildnis der Familie Beyerle von Johann Christoph Rincklake (1804)

Die Höhe der Bildniskunst Rincklakes wird einschätzbar, wenn man seine Bildnisse mit den schlichten Gebrauchs- und Gelegenheitsporträts des Carl Josef Haas (1775–1852), den ganz einer gefälligen Konvention entsprechenden Bildnissen eines Carl Anton Moll (1802–1842) oder des Johannes Sprick (1808–1842) vergleicht, die das von Rincklake beim münsterischen Bürgertum geweckte Bildnisbedürfnis nach dessen Tod zu befriedigen suchten.

Im eigenen Bildnis ermöglichte Rincklake dem hiesigen Bürgertum eine erste Teilhabe an der Kunst. Dies bedeutete eine wichtige Schwellenüberschreitung und eine wesentliche Voraussetzung dafür, daß sich das bis dahin abseits stehende Bürgertum mit der zeitgenössischen Kunst identifizierte. Aus einer ersten wahrgenommenen Verantwortlichkeit für sie kam es 1831 zur Gründung des „Westfälischen Kunstvereins". Doch nicht nur über seine Porträtkunst ermöglichte er die Begegnung mit der Kunst. Wie aus dem Vorbericht des Verzeichnisses der nach seinem Tod versteigerten Gemälde- und Kupferstichsammlung hervorgeht, „versorgte er fast die ganze hiesige Gegend mit Kunstwerken" – Originalgemälden von niederländischen und deut-

Sybilla Catharina Elisabeth Schücking geb. Busch. Gemälde von Johann Christoph Rincklake (1810)

schen Meistern, Kopien nach Raffael, Veronese, Correggio, van Dyck, Rembrandt, Kupferstichen und Originalzeichnungen. Und wenn es in Münster – wie man dem „Münsterischen Intelligenzblatt" anläßlich von Nachlaßverkäufen entnehmen kann – viele „ansehnliche Kupferstichsammlungen" gab, dann mag Rincklakes Kunsthandel eine Bezugsquelle gewesen sein. Rincklakes Bemühen, der Kunst mehr Geltung und Interesse in seiner Heimatstadt zu verschaffen, fand in der Aktivität des Westfälischen Kunstvereins eine Fortsetzung. Er hatte es sich zum Ziel gesetzt, „nach Möglichkeit ächten Kunstsinn und in künstlerischen Leistungen erkannten guten Geschmack zu verbreiten", wie es in § 1 der „Provisorischen Statuten" von 1832 heißt.

5. *Der Kunstverein als Förderer der Malerei*

Bezeichnenderweise griff auch der Kunstverein den Gedanken wieder auf, eine Kunst- und Zeichenschule zu etablieren, wo Künstler und Handwerker anhand von Vorbildersammlungen ausgebildet werden konnten. 1839 wurde eine Höhere Zeichenschule im Erdgeschoß des Stadtkellers eingerichtet. Der Maler Johann Heinrich Welsch wurde engagiert; man zeichnete nach Gipsen und Modellen, lernte die Technik der Malerei, kopierte Bilder, zeichnete nach der Natur, und in einer Sonderklasse lernten die Töchter das Zeichnen von Stickmustern nach Gemälden. Immerhin, der Landschaftsmaler Alexander Michelis (1823–1868) und der Bildnis- und Altarmaler Caspar Görke (1822–1896) lernten hier. Michelis ging mit den Voraussetzungen der

Welschen Zeichenschule nach Düsseldorf und Caspar Görke nach Rom. 1855 hatte die Schule 82 Schüler. Nachdem der Zuschuß der Stadt gestrichen war, dem Westfälischen Kunstverein auch die Mittel ausgingen und der einzige Lehrer erkrankte, wurde die münsterische Zeichenschule 1856 geschlossen. Das war das Ende der zweiten Hoffnung auf eine Kunstakademie in Münster.

Als einzige Instanz, die sich darum mühte, der Kunst in Münster und Westfalen einen Lebensraum zu verschaffen, blieb der Westfälische Kunstverein. Aber bei zeitweise 83 Mitgliedern (1854) und 214 Talern Einnahme konnte man die vielen, nach den Statuten geplanten, hochgesteckten Ziele der Kunstförderung nicht erreichen: die altwestfälischen Kunstwerke vor dem Untergang retten, ihren Verkauf ins Ausland verhindern, ihre Restaurierung finanzieren, Bildhauerei, Baukunst, Zeichnung und Grafik fördern, alte und zeitgenössische Kunst ankaufen, Vorträge, Ausstellungen, Wettbewerbe für Künstler, Verlosungen für die Mitglieder organisieren, ein Museum einrichten und eine Zeichenschule unterhalten, und alles dies, nachdem von den 214 Talern „Kulturetat“ erst einmal die Miete von 80 Talern zu zahlen war. „Das

Bildnis der Familie des Freiherrn von Twickel beim Tee in Haus Havixbeck. Gemälde von Johannes Sprick (um 1840)

Auferweckung des Jünglings von Naim. Gemälde von Friedrich Tüshaus (1863)

erste öffentliche Lebenszeichen, welches dieser Münstersche Kunstverein gab, war eine Gemälde-Ausstellung in der Aula der Akademie“ [2734: Taschenbuch für Vaterländische Geschichte, S. 224]. Die 1832 veranstaltete Ausstellung zeigte drei Wochen lang ca. 230 Gemälde, Zeichnungen und Lithographien. Es war sozusagen die erste zusammenfassende Vorstellung der münsterischen Maler vom 16. Jahrhundert bis in die zeitgenössische Kunst. Unter den ausgestellten 73 Werken jüngerer lebender, größtenteils münsterischer Künstler war der Maler und Zeichner Rudolf Johann Zumfelde (1799–1836) mit einem Selbstbildnis, Porträts und Kopien, Friedrich Wilhelm Harsewinkel (1796–1872) mit einer religiösen Darstellung und Carl Moll (1802–1842) hauptsächlich mit Kopien vertreten. Man bedauerte, daß er nicht mehr „seine vielen gelungenen Porträts nach dem Leben“ ausstellte. Von den zeitgenössischen sechs ausstellenden münsterischen Malern waren zwei weiblichen Geschlechts. „Fräulein E. Michelis“ – wahrscheinlich handelt es sich um eine Schwester des Malers Alexander Michelis, Elisabeth Michelis – stellte „ein gutes Fruchtstück“ aus. Und Sophia Wenning (1803–1864) stellte Kopien und Porträts aus. Man vermißte bei ihr eigene Erfindungen, d. h. Historienbilder. Das Leben dieser münsterischen Malerin ist nur sehr bruchstückhaft bekannt. Dank ihres im Stadtarchiv aufbewahrten

Tagebuchs wissen wir, daß sie 22jährig 1825/26 nach Dresden ging. Unter der künstlerischen Obhut ihres Lehrers Mathei kopierte sie in der Dresdener Galerie vornehmlich Köpfe und Hände nach Raffael. Das Kopieren nach verehrten Vorbildern der Vergangenheit gehörte zur allgemeinen Malerausbildung. Daran bewies man sein Können. Kopien aus der Dresdener Galerie waren zudem sehr gut verkäuflich. Der Besitz einer solchen Kopie nach berühmten Vorbildern in bisher unzugänglichen fürstlichen Sammlungen war für den Adel wie auch für das Bürgertum eine erste Möglichkeit der Teilhabe an der Kunst. Aus dem Ausstellungsbericht der bereits erwähnten ersten münsterischen Kunstausstellung erfahren wir, daß sich „Fräulein Wenning“ 1832 in Rom aufhielt, wo sie Kontakt zu den Nazarenern hatte. Ihr Werk ist sehr zerstreut erhalten. In westfälischem Adelsbesitz trifft man auf ihre „S.W.“ signierten Porträts. In der folgenden Generation ist als münsterischer Repräsentant der Malerei Caspar Görke (1822–1896) zu nennen. Im Auftrag des Bischofs von Münster malte er Altarbilder für westfälische Kirchen, für den Adel und für das wohlhabende Bürgertum Porträts.

In den sechziger Jahren kam es allerdings zu einem – wohl durch die Jahresgaben ausgelösten – sprunghaften Anwachsen der Mitgliederzahlen im Westfälischen Kunstverein. 1865 stieg sie auf 1381 Beitragszahler. Ein Schlaglicht auf die finanziellen Möglichkeiten und die Förderungskapazität des Westfälischen Kunstvereins mag eine kleine, unscheinbare Ölskizze „Auferweckung des Jünglings von Naim“ des Historien- und Bildnismalers Friedrich Tüshaus (1832–1885) werfen. 1863 gewann Tüshaus mit diesem kümmerlichen Leinwandbildchen (42,8×49,4 Zentimeter) den Ersten Preis des vom Kunstverein ausgeschriebenen Wettbewerbs, bei dem drei Skizzen zu dem vorgegebenen Thema eingingen. Den Preis mußte sich Friedrich Tüshaus allerdings noch mit einem zweiten teilen. Auch der Auftrag eines Historienbildes mit einer Darstellung aus der Geschichte der Täufer bei dem Düsseldorfer Maler Adolf Schrödter scheiterte an den Finanzen; 2000 Taler für den Ankauf eines Gemäldes konnte der Kunstverein nicht aufbringen. So bestellte man bei dem Maler Schrödter 1840 eine Szene aus Shakespeares Heinrich IV. für 600 Taler und gab die Idee mit den „Täufern“ auf. Bei den minimalen Möglichkeiten, die man dem künstlerischen Leben verschaffen konnte, zählte jede Förderung der Kunst. So unterstützten mehrere Familien des westfälischen und rheinischen Adels ihren in Not lebenden Standesgenossen Theobald von Oer durch den Auftrag des Historienbildes der *familia sacra*, das man dem Bischof von Münster schenkte. Wesentlich initiiert hatte diesen Auftrag das damalige Vorstandsmitglied des Kunstvereins Clemens Freiherr von Heereman. Da das Gemälde mit der Darstellung des „Kreises von Münster“ ein wichtiges Kapitel der münsterischen Geistesgeschichte dokumentiert, sei es erläuternd etwas herausgehoben. Das 1863 in Dresden gemalte, großformatige Ölgemälde entstand – was die Beratung des geistigen Gehaltes anging – weitgehend in Münster. Die zunächst ausgeführte aquarellierte Bleistiftzeichnung, eine Vorstudie, stellt nicht nur in der Art Ludwig Richters einen sonntäglich heiter gelösten Ausflug zur Fürstin Gallitzin von Münster nach Angelmodde dar. Wichtig daran war die Begegnung zweier berühmter Konvertiten, der Fürstin Gallitzin (sie konvertierte 1786) und des Grafen Stolberg, der im Herbst 1800 zum katholischen Glauben übergetreten war. Bei näherem Hinsehen ist es keine historisch zutreffende Darstellung des Kreises von Münster – denn die den Kreis prägenden Philosophen Hamann, Hemsterhuis und Jacobi

Die Fürstin von Gallitzin im Kreis ihrer Freunde. Gemälde von Theobald von Oer (1864)

fehlen. Johann Georg Hamann, von dem die Fürstin Gallitzin sagte, daß er für sie „der wahre Christ" sei, ist noch auf der Zeichnung zu sehen, auf dem Gemälde ist er nicht berücksichtigt. Als Protestanten paßten sie nicht in die Absichten des Bildes, das 1864 mit einem Ereignis von 1800, der Begegnung zweier prominenter Konvertiten für eine Solidarisierung mit der katholischen Kirche werben sollte, die zu dieser Zeit unter Pius IX. (1846–1878) in ihrer Unabhängigkeit, in den Rechten des Papstes und der Existenz des Kirchenstaates auf das Äußerste bedroht war. Inhaltlich war das Gemälde der Aufruf zur Einreihung in die geistigen und sittlichen Traditionen Westfalens. Die propagandistischen Absichten wurden durch die Verbreitung des Gemäldes in Hunderten von Stahlstichen, die der Westfälische Kunstverein an seine Mitglieder als Jahresgabe verteilte, evident.

Geboren in Münster, aber gestorben in Dresden. Der künstlerische Weg von Theobald von Oer ist bezeichnend. Geht man die Biographien der mit Münster und Westfalen verbundenen Maler in dieser Zeit durch, dann zeigt sich, daß kaum einer in Westfalen bzw. Münster blieb. Wer sich künstlerisch ausbilden lassen wollte, ging, wie Theobald von Oer, nach Dresden (der Bildhauer Achtermann nach Berlin, Friedrich Tüshaus nach Antwerpen, Rudolf Zumfelde nach Berlin, Alexander Michelis, Heinrich Deiters und auch noch Bernhard Pankok nach Düsseldorf). Wer zu einer qualifizierten Ausbildung gekommen war, kehrte, von gelegentlichen Besuchen abgesehen, nicht nach Westfalen zurück. Eine Ausnahme machte Johann Christoph Rincklake. Er lehnte das Angebot des Herzogs von Kurland ab, „bei freier tafel und logis“, Galerie- und Bibliotheksbenutzung auf Schloß Sagan in Schlesien den Hofmaler zu spielen, da er fühlte, so schrieb er 1798 aus Berlin: „. . . daß ich ohne mein Vatterland nicht würde glücklich sein.“ Doch hätten nicht notvolle Zeiten und familiäre Schicksalsschläge ihn zurückgehalten, so wäre auch Rincklake wieder abgewandert. Wie Nordhoff überliefert, hatte ihm der letzte Präfekt Graf Lasteyrie Dusaillant bereits ein Atelier in Paris besorgt. Münster bot im Rahmen einer Gebrauchskunst gelegentlich den einen oder anderen Auftrag, aber keine gesicherte künstlerische Existenz und kaum künstlerische Entfaltungsmöglichkeiten.

Ein Hauptanziehungspunkt für alle westfälischen Maler wurde Düsseldorf. Schon im 18. Jahrhundert war es ein glänzender Schauplatz der Kunst gewesen. Hier konnte man seit 1710, dank der öffentlichen Zugänglichkeit der kurfürstlichen Galerie Raffael, Tizian, Correggio, Reni, Rubens, van Dyck, Jordaens und Rembrandt begegnen. Hier gab es seit 1710 eine Zeichenschule. In der Galerie konnten die Maler kopieren, d. h. das malerische Können vervollkommnen, aber auch durch den Verkauf der Kopien den Broterwerb absichern. 1767 wurde die Zeichenschule zur kurfürstlichen Akademie erhoben. Als solche bestand sie 1805; 1819 neugegründet erlebte sie unter Peter Cornelius und Wilhelm Schadow erste Glanzzeiten. Die Landschaftsmaler Alexander Michelis und Heinrich Deiters (1840–1916) wurden wesentlich durch die Düsseldorfer Akademie geprägt. Michelis durch den Landschaftsmaler Johann Wilhelm Schirmer, Deiters durch Michelis sowie Andreas und Oswald Achenbach. Wenn sie auch in Münster geboren wurden und die eine oder andere westfälische Landschaft malten – man kann ihr Werk nicht als „münsterische Malerei“ vereinnahmen. Man kann nicht ernten, wo man nicht säte.

In der Rückschau wird gerade für das 18. und 19. Jahrhundert deutlich, wie sehr jeder Auftrag, jedes verkaufte Bild, jeder ausgeschriebene Wettbewerb, jedes Reisestipendium, jede kleine Ausbildungshilfe zählte. In Münster fehlte es an einem Kristallisationspunkt für die Kunst, hier fehlten die höfischen Wurzeln. Dies erklärt, warum eine Kunsttradition nicht vorhanden ist und Münsters Beitrag zur deutschen Kunst des 18. und 19. Jahrhunderts so gering blieb.

Die Bemühungen des Westfälischen Kunstvereins um Vermittlung zeitgenössischer Kunst und Gründung eines Museums blieben in Münster lange ohne Konsequenz. Für die Ausbildung von Künstlern und kunstinteressierten Handwerkern wurde 1839 mit der Aktzeichenschule des Malers Welsch im Stadtkeller ein Anfang gemacht, die aber schon 1856 klanglos wieder einging. Erst 1871 kam es durch die Initiative von münsterischen Künstlern, unter anderen dem Maler Caspar Görke, den Bildhauern Bernard Allard, Bernard Frydag und Heinrich Fleige sowie dem Kunstförderer Bernhard Rincklake, zur Gründung der münsterischen Kunstgenossenschaft, aus der 1877 die Zeichenschule für Kunst und Kunsthandwerker hervorging. Diese münsterische Kunstschule war jahrzehntelang, eigentlich bis zur Gründung des Instituts für Kunsterzieher, als Zweigstelle der Düsseldorfer Akademie und seit 1980 als einzige selbständige Kunstakademie in Westfalen wichtigster Ausbildungs-

Westfälisches Idyll (Haus des Milchmanns bei St. Mauritz). Gemälde von Otto Modersohn (1892)

platz für angehende Künstler, an der später über die Region hinaus bekannte Maler und Bildhauer wie Otto Modersohn und Melchior Lechter, Bernhard Pankok und Fritz Grotemeyer ihre Grundausbildung erhielten. Die wechselvolle Geschichte dieser Kunstschule, die als „Meisterschule des deutschen Handwerks" (seit 1937) und nach dem Zweiten Weltkrieg als Werkkunstschule eine Reihe bedeutender Künstler nach Münster zog und die als Fachbereich Design 1971 in die neugegründete Fachhochschule Münster integriert wurde, ist noch weitgehend unerforscht. Die bekannteren Künstler der ersten hier ausgebildeten Generation haben Münster sehr bald verlassen. Melchior Lechter, „der Meister des Buches", 1865 in Münster geboren, schuf sein Lebenswerk in Berlin: die Buchillustrationen zu den Werken Stefan Georges, die großen Glasfenster für die Architekten Messel und Schwechten und den Pallenbergsaal im Kunstgewerbemuseum in Köln (zerstört). Doch auch für das neue Landesmuseum in Münster, das ihm 1910 eine große Ausstellung widmete und im übrigen seinen Nachlaß verwahrt, entwarf er als Triptychon das monumentale Fenster „Lumen de lumine" (1907). Bernhard Pankok, 1872 in Münster geboren, wurde nach Studium in Düsseldorf und Berlin einer der Mitbegründer der „Vereinigten Werkstätten für Kunst im Handwerk" in München (1898), einer der wichtigsten deutschen Jugendstilentwerfer, Architekt, Kunsthandwerker, Buchdrucker, aber auch ein hochinteressanter Porträtist des frühen 20. Jahrhunderts. Seit 1903 Leiter der Stuttgarter Kunstgewerbeschule (bis 1937), aus der die heutige Stuttgarter Kunstakademie hervorging, gehört er zu den führenden Köpfen des Deutschen Werkbundes. Mit Münster bleibt er, aufgrund familiärer Beziehungen und innerer Neigung, immer eng verbunden. Das Westfälische Landesmuseum, das ihm schon 1916 eine

„Selbstbildnis im schwarzen Pullover". Gemälde von Bernhard Pankok (1898)

erste große Einzelausstellung gewidmet hat, bewahrt, neben dem Württembergischen Landesmuseum Stuttgart, einen Teil seines künstlerischen Erbes. Die stimmungsvollen Landschaftsbilder, Zeichnungen und Skizzen, die Pankok bei seinen regelmäßigen Ferienaufenthalten in Münster und im Münsterland schuf, vor allem im Bevertal bei Hans Langen, gehören mit den frühen Arbeiten von Otto Modersohn zum Besten, was um 1900 unter dem Eindruck der neugewonnenen Entdeckung der alten Stadt und des noch unberührten Landes malerisch entstanden ist.

Erst nach dem Ersten Weltkrieg – 1919 – kam es in Münster zu einem Zusammenschluß der in der Stadt tätigen Künstler in der Vereinigung „Die Schanze", die – neben dem Westfälischen Kunstverein und den Jahresausstellungen des Landesmuseums – bis in die sechziger Jahre das wichtigste Forum für die Präsentation zeitgenössischer, freilich durchweg regional gebundener Kunst war. Wichtige Maler der „Neuen Sachlichkeit" in den zwanziger Jahren wie Josef Wedewer, Theo Hölscher und Bernhard Bröker, Expressionisten der zweiten Generation wie Hans-Wolf von Ponickau und – in seinen Anfängen – Carl Busch, bedeutende Grafiker wie Alois Röhr, Hans Pape und Reinhard Herrmann gehörten dieser für die westfälische Kunstszene äußerst wichtigen Gruppierung ebenso an wie die Bildhauer Hilde Schurk-Frisch und Albert Mazzotti, Architekten wie Edwin Scharf und Heinrich

„Mein Elternhaus 1836". Gemälde von Fritz Grotemeyer (1929)

Benteler, Kunstgewerbler wie Josef und Carlo Dürselen, Joos Jaspert und Hedwig Klöckner-Friebe, um nur einige zu nennen, wobei die Auswahl all denen Unrecht tut, die nicht genannt werden. Die Arbeit der „Schanze" wurde begleitet und unterstützt durch die Aktivitäten ortsansässiger Galeristen – auch dies ist neu in den zwanziger Jahren –, vor allem der Brüder Clasing, wobei nicht unerwähnt bleiben sollte, daß der bedeutendste aus Münster stammende Kunsthändler der Zeit, Alfred Flechtheim, sein Betätigungsfeld in Berlin und Düsseldorf gefunden hatte, ohne freilich die Kontakte zu seiner Heimatstadt zu vernachlässigen. Während Flechtheim trotz seines demonstrativ gezeigten Selbstbewußtseins und Stolzes auf seine uralte westfälische Herkunft nach 1933 als Verfechter der europäischen Avantgarde in Münster überhaupt keine Chance mehr gehabt hätte, vollzogen sich die Übergänge 1933 und auch 1945 für die münsterische Künstlerschaft sanfter. Bei aller Sympathie und Hochachtung für die individuelle künstlerische Leistung kann man die münsterische Kunstszene kaum der internationalen Avantgarde zurechnen. Daß bedeutende Bauhausschüler wie Fritz Levedag oder Wilhelm Imkamp aus Münster stammen, sollte nicht übersehen werden, doch sie spielten im Kunstleben der Stadt keine Rolle. Es waren, vor allem auch nach dem Zweiten Weltkrieg, weniger die münsterischen Künstler als die Aktivitäten des Westfälischen Kunstvereins und Einzelinitiativen, wie die des Vorsitzenden der Bischöflichen Kunstkommission, Dr. Klockenbusch, oder des großen Kunstsammlers Otto Dobermann, die den Kontakt zur aktuellen Moderne herstellten. Das Westfälische Landesmuseum verstärkte seit der Errichtung des Neubaus und dem systematischen Ausbau der Modernen Galerie seine Aktivitäten in der Gegenwartskunst. Die Gründung der Kunstakademie für Westfalen, zuerst als Außenstelle der Kunstakademie Düsseldorf, hat – vor allem durch die Präsenz junger Künstlerinnen und Künstler – die Kunstszene in Münster nachhaltig belebt.

Quellen und Literatur

Die Erforschung der münsterischen Malerei des 18. Jahrhunderts ist bisher sehr punktuell erfolgt. Sie ist im wesentlichen in Einzelaufsätzen greifbar. Eine Grundlage bieten Max Geisbergs Studien zur Geschichte der Maler in Münster von 1530 bis 1800 [133: Studien]. Hier finden sich Namen und Lebensdaten einer großen Zahl münsterischer Maler. Wertvolle Hinweise zu einzelnen Hofkünstlern sind in Heinrich Hartmanns Schlaun-Monographie enthalten [1053: Schlaun]. Herta Hesse-Frielinghaus hat im Zusammenhang mit einer von Paul Ortwin Rave als Provinzialkonservator initiierten Inventarisierung westfälischer Bildnisse über münsterische Maler publiziert [1060a: Kappers; 1060: Stratmann].

Den Hintergrund der kurfürstlichen Kunstszene am Rhein erhellen Aufsätze von Max Braubach [2018: Schloßbauten und Sammlungen], Walter Holzhausen [1066: Clemens August und die Malerei] und Horst Vey [1187: Gemälde des Kurfürsten].

In Fortsetzung der Geschichte der münsterischen Malerei des 18. Jahrhunderts rekonstruierte Hildegard Westhoff-Krummacher die Kunstszene um 1800 durch ihre grundlegende, fast 400 Werke behandelnde Monographie über Johann Christoph Rincklake [1192: Rincklake]. Diese Monographie begnügt sich nicht mit einer Biographie und einem vollständigen Katalog der Werke, sie wertet aus, erschließt und macht anschaulich, wie sehr der gesellschaftliche Standort, eine feststehende Rollenerwartung, Zeitsehnsucht, Spiegel- und Wunschbild die Gestalt und Entfaltungsgrenzen des Porträts bestimmten. Ansatzpunkt für die Erforschung der Malerpersönlichkeit Rincklakes war ein Aufsatz von Joseph Bernhard Nordhoff [1137: Rincklake], der viele Hinweise für den Verbleib von Rincklakes Werken gab. Eine von Max Geisberg veranstaltete Ausstellung von 102 Werken des Malers zur 100. Wiederkehr des Todestages machte zuerst auf die Bedeutung Rincklakes aufmerksam. Allerdings erschien zu dieser Ausstellung kein Katalog. Ein 1914 mit einem Vorwort von Geisberg und einer Einleitung von Burkhard Meier versehenes und mit 34 Werken bebildertes „Lebensbild" bot eine erste Dokumentation des Werkes von Rincklake [977: Rincklake]. 1955 war eine – größere – zweite Rincklake-Ausstellung in Münster zu sehen, die von Carl Bänfer veranstaltet wurde. Die Dokumentation konnte zwar auf 133 Gemälde erweitert werden, doch auch zu dieser Ausstellung erschien kein Katalog. Allerdings erschienen im Anschluß zwei weiterführende Aufsätze von Herta Hesse-Frielinghaus [1061: Rincklakes Ausbildungsweg; 1062: Rincklake]. Paul Pieper steuerte 1955 mit einem kleinen Beitrag [1142: Maler der Goethezeit] eine Zusammenfassung bei.

Westhoff-Krummacher erforschte auch das Umfeld vor und nach Rincklake. Sie veröffentlichte das in Westfalen entstandene Werk des vom Main kommenden Wandermalers Georg Oswald May, der nach den Kappers das Bildnis aus dem Zwang höfischer Repräsentation herausführte und wahrscheinlich auch maßgeblichen Einfluß auf Rincklakes Porträtauffassung hatte [2812: May]. Sie ging aber auch dem Porträtschaffen nach Rincklakes Tod nach [1466: Haas]. Die sonst mit Münster verbundenen Maler sind in ihrem Katalog über die Gemälde des 19. Jahrhunderts im Westfälischen Landesmuseum für Kunst und Kulturgeschichte enthalten [1279: Gemälde des 19. Jahrhunderts]. Die Rahmenbedingungen künstlerischen Wirkens in Münster werden in einem Aufsatz von Betka Matsche-von Wicht [237: Westfälischer Kunstverein] erläutert. Speziell die Malerinnen in Münster behandelt Marion Böker [1296: Malerinnen].

KLAUS BUSSMANN

Architektur der Neuzeit

1. Tendenzen der Profanarchitektur im 16. und 17. Jahrhundert – 2. Bautätigkeit der Ordensgemeinschaften – 3. Adelige Auftraggeber und Architekten von europäischem Rang – 4. Die Architektur im 19. und frühen 20. Jahrhundert

1. Tendenzen der Profanarchitektur im 16. und 17. Jahrhundert

Das bekannte Diktum der Ricarda Huch: „Unter allen Städten Westfalens ist Münster die Vornehmste, ja in ganz Deutschland gibt es keine, die ihr darin gleichkommt" [2245: Huch, Im alten Reich, S. 18], bezieht sich auf eine Stadt, die heute nicht mehr existiert. Trotz des Wiederaufbaus der Kirchen und der weitgehend maßstäblichen Wiederherstellung der allgemeinen Stadtgestalt ist durch die Zerstörung im Zweiten Weltkrieg genau jenes Element verlorengegangen, auf das sich die Dichterin bezieht – als „vornehm" wird man kaum die mittelalterlichen Kirchen, schon gar nicht die Staatsbauten des 19. Jahrhunderts bezeichnen können, sondern doch wohl die Adels- und Patrizierkultur, die vom 16. bis zum frühen 19. Jahrhundert die Architektur und das Stadtbild Münsters geprägt hat. Ein reiches Bürgertum, der landständische Adel, die Beamten des Hofes und zuletzt die Fürstbischöfe selbst hatten innerhalb des engen Mauerrings der Stadt ständig die mittelalterliche Substanz erneuert, verändert, ersetzt, ohne je das gewachsene Netz der Straßen, Plätze und Funktionsverbindungen aufzugeben – bis ins späte 18. Jahrhundert, als mit der Anlage von Promenade und fürstbischöflicher Residenz der alte Ring der Stadt gesprengt wurde und ihre Ausdehnung ins Umland sich vorbereitete. Bis dahin war Münster eine mittelalterliche Stadt mit neuzeitlicher Bebauung (wenn man von den Kirchen absieht, fand sich kaum noch mittelalterliche Bausubstanz); erst das 19. Jahrhundert sprengte – stärker als der Wiederaufbau nach dem Zweiten Weltkrieg – die Maßstäblichkeit. Das alte Straßennetz bestimmt auch heute noch das Bild der Stadt und bildet das Koordinatensystem, in dem die wenigen erhaltenen historischen Gebäude ihren Stellenwert haben. Die ununterbrochene Tradition des Wegeverlaufs und des Beziehungsgefüges – Grundgesetz der Urbanität alter Städte – ist in Münster erst seit den sechziger Jahren an einigen Stellen empfindlich gestört worden, ohne daß aber, wie in den meisten wiederaufgebauten deutschen Städten, das Netz zerrissen wäre. Münster war eine Stadt der Häuserzeilen und – meist engen – Straßen, deren gelegentliche Ausweitung sofort als bedeutend empfunden wurde. Die münsterischen Fassaden sind auf Nahsicht bezogen; daher erklärt sich vielleicht die oft außerordentliche Qualität des skulpturalen Details – bis zum Residenzschloß mit den Skulpturen von Joseph Ignatius Feill –, es war keine Stadt der Plätze. Der Domplatz war das Gegenteil eines öffentlichen Marktes: Ort der Ruhe und Distanz zum öffentlichen Leben, abgeschlossen von der Bürgerstadt durch Tore, im Dialog zwischen Dom und Kurien, „vornehm" im Sinn von Exklusivität. Die Märkte waren verbreiterte Straßenzüge, auch der Prinzipalmarkt war fest definierter langgestreck-

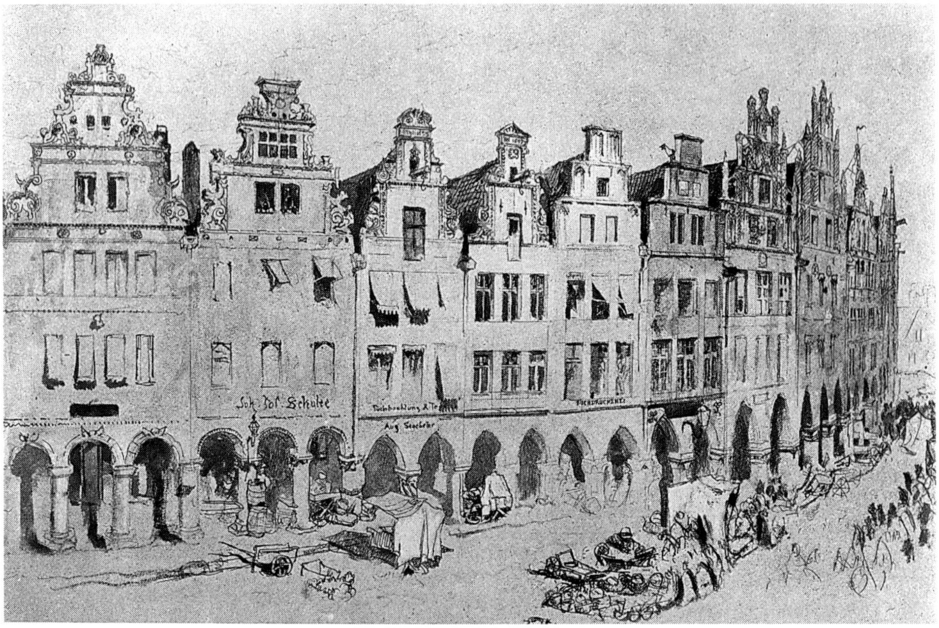

Ansicht der Westseite des Prinzipalmarkts. Zeichnung von John Ruskin (um 1860)

ter Raum. Der Enge der Stadt entsprach die Weite des Landes – nur wenige andere Städte lebten in so hohem Maße im Dialog von Stadt und Land. Die Burgen der münsterischen Ritterschaft, die Güter der Erbmännerfamilien, die Residenzen der Landesherren, die Sommersitze vor den Toren der Stadt sind untrennbar mit der Kunstgeschichte der Stadt verbunden, wie auch die Stadt als zentraler Markt, als Zentrum des Bistums und der Landesverwaltung beherrschenden Einfluß auf das Münsterland und weite Teile Nordwestdeutschlands ausübte.

Münster brachte eine Reihe wichtiger Künstler hervor, zog aber auch ebenso viele aus der Region in seine Mauern. Neben der Beziehung zur Region waren wesentlich, seit dem frühen Mittelalter, die internationale Orientierung, die Kontakte der Kirche und Kaufleute zum Westen, zu den Niederlanden und Frankreich und – im Zuge der Kolonisierung – nach Osten und zum Norden, für den Westfalen insgesamt vor allem im Mittelalter prägendes Vorbild gewesen war. Die Kunstgeschichte der Stadt läßt sich nicht schreiben ohne diese internationale Einbindung. Das Werk der wichtigsten Künstler ist nicht nur am europäischen Maßstab zu messen, sondern auch ohne die europäischen Voraussetzungen nicht zu verstehen. Das überraschende Moment des Nicht-Provinziellen, das viele Werke in Münster im Vergleich mit anderen Städten Westfalens auszeichnet, ist sicherlich hieraus zu erklären. Man orientierte sich an hohen Standards; das Selbstbewußtsein der Stadt bestätigte sich in internationaler Konkurrenz, ohne jedoch die Bindung an die eigenen Voraussetzungen je aufzugeben. Sowohl die Auftraggeber wie die Künstler waren in der Regel gebildete weitgereiste Leute, aber fast immer Westfalen oder Münsterländer, deren Verwurzelung in heimischer Tradition sich mit dem in der Fremde Erlernten und Erfahrenen verband.

Den Großkaufleuten mit ihren internationalen Beziehungen, der Stadt der Hanse, stand die Stadt der Kirchen gegenüber, Zentrum eines ausgedehnten Bistums, dessen Bischof zugleich Landesherr über ein weites Territorium zwischen Friesland, Holland, Kurköln und den östlichen westfälischen Fürstbistümern war. Die Kleriker wurden, da Münster bis ins späte 18. Jahrhundert keine eigene Universität besaß, ebenso wie die weltlichen Akademiker im „Ausland" ausgebildet, in Köln, Deventer, Orléans, Paris, und brachten ihre internationalen Erfahrungen heim. Für die Kunstgeschichte der Stadt ist die doppelte Dualität zwischen weltlicher und geistlicher Stadt, wie zwischen bürgerlicher und adeliger Stadt prägend geworden. Münster ist nie nur (trotz seines Namens) Bischofssitz oder Residenzstadt gewesen, aber auch nie reine Handels- und Marktstadt. Die Dualität prägt bis heute das Stadtbild und die städtebauliche Struktur. In dieser Dualität nahm, zumindest bis zum Ende des Alten Reiches, der Adel eine doppelte Rolle ein. Er stellte die Mitglieder des Domkapitels (die ritterbürtig sein mußten), häufig den Bischof, er besetzte die führenden Stellen der Landesverwaltung und des Militärs, lebte in der Stadt, ohne sich jedoch in die bürgerlichen Geschäfte der städtischen Selbstverwaltung einzumischen. Die kritische Frage der Abgrenzung der drei Stände des Landes, die die Stadt bewohnten – Domkapitel, Ritterschaft, Bürgertum –, wird in dem fast zwei Jahrhunderte dauernden Erbmännerstreit deutlich. Die soziale Position des Auftraggebers ist ein prägendes Merkmal in der architektonischen Form münsterischer Bauten.

Den Beginn der neuzeitlichen Architektur in Münster markiert – paradoxerweise – die Herrschaft der Täufer, die zwar die mittelalterlichen Bildwerke der Kirchen zerstörten, aber nicht die Häuser, die sie selbst bewohnten. Die Anhänger der Bewegung kamen aus allen sozialen Schichten; die führenden Köpfe – soweit sie nicht von außen gekommen waren – stellte die bürgerliche Oberschicht, die an den Hauptstraßen der Stadt wohnte. Trotz des wirtschaftlichen und sozialen Niedergangs, den ihr Regime und die anschließende Restauration der fürstbischöflichen Macht mit sich gebracht hatten, setzte sehr bald schon eine rege Bau- und Modernisierungstätigkeit ein, und das Vorbild, an dem man sich nun orientierte, war nicht mehr das spätgotische Fassadenschema, war allerdings auch nicht direkte Anregung aus der italienischen oder – was näher lag – der französischen Renaissance, sondern die Kunst der Bildhauer, Maler und Kunsthandwerker, die mit der Erneuerung des zerstörten Kunstbesitzes von Dom und Kirchen beauftragt worden waren. Bei diesen, in der Generation des Johann Brabender und des Hermann tom Ring, waren die ersten Elemente der Renaissance aufgetreten, angeregt von der niederländischen Kunst und der der deutschen Kleinmeister der Generation nach Dürer – wie zum Beispiel Heinrich Aldegrever. Die Geschichte der münsterischen „Kunst"-Architektur ist von der der übrigen Künste nicht zu trennen. Die Architektur war weitgehend der empfangende Teil und heute, nach der fast vollständigen Zerstörung der münsterischen Profanbaukunst, ist die stilistische Entwicklung der Zeit am ehesten an den Arbeiten der Kleinarchitektur, den Epitaphien des Doms, der Lamberti- und Überwasserkirche, an den Wandverkleidungen der erhaltenen Säle, an den Kaminen und Portalen abzulesen und in einigen Bildern der Malerfamilie tom Ring. Bei der engen Verknüpfung von Stadt und Oberstift Münster ist in vielen Fällen ein Blick aufs Land hilfreich, um eine Anschauung vom Verlorenen zu gewinnen.

Man darf die Skizzierung der stilistischen Entwicklung münsterischer Profanarchitektur weitgehend auf die Fassaden beschränken – nicht nur, weil eine eingehende Untersuchung der Bautypen, der Funktionen, der Disposition des Inneren in diesem Rahmen zu weit führen würde, sondern auch, weil die Stadt seit dem 14. Jahrhundert als allgemein verbindliche Form des bürgerlichen Hauses an den Hauptstraßen den Typus des Giebelhauses ausgebildet hatte, das seine Schmalseite der Straße zuwandte und mit seinen Nachbarhäusern, mit denen es in der Regel nicht durch eine gemeinsame Brandmauer verbunden war, die Straßenzeile bildete. Die schmalen tiefen Parzellen, in die ein großer Teil des städtischen Areals aufgeteilt war, deren Verlauf seit dem 12. Jahrhundert weitgehend festlag, legten diesen Typus nahe. Eine Ausnahme bildeten, neben den kirchlichen Gebäuden, die Grundstücke der Erbmännerfamilien, die sich im Laufe des 14. und 15. Jahrhunderts aus der Kaufmannschaft und von den Märkten zurückgezogen und große Grundstücke, vor allem im Bereich der Lambertipfarre, aber auch in anderen Bereichen der Stadt, übernommen hatten, auf denen Wohnhöfe, Wirtschaftsgebäude und Gärten in loser, nicht auf die Straße bezogener Anordnung entstanden waren.

Die Geschichte der münsterischen Schaufassaden beginnt mit dem Rathaus, das – um 1350 entstanden – zu den Hauptwerken der gotischen Profanarchitektur in Deutschland gerechnet werden muß. Sicherlich nicht von einheimischen Baumeistern konzipiert, sondern noch das Werk einer der rheinischen Dombauhütten – Beziehungen zu Straßburg und Köln sind zu erkennen (man hat sogar den Namen Johann von Steinbach, den Sohn des berühmten Straßburger Dombaumeisters Erwin von Steinbach, mit der Fassade in Verbindung gebracht) –, gibt der Rathausgiebel das Maß und die Richtung der weiteren Entwicklung an: Über den eleganten spitzbogigen Arkaden erhebt sich das Hauptgeschoß mit vier Maßwerkfenstern, nach oben abgeschlossen durch ein stark profiliertes Gesims, dem über der Arkadenzone ein reichgeschmückter Laub- und Figurenfries entspricht. Auf diesem horizontal betonten, fast quadratischen Unterbau steigt in sieben Staffelfeldern der Giebel hoch empor, von den seitlichen niedrigen Ansätzen in steilen Stufen bis zur dominierenden Mitte. Die Felder sind voneinander getrennt durch reich profilierte Pfeiler, die als Fialen über die Stufen hinauswachsen und von freistehenden Skulpturen bekrönt sind. Die mittleren drei Staffeln sind durch maßwerkgefüllte Wimperge und die Gruppe der Marienkrönung mit Kreuzblumen und Baldachin wie ein Schrein ausgebildet. Die hohen Felder der einzelnen Staffeln sind durch Maßwerkfenster und Blendwerk gegliedert. Der Giebel überragt weit das Dach, so daß die Silhouette vor freiem Himmel erscheint. Äußerste Klarheit und Eleganz verbinden sich mit reichem ikonographischem Skulpturenprogramm und Dekorationsschmuck, der der architektonischen Struktur untergeordnet bleibt.

Zwar hat der Giebel des Rathauses keinen direkten Nachfolger gefunden, doch bleiben wesentliche Elemente seiner Anlage vorbildlich bis ins 16. Jahrhundert. Als nach der Münsterischen Stiftsfehde im späten 15. Jahrhundert die Stadt einen neuen wirtschaftlichen Aufschwung erlebte, wetteiferten die münsterischen Bürger in der Neuanlage prächtiger Fassaden (zum Teil auf den alten vorhandenen Bögen und vor den älteren Häusern); das Erneuern der Fassade war unter anderem auch deshalb

Schaugiebel des Rathauses (um 1900)

technisch möglich, weil die Balken der Geschosse auf den Längsmauern auflagen, somit die Fassaden keine statische Funktion hatten. Die Fülle der Dekorationsformen in Maßwerk, Fialen, Krabben und Kreuzblumen ist sicher nicht ohne die Anregungen zu denken, die von kirchlichen Bauten der Stadt – vor allem von der Lambertikirche – und der Modernisierung des Doms ausgingen. Es kann vermutet werden, daß teilweise dieselben Steinmetze in beiden Bereichen tätig waren. Um 1530 hatten die Märkte und vor allem der Prinzipalmarkt mit der Reihe seiner prachtvollen Giebelbogenhäuser eine Form gefunden, die diesen zu einem der bedeutendsten städtebaulichen Ensembles im Reich, ja in ganz Europa machten.

Die Herrschaft der Täufer traf in eine Zeit, in der sich die Spätgotik endgültig überlebt hatte. Zwar finden sich nach 1540 noch einzelne gotische Bauten – um 1565 erhält der Salvatorgiebel des Doms noch spätgotisches Maßwerk, aber eher in Anlehnung an die übrigen modernisierten Giebel –, doch zeigt der erste nach der Täuferzeit auf dem heutigen münsterischen Stadtgebiet entstandene Neubau den abrupten Wandel: der Drostenhof in Wolbeck, ab 1547 für die Familie von Merveldt errichtet. Ihm war, zehn Jahre früher, der letzte noch spätgotische Bau Münsters vorausgegangen, das Gildehaus der Bäcker am Alten Steinweg 1, dessen Fassade mit vorspringendem Erker „ganz mit dem Gespinst spätgotischen Maßwerks“ überzogen war (und insofern einen Sonderfall in Münster darstellte) [839: Mummenhoff, Profanbaukunst, S. 75]. Das Torhaus des Drostenhofs übernimmt das Motiv des münsterischen Erkers, hat auch noch – in Backstein – gotische Fialen, die Profile der Türgewände in gotischen Kehlen und Stabwerk, doch das Herrenhaus von 1557 bricht mit der spätgotischen Tradition. Nicht nur entspricht die Disposition des Inneren neuen, aus Frankreich kommenden Vorstellungen von Praktikabilität und Bequemlichkeit, auch das französische Architekturmotiv der Lukarne findet sich hier zum erstenmal. Vor allem bildet der Bau einen neuen Typ von Fassade aus, der für eine Reihe münsterischer Bauten verbindlich werden sollte: das Krameramtshaus von 1589, das Haus Rothenburg 33, den alten Velener Hof an der Aegidiistraße, der später von Schlaun umgebaut wurde. Die beiden Schaugiebel des Drostenhofs, in kunstvoller Backsteinmauerung mit Haustein, zeigen sieben Stufen, die mit radartigen Halbkreisaufsätzen, mit starken Rändern, Fächerfüllung und Kugeln besetzt sind – ein Motiv, das wahrscheinlich aus dem Bereich der Weserrenaissance, vielleicht vom Schloß Stadthagen, übernommen wurde. Gegliedert werden die Giebel von vertikalen flachen Lisenen, die auf Konsolen ruhen, und horizontalen verkröpften Simsen. Der alte Grundgedanke der münsterischen Bürgerhäuser erscheint hier in reinen Renaissanceformen, wobei die gotische Vertikaltendenz noch deutlich zu spüren ist.

Kommen für die vom Drostenhof ausgehende Baugruppe Anregungen von außen, so scheint die zweite Gruppe bedeutender Fassaden des späten 16. Jahrhunderts ganz in Münster entwickelt worden zu sein. Folgt man der These Max Geisbergs, ist ihr Urheber der Maler Hermann tom Ring, der möglicherweise in der Scheinarchitektur der münsterischen Domuhr von 1542, die Geisberg dem Vater, Ludger dem Älteren, zuweist, das Modell für seine Formerfindung gesehen hat. Hauptmerkmal dieses Typs ist ein vollkommen einheitliches Gliederungssystem von Wand und Giebel durch ein Raster von flachen vertikalen Lisenen mit Sockeln und Konsolen und horizontalen Architraven, eine strenge Rhythmisierung der Fassade mit vertieften Fensterfeldern und der plastisch hervortretenden Gitterstruktur. Der Heeremansche Hof (1564) an der Königsstraße zeigt deutlich diese Struktur, mit der Besonderheit eines Erkers, der aber ganz in die Geometrie der Fassade eingefügt ist, und dem Verzicht auf einen Stufengiebel, an dessen Stelle eine Balustergalerie und eine Lukarne treten – eine für Münster sehr untypische Lösung, die bei dem fast gleichzeitig entstandenen Haus der gleichen Gruppe, Bogenstraße 14, durch einen Stufengiebel korrigiert wird, bei dem – auch ein neues folgenreiches Motiv – Voluten und Rankenwerk auf den Staffeln zwischen den Höhen vermitteln und dem gesamten Giebel eine fließende Kontur geben. Unbestrittene Meisterwerke dieser Gruppe sind die Häuser Aegidiistraße 62, wo das Lisenen-Architrav-System in einen Staffelgiebel eingebunden ist, und Aegidiistraße 11, das zu den bedeutendsten Renaissancehäusern Münsters gehörte. Statt der Lisenen sind Halb- und Dreiviertelsäulen Träger des vertikalen Ordnungsgerüstes. Sie geben, zusammen mit den verkropften Gesimsen und den Aufsätzen auf den Staffeln, der Fassade ein hohes Maß an Plastizität. Zwar folgt die Form der Säulen noch nicht dem klassischen Kanon, sondern zeigt im Umgang mit Proportionen und Kapitellform eine Unbekümmertheit, wie sie auch die französische Frührenaissance kennzeichnet; doch manifestiert sich nirgendwo deutlicher die endgültige Abkehr von der gotischen Formenwelt, die sich etwa gleichzeitig auch im Entwurf der Nischenarchitektur des Salvatorgiebels zeigt (nach Geisberg ebenfalls von Hermann tom Ring). Endgültig dem Kanon der antiken Säulenordnung verpflichtet ist das letzte Beispiel dieser Gruppe: das Doppelhaus von Stadtlegge und Stadtkeller (1569/71) mit der Abfolge von toskanischen Halbsäulen im Erdgeschoß, klassischem Gebälk, einer kannelierten dorischen Ordnung im ersten Geschoß, die auch die Form des Erkers mit seinem Dreiecksgiebel bestimmt, darüber ein Triglyphengebälk, die oberen Geschosse des Giebels in ionischer und korinthischer Ordnung. Der lebhafte Kontur des Giebels, mit Voluten, wappenhaltenden Löwen und geschwungenem Firstabschluß, steht in gewissem Gegensatz zur architektonischen Strenge der Fassade – was Geisberg in seiner These bestätigt, daß eben nicht ein italienisch geprägter Architekt, sondern ein Maler für den Entwurf dieser Fassaden verantwortlich gewesen sei. Für das gesamte 16. Jahrhundert gilt freilich, daß Entwurf und Bauausführung in den Händen erfahrener Steinmetzen lagen.

Der Typus des akademisch gebildeten Ingenieurarchitekten tritt in Münster erst im späten 17. Jahrhundert mit der Generation der Pictorius und Corfey auf. Auch einer der merkwürdigsten Bauten dieser Zeit in Münster, gewissermaßen ein Fremdkörper, das Haus Roggenmarkt 12 von 1565, ist das Werk eines Bildhauers, der sich als Architekt betätigt: Laurenz von Brachum aus Wesel, der Schöpfer der sogenannten Lipperenaissance (Schloß Horst, Schloß Assen, Haus Geist), der mit dieser Fassade eine neue Tendenz in diese münsterische Architektur einführte, die gegen die Strenge antikischer Ordnungsvorstellungen bald die Oberhand gewinnen sollte – die der Vorherrschaft des Ornamentes. Unter dem Einfluß niederländischer Ornamentstecher wie Cornelis Bos, Jan Colijn und Cornelis Floris (nach ihm hat man den Begriff Florisstil geprägt) überzieht eine Fülle von Ornamenten, Grotesken, Bandwerk, Rollwerk die Fassade und verunklärt die architektonische Struktur. Zwar hat das Werk Laurenz von Brachums in Münster keine direkte Nachfolge gefunden, doch werden seit den siebziger Jahren immer stärker die ornamentalen Interessen das Aussehen der Fassaden bestimmen und zwar nicht, indem – wie bei Brachum – die Architektur durch und durch vom Ornament durchdrungen wird, sondern indem einem relativ schlichten, wenig gegliederten Kernbau im Giebel fließendes Ornament übergezogen wird, ein Gekräusel kompliziertester Einzelformen, die die Konturen verschwimmen lassen.

Den Anfang macht das Haus Frauenstraße 1 von 1570 mit der vierfachen Wiederholung eines Volutengiebels. Es folgen bis 1630 eine Fülle von Fassaden, deren Ornamentformen den wechselnden Moden folgen: nach Floris der Einfluß von Hans Vredemann de Vries; Einzelformen wie das Waffeleisenmuster kommen von der Weser, ab 1609 finden sich erste Beispiele des sogenannten Knorpelstils, dann, unter dem Einfluß des Bildhauers Gerhard Gröninger, des Ohrmuschelstils. Münster bewegt sich in dieser Zeit ganz im Kontext des nordeuropäischen, von den Niederlanden geprägten Manierismus, der von Antwerpen bis Kopenhagen nur in kleinen lokalen oder regionalen Unterschieden die Architektur beherrscht – mit Bauten von oft hoher Qualität, wie dem 1615 entstandenen Stadtweinhaus, von dessen ursprünglicher Gestalt am besten die Rekonstruktionszeichnung bei Geisberg einen Begriff gibt.

Wenn auch in späteren Jahrzehnten – noch bis ins 18. Jahrhundert – einzelne bedeutende Giebelhäuser entstanden, bis zum Westfälischen Friedenskongreß war die Phase der Selbstdarstellung des reichen münsterischen Bürgertums, der Gilden und des Rates in aufwendigen Prunkfassaden abgeschlossen. Die Folgen des Krieges, der Verlust der städtischen Freiheiten unter Fürstbischof Christoph Bernhard von Galen und die zunehmende politische Rolle des Adels veränderten die Lebensbedingungen der Stadt, die im Zeitalter des Barock den prachtvollen Straßenzügen aus Gotik und Renaissance eine weitere Facette ihrer spezifischen Gestalt hinzufügen konnte: die des adeligen Hofes. Von nun an bestimmen Architektenpersönlichkeiten das Bild, die von Ausbildung und Stand eine sehr viel professionellere Stellung einnehmen als bisher in Münster üblich. In steigendem Maße tritt erneut, neben der Profanarchitektur, die kirchliche Architektur gleichberechtigt auf, nachdem im 16. Jahrhundert die Jesuiten als erste – und lange Zeit als einzige kirchliche Auftraggeber – den umfangreichen Komplex von Kolleg und Kirche hatten errichten lassen.

2. Bautätigkeit der Ordensgemeinschaften

Die religiöse Situation war nach der Niederwerfung der Täufer für einige Jahrzehnte relativ offen geblieben. Fürstbischof Franz von Waldeck hatte 1540 vergeblich versucht, den Protestantismus einzuführen; seine Nachfolger nahmen keine entschiedene Position ein, wohl auch, um Münster aus den überall ausbrechenden Glaubenskriegen (Niederlande, Frankreich) herauszuhalten. Die alte katholische Kirchenordnung war zwar wiederhergestellt worden, doch blieb ein Teil des Rates und des Bürgertums protestantisch. Mit großem Jubel wurde 1580 der lutherische Erzbischof von Bremen und Bischof von Paderborn, Heinrich von Sachsen-Lauenburg, als erwarteter neuer Landesherr in Münster begrüßt. Seine Wahl konnte verhindert werden durch den führenden Kopf der katholischen Sache, den Domdechanten Gottfried von Raesfeld, der 1585 die Wahl des streng katholischen Herzogs Ernst von Bayern, der schon Kurfürst von Köln und Fürstbischof von Lüttich war, durchsetzte – hier erscheint zum erstenmal eine Personalunion, die später weite Teile der Geschichte Münsters bestimmen sollte. Mit dem Bayernherzog kamen aus Köln die Jesuiten in die Stadt. 1588 übernahmen sie die alte Domschule, das Paulinische Gymnasium. Sie wurden die treibende Kraft einer strengen Rekatholisierung, die 1628 mit der endgültigen Ausweisung der letzten Protestanten aus Münster endete. Die Gegenreformation, die die Jesuiten in Münster einführten, zog weitere Ordensgemeinschaften in die Stadt: die Kapuziner 1612, die Klarissen 1613, die Observanten 1613/14, die Dominikaner 1651 und die französischen Lotharinger Chorfrauen 1642 – Orden, die im 18. Jahrhundert zu wichtigen Auftraggebern münsterischer Architekten wurden.

Domdechant Gottfried von Raesfeld hatte 1586 den Jesuiten 30 000 Reichstaler zum Bau ihrer Niederlassung vermacht, die der neue Fürstbischof Ernst von Bayern ermöglichte. 1590 wurde der Bau begonnen, Baumeister war der Meister der münsterischen Steinhauer- und Maurergilde Johann Roßkott. Man begann zugleich mit Kirche und Schule, zog wegen stark steigender Schülerzahlen den Schulbau vor – einen auf der Nordseite der Kirche gelegenen rechteckigen Baublock mit drei Etagen, hohem seitlichem Dreiecksgiebel und vorgelegten sechseckigen Treppentürmen an beiden Enden, die durch einen Bogengang aus Pfeilern und korinthischen Halbsäulen miteinander verbunden waren, über denen eine hölzerne Galerie mit Pultdach verlief. Der Bau, im späten 18. Jahrhundert von Lipper modernisiert, war durch Galerien mit der Kirche verbunden. Das eigentliche Kolleggebäude für die Patres entstand erst nach 1610 als unregelmäßiges Quadrum mit seitlichen Flügeln auf der Ostseite der Anlage zum Domplatz hin.

Der 1597 fertiggestellte Kirchenbau ist von der Kunstgeschichte immer als einer der wichtigsten Sakralbauten Münsters gewürdigt worden. Er ist der Gründungsbau einer ganzen Familie von Jesuitenkirchen in Westdeutschland, von Molsheim, Koblenz, Köln, Aachen, Coesfeld, Paderborn bis Hildesheim. Auf den ersten Blick noch ganz spätgotischen Formen verhaftet, bricht er doch grundsätzlich in Anlage und Typus mit der münsterischen, ganz westfälischen Tradition der breitgelagerten Hallenkirche und setzt dagegen einen Raum „von zwingender Richtungsbestimmtheit und deutlichen Über- und Unterordnungen seiner Teile" [2642: Schmitz, Grundlagen barocker Kirchenbaukunst, S. 40f] – eine dreischiffige Emporenbasilika mit breitem einheitlichem Mittelschiff, das von durchlaufendem Rippennetzgewölbe abgeschlossen wird. Das Langhaus ist wie eine gewölbte, auf den Chorraum führende Prozessionsstraße behandelt, nicht zu Unrecht fühlte sich Geisberg bei den die Emporen tragenden stämmigen Rundpfeilern an die Bögen des Prinzipalmarktes erinnert. Durchlaufende Balustraden auf den Emporen, geschlossene Wandflächen über

Innenraum der Petrikirche (1935)

den niedrigen Emporenöffnungen, aus denen kleine Obergadenfenster das Gewölbe so ausleuchten, daß es wie eine Tonne mit Stichkappen wirkt, Wandpfeiler über den Säulen, mit Aposteln besetzte Nischen, all dies zeigt eine grundsätzlich neue Raumkonzeption, die in den sehr viel größeren Jesuitenbauten der Folgezeit zu gänzlicher Reife kommen wird. Die Seitenschiffe und Emporen treten in ihrer optischen Erscheinung zurück, haben aber die für das Programm der Jesuiten äußerst wichtige Funktion, vielen Zuhörern der Predigten Platz zu bieten. Auch von außen dominiert noch der spätgotische Aspekt: das überhöhte Mittelschiff, die Doppelgeschosse der Seiten und der Chor weisen gotisches, wenn auch verkümmertes Maßwerk auf. Strebepfeiler umstehen den gesamten Raum, nur die Portale zeigen eine Ornamentik, die in etwa zeitgenössisch ist. Gegenüber der Formensprache der münsterischen Profanbaukunst des späten 16. Jahrhunderts wirkt der Bau, auch in seiner Mischung von Bruchsteinmauerwerk, Ziegel- und Sandstein, ein wenig antiquiert, was mit Alter und Herkunft des Baumeisters zusammenhängen mag, der in der Entwicklung des neuen Bautypus sicherlich von seinen aus Köln kommenden Auftraggebern geleitet wurde. Für die Emporen hat man Anregungen aus der St.-Achatius-Kapelle, für die Gewölbe und verschiedene Einzelheiten aus St. Peter in Köln nachweisen können. Die Jesuiten bestimmten im übrigen natürlich das ikonologische Programm der Ausstattung (sie stammt vor allem von dem aus Nottuln kommenden Bildhauer Johann Kroeß), die auf der Außenseite der Kirche mit dem ungewöhnlichen Motiv der Chorpfeiler fortgesetzt wird: auf den Wasserschlägen der vier Strebepfeiler zeigen sich die Symbole der vier Evangelisten, über ihnen – statt einer Fiale – die Heilige Schrift in Form von geschlossenen Büchern. Mit dem Bau von Kirche, Schule und Kolleg der Jesuiten war man zum erstenmal in das hochwassergefährdete Gelände der Aaniederung vorgedrungen, die als freier Wiesengrund den Kern der Stadt von den westlichen, freier bebauten Quartieren der Stadt (Bispinghof, Galenscher Hof) trennte.

In den folgenden Jahrzehnten hatten die neu nach Münster gezogenen oder erneuerten Ordensgemeinschaften große Probleme, Baugrund zu finden, nicht nur, weil die Stadt den Aufkauf von steuerpflichtigen Häusern zu verhindern wußte – die Kirche war (wie der Adel) von der Steuerpflicht ausgenommen –, sondern auch weil große zusammenhängende Grundstücke sich nur noch im Bereich der Aa oder in den Bereichen ehemaliger Erbmännerhöfe fanden. Die umfangreiche Bautätigkeit der Orden setzt erst mit dem Niedergang städtischer Selbständigkeit unter der Regierung des Fürstbischofs Christoph Bernhard von Galen ein.

3. *Adelige Auftraggeber und Architekten von europäischem Rang*

Der Friedenskongreß in Münster war zugleich Höhepunkt in der Geschichte Münsters – das einzige Mal, daß die gesamte damalige Welt auf die Stadt schaute und sie den prächtigen Rahmen für ein Ereignis der Weltgeschichte abgab – und Beginn des Niedergangs ihrer bürgerlichen Freiheit. Die Unabhängigkeit, die sie als neutraler Kongreßort genossen hatte, versuchte sie vergeblich nach dem Westfälischen Frieden durch kaiserliche Bestätigungen und niederländischen Beistand auf Dauer zu sichern. Der seit 1650 regierende Fürstbischof Christoph Bernhard von Galen, ein

Zögling der münsterischen Jesuiten, unterwarf sich die aufsässige Stadt endgültig 1661, nahm dem Rat und den Gilden ihre Rechte, setzte einen Stadtrichter als Vertreter des Landesherrn an die Spitze des Rates, dessen Mitglieder vom Fürstbischof ernannt wurden, und in die Halle des Rathauses die Hauptwache des bischöflichen Militärs. An die Stelle weitgehender Selbstverwaltung trat die Regierung eines zum Absolutismus tendierenden Herrschers. Wenngleich der Nachfolger Galens, der Fürstbischof Ferdinand von Fürstenberg (1678–1683), der Stadt einige Rechte zurückgab, war der Wandel vollzogen: Aus der alten Hansestadt wurde eine Residenzstadt, in der bis zum Ende des Alten Reiches die Regierung, der Fürstbischof, seine Minister und seine Beamten sowie der Adel das Sagen, das Geld und die Kultur hatten. Der Adel des Hochstifts stellte die Mitglieder des Domkapitels, die führenden Männer von Verwaltung und Militär, nicht immer den Landesherrn. An die Stelle internationaler Handelsbeziehungen traten für den größten nordwestdeutschen Territorialstaat wechselnde internationale Allianzen, mit deutlicher und fast immer stabiler Bindung an das Kaiserhaus oder den französischen König (und entsprechenden Subsidien), ständigen Kontakten zu den Höfen des Reiches und des westlichen Europas, Bildungsreisen für die jungen Kavaliere nach Paris und Rom und durch ganz Europa, Teilnahme der münsterischen Armee an den Kriegen der europäischen Mächte bis nach Belgrad. Für die Architektur der Stadt bedeutete dieser Wandel das Aufkommen einer in sich geschlossenen Kaste von Auftraggebern, die als Ausdruck und Rahmen ihres herrschaftlichen Standes anspruchsvolle Bauten errichteten, in denen die internationale – d. h. für diese Zeit die in Paris gültige – Etikette und Lebensform ihre standesgemäße Form fand, nicht nur im repräsentativen Äußeren, sondern nun auch in der inneren Disposition der Räume und ihrer modernen Ausstattung. Es entstand in wenigen Jahrzehnten eine adelige Wohnkultur von europäischem Rang. Nur wenige Städte des Reiches – neben den königlichen Residenzen zu Dresden, Prag und Wien vielleicht nur noch Mainz – konnten eine solche Fülle von Adelshöfen aufweisen wie Münster vor dem Zweiten Weltkrieg.

Der künstlerische Rahmen für das glanzvolle gesellschaftliche Leben in Münster zwischen 1680 und 1800 – mit Ausnahme einer Belagerung im Siebenjährigen Krieg, bei der Teile des Martiniviertels in Brand aufgingen, blieb die Stadt weitgehend von Kriegen verschont – wurde gemeinsam mit den Auftraggebern geschaffen, die in der Regel mit den neuesten Architekturtraktaten und ästhetischen Diskussionen vertraut waren, von Architekten, die in ihrem Fach eine gründliche Ausbildung genossen hatten, oft in Verbindung mit einer militärischen Ingenieurausbildung, und die als Militärs einen hohen Rang in der Gesellschaft innehatten – damals war in Deutschland die Verbindung Architekt, Ingenieur und Offizier nichts Außergewöhnliches. Das bedeutet, daß diese Architekten auch die vielfältigsten technischen Tätigkeiten beherrschen mußten – vom Straßen- und Brückenbau bis zur Bauaufsicht (neben ihren täglichen militärischen Pflichten) –, während das einfache Bauhandwerk, der anspruchslose Bürgerbau, der Nutzbau, aber auch die Bauausführung der Adelshöfe, weiterhin in der Hand der städtischen Maurermeister, der Steinmetzgilde und in verstärktem Maße wandernder Bautrupps (vor allem aus Tirol) lag.

Die Architekturgeschichte Münsters von 1680 bis ins frühe 19. Jahrhundert weist die Besonderheit auf, daß die führenden Architekten – oft als Landingenieure oder

Oberbaudirektoren Leiter des gesamten Bauwesens im Hochstift – aus einer Familie stammten. Nur Johann Conrad Schlaun, der als überragende Gestalt von europäischem Rang zwischen 1730 und 1773 die münsterische Kunstszene beherrschte, bildete eine Ausnahme. Doch vor ihm und nach ihm gibt es mit dem aus Dänemark gekommenen Peter Pictorius dem Älteren, seinen Söhnen Gottfried Laurenz und Peter dem Jüngeren, seinem Urenkel Wilhelm Ferdinand Lipper und dessen Großneffen August Reinking eine erstaunliche Familienkontinuität, die sich auch in einer bemerkenswerten Tradition der künstlerischen Grundhaltung äußert, die man sehr vage als klassizistisch-rational bezeichnen kann und die zu den Grundelementen der münsterischen Architektur dieser Zeit gehört. Münster hat das außerordentliche Glück, daß in dieser Familie die Zeichnungen und Entwürfe zusammengehalten und vererbt wurden, daß auch Schlauns Entwürfe gesammelt und bewahrt wurden in zwei großen Klebebänden – beide Sammlungen kamen über den Altertumsverein an das Landesmuseum, wo sie verwahrt und aufgearbeitet werden, so daß sich die wichtigsten Bauten samt ihren Planungsvorstufen anhand der Originalzeichnungen weitgehend belegen und studieren lassen. Auf ihrer Grundlage unter anderem konnte Max Geisberg in den dreißiger Jahren das monumentale Inventarwerk über die Bauten der Stadt Münster schaffen, unerschöpfliche Quelle und Basis für jeden, der sich mit der Stadt beschäftigt. Die Studien von Rensing, die Arbeiten von Mummenhoff, gegenwärtig dem genauesten Kenner der Architektur Münsters, die Schlaun-Ausstellung von 1973 und die daraus folgenden Arbeiten und Dissertationen über Schlaun gingen von diesem Material aus, ebenso die Arbeiten über Lipper und Reinking. Leider fehlt bisher eine umfassende Untersuchung zum Werk der Pictorius, die es erlauben würde, mit Sicherheit die Urheberschaft all jener Bauten zu klären, die vor Schlaun entstanden sind und bei denen der neben den Pictorius wichtigste münsterische Architekt, Lambert Friedrich Corfey (1668–1733), beteiligt war – ebenfalls ein Offizier der münsterischen Armee (zuletzt Generalmajor und lange für den Lehrer Schlauns gehalten). In einigen Fällen wird man von einer Zusammenarbeit der miteinander vertrauten Architekten ausgehen müssen.

Die Bautätigkeit des Fürstbischofs Christoph Bernhard von Galen begann 1661 mit einer für die Stadt Münster höchst unerfreulichen Anlage: Im Westen der Stadt wurde nach den Plänen des bischöflichen Ingenieurs Bernhard Spoede eine Zitadelle errichtet, eine sternförmige, fünfstrahlige Festung mit Glacis, Wällen und Gräben; zugleich wurde die westliche Stadtmauer niedergerissen, so daß die Stadt ungeschützt im Schußfeld der Kanonen des Bischofs (im Volksmund später „Bombenbernd" genannt) lag. Damit sprengte die Stadt zum erstenmal ihren mittelalterlichen Mauerring – für die Residenzplanungen des 18. Jahrhunderts die entscheidende Voraussetzung –, blieb aber bis nach dem Siebenjährigen Krieg eine Festung, zeitweilig eine der stärksten Europas. Bischof Galen hat die Hauptstadt seines Landes mit keinem weiteren Bauwerk von Rang bedacht – bis auf den Kranz der sogenannten Galenschen Kapellen am Chor des Doms, unzeitgemäße Wiederholungen eines spätgotischen Modells, die einen zentralen Aspekt seiner Amtszeit belegen: die Erneuerung des religiösen Lebens im Hochstift – wie es auch, mit einem besonderen Akzent auf der Marienfrömmigkeit, der hochinteressante Zentralbau der Wallfahrtskapelle von Telgte tut, den sein Architekt Peter Pictorius ab 1654 errichtete.

Peter Pictorius

Für die münsterische Architektur wurde dieser ungeliebte Bischof trotzdem außerordentlich bedeutsam durch den Bau seiner Residenz, die er sich als „Ludgerusburg“ ab 1655 durch Peter Pictorius in Coesfeld errichten ließ – sie wurde nie fertiggestellt, die errichteten Teile wurden schon 1688 geschleift. Die Idealansicht im Landesmuseum zeigt modellhaft den Bautypus, der nun in Münster dominieren sollte: die Dreiflügelanlage – eine der ersten in der deutschen Schloßbaukunst – mit einem zentralen *corps de logis,* mit vorspringendem Mittelrisalit, kolossalen Pilastern und Dreiecksgiebel, eingefaßt von Eckpavillons mit eigenen Dächern, seitlichen, sehr langen Flügeln, ebenfalls mit Mittelrisalit und durch weitere Eckpavillons abgeschlossen, das Ganze gruppiert um eine *cour d'honneur* mit zentraler Fontäne; ein reichgeschmücktes Gitter schließt den Hof ab. Strenge Achsialität, harmonische Rhythmisierung der Baukörper, eine gewisse Starrheit der Symmetrie, zugleich ein ernstes, würdevolles Auftreten in der Verwendung der kolossalen Pilaster kennzeichnen diesen Bau, dessen Plan zu den wichtigsten des aufkommenden Barock im Deutschland nach dem Dreißigjährigen Krieg gehört. Seine Anregungen bezieht er aus Frankreich, wo in der Nachfolge von Salomon de Brosse François Mansart und Louis le Vau am Problem der Dreiflügelanlage in sinnvoller Massengruppierung arbeiteten, und aus den nördlichen Niederlanden, wo sich im Schloß Honselaersdijk ein vergleichbarer Grundriß und das Pavillonsystem finden, wie überhaupt die holländische Herrschaftsarchitektur der Zeit (Rathaus Amsterdam, Mauritshuis Den Haag) eine Vorliebe für umlaufende Gliederung durch Kolossalpilaster und Dreiecksgiebel zeigt.

Gottfried Laurenz Pictorius

Peters Sohn Gottfried Laurenz Pictorius greift auf dieses Modell zurück, als er 1698 für den Freiherrn von Beverförde an der Königsstraße das für Münster erste „moderne“ Stadtpalais entwirft und baut. Die Dreiflügelanlage, die von nun an der Regeltypus für Adelshöfe in Münster wird bis zu Lippers Romberger Hof, interpretiert er allerdings im Sinne der zeitgenössischen Pariser Architektur als *hôtel entre cour et jardin,* d. h. der Bau ist eingebunden in den Straßenverband mit seinen Nachbarhäusern; ein Hof öffnet sich zur Straße über ein Pfeilerportal und ein strenges Gitter, die seitlichen Flügel sind dem *corps de logis* untergeordnet, das zwei Schauseiten aufweist: einen mit Dreiecksgiebel bekrönten Mittelrisalit in kolossaler Pilasterordnung zur Straße hin – ein durchlaufendes starkes Gebälk verbindet den nur wenig vorspringenden Risalit mit dem Gesamtbau –, auf der Gartenseite ebenfalls einen Risalit mit ionischer Kolossalpilasterordnung, aber nur einem flachen oberen Abschluß mit Gebälk und schönem schmiedeeisernen Gitter. Seitenflügel und Hauptbau faßt ein gemeinsames Sockelgeschoß zusammen, aus dem nur das Säulenportal des mittleren Eingangs hervortritt. Die Seitenflügel haben keinen Risalit, doch sind ihre drei mittleren Achsen als hervortretende Wandfelder betont; statt der Fenster weisen sie im Sockelgeschoß rundbogige Einfahrten für die Remise auf. Zur Straße hin bilden sie kleinere Schauseiten mit kräftigen rustizierten Ecklisenen, hervortretender Mitte und reichgeschmücktem Balkon. Die französische Quelle der Inspiration, etwa in den Architekturwerken von d'Aviler, verrät sich auch in der bisher in

Gottfried Laurenz Pictorius (1663–1729). Gemälde vermutlich von Johann Martin Pictorius

Münster unüblichen Form des Mansarddachs (die aber nicht generell die traditionelle Form des hohen Walzendachs im Muster verdrängen wird) und vor allem in der Innenraumdisposition mit Vestibül, doppelläufigem Treppenhaus, das in die *étage noble* führt, mit prachtvoll stuckiertem Festsaal, Vorzimmern, Speise-, Schlaf- und Gästezimmern und – für die deutsche Adelsbaukunst um 1700 ganz ungewöhnlich – mit reichdekorierter Galerie, die den gesamten Nordflügel einnahm und von der sich nicht sicher sagen läßt, ob sie für eine Bildersammlung (von der man nichts weiß) oder als Ballsaal konzipiert war. Die Orientierung an Pariser Vorbildern verbindet sich mit niederländischen Vorlieben. Tatsächlich hatte Pictorius in diesen Jahren engen Kontakt zu Holland, besuchte den Architekten Steven Vennekool in Den Haag und unterhielt Beziehungen zu Jacob Roman, dem Erbauer von Schloß Het Loo, der ihn im übrigen auch beim gleichzeitigen Bau von Schloß Nordkirchen beriet und an den Planungen für den Nordkirchener Hof in Münster beteiligt war.

Das Großunternehmen Nordkirchen, als Sommerresidenz des Fürstbischofs Friedrich Christian von Plettenberg (1688–1703) gleichzeitig mit dem Beverförder Hof geplant und seit 1703 im Bau, begünstigte auch die Baukonjunktur in Münster – nicht nur, weil mit dem neuen Fürstbischof, der schon ab 1688 das Residenzschloß Ahaus durch Ambrosius von Oelde hatte errichten lassen, die Bauaktivitäten des Landes zunahmen, Handwerker, Stukkateure und Dekorateure ins Land gezogen wurden, die auch der Adel engagierte, sondern auch, weil sich der Wille des Fürsten andeutete, von der Hauptstadt des Landes aus zu regieren. Der Bau von Nordkirchen, „Spitzenleistung unter den Großanlagen des Barock in Westfalen" (Mummenhoff), setzte nicht nur in der Innenraumkunst die Standards, sondern setzte – sicherlich unter niederländischem Einfluß – die den Westfalen seit alters vertraute Verbindung von rotem Backstein mit gelbem Sandstein auch für die Herrschaftsarchitektur durch.

Dem Beispiel des Freiherrn von Beverförde, einem Neffen des Fürstbischofs, der in Paris studiert hatte und 1700 als Gesandter den Landesherrn am englischen Hof in London vertrat, folgten viele seiner Standesgenossen. Ein Chronist der Zeit schreibt um 1722: „In diesem seculo seint sehr viele kostliche palläste alß von 1700 bis 1722 sowohl in als außerhalb der statt Münster gebauet worden". 1700 begann, wohl nach Plänen des Gottfried Laurenz Pictorius, der Oberhofmarschall Dietrich Burchard Freiherr von Merveldt, Droste zu Wolbeck, an der Ludgeristraße den räumlich größten Adelshof, ebenfalls eine Dreiflügelanlage mit niedrigem Sockelgeschoß und untergeordneten Seitenflügeln. Der Mittelrisalit greift die Tradition münsterischen Bürgergiebel wieder auf mit einer Art Vergitterung der Fassade, betonter Mittelachse und mit wappenbesetztem Giebelfeld. Gegenüber dem Beverförder Hof folgt die innere Disposition noch konsequenter den Pariser Vorbildern: der Idee des *appartement double* (einer doppelten Folge von Räumen zu Hof- und Gartenseite hin, eine mittlere Wand trennt das *corps de logis* auf seiner ganzen Breite in der Mitte des Baus). Besonders festlich geraten das zentrale Treppenhaus und der anschließende Festsaal, der – wie in Nordkirchen und in Münster nur noch einmal im Romberger Hof – überhöht ist. Aus ihm führt eine stattliche Freitreppe in den Garten. Wie in

Der Beverförder Hof an der Königsstraße von Südosten (1931)

Paris bedeutete die Anlage eines Gartens in der eng bebauten Stadt einen außergewöhnlichen Luxus; die reiche Instrumentierung der Gartenfassade mit vorspringendem Mittelrisalit und einachsigem seitlichem Flügel trägt dem Rechnung.

In diesen Jahren kommt die Mode auf, der Enge der Stadt durch die Errichtung von Landhäusern vor den Toren der Stadt zu entfliehen. Vom Typus her sind diese Bauten noch nicht die im 18. Jahrhundert üblichen *maisons de plaisance;* sie dürfen aber auch nicht mit den Rittersitzen des Münsterlandes verwechselt werden, zu denen noch das um 1700 entstandene Schloß Wilkinghege im Ursprung gehört: Den älteren Bauten der Vorburg wird ein sehr stattliches Herrenhaus ohne Flügel, aber mit einer vorgelagerten achteckigen Kapelle hinzugefügt, wahrscheinlich auch eine barocke Gartenanlage. Den neuen Typ des Landhauses vor der Stadt vertritt Haus Lütkenbeck, eine großartige Anlage im Osten der Stadt mit Herrenhaus und *communs* um den Ehrenhof, der durch eine ungewöhnliche Galerie – Arkaden je im Viertelkreis, die Einfahrt flankierend zwei oktogonale Pavillons – abgeschlossen wird. Um 1700 vom Hofkammerpräsidenten Heidenreich Ludwig Freiherr Droste zu Vischering, dem Senior des Domkapitels, errichtet, brannte das 1707 fertiggestellte Herrenhaus schon 1720 vollkommen ab. Da keine Pläne und Zeichnungen vom Hauptbau existieren und die Vorburg teilweise verändert wurde, kann man sich heute nur schwer eine Vorstellung von der Gesamtanlage machen. Daß Gottfried Laurenz Pictorius der Architekt des Herrenhauses war, kann als sicher gelten; die Autorschaft für die Vorburg ist umstritten.

Pictorius' dritter großer Adelshof in Münster, 1713 für den Chef der münsterischen Armee Generalleutnant Franz Anton Freiherr von Landsberg an der Neubrückenstraße errichtet, später „Großer Schmisinger Hof" genannt, ist durch Schlaun auf geistvolle Weise schon kurze Zeit später „modernisiert" worden und ebenso wie die beiden anderen den Kriegszerstörungen zum Opfer gefallen. Einzig der als Kurie für den Dombursar Franz Ferdinand von Landsberg ab 1703 errichtete Dreiflügelbau an der Pferdegasse gibt heute, zumindest in seinem wiederhergestellten Äußeren, eine angemessene Vorstellung von der noblen, maßvollen und doch kraftvollen Architektursprache des Gottfried Laurenz Pictorius.

Von der städtebaulichen Wirkung dieser Bauten zeugt die Baugruppe des heutigen Bischöflichen Hofes und der Domdechanei am Domplatz; ersterer ist möglicherweise ein Werk des Bruders, Peter Pictorius, und wird 1732 für den Domdechanten Friedrich Christian von Galen errichtet; leider ist er nach dem Krieg verändert wiederaufgebaut worden – authentisch ist nur das elegante, von Schlaun entworfene Abschlußgitter des Hofes. Die Domdechanei entsteht ab 1712 als Doppelkurie für den Domherrn Nikolaus Hermann von Ketteler zu Harkotten, sicherlich ein Werk des Lambert Friedrich Corfey, dessen Beitrag zur münsterischen Profanarchitektur erst in der Forschung der letzten Jahre klarere Konturen gewonnen hat – so etwa durch seine Beteiligung an der Ausführung des Steinfurter Hofes am Alten Steinweg (gemeinsam mit Gottfried Laurenz Pictorius) oder seinen Plan für eine Domkurie Merveldt auf dem Gelände des heutigen Landesmuseums. Doch Corfeys Hauptwerk bleibt im Profanen das Schloß Drensteinfurt, im Sakralen die Dominikanerkirche in Münster.

Die eindrucksvolle Baugruppe am Domplatz wirkt weniger durch aufwendige Repräsentation im architektonischen Apparat als durch die in sich ruhende Gliederung

Der „Große Schmisinger Hof“ an der Neubrückenstraße (um 1905)

der Baumassen aus rotem Backstein, der Dächer aus rotem Ziegelstein und durch die sehr geschickte Ausnutzung der gegebenen topographischen Situation. Am Ende der diagonalen Achse gelegen, die den Domplatz teilt, entsprach ihr bis ins späte 19. Jahrhundert am anderen Ende die sehr malerische Dreiflügelanlage des Fürstenhofs (heute Regierung), seit dem Mittelalter Sitz der bischöflichen Behörden, ein Bautenkonglomerat, das durch Gottfried Laurenz Pictorius 1687 zur ersten, wenn auch unregelmäßigen Dreiflügelanlage der Stadt ausgebaut worden war und an dessen Modernisierung sich im 18. Jahrhundert sowohl Schlaun wie Lipper versuchten.

Unter den vielen in diesen Jahren entstandenen Bauten und Planungen sollte eine Projektserie erwähnt werden, die sich im Landesmuseum befindet und deren Nicht-Realisierung nach Geisberg „für Münster einen schweren künstlerischen Verlust“ bedeutet [132: Geisberg, Stadt Münster 4, S. 110]. Es handelt sich um die Entwürfe, die um 1720 Graf Ferdinand von Plettenberg, Neffe und Erbe des Fürstbischofs, Promotor und Erster Minister des Fürstbischofs Clemens August von Bayern, bei Pictorius (wahrscheinlich Peter) für eine standesgemäße Wohnung an der Aegidiistraße in Auftrag gegeben hat. In mehreren Planvarianten werden die Möglichkeiten einer großen Dreiflügelanlage durchgespielt, einmal mit dem von der Straße weit abgesetzten *corps de logis,* Flügelbauten und Ehrenhof, ein anderes Mal mit dem *corps de logis* hart an die Straße gerückt und der Abwicklung der Bauteile zum Garten hin –

eine Bauidee, die erst sechzig Jahre später von Lipper am Romberger Hof verwirklicht wurde. Auch die Fassadenentwürfe zeigen große Unterschiede, vor allem in der Quelle der Inspiration: Ist der eine ganz französisch mit Erinnerungen an das Rathaus von Lyon, so verweist der andere auf Italien, unter anderem auf Berninis Louvre-Projekt. Beide sind überreich instrumentiert, von einem Anspruch und Aufwand, den erst Schlauns Erbdrostenhof wieder vortrug und der in diesen Jahren in Münster sehr fremdartig gewirkt hätte.

Lambert Friedrich Corfey

Als ein Fremdkörper ist immer auch die Dominikanerkirche von Corfey empfunden worden, und tatsächlich steht sie sowenig in westfälischer Tradition wie der letzte bedeutende Kirchenbau vor ihr, die Jesuitenkirche, und der nächste herausragende: die Clemenskirche von Schlaun. Doch alle drei sind hochbedeutende Bauten, die auf besondere Weise die Stadt prägen und die Architektur Münsters mit der europäischen Kunst verknüpfen.

Die Dominikaner hatten bis 1700 eine Reihe von Häusern und Grundstücken zwischen Salzstraße und Altem Steinweg für Kirche und Klostergebäude zusammengekauft, mit deren Planung sie offensichtlich zuerst Gottfried Laurenz Pictorius, später(?) dann Corfey beauftragten. Da die Realisierung erheblich von Spenden abhing, zog sich der Bau lange hin, etwa von 1707 bis 1727, der Konventbau noch bis 1731. Ihnen waren als Ordensbauherren gegen Ende des 17. Jahrhunderts im Jüdefelder

Westfront der Dominikanerkirche. Aufrißzeichnung nach Max Geisberg

Viertel am Buddenturm die Observanten vorangegangen, ebenfalls mit Konvent und Kirche, erbaut von dem Jesuitenbaumeister Anton Hülse. Vergleicht man beide Bauten, fällt der Rang der Leistung Corfeys ins Auge: bei Hülse ein konventioneller einschiffiger Wandpfeilerraum mit langem, eingezogenem noch gotisch wirkendem Chor, bei dem die Strebepfeiler nach außen versetzt sind, im Inneren und Äußeren schmucklos, wie es einer Bettelordenskirche geziemte; die Fassade, ganz in Sandstein, spiegelt eher die innere Struktur des Raumes und des Baukörpers wider, als daß sie damals übliche Fassadenschemata variiert; sie ist interessant, aber auch provinziell ungeschickt – dagegen lebt mit Corfeys Bau, der ersten Kreuzkuppelkirche in Westfalen, wie in einem Idealmodell – wenn auch ein wenig akademisch – die Diskussion in der europäischen Architektur seit dem römischen Il Gesù und anderer Kirchen Roms im 17. Jahrhundert über die französische Weiterentwicklung des Typs – St. Ursula der Sorbonne, St. Paul, St. Louis oder St. Joseph in Paris – wieder auf. Das Innere, ein basilikales Langhaus mit zentralem Querhaus und Kuppel, hat einen ungewöhnlichen Chor, der durch eine Mauer vom Langhaus abgetrennt ist – zurückgehend auf eine dominikanische Tradition. Die Fassade in Sandstein steigt in zwei Geschossen auf, straff gegliedert durch ionische und korinthische Pilaster, bekrönt von einem Dreiecksgiebel; elegante Schmiegen vermitteln zwischen schmalem Oberbau und dem Untergeschoß, dessen rhythmische Pilastergliederung Wandfelder freigibt für Figurennischen und Fruchtgehänge, die sich oben fortsetzen. Ein klassischer Portikus springt leicht vor. Die straff elegante Form der Fassade ist das Ergebnis eines längeren Planungsprozesses, wie eine jüngst aufgetauchte Zeichnung beweist, die in engerer Beziehung zur Planung von Pictorius steht. Pictorius hatte eine

Entwurf von Johann Conrad Schlaun für das Grabmal Corfeys in der Dominikanerkirche (1733)

Johann Conrad Schlaun (1695–1773). Gemälde eines unbekannten Künstlers aus der zweiten Hälfte des 18. Jahrhunderts

Basilika mit nicht ausladendem Querhaus und ohne Kuppel geplant, aber mit Emporen in den Seitenschiffen. Seine zweigeschossige Fassade mit Segmentgiebel sah eine reichere horizontale Gliederung mit Triglyphengebälk und Balustergalerie vor – insgesamt eine Lösung, die stärker noch französischen Vorbildern verpflichtet und sicher nicht ohne Anregung durch den Entwurf seines Vaters für die Jesuitenkirche in Coesfeld war, der ersten Aufnahme des Il-Gesù-Schemas in Westfalen. Corfeys Bau läßt sich nicht auf ein bestimmtes Vorbild festlegen. Die Kirche könnte so weder in Italien noch in Frankreich stehen; sie hat sogar ein Element, das in Münster Tradition hat: Der polygonal gebrochene Chor wird begleitet von zwei hohen Türmen mit welscher Haube – Chortürme finden sich sowohl bei der romanischen St.-Mauritz-Kirche wie in St. Petri. Die wenig später errichtete Kapuzinerkirche von Schlaun allerdings schafft eine vollkommene Synthese aus westfälischer Tradition und internationaler Entwicklung des Fassadenschemas.

Johann Conrad Schlaun

Das Verhältnis der drei führenden Architekten Münsters untereinander ist noch nicht ganz geklärt. Schlaun war wohl kaum Schüler von Corfey, aber sein jüngerer militärischer Kollege und Freund. Corfey war kein erbitterter Konkurrent von Pictorius, aber Schlaun und Pictorius standen bei der Planung des Jesuitenkollegiums von Büren in Konkurrenz, wobei Corfey als Gutachter vermittelte und Schlaun schließlich als Bauleiter unter Pictorius arbeitete. Der Regierungsantritt Clemens Augusts als Fürstbischof von Münster 1719 stellt einen wichtigen Einschnitt in der Geschichte der münsterischen Architektur dar. Das negative Urteil Max Geisbergs, nicht Clemens August, sondern sein Nachfolger Maximilian Friedrich von Königsegg (Fürstbischof ab 1763) sei der eigentlich Bedeutende für Münster gewesen, stimmt im Hinblick auf den Residenzbau und die überragende Gestalt des Ministers von Fürstenberg, wird aber der außerordentlichen Rolle des Wittelsbachers als Förderer Schlauns nicht gerecht – und mit Schlaun steht und fällt die Architekturgeschichte Münsters im 18. Jahrhundert. Graf Ferdinand von Plettenberg, der Erbe von Nordkirchen, hatte die Wahl von Clemens August in Münster durchgesetzt. Er war auch der Förderer des jungen Schlaun in Paderborn; mit einem Feuerwerk und Ansichten von Schloß Neuhaus und der Stadt Paderborn führte sich Schlaun beim neuen Fürstbischof ein, der zugleich auch den Bischofsstuhl in Paderborn übernommen hatte. 1720 wurde er nach Münster berufen als Artillerieoffizier in der Truppe Corfeys, aber sogleich auf eine Ausbildungsreise geschickt, die ihn über Würzburg – wo er bei Balthasar Neumann seine Ingenieurkenntnisse vervollkommnete – nach Rom, wohl in das Atelier von Cantini – dem päpstlichen Hofarchitekten, mehrmaligen Präsidenten der Architekturakademie und letzten Schüler Berninis –, und nach Paris führte, wo er sich mit den neuesten Strömungen des sich ausbildenden *Régence* vertraut machte. 1723 in Münster zurück, wurde er sogleich von Plettenberg und dem Fürsten, der inzwischen auch die Kurfürstenwürde von Köln erlangt hatte, mit Aufträgen überhäuft: Nordkirchen, die Kapuzinerkirche in Münster, Schloß Augustusburg in Brühl. Schlaun hatte seine Karriere, nach der Schulzeit bei den Jesuiten in Paderborn, in der dortigen Armee begonnen, hatte an Feldzügen in Brabant teilgenommen und setzte in Münster seine Militär- und Ingenieurskarriere fort. 1729, nach dem Tod von Gottfried Laurenz Pictorius, wurde er dessen Nachfolger als Oberlandingenieur; 1733 folgte er Corfey als Chef der münsterischen Artillerie nach. Seine militärische Laufbahn beendete er als General und Gouverneur der Festung Meppen.

Für das Fürstbistum Münster bedeutete die Wahl Clemens Augusts – nach einer langen Periode westfälischer „Selbstverwaltung“ durch einheimische Adelige – die Rückkehr in die alte Personalunion mit Köln und die Einbindung in die bayerische Hausmachtpolitik. Plettenberg gelang es lange Zeit – seit 1723 war er Erster Minister des Kurfürsten – den wankelmütigen Wittelsbacher für eine reichstreue, habsburgerfreundliche Politik zu gewinnen; nach seinem Sturz 1733 nahm die bayerisch-französische Allianz am Bonner Hof zu, die letzten Endes zum Intermezzo der Wahl von Clemens Augusts Bruder Karl zum deutschen Kaiser 1740 führte. Der westfälische Adel in den geistlichen Staaten blieb jedoch kaiserlich gesinnt und, nach endgültiger Festigung der Gegenreformation, an Rom orientiert – zwei Aspekte, die für die Kunst Schlauns von großem Belang sind. Schlaun war der Architekt des Landesherrn. Er war zuständig für alle Baumaßnahmen der Regierung – bis zum Straßen- und Kanalbau – und des Adels, kaum des Bürgertums, dem er selbst entstammte. Clemens August ließ gleich nach seiner Wahl die Straßen Münsters neu pflastern (mit seitlichen Abwasserrinnen statt wie bisher in der Mitte der Straße) und durch Pictorius ein stattliches Ballhaus am Fraterherrenhaus anlegen, das den Fürstbischöfen zur Wohnung diente, wenn sie sich in Münster aufhielten. In der Wahlkapitulation von 1719 hatte er sich allerdings verpflichten müssen, in Münster eine Residenz zu bauen, ein altes Desiderat der münsterischen Stände. Wahrscheinlich beauftragte er gleich nach seiner Wahl Pictorius mit einer ersten Generalplanung für die Residenz, für die der Architekt, was naheliegend war, das Gelände der den Münsteranern verhaßten Zitadelle vorschlug. Wohl wegen seiner Wahl zum Kölner Kurfürsten hat der Bischof das Projekt nicht weiter verfolgt und sich zunächst dem Ausbau seiner rheinischen Schlösser Bonn und Brühl zugewandt, aber das Thema „Residenzbau" blieb das Leitmotiv der Planung für Münster in den nächsten fünfzig Jahren.

Kapuzinerkirche

Den ersten Auftrag nach seiner Rückkehr nach Münster erhält Schlaun nicht vom Fürsten, sondern von Plettenberg. Für die Kapuziner, die im späten 17. Jahrhundert zwischen Königsstraße und Aegidiistraße mit dem Bau eines Klosters begonnen hatten, ohne recht voranzukommen, und für die zuletzt noch Pictorius einen Gesamtplan von Klostergebäude und Kirche in äußerst schlichter Art entworfen hatte, entwirft und baut Schlaun ab 1724 die Kirche – nach der Regel des Bettelordens ein schlichter Wandpfeilerbau mit eingezogenem Chor, in westfälischer Tradition, jedoch mit einer Fassade, die diese Tradition weit übersteigt und ein absolutes Novum in Westfalen darstellt. Die Freiheit der Planung kam sicherlich nicht von den sehr

Nazarenische Ausmalung der Kapuzinerkirche (heute Aegidiikirche)

asketischen Ordensbrüdern, sondern vom Stifter Graf Plettenberg, der in direkter Nähe zur Kirche seinen Nordkirchener Hof äußerst prächtig plante. Man muß die Fassade der Kapuzinerkirche – heute Aegidiikirche – vergleichen mit der von Corfeys Dominikanerkirche: hier modellhaft die Aufbereitung des das ganze 17. Jahrhundert Italien und Frankreich beherrschenden Schemas einer Kirchenfassade, bei Schlaun dagegen etwas gänzlich Neues: ein einheitliches, straffes, durch vertikale Linien bestimmtes Gesamtbild, bei dem die alte Geschoßteilung nur noch als Gesims einen horizontalen Akzent darstellt, die Entwicklung zum einschwingenden Giebel nicht aufhält. Die räumliche Tiefenschichtung vollzieht sich in flachen Reliefs, die Schichten bilden ein übergreifendes rhythmisches System von großer Logik. Ein Hauptelement Schlaunscher Kunst – die Bildung der Wand aus einem Beziehungsgefüge von Reliefschichten – wird hier schon souverän vorgeführt, mit hohem Sinn für Nuancierungen – wie etwa gegen die flache Tafel der Wand das elegante, ganz borromineske Portal konkav einschwingt, gewissermaßen den Eintretenden aufnehmend, während die Stufen konvex ihm entgegenkommen. Die Verbindung von Schlichtheit und Angemessenheit der Mittel – einer Bettelordenskirche wäre zum Beispiel eine reiche Instrumentierung mit Pilastern, Nischen, Statuen nicht angemessen gewesen – mit großer Eleganz und Klarheit der Form führt Schlaun an diesem ersten Bau in Münster überzeugend vor, in logischer Weiterentwicklung seines Ansatzes an der Kapuzinerkirche in Brakel, die er vor seiner römischen Reise gebaut hatte. Die klare einfache Struktur des Inneren kontrastierte (wie fast immer bei Schlaun) mit der ursprünglich reichen Ausstattung mit Altären und Kanzeln, für die er in der Regel den Bildhauern die Vorgaben lieferte. In der Kapuzinerkirche hat sich trotz zeitweiliger Profanierung durch die Preußen – bevor die Kirche als Ersatz für die Anfang des 19. Jahrhunderts eingestürzte Pfarrkirche St. Aegidii der Pfarre überwiesen wurde – ein ungewöhnliches Stück der ursprünglichen Ausstattung erhalten: die nach Plänen Schlauns, wie jüngst nachgewiesen [1009: Bußkamp, Sakralbauten, S. 122], vom späteren Kölner Hofbildhauer Johann Franz von Helmont geschnitzte Kanzel, ein in Norddeutschland einmaliges Beispiel des Typs der flämischen Naturkanzel, wie sie Schlaun bei seiner Rückkehr von Paris in Belgien, zum Beispiel in Mecheln oder Antwerpen, kennengelernt haben wird. Die Figurengruppe von Christus und dem hl. Franz von Assisi ist übrigens angeregt von einem Vorbild im Stichwerk von Giovanni Giacomo de Rossi, das Schlaun sehr häufig als Vorlage für bildliche und motivische Anregung diente. Für den Verlust der übrigen Ausstattung entschädigt heute die sehr qualitätvolle nachnazarenische Ausmalung der Kirche durch Eduard von Steinle und Settegast aus den sechziger Jahren des vorigen Jahrhunderts. Der Profanierung fiel übrigens auch das Quadrum des Konvents auf der Nordseite der Kirche zum Opfer; die Gebäude von Pictorius wurden 1828 abgerissen.

Kanal – Zuchthaus – Hospital

Nach dem großartigen Auftakt in Münster ist Schlaun vorwiegend außerhalb der Stadt tätig – 1723 hat er die Bauleitung in Nordkirchen übernommen. Es entstehen die Innenausstattung des Schlosses, Oranienburg, Orangerie, Wirtschaftsgebäude und Parkanlagen; seit 1724 arbeitet er in Brühl, wo er nach Fertigstellung des Äußeren – Franz von Helmont schuf für die Fassaden der östlichen Flügel die vier Gruppen der Erdteile, deren Bozetti sich heute im Landesmuseum Münster befinden –

aufgrund von Intrigen 1728 in der Bauleitung des Schlosses abgelöst wird. Der rheinische und westfälische Adel sucht seinen Rat für die Modernisierung der alten Burgen und Schlösser; erst mit der Übernahme des Amtes eines Oberlandingenieurs in Münster wird er, zuerst in technischen Dingen, in der Stadt tätig. Für den neuen Hafen der Stadt (am Ausgangspunkt des vom Holländer Meetsma ab 1724 nach technischen Vorarbeiten von Pictorius und Corfey realisierten Kanals, der die Stadt mit den Niederlanden verbinden sollte) entwarf Schlaun 1731 einen Kran, dessen Konzeption von seinem hohen technischen Können zeugt, und eine Spediteurwohnung – ein Entwurf, der die Sorgfalt und Funktionalität zeigt, die auch seine Nutzarchitektur auszeichnet: Zwei niedrige seitliche Bauten (Packhaus und Pferdestallungen) fassen ein zweistöckiges Gebäude mit drei Achsen ein, das durch Doppellisenen an den Ecken und ein wappengeschmücktes Mittelfeld rhythmisiert ist und einen eleganten Kontrast zu den Seiten bildet. Daß das Wappen des Landesherrn erscheint, macht deutlich, wie sehr die Regierung mittlerweile Aufgaben übernommen hat, die früher Rat und Bürgerschaft zu erledigen sich verpflichtet fühlten. Dies gilt auch für die öffentliche Sicherheit und die Gesundheitsfürsorge – Aufgaben, für die Schlaun in den folgenden Jahren angemessene architektonische Konzepte entwickelte: Zuchthaus und Hospital.

1731 beschließt der Landtag den Neubau eines Zuchthauses nach den Plänen Schlauns und den Umbau des alten Zwingers (um 1520/25) zu einem Gefängnis. Das erste Projekt Schlauns setzt den Zwinger von 1536, damals noch Teil der Stadtbefestigung, eingefaßt von der Stadtmauer und umflossen von Gräben an der Nordostecke der Stadt, in lockere Verbindung zum Zuchthaus, einem langgestreckten recht-

Risalit des Zuchthauses im Winkel des Nord- und Ostflügels (1913)

Clemenskirche und Hospital. Aufriß der Kirchenseite mit den anstoßenden Flügeln. Federzeichnung von Johann Conrad Schlaun (um 1744)

eckigen Gebäude entlang des Stadtgrabens. Der zweite Entwurf zeigt zum erstenmal eine Qualität im Werk Schlauns, die – da sie unspektakulär ist – leicht übersehen wird, aber zu seinen besten Qualitäten gehört: nämlich nicht – wie es im Barock üblich war – durch eine beherrschende geometrische Planung eine neue städtebauliche Situation in bewußter Absetzung vom mittelalterlichen Umfeld zu schaffen, sondern auf eine gegebene städtebauliche Situation einzugehen und aus ihr ein künstlerisches Ereignis zu machen. Er nutzt die städtebauliche Ecksituation des Geländes, indem er sie durch einen Zweiflügelbau akzentuiert. Die beiden Flügel folgen dem Verlauf des abknickenden Grabens und bilden zur Stadt hin eine weit offene Winkelform mit einem schon gebogenen Mittelrisalit im Knickpunkt, ein Risalit mit einem Dreiecksgiebel aus Sandstein und einem ebenfalls aus Sandstein gearbeiteten zentralen Motiv, das ebenfalls für Schlaun charakteristisch ist: Die Zusammenfassung von Tür, Fenster und Kartusche, hier alles verdoppelt und zum Giebel hoch aufschwingend. Die Wappen des Landesherrn und der Landständen bezeugen die gemeinsame Initiative und Verantwortung. Die Gliederung der beiden Flügel, die ganz aus Ziegelstein – sogar das Gesims bestand aus Formziegel – gemauert waren (bis auf Fensterfassung und einzelne Schmuckmotive in den Mittelachsen der Seiten), entsprach dem Zweck: Jeder Flügel nahm in zwei gleich hohen Etagen je 44 männliche und weibliche Insassen auf. Im höheren Erdgeschoß befanden sich die Räume für die Arbeiten, zu denen die Insassen angehalten wurden. 1734 fertiggestellt, wurde dem östlichen Flügel bis 1738, ein wenig westlich verschoben, ein weiterer Flügel für eine

Besserungsanstalt angefügt. Für die verschärfte Form der Verwahrung baute Schlaun auf bestechend logische – wenn auch nicht gerade sympathische – Weise den Rundbau des Zwingers zu einem dreistöckigen Gefängnis mit einem zylindrischen Innenhof um, auf den radial je Etage sechs Zellen ausgerichtet waren, die von einem runden Umgang her erschlossen wurden. Das Ganze wurde abgeschlossen von einem kreisrunden Satteldach. Nach den Zerstörungen des Zweiten Weltkrieges ist auch heute noch aus den Ruinen die Schlaunsche Konzeption abzulesen, während das Zuchthaus mit seiner monumentalen Einfachheit der Backsteinwände, die nur durch gering vortretende Risalite und Doppellisenen gegliedert waren, und seinem hohen Satteldach 1914 dem Neubau der Berufsschule weichen mußte. Nur deren Gesamtgestalt und der – heute aber städtebaulich abgewertete – Vorplatz erinnern an die alte Anlage.

Der Erneuerung der Krankenfürsorge galt eine gleichzeitige Initiative des Fürstbischofs, die das System der sogenannten Elenden, der halb städtischen, halb privaten Krankenpflege, ablösen sollte. Clemens August berief den Orden der Barmherzigen Brüder des Johannes de Deo zur Einrichtung eines Hospitals nach Münster, für das er im November 1732 den Grundstein am Neuplatz beim Cochenheimschen (später Galenschen) Hof legte. Über die Pläne zu diesem Hospital ist nichts bekannt, doch präsentierte Schlaun, wahrscheinlich auf Drängen und Wunsch Plettenbergs und der münsterischen Stände, dem Kurfürsten im März 1733 in Poppelsdorf eine Planung, die den vorgesehenen Hospitalbau in eine Residenzgesamtplanung einführte und die, in zwei Alternativen entwickelt, schlagartig die Stadt in eine Reihe mit den großen Residenzstädten Deutschlands – mit Mannheim, Stuttgart oder Würzburg – gestellt hätte. Planungsareal ist die gesamte Esplanade zwischen westlicher Stadtgrenze und Zitadelle. Nach Norden schließt Schlaun den Platz mit dem breitgelagerten Komplex von Kirche, Konvent und Hospital der Barmherzigen Brüder ab. Auf der Südseite lagert in der ersten Variante das Residenzschloß, das mit seinen Nebentrakten eine Gesamtbreite von mehr als 250 Metern erreichen sollte und an das sich südlich vorgelagert, wie es die französischen Theoretiker forderten, der Hofgarten anschloß. Die Zitadelle blieb in dieser Variante unberührt. Die zweite, weitaus geräumigere jedoch nutzt eben das Gelände der Festung, um hier an der Ostseite das Schloß zu plazieren und den Festungskern mit dem Hofgarten auszufüllen – eine gartenbaulich sehr reizvolle Lösung Schlauns –, während sich der Residenzbezirk mit *cour d'honneur* und Nebentrakten zur Esplanade weitet. Das Klosterhospital schließt weiterhin die Nordseite. Gegenüber steht ein langgestreckter Kasernenbau an der Stelle des auf dem ersten Plan vorgesehenen Schlosses. Die klare achsiale Beziehung auf die Stadt in Ost-West-Orientierung, die Massengruppierung der Gebäude – ganz in der Tradition von Versailles –, die Konzentration der staatlichen Macht mit Fürstenwohnung, Ministerien, Kanzleien und Militär sind Elemente, die alle weiteren Planungen bestimmen werden.

Vorläufiges Scheitern des Residenzprojektes

Schon kurz nach der Grundsteinlegung für das Kloster fiel Graf Plettenberg infolge der „Affäre Roll" (bei der ein Freiherr von Beverförde, ein naher Verwandter von ihm, einen der engsten Freunde des Kurfürsten im Duell tödlich verletzt hatte) in Ungnade, mußte seinen Dienst quittieren und zog sich nach Wien zurück, wo ihn der Kaiser zu seinem Gesandten am päpstlichen Hof ernannte. Die Residenzbaupläne waren vorerst gescheitert; erst der Nachfolger, Maximilian Friedrich, nahm nach dem Siebenjährigen Krieg auf Drängen der Stände die Planung wieder auf und gab dem alten Schlaun die Chance, auf der Basis der Ideen von 1733 ein neues Konzept zu entwickeln und zu verwirklichen. Doch hatte das Scheitern der wohl die Kräfte des Landes übersteigenden Pläne auch den Keim zu einer neuen Entwicklung, den Bau eines Hospitals, in sich: Nicht mehr an der Esplanade des Neuplatzes – auch nicht, wie vorübergehend geplant, auf dem Bocksplatz –, sondern auf dem Gelände des Klosters Niesing im Herzen der Stadt konnte Schlaun ab 1744 das Clemenshospital planen und verwirklichen. Der Kurfürst, den der Tod seines Freundes sehr erschüttert hat, sucht – stärker noch als bislang schon – Zerstreuung in der Jagd. Ab 1735 plant Schlaun für ihn in den Weiten des Hümmlings, im Niederstift Münster, das Jagdschloß Clemenswerth. Wie schon in Brühl wird ihm hier Vorrang vor dem Projekt eines Franzosen gegeben, Michel Leveilly, und ihm gelingt ein Meisterwerk und eines der Hauptwerke jagdlicher Architektur des 18. Jahrhunderts in Europa, von dem auch der Botschafter des französischen Königs sagen wird: „Clementswerth est charmant."

Das Residenzprojekt von 1733 zeigte keine Aufrisse, so daß man sich weder von der Massen- noch von der Wandgliederung der Riesenanlage eine Vorstellung

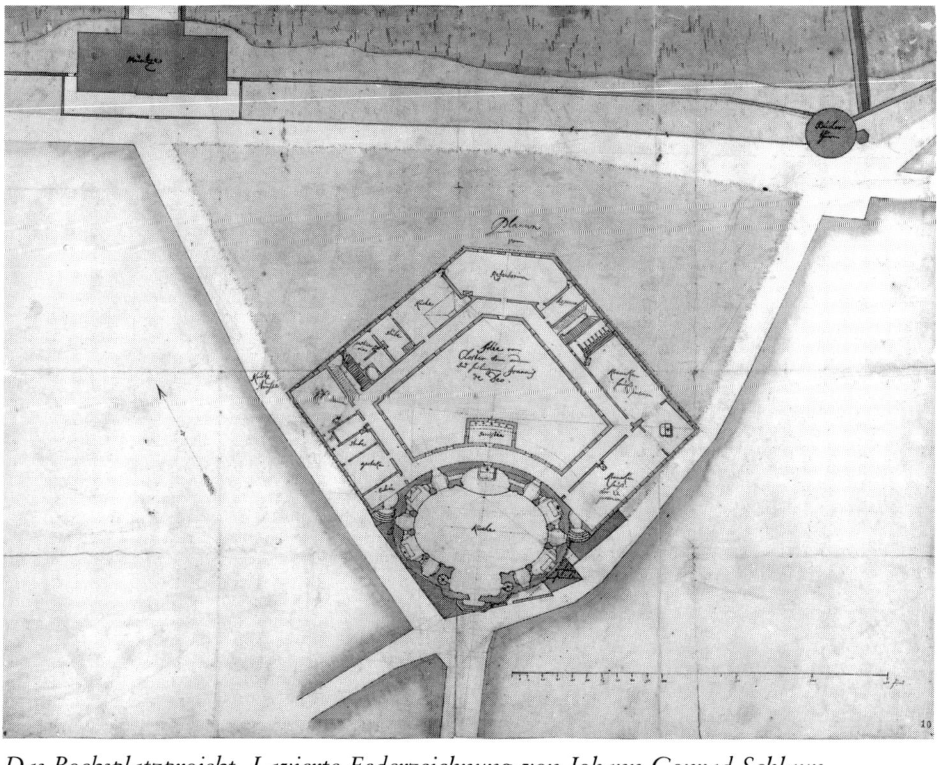

Das Bocksplatzprojekt. Lavierte Federzeichnung von Johann Conrad Schlaun

machen kann, außer für die Nordseite: Für das Hospital der Barmherzigen Brüder liegen Grundrisse und Aufrisse vor, die den enormen Repräsentationsanspruch belegen, mit dem hier geplant wurde: Kirche, Konvent und Hospital bilden einen Vierflügelbau, in dessen länglich-rechteckigen Hof der Bau der Kirche einschwingt. Zum Platz hin zeigt sich ein Verhältnis von Haupt- und Nebenbauten, von horizontaler Erstreckung zu vertikalem Akzent wie in dem bescheidenen Packhaus: Über die seitlichen Flügel wächst die Fassade der Kirche hoch empor; eine mächtige Kuppel und zwei begleitende Türme sind in die Erscheinung der Fassade integriert, vergleichbar der Kirche St. Peter von Lukas von Hildebrandt in Wien oder der Schlaun vertrauten Sant'Agnese an der Piazza Navona in Rom von Borromini. Im Gegensatz zu St. Peter erhebt sich die Kuppel allerdings über einem elliptischen Queroval. Im Vergleich zu Sant'Agnese, deren Konzeption in vielen anderen Aspekten für diesen Bau anregend war, schwingt die Fassade zum Platz hin konvex vor. Noehles hat nachgewiesen, daß dieser Zentralbau mehr war als eine bloße Hospitalkapelle [1136: Noehles, Clemenskirche, S. 129]. Sie sollte offensichtlich zugleich Hofkirche und – worauf ein kryptaartiger Unterbau verweist – Mausoleum des Fürsten werden. Kolossalpilaster korinthischer Ordnung, ein Dreiecksgiebel über dem Mittelrisalit, eine Attika mit freistehenden Statuen, das Fenster über dem Portal als Palladiomotiv ausgebildet – das waren durchweg Elemente einer Palastarchitektur, die ihr Pendant im gegenüberliegenden Schloß haben sollten und die Schlaun schon auf der Stadtseite von Schloß Brühl eingesetzt hatte, um auf sie später noch einmal in der Fassade des Erbdrostenhofs zurückzugreifen. An die Hofseite des Erbdrostenhofs erinnert der Alternativentwurf mit einfacher Flächenstrukturierung in Lisenen- und Rahmenformen. Dieser Entwurf bezieht sich offensichtlich auf das zweite, umfangreichere Projekt, bei dem auf der Südseite der Esplanade der Kasernenbau, das Schloß mit *cour d'honneur* jedoch im Westen liegen sollte. Die schlichtere Version fügte sich in die Hierarchie der Gesamtkonzeption ein und ist eigentlich für Schlaun typischer, der nur in Ausnahmefällen zur großen Ordnung und aufwendigem dekorativem Apparat griff. „Das ihm gemäße Gestaltungsmittel ist dagegen die verhaltene, flächige Schichtengliederung der Wand, für die er ein ganz und gar individuelles und äußerst konsequentes System entwickelt hat, mit dessen Hilfe er die Außenhaut seiner Baukörper entsprechend der Hierarchie ihrer Teile unterschiedlich zu artikulieren versteht. Die souveräne Anordnung dieses Systems, das die Mauerfläche in mehreren Ebenen erscheinen läßt, wobei die vordere sowohl als große Rahmenform als auch als geschlossene Flächenschicht aufgefaßt sein kann, in der dann schlitzartige, vertikale Vertiefungen wiederum die rückwärtige Schicht sichtbar machen können, ist das untrüglichste Merkmal Schlaunscher Wandgestaltung" [1136: Noehles, Clemenskirche, S. 134].

Das Gelände, das der Orden 1744 hatte kaufen können, die sogenannte Niesing- oder St.-Pauli-Freiheit zwischen Loerstraße und Hundestiege (später Klemensstraße), war gänzlich unregelmäßig und bot kaum eine Möglichkeit zu städtebaulicher Entfaltung. Aber auch hier erwies sich Schlauns Geschick zur Nutzung der gegebenen Situation im Sinne einer überraschenden städtebaulichen Lösung. Er verzichtet auf eine regelmäßige Anlage, wie er sie noch, in Weiterentwicklung des Neuplatzprojektes, für den Bocksplatz als Rautenform vorgesehen hatte, setzt an die Spitze des Geländes, wo sich die beiden Straßen im spitzen Winkel auf einem winzigen Platz treffen, die Rotunde seines Kirchenbaus, aus dem – dem Straßenverlauf folgend – die

Flügelbauten des Hospitals gleichsam herauswachsen, um sich im hinteren Teil des Grundstücks mit zwei weiteren Flügeln zu einem schiefgezogenen Viereck zu verbinden.

Die Fassade der Kirche ist auf das Zentrum des kleinen Platzes bezogen; in der Enge des Raumes erschien sie dem aus kleinen Gassen Kommenden mächtig mit ihrer Pilasterordnung und dem Schwung von Konvex- und Konkavbewegung, die zu den Seiten der Kirche überleitet und sich in den Wänden der Flügelbauten fortsetzte. Auch in der Höhenentwicklung war die Funktionseinheit von Hospital und Kirche abzulesen: Aus den Walmdächern der seitlichen Flügel wuchs über einer Attika das mächtige Zeltdach mit seinen Lukarnen in die Höhe zu einer überkuppelten Laterne empor. Da mit dem Wiederaufbau der Kirche nicht zugleich die Flügel errichtet wurden (und nach der jetzigen Situation kaum mehr anzufügen sind) und die alte enge Bebauung mit einfachen Bürgerhäusern fehlt – auf die sich Schlaun in der diskreten Anpassung seines schlichten Baus bezog –, ist das städtebauliche Erlebnis sowohl der Raumwirkung wie das der Fassade schwer nachzuvollziehen, die Funktionalität der Kapelle und ihr Stellenwert in der Hierarchie der Baumassenentwicklung fragmentarisch. Selbst das Erlebnis der Weite, das den aus der Enge des Viertels die Rotunde Betretenden überkam, ist heute relativ. Schlaun hatte in der Konzeption dieses Kirchenbaus, der zwar nicht mehr den Ansprüchen fürstlicher Repräsentation unterlag wie am Neuplatz, aber weiterhin Ausdruck der Fürsorge des Landesherrn und seiner Munifizenz sein sollte, auf große römische Vorbilder zurückgegriffen. Die Rundform des Kuppelbaus war von Berninis Kapelle in Arricia inspiriert, die zentrale Gruppe von Hochaltar und Apotheose des hl. Clemens nicht ohne das Vorbild von S. Andrea al Quirinale zu denken. Der komplizierten Grundrißform liegt letztlich eine Auseinandersetzung mit Borrominis S. Ivo della Sapienza zugrunde, und doch schuf Schlaun hier einen ganz eigenständigen Raum von großer Klarheit, in dem Hauptaltar und Nebenaltäre in einem weiten Prospekt zusammengefaßt werden – mit einheitlichem Podest und einer kontinuierlichen Steigerung zur Mitte und nach oben, mit der Aufnahme des Heiligen in den Himmel, den himmlischen Heerscharen in der Kuppel und der Taube des Heiligen Geistes in der Laterne. Die Klarheit der architektonischen Struktur – doppelte Pilaster tragen den Ring des kreisrunden Gebälks, auf dem die mächtige Kalotte der Kuppel ruht, die Wände öffnen sich alternierend in halbrunden und flachen rechteckigen Nischen, nur der Hauptaltar ist mit Säulenpaaren und gesprengtem Giebel hervorgehoben – ist allerdings überspielt von einem Ausstattungsapparat an Skulpturen, Malerei und Dekoration, der in Norddeutschland ganz ungewöhnlich ist und nur durch die bayerische Herkunft des Auftraggebers erklärt werden kann. Tatsächlich waren es süddeutsche Künstler, denen die reiche Ausstattung der Kirche zu verdanken ist, den Stukkateuren Jakob Rauch aus Augsburg und Johann Adam Schöpf aus Straubing. Für die Gemälde der Altäre konnte der Kurfürst sogar Carlo Carlone gewinnen. Auf Wunsch des Bauherrn mußte Schlaun hinter dem linken Altar eine kleine Loretokapelle, wie er sie ähnlich auch an der Dyckburg angelegt hatte, einfügen, in die man einsehen konnte, wenn über einen speziellen Mechanismus das Altarbild hochgezogen war. Obwohl die Kirche schon 1751 fertiggestellt war, erfolgte die Weihe durch den Fürstbischof erst am 14. Oktober 1753, als der nahegelegene Erbdrostenhof schon im Entstehen war.

Erbdrostenhof – Schauseite mit konkavem Mittelrisalit

Erbdrostenhof

Auch wenn man heute, nach den Zerstörungen des letzten Krieges, die Clemenskirche und den Erbdrostenhof in einer Art von Dialog miteinander findet, so ist ihre räumliche Nähe doch eher Zufall. Sie waren nie aufeinander bezogen, aber beide Werke zeigen, auf jeweils andere Weise, Schlauns sensible und geschickte Nutzung unglücklicher städtebaulicher Vorgaben. Auch das Gelände, das der Erbdroste Heidenreich Freiherr von Droste zu Vischering zwischen Salzstraße und Servatiikirche durch Erbschaft und Kauf zusammengebracht hatte, war ungünstig, schief geschnitten und scheinbar zu klein für das standesgemäße Stadtquartier eines der höchsten Würdenträger des Fürstbistums. Es lag im spitzen Winkel zur Salzstraße, so daß der in Münster übliche Typ eines Dreiflügelbaus nicht in Frage kam. In einem geistvollen, ja genialen Kunstgriff nutzt Schlaun die Ungunst des Geländes und setzt den Bau in die Tiefe quer zu den Straßen und biegt seine Fassade wie einen Bogen, der nach vorn gespannt wird zu einer Mitte, die in der Spitze des Grundstücks liegt. Eine außerordentliche Tiefendynamik entwickelt sich so vom Eingangsportal über den dreieckigen Hof, den, gewissermaßen wie die Saite des Bogens, gußeisene Gitter abschließen; damit verbinden sie Portal und Fassade bis zum konkaven Mittelrisalit. Diese Spannungsachse setzt sich – auch hierin beweist sich Schlauns untrügliches Gespür für die Ausnutzung städtebaulicher Situationen – über das Grundstück nach vorne fort auf einen kleinen Platz zwischen Mauritz- und Salzstraße – den einzigen

Punkt des Viertels, der die Entwicklung der Hauptachse zuließ. Das Gefühl von Weite und mächtiger Erscheinung in der Tiefe des Raumes wird durch die Transparenz der Gitter auch von außen, vom Straßenraum her erlebbar. Vom Ehrenhof aus überblickt man die Fassade, die mit ihren einschwingenden Seiten den Eindruck einer Flügelanlage macht, und wird förmlich in die Tiefe gezogen, in die (ursprünglich offene) Eingangshalle. Optisch setzt sich die Achse durch die Halle hindurch fort in den rückwärtigen Hof und findet ihren Abschluß in einer Figurennische als *point de vue.* Die Entfaltung der Fassade zum Straßendreieck hin bedeutete Verzicht auf Nutzbauten, die sonst in den Flügeln untergebracht wurden. Schlaun legt diese in zwei Nebengebäude – Remise und Marstall hinter das *corps de logis,* von vorne unsichtbar, behandelt den hinteren Teil des Geländes als *basse cour* – bei Verzicht auf einen Garten; dem entspricht auch die Schlichtheit der rückseitigen Fassade.

Die Schauseite allerdings ist mit einem Aufwand inszeniert, der nicht nur mit dem Stand des Auftraggebers erklärt werden kann. Über hohem Sockelgeschoß erheben sich zwei Etagen – *étage noble* und hohes Mezzanin –, die im Mittelpavillon durch kolossale Pilaster korinthischer Ordnung zusammengefaßt sind. Der Mittelpavillon tritt in fünf Achsen leicht hervor, in den äußeren Achsen gerade zu den Seiten abbiegend, was die Wirkung des noch stärker hervortretenden, aber konkav einschwingenden Mittelrisalits verstärkt: Fenster mit Palladiomotiv in der *étage noble,* Konsolgebälk und profiliertes Gesims, das sich über dem Rundbogen des mittleren Fensters aufbiegt, Dreiecksgiebel mit den Wappenkartuschen für das Erbauerehepaar, Girlanden, vor dem herausgehobenen Mansarddach eine Balusterattika, die über dem Giebel ansteigt, mit Vasen und Statuen besetzt, eine ganz in Sandstein gearbeitete Palastfassade, die in gewissem Kontrast steht zu den im Wechsel von Haustein und Werkstein erscheinenden Seiten, deren äußerste Achsen noch einmal als flache Nebenrisalite in Sandstein der Mitte antworten. Korn hat mit Recht darauf aufmerksam gemacht, daß Schlaun hier auf seine Brühler Pläne (Stadtseite) zurückgriff und damit auf die in dieser Zeit schon überholte Repräsentationsform des Reichsstils, wie ihn Fischer von Erlach in Wien formuliert hatte. Korns Erklärung, daß hier mehr geplant wurde als ein adeliges Stadtpalais, nämlich eine Art Residenzersatz für den Kurfürsten, wird plausibel auch durch die Tatsache, daß zu beiden Seiten des Mittelpavillons zwei identische Wohnungen angelegt wurden (wie später auch im münsterischen Schloß); der Festsaal – eine *salle à l'italienne* durch zwei Etagen mit umlaufender Galerie – als Fürstensaal, wie etwa in Brühl, mit den Porträts des Kurfürsten auf der erbdrostischen, des deutschen Kaisers Franz I. auf der ranghöheren Seite der Gästesuite und einem umfangreichen malerischen Programm in illusionistischer Architektur, ist ausgeführt von dem Maler Loder. Das Pathos, mit dem der Bau auftritt, dessen Anspruch offensichtlich die Bedürfnisse des Erbauers überstieg und dessen Wurzeln außer in Wien natürlich in Rom zu suchen sind, wird gemildert durch die ganz französische Disposition der Wohnungen, die Fenstertüren mit ihren eleganten Balkonen und schmiedeeisernen Gittern, die auch dem Festsaal vorgelegt werden, die rokokohafte Leichtigkeit der Dekorationen, den reichen Skulpturenschmuck, schließlich die Lichtatmosphäre des Hauses. Durch die doppelte Reihe von hohen Fenstern flutet das Licht von beiden Seiten in den Festsaal, dem die einschwingenden Wände alles Starre nehmen. Das Treppenhaus, das nach französischer Manier seitlich, nicht als Prunkraum, sondern als Treppenschacht angelegt ist, wird aufgelöst in

Licht und leichte illusionistische Malerei – ebenfalls von Loder – pastoralen Charakters – schließlich die Eingangshalle, in der Schlaun in geistvoller Weise Durchfahrt und Vestibül, Innen- und Außenarchitektur miteinander verbindet und in deren diagonal angelegten Stufen zu den Eckpodesten noch einmal die Bewegung der Fassade anklingt.

Es gehört zu den Glücksfällen des Wiederaufbaus, daß dieser Bau durch sorgfältige Wiederherstellung für die Stadt gerettet werden konnte. Der Erbdrostenhof war 1757 ganz fertiggestellt. Münster, seit Beginn des Siebenjährigen Krieges von den Franzosen besetzt, wurde vom Erbdrostenhof aus regiert durch den Herzog d'Estrées, Marschall von Frankreich, der sich hier im nobelsten und prächtigsten Palast der Stadt einquartiert hatte. Ihm folgte, zwei Jahre später, der preußische Oberbefehlshaber Ferdinand Herzog von Braunschweig-Wolfenbüttel. Schlauns kleine münsterische Truppe trug, gemeinsam mit den Franzosen, zum Ausbau der Festung bei, die gleiche Truppe, die nach Ende des Krieges Festung und Stadtmauern niederlegte, die Steine wiederverwandte zum Bau der Residenz und nach Schlauns Plänen auf den alten Wällen die Promenade anlegte.

Rüschhaus

Schlaun stand in diesen Jahren auf dem Höhepunkt seines Lebens. Seit 1745 Generalmajor, seit 1750 Gouverneur der Festung Meppen, war er in die höchsten gesellschaftlichen Kreise aufgestiegen, zugleich hatte er den Zenit seines künstlerischen Schaffens erreicht. 1743 konnte er von der Witwe des Grafen Plettenberg das Lehngut Rüschhaus bei Nienberge erwerben, einen münsterländischen Gräftenhof, den er zwischen 1745 und 1749 zu seinem Landsitz ausbaute, eine ganz ungewöhnli-

Haus Rüschhaus (Aufnahme aus dem Jahr 1930)

che und ganz persönliche *villa suburbana*, die ebensoviel über seine künstlerische Haltung wie seine soziale Position aussagt. Schlaun faßt die vorhandene Gräfte in eine regelmäßige geometrische Form: Die schmale Hofinsel weitet sich nach Norden in das quer gelagerte Oval des Gartens, diagonal dazu schließt sich nach Osten die Kreisform des Gemüsegartens an; die ganze Anlage wird erschlossen von einer zentralen Achse, die von Süden als Allee auf den Hof zuführend die Symmetrie der Architektur bestimmt. Dem Haupthaus in der äußeren Form eines münsterländischen Bauernhauses sind auf beiden Seiten kleine Wirtschaftsgebäude vorgelegt, durch niedrige halbrunde Mauern mit dem Haupthaus verbunden und mit ihm eine Art *cour d'honneur* bildend. Schlaun hatte diese Idee einer symmetrischen Zuordnung von Haus und Wirtschaftsgebäuden vor Münster schon einmal praktiziert, in Haus Dyckburg, das er ab 1735 für den münsterischen Dompropst Friedrich Christian Freiherr von Plettenberg geplant hatte. Hier allerdings sind die beiden Wirtschaftsgebäude große stattliche Bauernhäuser mit mächtigem Walmdach, die das Wohnhaus, ein wenig in der Mittelachse zurückgesetzt (nicht ausgeführt), fast zu erdrücken scheinen. In Rüschhaus wirken sie wie pavillonartige Kleinmodelle des großen Hauses, das mit seiner höchst interessanten und komplizierten Fassade den Hof dominiert. Unter der gewohnten Kontur eines Kuppelwalmdaches entwickelt Schlaun durch Reliefschichtungen und Linienführungen ein höchst eigenwilliges Formgebilde, das zwischen Dachkontur und dem monumentalen Scheunentor in der Mitte ein eigenes Binnenfassadenmotiv mit Gesims, Kartusche und Sonnenuhr aufbaut. Die äußerst sorgfältige Verarbeitung der Ziegelwand (auch als Formziegel im Dachgesims), in die sparsam die Werksteinfassung von Fenster, Tor und skulpturalen Partien eingesetzt ist, die latent durchscheinende formale Evokation großer Modelle der Architekturgeschichte – das Triumphbogenmotiv, die römische Doppelgeschoßfassade – nobilitieren den Bauernhof, ohne daß die Grenzen der Schicklichkeit zu einer adeligen *maison de plaisance* überschritten würden. Tatsächlich findet sich hinter dem Tor eine Tenne mit Kuh- und Pferdeställen, Heuboden, Upkammern und einer großen Bauernküche. Ein Pächter führte für Schlaun die Landwirtschaft, und im Ehrenhof waren – symmetrisch – zwei Plätze für die Misthaufen vorgesehen. Die Tradition des seit Jahrhunderten existierenden Gräftenhofs fortzuführen, aber sicher auch die Erinnerung an das Bauernhaus seiner Eltern, waren Motive für diese Wohnform, die Schlaun jedoch auf der Gartenseite mit der Bequemlichkeit französischer Wohnkultur verbindet: Ein Salon mit Fenstertür, Perron und Freitreppe öffnet sich zum Garten mit regelmäßigem Blumenparterre, daneben ein Schlafzimmer mit Alkoven, Dégagements (Nebenräumen und Nebentreppen für die Diener), eine elegante Treppe führt zum Appartement von Madame Schlaun; die Fassade ist rhythmisch gegliedert entsprechend den Fensterachsen; in der Mitte steigt ein flacher Risalit in rustizierten Lisenen auf mit der für Schlaun typischen vertikalen Zusammenfassung von Tür, Wappen, Fenster und aufschwingendem Giebel. Die heitere Eleganz und Leichtigkeit dieser Fassade steht in seltsamem Kontrast zur Schwere des durchlaufenden Schleppsatteldaches mit Krüppelwalmabschluß. Ausstattungselemente (wie der hinter Barocktüren im Salon versteckte Klappaltar), Inschriften und Symbole (Wetterfahnen) sagen über Schlauns religiöse Haltung ebensoviel aus wie das Wappen seiner und der Familie seiner Frau (Rehrmann aus Eupen) über sein Standesbewußtsein.

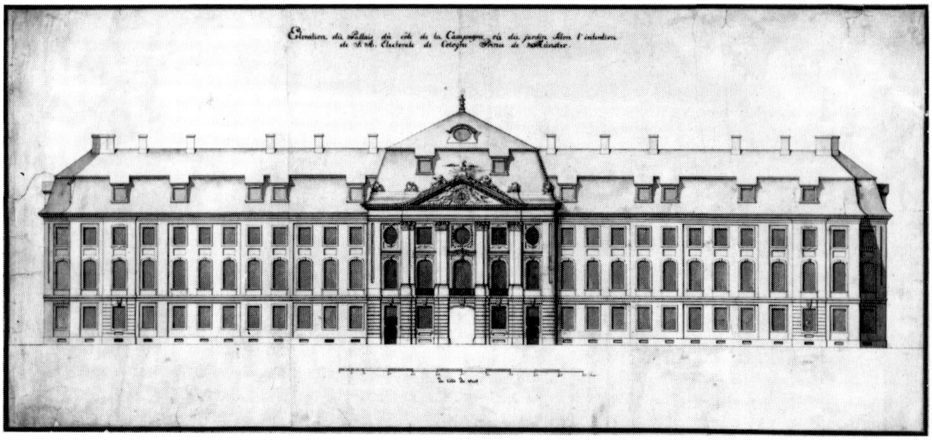

Das Residenzschloß. Aufriß der Gartenseite aus der Werkstatt Schlauns

Die vier sehr qualitätvollen Sandsteinskulpturen, Putti als Allegorien der Elemente, stammen allerdings nicht ursprünglich aus Rüschhaus, sondern sind, wohl von Johann Christoph Manskirch, der mit Schlaun auch in Clemenswerth zusammenarbeitete, für den Garten des Schlaunschen Stadthauses an der Hollenbeckerstraße geschaffen worden.

Das Schloß

Der Auftrag zum Bau der münsterischen Residenz war für Schlaun Höhepunkt und Abschluß seines Lebens und Werkes. Das Schloß, von vielen Kunsthistorikern als Anachronismus gescholten – was es zweifellos war, sowohl künstlerisch wie politisch –, wird von anderen vorsichtig gewürdigt, zum Beispiel dem großen Dehio: „Angesichts dieses vollkommen reifen, aber auch noch vollkommen lebendigen Kunstwerks ist es schwer zu begreifen, daß der Barock hier tatsächlich an seinem Ende stand.“ Das Residenzschloß ist in jeder Hinsicht ein Glücksfall für die Stadt und ein Bau von hohem kunsthistorischem Interesse und großer Qualität.

Das alte Desiderat der münsterischen Landstände – schon Gegenstand der Verhandlungen bei der Wahl des Fürstbischofs Clemens August – war in der Wahlkapitulation seines Nachfolgers, Maximilian Friedrich von Königsegg-Rothenfels, von den Ständen festgeschrieben worden: Der neue Landesherr mußte sich verpflichten, auf eigene Kosten, aber mit Unterstützung durch die Stände, eine Residenz in Münster zu bauen.

Der Planungsauftrag an Schlaun muß im Laufe des Jahres 1766 ergangen sein, denn schon im Januar 1767 bestätigt der Kurfürst, auf der Grundlage der vorliegenden Pläne den Residenzbau verwirklichen zu wollen, wozu ihm der Landtag ein einmaliges Geschenk von 12 500 Reichstalern und je 25 000 Reichstaler für die nächsten vier Jahre bewilligt. Der erste Gesamtplan der Residenz bezeichnet die Absicht des Kurfürsten: „pour profiter en même temps de la demolition de la Citadelle et d’une si belle et ouverte situation“. Die Schleifung von Zitadelle und mittelalterlichem Festungsring lieferte einen Teil des benötigten Baumaterials an Ziegeln, eröffnete aber vor allem die Entwicklungsperspektiven für die Stadt der Neuzeit. Das Schloß war natürlich nicht die Privatwohnung des Fürsten, sondern Symbol des staatlichen Selbstverständnisses, wie es sich in den Wappen der Stände, der Weiheinschrift auf dem Gebälk des Mittelpavillons und im reichen ikonographischen Programm des Skulpturenschmucks ausdrückt. Selbst für die Detailplanung beanspruchten die Landstände, vor allem das Domkapitel, Mitspracherecht. Ihre Argumente wurden im Planungsprozeß weitgehend zurückgewiesen, aber in einigen einleuchtenden Punkten akzeptiert und führten zu einer Verbesserung der Anlage. Personifiziert wurde dieser Wille zur Selbstdarstellung des Landes vom Minister Franz von Fürstenberg, der seit der Wahl Maximilian Friedrichs für das Stift Münster die Amtsgeschäfte führte und auf eine Politik drang, die das Stift auf den Kurs von mehr Selbständigkeit, von inneren Reformen – Gründung einer Universität, Erneuerung des Volksschulwesens, der medizinischen Versorgung, Maßnahmen zur Verbesserung der Struktur der Wirtschaft – und von einer relativen Neutralität im Verhältnis zu den Großmächten, bei aller traditionellen Reichstreue, brachte. Der Residenzbau war für Fürstenberg sichtbares Zeichen dieser Politik der Unabhängigkeit, die er in der Perspektive seiner persönlichen Karriere gekrönt gesehen hätte durch seine Wahl zum Nachfolger des Kurfürsten. In der Koadjutorwahl von 1780 unterlag er dem habsburgischen Erzherzog Max Franz, dem jüngsten Sohn der Kaiserin Maria Theresia und Bruder der französischen Königin Marie Antoinette.

Daß Schlaun der Wunscharchitekt Fürstenbergs war, ist unwahrscheinlich, aber er war der einzige, der nach Position, Bildung und Lebensleistung für diese Aufgabe in Frage kam. Fürstenbergs Mann war der fast vierzig Jahre jüngere Architekt und Kanonikus Wilhelm Ferdinand Lipper, der nach dem Tod Schlauns 1773 die Leitung des Residenzbaus übernahm und mit bemerkenswertem Einfühlungsvermögen in die Kunst seines Vorgängers, aber auch mit entschiedenem Willen zu künstlerischer Erneuerung, zu Ende brachte.

Die Baugeschichte des Schlosses ist kurz umrissen: Nach der Grundsteinlegung am 26. August 1767 durch den Kurfürsten – die Fundamente hatten schon das Bodenniveau erreicht – und der intensiven Diskussion um die Änderungswünsche des Domkapitels, wird der Bau sehr zügig hochgezogen. Noch vor dem Tod Schlauns am 21. Oktober 1773 steht der Bau; man hat mit der Einrichtung des Inneren begonnen, anfangend mit der Kapelle im südlichen Pavillon; der Kurfürst kann am 9. Juli 1773 eine Interimswohnung im Mezzanin beziehen. Bis zu seinem Tod arbeitet Schlaun an den Plänen für die Dekoration der Räume, von denen allerdings nur die des südlichen Appartements teilweise nach seinem Geschmack eingerichtet werden. Gesamtanlage, Architektur und Disposition des Inneren sind sein Werk, die Inneneinrichtung, einige Details am Bau und die Weiterentwicklung des Gartenplans stammen aus der Feder seines Nachfolgers Wilhelm Ferdinand Lipper.

Schlauns Residenz ist die letzte des deutschen Barock, fast gleichzeitig mit dem Neuen Palais in Potsdam – dessen verunglückte Proportionsverhältnisse zwischen Haupt- und Nebengebäuden Schlaun mit seinen jahrzehntelangen Erfahrungen zu vermeiden wußte – und wenige Jahre vor Michel d'Ixnards Koblenzer Schloß für die trierischen Kurfürsten entstanden, dessen Trockenheit, auch im skulpturalen Detail, Dehios Urteil rechtfertigt. In der Gesamtanlage greift Schlaun auf die Prinzipien der alten Residenzplanung zurück: achsiale Beziehung zur Stadt, große Esplanade (aber diesmal ohne seitliche Begrenzungsbauten), Schloßbezirk mit *corps de logis* (hufeisenförmig als Dreiflügelanlage mit Richtungskorrespondenzen der wichtigen Achsen zu den Nebengebäuden konzipiert) – die Verbindung einzelner Bauten durch achsiale Richtungsbeziehungen ist beim späten Schlaun, wie Gundolf Winter plausibel gemacht hat, ein Stilmerkmal geworden –, hierarchische Anordnung der einzelnen Bauten der Anlage – aufsteigend von den Gardepavillons, die als eingeschossige rechtwinklige Flügelbauten den Auftakt bilden, über die Marställe und Wirtschaftsgebäude, die nördlich und südlich den Schloßplatz abschließen (nur die Nordseite wurde realisiert) – bis zum Schloßbau, der rhythmisch mehrfach gegliedert die Höhenentwicklung zum zentralen Mittelpavillon mit dem Glockentürmchen und der bekrönenden Nike trägt. Das Ganze ist eine Mischung aus Stadtschloß und westfälischer Wasserburg – achsial auf die Stadt bezogen, aber von ihr über die Esplanade getrennt, isoliert vom freien Land und dem Platz durch einen Wassergraben, den Schlaun um die Anlage herumführt bis zu den Gartenpavillons, so daß sich fließende Übergänge zwischen Stadt und Land ergeben. Das Prinzip der offenen Situation, der gleitenden Übergänge bestimmt die Architektur auch im Aufbau: Niedrig geschwungene Mauern vermitteln zwischen den einzelnen Bauten, abgerundete Ecken leiten das Auge in Richtungsänderungen und auf neue Bauteile; die Gartenfassade des Schlosses ist Schlauns letztes Manifest des fließenden Übergangs – ihrer dreifachen Abstufung, der übrigens auch eine Höhenabstufung des Daches entsprach (leider bei der Rekonstruktion nach dem letzten Weltkrieg nicht berücksichtigt).

Eine gewisse Lockerheit der Bezüge, mit der die Anlage arrangiert ist, die ebenso wie der reiche Skulpturenschmuck durch den hervorragenden Bildhauer Feill den Geist des späten Rokoko atmet, verbindet sich mit einem noch ganz barocken, ein wenig pompösen Auftreten, das vor allem der Mittelpavillon des Schlosses mit seiner Konkav-Konvex-Artikulation der kolossalen Halbsäulenordnung, dem schweren Gebälk und der Fürstenapotheose ausstrahlt. Bei keinem seiner Bauten hatte Schlaun den Bildhauern gestattet, so weit in die Struktur seiner Bauten einzugreifen und sie zu verunklären. Das Pathos der Fassaden des Mittelbaus wird gemildert durch die Schlichtheit des übrigen Wandaufbaus, der über der Sandsteinsockelzone einen ruhigen Wechsel von rotem Mauerwerk und Sandsteinfassungen der Fenster und Türen zeigt, mit einer geschickten Rhythmisierung durch flache Hervorhebungen am *corps de logis* und Sandsteinfassaden der als Pavillons ausgebildeten Enden der Flügel. Das strenge Urteil von Hans Rose – „Schlaun gliedert recht und schlecht" – kann nicht nachvollzogen werden. Die Hervorhebung der *étage noble* zwischen Sockelgeschoß und Mezzanin entspricht vollkommen dem französischen Kanon.

Die Einrichtung des Inneren sah zwei fürstliche Wohnungen vor, eine für den Kurfürsten (der ursprünglich für die Südseite, wo sich die Schloßkapelle befand, optiert hatte, sich dann für den nördlichen Teil entschied) und eine für einen hochgestellten Gast. In der Zeit der preußischen Verwaltung erwies sich die Verdoppelung der Appartements als sehr praktisch, da das Schloß gleichrangig dem Oberpräsidenten der Provinz Westfalen und dem Kommandierenden General Domizile bieten konnte. Für die Mitte hatte Schlaun ein großes Vestibül, das er wie im Erbdrostenhof als Durchfahrt ausbildete, ein doppelläufiges Treppenhaus zum Garten hin und einen *salon à l'italienne* vorgesehen, der die beiden Wohnungen trennte und verband. Die Distribution der Wohnungen erfolgte von der Mitte aus – mit *antichambres* – nach dem Prinzip des *appartement double,* d. h. je einer Raumfolge mit *enfilade* auf der Stadt- und der Gartenseite.

Die Einrichtung begann auf der Südseite mit der Michaelskapelle, deren Schmuck nach Plänen Schlauns von dem Stukkateur Paul Brilly ausgeführt wurde. Schlaun konnte noch bis zu seinem Tod die Zeichnungen für den Deckenschmuck der meisten Säle des Südteils vorlegen, die auch unter seinem Nachfolger Lipper noch weitgehend realisiert wurden. Bei aller entschiedenen Modernität war Lipper trotz seiner offen ausgesprochenen Abneigung gegen die „widersinnigen Cartouchen" und das „ungereimte Laub- und Schnörkelwerk" einfühlsam genug, um nach dem Tod Schlauns die angefangenen Arbeiten im Geist des späten Rocaillestils zu vollenden und dabei „contrastes chocantes" zu vermeiden.

Der Gartensalon im Schloß (sogenanntes Gelbes Kabinett). Aquarell von Friedrich Wilhelm Klose (um 1830)

Wilhelm Ferdinand Lipper (1733–1800). Gemälde von J. H. Tischbein (1778)

Die Innenausstattung des münsterischen Schlosses gehörte zu den Glanzleistungen der deutschen Raumkunst im Übergang vom Rokoko zum Klassizismus. Lipper schaffte es, den Kurfürsten mit seinen Plänen zu begeistern und zu immer höheren Geldausgaben für die luxuriöse Ausstattung, die Plafonds des Stukkateurs Metz, Möbel, Wandverkleidungen, Spiegel, Girandolen zu bewegen. Die erhaltenen Originalzeichnungen Lippers im Westfälischen Landesmuseum und einige Türen, Konsoltische und Sitzmöbel sind heute fast die einzigen Zeugnisse dieser höfischen Kultur kurz vor der Französischen Revolution.

Wilhelm Ferdinand Lipper

Wilhelm Ferdinand Lipper, 1733 als Sohn des Oberkriegskommissars Hermann Lipper in Münster geboren, durch seine Mutter Enkel von Gottfried Laurenz Pictorius, war von seinem Vater mit den Einkünften mehrerer Kanonikerstellen materiell gut versorgt; er hatte also nicht die Offizierslaufbahn eingeschlagen, wie es in Münster für Architekten die Regel war. Über seine Ausbildung als Architekt ist nichts bekannt; er muß aber bei seinem Studium in Paris mit den neuen Strömungen des aufkommenden *style Louis XVI.* eng vertraut gemacht worden sein, da seine Entwürfe für die Innenausstattung des Schlosses in Münster zu den ersten Reflexen auf diesen neuen Stil in Deutschland gehören. Die Abwendung vom Rocaillestil und die Entwicklung zum Klassizismus, in der frühen Phase als *style greque* auch von Lippers französischen Zeitgenossen Philippe de la Guêpière und Nicolas Pigage im Westen

Deutschlands propagiert, war nirgendwo so gut zu verfolgen wie in den fortschreitenden Arbeiten bei der Innenausstattung des münsterischen Schlosses in den Jahren zwischen 1772 und 1780. Das Treppenhaus und der große Saal des Schlosses, von Lipper als Kaisersaal mit kolossalen korinthischen Säulen in elliptischer Form der Außenhaut des Schlaunschen Schlosses eingefügt, gehörten zu den wichtigsten Beispielen des frühen Klassizismus in Deutschland.

Lipper wirkte noch zu Schlauns Lebzeiten beim Schloßbau mit und wurde sehr schnell nach Schlauns Tod mit der Bauleitung, später mit der Oberbaudirektion für das Fürstbistum Münster beauftragt. Fast dreißig Jahre lang, bis zu seinem Tod (1800) in Nürnberg, prägte er die münsterische Architektur mit einem sehr eleganten zurückhaltenden Klassizismus, der – vor allem im Backsteinbau – über Schlaun hinweg an die Tradition Pictorius' anknüpft. Sein Förderer und Freund war der Minister Franz von Fürstenberg, dessen Ehrgeiz, Münster zur Residenzstadt auszubauen, sich nicht nur auf den Bau des Schlosses beschränkte, sondern Lipper mit einer Reihe von Bauaufgaben von zentraler Funktion und Bedeutung versah: Theater und Universität, Kanzlei und Adelshöfe. Fürstenbergs Pläne, mit Unterstützung von Preußen und

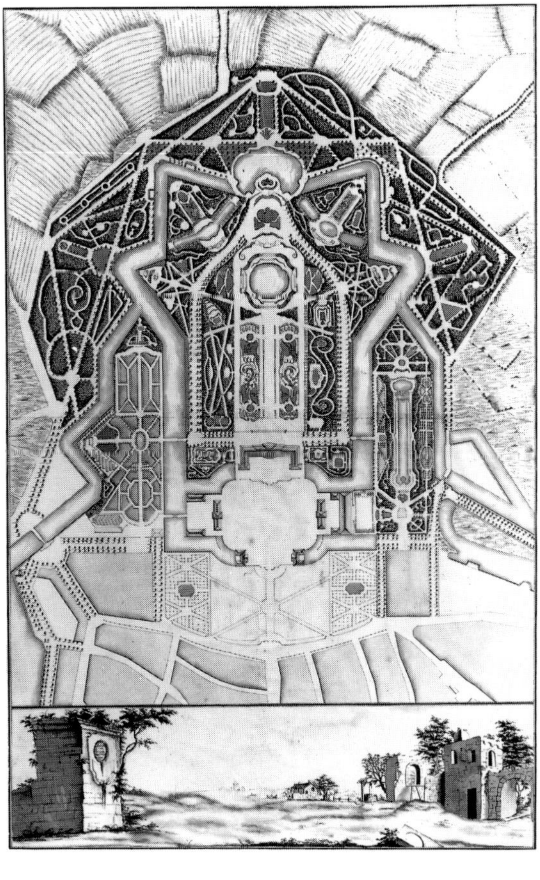

Idealplan der Residenz mit dem Hofgarten. Zeichnung von Josef Rüdinger nach Wilhelm Ferdinand Lipper (1775)

England Nachfolger des Fürstbischofs zu werden, scheiterten in der Koadjutorwahl von 1780. Der von Frankreich und Österreich favorisierte Max Franz trat 1784 die Regierung an – ein sehr sparsamer Fürst, der, statt das fertiggestellte Residenzschloß zu beziehen, sich von Lipper die alte Siegelkammer am Domplatz zu einer beinahe bürgerlichen Wohnung umbauen ließ. Da der Fürstbischof als Kurfürst von Köln meist in Bonn residierte, konnte sich höfisches Leben kaum ausbilden und Fürstenberg, seiner politischen Ämter entledigt, aber weiterhin Generalvikar, als Haupt des Kreises von Münster gemeinsam mit der Fürstin Gallitzin weiterhin das gesellschaftliche Leben der Stadt bestimmen, wenn auch in einem mehr introvertierten spirituellen Sinn. Für die Entwicklung der Stadt war gravierend, daß der neue Kurfürst Max Franz die großartigen Pläne zum Ausbau des Schloßgartens auf ein Minimum reduzieren ließ. Lipper hatte schon 1775 einen Gesamtplan vorgelegt, der gegenüber dem französisch-geometrisch geprägten Gartenplan Schlauns, der sich in die Grenzen der alten Zitadelle einfügte, eine Ausweitung zu einem Landschaftsgarten vorsah, der ein weites Areal im Westen der Stadt erschloß. Nebengärten, Seen, Pavillons und ein weiterer Park, der gleichzeitig mit der Niederlegung der alten Stadtmauer und der Schaffung der Promenade angelegt werden sollte, hätten die Stadt mit dem Land verbunden. Auch die reduzierte Form von Lippers Schloßgarten ist heute – nach den Eingriffen des 19. Jahrhunderts – nur noch in den Grundrissen erkennbar. Von den schon sehr romantisch geprägten Tor- und Bastionsgärten geben die Stiche Savins eine Vorstellung, nur die Portikusbauten am Neutor sind Zeugnisse der Bautätigkeit dieses nach Schlaun bedeutendsten münsterischen Architekten. Das elegante, städtebaulich prominente und theaterhistorisch hochinteressante Komödienhaus am Roggenmarkt ist schon 1892 abgerissen worden; die strenge Fassade des Akademiegebäudes wurde im Zweiten Weltkrieg zerstört. Fürstenberg hatte 1772, mit Unterstützung durch den Kurfürsten, gegen den Willen des Rates der Stadt den Bau des Komödienhauses durchgesetzt, Lipper 1773 die sehr schönen, heute im Stadtarchiv Münster verwahrten Pläne vorgelegt. Aus Kostengründen nutzte man die Mauern der an der Ecke Roggenmarkt/Neubrückenstraße gelegenen alten Fleischhalle, in die Lipper sehr geschickt ein Theater einfügte, mit zwei Rängen, einer dreiteiligen Bühne und einem Parkett, dessen hölzernen Boden man auf das Niveau der Bühne anheben konnte, so daß bei Festen das Theater zugleich als Ballsaal dienen konnte. Konzeption und Innendekoration waren ganz französisch, von Coehin und Soufflot inspiriert, leicht und elegant, während die Fassade, mit strengem Portikus und Dreiecksgiebel, in merkwürdigem Kontrast stand zu den Giebelhäusern aus Spätgotik und Renaissance ringsumher. Da von Anfang an klar war, daß die Stadt die Kosten der Theatereinrichtung übernehmen sollte – der Bau der Residenz erschöpfte die finanziellen Möglichkeiten des Landes –, war die Einrichtung des Komödienhauses an einem der Hauptmärkte der Stadt konsequent. Gegen den Willen des Rates erhielt damit Münster das erste Stadttheater Deutschlands inmitten eines Bürgerquartiers. Auch der Theaterbetrieb wurde, nach der schnellen Pleite des ersten Theaterdirektors Dr. Westhues, der in den ersten Wochen nach der Eröffnung des Theaters – in Gegenwart des Kurfürsten am 12. Oktober 1775 mit Du Belloys „Zelnire" – dem Rat nach jeder Aufführung die Miete überweisen mußte, von Bürgern der Stadt betrieben. Das Theater wurde von einem Abonnentenverein mit je zwei Adeligen und zwei bürgerlichen Direktoren finanziert, unter denen Lipper sich als besonders engagiert

Der Festsaal des Romberger Hofes (1941)

erweist: Er entwirft nicht nur die Dekorationen für die Aufführungen, sondern kümmert sich auch um die Betriebskostenrechnungen. Das Experiment eines bürgerlichen Stadttheaters, das damals in ganz Deutschland Aufsehen erregte, dauerte nicht lange. Nach steigenden Defiziten löste sich 1781 die feste Truppe auf. Die äußere Erscheinung des Komödienhauses integrierte mit dem hohen Walmdach der Alten Scharne den Bau in das städtebauliche Umfeld, setzte sich aber mit der strengen Schauwand deutlich und ein wenig elitär (im Zitat der toskanisch-dorischen Ordnung des Portikus) davon ab.

Fast gleichzeitig und an derselben Straße baut Lipper ab 1779 das Stadtpalais für den Freiherrn Wilhelm Friedrich Heereman von Zuydtwyck, der im Laufe des Jahres 1778 eine Reihe von Grundstücken zwischen Neubrückenstraße und Voßgasse – im durch die Bombardements des Siebenjährigen Krieges zerstörten Martiniviertel – hatte zusammenkaufen können. Ausgestattet mit großen Besitzungen in den Niederlanden, konnten sich die Heeremans einen materiellen Aufwand leisten, wie vorher nur die Erbdrosten Vischering; allerdings mußte schon der Sohn des Erbauers 1798 den Hof an die Familie Romberg verkaufen, deren Namen er seither trug.

Lippers Konzeption für dieses Stadtpalais brach mit der alten münsterischen Vorstellung eines *hôtel entre cour et jardin.* Der Hauptbau wurde eng an die Straße gerückt, in strenger Pilastergliederung mit kolossaler korinthischer Ordnung, der die beiden Hauptgeschosse umfaßte, über hohem Sockelgeschoß, mit einem monumentalen Portikus und Dreiecksgiebel für die mittleren drei Achsen, in der Mitte ein Eingangsportal mit Vollsäulen und einem Gebälk mit wappenhaltenden Putti – insgesamt eine Fassadengestaltung, die bisher in Münster nicht ihresgleichen hatte. Die Gartenseite wurde weniger monumental angelegt, in ionischer Ordnung und deutlicher Teilung der Geschosse, kleinteiligerer Gliederung durch Haupt- und Nebenrisalite, mit Rundbogenfenstern im Obergeschoß des Mittelrisalits und einer Attika, die den Ansatz des Daches kaschierte, wie übrigens auch auf der Straßenseite. Eine breite Freitreppe führte in den Garten, der bis zur Hörsterstraße reichte und vom sogenannten „Kleinen Romberger Hof“ abgeschlossen wurde, einem zur Straße hin sehr bürgerlichen Bau, dessen Gartenseite von Lipper im mittleren Teil als Tempietto ausgebildet wurde, zu dem eine schön geschwungene Treppe hinaufführte – als *point de vue* achsial auf den Romberger Hof bezogen. Lipper folgt in der Anlage der Gartenfassade und des Gartens ganz aktuellen Pariser Vorbildern, wie zum Beispiel dem Hôtel de la Vaupalière an der Avenue de Matignon, das 1768 von Louis-Marie Colignon entworfen worden war. Der Eleganz der Gartenfassade entsprach die beinahe luxuriöse Kostbarkeit der inneren Ausstattung. Eine doppelläufige, schön geschwungene Treppe verband die beiden Etagen, von denen die untere, über dem hohen Sockelgeschoß als *étage noble* ausgebildet war mit einem Festsaal, der zugleich als Gartensaal sich zur Freitreppe hin öffnete und zu den schönsten des alten Münster gehörte mit reicher Kassettendecke und einer Pilastergliederung der Wände, auf deren Feldern das eben in Paris wieder in Mode gekommene Motiv der Arabesken erscheint. Lipper engagierte für die Innenausstattung des Hofes den ausgezeichneten Stukkateur Johann Nepomuk Metz, der gleichzeitig auch den Festsaal der Residenz schuf. Überraschend ist, wie stark Lipper bei der Disposition des Inneren selbst in der Proportionierung der Räume auf das Vorbild des von seinem Großvater gebauten Merveldter Hofes zurückgreift. Selbst die Überhöhung des mittleren Saals findet hier ein Vorbild: das hohe Sockelgeschoß und die in Münster nie aufgegebene Tradition des Mansarddaches. Die Rückbesinnung auf die Architektur der Großvätergeneration ist kennzeichnend für diese Jahre und in Übereinstimmung mit dem Zeitgeschmack des frühen Klassizismus in Westfalen – nicht nur bei Lipper –, da der vor Schlaun übliche sogenannte palladianische Backsteinklassizismus holländischer Prägung sich leicht mit den neuen Anschauungen der „retour à l’antique“ verbinden ließ. Die latent klassizistische Grundströmung der westfälischen, allgemeiner auch der norddeutschen Architektur prägte von nun an die Architektur Münsters bis ins frühe 19. Jahrhundert – im Werk Lippers und seiner Schüler Clemens August und Adolph von Vagedes, August Reinking, aber auch seiner Mitarbeiter, zum Teil auch Konkurrenten Johann Engelbert und Arnold Boner, die, im Zeichen des Aufschwungs, den das Land unter dem Minister Fürstenberg genommen hatte, eine große Anzahl von bedeutenden Bauaufträgen zu erledigen hatten.

Lippers deutlich ausgesprochene Abneigung gegen den Stil Schlauns darf freilich nicht darüber hinwegtäuschen, daß die Rückbeziehung auf Pictorius eine Verarbeitung des unter Schlaun Entwickelten nicht ausschloß: Die Reliefstruktur der Ziegelwand, die Schlaun zur Perfektion geführt hatte, die kunstvolle Verbindung von Ziegel und Werkstein, die maßvolle – die Baumassen hierarchisch abstufende – Behandlung der Baukörper übernimmt Lipper in seinen Entwürfen für die Kanzlei, die als

Gegenstück zum Marstall auf der Südseite des Schloßplatzes geplant war – wobei er in seinem Alternativentwurf sogar die direkte Kopie der Schlaunschen Anlage anbietet; er variiert in seiner Fassade für den Fürstenhof am Domplatz Schlaunsche Ideen, während er den benachbarten Elverfeldtschen Hof als durchaus eigenständigen, nach außen unprätentiösen Bau anlegt, der von der Übereinstimmung einer geistvollen und komfortablen inneren Disposition mit der äußeren Erscheinung lebt. Die Qualität der Lipperschen Architektur liegt – hierin ist er Schlaun vergleichbar – in der Angemessenheit der Stilmittel entsprechend den Bauaufgaben. Der bürgerlichen Erscheinung der für den neuen Kurfürsten als Wohnung umgebauten Siegelei am Domplatz steht, nicht weit davon entfernt, nach dem Umbau des alten Jesuitenkollegs für die neugegründete Universität eine sehr anspruchsvolle, strenge Fassade in reinstem *Louis XVI.* (mit Pilastern und Dreieckgiebel) gegenüber – 1786 entworfen, 1788 ausgeführt –, das Innere weitgehend nach Plänen Johann Engelbert Boners realisiert, oder – als sein letztes Werk, aber nicht in Münster – der strenge klassizistische Kuppelbau der St.-Elisabeth-Kirche in Nürnberg, die Lipper im Auftrag des Kurfürsten für den Deutschen Orden in den neunziger Jahren errichtete.

Es ist nicht leicht, in der Architektur dieser Jahre eindeutig die Autorschaft zu bestimmen, soweit sie nicht archivalisch belegt ist. Geisbergs in der Regel plausiblen Versuchen der Zuschreibung muß man nicht in jedem Fall folgen. Die allgemeinen Stilmerkmale sind sehr verwandt; selbst die Einzelformen von Fenster- und Türeinfassung orientieren sich meist an Lippers Vorbild. Unterschiede zeigen sich eigentlich nur in den mehr oder weniger provinziellen Porportionen und dem mehr oder weniger originellen Interieur, das aber durchweg auf sehr hohem Niveau sich bewegt, so Arnold Boners Hof auf der Engelenschanze – für die schon Schlaun einen sehr originellen Plan für ein Sommerhaus geliefert hatte –, leider wurde die Ruine des ungewöhnlich schön gelegenen Hofes in den sechziger Jahren dem Verkehr geopfert. Der Hof Kerckerinck-Borg am Bispinghof – 1789 ebenfalls von Arnold Boner errichtet und nach einem Brand 1911 als ziemlich genaue Kopie für die Zwecke der Landesversicherungsanstalt neuerbaut –, der Kettelersche Hof an der Königsstraße von Johann Engelbert Boner mit seiner eleganten, in leichtem Relief artikulierten Straßenfassade und verschiedene Bürgerhäuser mit strengen klassizistischen „Tempelfassaden“ – durchweg in höchst eleganter Innenausstattung – sind Beispiele dafür. Nur der Druffelsche Hof an der Königsstraße, dessen Fassade den Krieg überdauert hat, gibt eine Vorstellung von der sehr noblen, zurückhaltenden Architektur Münsters vor dem Ende des Fürstbistums und des Alten Reiches.

4. Die Architektur im 19. und frühen 20. Jahrhundert

Eine Architekturgeschichte der Stadt Münster nach dem Ende des alten Fürstbistums zu schreiben, ist noch nicht möglich. Es fehlen zu viele Vorarbeiten, zu viele Einzeluntersuchungen; es fehlt aber auch als Basis eine detaillierte Fotodokumentation des im Zweiten Weltkrieg weitgehend untergegangenen Bestandes. Einige neuere Dissertationen liegen vor über die Architekten Emil von Manger und Wilhelm und August Rincklake, die gegen Ende des Jahrhunderts vor allem im kirchlichen Bereich tätig waren; einige Voruntersuchungen stellen das Material für Teilaspekte zusammen, aber eine gründliche wissenschaftliche Bearbeitung nur der wichtigsten Bereiche, des Urbanismus, der preußischen Staatsarchitektur, der Provinzialbauten, der Anfänge der Moderne, des Heimatstils, des Werkes von Alfred Hensen, dem sicherlich interessantesten münsterischen Architekten der Jahrhundertwende, steht noch weitgehend aus – ganz zu schweigen von der Architektur der zwanziger Jahre und des Dritten Reiches sowie der hochinteressanten Problematik des Wiederaufbaus der Stadt. So muß sich diese kurze Skizze weitgehend auf eine erste Durchsicht des vorhandenen Materials beschränken.

Die Stadt, seit 1815 preußisch und Hauptstadt der neugeschaffenen Provinz Westfalen, hat sich im 19. Jahrhundert verändert, vergrößert – ohne den Aufschwung anderer Provinzmetropolen wie Düsseldorf oder Hannover zu erfahren –, lebte aber weitgehend aus ihrer alten Substanz. Wenn man Bilanz zieht, zusammenzählt, was zerstört wurde an wertvoller Bausubstanz, was an Interessantem dazu kam, muß man Zweifel anmelden, ob die neuen Hauptstadtfunktionen sich in der Stadtgestalt positiv ausgewirkt haben, ob der Antagonismus zwischen der im 19. Jahrhundert gestärkten katholischen Kirche und dem neuen Staat Preußen, zwischen alteingesessener Bürgerschaft und der neuen Verwaltungselite für die Stadt sehr förderlich war. Auch hatte der dynamischen Entwicklung des Industriegebiets an der Ruhr das Münsterland nichts Entsprechendes entgegenzusetzen, und Düsseldorf, nicht Münster, wurde „der Schreibtisch“ des Ruhrgebiets. Selbst die Universität wurde der Stadt genommen zugunsten der neugeschaffenen rheinischen Universität in Bonn. Übrig blieb eine Akademie, die erst 1902 als Westfälische Wilhelms-Universität die Stellung Westfalens innerhalb der deutschen Universitätslandschaft neu begründen sollte.

Die politischen und wirtschaftlichen Rahmenbedingungen hatten zur Folge, daß die Architektur der Stadt aufgrund der Auftragslage aus höchst unterschiedlichen Quellen gespeist wurde:

1. vom preußischen Staat, d. h. von Berlin aus, wo in der Oberbaudeputation seit Schinkel alle Projekte von Gewicht vorgelegt, geprüft und gegebenenfalls korrigiert werden mußten, wobei die wichtigen Staatsbauten wie Regierungsgebäude, Kasernen, zentrale Staatseinrichtungen (Post, Bahn, Zuchthäuser, Gerichte, Archive) gleich auch in Berlin geplant wurden;
2. von den Provinzialeinrichtungen, die es sich zur Pflicht machten, stärker auf regionale Traditionen einzugehen;
3. von der katholischen Kirche, die seit den 1820er Jahren mit der Neuordnung des verbliebenen Besitzes begonnen hatte, aber erst in der zweiten Jahrhunderthälfte im Zuge der innerkirchlichen Erneuerungsbewegung und in Reaktion auf den preußischen Staat, aber auch unter dem Druck der Bevölkerungsentwicklung zu einer regen Bautätigkeit fand;
4. vom Bürgertum, das vor allem nach der Reichsgründung 1871 verstärkt in den Außenbezirken der Stadt investierte, sei es für den eigenen Bedarf – Villen und Mehrfamilienhäuser –, sei es in den Mietwohnungsbau und in gewerbliche Bauten. Der Adel als Bauherr spielte im 19. Jahrhundert so gut wie keine Rolle mehr.

Die Schleifung der Zitadelle und der mittelalterlichen Stadtmauern hatte im späten 18. Jahrhundert die Stadt zum Land hin geöffnet, doch blieb der Grüngürtel der neuangelegten Promenade noch lange die deutlich empfundene Grenze zwischen

Stadt und Land, wie sie es heute noch ist zwischen der Altstadt und dem übrigen Stadtgebiet. Eine planmäßige Ausweisung neuer Viertel setzte erst im späten 19. Jahrhundert ein. „Außerhalb des Promenadenringes mit der noch intakten Außengräfte zog sich zwischen Ausfallstraßen ein breiter Gürtel von Bürgergärten hin, der vielfach mit Gartenhäusern besetzt und durch Gartenstiegen erschlossen war. Außer um die Stiftskirche St. Mauritz gab es hier keine nennenswerte Wohnbebauung“ (Mummenhoff).

„Modernisierung“ und Repräsentation

Die Entwicklung der Neustadtviertel, die freilich nicht Gegenstand dieses kurzen Berichts ist, folgt einem Planungswerk, das der Stadtbaumeister Bender um 1880 gemäß dem Preußischen Fluchtliniengesetz von 1875 auf der Basis des vorhandenen Gartenstiegennetzes mit sehr kleinen Parzellen erstellt hatte; es wurden nicht im Geist des 19. Jahrhunderts in großstädtisch-urbanistischen Konzeptionen neue Viertel mit breiten Alleen, Plätzen und mehrstöckigen Mietshäusern geschaffen. Einen Hauch vom Städtebau des späten 19. Jahrhunderts zeigt nur das Nordviertel, dessen Bebauungsplan 1892 für ein Gelände erstellt worden war, das weitgehend in öffentlicher Hand war (Armenfonds). Nur die Ringstraßenplanung, die bis heute nicht vollendet wurde, gab Gelegenheit zu großstädtischer Planung – hier entstehen nach 1900 einige der preußischen Staatsbauten und großbürgerliche Villen, aber die Ringstraße entwickelt sich nicht zu einem großstädtischen Boulevard mit Geschäften und Hotels. Der Kommerz der Neustadtviertel siedelte sich vor allem an den alten Ausfallstraßen an, die als Landstraßen zum Teil erweitert und schnurgerade trassiert worden waren (Hammer Straße, Steinfurter Straße). Bis zum allgemeinen Aufschwung, der der Gründung des Deutschen Reiches nach 1871 folgte, hielt sich die Bautätigkeit des preußischen Staates in Grenzen. Man nutzte das Vorhandene – das Schloß, die Kurien, die Gebäude der 1811 endgültig aufgehobenen Klöster – und

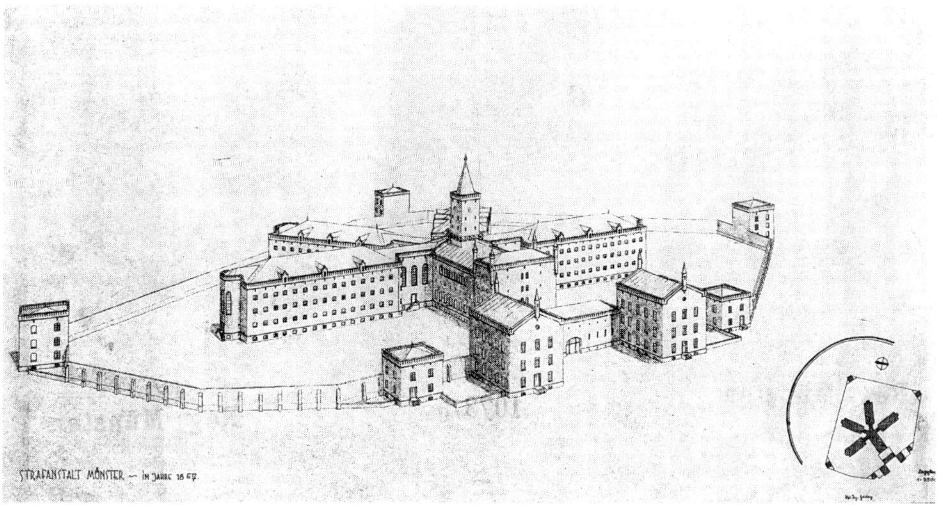

Entwurf für die Strafanstalt in der Gartenstraße (1857)

baute nur, was Münster bisher fehlte: einige große Kasernen – 1819 bis 1821 die Kürassierkaserne an der Rosenstraße und 1828 bis 1831 auf dem Gelände der eingestürzten gotischen Aegidiikirche die Infanteriekaserne, deren monumentale, in trokkenem flachem Klassizismus gehaltene Fassade sich in das Stadtbild nicht besser einfügte als der auf demselben Gelände in den 1970er Jahren errichtete Aegidiimarkt.

Als Gegenstück zu Lippers Neutor entsteht um 1830 im Osten die Mauritztoranlage mit zwei tempelartigen Wach- und Zollhäusern (das nördliche nach dem Krieg der Verkehrsplanung zum Opfer gefallen), die ein wenig den Geist des großen Schinkel atmen, und als Gegenstück zu Schlauns Gefängnis wird zwischen 1845 und 1869 an der Gartenstraße von Karl Ferdinand Busse das Zuchthaus errichtet, ein wenn auch nicht sympathischer, doch architektonisch interessanter Bau, auf sternförmigem Grundriß in gotischen Formen errichtet, die aber in ihrer Strenge noch ganz den Geist des Schinkelschen Klassizismus atmen. Diesen wenigen Neubauten – einige weitere Heeresbauten könnte man noch aufzählen – steht eine erschreckende Verlustbilanz an wertvoller alter Bausubstanz gegenüber. Erwähnt seien nur:

- die schon unter Schlaun begonnene Umwandlung der alten Stadtbefestigung wird mit der Beseitigung der letzten mittelalterlichen Tore und Türme fortgesetzt und zu Ende geführt (bis auf Buddenturm und Zwinger),
- 1812 erfolgt der Abriß der alten Jakobikirche auf dem Domplatz,
- um 1825 der des Fraterherrenhauses, das jahrhundertelang den Fürstbischöfen als Residenz gedient hatte,
- 1827 der Abriß des Magdalenenhospitals mit Kapelle und der Nikolaikapelle an der Bogenstraße,
- 1828 der Abbruch des Kapuzinerklosters von Pictorius – die Kirche wird Ersatz für die eingestürzte Aegidiikirche,
- 1832 der Abbruch des romanischen Kreuzgangs an der Mauritzkirche,
- vor 1842 der Abbruch der von Schlaun konzipierten Roten Mauer am Dom,
- 1851 der Abbruch des Syndikatshauses,
- 1853 der Abriß des Beginenklosters Hofringe,
- um 1855 der Teilabbruch des Minoritenklosters,
- vor 1866 der Abriß des Überwasserklosters,
- 1886 der Abbruch des Fürstenhofs von Pictorius und Lipper,
- 1894 der Abriß des Komödienhauses von Lipper (Mummenhoff).

Daneben stehen die zahllosen Abrisse von Bürger- und Geschäftshäusern an den Hauptstraßen der Stadt im Zuge der Modernisierung und die weitgehende Zerstörung der alten Domimmunität, auf der eine Reihe von Kurien staatlichen Repräsentationsbauten weichen mußten (Reichsbank, Reichspost, Evangelisches Konsistorium für Westfalen, Landesmuseum, Akademie); dadurch wurde nicht nur die intime, vornehm zurückhaltende Atmosphäre der Anlage gestört, es ging auch, da fast alle Neubauten die Maßstäblichkeit sprengten und im übrigen jeder in einem anderen Stil gehalten war, eines der kostbarsten städtebaulichen Ensembles Münsters verloren. Die Beseitigung des alten – auf die Schlaunsche Planung zurückgehenden – Baumbestandes auf dem Domplatz 1938 machte das Dilemma vollends deutlich.

Die Neubauten am Domplatz spiegelten sehr genau die Gesamtentwicklung der Repräsentationsarchitektur in der zweiten Hälfte des 19. Jahrhunderts wider. Noch

Das alte Ständehaus am Domplatz (an der Stelle des heutigen Landesmuseums)

vor der Reichsgründung hatten die westfälischen Provinzialstände durch den Bauinspektor Keil 1862 ein Landeshaus am Domplatz errichten lassen – einen fast quadratischen, strengen Bau mit Ecktürmchen, in den Formen der romantischen Neugotik einiger Burgen am Rhein, vor allem aber inspiriert vom Gürzenich in Köln. Dieser erste Fremdkörper am Domplatz mußte schon 1904 dem Neubau des Landesmuseums weichen, nachdem ab 1898 am Mauritztor ein neues Landeshaus für die Stände und die Provinzialverwaltung errichtet worden war und es sich als sehr schwierig erwiesen hatte, das alte Landeshaus in den Neubau des Museums zu integrieren. Ein Jahr später (1863) errichtete der Diözesanbaumeister Emil von Manger neben der Domdechanei, die mit der Neugründung des Bistums 1821 Sitz des Bischofs geworden war, ein Diözesanmuseum im romanischen Stil mit einer doppelten Arkadenreihe, deren Säulen zum Teil aus dem abgerissenen romanischen Kreuzgang des Klosters Asbeck im westlichen Münsterland stammten, der diese für Westfalen ungewöhnliche Form der Doppelgeschosse aufgewiesen hatte. Das Bischöfliche Museum, das den Krieg überstanden hatte, wurde erst in den sechziger Jahren abgerissen, seine Bestände als Dauerleihgabe an das Landesmuseum überwiesen. Emil von Manger aus Ottmarsbocholt war seit der letzten Generation der westfälischen Klassizisten der erste bedeutende einheimische Architekt, der vor allem im Bistum Münster eine Reihe beachtlicher Kirchen schuf, in Münster selbst ab 1866 den großen Komplex des Priesterseminars in strengen romanischen Formen (an der Stelle des abgebrochenen Überwasserklosters). Schon 1859 hatte er für die Mauritzkirche den Neubau des Langhauses geschaffen, der sich zwar mit seinem – anderen romanischen Schulen (Rheinland, Burgund) entlehnten – Formenreichtum harmonisch zwischen Westturm und Choranlage einfügt, aber in gewissem Gegensatz zur schmucklosen, strengen Form der originalen mittelalterlichen Bauteile steht.

Dienstgebäude der Oberpostdirektion und des Postamts am Domplatz (1880). Kolorierte Federzeichnung

Noch fremder als Mangers Diözesanmuseum wirkten am Domplatz der Neubau der Akademie (heute: Fürstenberghaus), 1877 von Hilger Hertel dem Älteren in wenig inspirierten Renaissanceformen und unglücklichen Proportionen errichtet, und die Reichspost, 1878 von Raschdorff (Berlin) gebaut, die im überladenen Stil einer Ritterburgengotik ebenso maßstabslos wirkt wie sein neubarocker Berliner Dom, der wie wenige Bauten sonst den Geist des Wilhelminismus widerspiegelt. Der Bau von Raschdorff könnte natürlich, wie fast alle preußischen Staatsbauten, auch in einer anderen preußischen Provinzhauptstadt gestanden haben; man fragt sich, ob der Architekt den Platz überhaupt gesehen hat, für den er plante. Das gleiche gilt auch für den Bau der Regierung, 1886 nach Plänen des Geheimen Baurats Endell (Berlin) gebaut, als Dreiflügelanlage an der Stelle des alten Fürstenhofs in sehr schematisierten Renaissanceformen. Endell lieferte übrigens auch 1886 die Pläne zum Staatsarchiv am Bohlweg mit einem sehr straffen, hohen Magazinbau, ähnlichen Renaissanceformen (heute das einzige Zeugnis für diese Phase preußischer Staatsarchitektur) und einem niedrigen villenartigen Verwaltungsbau – eine insgesamt geglückte Baugruppe. Der nach dem Krieg errichtete Ersatzbau für den Verwaltungstrakt hat diesen

Baugedanken wieder aufgenommen. Der sehr eklektizistischen, unentschiedenen und oft konfusen Formenwelt der Neorenaissance mit ihren Anleihen aus den verschiedensten Quellen und Musterbüchern – und sehr vergleichbar mit der damaligen Massenfabrikation der Wohnungseinrichtungen („Vertikokultur") –, die auch die übrigen Bauten dieses Stils in Münster auszeichnet: das Landeshaus von 1888, Hauptbahnhof und Eisenbahndirektion, Gymnasium Paulinum (an der Stelle des abgerissenen sogenannten Spanischen Flügels des alten Jesuitenkollegs), steht die entschiedene Haltung des Reichsbankgebäudes von 1893 in den klaren Formen der italienischen Hochrenaissance gegenüber, auf der Ostseite des Domplatzes errichtet, aber ebenso ein Fremdkörper wie die übrigen Bauten.

Rückbesinnung auf die heimische Tradition

Mit dem Bau des Ludgerianums von Franz Wucherpfennig am Domplatz (1902), für den die alte Siegelkammer abgerissen wurde, ein eleganter Bau Lippers, den Reinking modernisiert hatte, versuchte man, an die heimische gotische Tradition anzuknüpfen in direkter Beziehung zu den gotischen Fassaden des Doms; bei der Planung für das neue Landesmuseum wurde sogar von den Wettbewerbsteilnehmern „die sichere Beherrschung der im Münsterland heimischen Stilformen der Spätgotik und Frührenaissance" verlangt. Der von dem Architekten Hermann Schaedtler (Hanno-

Das 1886/88 errichtete Staatsarchivgebäude – erster Archivzweckbau in Preußen

Lichthof des Landesmuseums Münster (1908)

ver) bis 1907 errichtete Bau zeigte tatsächlich eine Reihung von münsterischen Giebelfassaden, die allerdings merkwürdig aufgesetzt wirkten. Der heute noch ohne die Giebel erhaltene geschlossene Baukörper macht deutlich, daß das Giebelmotiv nicht strukturell den Bau bestimmte, wie es etwa bei der Lambertikaplanei von Alfred Hensen der Fall ist, die tatsächlich als eine Baugruppe einzelner Giebelhäuser erscheint. Die innere Konzeption des Landesmuseums – Anordnung der Säle um einen Lichthof mit Galerien – folgt dem Schema der Kunstgewerbemuseen von Köln und Berlin (Martin-Gropius-Bau). Den Lichthof überwölbte ein farbiges Glasdach, und auf den Stirnwänden über der Sandsteinarchitektur wurden in allegorischen Malereien die Künste Westfalens gefeiert. Beim Wiederaufbau des Museums in den sechziger Jahren war man vom Abriß des erhaltenen, provisorisch eingerichteten Torsos ausgegangen. Die wirtschaftliche Rezession zwang zu Sparmaßnahmen, so daß hier – bis auf die Dachzone – auch heute noch der Geist des frühen 20. Jahrhunderts spürbar wird; im übrigen hat sich der Lichthof als vorzüglich geeignet erwiesen für die Installationen moderner Skulptur. Die Skulpturenvorstellung der Erbauungszeit verkörpert auf eindrucksvolle Weise Hugo Lederers „Heiliger Georg" von 1905 auf der Ostseite des Außenbaus.

Der letzte Neubau am Domplatz, freilich ein wenig zurückgesetzt, ist das Collegium Borromäum (1912) des Duisburger Architekten Brocker, das Studienhaus für angehende katholische Theologen, das in Anlage, Architektursprache, Materialwahl und vielen Details an Schlauns münsterisches Schloß erinnert. Die Rückbesinnung auf Schlaun und die heimische Architektur des späten 18. Jahrhunderts hatte in Münster im späten 19. Jahrhundert vor allem im privaten Wohnungsbau eingesetzt, war virulent geworden für den Repräsentationsbau bei der Diskussion um den Neubau des Oberpräsidiums der Provinz Westfalen am Schloßplatz. Während der Landeskonservator dafür plädierte, im Geiste Schlauns den Schloßplatz durch einen Neubau auf der Südseite zu vollenden (die von Schlaun und Lipper vorgesehene Kanzlei war nie gebaut worden), entschied man sich dafür, den Schlaunschen Marstall auf der Nordseite abzureißen und – nach Plänen des Kreisbauinspektors Vollmar – durch einen neubarocken Bau zu ersetzen, an den sich im rechten Winkel, entlang der Promenade, der Neubau des Provinzialschulkollegiums anschloß. Der Neubau war sehr viel höher als der alte Marstall; die sehr genau kalkulierte Höhenbeziehung zum Schloß und den vorgelagerten Wachhäusern wurde damit gestört. So sehr man dies bedauern mag – und natürlich den Abriß des originalen Baus –, muß man sagen, daß dieses neobarocke Ensemble, vor allem nach der Reparatur der Kriegsschäden, heute einen passenden Rahmen für das Schloß und seine Einbindung in die Esplanade darstellt, während das Problem der Südrandbebauung bis heute nicht gelöst ist. Die preußische Bauverwaltung hatte sich mit diesem Bau zum ersten Mal, wenn auch sehr vage, auf Schlaun bezogen. In einem zweiten, besonders geglückten und bis heute erhaltenen Bau, der Oberfinanzdirektion am Hohenzollernring, 1912 nach Plänen des Baurats Moormann begonnen, gelang ihr eine Synthese des Berliner Wilhelminischen Barock mit der Schlaunschen Tradition. Ausgewogen in Gesamtanlage und Proportionen, monumental, ohne pompös zu wirken, städtebaulich sehr geschickt sowohl auf den Ring als auch – mit einem Eckturm – auf die Warendorfer Straße bezogen, sorgfältig in der Materialbehandlung von Ziegel und Sandstein, elegant in den skulpturalen Details, ist dieser Bau sicher das Beste, was vor Ausbruch des Ersten Weltkrieges in Münster entstand.

Die Anbindung an heimische Bautraditionen und zugleich den Übergang zur aufkommenden Moderne belegt kein Werk besser als das des Architekten Alfred Hensen, der 1901 von der Stadt mit dem Bau des neuen Stadthauses beauftragt wurde. Bis zu seinem Tod 1931 – nach einem Zerwürfnis mit der Stadtverwaltung – schuf er als freier Architekt eine Reihe von Bauten, die zu den wichtigsten in Münster zu Beginn des Jahrhunderts zählen. Der Neubau der Stadtverwaltung an der Klemensstraße, seit 1901 geplant, zwischen 1902 und 1907 errichtet, erwies Hensen als einen Architekten, der sich mit genauer Kenntnis der münsterischen Bautradition, hohem Sinn für die städtebauliche Einbindung, Setzung neuer Akzente wohltuend von den Architekten des Domplatzes abhob. Für den Neubau mußten die alte Stadtlegge und Stadtwaage abgerissen werden, deren Fassaden allerdings damals schon in sehr fortgeschrittenem Verfall waren. Hensen ersetzt sie durch genaue Kopien und gliedert den Langbau an der Klemensstraße in Stil, Maßen und Details in der Tradition des münsterischen 16. Jahrhunderts; nur im Inneren erlaubt er sich, bei Treppenhaus und Haupträumen, einige Freiheiten voller Phantasie, die ohne den ausgehenden Jugendstil nicht denkbar wären. Als städtebaulichen Akzent setzt er an die Stelle der klassizistischen Hirschapotheke (zum Prinzipalmarkt hin) – gewissermaßen als südliches Pendant zum Turm der Lambertikirche – einen Stadthausturm, dessen steinerner Unterbau ganz die Architektursprache der münsterischen Renaissance zeigt, dessen Helm sich aber auch phantasievoll auflöst in komplizierte Einzelformen. Dieser Turm – als einziger erhalten, leider im Erdgeschoß verändert, nachdem man sich nach dem Krieg aus verkehrstechnischen Gründen entschloß, die Fassaden des Stadthauses nicht zu erhalten – bildet optisch das Scharnier zwischen Prinzipalmarkt, Klemensstraße, Ludgeristraße und Rothenburg und weist auf die hohe städtebauliche Sensibilität dieses Architekten hin, die er auch unter Beweis stellte bei der direkt benachbarten Bebauung Ecke Ludgeristraße/Klemensstraße für das Hotel-Restaurant „Beiderlinden" und die städtische Hauptkasse (ab 1907 errichtet), ebenfalls in den Formen der heimischen Renaissance. Hensen legt an der Straßenecke einen rechteckigen Platz an, der von den zwei Flügeln des Baus eingefaßt wird und ein homogenes städtebauliches Ensemble mit dem Stadthaus bilden sollte. Leider sind diese Gebäude, obwohl gut erhalten, dem Neubau des Kaufhauses Horten geopfert worden.

Sein Einfühlungsvermögen in die münsterische Tradition, das nicht nur auf der genauen Kenntnis aller Baudetails, der Proportionen, des jeweiligen Stils beruhte, sondern auch auf einem wachen Sinn für städtebauliche Bezüge, hatte Hensen schon 1904 mit dem Bau der Lambertikaplanei unter Beweis gestellt. Daß Hensen sich nicht als historistischer Eklektizist verstand, bewies er mit den Geschäftshäusern „Niemer" an der Salzstraße (1908), „Rincklake" an der Rothenburg (1912) und „Flithoff" an der Clemenskirche (1913), bei denen er die neu aufgekommene Technik des Stahlbetonskelettbaus verbindet mit einer Fassadenverkleidung im Sinne des nach dem Jugendstil aufgekommenen Reformstils, mit einprägsamer vertikaler Gliederung von Backstein und Fensterfeldern aus Ziegel, einer reich rhythmisierten, fast graphischen Struktur der Fläche in leisem Relief, das er auch bei der dem alten Druffelschen Hof von Vagedes an der Königsstraße benachbarten Kreissparkasse einsetzt, es hier allerdings stärker vertikal ordnet und mit leichtem konvexem Einschwung von

Orthopädische Heilanstalt Hüfferstiftung (Aufnahme aus dem Jahr 1907)

der linearen Gradlinigkeit des Nachbarbaus abhebt. Vorzüglichen Sinn für Funktionalität in glücklicher Abstimmung der einzelnen Baumassen bewies Hensen beim Bau des Säuglingsheims an der Robert-Koch-Straße (1910) und des Verlagshauses Aschendorff an der Soester Straße, das er ab 1913 gemeinsam mit dem Architekten Cazin errichtete, der hier auf seine Erfahrungen beim Bau der Hüfferstiftung (1904) zurückgriff: Betonung einer Ecksituation durch Diagonalstellung der Fassade, die von Türmen eingefaßt wird. Zu den originellsten späten Arbeiten Hensens zählen das Haus Brinckmann am Prinzipalmarkt (1925), das sich mit Bogengang und Treppengiebel in die Giebelreihe einfügt, in der Binnengliederung jedoch mit drei aufsteigenden Bogenfeldern und Art-Deko-Skulpturenschmuck eine ganz persönliche und zugleich zeitgemäße Interpretation des alten Schemas gibt, außerdem der Rosenhof (1926) an der Ecke Schlaunstraße (damals neu angelegt) und Rosenstraße, wo er mit einem Zweiflügelbau, der an der Ecke konkav einschwingt und die Platzbildung zum Rosenplatz hin vorbereitet, in strengem Ziegelbau mit strikter vertikaler Lisenengliederung an die gleichzeitige norddeutsche Backsteinrenaissance anknüpft. Wenn Hensen der Neubau des Pelsterhauses (1924) am Alten Steinweg zu Recht zugeschrieben wird, wäre er zugleich einer der ersten münsterischen Architekten, die den nüchtern geometrisch-kubischen Stil der zwanziger Jahre in Münster eingeführt haben, die mit den Begriffen Konstruktivismus, Stijl und Bauhaus verbunden werden können.

Bei aller zeitentsprechenden Modernität war das Pelsterhaus freilich für den traditionsreichen Alten Steinweg nicht gerade ein Glücksfall – die wenigen Bauten des modernen Stils in Münster behaupten sich am besten außerhalb des historischen Gefüges: das vorzügliche, dem Bauhausgeist sehr nahe Haus Wiedemann an der Münzstraße von Peter Strupp (1931) und einige Villen außerhalb der Stadt. Die Großarchitektur der zwanziger Jahre weist mehrere vorzügliche Bauten auf, meist in norddeutschem Backsteinstil, der vor allem vom städtischen Bauamt bevorzugt wurde, doch ist nur ein Bau von wirklich überregionaler Bedeutung: die Heilig-Geist-Kirche, die der Duisburger Architekt Walter Kremer ab 1928 im Süden der Stadt errichtete in streng kubischen Formen mit einer geistvollen Verteilung der Baumassen und Zuordnung von Langhaus, Turm und Nebengebäuden (nicht alle ausgeführt), in schmucklosem Ziegelbau mit wenigen dekorativen Elementen. Daß ausgerechnet ein Kirchenbau das Hauptwerk der münsterischen Architektur der zwanziger Jahre darstellt, ist um so erstaunlicher, als gerade die katholische Kirche sich in den vergangenen Jahrzehnten sehr konservativ bis doktrinär gezeigt hatte.

Die Kirche hatte, nachdem sie den Schock des Machtverlustes überwunden hatte, im 19. Jahrhundert früher als der Staat mit dem Bau neuer Einrichtungen begonnen, zum Teil als Ersatz für die verlorengegangenen Klöster und im Zuge einer innerkirchlichen Erneuerungsbewegung. So entstanden schon ab 1860 die architektonisch allerdings nicht sehr bedeutenden Klöster der Franziskaner, der Klarissen, der Schwestern von Sacré Cœur (heute Marienthal), Ignatiuskirche und -kloster, Mutterhaus der Clemensschwestern, Franziskushospital. Vor allem unter Bischof Johann Georg Müller (1847–1870) wurden die Neugründungen gefördert, aber auch die Verwandlung des Inneren der Kirchen, in einer ersten Phase im Sinne des späten Nazarenertums (St. Aegidii, die alte Kapuzinerkirche Schlauns), dann „im Sinne der in Köln durch August Reichensperger propagierten Stilreinheit" purifiziert: „Folgerich-

Herz-Jesu-Kirche an der Wolbecker Straße (mit einer Turmhöhe von 95 Metern der höchste Kirchenbau Münsters)

tig erhielt die Ludgerikirche im Langhaus eine neuromanische, im Chor eine neugotische Ausstattung, und auf die mittelalterlichen Unterbauten der längst verschwundenen Westtürme setzte man vereinfachte Kopien der Osttürme der Kölner Gereonskirche (1875)" (Mummenhoff). Der aus der Kölner Dombauhütte kommende Diözesanbaumeister Hilger Hertel der Ältere setzte als Anhänger dieser Stilreinheit die Erneuerung der Innenausstattung der münsterischen Altstadtkirchen durch. Seine Hauptleistung, von seinem Sohn Hilger dem Jüngeren ausgeführt, bleibt die gelungene Erneuerung des Lambertikirchturms in den Formen der Domtürme von Köln und Freiburg. Das dogmatische Festhalten an den Stilen des Mittelalters dauerte bis gegen Ende des Jahrhunderts und brachte einige trotz allem bemerkenswerte Beispiele hervor.

Mit der Expansion der Stadt und der Erschließung neuer Wohnviertel waren die Bildung neuer Pfarreien und der Bau von Kirchen unvermeidlich geworden. Als erste entstand ab 1897 im Ostviertel der Stadt die Kirche Herz Jesu, von Wilhelm Rincklake als dreischiffige Basilika mit Querhaus und polygonalem Chor in den Formen der rheinischen Gotik konzipiert, mit reichem Maßwerkschmuck der Fenster, weitem hellem Raum mit breiten Arkaden und tief heruntergezogenen Obergaden, in – wie immer bei Rincklake – ausgewogenen Proportionen und sehr sorgfältiger Materialbehandlung. Der vorgesetzte Turm wirkt ein wenig laubsägeartig, beherrscht aber mit seiner Höhe von fast hundert Metern das Viertel.

Ein wenig später (ab 1898) entstand im Zentrum des Nordviertels nach Plänen von Hilger Hertel dem Jüngeren die Heilig-Kreuz-Kirche, ein hochinteressanter Bau durch seine städtebauliche Einbindung in das Viertel, in dessen Zentrum er auf einem achteckigen Platz steht, auf den axial vier Straßen zuführen, die sich optisch in der Vierung der Kirche treffen. Hertel nimmt dieses System auf und baut die Vierung zu einer Art Oktogon, zu einem Zentralbau mit großem Sterngewölbe mit radial zugeordneten Räumen, unter denen das nur zweijochige Langhaus fast wie ein Annex erscheint. Anregungen aus dem ersten gotischen Zentralbau Deutschlands, der Frauenkirche in Trier, sind nicht zu übersehen, wobei im Aufriß und in vielen Einzelheiten der Architektur das französische Kathedralmodell durchscheint. Dieses bestimmt noch stärker die von seinem Bruder Bernhard für das Südviertel an der Hammer Straße errichtete Josephkirche (ab 1900): eine Zweiturmfassade mit Statuengalerie und Rose, ein Narthex im Turmbau, Dreiteilung des Aufrisses mit Triforium, Strebepfeilern ringsum, Fassaden für das Querhaus; viele andere Merkmale weisen auf eine – wenn auch sehr allgemeine – Orientierung am Schema der französischen Kathedrale hin.

Alle drei Kirchen, vor allem Heilig-Kreuz und St. Joseph, haben trotz der Neuerungen nach dem Zweiten Vatikanischen Konzil große Teile ihrer originalen, teilweise sehr qualitätvollen Ausstattung erhalten.

Der anpassungsfähige Wilhelm Rincklake, der 1896 als Pater in das Benediktinerkloster Maria Laach eingetreten war und später das Benediktinerkloster Gerleve bei Billerbeck im romanischen Stil baute, erweiterte auf sehr einfühlsame Weise die Schlaunsche Lorettokapelle auf der Dyckburg durch einen Zentralbau mit Zeltdach und Neurokoko-Ausstattung, der sich harmonisch in die Anlage einfügt, sie sogar bereichert. Ein weiterer Neubarockbau war die kurz vor dem Ersten Weltkrieg begonnene St.-Antonius-Kirche (an der Weseler Straße) des Mainzer Architekten Ludwig Becher, von derem Inneren man sich wegen des nach dem letzten Krieg erfolgten Umbaus durch Dominikus Böhm kaum noch eine Vorstellung machen kann.

Vollständig verschwunden ist die merkwürdige, stilistisch kaum zu definierende Klosterkirche zum Guten Hirten, 1904 von Karl Moritz aus Köln gebaut, die mit ihrem mächtigen, von Türmen flankierten Zentralbau eher an die Art von Synagogen erinnerte, wie sie damals in Deutschland gebaut wurden, nachdem die Mode des osteuropäisch-byzantinischen Stils (in dem noch die münsterische Synagoge 1878 errichtet wurde) abgeklungen war.

Die Heilig-Geist-Kirche und einige private Bauten der zwanziger Jahre waren nur ein sehr kurzes Intermezzo des modernen Stils. Schon die Oberpostdirektion, 1925 am Hohenzollernring errichtet, kündigt den Stil der kommenden Zeit an, der sich im ersten Großbau des Dritten Reiches, dem Standortlazarett (1936) an der von Von-Esmarch-Straße, deutlich formuliert, erster Teil eines neuen gigantischen Gau- und Universitätsforums im Westen der Stadt, dessen Ausführung der Krieg verhinderte.

Wiederaufbau und moderne Architektur

Der vielgerühmte Wiederaufbau der Stadt nach der fast vollkommenen Vernichtung der alten Bausubstanz in der Altstadt ist weniger der Qualität der Einzelbauten zuzurechnen als einigen grundsätzlichen Entscheidungen der städtebaulichen Ordnung. Die weitgehende Respektierung des alten Straßengefüges und -netzes, der Parzellierung der Grundstücke (vor allem an den Hauptstraßen), die Berücksichtigung der Maßstäblichkeit, auch im Verhältnis zu den Monumentalbauten – oft stärker als in der untergegangenen Stadt –, ein hoher Sinn für Materialqualität und Sorgfalt der handwerklichen Ausführung haben in den fünfziger Jahren ein Ensemble entstehen lassen, das die rekonstruierten Spitzenwerke, die Kirchen und prominenten Profanbauten wie Rathaus, Schloß und Erbdrostenhof würdig und angemessen einfaßt. Damit hat die Stadt gewissermaßen „ihre Seele bewahrt".

Auch spätere harte Eingriffe ins städtebauliche Gefüge und gravierende Fehlentscheidungen haben die Homogenität des Ensembles nie grundsätzlich in Frage gestellt. Wenn auch im Behördenbau – in Werner Marcs Landeshaus von 1951/52 und vor allem den Bauten der Universität von Hans Malwitz (Juridicum, Fürstenberghaus, Evangelisch-Theologische Fakultät, Innenausbau des Schlosses) – der Geist der dreißiger und vierziger Jahre, nun ins Biedere gewendet, fortlebte, so geschah dies mit größerer städtebaulicher Diskretion, als es die megalomanen Planungen des Dritten Reiches vorgesehen hatten. Die Bauten der Stadtverwaltung, vor allem die Schulen des städtischen Hochbauamts von Clemens Witken und Helmut Kessner, heben sich wohltuend in Dezenz, Weitläufigkeit und Menschenfreundichkeit von diesen Behördenbauten ab, wenn man von dem ersten „Sündenfall" des Städtebaus der Nachkriegszeit absieht, dem eigenen Stadtverwaltungsgebäude von Kessner und Theo Dierksmeier (ab 1957), dessen architektonische Qualität durch den katastro-

Verwaltungsgebäude der Landwirtschaftskammer an der Schorlemerstraße (1957)

phalen Hochhausbau, der die Silhouette der wiederaufgebauten Innenstadt zerstört, zunichte gemacht wird. Daß an der Peripherie, an den Eingangsplätzen zur Altstadt, mit mehr oder weniger Glück Hochhäuser möglich sind, bewiesen Friedrich Wilhelm Kraemer mit seinem Iduna-Germania-Versicherungsgebäude von 1960 am Servatiiplatz und Harald Deilmann mit dem Kreishaus (1961) am Ludgeriplatz. Ein Glücksfall im Behördenbau war der ab 1957 von Hardt Walther Hämer und Werner Ruhnau errichtete elegante Rasterbau der Landwirtschaftskammer, der in weitem Schwung großzügig die Straßenführung interpretiert. Auch die Bauten der Bundesbahndirektion an der Bahnhofstraße und das Verwaltungsgebäude des Westfälisch-Lippischen Verbandes der Wohnungswirtschaft an der Warendorfer Straße vom Architektenehepaar Christa und Eberhard-Michael Kleffner (1953) zeigen die Offenheit und das hohe Niveau der Neuplanung der frühen fünfziger Jahre. Daß Kleffner, als Diözesanbaumeister, sich mit seinen Vorstellungen beim Wiederaufbau des Bischöflichen Hofes nicht durchsetzen konnte, ist sehr zu bedauern. Die Aufbruchstimmung, die diese Jahre in der jüngeren Generation von Architekten kennzeichnet, wird – außer bei der sehr phantasievollen Pädagogischen Akademie von Günter Behnisch und Bruno Lambart (ab 1956 am Aasee errichtet) – deutlich vor allem im wichtigsten Beitrag Münsters zur internationalen Architektur der Nachkriegszeit, dem Stadttheater des jungen Architektenteams Harald Deilmann, Max van Hausen, Werner Ruhnau und Ortwin Rave. Der Entwurf, ein städtebaulicher und architektonischer Geniestreich, wurde 1952 vorgelegt gegen die Konkurrenz unbefriedigender

Theaterneubau an der Neubrückenstraße (1956)

konservativer Konzeptionen; ab 1954 wurde der Bau errichtet auf dem Gelände des alten Lortzingtheaters und des Romberger Hofes, dessen Gartenfassade von Wilhelm Ferdinand Lipper „nicht ohne surrealistische Romantik“ (Werner Hager) in den Innenhof einbezogen wurde, so daß er von der Wandelhalle aus erblickt werden kann. Die diagonale Beziehung der Anlage zur Kreuzung Neubrückenstraße/Voßgasse, die Staffelung der Baumassen mit deutlicher Betonung der Funktionen, die großartige Treppenanlage, die klare Konzeption des Innenraums bleiben für die Theaterbaugeschichte der Neuzeit von überragendem Wert, selbst wenn die Materialien, die Möblierung, auch das Spartanische des Foyers und der Nebengebäude wie weniges sonst den Geist der fünfziger Jahre atmen. Dem Glücksfall des Stadttheaters folgte in den späteren Jahrzehnten kaum Vergleichbares auf demselben hohen Niveau – trotz der bemerkenswerten späteren Leistungen der Mitglieder des Architektenteams, wie dem sehr schönen Bau für das Nordwest-Lotto von Harald Deilmann (1959), mit einer eleganten Erweiterung ab 1976, oder Deilmanns Neubau für die Westdeutsche Landesbank an der Himmelreichallee (von 1969), dem zum Entsetzen der Münsteraner der alte, von Professor Hermann Landois gegründete Zoo mit seinen für das Verständnis des 19. Jahrhunderts typischen Bauten weichen mußte. Die Parklandschaft des Zoos gab einen sympathischen grünen Rahmen für diesen weißen Solitär am Rand des Aasees. Deilmanns Versuche städtebaulicher Integration beim Neubau des Karstadtkomplexes zwischen Salzstraße und Klemensstraße (die für den Neubau verlegt werden mußte) in das enge Gefüge der Altstadt war von vornherein wegen des gewünschten Bauvolumens problematisch. Daß die Wiederherstellung von Schlauns Hospitalbau an der Clemenskirche – und damit die dann erst sinnvolle Rekonstruktion – endgültig unmöglich gemacht wurde, bleibt zu bedauern. Eine glücklichere Hand bewies Bernhard Dirksmeier mit dem Neubau der Domkammer am Horsteberg, die sich in Form, Material und Proportionierung gut in den neugestalteten Bezirk auf der Nordseite des Doms einfügt. Daß sich die hohen Erwartungen der Stadt erfüllen, der Neubau der Stadtbücherei am Alten Steinweg von Bolles-Wilson werde sich auf ähnlich spektakuläre Weise wie das Stadttheater als Geniestreich erweisen – höchst interessante Architektur und zugleich städtebauliches Ereignis –, scheint sich schon vor der endgültigen Fertigstellung abzuzeichnen.

Quellen und Literatur

Grundlage jeder Beschäftigung mit der älteren Architektur Münsters bleibt Max Geisbergs monumentales Werk in der Reihe der „Bau- und Kunstdenkmäler Westfalens“ [132: Stadt Münster]. Werner Hagers im Deutschen Kunstverlag 1961 erschienenes Buch [145: Münster in Westfalen] ist immer noch die beste Einführung in die Architektur- und Kunstgeschichte der Stadt. Für die frühe Neuzeit sind die Untersuchungen von Karl Eugen Mummenhoff [2468: Schlösser und Herrensitze; 2467: Profanbauten] ebenso wie die von Karl-Heinz Kirchhoff [490: Erbmänner und ihre Höfe] unerläßlich.

Die Stellung der Jesuiten in der kunsthistorischen Entwicklung wird herausgearbeitet von Karl Josef Schmitz [2642: Grundlagen barocker Kirchenbaukunst]. Ein Katalog des Westfälischen Landesmuseums [969: Bommen Berend] liefert reiches Material zur Geschichte Münsters unter der Regierung des streitbaren Fürstbischofs Christoph Bernhard von Galen. Der Frühbarock in Westfalen ist neuerdings sehr gründlich in den Dissertationen von Eva-Maria Höper [1067: Ambrosius von Oelde] und Jochen Luckhardt [1120: Dominikanerkirche] untersucht worden, die von den Studien Helmut Lahrkamps [1108: Corfey und Pictorius] und Mummenhoffs [1132: Beiträge zum architektonischen Œuvre] ergänzt werden. Hans Josef Böker [996: Planzeichnungen] hat 1990 neue Funde publiziert.

Größtes Desiderat für die Erforschung westfälischer Architektur des Barock bleibt eine gründliche Untersuchung des Werkes der Baumeisterfamilie Pictorius mit plausibler Bestimmung der Einzelleistungen. Für Nordkirchen ist die umfassende Studie von Mummenhoff angekündigt; die Adelshöfe und Kurien in Münster sind Gegenstand einer Dissertation von Stefan Buske, der mir freundlicherweise Einblick in seinen Arbeitsplan gewährte. Die Schlaunforschung hat seit der großen Ausstellung von 1973, dessen zweibändiger Katalog [978: Ausstellung zu seinem 200. Todestag] die Grundlage aller späteren Arbeiten wurde, kräftigen Auftrieb erfahren mit einer Reihe von Dissertationen, die zum Teil in der Serie der „Schlaunstudien" des Westfälischen Landesmuseums veröffentlicht werden konnten, wie die Arbeiten von Gundolf Winter [1195: Gestaltungstendenzen im Spätwerk], Karin Zinkann [1203: Maison de Plaisance] und Barbara Bußkamp [1009: Sakralbauten]. Schon zur Schlaunausstellung erschien der Katalog zu Schlauns Wirken als Soldat und Ingenieur [1160: Schlaun als Soldat]; seinen Rang als Gartenarchitekt innerhalb der westfälischen Entwicklung definierte Regine von Schopf in ihrer Dissertation [2650: Barockgärten]. Kristin Püttmanns Dissertation [2553: Orangerien und Gewächshäuser] ordnete diesen Bereich des Werkes Schlauns in den allgemeinen Kontext ein. Die Darstellung von Ulf-Dietrich Korn [1102: Erbdrostenhof] gab neue Einsichten in den Bedeutungsgehalt dieses bedeutendsten Werkes von Schlaun. Das Westfälische Landesmuseum plant zum 300. Geburtstag Schlauns die Herausgabe eines kritischen Werkverzeichnisses, in dem die bisherige Forschung zusammengefaßt und fortgesetzt werden soll.

Schlauns Nachfolger Lipper ist in der Dissertation von Klaus Bußmann gewürdigt worden [1010: Wilhelm Ferdinand Lipper], wobei eine genauere Untersuchung von Lippers Spätwerk, der Elisabethkirche in Nürnberg, noch aussteht – ebenso wie eine gründliche Bestimmung des Werkes von Lippers münsterischen Zeitgenossen; hier ist man noch weitgehend auf Geisberg angewiesen. Nur für Lippers Großneffen August Reinking konnte, basierend auf einer Bochumer Dissertation, die kenntnisreiche und erschöpfende Untersuchung von Karlheinz Haucke [2193: August Reinking] vorgelegt werden.

Der Beginn der preußischen Zeit ist, außer in Ludwig Schreiners Studie [2655: Westfalen], kaum bearbeitet, wie das gesamte 19. Jahrhundert noch weitgehend wissenschaftlicher Aufarbeitung bedarf. Für den vorliegenden Beitrag konnte – dank freundlichen Entgegenkommens des Verfassers – auf das Manuskript eines ersten Umrisses der münsterischen Architektur dieser Zeit von Karl Eugen Mummenhoff zurückgegriffen werden. Diese Darstellung wird für die spätere Zeit ergänzt durch die Dissertation von Jörg A. E. Heimeshoff [2202: Historische Architektur], die Arbeit von Gerhard Ribbrock [1435: August und Wilhelm Rincklake] sowie die umfassende Studie von Wolfgang Joachim Neugebauer [2477: Kirchen und Kapellen]. Die urbane Entwicklung im 19. und frühen 20. Jahrhundert dokumentiert Ursula Richard-Wiegandt [285: Siedlungswachstum].

Unentbehrlich für die Architektur des 20. Jahrhunderts ist der Führer von Niels Gutschow und Gunnar Pick [1761: Bauen in Münster]. Den Wiederaufbau nach den Kriegszerstörungen behandeln Gutschow/Stiemer [1696: Dokumentation Wiederaufbau] und Roswitha Rosinski [1818: Wiederaufbau des Prinzipalmarktes]. Von den Bauten der Nachkriegszeit hat einzig das Stadttheater in der Dissertation von Gerhard Storck [2716: Probleme des modernen Bauens] über die Theaterneubauten im Nachkriegsdeutschland eine angemessene Würdigung erhalten.

KARL EUGEN MUMMENHOFF

Bürgerliches Bauen und Wohnen im Wandel der Jahrhunderte

Im Zweiten Weltkrieg gingen fast alle Bürgerhäuser der münsterischen Altstadt innerhalb der Promenaden verloren. Außerhalb, in den neueren Vierteln, waren die Bauverluste so hoch, daß eine umfassende Darstellung des Vorkriegsbestandes kaum noch möglich ist. Für diese Stadtteile gibt es keine geschlossene Dokumentation. Für die Altstadt dagegen existiert die hervorragende Bestandsaufnahme, die Max Geisberg nach jahrzehntelanger Vorarbeit zwischen 1932 und 1941 veröffentlicht hat. Für die Bürgerhäuser sind die Teilbände III und IV dieses Werkes eine unerschöpfliche Fundgrube.

Eine Geschichte des bürgerlichen Bauens und Wohnens in Münster über vierzig Jahre nach der Vernichtung der Objekte zu schreiben, ist gewiß ein großes Wagnis. Auf der Grundlage des Geisbergschen Inventars, vieler gesammelter Vorkriegsfotos und persönlicher Erinnerungen war es möglich und bei der Dichte und Qualität des bis 1941 vorhandenen Häuserbestandes durchaus gerechtfertigt.

Die erhaltenen Objekte in den neueren Stadtvierteln sind zu einem erheblichen Teil in den letzten vierzig Jahren umgebaut und modernisiert worden. Als Bearbeitungsgrundlage diente in erster Linie eine Auswahlbestandsliste, die in den 1970er Jahren zusammengestellt wurde. Sie ist seitdem durch das Denkmalamt der Stadt Münster vervollständigt und fortgeschrieben worden.

1. Steinwerke – die Warentresore der Kaufleute

Die ältesten in dieses Jahrhundert überkommenen Bürgerbauten waren verborgen liegende Steinhäuser hinter den stattlichen Bauten an den Straßen. Drei von ihnen – Ludgeristraße 95 und 98 sowie Salzstraße 50 – wurden 1929 abgerissen, die übrigen, Aegidiistraße 65, Rothenburg 36, Ludgeristraße 19, Neubrückenstraße 20 und Jüdefelderstraße 56, gingen in den Bombenangriffen zwischen 1941 und 1945 mit fast allen anderen Zeugen bürgerlichen Bauens in der Altstadt unter. Die Reste anderer Steinhäuser wurden, meist ganz eingebaut, erst durch die Zerstörungen in den Ruinen sichtbar und dann bald abgerissen. Auch die archäologischen Untersuchungen im Häuserblock Kirchherrngasse – Alter Steinweg – Asche haben Grundrisse solcher Gebäude zutage gebracht. Gemeinsam war allen diesen verhältnismäßig kleinen

Abriß des Hofes von Zurmühlen in der Salzstraße (1929) – abgebildet ist die Südseite des Steinwerks

Häusern ihre Lage in der Tiefe der Grundstücke hinter den großen Vorderhäusern an der Straße. Sie trugen, nachweisbar seit dem 16. Jahrhundert, den Namen „Steenwercke" oder „Steinwerke". Wie waren sie konstruiert? Die Außenwände bestanden aus sorgfältig gemauertem Bruchstein, ca. 1 Meter dick. Der rechteckige Grundplan war stets so ausgerichtet, daß eine Längswand parallel zum Straßenzug lag. Über den seitlichen Schmalwänden hatten sie kleinstufige Treppengiebel und ein einfaches Satteldach, das somit stets rechtwinklig zum First der davor gelegenen Giebelhäuser stand. Der Grundriß war einräumig. Über dem niedrigen Keller mit schwerer Balkendecke, unterstützt durch einen Unterzug mit Stützpfosten, folgte das einräumige Erdgeschoß, darüber zumeist ein Obergeschoß. Auch über diesen beiden Geschossen lagen solide Balkendecken. Die Dachkonstruktion bestand aus einem einfachen Kehlbalkenstuhl.

Keller und Erdgeschosse waren offenbar zunächst fast fensterlos. Einzelheiten waren hier jedoch durch die zahlreichen späteren Umbauten nicht mehr zu ermitteln. Im Obergeschoß fanden sich neben kleinen Luken auch zweiteilige Pfostenfenster (Salzstraße 50). Die Eingänge müssen stets in der Längswand Richtung Vorderhaus gelegen haben. Rauchfänge mit Kaminen gab es anfangs wohl nicht; diese Anlagen haben sich erst als später eingebaut erwiesen. Alle diese Eigenarten – zusammen mit der soliden Bauweise – zeigten, daß es sich um einen besonderen Bautyp gehandelt hat, was ja auch anfangs durch die abgesetzte Lage hinter den zugehörigen Vorderhäusern deutlich war.

Die Erbauer solcher Steinwerke waren mit Sicherheit die wohlhabenden Kaufleute, die sich so einen feuer- und diebessicheren „Tresor" für ihre Warenvorräte schufen. Die ältesten Steinwerke, Ludgeristraße 95 und 98, wurden wohl im 13. Jahrhundert errichtet, wobei die Geschoßhöhen von Nr. 98 mit je 2,80 Meter ohne Heizmöglichkeiten deutlich Lagerhausverwendung anzeigten. Das angebaute eingeschossige Steinwerk Nr. 95 besaß offensichtlich in seinem Erdgeschoß von 3,20 Meter Höhe schon einen bewohnbaren Raum, zumal hier zwei vermauerte Pfostenfenster mit Rundbogenblenden darüber romanischen Schmuckcharakter aufwiesen. Die anderen Steinwerke der älteren Bauart waren durch Um- und Anbauten ziemlich beeinträchtigt. Datierbare Bauglieder fehlten, aber Max Geisberg, der sie noch untersuchen konnte, wies sie sicher zu Recht dem 14. Jahrhundert zu.

An anderer Stelle gab es einen Hinweis auf die ursprünglich abgesetzte Lage eines Steinwerks. Etwa in 13 Meter Abstand vom Alten Steinweg bestand unter dem Haus Nr. 40 ein Keller mit Mauern (ein Meter dick) eines fast quadratischen Steinwerks. Der darauf stehende Baukörper aus Ziegeln war von etwa 1550. Zu dem Steinwerk gehörte ein verschoben rechteckiges Vorderhaus mit eigenem Keller. Man hatte irgendwann die beiden anfangs völlig voneinander getrennten Keller durch einen Kellergang verbunden und sie mit Gewölben versehen. Man darf wohl vermuten, daß der Steinwerkskeller in seinen Außenwänden noch aus dem 14. Jahrhundert stammte.

Diese Steinhäuser oder Steinwerke sind in der beschriebenen Art in vielen westfälischen und niederdeutschen Städten nachzuweisen. In Osnabrück waren sie besonders zahlreich; dort sind auch bis heute Beispiele erhalten, die ältesten aus spätromanischer Zeit. Im Gegensatz zu Münster hatten viele Steinwerke dort gewölbte Keller und unter dem Dachstuhl ein mächtiges Tonnengewölbe, was die Feuersicherheit bedeutend erhöhte. Die Herkunft dieses Bautyps als Schutzbau weist auf verteidigungsfähige feste Gebäude der Herrenbauweise hin. Aber es sind demgegenüber Reduktionsformen. Nahe Verwandte sind die festen Steinspeicher, die auf grundherrlich großen Haupthöfen abseits der bäuerlichen Wohn- und Wirtschaftsbauten oft mit eigenem Gräftenring errichtet wurden. Schöne Beispiele sind in den Baumbergen und deren Umland heute noch erhalten. Auf der Domimmunität in Münster gab es Steinhäuser anderer Konstruktion, die aber als Wohnungen adeliger Bauherren hier nicht behandelt werden sollen. Die nachweisbaren Steinwerke in der bürgerlichen Stadt waren auch nicht alle gleich groß. Von 16 durch Aufmessungen bekannten Objekten hatten drei eine Größe bis 50 Quadratmeter, neun Steinwerke bis 100 Quadratmeter und vier waren großer als 100 Quadratmeter. Zu letzteren gehörten der älteste Rathausteil, in dem der Friedenssaal liegt, der sogenannte Weinhof hinter der Syndikatgasse (vielleicht die ursprüngliche Synagoge des hier bis zur Mitte des 14. Jahrhunderts gelegenen Judenviertels), und eine Kurie auf dem Domplatz (Nr. 4/5) sowie das Steinwerk Ludgeristraße 19. Alle sind ins 13. oder 14. Jahrhundert zu datieren. Eine aufmerksame Durchsicht der recht zuverlässigen Vogelschau des Everhard Alerdinck von 1636 ergibt noch eine weitere Reihe von Steinwerken in ihrer charakteristischen Lage und versehen mit den kleinstufigen Treppengiebeln.

2. *Die bewohnten Vorderhäuser*

Wie schon oben angedeutet, lagen die den Steinwerken zugeordneten vorderen Häuser an der Straße und dienten als Wohnung sowie Geschäftslokal oder Werkstatt. Sie waren anfangs nicht unterkellert und großenteils eingeschossig. Es waren stets Giebelhäuser mit geräumigen Dachböden. In den Anfängen lagen ihre konstruktiven Einzelheiten im dunkeln. Sicher ist wohl nur, daß sie einräumig waren und ihr Aufbau entweder aus Fachwerk oder Bohlenständern konstruiert war. Im 14. Jahrhundert sind die ersten Häuser dieser Art in Stein errichtet worden, und bei einigen wurde ein niedriges Obergeschoß aufgesetzt. Die Vorderhäuser wurden jetzt auch meist mit den älteren Steinwerken zusammengebaut, aber doch so, daß die Dächer von Steinwerk und Vorderhaus getrennt blieben.

Im Laufe des 15. Jahrhunderts erfolgte ein wichtiger Entwicklungsschritt dergestalt, daß bei Massivbauten das Bruchsteinmaterial durch Backsteine ersetzt wurde. Sehr wahrscheinlich hat sich im gleichen Zeitraum auch die Dachdeckung in Pfannen nach den bösen Erfahrungen des großen Stadtbrandes von 1383 ganz durchgesetzt. Eine Ziegelei in der Mauritzheide wurde schon 1296 genannt. Auch die Kombination aus Vorderhaus und Steinwerk wandelte sich. Beide entstanden jetzt oft gleichzeitig, wobei das Steinwerk mit der Schmalseite an das breitere Vorderhaus angebaut wurde, was den Vorteil hatte, daß ein schmaler Gang vom Vorderhaus am Steinwerk entlang zum hinteren Hof oder Garten frei blieb. Die Dachfirste beider Gebäude lagen nun in gleicher Richtung. Wenn das Vorderhaus niedrig oder eingeschossig war, ragte der hohe Steinwerkvordergiebel über das Vorderhaus auf, wie es zum Beispiel in schönster Weise beim Haus Neubrückenstraße 20 zu sehen war. Hier war der Steinwerkaufbau mit kleinstufigen Treppengiebeln von 1504, das große Vorderhaus ein Neubau von 1693. Ein weiterer Entwicklungsschritt war vollzogen, wenn der Trenngiebel zwischen Vorderhaus und Steinwerk über den Dachschrägen unterdrückt wurde und ein Einheitsdach zwischen dem meist breiteren Vordergiebel an der Straße und dem schmaleren rückwärtigen Steinwerksgiebel bestand. Bei diesen seit dem 16. Jahrhundert sehr zahlreichen Häusern war es korrekter, zwischen Vorderhaus und Steinwerkteil zu unterscheiden.

Wie sah in diesem Stadium der Hausentwicklung die Grundrißdisposition aus? Die Vorderhäuser bestanden ursprünglich nur aus einem einzigen großen Raum im Erdgeschoß, das außerdem eine ziemlich große Raumhöhe aufwies. Von der Straße aus führte ein Tor oder eine große Tür direkt in diesen Raum, der außer durch das geöffnete Tor noch Licht durch hohe flankierende Fenster empfing. Die Seitenwände waren wegen der Nachbarhäuser zumeist fensterlos. Den Hintergrund des weiten Einraums beherrschte die Feuerstätte in Gestalt eines wuchtigen Kamins. Zu seiten des Kamins gab es oft drei Türen: eine Kellertür, die zum Keller unter dem Steinwerkteil führte (das Vorderhaus war anfangs ja nicht unterkellert), eine zweite Tür, die in den stets mehrere Stufen höher gelegenen Steinwerkteil führte und eine dritte Tür, die mit großem Oberlicht zum Gang entlang des Steinwerkteils zum hinteren Hof führte. Von hier aus war auch meist ein Brunnen, den man mit den Nachbarn teilte, zu erreichen. Auch im Erdgeschoß des Steinwerkteils lag immer nur ein einziger Raum, dessen Belichtung durch Fenster an der Rückfront kam. Hier gab es ebenfalls einen Kamin, der Rücken an Rücken mit dem Vorderhauskamin lag. Auf dem so entstehenden starken Kaminblock saß der Schornstein, der im Zwischengiebel oder frei geführt auf der Grenze zwischen Vorderhaus und Steinwerkteil stand.

Neben den eingeschossigen Vorderhäusern kam im 14. Jahrhundert der Aufbau eines niedrigen Obergeschosses hinzu, und schon im 15. Jahrhundert waren fast alle

Neubauten zweigeschossig. Sie bildeten so zusammen mit dem stets zweigeschossigen Steinwerkteil von jetzt an einen einheitlichen Baukörper. Die Verbindung der Stockwerke untereinander dürfte anfangs durch primitive Leitertreppen, dann aber durch hölzerne und steinerne Wendeltreppen erfolgt sein. Wendeltreppen aus Stein hatten sich mehrfach erhalten. Die ältesten stammten aus dem späten 15. Jahrhundert. Die Lage der Treppe war ursprünglich immer an oder in der Trennwand zwischen Vorderhaus und Steinwerkteil.

Das Berufs- und Familienleben hat sich anfangs ganz im Erdgeschoßraum des Vorderhauses abgespielt. An dem großen Kamin hier wurde gekocht. Auch die Schlafstellen befanden sich in diesem Einraum. Als erste Differenzierung entstand die Nutzung des Steinwerk-Erdgeschosses als besonderer Repräsentationssaal. Dort wurden Handels- und Rechtsverträge abgeschlossen, und sicher bald auch schon festliche Gelage vor allem durch den Hausherrn abgehalten. Ebenso dürften die Schlafstellen schon früh in das Obergeschoß verlegt worden sein. Es blieb dann noch die Nutzung des großen Erdgeschoßvorderraums als Geschäfts- oder Handwerkslokal oder als Küche.

Schon im 16. Jahrhundert wünschte man oft diese beiden Lebensbereiche zu trennen. Das führte zum Einbau einer Querwand im Erdgeschoß, oder diese Teilung wurde bei Neubauten gleich mit ausgeführt. Aus den überlieferten Aufmessungen ließ sich die lichte Höhe des Vorderhaus-Erdgeschosses bei den Häusern bis etwa 1530 im Durchschnitt auf ca. 4,10 Meter berechnen. Nach der Täuferkatastrophe mit dem Wiederaufblühen der Stadt stieg sie von 1540 an auf ca. 4,60 Meter. Ein weiterer Schritt zur besseren Nutzung der Häuser war die Unterkellerung auch der Vorderhäuser, wobei der Keller unter dem Steinwerkteil, der zudem oft höher lag, unverändert bestehen blieb. Die Vorderhauskeller waren von der Straße her durch sogenannte Kellerhälse zugänglich. Eine andere Eigenart war es, daß der hintere Teil des Vorderhauses, die große Küche, oft nicht unterkellert wurde. Der Vorderteil der Häuser an der Straße erhielt jetzt manchmal eine eigene Kaminanlage, die in einer der Seitenwände lag. Ein solches Stadium der Hausentwicklung war häufig gegen Ende des 16. Jahrhunderts erreicht.

Die sich wandelnde Lebensart der Kaufleute und Handwerksmeister förderte die Vermehrung der Räume. Seit dem frühen 17. Jahrhundert wurde in die besonders hohen Erdgeschosse des vorderen Hauses oft ein Zwischengeschoß eingebaut, meist mit einer Zugangstreppe in der nicht unterteilten Küche. Zugleich entstanden im Vorderteil Einbauten von Stuben, so daß schließlich von der Haustür bis zur Küche nur ein Flur übrigblieb, flankiert von tiefen, schmalen Zimmern. Die Küche dagegen blieb meist unverändert. Auch der „Saal" im Steinwerkteil änderte sich nicht. Die Veränderungen im Obergeschoß waren nur schwer festzustellen, da nur wenige Grundrisse überliefert sind.

Als Beispiel für diese Raumdisposition sei hier das prächtige Haus Aegidiistraße 62 von etwa 1571 vorgestellt. Durch ein großes Rundbogentor betrat man den im Erstzustand weiten und hohen Erdgeschoßraum, der durch das Tor und vier flankierende sehr hohe Fenster mit doppelten Steinkreuzen belichtet wurde. Die Decke dieses Raumes bildeten neun Querbalken, gelagert auf schlichten Kragsteinen, sowie zwei Unterzüge von je 14 Meter Länge, die in der Raummitte von je einem Pfosten gestützt wurden. Die Kanten aller Balken waren profiliert. In der Hinterwand war

Das giebelständige Haus Aegidiistraße 62 und der 1752 von Johann Conrad Schlaun errichtete Landsberger Hof (rechts)

die Stelle des 3 Meter breiten Küchenkamins zu sehen, der einst mit seinem Rahmen, Aufsatz und Bosen den ganzen Raum beherrscht haben muß. Links in einem abgeschrägten Wandabschnitt lag der Ausgang zum Hof sowie zwei hochsitzende Steinkreuzfenster mit genasten Bögen. Sie brachten zusammen mit dem hohen Türoberlicht weiteres Licht in den Raum. Rechts vom Kamin lag die Tür zum Steinwerksaal, der sechs Stufen höher lag und ebenfalls von sechs freitragenden Balken überdeckt war. Rechts daneben folgte die Öffnung der steinernen Wendeltreppe, ursprünglich der einzigen Verbindung zwischen allen Geschossen, darunter der Eingang zum Steinwerkkeller, der sechs Stufen tiefer lag als der Boden des nicht unterkellerten Vorderraums. Der Keller unter dem Steinwerkteil war durch vier stichbogige Kreuzgratgewölbe auf Gurten überdeckt. Die Gewölbe stützten sich auf eine Säule in der Raummitte.

Im 17. Jahrhundert hatte man den 5,65 Meter hohen Einraum durch eine Zwischendecke in zwei Geschosse geteilt. Das Eingangstor wurde auf das Maß einer Haustür verkleinert und die hohen doppelten Steinkreuzfenster im Erdgeschoß in zwei Fensterreihen zerlegt. Stubeneinbauten – sicher später noch mehrfach verändert – ließen vorn nur einen Flur übrig, der zu einer jüngeren Treppenanlage führte. Im Bereich des großen Kamins war jedoch ein größerer Durchblick nach oben bis auf die mächtige Balkendecke frei geblieben. Steinwerkteil und Wendeltreppe waren bis auf weitere Stubeneinbauten unverändert. Im 3,43 Meter hohen Obergeschoß, das in jüngerer Zeit ganz neu aufgeteilt worden war, markierte nur die starke Mauer mit der Schornsteinführung und die Wendeltreppe die Grenze zwischen Vorderhaus und Steinwerkteil. Anzumerken war ferner, daß der große Kaminblock mit dem Schornstein von einem Vorgängerbau übernommen war. Auf dem Dachboden zeigte der Schornstein zur Ostseite hin eine Dachanschlußspur, die zu einem eingeschossigen Vorderhaus gehört hat, dessen Einraum ebenfalls schon ca. 5,50 Meter hoch war. Auf der Westseite zeigte sich eine höhersitzende Dachspur, die zu einem zweigeschossigen Steinwerk gehört haben muß – ein Befund, von dem im allgemeinen schon oben die Rede war.

Der Bauherr des monumentalen Neubaus von etwa 1571 war der Bürgermeister Dr. Heinrich Vendt aus einer wohlhabenden Honoratiorenfamilie. Es zeigte sich, daß noch in der zweiten Hälfte des 16. Jahrhunderts die konservativ-patriarchalische Wohnweise in wenigen großen und hohen Räumen üblich war.

3. Eine einzigartige Sonderleistung: die Bogenhäuser

Eine sehr auffallende und weithin berühmte Besonderheit Münsters war und ist die lange Reihe von Lauben- oder Bogenhäusern am Prinzipalmarkt und am Roggenmarkt bis zur Bogenstraße. Man hat die stolze Reihe der Giebelhäuser mit Bogengang – vor allem auf der Westseite der Marktstraßen – einer einheitlichen

Der Prinzipalmarkt. Gemälde von Cornelis Springer (1868)

Planung des bischöflichen Stadtherrn zugeschrieben und ihre Erbauung als spätromanische Steingiebelhäuser schon in das 12. oder spätestens in das frühe 13. Jahrhundert postuliert. „Beweisstücke“ waren ein romanischer Kämpferstein an der Grenzmauer zwischen den Häusern Prinzipalmarkt 44–45 (heute noch an Ort und Stelle) sowie die vermeintlich einheitlichen Zwischenwände zwischen den einzelnen Häusern. Letztere erwiesen sich, durch die Kriegszerstörungen sichtbar geworden, als völlig uneinheitlich: teils zweischalig, teils durch ein System von Stichbogenblenden nachträglich verstärkt, Kragsteine als Auflager für Deckenbalken immer wieder versetzt und geändert. Auf dem romanischen Kämpfer saß ein Gurtbogen auf, der vorn auf einer spätgotischen Säule ruhte. Bei dem Kämpfer handelte es sich mit Sicherheit um eine Spolie, die von der romanischen Lambertikirche stammen konnte und beim Neubau eines der Bogenhäuser hier im 15. Jahrhundert angebracht worden ist. Joseph Prinz und Karl-Heinz Kirchhoff haben nachgewiesen, daß die Bebauung der Prinzipalmarkt-Westseite wie auch des Roggenmarktes und der Bogenstraße im Zusammenhang mit der Entwicklung der Domburg zu sehen ist. Anfangs standen hier mit Sicherheit in lockerer Reihung nur Holzbuden, deren lateinische Bezeichnung *lobiae* – irrtümlich als Lauben- oder Bogenstellungen gedeutet – auf die falsche Spur geführt hat. Immerhin mögen sich die Buden schon in der zweiten Hälfte des 12. Jahrhunderts zu richtigen Häusern entwickelt haben, die aber gewiß ebenfalls noch weitgehend aus Holzkonstruktionen bestanden. Voraussetzung für diesen Entwicklungsstand war der Bau der endgültigen großen Stadtmauer, wodurch der Wehrcharakter der Domburg überflüssig wurde; dennoch hat der Bau einer vorgeschobenen starken Grenzmauer die Domimmunität streng von der bürgerlichen Marktwelt geschieden. Diese Scheidung bestand bis in unsere Zeit.

Die Bauherren der seit dem 13. Jahrhundert einzeln und im 14. Jahrhundert durchweg als Steinhäuser errichteten Marktbebauung waren wohlhabende Kaufleute, die der oberen sozialen Schicht der Bürgerschaft angehörten. Diese Bauten waren giebelständige, anfangs einräumige Häuser zu Wohn- und Geschäftszwecken und seit dem 14. Jahrhundert mit Sicherheit alle mit den vorgesetzten Bogenstellungen versehen. Alle hatten wohl mindestens ein Obergeschoß, das die Hausgrundfläche über den Bogenhallen erheblich vergrößerte. Hier kann nun sehr wohl durch das Eingreifen des bürgerlichen Stadtregiments eine verbindliche Bauform gefunden worden sein, der am Prinzipalmarkt auch die Häuserzeile auf der östlichen Seite folgte. Ein zeitlicher Fixpunkt ist hier wohl der Neubau des Rathauses in der zweiten Hälfte des 14. Jahrhunderts, der in monumentaler Weise vor der älteren steinernen Ratskammer errichtet wurde.

Die zahlreichen Säulen des Bogengangs auf beiden Seiten des Marktes, wie auch am Roggenmarkt und an der Bogenstraße folgten in der Mehrzahl zwei Grundmustern, ohne aber bei den einzelnen Häusern genau gleich zu sein. Die eine Form bestand aus dem kräftigen Rundschaft, teils mit doppelter vieleckiger durch Profile abgesetzter Basis, teils aber auch nur mit einer Grundplatte. Die Kapitelle bestanden hier fast immer aus einer runden ausladenden Kehle, in die mit vier Eckkonsolen die viereckige Kämpferplatte als Auflager der kantigen Rund- oder Spitzbögen eingriff. Die vieleckige Basis wurde oft auch den Rundpfeilern in den münsterländischen Hallenkirchen des 14./15. Jahrhunderts gegeben, während die Kapitelle in dieser Form nur an den Bogenhäusern vorkamen. Ihr Vorbild könnten gut die Kapitelle der

Rathausbogenhalle gewesen sein, nur waren hier statt der Eckkonsolen Masken und Drolerien verwendet. Diese Form ist durch das ganze 15. Jahrhundert benutzt worden, was sehr schön die sogenannten „Doppelkapitelle“ – in Wahrheit im heutigen Niveau versunkene ältere Säulen – beweisen. Das zweite Grundmuster war ein im Kern viereckiger Pfeiler, der durch kräftige Abfasungen zwischen Kapitell und Basis achteckig gemacht war mit Betonung der Kapitell- und Basiszone durch einen einfachen Rundstab. Hier ist es schwer zu sagen, von wo diese Form abgeleitet worden ist. Im gleichzeitigen Kirchenbau kommt sie im Münsterland nicht vor. Auch diese nicht ganz so aufwendige Pfeilerform dürfte schon früh im 15. Jahrhundert verwendet worden sein.

Die tiefrechteckigen steinernen Hauskörper waren stets unterkellert. Die Keller besaßen eine starke Holzbalkendecke, und die Zugänge, die „Kellerhälse“, lagen unter den Bogenhallen, welche nicht unterkellert waren. Bei Nichtgebrauch waren die Kellerhälse durch Bohlendeckel verschlossen, wovon sich einzelne bis in die 1920er Jahre erhalten hatten. Die Bogenhallen gehörten stets der Öffentlichkeit, waren also Marktfläche, was bis zum heutigen Tag so geblieben ist. Das stets flach gedeckte Erdgeschoß hinter der Bogenhalle war ursprünglich einräumig und erhielt nur Tageslicht von der Bogenhalle aus und durch die Fenster von der Rückfront her. Aber hier waren oft allerlei Nebenbauten entstanden, die die engen Hofräume zwischen Markthaus und Immunitätsmauer ausfüllten. Galt das für die Hauszeile entlang der Domimmunität, so waren die Markthäuser auf der Ostseite des Prinzipalmarkts zwar grundsätzlich von gleicher Konstruktion, im Hofraum aber etwas weniger beengt.

In einem folgenden Entwicklungsschritt ist offenbar das hintere Drittel des Erdgeschoßraums durch eine Querwand abgeteilt und zur Küche eingerichtet worden. Das Herdfeuer mit der Schornsteinführung lag in einer der beiden Längswände. Bemerkenswert ist nun, wie man bei den Häusern vor der Immunitätsmauer Luft und Licht in die Küche brachte. Man sparte hier die Decke über dem Erdgeschoß, ja sogar die Decke über dem ersten Obergeschoß aus, so daß ein hoher schachtartiger Raum entstand. So war es möglich, in Obergeschoßhöhe im Hofgiebel eine eng gestellte Reihe von hohen, fest verglasten Pfostenfenstern anzubringen, die erheblich mehr Tageslicht hereinließen. Diese komplizierte Raumform entwickelte sich, weil die Immunitätsmauer ursprünglich etwa 8 Meter hoch war. Bei den Häusern auf der Marktostseite gab es – soweit bekannt – keine so hohen Küchen.

Einer der beschriebenen Küchenräume war bis 1927 im nördlichen Halbhaus Prinzipalmarkt 21/22 von 1552 erhalten. Der Schachtraum war hier 9,60 Meter hoch, die Fenstersohlbänke lagen 6 Meter hoch über dem Fußboden bei einer Grundfläche von 4×4,40 Meter. Eine kompliziert geführte Holztreppenanlage aus der zweiten Hälfte des 18. Jahrhunderts hatte den hohen Raum erheblich eingeschränkt, ohne jedoch die Lichtführung zu verringern. Spuren weiterer hoher Küchenräume gab es aufgrund einer Pfostenfensterkette im Obergeschoß Prinzipalmarkt 30/31 (15. Jahrhundert): Raumhöhe ca. 8 Meter, Höhe der Fenster ca. 4 Meter. An der Rückfront des Hauses Roggenmarkt 1 (um 1545) zeigten sich im Obergeschoß die vermauerten Spuren von drei hohen Spitzbogenfenstern, die nach ihrer Machart wohl noch dem 15. Jahrhundert angehörten. Sie belichteten einst eine Küche von ca. 8,90 Meter Höhe. An der Hofseite des Hauses Bogenstraße 5 (um 1520) sind in der Ruine nach 1945 im Obergeschoß vier Pfostenfenster mit genasten Bögen sowie zwei weitere an den hinteren

Seitenfronten zutage getreten, die ebenfalls zu einer hohen Küche gehört haben. Sie sind beim Wiederaufbau sorgfältig wiederhergestellt worden.

Im Unterschied zu den schon oben beschriebenen großen Bürgerhäusern waren rückseitig angefügte Steinwerke oder Steinwerkteile bei den Markthäusern die Ausnahme. Der Grund dafür war der beengte Raum hinter der Häuserzeile vor der Immunitätsmauer. Aber auch auf der Ostseite des Prinzipalmarkts scheinen sie nicht immer vorhanden gewesen zu sein. Hier war es das Haus Prinzipalmarkt 11 (um 1490), das hinter dem opulenten Vorderhaus einen voll ausgebildeten, aber schmaleren Steinwerkteil besaß. Sein Fußbodenniveau lag wie üblich sechs Stufen höher als die Böden des Vorderhauses in Erd- und Obergeschoß. Merkwürdigerweise war hier der Steinwerkteil nicht unterkellert, wohl aber das ganze Vorderhaus. Von der Gruetgasse aus bot sich ein schöner Blick auf die mächtigen Hofgiebel von Haus und schmalerem Steinwerkteil, die mit Sicherheit gleichzeitig errichtet worden sind. Auf der Westseite des Marktes besaß das schon genannte Doppelhaus Prinzipalmarkt 21/22 von 1552 ein kleines Steinwerk mit quergestelltem Satteldach über Keller und zwei niedrigen Stockwerken, das eindeutig zusammen mit dem Vorderhaus erbaut worden ist. Die altertümliche Stellung des Daches war wegen der hochsitzenden Küchenfenster gewählt worden. Einzelne andere steinwerkartige Hinterhäuser mögen in der westlichen Marktzeile vorhanden gewesen sein, sind aber nicht überliefert.

Bei dem schönen gotischen Giebelhaus Roggenmarkt 11 (um 1485) fehlte ebenfalls ein Steinwerkteil. Dafür bestand im hinteren Erdgeschoß ein monumentaler Raum, dessen Maße nach einem Brand im Jahr 1904 ermittelt werden konnten. Er war 13,96 Meter tief, 8,40 Meter breit und 7,75 Meter hoch! An der östlichen Längswand hatte ein Kamin von 3,48 Meter Breite gesessen. Die Belichtung dieser „Halle“ hatten zwei große je vierbahnige reiche Maßwerkfenster besorgt, wozu noch ein schmales zweibahniges seitliches Fenster über der Hoftür kam. Der unterkellerte vordere zweigeschossige Hausteil war etwa 8,20 Meter tief gewesen. Die später in zwei Geschosse geteilte „Halle“ muß die monumentale Küche gewesen sein. Man mag daraus sehen, welcher Raumluxus bei vermögenden Bürgern getrieben worden ist. Auch darf man annehmen, daß es weitere Großräume dieser Art in Münster gegeben hat, doch ließ sich keiner mehr vor den Zerstörungen nachweisen.

Das erste Obergeschoß der Markthäuser war die eigentliche Wohn- und Repräsentationsetage. Die Raumhöhe war hier meist gleich mit dem Erdgeschoß, oft sogar noch größer. Vorn am Markt über der Bogenhalle lag stets ein großer Saal in voller Hausbreite. Eine Kaminanlage befand sich in einer der Längswände. Hinter dem Saal folgte ein ziemlich dunkler Flurraum, in dem die Wendeltreppe gelegen haben muß. An der Hausrückseite folgte entweder der Schachtraum der Küche, oder – wenn die Küche nur im Erdgeschoß lag – ein zweites großes Zimmer mit Fenstern im Hofgiebel. Der Vordersaal war offenbar meist kostbar ausgestattet. 1932 fand man dort im Haus Drubbel 3 (um 1490) die Reste spätgotischer Wandmalerei mit der Darstellung der Wurzel Jesse. Übrigens gab es hier im Flurraum noch die Reste einer steinernen Wendeltreppe. Im Saalraum des spätgotischen Hauses Prinzipalmarkt 39 von etwa 1490 befand sich eine bemalte Holzdecke mit Medaillons, Felderungen und Rankenwerk aus der Zeit um 1630, die sicher damals eine ältere Dekoration im Geschmack dieser Zeit ersetzt hatte. Sie war später unter einer schlichten Stuckdecke verschwunden. Über die Nutzung der zweiten Obergeschosse ist nichts überliefert. Hier waren ursprünglich sicherlich Lagerräume und Werkstätten neben einzelnen Schlafkammern. Die Dachböden waren wie der Keller Lagerräume. Selbstverständlich sind alle diese interessanten Häuser später vielfach umgebaut worden. Daher sind wegen der starken inneren Modernisierung auch kaum Grundrißvermessungen gemacht worden. Schon im 18. Jahrhundert ist im Erdgeschoß meist ein Flur abgeteilt worden, der zum inzwischen mit bequemen Läufen ausgestatteten Holztreppenhaus in der Mitte des Hauses führte. In den Obergeschossen wurde die Raumeinteilung vielfältiger. Konservativ blieb man nur im Erdgeschoß mit dem Laden oder Kontorraum, deren Fenster und Feiltüren sich zum Bogengang öffneten. Im Hintergrund der Häuser blieb die große Küche bestehen, und im ersten Obergeschoß behielt man den schönen Vordersaal bei. Hier waren in manchen Häusern Stuckaturen und verzierte Öfen anstelle der alten offenen Kamine erhalten.

Es mag deutlich geworden sein, daß die Häuser der wohlhabenden Bürger aus drei verschiedenen Grundbautypen entstanden sind. Die Steinwerke sind eines der letzten Glieder einer Entwicklungsreihe, die von den Festungsbauten des europäischen Herrenstandes abgeleitet ist. Bemerkenswert bleibt dabei, daß diese feuersicheren Tresorbauten der Kaufleute in jeder mittelalterlichen bedeutenden Handelsstadt, einander im Grundsätzlichen ähnlich, doch mit Unterschieden in Bautechnik und Lage ausgeführt sind. Die zugeordneten großen Wohn- und Geschäftshäuser, in den Anfängen mit Sicherheit aus Holz und eingeschossig, sind aus dieser Wurzel stammend von Joseph Schepers als „Wohndeelenhäuser" bezeichnet worden. Das bedeutet, daß sie aus rustikalen Ständerbauten mit angefügten Kübbungen entstanden sind. Bei Wegfall der Kübbungen und Schließung der Ständerreihen zu Wänden blieb der mittlere Deelenraum bestehen. Schon früh wurden in der Stadt die Wände der Deele in Steinbauweise ersetzt. Im 14. Jahrhundert war das Aneinanderbauen von Steinwerk und Wohndeelenhaus vollzogen und damit der folgenreiche Grundtyp des münsterischen Bürgerhauses geschaffen – folgenreich insofern, als die Kombination Steinwerk (= Steinwerkteil) mit Wohndeelenhaus (= Vorderhaus) noch bis ins 18. Jahrhundert die vorherrschende Form der Häuser blieb.

Im Zentrum des Handels an den Marktstraßen wurde von den mächtigen Kaufleuten mit weitreichenden Geschäftsbeziehungen ein anderer Haustyp bevorzugt. Dieser hatte seine volle Entwicklung erst als steinerner Bau erreicht. Stets unterkellert, über dem Erdgeschoß zunächst ein, später zwei Obergeschosse, besaßen die Giebelhäuser an den Märkten nur ausnahmsweise einen Steinwerkteil. Einzigartig in ganz Nordwesteuropa war die Anlage eines Bogengangs im Erdgeschoß, der sich bereits im 14. Jahrhundert in den ganzen langen Reihen ausgebildet hatte. Der Haustyp an sich war aber nicht an das Vorhandensein einer Bogenstellung gebunden, wie die Häuser am Drubbel, an der Rothenburg, am Alten Fischmarkt und Einzelbauten in weiteren Straßen beweisen. Diese Häuser sind von Schepers als „Saalgeschoßhäuser" klassifiziert worden. Das Hauptverbreitungsgebiet dieser stets giebelständigen Bauwerke ist Westeuropa: Nordfrankreich, Flandern, Brabant und die nördlichen Niederlande. Von dort her ist auch wohl der Typ nach Münster übernommen und hier zumeist um die Bogenhalle bereichert worden. Dieses Motiv, auch „Lauben" genannt, ist hauptsächlich in Süd- und Südosteuropa – auch in Verbindung mit Traufenhäusern – verbreitet.

4. Geschichte der Giebelfronten

Münster liegt in dem großen Gebiet in Europa, wo die Häuser mit Giebeln an der Straße ausschließlich vorherrschen. Die eng aneinander gereihten Häuser, nur durch schmale Tropfgassen – hier „Soden" genannt – voneinander getrennt oder, wie am Markt, ganz aneinander gebaut, zeigten nur die Giebelfront. Der Giebel wurde nun zum Träger künstlerischer Gestaltung und brachte zugleich Vermögen und Standesbewußtsein des Bewohners zum Ausdruck. Das Baumaterial der Steinhäuser war anfangs – bei den Steinwerken – sicher Bruchstein. Aber vom Anfang des 15. Jahrhunderts an setzte sich der Backstein immer mehr durch. Das vorzügliche Werksteinmaterial aus den Baumbergen, reichlich vorhanden, trat nach und nach hinzu, so daß eine sehr charakteristische Materialverbindung aus weißgelbem Werkstein mit dunkelroten Ziegeln vorzuherrschen begann. Abgesehen von den kirchlichen Bauten wurde schon im 14. Jahrhundert der einzigartige Schaugiebel des Rathauses ganz in Quadertechnik errichtet (hier noch mit den Bruchsteinwänden der Gebäudeseiten kombiniert). Soweit der Bestand überliefert ist, begannen die reichsten Bürger von der zweiten Hälfte des 15. Jahrhunderts an ihre Hausfronten ebenfalls in Werkstein zu errichten. Das hat in edlem Wettstreit dazu geführt, daß fast der gesamte Prinzipalmarkt, der Drubbel und die Bogenstraße schon am Ende des 16. Jahrhunderts ganz mit Werksteingiebeln besetzt waren – eine einzigartige Erscheinung in ganz Nordwestdeutschland! Die Ziegel-Werksteingiebel an den übrigen Stadtstraßen bis hinein in die Nebengassen waren kaum minder ansehnlich.

Auf den Bildern des münsterischen Malers Johann Koerbecke (um 1410–1491) lassen sich die ältesten, einigermaßen realistischen Darstellungen münsterischer Profanbauten nachweisen. Einzelne Tafeln des Marienfelder Altars – Geißelung Christi, Kreuztragung und Grablegung (1457) – zeigen im Hintergrund Stadtbilder mit vielen Häusern, bei denen Treppengiebel, Stufengiebel mit Pfeileraufsätzen und Dreiecksgiebel mit Firstaufsätzen dominieren. Bei der Geißelungsszene blickt man durch Arkadenfenster auf Bogenhäuser mit solchen Giebeln, sicher die älteste Darstellung von Häusern am Prinzipalmarkt. Auf der Tafel „Christus vor Pilatus" ist die Handlung vor nah gesehenen Häusern mit einem Treppen- und mit einem Pfeilergiebel dargestellt. Die große Kreuzigungstafel vom Amelsbürener Altar zeigt das Stadtbild von Jerusalem (= Münster) –, freilich stark reduziert, aber der Turm der Ludgerikirche ist deutlich erkennbar. Auch ein Altarflügelfragment „Vision des hl. Bernhard" (um 1470) hat im Hintergrund einen Durchblick auf Giebelhäuser der geschilderten Art.

Die kleinstufigen Treppengiebel könnten, wie die schon erwähnten der Steinwerke, ein Erbe der Steinhäuser des 14. Jahrhunderts sein. Auch auf der schönen und zuverlässigen Kupferstichansicht des Hermann tom Ring von 1570 sind sie noch zahlreich zu sehen. Am Prinzipalmarkt besaß das Bogenhaus Nr. 12 vielleicht als letztes noch 1716 (auf einer ungelenken Zeichnung des Prinzipalmarkt-Südendes) einen solchen Giebel; zudem hatte das Haus nur ein Obergeschoß. Sonst war diese Giebelform ganz aus dem Stadtbild verschwunden.

Die Giebel mit den Pfeileraufsätzen waren meist mit drei Stufen versehen, jede mit zwei Pfeilern besetzt, aber auch ein Pfeiler auf jeder Stufe kam vor. Von dieser Art

Mitteltafel des Amelsbürener Altars von Johann Koerbecke mit der Kreuzigungsszene. Der Ausschnitt zeigt im Hintergrund eine Stadt mit den für münsterische Bürgerhäuser typischen Treppengiebeln

der Giebelzier hatte sich ein stark verändertes und gestörtes Beispiel erhalten, das zudem erst infolge der Kriegszerstörungen zutage getreten war: Es war der Südgiebel des Steinwerks Klemensstraße 12, das Max Geisberg, ohne den damals verdeckten Giebel zu kennen, schon „um 1450" datierte. Das sehr beschädigte Steinwerk samt Giebel aus Backstein ist in den 1950er Jahren abgebrochen worden. Das Giebeldreieck besaß vier Stufen, jede war mit einem kräftigen Backsteinpfeiler besetzt. Die nicht erhaltene Giebelspitze war durch einen der Front vorgesetzten Schornstein unregelmäßig gestaltet. Durch diesen allein erhaltenen Befund wurden die Pfeilergiebel-Darstellungen auf den Tafelbildern des Johann Koerbecke durchaus bestätigt. Anscheinend stand diese Giebelform am Anfang einer Entwicklung.

Deren nächste Entwicklungsstufe setzte um 1480 ein. Die drei oder vier Stufen waren jetzt durch kräftige durchlaufende Wasserschläge horizontal voneinander abgesetzt; die senkrechten Stufenkanten waren durch ein scharfes Kantenprofil betont. Dieses Profil ging nahtlos in einen über Eck gestellten Fialenschaft über, und die Fiale war durch einen gotischen Werksteinriesen mit Krabben und krönender Kreuzblume abgeschlossen. Auf der obersten Stufe standen drei Fialen, oder zwei begleiteten einen Schornstein. Gut erhaltene Beispiele für diese Form sind heute noch die beiden Torhausgiebel des Drostenhofs in Wolbeck (1545). In Münster hatte von den zehn bis 1939 nachweisbaren höchst eindrucksvollen Hausfronten dieser Art nur noch eine ihre Fialenschäfte bewahrt: Prinzipalmarkt 6/7 (um 1500). Die übrigen hatten die Fialen verloren; die stark veränderten Giebel konnten durch Geisberg aufgrund der Lage der Wasserschläge und des Proportionsschlüssels zuverlässig rekonstruiert werden.

Schon um 1480 trat bei diesen Fronten eine bemerkenswerte Variante auf, die allerdings nur auf die reinen Werksteingiebel beschränkt blieb. In der Breite der Stufen wurden hochrechteckige Blendfelder abgeteilt, die mit gotischem Maßwerk gefüllt waren. Ein prächtiger Giebel dieser Art stand am Katthagen 8; nur die Fialen selbst waren nicht erhalten. Unmittelbar daran schlossen sich acht gleichartige Giebel an, die zwischen den Fialenschäften und der nächsthöheren Stufe ein freistehendes Maßwerkgitter unter einem halben Kielbogen aufwiesen, während auf der Giebelspitze ein voller Kielbogen, angelehnt an die Mittelfiale, das Werk krönte. Der Zeitraum ihrer Erbauung lag zwischen 1470 und 1520. Drei Schaugiebel lagen am Prinzipalmarkt (Nrn. 5, 11, 38), zwei am Roggenmarkt (Nrn. 6 und 11), einer am Drubbel (Nr. 3), einer an der Bogenstraße (Nr. 5) und einer am Spiekerhof (Nr. 42/43). Die Fialen und Maßwerkgitter waren alle verwittert, konnten aber aufgrund der Ansatzspuren und Proportionen zuverlässig rekonstruiert werden. Heute ist diese Giebelform nach dem Wiederaufbau des Hauses Prinzipalmarkt 11 von etwa 1490 als äußerst eindrucksvolle Rekonstruktion zu bewundern.

In bis zum Äußersten getriebener Steinmetzarbeit entstand in den 1520er Jahren eine Reihe von im Prinzip gleichartigen Werksteingiebeln, bei denen die Fialenschäfte rund und ganz mit wabenartigen Ornamenten bedeckt waren. Ihre Riesen wuchsen aus einem Kranz winziger Kielbogen auf. Das Maßwerk der Stufenfelder war nicht mehr struktiv, sondern ganz ornamental aufgefaßt, während die Kielbogen der Maßwerkgitter zurückgebogen etwas pflanzlich Sprießendes erhalten hatten. Hier war auch die Fassadenwand unter dem Giebeldreieck durch Maßwerkfelder und -ketten verziert. Drei Giebel dieser Art am Prinzipalmarkt (Nrn. 27, 40, 41), zwei am

Drubbel (Nrn. 4, 5/6) und einer am Spiekerhof (Nr. 12) waren die Zeugen der letzten und sehr dekorativen Phase gotischer Formenwelt an den Schaufronten von Patrizierhäusern. Übrigens ist heute ein Giebel dieser Art als freie Nachschöpfung Alfred Hensens (1904) an der Salzstraße 1 mit der Fassade am Lambertikirchplatz gewissermaßen als Anschauungsmodell erhalten.

Von sehr großer Bedeutung wurde eine weitere Giebelgestalt. Anfangs ein schlichter Dreiecksgiebel mit Firstaufsatz oder Firstschornstein, ist diese Form in größerer Zahl auf den Tafeln des Marienfelder und des Amelsbürener Altars von Johann Koerbecke zu sehen. Aber auch erhaltene Beispiele gingen in die Zeit um 1450 zurück. Der große steile Nordgiebel des Beginenhauses Ringe (Ludgeristraße 25/26) war das wohl früheste erhaltene Beispiel dieser Art. An der Giebelbasis, über gotischen Kragsteinen leicht seitlich ausladend, saßen schmale, hochrechteckige Stufen, denen auf der Spitze der Firstschornstein antwortete. Interessant ist, daß derartige Giebel zunächst gern als Hintergiebel errichtet wurden, wie es zahlreiche Beispiele an den Bogenhäusern der Marktstraßen zeigten. Aber schon bald, noch ganz im 15. Jahrhundert, errichtete man derartige Fronten auch als Schaufassaden, wobei anstelle des Schornsteins eine Firststufe trat. Auf den Seitenstufen ansetzend umzog den Giebelkontur ein gotisch profiliertes Randprofil, während die Speicherstockwerke durch horizontale Wasserschläge markiert wurden. Bald nach 1540 erhielten Seiten und Firststufe Halbkreisaufsätze mit Muschelfüllung, die dekorativ mit Steinkugeln besteckt waren. Nach 1560 waren diese Aufsätze oft durchbrochen und bildeten eine Art Halbrad. Im Gegensatz zu den kurzlebigen Stufengiebelformen hielten sich die Schaufronten mit Basis- und Firstaufsätzen recht lange. Zwar änderte sich das Proportionsverhältnis von den steilen Anfangsformen über harmonisch ausgewogene Dreiecke um 1550 bis 1570 bis zu variablen Spätformen, aber die Gestaltung hielt sich bis nach 1660.

Die geschilderten gotischen Schaufronten, seien sie aus Werkstein oder aus Backstein, sind Formerfindungen, die ausschließlich auf Münster beschränkt waren. In Einzelheiten hingen sie zwar mit der mehr verspielt-dekorativen gotischen Giebelwelt in Flandern-Brabant, den Niederlanden und dem Niederrhein zusammen. In Münster liebte man aber einen struktiv-klaren Aufbau, der die Stockwerke übereinander deutlich ablesbar machte und die in hochrechteckige Felder eingepaßten Maßwerkflächen unter den freistehenden Maßwerkgittern klar vom glatten Stufengiebelkern absetzte. Hier unterstützte auch die konsequente Luken- und Fensterverteilung die sachliche Grundhaltung der Schaugiebel, auch bei allem formalen Reichtum. Nur in Einzelfällen sind die münsterischen Maßwerkgiebel in Bielefeld, Herford und Lemgo nachgebaut worden.

Sehr eigenartig ist es, daß die großartige Gestaltung des monumentalen münsterischen Rathaus-Schaugiebels aus dem 14. Jahrhundert hier keine Nachfolge gefunden hat. Sein Umspringen von der vierachsigen Bogenhalle und vom Saalgeschoß darüber auf sieben vertikal stehende, durch alle Giebelgeschosse laufende, reich profilierte Rahmen mit Spitzbogenblenden darin als mächtiger Fialengiebel, dazu das Zusammenfassen der drei mittleren Achsen in gleichhohen Fialen mit Maßwerken und dem Figurenschrein in einzigartiger weit über die Dachlinie emporragender Komposition, sollte eigentlich zur Nachahmung gereizt haben. Dem Rathausgiebel sind über den vier seitlichen Stufen im 15. Jahrhundert Maßwerkgitter unter je einem halben Kielbogen hinzugefügt worden, wie Max Geisberg nachgewiesen hat. Wahrscheinlich hat man damit den „altmodischen“ Giebel der im 15. Jahrhundert „modernen“ Architekturströmung anpassen wollen.

Man könnte vermuten, daß diese einzigartige Schauwand das Werk einer fremden Bauhütte, vielleicht sogar, wie Joseph Prinz vorschlug, der Parlerschen Hütte aus Köln gewesen ist, während die so anders aufgebauten spätgotischen Bürgerhausfronten durch einheimische münsterische Steinhauerwerkstätten errichtet wurden. Immerhin liegen fast hundert Jahre zwischen dem Rathausbau und der Erfindung der Bürgerhausfassaden. Betrachtet man deren formale gotische Einzelheiten, so ist der Zusammenhang mit den hiesigen Kleinarchitekturen – zum Beispiel den Chorschranken und Sakramentshäusern – evident. Der völlige Zusammenbruch der Stadt in der Täuferherrschaft beendete das Bauen in den üppigen Formen der Spätgotik. Nur die Giebel mit den Seiten- und Firststufen haben überlebt.

5. Blütezeit der Bürgerhäuser zwischen 1540 und 1640

In den ersten Jahren nach 1536 waren die Bau- und Kunsthandwerker intensiv beschäftigt, die durch den Bildersturm und die Herrschaft der Täufer angerichteten Schäden an Kirchen und Häusern zu beseitigen. Die Stadt hat sich bis etwa 1560 erstaunlich schnell wirtschaftlich erholt. Bei Neubauten errichtete man zunächst sehr schöne, aber konservative Dreiecksgiebel mit Seiten- und Firststufen – zum Beispiel Jüdefelderstraße 1 (um 1545), Roggenmarkt 1 (um 1550), Prinzipalmarkt 21/22 (1552). Die schon oben geschilderte Grundrißdisposition blieb bei Neubauten weiterhin konservativ unverändert.

In den 1560er Jahren begann man bei kostbaren Gebäuden, die Fronten architektonisch zu gliedern. 1564 entstand als revolutionierende Neuheit eine Schaufassade ohne den traditionellen Giebel. Das in den Außenwänden glücklich erhaltene Haus Königsstraße 47 besitzt ein hohes Walmdach. An der Straße hat die sechsachsige Werksteinfront eine zweigeschossige, ganz regelmäßige Vertikalgliederung durch gestühlte Lisenen, über Erd- und Obergeschoß durch Architravgesimse straff horizontal zusammengefaßt. Die zwei mittleren Obergeschoßachsen sind durch einen Erker unter einem Flachgiebelchen betont, der aber gänzlich in das Gliederungssystem eingepaßt ist. Der Dachfuß des Hauses ist durch eine Attika mit Balustergalerie verdeckt und damit die Front sehr stark horizontal betont. Über dem Erker in der Hausachse steht eine schmuckvolle Lukarne mit einem Steinkreuzfenster in Pilasterrahmen, Halbradbekrönung und ornamentalen Flanken, die als stilisierte Löwenfüße gebildet sind. Da das Haus auf beiden Seiten freiliegt, hätte man auch auf den Längsseiten eine architektonische Gliederung erwartet, aber diese fehlt absolut. Die Fenster sind hier nach Bedarf verteilt. Es zeigt sich, wie stark der Gestaltungswille ausschließlich auf die Giebelfronten fixiert war. Erst später wurden Anläufe unternommen, auch Traufseiten an Häusern künstlerisch durchzubilden.

Das Haus Königsstraße 47 stand an der Spitze einer Gruppe von ganz ähnlich dekorierten Schaufronten: Bogenstraße 14 (1564), Neubrückenstraße 72 (1566), Aegidiistraße 62 (um 1571) und Aegidiistraße 11 (1573). Geisberg hatte die Entwürfe zu diesen Fassaden, die übrigens wieder zum traditionellen Giebel zurückkehrten, dem

Giebel der Domuhr mit einer Tafelmalerei von Ludger tom Ring dem Älteren (1542)

Maler Hermann tom Ring (1521–1597) zugeschrieben, weil viele Architekturmotive ähnlich oder fast identisch auf dessen Gemälden vorkommen. Vor allem der Prospekt der münsterischen Domuhr zeigt über dem großen Zifferblatt eine 1542 datierte Scheinarchitektur, die schon alle Bauelemente aufweist, die auch an den Giebeln vorkommen. Der Meister des gemalten Prospekts ist Ludger tom Ring der Ältere (1496–1547), der Vater Hermanns, der bei diesem Werk aber sicher beteiligt war. Von beiden Künstlern sind Selbstbildnisse erhalten, beide haben sich mit Attributen des Architekten – Zirkeln, Linealen und Schablonen – dargestellt. Zum erstenmal wurden in Münster Architekten im 16. Jahrhundert greifbar. Den unter ihrem Einfluß entstandenen Bauten war, außer vorzüglichen Proportionen, das strenge Rastersystem der Gliederung aus Pilastern und Architraven gemeinsam, in das Türen und Fenster exakt eingepaßt waren. Dieses Rechteckschema war nur im Giebelkontur durch gefällige freie Ornamente, wie S-Schwünge, Tierfüße, Vasenaufsätze und Halbkreismuscheln etwas aufgelöst. Erst die etwas jüngeren Fronten – so Aegidiistraße 62 – kehrten zum strengen Giebelumriß mit Seiten- und Firstaufsatz oder – Aegidiistraße 11 (hier mit Gliederung durch Halbsäulen statt der Pilaster) – zum Stufengiebel mit Muschelaufsätzen zurück. Den absoluten Höhepunkt in diesem Zusammenhang bildete die Doppelfassade des Stadtkellers und der Stadtlegge, die – im Auftrag des Rats erbaut – wohl die ideale Lösung im Sinne der regeltreuen Säulenordnung darstellte. Statt der neutralen Pilaster schufen hier toskanische, dorische, ionische und korinthische Halbsäulen mit den zugehörigen Gesimsen die Wandstruktur, während der Giebelumriß aus gefälligen Bandschwüngen bestand. Das vorzügliche, höchst qualitätvolle Bauwerk der münsterischen Hochrenaissance war das Gemeinschaftswerk von Hermann tom Ring (Entwurf), Albert und Johann Reining (Bildhauer) und Johann Gyse (Steinmetz), 1569 begonnen und 1571 vollendet.

Wie beim Stadtkeller zeigten sich seit etwa 1570 bei der Fassadengestaltung erste Tendenzen zur Auflösung des strengen dreieckigen oder stufenförmigen Giebelkonturs. Das Haus Frauenstraße 1 von 1570, ein städtebaulich sehr geschickt plaziertes Viergiebelhaus an der Ecke Überwasserkirchplatz und Frauenstraße, besaß statt glatter Giebelflanken gestreckte, wie gespannt wirkende S-Schwünge zwischen den Basen und den Firstaufsätzen. Die Giebelfelder waren durch je zwei Figurennischen belebt. Sie enthielten leider sehr verwitterte Skulpturen, die anscheinend einen allegorischen Zyklus der Planeten und der Tages- oder Jahreszeiten darstellten. Gleichsam in konservativer Opposition zu einer derartigen beginnenden Stiländerung gab es eine sehr bedeutsame kurze Rückkehr zum strengen Stufengiebel mit Halbradaufsätzen. Die Führung hatte das Gildehaus der Kramer, das Krameramtshaus von 1589. Dieses schöne Haus ist durch ein glückliches Geschick ganz erhalten geblieben. Über dem schlichten nur durch Simse und reiche Durchfensterung gegliederten Backstein-Hauskörper besitzt der Schaugiebel am Alten Steinweg eine auf Konsolen ansetzende Vertikalgliederung durch ionische Halbsäulen. Die Stufenhöhe ist durch Gesimsarchitrave bestimmt und auf jeder Stufe sitzt ein kugelbestecktes Halbrad. Eine grundsätzlich gleiche Gliederung und Giebelform hat der Rückgiebel, nur sind hier die Vertikalelemente Lisenen. Eine städtebaulich sehr wichtige Position hat das ebenfalls erhaltene einzelne Bogenhaus Rothenburg 44. Seine Schaufassade beherrscht die Einmündung der Königsstraße. Etwas früher entstanden (1583), konnte der Stufengiebel mit Lisenenapparat und Halbrädern sehr glücklich rekonstruiert werden. Einen dritten Giebel gleicher Art hatte das Haus Aegidiistraße 63 (um 1590), bekannt durch die Entwürfe Johann Conrad Schlauns, der 1752 hier in opulentem Umbau und Erweiterung unter Aufgabe des Giebels den kostbaren Landsberger Hof errichtete. Die streng repräsentativen Stufengiebel blieben offensichtlich ein Intermezzo. Die ersten zwei Schaufronten dieser Art besitzt übrigens in der Nachbarschaft Münsters das Herrenhaus des Drostenhofs in Wolbeck, erbaut 1557.

Um 1590 kam die schon angedeutete Tendenz zur Auflösung des glatten Giebelkonturs ziemlich plötzlich zum Durchbruch. Bemerkenswert war, daß das fast ausschließlich bei Neubauten an den Marktstraßen – also den Bogenhäusern am Prinzipalmarkt – geschah. In den Giebelfeldern aus Werkstein trat zunächst deutlich eine glatte Stufung hervor, die wie an der ganzen Fassade durch Gurtgesimse die einzelnen Geschosse betonte. Die früher einfachen Gesimse waren jetzt durch Karniesprofile und Zahnschnitte verstärkt. In den Zwickeln der Stufen saßen besondere Formstücke, deren lebhaft und phantasievoll bewegter Kontur durch Band- oder Beschlagwerkformen gebildet wurde. Schon bald nach 1600 wurde der Stufenkern aufgezehrt. Es blieben kräftig betonte horizontale Doppelgesimse in der Art von Architraven, während das konturierende Bandwerk in sich zum Teil symmetrische Formen annahm und in den Giebelkern vordrang. Auf seinen Außenschwüngen und auf den Enden der Architrave standen frei Vasen, Kugeln, Obelisken und Figuren. Qualitätsvollster Höhepunkt dieser Giebelformung war das Stadtweinhaus von 1615, das Meisterwerk des Johann von Bocholt. Diese Fassade ist bis auf das veränderte Erdge-

Die Häuser Prinzipalmarkt 30/32 (um 1900)

schoß nach dem Krieg wieder aufgebaut worden. Ist hier in vorbildlicher Weise das sehr plastische Bandbeschlagwerk in der Form gebändigt und zudem durch die großen Obelisken akzentuiert, so zeigt der zweite erhalten gebliebene Giebel Prinzipalmarkt 48 von 1627 die Auflösung klarer Strukturen: Die weich modellierten kurvigen Ornamentbänder rieseln das Giebeldreieck herab und zeigen das Eindringen der Formen des sogenannten Ohrmuschelstils. In einem deutlichen zeitlichen Abstand, 1653 und 1657, bildeten die beiden Giebel Prinzipalmarkt 36 und 37 den Abschluß der Gruppe dekorativer von der Ornamentik lebender Fassaden. Die letzteren besaßen wieder deutliche Stufung in steilen, zum Teil hochrechteckigen Feldern, begleitet von vereinfachtem Bandwerk. Als Abschluß diente ein Segment- bzw. Dreiecksgiebelchen. Max Geisberg hat darauf hingewiesen, daß diese beiden Giebel unter deutlichem holländischem Einfluß standen.

Damit ist eine Antwort auf die Frage gegeben, woher sich die so reichhaltig zusammengestellte Giebelornamentik speiste. Es waren die sehr variationsreichen Gestaltungen der üppigen Fassaden in den flämischen Städten, hauptsächlich in Antwerpen, Gent und Brüssel, die auf Münster eingewirkt haben. Der zunächst einzeln stehende Vorläufer dieses Stils war übrigens das Haus Roggenmarkt 12 von 1565 gewesen, das unter dem Einfluß des Meisters Laurenz von Brachum aus Arnheim entstanden war. Seine beiden Geschosse sind als Kopie Alfred Hensens (1905) erhalten. Das Medium, das den Bildhauern und Steinmetzen hier zur Verfügung stand, waren die Ornamentstich-Sammlungen der Meister Cornelis Floris, Hans Vredeman de Vries und vieler anderer. Die dort zu findenden sehr zahlreichen Anregungen sind aber von den Kunsthandwerkern in Münster nur in Details übernommen und zu neuen Formenensembles zusammengefügt worden, wodurch eine durchaus münsterische Spielart der Ornamentgiebel entstand. Die etwa fünfzig Jahre zwischen 1575 und 1625 waren auch im ganzen übrigen Deutschland die hohe Zeit für das Spiel mit Ornamenten an Fassaden und Giebeln, aber die Summierung solcher schmuckreicher Architektur entlang einer Straße oder an einem Platz war selten. Die Marktstraßen in Münster waren ein enorm eindrucksvolles Beispiel dafür.

6. Der Holz- und Fachwerkbau in der Stadt

Bevor die Bauentwicklung in der zweiten Hälfte des 17. Jahrhunderts weiter verfolgt wird, muß zunächst ein Versuch gemacht werden, der Entwicklung des Holzgefügebaus in Münster nachzugehen. Alle bisher betrachteten Objekte waren Steinbauten. Aber es hat in der Stadt auch zahlreiche Fachwerkhäuser gegeben; dennoch war das alte Stadtbild absolut vorherrschend vom Steinbau bestimmt. Die aus Fachwerk errichteten Bauteile oder ganzen Häuser waren nämlich, zumindest an der Straßenseite, verputzt und täuschten somit Massivbauweise vor. Soweit durch den Bestand oder durch alte Bilddokumente nachweisbar, hat es reichverzierte Fachwerkhäuser, wie sie zum Beispiel die Stadtbilder im östlichen Westfalen bestimmen, offenbar in Münster nie gegeben.

Wie überall, so begann auch hier der Wohnhausbau in reiner Holztechnik. Auf einigen Bildern des Marienfelder Altars von 1457 hat Johann Koerbecke neben mün-

Münsterisches Bürgerhaus nach einer kolorierten – Hermann tom Ring zugeschriebenen – Federzeichnung (um 1550)

sterischen Giebel- und Bogenhäusern auch einzelne hölzerne Bauten dargestellt. Auf dem Bild „Christus vor Pilatus“ ist neben vier Steinhäusern ein Holzhaus teilweise sichtbar, dessen Wand aus vertikal gestellten Bohlen besteht und dessen Giebelfeld zu seiten eines Firstpfostens mit fischgrätenförmig gesetzten Brettern verkleidet ist. Im Hintergrund des Bildes „Geißelung Christi“ steht vor den steinernen Kaufmanns- und Bogenhäusern die Teilansicht eines Holzhauses, anscheinend ebenfalls vertikal verbrettert und mit einem Holzkreuzfenster versehen. Das Kalendarium der Domuhr von 1542 stellt für den Monat November die Schlachtszene neben ein Fachwerkhaus, dessen Erdgeschoß mit Tür, Feiltür und Oberlichtfenstern unter einem auf schlichten gebogenen Knaggen stark vorkragenden Obergeschoß liegt. Im Hintergrund ist in der Reihe der Bogenhäuser ein durch vertikale Bohlen verschalter Giebel mit drei Luken zu sehen. Auch auf der ältesten und schönsten Stadtansicht des Hermann tom Ring von 1570 sind bretterverkleidete Hausgiebel und Wände angegeben. Wesentlich detailreicher ist die perspektivische Zeichnung eines Bürgerhauses aus der zweiten Hälfte des 16. Jahrhunderts, die den Akten eines Streits um die Regenwasserableitung als Erläuterung beigefügt ist. An der Straßenfront besteht das hohe Erdgeschoß des zweigeschossigen Giebelhauses aus Backstein. Das niedrige Obergeschoß und die ganze der Sode zugewandte Seite zeigen eine Ständerkonstruktion, deren Zwischenfelder mit senkrecht stehenden Bohlen verkleidet sind. Auch das etwas vorkragende Giebeldreieck ist vertikal verbrettert. An sich würde diese Darstellung etwas phantasievoll wirken, aber die genannten anderen älteren Abbildungen zeigen doch etwas ähnliches. Wahrscheinlich handelt es sich hier um Reliktbauten einer mittelalterlichen Konstruktionsart, deren wirkliche Existenz an dem Hauptgebäude der Johanniterkommende in Burgsteinfurt nachgewiesen ist. Die dendrologische Datierung ergab für das Holzgefüge dort das Baujahr 1398.

Häuser mit sichtbarem Fachwerkgerüst waren in Münster seit dem 15. Jahrhundert überliefert. Das vielleicht älteste von ihnen war das Haus Gruetgasse 4, das Geisberg wegen der Formen an der Erdgeschoß-Straßenfront aus Werkstein um 1470 datierte. Ob das Fachwerkobergeschoß mit dem schlichten Dreiecksgiebel darüber gleich alt war, bleibt unsicher. Eine ganze Gruppe von teilweise recht alten Häusern stellte die Bebauung der Drubbel-Insel dar. Die Erdgeschosse waren anscheinend meist massiv, ebenso das ganze Haus Nr. 12, das 1636 datiert war. Aber die auf schlichten Knaggen vorkragenden Obergeschosse der anderen Häuser aus Fachwerk – sicher oft umgebaut – könnten im Kern aus gotischer Zeit gewesen sein. Leider sind beim Abbruch 1905 keine Beobachtungen angestellt worden. Auch das kleine Eckhaus am Alten Fischmarkt, später Drubbel 20, war ein ähnliches Fachwerkhaus mit vorkragenden Obergeschossen. Jedenfalls war auffallend, daß sich im Herzen der Stadt inmitten kostbar gebauter Kaufmannshäuser (großenteils aus Werkstein) gleichfalls von Händlern bewohnte, wenig ansehnliche Fachwerkhäuser gehalten hatten. Der Grund war wohl die geringe Parzellengröße, auf der sich die Ansprüche an Wohnkultur schon im 15. Jahrhundert nicht mehr verwirklichen ließen.

In vielen „Fachwerk-Städten“, ganz besonders in Osnabrück, sind zwischen den Häusern keine Soden, sondern dicke Steinwände als Feuerschutzmauern errichtet worden. Sie kragen auf Steinkonsolen den Vorsprüngen der Fachwerkfassaden entsprechend vor. In Münster hatte sich bis 1910 ein einziges Haus dieser Art am Spie-

Abriß des Drubbels (1906/07)

kerhof 2 (um 1545) erhalten. Seine Feuermauer ragte so stark vor, daß sie auf einen Achteckpfeiler gotischer Art gestützt war. Leider war das ebenfalls vorkragende Giebeldreieck im 19. Jahrhundert mit Schiefer verkleidet worden, so daß die Fachwerkkonstruktion dahinter nicht überliefert ist. Kaum bekannt ist auch die Gefügeart der anderen zahlreichen Häuser vom 16. bis ins 19. Jahrhundert. Davon wiesen sehr viele nur Teilkonstruktionen auf: Giebeldreieck, Seitenwände, Rückfronten – alles völlig schmucklos gezimmert. Verzierungen gab es nur an den Knaggen, zumeist in Form mehrerer Kehlen mit Stabprofilen dazwischen. Leider hielt sich diese Form sehr lange seit dem 15. Jahrhundert, so daß man kaum damit datieren konnte. Eng verwandte Fachwerkhäuser, meist sogar etwas reicher verziert, sind heute noch in einigen münsterländischen Städten, zum Beispiel in Warendorf, erhalten. Auch die alten Bauernhäuser des münsterischen Umlandes besitzen fast stets eine recht nüchterne Holzkonstruktion.

7. Die Bürgerhäuser in der Zeit des Barock

Die bürgerliche Architektur bis etwa 1650 war auch ein Spiegel für das außerordentliche Selbstbewußtsein der Stadt, deren durch den großen europäischen Friedenskongreß 1645 bis 1648 in ihren Mauern noch gewachsenes Machtgefühl die

Der Giebel des Hauses Salzstraße 52

Loslösung von der fürstbischöflichen Herrschaft anstrebte. Aber gerade der soeben abgeschlossene Friede hatte die Macht der Landesherren erheblich gestärkt: Das Zeitalter des Absolutismus brach an. Die Bischofswahl von 1650 brachte einen energischen und in der Machtpolitik unerbittlichen Fürsten auf den Thron, Christoph Bernhard von Galen (1606–1678). Die Konfrontation zwischen ihm und der Stadt Münster begann sofort und endete 1661 mit der totalen Unterwerfung der Stadt. Eine starke ständige Wache fremder Söldner wurde ins Rathaus verlegt, und die Verteidigungsanlagen der Stadt übernahm das bischöfliche Militär. Es entstand die gewaltige Zitadelle. Alles das wirkte sich sehr stark auf das bürgerliche Bauwesen aus. An den städtischen Gebäuden – Rathaus, Stadtwaage, Stadtkeller, Scharne etc. – geschah baulich nichts mehr. Die Bautätigkeit am Prinzipalmarkt ruhte, aber auch in der übrigen Stadt wurde wenig gebaut. Die Maurer- und Steinhauergilde, aus der die Meister der vielen Schaufronten und Schmuckarchitekturen kamen, war mit allen anderen Gilden ihres Einflusses beraubt. Dafür belebte sich die Bautätigkeit auf der Domimmunität, wo die hohe adelige Geistlichkeit die Kurien modernisierte oder Neubauten schuf; in der Stadt begann der Adel, seine ersten Höfe zu errichten. Die Entwürfe lieferten jetzt akademisch gebildete Architekten.

Erst seit etwa 1670 lebte die bürgerliche Bautätigkeit langsam wieder auf. Das dominierende Baumaterial war jetzt der Backstein. Die Verwendung von Werkstein beschränkte sich auf die Fenster- und Türrahmen, einige Gesimse sowie Giebelabdeckungen. Die Gestaltung der Hausfronten führte die im 16. Jahrhundert entwikkelten Giebel mit Basis- und Firststufen weiter, manchmal so konservativ, daß ohne besondere Datierungshilfe die späte Entstehung dieses Giebeltyps kaum festzustellen war. Aber es gab Ausnahmen. 1664 ließ der dem Fürstbischof nahestehende Bürgermeister Heinrich Römer auf der Salzstraße 52 sein Vorderhaus umbauen und mit einer stattlichen Straßenfront schmücken. Sie vertrat eine gänzlich andere und neue Form: Das untere Giebelgeschoß als Stufe von Lisenen begrenzt, wurde von großen Voluten flankiert. Das Giebelobergeschoß, in der Höhe gestreckt, war ebenfalls von ausschwingenden Voluten begleitet. Die Mittelachse war durch schlanke, regeltreue ionische Pilaster betont, die von der Basis bis zum krönenden Segmentgiebel durchliefen. Die vier Fenster besaßen noch konservative Steinkreuze bzw. -brücken. Auf den unteren Stufenkanten und auf dem krönenden Segmentgiebel standen steinerne Kugelvasen mit eisernen Blütenbündeln. Eine solche Giebelform war für Münster ein Novum. Geisberg vermutete daher wohl zu Recht einen Entwurf des fürstbischöflichen Hofarchitekten Peter Pictorius des Älteren (um 1626–1685) dahinter. Mit dieser Fassade trat 1664 der Frühbarock in der Stadt voll in Erscheinung. Der Gliederungsaufbau erinnerte an holländische Giebelhäuser. Trotz enger Handelsbeziehungen zu den Niederlanden hat diese Front in Münster keine deutliche Schule gemacht. Der *genius loci* war stärker. Die bürgerlichen Bauherren wünschten für den Anblick ihrer Häuser bewährte Bauformen, nur modernisiert durften sie sein.

So lebte der in gotischer Zeit aufgekommene und um 1560 zur Idealform entwikkelte Giebel mit Basis- und Firstaufsätzen weiter. Seine Proportionen wurden breiter und behäbiger. Die Seitenaufsätze blieben, wurden aber formal vernachlässigt. Dafür entwickelten sich die Firstaufsätze größer und breiter, damit in der Wirkung schwerer. Den Abschluß bildete ein Dreiecks- oder ein Segmentgiebel. Mit geringen Abwandlungen hielt sich dieser Giebeltyp bis etwa 1770. Um 1710/20 entstanden sogenannte Kurvengiebel, bei denen die gesamten Giebelflanken eine konkave Einschwingung erhielten (zum Beispiel Roggenmarkt 7) und auf dem First ein Gebälk oder einen Fronton. Einige von ihnen betonten die Mittelachse durch eine Ziegelvorlage (zum Beispiel Ludgeristraße 28 und Aegidiistraße 28). Einige meist aus Werkstein bestehende Giebelschilde waren sorgfältig und formal reicher ausgestattet (zum Beispiel Königsstraße 59 und Roggenmarkt 12). Später fielen die Basisstufen ganz fort, und die profilierten glatten Schrägen erhielten an der Basis eine kleine Schnekkenrolle. Aber immer krönte den First ein geschwungenes Gebälk – zum Beispiel Mauritzstraße 28 (1741), Neubrückenstraße 73 (1743), Klemensstraße 25 (um 1745) und Alter Fischmarkt 26 (1751); dieser Werksteingiebel ist erhalten. In der zweiten Hälfte des 18. Jahrhunderts versteiften sich diese gefälligen Formen unter Wegfall der Schnecken, oder diese wurden mäanderartig eckig geführt – zum Beispiel Aegidiistraße 10 (1765) und Rothenburg 46 (1778). Die durch Geisberg überlieferten Giebelformen ließen sich noch vermehren. Es zeigte sich, daß die Gestaltungen zwar nahe verwandt, aber doch recht variationsreich angewandt wurden. Deutlich spürbar wurde ein modisches Verhalten der Auftraggeber wie auch der ausführenden Maurermeister. Indirekte Einflüsse auf die Frontgestaltungen durch die Werke der Architekten Gottfried Laurenz Pictorius (1663–1729), dessen Bruder Peter Pictorius (1673–1735) und später Johann Conrad Schlaun (1695–1773) sind nicht zu übersehen. Für das Aussehen der Häuser wurde seit Anfang des 18. Jahrhunderts das große

Rechteckfenster mit Werksteinfaschen wichtig, das das alte, sehr beliebte Steinkreuz- oder Pfostenfenster ersetzte. Spätestens seit 1730 war das französische Holzsprossenfenster eingeführt, das – weiß gestrichen – mit den roten Ziegelflächen und den hellen Werksteingliederungen prächtig zusammenpaßte. Sehr viele Hausfassaden waren verputzt oder dick angestrichen. Ob das überall ursprünglich oder erst eine Gepflogenheit des Klassizismus war oder noch später erfolgte, ist heute nicht mehr zu entscheiden.

Im 18. Jahrhundert entstand außerdem eine große Zahl von weniger aufwendigen Giebelhäusern, von denen Max Geisberg nur eine Auswahl beschrieben hat. Sie bildeten in den Nebenstraßen und den Gassen öfters ganze Reihen. Ihre Giebelform war der einfache Krüppelwalm. Zwischen Dachansatz und Giebelschild saß entweder eine profilierte Bohle oder ein schlichtes Brett als Windfeder. Häufiger als in den älteren Zeiten war das Giebeltrapez aus verputztem Fachwerk, während die zwei Geschosse der Front aus Backsteinmauerwerk bestanden. Vom kleinen zweiachsigen Häuschen bis zum stattlichen Wohnhaus mit fünf Fensterachsen waren diese soliden Bauten das Domizil der mittelständischen Handwerker, Beamten und Händler. Der Krüppelwalm war um 1700 aufgekommen und hielt sich bis in die Mitte des 19. Jahrhunderts.

Das allseits abgewalmte Dach war vor der Mitte des 17. Jahrhunderts eine Seltenheit. Dagegen war es seit etwa 1670 bei den neuen Domkurien und bei den Herrenhäusern auf dem Land die Regel. Von daher gewann es gelegentlich Einfluß auf größere Bürgerhäuser, indem man den wahrscheinlich abgängigen Giebelschild abbrach und den Dachstuhl dahinter zum Walmdach umbaute – zum Beispiel Frauenstraße 2 (Hauskörper 1479, Walmdach 18. Jahrhundert), Alter Fischmarkt 9/10 (Hauskörper um 1590, Walmdach um 1740) und Breite Gasse 5 (von 1710). Eigentlich war das Walmdach einem anderen Bautyp angemessen, dem Traufenhaus. Dieses trat als sehr entwicklungsfähige Form um 1700 in Münster zuerst auf. Je nach den Grundstücksverhältnissen war seine Breite variierbar. Gleichmäßig verteilte fünf, sieben, neun oder mehr Fensterachsen ließen sich baukünstlerisch durch Mittel- und/oder Eckvorlagen gliedern. Die Schwierigkeiten eines Doppelhauses unter gemeinsamem Dach waren eleganter als bei einem Giebelhaus lösbar.

Gute Proportion und weitgehende Schmucklosigkeit gaben den Straßenfronten dennoch ein wohltuendes Aussehen. Die bei tiefgestreckten Giebelhäusern oft unbefriedigende Belichtung der Mittelräume fiel beim Traufenhaus fort: Seine Räume konnten sowohl von der Straße als auch vom Hof oder Garten her gut mit Fenstern versehen werden. Wilhelm Rave hat diesen Bautyp als das „klassische Haus" bezeichnet – klassisch im Sinne des zurückhaltend barocken Dekors und der gut zu lösenden Grundrißdisposition. Erstaunlicherweise war die Zahl der barocken Traufenhäuser verglichen mit den barocken Giebelhäusern bis in die 1760er Jahre gering – zum Beispiel Alter Steinweg 33 (1703), Georgskommende 9/10 (1705), ein Doppelhaus, Neubrückenstraße 2 (1707), Königsstraße 8 (um 1745), Alter Steinweg 9 (1752) und Kirchherrngasse 11 (1762). Wahrscheinlich war das durch den festgelegten Zuschnitt der schmalen, aber oft tiefen Parzellen bedingt. Dagegen wurde die Traufenstellung des Baukörpers bei den Neubauten des Adels in der Stadt seit der Mitte des Jahrhunderts die Regel und hielt sich bis ins 19. Jahrhundert.

8. Kleinwohnungen: die Gademe

Zu den Traufenhäusern gehörte auch ein ganz anderer Bautyp. Es handelte sich um kleine, niedrige Häuser, stets in Traufenstellung zur Straße. Neben Einzelhäusern gab es ganze, einheitlich gebaute Reihen. Es waren dies die sogenannten Gademe – eine Bezeichnung, die neben anderen Bedeutungen einen Wohnraum meint. Es waren Häuser für die arme Bevölkerung, die keinen eigenen Grundbesitz hatte, also zur Miete wohnte. Bauherren waren die wohlhabenden Bürger, die mit solchen Zinshäuschen kleine Grundstückszwickel bebauten, oder Gärten an den Gassen der Peripherie mit einer Reihung dieser Objekte besetzten. Erst im Laufe des 17. Jahrhunderts scheint der Adel, der inzwischen eigene Höfe erworben oder gebaut hatte, in größerem Maßstab Gademenreihen entlang seiner Grundstücksgrenzen errichtet zu haben. Von großem Interesse ist daher ein Lageplan des Bentheimer Hofes (Hindenburgplatz 10/12) von 1683, gezeichnet durch den Architekten P. Schmitz, der entlang der Wilmergasse zehn Gademe und entlang der Esplanade 13 Gademe angibt. Alle sind einräumig aus Fachwerk, zu je zwei um einen Kaminblock angeordnet. Da keine Treppen verzeichnet sind, waren sie wohl eingeschossig. Diese Häuschen waren sicher kein Einzelfall, sondern wohl in der Stadt als simpelste Wohnungen ver-

Die Rauschenburgschen Gademen in der Grünen Gasse (um 1900)

breitet. Später im 18. Jahrhundert wurden sie meist sehr viel großzügiger gebaut: Im Erdgeschoß lagen mindestens Küche und Stube, oft dazu ein kleiner Flur und eine kleine Kammer. Eine enge Treppe führte ins Obergeschoß mit drei bis vier Stübchen. Der Dachboden diente als Lagerraum für Brennholz. Da die spiegelbildliche Reihung zweier Häuser mit gemeinsamem Kaminblock beibehalten wurde, genügte auf dem Dach auch ein gemeinsames Kranhaus zum Aufziehen der Gegenstände. Geschoßhöhen und Raumgrößen blieben bescheiden, aber diese Häuser spiegelten getreulich die gestiegenen Raumansprüche auch der „kleinen Leute". Dazu hatte jeder Gadem jetzt hinter dem Haus einen kleinen Hofraum. Gademe gab es in allen westfälischen Städten und weit darüber hinaus. Sie haben vielleicht ihren Ursprung in den reichen flämischen Städten (besonders in Brügge) genommen, wo sie oft noch heute als Stiftungen für die älteren Leute und für die Armen bestehen.

9. *Neuerungen in der Raumdisposition der Bürgerhäuser*

In der Raumverteilung der Giebelhäuser hatte sich nach 1700 nur wenig verändert. Das Wenige war aber von großem Interesse. Das Vorderhaus war jetzt stets von einem Längsflur durchschnitten, der entweder an einer Hausseite oder in der Mitte lag. Die flankierenden Stuben dienten teils Wohnzwecken, teils aber auch als Werkstatt und Laden. Hinten war der Flur meist mit einer Glastür abgeschlossen. Links oder rechts vor ihr lag das bequeme Treppenhaus. Die Glastür führte in die sehr große Küche mit Kaminbosen. Manchmal war von der Küche eine kleine Stube abgeteilt, sonst aber entsprach dieser zentrale Raum immer noch der bis ins Mittelalter zurückreichenden Bedeutung. Erstaunlich war auch das Festhalten an dem Steinwerksteil hinter der Küche, dessen Saalzimmer im Erdgeschoß immer noch einige Stufen höher lag als Vorderhaus und Küche. Küche und Saalzimmer waren also zäh bewahrte Relikte aus früheren Jahrhunderten. Auch in der Disposition der Keller hatte sich kaum etwas verändert. Im Obergeschoß war jetzt das Fußbodenniveau zwischen Vorderhaus und Steinwerkteil gleich, zudem mündete die bequeme Holztreppe jetzt oben in einer Treppendiele im schlecht belichteten Mittelabschnitt. Der schönste Wohnraum lag hier meist vorn an der Straße.

Eine bemerkenswerte Veränderung der Grundrißdisposition wurde bei Giebelhäusern gern angewendet, wenn neben dem Haus eine Durchfahrt (mit oder ohne Torhaus) zum Hofraum führte oder wenn das Haus an einer Straßenecke lag. Dann wurde der Hauseingang von der Giebelseite an diese freiliegende Längswand verlegt und führte direkt in die große Küche. Schon bald teilte man für den Eingang einen Vorraum oder eine Diele von der Küche ab und gewann so direkte Zugänge in den Steinwerkteil, die Küche und in einen der Vorderhausräume. Da im Vorderhaus damit der Flur wegfallen konnte, war die Raumgruppe hier harmonisch zu verteilen: Es entstand das aus der französischen Wohnkultur stammende „Appartement", bestehend aus einem großen Raum, dem „Salon" und zwei kleineren Zimmern, den „Cabinetten". So bestand das wohlhabende Bürgerhaus um die Mitte des 18. Jahrhunderts aus diesem eleganten Wohnteil und dem traditionellen Küchen- und Steinwerkteil.

Bei den Traufenhäusern war die Raumdisposition etwas anders. Da der Hauseingang meist in der Mittelachse lag, durchquerte ein Mittelflur dahinter das Haus oft

Schlauns Wohnhaus in der Hollenbeckerstraße (1929)

bis zur Hofseite, so daß sich Haus- und Hoftür gegenüberlagen. Vom Flur aus gelangte man zur Treppe in das Obergeschoß und in die Küche, die links oder rechts an der Hofseite lag. Weitere Türen führten in die Raumgruppen zu beiden Seiten des Flurs. Aus Repräsentationsgründen erweiterte man öfters den Flur zu einer großen Diele hinter dem Mitteleingang, die auch die schön geführte Treppe enthielt.

Das schönste und wertvollste Traufenhaus lag an der Hollenbeckerstraße 9. Es war das Wohnhaus Johann Conrad Schlauns, das dieser sich 1753 erbaut hatte. Hier hatte der große Architekt sein Ideal eines zweckmäßigen und repräsentativen Hauses verwirklicht. Die Repräsentation war wegen seiner Amtspflichten als General der münsterischen Artillerie notwendig. Es sollte ferner der bequemen Wohnlichkeit seiner Familie dienen und den notwendigen Raum für ihn als fürstbischöflichen Architekten und seine Mitarbeiter enthalten. Der Baukörper war ein stattliches Haus mit neun Fensterachsen mit seitlichen Krüppelwalmgiebeln. Bereichert wurde diese münsterische Grundform durch einen dreifensterigen Mittelrisalit an der Straße, dessen Mittelachse mit Haustür und Balkonfenster darüber in einer Mulde unter einem Halbkreisaufsatz lag. Dieses französische Motiv fand seine Ergänzung durch die ebenfalls eingezogene *porte cochère* (= Kutscheneinfahrt) im nördlich angebauten Wirtschaftsflügel. Zum Garten hin hatte das Haupthaus einen dreiseitig vortretenden Mittelbau, ebenfalls französischer Prägung, für die querovalen Säle in beiden Geschossen. Sie standen mit einer kleinen Mitteldiele und dem Haupttreppenhaus hinter der Haustür in Verbindung. Nach Süden lag das Appartement Schlauns, darin sein Schlafzimmer mit Alkoven, im Obergeschoß darüber die Räume seiner Frau. Nach Norden lagen ein Speisezimmer, die luftige hohe Küche und Nebengelasse, hier im Obergeschoß der Zeichenraum und Kammern für seine Kinder (später Arbeitsräume für seine Mitarbeiter). Der Gesamtgrundriß schien alle Merkmale der französischen Disposition zu zeigen, war aber in ganz eigenwilliger Weise auf bürgerlichen Raumbedarf zugeschnitten. Neu für Münster war die äußerst geschickte Anwendung von Nebentreppen, Schlupfgängen und Zwischengeschossen, die es bisher nur hier und da beim adeligen Wohnbau gegeben hatte. Die Schornsteinblocks waren so verteilt, daß alle Räume heizbar waren, damals noch keine Selbstverständlichkeit im bürgerlichen Wohnbau.

Durch die Ereignisse im Siebenjährigen Krieg wurde Münster mehrfach direkt von militärischen Aktionen betroffen. Vor allem die Belagerung von 1759 fügte der Stadt schwerste Schäden zu. Im konzentrierten Feuer hannoverscher Artillerie ging ein großer Teil des Kirchspiels St. Martini in Flammen auf. Erst ab 1763 konnte die tatkräftige Politik des Ministers Franz von Fürstenberg die Kriegsfolgen – neben den Zerstörungen die immense Verschuldung der Bürger in der Stadt – nach und nach heilen. Der Wiederaufbau des zerstörten Martiniviertels wurde durch Befreiungen und Steuernachlässe gefördert. Von den vielen jetzt entstandenen Neubauten, hauptsächlich an der Hörsterstraße, hat Geisberg 15 der interessantesten beschrieben. Acht von ihnen wurden ganz konventionell als Giebelhäuser mit Krüppelwalmen und konservativer Grundrißdisposition neu gebaut. Ferner entstanden sechs neue bürgerliche Traufenhäuser, von denen drei durch Zusammenlegung je zweier verbrannter Hausstätten errichtet wurden. An der Lotharingerstraße entstand im Auftrag der Stadt eine massiv gebaute Kette von zehn Gademen. Die Wiederaufbautätigkeit lag im wesentlichen zwischen 1764 und 1784. Bei den Häusern zeigte sich hier der starke konservative Sinn der Bürger, was Zuschnitt und Ausstattungsstandard der neuen Häuser betraf. Nach den Beschreibungen hatten sich die Grundrisse kaum gegenüber den älteren Bauplänen verändert; die durch Schlaun schon 1753 angewandten, damals hochmodernen Verbesserungen der Raumdisposition hatten sich bis etwa 1780 kaum durchgesetzt.

10. Der Klassizismus

Seit 1767 entstand auf dem Ostrand der geschleiften Zitadelle das neue Residenzschloß nach Plänen und unter der Leitung des greisen Johann Conrad Schlaun. Die Anreger dieses spektakulären Unternehmens waren der Minister Franz von Fürstenberg und das Domkapitel, die den Kurfürsten und Fürstbischof Maximilian Friedrich von Königsegg-Rothenfels dafür gewonnen hatten. Endlich erhielt Münster jetzt den seit dem 17. Jahrhundert versprochenen Schloßbau. Die Riesenbaustelle brachte für die Stadt große wirtschaftliche Vorteile, zumal gleichzeitig die Demolierung der Stadtbefestigung und die Verwandlung des Außenwalls in die baumbestandenen Promenaden durchgeführt wurden. Auch hier hatte Schlaun die grundlegenden Entwürfe geliefert. Als er 1773 starb, waren beide großen Unternehmen noch nicht vollendet. Die Weiterführung übernahm der Kanonikus Wilhelm Ferdinand Lipper (1733–1800), der auch schon bald zum fürstlichen Oberbaudirektor ernannt wurde.

Adolph von Vagedes (1777–1842). Federzeichnung von Carl Joseph Haas

Mit ihm zog ziemlich plötzlich und in vollem Akkord der noch junge Stil des Frühklassizismus französischer Prägung *(= Louis Seize)* in Münster ein.

Die Gestalt der Bürgerhausneubauten blieb zunächst in der größeren Zahl konservativ unverändert: Giebelhäuser mit Krüppelwalm und Traufenhäuser mit Walmdach. Die Straßenfronten waren jetzt meist verputzt, wodurch man die gelegentlich aus Sparsamkeit in Fachwerk konstruierten Giebeldreiecke nicht sah. Die Eingänge erhielten oft schön gestaltete Haustüren, und die Fenster verglaste man mit größeren Scheiben dergestalt, daß das Holzkreuz der Flügel bestehen blieb, aber die Flügel nur noch zwei oder drei Horizontalsprossen behielten. Die Fenstergewände wurden neben der kostbaren Ausführung in Werkstein jetzt zunehmend aus Putz hergestellt. Nach 1780 taucht eine neue Fassadenform bei den Giebelhäusern auf. Über den Dachansatz hochgeführt baute sich ein weiteres Geschoß auf, das aber ein Scheingeschoß war, seine äußeren Fensterachsen waren blind. Derartige „Schultergiebel", wie sie auch wohl genannt wurden, waren eine Leitform klassizistischer Stilauffassung und überall verbreitet.

Einen in Hausbreite ausgeführten Dreiecksgiebel vor dem steilen Walmdach hatten zum Beispiel die Häuser Königsstraße 32 (um 1784), Alter Steinweg 18 (1793) und Roggenmarkt 13 (1821). Schultergiebel mit Attika-Abschluß bestanden an den Häusern Bogenstraße 1 (um 1783), Alter Fischmarkt 15 (1796), Katthagen 15 (1806), Prinzipalmarkt 30/31 (1806) und Prinzipalmarkt 16 (1815) nach einem Entwurf von Adolph von Vagedes. Mischformen aus diesen beiden architektonischen Grundgedanken entstanden ebenfalls, wie zum Beispiel Roggenmarkt 4 (1794) nach einem Entwurf von August Reinking und Michaelisplatz 1/2 (um 1805).

Zur gleichen Zeit verstärkte der Adel seine Bautätigkeit in der Stadt. Wie im ersten Drittel des 18. Jahrhunderts wurden erneut prächtige Höfe errichtet. Genannt seien der Romberger Hof von 1779 (Neubrückenstraße 64), ein Meisterwerk Wilhelm Ferdinand Lippers, der Kettelersche Hof von 1783, wohl von Johann Engelbert Boner (Königsstraße 52) und der Kerckerinck-Borgsche Hof von 1793 (Bispinghof 3). Außerdem wurden viele respektable Bürgerhäuser angekauft und von den neuen Besitzern im Inneren umgebaut. Auch das Gesellschaftsleben blühte auf. Schönstes Zeugnis dafür war das auf Wunsch des Fürstbischofs am Roggenmarkt in die Alte Scharne eingebaute Komödienhaus, das nach Anfangsschwierigkeiten der Allgemeinheit zugute kam, zumal es leicht vom Theater durch Heben des Fußbodens zu einem großen Ballsaal umkonstruiert werden konnte. Es war ebenfalls ein hervorragendes Werk Lippers von 1774–1779. Das gotische Bogenhaus Prinzipalmarkt 28 wurde im Inneren vom damals gegründeten Adeligen-Damen-Club 1787 mit einem Tanzsaal und Nebenräumen versehen, um allerdings schon 1810 in Privathand zurückzukehren. Neben dem Komödienhaus standen eine Folge von schönen Zimmern im ersten Stock des Hauses Neubrückenstraße 2, die mit dem Theater verbunden waren, als Erfrischungs- und Wandelräume zur Verfügung. Ihre repräsentative Ausstattung entwarf 1799 der Architekt Adolph von Vagedes (1777–1842). Die neuen Adelshöfe waren Glanzpunkte im Bild der münsterischen Straßen. Kaum weniger bedeutungsvoll waren die soeben geschilderten Neu- und Umbauten für die Gemeinschaft der bürgerlichen Welt, übrigens die ersten seit dem 16. Jahrhundert!

Gerichtsstraße 1 als Beispiel für ein repräsentatives Traufenhaus (1929)

Die hohe Zeit der münsterischen Baukultur des Frühklassizismus seit etwa 1770 brachte auch im Gefolge der großartigen Adelshöfe eine große Zahl palaisartiger Neubauten, deren Bauherren fürstbischöfliche Beamte, Juristen, Ärzte, Kaufleute und Handwerker waren. Neben einigen stattlichen Häusern in Giebelhausdisposition – wie zum Beispiel Königsstraße 32 für Hofkammerrat Assessor Schweling, Alter Fischmarkt 15 für Assessor Albert von Schilgen, Neubrückenstraße 66/67 für den Apotheker Henkenius und Katthagen 15 für den Medicus Dr. Lutterbeck – entstanden sehr repräsentative breite Traufenhäuser mit reicher Architekturgliederung. Als Beispiele wären zu nennen: Gerichtsstraße 1 (1780) für den Bäckermeister Emmerich, Königsstraße 60 (1785) für den Geheimrat Zurmühlen, Mauritzstraße 23 (1785) für den Landrentmeister Zurmühlen, Alter Steinweg 8 (1798) für den Schneidermeister Johann Bernhard Storp und vor allem das schöne Palais auf der Engelenschanze, Verspoel 11 (um 1780) für den Pfennigkammersekretär Johann Joseph Engelen erbaut, ein Bauwerk, das von Adelsschlössern nicht mehr zu unterscheiden war.

Die Fassaden besaßen immer einen besonders herausgehobenen Mittelrisalit – stets mit Lisenengliederung, darin die Mittelachse durch besondere Architekturelemente deutlich betont – und an den Frontecken weitere kräftige Lisenen. Die Fenster saßen in Felderungen aus Backstein. Der Formenapparat im ganzen hing eng mit den Fronten der größeren Adelshöfe zusammen. Alle diese Häuser waren vortreffliche Zeugnisse für das aufstrebende Bürgertum, das in dieser letzten, geistig so lebendigen Epoche eng an den Ersten Stand herangerückt war. Auch an den Marktstraßen entstanden gegen Ende des 18. Jahrhunderts einige neue Giebel. Die Bauherren waren „Kramer", also Kaufleute. Als Schultergiebel konstruiert, verwendeten sie entweder das Attikamotiv oder den Flachgiebel vor dem konventionellen Satteldach. Die Hauskörper enthielten meist wesentlich ältere Bausubstanz, nur durch inneren Umbau versuchte man eine „moderne" Aufteilung. Diese neuen Giebel in ihrer alten, ehrwürdigen Nachbarschaft aus Gotik und Renaissance hatten sich – zwar etwas eigenartig – dennoch behauptet. Am Prinzipalmarkt bildeten sie die letzten Giebel, die sich in Geschoßeinteilung und Proportion in das Gesamtensemble einpaßten. Es waren die Häuser Bogenstraße 1, ein Attikagiebel (um 1783), Roggenmarkt 4, Attikagiebel mit aufgesetztem Fronton (1794) – diese Giebelfront ist erhalten –, Prinzipalmarkt 46, Flachgiebel (um 1796), Prinzipalmarkt 30/31, ein besonders eigenwilliger Attikagiebel (1806), und Prinzipalmarkt 16 mit Attikafront für die Löwenapotheke, durch Adolph von Vagedes 1815 errichtet.

Der hohe Qualitätsstandard der meisten nach dem Siebenjährigen Krieg errichteten Bauten ist mit Sicherheit Entwürfen der zahlreichen tüchtigen Architekten zu verdanken, die damals in Münster lebten. Da war, wie schon gewürdigt, der Nachfolger Schlauns beim Residenzbau Wilhem Ferdinand Lipper. Unter seinem Einfluß standen Clemens August von Vagedes (1760–1795), dem der vornehme Druffelsche Hof, Königsstraße 5, zu verdanken ist, dann der Neffe Lippers, August Reinking (1776–1819), der gegen Ende des Jahrhunderts einige sehr geschickte Umbauten älterer Häuser plante. Mit Adolph von Vagedes, dem Bruder des Clemens August, begann in Münster ein Architekt seine Laufbahn, der aus der Pariser Schule Jean-Nicolas-Louis Durands (1760–1834) kam. Wichtig für das Bauwesen des späten 18. Jahrhunderts in Münster waren dann auch die älteren Offiziere und Architekten, die aus der Schule Schlauns hervorgingen. Zu nennen wären der Oberstleutnant Johann

Mauritz Güding (1715–1784), vermutlich eine Art „rechte Hand" von Schlaun, dem die Überlieferung eines Großteils der Bauzeichnungen des Meisters zu danken ist, ferner der Oberstleutnant Anton Joseph (1718–1798) und der Major Anton Wilhelm Thelen, letzterer ein Neffe Schlauns, schließlich Arnold Matthias Boner (1723–1813), Hauptmann und Festungsbaumeister, der beim Residenzbau als Bauschreiber hohe Verantwortung trug, sowie der Oberst und Architekt Johann Engelbert Boner (1735–1815). Andere Offiziere aus der Umgebung Schlauns, wie Johann Conrad Güding, Franz Anton Jansinck und Friedrich Mertz waren vortreffliche Vermessungsingenieure, denen viele stadtgeschichtlich wichtige Pläne zu verdanken sind. Max Geisberg hat in seinem Inventar eine ganze Reihe von schönen Häusern rein formvergleichend dem einen oder anderen dieser Architekten zuzuschreiben versucht; diese Zuschreibungen können heute nicht mehr überprüft werden, da die Objekte nicht erhalten sind. Sichere Aufschlüsse wären nur durch glückliche Archivfunde zu erwarten. Für die Profanbaugeschichte Münsters war es jedenfalls ein Unglück, daß alle diese Architekten noch vor 1800 oder in den ersten zwei Jahrzehnten des 19. Jahrhunderts starben. Adolph von Vagedes, der bis 1842 lebte, war schon 1810 von Münster nach Düsseldorf gegangen.

Während der häufigen politischen Veränderungen in der Folge der Französischen Revolution unter dem Druck der napoleonischen Kriege zwischen 1802 und 1814 war die Bautätigkeit in der Stadt fast ganz zurückgegangen. Bevor die weitere Entwicklung ab 1815 dargestellt wird, soll ein zusammenfassender Überblick über die Raumausstattungen in den Bürgerhäusern von den ersten greifbaren Anfängen bis zum Anfang des 19. Jahrhunderts versucht werden.

11. Geschichtliche Übersicht über Inneneinrichtung und Komfort

Im Mittelalter, d. h. bis ins 14. Jahrhundert, darf man sich die wenigen und sehr großen ebenerdigen Innenräume der reichen Häuser nur sehr spartanisch ausgestattet denken. Die Raumaufteilung wurde schon oben besprochen. Gestampfte Lehmböden, allenfalls schon Steinplattenbelag oder „Picksteine" (= kleine, hochkant gestellte Kiesel) waren wohl allgemein üblich. In den vielleicht geschlämmten Steinwänden gab es sogenannte Lichtnischen, in die man die offenen Öllampen stellte und hochrechteckige Nischen mit Holzklappen davor als Wandschränke – das dürfte alles an fester Ausstattung gewesen sein. Die Koch- und Feuerstelle könnte anfangs auf ein paar Steinplatten im Raum eingerichtet gewesen sein. Als Mobiliar gab es wohl schon primitiv gezimmerte Bettstellen, Tische, Schemel und Truhen einfachster Konstruktion. Derartige Wohnzustände waren in Münster nicht mehr direkt nachzuweisen, aber aus Indizien im übrigen niederdeutschen Raum sind sie zu erschließen. Auf dem Land, im bäuerlichen Bereich, hat sich manches Ursprüngliche der beschriebenen Art bis ins 19. Jahrhundert gehalten.

Die Feuerstelle wanderte schon früh an die Rückwand und erhielt Bosen und Schornstein. Die Keimzelle des Raumschmucks waren wohl die Erdgeschoßsäle im Steinwerk und die straßenseitigen Säle im Obergeschoß der Markthäuser (= „Saalgeschoßhäuser"). Im 15. Jahrhundert gab es offensichtlich bereits Wandmalereien. Auch Wandtäfelungen dürften sich eingebürgert haben. Allgemeines über gehobene

Das Januarbild der Domuhr mit der Darstellung einer Wohnstube

Ausstattungen sagen die Darstellungen von Innenräumen auf Tafelbildern aus. Der „Meister von Schöppingen", Johann Koerbecke und der „Meister von Liesborn" haben vor allem bei Verkündigungsszenen Einblicke in Zimmer ihrer Zeit gegeben. Allerdings sind diese Darstellungen sehr stark von der niederländischen Tafelmalerei beeinflußt, was aus zahlreichen Einzelheiten und der Formgebung der Gebrauchsgegenstände hervorgeht. Dennoch dürfte es auch in Münster um 1450 bereits Wohnräume mit mehrfarbig verlegten Fliesenböden, Kamine mit Werksteinrahmen, Balkendecken mit eingeschobenen Brettern, Himmelbett, Bänke, Tische, Truhen und Stollenschränke gegeben haben. Die Steinkreuzfenster besaßen in ihren Oberteilen feste, in Blei gefaßte Verglasung, sehr oft in Rautenform über Eck gestellt. Die unteren Teilfenster waren durch Holzklappen verschließbar. Die Türen hatten Werksteinrahmen mit Schwelle und Falz für das aus Brettern gefügte Türblatt. Schmiedeeiserne Angeln, oft schon verziert, drehten sich in Zapfen, die in den Steinrahmen eingelassen waren. Die Verschlüsse waren meist einfache Fallriegel.

Im 16. Jahrhundert waren Wandtäfelungen aus Eichenholz bereits hoch entwickelt. Heute noch sind ihre Spitzenleistungen im Kapitelsaal des Doms von Johann Kuper (um 1556) und das aus zwei Perioden stammende Getäfel der Ratskammer (um 1540 und 1577) erhalten. Vereinzelt sind in Bürgerhäusern Reste von Täfelungen aufgetaucht (zum Beispiel Salzstraße 57). Die spätgotischen Kamine aus Baumberger Stein hatten bereits gegen Ende des 15. Jahrhunderts eine fast genormte Form erhalten. Die Pfosten mit Birnstabprofil bogen in einem Viertelkreis nach vorne und trugen den schlichten Sturz, über dem der Rauchfang dachförmig in die Wand zurückging. Auf dem Sturz fanden sich oft Hausmarkenschilde, Spruchtafeln und Ornamente. Diese Grundform der Kamine blieb lange erhalten, nur auf die Pfosten folgten Säulchen oder Karyatiden, figürliche Reliefs vor dem Sturz und darauf komplizierte Aufsätze aus Kartuschen, Figuren und Wappenreliefs (zum Beispiel der Kamin im heutigen Friedenssaal – 1620 –, der aus dem Krameramtshaus stammt). Ein sehr vornehmes, aber durchaus bürgerliches Interieur hat Hermann tom Ring 1593 auf seinem Bild der Verkündigung, den Flügelaußenseiten des alten Hochaltars der Überwasserkirche, dargestellt (heute im Landesmuseum). Alle beschriebenen Ausstattungsstücke sind in hoher Vollendung darauf zu sehen. Handelte es sich hier mit Sicherheit um die Wiedergabe eines Saalzimmers im Steinwerkteil, so hat Ludger tom Ring der Jüngere auf seiner Darstellung der Hochzeit zu Kana von 1562 einen sicher stark idealisierten Blick in den zweiten Hauptraum der damaligen Patrizierhäuser, die Küche, wiedergegeben: raumbeherrschend der große Küchenkamin, an der Wand Stellagen für das üppige Kupfergeschirr, Anrichteschrank, Küchentisch sowie gedeckter Speisetisch auf gemustertem Fliesenboden. Durch eine Seitentür blickt man in ein Höfchen mit dem Ziehbrunnen. Realistischer ist das Küchenbild aus dem späten 16. Jahrhundert, das aus dem Umkreis tom Rings stammt. Kamin, Tellerregale, Wandtisch und die Tür zum Saalzimmer könnten sehr wohl Anregungen aus Münster enthalten.

Im Krameramtshaus ist eine Raumausstattung im Steinwerksaal glücklich erhalten geblieben. Die Decke von 1589 mit verstuckten Balken, dazwischen Felder mit Kartuschen und Rahmenwerk, ist die älteste Stuckdecke in Münster. Die bis zur halben Wandhöhe reichende Täfelung mit Sitzbänken von 1621 ist vom Meister Henrich Paßmann. Nur der ursprüngliche Kamin ist nicht erhalten, er wurde durch ein anderes Stück von 1631 ersetzt. Bei der Restaurierung nach dem Krieg fand man im großen Gildesaal Reste manieristischer, sehr feiner Groteskmalerei, die beweisen, daß damals das Ausmalen repräsentativer Zimmer beliebt war.

Seit der Mitte des 17. Jahrhunderts erstarkte mit dem Absolutismus der Einfluß des Adels. Während das Bürgertum in seiner Wohnweise im ganzen konservativ blieb, gab es in den Adelswohnungen unter französisch-niederländischem Einfluß manche Neuerungen. Die Wände wurden mit stark farbigen und vergoldeten Ledertapeten oder mit gemalten Wandbespannungen bedeckt. Importware, wie Gobelins und Möbel niederländischer Herkunft, wurde beschafft. Der Aufbau der Kamine unterlag holländischem Geschmack mit Stützsäulen unter dem Sturz, darüber ein gerahmter bis an die Decke reichender Aufsatz mit einem Gemälde. Am Ende des 17. Jahrhunderts scheinen derartige kostbare Ausstattungselemente auch in bürgerlichen Saalzimmern aufgekommen zu sein. Ein großartiges Beispiel dafür war aus dem Haus Königsstraße 60 in das Landesmuseum übertragen worden, davon ist der Prachtkamin aus Baumberger Stein mit vier Gestalten aus dem Alten Testament und einem Rundrelief mit dem Sündenfall im Aufsatz, ein Werk des Bildhauers Wilhelm Heinrich Kocks, erhalten. Die zugehörige, ganz einzigartige Holzdecke mit diagonal gestelltem Balkenwerk, verziert durch Goldleisten und rhombische Felder mit allegorischen Gemälden gefüllt, ist nicht mehr vorhanden. Um 1700 hatten also offenbar führende bürgerliche Familien den Anschluß an die barocke Gestaltungsweise voll erreicht. In zahlreichen Häusern waren die verstuckten Balkendecken mit Modelstuckzierat in der sogenannten Kölner Form vor 1941 noch zu sehen. Bis auf wenige opulente Repräsentationsstücke hatten die Kamine einen schweren, stark profilierten Rahmen ohne Aufsatz. Die im 17. Jahrhundert aufgekommenen geradläufigen Holztreppen waren mit hölzernen Dockengeländern verschiedener Formgebung versehen. Auch die Türen erhielten jetzt einen kräftigen Profilrahmen, die Türblätter hatten ausgeklinkt profilierte Füllungen.

Um 1730 kam die Verglasung der Türoberteile auf, wodurch eine „Durchsichtigkeit“ zwischen Küche und Flur sowie zwischen verschiedenen Zimmern hergestellt wurde. Vorzüglich gestaltete breite verglaste Öffnungen mit gekurvtem Sprossenwerk verbanden öfters Eingangsflur und Ladenlokal (zum Beispiel Rosenplatz 11); oder man verbesserte die Lichtführung in dunklen Alkoven (zum Beispiel Alter Fischmarkt 9/10). Die Stuckdecken zog man jetzt unter dem Balkenwerk her, wodurch ein glatter „Plafond“ entstand, der, gegen die Wände mit kräftigem Profil abgesetzt, durch runde oder eckige Felder gegliedert wurde. Verzierungen bestanden, wie schon bei den „Kölner Decken“, aus Modelformen. Seit etwa 1750 gab es dann den frei angetragenen Stuck in Rocailleformen, der aber wegen seiner Kostspieligkeit in den Bürgerhäusern selten blieb. Die steinernen Kaminrahmen wandelten sich von der strengen Rechteckform zur leicht profilierten, gefällig geschwungenen Rokokoform ganz französischer Prägung. Zugleich wurden die Öfen beliebt. Entweder waren sie aus Eisen (sogenannte Kanonenöfen) oder aus verzierter Keramik. Anstelle der Kamine stellte man sie in Ofennischen, deren Dekor den Raum bereicherte. Außerdem erhielten die Zimmer oft hölzerne Lambris, viele davon mit Füllungen aus weißen oder bunten Fliesen holländischer Art. Die vielfach sehr geschickt geführten Treppen hatten ansprechende, aus Brettern gesägte Baluster, die die plastischen Dok-

Der Barocksaal im Landesmuseum. Kamin und Decke stammen aus dem Haus Königsstraße 60 (1935)

Blick in den Flur des Hauses Rosenplatz 11 (1910)

ken ablösten. Alle genannten Raumdekorationen hatten sich von Entwürfen und Werken der großen Architekten, zuerst der Brüder Pictorius, dann seit etwa 1740 Johann Conrad Schlauns und seiner Werkstatt abgeleitet, deren Bauten für Adel und Geistlichkeit das Vorbild waren.

Im Frühklassizismus nach dem Siebenjährigen Krieg kamen neue Raumformen auf. In manchen Grundrissen zeigte sich, daß man gern dem Saalzimmer ovale oder achteckige Gestalt gab. Die dadurch entstehenden Zwickelräume wurden als Schränke oder Dégagements genutzt. Bei den ganz neu gebauten palaisartigen Häusern entstanden ganze abwechslungsreiche Zimmerfolgen: runde, mit schrägen Ecken, abgerundete Ecken, ovale und andere Räume. Als Beispiel dafür stand der Hof auf der Engelenschanze an der Qualitätsspitze. Nach Ansätzen durch Schlaun war es vor allem Wilhelm Ferdinand Lipper, der diese gefälligen, in Paris entwickelten Raumgebilde mit großem Erfolg in Münster einführte. Das Auffallende und unwahrscheinlich Noble aller dieser Zimmer war ihre Stuckausstattung, die außer den Decken jetzt oft auch die Wände gliederte. Breite Bänder aus Eierstäben, Rosettenfriesen, Entrelacs und Mäandern gliederten die Plafonds, in deren Feldern zierliche Rankenfriese und Eckfüllungen angebracht waren. Wandeinteilungen durch kannelierte Lisenen oder Pilaster korrespondierten mit Türgestellen und deren Supraporten sowie den Kaminfeldern mit Stuckaufsatz. Auf den Wandfeldern waren gelegentlich köstliche zarte Stuckgehänge mit Blumen und Musikinstrumenten angebracht. Die hölzernen Türen selbst waren im gleichen Stil geschnitzt, zwischen den Fenstern saßen oft

Wandspiegel. Erstaunlich war die sehr große Zahl derartiger Dekorationen in vielen kleinen und großen Altstadthäusern. Der Hauptstukkateurmeister war Johann Nepomuk Metz, in erster Linie im Schloß, in Kurien und Adelshöfen beschäftigt, der aber eine leistungsfähige Werkstatt unterhalten haben muß. Hinzu traten auch noch andere Stukkateure, um die große Nachfrage zu befriedigen. Die weite Verbreitung dieser frühklassizistischen Dekoration *(= Louis Seize)* in der Stadt warf ein bezeichnendes Licht auf Wohlstand und kulturellen Hochstand der Bürgerschaft in der Zeit zwischen 1770 und 1803, dem Jahr des Endes der fürstbischöflichen Zeit. Und die Tatsache, daß kein einziges Beispiel für Raumdekorationen der zweiten Hälfte des 18. Jahrhunderts in der Altstadt erhalten geblieben ist, mag allein schon das Ausmaß der Verwüstung durch den Bombenkrieg illustrieren.

12. Bauen und Wohnen im 19. Jahrhundert

Seit 1815 gehörte Münster zum Königreich Preußen. Es war jetzt die Hauptstadt der ganzen neugebildeten Provinz Westfalen. Zugleich wurde es Zentrale des Regierungsbezirks Münster und die größte westfälische Garnisonstadt. Preußen war infolge der napoleonischen Kriege verarmt. Willkommen waren daher die zahlreichen seit 1811 leerstehenden Kloster- und Stiftsgebäude sowie die dem Staat anheimgefallenen Kuriengebäude auf dem Domplatz. Die fürstbischöfliche Residenz am Neuplatz nahm als Dienstwohnung den Oberpräsidenten und den Kommandierenden General auf. Im übrigen diente das Schloß als Repräsentationswohnung bei Besuchen von Mitgliedern der königlichen Familie.

Die ersten staatlichen Neubauten waren Kasernen. 1819 bis 1821 entstand an der Rosenstraße die Kürassierkaserne, gefolgt von der Infanteriekaserne (1828–1831) anstelle des Aegidiiklosters und der 1821 eingestürzten Aegidiikirche. Beide Großbauten waren in den großzügigen, aber nüchternen Formen des Berliner Klassizismus gehalten. Das erste mehr der Repräsentation dienende Objekt wurde die nach längerer Vorplanung 1832 erbaute Mauritztoranlage, weil die von Berlin kommende direkte Landstraßenverbindung über Bielefeld und Warendorf Münster durch dieses Stadttor erreichte. Hier, wie auch schon 1818 bei der Umgestaltung der alten Minoritenkirche zur evangelischen Apostelkirche, wurde der Einfluß Carl Friedrich Schinkels spürbar. Die Oberbaudeputation in Berlin, deren Leitung Schinkel hatte, steuerte auch die Besetzung mit tüchtigen Baubeamten bei der Regierung. So wurde jetzt die öffentliche Bautätigkeit und der Kirchenbau von ihnen beraten und geleitet.

Auf die private Bautätigkeit hatte das alles nur wenig Einfluß. Sehr viele Häuser in den Altstadtstraßen wurden nur umgebaut. Bei giebelständigen Bauten herrschte, wie schon im 18. Jahrhundert, der schlichte Krüppelwalm vor. Neue Traufenhäuser gab es dagegen einmal an der 1827 neu angelegten Magdalenenstraße (nach Abbruch des alten Magdalenenhospitals); zum anderen begann man damit, an Nebenstraßen und entlang der ehemaligen Stadtmauer die Leerflächen zu füllen. Diese Traufenhäuser waren schlichte zweistöckige Bauten, stets mit massiver Straßenfront, aber Seiten-, auch Rückfronten meist aus Fachwerk. Im Grundriß waren es unterkellerte „Flurhäuser" mit Zimmergruppen zu seiten des Hausflurs – auch das eine Fortentwicklung des schon im 18. Jahrhundert begründeten Typs. Die glatten, stets verputzten Fassaden mit hochrechteckigen Fenstern besaßen nur eine Horizontalgliederung durch ein Sockelprofil, ein Gurtgesims und ein Kranzgesims unter dem nicht ausgebauten Dach, das oft seitliche Krüppelwalme hatte. Üppigere Häuser mit Risalit oder Zwerchhaus waren seltener. Die Umbauten alter Häuser und die Neubauten bezweckten in vielen Fällen die Unterbringung von zwei oder mehr getrennten Wohnungen. Das war ein Novum. Denn jetzt benötigte man zum Beispiel pro Wohnung eine Küche. Damit war die Entwicklung zum Mehrfamilienhaus auf Mietbasis eingeleitet. Die Wohnkultur der Münsteraner lebte zwischen 1815 bis zur Mitte des 19. Jahrhunderts von den Errungenschaften der älteren Zeit weiter. Die Bezeichnung „Biedermeierzeit“ trifft, wie in ganz Deutschland, auch in Münster auf eine solide und beschauliche Lebensweise zu. In der Innenarchitektur zeigte sich kaum ein hervorstechender Aufwand. Die offenen Kamine hatten stets Öfen Platz gemacht. Aber das Mobiliar differenzierte sich in recht vielfältiger und ansprechender Weise. Die Wohnungen begannen, „gemütlich“ zu werden. Die Bürgerhausneubauten in der Altstadt behielten noch lange, bis in die 1880er Jahre, klassizistische Formen bei. Der Unterschied zu den Häusern der ersten Jahrhunderthälfte war, daß diese in zunehmendem Maße unter Abbruch alter Gebäude errichtet wurden. In ihrer spätklassizistischen Stilhaltung ist insofern eine Entwicklung zu vermerken, als die Gliederungselemente komplizierter wurden.

Sehr langsam begann eine städtische Besiedlung auch außerhalb des Promenadenrings. Dort lag ringsum ein breiter Gürtel von Bürgergärten mit zahlreichen Gartenhäusern. Ein Netz von Gartenstiegen erschloß dieses Vorland. Der Zustand ist auf dem Stadtplan von 1839 gut und zuverlässig dokumentiert. Die ersten Wohnhäuser dort draußen lagen in weiter Streulage. Verdichtungen der Bebauung entstanden ab 1848 im Umfeld des Bahnhofs (Wolbecker und Schillerstraße), an der Warendorfer Straße und im Mauritzviertel, an der Hammer Straße, um die Weseler Straße und im Gebiet Steinfurter Straße/Schulstraße. Es waren meist eingeschossige kleine Traufenhäuser, oft über hohem Kellergeschoß. Viele verfügten in der Mitte über ein ausgebautes Zwerchhaus. Die Bewohner waren zumeist Handwerker und Gärtner. Einige dieser bescheidenen Bauten haben sich, eingekeilt zwischen späteren großen Gebäuden, bis heute erhalten.

Die ganz Europa erfassende Architekturbewegung des Historismus erreichte Münster zwischen 1840 und 1860. Es waren einige Großbauten, die eine zurückhaltend und recht frei gestaltete Neugotik in der Stadt einführten: das neue Zuchthaus, 1845 bis 1869 nach Entwurf des Schinkel-Schülers Karl Ferdinand Busse erbaut, und das Hotel „Zum König von England“ von 1841 am Prinzipalmarkt 5, übrigens der erste Bau, der ohne Skrupel das Gleichmaß der alten Bogenhäuser durchbrach. Die in den 1850er Jahren auflebende Bautätigkeit in kirchlichem Auftrag verwandte ausschließlich historistische Bauformen. Es war der Baumeister Emil von Manger (1824–1902), der mit dem Bau des Diözesanmuseums am Domplatz 1863 und mit dem Westflügel des Priesterseminars an der Überwasserkirche 1866 den neuromanischen Stil in Münster einführte. Der Architekt Hilger Hertel der Ältere (1831–1890), ein eingeschworener Verfechter der doktrinären Neugotik und der „Stilreinheit“, restaurierte die meisten alten Kirchen in der Stadt. Auf seine Entwürfe oder auf seinen Einfluß gingen viele neugotische Bürgerhäuser zurück.

Häuserzeile zwischen Salzstraße und Stadtweinhaus – rechts das Hotel „Zum König von England“ (um 1900)

Der von den bürgerlichen Bauherren bevorzugte Stil wurde aber ab etwa 1880 die Neurenaissance. Bemerkenswert ist, daß ihre Objekte in der Altstadt mehr individuellen Charakter trugen, während die jetzt stark einsetzende Bebauung des Vorfelds außerhalb der Promenaden zu einem erheblichen Teil Reihenhauscharakter annahm, anderenteils aber auch dort stattliche Einzelbauten in der Gestalt von „Villen“ entstanden. Unter einer Villa ist hier ein einzeln, inmitten eines Gartengrundstücks gelegenes Haus zu verstehen. Der eigentlich angemessene Stil für eine Villa war der Spätklassizismus. Sehr schöne Objekte dieser Art gab es an der Warendorfer Straße und an der Hammer Straße. Sie sind fast alle verschwunden. Erhalten ist dagegen zum Beispiel das Haus Friedrichstraße 2. Der Villenbautyp lebte im Neurenaissancegewand weiter und erhielt, diesem Stil vermeintlich angemessen, Giebel, Ecktürme, Treppenhausvorbauten und anderes (zum Beispiel Johanniterstraße 1 von 1898).

Die Zierformen der Neurenaissance leiteten sich ganz allgemein aus der deutschen Renaissance her. Zahlreiche Vorlagenbücher mit Beispielen echter Renaissancemotive des 16. und 17. Jahrhunderts trugen zur allgemeinen Verbreitung bei. Alle historistischen Neubauten in den Altstädten und speziell auch in Münster wurden nach einem anderen Proportionsschlüssel errichtet, der vor allem die Geschoßhöhen erheblich über das Gleichmaß der Bebauung vor etwa 1850 steigerte. Das ist ein gewichtiger Grund, weshalb der historistische Profanbau bis an die Gegenwart heran vielfach verachtet wurde. Ein anderer Grund war die Verwendung von fremdartigen

Baumaterialien: andersfarbige Werksteine, Ziegel, Klinker und auffallende Keramiken.

In der rasch wachsenden Stadt spielten an den Hauptstraßen ferner eigens errichtete Geschäftshäuser im Stadtbild eine immer gewichtigere Rolle. Ihr äußeres Merkmal waren die großen Schaufenster im Erdgeschoß. Schon um 1860 gab es Läden, die aus Holz konstruierte, in Sprossenwerk verglaste Vitrinen für die Ausstellung von Waren vor einzelnen Erdgeschoßfenstern anbrachten. Mit der technisch möglichen Herstellung großer Glasscheiben folgte das Aufbrechen der ganzen Erdgeschosse, was der Schönheit vieler alter Giebelhäuser leider sehr schadete. Um 1900 kam es zur Ausdehnung der Schaufenster auch in das erste Obergeschoß bei einem Teil der Bauten. Die zweigeschossig ganz verglasten Fassaden waren in Neurenaissancemanier dekoriert, nach 1900 gefolgt von Jugendstilformen (erhalten ist zum Beispiel Salzstraße 41), nach 1920 auch mit expressionistischem Zierat versehen. Die Obergeschosse über den Ladenräumen enthielten meist komfortable Wohnungen. Der Typ der zweigeschossig verglasten Hausfassaden wurde in Münster aus anderen deutschen und europäischen Großstädten übernommen und war als besonders renommiert geschätzt.

Galten diese Disharmonien vor allem den Neubauten seit 1870 in der münsterischen Altstadt, so war der Historismus in den Neustadtstraßen durchaus ansprechend, vor allem dort, wo die Bebauung rasch ganze Straßenfronten füllte. Denn Mangel an Formphantasie konnte man den damaligen Architekten und Unternehmern nicht vorwerfen. Die Straßen wirkten lebendig, die Fassaden hatten Relief, kaum ein Haus glich dem anderen genau. Besonders abwechslungsreich waren die Häuser in Ecklage ausgestaltet. Runde oder mehreckige Erkertürme mit immer verschiedenem Hauben- oder Kuppelabschluß, Eckrisalite mit formenreichen Giebeln, sie alle trugen wesentlich zur Hebung der Straßenbilder bei. Dabei ist das Grundrißschema dieser Mehrfamilienhäuser – denn um diese handelt es sich hier – schon bald typisiert worden. Die Treppenhäuser lagen an einer Seite, und in den Etagen lagen die Zimmer auf beiden Seiten eines Längsflures. Selbstverständlich gab es auch andere Grundrißdispositionen, zum Beispiel ein mittleres Treppenhaus und darauf bezogen auf beiden Seiten Etagenwohnungen. Historistische Häuser in der beschriebenen Art haben sich im Nordviertel, aber auch im Osten und Süden erhalten. Viele von ihnen sind vor allem in der Dachzone nach Bombenschäden verändert worden.

13. Das 20. Jahrhundert bis zum Ausbruch des Zweiten Weltkrieges

Wie die letzten Ausführungen zeigten, war in der Disposition und Dekoration der Bürgerhäuser zwischen dem ausgehenden 19. und dem beginnenden 20. Jahrhundert keine scharfe Grenze zu ziehen. Vielmehr lief die Gestaltung mit den diversen Neo-Stilen bis zum Ersten Weltkrieg als Grundtenor weiter. Und doch hat unser Jahrhundert, beeinflußt von manchen außerwestfälischen Bautendenzen in Münster, noch Neues gebracht. Es war der Architekt Alfred Hensen (1869–1931), der den Weg aus dem dekorativen Eklektizismus aufzeigte. Paradoxerweise tat er es zunächst ebenfalls durch Verwendung historistischer Stilmittel. Sein Neubau des Stadthauses (1901–1905) zeigte die neue Tendenz auf. Die historistischen Formen dort orientierten sich an der münsterischen Renaissance des 16. Jahrhunderts, gingen aber eine enge Verbindung mit ganz eigenständigen Erfindungen des Architekten ein (zum Beispiel der erhaltene Stadthausturm 1905 oder die drei erhaltenen Bogenhäuser am Lambertikirchplatz von 1903/04). Mit dem Neubau der Kreissparkasse Königsstraße 6/7 entdeckte Hensen die münsterische Barockbaukunst neu, ohne sie aber zu kopieren. Es war die überall in Deutschland aufkommende Heimatbewegung, die Rückbesinnung auf die einheimische Kultur, die damals auch in Westfalen und in Münster sehr viele Freunde fand. Außer Hensen gab es einen mächtigen Propagator für diese in den „klassischen“ münsterischen Materialien Ziegel-Werkstein gehaltenen Bauten. Es war der Freiherr Engelbert von Kerckerinck zur Borg, der wortstark für eine heimatgebundene Bauweise unermüdlich eintrat. Der Erfolg war erstaunlich, viele damalige Architekten zogen mit und die damaligen Bauherren sprach diese Bauweise an. Man war der historistischen Stilfassaden überdrüssig geworden. Bis in den Ersten Weltkrieg hinein sind überall in der Stadt sehr viele Wohnhäuser im münsterischen Barockstil gebaut worden. Glanzvolle öffentliche Bauwerke dieser Richtung waren zum Beispiel Windthorststraße 26 (= Gerlinghaus) der Architekten Rüschenschmidt und Schräder (1914) und die städtebaulich hervorragend plazierte Oberfinanzdirektion Hohenzollernring 80 (Baurat Moormann) von 1912/14. Der Krieg hat damals die Entwicklung nicht verschüttet. In den 1920er Jahren sind viele weitere Häuser in dieser Bauart überall in der Stadt errichtet worden. Sehr wichtig war für diese Strö-

Rothenburg 14/16 – ein 1912 im Reformstil erbautes Geschäftshaus

Wohnsiedlung im Grünen Grund (um 1935)

mung die Fortentwicklung der schon angesprochenen Villenbauweise. In Größe und Aufwand reduziert, bildete sich nach 1900 aus der Villa das Einfamilienhaus, dessen stärkste Verbreitung in den 1920er und 1930er Jahren lag. Die Ursache dafür war die Bevölkerungsstruktur mit einer breiten gehobenen Mittelschicht.

Die Einfamilienhäuser boten individuelle Gestaltungsmöglichkeiten, da sie zumeist in Gartengrundstücken lagen. Es dominierte die Backsteinbauweise. Der Fassadendekor spiegelte getreulich die allgemein geltenden modischen Richtungen. Von Reformstil und Neubarock über Expressionismus und Neue Sachlichkeit war alles zu finden, aber ohne ausgefallene Experimente in Baugestalt und Baumaterial. Die strengen Formen der Bauhausarchitektur der 1920er Jahre fanden unter den Bauherren dagegen kaum Freunde. Daher gehörten Häuser in diesem Stil zu den großen Seltenheiten in der Stadt. Ein erhaltenes Beispiel ist Münzstraße 9, erbaut 1931 durch die Architekten Franz Mönig und Peter Strupp.

Münster war seit 1900 als Stadt mächtig gewachsen und überschritt 1914 die Hunderttausend-Einwohnergrenze. Um den nötigen Wohnraum zu schaffen, begann die Stadtverwaltung noch vor 1914 mit dem Bau von gemeinschaftlich geplanten Baugruppen. Als eine der ersten entstand die Siedlung „Blitzdorf" an der Warendorfer Straße. Im Zeitraum zwischen 1919 und 1930 folgten überall im äußeren Stadtgebiet weitere einheitlich errichtete Wohnviertel zumeist in Reihenbauweise, wobei die einzelnen Objekte nicht etagenweise, sondern in Einzelabschnitten wie Einfamilienhäuser aufgeteilt waren. Das großzügigste Wohngebiet dieser Art entstand im Süden der

Stadt auf der „Habichtshöhe“ (1924–1931). Durch diese von Gesellschaften und Verwaltungen betriebene rasche Beschaffung von gutem Wohnraum – Münster lag darin damals im Vergleich mit anderen deutschen Städten sehr günstig – kam es zu einheitlichen Grundrißtypen, die aber von Block zu Block variieren konnten. Die Bauten hatten gut proportionierte Walmdächer, die Fronten waren zumeist verputzt und nur sehr sparsam dekoriert. Durch geschickte Gruppierung und Straßenführung wirkten diese Wohngebiete nie langweilig.

Der eigentliche Miethausbau zu drei oder vier Stockwerken trat gegenüber den zweigeschossigen Reihenhäusern und Einfamilienhäusern zurück. Eine erste Bauwelle von großen Miethäusern setzte kurz vor 1900 ein, um schon um 1914 nachzulassen. Erst nach 1933 entstanden wieder größere Objekte dieser Art in den Außenvierteln (zum Beispiel am Cheruskerring). Auch hier blieb man beim konservativen Backstein mit Werk- oder Kunststeingliederungen. 1939/40 kam die private Bautätigkeit abrupt infolge des Kriegsausbruchs zum Erliegen. Die Geschehnisse von 1941 bis 1945 haben dann in über hundert Bombenangriffen die Stadt und mit ihr den historischen bürgerlichen Wohnbau fast ausgelöscht.

Die in knapper Form dargestellte Entwicklung von den Anfängen bis 1939 hat sich in langsamer folgerichtiger Weise vollzogen. Die großen Stadtbrände des Mittelalters, der letzte von 1383, waren im Stadtbild nicht mehr spürbar, nur Schriftquellen berichteten. Auch die Erniedrigung der Stadt in der Täuferrevolte 1534 hat in der festgefügten Bürgerkultur keine sichtbaren Spuren hinterlassen. Erst nach der Unterwerfung der Stadt 1661 stockte die bürgerliche Bautätigkeit für etwa zwanzig Jahre, um dann aber im Gewand des Barock kräftig und konservativ wieder aufzublühen. Ein echter Einschnitt folgte dem Untergang des Fürstbistums 1803 und der Einverleibung in den preußischen Staat 1815: Die alten Bautraditionen waren abgerissen. Doch andere Architekturauffassungen von Berlin und anderswoher begannen einzuströmen, allerdings auf Kosten münsterischer Traditionen. Die Gegenbewegung war die Besinnung auf die heimischen Bauformen. Diese Strömung hat bis 1939 ihren Einfluß behalten. Die Wiederaufbau- und Neubautätigkeit nach 1945 gehören dann in ein eigenes und ganz neues Kapitel.

Quellen und Literatur

Das monumentale Inventarwerk Max Geisbergs [132: Stadt Münster] ist nicht nur für die Bürgerhäuser, sondern auch für die gesamte alte Stadt eine unübertroffene Beschreibung. Lediglich die in Teil 1 gegebene Darstellung der frühen topographischen Entwicklung ist inzwischen korrigiert. 1962 hat das Werk einen Registerband erhalten; 1975/76 ist das Gesamtwerk noch einmal – mit Kommentaren von Karl-Heinz Kirchhoff versehen – als Nachdruck erschienen.

Geisberg hat alle ihm bekannt gewordenen Steinwerke beschrieben. In Osnabrück ist es Adolf Ide [2256: Steinwerke der Stadt Osnabrück] gelungen, die Entwicklung vom unbewohnten „Warentresor“ zum bewohnten sicheren Steinwerk festzustellen. Im Münsterland, aber auch in ganz Westfalen gehören die festen Speicher auf den Bauernhöfen typologisch mit den älteren freistehenden Steinwerken in den Städten zusammen, wie Josef Schepers darstellt [2626: Münsterländische Speichergeschichte]. Übrigens sind die Steinwerke nicht nur in Münster und Osnabrück, sondern in vielen westfälischen Städten nachzuweisen oder erhalten. Das Buch von Cord Meckseper [2436: Kleine Kunstgeschichte] gibt eine allgemeine Übersicht über die Verbreitung von Wohnturm, Steinwerk und Vorderhäusern in deutschen Städten.

Roswitha Poppe [2547: Osnabrücker Bürgerhaus] konnte für Osnabrück über Adolf Ide hinaus zwei verschiedene Ausgangstypen von Steinwerken ermitteln: Tresorbauten und Kemenaten, letztere bewohnt und heizbar. Wegen der sehr ähnlichen Bauart sind beide miteinander verschmolzen und gingen, wie in Münster, die enge Verbindung mit den Vorderhäusern ein. Karl Eugen Mummenhoff wies auf die Herkunft der festen Speicher und Steinwerke aus dem Adelsbau hin [839: Profanbaukunst]. Diese Arbeit ist auch bei der Untersuchung der Giebelformen von großer Bedeutung; auf der Grundlage des Materials bei Geisberg, also ausgehend von Münster, weist Mummenhoff die Zusammenhänge mit den Giebelfronten im gesamten Oberstift Münster nach und zeigt die Einflüsse aus den Nachbarlandschaften. Es gelingt der Nachweis einer spezifisch „münsterischen" Bauweise, die sich zum Beispiel von der reichen Profanarchitektur im Weserraum unterscheidet.

In den Studien von Joseph Prinz [543: Mimigernaford–Münster] und Karl-Heinz Kirchhoff [488: Bogenhäuser; 199: Bogengang] werden die Entstehung der Marktstraßen und die Anfänge der Marktbebauung neu und folgerichtig gesehen (gegen Geisbergs Darstellung). Mit dem für Westeuropa ermittelten Bautyp der „Saalgeschoßhäuser" beschäftigt sich Josef Schepers und weist sie in den Bogenhäusern Münsters nach [2625: Bürger- und Bauernhäuser in Westfalen; 2627: Nordwestdeutsches Bürger- und Bauernhaus].

Die Zusammenhänge von bürgerlichem Bauen in der Blütezeit der Bürgerhäuser und den Profanbauten der westfälischen Adeligen werden in einer weiteren Publikation von Mummenhoff aufgezeigt [2467: Profanbauten]. Ab etwa 1590 kommen die Anregungen der deutschen und niederländischen Renaissanceornamentik auf die münsterischen Giebel und Häuser zur Darstellung.

Fred Kaspar hat wesentlich neue Erkenntnisse des frühen Holz- und Fachwerkbaus in Westfalen vermittelt [2299: Kaspar/Eiynck, Johanniterkommende in Steinfurt]. Für Münster selbst ist das allerdings nur noch in den genannten Tafelbildern zu erahnen [518: Westfälische Maler der Spätgotik]. Für den Vergleich mit der städtischen deutschen Fachwerkbaugeschichte ist das Buch von Binding/Mainzer/Wiedenau [1984: Kunstgeschichte des deutschen Fachwerkbaus] heranzuziehen.

Das Bildheft Wilhelm Raves [2567: Westfälisches Bürgerhaus] bringt eine Fülle von Häusern in Westfalen, die einen guten Vergleich mit den ebenfalls zahlreichen münsterischen Beispielen ermöglichen. Der Einfluß Peter Pictorius des Älteren und seiner Söhne Gottfried Laurenz und Peter des Jüngeren sowie Lambert Friedrich Corfeys auf die Bürgerbauten ist noch nicht ausreichend untersucht.

Der Aufsatz von Otto Sarrazin [288: Gademen] ist der bisher einzige, der sich mit den münsterischen Gademen beschäftigt. Reiches Material für Brügge zum Vergleich findet sich in dem Inventar von Luc Devliegher [2052: Huizen te Brugge]. Gademe oder Kleinwohnungen gibt es in allen deutschen Städten, aber es fehlt in bezug auf Westfalen an einer speziellen Darstellung.

Das Material zur Geschichte der Grundrißlösungen ist nur in Max Geisbergs Inventar enthalten. Die Architekten der Barockzeit haben vor allem für Domkapitel und Adel Wohnbauten entworfen, welche aber auf die Häuser der Bürger eingewirkt haben. Die Untersuchung des Wohnhauses Schlauns ist ein sehr aufschlußreiches Beispiel dafür [1134: Mummenhoff, Wohnhaus Schlauns].

Reiches Material zur Geschichte des münsterischen Frühklassizismus liefern die Arbeiten von Rensing/Kordt [1152: Adolf von Vagedes], Theodor Rensing [1150: Clemens August von Vagedes], Klaus Bußmann [1010: Wilhelm Ferdinand Lipper] und Karlheinz Haucke [2193: August Reinking]. Für einen Überblick über die Ausstattungskunst der Wohnräume in Münster sind Angaben im Inventar Max Geisbergs nur verstreut zu finden. Maria Schmidt hat aufgrund des Quellenstudiums gezeigt, wie reichhaltig das bewegliche Inventar der Bürgerhäuser gewesen ist [1161: Wohnungswesen]. Neue Erkenntnisse zur wandfesten Dekoration bringt der Aufsatz von Ulf-Dietrich Korn über das Gildehaus der Kramergilde [211: Wandlungen eines Baudenkmals]. Eine gründliche Synthese zur Einrichtungsgeschichte münsterischer Bürgerhäuser steht noch aus.

Geisberg hat nur wenige Nachrichten zur bürgerlichen Baukunst für den Anfang des 19. Jahrhunderts gebracht. Die Arbeiten Ludwig Schreiners beziehen sich fast ausschließlich auf die öffentlichen Bauten, zeigen damit aber recht eindrucksvoll den Stilwandel des weiteren

Klassizismus Berliner Prägung auf [2655: Westfalen (Schinkels Lebenswerk 13); 2654: Architektur des 19. und 20. Jahrhunderts]. Den Beginn der historistischen Architektur in Münster behandelt Jörg A. E. Heimeshoff [2202: Historische Architektur]. Hermann Schmitz bringt eine allgemeine Übersicht über die Bauentwicklung [292: Münstersche Kunstgeschichte]. Rudolf Terners Studie ist eine Bestandsaufnahme der Häuser zwischen 1895 und 1918 [1455: Kaiserzeitliche Wohnhausfassaden].

Der Katalog einer Postkartenausstellung des Stadtmuseums (1984) [1511: Münster auf alten Postkarten] bringt vielfältige Straßenansichten der münsterischen Altstadt mit Gegenüberstellungen der heutigen Situation. Die Aufsätze von Georg Erler [1317: Entwicklung in den letzten 150 Jahren] und Ernst Hövel [165: Münster im Backsteinbau] sind eine liebenswürdige Übersicht über die Bauten des 19. und 20. Jahrhunderts. Bei Schirmeyer finden sich Angaben zu den Siedlungsbauten Münsters [1623: Öffentliche Bautätigkeit]. Zusammen mit Otto Sarrazin, der ein Lebensbild gab [1621: Alfred Hensen], analysiert Karl Eugen Mummenhoff die bedeutenden Bauwerke Hensens in der Stadt [1606: Bauten Alfred Hensens].

Dokumentationen der Zerstörung der Stadt im Bombenkrieg bringen H. C. C. Hüffner [1656: Münster in Schutt und Asche] und der Katalog des Stadtmuseums [1502: Bomben auf Münster]. Die Maßnahmen zum Wiederaufbau mit Rückblicken auf Vorkriegszustände sind durch Gutschow und Stiemer geschildert [1696: Dokumentation Wiederaufbau]. Beispiele der erhaltenen Profanarchitektur vor 1945 und der Neubauten nach 1948 sind in dem Führer von Niels Gutschow und Gunnar Pick zusammengestellt [1761: Bauen in Münster]. Eine erschöpfende und wissenschaftliche Gesamtdarstellung der bürgerlichen Bautätigkeit in Münster zwischen 1803 und 1939 steht noch aus.

MARIA ELISABETH BROCKHOFF

Musik und musikalisches Leben

1. Die Kirchenmusik – 2. Weltliche Musik im Mittelalter und in der frühen Neuzeit – 3. Die Hofkapelle und das höfische Musiktheater – 4. Chöre, Orchester und Musiktheater im 19. und 20. Jahrhundert – 5. Musikschulen und freies Musizieren

Die Quellenlage stellt sich für die Geschichte der Musik genauso dar wie für die allgemeine Stadtgeschichte. Überlieferungen des Mittelalters gibt es aus den bekannten Gründen in Münster kaum noch. So waren zum Beispiel die Dombibliothek und teils auch das Archiv im Obergeschoß des Domparadieses untergebracht, wo 1527 bei Dacharbeiten ein Feuer ausbrach, das eine große Zahl der Bestände vernichtete. Den Rest besorgten 1534 die von den Täufern auf dem Domplatz veranstalteten großen Bücherverbrennungen, denen nicht nur die Schätze des Doms, sondern auch die der anderen Kirchenbibliotheken zum Opfer fielen.

1. Die Kirchenmusik

Die Kirchenmusik steht gewöhnlich am Anfang von musikgeschichtlichen Darstellungen der Zeit vor 1800, weil sie als *ars* zu den Sieben Freien Künsten gehörte und deshalb – im Gegensatz zur Gebrauchsmusik, die Spielleute (in der Regel Analphabeten) als *usus* weitergaben – schriftlich festgehalten wurde.

Münsterische Gregorianik

Nach der Niederwerfung des Täuferreichs ließ das Domkapitel 1536 sofort drei Sammlungen vom gregorianischen Bestand – das *Graduale,* das *Psalterium* und das *Antiphonale Monasteriense* – beim Kölner Drucker Alopecius drucken, die bereits 1537 vorlagen und bis ins 19. Jahrhundert benutzt wurden. Fellerer hat 1958 auf die Eigenart der münsterischen Gregorianik hingewiesen [2098: Westfalen in der Musikgeschichte, S. 194f], die aus ganz unterschiedlichen Quellen stammt. Der erste Bischof von Münster, Liudger, verband in seiner Person für das Missionskloster und das Bistum Münster die sonst getrennten irisch-angelsächsischen, römischen und fränkischen Traditionen. Für die irisch-angelsächsische Wurzel der münsterischen Gregorianik stehen die beiden Lehrer Liudgers: Alkuin von York und Gregor von Utrecht; die römische Tradition hat Liudger vermutlich auf seinen Reisen nach Montecassino, der Hochburg benediktinischer Tradition, und nach Rom, das seine Ordnung der Gregorianik auch jenseits der Alpen zu befestigen trachtete, kennengelernt. Dazu kam noch die Einführung der monastischen Regel Alkuins in Tours, die das Kapitel zum gemeinsamen Leben, zur *vita communis,* verpflichtete und aufgrund derer Liudger täglich selbst die chorischen Stundengebete im Dom mitgesungen haben soll, wie sein Biograph Altfrid überliefert hat.

Bemerkenswert für die münsterische Gregorianik war die lokale Art des Singens mit Intervalländerungen, die als „germanischer Choraldialekt“ bezeichnet wird. So hat sich gerade in Münster eine sehr spezielle Mischung choraler Traditionen entwickelt, die durch die Drucke nach der Täuferzeit noch einmal kodifiziert wurden und sich dank westfälischer Beharrlichkeit so lange erhalten haben, also keine verändernden Experimente wie in anderen Bistümern erfuhren. Der große Eigenanteil des Bistums Münster an Liedern im Gesangbuch „Gotteslob“ beweist das noch heute.

Musik am Dom

Unter den Dignitäten im Domkapitel gab es im allgemeinen neben dem Dompropst, dem Domdechanten und dem Scholaster die Ämter des Thesaurars, des Domkellners und des Kantors. Der Kantor war in Münster jedoch keine Dignität. Die Visitation der drei westfälischen Diözesen Münster, Osnabrück und Paderborn 1230/31 durch Zisterzienser- und Dominikanermönche führte im Zusammenhang mit der Ordnung des Gesangs in Paderborn zur Aufwertung des Kantorenamtes (in Paderborn Dignität des Domkapitels). In Münster war das nicht so, aber der Kantor mußte immerhin Priesterkanoniker sein. Er war für die geordnete Kirchenmusik im Dom verantwortlich, leitete aber wohl nur bei großen Festen den Chor selbst. Sein Vertreter, der *succentor,* und dessen Vertreter, der *concentor* (zwei Domvikare), waren für die Proben und Aufführungen der gottesdienstlichen Anforderungen der noch nicht emanzipierten Jungkanoniker und Domschüler verantwortlich. Mit dem *succentor* zusammen prüfte der Kantor bei den „Emanzipationen“, den Aufnahmen neuer Domkleriker, deren Fähigkeiten *in cantu,* also in der praktischen Ausführung des gregorianischen Chordienstes. 1139 wird der erste Name eines Kantors im münsterischen Dom, Hartwicus, genannt.

Als *succentor* wurde nicht jeder Bewerber angenommen. So wurde zum Beispiel 1662 der Bewerber Johanninck mit der Begründung abgelehnt, er solle erst den Gebrauch des Chores erlernen. 1669 wird sein Name als Vikar am Dom St. Patroclus in Soest aufgeführt. Die persönliche Leitung der kirchlichen Musik wurde oft auch durch Ämterkumulation verhindert. Ein Beispiel gibt die Karriere des Adolf von der Mark, der 1299 Propst in Worms, 1308 Propst und 1310 Domherr an St. Severin in Köln, 1311 Kanoniker in Essen war, 1312 einen päpstlichen Dispens zum Besitz mehrerer Präbenden erhielt und im gleichen Jahr Domkantor in Münster wurde. Vermutlich hat er das Amt hier selten oder nie ausgeübt, wurde er doch 1313 Bischof von Lüttich, wo er bis zu seinem Tod blieb. Beziehungen zwischen den westfälischen Domkapiteln waren zahlreich; so ging etwa der aus einer münsterischen Familie stammende Johann von Galen 1633/34 als Domkantor nach Paderborn, kehrte dann aber nach Münster zurück, wo er 1666 als Domdechant starb.

Im Laufe des 11. Jahrhunderts wurde die *vita communis* des Domkapitels aufgegeben. Damit waren zur Ausführung der Stundengebete bei Tag und Nacht Sänger erforderlich, die diesen Dienst zuverlässig versahen. Die Kleriker der Domkammer waren vermutlich die älteste Singgemeinschaft in Münster. Die Bewerber mußten „eine gute Stimme und Singen gelernt haben“ [640: Geschichte der Wiedertäufer, S. 45]. Diese „Kameralen“ (an anderen Domen hießen sie „Choralen“) erhielten ihre Bezeichnung von den einzelnen Kammern, die sie in einem Haus am Horsteberg bewohnten. Ihren Unterhalt garantierte der Bischof, und sie erhielten Anteile an Stiftungen und Memorien sowie Sonderzuwendungen zu bestimmten Festen. Die erhaltenen Statuten regelten das Leben und den Dienst im Dom, wo sie dem als Kantorstellvertreter amtierenden *succentor* bzw. *concentor* zum Gehorsam verpflichtet wa-

Ehemaliges Kameralenhaus am Horsteberg

ren. So verbot das Domkapitel zum Beispiel 1611, daß die Kameralen „spät zur Abendzeit und in der Nacht auf dem Domhof und auch auf den Gaßen hin und wieder sich finden und in die Wirtshäuser saufen gehen“, und es wurde verfügt, daß „hinfüro zu Sommerszeiten um neun und Winterszeit zu acht Uhren dieselben auf ihrer Kammer verpleiben“ [zit. nach 156: Helmert, Kleriker der Domkammer, S. 313]. Das war auch wohl zum Schutz gemeint, kamen doch Schlägereien und sogar ein Totschlag an einem Kameralen vor.

1402 wurde die Zahl der Kameralen auf 24 in zwei Kursen festgelegt und mit drei Ämtern an der Spitze nach Dienstalter geordnet. Je zwölf Erwachsene bildeten einen Kurs; hinzu kamen jeweils acht Knaben. Das blieb so bis 1593, als die Jesuiten ihren Schulneubau bezogen und die Scholaren des „kleinen Kursus“ mitnahmen. Zwischen 1690 und 1803 gab es noch zehn bis zwölf Kameralen, die mit der Säkularisation Vermögen und Haus verloren und bis 1823 verstreut in der Stadt wohnten, bis ihnen die preußische Regierung das Haus zurückgab. Im Zuge der Neueinrichtung der kirchlichen Verwaltung gab es nun wieder acht Kameralen bis zur Zerstörung der Gebäude im Zweiten Weltkrieg.

Einzelne Kameralen konnten gelegentlich auch in höhere Ämter und Funktionen berufen werden. So wird Heinrich Bite (1624–1659) von 1637 bis 1639 als Kantor bezeichnet. Der *succentor* Johann Hermann Kock hat 1784 das aus dem Jahr 1599 stammende dritte Domordinarium neu abgeschrieben, sein Chordienst wurde wegen dieser Aufgabe reduziert.

Von den Kameralen des 17. Jahrhunderts sind Melchior Röchell und Heinrich Cramer zu nennen. Der als Domkantor geführte Röchell (1566–1606) verfaßte eine wichtige, bis zum Jahr 1601 reichende Chronik. Auf der Titelseite des 1744 neu eingebundenen Exemplars wird er mit dem Zusatz *clericus camerae* bezeichnet [1: Münsterische Chroniken, S. VII]. Heinrich Cramer gab 1627 eine fünfstimmige *Musica* in sechs Teilen heraus.

Die drei Domordinarien des Spätmittelalters und der frühen Neuzeit schrieben die für Münster verbindlichen Feste sowie die Ordnung von Messen und Stundengebeten für das ganze Kirchenjahr vor. Das erste Ordinarium stammt aus dem Zeitraum zwischen 1265 und 1300, das zweite wurde 1365, das dritte 1599 formuliert. Sie geben Einblicke in die Praxis von Chorgesang, Prozessionen und Läuteordnungen. Zur Weihnachtsvesper sang man den ersten Hymnus *A solis ortu cardine* aus dem *Carmen abecedarium*, den alphabetisch geordneten Hymnen des im 5. Jahrhundert lebenden Dichters Caelius Sedulius, oder die Kyrietropen (Einschübe neuer Texte in die Kyriebitten): so für den zweiten Weihnachtstag das *Kyrie cunctipotens* oder für Johannes den Evangelisten das *Kyrie fons bonitatis*. Bis zum 14. Jahrhundert wurde auch noch die von dem St. Gallener Mönch Notker Balbulus im 10. Jahrhundert geschaffene Weihnachtssequenz *Eia recolamus* gesungen. Nach der Weihnachtsvesper wurden liturgische Tänze von den Choralen mit „fröhlichen Liedern" begleitet, was an die mittelalterliche Praxis der *carols* bzw. *caroles* in englischen und französischen Kirchen denken läßt. Obwohl das Wormser Konzil von 1316 Tänze auf Friedhöfen oder an kirchlichen Festtagen und die Mitwirkung von Musikanten ausdrücklich verboten hatte, wurde noch im 14. Jahrhundert die Krippe umtanzt, und auch eine Predigt gegen das Tanzen der Frauen und Mädchen scheint erst später Erfolg gehabt zu haben. Noch 1550 wird von den *ludi ecclesiastici* berichtet, den kirchlichen Spielen, bei denen die Knaben während des Gesangs auf und nieder sprangen.

Musik an Pfarr-, Stifts- und Klosterkirchen

An der Pfarrkirche von St. Lamberti und an der Pfarr- und Stiftskirche St. Martini gab es für den Kirchengesang eigene Choralen. Sie sangen die Tageszeiten und die Gedächtnismessen. Die damit verbundenen Stiftungen wurden auf die Ausführenden verteilt. Das Memorialbuch von St. Lamberti [StadtAM, Handschriften 30], das Eintragungen von etwa 1330 bis 1671 enthält, gibt Stiftungen an den Priester und die Sänger an. Gelegentlich erhielten auch die Bläser oder die Scholaren, fast immer jedoch der *campanarius*, der die Glocken läutete, Gelder für die Gedächtnismessen, später auch der Organist und der „püstertreter", wie der *calcant*, der den Blasebalg bediente, auf westfälisch hieß.

Anläßlich einer feierlichen Pfingstmesse werden in den Quellen Orgelspiel und Sologesang zum Knabenchor erwähnt [StadtAM, Handschriften 30]. Daß außer dem gregorianischen Repertoire im Jahreslauf auch mehrstimmige Musiken erklangen, ist wohl zu vermuten, kann aber nicht belegt werden. In der Handschrift mit dem Kirchendienerinventar von St. Lamberti, das ab 1599 geführt wurde, sind neben Paramenten und Ritualgegenständen drei *Missalia romana* und zwei münsterische Missalien aufgeführt.

In dem mittelalterlichen *Novus ordinarius* am Kollegiatstift St. Martini, den Everwin Droste 1577 aufgeschrieben hat [StadtAM, Handschriften 32], sind in den *Leges*

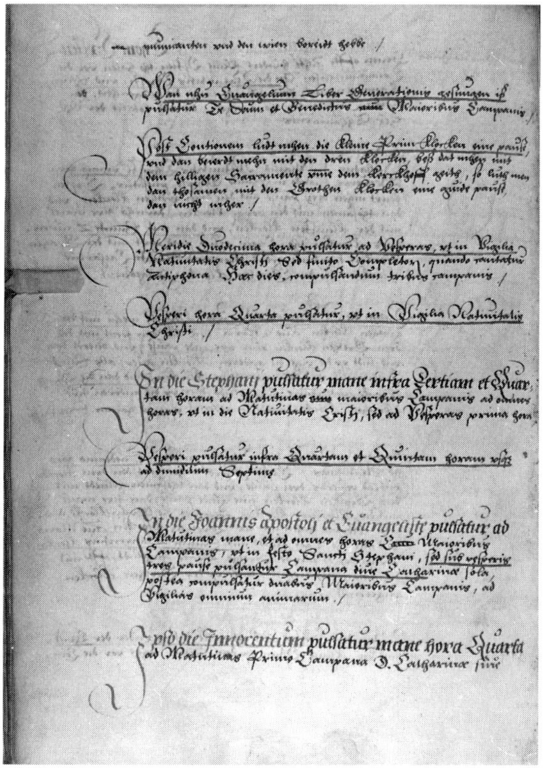

„Novus ordinarius S. Martini". Eine Übersicht über die Statuten des Martinistifts mit eingestreuten Kirchenliedern

puerorum choralium scholasticae die Vorschriften für die Choralen an St. Martini festgehalten, die die Ausführungen der Gesänge und Zeremonien und den Hin- und Hergang zwischen Kirche und Schule regeln; er wurde vom *rector scholae* und dem *ludi magister* beaufsichtigt. Am Stift St. Martini waren die Choralen Knaben der Schule und nicht erwachsene Männer wie im Dom. Dementsprechend gab es hier anderslautende Verbote für die Choralen: Es durften keine Steine in die Fenster der Schule und der Kirche geworfen, keine lasziven Knabenspiele gespielt und keine Bücher beschädigt oder zerrissen werden. 1582 muß große Disziplinlosigkeit geherrscht haben – Gesangbücher *(psalterii)* sollen zerrissen worden sein, der Gesang soll einem Geschrei geglichen haben *(inordinatus ille cantus)* und eine Beleidigung für diejenigen gewesen sein, die in der Kirche zuhörten. Der *rector chori* wurde angewiesen, den Chorstab nicht nur zur Chorleitung, sondern auch zur Aufrechterhaltung der Disziplin zu benutzen!

Das Kanonikerstift St. Ludgeri hatte keinen Kantor. An den bedeutenden Kirchenfesten intonierte der *senior chori* den ersten Psalm. Der *scholasticus* sorgte für die Einstellung des *rector scholae,* der bei Festen, die neun Lektionen hatten, selbst im Chor sein mußte; ansonsten konnte er sich von gesangskundigen Scholaren vertreten lassen. Die Lateinschule am Ludgeristift wurde 1585 aufgehoben und in eine deutsche Schule umgewandelt. Die Lateinschüler wurden nach St. Aegidii und St. Lamberti transferiert. Die Lehrer bekamen Dotierungen aus dem Dom; dafür mußten sie an einigen Festen im Dom mit ihren Schülern *loco choralis* singen. Der Küster stellte die beiden Glöckner an und besoldete sie. Bekam ein Organist gleichzeitig eine der beiden Küsterstellen – mit denen der Chordienst verbunden war –, so mußte er auf seine Kosten einen Choral stellen. Der zweite Küster mußte immer ein guter Choralsänger sein.

Die Vikare der Stiftskirche hatten den Chordienst zu leisten, d. h. in Messen und Stundengebeten zu singen, wofür ihnen Präsenzgelder zustanden. Die älteste Vikarie *St. Jacobi et St. Annae* bestand seit dem 13. Jahrhundert. 1327 wurde wegen der zahlreichen Pilger nach Santiago de Compostela eine Stiftung errichtet, die nur dem jeweiligen *rector choralis* zugute kommen durfte. Daß es damals schon an St. Ludgeri Choralen gegeben hat, ist unwahrscheinlich. Der *rector choralis* war wohl der Vorsänger der übrigen Chorvikare und nahm damit in etwa die Stellung eines *concentor* ein.

Nachrichten über die Musik an der Minoritenkirche (der heutigen Apostelkirche) sind nur spärlich überliefert. 1632 wird von den Buchdruckerwitwen Raesfeld und Daele die Summe von 1600 Reichstalern für eine sonntägliche Kirchenmusik und eine montägliche Lesung zur Memoria für die beiden verstorbenen Ehemänner zur Verfügung gestellt. Bis zur Aufhebung des Klosters 1811 wurde diese Kirchenmusik gehalten [308: Schütte, Geschichte und Wirken der Minoriten, S. 104].

1588 waren die Jesuiten in die Stadt gekommen. Sie übernahmen die Domschule, gründeten ihr Kollegium und legten 1590 den Grundstein für die Kirche, die St. Petrus geweiht werden sollte, mit großen Feiern und Gesängen. 1593 war die neue Schule fertig, und die jüngeren Chorschüler, die zur Verstärkung der Kameralen gesungen hatten und von denen einige im Kameralenhaus wohnten, wurden jetzt von den Jesuiten übernommen. 1630 gründeten die Jesuiten, wie auch in anderen Städten, eine *domus Mariana,* damit unvermögende Studenten ihre Studien fortsetzen und dabei Choral- und Instrumentalmusik erlernen konnten. Die Marianer verstärkten den Gesang im Dom und in der Überwasserkirche.

Prozessionen wurden vom Klerus in und um die Kirchen herum begangen und von den Domordinarien geregelt. Seit 1563 ist die Mitwirkung der Stadtspielleute bei den Prozessionen bezeugt, die dafür eine Extravergütung erhielten. Die Jesuiten gestalteten ab 1603 die Große Prozession zu einer dramatischen Demonstration des Glaubens im Sinne der Gegenreformation um. Bei dieser Umgestaltung führten die Jesuiten nun als Engel gewandete Schülergruppen ein, die Blumen, die Leidenswerkzeuge Christi und Fackeln trugen und mit ihren Musikinstrumenten die Zuschauer und Teilnehmer erfreuten. Die Jesuiten zogen Matthäus Tympius, den ehemaligen Rektor des Gymnasium Carolinum in Osnabrück, der seit 1608 Rektor des Collegium Dettenianum in Münster war, zur Zusammenarbeit heran und ordneten die Prozession nach unterschiedlichen Gruppen (was besonders bei den adeligen Teilnehmern Schwierigkeiten gegeben haben soll): vorab die Büßer in weißen Gewändern, Gruppen mit Fahnen und Statuen, die Bürgersodalität, die Lieder sang, die Schülerinnen und andere, die den dramatischen Aspekt der Prozession unterstrichen. Der Zeitpunkt der Umgestaltung ist interessant, weil zwischen 1585 und 1608 in Italien die

Anfänge der Oper (die „Florentiner Camerata“ bis zu Monteverdis „Orfeo“ und „Arianna“) entstanden und die Jesuiten gewiß auch die zur Oper hinführenden Veranstaltungen wie die Trionfi mit ihren allegorischen Figuren zu Lande und die Wassertrionfi der Medici auf dem Arno gekannt haben werden. Die Umgestaltung der Großen Prozession zu einem prunkvollen Spektakel führte in Münster in das Zeitalter des Barock.

Seit dem 17. Jahrhundert gibt es – eingeführt von den Jesuiten – eine ganze Reihe neuer Bitt- und Dankprozessionen. Erwähnenswert sind vor allem die Prozessionen in den Jahren des Friedenskongresses. Musikalisch sind diese Prozessionen auch insofern interessant, als lateinische und deutsche Lieder und Hymnen gesungen wurden, ein friedliches Nebeneinander, das in anderen Domstädten Westfalens nicht so selbstverständlich, zum Teil – wie in Paderborn – sogar lange Zeit unmöglich war. Man sang Marien- und Sakramentslieder, alte Wallfahrtsgesänge wie das „In Gottes Namen fahren wir“, das *Veni creator spiritus*, das *Ave Maris stella* und das *Pange lingua* mit deren deutschen Übertragungen.

Dieses Nebeneinander von deutschen und lateinischen Gesängen findet man im ersten katholischen Kirchengesangbuch für Münster aus dem Jahr 1629, das zugleich das älteste niederdeutsche Gesangbuch Deutschlands ist: „Catholische Geistlicke Kerckengeseng vp de vörnembste Feste vnd sonsten dorch dat gantze Jahr nüttelick tho gebruken [. . .] dem gemeinen Vaderland tho nütte in düsse korte Form vnd Sprake“, gedruckt bei Bernard Raesfeld mit 105 Liedern und 51 Melodien [2612: Salmen, Musik in Westfalen 1, S. 134]. Bei der münsterischen Synode von 1652 wurde versucht, das Singen deutscher Kirchenlieder einzuschränken auf Christenlehre, Schule, Turmblasen von Stadtpfeifern und die private Andacht.

Die Laienspiritualität des 13. Jahrhunderts ließ auch in Münster zuerst vier und später bis ins 16. Jahrhundert acht Beginenhäuser entstehen. Die Brüder vom gemeinsamen Leben, die Fraterherren, bildeten in Münster um 1400 die erste westfälische Kongregation der Devotio moderna. Durch ihre Schreibkunst, später die Druckerei, schufen sie zahlreiche liturgische Bücher in kunstvollen Einbänden. Das Liederbuch der Begine Catharina Tirs, die 1604 starb, zeigt mit achtzig Liedern das Repertoire der „devoten susteren“ und ist die letzte Quelle für das geistliche Lied des Mittelalters auf deutschem Boden. Der „Brautschatz aller Gott Ergebenen Jungfrawen“ von 1631 mit Hymnen, Sequenzen und Reimgebeten – in niederdeutscher Übersetzung über 800 Seiten umfassend – entspricht dem geistlichen Repertoire der Lieder der Beginen, die im Haus Hofringe bzw. im Kloster Marienthal gen. Niesing lebten. 1536, als die Schwestern wieder in ihr zerstörtes Kloster am Servatiikirchplatz zurückkehrten, starb ihr Beichtvater Johann Becker aus dem Fraterherrenhaus. Im Nachruf schreibt die Chronistin, daß er sie gelehrt habe, die Messe zu singen, was sie erstmals 1521 taten. Er habe Glasfenster gemacht und konnte – wie es der Tätigkeit der Fraterherren entsprach – Bücher schreiben und einbinden; so habe er zum Beispiel ein schönes Missale und andere Gesangbücher geschrieben [607: Berichte der Augenzeugen, S. 438f].

Das erste hochdeutsche Gesangbuch Münsters erschien in zwei Teilen: „Außerlesene Catholische Geistliche Kirchengesäng, so man bei den Prozessionen vnd Christlicher Kinder-Lehr im Stifft Münster zu singen pflegt“ im Jahr 1664 und „Das Midtwinters-Büchlein“ mit dem Repertoire der Weihnachtszeit (1668).

Gregorianischer Choral in einer münsterischen Fraterherrenhandschrift des 15. Jahrhunderts

Orgeln und Organisten

Für die musikalische Gestaltung der Liturgie und der Feste des Kirchenjahres brauchte man an den großen Kirchen Münsters außer geschulten Sängern vor allem auch Orgeln und Organisten, die ihr Instrument beherrschten. Nach einem späteren Bericht gab es bereits 1181 eine erste Orgel im Dom [2098: Fellerer, Westfalen in der Musikgeschichte, S. 199]; zu Beginn des 16. Jahrhunderts waren es zwei, die im Bildersturm der Täuferzeit 1534 vollkommen herausgerissen und zerstört wurden. Nach dem Sieg des Bischofs wurde dem Dom 1536 eine neue Orgel zum Geschenk gemacht. 1588 war die Reparatur der großen Orgel beendet, 1610/12 und 1711 erfolgten Umbauten. Zwischen 1752 und 1755 baute Johann Patroklus Möller eine neue Orgel. Sie wurde 1779 repariert und 1945 durch die Bomben des Zweiten Weltkriegs völlig zerstört.

Über die Domorgeln, ihre Geschichte und ihre Zerstörung hat Rudolf Reuter ausführlich berichtet [2591: Orgeln in Westfalen]. Einer der bekanntesten Domorganisten war Franz Joseph Antony. Er übernahm das Amt 1781 und spielte seit 1792 mit Zusatzgehalt auch in der Kapelle. 1801 wurde er als Kapellmeister Nachfolger von Gerhard Heinrich Romberg. Antonys Orgelspiel wurde besonders gerühmt. Die

Orgel vor dem Westchor des Doms. Rekonstruktionszeichnung von Franz Fischer (1962)

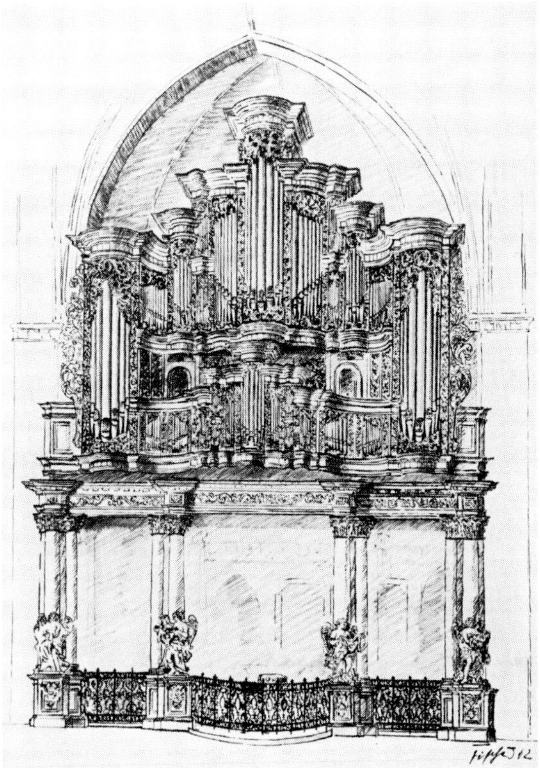

weiteren Domorganisten des 19. Jahrhunderts waren Bernhard Hüls (1832–1890) und Bernhard Schlemann (1890–1943). Nach 1945 übernahm Rudolf Reuter das Lettnerpositiv und die Reste der Domorgel. 1951 wurde Heinrich Stockhorst Domorganist bis 1974, ihm folgte Hans Ossing.

Der erste Organist von St. Lamberti, dessen Name überliefert ist, war Johann Snobell (1481–1517); ihm folgte bis 1534 Goswin Staperfennel. Ein in Münster sehr bekannter Organist war Adam Mauritz von Prag, der das Amt von 1608 bis 1636 innehatte. 1622 ist „weiland Mauritz von Prag gewesener Burger alhie des jetzigen Produzenten Meister Adam Mauritz Organisten alhie zu St. Lambrecht vatter vor ungefehr fünffzig Jahren und lenger alhie vor der Statt Münster aus dem Judentum sich zum christlichen begeben [. . .] in der Collegiatkirche St. Mauritz" bezeugt [829: Mauritz, Ahnenliste, S. 102; 938: Hövel, Judentaufen, S. 42]. Danach hat er mit der Bürgerin Catrina Pinnoge die Ehe geschlossen, aus der Söhne und Töchter hervorgingen, darunter der Antragsteller Adam Mauritz und eine später in Wesel lebende Tochter Ursula. Ob ein vorehelicher Sohn Mauritz auch mit Musik zu tun hatte, ist nicht bekannt.

Adam Mauritz war 1610, 1612 und 1624 (zusammen mit Johan Smidt) bei den Orgelabnahmen im Dom verantwortlich und als Orgelsachverständiger auch in Köln und Trier tätig. Bei dem Treffen der fünf Hauptkirchenorganisten 1610 wird Adam Mauritz als einziger mit seiner Kirche genannt. 1619 klagt er vor dem Ratsgericht gegen den Notar Heidenreich Beveren, der seinen Halbbruder Johan Beveren dem Kläger in die Lehre gegeben und das Lehrgeld nicht bezahlt hat. Lehrlinge gab man für eine lange Lehrzeit – etwa sieben bis neun Jahre – anerkannten Komponisten, Organisten und Stadtspielleuten mit ordentlichen Lehrverträgen in Obhut. Wenn Johan Beveren nunmehr schon Organist in Heessen war, so muß das Lehrgeld bereits jahrelang fällig gewesen und Adam Mauritz ein anerkannter Organist und Lehrmeister gewesen sein. Seine geachtete Stellung kann man aus einem Rechtsstreit von 1621 ablesen, bei dem er unter 27 Gläubigern und Zeugen – nach dem Dechanten und dem Senior von St. Ludgeri – als „Adam Mauritz von Prag, Organist an St. Lamberti" genannt wird.

1507 ist für Ludgeri eine Orgel nachweisbar, 1590 wird ein Vertrag über eine bessere Orgel bezeugt. 1620 machten die Nonnen des Klosters Niesing eine Stiftung für Öl zum Schmieren der Orgel und für Reparaturen. Ein Kuriosum ist die Einstellung der Tochter des Organisten Grothues (1788) als Nachfolgerin ihres Vaters. Sie mußte Ehelosigkeit versprechen!

Wolfgang Mielke, 1979 bis 1987 Kantor an der Apostelkirche, hat die Geschichte der Orgeln dieses Gotteshauses ausführlich beschrieben [241: Orgel-Geschichten]. 1532 wird erstmals eine Orgel erwähnt. Es handelt sich um eine Stiftung des Domorganisten Johann Georg Lüttringhausen, die auf dem Lettner, dem „Apostelgang", plaziert wurde und von dem berühmten Orgelbauer Arnold Bader stammte. Außerdem gab es dort noch ein „Regal", eine kleine Orgel nur mit Zungenstimmen, und an der Nordwand der Kirche eine ältere Orgel, die nach der Kirchenerweiterung nach Greven verkauft wurde. 1626 wurde eine neue Orgel gebaut. Die 1784 errichtete Orgel der Brüder Vornweg aus Münster wurde in die Lambertikirche überführt und dort erstmals zu Weihnachten 1821 gespielt [241: Mielke, Orgel-Geschichten, S. 223]. Im gleichen Jahr erhielt die Apostelkirche einen Orgelneubau des Leeuwardener Orgelbauers Johann Adolf Hillebrand. Nach mancherlei Hin und Her zwischen Gemeinde und Regierung baute der Weißenfelser Orgelbauer Friedrich Ladegast 1879 eine neue Orgel. Die Organisten an der Apostelkirche waren vorwiegend Schullehrer, und erst 1919 gab es eine feste Organistenstelle, die der aus Speyer stammende und nach Münster durch einen Lazarettaufenthalt verschlagene Carl Seubel erhielt. Er gründete 1921 den „Bachverein Münster", der für Aufführungen von Bachs Kantaten und Passionen sorgte. In den nun regelmäßig veranstalteten Orgelabenden gastierte 1928 Albert Schweitzer. 1945 wurde die Orgel durch Fliegerbomben zerstört; 1949 erhielt die Apostelkirche aus alten Beständen von Steinmeier eine Ersatzorgel und 1968 wurde eine neue Orgel von Lott fertig. Die Stelle des hauptamtlichen Kantors und in der Folgezeit auch des Kirchenmusikdirektors bekleideten Eduard Büchsel, Wolfgang Klare, Wolfgang Mielke und seit 1987 Klaus Vetter.

Musik an den Schulen

Im Mittelalter gehörten die im Domkloster lebenden Schüler, die unter der Leitung des Scholasters standen, zur Klosterfamilie. Sie wurden in den Sieben Freien Künsten unterrichtet und lernten so die Musik von der Seite der „Kunst", des am Monochord gemessenen mathematischen Aufbaus, her kennen. Zur praktischen Un-

Brautwerbungsporträt des Johannes Münstermann mit aufgeschlagener Madrigalsammlung. Gemälde von Hermann tom Ring (1543)

terrichtung gehörten der gregorianische Gesang und die Kenntnis des Oktoechos, des Systems der acht Kirchentöne.

In der Dom- und parallel dazu in den Stiftsschulen wurde – wie erwähnt – der Unterrricht oft an einen *rector scholae* und einen *ludi magister* delegiert. Dieser *ludi magister* leitete den Gesang. Bis durch das ganze 16. Jahrhundert hindurch mußte der *rector scholae* an den Stifts- und Pfarrschulen im Rheinland und in Westfalen immer auch der *rector chori* bleiben, wohingegen an den protestantischen Schulen der *rector* vom Kantor entlastet wurde.

Es ist interessant, daß es auch in Münster das mittelalterliche „Bischofsspiel", den *Ludus episcopi puerorum,* am Tag der Unschuldigen Kinder oder am Nikolaustag gab, an dem die Chorschüler einen Kinderbischof wählten, der dann mit den anderen eine sogenannte Narren- oder Eselsmesse (bei der er als Parodie auf den Einzug Jesu in Jerusalem am Palmsonntag auf einem Esel in den Dom einzog) singen und zelebrieren durfte, eine Praxis aus nordfranzösischen Kathedralen (etwa Beauvais), die sich auch an anderen Domen findet – in Westfalen in Paderborn, außerhalb Westfalens in Speyer. Es war eine Art „verkehrte Welt", in der die Domherren den Kindern assistieren mußten. Nachdem es in Münster Beschädigungen im Dom gegeben hatte, wurde das Fest vor 1476 eingestellt. Die Musik war vermutlich eine Parodie des Gregorianischen.

Im 16. Jahrhundert war das Quadrivium als entbehrlich erscheinender Teilbereich der Sieben Freien Künste in Auflösung begriffen. Die Initiative ging von den Niederlanden aus: 1518 schränkte man in Leiden das Singen zugunsten des humanistischen Bildungsideals ein [vgl. 2485: Niemöller, Musikpflege und Musikunterricht]. 1529 war in Deventer Musik nur noch Freizeitbeschäftigung. Das Bildungsziel der Sprachkompetenz stand hier höher als im mitteldeutschen Schulsystem. Lateinische Disputationen, Versübungen, Rhetorik, Dialektik und Griechisch standen nun im Vordergrund des Curriculums. Berichte über Musik gibt es nur wenige.

1519 und 1528 druckte Dietrich Tzwyvel in Münster *Carmina scholastica scholae sancti Pauli* (einstimmig in Mensuralnotation). Nach der Täuferzeit brachte er 1562, 1574 und 1576 neue Carmina für die Domschule heraus. 1525 forderten die Studenten mehr Musikunterricht, aber im Rahmen des Quadriviums gab es keine praktische Musik; dazu bestand nur in der freien Zeit Gelegenheit. Die Diskriminierung der praktischen Musik gegenüber der gelehrten ist hier noch deutlich spürbar. 1597 verbot das Erzbistum Köln alle Privatschulen, damit in den Pfarr- und Stiftsschulen genügend Chorschüler in der Lage waren, den Chordienst zu übernehmen und das Offizium zu singen. Neben den Gymnasien hatten auch die Trivial- oder Vorschulen Gesangsverpflichtungen für ihre Schüler, denen sie auch Musikunterricht gaben. In den Lateinschulen wurden am Ende des Schuljahres in den verschiedenen Klassen Schulspiele in griechischer oder lateinischer Sprache aufgeführt, in denen Tänze, Zwischenspiele, Chöre und auch einzelne Lieder zur Ausschmückung gebraucht wurden. Die Stoffe entstammten dem Alten Testament, gelegentlich auch der Historie.

Domschüler haben im 16. Jahrhundert ihre Schuldramen auch öffentlich gespielt und erhielten dann, wie aus den Gruetamtsrechnungen ersichtlich wird, Entlohnungen von der Stadt. Wenn die Schulspiele öffentlich geboten wurden, fanden sie auf dem Prinzipalmarkt oder im Rathaus auf der Ratskammer, dem heutigen Friedenssaal, statt. 1552 sind bei solchen Spielen zwei Söhne des Malers Ludger tom Ring des Älteren genannt, die mit anderen Bürgersöhnen ein Spiel „Von den sieben Planeten" aufführten.

Geistliche Musik nach 1800

Am 3. August 1802 rückten die preußischen Truppen in Münster ein. Mit der Säkularisierung der geistlichen Fürstentümer im Reichsdeputationshauptschluß kam auch das Ende der Hofkapelle. Sie wurde in „Dommusikkapelle" umbenannt. Die Domkapellmeister schlossen sich den 1825 vom Heidelberger Juristen August Friedrich Thibaut (1774–1840) in seiner Schrift „Von der Reinheit der Tonkunst" festgelegten Reformen und Forderungen nach Wiederaufnahme des gregorianischen Gesangs und den daraus erwachsenden Strukturen des Cäcilianismus an. Antony hat außerdem durch seine Lehren des gregorianischen Chorals vielen Schülern die Kunst des Choralsingens vermittelt. In seinem „Archäologisch-liturgischen Lehrbuch des Gregorianischen Kirchengesanges mit vorzüglicher Rücksicht auf die Römischen, Münsterschen und Erzstift Kölnischen Kirchengesangsweisen" hat er die aus den Anfängen der Kirchenmusik stammenden Sonderweisen weitergegeben.

Der von Bischof Johann Georg Müller als Vikar für Kirchengesang berufene Johann Bernhard Quante wurde an das cäcilianische Zentrum nach Regensburg gesandt. Auf einer Reise nach Rom machte er die Bekanntschaft des Abbate Fortunato Santini und vermittelte den Kauf seiner großen Sammlung von Musik des 17. und 18. Jahrhunderts, die heute einen der wertvollsten Bestände der Bibliothek des Priesterseminars bildet. Quante hat 1858 die instrumentale Domkapelle aufgelöst und den Domchor nur mit Männerstimmen (aus dem „Cäcilienchor" des Männergesangvereins) und einer Knabenschola besetzt. Unter Friedrich Schmidt, der seit 1864 Nachfolger Quantes als Domchordirektor war und die *Medicea* einführte, wurde die Bevorzugung der Gregorianik weiterverfolgt. Aufgrund seiner langen Dienstzeit, die bis 1889 andauerte – in diesem Jahr wurde er zum Generalpräses des Cäcilienvereins gewählt –, wurde Münster eine Hochburg des Cäcilianismus, der sich im Kulturkampf als eine Ausdrucksform der Kirchentreue erwiesen hat. Sein Nachfolger Theodor Cortner sorgte 1909 mit der Einführung der *Editio Vaticana* für die endgültige Abschaffung der münsterischen Choraltradition, die fast tausend Jahre bestanden hatte.

Zum Katholikentag in Münster (1930) hatte Hubert Leiwering ad hoc einen Chor von tausend Stimmen zusammengestellt, aus denen sich dann die Gregorius-Chorgemeinde konstituierte. Gleich nach Kriegsende rief der Chor zur Enttrümmerung des Doms auf, und Scharen von Jugendlichen und Bürgern nach Feierabend haben nur mit Hacken, Schaufeln und Handkarren den Dom vom Schutt gesäubert und die Bombentrichter auf dem Domplatz gefüllt. Der Gregorius- und Domchor konnten im August 1945 erstmalig wieder im zerstörten Dom singen. Bis 1973 wurden sie von Monsignore Leiwering geleitet. Seit diesem Jahr bis heute ist Heinz Gert Freimuth Domchordirektor, der 1974 eine Knaben- und 1982 eine Jugendschola angliederte.

2. *Weltliche Musik im Mittelalter und in der frühen Neuzeit*

Fahrende Spielleute

Die ältesten Nachrichten über weltliche Musik betreffen die reisenden Spielleute im Gefolge von Kreuzzügen und der mehr oder weniger mobilen Könige und Landesherren, die ihre Gerichts- und Reichstage in ganz verschiedenen, zum Teil weit auseinanderliegenden Städten abhielten. Diese Musiker aus verschiedenen Ländern, meistens des Lesens, Schreibens und der Notenschrift unkundig, sangen und musizierten auf Instrumenten nach reiner Praxis, dem *usus,* der diese Musik, im Gegensatz zur *ars,* der Kirchenmusik mit dem System der Kirchentonarten, bestimmte. Nur in ganz seltenen Fällen waren unter diesen Fahrenden lesekundige Studenten, die ihr Studium abgebrochen hatten und die das einmal gelernte Latein in die deutschen Texte einstreuten. Ein heute noch gesungener Weihnachtshymnus aus dieser frühen Zeit ist *In dulci jubilo.*

Ein interessantes Zeugnis der Verbindung von Kirche und Spielmann findet sich in den *Vitae sancti Liudgeri.* Es betrifft den aus dem altgermanischen Sängerstand der Skopen stammenden Spielmann Bernlef, der Liudger zwischen 777 und 795 in Katechese und Taufen vertrat. Auf dem Portalbildnis der Ludgerikirche sitzt Liudger zwischen seiner Schwester Heriburg, der Äbtissin von Nottuln (wo es später ein berühmtes liturgisches Osterspiel gab), und dem Spielmann und Laienapostel Bernlef.

Figur eines Drehleierspielers im Paradies des Doms

Münster besitzt Bildbeispiele für die Zeit fahrender Spielleute im Domparadies. An der nördlichen und westlichen Wand des westlichen Vorbaus stehen die monumentalen spätromanischen Apostelfiguren, die auf die Zeit zwischen 1230 und 1260 datiert werden. Auf den Konsolen zu ihren Füßen sind zwischen Blattranken elf einzelne Musiker zu sehen mit ihren mehr oder weniger gut erkennbaren Instrumenten. Ob es sich bei den elf Figuren um eine „Bruderschaft von Spielleuten [. . .] nach Art der Zünfte“ handelt [vgl. 592: Werland, Musikinstrumente, S. 79], ist nicht mit Sicherheit zu sagen. Man kann die Folge dieser Musikanten als einen Typus figürlichen Schmucks sehen, wie er in englischen Kathedralen (etwa in York) als *minstrel-gallery* oft vorkommt, der aber in Deutschland sehr selten ist. Bei den münsterischen Paradiesmusikern steht am Anfang ein Sänger mit einem Buch, der vermutlich Geistlicher oder Minnesänger ist, denn Spielleute konnten nur in den seltensten Fällen lesen. Die folgenden Figuren spielen die damals weitverbreitete Drehleier – im 11. Jahrhundert *organistrum* genannt –, die in Frankreich noch bis ins 19. Jahrhundert benutzt und im 20. Jahrhundert für zahlreiche Einzelmusiker und Ensembles mittelalterlicher Musik wieder nachgebaut wurde. Die Chrotta des nächsten Spielers (sie ist schlecht erhalten) ist ein ursprünglich gezupftes, später mit einem Bogen gestrichenes Saiteninstrument. Die folgenden Zimbeln oder kleinen Becken gaben der mittelalterlichen Musik einen hellen, den Rhythmus betonenden Metallklang, der noch in alten Orgeln oder in der Domuhr als „Zimbelstern“ den entsprechenden Effekt

Drei Musikanten. Kupferstich aus der Folge „Hochzeitstänzer" von Heinrich Aldegrever (1538)

hat. Das – hier dreieckige, sonst oft trapezförmige – Psalterium wird mit deutlich sichtbaren Löffeln geschlagen (wie das ungarische Zymbal), es kann auch gezupft werden wie die alpenländische Zither und gilt als Vorstufe des Cembalos. Das folgende Instrument ist nicht genau deutbar, vielleicht sind es Klangstäbe oder eine Klapper. Kastagnetten, die man auch darin zu erkennen glaubte, sind eher als Holznachbildungen der Metallzymbeln zu betrachten. Vom nächsten Musikanten ist nur noch die Haltung der linken Hand erhalten, die etwas niederzudrücken scheint. Die nächste Figur trägt eine kleine dreieckige Harfe. Diese „Minnesängerharfe" kam im Mittelalter aus Irland und England. Die Tragorgel, die mit der rechten Hand gespielt wurde, während die linke den Blasebalg bediente, hatte zwar nur wenige Pfeifen in einem Register, aber einen durchdringenden Ton, besonders, wenn es – als Regal – mit Zungenpfeifen bestückt war. Der Dudelsack, den der Musiker auf der nächsten Konsole trägt, ist ein von Schottland bis nach Polen verbreitetes und bis heute erhaltenes europäisches Hirteninstrument; es vertritt die mehr oder weniger ostinate Grundlage der einzelnen Instrumentalfarben, die in ihrer Vielfalt als spaltklängig anzuhören waren. Das letzte Instrument wird mit einem Bogen gespielt und von den Beschreibern als Fiedel bezeichnet. Der Korpus ist nur schwer zu deuten; es dürfte sich jedoch um eine Wirbelplatte handeln, wie sie zur vorderständigen Fiedel gehört.

Die vermutete Mitwirkung von Spielleuten als Zeugen kirchlicher Klanggestaltung [2612: Salmen, Musik in Westfalen 1, S. 79] ist im 13. Jahrhundert ganz ausgeschlossen. Das Mitgehen bei den öffentlichen Prozessionen, bei denen Spielleute Blasinstrumente und Tragorgeln oder kleine Standorgeln mitführten, die aber wegen ihrer Größe nur auf einem Wagen hätten bewegt werden können, gehört nicht zu den liturgischen Funktionen. Die Darstellung von Spielleuten im Paradies des Doms kann auch apotropäische Ziele gehabt haben, kann also als eine Art „Bannung" angesehen werden, denn die Spielleute galten als notorische Sünder und wurden nicht zur Osterkommunion zugelassen. Autoren des 12. und 13. Jahrhunderts nannten sie Teufelsdiener *(ministri satanae)* – wohl aufgrund der magischen Wirkungen der Musik –, und noch im 15. Jahrhundert hieß es, Spielfrauen seien Priesterinnen des Teufels. Spielleute waren vogelfrei und lebten daher mit einem sehr großen Risiko. Ihre Kinder bekamen keine Handwerkslehrstellen; dadurch war ihr sozialer Aufstieg blockiert. Da sie, wie die ebenso diskriminierten Zauberer, Nachtwandler und Epileptiker als ehrlos galten und nur außerhalb der Kirchhofsmauern verscharrt werden durften, war es für sie lebensnotwendig, in die Dienste eines Herrn oder einer Stadt zu treten, da sie dann unter Schutz standen.

Die Diskriminierung der Spielleute dauerte jahrhundertelang. Ein Gaukler, über den am 1. Februar 1588 im Ratsprotokoll berichtet wurde, bat um die Genehmigung, die Passion spielen zu dürfen, was abgelehnt wurde, da man dieses solchen leichtfertigen Personen nicht gestatten könne. Andererseits wurden 1563 acht „tumeler und kocheler" (Seiltänzer und Gaukler) zur Unterhaltung „der heren up der grutkammeren" für drei Taler engagiert. Von der Mitte des 15. Jahrhunderts bis 1622 wurden auf dem Gruethaus Schwerttänze „praesentiret und gedanzet". Obwohl beim Springen auf den im Kreis miteinander verflochtenen Schwertern oft schwere – auch tödliche – Verletzungen vorkamen, haben sich die Bischöfe von Münster 1578, 1632 und 1652 in Verboten umsonst gegen „Schwerdtdentzern vnd Mummerei" gewandt: Noch 1775 treten in einer Schützenbruderschaft „Schwertschläger" auf dem Schloßplatz auf.

Freie Spielleute, die Tanzmusik machten, benutzten im 15. Jahrhundert vorwiegend Ensembles mit zwei Schalmeien, Posaune oder Zinken (Holztrompeten mit Grifflöchern) und Krummhörnern. Im 18. Jahrhundert bestand die Besetzung bei der Tanzmusik der freien, nicht angestellten Spielleute aus Violine, Klarinette und Kontrabaß oder Posaune, Waldhörnern und Klarinetten. Den freien Musikern wurde noch 1663 in einem fürstbischöflichen Edikt verboten, vor den Häusern zu singen und zu spielen. Sie wurden noch jahrhundertelang als Bettelmusikanten verachtet.

Spielleute und Musikanten im Dienst des Rates

Wann die ersten Stadtspielleute eingestellt wurden, ist unbekannt; 1440 sind „des rades van Munstere piper" genannt. Westfälische Spielleute dienten schon 1376 dem Grafen von Hoya. 1480 sind in Lüneburg Spielleute des Bischofs von Münster nachzuweisen. 1447 und 1535 hielten sich in Hildesheim drei und 1605 vier „piper" aus Münster auf. Im 15. Jahrhundert waren einzelne Spielleute – auch Pfeifer des Bischofs von Münster – in Dortmund, Utrecht, Nimwegen, Nördlingen und Basel anzutreffen. 1479 traten Spielleute aus Münster in Hamburg auf [2612: Salmen, Musik in Westfalen 1, S. 81f]. Da die Musik der Fahrenden nicht aufgeschrieben wurde, weiß man so gut wie nichts von ihrem Repertoire. 1483 heißt es von den Stadtpfeifern von Münster: „do pipen se des Hilligen Brut" – eine uns unbekannte Weise.

1447 versammelten sich in Münster Pfeifer aus Osnabrück, Soest, Dortmund, Coesfeld und Utrecht; etwas später gab es Ratsgeschenke für Pfeifer aus Herford, Zwolle, Wesel und Kampen. Vielleicht handelte es sich bei diesen Versammlungen vieler auswärtiger Pfeifer um einen Pfeifertag, auf dem nicht nur wichtige Informationen ausgetauscht wurden, sondern auf dem es auch um die Beratung der Tarife und die Organisation in einer Art Gilde oder Bruderschaft ging. 1583 arbeiteten die Spielleute in Münster eine Ordnung aus, die aus 16 Artikeln bestand. Die Initiatoren der Ordnung, Hinrich Uphaus, Winolt van Dorne und Viet Lindeman, beantragten 1598 die Gründung einer St.-Cäcilien-Bruderschaft nach dem Vorbild anderer Musikantengilden. Der Antrag wurde jedoch vom Rat abschlägig beschieden.

Münster besitzt noch die Kostbarkeit eines Spielmannswappens, einen Rest aus dem alten Ratssilber. 1606 wurde es für die Stadt vom Meister Hermann Balke aus vergoldetem Silber für einen neu angestellten vierten Stadtspielmann angefertigt. Die Form der Mantelagraffe ist mittelalterlich, wie der gotische Sechspaß anzeigt. Das eingravierte Silbergewicht von 36 Lot diente zur Kontrolle bei der Rückgabe des Wappens. Der 1605 neu aufgenommene Stadtspielmann war der Harfenist Hermann Borchartz, der im August seinen Eid leistete, wie man im Eid- und Huldigungsbuch der Stadt Münster nachlesen kann. Dieses Eidbuch wurde nach 1535 neu angelegt, da die ältere Fassung mit den anderen Rechtsbüchern, Ratsprotokollen, Rechnungen und Urkunden von den Täufern zerstört worden war.

In der „Huldunge der Piper" im Eidbuch geht es zuerst um das sehr kostbare Spielmannswappen: „Ock will ick dat wapen, dat mi de Kemenern doen, truwelikken hoden und waren bes tor tit, dat se dat weder van mi heischen [. . .] dan sall ick

Spielmannswappen der Stadtmusikanten (1605 von Goldschmiedemeister Hermann Balcke angefertigt)

en dat wapen weder geven sunder weddersprake. Und ick en sall noch en will des wapens nicht verkopen, versetten, noch verbrengen, dewile ick dat wapen in miner hode hebbe, dan in er secker beholt wederaverlevern, alse dat van mi gesunnen wert." Daraus wird auch die Absicherung durch die Gewichtsangabe erklärlich. Erst jetzt geht der Eid zu den eigentlichen Verpflichtungen der Stadtspielleute über: „Oick en sall noch en will ick de stadt Munster nicht rumen, oft darut gaen, umme termine oder jumande to deinen, sunder orlof miner hern Borgermestere oder Kemmeneren vorß, und ick en wil dan oick nicht lenger utebliven, dan de tit, alse mi verorlevet hebben." Es folgt die Pflicht, gegen die Stadt Gerichtetes zu melden und um ordentlichen Abschied am Ende der Tätigkeit einzukommen. Interessant ist ein angehefteter Zettel, der anzeigt, daß in Münster – wie in anderen westfälischen Städten – Musiker als Kundschafter ausgesandt wurden: „Und imfall ein erbar Raedt mi als einen trumbter an jenigen krigenden deil of sunst up andere orde to verschicken hedde oft mi verschicken wolde, dat ick sulkes in eigener persoen selbst und nit durch einen anderen na eines erbaren Rades befelch unversumelig woll und gans trouwlich verrichten, verwaren und bestellen will" [400: Offenberg, Eid- und Huldigungsbuch, S. 303f].

Solche musikalischen Botschafter wurden oft zu weit entfernten Orten gesandt; so diente zum Beispiel Engele Tobbers 1622 in Venedig „auf ein Ollogh schiff für trompeter". Trompeter als Gesandte wurden auch von außerhalb empfangen. 1632 schickte Herzog Christian von Braunschweig einen Trompeter in die Stadt, um Proviant zu fordern. Der Trompeter auf der astronomischen Uhr im Dom steht dort in dieser Heroldsfunktion.

„Trompeter zu halten war seit dem frühen Mittelalter ein Privileg des Adels" [2098: Fellerer, Westfalen in der Musikgeschichte, S. 225]. Erst verhältnismäßig spät durften Städte Trompeter beschäftigen. Ursprünglich standen ihnen nur Zinkenisten zu. Im 17. Jahrhundert hatte der Rat vier Trompeter, ließ er doch zum Einzug des neuen Bischofs Ferdinand von Bayern am 11. April 1612 aus Trauer um den am 17. Februar 1612 verstorbenen Bischof Ernst von Bayern vier neue „Trumpterfahnen" für die vier schwarzgekleideten Trompeter anfertigen. Im bischöflichen Gefolge von mehr als zweihundert Personen ritten sechs Trompeter mit, die später vom Rat der Stadt Geldgeschenke erhielten.

Die privilegierte Stellung der Trompeter gegenüber den anderen Spielleuten zeigt sich auch in so banalen Angelegenheiten wie einer Wette von fünf Talern um das Austrinken von fünf Kannen Wein. Dem trinkfesten Trompeter, dem der Wettpartner sein Geld nicht geben wollte, verhalf der Rat zu seinem Recht. Trompeter erhielten stets höhere Besoldung als Stadtspielleute. Zum Beispiel bekam 1654 in Münster ein Trompeter einen Taler, Spielleute dagegen erhielten nur 18 Schilling und 8 Pfennig. Zu den Grundbesoldungen gab es noch temporäre Einnahmen wie das zu Weihnachten ausgezahlte „Offergeld" von einem Schilling für Spielleute, Turmhüter und Tagwächter. Zum gleichen Termin zahlte der Rat auch den bischöflichen Pfeifern „zusammen 1 Hornsgulden". Andererseits gab es auch von auswärtigen Besuchern Geldgeschenke an die münsterischen Stadtspielleute. Die Ratsessen – wie etwa die „Margaretenzech" nach der Großen Prozession oder das Essen nach der Ratswahl – mit Tafelmusik zu versehen, gehörte zu den Dienstpflichten der Stadtspielleute. Bei besonderen Gelegenheiten erhielten sie jeder ein Quart Wein als Sonderzulage. 1564 war Johann von Merveldt als Gast des Rates auf dem Gruethaus, und die Diskantisten und fünf Spielleute bekamen Wein und Geld.

Was dort gesungen und gespielt wurde, ist weitgehend unbekannt; es gibt nur einige vage Hinweise: Für das Jahr 1560 erscheint in der Rechnung des Gruetamtes ein Betrag für „etlichen, so damals diskant gesungen", „den dren spelluden mit den groten gigelen und violen [. . .] den vanten [= Jungen] mit den kleinen gigelen". Die Bemerkung, „etliche so vor den doeren des gruthuses in figurativis sangen, nicht ingeladen sind", kann auf Oberstimmenlieder, auf chorklängige Instrumentalmusik oder ein mehrstimmiges weltliches Werk, Madrigal oder Quodlibet, deuten. Die 1565 ebenfalls angeführten „dreien walschen spelluden" brachten wohl die italienische Musik der Madrigale, Frottolen und Villanellen und die französische der Bassedanses und der Pavanen und Gagliarden nach Münster [StadtAM, A VIII 188].

Interessant ist eine Eintragung von 1565: Den Theologiestudenten, die bei einem Ratsessen Diskant gesungen hatten, wurden vom Rat je ein Taler sowie Essen und Trinken in der Küche gegeben. An gleicher Stelle findet sich eine sehr ungewöhnliche Eintragung: „gegeven Mauritio, dem olden jodden, einem spelman, 1 mark". Von jüdischen Spielleuten wird sonst nichts berichtet. Es ist unwahrscheinlich, daß sie vor dem Rat hätten auftreten können. Sie blieben Fahrende, da sie nirgendwo das Bürgerrecht erwerben konnten.

Der Spielmann Mauritius, der 1565 noch diskriminierend der „olde jodde" genannt wurde, war damals schon ein in St. Mauritz (daher der Vorname) getaufter Christ, zugewandert aus Prag und, wie oben geschildert, Begründer einer angesehenen Familie in Münster. Sein Sohn war Organist von St. Lamberti; seine Nachfahren traten als Kaufleute in das Gildebürgertum ein.

1566 erscheint in den Gruetamtsrechnungen ein Betrag für eine „Aprilscherz-Musik": „pro carmen de corruptissimo huius Seculo, auff eine newe Musicam oder principia musica pro pueribus" des Meisters Hermannus Capp an den Bürgermeister [StadtAM, A VIII 188, Nr. 6].

Die Aufgaben der Stadtpfeifer waren vielfältig und bestanden in Ehrengeleiten bei den Einzügen wichtiger Besucher wie den Gesandten zu den Verhandlungen vor dem Westfälischen Frieden von 1648 oder bei den Einzügen der Fürstbischöfe. Außerdem spielten sie auch bei den sogenannten Schandgeleiten, so zum Pranger, der am südlichen Ende des Prinzipalmarkts stand, oder – für zum Tode Verurteilte – zur Tuckesburg, wo diese mit dem Schwert hingerichtet wurden, bzw. zum Aegidiitor, wo sich der Scheiterhaufen befand. Schandgeleite gab es auch bei den in Münster sehr seltenen Hexenverbrennungen. In den Protokollen, die den Urteilen vorangestellt waren, kommt eine seltsame Art der „verkehrten Welt" in bezug auf ein Instrument vor: Beim Hexentanz mit dem Teufel sollen mit Fuchsschwänzen geschlagene gläserne Trommeln benutzt worden sein. Solche „Nonsensinstrumente" gibt es in großer Fülle als Randillustrationen vor allem in englischen liturgischen Handschriften des Mittelalters, wo etwa Harken mit Besen gegeigt werden. Neben den Pfeifern hatte Münster auch einen Ratstrommler, den „Bungerer", der die Ratsbeschlüsse, die für die Öffentlichkeit wichtig waren, in den verschiedenen Quartieren der Stadt austrommeln mußte.

Spielleute hatten zunächst einmal kein Bürgerrecht, sondern wurden geduldet und angestellt nach Bedarf. Im Bürgerbuch der Stadt Münster gibt es Namen von

Ratsglocke auf dem Lambertikirchturm mit dem Wappen der Stadt

Spielleuten, die von der Möglichkeit Gebrauch machten, durch die Heirat mit einer Witwe oder einer Jungfrau, die Bürgerinnen waren, das Bürgerrecht zu erhalten. Auf diese Weise Bürger der Stadt zu werden, war aber doch wohl ein Verfahren, von dem – vielleicht auch aus Kostengründen (wurde doch das Bürgergeld in keinem Fall erlassen) – nicht oft Gebrauch gemacht werden konnte. Nach den Eintragungen im Bürgerbuch wurden zwischen 1580 und 1595 nur vier Spielleute aufgenommen: Anton Malrave, „up torne" (1580), Gortt Vennemann, „spilman" (1588), Johan Borger, „hic senatus minister trumpter" (1595), und Tonnieß Gummersbach, „stadtzspilman" (1595). Gelegentlich gab es auch auswärtige Spielmänner, die Neubürger wurden: 1601 Dietdrich Pypers von Borck und 1627 Berndt Dorsell von Telgte. Der 1638 das Bürgerrecht durch Heirat erstrebende Wilbrant Portner wird nicht mehr als Spielmann, sondern als *Musicus* bezeichnet, gehörte also vermutlich der fürstbischöflichen Kapelle an.

Die Stadt Münster hatte eine „Gerechtigkeit [. . .] auf Lamberti-Turm eine Wache und die Brandglocke zu halten". Dieses mittelalterliche Amt wird erstmals 1480 urkundlich erwähnt, ist vermutlich aber viel älter und besteht bis heute. Damals gab es zwei Ämter, den Turmhüter und den Bläser. Der erste urkundlich überlieferte Name ist „Herman Rodden, umme dat huern up St. Lambertz torne 6 Sch.". 1533 betrug der Lohn des Türmers „de maent [= Monat] 2 Gulden, is 58 M. 4 Sch." Jahreslohn. Der Turmhüter versprach in seinem Eid: „Ok so will ick de wake up dem thorne to sunte Lambert des nachts wall waren und luden de klocke des avendes und all uyr blasen truwelike und doen de wake, als mi dat gebort."

Neben dem Nachtwächter auf dem Lambertiturm gab es einen Tagwächter, den „Bleser up Sunte Lambertz Torn". Er versprach in seinem Eid außer der Loyalität gegenüber dem Rat, daß er „des dages up sunte Lambertz torne de wake van den morgen bet tom avent truweliken holden, waren und in den velde to sehen, of ick wes van volke to perde of to vote vernemen worde, to blasen und solix to verkundigen und in mine denste uprecht und formmeliken to bewisen und als ick vuer und brand an huseren und schorsteinen vernemme, sal und will ick an stund de brantklocke roren und slaen [. . .] ock de lucht und fuer up den torne truweliken verwaren, dat daer dorch der kercken und torne gin schade engeschei" [400: Offenberg, Eid- und Huldigungsbuch, S. 302f].

Als 1882 der baufällige Turm der Lambertikirche niedergelegt werden mußte, wurden der Türmer und die Rats- und Brandglocke von der Martinikirche für 17 Jahre übernommen, bis am 13. Oktober 1899 der neugotische Turmbau vollendet war.

1922 wurde der Türmer Georg Altepost infolge der finanziellen Belastungen der Stadt verabschiedet. Er erhielt das Versprechen, bei besserer finanzieller Lage wieder eingestellt zu werden, da man sich der Tradition seines Amtes durchaus bewußt sei. Auf drei Hörnern (zwei aus früheren Zeiten) und einer Schalmei wurden Lambertus- und Volkslieder zum letztenmal gespielt. Dieses Datum, der 20. Dezember 1922, wird in einigen Aufsätzen als das Ende der Türmertradition in Münster genannt, wobei aber übersehen worden ist, daß schon am 31. Dezember 1924 Oberbürgermeister und Lambertipfarrer einen neuen Turmbläser in sein Amt einführten.

Musik bei Festen und öffentliche Anlässen

Bei der Fastnacht, die im Mittelalter und in der frühen Neuzeit in Münster sehr wild gefeiert wurde, gab es „dantzen und sprungen" mit „pfeiffen, trummen, harffen, lauthen, fiolen und feddelen und anderlei Gespiel". Röchell überliefert in seiner Chronik, „die stadts spielluthe retten [– reiten] auch fur den gildemeisteren so die fanen foerthen, und spieleten uf allen gassen, hetten einen bey sich leuffen, der ihnen die pferde lette, dieweile sie in den spiellen der hande nicht mechtich waren" [1: Münsterische Chroniken, S. 33ff].

1610 hat der Turmwächter den Turm an der Fastnacht verlassen und den Schneidergesellen aufgespielt, was seinem Eid nach ausdrücklich verboten war. Dabei wurden am Fastnachtsdienstag am Abend zur Illumination der Stadt große Teertonnen in Brand gesetzt. „Das war so ein fuer und lucht uf allen stratzen, das einer, so es nicht gewessen und dar buthen gewesen were, solthe gemendt haben, das stonde die gantze stadt in fuere" [1: Münsterische Chroniken, S. 37]. Die Beobachtung dieser gefährlichen Illumination von oben war sicher unerläßlich wichtig.

Die reichen Bürgersöhne, die der St.-Annen-Bruderschaft angehörten, verbrannten am Fastnachtsdienstag eine Strohpuppe und wählten zwei Alderleute mit Pfeifen und Trompeten. 1608 wurde den Bäckergesellen verboten, „trommen, trumpetten und grot Spielwerk" zu gebrauchen. Die Metzgergesellen tanzten seit dem 16. Jahrhundert kunstvolle Labyrinthtänze – wohl Restüberlieferungen uralter magischer Tänze – zur Fastnacht. Annette von Droste-Hülshoff hat offene Kettentänze – mit „Klumpsack" – zum Ende von zweitägigen Bauernhochzeiten beschrieben. Das zeigt das Weiterleben von Fastnachtsbräuchen, die „wegen der vielen Mißstände" und

„weil der Rath hernach große Noth und Klagen bekam, auch sahe, daß Gott durch solches Sauffen und Fressen und solchen Übermuth gröblich erzürnt werde, und daß solcher Handel auch nicht christlich war“, 1565 abgeschafft wurden [zit. nach 741: Fastnachtslustbarkeiten, S. 16]. Es mußten auch später noch Verbote erlassen werden, aber ganz ließ sich die Fastnacht nicht ausrotten – wenn auch die wilden Bräuche, die man in den Chroniken nachlesen kann, nach 1565 aufhörten.

Von den Nachrichten über die Musik in der Täuferzeit sind zuerst die Zerstörungen zu berücksichtigen, die neben Büchern vor allem die Orgeln und Glocken betrafen. Alle Orgeln wurden zerschmettert, aber der Täuferkönig hatte in seiner Residenz eine Orgel, die zwar klein war, aber soviel Pfeifen hatte, „daß sie durch ihre vielen Stimmen, durch ihren angenehmen Ton und durch die vielen Zierrathen, so daran waren, mit vielen großen und mit der allergrößten, um den Vorzug streiten konnte. Auf dieser hat der Stubenheitzer Johann von Buschoduck alle Tage mit den Hofleuten sich belustigt, und der ganze Haufe der Königinnen und Hofdamen haben darnach getanzet“ [640: Geschichte der Wiedertäufer, S. 528]. In der Hofordnung Jan van Leidens hatte neben „Pfeyffer[n]“ und „Drumschleger[n]“ auch ein namentlich genannter Organist, Ludger Osterman, seinen Platz.

Musikfeindlichkeit ist politischen Systemen eigen, die Musik nur für ganz bestimmte Gelegenheiten zur Repräsentation und zum Nutzen der eigenen Herrschaft gestatten, und so ist die Nachricht von einer privaten Orgel bei völliger Zerstörung der Kirchenorgeln in der Stadt eine interessante Parallele zur Zeit des englischen Bildersturms, in der auch die Orgeln in London weitgehend zerstört wurden und Musik – außer Psalmensingen – verboten war, Oliver Cromwell jedoch in seinem Haus eine Orgel hatte und fleißig ganz andere Kompositionen musizierte.

Im Hofgesinde der Königin Divara von Haarlem gab es keine Musiker. Von Instrumenten, Lauten oder Violen, die sicherlich zur Unterhaltung vorhanden waren, wird nichts erwähnt. Nach dem Erlaß vom Juli 1534 über die Mehrehe wurden der Königin – die immer die erste blieb – noch 15 Frauen beigeordnet. Darunter war Else Wantscherers. Während der großen Hungersnot infolge der Belagerung der Stadt (1535) wollte sie Münster verlassen. Auf dem Domplatz vor dem Paradies schlug der ergrimmte König ihr mit dem Schwert den Kopf ab, ließ seine Pfeifer rufen und umtanzte mit den übrigen Frauen die Leiche. Eine der Frauen, „die ihr antlitz, solchs nit anzusehn, darvon gewendet hette, der wolt er gleichermaßen gethan haben“. Die Tanzenden sangen *Gloria in excelsis*.

Öffentliche Reigentänze und Gelage auf dem Domplatz ließ der König oft veranstalten zur Beschwichtigung des Volkes; ebenso dienten geistliche Spiele, im Dom aufgeführt, zur erbaulichen Unterhaltung und Ablenkung. Wie die Musik zu dem Schauspiel im Dom „Vom ricken Mann und von Lazarus“, die mit Pfeifern und einigen Spielleuten ausgeführt wurde, geklungen haben mag, kann man sich in etwa in der Weise niederländischer Motetten vorstellen. Nach der Einnahme der Stadt am Johannistag 1535, bei den anschließenden Massakern, den folgenden Hinrichtungen, die auch das Leben der Königin Divara beendeten, und bei der Hinrichtung der drei Anführer am 22. Januar 1536 auf dem Prinzipalmarkt werden nur die Trommeln durch die Straßen gedröhnt haben.

Während des europäischen Kongresses, der den Frieden von Münster und Osnabrück zur Beendigung des Dreißigjährigen Krieges vorbereitete, werden in Geleiten von Gesandten, bei Einladungen, Ausfahrten, Feiern und Festen durch eigene und fremde Spielleute und viele standesgemäße Trompeter zahlreiche, im Charakter ganz unterschiedliche Kompositionen in Münster erklungen sein. Zwei Werke von 1645 und 1646 sind dabei von besonderem Interesse, obwohl wir lediglich den Text kennen und auf die Musik nur schließen können.

Da ist zum einen das *Ballet de la paix* vom 26. Februar 1645. Die Ausführenden waren Angehörige der französischen Gesandtschaft, die in dem vollständigen Libretto, das beim münsterischen Drucker Bernhard Raesfeld erschienen ist, alle namentlich aufgeführt sind. Allegorische Figuren werden dargestellt: Fama, Frieden, Überfluß und die Zeit. Dazu kommen Bauern und Bürger und Vertreter der Nationen, die alle in Entrées vorgestellt wurden. Das entspricht dem Typ der französischen Ballettoper mit viel Tanz, Sprechtexten und gesungenen Airs. Ein Augenzeuge gibt als Orchesterangabe „mit Geigen“ an, was den in Frankreich üblichen *violons du Roi* entsprechen könnte. Am Fastnachtsdienstag, dem 28. Februar, wurde das Ballett für die Öffentlichkeit auf dem Rathaus wiederholt.

Im Februar 1646 gab es nochmal ein *Ballet dansé à Munster sur la nouuelle de l'heureuse naissance de Monseigneur Le Comte de Dunois,* das wiederum die Herren der französischen Gesandtschaft zur Geburt eines Sohnes des Herzogs von Longueville tanzten. Nach dem Prolog des Nostradamus treten auch hier allegorische und mythologische Figuren auf. Elf Nationen erscheinen auf der Bühne und geben ihre Prophezeiungen und Wünsche für den neugeborenen Prinzen ab. Auch diese Aufführung wurde für die Öffentlichkeit wiederholt.

1646 und 1648 gab es keine Ballette mehr, sondern Schauspiele von den Gesandten Frankreichs und Spaniens zur Karnevalszeit.

Im Dezember 1649 wurde ein *Ballet de la Naissance de la Paix* im Schloß von Stockholm vor der Königin Christine getanzt, das der gerade an ihrem Hof weilende französische Philosoph René Descartes inszeniert hatte und das auch hier von den Mitgliedern des Hofes getanzt wurde. Descartes hat das Unterhaltungsstück zu einem dämonischen Spiel gemacht, in dem die Schrecken des Krieges, verwundete und flüchtende Soldaten, brennende Bauernhöfe und *le terreur panique* noch einmal eindringlich in Kontrast treten zu dem in Münster begründeten Frieden. Es war Descartes letztes Werk; drei Monate später starb er in Stockholm.

Der Friedensreiter mit seinem Horn, der 1648 von Münster aus den Frieden nach dreißig Kriegsjahren in alle Lande verkündete, war kein Heroldstrompeter und schon gar kein Stadtspielmann, sondern ein Postreiter der durch Ratsbeschluß vom 26. Juni 1609 eingerichteten Post, die zuerst nach Köln, danach nach Speyer und Amsterdam führte. Das Flugblattlied „Münsterische Postillon / Das ist wahrhafftige Zeitung von dem lang / gewünschten Frieden in Teutschland / Im Thon: Wann mein Stündlein vorhanden ist. / Gedruckt zu Hohen-Embs bei Hans Styhl im Jahre / Christi 1648“ ist aktuelle Publizistik, aber kein echtes „Lied“ mehr, obwohl es im Typus Kontrafakt einen Choral als Vorlage zitiert.

Das Flugblattlied mit politischen oder religiösen Liedern wurde an den Markttagen verteilt und auch gesungen. In dem mehr als hundert Zeilen langen Gedicht „Ich komm von Münster her“ heißt es: „Der Friede ist gemacht, gewendet alles Leid. Man bläst ihn fröhlich auß mit hellen Feldtrommeten, mit Kesselpaucken Hall mit klaren Feld-Clarneten [. . .] die Glocken thönen starck, die Orgeln lieblich klingen

Der Friedensreiter – Flugblatt mit 96 Alexandrinern aus dem Jahr 1648

[...] Spieß, Bogen, Schild und Schwert und Lantzen sind zerschmissen, Gerechtigkeit und Fried sich miteinander küssen." Der Holzschnitt des Friedensreiters zeigt Fama mit Fanfare, Merkur mit dem Vertrag, die drei Hauptstädte Wien, Paris und Stockholm und unter den Hufen des Pferdes die Kriegswerkzeuge, zu denen auch Pauke und Trommelinstrumente der Reiterei und des Fußvolks gehören.

Die Verkündigung des Friedens fand am 25. Oktober 1648 auf dem Domplatz statt – nach dem Dankgottesdienst im Dom, in dem eine Musik in der Tradition der venezianischen Mehrchörigkeit erklungen sein soll. An der Spitze des Zuges, der vom Rathaus durch das Michaelistor kam, ritten sieben Trompeter, ein Heerpauker, die Ratsspielleute mit Pfeifen, Zinken und Trommeln. Stadtsekretär Bernhard Hollandt verkündete den besiegelten Frieden. Geschütze wurden abgebrannt und die Glocken der Stadt geläutet.

In Münster gab es zu dieser Zeit viele französische Tanzmeister und Tanzschulen, die trotz hoher Preise gut bestehen konnten. Noch 1766 wurde ein Tanzmeister für die fürstbischöfliche Garde eingestellt, und die Offiziersanwärter hatten täglich eine Stunde Tanzunterricht. 1798 verordnete die münsterische Regierung, daß nur mit Genehmigung des Stadtrichters eine Tanzschule errichtet werden dürfe.

3. Die Hofkapelle und das höfische Musiktheater

Von der Frühzeit der fürstbischöflichen oder einer städtischen Musikkapelle wissen wir nur wenig. In Kerssenbrocks Chronik erfährt man von den Zerstörungen des Bischöflichen Hofes 1534 durch die Täufer, sie „zerbrachen die Flöten, Cythern, Geigen, Leiern und anderen musikalischen Werkzeuge, zerrissen die Notenbücher und Charten" [640: Geschichte der Wiedertäufer, S. 482]. Daher ist es unmöglich, etwas über die dort ausgeführte Musik zu sagen. Man weiß auch nicht, ob es sich um eine Capella mit fest angestellten Mitgliedern gehandelt hat oder ob nur von Zeit zu Zeit Musik gemacht worden ist.

Ebenso liegt im dunkeln, wann nach der Niederwerfung des Täuferreichs eine fürstbischöfliche Kapelle eingerichtet wurde. Unter Fürstbischof Christoph Bernhard von Galen muß sie schon bestanden haben, denn 1663 fanden drei Musiker mit je 25 Reichstalern Gehalt eine Neuanstellung. Der 1686 angestellte Domorganist Hermann Deitmaring mußte außer dem Orgelspiel auch noch „die Instrumente und den Chor leiten" [993: Beusker, Dom-, Hof- und Musikkapelle, S. 33], hatte also eigentlich zwei Stellen zu versorgen, die des Domorganisten und die des Musik- und Chordirektors. Bei großen Festen sangen zusätzlich die Studenten des Marianerhauses, und vokale sowie instrumentale Aushilfskräfte wurden angestellt. Kapellmeister Jean Franz Kucher leitete die Kapelle 1689 bis 1698. In der Zeit seines Nachfolgers Ernst van Gehlen, der bis 1720 wirkte, wurde die Hofkapelle zur Ausführung barocker Werke durch starken Ausbau des Generalbasses umgebaut. Van Gehlens „Musicalisches Götter-Opffer" für Fürstbischof Clemens August ist bei Beusker im Text vorgelegt worden. Es ist ein allegorisches Lobgedicht lateinischer Götter mit Angabe von Rezitativen, Ariosi, Arietten, und Arien [993: Beusker, Dom-, Hof- und Musikkapelle, S. 199ff]. 1704 waren 15 Musiker der Hofkapelle fest angestellt. Daß virtuose italienische Musik, vermutlich Kantaten, gesungen wurden, zeigt sich am oftmaligen Auftreten italienischer Kastraten zwischen 1713 und 1792 als Solosänger an der münsterischen Hofkapelle. Nach dem Tod van Gehlens wurden, wie in anderen Domkapellen auch, die Ämter des Hofkapellmeisters und des Dommusikdirektors getrennt. 1721 wurde für das eine Amt Josef Trevisani, für das andere Martin Steir eingestellt [vgl. 993: Beusker, Dom-, Hof- und Musikkapelle, S. 131ff].

Hier soll kurz auf die Reform der Musik durch den Minister von Fürstenberg eingegangen werden, der als Mitglied des Domkapitels und Generalvikar des Bistums Münster sowie als Minister des Fürstbischofs Maximilian Friedrich (1762–1784) die Musik im Dom und am Hof zu ordnen sich anschickte. Eine von dem Offizial Tautphoeus über den Zustand der Musik und ihre Verbesserung im Stift Münster verfaßte Denkschrift bringt unter vielem anderen eine interessante Vorstellung, warum man für die Knabenoberstimmen „nicht in denen Städten und am allerwenigsten in der Stadt Münster, sondern auf dem Lande, und an solchen orthen, wo ein gutes wasser ist, aussuchen" müsse. Reiche Leute, mit gut ernährten Kindern, würden diese nicht singen lassen. Armer Leute Kinder könne man nicht zum Singen gebrauchen, weil sie „von jugend auf harte und gesaltzene Speisen, ein scharfes bier, oder gar das Salpeterwasser, so alle stimmwiderige Nahrungsmittel sind genießen [. . .] ein geringes bauren oder Kötter Kind nichts als Milch und dergleichen zur Conservation der Stimme taugliche Nahrung nebst einem gesunden und reinen Wasser genießt. Damit aber die music mit massen und fortgang erlernet werde, wird nebst der Qualification der Stimme auch ein besonderes naturell Genie und Lust bey den Kindern gefordert." Auf dem Lande bestehe die ganze Musik aus „einer Violien und bass mit einer Saite, woraus sich auf keine Weise eine ton Kunst formen Läßt" [993: Beusker, Dom-, Hof- und Musikkapelle, S. 38].

1772 war Franz Anton Martelli als neuer Hofkapellmeister berufen worden. In seinem Anstellungsvertrag ist von „publiquen musicalischen Academien", also öffentlichen Konzerten, die Rede, bei denen er die Oberaufsicht führen – d. h. dirigieren – müsse [993: Beusker, Dom-, Hof- und Musikkapelle, S. 41 Anm. 59]. Von 1771 bis 1775 gab es erstmalig einen Konzertmeister in der Hofkapelle: Johann Gottlieb Nicolai.

Im letzten Viertel des 18. Jahrhunderts überwiesen die Pfarreien Martini, Ludgeri, Aegidii, Jakobi und Servatii je 20 Reichstaler, der Dom als Pfarrkirche, Überwasser und die Jesuitenkirche unterschiedliche Beträge zwischen 30 und 147 Reichstalern im Jahr an die fürstbischöfliche Kapelle und erhielten dafür Instrumentalmusiker zu den hohen Festen, an verschiedenen Sonntagen sowie zu den Festen der Kirchen und Ordensgründer. Diese Musiker erhielten dafür Extragelder in ganz unterschiedlicher Höhe – so 1775 der Hoftrompeter Meyer für das Spielen in der Jesuitenkirche 15 Reichstaler und in der Überwasserkirche 5 Reichstaler im Jahr; d. h. er erhielt zusätzlich ebensoviel wie für sein Spielen in der Kapelle, in der er für 20 Reichstaler als Kontrabassist mitwirkte.

Von öffentlichen Konzerten der Hofkapelle erfährt man 1770 aus einer Bewerbung des Tenoristen Adam Franz Waldeck nach dem Tod des Ersten Violinisten Hollmann „der im vergangenen Winter die gnädigste Erlaubnis erhielt, wöchentlich 2mal Concert gleich einer academie auf hiesigem Hofsaal öffentlich aufzuführen mit der münsterischen Kapelle". Es wurde ihm „gnädigst verstattet, die hier gewöhnlich hergebrachten Concerte fürderhin abzuhalten". Ab 1722 leitete Kapellmeister Martelli die öffentlichen Konzerte, die ab 1775 im Komödienhaus stattfanden.

1772 und 1773 wurden die Brüder Gerhard Heinrich und Bernhard Anton Romberg als Klarinettisten in die Hofkapelle aufgenommen. Zuerst waren sie Militärmusiker gewesen. 1772 ist auch das erste Cäcilienfest in Münster bezeugt, das 1865 auf zwei Tage – für je eine Choraufführung und ein Symphoniekonzert – erweitert wurde.

Als Hofkapellmeister Martelli 1791 starb, gab es 1792 wegen der Nachfolge eine interessante Charakterisierung der drei in Frage kommenden Kandidaten, in der die Meinung des Publikums enthalten ist: „Antoni spiele zwar gut die Orgel und den Clavecin, die Fähigkeit, den Ton anzugeben und den Takt zu dirigieren besitze er nicht." Der jüngere Martelli verbinde nicht „das Angenehme mit seiner Kunst" und habe außerdem nicht die Schätzung des Publikums. Der geeignetste sei wohl Heinrich Romberg, der alle notwendigen Fähigkeiten besitze und beim Publikum sehr beliebt sei. Auch war man der Ansicht, daß „dieser ganzen Familie unsere wenige gute Musik [. . .] wohl alleinig zu verdanken ist". Von den beiden Brüdern Romberg gab es sechs hochmusikalische Kinder, von denen zwei Töchter zum gleichen Termin 1792 als Sängerinnen angestellt wurden. Die Vettern Andreas Jakob und Bernhard Heinrich, beide im gleichen Jahr 1767 geboren, wurden schon als Dreizehnjährige 1780 in die Hofkapelle aufgenommen. Die vier Rombergs hatten 1782 eine Konzertreise nach Frankfurt mit großem Erfolg gemacht. 1784 folgte eine weitere Reise nach Paris, wo sie Viotti kennenlernten und sich besonders von der Musik Glucks und Haydns beeindrucken ließen. Man nannte sie in Paris „les quatre Romberg, reunis dans des symphonies concertantes", die sie in den „Concerts Spirituels" zeigten [993: Beusker, Dom-, Hof- und Musikkapelle, S. 75, 83 Anm. 149]. 1790 erbaten die älteren Rombergs Kapellistenplätze für ihre jüngsten Söhne Anton und Balthasar. Das wurde genehmigt, aber ihre beiden älteren Brüder wurden an die fürstbischöfliche Bonner Hofkapelle versetzt, wo sie noch den jungen Beethoven getroffen haben, den sie dann auch, wie Martin Blindow kürzlich nachgewiesen hat, 1795 auf einer Reise nach Italien in Wien aufsuchten. Damit waren acht Rombergs nunmehr in musikalischen Stellungen in Münster und Bonn. Die offensichtlich hübsche Maria Anna, Tochter des fürstbischöflichen Geheimrats und Oberstallmeisters Graf Westerholt, nahm bei Beethoven in Bonn Unterricht und wurde eine virtuose Pianistin.

Anton Romberg trat 1811 in den Dienst beim Fürsten Esterházy, Balthasar Romberg war nur ein Jahr Cellist in der Hofkapelle und starb 1793. Therese Romberg war Altistin, Angelika Romberg die „berühmte Sopranistin bei der Hofkapelle wie auch Konzertsängerin und Klaviervirtuosin" [993: Beusker, Dom-, Hof- und Musikkapelle, S. 86]. Sie heiratete später den münsterischen Universitätsprofessor für deutsche Literatur Johann Christoph Schlüter. Vor 1788 hat Andreas Romberg Lieder und Gesänge auf Texte von Bürger, Klopstock und Goethe drucken lassen. Er war ein gefeierter Violinvirtuose von europäischer Berühmtheit.

Neben den Konzerten der Berufsmusiker traten auch Dilettanten öffentlich auf. So blies 1773 der Dichter Anton Matthias Sprickmann öffentlich die Flöte. Christian Gottlob Neefe rühmte nach einem Besuch in Münster 1793, es sei dort „viel Kunstliebhaberei" zu finden. Justus Möser klagte dagegen in einem Brief an Matthias Claudius 1784: „In der Pflege der Dichtung stehen wir Westfälinger hinter den anderen deutschen Volksstämmen weit zurück; die freundliche Gottheit des Liedes liebt leichtentzündliche und fröhliche Naturen, wir aber sind zu ernst, zu gründlich und schwerfällig." 1765 hatte Friedrich Wilhelm Zachariae in „Das Schnupftuch" von den Westfalen gemeint: Die „Mädchen schlafen ein bey dummer Schäfer Thönen;

Angelika Schlüter-Romberg. Gemälde von Johann Christoph Rincklake (um 1808)

Nur Guckugs singen hier ihr widriges Geschrey". Der Pfarrer Johann Moritz Schwager stellte 1783 in dem Versuch einer Gegendarstellung über die Westfalen fest: „sie trinken den Wein, ohne ihn zu besingen, nehmen Weiber, ohne verrückt zu werden" [zit. nach 2612: Salmen, Musik in Westfalen 1, S. 59, 74f]. Nun bedeutete Musik vielen Menschen nichts, aber die, die sie liebten, hatten auch in Westfalens Hauptstadt durch die Jahrhunderte hindurch immer wieder Gelegenheit, Musik zu hören und selbst zu machen; solche Polemiken wie die zitierten sind nicht zu verallgemeinern.

Bei einem Aufenthalt des Kurfürsten 1792 in Münster wurde eine Fülle von Konzerten und Opern gegeben, was aber eine Ausnahme war. Die auf einer Tournee durch Münster reisende Marianne Kirchgässner machte die Münsteraner mit der geisterhaft klingenden Musik der von Benjamin Franklin erfundenen Glasharmonika bekannt.

Ein bedeutender Komponist war Maximilian Friedrich von Droste-Hülshoff, von 1782 bis 1788 Domherr in Münster, danach freier Komponist. Er schrieb Opern, Symphonien, Streichquartette, Vokal- und Kirchenmusik und führte einen Briefwechsel mit Joseph Haydn, der Kompositionen Droste-Hülshoffs in Wien zur Aufführung brachte, darunter das „Te Deum", das 1826 bei der Inthronisation von Bischof Caspar Maximilian von Droste-Vischering im Dom aufgeführt wurde. Seine Nichte Annette von Droste-Hülshoff berichtete an August von Haxthausen „über den Triumph meines Onkels Max" und erwähnte auch die Aufführung in Berlin, wo er eine „ganz außerordentlich große und schwere goldne Medaille" erhalten habe [zit. nach 2613: Salmen, Musik in Westfalen 2, S. 268 Anm. 22]. Die ersten Aufführungen Haydnscher Kompositionen in Münster – der „Schöpfung" von 1801 und der „Jah-

Harfe der Fürstin Gallitzin (1774 von Jean-Henri Nadermann in Paris hergestellt)

reszeiten" von 1801 durch Musikdirektor Romberg – kamen durch Anregungen Maximilian von Droste-Hulshoffs zustande.

Von den Schauspielen der Schüler und Bürgersöhne im 16. Jahrhundert, die durch die Gruetamtsrechnungen belegt sind, war schon die Rede. Im 17. Jahrhundert kamen die ersten Berufstheatergruppen, die „englischen Komödianten", nach Münster, wie Röchell 1601 in seiner Chronik berichtet. Die Gesellschaft unter der Leitung von Johann Kemp kam aus Amsterdam und Köln und war vorher in Burgsteinfurt aufgetreten. 1607, 1609 und 1612 erschienen weitere Truppen. In der Truppe von 1612 waren vor allem Musiker, die vor dem Bürgermeister spielten und drei Tage in der Stadt bleiben durften. 1647 und 1653 kamen englische und holländische Schauspieler und Musiker. In den Jahren 1648 und 1655 gab es noch einmal Zahlungen an die Studenten für Komödienaufführungen.

1655 verbot die *Constitutio Bernardina,* daß fahrende *circulatores, histriones, mimi, comoediantes* an Sonntagen spielten, damit sie nicht die Andacht des Volkes störten. 1713 wird über das erste Gastspiel einer fremden Truppe, der „hochfürstlich Braunschweigisch Lüneburgischen comoedianten", berichtet.

1773 begann Wilhelm Ferdinand Lipper im Auftrag des Kurfürsten Maximilian Friedrich von Königsegg-Rothenfels und seines Ministers Franz Freiherr von Fürstenberg gegen den ursprünglichen Widerstand der Stadt mit dem Bau eines Komödienhauses (mit 600 Plätzen), das 1775 eingeweiht wurde. Erster Dirigent für Oper und Ballette war Christian F. Martelli. Nach den Wünschen des Publikums wurden Opern und Singspiele den Schauspielen vorgezogen, was den Befürwortern des Sprechtheaters, die die Ziele eines „Nationaltheaters" im Blick hatten, sehr mißfiel. So beklagte etwa Johann Christoph Schlüter die ausgeprägte Vorliebe für Musik beim westfälischen Publikum, wodurch das Schauspiel zum „Aschenbrödel" werde.

1775 wurde der „Der Brauttag" gegeben, eine Operette des Münsteraners Anton Matthias Sprickmann mit der Musik des Domsängers Franz Anton Waldeck. Das feste Ensemble mußte aus finanziellen Gründen 1782 aufgelöst und durch Gastspiele wandernder Truppen ersetzt werden. Sie machten Münster mit Gluck und 1796/97 schon mit Mozarts „Don Giovanni", „Entführung aus dem Serail", „Die Zauberflöte" (viermal hintereinander) und „Cosi fan tutte" bekannt.

An Produktionen münsterischer Bürger gab es 1788 von Andreas Romberg „Das blaue Ungeheuer", nach einem Märchen Gozzis bearbeitet von dem Juristen Walter Anton Schwick, der für Andreas Rombergs „Die gefundene Statue" (1791) und für Max von Droste-Hülshoffs Oper „Bianca oder die entwaffnete Rache" auch die Libretti schrieb. Es fand sogar eine auswärtige Aufführung statt. Das Ensemble gastierte 1782 in Osnabrück mit einem Stück, das wie folgt überschrieben war: „Der Geburtstag / Große Oper in drei Aufzügen von dem Herrn Rath Sprickmann / Die vortreffliche Musik ist von dem Herrn Concertmeister Nicolai."

4. Chöre, Orchester und Musiktheater im 19. und 20. Jahrhundert

Im November 1816 gründeten musikinteressierte Dilettanten eine „Musikalische Gesellschaft", die sich seit 1827 „Musikverein" nannte und die zu den ältesten deutschen Musikvereinigungen gehört. Man traf sich zu wöchentlichen Konzerten, in denen die Mitglieder selbst mitwirkten. 1822 wurde der Leiter der Domkapelle Simon Georg Schmidt zum Dirigenten des Musikvereins ernannt. Der nächste Dirigent wurde 1831 für mehr als drei Jahre der ehemalige Sekretär und spätere Biograph Beethovens, Anton Schindler, der sich bemühte, den Chor des Musikvereins musikalisch zu schulen.

Münster lernte kurz nach der Uraufführung 1821 Webers Oper „Der Freischütz" kennen. 1826 bis 1833 kam mit der Detmolder Hoftheatergesellschaft, die neben anderen westfälischen Städten auch Münster bespielte, Albert Lortzing als Schauspieler und Sänger nach Münster. Neben seinen frühen Opern wurden auch die späteren, „Zar und Zimmermann", „Der Waffenschmied" und „Undine", sehr schnell nach der Uraufführung in Münster erstaufgeführt. Besonders „Undine" wurde jahrelang mehrmals zu Weihnachten in den prächtigen Dekorationen und mit den zugehörigen Maschinerien des Mannheimer Hoftheaters (die auch das Dortmunder Theater auslieh) präsentiert.

Seit 1850 gab es auch in Münster ein Sommertheater für 200 Personen auf einer kleinen Halbinsel im Zoogelände. Hier wurden Singspiele, Operetten und Feuerwerke aufgeführt. 1873 wurde es von der Westfälischen Zoologischen Gesellschaft gekauft, 1890 dann wegen Feuergefahr geschlossen.

Albert Lortzing (1801–1851). Der Komponist und Schauspieler wirkte zwischen 1826 und 1833 bei den Aufführungen des Detmolder Hoftheaters in Münster mit

Seit 1785 gab es eine Zensur der aufgeführten Werke, die zum Beispiel 1833, zwei Jahre nach der Uraufführung, Meyerbeers Oper „Robert der Teufel" beanstandete sowie Lortzings Oper „Der Pole und sein Kind" aus politischen Gründen mit Aufführungsverbot belegte. Erst die (uns kurios erscheinende) Titeländerung in „Der Feldwebel vom IV. Regiment und sein Kind" ermöglichte 1833 die Aufführung in Münster, in der Albert Lortzing in der Titelrolle zum letzenmal in Münster auftrat. Meyerbeers „Der Prophet", die Oper über den Täuferkönig Jan van Leiden, wurde 1853 in Münster erstaufgeführt. Wegen der großformatigen Orchestrierung kamen die Bläser des 4. Kürassierregiments als Verstärkung hinzu.

Ein weiteres Kuriosum ist, daß Journalisten für Rezensionen der am Theater aufgeführten Werke bezahlen mußten. So erging es etwa dem „Westfälischen Merkur", der allerdings durch Musikkritiken den schmalen Raum für die Politik nicht noch verkleinern wollte. Erst seit 1866/67 gab es einen speziellen Rezensenten für Opern, die in Münster immer an der Spitze des Interesses standen. Als in der Spielzeit 1875/76 die Oper ganz gestrichen wurde, ließ der Theaterbesuch so dramatisch nach, daß ab 1877/78 Opern wieder auf den Spielplan gesetzt werden mußten.

Wilhelm Ferdinand Lipper, der Erbauer des Komödienhauses, baute 1779 für den Freiherrn von Heereman einen großen Sandsteinpalast in der Neubrückenstraße. Als 1798 der preußische General Blücher dort wohnte, verkaufte der Eigentümer den

Bau an die Familie Romberg, deren musikalische Dominanz schon beschrieben worden ist. Nach der Schließung des baufälligen Komödienhauses (1890) wurde am 30. November 1895 in den umgebauten Pferdeställen des Romberger Hofes mit „Zar und Zimmermann" das „Lortzing-Theater" eröffnet und als neue Spielstätte in Münster präsentiert. 1900 wurde es erweitert und durch die Hinzunahme des Westerholtschen Hauses an der Voßgasse dorthin verlegt; das Lortzing-Theater wurde zum Foyer umfunktioniert. 1906 kaufte die Stadt den ganzen Komplex und führte ihn nunmehr als „Städtisches Lortzing-Theater" weiter. Als Besonderheit im Spielplan gab es 1910 Richard Wagners gesamten „Ring des Nibelungen".

Nach Carl Arnold und Karl Müller wurde 1860 Julius Otto Grimm Musikdirektor in Münster, wo er vierzig Jahre blieb. In Leipzig und später in Göttingen hatte er die neueste Musik kennengelernt. Er war ein Freund der Schumanns und Brahms' und brachte trotz anfänglicher Widerstände deren Musik in Münster ebenso konsequent zur Aufführung, wie er auch die „Passionen" Bachs, des großen Repräsentanten protestantischer Kirchenmusik, in einer Stadt mit überwiegend katholischer Bevölke-

Stadt-Theater in Münster.

(Direction: Richard Hütte.)

I. Abonnement. Vorstellung 11.

Donnerstag, den 3. November 1887.

Auf allgemeinen Wunsch: Wiederholung der

Fest-Vorstellung vom 30. October 1887

zur Jubiläums-Feier der vor 100 Jahren am 29. October 1787 im Stadt-Theater zu Prag stattgefundenen ersten Aufführung der Oper Don Juan.

Ouverture

Hierauf:

Don Juan vor 100 Jahren.

Regie: Adam Kerb.

Personen:

Dann:

DON JUAN,

oder

Der steinerne Gast.

Große Oper in 2 Akten von W. A. Mozart.

Personen:

Opern-Preise:

Die Tages-Billets sind während der Vorstellung aufzubewahren, da Contre-Marken nicht ausgegeben werden.

Kasse-Oeffnung 7 Uhr. — Anfang 7½ Uhr. — Ende nach 10 Uhr.

Die Direction.

Freitag, den 4. November 1887: I. Abonnement. Vorstellung 15. Ungerade Tour.

Das Glas Wasser. Lustspiel in 5 Akten von Scribe.

In Vorbereitung: Don Carlos. Dramatisches Gedicht in 5 Akten von F. v. Schiller.

Programm zu einer Aufführung von Mozarts „Don Giovanni" im Stadttheater (1887)

rung aufführte und das Publikum mit einer großen Erweiterung musikalischer Kenntnisse konfrontierte. Konsequente Orchestererziehung und die Mitwirkung von Bläsern des Militärs ermöglichten auch größere Aufgaben wie die Aufführung des „Deutschen Requiems" 1869, das den Kritikern nicht besonders gefiel. Daneben sang der Musikverein immer wieder gern die Lieblingsoratorien: Haydns „Schöpfung" zum ersten Cäcilienfest unter Grimms Leitung, die „Jahreszeiten" und den „Messias". Der nächste Musikdirektor war Wilhelm Niessen, der 1901 ein Lektorat an der Universität erhielt und 1907 zusätzlich Universitätsmusikdirektor wurde.

In dieser Zeit beginnt auch die Geschichte des Collegium musicum, das außer seiner Mitwirkung an den inneruniversitären Feiern auch Konzerte für die Öffentlichkeit durchführt. 1928 hat der damalige Direktor des Musikwissenschaftlichen Seminars, Karl Gustav Fellerer, das Collegium musicum institutionalisiert und es selbst geleitet. Ihm folgten Werner D. Korte, Rudolf Reuter, der damalige Lektor für Orgelwissenschaft, und Diethard Riehm, dem die Universität 1977 wieder den alten Titel des Universitätsmusikdirektors verlieh. Der von Herma Kramm 1947 gegründete Studentische Madrigalchor besteht bis heute. Mit ihm und dem hinzugekommenen Universitätschor bestreitet die zur Direktorin des Universitätschors ernannte Herma Kramm sowohl die Aufgaben des Collegium musicum vocale als auch die gemeinsamen Konzerte mit dem Collegium musicum instrumentale.

1918 konstituierte sich das Städtische Orchester, und Fritz Volbach wurde der erste Städtische Musikdirektor, zugleich akademischer Musikdirektor und Professor für Musikwissenschaft an der Universität. Bevorzugt dirigierte er neue und neueste Musik, seit 1920 in der neu erbauten Stadthalle. 1921 wurde er zum ersten Generalmusikdirektor Münsters ernannt. Jährlich wurden mehr als fünfzig Schloßgartenkonzerte vom Zweiten Konzertmeister Werner Göhre dirigiert.

Volbachs von 1924 bis 1927 amtierender Nachfolger war Rudolf Schulz-Dornburg, der mit dem Theaterintendanten Hans Niedecken-Gebhardt nach Münster kam. Zusammen mit dem Tanzregisseur Kurt Joos begann eine Handel-Renaissance mit vielbeachteten Aufführungen. So gab es 1924/25 unter Hans Niedecken-Gebhardts Regie mit Georg Friedrich Händels dramatisch bearbeiteten Oratorien „Herakles" (mit dem das Theater in Hannover vor 6000 Besuchern gastierte), „Theodora" und „Alexander Balus" sowie mit den Opern „Julius Cäsar" und „Ezio" wegweisende Aufführungen, die von Münster aus eine neue Händelbewegung initiierten, die später in Aufführungen in Halle/Saale und Göttingen weitergeführt wurde von der Händelgesellschaft, die Musikforscher, Theaterfachleute und Freunde Händelscher Musik bis in die Gegenwart vereint. Die Tanzbühne errang mit dem expressionistischen Ballett „Der grüne Tisch" von Kurt Joos internationale Beachtung. Die Bühnenbilder für die Oratorien „Alexander Balus" und „Theodora" stammten von Hein Heckroth. 1927 galten diese auf der Theaterausstellung in Magdeburg als avantgardistisch. Heckroth schuf später in Hollywood seine fantastischen Filmdekorationen, die auch durch den Ballettfilm „Die roten Schuhe" in Europa weithin bekannt wurden. Die 1926 gebaute Halle Münsterland diente auch großen Opern- und Choraufführungen für Theater und Musikverein.

Der Bau eines neuen Theaters dauerte ziemlich lange. Erst 1956 wurde das neue Haus als Mehrspartentheater der Städtischen Bühnen durch Generalmusikdirektor Robert Wagner mit Mozarts „Zauberflöte" eingeweiht.

Konzert des Musikvereins mit Generalmusikdirektor von Alpenburg in der Stadthalle (1931)

Die 1919 gegründete Hochschule für Musik wurde zu einer Akademie für Bewegung, Sprache und Musik ausgebaut. Viel neueste Musik kam in die Konzerte: Busoni, Bartók, Hindemith, Krenek, Schönberg. 1924 dirigierte Richard Strauß auf dem Cäcilienfest eigene Werke, 1926 gab es ein mehrtägiges Händelfest und 1927 zum 100. Todestag ein sechstägiges Beethovenfest. Im gleichen Jahr ging Schulz-Dornburg mit seinem ganzen Stab an die Essener Oper und gründete dort die Folkwangschule, wurde 1935 Generalmusikdirektor des Deutschlandsenders und nach dem Zweiten Weltkrieg 1945 bis 1948 Generalmusikdirektor in Lübeck.

Der von 1927 bis 1931 amtierende Richard Ritter von Alpenburg bevorzugte wieder konservativere Programme. 1930 gab es ein großes Brucknerfest. Alpenburg geriet in Differenzen mit dem Musikverein, der Konzerte mit dem Musikdirektor Otto Volkmann aus Osnabrück veranstaltet hatte. Der nächste Generalmusikdirektor, Georg Ludwig Jochum, blieb nur von 1932 bis 1934. 1933 veranstaltete er ein Brahmsfest zum 100. Geburtstag. Mit seiner Berufung zu den Museumskonzerten Frankfurt begann seine internationale Karriere. Generalmusikdirektor Eugen Papst war bis 1937 in Münster und ging dann als Leiter des Kölner Männergesangvereins und Generalmusikdirektor nach Köln. 1937 wurde der Erste Kapellmeister des Frankfurter Rundfunks, Hans Rosbaud, münsterischer Generalmusikdirektor (bis 1941). Er gab selbst vor seinen Symphoniekonzerten kurze Einführungen in die Werke und führte 1938 mit dem Musikvereinschor Carl Orffs „Carmina Burana" auf, was als extrem avantgardistisch empfunden wurde. Von Münster ging er nach Baden-Baden, das er zu einem Zentrum neuester Musik machte und von wo aus er in Hamburg, Donaueschingen, Zürich und vielen anderen Orten dirigierte.

1941 bis 1951 war Heinz Dressel Generalmusikdirektor. Neben den Konzerten in der Stadthalle veranstaltete er Freiluftkonzerte im Schloßgarten und Serenaden im Quadrum, dem Hof an der alten Universität, sowie Kammermusik im Rathausfestsaal, 1942 eine Brahms- und 1943 eine Beethovenwoche. Im Sommer 1944 gab es die letzten Konzerte, am 30. September wurde die Stadthalle durch Bomben zerstört. Rathaus und Schloß lagen in Trümmern. Bereits am 30. Juni 1945 gab es im Schloßgarten in Münster das erste öffentliche Konzert in den drei Westzonen. Beim Einmarsch der Alliierten waren in Münster nur noch etwa 23 500 Einwohner übriggeblieben. Dem Städtischen Orchester waren lediglich 17 Musiker, aber keine einzige ehemalige Aufführungsstätte geblieben. Diese wenigen Menschen, zu denen noch die Techniker des Theaters kamen, haben sofort im Mai 1945 mit Schaufel, Hacke und Schubkarre die Schuttberge in und um die Stadthalle durchwühlt und trotz Hungerrationen das ehemalige Foyer nicht nur leergeräumt, sondern auch wiederaufgebaut, was Fachleute vorher für völlig ausgeschlossen gehalten hatten. Von montags bis freitags wurde enttrümmert, samstags wurde in notdürftig überdachten Provisorien geprobt und sonntags gab es im Abstand von zwei bis drei Wochen Konzerte, zu denen auch Jugendkonzerte und Konzerte junger Künstler gehörten. Da es noch keine Verkehrsverbindungen gab, mußten die Konzertbesucher weite Fußwege in Kauf nehmen.

Der Musikhunger war unvorstellbar groß, und in der Statistik des Deutschen Städtetags für 1946/47 stand Münster mit 490 Konzertbesuchern je 1000 Einwohnern an der Spitze aller Städte der Bizone, dann erst folgten in weitem Abstand Bonn (264), München (212), Düsseldorf (42) und Köln (21). Diese sofortige und praktische Initiative des Wiederaufbaus durch Orchester und Generalmusikdirektor sowie die Unterstützung durch die Stadt – der erste Stadtobere Rechtsanwalt Petermann war Förderer des Männerchorwesens, auch von dem dann eingesetzten Oberbürgermeister Dr. Zuhorn kam Interesse und Hilfe – haben wahrscheinlich das Musikleben gerettet, denn die später mit dem Wiederanwachsen der Bevölkerung immer größeren Probleme des Wiederaufbaus hätten sicher die Musikbedürfnisse in den Hintergrund treten lassen.

Im neuen Stadthallenfoyer gab es nicht nur Konzerte, sondern auch Schauspiele und Opern. „Die Kluge" von Carl Orff hinterließ nicht nur wegen des Grimmschen Textes, der sich in bezug auf die jüngste Vergangenheit als äußerst aktuell erwies, sondern auch wegen der phantasievollen Kostüme große Eindrücke. Intendant Eugen Wallrath ließ sein Ensemble nicht nur in Münster, sondern auch in Städten des Umlands spielen. Eine Zeitlang erwirtschafteten Konzerte und Theater sogar Überschüsse! Es gab auch große Gastspiele wie im Winter 1946 Calderóns „Großes Welttheater" in der Lambertikirche, zu dem jeder Besucher ein Brikett mitbringen mußte, um zwei große Öfen heizen zu können, denn das Dach war zerstört und die Nacht stand über und hinter diesem „Großen Welttheater".

Der Musikvereinschor entwickelte ebenfalls große Initiative. Die Proben in zum Teil weit auseinanderliegenden Orten, die weiten Fußwege, das alles konnte der Be-

Konzert des Städtischen Orchesters in der Halle Münsterland unter der Leitung von Generalmusikdirektor Heinz Dressel (1948)

geisterung der mehr als hundert Sängerinnen und Sänger keinen Abbruch tun. Schon im ersten Nachkriegswinter 1945 sangen sie zum Cäcilienfest Mozarts „Requiem" in zwei Aufführungen, und im April 1946 sangen sie dreimal Händels „Messias", im Juni Haydns „Schöpfung" und im Juli im Schloßgarten zweimal Beethovens 9. Symphonie, wobei von den inzwischen wieder arbeitenden Männergesangvereinen der „Münsterische Männergesangverein" und der „Sängerbund" den Musikvereinschor unterstützten. Im Oktober gab es Bruckners „Te Deum", im Dezember zum Cäcilienfest Schumanns „Das Paradies und die Peri". Das waren in einem Jahr sechs große Chorwerke! Die britische Militärregierung überließ den Saal des „Palladiums" vorübergehend solchen großen Veranstaltungen.

Zur Dreihundertjahrfeier des Westfälischen Friedens 1948 wurde von 680 Mitwirkenden, unter ihnen auch Mitglieder des Musikvereinschors Dortmund und des Städtischen Chores Hamm, in der Kiffe-Halle Beethovens 9. Symphonie zweimal für insgesamt 13 000 Hörer aufgeführt. Mit dem Wiederaufbau der Halle Münsterland konnte dann ein neuer Platz für die großen Choraufführungen gefunden werden.

1951 ging Heinz Dressel als Generalmusikdirektor und Professor an der Musikhochschule nach Freiburg. 1956 wurde er Direktor der Folkwangschule Essen. Ihm folgte für zehn Jahre Robert Wagner vom Mozarteum in Salzburg, der Matineen für Neue Musik einführte und die Opern „Antigonae" und „Oedipus" von Carl Orff dirigierte. 1956 weihte er das neuerbaute Theater mit Mozarts „Zauberflöte" ein. 1961 ging er nach Innsbruck, 1965 wurde er Präsident des Mozarteums in Salzburg.

Der Düsseldorfer Kapellmeister Reinhard Peters wurde 1961 neuer Generalmusikdirektor. In seinen Programmen verband er geschickt neue Musik mit mehr oder weniger bekannter alter und neuer französischer Musik. Er wirkte auch solistisch und im Ensemble als virtuoser Geiger (1946 war er Geiger an der Berliner Staatsoper gewesen) und Pianist mit. 1970 verließ er Münster und wurde freier Dirigent an großen Orchestern, mit denen er, wie etwa mit der „Philharmonica Hungarica", zahlreiche Schallplatten einspielte.

Von 1970 bis 1985 lernten die Konzertbesucher durch Alfred Walter vor allem die bisher so gut wie nicht gespielten Kompositionen von Gustav Mahler kennen. Er ging als Dirigent nach Brüssel und kam, ebenso wie Reinhard Peters, gelegentlich als Gastdirigent nach Münster zurück. 1985 folgte ihm Lutz Herbig im Amt des Generalmusikdirektors, der die Mahlerpflege Walters mit der Aufführung der „Symphonie der Tausend" eindrucksvoll fortsetzte und überwiegend jungen Solisten in den städtischen Symphoniekonzerten die Chance zum Auftreten gab. Nachfolger Lutz Herbigs wurde 1992 Will Humburg.

Ein Feld für die musikalische Betätigung der Bürger war im 19. Jahrhundert der Männergesang im Verein. 1802 gründete Carl Friedrich Zelter in Berlin die erste Liedertafel, zu deren Zielen die Pflege von „Geselligkeit und Patriotismus" gehörte. 1822 wurde in Münster die erste westfälische Liedertafel ins Leben gerufen, der zahlreiche Offiziere und Juristen angehörten, die aber allen Bürgern offenstand. Die vielfältigen Männergesangvereine in Münster hat Heemann in jüngster Zeit aufgearbeitet und Repertoire und Orte des Musizierens dokumentiert. 1926 fand in Münster das erste große Sängerfest mit 10 000 Teilnehmern statt, und es hieß, der deutsche Männergesang sei ein Kulturfaktor ersten Ranges geworden. Am 1. November 1929 gab es beim Jubiläumskonzert des Münsterischen Männergesangvereins unter seinem Dirigenten Franz Ludwig zeitgenössische Sätze von Strauß, Pfitzner, Graener und von Ludwig selbst, was damals eine seltene Ausnahme war, sangen doch viele Chöre am liebsten die gefühlvollen Sätze der deutschen Romantik.

War im 18. Jahrhundert Andreas Romberg der westfälische Liederkomponist, so nahm im 19. Jahrhundert diese Stellung Adolph von Vagedes (1777–1842) ein. Er hatte Architektur studiert und war bei Wilhelm Ferdinand Lipper ausgebildet worden. 1806 wurde er von Friedrich Heinrich Jacobi nach Düsseldorf geholt, dessen architektonische Stadtakzente er schuf: die beiden großen Düsseldorfer Stadtachsen – Königsallee und Alleestraße –, das Ratinger Tor und den Unterbau des Jan-Wellem-Denkmals. Er war außerdem Dichter, Maler und Graphiker, der die Einbände seiner Kompositionen selbst entwarf. Während seiner Zeit als Theaterdirektor in Münster 1808 inszenierte er Schillers „Wallensteins Lager" und die „Braut von Messina", zu denen er eigene Bühnenmusiken komponiert hatte, die leider verloren sind. 1808/09 erschienen zwei Hefte „Lieder am Clavier" auf Texte von Goethe, Schiller und eine Komposition auf ein Gedicht des münsterischen Apothekers Franz August Kahler (für den Vagedes die Sonnenapotheke gebaut hatte). Es sind kurze, empfindsame Strophenlieder in der Art Zelters, interessante Beispiele für die künstlerische Gesamtpersönlichkeit eines Westfalen, der in Münster und Düsseldorf zu Hause war.

5. Musikschulen und freies Musizieren

Musikunterricht wurde im 17. und 18. Jahrhundert von privaten Musiklehrern, von instrumentalen Virtuosen und von Komponisten für Dilettanten, Liebhaber der Musik und für diejenigen gegeben, die eine Berufsausbildung anstrebten. Im 19. Jahrhundert entstanden mit dem Aufschwung der Klaviermusik, Schulen und Etüdenwerke zur Selbstausbildung; erinnert sei an die Etüden Carl Czernys. In Westfalen gab es die Klavierschule von Max Bisping, seit 1851 Musiklehrer am Gymnasium Paulinum. Bisping vertrat 1872 die Ansicht, Klavierspiel sei nicht mehr Sache bevorzugter Stände oder einzelner Familien, die damit ihren Lebensunterhalt verdienten, sondern fast wie Lesen und Schreiben ein Gemeingut des ganzen Volkes. Das häusliche Musizieren verlagerte sich von der Mitte des 19. Jahrhunderts an auf Klaviermusik und die Pflege des Klavierspiels. Klavierunterricht war gefragt und die Lehrer mußten bestimmen, anhand welcher Musik der Schüler unterrichtet werden sollte. Dadurch gab es einen Bedarf für didaktisch aufgebaute Schulen. Dieses Bedürfnis erfüllte der Musiklehrer am Gymnasium Paulinum, Max Bisping, 1859 mit seiner „Vollständigen Clavierschule" in drei Teilen, die später von Alfred Rose bearbeitet und in mehreren hunderttausend Exemplaren verkauft worden ist. 1897 richtete Adolf Stierlin ein privates Konservatorium in Münster ein, 1920 gründete der Klavierpädagoge Franz Ludwig für die Klavierstudierenden, die den Beruf des Klavierlehrers anstrebten, ein privates Klavierseminar. Aus solchen Seminaren und kleinen Musikschulen entstanden in Westfalen die Konservatorien und die städtischen Musikschulen.

Im Rüschhaus wurde, wie Annette von Droste-Hülshoff beschrieben hat, täglich musiziert – mindestens eine Stunde Gesang und eine Stunde Klavier, wobei man Variationen und Improvisationen bevorzugte. Annette von Droste-Hülshoff sammelte neunzig westfälische Volkslieder des Münsterlandes und komponierte eigene Lieder in der Art klassischer Strophenlieder. Fragmente blieben Opern wie „Die Wiedertäufer" (ein Trauerspiel mit Musik), „Babilon", „Die seidenen Schuhe" und andere. Ihr Onkel Max von Droste-Hülshoff, der Komponist, hatte ihr 1821 seine „Erklärungen über den Generalbaß und die Tonkunst überhaupt" geschenkt, in denen Hinweise auf passende Tonarten zu bestimmten Affekten und Stimmungen eine Art „Rezeptbuch" ergeben.

Generalmusikdirektor Fritz Volbach gründete 1919 eine Hochschule für Musik mit einem Musiklehrerseminar, die zuerst in einem Haus in der Ludgeristraße arbeitete, bis sie in den Romberger Hof einziehen konnte. 1925 wandelte der Generalmusikdirektor Rudolf Schulz-Dornburg die Hochschule in eine Akademie für Bewegung, Sprache und Musik um; stellvertretender Direktor war Hermann Erpf. Durch die im gleichen Jahr erschienene neue Unterrichtsordnung des preußischen Kultusministers wurde die Schule zurückgestuft und hatte künftig weder Hochschul- noch Akademiestatus. Als „Westfälische Schule für Musik" bestand sie weiter. 1932, nach dem Weggang Alpenburgs, endete die Personalunion von Generalmusikdirektor und Direktor der Musikschule. Richard Gress, bisher stellvertretender Direktor, wurde alleiniger Direktor und blieb bis 1939. Sein Nachfolger wurde Konzertmeister Werner Göhre. Die Schülerzahl betrug damals 270, bis 1941 stieg sie sogar auf 410 an.

Unterricht in der Hochschule für Musik im Romberger Hof (um 1935)

1941 wurde der Romberger Hof völlig zerstört; die Schüler wurden in den Privaträumen der Lehrer unterrichtet, bis ihnen der Schmisinger Hof in der Neubrückenstraße zugewiesen wurde, der noch einen schönen Festsaal für Kammerkonzerte besaß.

1945 wurde zum 1. Mai allen Lehrern gekündigt. Desungeachtet wurde mit fünfzig Schülern der Unterricht in der Admiral-Scheer-Straße 6, die der musikbegeisterte Fabrikant Winkhaus zur Verfügung stellte, fortgesetzt; zu Weihnachten gab es dann Unterricht in der Goldstraße 15, dem Haus Göhres. 1946 wurde das Seminar neu eingerichtet; 75 Schüler hatten sich wieder eingefunden. 1948 war das neue Quartier das Schulgartenhaus in der Andreas-Hofer-Straße, wo für 250 Schüler drangvolle Enge herrschte. 1951 wurde mit tatkräftiger Unterstützung des damaligen Kulturdezernenten Wilhelm Vernekohl die Villa Terfloth (Am Kreutztor 1) für achtzig Schüler der neue Unterrichtsort. 1957 wurde Werner Göhre pensioniert. Ihm folgten als kommissarischer Direktor Hermann Ensslin und seit April 1958 Hans-Joachim Vetter als neuer Direktor der Schule, deren Schülerzahl inzwischen auf 543 angewachsen war. In zahlreichen Konzerten setzte er sich für die Neue Musik ein.

1972 wurde die Einrichtung geteilt. Die Westfälische Schule für Musik erhielt einen neuen Direktor, den Pianisten Wilhelm Latour. Vetter wurde Dekan des neueingerichteten Instituts Münster der Hochschule für Musik Westfalen-Lippe in Detmold. Parallel wurde das Institut Dortmund geschaffen. 1983 wurde Friedrich-Wilhelm Kröger Nachfolger Vetters als Dekan (seit 1990 Reinhard Lüttmann) und 1989 Ulrich Rademacher Nachfolger Wilhelm Latours als Direktor der Westfälischen Schule für Musik.

Kammerkonzert im Erbdrostenhof (nach 1960)

In der Nachkriegszeit und bis in die fünfziger und sechziger Jahre hinein war in Münster die Musikszene im wesentlichen noch durch die von der Stadt und den Kirchen getragenen Institutionen geprägt, in denen professionelle Musikerinnen und Musiker für ein – zumeist bürgerliches – Publikum bzw. für die Teilnehmer an Liturgie und Gottesdienst sowie an kirchlichen Festveranstaltungen musikalische Kompositionen aufführten. Eine Ausnahme bildete lediglich die Chormusik, die schon seit dem 19. Jahrhundert – wie beschrieben – größtenteils vom Engagement musikbegeisterter Laien getragen war.

Seit den 1970er Jahren ist demgegenüber eine deutliche Ausweitung der Musikkultur in der Stadt durch eine reich differenzierte freie Musikszene zu beobachten. Hinzuweisen ist in diesem Zusammenhang zunächst auf die an internationalem Niveau orientierte Arbeit der Konzertagentur Schoneberg, die seit 1959/60 in Münster Kammermusikzyklen mit renommierten Ensembles und Solisten veranstaltet. Die stets gut besuchten Konzerte finden in einem Hörsaal der Universität statt, da eine Musikhalle weiterhin fehlt.

Darüber hinaus haben sich seit den 1980er Jahren – getragen von Veranstaltergemeinschaften und unter Beteiligung der Stadt – drei bedeutende in regelmäßigen Abständen wiederholte musikalische Großprojekte etabliert, die sich allgemeinen Zuspruchs und überregionaler Bedeutung erfreuen: das „Internationale Jazzfestival Münster", das „Barockfest" und die Konzertreihe „Neue Musik in Münster".

Das Jazzfestival wurde 1978 zum erstenmal vom Allgemeinen Studentenausschuß (AStA) der Westfälischen Wilhelms-Universität veranstaltet. Es findet seitdem in jedem Jahr an einem Wochenende im Sommer statt. Gespielt wird drei Tage lang auf mehreren Bühnen der Halle Münsterland zeitgenössischer Jazz (Weltmusik, Rock-Jazz bis zur Avantgarde). Dazu gehörte von Anfang an die Präsentation der lokalen Jazzszene Münsters. Seit dem 8. Festival (1986) bildet Jazz aus osteuropäischen Ländern den dritten Schwerpunkt. In Deutschland gehört das Internationale Jazzfestival Münster zu den fünf wichtigsten Veranstaltungen dieser Art (neben den Festivals in Berlin, Nürnberg, Moers und Frankfurt a.M.); die größte Bedeutung hat es für die Präsentation des osteuropäischen Jazz.

Das Barockfest, 1980 zunächst durch eine private Trägergemeinschaft initiiert, ist sofort zu einer festen Einrichtung in der Musik- und Kulturszene der Stadt geworden. Zu den Veranstaltern zählen neben der Stadt und privatrechtlichen Vereinigungen innerhalb und außerhalb Münsters die Westfälische-Wilhelms-Universität, der Kreis Coesfeld und die Stadt Beckum. Äußerer Rahmen der jeweils am ersten Samstag im September beginnenden Festwoche ist das bedeutende Barockbauten aufweisende Altstadtviertel um den Erbdrostenhof. Unter der künstlerischen Leitung von Konrad Hünteler, Flötist und Professor an der Musikhochschule Detmold (Abteilung Münster), werden neun Tage lang Barockkonzerte auf höchstem künstlerischen Niveau geboten. In Form von Vorträgen, Theateraufführungen, kulturgeschichtlichen Stadtführungen und Märkten wird in einem bunten Rahmenprogramm eine intensive Begegnung mit der – Münsters Stadtbild bis heute prägenden – Barockepoche insgesamt ermöglicht.

Im Rahmen der Konzertreihe „Neue Musik in Münster", die seit 1983 alle zwei Jahre veranstaltet wird, werden Werke zeitgenössischer Komponisten von internationalem Rang aufgeführt. Hauptveranstalter ist hier neben der Stadt das Landesstudio Münster des Westdeutschen Rundfunks. Die Konzerte sind jeweils einem anderen Schwerpunktthema zugeordnet (1987: „Vokalkompositionen des 20. Jahrhunderts"; 1989: „Europa – Amerika"; 1991: „Von fremden Ländern und Menschen – Begegnungen musikalischer Kulturen").

Neben diesen herausragenden Einzelveranstaltungen, die jeweils zu den Höhepunkten des Jahres in der Musikkultur Münsters gehören, ist schließlich auch die Rock- und Popszene erwähnenswert, die durch kulturpolitische Aktivitäten der Stadt gezielt gefördert wird. Die Stadt hat im Sommer 1991 ein Probezentrum für Rock- und Popbands eingerichtet und ihr Koordinations- und Betreuungsangebot institutionalisiert. Dieses Serviceangebot wird von den Gruppen unter Wahrung des Selbstorganisationsprinzips inzwischen intensiv genutzt und trägt zur Erhaltung der für eine lebendige Stadtkultur unentbehrlichen Vielfalt gerade in der freien Musikszene bei.

Quellen und Literatur

Eine allgemeine und ausführliche Musikgeschichte der Stadt Münster gibt es (im Gegensatz zu vielen anderen westfälischen Städten) noch nicht, nur eine Vielzahl von Aufsätzen und in letzter Zeit auch Abschlußarbeiten und Dissertationen zu einzelnen Aspekten.

Angaben über die Musik aus früherer Zeit finden sich in den von Janssen herausgegebenen Chroniken von Röchell, Stevermann und Corfey [1: Münsterische Chroniken]. Heinrich Offenberg hat in seinen „Bildern und Skizzen aus Münsters Vergangenheit" auch musikgeschichtlich relevante Punkte berührt [59: Bilder und Skizzen; 60: Bilder und Skizzen NF].

Zur allgemeinen Information müssen einige Publikationen herangezogen werden, die in der Betrachtung westfälischer Musikgeschichte auch größere und kleinere Abschnitte speziell zur Musik in Münster enthalten. Hier ist an erster Stelle der grundlegende Aufsatz von Karl Gustav Fellerer im vierten Band des Sammelwerks „Der Raum Westfalen" zu nennen [2098: Westfalen in der Musikgeschichte]. Walter Salmen, der für die gleiche Publikation einen Beitrag über das Volkslied geliefert hat [2614: Volkslied in Westfalen], veröffentlichte in den sechziger Jahren eine zweibändige Musikgeschichte für Westfalen [2612, 2613: Musik in Westfalen]. Ergiebig sind auch die Festschriften zur 700-Jahrfeier des Doms 1966 [243: Monasterium] und der Apostelkirche [172: 700 Jahre Apostelkirche] aus dem Jahr 1984.

Der Festschrift des Musikvereins Münster anläßlich des 150jährigen Jubiläums im Jahr 1966 sind neben vielen anderen wichtigen Beiträgen eine Übersicht über die Musikgeschichte Münsters und eine reichhaltige Bibliographie von Rudolf Reuter [283: Musikgeschichte; 62: Versuch einer Bibliographie] beigegeben. Anläßlich des 175jährigen Bestehens des Musikvereins ist 1991 eine weitere Festschrift erschienen, in der die Geschichte des Vereins dargestellt wird [185: 175 Jahre Musikverein]. Reuter hat auch zahlreiche Aufsätze und Monographien speziell über die Orgeln in Münster vorgelegt [1153: Äußerer Aufbau; 2591: Orgeln in Westfalen]. Zur neueren Literatur gehören die musikgeschichtlichen Beiträge von Rudolf Reuter [2590: Musik (bis 1800)] und Maria Elisabeth Brockhoff [2025: Musik seit 1800] in der „Westfälischen Geschichte", in denen auch Informationen über die Entwicklung in Münster zu finden sind.

Über die Musikpflege und den Musikunterricht an deutschen Lateinschulen liegt eine Untersuchung von Klaus Wolfgang Niemöller vor, die die Zeit vom ausgehenden Mittelalter bis um 1600 behandelt [2485: Musikpflege und Musikunterricht]. Vom gleichen Autor stammt auch ein Beitrag über die Situation der Cäcilienvereine in Westfalen am Ende des 19. Jahrhunderts [2484: Cäcilienvereine]. Die Bedeutung der Männergesangvereine im 19. und frühen 20. Jahrhundert für die städtische Musikgeschichte Münsters ist Thema der Dissertation von Annegret Heemann [1349: Männergesangvereine].

Die Geschichte der münsterischen Hofkapelle ist in der Dissertation von Gerd Beusker [993: Dom-, Hof- und Musikkapelle] und einem Aufsatz von Gerd Dethlefs [1017: Frühgeschichte] umfassend dargestellt.

ROBERT PETERS / ERNST RIBBAT

Sprache und Literatur

Geschichte, also auch Stadtgeschichte, vollzieht sich, indem gesprochen und geschrieben, gehört und gelesen wird. Ihre Eigenart, gar Unverwechselbarkeit erhält eine Stadt anfänglich – noch ehe gebaut, abgerissen und umgebaut wird – und umfassend – nämlich jeden Teilnehmer des sozialen Lebens betreffend – durch Besonderheiten des Sprachgebrauchs, durch Eigentümlichkeiten des Redens. Dies betrifft Situationen des Arbeitsalltags wie den festlichen Ritus, das Spiel oder den Unterricht.

Ein Sprechakt steht am Beginn der Stadtgeschichte: die ausdrückliche Beauftragung des Liudger. Die sprachlichen Folgen für den Hügel oberhalb der Aa und sein Umfeld waren eingreifend: Neben das gesprochene Altwestfälisch traten die Sprachen der friesischen und fränkischen Missionare. Jetzt beanspruchte ein Buch, die Bibel, die letzte Autorität. Eine Stadtgründung im Zusammenhang der Christianisierung bedeutete zugleich: Übergang zur lateinischen Schriftkultur.

Wenn es wichtig scheint, durch Sichtung und Beschreibung der mit der Stadt Münster verknüpften historischen Dokumente den heute hier lebenden Zeitgenossen ein Angebot zu machen, sich selbst genauer zu erkennen, ihrer Identität sich zu vergewissern – so kann auf ein Kapitel nicht verzichtet werden, das sich mit den Prozessen der Sprachentwicklung und Münsters literarischen Traditionen beschäftigt. Vorgelegt werden kann hier freilich nur eine vielfach ergänzungsbedürftige Skizze, da es an Vorarbeiten, die das Material hätten erfassen und ordnen müssen, noch weitgehend fehlt.

Zwar wird so vorgegangen, daß eine sprachwissenschaftliche und eine literarhistorische Darstellung aufeinander folgen. Es kommt aber darauf an, die Wechselwirkungen zwischen Sprachentwicklung und Literaturprozeß nicht aus dem Auge zu verlieren. Erst als Literatur gewinnt Sprache Haltbarkeit, nur die Sprachform schützt Literatur vor Beliebigkeit. Für beide gelten drei Gesichtspunkte, auf die vorweg hingewiesen werden soll.

Zunächst: Sprache und Literatur entfalten und wandeln sich nicht autark, einer inneren Gesetzmäßigkeit allein folgend, so nachdrücklich ihre Sonderstruktur gegenüber anderen Lebensfeldern hervorzuheben ist. Vielmehr sind sie vielfach verknüpft mit Politik und Wirtschaft, mit Religion und Kultur. Ein Wechsel in den Herrschaftsverhältnissen prägt sich aus in dem, was als Sprachwahl oder Stil bevorzugt oder ausgeschieden wird. Ob das Domkapitel, die Humanisten, die Jesuiten oder Universitätsprofessoren die Meinungsführerschaft in der Stadt haben – von den bücherverbrennenden Täufern oder Nationalsozialisten noch ganz abgesehen –, das entscheidet über die in Münster geschriebenen, gedruckten und vor allem gelesenen Bücher. Ob der wichtigste Ort öffentlicher Rede die Kirchen sind oder der Send, die Halle Münsterland oder das Fernsehen, das entscheidet über die Geltung, ja die Lebenskraft von Latein, Niederdeutsch und Gemeinsprache. Ob Priester und Handwerker, Ordensleute und Adelige, die Kaufmannschaft und die Judenheit ihre jeweilige Sonderkultur ausbilden können, und damit verbunden ihre Fach- und Sondersprachen, oder ob die Stadt von eingewanderten Verwaltungsbeamten, Militärs und Studenten dominiert wird – dies ist in einer Sprach- und Literaturgeschichte zu beobachten und ins Verhältnis zu setzen zu dem, was die politische Historie, die Sozial- und Wirtschaftsgeschichte lehren.

Schon daraus erhellt als zweiter Gesichtspunkt, daß man wohl zu keinem Zeitpunkt der Stadtgeschichte von einem einheitlichen, homogenen Bild der in Münster gebrauchten Sprache und geschriebenen und gelesenen Literatur ausgehen darf. Für jede Epoche wären mehrere Entwicklungsstränge zu verfolgen, und es ist durchaus eine Angelegenheit von persönlicher Vorliebe und auch Parteilichkeit, den einen oder den anderen Strang zu beleuchten. Die innere Differenziertheit einer Stadt, welche ja auf der fundamentalen Opposition zwischen Dom und Prinzipalmarkt, damit zwischen Latein und Niederdeutsch errichtet wurde, ist in Erinnerung zu halten.

Schließlich: Der zentrale Ort des Münsterlandes ist seiner historischen Besonderheiten und seiner sozialen wie kulturellen Komplexität wegen sprach- und literaturgeschichtlich keineswegs angemessen bestimmt, wenn man nur die „westfälische" Perspektive beherrschend sein läßt. Die Sprachgeschichte der Stadt ist gegenüber der außerordentlichen Stabilität sprachlicher Normen und Konventionen im Umland durch faszinierende Vielfalt und durch markante Veränderungen gekennzeichnet; und das kulturelle Leben in Münster – Zentralort der Literatur zwischen Rhein und Nordsee, den Niederlanden und Mitteldeutschland – gehorcht anderen Gesetzen als das der Dörfer und Adelssitze der Region. Kraft und Richtung der Veränderungsbewegungen verdanken sich in sprachlicher wie literarischer Hinsicht primär nicht dem unmittelbaren Umland – schon gar nicht der Spukgestalt eines „westfälischen Menschenschlags" –, sondern Impulsen, die von weiter her kamen: aus den Niederlanden oder dem Rheinland, aus der Internationalität der katholischen Kirche wie der Hanse, aus den europäischen Bewegungen der Täufer und der jesuitischen Gegenreformation, schließlich aus den neuzeitlichen Modernisierungsschüben seit der Aufklärung. Daß in Münster ein eigentümliches „Westfalenbewußtsein" hochgehalten wurde und auch noch wird, ist ein gewiß wichtiges Phänomen; der Blick auf die städtische Gesamtgeschichte in Sprache und Literatur lehrt aber: Überregionale Tendenzen, europäische Strömungen vor allem, hinterließen hier ihre Spuren, haben hier in vielfältiger Mischung mit Lokaltraditionen die Lebenspraxis und das Bewußtsein geformt.

Nicht erst heute werden auf den Straßen der Stadt ganz verschiedene Sprachen gesprochen – dies war (fast) immer so. Nicht erst heute kommt dem ausländischen Buch, der fremden Literatur wesentliche Bedeutung zu für Denken und Empfinden der Bürger. Auch dies war (fast) immer so.

Sprachgeschichte

1. Sprachvorgeschichte (2. bis 8. Jahrhundert) – 2. Früh- und Hochmittelalter – 3. Entstehung und Ausbildung einer volkssprachigen Schriftlichkeit (14. bis 16. Jahrhundert) – 4. Ausbildung, Durchsetzung und Geltung der neuhochdeutschen Schriftsprache vom Beginn des 16. Jahrhun-

derts bis 1815 – 5. Ausbildung und Geltung der hochdeutschen Umgangssprache im 19. und 20. Jahrhundert

Die Lebensform „Stadt“ kann durch den Gegensatz zum „Land“ definiert werden. Das Zusammenleben in der mittelalterlichen Stadt ist gekennzeichnet durch eine Differenzierung des sozialen und wirtschaftlichen Lebens, diese wiederum bedingt eine Differenzierung sprachlicher Ausdrucksmöglichkeiten.

„Stadt“ ist aber auch und gerade ein Produkt von Migration, einer Migration zwischen verschiedenen Städten, aber noch viel mehr des andauernden Zuzugs vom Lande. Durch die Zuwanderung vom Land ragt die Lebensform „Land“ konstant in die Stadt hinein. Diese Feststellung gilt in besonderem Maße für Münster. Münster ist das städtische Zentrum eines ausgedehnten, die Stadt umschließenden bäuerlichen Umlandes, des Münsterlandes. Mit der Entwicklung bürgerlicher Lebensformen gegenüber den bäuerlichen des Umlandes ist Münster Gegenpol zu diesem, aber es bleibt doch immer Mittelpunkt des bäuerlich geprägten Münsterlandes. Für die Sprachgeschichte Münsters bedeutet dies, daß immer auch die sprachlichen Verhältnisse des Münsterlandes im Auge zu behalten sind. Es kommt durchgängig zu wechselseitigen Beeinflussungen wie auch zeitweilig zur Herausbildung eines sprachlichen Stadt-Land-Gegensatzes.

Die Erforschung der Sprachgeschichte einer Stadt ist Aufgabe der historischen Stadtsprachenforschung. Die Sprachgeschichte Münsters ist – mit Ausnahme des Sprachwechsels zum Hochdeutschen in den Kanzleien der Stadt – noch nicht erforscht. Das Ziel dieses Beitrages kann es folglich nicht sein, alle Aspekte der Stadtsprachgeschichte Münsters zu beschreiben; für eine umfassende Darstellung sind erst noch umfangreiche Einzeluntersuchungen zu leisten.

Die Sprachgeschichte einer Stadt sollte den externen wie den internen Verlauf der sprachlichen Entwicklung darstellen. In diesem Beitrag soll vor allem der externe Verlauf nachgezeichnet werden. Dieser ist im Rahmen einer Stadtgeschichte sicherlich von größerem Interesse als die interne Beschreibung der phonologischen, morphologischen, syntaktischen und lexikalischen Erscheinungen. Zur Sprachgeschichte einer Stadt gehören „alle Sprachen, die in früheren Zeiten innerhalb der Stadt schriftlich und mündlich verwendet und verstanden wurden, also im Mittelalter vor allem das Latein und die fremden Schreibdialekte, und Fremdsprachen, mit denen der Stadtbürger konfrontiert wurde. Alles das, was in der Stadt zu einer bestimmten Zeit sprachlich präsent ist, bildet den Sprachgebrauch oder besser die Sprachpraxis der Stadt“ [2222: Hoffmann/Mattheier, Stadt und Sprache, S. 1838]. Aufgabe ist es also, für die einzelnen Epochen der Stadtgeschichte die schriftliche wie die mündliche Sprachpraxis zu rekonstruieren. Hierbei ist die grundsätzliche Verschiedenheit von geschriebenem und gesprochenem Wort, von Schriftlichkeit und Mündlichkeit, zu betonen. Zur Sprachgeschichte einer Stadt gehören auch die Aussagen der Zeitgenossen über Sprache, die Bewertungen der sprachlichen Varietäten, die die Sprachwahl der Schreiber bzw. Sprecher beeinflussen.

Es ist zu unterscheiden zwischen der Sprachvorgeschichte, der Sprachgeschichte und der Gegenwartssprache. Aus der Sprachvorgeschichte sind noch keine schriftlichen Zeugnisse vorhanden. Die Sprachgeschichte reicht vom Einsetzen der schriftlichen Überlieferung bis hin zur Gegenwartssprache. Zum Betreiben von Sprachgeschichte sind schriftliche Quellen unverzichtbar. Die Überlieferungslage für Münster ist durch starke Verluste gekennzeichnet. So hat der große Brand von 1121 das vorhandene lateinischsprachige Urkundenmaterial vernichtet. Weitaus schwerwiegender war die Zerstörung der städtischen Archivbestände durch die Täufer im Jahr 1534. Aus dem mittelalterlichen Stadtarchiv sind nur einige wenige Stücke überliefert. Für die Stadtsprachgeschichte Münsters folgt hieraus, daß der Schreibgebrauch der münsterischen Ratskanzlei nur bruchstückhaft zu rekonstruieren ist. Trotz der immensen Verluste muß für die Darstellung der Sprachgeschichte eine Auswahl aus dem schriftlich Überlieferten getroffen werden, nimmt doch seit dem 13. Jahrhundert die Produktion von Geschriebenem stetig zu.

Die Darstellung des sprachlichen Entwicklungsgangs ist in fünf Hauptabschnitte unterteilt. Der erste Abschnitt behandelt die Sprachvorgeschichte (2. Jahrhundert bis Ende des 8. Jahrhunderts). Die zweite Phase reicht vom Einsetzen der lateinischen Schriftlichkeit gegen 800 bis zum Ende der alleinigen Geltung der lateinischen Schriftsprache kurz nach 1300. Der dritte Teil behandelt die Entstehung und Ausbildung einer lokalen volkssprachigen Schriftlichkeit. Die mittelniederdeutsche Schreibsprache Münsters tritt neben die lateinische Schriftsprache und drängt diese in einigen Funktionsbereichen zurück (1300–1500). Die vierte Phase (1500–1815) behandelt den Schreibsprachwechsel vom Mittelniederdeutschen zum (Früh-)Neuhochdeutschen im 16. und 17. Jahrhundert. Nach diesem Übergang herrscht bis ins 19. Jahrhundert eine relativ stabile Diglossiesituation mit hochdeutscher Schrift- und niederdeutscher Sprechsprache. Im fünften Abschnitt, der von 1815 bis zur Gegenwart reicht, setzt ein Wechsel in der gesprochenen Sprache ein; es kommt zur Herausbildung einer hochdeutschen Umgangssprache westfälischer Prägung.

1. Sprachvorgeschichte (2. bis 8. Jahrhundert)

Aufgrund der historischen Ereignisse können Aussagen zur Sprachsituation im Münsterland in sprachvorgeschichtlicher Zeit getroffen werden. Zwei Perioden sind zu unterscheiden, zum einen die der brukterischen Besiedlung vom 2. bis zum 4., zum anderen die der sächsischen Besiedlung seit dem 6. Jahrhundert; speziell für den Bereich des Domhügels lauten die Zeitangaben 2. und 3. bzw. 7. und 8. Jahrhundert.

Die Brukterer des 2. und 3. Jahrhunderts gehörten zur Sprachgruppe der Weser-Rhein-Germanen bzw. – nach Tacitus – der Istväonen. Istväonisch wurde zwischen Nieder-/Mittelrhein und mittlerer Weser gesprochen. Auf istväonischer Grundlage beruht die Sprache der Franken. Die Wortgeographie hat einen Wortverband Westfalen-Niederrhein-Niederlande herausgearbeitet, dessen Kern sich in der Zeit vor der Saxonisierung herausgebildet haben wird [2460: Müller/Niebaum, Sprachliche Gliederungen, S. 39ff]. Die Sprache der seit dem 6. Jahrhundert ins Münsterland vordringenden Sachsen wird in der Forschung als „Voraltsächsisch" oder „Frühaltsächisch" bezeichnet. Die Sachsen werden zum Sprecherverband der Nordseegermanen oder Ingväonen gerechnet. Das Sächsische ist Teil eines ingväonischen Sprachverbandes, zu dem außerdem die Vorstufen des Altenglischen, Altfriesischen und zum Teil auch des Altniederländischen gehören. Innerhalb des Westgermanischen bildeten sich schon in sprachvorgeschichtlicher Zeit die Vorstufen des Althoch- und des Altniederdeutschen heraus.

Von Süden aus verbreitete sich die zweite oder hochdeutsche Lautverschiebung, die seit dem 6. Jahrhundert vom Alpenraum ausging und allmählich bis zur Südgrenze des Altsächsischen vordrang. Die westgermanischen stimmlosen Verschlußlaute *p, t, k* wurden, je nach ihrer Stellung innerhalb des Wortes, zu den Affrikaten *pf, ts, kch* oder zu den Doppelspiranten *ff, ss, ch* verschoben. Das Fehlen der zweiten Lautverschiebung ist ein charakteristisches Merkmal des Niederdeutschen. Beispiele aus dem heutigen Münsterländischen mit unverschobenem Lautstand sind *Piärd* ‚Pferd‘, *uopen* ‚offen‘, *up* ‚auf‘, *Tied* ‚Zeit‘, *Water* ‚Wasser‘, *dat* ‚das‘, *maken* ‚machen‘.

Bei der großen Ausdehnung des sächsischen Stammesgebietes ist von einer sprachlichen Binnendifferenzierung auszugehen. Der Begriff „Westfalen“ erscheint in der Überlieferung erstmals um 775; für dieses Jahr sprechen die fränkischen Reichsannalen von *Westfalahi;* bald darauf werden auch die *Angarii* und die *Ostfalahi* genannt. Diese Bezeichnungen werden sich im 8. Jahrhundert gebildet haben. Die Bewohner der sächsischen Siedlung im Bereich des Domhügels gehörten zur Heerschaft der *Westfalahi.*

Der Rahmen des politischen wie kulturellen und damit auch sprachlichen Handelns war im 7./8. Jahrhundert in erster Linie die Heerschaft und der Stamm. Besonders in der Oberschicht hat es aber Berührungen mit der überlegenen römisch-fränkischen Kultur gegeben. Dies bezeugen zahlreiche Entlehnungen, die schon in frühaltsächsischer Zeit aus dem Lateinischen übernommen wurden. Wenn Wörter im Althochdeutschen die zweite Lautverschiebung mitgemacht haben, darf man von einem hohen Alter der Entlehnung ausgehen. Beispiele für derartige Fälle sind *kolter* ‚Pflugmesser‘ aus galloromanisch *cultur,* altsächsisch *pāl* ‚Balken, Pfosten‘ aus lateinisch *palus, pütte* ‚gemauerter Brunnen‘ aus lateinisch *puteus,* altsächsisch *tēgala* ‚Ziegel‘ aus lateinisch *tēgula,* altsächsisch *spīkari* ‚Vorratsspeicher‘ aus lateinisch *spīcarium* [2460: Müller/Niebaum, Sprachliche Gliederungen, S. 41ff].

2. *Früh- und Hochmittelalter*

Die zweite Phase der sprachlichen Entwicklung reicht vom Einsetzen der Schriftlichkeit – und damit dem Beginn der eigentlichen Sprachgeschichte – gegen 800 bis zum Ende der alleinigen Geltung der lateinischen Schriftsprache in der ersten Hälfte des 14. Jahrhunderts. Diese Phase wird unterteilt in den Zeitraum von 800 bis ins 12. Jahrhundert – 1121 wurde Münster erobert und zerstört – und vom 12. Jahrhundert bis zum Beginn des 14. Jahrhunderts.

9. bis 12. Jahrhundert

Die Namengeschichte der Stadt Münster gehört zu den Beispielen für mehrfachen Namenwechsel. Der Name der karolingischen *civitas, Mimigernaford,* war wohl schon die Bezeichnung der sächsischen Siedlung des 8. Jahrhunderts gewesen. Er gehört zur Gruppe der *-furt*-Namen. „Namengebend ist offenbar die alte Aa-Furt zwischen Domhügel und dem Bereich der heutigen Überwasserkirche gewesen." Tiefenbach erklärt das Bestimmungswort *Mimigerna-* als Rufnamen *Mimigern,* der mit *-a*-Flexiv im Genitiv Plural als Personengruppenname anzusehen ist. Der Ortsname *Mimigernaford* ist demnach „als ‚Furt der Mimigerne' zu deuten. Die Personengruppe ist wohl nach einem Gründer, Besitzer oder Sippenoberhaupt genannt" [585: Tiefenbach, Mimigernaford – Mimigardeford, S. 3, 19]. Die ältesten Zeugnisse dieses Namens stammen aus den letzten Jahrzehnten des 9. Jahrhunderts. Der Typ *Mimigernaford* gilt im 9. und 10. Jahrhundert. Im frühen 11. Jahrhundert tritt neben diese ältere Variante die Bildung *Mimigardeford.* Der alte Name war wohl unverständlich geworden, und vielleicht sollte durch den Anschluß an altsächsisch *gard* ‚Erde, Haus' eine Teilmotivierung erreicht werden. *Mimigardeford,* der erste Beleg stammt wohl aus dem Jahr 1007, löste in der ersten Hälfte des 11. Jahrhunderts *Mimigernaford* ab.

In der zweiten Hälfte des 11. Jahrhunderts bahnt sich erneut ein Namenwechsel an: Der neue Name, *Monasterium,* erscheint erstmals 1068. Die Stadt ist also nach ihrem kirchlichen Zentrum benannt. Um das Jahr 1000 war das *monasterium* neu erbaut worden. Dieser Neubau wird zusammen mit der Tatsache, daß die alte Benennung unverständlich geworden war, dazu geführt haben, daß sein Name zur Bezeichnung des gesamten Ortes wurde. Aus lateinisch *monasterium,* vulgärlateinisch *monisterium,* wurde die volkssprachige Bezeichnung *Monster* – gesprochen *Mönster,* so bis heute in der münsterländischen Mundart – abgeleitet; der früheste volkssprachige Beleg, *Monestre,* stammt aus dem Jahr 1106. Neben *Monster* erscheint schon früh das hochdeutsch gestützte *Munster.*

Das Aufkommen der Schriftlichkeit in Westfalen ist eine Folge der Sachsenkriege (772–804). Die Christianisierung Sachsens war entscheidend für die weitere kulturelle Entwicklung. „Wie stark der dadurch eingeleitete Bruch mit der Vergangenheit war, ist kaum richtig zu ermessen." Die Übernahme des Christentums und die Organisation des kirchlichen Lebens bedeuten die Eingliederung des Sachsenlandes in die mediterrane Hochkultur, deren Merkmal die Schriftlichkeit ist. Die lateinische Sprache und ihre Schriftkultur halten in Westfalen Einzug. „Zur Abhaltung des christlichen Gottesdienstes bedurfte es einer Geistlichkeit, die zunächst aus den übrigen Teilen des Reiches rekrutiert werden mußte" [2185: Hartig, Soziokulturelle Voraussetzungen, S. 1071]. In der Folge wurden Domschulen für die Ausbildung eines einheimischen Klerus gegründet. In der münsterischen Domschule und im bischöflichen Skriptorium erhalten lateinische Sprache und Schriftlichkeit eine Pflegestätte. Die Kenntnis des Lateinischen und die Beherrschung der Schrift bleiben lange ein Privileg der Geistlichkeit.

Im 11. Jahrhundert entstehen weitere Schreibstätten: das adelige Damenstift Überwasser, geweiht zu Weihnachten des Jahres 1040, und noch vor 1100 das Kanonikerstift St. Mauritz außerhalb der Stadt. Im 9. bis 11. Jahrhundert wurde nur sehr wenig geschrieben; von diesem Wenigen ist, verursacht durch den Brand des Jahres 1121, noch weniger überliefert. Die erste im Original erhaltene Urkunde eines Bischofs von Münster ist die Bischof Siegfrieds aus den Jahren 1022 bis 1032 [2767: Westfälisches Urkundenbuch 1, Nr. 103]. Aus dem Jahr 1085 datiert die Urkunde Bischof

Erphos für Freckenhorst [2767: Westfälisches Urkundenbuch 1, Nr. 164]. Vom Ende des 11. Jahrhunderts stammt das älteste Einkünfteverzeichnis des Überwasserstifts; wohl im dritten Viertel des 12. Jahrhunderts wurde das älteste Heberegister des Stifts St. Mauritz abgefaßt. Als geistlicher Text sei eine lateinische Evangeliar-Handschrift des Überwasserstifts aus dem Anfang des 12. Jahrhunderts genannt.

Im Zeitraum zwischen 800 und 1300 wird in Westfalen fast ausschließlich lateinisch geschrieben. Die Situation der Mission macht es jedoch notwendig, daß auch die Volkssprache zumindest ansatzweise verschriftlicht wird. Das Altsächsische bzw. Altniederdeutsche bildet die erste Stufe der niederdeutschen Sprachgeschichte. Sein Zeitraum beginnt mit dem Einsetzen volkssprachiger Quellen um 800 und endet gegen 1150.

Eine Beschreibung des altwestfälischen Sprachraums ist wegen der spärlichen Überlieferung nicht zu leisten; Schreiborte sind Essen, Werden und Freckenhorst. William Foerste hat die Sprachmerkmale des Altwestfälischen herausgearbeitet [2108: Foerste, Untersuchungen zur westfälischen Sprache]. Zwar sind uns aus Münster selbst keine Zeugnisse in altwestfälischer Sprache überliefert, aber aus dem ostmünsterländischen Frauenstift Freckenhorst ist ein Zeugnis weltlicher Geschäftsprosa erhalten, das Freckenhorster Heberegister. Heberegister wurden aufgrund der Aussagen der Landbevölkerung, also in der Volkssprache, aufgezeichnet, diese ist im Fall des Freckenhorster Heberegisters beibehalten worden [2184: Hartig, Verhältnis der beiden Handschriften, S. 98]. Die Handschrift stammt aus der zweiten Hälfte des 11. Jahrhunderts. Sie ist als Sprachdenkmal von unschätzbarem Wert. Um einen Ein-

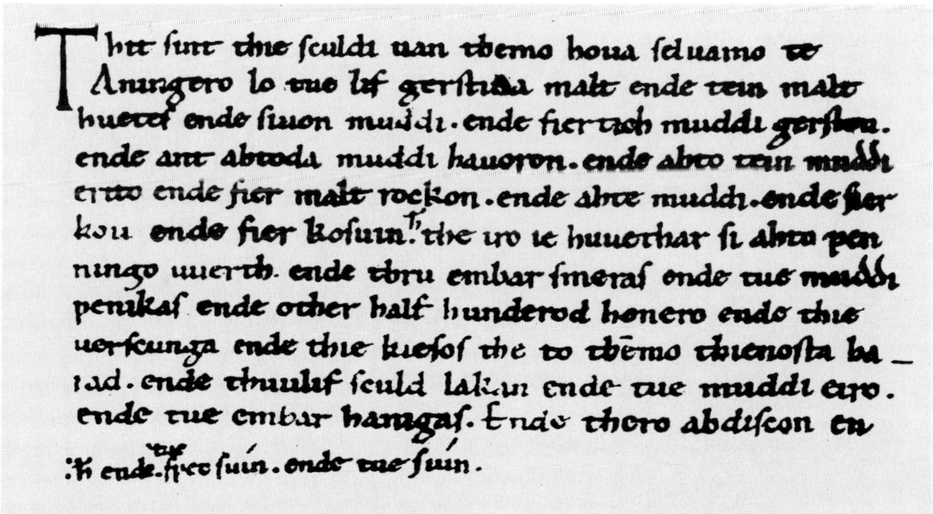
Thit sint thie sculdi uan themo houa seluamo te
Aningero lo tuo luf gerstina malt ende tein malt
huetes ende siuon muddi. ende fiertich muddi gerston.
ende ant ahtoda muddi hauoron. ende ahto tein muddi
ertto ende fier malt rockon. ende ahte muddi. ende fier
koii ende fier kosuin. the iro ie huuethar si ahta pen
ningo uuerth. ende thriu embar smeras ende tue muddi
penikas ende other half hunderod honero ende thie
uerscunga ende thie kiesos the to themo thienosta ha-
rad. ende thuulif sculd lakan ende tue muddi erito.
ende tue embar hanigas. Ende thero abdiscon en
ti ende. tue fier suin. ende tue suin.

Auszug aus dem Freckenhorster Heberegister, dem ältesten erhaltenen Text in münsterländischer Sprache (11. Jahrhundert)

druck von der altwestfälischen Sprache zu vermitteln, sei ein kleiner Abschnitt aus dem ältesten überlieferten Text in münsterländischer Sprachform abgedruckt.

„Thit sint thie sculdi uan themo houa seluamo te Aningerolo tuelif gerstina malt ende tein malt huetes ende siuon muddi. ende fiertich muddi gerston. ende antahtoda muddi hauoron. ende ahtotein muddi erito ende fier malt rockon. ende ahte muddi. ende fier koíí ende fier kosuín. [ende tue specsuín. ende tue suín.] the iro iehuuethar si ahto penningo uuerth. ende thru embar smeras ende tue muddi penikas ende otherhalf hunderod honero ende thie uerscunga ende thie kiesos the to themmo thienosta harad. ende thuulif sculdlakan ende tue muddi eiro. ende tue embar hanigas. Ende thero abdiscon en suin sestein penningo uuerth ende en scáp. ende ses muddi huetes. ende tue embar hanigas“ [zit. nach 2782: Wadstein, sprachdenkmäler, S. 29].

(Übersetzung: Dies sind die Abgaben von demselben Hofe in Enningerloh: 12 Malter Gerste und 10 Malter Weizen und 7 Scheffel. Und 40 Scheffel Gerste. Und 80 Scheffel Hafer. Und 18 Scheffel Erbsen und 4 Malter Roggen. Und 8 Scheffel. Und 4 Kühe und 4 Kuhschweine [Sauen]. Und 2 Speckschweine. Und 2 Schweine, deren jedes 8 Pfennig wert sei. Und drei Eimer Fett und 2 Scheffel Hirse und anderthalb hundert Hühner und die Jungtiere und die Käse, die zu dem Dienst [zu der Abgabe] gehören. Und 12 Abgabelaken und 2 Scheffel Eier. Und 2 Eimer Honig. Und der Äbtissin ein Schwein, das 16 Pfennige wert sein soll und ein Schaf. Und 6 Scheffel Weizen und 2 Eimer Honig.)

In dem abgedruckten Auszug aus dem Freckenhorster Heberegister finden sich sprachliche Kennzeichen des Altwestfälischen: 1. keine Durchführung der hochdeutschen Lautverschiebung: *penningo* ‚Pfennige', *scap* ‚Schaf', *tue* ‚zwei', *tein* ‚zehn'. 2. Nasalschwund vor þ: *otherhalf* ‚anderthalb'. 3. Einheitsplural der Verben im Präsens auf *-ad*: *harad* ‚sie gehören'. Noch vor dem Jahr 1100 verstummt die altwestfälische Schreibtradition. In der lateinischen Überlieferung finden sich außer Personen- und Ortsnamen gelegentlich auch Einzelwörter in der Volkssprache.

Der Versuch, die mündliche Sprachpraxis zu rekonstruieren, stößt für diesen fast überlieferungslosen Zeitraum auf Schwierigkeiten. Es ist anzunehmen, daß sowohl in der Burgsiedlung als auch im Umland hauptsächlich eine nördliche Variante des Altwestfälischen gesprochen wurde. Ein Eindruck von der Struktur dieser Sprachform konnte anhand des Freckenhorster Heberegisters gewonnen werden. Neben die altwestfälische Mundart treten in der Domburg weitere Varietäten: Wenn, wie anzunehmen, die Geistlichkeit anfangs nicht aus Westfalen, sondern aus benachbarten Teilen des fränkischen Reiches stammte, ist für den Bereich des *monasterium* Mehrdialektalität anzusetzen. Vor allem werden ripuarische, altniederländische und friesische Mundarten vertreten gewesen sein. Inwieweit in dieser Sprachsituation der Klerus auf die lateinische Sprechsprache ausgewichen ist, ist nicht zu entscheiden.

Der erste Bischof von Münster, Liudger, war ein Mann von gelehrter Bildung. Anhand seiner Bildungskarriere und seines weiteren Lebenslaufs können Aussagen über seine Sprachkenntnis getroffen werden. Liudger wird neben der lateinischen Bildungssprache Altfriesisch und Altniederländisch gesprochen haben, dazu wird er über altenglische, ripuarische, altwestfälische, vielleicht auch über einige romanische Sprachkenntnisse verfügt haben.

Durch die Eingliederung ins Frankenreich und die Christianisierung wurden die kulturellen Beziehungen zum fränkischen Gebiet und damit der Einfluß aus dem Südwesten außerordentlich verstärkt. Der Zustrom von Lehnwörtern aus dem Lateinischen, der schon für die Zeit vor 800 konstatiert werden konnte, hielt an. Mit neuen Kulturtechniken gelangten neue Wörter ins Altwestfälische, etwa *inke[s]t* ‚Tinte' aus lateinisch *incau[s]tum*. Mit der unter Kölner Einfluß stehenden Mission gelangten neue Wochentagsbezeichnungen nach Westfalen, *säterdag* ‚Samstag' und *gödensdag* ‚Mittwoch'. Eine altsächsische Kirchensprache mußte erst geschaffen werden, entweder nach altenglischem (*godspell* ‚Evangelium', *hēliand* ‚Heiland') oder nach althochdeutsch-fränkischem Vorbild (*diuval* ‚Teufel', *engil* ‚Engel'). Auch die Rechtssprache unterlag einem starken fränkischen Einfluß.

Vom 12. Jahrhundert bis zum Beginn des 14. Jahrhunderts

Die Schriftlichkeit ist im 12. und 13. Jahrhundert noch auf die Geistlichkeit beschränkt; in Münster wurde nur lateinisch geschrieben. Als Bischofssitz ist Münster ein Zentrum der lateinischen Schriftlichkeit. Die Zahl der Schreibstätten hat um 1200 beträchtlich zugenommen. Die Pfarrkirchen St. Lamberti, St. Martini, St. Aegidii und St. Ludgeri sind bereits errichtet; genannt seien außerdem das Kollegiatstift Alter Dom, die Stifte an St. Ludgeri und St. Martini und das Benediktinerinnenkloster St. Aegidii.

Im 13. Jahrhundert nimmt die Überlieferung zu. Der Bischof ist der bei weitem wichtigste Aussteller von Urkunden. Neben die geistliche tritt nach 1200 die Schriftlichkeit des Rates. Das Stadtrecht dürfte zwischen 1209 und 1214 aufgezeichnet worden sein. In der Mitte des 13. Jahrhunderts schließt Münster mit anderen westfälischen Städten Städtebündnisse ab: Von 1246 datiert der Ladbergener Bund, von 1253 der Werner Bund. Neben dem Geschäftsschrifttum existiert in der Mitte des 13. Jahrhunderts mit den Dichtungen *Palpanista* und *Dialogismi* auch eine lateinischsprachi ge Literatur. Ihr Verfasser ist Bernhard von der Geist, Kanoniker von St. Mauritz.

Volkssprachiges findet sich zwischen 1121 und den ersten Jahrzehnten des 14. Jahrhunderts in der lateinischen Überlieferung in Form von Personen- und Ortsnamen und von Einzelwörtern. Als Beispiele für letztere seien genannt: *Jure ciuili quod* Wicbilethe *dicitur* (Bischof Hermann 1178); *a civili collecta, quam* schot *vocant* (Bischof Hermann 1184).

Im Bereich der Mündlichkeit vollzieht sich in der zweiten Hälfte des 12. Jahrhunderts im niederdeutschen Sprachraum die innersprachliche Entwicklung von der ersten zur zweiten Sprachstufe des Niederdeutschen, vom Altsächsischen zum Mittelniederdeutschen, in Westfalen analog vom Altwestfälischen zum Mittelwestfälischen. Dieser Prozeß kann, da auf Namen und Einzelwörter in lateinischen Texten zurückgegriffen werden muß, nur lückenhaft verfolgt werden. Als im 13./14. Jahrhundert Texte in mittelniederdeutscher Sprache einsetzen, ist diese Entwicklung bereits abgeschlossen. Ein wichtiges Merkmal zur Unterscheidung von Alt- und Mittelniederdeutsch ist die Abschwächung der unbetonten Mittel- und Endsilbenvokale zu einem durch <e> wiedergegebenen Indifferenzlaut. Diese Lautentwicklung gehört dem 12. Jahrhundert an. Die Graphie <d> für altsächsisch /þ/, mittelniederdeutsch /d/ setzt sich in Münster nach 1250 durch.

Nach 1200 kann die in Münster verwendete niederdeutsche Varietät als Mittelniederdeutsch bzw. Mittelwestfälisch bezeichnet werden. Neben dem Ortsdialekt wird in der Geistlichkeit wohl auch lateinisch gesprochen worden sein. Als Sprache der seit dem 12. Jahrhundert in der Stadt ansässig gewordenen Juden ist das Jiddische anzunehmen.

Das Mittelwestfälische ist ein Teil des Mittelniederdeutschen. Dessen Zeitraum umfaßt das späte Mittelalter und die frühe Neuzeit, das 13. bis 17. Jahrhundert. Die bäuerliche und bürgerliche Ostkolonisation des 12. bis 14. Jahrhunderts bewirkt eine erhebliche Ausweitung des niederdeutschen Sprachareals nach Osten hin, wie die Karte des mittelniederdeutschen Sprachraums zeigt [vgl. 2522: Peters, Überlegungen zu einer Karte, S. 59].

Seit dem 12. Jahrhundert sind in Münster beheimatete Fernhändler im gesamten frühhansischen Raum anzutreffen. Funde des in Münster geprägten Mimigardefordiapfennigs weisen auf die Handelstätigkeit münsterischer Fernhändler im Ostseeraum hin. Kontakte nach Norwegen bezeugt die zwischen 1250 und 1260 in Bergen aufgezeichnete altnorwegische *þiđreks saga af Bern.* Sie bezieht sich ausdrücklich auf die Aussagen deutscher Gewährsleute, die in Soest, Bremen oder Münster geboren waren *(í Susat, í Brimum eđa Menstrborg)* [2224: Hofmann, Lebensform mündlicher Erzähldichtung]. – Schon früh schlossen sich münsterische Kaufleute den Kölnern bei Fahrten nach Frankreich und England an. Die Fernhändler müssen sich auf ihren Fahrten und am Zielort verständigen können. Auf ihren Reisen lernen sie fremde Sprachen kennen. Es entsteht eine Sprachsituation, die durch vielfältige Sprachkontakte gekennzeichnet ist. Es stellt sich die Frage, ob die münsterischen Kaufleute im Ostseeraum ihr Münsterländisch gesprochen oder ob sie sich einer auf nordniederdeutsch-lübischer Grundlage beruhenden „frühhansischen Umgangssprache“ bedient haben. Vermutlich haben sich die Fernhändler aus dem dialektal zersplitterten Altland in den lübisch geprägten Ostseestädten an die dortigen Sprachverhältnisse angepaßt. Auch innerhalb der Gemeinschaft der Fernhändler wird sich ein sprachli-

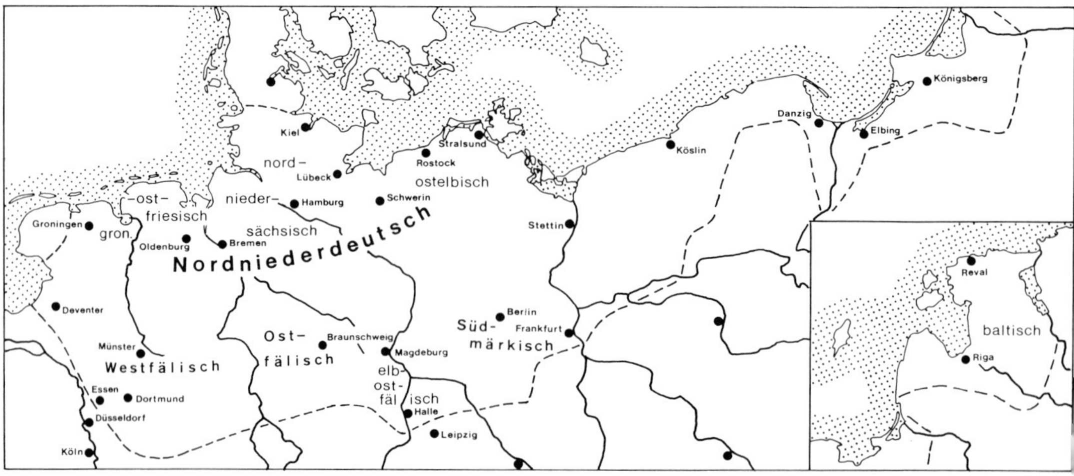

Der mittelniederdeutsche Sprachraum

cher Ausgleich gebildet haben [2523: Peters, Frühhansische Verkehrssprache]. Im Ostseeraum wie auch in Skandinavien und Flandern ist aber auch mit Semikommunikation zu rechnen, d. h. jeder Sprecher verwendet seine eigene Varietät. In Rußland wie in England und Frankreich mußte die Hilfe von Dolmetschern in Anspruch genommen werden.

Aus Westfalen stammende Einwanderer haben sich an der Gründung der Ostseestädte beteiligt und deren Sprache beeinflußt. Seit dem Ende des 13. und besonders in der ersten Hälfte des 14. Jahrhunderts macht sich in den Schreibsprachen des Raumes zwischen Hamburg und dem Baltikum ein westfälischer, rheinischer und niederländischer Einfluß bemerkbar, eine sogenannte westliche Strömung [2521: Peters, Mittelniederdeutsche Sprache, S. 77ff]. Die westfälischen Sprachzüge lassen sich als Folge der Ostsiedlung erklären, an der Westfalen einen starken Anteil hatten, sie stammen aus der gesprochenen Sprache westfälischer Siedler.

3. Entstehung und Ausbildung einer volkssprachigen Schriftlichkeit (14. bis 16. Jahrhundert)

Im 13. Jahrhundert setzt allmählich eine Entwicklung ein, die die sprachlichen Verhältnisse in der Stadt grundlegend verändert. Die Sprachpraxis ist seit dem späten Mittelalter „von einer zunehmenden schriftsprachlichen Durchdringung der alltäglichen Lebenswelt bestimmt" [2221: Hoffmann, Geschichte der Kölner Stadtsprache, S. 98]. Dieser Prozeß wird als „Verschriftlichung des Lebens" bezeichnet. Die Differenzierung des sozialen und wirtschaftlichen Lebens sowie der Aufbau einer staatlichen und städtischen Verwaltung erwecken das Bedürfnis nach schriftlicher Fixierung der administrativen, rechtlichen und wirtschaftlichen Entscheidungen. Verwaltung, Rechtsprechung und Handel werden verschriftlicht.

Der Verschriftlichungsprozeß bewirkt eine Ausbreitung der Alphabetisierung über den Klerus hinaus. Für das 14. Jahrhundert ist noch eine relativ kleine Gruppe von Schreibkundigen anzunehmen. Die Lateinschulen sind als Domschule (Paulinum) wie als Stiftsschulen am St.-Martini-, St.-Ludgeri- und St.-Mauritz-Stift in der Hand der Geistlichkeit. Die Ausbildung in der niederdeutschen Sprache ergibt sich aus den praktischen Bedürfnissen der von der Verschriftlichung des Lebens betroffenen Schichten, die nicht über ausreichende Lateinkenntnisse verfügen: in erster Linie der Kaufleute, zum Teil auch der Handwerker. Insbesondere das Patriziat bedarf der volkssprachigen Schriftlichkeit, als wirtschaftlich führende Schicht im Handel, als politisch führende Schicht in der Verwaltung.

Im Verlauf des 15. Jahrhunderts kommt es zu einem Bildungsaufschwung, die Alphabetisierung nimmt weiter zu. Doch noch im Jahr 1440 konnten nicht alle Kanoniker des Alten Doms schreiben. In einem Statut des Kapitels am Alten Dom aus diesem Jahr heißt es: *Et ego Riquinus de Erle, canonicus senior, hic me per manum Bernadi ton Twenhoven ad rogatum meum de consensu decani et capituli, quia personaliter scribere nequivi, subscribi feci et personaliter promisi ita velle observare, ut prescribitur.* Ein Statut von 1478 dagegen unterschreiben alle Kanoniker mit eigener Hand.

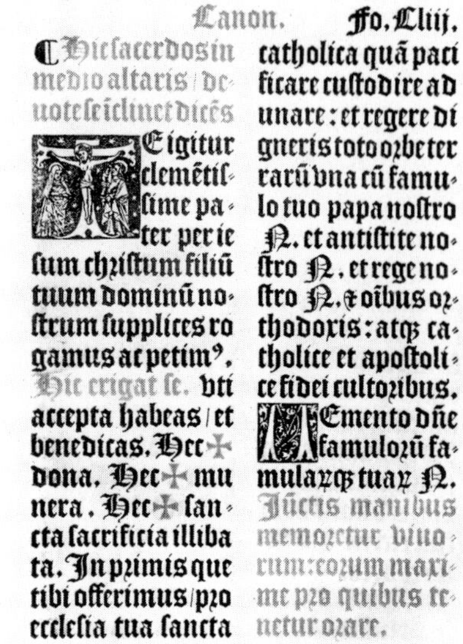

Canon. Fo. Cliij.

Hic sacerdos in
medio altaris de
uote se inclinet dicens
Te igitur
clementis-
sime pa-
ter per ie
sum christum filiū
tuum dominū no-
strum supplices ro
gamus ac petim⁹.
Hic erigat se. uti
accepta habeas et
benedicas. Hec +
dona. Hec + mu
nera. Hec + san-
cta sacrificia illiba
ta. In primis que
tibi offerimus pro
ecclesia tua sancta
catholica quā paci
ficare custodire ad
unare: et regere di
gneris toto orbe ter
rarū una cū famu-
lo tuo papa nostro
N. et antistite no-
stro N. et rege no-
stro N. et oībus or-
thodoxis: atque ca-
tholice et apostoli-
ce fidei cultoribus.
Memento dñe
famulorū fa-
mularumque tuarum N.
Junctis manibus
memoretur vivo-
rum: eorum maxi-
me pro quibus te-
netur orare.

Münsterisches Missale aus dem Jahr 1520 („Missale ad usum dyocesis Monasteriensis") mit Anweisungen für den Priester

Neben der lateinischen entsteht eine Schriftlichkeit in der Volkssprache. Das Latein wird langsam in immer mehr Textsorten von einer volkssprachigen Varietät abgelöst. In der kontinentalen Germania setzt im zweiten Drittel des 13. Jahrhunderts der kontinuierliche Gebrauch der Volkssprache ein, und zwar ausgehend von zwei Zentren, dem Oberrhein und der Grafschaft Flandern [2154: Goossens, Sprache, S. 73]. Das niederdeutsche Gebiet wird von der Bewegung zuletzt erfaßt, der westfälische Raum später als der ostfälische. Als in Westfalen der Übergang zur volkssprachigen Urkunde einsetzt, ist dies in allen benachbarten Schreibsprachlandschaften bereits geschehen. Die Anfänge der niederdeutschsprachigen amtlichen Überlieferung liegen in Westfalen im zweiten Jahrzehnt, der Umschlag vom Latein zur Volkssprache in der zweiten Hälfte des 14. Jahrhunderts. Der Ablösungsprozeß ist für Münster wie für den gesamten westfälischen Raum noch nicht untersucht.

In Münster setzen zuerst im zweiten Jahrzehnt des 14. Jahrhunderts Urkunden in der Volkssprache ein. Die bischöfliche Kanzlei kommt als Empfängerin mit volkssprachiger Schriftlichkeit in Berührung. Im Verkehr mit bereits volkssprachig urkundenden Personen bzw. Institutionen beginnt der Bischof, volkssprachige Urkunden auszustellen. Am 14. April 1311 beurkundet der Adelige Peter van der Lecke, daß das Haus Werth Eigentum des Stifts Münster sei; am 9. Juni 1311 überträgt er sein Haus Werth Bischof Ludwig von Münster. Am selben Tag belehnt Bischof Ludwig Peter van der Lecke mit Haus Werth [2767: Westfälisches Urkundenbuch 8, Nr. 631, 651, 652]. Peter van der Lecke verwendet eine niederrheinische Variante, in der Urkunde des Bischofs wird – zumindest nach Lage der Überlieferung – zum erstenmal von einem münsterischen Aussteller eine volkssprachige Varietät gebraucht.

In die Jahre zwischen 1370 und 1375 fällt in Münster der Umschlag von einer mehrheitlich lateinischen zu einer mehrheitlich niederdeutschen Urkundensprache. In diese Zeit fällt auch der Sprachwechsel bei den münsterischen Richtern. Bernd Cleyhorst, Richter des Bischofs in Münster, stellt am 20. Januar 1373 und am 29. Juli 1374 niederdeutsche Urkunden aus. Im Kirchspiel Überwasser urkundet der Richter Johannes dictus Cleyhorst am 9. August 1372 in lateinischer Sprache; hier scheint der Sprachwechsel mit dem Wechsel im Richteramt zu erfolgen: Der neue Richter von Überwasser, Herman Cleyhorst, urkundet am 12. Februar 1377 in niederdeutscher Sprache [416: Münsterisches Urkundenbuch, Nr. 215, 218, 224, 243]. Ob der Übergang bei den einzelnen Ausstellern zu unterschiedlichen Zeitpunkten geschieht, ist anhand der gegenwärtigen Forschungslage nicht zu entscheiden.

Aus der Zeit der Entstehung einer niederdeutschen Schriftlichkeit neben der lateinischen, der ersten Hälfte des 14. Jahrhunderts, ist eine dritte Schriftsprache für Münster bezeugt: Vom jüdischen Friedhof stammt ein im Jahr 1324 aufgerichteter Grabstein – der älteste erhaltene jüdische Grabstein Westfalens – mit einer hebräischen Inschrift. „Daß in der westfälischen Metropole vor 1350 ein jüdischer Rabbiner bzw. jüdische Gelehrte und ein Schreiber tätig waren, ist daraus zu schließen, daß hier am 13. Mai 1343 die Scheidungsurkunde eines Beckumer Juden ausgestellt ist. Solche Scheidebriefe mußten nach jüdischem Gesetz vor einer Rabbinatsbehörde ausgefertigt werden“ [24: Aschoff, Juden in Münster, S. 2].

Die Phase des konkurrierenden Nebeneinanders von Latein und Mittelniederdeutsch dauert bis zum Beginn des 16. Jahrhunderts, als sich erneut ein Sprachwechsel anbahnt. Welche Sprache gewählt wird, ob lateinisch oder niederdeutsch geschrieben wird, hängt von der Institution und vom Funktionsbereich ab. Mit der Ausbreitung der Alphabetisierung erhöht sich die Zahl der Schreibstätten und der Umfang der Überlieferung. Dieser steigt besonders im 15. Jahrhundert sprunghaft an. Das Mischungsverhältnis von Latein und Mittelniederdeutsch ist nach Zeit, Institution und Textsorte unterschiedlich. Im 15. Jahrhundert ist eine zumindest gleichberechtigte Stellung der mittelniederdeutschen Schreibsprache erreicht.

Die Kanzlei der bischöflichen Regierung richtet sich in ihrer Sprachwahl nach dem Empfänger. An geistliche Institutionen und Personen wird lateinisch, an den Rat der Stadt und einzelne Bürger zunehmend niederdeutsch geschrieben. Auch die bis 1370 reichende münsterische Bischofschronik ist lateinisch; Bischof Florenz von Wevelinghoven (ab 1364) veranlaßte die Abfassung und schrieb die Vorrede. Schriftsprache des Domkapitels bleibt fast ganz das Lateinische, da kirchliche Angelegenheiten in dieser Sprache beurkundet wurden. In einem Einkünfteverzeichnis des 14./15. Jahrhunderts kommt es stellenweise zu einer lateinisch-niederdeutschen Mischsprache: *Hec sunt nomina officiorum: 1 dapifer, 6 coci, 4 pincerne, 2 broygere, 5 drygere, 2 weschere, 1 magister braxatorum, 1 glasworte, 1 magister pistorum, 1 minutor, 4 subpistores, 1 camerarius* [417: Älteste Verzeichnisse, S. 196]. An der Spitze der Ratskanzlei steht der *scryver* oder *secretarius*. In der Mitte des 15. Jahrhunderts hielt sich dieser einen *underschryver*: „Item den schryver syn loen vorbetert 10 m. Item den selven eyn underschryver to holden 11 m. 3 s.“ [StadtAM, A VIII 277,1].

Die städtische Verwaltung wurde in zunehmendem Maße differenziert. Es kann zwischen verschiedenen Gebrauchssituationen unterschieden werden: zwischen der kanzleiinternen Überlieferung und Texten für den externen Gebrauch. Texte für den inneren Kanzleibetrieb sind Stadtbücher (verschollen), Ratsprotokolle, Kämmereirechnungen (von 1447 bis 1449 und von 1458) und Akten. Texte für den externen Gebrauch sind Urkunden sowie für die Bürgerschaft bestimmte Verordnungen. Korrespondenz wird mit einheimischen (Bischof, einzelne Bürger) wie mit auswärtigen Empfängern (Hansestädte) geführt. Die Münsterische Stiftsfehde (1450–1458) führt zu einer Intensivierung des Schriftverkehrs.

Das geistliche Gericht, das Offizialat, schreibt überwiegend lateinisch. Die Schreiber am weltlichen Gericht urkunden in niederdeutscher Sprache.

Die geistlichen Institutionen, die Stifte und Klöster, verwenden auch in den amtlichen Textsorten vorwiegend die lateinische Sprache. Die Urkunden des Kollegiatstifts Alter Dom bleiben ganz überwiegend lateinisch. Der *Liber rubeus*, das Kopiar des St.-Mauritz-Stifts, vom Scholaster Bernhard Tegeder um 1492 zusammengestellt, ist lateinisch, doch hat Tegeder seinem Ärger über Amtsleute und Schulten oft in lateinischen und niederdeutschen Randbemerkungen Luft gemacht: „Och, du Schalk!“ – „Soe hundsvotte weren se.“ – „Och du arme kerke, wo heft men di fobbet!“ – Niederdeutsch ist dagegen das Rentenverzeichnis der Martinikirche vom Jahr 1369.

Die Wahl der Schreibsprache scheint in den Hospitälern und Armenhäusern der Stadt vom Faktor Zeit abhängig zu sein. Das Lagerbuch des Leprosenhauses zu Kinderhaus von 1365 ist lateinisch, das Rentregister von 1435 niederdeutsch. Im Armenhaus St. Elisabeth zur Aa wurde bei der Gründung 1354 ein lateinisches Rentregister angelegt; dieses wurde später in niederdeutscher Sprache erneuert.

Als Folge der Verschriftlichung des Handels und der Seßhaftwerdung der Kaufleute entsteht als neue Schreibstätte das Kontor des Kaufmanns, die *scrivekamere*. Textsorten des Handels sind Handlungsbücher (in Münster erst seit 1550 überliefert) und die Geschäftskorrespondenz. Zeugnisse für die Schriftlichkeit der Gilden sind erst aus dem 16. Jahrhundert erhalten.

Weitere Schreibstätten sind die Kanzleien der Notare, in denen Privatverträge und Testamente aufgesetzt wurden. Im Bereich der Testamente findet der Übergang zur Volkssprache später statt als in den Urkunden: Das Testament des Domherrn Thidericus Bertoldinch von 1386 ist in lateinischer, das des Bürgers Gerd Havekesbeke von 1398 in niederdeutscher Sprache geschrieben. Im 15. Jahrhundert entsteht eine niederdeutschsprachige, von Bürgern verfaßte Chronistik: Die Chronik des münsterischen Bürgers Arnd Bevergern, der seit 1443 öfter das Amt eines Aldermanns bekleidete, reicht bis 1466.

Was aber den besonderen Rang der münsterischen Schriftlichkeit ausmacht, was sie aus dem Kreis der niederdeutschen Städte vergleichbarer Größenordnung heraushebt, ist im 15. Jahrhundert die Schriftlichkeit der Devotio moderna und die des Humanismus. Die religiöse Erneuerungsbewegung der Devotio moderna, die von Geert Groote in Deventer gegründet worden war, griff bald nach Westfalen aus. In Münster wurde 1400 eine Niederlassung der Brüder vom gemeinsamen Leben gegründet; 1409 erfolgte der Umzug ins Haus „Zum Springborn“ am Honekamp. Im Leben der Fraterherren spielte die Produktion von Handschriften eine große Rolle.

Das Vervielfältigen von Büchern durch Abschreiben diente als Mittel zur Glaubenserfahrung und zum Broterwerb *(fratres non verbo, sed scripto praedicantes).* Die bedeutende Bibliothek der Fraterherren wurde zum größten Teil während der Täuferherrschaft vernichtet, doch lassen sich anhand von Handschriften, deren Provenienz aus dem Fraterhaus feststeht, Angaben zur Sprachwahl machen. Liturgische Handschriften, theologische Werke und Breviere sind selbstverständlich in lateinischer Sprache geschrieben, so etwa das Missale aus Nienborg (1425), das Missale aus St. Remigius zu Borken (1481), das Antiphonarium zu Ennigerloh (1479), eine Handschrift mit vier Traktaten des Johannes Gerson (1436), das Brevier des Hermann von Langen (1464). Daneben entstand aber auch Erbauungsschrifttum in der Volkssprache. Überliefert sind unter anderen der „Spieghel der leyen" (1444), der *Lectulus noster floridus* (1486), der „Wyngaerden der sele" (1486, Fragment von 1502) [530: Oeser, Brüder des gemeinsamen Lebens].

Im Jahr 1444 wurde in Münster eine Niederlassung der Schwestern vom gemeinsamen Leben gegründet, das Kloster Niesinck. Als Rektor dieses Hauses hat Johannes Veghe seine niederdeutschen Predigten gehalten (um 1492), die vom Fraterherrn Johannes Becker aufgezeichnet wurden. Der einzige direkte Bericht über Veghe findet sich in der Chronik des Schwesternhauses: „Unde wy kregen weder van der Fraterhues to enen pater ein wis, walgeleert man, geheiten her Johan Vege, de voirmails

der vullenkomenheit vñ syne nauolgers
brechte int ewighe ryke. Dar vme salstu ene leeff hebben. em volghen vnde
alynck vmehelsen. Vñ hyr to sollen dy
leren leiden vñ to wisen desse nauolghenden oeffeninge vñ ghebede. Een ghebed
vme den menschen to verwerken gode to
louene vme syne gudheit.
Ere myn god ick
begher dy to danken vñ to louene
want vme dy to
louen vñ to danken ick my ghe-
schapen vñ ghemaket kene. Do
vp myne mund
in dynen loue vp dat ick synge moge
glorie dynen name. Verwecke myn herte in dy. verdryff alle verdreit van my
storte in my dyne gracie. vntfenge in
my dyne inwyne vp dat ick dy behorlike
dancbarheit moghe betalen. Nym aff
de boesheit van dynen knechte. reynige

„Dat myrren bundeken" (1480). Die niederdeutsche Übersetzung von Thomas von Kempens „Orationes et meditationes de vita Christi" in einer Handschrift der münsterischen Fraterherren

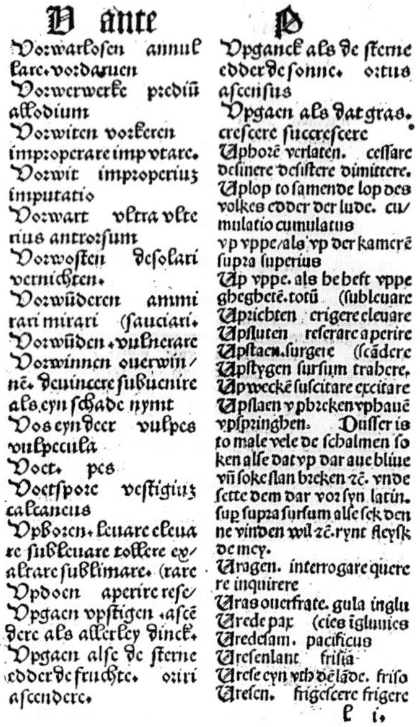

V ante

Vorwarlosen annul larc. vordaruen
Vorwerwerke prediũ allodium
Vorwiten vorkeren improperare imputare.
Vorwit improperiuz imputatio
Vorwart vltra vlterius antrorsum
Vorwosten desolari vernichten.
Vorwũderen ammirari mirari (sauciari.
Vorwũden. vulnerare
Vorwinnen ouerwinnẽ. deuincere subuenire als eyn schade nymt
Vos eyn deer vulpes vulpecula
Voet. pes
Voetspore vestigiuz calcaneus
Vpboren. leuare eleuare sublevare tollere exaltare sublimare. (rare
Vpdoen aperire rese/
Vpgaen vpstigen. ascẽdere als allerley dinck.
Vpgaen alse de sterne edder de fruchte. oriri ascendere.

P

Vpganck als de sterne edder de sonne. ortus ascensus
Vpgaen als dat gras. crescere succrescere
Vphorẽ verlaten. cessare desinere desistere dimittere.
Vplop to samende lop des volkes edder der lude. cumulatio cumulatus
vp vppe/als vp der kamerẽ supra superius
Vp vppe. als be beft vppe ghegbetẽ. totũ (sublevare
Vprichten erigere elevare
Vpsluten reserare aperire
Vpstaen. surgere (scãdere
Vpstygen sursum trahere.
Vpweckẽ suscitare excitare
Vpslaen vpbrecken vpbauẽ vpspringhen. Duffer is to male vele de schalmen soken alse dat vp dar aue blive vñ soke slan brecken etc. vnde sette dem dar vor syn latin. sup supra sursum alse sek den ne vinden wil etc. rynt fleysk de mey.
Vragen. interrogare querere inquirere
Vras ouerfrate. gula inglu
Vrede pax (cies igluuies
Vredesam. pacificus
Vresenlant frisia
Vrese eyn vth dẽ lãde. friso
Vresen. frigescere frigere

L i.

„*Vocabularius in quo*“ von 1509

pater hadde gewest to Rostick unde ock hyr tor fraterhues, welck he dorch krancheit nicht en mochte vulvoiren. Unde was enes borgers sone hir to Munster, zeer leiftaldich manck den luden [. . .] Int eirste [. . .] starf unse ander pater, her Johan Veghe, int iair MCCCCC unde IIII up sunte Matheus dach, de uns vele suverliker leer unde schrift heft na gelaten.“

Die Verdienste der Fraterherren um den Ausbau des Niederdeutschen sind bedeutend. Mit ihren Traktaten und Predigten haben sie der westfälischen Sprache neue Anwendungsgebiete erschlossen und ihre Ausdrucksmöglichkeiten bereichert. Die zweite Hälfte des 15. Jahrhunderts ist aber nicht nur durch den Sprachausbau des Niederdeutschen charakterisiert; in dieser Zeit setzt auch eine intensive Pflege der lateinischen Sprache ein. Diese lateinische Sprachpflege ist das Ziel der Humanisten, zu deren westfälischem Zentrum sich nach der Reform des Paulinums im Jahr 1500 die Stadt Münster entwickelte. Hier entstand im Kreis um Rudolf von Langen und Johannes Murmellius eine neulateinische Dichtung.

In engem Zusammenhang mit dem Humanismus steht das Aufkommen des neuen Mediums des Buchdrucks in Münster. Im Jahr 1485 wurde hier zum erstenmal ein Buch gedruckt. Aus der Presse Johannes Limburgs erschienen zwischen 1485 und 1488 sieben Werke, drei kirchliche und vier humanistische Texte, alle in lateinischer Sprache. Auch als nach fast zwanzigjähriger Pause 1507 erneut Buchdruck in Münster einsetzt, bleibt Latein die Druckersprache. Niederdeutsche Stichwörter hat der

„Eynn suuerlick Bedekőkexken" – ein niederdeutsches Gebetbuch aus der Druckerei Dietrich Tzwyvels

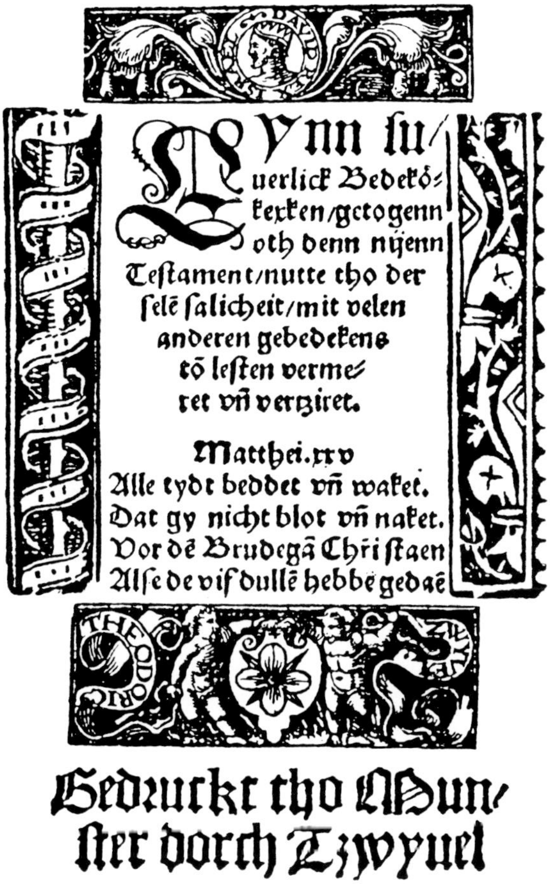

Vocabularius in quo, ein niederdeutsch-lateinisches Vokabular, das wahrscheinlich im Jahr 1509 bei Laurenz Bornemann gedruckt wurde.

Das Medium „Buchdruck" war in Münster in den ersten Dezennien seines Bestehens nur für lateinkundige Bürger von Interesse: Humanisten, Schüler der Lateinschule, Kleriker. Auftraggeber waren die Lehrer der Domschule: Nach der Reform des Paulinums waren neue Lehrbücher und Klassikerausgaben notwendig. Erst kurz vor der Täuferzeit wurde bei Dietrich Tzwyvel ein Gebetbuch in niederdeutscher Sprache gedruckt: „Eynn suuerlick Bedekőkexken / getogenn vth denn nijenn Testament / nutte tho der selē salicheit / mit velen anderen gebedekens tō lesten vermeret vn̄ vertziret."

Im Zuge des Aufkommens volkssprachiger Schriftlichkeit entstehen im 13./14. Jahrhundert miteinander verwandte regionale Schreibsprachen. Die beiden westfälischen Hauptvarietäten sind das Nordwestfälische (Münster) und das Südwestfälische (Dortmund, Soest). Im Westen wie im Osten dieses westfälischen Kernbereichs gibt es Übergangslandschaften: im Westen zwischen Niederländisch und Westfälisch das

IJsselländische in den östlichen Niederlanden, im Osten zwischen Westfälisch und Ostfälisch das Ostwestfälische. Die benachbarten niederländischen Schreibsprachen sind das Holländisch-Utrechtische und das Kleverländische; südlich an dieses schließt sich das Ripuarische mit dem Hauptort Köln an. Im Norden geht das Nordwestfälische in das Nordniedersächsische (Oldenburg, Bremen) über.

Jede der regionalen Schreibsprachen weist eine für sie typische Kombination sprachlicher Varianten auf. Die bisherigen Untersuchungen zu westfälischen Stadtsprachen haben ergeben, daß der räumliche Faktor (die geographische Lage der Stadt) für die Wahl einer Variante und damit für das Aussehen der Schreibsprache von vorrangiger Bedeutung ist. Die Kanzleien der Stadt Münster – in der ersten Hälfte des 14. Jahrhunderts vor allem die des Bischofs – werden bestimmend für das nördliche Westfalen. Man kann für das späte Mittelalter in Münster von einer lokalen münsterischen Schreibsprache sprechen; diese wirkt normierend auf die umliegende Region, das Territorium des Fürstbistums.

Folgende Variantenkombination ist typisch für die münsterische Schreibsprache: westgermanisch *a* vor *ld, lt* wird zu *o: old* ‚alt'; westgermanisch *ē, eo* wird zu *ê*[4]*: le(e)f* ‚lieb', *bre(e)f* ‚Brief'; westgermanisch *ō*, mittelniederdeutsch *ô*[1]*: broder* ‚Bruder'; *sal* ‚soll', *dôt* ‚tut', *brengen* ‚bringen'; *vrent/vrönt* ‚Freund', ‚Verwandter', *mensche* ‚Mensch'; *derde* ‚dritte'; *desse* ‚dieser', *selve/sölve* ‚der-, die-, dasselbe', *jēwelik, jûwelik, malk* ‚jeder'; *nîn* ‚kein'; *wu* neben *wo* ‚wie', *wal* neben *wol* ‚wohl'; *up* ‚auf', *winte, bet, hent* ‚bis', *tegen* ‚gegen', *sunder* ‚ohne', *tüsschen* ‚zwischen'; neben *unde* wird bis 1350 auch *ande* geschrieben; *eder/ofte* ‚oder', *men/mer* ‚aber', ‚sondern', *dan* ‚komparativisches als', *want* ‚denn', ‚weil'. Der Genitiv von *stad* lautet *der, des stades.*

Von den genannten Merkmalen gelten *nîn, hent* und die Kombination *eder/ofte* nur im Nordwestfälischen. Gesamtwestfälische Kennzeichen sind *vrent/vrönt, jûwelik, ande* und *der, des stades.* Einen nordwestfälisch-nordniederdeutsch-ostfälischen Verband bilden *old* und *up; desse* und *jēwelik* sind nordwestfälisch und nordniederdeutsch. In der Mehrzahl der Fälle ist das genannte Inventar nach Westen hin offen, d. h. die Varianten gelten auch im Mittelniederländischen und/oder Ripuarischen: *sal, dôt, brengen, mensche, derde, selve, wal, tegen, sunder, tüsschen, mer, dan, want.*

Eine geringere Rolle als der räumliche spielt für die münsterische Schreibsprache der zeitliche Faktor. Die Urkunden, die 1314 im Zusammenhang mit der Auseinandersetzung mit den Junkern von Lüdinghausen ausgestellt wurden, sind in einer hochdeutsch-niederdeutschen Mischsprache abgefaßt, wobei der hochdeutsche Anteil überwiegt: „Wier her Herman de olde von Ludinghusen unde her Herman die jûnge, desselben hern Hermannes sone, ridtere, dûn kûnt allen den, die diessen bref sien oder horen lesen, daz wier en trûwen globet han an eydes stad in dismen gegenwordigen brive unsen erwortigen heren unde vader bischoph Lodwich van Munstere, daz wier em in allen sinen noden sullen helfen unde beholfen sin wider alle diejene, die levent" [2767: Westfälisches Urkundenbuch 8, Nr. 874]. Vermutlich hatte Bischof Ludwig diesen Schreiber aus Marburg mitgebracht. Dann aber setzt eine recht homogene städtische Schreibsprache mit den obengenannten Merkmalen ein. Fremder Einfluß zeigt sich in den ersten Jahren namentlich in den formelhaften Eingängen der Urkunden: „Wi Lodewich, van der ghenade Godes biscop to Monstere, don kundich allen denghenen, de dessen bref sien unde horen lesen, dat wi sculdich sin den scepenen und den borgheren to Warendorpe, Bekeheym, Alen, Cosvelde, Bocholte und to Borken ellevenhundert marc Monsterslaghener penninge, ghenghe und gheve, die sie uns ghelenet hebben" (Urkunde vom 5. Februar 1320) [2767: Westfälisches Urkundenbuch 8, Nr. 1394]. Auffällig ist hier der Plural auf *-n* im Indikativ Präsens der Verben (*don, sien, horen, hebben*) anstelle der einheimischen Pluralendung *-et.*

Schreibungen wie *mitten* ‚mit den', *upper* ‚auf der', *tor* ‚zu der', die an der gesprochenen Sprache orientiert sind, sind in der frühen Phase des Mittelniederdeutschen häufiger als im 15. Jahrhundert. Als diachronische Entwicklungen sind weiterhin zu nennen: Schreibung von Doppelkonsonanz nach tonlangem Vokal seit der Mitte des 15. Jahrhunderts *(hemel, weten, komen* zu *hemmel, wetten, kommen).* Die Länge des Vokals wird im 14. Jahrhundert überwiegend nicht bezeichnet; im 15. Jahrhundert kommt die Bezeichnung der Länge durch ein nachgeschriebenes *e* auf *(jaer, raed);* hinzu kommt seit der Mitte des Jahrhunderts das nachgeschriebene *i (jair, raid).* Im 15. Jahrhundert wird *vrent* durch *vrünt* verdrängt, ohne daß die heimische Variante ganz verschwände. Neben *desse* treten im 15. Jahrhundert als Minderheitsvarianten *düsse* und das sprechsprachliche *dösse.* Um 1430 wird die *-et*-Endung im Plural Indikativ Präsens der Verben durch *-en* abgelöst. Gegenüber der Genitivform *der, des stades* setzt sich im 15. Jahrhundert das überregionale *der stad* durch.

Die mittelwestfälische Schreibsprache Münsters unterlag mehreren Einflüssen von außerhalb: In Lübeck hatte sich in der zweiten Hälfte des 14. Jahrhunderts eine festere Schreibnorm ausgebildet. Im 15. Jahrhundert breitete sich die sogenannte lübische Norm über weite Teile des niederdeutschen Sprachgebietes aus. Die ältere Forschung hat die Existenz einer lübisch geprägten Schriftsprache, der sogenannten Hansesprache, im gesamten niederdeutschen Sprachraum postuliert. Die Sonderstellung der westfälischen Schreibsprachlandschaft bleibt aber auch im 15. Jahrhundert erhalten. Die Variante *vrünt,* die das heimische *vrent* verdrängt, kann ebensogut wie aus dem Lübischen aus dem Kölnischen übernommen worden sein; der Einheitsplural auf *-en* hat sich nicht von Nordosten, sondern von Westen her über Westfalen ausgebreitet. Während des gesamten Mittelalters unterlag Westfalen einem kulturellen Einfluß aus dem Rheinland, besonders seiner Metropole Köln. Münsteraner – Geistliche, Studenten und Kaufleute – zogen nach Köln und erwarben dort auch ripuarische Sprachkenntnisse. Besonders deutlich ist der orthographische Einfluß auf die münsterische Schreibe: Seit der Mitte des 15. Jahrhunderts wird der Langvokal im nordwestfälischen Münster neben *e* nach ripuarischem Vorbild auch durch *i* bezeich net *(jair, raid).*

Auf sozialen und situativen Faktoren beruhende Variation ist in den Verwaltungstextsorten zu belegen; es lassen sich hier unterschiedliche Schreiblagen feststellen. In den zur kanzleiinternen Überlieferung gehörenden Kämmereirechnungen aus der Mitte des 15. Jahrhunderts findet sich eine innerörtliche Schreiblage: *-et*-Pluralendung der Verben im Präsens Indikativ neben *-en, dosse* neben *desse, solve, des stades,* während in den Urkunden dieser Zeit *der stad* geschrieben wird.

Beispiele für Adressatenorientiertheit – die Schreiber versuchen, Rücksicht auf die Sprache des Empfängers eines Schreibens zu nehmen – finden sich auch in Münster. In einem Brief des Rates an die Stadt Köln vom 14. Januar 1452 finden sich die Varianten *tzijt* und *tijd,* neben fünfmaligem *up* einmal *op,* neben viermaligem *und* sechsmal *ind,* das Suffix *-onge* neben *-inge (meynonghe, menynge).* Ein Brief Johanns von Hoya an den Herzog Johann von Kleve vom 10. September 1458 orientiert sich in der Anrede an der Sprache des Adressaten: „Hoegeborne furste, bisonders lieue neue [. . .] uwen liefden“ [2181: Hansen, Westfalen und Rheinland 2, Nr. 442].

Auf die Textsorte „Erbauungsschrifttum der Devotio moderna“ beschränkt und daher als sozio-situative Variation zu werten ist (ost)niederländischer Schreibspracheneinfluß. Jostes urteilt: „Ja manche mitten in Westfalen entstandene schriften sind in ihrer sprache so stark holländisch gefärbt, daß man bedenken tragen muß, dieselbe überhaupt westfälisch zu nennen“ [484: Jostes, Johannes Veghe, S. LIII]. Es ist aber nicht so, daß im Fraterhaus eine spezielle ostniederländisch-münsterländische Varietät geschrieben würde, die im Gegensatz zur sonstigen lokalen Schreibtradition stünde. Der niederländische Einfluß ist vielmehr vorlagenbedingt. Durch das Abschreiben einer (ost)niederländischen Vorlage entsteht eine niederländisch-westfälische Mischsprache, wobei das Mischungsverhältnis von Handschrift zu Handschrift unterschiedlich ist: In der Handschrift von 1486, die den *Lectulus noster floridus* und den „Wyngaerden der sele“ enthält, finden sich die Niederlandismen *sterck, du hebst, sullen, ellic* ‚jeder‘, *gheen* ‚kein‘. Die Sprache des „Wyngaerden“-Fragments von 1502 dagegen ist viel stärker westfalisiert (*starck, du hevest*). In der münsterischen Schreibtradition steht die Sprache der Predigten Veghes: *scharp, sollen, vrent, juwelik* ‚jeder‘, *nijn* neben seltenerem *ghijn* ‚kein‘. Niederländischer Einfluß zeigt sich hier etwa in der starken Flexion der Adjektive („der ewigher verdomenysse“) sowie im Zahlwort *tijne* ‚zehn‘ (münsterländisch *tein*).

Die im spätmittelalterlichen Münster hauptsächlich verwendete sprechsprachliche Varietät ist die münsterische Stadtmundart. Der Abstand zwischen der geschriebenen und der gesprochenen Lokalsprache ist innerhalb des mittelniederdeutschen Sprachraums regional unterschiedlich groß. Für den westfälischen Sprachraum, so auch für Münster, ist die relativ große Kluft zwischen Schriftlichkeit und Mündlichkeit zu betonen.

Sprechsprache			*Schreibsprache*		
bieke	üewel	vuegel	beke	ouel	vogel
iätten	hüöwe	buowen	et(t)en	houe	bouen
	maken			maken	

Im Bereich des Langvokalismus haben Diphthongierungsprozesse stattgefunden; man spricht *keise, baum* und schreibt *kese, bo(e)m.* Das Personalpronomen ‚uns‘ heißt *us,* geschrieben wird von Beginn der mittelwestfälischen Überlieferung an *uns.* In der gesprochenen Sprache bleibt die verbale Pluralendung *-et* erhalten.

Als Folge der fortschreitenden Arbeitsteilung kommt es im Wortschatz zu Differenzierungen; es entstehen spezielle (Fach-)Wortschätze für den Handel und die verschiedenen Gewerbe [2437: Meier/Möhn, Sprache im Hanseraum, S. 431].

Lateinische Sprechsprache ist im 15. Jahrhundert nicht nur im Klerus, sondern auch im Kreis der Humanisten präsent. In seiner Ode auf die Stadt Münster hebt Murmellius Rudolf von Langen hervor: „Ja, auch wenn er in der erhabenen Sprache Ciceros redet!“ – Jiddisch wurde in Münster bis zur Vernichtung der jüdischen Gemeinde im Jahr 1350 gesprochen. – Der Zuzug von auswärts brachte Sprecher auch nichtwestfälischer Dialekte nach Münster. Murmellius stammte aus Roermond, der erste münsterische Drucker Johannes Limburg aus Aachen, Laurenz Bornemann aus Lübeck. Hinzu kamen die Sprachen auswärtiger Besucher, fremder Kaufleute, Prediger und des „fahrenden Volkes“. 1458 predigte der niederländische Franziskanerpater Johannes Brugman in Münster – ob auf Westfälisch oder auf Niederländisch, erfahren wir nicht. Die „Fahrenden“ – Spielleute, Gaukler, Akrobaten – bildeten eine Sondersprache aus, das „Rotwelsch“, eine Mischsprache mit deutschen, hebräischen und zigeunerischen Anteilen.

Jostes führt zwei Fälle an, in denen in münsterischen Quellen der Dialekt eines Sprechers getreu wiedergegeben ist. Der Biograph Ottos IV. von Hoya läßt diesen, als er die Frau eines Beamten sehr stolz gekleidet sieht, in ostfälischer Mundart ausrufen: „We is myck dat?“ Die andere Stelle steht in der Chronik des Klosters Niesinck: „Als 1525 die Unruhen in Münster losbrachen und der Haufe das Schwesternhaus stürmte, war man sehr erstaunt, nur 11 Webstühle darin zu finden. Ihr Anführer Klaus Munt hatte von 100 gesprochen. Als dieser deshalb angefahren wurde, suchte er sich mit der Ausrede zu retten: ‚Se h*an* m*ir* so gesacht!‘ Wir wissen sonst nichts über diesen Klaus Munt, aber dieser eine Satz zeigt deutlich, dass er kein Münsteraner und kein Westfale war“ [2289: Jostes, Schriftsprache, S. 93]. In beiden Fällen wird eine nichtwestfälische Mundart wiedergegeben. Dies alles zeigt, daß im spätmittelalterlichen Münster zumindest ansatzweise eine Mehrdialektalität vorhanden war.

Sprachliche Kontakte bestehen vor allem in den hansischen Raum von England bis Nowgorod, in die Niederlande und ins Rheinland. Im 14./15. Jahrhundert ist der westfälische Wirtschaftsraum vor allem nach Westen und Südwesten hin orientiert. Enge kulturelle Beziehungen bestehen in die östlichen Niederlande (Devotio moderna) und nach Köln (Geistliche und Studenten). Die Humanisten lassen Bücher in Deventer und in Köln drucken. Ihr Horizont geht aber bereits über Köln hinaus rheinaufwärts bis nach Straßburg. Der Lebenslauf des Johannes Murmellius bewegt sich im niederländisch-rheinisch-westfälischen Raum; die Bildungskarriere des Hermann von dem Busche führt weit über den niederländisch-niederdeutschen Raum hinaus nach Heidelberg, Wittenberg, Leipzig und Marburg. Der kulturelle Horizont erweitert sich nach Süden hin. Damit setzt eine neue Epoche der sprachlichen Entwicklung ein.

4. *Ausbildung, Durchsetzung und Geltung der neuhochdeutschen Schriftsprache vom Beginn des 16. Jahrhunderts bis 1815*

Um 1500 stand das Niederdeutsche in seiner Geltung und in seinem Gebrauch ebenbürtig neben dem Hochdeutschen im Süden und dem Niederländischen im Westen; es war auf dem Weg zu einer modernen Kultursprache. Daß es nicht zu einer niederdeutschen Schriftsprache in Westfalen und Norddeutschland kam, entschied sich im 16. Jahrhundert: Eine fremde Schriftsprache, das Hochdeutsche, verdrängte die lokale westfälische Schreibsprache. Die Ursachen sind in dem kulturellen, religiösen, rechtlichen, politischen und wirtschaftlichen Umbruch der Zeit um und nach 1500 zu suchen. Die Humanisten hatten sich kulturell über Köln hinaus nach Oberdeutschland und nach Italien hin orientiert. Die Einführung des römischen Rechts

1495 hatte den Schriftverkehr norddeutscher Städte mit dem Reichskammergericht in Speyer zur Folge, wo Niederdeutsch nicht verstanden wurde. Die gelehrten Juristen müssen in der Folgezeit lernen, das Hochdeutsche zu beherrschen. Mit dem Niedergang der Hanse ging ein Machtzuwachs der Territorialstaaten einher.

Die genannten kulturellen, politischen und ökonomischen Prozesse bewirken, daß sich die norddeutschen Oberschichten (Adel und akademisch gebildete Humanisten und Juristen) nach Süden hin orientieren. Die hochdeutsche Orientierung setzt schon vor der Reformation ein. In den sprachbestimmenden Kreisen genießt das Hochdeutsche ein höheres Sozialprestige als das heimatliche Niederdeutsche. So entsteht in der Oberschicht die Bereitschaft, die eigene Sprache aufzugeben und das höher geachtete Hochdeutsche anzunehmen. An die Stelle des hansischen Wirtschafts- und Kulturraums tritt die Einbindung Norddeutschlands in einen nordsüdlichen Kultur- und Wirtschaftsraum. Nach dem Einsetzen der reformatorischen Bewegung werden die Probleme im nationalen Rahmen diskutiert [2416: Maas, Sprachliche Verhältnisse, S. 612].

Westfalen war schon im 15. Jahrhundert kulturell wie wirtschaftlich nach Westen und Südwesten hin ausgerichtet. In den ersten Jahrzehnten des 16. Jahrhunderts ist die Domschule in Münster ein bedeutendes Zentrum des Humanismus. Die münsterischen Humanisten haben in Köln, manche auch in Süddeutschland studiert. So war im Kreis der Humanisten sicher schon früh neben der westfälischen eine ripuarische und hochdeutsche Lese- und Verstehenskompetenz gegeben. Eine zweite Gruppe, die während des Studiums eine hochdeutsche Sprachkompetenz erworben hat, ist die der Juristen. Wir finden sie als gelehrte Hofbeamte im Dienste des Fürstbischofs wie an der Spitze der städtischen Verwaltung. Syndikus der lutherisch gewordenen Stadt ist Johann von der Wyck. Von seiner Hand sind niederdeutsche, hochdeutsche und lateinische Schriftstücke überliefert. Am Beispiel von der Wycks zeigt sich, daß für einen Politiker bzw. Diplomaten der Stadt die Beherrschung des Hochdeutschen unerläßlich geworden war.

Als zu Beginn der dreißiger Jahre des 16. Jahrhunderts die reformatorische Bewegung in Münster einsetzt, sind das Niederdeutsche und – in geringerem Maße – das Lateinische die Schreibsprachen der Stadt. Die reformatorische Diskussion wird im nationalen Rahmen, aber in Münster wie im ganzen niederdeutschen Sprachraum in niederdeutscher Sprache geführt. Die Schrift des Martin Bucer über das Straßburger Religionsgespräch mit dem Täufer Melchior Hoffman wird 1533 in Münster in niederdeutscher Sprache gedruckt – die Übersetzung stammt vom evangelischen Prediger Brictius tom Norde: „Hanndelinge in den opentliken Gespreke to Strassburg tegen Melchior Hoffmann.“

Im August 1532 waren, nachdem Bernhard Rothmann, Kaplan der Stiftskirche St. Mauritz, eine starke lutherische Bewegung ausgelöst hatte, die sechs Pfarrkirchen der Stadt in der Hand lutherischer Geistlicher. Im Vertrag von Dülmen (14. Februar 1533) mußte Bischof Franz von Waldeck die evangelische Gemeinde in Münster anerkennen. Die Sprache weist, bei einem hochdeutschen Grundcharakter, niederdeutsche Elemente auf. Die Sprachwahl ist ausstellerbedingt: Vermittler und Aussteller des Vertrags ist Landgraf Philipp von Hessen. Hier wird deutlich, daß die westfälische Schreibsprache als Kommunikationsmittel in Sprachsituationen, an denen zunehmend Nichtniederdeutsche beteiligt sind, nicht ausreicht.

Die Sprachsituation zur Zeit der Täufer

Aus der Herrschaft der Täufer in der Stadt und der Belagerung der Stadt durch den Landesherrn resultiert für die westfälische Metropole in den Jahren 1534/35 eine Sprachsituation, die spezifisch münsterisch ist. Sie ist entstanden durch Bevölkerungsaustausch, durch die Auswanderung bzw. Vertreibung eines Teils der einheimischen und die Zuwanderung einer anderssprachigen Bevölkerung.

1533 fanden täuferische Prädikanten – nach einer Zwischenstation im jülichschen Amt Wassenberg „Wassenberger Prädikanten" genannt – Zuflucht in Münster. Im Februar 1534 strömte eine größere Anzahl Getaufter in die Stadt. Die Zuwanderer kamen zum guten Teil aus dem Münsterland und vom Niederrhein, aber auch aus Holland, Seeland, Brabant, Friesland und Groningen.

Die Reformation bewirkt im ganzen deutschen Sprachraum einen Anstieg des volkssprachigen Schrifttums. Um größeren Bevölkerungskreisen die Teilnahme an der Diskussion zu ermöglichen, wird die Auseinandersetzung auch in der Volksspra-

Zuchtordeninge der
Stadt Munster tho vnderholdene christlike tucht
vnde eerbaricheyt/ van eynen eerbaren Rayde
oick Olderluden vñ Gildemeysteren/
dar suluest in de ghemeyn pub
licert vnd angenomē.

V · D · M · I · E

I.Corint.14.
Aldynck sal behorlyck vnd ordentlyck vnder iw ghe-
schen.
Anno.M.D.xxxiij.

„Zuchtordnung" der Stadt Münster aus dem Jahr 1533 – abgefaßt von den Anhängern der Reformation

che geführt. Die reformatorischen Schriften werden durch das Medium des Buchdrucks verbreitet. Dies gilt in besonderem Maße auch für das täuferische Münster: Es entstehen neue Textsorten – Flugschriften und theologische Streitschriften – in westfälischer Sprache. Hier sind insbesondere die Werke Bernhard Rothmanns zu nennen, der die täuferischen Lehren in mehreren Schriften theoretisch begründete. Diese Schriften wurden in niederdeutscher Sprache gedruckt. War bisher das Lateinische die Sprache des münsterischen Buchdrucks, so wird nun eine münsterische Druckersprache ausgebildet. Mit der Diskussion theologischer Fragen in der Volkssprache erreicht der westfälische Sprachausbau seinen Höhepunkt, die westfälische Schreibsprache ihre letzte Blüte. „Niederdeutsch ist in den Schriften der Münsteraner Täufer [...] noch selbstverständlich – entsprechend ihrem politischen Horizont, der sich auch in der Projektion des künftigen Gottesreiches auf ihr reales Einzugsgebiet von der niederländischen und ostfriesischen Nordseeküste bis Westfalen beschränkte" [2416: Maas, Sprachliche Verhältnisse, S. 613]. Bei der Verteilung der Erde dachte Jan van Leiden nur an die Gebiete von Magdeburg bis Holland. Auch das sprachliche Handeln der Täufer bewegt sich in diesem niederländisch-niederdeutschen Rahmen.

Über das Aussehen der Schreibsprache zur Zeit der Täuferherrschaft urteilt Jostes: „Die Litteratur der Wiedertäuferzeit [...] bietet eine wahre Musterkarte von Dialecten. Der eine schreibt holländisch, der zweite holländisch-westfälisch, der dritte westfälisch-hochdeutsch. Alles ist in der grössten Verwirrung" [2289: Jostes, Schriftsprache, S. 93]. Die schreibsprachlichen Verhältnisse Münsters in den Jahren 1533 bis 1535 müssen noch beschrieben werden. Sicherlich gibt es Texte, die in einer niederländisch-westfälischen Mischsprache geschrieben sind; es dominiert aber eindeutig die westfälische Schreibsprache Münsters, sowohl in den Verwaltungstextsorten als auch in den theologischen Schriften. Dies liegt darin begründet, daß der Kanzler Heinrich Krechting aus Schöppingen im nordwestlichen Münsterland stammte und Bernhard Rothmann Kaplan am St.-Mauritz-Stift gewesen war.

Für den Bereich der Mündlichkeit ist in der täuferischen Stadt eine ausgesprochene Vieldialektalität anzunehmen. Die Stellung der westfälischen Stadtmundart, die von der Mehrheit der Einwohner gesprochen wurde, wurde durch die Zuwanderer aus dem Münsterland noch gestärkt. Hinzu kamen die Dialekte der Zuwanderer vom Niederrhein und aus den Niederlanden, die niederländischen Varietäten Holländisch, Brabantisch, Niederrheinisch sowie Friesisch und Groningisch. Die enge Verwandtschaft der genannten Varietäten – mit Ausnahme des Friesischen – wird ermöglicht haben, daß jeder Sprecher seinen eigenen Dialekt benutzte (Semikommunikation). Beim Täuferkönig Jan Bockelson, geboren um 1510 in Soevenhoven bei Leiden, sind aufgrund der Herkunft seiner Mutter Adelheid – sie stammte aus Darup (Amt Horstmar) – münsterländische Sprachkenntnisse zu erwarten. Vieldialektalität ist auch für die Lager der bischöflichen Truppen anzunehmen. Bischof Franz hatte in Meißen und Thüringen, in Ostfriesland und im Rheinland Söldner anwerben lassen.

Der Ablauf des Sprachwechsels in Münster (1535–1630)

Nach der Eroberung der Stadt durch die Truppen des Bischofs nimmt der Sprachwechsel zum Hochdeutschen, der durch die Täuferherrschaft retardiert worden war, auch in Münster seinen Lauf. Über den Übergang zum Hochdeutschen in den Kanz-

Titelblatt der „Gemeinen Landordnung“ Johanns von Hoya in hochdeutscher Sprache (1571)

leien der Stadt informiert die Dissertation von Franz Brox aus dem Jahr 1922, auf die sich die folgenden Ausführungen stützen [1003: Brox, Einführung der neuhochdeutschen Schriftsprache]. Der Wechsel findet in Münsters Kanzleien zwischen 1533 und 1570 statt und damit im Vergleich zu anderen westfälischen Städten relativ früh.

Bei der Beschreibung des Sprachwechsels ist nach Institutionen und Funktionsbereichen zu differenzieren. Wie auch in anderen Territorien geht die Kanzlei des Landesherrn voran. Franz von Waldeck, mitteldeutscher Herkunft, schrieb ein westmitteldeutsch gefärbtes Hochdeutsch. Die gelehrten Beamten seiner Umgebung, die fürstlichen Räte, hatten während des Studiums hochdeutsche Sprachkenntnisse erworben. Vor und während der Täuferzeit stieg der Schriftverkehr mit hochdeutschsprachigen Kanzleien stark an; schon in den dreißiger Jahren des Jahrhunderts übertraf er den Verkehr mit niederdeutsch schreibenden Kanzleien bei weitem. Von den gelehrten Beamten geht der Anstoß zum Sprachwechsel aus; schon in der Täuferzeit verlassen hochdeutsche Schreiben die fürstbischöfliche Kanzlei. Die Zeit des Übergangs umfaßt die Jahre 1533 bis 1570. 1571 gab Bischof Johann von Hoya fünf neue „Ordnungen“ in Druck: eine Hofgerichtsordnung, eine Landgerichtsordnung, dann „Der freien und heimlichen Gerichten Reformation“, eine „Gemeine Landordnung“ sowie eine Offizialatsgerichtsordnung. Sprache von vier Ordnungen ist das Hochdeutsche; nur die letztgenannte ist in lateinischer Sprache gedruckt, denn Latein blieb die Sprache des geistlichen Gerichts. Der Schriftverkehr des Domkapitels hat nur einen geringen Umfang. Für die Beurkundung kirchlicher Angelegenheiten wurde fast ausschließlich lateinisch geschrieben.

Später als in der fürstbischöflichen Kanzlei findet der Übergang in der Ratskanzlei statt. Erst 1543 setzt – nach der Täuferepisode – Schriftverkehr wieder lebhafter ein, und aus diesem Jahr stammt auch das erste hochdeutsche Schreiben des Rates; es ist an Köln gerichtet, d. h. an eine bereits hochdeutsch schreibende Stadt. Ratssekretär ist zu dieser Zeit (bis 1565) Franziskus Werne. Ihm folgt Hermann tor Floeth (1565–1572); von 1572 bis 1600 hat Johann Pagenstecher das Amt des Sekretarius inne. 1545 geht ein hochdeutsches Schreiben an den Landesherrn, ein weiteres an Philipp von Hessen. Der Umschlag scheint – mit vier hochdeutschen Schreiben – ins Jahr 1549 zu fallen. 1551 geht ein niederdeutsches Schreiben an Dortmund; nach 1551 wird nur noch hochdeutsch geschrieben. Auffallend ist die Schnelligkeit, mit der sich zwischen 1543 und 1551 der Übergang in der auswärtigen Korrespondenz vollzieht. Sie erklärt sich aus dem Umstand, daß das Schreibwesen der Stadt jeweils in der Hand eines einzelnen Sekretärs lag.

Länger hält sich das Niederdeutsche im inneren Kanzleibetrieb, in den Stadtbüchern und Ratsprotokollen, sowie in der städtischen Gerichtspraxis. Gerade in den protokollarischen Aufzeichnungen findet sich hochdeutsch-niederdeutsche Mischsprache („Missingsch“). Aus den Jahren 1564 bis 1567 sind Ratsprotokolle überliefert; sie sind von Hermann tor Floeth in niederdeutscher Sprache geführt. Der Sekretär Johann Pagenstecher dagegen schreibt Hochdeutsch. Am geistlichen Gericht, dem Offizialat, herrscht als Amtssprache das Lateinische. Am weltlichen Gericht hat sich um 1570 das Hochdeutsche als amtliche Sprache durchgesetzt.

Die Schriftlichkeit der Gilden ist in den für den eigenen Gebrauch bestimmten Gilderollen lange Niederdeutsch; so das Schobuch oder „Rote Buch“ der Gilden von 1565 und die Ordnungen der einzelnen Gilden der Jahre 1552 bis 1581. Aus dem Jahr 1588 datiert die hochdeutsch geschriebene Rolle der Goldschmiedegilde. In den protokollarischen Aufzeichnungen der Gilden hält sich das Niederdeutsche noch länger. Die Schohausprotokolle sind ab 1569 erhalten, ihre Schreiber wechseln ständig. Die Protokolle sind bis 1581 auf Niederdeutsch geführt; in der Folge wechseln Niederdeutsch, Hochdeutsch und Missingsch, von 1601 an herrscht das Hochdeutsche.

Aus dem 16. Jahrhundert sind Testamente überliefert, die ohne Beisein eines Notars aufgesetzt wurden: Drei von 29 (von 1570, 1585 und 1587) sind Missingsch, die anderen Niederdeutsch, das letzte 1592. Fünf niederdeutsche Testamente aus dem Anfang des 17. Jahrhunderts (1602, 1605, 1609 und zwei von 1620) haben sämtlich weibliche Verfasser. Auch das lange Festhalten am Niederdeutschen in Urkunden des Stifts Überwasser – noch 1595, 1598 und 1602 erscheinen Urkunden in niederdeutscher Sprache – erklärt sich wohl dadurch, daß eine Klosterfrau die Texte geschrieben hat. Länger fertigt nur der Gerichtsschreiber Bernd Timmerscheidt Privaturkunden in niederdeutscher Sprache aus, die letzten im Jahr 1606.

Der Ablösungsprozeß verläuft in drei Phasen [2125: Gabrielsson, Verdrängung der mittelniederdeutschen Schriftsprache]: Die erste Phase bewahrt den niederdeutschen Grundcharakter der Sprache, weist aber eine Reihe von einzelnen hochdeutschen Varianten auf. Als Beispiel für die kanzleiinterne niederdeutsche Amtssprache sei das Ratsprotokoll vom 20. März 1567 (Schreiber: Hermann tor Floeth) angeführt: „Ist denen Gerichtz Bodden, umb eynen Idern In syner Leisschup uth bevell des Raitz antoseggen, Im sittenden Rade uperlacht, dat die Jenige, so van Gott mit der bekleff-licher unnd schuwelicher suckede der pestilentzien begavet, vor eren Hueseren Strokrensse hangen, sich Sess ganztze Wecken Inheimisch halden unnd nicht uth-gaenn, oick dat keyner, uth den Sterffhueser geyne kleider ader anders koepenn noch to sich nemmen ader holen und dat eyn Ider Krancke, wan er not halven uthgaen moett, eynen witten stock dragen solde“ [29: Dethlefs, Pest und Lepra, Nr. 9a]. Hochdeutsche Elemente in der Sprache des Protokolls sind *holen, ist, er, keyner, sich, ader* ‚oder‘ und das Suffix *-lich*.

Die zweite Phase, die eigentliche Übergangszeit, zeigt das Bemühen, niederdeutsche Sprachformen nach bereits bekannten Gleichungen zu verhochdeutschen. In dieser Phase kommt es zu mischsprachigen Texten. Der Ausdruck „Missingsch“ bezeichnet den Versuch niederdeutsch sprechender Personen, Hochdeutsch zu schreiben, was ihnen aber nur unvollkommen gelingt. Beabsichtigt ist in dieser Phase ein hochdeutscher Text. Eine solche Mischsprache ist im 16. Jahrhundert nichts Ungewöhnliches. So schreibt der Domscholaster Heinrich von Plettenberg 1549 unter seinen Anstellungsvertrag: „Bekenne ich, Henrich von Plettenberch, Doemscholaster, mit meiner eigener Handtschrift, das alle articulen, wie baven geschreven, so verhandelt, und sollen vullentogen werden, daer ich vorstaen will“ [2124: Gabrielsson, Eindringen der hochdeutschen Sprache, S. 54]. Der Drucker Dietrich Tzwyvel schreibt 1577 in einer Rechnung: „Ich Diderich Zweiffel aus empfangenen bevele am 8. Febr. a° [15]77 eyne beddelmisse, darunter der w[erdige] her siegeler latinam orationem gestalt, 300 exemplar gedruckt, dhafür nach olden gebruck alume verdeinet zwey Reichesdaler. Noch dhaneffen eyne beddelmisse, welcher im Emeßlandt, Cloppenborch, Vechta abgesandt, daranne verdeinet zwey Rechsthaler; zur selvigen Zeith 300 exemplar mandatum der Judden gedruckt und die Mandate alle in die Cantzelei gelevert, dha für drey R. daler, facit in alles 7 thaler, 10½ schill.“ [863: Prinz, Plakatbriefe, S. 92].

In der dritten Phase ist der Grundcharakter der Sprache bereits Hochdeutsch, sie weist noch eine Reihe von niederdeutschen Resten auf. In einem Einkünfteregister der Georgskommende finden sich noch 1629 niederdeutsche Reste: *hon* ‚Huhn‘, *honder* ‚Hühner‘, *goess* ‚Gans‘, *plogen* ‚pflügen‘ [418: Verzeichnisse der Güter, S. 128ff]. Besonders Berufsbezeichnungen bleiben lange innerhalb der sonst hochdeutschen Schreibsprache Niederdeutsch. Hierfür ist die Wappentafel der münsterischen Gilden von 1598 ein Beispiel (Abbildung in Band 1, S. 141). Unter dem Wappen ist jeweils der Name der Gilde aufgeführt. Unter den drei Wappenreihen befindet sich ein hochdeutscher Text: „Kommestu mitt deinen negsten in uneinigkeit, Vergleiche dich mitt ihm in der billigkeit, Kanstu dich mitt ihm allein Verdragen, so wirstu dir und andere viele moey ersparen.“

Von der Forschung bisher noch nicht aufgearbeitet ist das Problem, welche Art von Hochdeutsch in Westfalen übernommen wurde. In frühneuhochdeutscher Zeit existieren im hochdeutschen Sprachraum verschiedene Regionalsprachen; Hauptvarietäten sind das Ostmitteldeutsche, die Sprache Luthers, und das Oberdeutsche, das „gemeine Teutsch". Die Übernahme des Hochdeutschen erfordert also die Wahl einer bestimmten Schreibsprachvarietät. In den Darstellungen wird traditionell davon ausgegangen, der Übernahmeprozeß sei als Rezeption des Ostmitteldeutschen erfolgt. Die Orientierung Westfalens nach Südwesten bzw. Süden – Handelsbeziehungen zu süddeutschen Städten, Humanismus, Reichskammergericht und Gegenreformation – läßt für Westfalen eher die Favorisierung oberdeutscher Merkmale erwarten. Für Münster scheint zu gelten, daß in einer ersten Phase oberdeutsche und mitteldeutsche Varianten nebeneinander verwendet werden, etwa *pleiben* neben *bleiben,* das Suffix *-nus* neben *-nis,* die Verkleinerungsform *-lin/-lein* neben *-chen.* In einer zweiten Phase – im 17. Jahrhundert – haben sich dann die ostmitteldeutschen Varianten durchgesetzt.

In den Bereichen Schule, Kirche und Buchdruck vollzieht sich der Übergang zum Hochdeutschen um die Wende zum 17. Jahrhundert. Hier ist an die Rolle zu erinnern, die die Jesuiten im Bildungswesen der Stadt gespielt haben. Sie kamen 1588 nach Münster, übernahmen die Domschule und betrieben die Rekatholisierung der Stadt. Die Umstellung der Unterrichtssprache – soweit diese nicht lateinisch war – wird in den Ober- und Mittelklassen um die Jahrhundertwende, in den unteren Klassen etwas später erfolgt sein. Für das niedere Schulwesen wurden noch bis ins dritte Jahrzehnt des 17. Jahrhunderts niederdeutsche Katechismen gedruckt.

Ihr Bedürfnis nach schöngeistiger Literatur befriedigten die gebildeten Münsteraner durch die Lektüre hochdeutscher Bücher. Der Frankfurter Buchhändler Michel Harder verkaufte zur Fastenmesse 1569 allein 225 ausschließlich hochdeutsche Historiendrucke an Albrecht von Grüningen, Buchführer zu Münster [2440: Menke, Kurtzweilige Historien, S. 131].

Die münsterische Buchproduktion wurde im letzten Jahrzehnt des 16. Jahrhunderts und im 17. Jahrhundert maßgeblich von den Jesuiten bestimmt. Die Sprache der Drucke ist je nach Funktion und Zielgruppe Latein, Hochdeutsch oder Niederdeutsch. Die Jesuiten betrieben eine lateinische wissenschaftliche Publizistik und pflegten die lateinische Rhetorik. Lateinisch ist etwa die Sammlung von Dankgedichten, die Schüler des Paulinums 1598 anläßlich der Einweihung der Petrikirche veranstalteten. In hochdeutscher Sprache erschienen Bücher zur Moral und Apologetik sowie Streitschriften aller Art. Adressaten waren theologisch interessierte Laien. Eine für Laien geschriebene Darstellung der zentralen kirchlichen Lehren ist das „Brillenkästlein" des Peter Michael gen. Brillmacher aus dem Jahr 1593: „Evidiotheca. Brillenkåstlein / Das ist / Ein Newes sehr nůtzlichs Bůchlein / in welchem an statt vieler Bůcher / dem innerlichen schwachen Gesicht / mit kurtzen Schlußreden aller Artickel Christlicher Religion / vnd derselbigen grůndtlichen Beweiß / als mit guten / weit und nahe sehenden Brillen zusehen geben wirdt / welche auß den streitbaren Partheyen recht habe vor Gott." Auch eine Anleitung für Seelsorger erschien 1613 in hochdeutscher und nicht in lateinischer Sprache.

Für die religiöse Belehrung des Volkes und die Bedürfnisse der niederen Schulen wurden „katholische Bücher" in niederdeutscher Sprache gedruckt. 1591 erschien das niederdeutsche Perikopenbuch „Euangelia vnd Episteln" des Michael Ruperti „vor de Simpelen vnd Guthertigen [. . .] tho gerichtet", 1597 Johann von Dettens

„Kleiner Katechismus". Am Gymnasium Paulinum wurde der *Parvus Catechismus* des Petrus Canisius in lateinischer Sprache benutzt; für untere Schichten und niedere Schulen erschien 1600 und noch 1627 eine niederdeutsche Übersetzung: „Catechismus – In Korte fragen vnd Antwordt gestelt / Vo̊r die gemeine Leyen und junge Kinder sehr deinlick."

Als Sprechsprache fungiert in der Phase des Schriftsprachwechsels weiterhin die niederdeutsche Stadtmundart. Ansätze zu einer hochdeutschen Sprechsprache hat es sicher gegeben; eine solche galt im Kreis der Jesuiten, die ja aus dem hochdeutschen Sprachgebiet gekommen waren. In einer Denkschrift von im Rheinland tätigen Jesuiten heißt es 1622: „Im ganzen Rheinland, auch zu Neuß und Düsseldorf, hört man lieber Prediger mit dem Mainzer oder Speierer als mit dem niederrheinischen Dialekt; dasselbe ist in Aachen der Fall und auch schon in Münster und Paderborn. Denn die Hauptprediger an jenen Orten waren aus Oberdeutschland. Früher wurden die Oberdeutschen weniger verstanden, jetzt aber haben die Bewohner von Nieder-

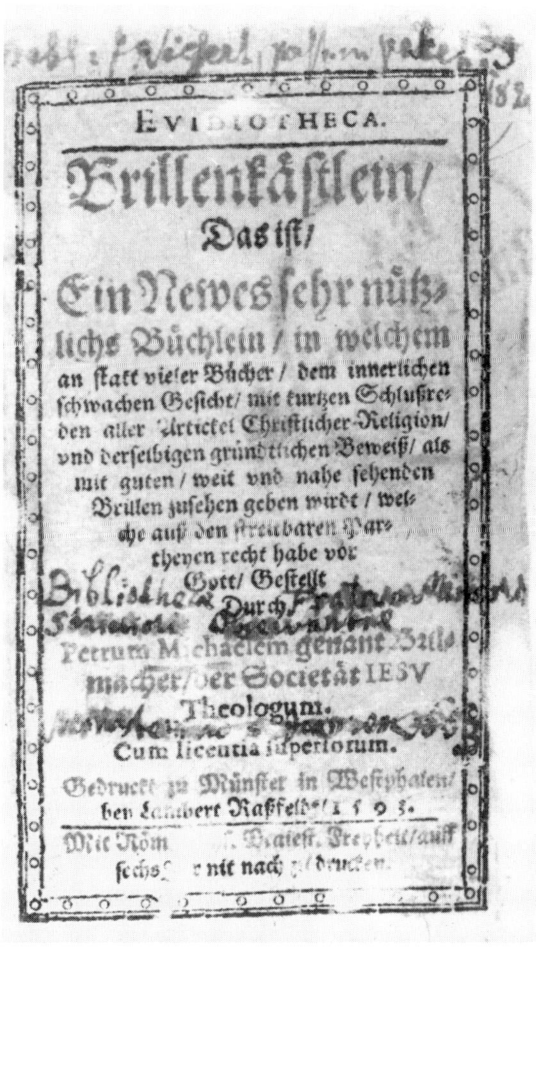
Brillenkästlein/
Das ist/
Ein Newes sehr nütz-
liches Büchlein / in welchem
an statt vieler Bücher / dem innerlichen
schwachen Gesicht / mit kurtzen Schlußre-
den aller Articlel Christlicher Religion/
vnd derselbigen gründtlichen Beweiß / als
mit guten / weit vnd nahe sehenden
Brülen zusehen geben wirdt / wel-
che auß den streitbaren Par-
theyen recht habe vor
Gott / Gestellt
Durch
Petrum Michaelem genant Brill-
macher / der Societät IESV
Theologum.
Cum licentia superiorum.
Gedruckt zu Münster in Westphalen /
bey Lambert Raßfeldt / 1593.

Das „Brillenkästlein" des ersten Rektors des Jesuitenkollegs Peter Michael gen. Brillmacher (1593)

deutschland ihre Sprache mehr geglättet, ja allgemein sucht man sich den oberdeutschen Dialekt anzueignen. Dies ist durch unsere Patres verursacht worden, und zwar durch Schule, Predigt und die frommen Büchlein. Jetzt werden fast keine Bücher mehr im Kölner oder westfälischen, sondern nur in dem reineren deutschen Dialekt herausgegeben; so gewöhnen sich die Leute an die bessere deutsche Sprache, finden Gefallen daran, und zwar so sehr, daß selbst in dem westfälischen und Kölnischen Gebiet diejenigen, welche oberdeutsch sprechen, höher geschätzt werden" [2423: Mattheier, Sozialgeschichte und Sprachgeschichte, S. 249 (Übersetzung)]. Die Aussage, man suche sich allgemein den oberdeutschen Dialekt anzueignen, ist kritisch zu betrachten, aber das Zeugnis zeigt, daß sich die Einstellung zur Sprache geändert hat, daß die Sprecher des Oberdeutschen „höher geschätzt werden".

Über den Kontakt der Münsteraner zu einer Fremdsprache gibt uns die Chronik des Domkantors Röchell Auskunft. Zum Jahr 1601 bringt sie eine Notiz über die Aufführungen englischer Komödien auf dem Rathaus, die in englischer Sprache gespielt wurden: „Den 26. novembris sindt alhir angekommen elven Engellender, so alle junge und rasche gesellen waren, ausgenommen einer, so tzemlichen althers war, der alle dinge regerede. Dieselbige agerden vif dage uf den raedthuse achtereinanderen vif verscheiden comedien in ihrer engelscher sprache" [781: Jostes, Englische Schauspieler, S. 37f].

Der Prozeß des Schreibsprachwechsels, der in Münster um 1530 eingesetzt hatte, hat hier um 1630 seinen Abschluß gefunden. Die Folge der Übernahme des Hochdeutschen „war ein Rückfall in die soziale Monopolisierung der Schriftsprache, die Reanalphabetisierung der für sie in der Vergangenheit neu rekrutierten städtischen Schichten" [2416: Maas, Sprachliche Verhältnisse, S. 616]. Die Beherrschung der Schriftsprache war wieder ein Privileg der Studierten; die Kluft zwischen den „Gebildeten", denen die Teilnahme an der Schriftkultur möglich war, und dem „Volk", das von dieser Teilnahme ausgeschlossen war, vertiefte sich.

Hochdeutsche Schriftsprache und niederdeutsche Mundart (1630–1815)

Um 1630 hatte das Niederdeutsche auch seine letzten schriftsprachlichen Funktionen verloren. Die neue Sprachsituation ist gekennzeichnet durch ein Nebeneinander von Hochdeutsch und Niederdeutsch, das mit Hilfe der Begriffe Zweisprachigkeit und Diglossie zu beschreiben ist. In der Stadt gibt es zwei Sprachen, Hochdeutsch und Niederdeutsch – wenn man das Lateinische einmal außer Betracht läßt. Diese Sprachen besitzen eine unterschiedliche Domänenverteilung: Hochdeutsch ist die geschriebene Sprache, dazu die Sprache für stark formale mündliche Situationen wie Predigt und Gesang in der Kirche, Lesen in der Schule. Das Niederdeutsche behält aber seinen Rang als gesprochene Sprache, und zwar als Sprechsprache fast aller Schichten. Die Diglossie hochdeutsche Schrift-, niederdeutsche Sprechsprache bleibt zweihundert Jahre hindurch, von ungefähr 1630 bis 1830, stabil. Für das auf die Mündlichkeit beschränkte Niederdeutsche kommt im 17. Jahrhundert ein neuer Name auf. Die Bezeichnungen *düdesch, sassesch* und *westfelesch* werden durch den Namen *plattdeutsch* verdrängt.

Von 1643 bis 1648 tagte in Münster der europäische Friedenskongreß, der den Dreißigjährigen Krieg beenden sollte. Diplomaten aus ganz Europa hielten sich mit

Programmheft für das französische Friedensballett, das von Gesandtschaftsangehörigen getanzt wurde. Text von François Ogier (1645)

BALLET
DE LA PAIX
Dancé a Munſter le 26. feurier
1645.

ihren Gesandtschaften in Münster auf. Aus verschiedenen Ländern war „fahrendes Volk" in die Stadt geströmt. Da mußte sich in Münster im Bereich der Schriftlichkeit und noch viel mehr in dem der Mündlichkeit eine Kommunikationssituation herausbilden, die in ihrer Vielsprachigkeit im damaligen Europa einmalig war.

Aus der Zeit des Friedenskongresses sind zahlreiche Tagebücher, Briefe, Berichte und Dichtungen überliefert, die von den Gästen in Münster geschrieben wurden. Gedruckt wurden lateinische Dichtungen – bekannt geworden ist Fabio Chigis *De pluviis Monasterii urbis* –, aber auch das französischsprachige *Ballet de la Paix.* Der Friedensvertrag zwischen dem Kaiser und Frankreich ist in lateinischer Sprache abgefaßt; noch ist Latein die Sprache der Diplomatie, aber das Französische hat schon übernationale Bedeutung erreicht.

In der Stadt war zu dieser Zeit eine Vielzahl von Sprachen und Dialekten zu hören. Es kam zu zahlreichen Sprachkontakten – der Gesandtschaften untereinander wie der Gesandtschaften mit der einheimischen Bevölkerung. Von vielen Gesandten ist Mehrsprachigkeit bezeugt. Nicht nur auf den Straßen und in den Wohnhäusern, auch bei Festlichkeiten und kulturellen Aktivitäten kamen die Münsteraner mit den fremden Sprachen in Kontakt. Der spanisch-niederländische Friedensvertrag wurde der Bevölkerung auf dem Markte am 16. Mai 1648 in niederländischer, französischer und spanischer Sprache bekanntgemacht.

Der Sprachwechsel zum Hochdeutschen war ein schriftsprachlicher Vorgang gewesen; allmählich ist aber das Hochdeutsche zur Sprechsprache der Bildungsschicht geworden. Wann in Münster eine hochdeutsche Sprechsprache entstand, ist kaum zu entscheiden. Es darf aber als sicher gelten, daß im Kreis der Jesuiten – schon wegen ihrer Herkunft – und unter den akademisch gebildeten Juristen, die im Dienst der Stadt, des Domkapitels und der fürstbischöflichen Verwaltung standen, bereits im 17. Jahrhundert Hochdeutsch gesprochen wurde. Diese frühe hochdeutsche Sprechsprache wird, sofern sie von Einheimischen gesprochen wurde, dialektale Züge, Spuren niederdeutschen Substrats, aufgewiesen haben. In dem Augenblick, wo das Niederdeutsche, jetzt in der Form der plattdeutschen Mundart, in Gelegenheitsdichtungen benutzt wird, „manchmal zur Charakterisierung niedriger Bevölkerungsschichten, muß das Hochdeutsche als Umgangssprache höherer Kreise bereits mehr oder weniger gefestigt gewesen sein" [2154: Goossens, Sprache, S. 75].

Von den Schülern des Paulinums wurde 1697 ein sprachgeschichtlich besonders bedeutsames Schuldrama aufgeführt, *Dimissio D. Dominorum Metaphysicorum sub admodum quondam, nunc vero non ultra, Reverendo Patre Rempen Societatis Jesu, hic Monasterii in urbe Professore, in favorem Discipulorum suorum composita, et exhibita Anno 1697* [351: Wiens, Beiträge]. Die Sprache ist überwiegend lateinisch, doch sind Texte in westfälischer Mundart eingeschoben. Es lag wohl nicht in der Absicht des Verfassers, eine bestimmte Ortsmundart genau abzubilden, es sollte wohl einfach westfälische Mundart dargestellt werden. Den Grundcharakter der Sprache bildet ein nördliches Westfälisch. Es liegt hier zum erstenmal in Münster – zumindest teilweise – ein Mundarttext vor.

Im 18. Jahrhundert hat die Fähigkeit, Hochdeutsch zu sprechen, zugenommen: Die „höheren Stände" sprechen je nach der Gesprächssituation Hochdeutsch oder Plattdeutsch. Münster wurde für den münsterländischen Adel gesellschaftlicher Mittelpunkt. Das Beamtentum orientierte sich gesellschaftlich und kulturell am Hof des Fürstbischofs. Die Aufklärung bringt in der zweiten Hälfte des Jahrhunderts einen Alphabetisierungsschub; Fürstenberg reformierte die Schulen und die Lehrerausbildung. Ab 1763 erschien zweimal wöchentlich das „Münsterische Intelligenzblatt". Eine aufklärerische Wochenschrift setzte es sich 1764/65 zum Ziel, die schriftliche und die mündliche Kompetenz im Deutschen zu verbessern: „Neue Sammlung auserlesener Schriften, in gebundener und ungebundener Rede, zur Aufnahme der Wissenschaft und Wolredenheit." Im „Vorbericht" wird als Zielsetzung genannt, „die Aufklärung der Vernunft, und Verbesserung der Redens- und Schreib-Art bey jeden nur einige Empfindung des guten Geschmacks habenden Menschen zu befördern" [173: 500 Jahre Buchdruck, S. 203]. Zur „Beförderung der Bildung" und damit einer hochdeutschen Sprachkompetenz trug auch das 1775 eröffnete Komödienhaus bei.

Schon seit der Mitte des 17. Jahrhunderts war der Adel Mitteleuropas kulturell und sprachlich nach Frankreich hin ausgerichtet. In welchem Maße am Hof des Fürstbischofs und in den Adelskreisen französisch gesprochen wurde, ist aufgrund fehlender Forschung nicht zu entscheiden. Eine Bewegung gegen die französische Sprachmode war seit 1775 durch das Theater entstanden: „Die Bevorzugung der deutschen Sprache gegenüber der französischen Literatur und den italienischen Opern [. . .] wird ebenso deutlich wie der erzieherische Charakter des Theaters" [173: 500 Jahre Buchdruck, S. 207].

Verstärkt wurde der Einfluß der französischen Sprache durch französische Adelige und Geistliche, die seit 1792 vor der Revolution nach Westfalen flohen. „In den Fürstbistümern Münster und Paderborn hielten sich zeitweise 4000–5000 französische Emigranten auf. [. . .] Goethe berichtet, bei seinem Besuch in Münster 1792 sei jeder Winkel von Emigranten besetzt gewesen“ [56: Münster 800–1800, S. 409]. Nach dem Untergang des Fürstbistums 1802/03 hatte Münster verschiedene Landesherren, bis die Stadt am 13. November 1810 dem Kaiserreich Frankreich angegliedert wurde. Münster wurde die Hauptstadt des *Département de la Lippe,* das vom 27. April 1811 bis Ende Oktober 1813 bestand. Das Lippedepartement besaß ein eigenes Amtsblatt, das *Mémorial administratif.* Dieses erschien zweisprachig, wobei links der französische, rechts der deutsche Text stand. – Von der „Franzosenzeit“ zeugen noch zahlreiche Wortentlehnungen aus der französischen in die plattdeutsche Sprache, etwa *apatt* aus französisch *à part.*

Noch bis ins 19. Jahrhundert hinein hat die plattdeutsche Stadtmundart ihre Stellung als mündliches Kommunikationsmittel der großen Mehrheit der Stadtbevölkerung behaupten können. Das belegt der Bericht von Karl Berghaus, der – klevischer Herkunft – in den Jahren von 1803 bis 1810 in Münster zur Schule gegangen war: „Hochdeutsch wurde nur geschrieben, nie oder doch bloß von einzelnen aus dem Kreise der höheren Geistlichkeit, gesprochen. Das münsterische Platt war die allgemeine Familien- und Umgangssprache, vom ärmsten Schuster aufwärts bis zum Domprobst und dem reichsten Edelmann von der Ritterschaft“ [1246: Münster und seine Bewohner, S. 25f].

5. *Ausbildung und Geltung der hochdeutschen Umgangssprache im 19. und 20. Jahrhundert*

Eine neue Sprachsituation bildet sich erst in den Jahren nach 1815 heraus. Münster, jetzt Hauptstadt der preußischen Provinz Westfalen, wird Verwaltungs- und Garnisonstadt. Die Beamten und Militärs, zumeist fremder Herkunft, beherrschen die Stadtmundart nicht, sie sprechen Hochdeutsch. Dies tun auch der Adel und die Akademikerschicht, die das kulturelle Leben der Stadt prägen. Die Sprachwahl korreliert also mit den Parametern Sozialschicht und Bildung. Langsam, verstärkt in den vierziger Jahren, paßt sich das gehobene Bürgertum dem Sprachgebrauch von Adel, Beamten und Akademikern an und beginnt, seine Kinder in der Hochsprache zu erziehen. Diese lernen nun als Erstsprache Hochdeutsch. Die mittleren und unteren Schichten der Stadtbevölkerung folgen diesem Beispiel in der zweiten Hälfte des 19. Jahrhunderts. Die Sozialisation auf Hochdeutsch bedeutet einen entscheidenden Bruch mit der Vergangenheit, in der von der gesamten Bevölkerung Plattdeutsch gesprochen wurde und die Oberschicht daneben noch Hochdeutsch (bzw. weitere Sprachen wie Latein oder Französisch) beherrschte. Nun setzt sich das überregionale Hochdeutsch gegenüber der Ortsmundart durch. Ferdinand Zumbroock beklagt in seinen „Poetischen Versuchen in plattdeutscher Mundart“ diese Entwicklung. In der dritten Auflage heißt es 1849: „So geiht et nu in usse Stadt, Weg sall dat guede, däft'ge Platt“, und im *Füörwaord* der „Neuen poetischen Versuche“ (1857):

„Ik saih et an met Hiärteled,
Dat fak en Mönsterskind nich wet
Wu man dao nömet düt un dat
Gemödlick weg up Mönstersk Platt,
Bedrövt is et, dat üäwerall
De Spraoke kümp ganz in Verfall.“

Zumbroocks gereimte Döhnkes sind auch eine Quelle für die Sprachpraxis in Münster. Die Damen der „Theegesellschaft“ sprechen Hochdeutsch [1264: Zumbroock, Poetische Versuche, S. 17ff], die vom Lande stammenden Dienstmädchen sprechen untereinander Plattdeutsch, mit den Kindern jedoch Hochdeutsch. Zumbroock verspottet das Missingsch, das entsteht, wenn von Haus aus Plattdeutsch sprechende Personen versuchen, Hochdeutsch zu reden. Wir erfahren auch, wie Plattdeutsch und Hochdeutsch bewertet wurden. Zumbroock selbst spricht vom *guede[n], däft'ge[n]* Platt; die vornehme Damenwelt schätzt jedoch die Mundart ganz anders ein: „Oh, un usse Damen hier, so rechte fiene, Höärt de Platt, se kriegt jä Oahrenpiene.“

Den Damen der Gesellschaft dient der Gebrauch des Hochdeutschen als Mittel, sich vom „gemeinen Volk“ abzugrenzen. Als Hochdeutsch Sprechende partizipieren sie am Prestige dieser Sprache, die als Sprache der Obrigkeit, der feinen Gesellschaft und der Bildung ein hohes Ansehen genießt. Die Verwendung der Mundart gilt demgegenüber als Nichtkönnen des Hochdeutschen, ihre Sprecher gelten als ungebildet, unfein, grob. Die Ursache für den Sprachwechsel der Stadtbevölkerung ist mehr noch als im Einfluß der Schule im Bedürfnis nach Sozialprestige zu suchen.

Beim Sprechen des Hochdeutschen wird nun aber die Lautung der Hochsprache nicht vollständig erreicht; es entsteht vielmehr eine regionale Variante des Hochdeutschen, eine hochdeutsche Umgangssprache westfälischer Prägung. Die regionale Umgangssprache behält weitgehend die mundartliche Artikulation bei. Einige ihrer Kennzeichen sind: eine andere Verteilung von Kurz- und Langvokal als in der Hochsprache *(Hoff)*, die spirantische Aussprache des <g> geschriebenen Lautes *(Tach* ‚Tag‘, *chans* ‚ganz‘), die Vokalisierung des /r/ vor Konsonant unter Dehnung des Vokals (*waten* ‚warten‘, *Maakt* ‚Markt‘). Die Umgangssprache hat mit der Mundart Wörter gemeinsam, die das Hochdeutsche nicht kennt, zum Beispiel *Blage* ‚Kind‘, *Schmacht* ‚Hunger‘, und sie besitzt niederdeutsche Relikte wie *dat* und *wat.* Durch den Übergang zu einer hochdeutschen Sprechsprache in Münster entsteht ein sprachlicher Stadt-Land-Gegensatz, da das ländliche Münsterland am Gebrauch des Plattdeutschen festhält. Der Stadt-Land-Gegensatz ist ein Hauptthema im dichterischen Werk Augustin Wibbelts.

Mit der Nennung der Namen Zumbroock und Wibbelt ist das Thema der plattdeutschen Mundartdichtung berührt. Die Anfänge der westfälischen Dialektliteratur liegen an der Wende vom 18. zum 19. Jahrhundert [2788: Weber, Niederdeutsche Dialektliteratur]. Im beginnenden 19. Jahrhundert setzte das Sammeln von Volksüberlieferung ein. In Münster hatte sich unter dem Namen „Die sieben Haimonskinder“ ein Kreis gebildet, der 1825 „Münsterische Geschichten, Sagen und Legenden nebst einem Anhange von Volksliedern und Sprüchwörtern“ herausgab, eine Sammlung, die auch Beiträge im Dialekt enthält [1448: Simon, Zu den Münsterischen Geschichten]. Mit den „Münsterischen Geschichten“ setzte die Verschriftlichung der plattdeutschen Ortsmundart ein.

Um die Wende vom 19. zum 20. Jahrhundert ist der Sprachwechsel der städtischen Bevölkerung bereits weit fortgeschritten. Plattdeutsch wird noch von Teilen des Mittelstandes und der Unterschicht bzw. deren älterer und mittlerer Generation gesprochen. Platt bleibt auch als Sprache der vom Lande Zuziehenden in der Stadt präsent. Die Mundart ist aber bereits weitgehend aus den öffentlichen Funktionen verdrängt, sie ist Sprache der privaten Sphäre geworden. Nicht mehr die oberen Sozialschichten sind jetzt zweisprachig, sondern die unteren.

Der sprachliche Stadt-Land-Gegensatz ist jetzt sehr ausgeprägt, da man um die Jahrhundertwende im ländlichen Münsterland noch allenthalben Platt spricht, „mit Ausnahme der dünnen adeligen Oberschicht und einiger großbäuerlicher Familien, die dem Vorbild des Adels und der Stadtbewohner folgen“ [2359: Kremer, Entsetzliches Platt!, S. 54]. Augustin Wibbelt entwirft in seinem Roman „Schulte Witte“ (1906) ein anschauliches Bild der Sprachverhältnisse in Münster und im Münsterland. Auch er läßt – wie schon Zumbroock fast sechzig Jahre vor ihm – die Damen der Gesellschaft ausschließlich Hochdeutsch sprechen. Plattdeutsch ist in ihren Augen ein Zeichen des Ungebildetseins. Wibbelt karikiert die Bildungssucht und den Standesdünkel des Bürgertums. Der Schulte versucht, das Plattdeutsche, das in Münster aus dem öffentlichen Leben schon fast verdrängt ist, „wier en lück up'n Damm [to] brengen“. Zu diesem Zweck redet er in den Lokalen Plattdeutsch mit den Kellnern: „ick küer de Kellners alltied Platt an. Wat de willt do nicks von wietten; de laot ick laupen; wat de könnt et all ganz nett, un de kriegt en dubbelt Drinkgeld. Wat sind all so wiet, de fanget faots Platt an, wenn se mi män seihet, un een, de't gar nich kann, is mächtig an't Studeern, üm et to lähren –“ [2814: Wibbelt, Schulte Witte 1, S. 166].

Mit Hilfe der von Zumbroock und Wibbelt karikierten Sprachbewertungen (Hochdeutsch = vornehm, fein, gebildet; Plattdeutsch = unfein, ungebildet, derb, grob) hatte das Bürgertum im 19. Jahrhundert erfolgreich versucht, sich sprachlich vom Lande abzusetzen. Nun, um die Wende zum 20. Jahrhundert, beginnt gerade ein Teil der „höheren“ und „gebildeten“ Stände, sich dem Münsterland und seiner Sprache zuzuwenden. Aus Unbehagen an den Modernisierungsprozessen, die zur modernen Großstadt führten, flüchteten viele Bürger „in die ländliche Vergangenheit, die sie noch vor einigen Jahrzehnten aufs heftigste bekämpften“ [290: Sauermann, Kiepenkerl, S. 3]. Im Rahmen der Heimatbewegung wird, verstärkt in den ersten Jahrzehnten des 20. Jahrhunderts, plattdeutsche Traditionspflege betrieben. Die Mundart wird als bedrohtes Kulturgut angesehen, aber auch mit Stereotypen wie Bodenständigkeit, Echtheit, Unverbildetsein in Verbindung gesetzt. Aus Sorge um den Bestand der Mundart, um das Plattdeutsche aufzuwerten und es dadurch zu „retten“, wendet sich die plattdeutsche Dichtung auch ernsten Themen zu. Die Versepen Karl Wagenfelds legen Zeugnis ab von diesen Bemühungen. Wagenfeld (1869–1939) ist, und das ist bezeichnend für die Sprachsituation in Münster und im Münsterland, kein Münsteraner, sondern in Lüdinghausen geboren und im ländlichen Drensteinfurt aufgewachsen. In Münster wurde 1919 eine „Niederdeutsche Bühne“ gegründet. Die genannten plattdeutschen Stereotypen wurden im Zweiten Weltkrieg von der Propaganda eingesetzt, um den Durchhaltewillen der Bevölkerung zu stärken. Ein Plakat des Gaues Westfalen-Nord, das das Kiepenkerldenkmal inmitten einer Trümmerwüste zeigt, trägt die Unterschrift: „Trotzdem und dennoch Wi staoht fast!“

In der ersten Hälfte des 20. Jahrhunderts ist in Münster ein stadtteiltypischer Sprachgebrauch festzustellen. In einigen Stadtteilen, vor allem in „Klein-Muffi", dem Stadtviertel um die Herz-Jesu-Kirche, lebte die sogenannte Masematte oder „Speismakeimer"-Sprache. Es handelt sich um eine Sondersprache, ursprünglich eine Geheimsprache bestimmter Händlergruppen, die in Münster im 20. Jahrhundert in unteren Schichten, vor allem von Bauhandwerkern, aber auch als Pennälersprache benutzt wurde und zum Teil noch wird. Der Wortschatz stammt vor allem aus dem Rotwelschen, Jiddischen und Zigeunerischen. Ein Teil des Masematte-Wortschatzes ist in die münsterische Umgangssprache übernommen worden und jedem gebürtigen Münsteraner geläufig: *achilen* ‚essen', *Beis* ‚Haus', *firchen* ‚schlafen', *Koten* ‚Kind', *Leetze* ‚Fahrrad', *meimeln* ‚regnen', *schickern* ‚trinken' [97: Dege, Speismakeimer-Sprache; 1830: Siewert, Masematte].

Mit einem Blick auf die heutige Sprachsituation soll der Gang durch die münsterische Sprachgeschichte seinen Abschluß finden. In der modernen Großstadt Münster ist das Hochdeutsche sowohl geschriebene als auch die am meisten gesprochene Sprache. Als geschriebene Sprache hatte sich im Bereich von Bildung und Kirche lange das Lateinische behauptet. Sprache der Bildung und Wissenschaft ist das Deutsche schon im 18. und 19. Jahrhundert geworden; innerhalb der katholischen Kirche ist die fast 1200 Jahre andauernde Tradition mit dem zweiten Vatikanum (1962–1965) zu Ende gegangen. Nach 1965 wird die Messe in deutscher Sprache gefeiert. In der Wissenschaft fungiert in einigen Disziplinen, vor allem in den Naturwissenschaften und der Medizin, neben dem Deutschen das Englische als Publikationssprache.

Karl Wagenfeld (1869–1939), Heimatdichter und Sprachforscher

„Wi staoht fast!" – Plakat der NSDAP-Gauleitung Westfalen-Nord aus dem Jahr 1944

Die sprechsprachliche Norm orientiert sich inzwischen an einer akzentfreien Lautung, der Bühnenaussprache. Die Umgangssprache wird von der Mehrheit der Bevölkerung in nichtformalen Situationen gesprochen. In ihr sind die Merkmale, die sie mit der Mundart gemeinsam hatte, etwa die spirantische Aussprache des anlautenden <g>, zurückgedrängt worden *(Gaten* statt *Chaten* ‚Garten'). Erhalten blieb die Verteilung der Kurz- und Langvokale nach niederdeutschem Muster *(Tach, Hoff)* sowie die *r*-Vokalisierung *(waten* ‚warten', *Maakt* ‚Markt').

In den durch die Gebietsreform neu hinzugekommenen Stadtteilen, etwa in Roxel, Albachten oder Handorf, gilt eine ähnliche Sprachsituation wie im Münsterland, d. h. das Plattdeutsche ist bei den Alteingesessenen Umgangssprache eines Großteils der älteren Generation. Auf dem Lande war das Plattdeutsche bis in die dreißiger und vierziger Jahre an die Kinder weitergegeben worden; seit dieser Zeit wachsen diese hochdeutschsprachig auf. Durch diesen Sprechsprachwechsel im ländlichen Münsterland wird der Stadt-Land-Gegensatz abgeschwächt und schließlich beseitigt.

Sieht man von der Zeit des Friedenskongresses ab, sind heute fremde Sprachen in bisher nicht gekanntem Ausmaß in der Stadt präsent, etwa als Sprachen der ausländischen Studierenden, der Angehörigen der britischen Streitkräfte, der Arbeitsmigranten und Flüchtlinge. Die Anziehungskraft Münsters bringt es mit sich, daß auf den Straßen und Plätzen der Stadt die Sprachen und Dialekte in- und ausländischer Touristen zu hören sind. Da Münster für die Niederländer von großer historischer Bedeutung ist, ist ihre Sprache besonders häufig zu vernehmen.

(Robert Peters)

Literaturgeschichte

1. Zeugnisse des Mittelalters – 2. Literatur der frühen Neuzeit – 3. Vom 18. zum 19. Jahrhundert – 4. Das 19. Jahrhundert – 5. Bis zur Gegenwart

Vor einigen Jahren ließ ein zeitgenössischer Autor seinen Romanhelden, einen jungen Germanistikstudenten, in seiner Heimatstadt Münster auf die Suche „nach Kunst und Geschichte" gehen: „Im Landesmuseum analysierte ich, auf welchem Altar Christus im Goldenen Schnitt hing. In Angelmodde suchte ich die Spuren von Goethes Fürstin Gallitzin. Hamann besuchte ich auf dem Alten Friedhof. Selbst vor dem Denkmal der Droste inmitten der Büsche auf der Kreuzschanze blieb ich mit schräggelegtem Kopf stehen" [2308: Kinder, Schleiftrog, S. 116f]. Der kleine Text kann einige Schwierigkeiten bezeichnen, die beim Versuch, eine Literaturgeschichte der Stadt Münster zu skizzieren, auftreten. Zunächst fällt der Unterschied zwischen der Überlieferung der bildenden Künste und der der Literatur auf. Wird jene dank einer bewährten Institution stets dem selektiven wie dem historischen Blick präsent gehalten, so trifft man von dieser nur einige verstreute Spuren an, deren Zeugniswert zudem noch recht zweifelhaft ist: Denn in Angelmodde wird gewiß nicht viel von der Individualität der Fürstin Gallitzin mehr sichtbar – ihr Besucher Goethe war ohnehin im Stadthaus untergebracht –, weder der Bestattungsort noch die Grabplatte Johann Georg Hamanns sind mehr original, und die liebenswerte, aber unbedeutende Skulptur der Annette von Droste-Hülshoff, welche selbst ja übrigens nicht innerhalb der damaligen Stadtgrenzen Münsters gewohnt hat, verrät wenig von Art und Rang eines in jeder Hinsicht ungewöhnlichen poetischen Werkes. Vor allem aber: Was haben diese drei oder vier Namen, die wohl in jeder Geschichte der deutschen Literatur erwähnt werden, miteinander zu tun? Kann man zwischen ihnen eine sinnvolle Verknüpfung herstellen? Was bedeutet es, wenn in ihren Biographien Münster erscheint?

Auf solche Fragen, die nicht nur von Touristen gestellt werden, eine befriedigende Antwort zu geben, fällt schwer. Dies zum einen darum, weil es in der Tat im Gegensatz zur bildenden Kunst an einer kontinuierlichen und systematischen Sicherung und Ordnung der literarischen Überlieferung lange gefehlt hat. Zum anderen gibt es erhebliche methodische Probleme, die sich einer auf eine Stadt konzentrierten Literaturgeschichte entgegenstellen. Von ihnen muß kurz geredet werden: Wenn in einem engeren Sinne Literaturgeschichte die kritische Auseinandersetzung mit Sprachwerken ist, welche sich auf jeweils besondere Weise, begründet vor allem durch die Unverwechselbarkeit ihrer Form, als haltbar und noch nach langer Zeit unverbraucht erwiesen haben, dann ist es für die Charakteristik dieser Werke wenig wichtig, ob ihr Autor aus Münster gebürtig oder hier einige Zeit ansässig war. Wenig bedeutsam ist ferner, ob der Verlagsort eines Buches Münster hieß oder ob sich hier – das wäre etwa der Fall Hamanns – zu einer gewissen Zeit ein besonders aufgeschlossener Leserkreis gebildet hat. Dergleichen historisches Wissen erhält jedoch dann Gewicht, wenn man Literaturgeschichte anders, breiter und offener, begreift und betreibt: als ein Teilgebiet von Geistesgeschichte wie von Sozialgeschichte, als Beitrag zur Erforschung und Beschreibung des sozialen Lebens, der gesellschaftlichen Kommunikation, der überindividuell herrschenden Mentalitäten. Für eine solche Perspektive aber kann die Orientierung am Modellfall einer Stadt von erheblichem Vorteil sein. Denn die – verglichen mit der Gesamtöffentlichkeit deutschsprachiger Literatur – jeweils sehr kleine Zahl der lokalen Schriftsteller, Drucker und auch Leser kann eine Überprüfbarkeit des Urteils, eine Anschaulichkeit des Vergleichs gewähren, welche in den „großen" Literaturgeschichten unmöglich ist.

In der literarhistorischen Arbeit der Gegenwart konkurrieren, darüber darf man sich und seine Leser nicht täuschen, die soeben angedeuteten Konzeptionen mit einiger Schärfe. Es wird hier dennoch der Plan verfolgt, sowohl die Literaturgeschichte Münsters als Entwicklungsprozeß durch die Jahrhunderte hin zu rekonstruieren – die wechselvolle Geschichte des Geschriebenen an einem mittelgroßen deutschen Ort –, als auch den heutigen Lesern und Literaturliebhabern in Münster oder anderswo wenigstens Hinweise zu geben auf einige einzelne Texte, die um ihrer selbst willen entdeckt werden sollten.

Gegliedert wird die Darstellung – und damit folgt sie der Anordnung der Stadtgeschichte insgesamt – in zwei große Abschnitte. Die Grenze zwischen ihnen liegt in der Zeit um 1800 und ist bestimmt durch die Veränderung des geistigen Profils der Stadt von dem einer Bischofsstadt im europäischen Kulturzusammenhang hin zu dem eines mittleren Verwaltungszentrums, das auch in ästhetischer Hinsicht die Eigenart einer Provinz repräsentiert. Es gehört ja zu den Widersprüchen des Modernisierungsprozesses, daß für das „alte" und kleine Münster die Internationalität religiöser wie profaner Themen und Stilformen selbstverständlich, für das „neue" und groß werdende Münster aber gerade die Abwehr gegen die Ansprüche von außen und die Vergewisserung einer „gewachsenen" Lokalidentität charakteristisch sind. Innerhalb dieser beiden Großkapitel läßt sich der historische Bericht nicht von einer von außen vorgegebenen Periodenfolge deutscher Literaturgeschichte, sondern von der Überlieferungslage leiten, vom Vorkommen oder Fehlen besprechenswerter Texte.

1. *Zeugnisse des Mittelalters*

Ein einigermaßen dichter Zusammenhang der literarischen Tradition läßt sich für die frühen Jahrhunderte der Stadtgeschichte schon eines besonderen Unglücks wegen nicht rekonstruieren: Die Dombibliothek nämlich, von der man annehmen darf, daß sie seit den Zeiten Liudgers mit jener Liebe zum Buch, die dem Stadtgründer zugeschrieben wird, systematisch vermehrt und durch Käufe, Abschriften oder Schenkungen bereichert worden war, ist 1527 in Flammen aufgegangen, ein Opfer unvorsichtiger Handwerker bei Ausbesserungsarbeiten im Paradies des Doms. So verschärft sich für Münster die allgemeine Schwierigkeit, mehr oder weniger zufällig erhaltene Handschriften des Mittelalters in einen verbindlichen Zusammenhang einzufügen. Wir können folglich nicht mehr beurteilen, welche gelehrten Werke, auf die sich insbesondere der Unterricht an der Domschule gestützt hat, und welche erbaulichen oder auch „unterhaltenden“ Texte den Lesekundigen, also vor allem der Geistlichkeit, jahrhundertelang zur Verfügung standen. Daß deren Sprache in aller Regel Latein war, ist vorauszusetzen, aber gewisse Anteile althochdeutschen bzw. altsächsischen oder dann mittelniederdeutschen Schreibens wären im Hinblick auf die entschieden überregionale Bedeutung des Bischofssitzes wohl zu vermuten. Erst die Einführung des Buchdrucks, an der man sich in Münster schon sehr bald beteiligt hat, sicherte für die Folgezeit vor solchen katastrophalen Zufällen.

Für die allererste Phase indessen sind Zeugnisse erhalten, und mit gutem Grund darf auch in literaturgeschichtlicher Perspektive behauptet werden: Alles begann mit Liudger. Einerseits war er selbst Schriftsteller und verfaßte wohl in jenen 790er Jahren, in denen die westfälische Wirksamkeit beginnt, eine Lebensbeschreibung seines Utrechter Lehrers Gregor *(Vita Gregorii abbatis Traiectensis),* in der auch des Bonifatius gedacht und im ganzen die Bedeutung der angelsächsischen Missionierung des friesischen Raumes als beispielhafte Christlichkeit betont wird. Andererseits wurde er selbst von seinem Verwandten und Nachfolger im Bischofsamt, Altfrid, zum Thema einer ähnlichen biographischen Darstellung erhoben *(Vitae sancti Liudgeri).* Zur Historie dieser Stadt gehört also von Beginn an die erzählende, an antiken Vorbildern formal geschulte künstlerische Darstellung; die Geschichten sind fast zeitgleich mit der Geschichte. Die Erfindungen zum höheren Ruhm der Gründer sind verklammert mit dem Bericht über jene Realitäten, auf welche das heutige Jubiläumsbewußtsein sich beruft. Wertvoll sind diese Viten vor allem, weil sie bezeugen, daß die detaillierte Erinnerung an die vorbildlichen Lehrer und die gewissermaßen in einem Familiengeist verbundenen Freunde und Mitkämpfer unentbehrlich für gegenwärtiges und zukünftiges Glauben und Handeln ist, daß solches Erzählen Stärkung bedeutet. Die literarische Wirkung dieser frühen Werke blieb freilich wohl gering.

Vierhundert Jahre später erst begegnet der nächste bemerkenswerte Schriftsteller, auch er ein Latein schreibender Kleriker: Bernhard von der Geist (in Urkunden genannt zwischen 1228 und 1246). Er stammte aus einem Rittergeschlecht, war lange im bischöflichen Dienst und erhielt schließlich die Stelle eines Kanonikus am Stift St. Mauritz, die ihm Muße für poetische Tätigkeit gewährte. Überliefert sind ein kürzeres Streitgespräch zwischen den Figuren des „Schmeichlers“ und der „Wahrheit“ über das Verhalten bei Hof und *Palpanista,* ein langes Gedicht (1007 Hexameter), in dem eine regelrechte Theorie des Schmeichelns entwickelt, auch ein differenziertes Bild vom Hofleben mit seinen erbarmungslosen Zwängen entfaltet wird. Hier liegt eine kritische Darstellung der mittelalterlichen Daseinsbedingungen vor, wie sie offenbar auch für den Herrschaftsstil des Bischofs von Münster kennzeichnend war, darüber hinaus aber von allgemeinem Interesse für die Zeitgenossen des späten Mittelalters: Vollständige Handschriften und mehrere frühe Drucke, die Übernahme von Passagen in Sammelwerken, die Auswertung in deutschsprachiger Lehrdichtung – all dies spricht dafür, daß Bernhard von der Geist, obschon er nicht in einer der großen süd- oder mitteldeutschen Fürstenresidenzen Erfahrungen gemacht hat, am „Modell Münster“ ablesen konnte, was Jahrhunderte hindurch mit der Formel bezeichnet wurde: „Bei Hof, bei Höll.“

Sehr rasch nähert sich ein Gang durch die (überlieferte!) Literaturgeschichte Münsters dem Ende mittelalterlicher Ordnung und Kultur: Der um 1445 gestorbene, aus

Münster gebürtige, im Kloster Marienfeld schreibende Hermann Zoestius verfaßt nicht nur ein (lateinisches) Jubellied auf Kaiser Sigismund, sondern ist schon stark mit eingreifenden kirchlichen Reformen, vor allem mit der Neugestaltung des Kalenders beschäftigt. Ein Münsteraner beeinflußt damit die Strukturen der europäischen Zeit, also die Bedingungen der erlebten wie beschriebenen „Geschichte"!

2. *Literatur der frühen Neuzeit*

Mit dem „Herbst des Mittelalters" begegnet man jener Ära, die wohl die geistesgeschichtlich bedeutendste Phase Münsters war, dem 15. und frühen 16. Jahrhundert. Kennzeichnend ist – wie fast stets – die Zweisprachigkeit, doch in besonderer Ausprägung. Denn zum einen war das Niederdeutsche – vor allem in der Blütezeit der Hanse – nicht nur die mündliche Verkehrssprache der Kaufleute und Gilden, sondern auch Amtssprache, wenn Urkunden, Verträge und Register zu schreiben waren. Zum anderen drang es in einen Bereich vor, der bisher ganz dem Latein zugehörte: Die Laienfrömmigkeit der Brüder vom gemeinsamen Leben, die Devotio moderna, fand – ausgehend vom niederländischen Deventer – in Münster ihre aktivste Nachfolge und in Gestalt von Johannes Veghe (1430–1504) einen geistlichen Lehrer, der auch in der Volkssprache predigte und dichtete. Zwar darf er nach neuerer Forschung [422: Wortmann, Johannes Veghe, S. 47ff] wohl nicht als Autor von vier geistlichen Traktaten gelten, deren mystische Metaphorik das besondere Interesse der Forschung fand, weil diese poetisch entfaltete und gesteigerte Frömmigkeitsrede über die Mundartgrenzen hinweg, das Oberdeutsche mit dem Niederdeutschen verbindend, die Ausdrucksmöglichkeiten der Volkssprache außerordentlich bereichert und mit fernwirkender Ausstrahlung verändert hat. Doch andere Gedichte und Predigten stammen gewiß von Veghe. Im Gesamtprozeß der vorreformatorischen Erneuerung christlichen Lebens, in der Kritik der „Brüder" an einer veräußerlichten Kirche, ihrer Verinnerlichung und populären Erbaulichkeit spielt Münster mit seinem herausragenden Autor Veghe – neben ihm ist Friedrich Moormann zu nennen – eine wichtige Rolle.

Dies gilt genauso stark für den anderen geistigen Weg zur Neuzeit hin, der etwa gleichzeitig im selben geographischen Raum – in Wechselwirkung nämlich zwischen den Niederlanden und Münster – beschritten wird: den Humanismus, dessen erster großer Lehrer Alexander Hegius (1433–1498) aus dem Münsterland – aus Heek – stammte. Er selbst wurde bei den Brüdern vom gemeinsamen Leben ausgebildet und führte dann in Deventer nicht nur Erasmus, sondern auch die in Münster lebenden Buschius und Murmellius in die antiken Dichter und Philosophen ein. Hegius zur Seite zu stellen ist Rudolf von Langen (1438–1519), dessen Gedichte und dessen pädagogisches Handeln als Reformator der Domschule hin zu einem „humanistischen Gymnasium" ihm und seiner Wirkungsstätte europäischen Ruhm einbrachten. Kennzeichnend schon ist, daß Langens *Carmina* (1486) das erste humanistische Gedichtbuch waren, das in Deutschland gedruckt wurde, zugleich eines der ersten Druckerzeugnisse Münsters überhaupt. Zahlreiche Werke in verschiedenen Gattungen traten im Laufe seines langen Lebens hinzu: formstreng, vorbildlich in einem „klassischen" Stil wie in einer Frömmigkeit und Freiheit verbindenden Haltung – so

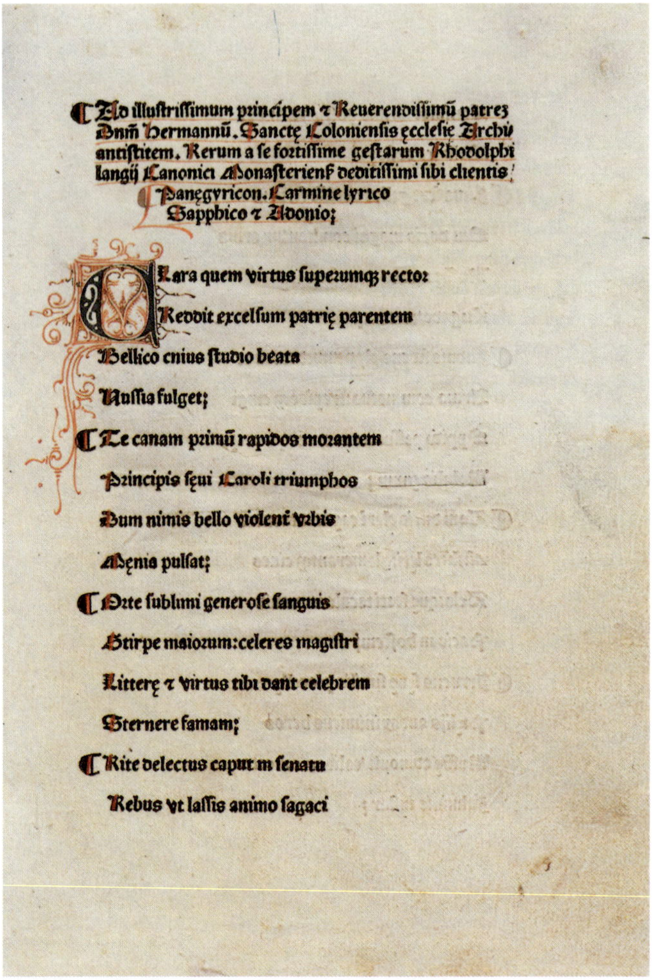
¶ Ad illustrissimum principem & Reuerendissimū patrem
Dnm̄ Hermannū. Sanctę Coloniensis ęcclesię Archi
antistitem. Rerum a se fortissime gestarum Rhodolphi
langii Canonici Monasteriens deditissimi sibi clientis
¶ Panęgyricon. Carmine lyrico
Sapphico & Adonio;

Clara quem virtus superumq rector
Reddit excelsum patrię parentem
Bellico cuius studio beata
Nussia fulget;
¶ Te canam primū rapidos morantem
Principis seui Caroli triumphos
Dum nimis bello violent vrbis
Męnia pulsat;
¶ Orte sublimi generose sanguis
Stirpe maiorum: celeres magistri
Litterę & virtus tibi dant celebrem
Sternere famam;
¶ Rite delectus caput in senatu
Rebus vt lassis animo sagaci

Blatt aus den „Carmina" von Rudolf von Langen mit der Widmung an Erzbischof Hermann von Köln (erster humanistischer Gedichtband in Deutschland)

prägte sich Langen den Zeitgenossen ein. Dem Autor war klar bewußt, daß die neue Form der Sprachkunst, des gelehrten Wissens und der kritischen Auseinandersetzung eng verbunden auftrat mit dem neuen Medium der Literatur: der Drucktechnik. Ihr widmete er als einer der ersten ein Lobgedicht, und mit ihrer Hilfe – praktisch mit den ersten Drucken von Lehrwerken in Münster – konnte fortan ein anspruchsvoller, verläßlicher Unterricht am aufblühenden Paulinum ermöglicht werden.

Ablösung von der Scholastik, Ausbreitung von Humanismus und Buchdruck bündeln sich exemplarisch in der *Comoedia Codrus,* die der Schulmann Johannes Kerckmeister – damals vermutlich Leiter der Domschule – in Münster drucken ließ. 1485, ein Jahr noch vor Langens *Carmina,* erschien das Schauspiel, in dem zwei humanistisch gebildete Studenten den alten scholastischen Schulmeister Codrus der Dummheit überführen. Nur wenige Jahrzehnte nachdem ein anonymer münsterischer Autor noch gewarnt hatte: *Bucolica virgilii sunt cantica canticorum dyaboli* [Staats-

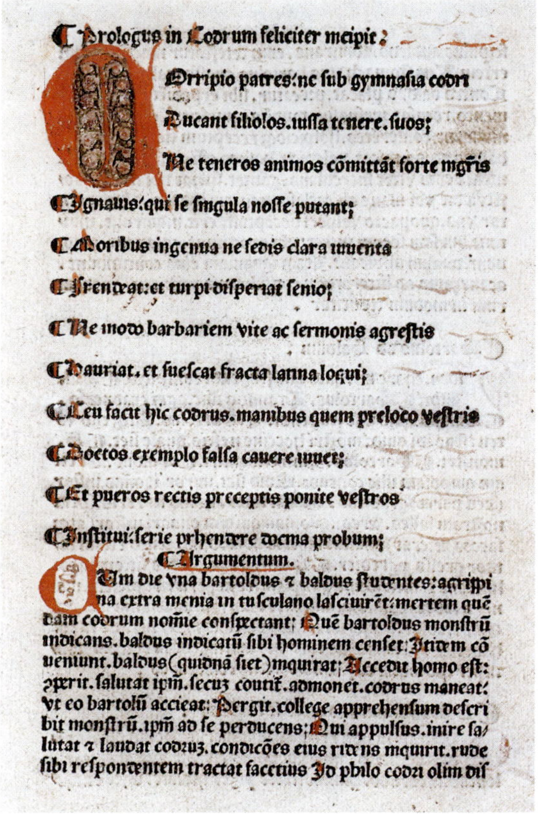
¶ Prologus in Codrum feliciter incipit.
Orripio patres: ne sub gymnasia codri
Ducant filiolos. iussa tenere. suos;
Ne teneros animos cõmittãt forte magr̃is
¶ Ignauis: qui se singula nosse putant;
¶ Moribus ingenua ne sedis clara iuuenta
¶ Frendeat: et turpi disperiat senio;
¶ Ne modo barbariem vite ac sermonis agrestis
¶ Hauriat. et suescat fracta latina loqui;
¶ Ceu facit hic codrus. manibus quem preloco vestris
¶ Doctos exemplo falsa cauere iuuet;
¶ Et pueros rectis preceptis ponite vestros
¶ Instituí: serie prhendere docma probum;
¶ Argumentum.
Cum die vna bartoldus et baldus studentes: agrippi
na extra menia in tusculano lasciuirẽt: mertem quẽ
dam codrum nomĩe conspectant; Quẽ bartoldus monstrũ
indicans. baldus indicatũ sibi hominem censet: Utrique cõ
ueniunt. baldus (quidnã fiet) inquirat; Accedit homo est:
aperit. salutat ipm̃. secũ coutit. admonet. codrus maneat:
vt eo bartolũ acciesat; Pergit. college apprehensum descri
bit monstrũ. ipm̃ ad se perducens; Qui appulsus. inire sa/
lutat et laudat codrũ. condicões eius ridens inquirit. rude
sibi respondentem tractat facetius Id philo codri olim dis

Die „Comoedia Codrus" von Johannes Kerckmeister (1485) – Verspottung der mittelalterlichen und Verherrlichung der humanistischen Bildung in der literarischen Form einer Schulkomödie (erster in Münster angefertigter Druck)

bibliothek Preußischer Kulturbesitz, Hs. 853 theol.], ist Münster eine Hochburg des Humanismus geworden.

Dazu beigetragen hat sicher auch Johann Murmellius (1480–1517), der zwar in den Niederlanden geboren und gestorben ist, aber in seiner Zeit in Münster als Konrektor der Domschule, dann Rektor der Stiftsschulen St. Martini und St. Ludgeri nicht nur die Bildungsreform weitertrieb (dies auch als Autor von Lehrwerken), sondern zum Lobdichter dieser Stadt wurde. In fünfzig kunstvollen „sapphischen" Odenstrophen (erstmals 1504 gedruckt) charakterisiert er Münster als einen Ort idealer Lebensbedingungen insbesondere für den erlesenen Kreis der Humanisten. Ganz gewiß ist der hohe Stil des Gesanges – dem ein erhabener Gegenstand nur angemessen ist – Murmellius wichtiger gewesen als die sogenannte Wirklichkeit des damaligen Münster. Details der zeitgenössischen Lebenswelt bestimmen daher den Inhalt des Gesanges *In urbem Monasteriensem Westphaliae Metropolim* weniger als die Bildmotive und Figuren einer antiken Poesiewelt, der allerdings auch Christliches beigemischt ist. Doch mag gerade dies noch heute faszinieren: Daß Reichtum des Lebens und des Geistes, daß Glück und sittliche Größe für die Dauer des Gedichtes sich nicht im Zeichen der Utopie vereinen, sondern mit „Münster" benannt werden. Einige Strophen aus dem Städtelob des Murmellius seien in deutscher Übersetzung zitiert [367: Bücker, Lobgedicht, S. 51ff]:

„Zierde und strahlender Glanz westfälischen Landes
Stehst du, herrliche Stadt, im Schutze des Paulus!
Mehr als Delphi gerühmt, als Stätte der Künste
Gleichst du Athen selbst!
Fruchtbare Äcker erfreu'n dich mit reichem Getreide,
Freundlich strahlt in der milden Luft dir der Himmel,
Eicheln hast du zur Schweinemast und für die Rinder
Prächtige Weiden.
Reckenhaft sind hier die Männer mit mächtigen breiten
Schultern; tapfer können sie kämpfen im Kriege,
Aber sie lieben klug und besonnen den Segen
Friedlicher Zeiten!
Keine Stadt auf der Erde kann ihre Töchter
Mit den deinen vergleichen an Wuchs wie an Schönheit!
Keine besitzt wie du so blühende Mädchen
Mit solcher Anmut!
Hochangesehn in der ganzen Stadt sind die Männer,
Die der Wissenschaft dienen; so viele Gelehrte
Hat keine wie diese, den Ruhm macht ihr keine
Andere streitig.
Unter den ruhmreichen Männern ist Rudolf von Langen
Weitaus der erste; an Frömmigkeit, Rede und Dichtkunst
Ein überragender Geist! Am hellsten von allen
Leuchtet sein Name.
Clio, du hast immer wieder mir deine bewährte
Hilfe erwiesen, bleibe doch nicht am Eurotas
Unter den Lorbeeren; kehre zurück, wenn ich rufe!
Heil dir! Leb' wohl nun!"

Die spannungsreiche, aber nicht feindliche Gleichzeitigkeit von Devotio moderna und Humanismus, von einer durch neue, undogmatische Frömmigkeit „aktivierten" Volkssprache (Niederdeutsch) und einer aus dem Enthusiasmus für antikes Denken und Dichten „wiedergeborenen" Kunstpoesie (Latein) läßt Münster im frühen 16. Jahrhundert zu einem hochinteressanten Schmelztiegel der Neugestaltung von Sprache und Kultur werden. Zu einer längeren literarischen Blütezeit oder gar einer Ernte nach der doppelten Aussaat konnte es indessen nicht mehr kommen, weil bald schon die Dynamik des Reformationsgeschehens für sprachlich-ästhetische Erneuerungen keine Zeit mehr ließ: Mit außerordentlicher Gewalt besetzte theologisches Reden wiederum den öffentlichen Raum einer Stadt, die sich vergleichsweise recht weit von kirchlicher Dogmatik entfernt hatte, und es drangen Sprecher und Schreiber in sie ein, die vielfältige andere Sprachen artikulierten als die gewohnten: mitteldeutsche, friesische und niederländische. Auch die Symbiose von Niederdeutsch und Latein war fortan, für einige erregte Jahre, nachhaltig gestört.

Vorgeschichte, Entwicklung und Zerstörung der Täuferherrschaft in Münster haben zur Literaturgeschichte insofern beigetragen, als die Ereignisse von 1534/35 und die dominierenden Personen ungemein häufig zum Thema romanhafter oder dramatischer Darstellung geworden sind. Ein Thema, das keineswegs nur auf die deutsche Literatur beschränkt bleibt, wie Beispiele von Thomas Nashes Roman „Der unglückliche Reisende oder das Leben Jack Wiltons" (1594) bis hin zu Marguerite Yourcenars „Die schwarze Flamme" (1968) belegen. Schreckbild oder Hoffnungszeichen – das „Modell Münster" in seiner extremen Einzigartigkeit einer religiös-politischen Alternative zur katholischen wie protestantischen, zur feudalen wie bürgerlichen Normalität hat immer wieder zu effektvollen Nacherzählungen und Inszenierungen gereizt: mystische Ekstasen, brutale Gewalt, ausschweifende Erotik, trostloses Elend – daraus ließ sich ein Ensemble elementarer Lebenszustände bilden. Je nach Tendenz war dabei der Dämonisierung oder Verklärung der Täufer bzw. ihrer Gegner Spielraum gegeben, denn ein annähernd objektives historisches Urteil konnte schon der verworrenen Quellenlage wegen nicht gefällt werden. Einen ironischen Epilog auf solche Wirkungsgeschichte hat Friedrich Dürrenmatt in zwei Bearbeitungen des Themas formuliert: „Es steht geschrieben" (Uraufführung 1947), „Die Wiedertäufer" (Uraufführung 1969). Die Akteure des Geschichtsdramas sind, inspiriert von dem Schauspieler Jan van Leiden, Theatraliker, deren einziges Begehren der Applaus eines möglichst großen Publikums ist – in ihrer Mitwelt oder Nachwelt. Damit wird zwar das Thema seiner moralisch-warnenden, heilsgeschichtlich-verheißenden oder sozialpsychologisch-lehrenden Funktionen beraubt, doch ein spezifisches Münster-Interesse bleibt auch im skeptischen Autor der Moderne wirksam.

Was aber jene Texte betrifft, welche im Zusammenhang der Täuferherrschaft geschrieben wurden – neben Predigten und Traktaten auch Lieder und mindestens ein Drama: das 1534 im Dom aufgeführte vom armen Lazarus –, so sind sie so sehr von der Aktualität der religiös-politischen Auseinandersetzung geprägt, daß ihnen eine selbständige Bedeutung nicht zugewachsen ist. Beachtlich ist, neben kleineren Zeugnissen wie dem „Stutenbernd"-Gedicht (1533), eine Verssatire „Der monsterschen ketter bichtboeck" von 1534, die 3380 paarweise gereimte Zeilen umfaßt: Der Zorn auf die vom bisher geltenden Christentum Abgefallenen ist stark genug, um in vielen Varianten Hohn und Spott auszudrücken, die Scheltreden mit witzigen und groben Pointen auszurüsten. Der Gesamttext gliedert sich in ein „Proemium", „Ein Gedicht oder Historia van de Monsterschen wederdoepers, to rimen gesat" und eine „Conclusio". Schon dieses Schema läßt auf einen gelehrten Verfasser schließen – nach den Untersuchungen von Karl-Heinz Kirchhoff könnte es Heinrich Vruchter (1500–1565) gewesen sein, ein Lehrer der Domschule [644: Kirchhoff, Kerssenbrock oder Vruchter, S. 39ff]. Kennzeichnend ist auch, daß der Autor gegen Ende seines so langen deutschen Textes, bei dem ihm gewiß schon der Reimzwang Mühe gemacht hat, noch ein Lob des Lateinischen anstimmt. Er selbst nämlich hätte es vorgezogen, sich in Latein auszudrücken, schon um sich abzuheben von den „ungelehrden leien" mit ihren „deutschen lidern", deren „Rasen" alles Unheil verursacht habe. Da aber die Zahl der Lateinkenner leider so gering sei (schon damals!), daß keine Breitenwirkung zu erhoffen wäre, „duchte mich derhalven gerad, dussen handel in dutscher spraeck tho schrieven" (Vers 3345).

Derjenige, der lange Zeit zu Unrecht auch als Autor des „Bichtboeck" gegolten hat – Hermann Kerssenbrock (um 1517–1585) –, ein Münsteraner jedenfalls in wichtigen Jahren seines Lebens, hat als Hauptwerk ein anderes Buch geschrieben: den umfangreichen Bericht über die Täuferzeit, der zwar vor der Quellenkritik der Geschichtswissenschaft sich nicht gut behaupten kann, aber als literarisches Denkmal zu würdigen wäre. Allerdings: Kerssenbrock hat sein umfangreiches Buch in Latein abgefaßt, und erst Jahrzehnte später, im Aufklärungsjahrhundert (1771), ist eine Übersetzung ins „Oberdeutsche" publiziert worden. Leider ist der Übersetzer ungenannt und unbekannt, doch seine Leistung ist schätzenswert: Kaum sonst im deutschen Sprachraum begegnet eine so lange, mit erkennbarem Bemühen um ein allgemein verständliches, auch variables Deutsch geschriebene Prosaerzählung. Die Tendenz zur Geschichtsschreibung, deren erster großer Repräsentant Justus Möser im nahen Osnabrück wird, prägt sich hier schon aus.

Damit ist weit vorausgeblickt, über eine Epoche hinaus, deren Beginn und Ende mit dem Einzug der Jesuiten (1588) und der Auflösung des Ordens (1777) zu datieren ist. Am Ende des 16. Jahrhunderts konnte die Gegenreformation sich so konsequent durchsetzen, daß fortan Münster und das Münsterland als katholischer Keil sich zwischen protestantische Gebiete schob. Die konfessionelle Opposition zu Kultur und Gesellschaft sowohl Hollands als auch der benachbarten norddeutschen Länder und Städte blockierte fortan die kulturellen Wechselbeziehungen zwischen den europäischen Nationalliteraturen, aus denen zur gleichen Zeit der deutsche Literaturbarock seine Lebenskraft erhielt – in Schlesien, Hamburg, Sachsen oder Nürnberg. Niemand aus Münster hätte folglich an jenem „Treffen in Telgte" im Jahr 1647 teilnehmen können, das Günter Grass in seiner Erzählung (1979) erfunden hat, um im Spiegel der zeitgenössischen „Gruppe 47" den barocken Literaturbetrieb und dessen wichtigste Autoren abzubilden. Die später oft beklagte „Rückständigkeit" der Stadt Münster und ihres Umlandes wurzelt, dies ist ohne Polemik festzuhalten, hier, in der langwährenden Einbindung in eine katholische Kulturordnung. Deren Stabilität war zweihundert Jahre hindurch ungebrochen, nicht einmal irritiert durch einen Fürstenhof, welcher mäzenatisch für Künste und Wissenschaften hätte wirken können.

Die einzige bedeutende Bildungsinstitution der Stadt blieb die von den Jesuiten geleitete ehemalige Domschule, das Paulinum. Da eine Universität fehlte, erwarben der Adel und das Bürgertum ihre akademische Bildung im Süden. Wie schon während der Ära der Humanisten wurde auch jetzt das geistige Profil der Stadt vom Gymnasium aus bestimmt – freilich in anderer Weise, denn die Selbständigkeit individueller Forschung und Lehre trat hinter der Ordensdisziplin zurück: Die Richtlinien des Unterrichts wie der Lebensführung waren dieselben wie in München, Ingolstadt oder Trier. Die Sprache aber, in der einzig „Literatur" sich ereignete, blieb in der Regel Latein. Damit ist deutlich, daß ein besonderer Beitrag Münsters zur deutschen Barockliteratur nicht erwartet werden kann, obschon es auch im 17. Jahrhundert hochgebildete, literarisch oder doch bibliophil interessierte Münsteraner gibt – Bernhard Rottendorff (1594–1671) oder Bernhard von Mallinckrodt (1591–1664) etwa –, und „Gelegenheitsdichtung", Lyrik bei Kindtaufen, Hochzeiten und Begräbnissen, von ihnen selbstverständlich verfaßt wurde [vgl. 940: Hugenroth, Rottendorff]. Die einzige Gattung, die in Münster kontinuierlich und erfolgreich gepflegt wurde, war das Schuldrama der Jesuiten. Zwischen 1589 und 1769 wurden regelmäßig Schauspiele aufgeführt – über 32 Titel sind wir informiert –, und zwar nicht nur als „Schulveranstaltung" im heutigen Sinne, sondern als auf öffentliche Wirkung zielendes Theater. Absicht der Jesuitenbühne ist ja „Propaganda" des Glaubens und eines christlichen Lebens: „Nun du schwartze Trauer-Bühne / Uns an statt der Leyter

Bernhard Rottendorff (1594–1671), Stadtarzt, Humanist und Literat, auf einem im Zweiten Weltkrieg zerstörten Gemälde

diene / Zu dem güldnen Sternen-Land" (Felicitas, Bl. 4r). Zur Festigung im Glauben wurden freilich alle denkbaren Instrumente der Suggestion eingesetzt: von Musik und Tanz über die Ausstattung (während des Friedenskongresses erhielt man Leihgaben von den Gesandten) bis zur auf extreme Kontraste eingerichteten Rhetorik. Über den Handlungsverlauf konnte sich der Nicht-Lateiner aus eigens gedruckten „Synopsen" – etwa der oben zitierten – informieren. Biblische Stoffe oder Märtyrerlegenden dominieren, der Gattung entsprechend, doch auch die griechisch-römische Mythen- und Sagenwelt kommt zur Geltung, nicht nur in der Spätzeit, wo man um 1753 eine „Iphigenie" findet. Allein im Dienst des Patriotismus ist es der unchristliche Stoff „wohl werth, auf den neueren Schau-Bühnen aus tieffer Gruft des uralten Heidenthums herfür zu tretten" (Iphigenia, Bl. 1v). Einige weitere Beispieltitel samt Aufführungsjahr [1940: Bahlmann, Jesuiten-Dramen]:

- „New Tragico-Comoedj, vom König Juda ..." (1645).
- „Jvlianvs Der Abtrinnige Käyser Nach geübter Bossheit von Gott abgestraffet ..." (1664).
- „Getreue Braut Christi oder Susanna von Galerio zur Verlaugnung des Christlichen Glaubens umsonst angehalten, aus Befehl Diocletiani enthauptet ..." (1747).

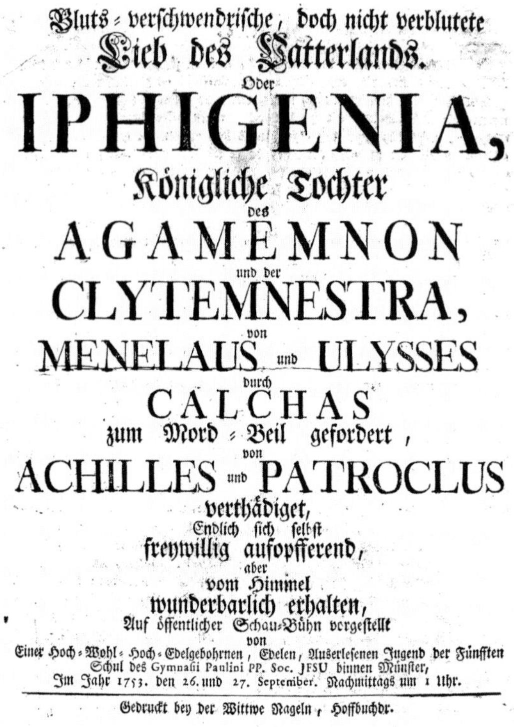

Bluts-verschwendrische, doch nicht verblutete
Lieb des Vatterlands.
Oder
IPHIGENIA,
Königliche Tochter
des
AGAMEMNON
und der
CLYTEMNESTRA,
von
MENELAUS und ULYSSES
durch
CALCHAS
zum Mord-Beil gefordert,
von
ACHILLES und PATROCLUS
verthädiget,
Endlich sich selbst
freywillig aufopfferend,
aber
vom Himmel
wunderbarlich erhalten,
Auf öffentlicher Schau-Bühn vorgestellt
von
Einer Hoch-Wohl-Hoch-Edelgebohrnen, Edelen, Auserlesenen Jugend der Fünfften
Schul des Gymnasii Paulini PP. Soc. JESU binnen Münster,
Im Jahr 1753. den 26. und 27. September. Nachmittags um 1 Uhr.

Gedruckt bey der Wittwe Nageln, Hoffbuchdr.

Titelblatt eines Theaterstücks der münsterischen Jesuiten

Einen Höhepunkt der Wirksamkeit erreichte das Theater zweifellos während der Friedensverhandlungen, und die Dramaturgen zeigten sich durchaus in der Lage, biblisches Sujet und Aktualität zu verknüpfen. Am 3. November 1648 führten sie vor den Kongreßteilnehmern ein Stück mit dem Titel „Zorobabel" auf, das in fünf Aufzügen die glücklich erreichte Rückkehr der Israeliten aus dem Babylonischen Exil darstellt. Von einem Chor vorgetragene Zwischengesänge übertragen das Geschehen auf den wiedererlangten Frieden in Deutschland.

Daß das Jahr 1648 stadtgeschichtlich eine Klimax bildet, muß hier nicht ausgeführt werden. Die in Münster langwierig formulierten und zeremoniell unterzeichneten Texte stellen auch besonders ausgeformte Beispiele der „barocken" Schreibweise in mehreren Sprachen dar. Man sollte in Zukunft nicht nur ihren juristischen Sachgehalt untersuchen. Zum Friedensschluß gab es zusätzlich neben Paraden Konzerte und Gelegenheitspoesie in mancherlei Gestalt, von Oper und Ballett hatte sich der Kongreß schon während der langen Verhandlungszeit unterhalten lassen. Als ein literarisches Zeugnis im engeren Sinne wäre aber eher an jenes freundlich-humorvolle Stadtporträt Münsters zu erinnern, das der päpstliche Nuntius Fabio Chigi (1599–1667), der nachmalige Papst Alexander VII. (seit 1655), verfaßt hat. Das Gedicht, aus dem in der deutschen Übertragung von Hermann Bücker einige Verse folgen, ist stilisiert als an einen Freund gerichtete Beschreibung von Chigis Aufenthaltsort [610: Chigi, Gedichte zu seinem Aufenthalt, S. 17ff]:

„Ehemals gab der Große Karl dem Orte den Namen,
Sparte mit Stiftungen nicht, fügte die Mitra hinzu.
Sechs Jahrhunderte schon ist die Stätte die *Hauptstadt Westfalens,*
Statt *Monasterium* ward *Münster* auf deutsch sie genannt.
[...]
Prachtvolle *Kirchen* sind wiedergewonnen dem Glauben der Väter,
Als mit dem König sein Volk, wahnsinnig beide, verschwand!
Hoch zu den Wolken empor heben mächtige Türme die Helme,
Und ein melodisch Geläut klingt von den Glocken herab.
Schau! Drei Wiedertäuferkäfige hängen da droben!
Und die Gebeine noch selbst büßen die furchtbare Schuld.
Dicker Schmutz liegt meist an den beiden Seiten der *Straßen,*
Ja, oft sieht man sogar dampfende Haufen von Mist.
Unter gemeinsamem Dach wohnen *Bürger* und trächtige Kühe,
Und mit dem stinkenden Bock auch noch die borstige Sau.
[...]
Hoch in den Himmel empor reckt das herrliche *Rathaus* den Giebel,
Würdige Väter der Stadt tagen im festlichen *Saal!*
Pflichterfüllung gilt allen als selbstverständliche Tugend,
Kleidung und Kost deuten an, daß man nicht Reichtum besitzt!
Eifrig pflegt man die Freien Künste und huldigt Apollo,
Hütet den Glauben getreu, der von den *Vätern* gelehrt.
[...]
Hier nun verbring' ich in Ruhe zu Hause die wechselnden Tage,
Wenn auch die Sorge mir oft schmerzlich die Seele verzehrt,
Wenn die düstere, trostlose Nacht mich traurig umschattet,
Oder wenn Jupiters Haupt ständig in Regen sich hüllt.
Lesen, schreiben, verhandeln muß ich, daheimbleiben, ausgehn,
Und im Gebet am Altar flehn um den Frieden der Welt."

3. Vom 18. zum 19. Jahrhundert

Von einer Teilhabe am Prozeß der europäischen Aufklärung, ihren wissenschaftlichen Disputen und literarischen Kontroversen, blieb das katholische Münster lange Zeit ausgeschlossen: Es fehlte die Universität, es gab nur zeitweise überregional wirkende Buchhändler, es fehlten die protestantischen Pfarrhäuser. Erst die Reformära Fürstenbergs brachte Veränderungen, schuf – wenn auch in durchaus eingeschränkter Weise – Voraussetzungen für eine Öffnung der Bewußtseinshorizonte. Von nun an wird es immer wieder „Aufbrüche" geben, werden Versuche unternommen werden, Anschluß an jene Regionen zu gewinnen, in denen die Modernität schon sehr viel weiter ist, Versuche, Kontakte zu knüpfen zu Einzelnen oder Gruppen, die für die deutsche Kultur- und Literaturentwicklung insgesamt prägend sind. Es sollte dabei nicht verkannt werden, daß solche Aufbrüche stets kurzfristig, episodisch blieben und kaum je das weiterhin von der Kirche beherrschte Kulturklima über längere Zeit irritieren konnten. Auch die neuen Medien der Information und Unterhaltung, deren Vorbote das „Münsterische Intelligenzblatt" war – die Tageszeitungen und Zeitschriften aus städtischen Druckereien folgten –, durchbrachen selten nur einen ständeübergreifenden Konsens, nämlich den der Abwehr gegen Säkularisation, Subjektivismus, Ästhetizismus oder auch Politisierung, also gegen Modernität insgesamt. Und Zensur war auch in Fürstenbergs Zeit ein selbstverständliches Herrschaftsinstrument. Wenn im folgenden von Aufbrüchen gesprochen werden soll, so heißt dies folglich: Es ging kaum je gut aus, häufig aber auf eine offene oder versteckte Weise katastrophal.

Die erste literarhistorisch bedeutsame Erneuerung der Fürstenberg-Ära betraf das 1775 eingeweihte Komödienhaus. Den Prolog für die Theatereröffnung hatte Anton Matthias Sprickmann (1749–1833) geschrieben, ein Arztsohn aus Münster, der als Jurist schon jung im Dienst Fürstenbergs, später als Professor für Rechtsgeschichte an der neuen Universität, im Alter noch in Breslau und Berlin tätig war. Daß man sich in seiner Heimatstadt an den Schriftsteller Sprickmann kaum erinnert, sondern nur an den Mitarbeiter Fürstenbergs, den Freund der *familia sacra* um die Fürstin Gallitzin, auch den freundlichen Berater der jungen Annette von Droste-Hülshoff – das hat er selbst so gewollt. Rigoros hat er sich 1781 von der Literatur abgewandt, die vielfältigen Kontakte zu bekannten Schriftstellern seiner Zeit abgebrochen. Er hat durch gelehrte Arbeit und Frömmigkeit gewissermaßen abgebüßt, wodurch seine Studienjahre geprägt waren: „Sturm und Drang“, „Geniewesen“. Dem Literarhistoriker muß aber gerade dies wichtig sein, daß Sprickmann, der Göttinger Student (1766–1768 und 1776) und Wetzlarer Anwalt (1777/78) ein keineswegs unbedeutender, als Lyriker, Erzähler und Dramatiker vielfältig produktiver Autor gewesen ist, mitten in der von Klopstock und vom „Göttinger Hain“ angeregten, im Schaffen des jungen Goethe kulminierenden Erneuerungsbewegung der deutschen Literatur. Mit Klopstock, für dessen „Gelehrtenrepublik“ er 1773 nicht weniger als 56 Subskribenten in Münster werben konnte [1185: Venhofen, Sprickmann, S. 35], stand er ebenso in Kontakt wie mit Matthias Claudius, mit Sophie von Laroche, mit Gottfried August Bürger und dem einflußreichen Herausgeber Heinrich Christian Boie – und auch mit Goethe. Als Sprickmann in Wetzlar lebte, hat er mit Rührung recherchiert, was Anlaß für sein Vorbild war, „Werther's Leiden“ zu schreiben. Schon im Jahr zuvor hatte er in seinem Aufsatz „Etwas über das Nachahmen allgemein, und über das Göthisieren insbesondre“ nachdrücklich behauptet, was man eine Sturm-und-Drang-Poetik im Hinblick auf Goethe nennen könnte: „Das Ideal der Dichtkunst ist der leidenschaftliche Mensch. Ihr Gegenstand ist Handlung, und die Summe der Kräfte, die eine Handlung hervorbringen, ist hier das Maaß ihrer Vollkommenheit. [...] Aber, wenn nun endlich in dieser Nation ein Paar Augen stark genug waren, sich nicht früh Morgens bis auf den Abend wieder zuzuschließen – auch im Mittage zu sehen mit unverwandtem Blicke – wenn das nun die Augen eines Jünglings waren, dem die Natur auch Mut gab, zu sagen, was er sah? Das um ihn her auszudrükken, wie er es fühlte, und von der Schönheit zu reden, wie sie ihn im Meere des Lichts umschwamm? [...] O! ich glaube zu sehr an hohe Urgenien, die ganzen Nationen den Weg zeigen sollten: fühl zu sehr, daß Göthe so ein Liebling der Natur ist, den sie zum Wegweiser ausrüstete“ [2691: Etwas über das Nachahmen, Sp. 1049ff].

Sprickmann sah es in seiner produktiven Zeit also keineswegs für einen Makel an, als ein Nachahmer des jungen Goethe zu gelten, aber es wäre erst noch zu überprüfen, ob für seine Dramen, deren erregtes, alle Konventionsgrenzen sprengendes Reden gewiß dem „Götz“ verpflichtet ist, nicht auch ähnliche positive Qualitäten nachweisbar wären, wie sie kürzlich für die Prosa – Liebes- und Kriminalgeschichten – erschlossen wurden [2045: Dedert, Erzählung im Sturm und Drang, S. 96ff]. Versuche sind sie jedenfalls, den „leidenschaftlichen Menschen“ zur Darstellung zu bringen, Zeichen der Opposition gegen staatliche und kirchliche Normen zu setzen, Liebe als unbedingten Wert zu behaupten. Erstaunlich ist auch, wie rasch Sprickmann sich dramaturgische Verfahren in unterschiedlichen Gattungen angeeignet hat. Neben heute verlorenen Texten und dem Weihespiel zur Theatereröffnung in Münster („Der Tempel der Dankbarkeit“ 1775) finden sich ein „Trauerspiel“ („Eulalia“ 1777), ein „rührendes Lustspiel“ („Die natürliche Tochter“ 1774) und ein „Lustspiel“ („Der Schmuck“, 1779 in Wien preisgekrönt).

Hat Sprickmann seine literarische Laufbahn zugunsten des Berufs und der Integration in die katholische Kultur Münsters beendet, so führt die Biographie eines dreißig Jahre jüngeren „Genies“ in die Katastrophe: Franz von Sonnenberg (1779–1805) bricht, auch er noch unter dem Eindruck Klopstocks, zum Studium nach Jena auf, reist in die Schweiz und das Paris Napoleons – Stationen auch der Biographie des gleichaltrigen Heinrich von Kleist –, läßt patriotische Oden drucken, verwirrt sich bei der Niederschrift eines Epos aus zwölf Gesängen, stürzt sich schließlich im November 1805 in Jena aus dem Fenster zu Tode. Ein zwischenzeitlicher Aufenthalt in Münster ist – kann man den Biographen trauen – vor allem einer heftigen und tragischen Liebesaffäre gewidmet. In den zeitgenössischen Gedichten finden sich Schmähverse gegen das Domkapitel, und in einem Brief (4. Januar 1803) charakterisiert er Münster als eine gegenmoderne Welt, der er zu entkommen sucht: „Es ist zu vieles, was mich aus meinem Mutterstädtchen drängt, das seine Götter noch im Saatfeld erzieht, wo Mönchsvorurtheile und Jesuitentheorie über den Geschmack despotisiren, der Geist des Volks mit Wunderanekdötchen und Gaßneriaden genährt, und *Kant* als der Antichrist angesehen wird; wo das Wort *Philosoph* noch ein Medusenschild, und wo das Wort *Dichter* noch ein Schandname ist“ [zit. nach 2837: Wukadinovic, Sonnenberg, S. 194]. Sonnenberg darf als eine poetische Begabung gelten, wie sie in Münster nicht oft hervortrat.

Zwischen dem Aufbruch Sprickmanns und der Flucht Sonnenbergs liegt die Blütezeit der *familia sacra,* jenes Freundeskreises um Furstenberg und die seit 1779 in oder außerhalb der Stadt lebende Fürstin Amalie von Gallitzin. Die Geschichte dieser eigenartigen, recht bunt gemischten Gruppe kann hier nicht erzählt werden. Zu unterscheiden ist beim „Kreis von Münster“ eine Frühphase, deren Leitworte tolerante Empfindsamkeit und humanistische Bildung waren, in der durch Overbergs Schulreform oder die Universitätsgründung wichtige Impulse über das eigene Land hinaus gegeben wurden, von einer späten Periode, die durch Konversionen zum Katholizismus – insbesondere des Dichters Friedrich Stolberg – geprägt wurde und der „heiligen Familie“ eher das Profil einer entschlossenen Gegnerschaft gegen kulturellen Fortschritt verlieh. Es ist dieses Profil, auf das zum Beispiel eine Invektive Sonnenbergs zielt, die zugleich das polemische Talent des Autors belegt: „Galliziniaden und travestirte Overbergs, und verwandelte Stollberge mönchisiren schon wieder durchs Münsterische Wochenblatt immer mehr in die späteren Klassen hinab; durchs Wochenblatt, diesen Barometer im Narrenhaus der Münsterischen Literatur und Thermometer ihrer Censoren, unter Aschendorfs Inspection, der sich und unser Westphalen hier so unverschämt vor Teutschlands Auge an den Schandpranger der Dummheit stellt, und jede Blüte der Aufklärung, wenn sich eine daher verirrt, für – Unkraut ansieht und durchgehends zertritt“ [zit. nach 1335: Gruber, Etwas über Sonnenbergs Leben, S. 342].

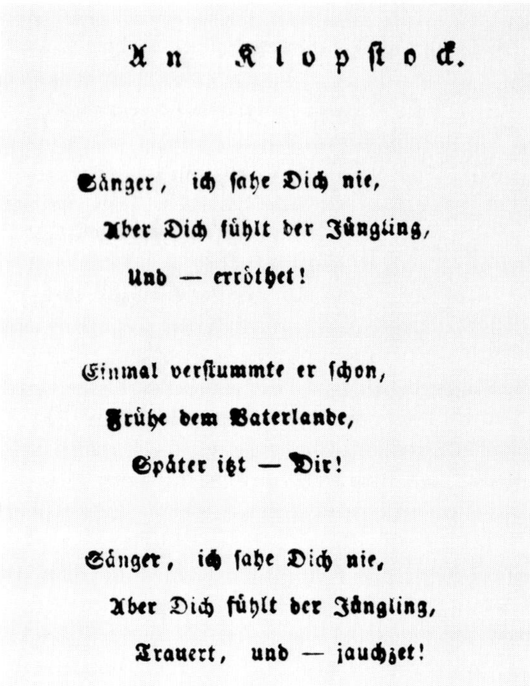

An Klopstock.

Sänger, ich sahe Dich nie,
Aber Dich fühlt der Jüngling,
Und — erröthet!

Einmal verstummte er schon,
Frühe dem Vaterlande,
Später itzt — Dir!

Sänger, ich sahe Dich nie,
Aber Dich fühlt der Jüngling,
Trauert, und — jauchzet!

„Das Ideal“ von Franz von Sonnenberg. Aus der ersten Werkausgabe seiner Gedichte (1808)

Noch in die frühen Jahre fällt der Besuch des Königsbergers Johann Georg Hamann, der 1787/88 auf Einladung der zwar konfessionsverschiedenen, in der christlichen Opposition zum Rationalismus aber freundschaftlich verbundenen Münsteraner in Westfalen und – bei Johann Heinrich Jacobi – in Düsseldorf weilte und in Münster am Vorabend der geplanten Rückreise gestorben ist. Wieweit Hamann in seinem Anliegen einer prinzipiellen Rückbesinnung auf die schöpferische Energie der Sprache, zumal im biblischen Wort, von seinen Gastgebern verstanden wurde, muß hier nicht erörtert werden [vgl. 972: Hamann]. Doch ist auch wirkungsgeschichtlich von Belang gewesen, daß Hamanns Denken und Schreiben von Münster aus als eine für ganz Deutschland bedeutsame Position vertreten wurde. Der schwer zugängliche „Magus aus dem Norden“ wurde nicht nur von seinem wichtigsten „Schüler“ Herder, dessen Sprach- und Poesieauffassung für Sturm und Drang, Klassik und Romantik gleichermaßen konstitutiv war, über seine ostpreußische Provinzialität hinaus bekannt gemacht.

Wie aber Idee und Wirklichkeit des „Kreises von Münster“ insgesamt beschaffen waren, darüber hat die immer noch beste, weil am glänzendsten formulierte und vorsichtig urteilende Darstellung kein anderer als Goethe verfaßt. In seiner autobiographischen Schrift „Campagne in Frankreich“ (1822) erzählt er von seinem Aufenthalt in Münster zwischen dem 6. und 10. Dezember 1792. Goethe war auf der Rückreise vom Kriegsgeschehen; er war Augenzeuge der Kanonade von Valmy gewesen, hatte das durch Regen, Schlamm und Inkompetenz verursachte Chaos der antifranzösischen Koalitionstruppen verlassen. In der Komposition seiner dreißig Jahre später geschriebenen Schilderung kommt dem ausführlichen Münster-Kapitel die Bedeutung einer positiven, nämlich Kultur und Sittlichkeit repräsentierenden Gegenwelt zur militärischen Sinnlosigkeit zu. Den Anlaß, sich an seine Wiederbegegnung mit den Münsteranern zu erinnern – die Fürstin Gallitzin, Fürstenberg und Hemsterhuis waren ihm 1785 in Weimar erstmals begegnet –, hatte die 1819 publizierte Kampfschrift von Johann Heinrich Voß gegen die katholische Restauration am Beispiel seines Jugendfreundes Friedrich Leopold Stolberg gegeben („Wie ward Fritz Stolberg ein Unfreier?"). Noch kurz vor seinem Tod (1819) hatte Stolberg darauf eine Entgegnung geschrieben, die ihrerseits weitere polemische Rezensionen und Streitschriften provozierte. Der „Kreis von Münster" existierte nicht mehr, die Fürstin Gallitzin (1748–1806), der Freiherr von Fürstenberg (1729–1810) und der philosophische Anreger Franz Hemsterhuis (1721–1790) waren längst gestorben. Die Erregtheit der Debatte beruhte aber darauf, daß nicht zu Unrecht Voß und andere Verteidiger einer protestantisch-aufgeklärten Kultur in der inzwischen dominant gewordenen Romantik einschließlich ihrer restaurativen Staatslehre – an Friedrich Schlegel und Adam Müller ist zu denken, in gewissem Maße schon an Novalis – eine Entfaltung dessen sehen wollten, was in Münster sich keimhaft vorbereitet hatte. Die Erzählung Goethes, der durch persönliche Beziehungen mit allen Beteiligten verbunden war, versucht demgegenüber die Einzigartigkeit der Personenkonstellation in Münster zu beschwören, durch historische und ästhetische Konkretion einer „ideologischen" Wertung sich zu entziehen. Dies tritt gegen Ende der „Campagne" besonders hervor, wenn Goethe einzelne Meisterstücke aus einer Sammlung antiker Gemmen charakterisiert, welche Hemsterhuis der Fürstin vererbt und die diese an Goethe ausgeliehen hatte: „Zu den geschnittenen Steinen aber wieder zurückzukehren, war mehrmals

Hamanns Grab im Garten der Fürstin Gallitzin an der Grünen Gasse. Zeichnung von G. H. L. Nicolovius

höchst erfreulich; und man mußte dies gewiß als einen der sonderbarsten Fälle ansehen, daß gerade die Blüte des Heidentums in einem christlichen Hause verwahrt und hochgeschätzt werden sollte. Ich versäumte nicht, die allerliebsten Motive hervorzuheben, die aus diesen würdigen kleinen Gebilden dem Auge entgegen sprangen. [. . .] Aus solchen Gesprächen, die ungeachtet ihrer Höhe und Tiefe nicht Gefahr liefen, sich ins Abstruse zu verlieren, schien eine Vereinigung hervorzugehen, indem jede Verehrung eines würdigen Gegenstandes immer von einem religiösen Gefühl begleitet ist. Doch konnte man sich nicht verbergen, daß die reinste christliche Religion mit der wahren bildenden Kunst immer sich zwiespältig befinde, weil jene sich von der Sinnlichkeit zu entfernen strebt, diese nun aber das sinnliche Element als ihren eigentlichsten Wirkungskreis anerkennt und darin beharren muß" [2148: Goethe, Werke 10, S. 339f].

Mehr aus der „Campagne" kann hier nicht zitiert werden, auch aus Briefen nicht. Wiedergegeben sei indessen ein Gedicht Goethes, das während seines Besuchs in Münster geschrieben wurde und im mythologischen Modell eine Vereinbarkeit profaner und geistlicher Kultur erprobt. Hier also Goethes Beitrag zur Literatur Münsters, geschrieben am 8. oder 9. Dezember 1792 [2148: Goethe, Werke 10, S. 340]:

„Amor, nicht aber das Kind, der Jüngling, der Psychen verführte,
Sah im Olympus sich um, frech und der Siege gewohnt;
Eine Göttin erblickt' er, vor allen die herrlichste Schöne,
Venus Urania war's, und er entbrannte für sie.
Ach! und die Heilige selbst, sie widerstand nicht dem Werben,
Und der Verwegene hielt fest sie im Arme bestrickt.
Da entstand aus ihnen ein neuer lieblicher Amor,
Der dem Vater den Sinn, Sitte der Mutter verdankt;
Immer findest du ihn in holder Musen Gesellschaft,
Und sein reizender Pfeil stiftet die Liebe der Kunst."

4. Das 19. Jahrhundert

In ihrer ebenso materialreichen wie methodisch interessanten Geschichte der „Literatur in der Provinz Westfalen" (Münster 1983) widmet Renate von Heydebrand der Provinzialhauptstadt entschieden weniger Seiten, als ein Bürger Münsters erwarten möchte. Dies aber mit Recht. Denn zu kulturellen Zentren entwickelten sich eher die (zumeist protestantischen) Städte in Ostwestfalen und Lippe, eher auch – in wechselseitiger Beeinflussung mit dem Rheinland – die der Mark als jene Stadt, die ihren Residenzstatus und ihre Universität verloren, statt dessen preußisches Militär und preußische Beamte erhalten hat, die darum ihre kulturelle Identität nur als Traditionalismus verstehen wollte.

Gelegenheit, sich literarisch mit der Einordnung in den preußischen Staat zumindest zu arrangieren, war am 18. Oktober 1815 in Münster gegeben, als es dem neuen Herrscher zu huldigen galt. Vor allem zwei Dokumente sind beachtenswert. Die offizielle Festode verfaßte der Mindener Nikolaus Meyer (1775–1855), was auch die eben konstatierte kulturelle Unterversorgung Münsters belegen mag [2445a: Ode]. Meyer drängte in hochmetaphorischer Rede den preußischen König Friedrich Wilhelm III., die Gunst der gegen Napoleon siegreich geeinten deutschen Staaten zur Wiedererstehung Deutschlands zu nutzen. Er endet mit den Worten:

„Wenn der Begeisterung heilige Seherkraft,
Von unentweihter Lippe des Dichters, je
Prophetisch hoher Zukunft Mahnung
Deutend verkündet, und kühnen Muthes, –
So grüßet *Friedrich Wilhelm* den *Dritten* jetzt
als *Friedrich Wilhelm* den *Ersten*, deutscher Sinn. –
Cäsar des freyen deutschen Nordens!
Folge der lächelnden Norne Winken!"

Eine ähnliche Perspektive setzt auch Friedrich Raßmanns Dramolett „Hermanns Schatten" in Szene. Der Dialog eines Harfners und eines Kriegers über die im Krieg gegen Frankreich wiedergewonnene Freiheit ist an den Ort der Hermannsschlacht verlegt, wo der Tonkünstler einen Altar für den preußischen König Friedrich Wilhelm III. errichtet. Die Szene endet mit der Erscheinung Hermanns, der seinen Lorbeerkranz auf eine Büste des Preußenkönigs legt – einen Nachfahren in der Einigung der deutschen Stämme auszeichnend. Raßmann wird um die westfälischen Vorbehalte gegen Preußen gewußt haben, als er seinen Hermann redivivus mahnend sprechen ließ: „Wenn ihr sagt: ‚Vater!' – fürder auch seyd Seiner werth! Seyd gute stille Bürger, ächte Preußen seyd!" [1251: Hermanns Schatten].

Das Verdienst Raßmanns (1772–1831) um die Literatur in Münster liegt indes nicht in jener dramatischen Skizze. Das frühe 19. Jahrhundert, in dem trotz einiger Buchhandlungen und Leihbibliotheken von einem literarischen Leben nicht die Rede sein konnte, hat er durch viele Projekte zu befruchten gesucht. Es ist zu bedauern, daß sie jeweils bald ein rasches Ende fanden und dem einzigen „freien Schriftsteller" der Stadt nur einen kärglichen Lebensunterhalt einbringen konnten. Zwar erschien der von ihm zusammengestellte Musenalmanach „Mimigardia" in mehreren Jahrgängen – 1810, 1812, 1813 –, aber schon für den ersten fehlte es ihm an Beiträgen von einiger Qualität, so daß er die erst zwölfjährige Annette von Droste-Hülshoff aufforderte, von deren poetischen Talenten er gehört hatte. Hervorzuheben ist Raßmanns Bemühen, durch historisch-bibliographische Dokumentation das kulturelle Selbstbewußtsein der Provinz zu stärken [2562: Schriftsteller-Lexicon]. Leider blieb er bis heute ohne Nachfolger.

Um andere an Literatur Interessierte oder poetisch Schreibende in der Stadt während der Biedermeierzeit hat sich die Droste-Forschung bemüht, weil sie der einzig herausragenden Dichterin Anregungen vermittelt haben: Zu nennen sind unter anderen Christoph Bernhard Schlüter (1801–1884), Wilhelm Junkmann (1811–1886), Katharina Busch, die Mutter Levin Schückings, Elise Rüdiger (1812–1899). Dominant sind hier eine späte Empfindsamkeit und religiöse Moralität, welche die epochale Dichtung der Klassik und Frühromantik kaum zur Kenntnis genommen hat, sich eher gehobener Unterhaltung aus dem Ausland öffnete. Indessen hat Annette von Droste-Hülshoff schon früh auch andere literarische „Milieus" kennengelernt, insbesondere spätromantische Gruppierungen in Kassel und Bökendorf oder im Rheinland – so waren ihr zur Entwicklung von Selbstkritik aber auch Selbstbewußtsein andere Maßstäbe als die Münsters zugänglich.

Annette von Droste-Hülshoff. Gemälde von Johannes Sprick

Daß Annette von Droste-Hülshoff (1797–1848) die „größte deutsche Dichterin" sei, mag zu anderen Werbeslogans einer Stadt recht gut passen, vor deren Toren der Geburtsort, die Wasserburg Hülshoff, an deren Peripherie der langjährige Wohnsitz, das Rüschhaus, liegen. Wichtig ist ohne Zweifel, daß die Droste-Gesellschaft als eine der größten und lebendigsten literarischen Vereinigungen zu den zentralen Kulturinstitutionen der Stadt zählt, daß durch Denkmäler, Schul- und Straßennamen, durch einen Kunstpreis und eine Forschungsstelle der Name und das Gesicht dieser Schriftstellerin als bedeutungsvoll allen Bürgern eingeprägt werden. Dennoch – oder vielleicht gerade deswegen – fällt eine konzentrierte Lektüre und angemessene Wertung der erzählenden und lyrischen Werke der Droste-Hülshoff in Münster nicht leichter als anderswo. Man möchte hier besonders ungern einräumen, was bei allen Dichtern möglich ist: daß viele Verse, nicht nur die Dramenversuche, ziemlich unbeholfen in der Form und unfrei in ihrer Aussage sind. Doch kann gerade auch dies faszinieren: wie ein weibliches Ich, dem die Bildungsvoraussetzungen der bürgerlichen Männerkultur fehlen, das durch vormoderne Normen der Religion und des Landadels gefesselt wird, sich im Schreibprozeß, in der immer wieder neu einsetzenden Ausdrucksanstrengung Möglichkeiten der Sprache, also auch Dimensionen der Wirklichkeit erschließt, wie kaum jemand sonst im 19. Jahrhundert.

Die Phase des Gelingens freilich war kurz und wurde erst spät erreicht. Die erste Gedichtsammlung, die 1838 bei Aschendorff erschien und nur geringe Beachtung fand, bietet noch wenig Lyrisches, ist vielmehr durch ausführliche Verserzählungen angefüllt („Das Hospiz auf dem grossen St. Bernhard", „Des Arztes Vermächtniss" und „Die Schlacht im Loener Bruch A. 1623"). Sie gibt auch Proben jener poetischen Arbeit, die in einer ersten Werkphase (bis 1820) noch eine disziplinierte Nachfolge

Levin Schücking. Gemälde von Moritz von Treuenfels

kirchlicher Lehre, in der zweiten aber (seit 1839) die Zerrissenheit des sprechenden Ichs zwischen Glaubensdemut und Selbsterfahrung manifestiert: „Das geistliche Jahr" (1851). Nach der Erstpublikation, nach einer Lösung von der Autorität Schlüters und der Zuwendung zu Levin Schücking, dem agilen Literaten, setzt das „eigentliche" Werk ein: „Die Judenbuche" (publiziert 1842), die bedeutenden Gedichte, vor allem in Meersburg am Bodensee 1841 und 1843 geschrieben, veröffentlicht 1844 bei Cotta in Stuttgart, also beim angesehensten Verlag der Zeit. Viel folgt nicht mehr, die letzten Lebensjahre sind vom Zerwürfnis mit Schücking und von Krankheit überschattet. Über die dann folgende Wirkungsgeschichte kann man sich dank der Forschungen Winfried Woeslers und seiner Mitarbeiter ein ungewöhnlich differenziertes Bild machen [2832: Woesler, Modellfall]. Sie zeigen: Der entscheidende „Sprung" in den Kanon gelang der Droste im Kulturkampf am Ende des Jahrhunderts, als katholische Literaturpolitik die Dichterin auf den Schild hob gegen einen profanen, intellektuell-großstädtischen, modernen Literaturbegriff.

Es gehört inzwischen auch zur Wirkungsgeschichte, daß an allen deutschen Schulen immer wieder die „Heidebilder", zumal „Der Knabe im Moor", gelesen werden – damit einen Eindruck von „westfälischer Eigentümlichkeit" weithin verbreitend –, daß vor allem „Die Judenbuche" sich haltbar erwiesen hat als eine Erzählung, deren Widersprüchlichkeiten jedes billige Moralisieren, jede rasche Schuldzuweisung verhindern und noch den zeitgenössischen Leser zur engagierten Reflexion nötigen über die Verführbarkeit und Erlösungsbedürftigkeit des einzelnen wie der sozialen Gruppen. Damit aber an dieser Stelle wenigstens ein wenig hörbar werden kann von einem literarischen Sprechen, wie es nie zuvor oder danach in dieser Stadt gelungen ist, sollen zwei Proben folgen: Das erste Gedicht, „Der Prediger", ist im Frühjahr 1843 entstanden und ein Stück „Sittenbild“ der Stadt. Es ist ein Beleg für die fortdauernde Religiosität der Droste, vor allem auch – besonders am Ende – ein kleines Stück Poetik: Die von der Autorin versuchte Literatur weiß sich der Predigt näher als der Komödie. Das andere Gedicht aber, „Im Grase“, 1844 in der „Kölnischen Zeitung“ gedruckt, zeigt, warum die Rede von der „größten Dichterin Deutschlands“ nicht falsch ist: In diesen Versen ist eine äußerste Verschränkung von Ich und Welt gelungen, sind – jedenfalls in den ersten zwei Strophen – Geschichte und Natur in Poesie verwandelt [2059: Droste-Hülshoff, Sämtliche Werke 1, S. 16ff, 436f]:

Der Prediger

Langsam und schwer vom Turme stieg die Klage,
Ein dumpf Gewimmer zwischen jedem Schlage,
Wie Memnons Säule weint im Morgenflor.
Am Glockenstuhle zitterte der Balke,
Die Dohlen flatterten vom Nest, ein Falke
Stieg pfeifend an der Fahne Schaft empor.

Wem dröhnt die Glocke? – Einem der entkettet,
Des müden Leib ein Fackelzug gebettet
In letzter Nacht bei seinem einz’gen Kind.
Wer war der Mann? – Ein Christ im echten Gleise,
Kein Wucherer, kein Ehrendieb, und weise
Wie reiche Leute selten weise sind.

Darum so mancher Greis mit Stock und Brille,
So manches Regentuch und Handpostille,
Sich mühsam schiebend durch der Menge Drang.
Er war ein heitrer Wirt in seinem Schlosse, –
Darum am Tor so manche Staatskarosse,
So mancher Flor das Kirchenschiff entlang.

Die Glocken schwiegen, alle Kniee sanken,
Posaunenstoß! – Die Wölbung schien zu wanken.
O „Dies irae, dies illa!“ Glut
Auf Sünderschwielen, Tau in Büßermalen!
Mir war als säh ich des Gerichtes Schalen,
Als hört’ ich tröpfeln meines Heilands Blut.

Das Amen war verhallt. Ein zitternd Schweigen
Lag auf der Menge, nur des Odems Steigen
Durchsäuselte den weiten Hallenbau.
Nur an der Tumba schwarzer Flämmchen Knistern
Schien leise mit dem Grabe noch zu flüstern,
Der Weihrauchwirbel streute Aschengrau.

„Geliebte!“ scholl es von der Wölbung nieder,
Die Wolke sank, und mählich stiegen Glieder,
Am Kanzelbord ein junger Priester stand.
Kein Schattenbild dem alle Lust verronnen,
Ein frischer saft’ger Stamm am Lebensbronnen,
Ein Adler ruhend auf Jehovas Hand!

„Geliebte“, sprach er, „selig sind die Toten
So in dem Herrn entschliefen, treue Boten,
Von ihrer Sendung rastend.“ Dann entstieg
Das Wort, gewaltig wie des Jordans Wallen,
Mild wie die Luft in Horebs Zederhallen,
Als er bezeugte des Gerechten Sieg.

Die Stimme sank, des Stromes Wellen schwollen,
Mir war als hört' ich ferne Donner rollen:
„Weh über euch, die weder warm noch kalt!
O, wäret kalt ihr oder warm! die Werke
Von eurer Hand sind tot, und eure Stärke
Ist gleich dem Hornstoß der am Fels verhallt."

Und tiefer griff er in der Zeiten Wunde,
Die Heller ließ er klingen, und vom Grunde
Hob er den seidnen Mottenfraß ans Licht.
Erröten ließ er die bescheidne Schande
In ihrem ehrbar schonenden Gewande,
Und zog der Lust den Schleier vom Gesicht.

Die Kerzen sind gelöscht, die Pforte dröhnte.
Ich hörte schluchzen, – am Gemäuer lehnte
Ein Weib im abgetragnen Regentuch.
Ich hörte säuseln – neben mir, im Chore,
Ein Fräulein gähnte leise hinterm Flore,
Ein Fahnenjunker blätterte im Buch.

Und alle die bescheidnen Menschenkinder,
Wie sich's geziemt für wohlerzogne Sünder,
Sie nahmen ruhig was der Text beschert.
Und abends im Theater sprach der Knabe,
Der achtzehnjähr'ge Fähndrich: „Heute habe
Ich einen guten Redner doch gehört!"

Im Grase

Süße Ruh', süßer Taumel im Gras,
Von des Krautes Arom' umhaucht,
Tiefe Flut, tief, tief trunkne Flut,
Wenn die Wolke am Azure verraucht,
Wenn aufs müde schwimmende Haupt
Süßes Lachen gaukelt herab,
Liebe Stimme säuselt und träuft
Wie die Lindenblüt' auf ein Grab.

Wenn im Busen die Toten dann,
Jede Leiche sich streckt und regt,
Leise, leise den Odem zieht,
Die geschloßne Wimper bewegt,
Tote Lieb', tote Lust, tote Zeit,
All die Schätze, im Schutt verwühlt,
Sich berühren mit schüchternem Klang
Gleich den Glöckchen, vom Winde umspielt.

Stunden, flücht'ger ihr als der Kuß
Eines Strahls auf den trauernden See,
Als des ziehnden Vogels Lied,
Das mir niederperlt aus der Höh',
Als des schillernden Käfers Blitz
Wenn den Sonnenpfad er durcheilt,
Als der flücht'ge Druck einer Hand,
Die zum letzten Male verweilt.

Dennoch, Himmel, immer mir nur
Dieses eine nur: für das Lied
Jedes freien Vogels im Blau
Eine Seele, die mit ihm zieht,
Nur für jeden kärglichen Strahl
Meinen farbig schillernden Saum,
Jeder warmen Hand meinen Druck
Und für jedes Glück einen Traum.

Die dreißiger und vor allem die vierziger Jahre des 19. Jahrhunderts, für die in der allgemeinen Literaturgeschichte mit den Stichworten „Junges Deutschland" und „Vormärz" eine Beteiligung der Literatur an kritisch-demokratischer Politik signalisiert wird, sind auch in Münster nicht spurlos vorübergegangen. Die breiteste Wirkung wußte sich Levin Schücking (1814–1883) zu verschaffen, der das Paulinum besucht hatte und nach 1837 wiederholt in Münster und bei Münster (Sassenberg) sich aufhielt. Sein Mittel war, beginnend 1843 mit dem Roman „Das Stiftsfräulein", ein romantisierend-historisierendes Erzählen mit effektvoller Unterhaltungswirkung. Der Tendenz nach humanistisch-antiklerikal, blieb er trotz langanhaltenden Erfolgs beim Publikum der Familienzeitschriften im katholisch dominierten Westfalen ein Außenseiter.

An dieser Stelle mag auch hingewiesen werden auf die in jüngster Zeit mehrfach porträtierte Mathilde Franziska Anneke (1817–1884), die 1839 nach Münster kommt, um nach der Trennung von ihrem Mann Alfred von Tabouillot hier als Schriftstellerin ihren Lebensunterhalt zu suchen. Sie hatte schon Erfahrung als Redakteurin von Musenalmanachen und gab hier – unter Beteiligung auch der Droste – einen weiteren

Badisch-pfälzische Revolutionssoldaten (im Vordergrund Mathilde Franziska Anneke mit ihrem zweiten Mann Fritz Anneke). Lithographie von F. Kaiser

heraus: „Producte der roten Erde." Auch als Dramatikerin erfolgreich – „Oithono – oder die Tempelweihe", 1842 in Münster uraufgeführt –, wird sie in den folgenden Jahren, im Rheinland und in Baden, zu einer bedeutenden Publizistin der Revolution und muß danach ins amerikanische Exil gehen.

Ein Erfolgsautor des späten 19. Jahrhunderts, Jodokus Deodatus Hubertus Temme (1798–1881), ist vor allem als Opfer eines fast beispiellosen Justizskandals mit Münster verbunden. Der 1848 zum Vizepräsidenten des Oberlandesgerichts Ernannte wurde wegen seiner radikaldemokratischen Aktivität im preußischen Landtag wie in der deutschen Nationalversammlung für neun Monate hier inhaftiert. Der 1850 erfolgte Freispruch durch ein münsterisches Geschworenengericht wurde zwar bejubelt, verhalf Temme aber nicht zur Rehabilitierung. Schon 1831 hatte Temme „Westfälische Sagen und Geschichten" in zwei Bänden herausgegeben. Später verfaßte er neben juristischen Lehrbüchern eine Fülle von Romanen und Erzählungen sozialkritischen Akzents, unter denen Kriminalerzählungen dominieren, die auf neuartige Weise spannende Unterhaltung mit einer Problematisierung von Rechts- und Moralsystem zu verbinden suchen. In Münsters Zuchthaus entstanden sind unter dem Sammeltitel „Neue deutsche Zeitbilder" (1850–1852) drei gesellschaftskritische Romane mit demokratischen Heldinnen: „Anna Hammer", „Josephe Münsterberg" und „Elisabeth Neumann". Während die Romane in Preußen sehr bald verboten wurden, erschien vom erstgenannten 1852 sogar eine amerikanische Übersetzung bei Harper & Brothers in New York.

Wenn zu einer Wiederentdeckung Temmes aus lokal- wie formgeschichtlichen Gründen angeregt werden darf, so scheint eine Beschäftigung mit Friedrich Steinmann (1801–1875) weniger empfehlenswert, obgleich er seit 1823 in Münster – als Gerichtssekretär bis zur 1854 aus politischen Gründen erfolgten Amtsenthebung – lebte und schrieb und auch überregional bekannt wurde. Dies allerdings durch seine skandalösen Publikationen zu Heinrich Heine, den er während seines Studiums in Bonn kennengelernt hatte: Erinnerungen an Heine wie manipulierte Editionen in holländischen Verlagen. Bedeutender ist seine Aktivität als Sammler und Herausgeber lokaler Literatur gewesen: „Münsterische Geschichten, Sagen, Legenden und Sprichwörter" (1825), „Musenalmanach für 1843" und anderes mehr.

Die bei Autoren wie den eben genannten auftretenden Widersprüche weniger zu versöhnen als zu verdecken, ist 1859 das Bestreben der großen Schiller-Festlichkeiten in ganz Deutschland gewesen [vgl. 2492: Noltenius, Dichterfeiern, S. 89ff]. In Münster wurden sie am 9. November 1859 eröffnet durch einen poetischen Prolog des Regierungsrates Gisbert Freiherr von Vincke (1813–1892), der in Münsters Schloß aufgewachsen war und jetzt als hoher Staatsbeamter eine unpolitische, die private Bildung durch Schönheit und Sittlichkeit hervorhebende Kunstlehre feierlich verkündete. (Seine „Gedichte" sind übrigens Schücking gewidmet.)

Distanz zu aktuellen Zeitfragen, den sozialen Nöten und nationalen Konflikten ist kennzeichnend auch für eine verbreitete Rückwendung zum Geschichtlichen, zum Sammeln vor allem von lokalen Überlieferungen. Der Kreis der „Haimonskinder" – die romantisierende Anspielung auf ein „Volksbuch" ist kennzeichnend – widmete sich solchen Aufgaben. Mit ihnen legte der Priester August Bahlmann (1813–1874) außer vielen anderen, zumeist legendenhaften Schriften „Sagen und Erzählungen" in zwei Bänden vor (Münster 1855).

5. *Bis zur Gegenwart*

Die das späte 19. Jahrhundert bestimmende Literaturkonzeption – der „Realismus“ – kommt in Münster schon aus konfessionellen Gründen kaum zur Geltung. Die Zahl jedoch der in der Stadt verlegten Texte und auch die der in dieser Epoche hier lebenden Autoren wächst erheblich. In Prosa und Vers, offen oder indirekt erbaulich, finden Geistliche, Lehrer, auch einige Autorinnen ihr Publikum. Beteiligt an der Vermehrung des Gedruckten ist vornehmlich die 1852 begründete Tageszeitung der Stadt, der „Münsterische Anzeiger“ (Auflagen 1855: 1400, 1870: 4000, 1900: 24 000) mitsamt seiner Beilage „Der Erzähler“. Schriftenreihen, Lesehefte und Zeitschriften unterschiedlicher Art kommen hinzu.

Angesichts der engen Wechselbeziehungen zu anderen Schwerpunkten der katholischen Kultur – Paderborn, Köln, süddeutsche Städte – ist dabei ein spezifisches Profil Münsters im Bereich des Hochdeutschen kaum noch zu erkennen. Im Niederdeutschen freilich desto stärker, wobei zunächst weniger an Texte mit hochliterarischem Ehrgeiz zu denken ist als an solche humoristisch-geselligen Charakters. Diesen Ton stimmt schon das erste plattdeutsche Buch in Münster an, das vom Grevener Kaufmann Ludwig Terfloth (1796–1887) stammt und zunächst den Titel trug: „Locales und Provinzielles. In plattdeutschen Reimen“ (1845), später erweitert als „Plattdeutsche Reime“ (1858, 1878). Einen Platz in der aktuellen Poesie hatte dem Niederdeutschen jedoch bereits der schon erwähnte Wilhelm Junkmann eingeräumt, als er 1836 in seinen „Elegischen Gedichten“ zwei Texte des dreiteiligen Zyklus „Münsterland“ in westfälischer Mundart schrieb. Ein zaghafter Versuch, der Erfolg hatte.

Das „2.“ überschriebene Gedicht sei hier zitiert [2291: Junkmann, Elegische Gedichte, S. 71]:

„Wat kikt us de Stärnkes so fröndlik an,
O Moder wat häv ick di laiv!
O saih wu se spielet un lachet us an,
O Moder wat häv ick di laiv!

Wat möcht ick gärn spielen met är,
Moder könn ick men kuemen to är! –
De Moder küsst swigend dat laive Kind.
‚Wäorn Stärnkes di immer so guet!‘

Nu slutet se't düstere Hüesken up,
De Dör in de Klinke nu fäolt.
O Moder wat rück uesse Hus so fin,
Wat is uesse Kücke so graut!

Moder, wat müegt dat för Lüchtkes sin,
De waihet un schienet so raut?
Von luter Flämmkes so'n klainen Krink,
De spielt wull up uessen Härd,

Wat mot dat schön in'n Hiemel sin
Bi Stärnkes un Engelkes fin!
De Moder küsst swigend dat laive Kind:
‚Min Engel, Got laote mi di!‘

O Maorgenraut witte Händkes beschint,
De Moder sit swigend un grint.“

Den größten Erfolg erzielten die erstmals 1847 und danach in vielen Auflagen erschienenen und zu fünf Bänden ergänzten „Poetischen Versuche in westfälischer

Mundart“ (1. Auflage des 5. Bandes: 1888) von Ferdinand Zumbroock (1816–1890), sodann der Episodenroman „Frans Essink, sien Liäwen un Driewen as aold Mönstersk Kind“ (1874) von Franz Giese (1845–1901). Dieses Werk wurde freilich von seinem Lehrer, dem Biologieprofessor und Zoogründer Hermann Landois (1835–1905) beansprucht und fortgesetzt. Bis heute hat die Figur des Frans Essink, eines Pfahlbürgers, dessen provinzielles Denken und Reden selbstironische Reflexion ermöglicht, kaum an Reiz verloren. Schließlich sind die Karnevalsspiele der Landoisschen „Abendgesellschaft“ hervorzuheben, die seit 1880 fast alljährlich geschrieben und von (männlichen) Laienspielern aufgeführt wurden. Am produktivsten in diesem Genre – aber nicht nur in ihm – ist Elias „Eli“ Marcus (1854–1935) gewesen, ein jüdischer Kaufmann, dessen Eltern erst 1842 in die Stadt gezogen waren und der auch jüdisch erzogen wurde [vgl. 2796: Weiß, Marcus]. Zugleich Autor, Schauspieler und Rezitator darf Marcus als einzigartiger Repräsentant für eine jüdisch-niederdeutsche Kultursymbiose gelten, deren brutales Ende – gerade auch in Münster – er noch erleben mußte. Eine eingehende Würdigung seiner Biographie und seines Werkes wäre wichtig.

Andere, anspruchsvollere Formen niederdeutscher Literatur werden in Münster zwar gewiß gekauft und gelesen, entstehen aber in der Regel nicht hier. Darum kann etwa auf Augustin Wibbelt (1862–1947), „die Zentralfigur der mundartlichen Heimatdichtung“ [2217: Heydebrand, Literatur, S. 118], trotz der Kaplanjahre in Münster nicht eingegangen werden. Karl Wagenfeld (1869–1939) dagegen lebt seit 1899 in der Stadt und beginnt mit Zeitschriften- und Kalenderpublikationen, denen Erzählungsbände, vor allem Dramatisches („Daud un Düwel“, „Antichrist“, „Luzifer“) folgen. Es bedürfte eingehender Analyse, um die bewußtseinsgeschichtlich bedenkliche Mischung von religiösen und national-konservativen Aussageabsichten in seinem Werk zu bestimmen. Als Publizist und Geschäftsführer des „Westfälischen Heimatbundes“ (bis 1934) hat Wagenfeld in der „Heimatkunstbewegung“ als der gegenmodernen Kulturtendenz seit der Jahrhundertwende sich aktiv eingesetzt, und dies stand in Übereinstimmung mit der oft mythisierenden Überhöhung seiner Darstellung von Konflikten in dörflicher Welt. Damit hat gerade Wagenfeld einen Stil niederdeutscher Poesie einflußreich verwirklicht, von dem sich abzugrenzen ein wesentliches Bestreben gegenwärtiger Autoren ist [vgl. 1289: Bichel, Wagenfeld (positivere Wertung)].

Zur gleichen Generation wie die zuletzt genannten Schriftsteller gehören jene Literaten, welche biographisch zwar mit Münster verbunden sind, sehr rasch aber den Weg in die „Moderne“ gesucht haben, was heißt: in die Großstadt, also vor allem nach Berlin oder auch München. An erster Stelle wären hier die Brüder Heinrich (1855–1906) und Julius Hart (1859–1930) zu nennen, die noch als Schüler des Paulinums eine Zeitschrift „Herz und Geist“ redigierten, anspruchsvoller dann 1877 im Namen eines „Westfälischen Vereins für Literatur“ bei Coppenrath „Deutsche Dichtung – Organ für Dichtung und Kritik“ (drei Hefte) veröffentlichten. Ausgestattet mit der Fähigkeit, vielfache Kontakte im Kulturbetrieb herzustellen, motiviert von einem zu Entbehrungen bereiten idealistischen Engagement für „wahre“ und „lebendige“ Literatur, haben sie bei der Vorbereitung eines deutschen Naturalismus wie in den pantheistischen Weltanschauungsströmungen der Jahrhundertwende eine beachtliche Rolle gespielt, ohne indessen eigene Werke unzweifelhafter Originalität

August Stramm (Aufnahme aus dem Jahr 1900) – der Lyriker und Dramatiker gilt als Vertreter des „verkürzten Sprachstils“

schreiben zu können. So wichtig ihnen die Erinnerung an ihre Jugendwelt blieb, zumal an „Heidebilder“ im Sinne der Droste, so unzweideutig war die Entscheidung für die Metropole der Moderne: „Das alte Münster und das neue Berlin. Die räumliche Entfernung überwindet man heute mit einer Eisenbahnfahrt von acht Stunden. Die geistige zu durchmessen, dazu war noch vor einigen Jahrzehnten eine Weltreise nötig, die durch Jahrhunderte geistiger Entwicklung, über strombreite Trennungen im Kulturempfinden, über kaum überbrückbare Gegensätze der Weltanschauung hinwegführte“ [2183: Hart, Werke 3, S. 11]. Einen Rückweg konnte es nicht geben, auch wenn Julius Hart in seinem Drama „Sumpf“ (1886) weniger satirisch als humoristisch das Heimatmilieu präsentierte.

Größere literarhistorische Bedeutung kommt August Stramm zu, dem 1874 in Münster geborenen, freilich nicht hier aufgewachsenen, im Ersten Weltkrieg (1915) gefallenen Lyriker und Dramatiker des frühen Expressionismus. Seine sprachexperimentelle, mit schockartigen Verkürzungen und irritierenden Neubildungen arbeitende „Wortkunst“ ist – wie vor allem im Berliner „Sturm“ verkündet wurde – ein noch heute sehr interessanter Beitrag zur europäischen Avantgarde. Mit Recht hat der „Literaturverein Münster“ 1990 mit einer interdisziplinären Veranstaltungsfolge an ihn erinnert.

Nach München wandte sich, um einen ganz wesensverschiedenen Dichter einer jüngeren Generation zu nennen, Peter Paul Althaus (1892–1965), der dort dann – nach fruchtbarer Tätigkeit als Lyriker, Dramaturg, Anthologist, Übersetzer und Rundfunkredakteur – poetischer König der Schwabinger Boheme wurde. Die literarischen Anfänge liegen indes auch für ihn in Münster, das er Anfang der zwanziger Jahre verließ: Hier gab er die „polemisch-satirische“ Zeitschrift „Das Reagenzglas“ (drei Hefte) heraus und redigierte 1922 „Send – Monatsschrift für die spanischen Dörfer“ (drei Hefte). Den Ton Althaus’ mag die Eröffnung der noch maschinenschriftlich verbreiteten ersten Ausgabe des „Reagenzglases“ vom Mai 1921 anzeigen:

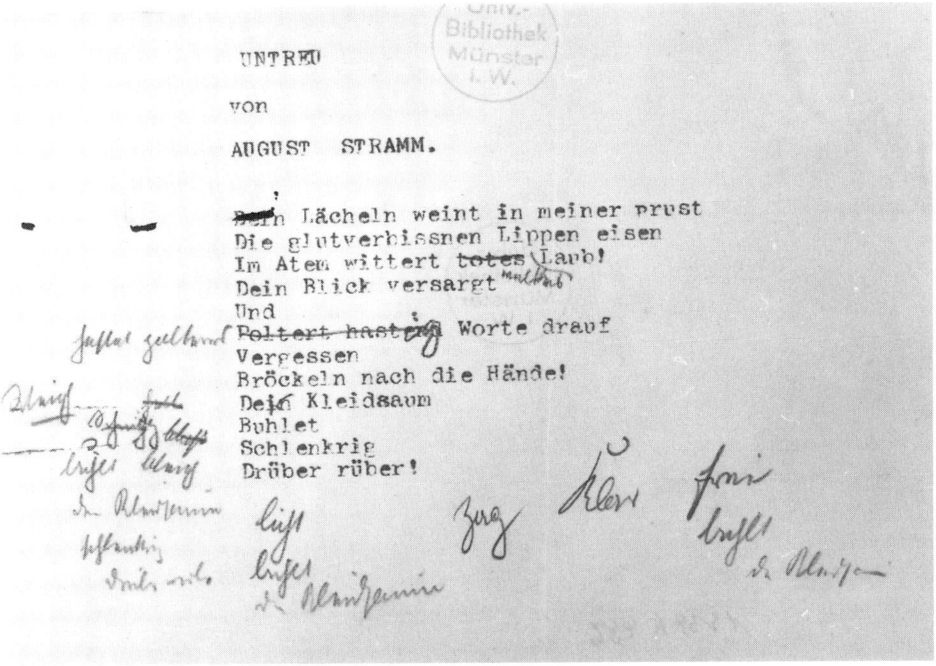

Typoskript „Untreu" mit handschriftlichen Korrekturen von August Stramm

„Wir sind uns bewußt, dass es in einer Zeit, in der neue Zeitschriften wie Fliegenpilze am Verlegerhimmel emporschiessen, Weisheit in das Kultusministerium tragen heisst, wenn man mit einer neuesten Zeitschrift Holz in den Wald bringt. Aber wir wissen auch, dass wir einen Oleanderkübel in einen Gummibaumwald hineinpflanzen. Dies ist, wenn es überhaupt gesagt werden muß, unsere innere Berechtigung" [2568: Reagenzglas, S. 1].

Aufbrüche aus der Stadt hatte es schon um 1800 gegeben, sie wiederholen sich in den letzten Jahrzehnten vielfach. Münster selbst ist kein Sammlungsort produktiver Schriftsteller geworden, dazu fehlte stets auch ein größerer Verlag mit literarischem Programm. Das mit dem Wachstum und der Modernisierung der Stadt nach dem Ersten Weltkrieg sich auch verändernde Publikum war darum, wenn es literarisch interessiert war, genötigt, sich dem anzupassen, was von Berlin, Leipzig und anderen Zentren aus als Aktualität angeboten wurde. Herrschend blieb aber das gegenmoderne Vorurteil.

Der totalitären Vereinheitlichung im Nationalsozialismus gegenüber gab es in Münster einen literarischen Widerstand nicht, nimmt man etwa die hochstilisierte, katholische Hymnendichtung von Gottfried Hasenkamp (1902–1990) aus. Es muß sogar festgehalten werden, daß nicht in allen Universitätsstädten die Bücherverbrennung im Mai 1933 so „gelungen" ist wie in Münster, wo dem Scheiterhaufen auf dem Hindenburgplatz am 10. Mai die Errichtung eines „Schandpfahls" auf dem Domplatz vorausging. Dort wurden Einbanddeckel von Büchern angebracht, die von

„Schandpfahl" auf dem Domplatz (1933)

Autoren wie Remarque, Tucholsky, Toller oder Stephan Zweig stammten. Währenddessen wurden aus den Bibliotheken der Universität und aus Privatbesitz „Schmutz und Schund" bzw. „jüdisch-liberalistische Literatur" bzw. „marxistische Schriften" – die Bezeichnungen wechseln – zum Autodafé herangebracht. Ein Foto vom „Läuterungsfeuer auf dem Hindenburgplatz" unterschreibt die „Münstersche Zeitung" am 14. Mai 1933 mit den Sätzen: „Die hellen Flammen schlugen energisch gegen den schwarzen Himmel empor, alles vernichtend, was man zum Femetod verurteilt hatte. Stramm standen die Chargierten der Studenten-Korporationen mit Fahnen und Fakkeln herum, und SA, SS und die Hitlerjugend stellten die Ehrenwachen bei diesem Schauspiel. Nun ist in den Bücherreihen Platz geschaffen, um Wertvolleres zur Förderung deutscher Kultur und Literatur aufzunehmen."

Dies schon war der völlige Bankrott von Kultur und Literatur in Münster – die Bibliotheksbrände bei den Bombardierungen des Zweiten Weltkriegs vernichteten dann auch einen Großteil der historischen Buch- und Manuskriptbestände, seien es solche in öffentlichem oder privatem Besitz. Jenseits dieses zweifachen Traditionsrisses noch von einer Literaturgeschichte Münsters zu reden, ist kaum möglich. Wie schon in früheren Zeiten wandte sich das Engagement des Wiederaufbaus – und schließlich sogar nicht ohne Mut zum Wagnis – eher der Musik und dem Theater, auch den Museen zu. Schriftsteller von Rang lebten hier nicht, und das Restaurationsklima der Adenauer-Ära bestärkte den tradierten katholischen Antimodernismus, so daß es schon fast als sensationell auffiel, wenn der Akademiedirektor und spätere Oberbürgermeister Albrecht Beckel eine verständnisvolle Schrift über Heinrich Böll publizierte.

Seit den siebziger Jahren hat sich diese Situation erheblich verändert – hin zu mehr Liberalität und Internationalität, aber auch hin zu jener Unübersichtlichkeit, welche ein irgend bestimmtes Urteil über die Literaturszene nicht nur in Münster so erschwert. Das seit 1979 in zweijährigem Rhythmus durchgeführte „Internationale Lyrikertreffen“ (Winfried Woesler, Lothar Jordan) verfolgt zumal darin eine interessante Konzeption, daß die Auseinandersetzung selbst mit esoterischen Lyrikern auch in Klassenzimmern der Schulen sich ereignet. Die Zahl der Verlage hat sich vergrößert, informelle oder als Verein organisierte Schriftstellerzirkel vermehren sich. Die Zahl überregional wirksamer Autoren, die in Münster leben, ist keineswegs unbeachtlich, aber ihr „sozialer Ort“ ist zumeist eher die Universität als die kommunale Öffentlichkeit: Helmut Arntzen, Frido Mann, Ulrich Horstmann, Norbert Johannimloh, Burkhard Spinnen und andere mehr. Andere haben in Münster als Kinder oder Studenten gelebt, die Stadt aber bald verlassen – und keineswegs stets mit so guten Erinnerungen wie sie Hans Dieter Schwarzes Jugendbilder spiegeln („Geh aus mein Herz“ 1990). Zu nennen wären: Ulrich Schamoni („Dein Sohn läßt grüßen“ 1962), Otto Jägersberg („Weihrauch und Pumpernickel“ 1964), Hermann Kinder („Der Schleiftrog“ 1977), Karin Struck („Trennung“ 1978).

Eher auf den Austausch der Bürger untereinander im engeren Horizont berechnet sind demgegenüber Publikationen wie die „Stadtteilgeschichten“ von Gottfried Schäfers oder die Einrichtung des „Dichtertelefons“. Es mag sein, daß durch den Ausbau des Lokalfunks solcher Laienliteratur weiterer Aufschwung zuteil wird. Nicht zu vergessen sind die kritischen Vermittler, die in der Stadt leben. Für die tägliche Präsenz der Literatur aber in Münster – und zwar in allen ihren Spielarten – ist noch auf andere Weise heute so gut gesorgt wie nie zuvor in der Stadtgeschichte: durch Buchhandlungen mit einem umfassenden Angebot und durch die neuerbaute, mit den alten Bauwerken der Nachbarschaft dialogisch verbundene Stadtbücherei. Insofern literarische Zukunft sich nur im Prozeß der Aneignung vielfältiger Vergangenheiten entfalten kann, sind demnach die Voraussetzungen günstig für eine lebendige Sprache und Poesie in Münster auch über die 1200-Jahr-Grenze hinaus.

(Ernst Ribbat)

Quellen und Literatur

Die niederdeutsche Sprachentwicklung in ihrer Gesamtheit beschreiben William Foerste [2106: Geschichte der niederdeutschen Mundarten], Willy Sanders [2618: Sachsensprache, Hansesprache, Plattdeutsch] und Dieter Stellmacher [2710: Niederdeutsche Sprache]. Die Gesamtentwicklung des Westfälischen ist von Jan Goossens [2154: Sprache] und von Gunter Müller und Hermann Niebaum [2460: Sprachliche Gliederungen] dargestellt worden.

Über die älteste Sprachstufe des Niederdeutschen, das Altsächsische, informiert Willy Sanders [2618a: Altsächsische Sprache]. Weiterhin sei auf die Beiträge zur Sprachstufe des Altniederdeutschen (Altsächsischen) im Handbuch „Sprachgeschichte“ [2690: Sprachgeschichte 2, S. 1069ff] verwiesen. Einen Überblick über das Mittelniederdeutsche geben Robert Peters [2521: Mittelniederdeutsche Sprache] sowie im Handbuch „Sprachgeschichte“ die entsprechenden Artikel [2690: Sprachwissenschaft 2, S. 1211ff]. Die sprachlichen Verhältnisse im Hanseraum stellt Robert Peters [2519: Das Mittelniederdeutsche als Sprache der Hanse] dar.

Die Probleme der Stadtsprachenforschung diskutieren Walter Hoffmann und Klaus J. Mattheier [2222: Stadt und Sprache]. Über westfälische Stadtsprachen informieren Robert Peters [2520: Projekte], die Darstellungen von Wolfgang Fedders über Coesfeld [2094: Variablenlinguistische Studien] und Herford/Lemgo [2093: Aspekte] sowie Ulrich Weber über Osnabrück [2789: Frühmittelniederdeutsche Urkundensprache].

Den Sprachwechsel vom Mittelniederdeutschen zum Neuhochdeutschen beschreiben die Beiträge von Artur Gabrielsson [2125: Verdrängung der mittelniederdeutschen Schriftsprache] und Utz Maas [2416: Sprachliche Verhältnisse]. Den Sprachwechsel in den Kanzleien Münsters behandelt die Dissertation von Franz Brox [1003: Einführung der neuhochdeutschen Schriftsprache].

Die heutigen niederdeutschen Dialekte stellen Paul Teepe, Hermann Niebaum und Renate Schophaus [2736: Niederdeutsche Mundarten] dar. Das Münsterländische beschreibt William Foerste [116: Das Münsterländische]. Die niederdeutsche Stadtmundart Münsters behandelt die Dissertation von Julius Kaumann [1373: Entwurf einer Laut- und Flexionslehre].

Die Literaturgeschichte Münsters wurde bisher fast stets nur als Teilbereich der westfälischen Literaturgeschichte berücksichtigt. Hervorzuheben sind die Überblicksdarstellungen von Walter Huge [2247: Literatur (bis 1800)] und Renate von Heydebrand [2217: Literatur] mit reichen Literaturangaben und wichtigen Überlegungen zur allgemeinen Problematik regionaler bzw. lokaler Literaturgeschichte.

Für die frühen Jahrhunderte ist immer noch ein älterer Aufsatz von Alois Bömer unentbehrlich [433: Literarisches Leben]. Die Einführung des Buchdrucks, damit zum Teil auch die Ära des Humanismus, ist in einem Katalog des Stadtmuseums dokumentiert [173: 500 Jahre Buchdruck]. Der „Kreis von Münster" ist immer noch nicht vollständig erschlossen [vgl. 1178: Sudhof, Von der Aufklärung zur Romantik; 1179: Goethe und der Kreis von Münster]. Für das frühe 19. Jahrhundert ist im Zusammenhang der Droste-Forschung vieles gesammelt worden, was in die Kommentarbände der von Winfried Woesler herausgegebenen historisch-kritischen Ausgabe eingehen wird. Das literarische Leben in Westfalen beschreibt ein von Walter Gödden und Iris Nölle-Hornkamp herausgegebener Ausstellungskatalog [2807: Als Westfalen lesen lernte].

Einzelstudien zu Friedrich Raßmann, Levin Schücking, den Brüdern Hart u. a. finden sich in einem neueren Aufsatzband [2396: Literatur in Westfalen], der von Walter Gödden und Winfried Woesler zusammengestellt wurde. Materialien zu einzelnen Epochen, Texte der Revolution von 1848, des Kulturkampfes oder zur Bücherverbrennung 1933 enthalten die didaktischen Mappen der Reihe „Geschichte original" [1269: Haunfelder, Erhebung der Bürger; 1277: Sagebiel, Kulturkampf; 1508: Kuropka, Machtergreifung]. Eine von Wolfgang Rohe bearbeitete Sammlung von Materialien zu einzelnen Autoren findet sich im Stadtarchiv Münster.

Abbildungsnachweis

Archive, Museen, Sammler, Fotografen

Berlin, Gemäldegalerie Staatliche Museen Preußischer Kulturbesitz (Foto: Jörg P. Anders): 418; Braunschweig, Herzog Anton Ulrich-Museum: 422; Frankfurt a.M., Deutsches Postmuseum (Fotos: Ursula Seitz-Gray): 510, 592; Hamm, Städtisches Gustav-Lübcke-Museum: 429; Hannover, Niedersächsisches Landesmuseum: 393; Karlsruhe, Generallandesarchiv: 670; London, Imperial War Museum: 4; München, Bayerische Staatsgemäldesammlungen (Foto: Blauel/Gnamm – Artothek): 431; Münster, Westfälisches Amt für Denkmalpflege: 29, 344, 347, 354, 370, 376, 387, 389, 396, 406, 410, 411, 412, 432, 441, 464, 467, 471, 476, 477, 479, 484, 486, 492, 500, 509, 512, 516, 524, 541, 545, 548, 550, 553, 558, 559, 564, 582, 666, 667; Münster, Anna-Krückmann-Haus: 216; Münster, Archiv der Evangelischen Kirchengemeinde: 92, 93, 95; Münster, Bistumsarchiv: 84, 85, 89, 90, 391; Münster, Diözesanbibliothek: 576; Münster, Flughafen Münster/Osnabrück GmbH: 244; Münster, Bischöfliches Generalvikariat: 457; Münster, Germania-Therme: 126, 336; Münster, Deutsches Heim GmbH: 115; Münster, Géza Jászai: 342; Münster, I. Korps: 226; Münster, Westfälisches Landesmuseum für Kunst und Kulturgeschichte (Fotos: Sabine Ahlbrand, Rudolf Wakonigg): 111, 355, 357, 358, 360, 372, 380, 383, 390 (Dauerleihgabe des Westfälischen Kunstvereins), 394, 398, 399, 404, 408, 409, 414, 415, 419, 420 (Dauerleihgabe des Westfälischen Kunstvereins), 426, 427, 447, 452, 456, 460, 481, 482, 487, 489, 496, 499, 501, 529, 535, 579, 583, 596, 597, 647, 658; Münster, Westfälische Nachrichten: 12 (li.), 47, 49, 156 (li.); Münster, Nordrhein-Westfälisches Staatsarchiv: 507 (Foto: Westfälisches Amt für Denkmalpflege), 617; Münster, Stadt Münster: 461; Münster, Stadtarchiv (Fotos: Irmgard Pelster): 2, 9 (Depositum Post), 10, 12 (re.), 16, 17, 20, 24, 25, 26, 28, 31, 40, 43, 67, 73, 79, 104, 105, 106, 108, 112, 118, 121, 127, 128, 134, 137, 140, 146, 156 (re.), 159, 161 (Depositum Post), 162, 168, 169, 172, 179, 181, 183, 184, 186, 187, 189, 195, 198, 202, 204, 209, 212, 222, 233, 265, 267, 270, 272, 280, 285, 296, 298, 306, 307, 331, 334, 350, 361, 369, 443, 494, 503, 514, 518, 519, 528, 539, 542, 544, 556, 562, 565, 573, 585, 588, 599, 602, 604, 607, 608, 646, 657, 676; Münster, Stadtmuseum (Fotos: Tomasz Samek): 75, 434, 448; Münster, Stadtwerke Münster GmbH: 165; Münster, Universitätsbibliothek: 622, 625, 626, 627, 633, 639, 653, 674, 675; Münster, Verlag Regensberg: 641, 652; Münster, Westdeutscher Rundfunk Landesstudio Münster (Foto: Ralf Heil – Foto Preker): 268; Münster, Wolfgang-Borchert-Theater: 258; Stuttgart, Luftbild Elsaßer GmbH: 150; Utrecht, Rijksmuseum Het Catharijneconvent: 413.

Privatbesitz: 417, 450 (Foto: Westfälisches Landesmuseum für Kunst und Kulturgeschichte), 453 (Westfälisches Landesmuseum für Kunst und Kulturgeschichte), 454, 459.

Publikationen

Centralblatt der Bauverwaltung 7 (1887): 511; Festschrift zur Einweihung der neuerstandenen Annette von Droste-Hülshoff-Schule, Münster/Westf., am 24. März 1956 (= Die Grüne Gasse 1956): 663; Max Geisberg, Die Stadt Münster, Bd. 6, Münster 1941: 480; Niels Gutschow/Regine Stiemer, Dokumentation Wiederaufbau der Stadt Münster 1945–1961, Münster 1982: 300, 301; Heinz Heineberg/Karl-Heinz Kirchhoff, Geschichtliche Entwicklung, räumliche Struktur, Stellung als Oberzentrum und Planungsaspekte, in: Münster und seine Partnerstädte, hg. v. Alois Mayr/Friedrich-Carl Schultze-Rhonhof, Münster 1988: 294, 303, 323; Franz von Sonnenberg, Gedichte. Nach dessen Tod hg. v. Johann Gottfried Gruber, Rudolstadt 1808: 662; Westfalen. Hefte für Geschichte, Kunst und Volkskunde, Bd. 12 (1924/25): 635; Bd. 44 (1966): 571, 577, 600; Bd. 54 (1976): 552.

Kartenvorlagen wurden vom Vermessungs- und Katasteramt sowie vom Amt für Wirtschaftsförderung der Stadt Münster zur Verfügung gestellt. Die Umzeichnungen und Neuzeichnungen nach Entwürfen der Autoren stammen – sofern nicht anders gekennzeichnet – von Gisela Helmich.

Anhang

Abkürzungsverzeichnis

ADGB	Allgemeiner Deutscher Gewerkschaftsbund
Antifa	Antifaschistischer Ausschuß
ArchEvK	Archiv der Evangelischen Kirchengemeinde Münster
AStA	Allgemeiner Studentenausschuß
BDM	Bund Deutscher Mädel
BHE	Bund der Heimatvertriebenen und Entrechteten
BistumsAM	Bistumsarchiv Münster
BSHG	Bundessozialhilfegesetz
CDP	Christlich-Demokratische Partei
CDU	Christlich Demokratische Union
CVJM	Christlicher Verein Junger Männer
DAF	Deutsche Arbeitsfront
DAG	Deutsche Angestelltengewerkschaft
DDP	Deutsche Demokratische Partei
Dép.	Département
DFG	Deutsche Forschungsgemeinschaft
DGB	Deutscher Gewerkschaftsbund
DJK	Deutsche Jugendkraft
DKP	Deutsche Kommunistische Partei
DNVP	Deutschnationale Volkspartei
DPs	Displaced Persons
DVP	Deutsche Volkspartei
Erbfstm.	Erbfürstentum
ERP	European Recovery Program (Marshallplan)
FDP	Freie Demokratische Partei
Fstm.	Fürstentum
FVP	Freie Volkspartei
FWV	Freie Wählervereinigung
GAL	Grüne Alternative Liste
GB	Gesamtdeutscher Block
GehStaatsA	Geheimes Staatsarchiv
Gestapo	Geheime Staatspolizei
Gft.	Grafschaft
Ghztm.	Großherzogtum
HauptstaatsA	Hauptstaatsarchiv
Hft.	Herrschaft
HJ	Hitlerjugend
Hztm.	Herzogtum
JWG	Jugendwohlfahrtsgesetz
KAB	Katholische Arbeiterbewegung
Kfstm.	Kurfürstentum
Kgr.	Königreich
KGSt	Kommunale Gemeinschaftsstelle für Verwaltungsvereinfachung
KLV	Kinderlandverschickung
KPD	Kommunistische Partei Deutschlands
KV	Karnevalsverein
KZ	Konzentrationslager
Ldgft.	Landgrafschaft
LVA	Landesversicherungsanstalt Westfalen
LVM	Landwirtschaftlicher Versicherungsverein
MGV	Männergesangverein
MSPD	Mehrheitssozialisten
LEP	Landesentwicklungsplan
NF	Neue Folge
NSDAP	Nationalsozialistische Deutsche Arbeiterpartei
NSDStB	Nationalsozialistischer Deutscher Studentenbund

NSFB	Nationalsozialistische Freiheitsbewegung
NSLB	Nationalsozialistischer Lehrerbund
NSV	Nationalsozialistische Volkswohlfahrt
ÖDTV	Gewerkschaft Öffentlicher Dienst, Transport und Verkehr
ÖPNV	Öffentlicher Personennahverkehr
RVM	Regionalverkehr Münsterland
SA	Sturmabteilung
SPD	Sozialdemokratische Partei Deutschlands
SS	Schutzstaffel
StaatsAM	Nordrhein-Westfälisches Staatsarchiv Münster
StadtAM	Stadtarchiv Münster
UniversitätsAM	Universitätsarchiv Münster
USPD	Unabhängige Sozialdemokratische Partei Deutschlands
UWG	Unabhängige Wählergemeinschaft
VerwA	Verwaltungsarchiv des Landschaftsverbandes Westfalen-Lippe
VEW	Vereinigte Elektrizitätswerke Westfalen
VGM	Verkehrsgemeinschaft Münsterland
VSB	Völkisch-Sozialer Block
WCG	Westfälische Central-Genossenschaft
WDR	Westdeutscher Rundfunk
WestLB	Westdeutsche Landesbank
WGZ	Westdeutsche Genossenschafts-Zentralbank

Literaturverzeichnis

A. Auswahlbibliographie zur Geschichte der Stadt Münster

Vorbemerkung

Grundlage der folgenden Aufstellung bildet eine Sammlung von ca. 10 000 Titeln, die sämtliche Bereiche der Geschichte der Stadt Münster umfaßt. Für das vorliegende Verzeichnis wurden in erster Linie solche Arbeiten zur Stadtgeschichte ausgewählt, auf deren Grundlage die einzelnen Beiträge entstanden sind und mit deren Hilfe die von den Autorinnen bzw. Autoren angesprochenen Aspekte vertieft und erweitert werden können. Nicht berücksichtigt wurden Zeitungsartikel, „graue" Literatur, unpublizierte Magister- bzw. Examensarbeiten sowie Untersuchungen zu einzelnen Kunstwerken, es sei denn, derartige Titel sind in den einzelnen Beiträgen zitiert. Gleiches gilt für Fest- und Jubiläumsschriften von Gemeinden, Vereinen, Schulen und vergleichbaren Institutionen und Zusammenschlüssen; für diesen Komplex ist die Erstellung einer eigenen Bibliographie für die zweite Hälfte des Jahres 1993 geplant. Ebenso nicht vollständig erfaßt ist die Literatur zu den einzelnen Stadtteilen; auch hier muß auf eine spätere Zusammenstellung verwiesen werden. Teil B enthält den Nachweis von Literatur, die nicht unmittelbar zur Stadtgeschichte gehört, jedoch in den Beiträgen zitiert bzw. bei deren Erstellung herangezogen wurde.

Ein Problem stellte die Zuweisung einiger Titel in den Abschnitt A oder B dar; denn in zahlreichen Arbeiten etwa zur Geschichte des Fürstbistums oder Westfalens finden sich auch für die Stadtgeschichte Münsters zentrale Aussagen. Gleichwohl sind solche Titel im allgemeinen in den Teil B eingeordnet worden. Bei der chronologischen Zuordnung der Beiträge galt als Regel, daß Titel, die sich nicht auf einen der genannten Zeitabschnitte beschränken, sondern auch Aspekte einer anderen Epoche mitbehandeln, je nach ihrem Schwerpunkt zugeordnet wurden. Untersuchungen, die mindestens zwei der genannten Zeitabschnitte *insgesamt* umfassen, wurden in die Rubrik der epochenübergreifenden Publikationen eingereiht.

Soweit möglich, wurde bei Büchern die jeweils neueste Auflage ausgewiesen; falls jedoch einem Werk ein wörtliches Zitat entnommen worden ist, ist in der Regel die von der jeweiligen Autorin bzw. dem jeweiligen Autor herangezogene Auflage angeführt. Reihenherausgeber und als Herausgeber fungierende Institutionen sind – abgesehen von Publikationen der Stadt Münster – nicht genannt. Zur besseren Benutzung ist dem Verzeichnis ein Register der Autoren und Herausgeber beigegeben. Der Redaktionsschluß für die Aufnahme neuer Titel lag im Herbst 1992.

(Ulrich Winzer)

A. Auswahlbibliographie zur Geschichte der Stadt Münster

1. Epochenübergreifende Publikationen

1.1 Quellenpublikationen und überlieferungskritische Untersuchungen

1 Die münsterischen Chroniken von Röchell, Stevermann und Corfey, hg. v. Johannes Janssen (Die Geschichtsquellen des Bisthums Münster 3), Münster 1856.

2 Die Geburtsbriefe der Stadt Münster 1548–1809, hg. v. Helmut Lahrkamp (Quellen und Forschungen zur Geschichte der Stadt Münster NF 4), Münster 1968.

3 Geisberg, Max, Das Münsterische Domkapitel und seine Wappenkalender, in: Westfälisches Familien-Archiv 5 (1926), S. 71–74.

4 Geisberg, Max, Quellen zur Kunstgeschichte der Lambertikirche in Münster, Münster 1942.

5 Geisberg, Max, Die Wappenkalender des Münsterschen Domkapitels, in: Zeitschrift für vaterländische Geschichte und Altertumskunde 75 (1917), Teil I, S. 297–317.

6 Hauck, Karl, Zu geschichtlichen Werken Münsterscher Bischöfe, in: 243: Monasterium, S. 337–426.

7 Hövel, Ernst, Die Gruetamtsrechnungen des Stadtarchivs Münster. Eine personengeschichtliche Quelle von internationaler Bedeutung, in: Beiträge zur westfälischen Familienforschung 11 (1952), 3, S. 16–25, und Beiträge zur westfälischen Familienforschung 12 (1953), 2/3, S. 59–63.

8 Hövel, Ernst, Münstersche und Münsterländische Hausmarken im Stadtarchiv Münster, in: 279: Quellen und Forschungen zur Geschichte der Stadt Münster 3, S. 331–366.

9 Hövel, Ernst, Kurkölner in Münsterschen Geburtsbriefen, in: Beiträge zur westfälischen Familienforschung 1 (1938), S. 24–32.

10 Hövel, Ernst, Genealogische Quellen des Stadtarchivs Münster. Eine Nachlese, in: Westfalen 19 (1934), S. 202–212.

11 Hövel, Ernst, Das Stadtwappen, in: 279: Quellen und Forschungen zur Geschichte der Stadt Münster 4, S. 135–221.

12 Hövel, Ernst, Bürgerliche Wappensiegel im Stadtarchiv Münster, in: Westfalen 18 (1933), S. 172–183.

13 Krumbholtz, Robert, Die Gewerbe der Stadt Münster bis zum Jahre 1661 (Publicationen aus den K. Preußischen Staatsarchiven 70), Leipzig 1898.

14 Lahrkamp, Helmut, Die Bestände des Stadtarchivs Münster unter genealogischen Gesichtspunkten, in: Genealogie 20 (1971), S. 609–616.

15 Münster und die Münsteraner in Darstellungen aus der Zeit von 1800 bis zur Gegenwart. Mit einer Einleitung: Münster im Urteil des 16., 17. und 18. Jahrhunderts. – Mit einem Ausblick: Münster im Kranz der deutschen Städte, hg. v. Bruno Haas-Tenckhoff, Münster 1924.

16 Münster in alten und neuen Reisebeschreibungen. Ausgewählt von Klaus Rosing, Düsseldorf 1991.

17 Das Münsterland und seine Lieder – ein kommentiertes Liederbuch, ausgewählt u. eingeleitet v. Manfred Kehr, Münster [1990].

18 Pottmeyer, Heinrich, Poetische Glückwünsche zur Ratswahl, in: 279: Quellen und Forschungen zur Geschichte der Stadt Münster 3, S. 227–247.

19 Quellen zur Geschichte der Juden in Westfalen. Spezialinventar zu den Akten des Nordrhein-Westfälischen Staatsarchivs Münster, bearbeitet v. Ursula Schnorbus (Veröffentlichungen der Staatlichen Archive des Landes Nordrhein-Westfalen C/15), Münster 1983.

20 Schulte, Aloys, Aus dem alten Münster. Erinnerungen, Skizzen und Studien, Münster 1936.

21 Schulte, Eduard, Begebenheiten in Stadt und Stift Münster 1553–1815, in: Westfälische Zeitschrift 88 (1931), Teil I, S. 131–185.

22 Schulte, Eduard/Symann, Ernst, Zeitungsaufsätze aus dem Stadtarchiv, in: 279: Quellen und Forschungen zur Geschichte der Stadt Münster 3, S. 55–106.

23 Utsch, Karl, Die Kultusabteilung des Stadtarchivs Münster. Urkunden und Regesten (Quellen und Forschungen zur Geschichte der Stadt Münster 9 = Veröffentlichungen der Historischen Kommission des Provinzialinstituts für Westfälische Landes- und Volkskunde), Münster 1937.

1.2 Dokumentationen und Kataloge

24 Aschoff, Diethard, Die Juden in Münster. Von den Anfängen bis zur Gegenwart (Geschichte original – am Beispiel der Stadt Münster 5), 3., nochmals ergänzte Auflage, Münster 1988.

25 Balster, Jutta, Das Kreuzviertel in Münster. Bilder aus seiner Geschichte, Münster 1991.

26 Die Bestände des Nordrhein-Westfälischen Staatsarchivs Münster. Kurzübersicht (Veröffentlichungen der Staatlichen Archive des Landes Nordrhein-Westfalen B/1), 3., erweiterte Auflage, Münster 1990.

27 Die Bestände des Stadtarchivs Münster. Kurzübersicht, Münster 1981.

28 Dethlefs, Gerd, Münsterische Münzen und Medaillen. Führer durch das Münzkabinett im Stadtmuseum Münster, hg. v. Hans Galen, Münster 1987.

29 Dethlefs, Gerd, Pest und Lepra. Seuchenbekämpfung in Mittelalter und früher Neuzeit (Geschichte original – am Beispiel der Stadt Münster 16), Münster 1989.

30 Dethlefs, Gerd, Soldaten und Bürger. Münster als Festung und Garnison (Geschichte original – am Beispiel der Stadt Münster 10), Münster 1983.

31 Dethlefs, Gerd, Münsterische Stadtansichten auf Münzen und Medaillen, in: Städtebilder aus Westfalen. Katalog 150. Ausstellung, Heimathaus Münsterland, Telgte vom 16. Juni 1983 bis 25. September 1983, Telgte 1983, S. 2–6.

32 Folkerts, Liselotte, Münster. Nicht immer war es Liebe auf den ersten Blick. Münster und das Münsterland in Stimmen und Bildern durch Jahrhunderte, Dülmen 1992.

33 Alte Friedhöfe in Münster. Geschichte – Kunstgeschichte. Stadtmuseum Münster, 1. Oktober bis 24. Dezember 1987, hg. v. Hans Galen, Münster 1987.

34 Geisberg, Max, Die Ansichten und Pläne der Stadt Münster i. W., Münster 1910.

35 Geschichte der Juden in Münster. Dokumentation einer Ausstellung in der Volkshochschule Münster, Münster 1989.

36 Geschichte der Stadt Münster im Stadtmuseum Münster, hg. v. Hans Galen, Münster 1989.

37 Gewußt wo! 150 Jahre Stadtpläne in Münster. Ausstellung des Stadtmuseums Münster in Zusammenarbeit mit dem Vermessungs- und Katasteramt, erarbeitet v. Karl-Werner Mayer u. a., [Münster 1987].

38 Grote, Udo, Architektur (Geschichte original – am Beispiel der Stadt Münster 18), Münster 1992.

39 Haunfelder, Bernd, Münster. Geschichte in Bildern, Münster 1991.

40 Haunfelder, Bernd, Münster und das Münsterland in frühen Photographien 1841 bis 1900, Münster 1988.

41 Homann, Hans-Dieter, Die Gilden. Berufsgenossenschaften, Sozialverbände, Standesverbände (Geschichte original – am Beispiel der Stadt Münster 8), Münster 1982.

42 Homann, Hans-Dieter, Historische Stadtrundgänge durch Münster (Unterricht in westfälischen Museen, Sonderreihe: Exkursionsführer 3), Münster 1990.

43 Inventar des Bischöflichen Diözesanarchivs in Münster, bearbeitet v. Heinrich Börsting (Inventare der nichtstaatlichen Archive der Provinz Westfalen, Beibd. 3), Münster 1937.

44 Jászai, Géza, Dom und Domkammer in Münster, Königstein 1981.

45 Jászai, Géza, Die Domkammer der Kathedralkirche Sankt Paulus in Münster, in: Das Münster 37 (1984), S. 105–120.

46 Jászai, Géza, Die Domkammer der Kathedralkirche Sankt Paulus in Münster. Kommentare zu ihrer Bilderwelt, Münster 1991.

47 Ketteler, Josef, Katalog der münsterischen Notare und Prokuratoren 1429–1801, in: Beiträge zur westfälischen Familienforschung 20 (1962), S. 137–163.

48 Korzus, Bernard, Münster. Alte Ansichten aus fünf Jahrhunderten, Münster 1977.

49 Kurzführer. Nordrhein-Westfälisches Staatsarchiv Münster (Veröffentlichungen der Staatlichen Archive des Landes Nordrhein-Westfalen B/9), Münster 1989.

50 Lahrkamp, Helmut, Münsters Ehrenbürger. Eine Dokumentation nach städtischen Akten, in: 81: Beiträge zur neueren Stadtgeschichte, S. 183–278.

51 Link, Roswitha, Unterrichtsmodelle für den Geschichtsunterricht. Methodisch-didaktische Hilfen und Anregungen für den Gebrauch der Sammelmappen „Geschichte original – am Beispiel der Stadt Münster" Nummer 1 bis 14 im Geschichtsunterricht, Münster 1988.

52 Looz-Corswarem, Clemens von, Die Hansestadt. Wirtschaftliche Verflechtung vom 12. bis 17. Jahrhundert (Geschichte original – am Beispiel der Stadt Münster 7), Münster 1982.

53 Ludwig, Wolfgang/Pott, Klaus/Schmitz, Hermann, Universitätsstatistik, in: 334: Die Universität Münster 1780–1980, S. 181–210.

54 Materialien zur Bevölkerungsgeschichte Münsters 1816–1945, hg. v. Hans-Jürgen Teuteberg (Beiträge zur Statistik 58, hg. v. der Stadt Münster), Münster 1993.

55 Müller-Wille, Wilhelm/Bertelsmeier, Elisabeth, Der Stadtkreis Münster 1820–1955. Erläuterungen zur Karte 1:10000, Münster 1955.

56 Münster 800–1800. 1000 Jahre Geschichte der Stadt. Stadtmuseum Münster, 21. September 1984 bis 30. Januar 1985, Münster 1984.

57 Münster in alten Graphiken, Köln 1973.

58 Münster-Send. Synode – Markt – Volksfest. Stadtmuseum Münster, 27. Februar 1986 bis 24. Dezember 1986, hg. v. Hans Galen, Münster 1986.

59 Offenberg, Heinrich, Bilder und Skizzen aus Münsters Vergangenheit, Münster 1898.

60 Offenberg, Heinrich, Bilder und Skizzen aus Münsters Vergangenheit, Neue Folge, Münster 1902.

61 Pest und Lepra in Münster. Ausstellung der Jugendarbeitsgemeinschaft für Stadtgeschichte beim Stadtmuseum Münster in Zusammenarbeit mit dem Institut für vergleichende Städtegeschichte, Universität Münster, und der Gesellschaft für Leprakunde e.V., Münster-Kinderhaus, [Münster 1985].

62 Reuter, Rudolf, Versuch einer Bibliographie zur Musikgeschichte der Stadt Münster, in: Westfalen 44 (1966), S. 403–413.

63 Schulte, Eduard, Bürgermeister der Stadt Münster, in: 279: Quellen und Forschungen zur Geschichte der Stadt Münster 3, S. 66–70.

64 Schulte, Eduard, Die Kurgenossen des Rates 1520–1802, in: 279: Quellen und Forschungen zur Geschichte der Stadt Münster 3, S. 117–203.

65 Schulze, Rudolf, Verzeichnis der Aebtissinnen des Klosters Ueberwasser zu Münster i. W., in: Westfälisches Familien-Archiv 4 (1924), S. 45–47.

66 Schulze, Rudolf, Verzeichnis der Pfarrer bzw. Dechanten der Liebfrauenkirche (Ueberwasser) in Münster i. W., in: Westfälisches Familien-Archiv 4 (1924), S. 47–51.

67 Seul, Elke, Der „Gute Montag" in Münster 1683–1983. Ein Fest- und Erinnerungsbuch, Münster 1983.

68 Witt, Bernard, Pfarrmatrikeln im Bistumsarchiv Münster, in: Beiträge zur westfälischen Familienforschung 30/32 (1972/1974), S. 65–74.

1.3 Spezialuntersuchungen

69 Albsmeier, Werner, Münster – Epochen der Stadtgeschichte bis 1900, in: 124: Geschichte lehren und lernen, S. 29–42.

70 Albsmeier, Werner, Münster. Metropole Westfalens, 4., überarbeitete und erweiterte Auflage, Münster 1981.

71 Annegarn, Joseph, Geschichte der Heiligen des Münsterischen Kirchenkalenders und Erklärung der kirchlichen Feste und Zeiten und deren Cäremonien, Münster 1836.

72 Aschoff, Diethard, Zur Geschichte der Juden in Münster, in: Jüdisches Jahr – Jüdischer Brauch. Ausstellung im Landesmuseum Münster vom 7. November bis 4. Dezember 1972, [Münster 1972], S. 29–44.

73 Astrath, Willi, Die Geschichte des Collegium Borromaeum von seiner Gründung 1854 bis zum Wiederaufbau nach dem 2. Weltkrieg, in: 175: 100 Jahre Bischöfliches Collegium Borromaeum, S. 39–110.

74 Bahlmann, August, Das Kloster Rosenthal zu Münster, Münster 1857.

75 Die Bau- und Kunstdenkmäler des Kreises Münster-Land. Im Auftrage des Provinzial-Verbandes der Provinz Westfalen bearbeitet v. Albert Ludorff (Die Bau- und Kunstdenkmäler von Westfalen 5), Münster 1897.

76 Bauks, Friedrich Wilhelm, Die Geschichte der Evangelischen Kirchengemeinde Münster, in: 172: 700 Jahre Apostelkirche, S. 133–205.

77 Baumstark-Schöningh, Adda/Reike-Graes, Margret/Weber, Klara, Von der Demoisellen- zur Annette-Schule, in: Die Grüne Gasse. Festschrift zur Einweihung der neuerstandenen Annette-von-Droste-Hülshoff-Schule Münster/Westf., am 24. März 1956, [Münster 1956], S. 18–29.

78 Becker, W., Die Münsterischen Straßen-Namen und ihre Erklärung, Münster 1907.

79 Beisenkötter, Gertrud, Das Schloß zu Münster. Sein Schicksal im Wandel der Zeiten, Münster 1952.

80 Beiträge zur Stadtgeschichte, hg. v. Helmut Lahrkamp (Quellen und Forschungen zur Geschichte der Stadt Münster NF 11), Münster 1984.

81 Beiträge zur neueren Stadtgeschichte, hg. v. Helmut Lahrkamp (Quellen und Forschungen zur Geschichte der Stadt Münster NF 12), Münster 1987.

82 Bibliothek in vier Jahrhunderten. Jesuitenbibliothek, Bibliotheca Paulina, Universitätsbibliothek in Münster 1588–1988, hg. v. Helga Oesterreich/Hans Mühl/Bertram Haller, Münster 1988.

83 Bierbaum, Max, Diözesansynoden des Bistums Münster, in: Römische Quartalsschrift für christliche Altertumskunde und für Kirchengeschichte 35 (1927), S. 381–411.

84 Bierbaum, Max, Diözesansynoden des Bistums Münster, Freiburg 1928.

85 Das Bistum Münster, Münster [1934].

86 Blase, Dieter/Müller, Helmut, Münster. Ein Stadtbild, Münster 1989.

87 Blümer, Hans, Das Tischlerhandwerk in der Stadt Münster i. Westf., Münster 1928.

88 Bockholt, Berthold, Die Orden des heiligen Franziskus in Münster i. W. Eine allgemeine Übersicht über das Wohnen und Wirken der drei Orden des heiligen Franziskus in Münster i. W. mit besonderer Berücksichtigung der Franziskanerobservanten zusammengestellt und den Wohltätern des Ordens gewidmet, Münster 1917.

89 Böhm, Ursula, 1890–1980. 90 Jahre Selbstverwaltung der Landesversicherungsanstalt Westfalen, Greven 1980.

90 Böker, Hans Josef, Die Marktpfarrkirche St. Lamberti zu Münster. Die Bau- und Restaurierungsgeschichte einer spätgotischen Stadtkirche (Denkmalpflege und Forschung in Westfalen 18), Bonn 1989.

91 Bömer, Karl, Die Entwicklung des münsterischen Bankwesens. Eine wirtschaftsgeschichtliche Studie im Rahmen der allgemeinen Bankenentwicklung 1, Münster 1927.

92 Brockpähler, Renate, Der „Gute Montag" der Bäckergilde Münster. Sage und historische Wirklichkeit, in: Rheinisch-Westfälische Zeitschrift für Volkskunde 16 (1969), S. 123–163.

93 Büning, Anna-Maria, Die Clute's – Kaufleute – Kleriker – Beamte – Offiziere in Münster, bearbeitet v. Clemens Steinbicker, in: Beiträge zur westfälischen Familienforschung 45 (1987), S. 171–192.

94 Der Civilclub zu Münster und seine Heimstätten 1775–1968. Zum Einzug in das Haus des Adeligen Damenclubs, 1. Dezember 1968, [Münster 1968].

95 Clemens-Hospital Münster/Westfalen 1732–1962, Münster 1962.

96 Daniel, Andreas, Die Landesversicherungsanstalt Westfalen 1890–1990, Münster 1990.

97 Dege, Wilhelm, Über die Speismakeimer-Sprache auf Baustellen in Münster (Westf.), in: Rheinisch-Westfälische Zeitschrift für Volkskunde 9 (1962), S. 111–121.

98 Dethlefs, Gerd, Münster–Send. Die Geschichte, in: 58: Münster–Send, S. 11–24.

99 Dethlefs, Silvia, Zur Geschichte der Friedhöfe und des Bestattungswesens in Münster mit Beiträgen zur aktuellen Situation von Eberhard Hoffschulte/Gunnar Pick/Hartmut Tauchnitz, hg. v. Franz-Josef Jakobi, Münster 1991.

100 Diebäcker, Hermann, 125 Jahre wirtschaftliche Selbstverwaltung (Industrie- und Handelskammer Münster) 1854–1979, in: Nachrichten der Industrie- und Handelskammer Münster 34 (1979), Sonderausgabe, S. 4–30.

101 Dieterich, Otto-Erich, Das Medizinalwesen der Stadt Münster i. W. von den Anfängen bis zur Gegenwart, Diss., Münster 1946.

102 Ditt, Hildegard, Zur Entwicklung der Sozialstruktur des Vereins für Geschichte und Altertumskunde Westfalens – Abteilung Münster, in: Westfälische Zeitschrift 124/125 (1974/1975), S. 61–90.

103 Das Domkapitel zu Münster 1823–1973. Aus Anlaß seines 150jährigen Bestehens seit der Neuordnung durch die Bulle „De salute animarum" im Auftrag des Domkapitels hg. v. Alois Schröer (Westfalia sacra 5), Münster 1976.

104 [Ducornu], Das Magdalenen-Hospital in Münster, in: Zeitschrift für vaterländische Geschichte und Alterthumskunde 18 (1857), S. 65–130.

105 Dummer, Hans-Joachim, Die Ökumenische Bewegung in Münster/Westf. Entwicklung und Konsolidierung 1500–1971, Münster 1990.

106 Ecclesia Monasteriensis. Beiträge zur Kirchengeschichte und religiösen Volkskunde Westfalens. Festschrift für Alois Schröer zum 85. Geburtstag, dargeboten von Kollegen, Freunden und Schülern. Im Auftrag des Instituts für religiöse Volkskunde hg. v. Reimund Haas (Geschichte und Kultur 7), Münster 1992.

107 Eichler, Hans, Zur Geschichte des Landesmuseums für Kunst und Kulturgeschichte, in: Westfalen 36 (1958), S. 137–143.

108 Eimermacher, Harald, Aus der Turn- und Sportgeschichte der Stadt. Vereine begründen den guten Ruf Münsters, in: Jubiläums-Festschrift 125 Jahre Turngemeinde Münster von 1862 e.V., Münster 1987, S. 59–63.

109 Eitel, Anton, Von der alten zur neuen Universität in Münster (Schriften der Gesellschaft zur Förderung der Westfälischen Wilhelms-Universität zu Münster 31), Münster 1953.

110 Erhard, Heinrich August, Geschichte Münsters. Nach den Quellen bearbeitet, Münster 1837.

111 Erinnerungsblätter zum 100jährigen Bestehen der evangelischen höheren Mädchenschule in Münster. Freiherr vom Stein-Schule Münster i. W., hg. v. Wilhelm Köster, Münster 1952.

112 Erträge geographisch-landeskundlicher Forschung in Westfalen. Festschrift 50 Jahre Geographische Kommission für Westfalen (Westfälische Geographische Studien 42), Münster 1986.

113 Festschrift zum 150jährigen Bestehen der Regierung Münster 1803–1953, Münster 1953.

114 Festschrift zur 84. Versammlung Deutscher Naturforscher und Ärzte Münster i. Westf. 1912, [Münster 1912].

115 Fleitmann, Wilhelm, 300 Jahre Postdirektion in Münster, in: 1967: Beiträge zur Geschichte der Post, S. 9–22.

116 Foerste, William, Das Münsterländische, in: Niederdeutsches Wort 3 (1963), S. 29–36.

117 Förster, Theodor, Geschichte der Loge „Zu den drei Balken“ in Münster i. W. mit kulturgeschichtlichen Zeitbildern der deutschen Freimaurerei von 1778 bis 1902. Festschrift zur Säcularfeier der Zugehörigkeit der Loge zur Grossloge „Zu den drei Weltkugeln“ und der Übernahme des ersten Hammers durch den Generalleutnant G. L. v. Blücher sowie zur Feier des Antritts des 125. Arbeitsjahres, Berlin 1902.

118 FrauenLeben in Münster. Ein historisches Lesebuch, Münster 1991.

118a Freiherr-vom-Stein-Gymnasium Münster, 1851–1983. Festschrift zum 130jährigen Jubiläum, [Münster 1983].

119 Freitag, Werner, Liudger-Verehrung vom Spätmittelalter bis heute, in: 419: Vita secunda sancti Liudgeri.

120 Frese, Werner, in Zusammenarbeit mit Albinata Peters, Die Kongregation der Krankenschwestern nach der Dritten Regel des hl. Franziskus Münster, 3 Bde., Münster 1985–1988.

121 Froese, Peter, Kurze Geschichte des 1. Mai in Münster/Westfalen, Münster 1988.

122 Froese, Peter, Streifzüge durch die Geschichte der Metallarbeiter in Münster und Umgebung, Münster 1991.

123 Frey, Josef, Das Paulinische Gymnasium zu Münster. Ein geschichtlicher Überblick, Münster 1897.

124 Geschichte lehren und lernen am Beispiel der Stadt Münster, hg. v. Ulrich Kröll (Forum Geschichtsdidaktik 4), Münster 1985.

125 Geschichte der VKDSt Saxonia 1863–1988. Festschrift zum 125jährigen Jubiläum, hg. v. Jörgen Vogel, Lippstadt 1988.

126 Geisberg, Max, Die Baugeschichte des Rathauses, in: 279: Quellen und Forschungen zur Geschichte der Stadt Münster 3, S. 249–286.

127 Geisberg, Max, Die Domschatzkammer in Münster, in: Westfalen 17 (1932), S. 225–229.

128 Geisberg, Max, Die topographische Entwicklung Münsters, in: 256: Münster i. W., S. 28–39.

129 Geisberg, Max, Die Goldschmiede-Gilde in Münster i. W., in: Zeitschrift für vaterländische Geschichte und Altertumskunde 72 (1914), Teil I, S. 152–320.

130 Geisberg, Max, Die Mitglieder des Münsterischen Domkapitels 1553–1811, in: Westfälisches Familien-Archiv 1 (1920), S. 4–7, Westfälisches Familien-Archiv 2 (1921), S. 25–27, Westfälisches Familien-Archiv 3 (1922), S. 34–39, Westfälisches Familien-Archiv 4 (1924), S. 53–59, Westfälisches Familien-Archiv 5 (1926), S. 63–70.

131 Geisberg, Max, Das alte Ratssilber, in: 279: Quellen und Forschungen zur Geschichte der Stadt Münster 3, S. 287–330.

132 Geisberg, Max, Die Stadt Münster, 7 Bde. (Bau- und Kunstdenkmäler von Westfalen 41), Münster 1932–1962. Fotomechanischer Nachdruck der 1932 erschienenen 1. Auflage, ergänzt um Marginalien zur Kennzeichnung der im Jahre 1975 noch vorhandenen Objekte, Münster 1975–1977.

133 Geisberg, Max, Studien zur Geschichte der Maler in Münster, 1530 bis 1800, in: Westfalen 26 (1941), S. 147–182.

134 Geisberg, Max, Der Zwinger, in: 279: Quellen und Forschungen zur Geschichte der Stadt Münster 4, S. 297–314.

135 Gellinek, Christian, Stadtkultur und Kulturstadt Münster, Köln 1990.

136 Gerhard, Johannes, 600 Jahre Große Prozession in Münster 1383–1983, Münster 1983.

137 Gieseking, Franz Klemens, 50 Jahre freie Künstlergemeinschaft „Schanze“ Münster (1919–1969). Eine Chronik, Münster 1969.

138 Gimpel, Klaus, Das Gast- und Irrenhaus in Münster, in: Historia Hospitalium 14 (1981/1982), S. 57–77.

139 Gimpel, Klaus, Der „Gute Montag“ der Bäckergesellen in Münster und seine Türkenlieder. Historische Hintergründe, Quellen und Motive, in: 80: Beiträge zur Stadtgeschichte, S. 253–272.

140 Grafik und Objekt. Fachhochschule Münster, Fachbereich Design. 1878–1978. Von der Zeichen-, Mal- und Modellierschule für Kunst und Gewerbe in der Münsterschen Kunstgenossenschaft zum Fachbereich Design, Münster 1982.

141 Grewe, Josef, Das Braugewerbe der Stadt Münster bis zum Ende der fürstbischöflichen Herrschaft im Jahre 1802. Mit besonderer Berücksichtigung seiner Besteuerung bis zum Ende der

fürstbischöflichen Herrschaft im Jahre 1802 (Abhandlungen aus dem Staatswissenschaftlichen Seminar zu Münster i. W. 5), Leipzig 1907.

142 797–1947. Das Gymnasium Paulinum zu Münster. Unter Mitwirkung v. Felix Hase u. a. hg. v. Rudolf Schulze (Geschichte und Kultur 2/3), Münster 1948.

143 Königliches Paulinisches Gymnasium zu Münster. Festschrift zur Feier der Einweihung des neuen Gymnasialgebäudes am 27. April 1898, Münster 1898.

144 Hagemann, Karl, Münster – Stadt der Kirchen. 70 Gotteshäuser und ihre Gemeinden im Portrait, Münster 1983.

145 Hager, Werner, Münster in Westfalen, Münster 1979.

146 Handwerkskammer Münster 1900–1950. 50 Jahre berufsständische Selbstverwaltung des Handwerks, Münster 1950.

147 Haunfelder, Bernd, 150 Jahre Verein der Kaufmannschaft zu Münster von 1835, Münster 1985.

148 Hegel, Eduard, Die Katholisch-Theologische Fakultät Münster in ihrer geschichtlichen Entwicklung (1773–1961) (Schriften der Gesellschaft zur Förderung der Westfälischen Wilhelms-Universität zu Münster 47), Münster 1961.

149 Hegel, Eduard, Geschichte der Katholisch-Theologischen Fakultät Münster 1773–1964, 2 Bde. (Münsterische Beiträge zur Theologie 30), Münster 1966/1971.

150 Hegel, Eduard, Theologieprofessoren als Mitglieder des münsterischen Domkapitels, in: 243: Monasterium, S. 567–577.

151 Heineberg, Heinz, Münster. Entwicklung und Funktion der westfälischen Metropole, in: Geographische Rundschau 35 (1983), S. 204–211.

152 Heineberg, Heinz, Innerstädtische Standortentwicklung ausgewählter quartärer Dienstleistungsgruppen seit dem 19. Jahrhundert anhand der Städte Münster und Dortmund, in: 2054: Innerstädtische Differenzierung, S. 263–306.

153 Heineberg, Heinz/Kirchhoff, Karl-Heinz, Münster. Geschichtliche Entwicklung, räumliche Struktur, Stellung als Oberzentrum und Planungsaspekte, in: 255: Münster und seine Partnerstädte, S. 19–48.

154 Heineberg, Heinz/Mayr, Alois, Die räumliche Entwicklung der Stadt Münster im Spiegel topographischer Karten 1:25000 (mit einer Kartenbeilage im Anhang), in: Beiträge zur Kartographie in Nordwestdeutschland. Die Karte als Arbeits- und Forschungsmittel in verschiedenen Berufsfeldern, hg. v. Heinz-K. Junk/Klaus Temlitz (Siedlung und Landschaft in Westfalen 20), Münster 1991, S. 131–145.

155 Helmert, Friedrich, Vom alten zum neuen Kapitel, in: 103: Das Domkapitel zu Münster 1823–1973, S. 1–51.

156 Helmert, Friedrich, Die Kleriker der Domkammer – älteste Singegemeinschaft Münsters, in: Westfalen 44 (1966), S. 302–324.

157 Helmert, Theodor, Der große Kaland am Dom zu Münster im 14. bis 16. Jahrhundert, Diss., Münster 1979.

158 Henkel, Andreas, Beiträge zur Geschichte der Erbmänner in der Stadt Münster, Borna/Leipzig 1910.

159 Henze, Anton, Der Dom zu Münster, Recklinghausen 1960.

160 Holthaus, Karl, Die Georgskommende in Münster, eine Niederlassung des Deutschen Ritterordens von ihrer Gründung bis zum Westfälischen Frieden (Beiträge für die Geschichte Niedersachsens und Westfalens 30), Hildesheim 1911.

161 Holtmann, Bernhard, Die Straßennamen der Stadt Münster in Westfalen, Diss., Münster [1940].

162 Honselmann, Klemens/Hartlieb von Wallthor, Alfred, Einhundertfünfzig Jahre Verein für Geschichte und Altertumskunde Westfalens, in: Westfälische Zeitschrift 124/125 (1974/1975), S. I–XXXIV.

163 Hopmann, Maria, Das Feuersocietätswesen im Fürstentum und Regierungsbezirk Münster von 1768 bis 1836, Diss., Münster 1922.

164 Hövel, Ernst, Altmünsterische Kirchenräume, in: 256: Münster i. W., S. 69–73.

165 Hövel, Ernst, Münster im Backsteinbau, in: 257: Münster/Westfalen, S. 13–18.

166 Hugenroth, Hermann, Zum 1175jährigen Bestehen der Schola Paulina 797–1972, Münster 1972.

167 Humborg, Ludwig, Münster als preußische Behördenstadt, in: Westfälischer Heimatkalender 19 (1965), S. 75–80.

168 Humborg, Ludwig, Das Ratsgymnasium zu Münster. Ehemaliges Städtisches Gymnasium und Realgymnasium. Seine hundertjährige Geschichte und Vorgeschichte, Münster 1951.

169 Hüsing, Augustin, Die alten Bruderschaften in der Stadt Münster, in: Zeitschrift für vaterländische Geschichte und Altertumskunde 61 (1903), Teil I, S. 95–138.

170 Inkmann, Sophia, Die Oberinnen und Professen des Klosters der Lotharinger Chorfrauen 1642–1812, in: 279: Quellen und Forschungen zur Geschichte der Stadt Münster 4, S. 315–324.

171 800 Jahre St. Aegidii Münster, Münster 1983.

172 700 Jahre Apostelkirche Münster, Münster 1984.

173 500 Jahre Buchdruck in Münster. Eine Ausstellung des Stadtmuseums Münster in Zusammenarbeit mit der Universitätsbibliothek Münster. 5. Juli 1991–10. November 1991, hg. im Auftrage der Stadt Münster v. Hans Galen, Münster 1991.

174 200 Jahre Civilclub zu Münster 1775–1975. Festgabe zum Jubiläumstag 2. Februar 1975, Münster 1975.

175 100 Jahre bischöfliches Collegium Borromaeum zu Münster 1854–1954, Münster 1954.

176 1850–1950. Hundert Jahre Dienst am jungen Mann. Festschrift zur Hundertjahrfeier des Christlichen Vereins Junger Männer e.V. zu Münster (Westf.) am 15. September 1951, hg. im Auftrage des Vorstandes v. Franz Scholle, [Münster 1951].

177 200 Jahre zwischen Dom und Schloß. Ein Lesebuch zu Vergangenheit und Gegenwart der Westfälischen Wilhelms-Universität Münster. Mit Beiträgen v. Holger Brandes u. a. Im Auftrag der Autoren hg. v. Lothar Kurz, Münster 1980.

178 125 Jahre St. Franziskus-Hospital Münster, 1857–1982, Münster 1982.

179 175 Jahre Genossenschaft der barmherzigen Schwestern von der allerseligsten Jungfrau und schmerzhaften Mutter Maria (Clemensschwestern). 1808–1983, Lünen 1983.

180 550 Jahre Handwerksgemeinschaft in Münster-Stadt und -Land. 1410–1960, Münster [1960].

181 100 Jahre Kolping in der Diözese Münster. „Die Kolpingsarbeit im Bistum Münster", bearbeitet v. Diözesanpräses Franz Hölscher, [Münster] 1951.

182 100 Jahre Kreissparkasse Münster. 1859–1959, [Münster 1959].

183 70 Jahre Heilig Kreuz Münster (1902–1972). Festschrift und Programm, [Münster 1972].

184 800 Jahre St. Martini Münster, hg. v. Werner Hülsbusch, Münster 1980.

185 175 Jahre Musikverein Münster. 1816–1991, Münster 1991.

186 1888–1988. 100 Jahre öffentlicher Nahverkehr in Münster. Eine Reise durch die Stadtgeschichte, Münster 1988.

187 175 Jahre Regierung Münster 1803–1978, Münster 1978.

188 500 Jahre Schuhmacher-Handwerk in Münster. 1490–1990, Münster [1990].

189 125 Jahre, 1829–1954. Sparkasse der Stadt Münster, Münster [1954].

190 100 Jahre SPD in Münster (1878–1978). Im Auftrage des Unterbezirks-Vorstandes hg. v. Wolf-Michael Catenhusen/Klaus-Dieter Franke, Münster 1978.

191 Dreihundert Jahre Stiftung Rudolph von der Tinnen. 1688–1988, Münster 1988.

192 Vierhundertfünfundzwanzig Jahre Tischler-Innung, Tischler-Bruderschaft Münster. Festschrift, bearbeitet v. Hubertus Kost, Münster 1989.

193 100 Jahre Landwirtschaftliche Untersuchungs- und Forschungsanstalt, Joseph-König-Institut Münster (Westf.). Rückblick. Neuere wissenschaftliche Untersuchungs- und Forschungsergebnisse, 1871–1971, Münster 1971.

194 Kaschner, Gerhard, 700 Jahre Musikpflege in Münster, in: Das schöne Münster 10 (1938), S. 167–196.

195 Keinemann, Friedrich, Ancien Régime, Kulturkampf, Nachkriegszeit. Neue Beiträge zur westfälischen Landesgeschichte, Hamm 1974.

196 Ketteler, Josef, Das münstersche Geschlecht Herding, Münster 1926.

197 Ketteler, Josef, Das Vormundschaftsrecht der Stadt Münster bis zur Auflösung des Hochstifts, in: 279: Quellen und Forschungen zur Geschichte der Stadt Münster 2, S. 25–30.

198 Kirchhoff, Karl-Heinz, Abriß der historischen Entwicklung der Stadt Münster, in: 524: Münster – Westliches Münsterland – Tecklenburg 2, S. 18–31.

199 Kirchhoff, Karl-Heinz, Der Bogengang am Prinzipalmarkt zu Münster, in: Beiträge zur westfälischen Stadtgeschichte, hg. v. Friedrich Bernward Fahlbusch (Beiträge und Quellen zur Stadtgeschichte Niederdeutschlands 1), Warendorf 1992, S. 135–185.

200 Kirchhoff, Karl-Heinz, Forschungen zur Geschichte von Stadt und Stift Münster. Ausgewählte Aufsätze und Schriftenverzeichnis, hg. v. Franz Petri u. a., Warendorf 1988.

201 Kirchhoff, Karl-Heinz, Klöster und Konvente in Münster bis 1800 – Eine topographische Bestandsaufnahme, in: 2808: Monastisches Westfalen, S. 551–560.

202 Kirchhoff, Karl-Heinz, Das Minoritenkloster zu Münster und sein topographisches Umfeld, in: 172: 700 Jahre Apostelkirche, S. 67–77.

203 Kirchhoff, Karl-Heinz, Mitgliederbewegung und Berufsstruktur des Civilclubs 1775–1948, in: 174: 200 Jahre Civilclub, S. 49–64.

204 Kirchhoff, Karl-Heinz/Siekmann, Mechthild, Die räumliche Ausweitung der Universität im Stadtgebiet Münsters 1773–1980, in: 334: Die Universität Münster 1780–1980, S. 121–127.

205 Klarissen in Münster 1857–1982, o. O. [1982].

206 Kohl, Wilhelm, Das Domstift St. Paulus zu Münster, 3 Bde. (Das Bistum Münster 4 = Germania Sacra NF 17), Berlin 1982–1989.

207 Kohl, Wilhelm, Die Schwesternhäuser nach der Augustinerregel (Das Bistum Münster 1 = Germania Sacra NF 3), Berlin 1968.

208 Kollmeier, Karl, Von der Überwasser-Elende zum Militärhospital. Die Entwicklung des militärischen Sanitätswesens in der Provinzhauptstadt Münster/Westfalen, in: Historia Hospitalium 13 (1979/1980), S. 96–118.

209 Adolph-Kolping-Schule 1916–1991, [Münster 1991].

210 Korn, Elisabeth, Der Neue Krug in Münster und die Familie Krawinkel. Die Geschichte eines münsterschen Gasthauses und seiner Wirte 1666–1766–1865–1966, in: Beiträge zur westfälischen Familienforschung 27/29 (1969/1971), S. 128–170.

211 Korn, Ulf-Dietrich, Das Krameramtshaus – Wandlungen eines Baudenkmals oder Vom Umgang mit der Geschichte, in: 215: Krameramtshaus, S. 9–60.

212 Kortmann, Bernhard, Die Paulsfreien des Stifts Münster. (De Vryen des guden sunte Pauwels.), in: Zeitschrift für vaterländische Geschichte und Altertumskunde 81 (1923), Teil I, S. 1–40.

213 Krabbe, A., Einige Mittheilungen über das Priester-Seminar und die Kridtsche-Stiftung zu Münster, in: Zeitschrift für vaterländische Geschichte und Alterthumskunde 20 (1859), S. 141–150.

214 Krabbe, Caspar Franz, Geschichtliche Nachrichten über die höheren Lehranstalten in Münster vom heiligen Ludgerus bis auf unsere Zeit, Münster 1852.

215 Das Krameramtshaus zu Münster. Zeugnis für 400 Jahre Stadtgeschichte, hg. v. Franz-Josef Jakobi, Münster 1989.

216 Krick, Julius/Esser, Josef, Das Schulwesen in St. Martini, in: 184: 800 Jahre St. Martini, S. 254–260.

217 Kroenig, A., Die Landesbank der Provinz Westfalen und die frühere Westfälische Provinzial-Hülfskasse. 1832–1907, Münster [1907].

218 Lahrkamp, Helmut, Bemerkungen zum städtischen Kunstbesitz, in: 81: Beiträge zur neueren Stadtgeschichte, S. 296–303.

219 Lahrkamp, Helmut, Münsters wirtschaftliche Führungsschichten, in: 279: Quellen und Forschungen zur Geschichte der Stadt Münster NF 5, S. 1–53.

220 Lahrkamp, Helmut, Das Patriziat in Münster, in: Deutsches Patriziat 1430–1740. Büdinger Vorträge 1965, hg. v. H. Rößler (Schriften zur Problematik der deutschen Führungsschichten in der Neuzeit 3), Limburg (Lahn) 1968, S. 195–207.

221 Lahrkamp, Helmut, Vom Patronatsrecht des münsterschen Rates, in: 2720: Studia Westfalica, S. 214–229.

222 Lahrkamp, Helmut, Tradition und Wandel. Die „Große Prozession" in Münster, in: Auf Roter Erde 23 (1967), Nr. 98, S. 3.

223 Landwirtschaftskammer Westfalen-Lippe 1899–1974, Münster 1975.

224 Laubach, Ernst, Das Täuferreich zu Münster in seiner Wirkung auf die Nachwelt. Zur Entstehung und Tradierung eines Geschichtsbildes, in: Westfälische Zeitschrift 141 (1991), S. 123–150.

225 Lengeling, Emil Joseph, Die Bittprozessionen des Domkapitels und der Pfarreien der Stadt Münster vor dem Fest Christi Himmelfahrt, in: 243: Monasterium, S. 151–220.

226 Liebers, Gerhard, unter Mitarbeit von Helga Oesterreich, Die Universitätsbibliothek Münster im Rahmen der Universität, in: 334: Die Universität Münster 1780–1980, S. 147–157.
227 Lippe, Margarete, Münsterische Bildhauerkunst vom Mittelalter zur Neuzeit, in: 256: Münster i. W., S. 40–50.
228 Liudger und sein Erbe. Dem siebzigsten Nachfolger des heiligen Liudger, Clemens August Kardinal von Galen, Bischof von Münster, zum Gedächtnis, 2 Bde. (Westfalia Sacra 1/2), Münster 1948/1950.
229 Lobbedey, Uwe, Der Domneubau von 1264 und seine Transformationen bis ins 19. Jahrhundert, in: 532: Der Paulus-Dom zu Münster, S. 28–52.
230 Lobbedey, Hildburg/Lobbedey, Uwe, St. Mauritz in Münster (Westfälische Kunststätten 48), Münster 1987.
231 Lobbedey, Uwe/Vestring-Buchholz, Sigrid, Der Dom zu Münster – 793, 1945, 1993 1 (Denkmalpflege und Forschung in Westfalen), Bonn 1993 (im Druck).
232 Loevinson, Hermann, Beiträge zur Verfassungsgeschichte der westfälischen Reichsstiftstädte, Paderborn/Münster/Osnabrück 1889.
233 Löffler, Peter, Collegium Ludgerianum in Münster 1849–1971. Geschichte einer bischöflichen Bildungsanstalt (Geschichte und Kultur 6), Münster 1979.
234 Loge „Zu den drey Balken“ in Münster 1778–1978, hg. aus Anlaß der 200. Wiederkehr ihres Stiftungsfestes, [Münster 1978].
235 Lünenborg, Gisela, Die öffentliche Gesundheitsfürsorge der Stadt Münster in Westfalen. – Ein historischer Rückblick von den Anfängen bis zur Errichtung staatlicher Gesundheitsämter, Diss., Münster 1971.
236 Lutum, Paula, Schneidermeisterinnen in Münster. Untersuchungen zur historischen Entwicklung und aktuellen Berufskultur der selbständigen Frauenarbeit im Schneiderhandwerk (Beiträge zur Volkskultur in Nordwestdeutschland 59), Münster 1987.
237 Matsche-von Wicht, Betka, Der Westfälische Kunstverein in Münster, in: Westfalen 59 (1981), S. 3–87.
238 St. Mauritz Münster Westfalen. Neun Jahrhunderte, Münster 1970.
239 Mende, H./Rodenkirchen, Nikolaus, Die Evangelische Apostelkirche Münster, in: Deutsche Kunst- und Denkmalpflege 11 (1937), S. 161–169.
240 Michael, Joachim, Die Geschichte der Wasser- und Schiffahrtsdirektion Münster und ihrer Ortsdienststellen Juli 1889–Mai 1971, Münster [1971].
241 Mielke, Wolfgang, Orgel-Geschichten, in: 172. 700 Jahre Apostelkirche, S. 223–240.
242 Möbius, O., Die Marianischen Sodalitäten Munsters. Ihr Werden und Wirken (1590–1773), in: Münsterisches Pastoralblatt 50 (1912), S. 96–101, S. 113–118.
243 Monasterium. Festschrift zum siebenhundertjährigen Weihegedächtnis des Paulus-Domes zu Münster. Im Auftrag des Bischofs von Münster hg. v. Alois Schröer, Münster 1966.
244 Mückshoff, Meinolf, Predigt und Prediger auf der Cathedra Paulina. Eine Studie zum Predigtwesen im Dom zu Münster (Westfalia Sacra 8), Münster 1985.
245 Müller, Eugen, Die Adelshöfe der Stadt Münster i. W. Nebst einem Anhange: Die Münsterischen Adelsgesellschaften, 2. und 3., mit einem Nachtrag und mit Bildschmuck versehene Auflage, Münster 1930.
246 Müller, Eugen, Die Begräbnisstätten der Stadt Münster (Westf.), Münster 1928.
247 Müller, Eugen, Die Herbergen und Gasthöfe der Stadt Münster. Mit einem Anhang: Geschichtlich denkwürdige münsterische Gaststätten, Münster 1924.
248 Müller, Eugen, Die St. Katharinen-Bruderschaft zu Münster 1330–1930, Münster 1930.
249 Müller, Eugen, Verschwundene Straßennamen, in: 279: Quellen und Forschungen zur Geschichte der Stadt Münster 3, S. 9–30.
250 Müller, Eugen, Das Theater zu Münster in den verflossenen vier Jahrhunderten (1534–1927), in: Theater der Stadt Münster, Almanach 1927, [Münster 1927], S. 26–54.
251 Müller, Eugen, Der Zwei-Löwen-Club in Münster (Westf.). Die Geschichte der Entstehung und Entwicklung der Gesellschaft bis auf die neueste Zeit, Münster 1924.
252 Müller, Eugen/Hillekamps, Wilhelm, Hundert Jahre Sparkasse der Stadt Münster i. Westf. 1829 bis 1929, Münster 1929.
253 Müller-Cleve, Bernhard, Vom Central-Kirchhof 1887 zum Zentralfriedhof 1987. Eine Chronik 100jähriger Friedhofsgeschichte in Münster, Münster 1987.

254 Münch, Peter, Geschichtliche Nachrichten über das Dominikanerkloster zu Münster i. W. (Beilage zu dem Jahresberichte über das Realgymnasium zu Münster i. W. für das Schuljahr 1889–90), Münster 1890.

255 Münster und seine Partnerstädte. York – Orléans – Kristiansand – Monastir – Rishon le Zion – Beaugency – Fresno, hg. v. Alois Mayr/Friedrich-Carl Schultze-Rhonhof (Westfälische Geographische Studien 43), Münster 1988.

256 Münster i. W. (Monographien Deutscher Städte 35), Berlin 1930.

257 Münster/Westfalen (Deutschlands Städtebau), Berlin 1920.

258 Murken, Axel Hinrich, Vom Clemens-Hospital zum Zentralklinikum (1732 bis 1980). 250 Jahre Krankenhausgeschichte am Beispiel der Stadt und Universität Münster in Westfalen, in: Historia Hospitalium 12 (1978), S. 76–110.

259 Musik in Münster. Festschrift 150 Jahre Musikverein, Münster 1966; ebenso: Westfalen 44 (1966), Heft 4 [S. 289–414].

260 Mussinghoff, Heinz, Der heilige Liudger, seine Bedeutung für das Bistum Münster, in: 509: St. Liudger, S. 54–71.

261 Mütter, Bernd, Die münsterische Hochschulgeschichte als Forschungsaufgabe. Überlegungen zu Eduard Hegels „Geschichte der Katholisch-theologischen Fakultät Münster 1773–1964“, in: Westfälische Forschungen 30 (1980), S. 142–168.

262 Niklas, Artur, Baupflege im alten und neuen Münster, in: 256: Münster i. W., S. 120–131.

263 Oer, Rudolfine Freiin von, Wer waren die Erbmänner?, in: 81: Beiträge zur neueren Stadtgeschichte, S. 279–286.

264 Oer, Rudolfine Freiin von, Die münsterischen Erbmänner, in: 191: Stiftung Rudolph von der Tinnen, S. 1–14.

265 Ex officina literaria. Beiträge zur Geschichte des westfälischen Buchwesens, hg. v. Joseph Prinz, Münster 1968.

266 Sancti Ludgeri parochia Monasteriensis 1173–1973. Beiträge zum 800-jährigen Bestehen der Pfarre St. Ludgeri in Münster, Münster 1973.

267 Perger, Ludwig, Ueber die Münsterischen Erbämter, in: Zeitschrift für vaterländische Geschichte und Alterthumskunde 19 (1858), S. 299–354.

268 Peus, Busso, Das Geld- und Münzwesen der Stadt Münster i. W., in: 279: Quellen und Forschungen zur Geschichte der Stadt Münster 4, S. 1–90.

269 Pieper, Paul, Der Dom zu Münster, Münster 1965.

270 Pieper, Paul, Der Domschatz zu Münster. Mit Fotos v. Wilhelm Rösch, Münster 1981.

271 Pitz-Paal, Josef, Untersuchungen zur Verfassungsgeschichte des St. Mauritz-Stiftes in Münster, Diss., Münster 1960.

272 Plaßmann, Josef Otto, Geschichte der Stadt Münster in Westfalen. Von den ältesten Zeiten bis zur Gegenwart, Münster [1925].

273 Pohl, Hans, West LB. Von der Hülfskasse von 1832 zur Landesbank, Düsseldorf/Münster 1982.

274 Pott, Klaus, Universitätsstruktur und Entwicklung der Studentenzahlen, in: 334: Die Universität Münster 1780–1980, S. 181–194.

275 Die Aschendorffsche Presse 1762–1912. Ein Beitrag zur Buchdruckergeschichte Münsters, hg. v. Simon Peter Widmann, Münster 1912.

276 Prinz, Joseph, Die Geschichte des münsterschen Theaters bis 1945, in: Das neue Theater in Münster. Festschrift zur Eröffnung des Hauses. Mit Beiträgen v. Antonius Eickhoff u. a., hg. v. Wilhelm Vernekohl, Münster 1956, S. 25–66.

277 Prinz, Joseph, Das Rathaus zu Münster, Münster 1958.

278 Prümer, Karl, Der „gute Montag“ der Münsterschen Bäckergilde, in: Zeitschrift des Vereins für rheinische und westfälische Volkskunde 6 (1909), S. 19–23.

279 Quellen und Forschungen zur Geschichte der Stadt Münster
Bd. 1: Münster 1898 (Veröffentlichungen der Historischen Kommission der Provinz Westfalen)
Bd. 2: Münster 1924 (Veröffentlichungen der Historischen Kommission für die Provinz Westfalen)
Bd. 3: Münster 1927 (Veröffentlichungen der Historischen Kommission für die Provinz Westfalen)

Bd. 4: Münster 1931 (Veröffentlichungen der Historischen Kommission des Provinzialinstituts für Westfälische Landes- und Volkskunde)
Bd. 5: siehe 1234: Kulturkampf in Münster
Bd. 6: siehe 1498: Schulte, Kriegschronik
Bd. 7: siehe 1256: Schulte, Novemberrevolution und Separatismus
Bd. 8: siehe 627: Hövel, Bürgerbuch
Bd. 9: siehe 23: Utsch, Kultusabteilung
Bd. 10: siehe 1495: Schulte, Spartakismus und Separatismus
NF Bd. 1: siehe 416: Münsterisches Urkundenbuch
NF Bd. 2: Münster 1962
NF Bd. 3: Münster 1966
NF Bd. 4: siehe 2: Geburtsbriefe der Stadt Münster
NF Bd. 5: Münster 1970
NF Bd. 6: siehe 921: Münsters Bevölkerung um 1685
NF Bd. 7/8: siehe 1397: Lahrkamp, Napoleonische Zeit
NF Bd. 9: siehe 924: Corfey, Reisetagebuch
NF Bd. 10: siehe 922: Bevölkerung und Topographie
NF Bd. 11: siehe 80: Beiträge zur Stadtgeschichte
NF Bd. 12: siehe 81: Beiträge zur neueren Stadtgeschichte
NF Bd. 13: siehe 765: Hsia, Gesellschaft und Religion
NF Bd. 14: siehe 1447: Schwanitz, Krankheit
NF Bd. 15: siehe 940: Hugenroth, Rottendorff
NF Bd. 16: siehe 1587: Krüger, „Treudeutsch allewege“

280 Remling, Ludwig, Die „Große Prozession“ in Münster als städtisches und kirchliches Ereignis im Spätmittelalter und in der frühen Neuzeit, in: 80: Beiträge zur Stadtgeschichte, S. 197–233.

281 Rensing, Theodor, Zur Kunstgeschichte der Kapuzinerkirche in Münster, in: Westfalen 20 (1935), S. 200–203.

282 Rensing, Theodor, Zur Kunstgeschichte der Observantenkirche in Münster, in: Westfalen 20 (1935), S. 131–135.

283 Reuter, Rudolf, Musikgeschichte der Stadt Münster im Überblick, in: Westfalen 44 (1966), S. 290–301.

284 Ribhegge, Wilhelm, Geschichte der Universität Münster. Europa in Westfalen, Münster 1985.

285 [Richard-Wiegandt, Ursula], Das Siedlungswachstum der Stadt Münster vom 19. Jahrhundert bis zum Zweiten Weltkrieg, Münster 1991.

286 Sagebiel, Martin, Zur Geschichte der evangelischen Volksschule in Münster, in: 172: 700 Jahre Apostelkirche, S. 207–222.

287 Sanders, Therese, Eine sozialökonomische Untersuchung über die Genossenschaft der Barmherzigen Schwestern (Clemensschwestern), Münster 1922.

288 Sarrazin, Otto, Die Gademen, ein aus dem Stadtbild Münsters verschwundener Wohnhaustyp, in: Westfalen 49 (1971), S. 144–154.

289 Sarrazin, Otto, Gefährdung und Sicherung der Apostelkirche zu Münster, in: Westfalen 46 (1968), S. 96–104.

290 Sauermann, Dietmar, Der Kiepenkerl – eine problematische Erfindung, in: Heimatpflege in Westfalen 4 (1991), 5, S. 1–4.

291 Schaumburg, Ernst von, Zur Geschichte der Befestigung der Stadt Münster, in: Zeitschrift für vaterländische Geschichte und Alterthumskunde 16 (1855), S. 142–174.

292 Schmitz, Hermann, Die Grundzüge der Münsterschen Kunstgeschichte, in: Niedersachsen 16 (1910/1911), S. 53–57.

293 Schmitz, Ralf, Zur Geschichte der Adolph-Kolping-Schule von den Anfängen bis in die Nachkriegszeit, [Münster 1991].

294 Schoppmeyer, Heinrich, Die städtischen Patrimonialbenefizien in Münster i. W. bis 1802, Diss., Münster [1923].

295 Schottner, Alfred, Die Geschichte der Baugewerbe-Innung Münster. Ursprung – Werdegang – Wandel, Münster [1990].

296 Schrand, Hermann, Geographiedidaktische Möglichkeiten einer Stadtexkursion, gezeigt am Beispiel Münster, in: Becker, Franz Josef E./Schrand, Hermann, Stadtgeographie. Grundlagen für den Unterricht, Düsseldorf 1978, S. 98–111.

297 Schröer, Alois, Aus der Geschichte von St. Martini Münster, in: 184: 800 Jahre St. Martini, S. 65–72.

298 Schröer, Alois, Das Münsterer Priesterseminar. Ein Querschnitt durch seine Geschichte, in: Sacerdotium. Eine Festgabe zum 40jährigen Seminarjubiläum des hochwürdigsten Herrn Prälaten Regens A. Francken, hg. v. L. Grimmelt, Warendorf 1948, S. 9–23.

299 Schulte, Aloys, Die Kunst in Münster, in: Jahresbericht der Görres-Gesellschaft zur Pflege der Wissenschaft im katholischen Deutschland 1898, S. 22–31.

300 Schulte, Eduard, Zur Frage des Rechts der Kirchensitze. Gutachten. Beilage: Gutachten von Friedrich Philippi, in: 279: Quellen und Forschungen zur Geschichte der Stadt Münster 4, S. 91–134.

301 Schulte, Eduard, Kurzgeschichte der Stadt Münster (Chroniken deutscher Städte 16), Berlin 1938.

302 Schulte, Eduard, Die Münsterische Ratswahl, in: 279: Quellen und Forschungen zur Geschichte der Stadt Münster 3, S. 62–66.

303 Schulte, Hans, 150 Jahre Landwirtschaftlicher Kreisverein Münster 1838–1988. Aufzeichnungen zur Geschichte der Landwirtschaft der Stadt Münster und des ehemaligen Landkreises, Münster 1988.

304 Schulze, Rudolf, Das adelige Frauen (Kanonissen-)Stift der Hl. Maria (1040–1773) und Die Pfarre Liebfrauen-Überwasser zu Münster Westfalen (Gegründet 1040). Ihre Verhältnisse und Schicksale, 2., völlig neu bearbeitete Auflage, Münster 1952.

305 Schulze, Rudolf, 300 Jahre Liebfrauen-Schützen-Bruderschaft (1630 bis 1930) zu Münster (Westf.), Münster 1930.

306 Schulze, Rudolf, Verschollene und vernichtete Kunstwerke der Stifts- und Pfarrkirche Liebfrauen (Überwasserkirche) zu Münster Westf., in: Westfalen 28 (1950), S. 16–25.

307 Schulze, Rudolf, Die ehemalige Minoriten- (jetzt evangelische Apostel-)Kirche zu Münster i. W. (Mit einem Ausblick auf die Soester Minoritenkirche), in: Westfalen 20 (1935), S. 136–153.

308 Schütte, Leopold, Aus Geschichte und Wirken der Minoriten in Münster, in: 172: 700 Jahre Apostelkirche, S. 93–110.

309 Schwarz, Wilhelm Eberhard, Studien zur Geschichte des Klosters der Augustinerinnen Marienthal genannt Niesing zu Münster, in: Zeitschrift für vaterländische Geschichte und Altertumskunde 72 (1914), Teil I, S. 47–151.

310 Schwarze, Gisela/Schwarze, Hans-Dieter, Münster, 2., verbesserte Auflage, Frankfurt 1975.

311 Sendler, Peter, Von der Krüppelheilanstalt zum Universitätsklinikum. Die „Hüfferstiftung" in Münster in Westfalen (Studien zur Geschichte des Krankenhauswesens 17), Herzogenrath 1984.

312 Sieglohr, Georg, Der binnenwestfälische Weinhandel münsterscher Kaufleute im 16. und 17. Jahrhundert, Diss., Münster 1947.

313 Siekmann, Mechthild/Kirchhoff, Karl-Heinz, Der Prinzipalmarkt zu Münster, in: Jahrbuch für Hausforschung 36/37 (1986/1987), S. 35–56.

314 Siekmann, Mechthild/Kirchhoff, Karl-Heinz, Sozialtopographie in der Stadt Münster 1770 und 1890 mit Ausblicken auf 1971, in: 2054: Innerstädtische Differenzierung, S. 159–194.

315 Stadt- und Marktkirche St. Lamberti, Münster (Westf.). Festschrift zur Feier der Wiedererrichtung am 31. Januar 1960, Münster [1960].

316 Stapper, Richard, Der Große Kaland am Dom zu Münster, in: Zeitschrift für vaterländische Geschichte und Altertumskunde 86 (1929), Teil I, S. 82–96.

317 Stapper, Richard, Liturgische Ostergebräuche im Dom zu Münster, in: Zeitschrift für vaterländische Geschichte und Altertumskunde 82 (1924), S. 19–51.

318 Steinbicker, Clemens, Giese. Geschichte einer Familie aus Münster in Westf. 1, in: Deutsches Familienarchiv 56 (1973), S. 189–320.

319 Steinbicker, Clemens, Die Liebfrauen-Bruderschaft an der Pfarr- und Kloster-Kirche St. Aegidii (1441–1941), in: 279: Quellen und Forschungen zur Geschichte der Stadt Münster NF 3, S. 287–382.

320 Stork, Willy, Geschichte des Westfälisch-Lippischen Genossenschaftsverbandes (Schulze-Delitzsch) e.V. Münster/Westf. 1897 bis 1971, Münster 1974.

321 Stüwer, Wilhelm, Die Verehrung des heiligen Liudger, in: 228: Liudger und sein Erbe 1, S. 183–294.

322 Umstrittenes Täufertum 1525–1975. Neue Forschungen, hg. v. Hans-Jürgen Goertz, 2., durchgesehene Auflage, Göttingen 1977.

323 Tebbe, Heinrich, „Pädagogen" und „Präceptoren" am Gymnasium zu Münster, in: 143: Königliches Paulinisches Gymnasium zu Münster, S. 105–127.

324 Thiekötter, Hans, 375 Jahre Raesfeld – Koerdinck – Regensberg, in: 265: Ex officina literaria, S. 159–198.

325 Tibus, Adolph, Einige der noch nicht ermittelten Erbmännerhöfe in der Stadt Münster, in: Zeitschrift für vaterländische Geschichte und Alterthumskunde 41 (1883), Teil I, S. 165–185.

326 Tibus, Adolph, Ergänzungen zu meiner Schrift „Die Stadt Münster", in: Zeitschrift für vaterländische Geschichte und Alterthumskunde 51 (1893), Teil I, S. 185–189.

327 Tibus, Adolph, Der Davensberger, jetzt von Beverförder Hof auf der Königsstrasse in Münster und seine Besitzer, in: Zeitschrift für vaterländische Geschichte und Alterthumskunde 50 (1892), Teil I, S. 69–108.

328 Tibus, Adolph, Geschichtliche Nachrichten über die Weihbischöfe von Münster. Ein Beitrag zur Specialgeschichte des Bisthums Münster, Münster 1862.

329 Tibus, Adolph, Die Stadt Münster. Ihre Entstehung und Entwickelung bis auf die neuere Zeit, Münster 1882.

330 Tophoff, Theodor, Die Gilden binnen Münster i. W., ein Beitrag zum Gildewesen in Deutschland, in: Zeitschrift für vaterländische Geschichte und Alterthumskunde 35 (1877), Teil I, S. 3–152.

331 Twickel, Max Georg Freiherr von, Die Münstersche Stiftung des Johannes Heerde, in: 2720: Studia Westfalica, S. 354–375.

332 Ueffing, Werner, Der Figurenschmuck der alten Rathausfassade zu Münster, in: Westfalen 60 (1982), S. 201–214.

333 Umwelt hat Geschichte – auch in Münster. Preisgekrönte Beiträge für den Schülerwettbewerb Deutsche Geschichte um den Preis des Bundespräsidenten 1986/87. Mit Beiträgen v. Alexander Rudow u. a., hg. v. Heinz-Ulrich Eggert (Schriftproben 6), Münster 1988.

334 Die Universität Münster 1780–1980. Im Auftrag des Rektors hg. v. Heinz Dollinger, Münster 1980.

335 Universität Münster. Ein Porträt, hg. v. Erhard Obermeyer, Münster 1992.

336 Vahlhaus, Arnold, Liebfrauen-Überwasser, Münster, Wiesbaden 1967.

337 Vernekohl, Wilhelm, Münster. Geschichte, Kultur, Landschaft, 3., neubearbeitete Auflage, Münster 1958.

338 Volksbank Münster (Westf.). 75 Jahre 1896 1971, Münster [1971].

339 Wackernagel, Martin, Adelshöfe und Schloß in Münster (Große Baudenkmäler 120), Berlin/München 1948.

340 Walters, Heinrich, Post und Telekommunikation im nördlichen Westfalen. Die Oberpostdirektion Münster und die ehemalige Oberpostdirektion Minden, Steinfurt 1990.

341 Weber, Bernd, Zwischen Gemütsbildung und Mündigkeit. 1690 bis 1990. 300 Jahre Annette-von-Droste-Hülshoff-Gymnasium Münster, Münster 1990.

342 Weikert, Wolfgang, Erbmänner und Erbmännerprozesse. Ein Kapitel Münsterscher Stadtgeschichte, Münster/New York 1990.

343 Weinrich, Hans, Die Kupfermünzprägung des Domkapitels zu Münster (Geschichtliche Arbeiten zur westfälischen Landesforschung 16 = Veröffentlichungen der Historischen Kommission Westfalens 22), Münster 1981.

344 Weißgerber, Otto, Die baugeschichtliche Entwicklung des Alten Paulinum zu Münster i. W. (Westfalen, Sonderheft 2), Münster 1921.

345 Werden und Wirken der Landesversicherungsanstalt Westfalen 1890–1950, Dortmund [1950].

346 Werland, Walter, Karneval in Münster: Helau! Hurra! Es stellt sich vor das närrische Korps, Münster 1976.

347 Werland, Walter, Münster so wie es war, 2 Bde., Düsseldorf 1970/1979.

348 Werland, Walter, Münster und seine Sparkasse, Münster 1979.

349 Wertebach, Friedrich, Geschichte des Kollegiatstiftes zum hl. Ludgerus zu Münster, Diss., Münster [1942].

350 Westphalen, Ludger Graf von, 150 Jahre Schulkollegium in Münster. Ein Beitrag zu seiner Geschichte (Schriften der Historischen Kommission Westfalens 11), Münster 1976.

351 Wiens, Eberhard, Beiträge zur Geschichte des Münsterschen Schul-Wesens 1, Münster 1839.

352 Wieschebrink, Theodor, Der St. Paulus-Dom zu Münster (Westf.), 2., verbesserte Auflage, Münster 1960.

353 Wilkens, Albert, Versuch einer Geschichte der Wohltätigkeitsanstalten als Beitrag zu einer besonderen Geschichte der Stadt Münster, Münster 1827.

354 Wilking, Bernhard, Genossenschaft der Barmherzigen Schwestern von der allerseligsten Jungfrau und der schmerzhaften Mutter Maria „Klemensschwestern“, Münster 1927.

355 Wormstall, Albert, Münsterische Goldschmiede, in: Kunstgewerbeblatt für das Gold-, Silber- und Feinmetall-Gewerbe 3 (1896), S. 86–94.

356 Wormstall, Albert, Studien zur Kunstgeschichte Münsters, in: 279: Quellen und Forschungen zur Geschichte der Stadt Münster 1, S. 161–269.

357 Dem Worte verpflichtet. 250 Jahre Verlag Aschendorff 1720–1970. Mit einer Bibliographie der Verlagswerke von 1912–1970. Im Auftrag des Verlages hg. v. Gottfried Hasenkamp, Münster 1970.

358 Zimmermann, Margarete, Beiträge zur Geschichte des evangelischen Schulwesens in Münster unter besonderer Berücksichtigung der Geschichte der höheren Mädchenschule, in: 111: Erinnerungsblätter, S. 7–112.

359 Zons, Franz, Die „MZ“ und ihre Zeit. Erstrebtes und Erlebtes aus 80 Jahren Geschichte einer münsterschen Heimatzeitung, Münster o. J.

2. Von der Gründung Liudgers bis zur Reformation

2.1 Quellenpublikationen und überlieferungskritische Untersuchungen

360 Aders, Günter, Das verschollene älteste Bürgerbuch der Stadt Münster (1350–1531), in: Westfälische Zeitschrift 110 (1960), S. 29–96.

361 Die älteste Agende des Bistums Münster. Mit Einleitung und Erläuterungen als Beitrag zur Liturgie- und Kulturgeschichte hg. v. Richard Stapper, Münster 1906.

362 Berghaus, Peter, Die ältesten Münzen Münsters in schwedischen Funden, in: Commentationes de nummis saeculorum IX–XI in Suecia repertis 2, Stockholm 1968, S. 39–93.

363 Bischoff, Bernhard, Das karolingische Kalendar der Palimpsesthandschrift Ambros. M. 12 sup., in: Colligere fragmenta. Festschrift Alban Dold zum 70. Geburtstag am 7. 7. 1952, hg. v. Bonifatius Fischer/Virgil Fiala (Texte und Arbeiten, I. Abteilung, 2. Beiheft), Beuron 1952, S. 247–260.

364 Bömer, Alois, Zwei unbekannte Veröffentlichungen münsterischer Humanisten, in: Zeitschrift für vaterländische Geschichte und Alterthumskunde 58 (1900), Teil I, S. 145–152.

365 Brand, Albert, Das Testament des münsterschen Domprobstes Philipp von Hörde, Herrn zu Boke und Störmede. Ein westfälisches Sprach- und Kulturdenkmal aus vorreformatorischer Zeit, in: Zeitschrift für vaterländische Geschichte und Altertumskunde 75 (1917), Teil I, S. 250–280.

366 Brilling, Bernhard, Der älteste mittelalterliche jüdische Grabstein Westfalens. Zur Geschichte des mittelalterlichen Judenfriedhofs in Münster, in: Westfalen 44 (1966), S. 212–217.

367 Bücker, Hermann, Das Lobgedicht des Johannes Murmellius auf die Stadt Münster und ihren Gelehrtenkreis. In der ursprünglichen Fassung erstmalig übersetzt und erläutert, in: Westfälische Zeitschrift 111 (1961), S. 51–74.

368 Alter Münsterischer Cantus triumphalis. Hergestellt, und als Beitrag zur Geschichte Münsterischer Musik hg. v. Eberhard Wiens, [Münster 1839].

369 Rhodolphi Langij Ca. Monasteriensis Carmina. Des Münsterschen Kanonikus Rudolph von Langen Gedichte, Münster 1991.

370 Der Christenspiegel des Dietrich Kolde von Münster. Kritisch hg. v. Clemens Drees (Franziskanische Forschungen 9), Werl 1954.

371 Die münsterischen Chroniken des Mittelalters, hg. v. Julius Ficker (Die Geschichtsquellen des Bisthums Münster 1), Münster 1851.

372 Erhard, Heinrich August, Gedächtniss-Buch des Frater-Hauses zu Münster, in: Zeitschrift für vaterländische Geschichte und Alterthumskunde 6 (1843), S. 89–126.

373 Erhard, Heinrich August, Versuch einer Special-Diplomatik des Bisthums Münster; oder die urkundlichen Geschichtsquellen für den Zeitraum der Geschichte Münsters von Hermann I. bis auf Hermann II., in: Zeitschrift für vaterländische Geschichte und Alterthumskunde 3 (1840), S. 193–288.

374 Erhard, Heinrich August, Weihe-Gedicht an Adolf, Grafen von der Mark, bei seinem Regierungs-Antritt als Bischof von Münster. Aus einer Handschrift der Amplonianischen Bibliothek zu Erfurth mitgeteilt, in: Zeitschrift für vaterländische Geschichte und Alterthumskunde 8 (1845), S. 252–260.

375 Finke, Heinrich, Die angebliche Fälschung der ältesten Münsterschen Synodalstatuten, in: Zeitschrift für vaterländische Geschichte und Alterthumskunde 49 (1891), Teil I, S. 161–184.

376 Fürstenberg, Maria Luisa Freiin von, Beiträge zum Urkundenwesen der Bischöfe von Münster, in: Westfälische Zeitschrift 90 (1934), Teil I, S. 193–303.

377 Grewe, Josef W., Der münsterische Festkalender. Ein Beitrag zur Heortologie und Chronologie des Mittelalters, Diss., Münster 1941.

378 Grewe, Josef W., Die Urkundendatierung nach dem Münsterischen Festkalender, in: Westfälische Zeitschrift 96 (1940), Teil I, S. 1–37.

379 Die Heberegister des Klosters Ueberwasser und des Stiftes St. Mauritz. Im Auftrage des Vereins für Geschichte und Altertumskunde Westfalens bearbeitet v. Franz Darpe (Codex Traditionum Westfalicarum 3), Münster 1888.

380 Holthauss, Münzordnungh der goltgülden, vom jare 1350 und so vordan, in: Zeitschrift für vaterländische Geschichte und Alterthumskunde 21 (1861), S. 377–379.

381 Hömberg, Philipp R., Die Ausgrabungen auf dem Domhof, in: 524: Münster – Westliches Münsterland – Tecklenburg 2, S. 1–18.

382 Hömberg, Philipp R., Die Ausgrabungen im Kreuzgang des Paulus-Domes zu Münster. Vorbericht, in: Ausgrabungen und Funde in Westfalen-Lippe 1 (1983), S. 101–109.

383 Hömberg, Philipp R., 401 Münster, in: Ausgrabungen und Funde in Westfalen-Lippe 2 (1984), S. 333–336.

384 Hömberg, Philipp R., Untersuchungen an frühgeschichtlichen Wallanlagen Westfalens, Diss., Münster 1980.

385 Isenberg, Gabriele, Das Asche-Gelände am Alten Steinweg in Münster. Ergebnisse der archäologischen Untersuchung 1987, in: Ausgrabungen und Funde in Westfalen-Lippe 6 (1991), Teil B, S. 323–335.

386 Isenberg, Gabriele, Zur Baugeschichte der St.-Lamberti-Kirche in Münster. Ein Bericht über die Ausgrabungen 1976, in: Westfalen 55 (1977), S. 450–480.

387 Jostes, Franz, Bruchstücke einer münsterischen Minnesängerhandschrift, in: Zeitschrift für das deutsche Altertum 53 (1912), S. 348–357.

388 Die Kämmereirechnungen der Stadt Münster über die Jahre 1447, 1448 und 1458, hg. v. Wybe Jappe Alberts (Fontes minores medii aevi 11), Groningen 1960.

389 Klocke, Friedrich von, Nachrichten aus dem untergegangenen ältesten Ratswahlbuch (1354–1531), in: 279: Quellen und Forschungen zur Geschichte der Stadt Münster 3, S. 107–116.

390 Kohl, Wilhelm, Beobachtungen an der älteren Memorialüberlieferung des Domstiftes St. Paulus zu Münster, in: Person und Gemeinschaft im Mittelalter. Karl Schmid zum fünfundsechzigsten Geburtstag, hg. v. Gerd Althoff u. a., Sigmaringen 1988, S. 405–414.

391 Kohl, Wilhelm, Urkundenregesten und Einkünfteregister des Aegidii-Klosters, in: 279: Quellen und Forschungen zur Geschichte der Stadt Münster NF 3, S. 7–285.

392 Das Leben des heiligen Liudger von Altfrid. Übersetzt v. Albert Wassener, Essen 1957.

393 Libellus Monasteriensis de miraculis sancti Liudgeri, in: 420: Vitae sancti Liudgeri, S. 237–249.

394 Liudger in seiner Zeit. Altfrid über Liudger. Liudgers Erinnerungen. Übertragen und hg. v. Basilius Senger, Münster 1982.

395 Lobbedey, Uwe, Die jüngsten Ausgrabungen zur Baugeschichte des Domes zu Münster, in: 532: Der Paulus-Dom zu Münster, S. 15–27.

396 Ludat, Herbert, Ein Zeugnis westfälisch-englischer Beziehungen im Mittelalter. Die Grabplatte eines hansischen Kaufmanns aus Münster in England, in: Westfalen 29 (1951), S. 47–51.

397 Niesert, Joseph, Beiträge zu einem Münsterischen Urkundenbuche aus vaterländischen Archiven gesammelt, 1 Bd. in 2 Abteilungen, Münster 1823.

398 Niesert, Joseph, Münsterische Urkundensammlung, 7 Bde., Coesfeld 1826–1837.

399 Nydolf, N.-D., 327 Münster, in: Ausgrabungen und Funde in Westfalen-Lippe 1 (1983), S. 298–299.

400 Offenberg, Heinrich, Das Eid- und Huldigungsbuch der Stadt Münster. Aus dem „Pergament-Buche", in: 279: Quellen und Forschungen zur Geschichte der Stadt Münster 1, S. 271–322.

401 Otte, Gerhard, Die Statuten der münsterischen Diözesansynode vom 16. Oktober 1312, in: Jahrbuch des Vereins für Westfälische Kirchengeschichte 57/58 (1964/1965), S. 101–132.

402 Prinz, Joseph, Aus der Frühzeit des Territoriums der Bischöfe von Münster. Das Bruchstück eines bischöflichen Tafelgüterverzeichnisses (um 1250) und Ritter Lubbert von Schwansbell, Offizial zu Billerbeck (mit einer Anlage), in: 2720: Studia Westfalica, S. 259–284.

403 Prinz, Joseph, Der karolingische Kalender der Handschrift Ambros. M 12 sup[8], in: Festschrift Hermann Heimpel zum 70. Geburtstag am 19. September 1971 3, hg. v. den Mitarbeitern des Max-Planck-Instituts für Geschichte (Veröffentlichungen des Max-Planck-Instituts für Geschichte 36,3), Göttingen 1972, S. 290–327.

404 Prinz, Joseph, Die Urkunde Bischof Gerfrieds von Münster für Nottuln von 834, eine Fälschung des Albert Wilkens, in: Westfälische Zeitschrift 112 (1962), S. 1–51.

405 Die Register der Willkommschatzung von 1498 und 1499 im Fürstbistum Münster 1, bearbeitet v. Joachim Hartig (Westfälische Schatzungs- und Steuerregister 5 = Veröffentlichungen der Historischen Kommission Westfalens 30), Münster 1976.

406 Schmitz-Kallenberg, Ludwig, Aus dem Archiv des Fraterherrenhauses in Münster, in: Zeitschrift für vaterländische Geschichte und Altertumskunde 68 (1910), Teil I, S. 363–365.

407 Schneider, Manfred, Zur Entwicklung der Kirchenbauten im Dombereich Münster, in: 106: Ecclesia Monasteriensis, S. 45–58.

408 Schneider, Manfred, Der St. Paulus-Dom in Münster. Vorbericht zu den Grabungen im Johanneschor und auf dem Domherrenfriedhof („Alter Dom"), in: Ausgrabungen und Funde in Westfalen-Lippe 6 (1991), Teil B, S. 33–78.

409 Schröer, Alois, Das Datum der Bischofsweihe Liudgers von Münster, in: Historisches Jahrbuch 76 (1957), S. 106–117; auch in: Die Eingliederung der Sachsen in das Frankenreich, hg. v. Walter Lammers (Wege der Forschung 185), Darmstadt 1970, S. 347–364.

410 Schulte, Eduard, Eine Londoner Liste von Münsterschen Erbmännern, in: 279: Quellen und Forschungen zur Geschichte der Stadt Münster 4, S. 325–337.

411 Schulte, Eduard, Die ältesten Quellen zur Geschichte des Armenhauses Elisabeth zu Aa, in: 279: Quellen und Forschungen zur Geschichte der Stadt Münster 2, S. 1–24.

412 Sökeland, Bernhard, Münsterische Geschichtsquelle [Das Rothe Buch des ehem. Schoehuses in Münster], in: Westphalia 3 (1826), S. 350–352.

413 Stapper, Richard, Zur Entstehungsgeschichte der münsterschen Agende, in: Zeitschrift für vaterländische Geschichte und Altertumskunde 64 (1906), Teil I, S. 272–275.

414 Tibus, Adolph, Gründungsgeschichte der Stifter, Pfarrkirchen, Klöster und Kapellen im Bereiche des alten Bisthums Münster mit Ausschluß des ehemaligen friesischen Theils 1, Münster 1885.

415 Die Urkunden des Kollegiatstifts Alter Dom in Münster 1129–1534, bearbeitet v. Klaus Scholz (Westfälische Urkunden [Texte und Regesten] 2 = Veröffentlichungen der Historischen Kommission für Westfalen 37), Münster 1978.

416 Münsterisches Urkundenbuch, Teil 1, 1. Halbbd., bearbeitet v. Joseph Prinz (Quellen und Forschungen zur Geschichte der Stadt Münster NF 1), Münster 1960.

417 Die ältesten Verzeichnisse der Einkünfte des Münsterschen Domkapitels. Im Auftrage des Vereins für Geschichte und Altertumskunde Westfalens bearbeitet v. Franz Darpe (Codex Traditionum Westfalicarum 2), Münster 1886.

418 Verzeichnisse der Güter, Einkünfte und Einnahmen des Ägidii-Klosters, der Kapitel an St. Ludgeri und Martini sowie der St. Georgs-Kommende in Münster, ferner der Klöster Vinnenberg, Marienfeld und Liesborn. Im Auftrage des Vereins für Geschichte und Altertumskunde Westfalens bearbeitet v. Franz Darpe (Codex Traditionum Westfalicarum 5), Münster 1900.

419 Vita secunda sancti Liudgeri. Vollständige Faksimileausgabe im Originalformat der Handschrift Ms. theol. lat. fol. 323 der Staatsbibliothek zu Berlin, Preußischer Kulturbesitz, hg. v. Eckhard Freise, Graz/Bielefeld 1993 (im Druck).

420 Die Vitae sancti Liudgeri, hg. v. Wilhelm Diekamp (Die Geschichtsquellen des Bisthums Münster 4), Münster 1881.

421 Winkelmann, Wilhelm, Ausgrabungen auf dem Domhof in Münster, in: 243: Monasterium, S. 25–54; auch in: 2821: ders., Beiträge, S. 70–88.

422 Wortmann, Felix, Johannes Veghe und die ihm zugeschriebenen Traktakte, in: ders. u. a., Münstersche Beiträge zur niederdeutschen Philologie, Köln/Graz 1960, S. 47–77.

423 Zuhorn, Karl, Untersuchungen zur Münsterschen Domherrenliste des Mittelalters, in: Westfälische Zeitschrift 90 (1934), Teil I, S. 304–354.

2.2 Dokumentationen und Kataloge

424 Hömberg, Albert K./Kirchhoff, Karl-Heinz, Karte: Die Gaue 800–1100, in: Geschichtlicher Handatlas von Westfalen, 1. Lieferung, Münster 1975.

425 Selle, Otto-Ehrenfried, unter Mitarbeit v. Wilhelm Winkelmann, Mimigernaford–Monasterium. Sachsenort – Domburg – Bischofsstadt (Geschichte original – am Beispiel der Stadt Münster 13), Münster 1984.

426 Wolter, Heinz, Artikel „Monasterium (Münster)“, in: Series episcoporum ecclesiae catholicae occidentalis ab initio usque ad annum MCXCVIII, Series V, 1, hg. v. Stefan Weinfurter/Odilo Engels, Stuttgart 1982, S. 109–135.

2.3 Spezialstudien

427 Apffelstaedt, Hanns Joachim, Die Skulpturen der Überwasserkirche zu Münster in Westfalen, in: Marburger Jahrbuch für Kunstwissenschaft 8/9 (1936), S. 391–470.

428 Avneri, Zvi, Münster in Westfalen, in: Germania Judaica 2,2, hg. v. dems., Tübingen 1968, S. 561–563.

429 Baeumker, Clemens, Neue Beiträge zur Bibliographie des Münsterischen Humanisten Murmellius und zur Münsterischen Druckergeschichte, in: Zeitschrift für vaterländische Geschichte und Alterthumskunde 40 (1882), Teil I, S. 164–172.

430 Berns, Jürgen Karl W., Propter communem utilitatem. Studien zur Bündnispolitik der westfälischen Städte im Spätmittelalter (Studia humaniora 16), Düsseldorf 1991

431 Berres, Johann Jacob, Münster und seine handelspolitischen Beziehungen zur Deutschen Hanse, Trier 1919.

432 Bischof, Franz, Der Anteil der Gilden am Stadtregiment in den westfälischen Städten, Warendorf 1926.

433 Bömer, Alois, Das literarische Leben in Münster bis zur endgültigen Rezeption des Humanismus, in: Aus dem geistigen Leben und Schaffen in Westfalen. Festschrift zur Eröffnung des Neubaus der Königl. Universitäts-Bibliothek in Münster (Westfalen) am 3. November 1906, Münster 1906, S. 57–136; ebenso: Münster 1906.

434 Börsting, Heinrich, Liudger – Träger des Nikolauskultes im Abendland, Gründer der ersten Nikolauskirche nördlich der Alpen, in: 228: Liudger und sein Erbe 1, S. 139–181.

435 Bösterling-Röttgermann, Antonia, Das Kollegiatstift St. Mauritz-Münster. Untersuchungen zum Gemeinschaftsleben und zur Grundherrschaft des Stifts von den Anfängen bis zur Mitte des 14. Jahrhunderts. Mit einer Liste der Pröpste, Dechanten, Kanoniker, Vikare und Kapläne des Stifts (Westfalia Sacra 9), Münster 1990.

436 Budde, Rainer, Der Skulpturenschmuck des 13. Jahrhunderts im Dom zu Münster. Ein Beitrag zur Plastik in Westfalen, Diss., Köln 1969.

437 Burrichter, Ernst/Hambloch, Hermann, Das Bild der frühmittelalterlichen Siedlungslandschaft um Münster/Westf. Versuch einer Rekonstruktion, in: Abhandlungen aus dem Landesmuseum für Naturkunde zu Münster in Westfalen 20 (1958), Heft 4.

438 Cramer, Franz, Mimigernaforde – Mimigardeford, die ältesten Namen Münsters, in: Zeitschrift für vaterländische Geschichte und Altertumskunde 71 (1913), Teil I, S. 309–323.

439 Crous, Ernst, Der Buchdruck Münsters im 15. Jahrhundert, in: Westfalen 11 (1921/1922), S. 6–14.

440 Crous, Ernst, Münster i. W. und der Wiegendruck, in: Wiegendrucke und Handschriften. Festgabe Konrad Haebler zum 60. Geburtstage dargebracht v. Ernst Crous u. a., Leipzig 1919, S. 107–121.

441 Darpe, Franz, Ein westfälischer Klosterhaushalt gegen Ausgang des Mittelalters, in: Zeitschrift für vaterländische Geschichte und Alterthumskunde 45 (1887), Teil I, S. 82–102.

442 Darpe, Franz, Die älteren Pröpste von St. Mauritz, in: Zeitschrift für vaterländische Geschichte und Alterthumskunde 43 (1885), Teil I, S. 142–160, und Zeitschrift für vaterländische Geschichte und Alterthumskunde 45 (1887), Teil I, S. 191.

443 Detten, Georg von, Westfälisches Wirtschaftsleben im Mittelalter. Aus seinen Grundlagen und Quellen heraus entwickelt und dargestellt, Paderborn 1902.

444 Döhmann, Ueber das Todesjahr des Domdechanten Franko von Wettringen und des Bischofs Hermann II. von Münster, in: Zeitschrift für vaterländische Geschichte und Alterthumskunde 58 (1900), Teil I, S. 238–245.

445 Droz, Eugénie, La première réforme scolaire à Münster en Westphalie (1485), in: Ideen und Formen. Festschrift für Hugo Friedrich zum 24. XII. 1964, hg. v. Fritz Schalk, Frankfurt 1965, S. 61–78.

446 Egen, A., Der Einfluss der Münsterschen Domschule auf die Ausbreitung des Humanismus, in: 143: Königliches Paulinisches Gymnasium zu Münster, S. 13–49.

447 Engel, Gustav, Die Stadtgründung im Bielefelde und das Münstersche Stadtrecht (5. Sonderveröffentlichung des Historischen Vereins für die Grafschaft Ravensberg e.V.), Bielefeld 1952.

448 Engelbert, Pius, Liudger und das fränkische Mönchtum seiner Zeit, in: 509: St. Liudger, S. 137–158.

449 Fahlbusch, Friedrich Bernward, Zur Hansischen Organisation im Hochstift Münster im 15. und 16. Jahrhundert, in: Westfälische Forschungen 35 (1985), S. 60–72.

450 Fellerer, Karl Gustav, Schulgesänge aus Münsters Humanistenzeit, in: Zeitschrift für Musikwissenschaft 13 (1930/1931), S. 417–424.

451 Fliedner, Siegfried, Die Brabender (ca. 1440–1520), in: Bulletin des Musées Royaux des Beaux-Arts, Bruxelles, 1959, S. 141.

452 Freise, Eckhard, Zur Biographie Liudgers, in: 419: Vita secunda sancti Liudgeri.

453 Freise, Eckhard, Münster und Werden zur Zeit Liudgers. Neue Quellen und Forschungen zur Missionsgeschichte in Westfalen, Münster 1993 (im Druck).

454 Friemann, Hildegard, Die Territorialpolitik des münsterischen Bischofs Ludwig v. Hessen, 1310–1357 (Münstersche Beiträge zur Geschichtsforschung 68), Münster 1937.

455 Gärtner, Paul, Das Magdalenenhospital zu Münster i. W. im Mittelalter. Ein Beitrag zur Geschichte des Armenwesens, o. O. [1922].

456 Geisberg, Caspar, Über den Handel Westfalens mit England im Mittelalter, in: Zeitschrift für vaterländische Geschichte und Alterthumskunde 17 (1856), S. 174–213 und S. 359 (Nachtrag).

457 Geisberg, Heinrich, Die Anfänge der Stadt Münster. Studien zur Geschichte ihrer Entstehung und ältesten Verfassung, in: Zeitschrift für vaterländische Geschichte und Alterthumskunde 47 (1889), Teil I, S. 1–40, und Zeitschrift für vaterländische Geschichte und Alterthumskunde 48 (1890), Teil I, S. 1–54.

458 Geisberg, Heinrich, Der alte Dom zu Münster und Bischof Suitger 993–1011, in: Zeitschrift für vaterländische Geschichte und Alterthumskunde 38 (1880), Teil I, S. 22–42.

459 Geisberg, Max, Zur Geschichte der älteren Befestigungen Münsters, in: Niedersachsen 16 (1910/1911), S. 44–53.

460 Geisberg, Max, Münstersche Profanbauten um 1500, in: Festgabe, enthaltend vornehmlich vorreformationsgeschichtliche Forschungen, Heinrich Finke zum 7. August 1904 gewidmet von seinen Schülern Gottfried Buschbell u. a., Münster 1904, S. 539–556.

461 Grote, Hermann, Die Münsterschen Münzen des Mittelalters und das ältere Münz- und Geldwesen Westfalens, Leipzig 1856; auch in: ders., Münzstudien I, Leipzig 1857, S. 177–330 und S. 346–354, Nachtrag in: ders., Münzstudien II, Leipzig 1861, S. 984–991.

462 Grundmann, Herbert, Der hl. Theodor oder Gottfried von Cappenberg im Domparadies zu Münster, in: Westfalen 37 (1959), S. 160–173.

463 Hauck, Karl, Apostolischer Geist im genus sacerdotale der Liudgeriden. Die „Kanonisation" Liudgers und Altfrids gleichzeitige Bischofsgrablege in Essen-Werden (Beiträge und Miszellen), Essen 1986; auch in: 2689: Sprache und Recht, S. 191–219.

464 Hechelmann, Adolf, Burchard der Rothe, Bischof von Münster und kaiserlicher Kanzler (1098–1118), in: Zeitschrift für vaterländische Geschichte und Alterthumskunde 26 (1866), S. 281–332.

465 Hechelmann, Adolf, Die Elenden (Elendae) der Stadt Münster, in: Zeitschrift für vaterländische Geschichte und Alterthumskunde 27 (1867), S. 360–366.

466 Hechelmann, Adolf, Hermann II., Bischof von Münster (1174–1203) und Bernhard II., Edelherr zu Lippe (1140–1224). Zwei Lebensbilder aus der älteren westfälischen Geschichte nach den Quellen und Urkunden herausgegeben, Münster 1866.

467 Hechelmann, Adolf, Leben und Wirken Bischof Hermanns II. (1174–1203), in: Zeitschrift für vaterländische Geschichte und Alterthumskunde 25 (1865), S. 1–88.

468 Hechelmann, Adolf, Quaestiones aliquot de historia Monasteriensi tempore Hermanni II episcopi (1174–1203), Diss., Münster 1860.

469 Herzog, Ulrich, Untersuchungen zur Geschichte des Domkapitels zu Münster und seines Besitzes im Mittelalter (Studien zur Germania Sacra 2 = Veröffentlichungen des Max-Planck-Instituts für Geschichte 6), Göttingen 1961.

470 Hilling, Nicolaus, Die Entstehungsgeschichte der Münsterschen Archidiakonate, in: Zeitschrift für vaterländische Geschichte und Alterthumskunde 60 (1902), Teil I, S. 13–88.

471 Hoffschulte, H., Münsters Stellung im Weltverkehre des Mittelalters. Ein Beitrag zur Geschichte der Westfälinger als Kolonisatoren und Kaufherren im 11.–16. Jahrhundert, in: VI. Jahresbericht der Realschule zu Münster i. Westf., Münster 1910, S. 3–22.

472 Hohgraefe, Otto, Die Margaretenkapelle in Münster, in: Zeitschrift für vaterländische Geschichte und Alterthumskunde 46 (1888), Teil I, S. 206–209.

473 Höing, Hubert, Kloster und Stadt. Vergleichende Beiträge zum Verhältnis Kirche und Stadt im Spätmittelalter, dargestellt besonders am Beispiel der Fraterherren in Münster (Westfalia Sacra 7), Münster 1981.

474 Humburg, Norbert, Der Reliquienaltar und der Reliquienschatz des Domes zu Münster, in: Museum und Kulturgeschichte. Festschrift für Wilhelm Hansen (Schriften der Volkskundlichen Kommission für Westfalen des Landschaftsverbandes Westfalen-Lippe 25), Münster 1978, S. 281–288.

475 Huyskens, Viktor, Beginenhäuser zu St. Lamberti und St. Servatii in Münster, in: Zeitschrift für vaterländische Geschichte und Altertumskunde 61 (1903), Teil I, S. 209–210.

476 Jakobi, Franz-Josef, Die Amtszeit Bischof Hermanns II. von Münster (1174–1203) und die Entwicklung der „civitas monasteriensis", in: Person und Gemeinschaft im Mittelalter. Karl Schmid zum fünfundsechzigsten Geburtstag, hg. v. Gerd Althoff u. a., Sigmaringen 1988, S. 415–432.

477 Jammer, Vera, Die Anfänge der Münzprägung im Herzogtum Sachsen (10. und 11. Jahrhundert), 2 Bde. (Numismatische Studien 3/4), Hamburg 1952.

478 Jappe Alberts, Wybe, Die Beziehungen zwischen Geldern und Münster im 14. und 15. Jahrhundert, in: Westfälische Forschungen 9 (1956), S. 83–95; auch in: Petri, Franz/Jappe Alberts, Wybe, Gemeinsame Probleme deutsch-niederländischer Landes- und Volksforschung (Bijdragen van het Instituut voor Middeleeuwse Geschiedenis der Rijksuniversiteit te Utrecht 32), Groningen 1962, S. 44–65.

479 Jászai, Géza, Das Gewölbe-Ornament der Kathedralkirche Sankt Paulus in Münster, Münster 1988.

480 Jászai, Géza, Die apokalyptische Öffnung der Buchrolle mit Löwe und Lamm vom Meister der Münsteraner Paradies-Apostel (Westfälisches Landesmuseum für Kunst und Kulturgeschichte Münster – Landschaftsverband Westfalen-Lippe, Das Kunstwerk des Monats, Juli 1987 [Münster 1987].

481 Jászai, Géza, Gotische Skulpturen 1300–1450 (Bildhefte des Westfälischen Landesmuseums für Kunst und Kulturgeschichte Münster 29), Münster 1990.

482 Jászai, Géza, Werke des frühen und hohen Mittelalters, 2., erweiterte Auflage, Münster 1989.

483 Jostes, Franz, Die münstersche Kirche vor Liudger und die Anfänge des Bistums Osnabrück, in: Zeitschrift für vaterländische Geschichte und Altertumskunde 62 (1904), Teil I, S. 98–138.

484 Jostes, Franz, Johannes Veghe. Ein deutscher Prediger des XV. Jahrhunderts, Halle 1883.

485 Karrenbrock, Reinhard, Zum Todestag Johann Koerbeckes, in: Westfalen 66 (1988), S. 127.

486 Die Kirche des heiligen Liudger, hg. v. Alfred Pothmann, Mülheim-Ruhr 1975.

487 Kirchhoff, Karl-Heinz, Die Anfänge des Fraterhauses zu Münster 1400–1409. Analyse und Korrektur der Gründungslegende, in: Westfälische Zeitschrift 121 (1971), S. 9–36.

488 Kirchhoff, Karl-Heinz, Die legendären Bogenhäuser in Münster 1184, in: Westfalen 57 (1979), S. 1–6; auch in: 200: ders., Forschungen zur Geschichte von Stadt und Stift Münster, S. 197–205.

489 Kirchhoff, Karl-Heinz, Die Entstehung des Fraterhauses „Zum Springborn" in Münster. Ein Beitrag zur mittelalterlichen Stadttopographie mit einem Exkurs: Straßen und Wege im Südwesten Münsters vor 1661, in: Westfalen 51 (1973), S. 92–114.

490 Kirchhoff, Karl-Heinz, Die Erbmänner und ihre Höfe in Münster. Untersuchungen zur Sozial-Topographie einer Stadt im Mittelalter, in: Westfälische Zeitschrift 116 (1966), S. 3–26; auch in: 200: ders., Forschungen zur Geschichte von Stadt und Stift Münster, S. 53–76.

491 Kirchhoff, Karl-Heinz, Gesamtgilde und Gemeinheit in Münster (Westf.) 1460–1661. Zur Entwicklung einer bürgerschaftlichen Vertretung innerhalb der Ratsverfassung, in: 200: ders., Forschungen zur Geschichte von Stadt und Stift Münster, S. 235–279.

492 Kirchhoff, Karl-Heinz, Hinweise auf die Leinen-Legge zu Münster 1456–1569, in: Westfälische Forschungen 31 (1981), S. 119–123.

493 Kirchhoff, Karl-Heinz, Die münsterische Kramergilde und ihre Häuser (bis 1661), in: 215: Krameramtshaus, S. 61–91.

494 Kirchhoff, Karl-Heinz, Zur Lagebestimmung des mittelalterlichen Judenfriedhofs in Münster, in: 80: Beiträge zur Stadtgeschichte, S. 235–244.

495 Kirchhoff, Karl-Heinz, Maler und Malerfamilien in Münster zwischen 1350 und 1534, in: Westfalen 55 (1977), S. 98–110; auch in: 200: ders., Forschungen zur Geschichte von Stadt und Stift Münster, S. 173–195.

496 Kirchhoff, Karl-Heinz, Zur Methode topographischer Forschung in der spätmittelalterlichen Stadt, gezeigt am Beispiel der Stadt Münster, in: Westfälische Forschungen 19 (1966), S. 7–9; auch in: 200: ders., Forschungen zur Geschichte von Stadt und Stift Münster, S. 47–51.

497 Kirchhoff, Karl-Heinz, Die Unruhen in Münster/Westfalen 1450–1457. Ein Beitrag zur Topographie und Prosopographie einer städtischen Protestbewegung. Mit einem Exkurs: Rat, Gilde und Gemeinheit in Münster 1354–1458, in: 2123: Städtische Führungsgruppen, S. 153–312.

498 Kirchhoff, Karl-Heinz, Zwinger und Neuwerk. Beiträge zur Geschichte der Befestigung der Stadt Münster im ausgehenden Mittelalter, in: 279: Quellen und Forschungen zur Geschichte der Stadt Münster NF 5, S. 55–94; mit Ergänzungen auch in: 200: ders., Forschungen zur Geschichte von Stadt und Stift Münster, S. 99–137.

499 Klein, Johannes, Die Skulpturen des dreizehnten Jahrhunderts im Dome zu Münster, Berlin [1914].

500 Klössel, Barbara, Ikonographie der Miniaturen in der Vita secunda sancti Liudgeri, in: 419: Vita secunda sancti Liudgeri.

501 Kober, A., Münster (Westfalen), in: Germania Judaica 1. Nach dem Tode von M. Brann hg. v. I. Elbogen/A. Freimann/H. Tykocinski, Breslau 1934, S. 238–239.

502 Kohl, Wilhelm, Liudger. Wandlungen einer Biographie, in: Jahrbuch für Westfälische Kirchengeschichte 84 (1990), S. 17–29.

503 Kohl, Wilhelm, Honestum monasterium in loco Mimigernaefor. Zur Frühgeschichte des Doms in Münster, in: Tradition als historische Kraft. Interdisziplinäre Forschungen zur Geschichte des früheren Mittelalters, unter Mitwirkung v. Manfred Balzer/Karl-Heinrich Krüger/Lutz von Padberg hg. v. Norbert Kamp/Joachim Wollasch, Berlin/New York 1982, S. 156–180.

504 Kohl, Wilhelm, Überlegungen zur Herkunft Burchards des Roten, Bischofs zu Münster (1097–1118), in: 106: Ecclesia Monasteriensis, S. 11–21.

505 Krimphove, Caspar, Der heilige Ludgerus, Apostel des Münsterlandes, erster Bischof der Diözese Münster. Ein Lebens- und Tugendbild zur Erbauung und Nachfolge, Münster 1886.

506 Lahrkamp, Helmut, Das Mauritius-Patrozinium, in: 238: St. Mauritz Münster Westfalen, S. XXIV–XXVI.

507 Lapp, Max, Die Verfassung der Grundherrschaft St. Mauritz im Mittelalter, Borna/Leipzig 1912.

508 Lippe, Margarete, Der Herrenfriedhof in Münster und die Domherrnepitaphien der ersten Hälfte des 15. Jahrhunderts, in: Westfalen 20 (1935), S. 124–131.

509 St. Liudger, Zeuge des Glaubens, Apostel der Friesen und Sachsen. Gedenkschrift zur Erinnerung an die Geburt des Heiligen vor 1250 Jahren, 742–1992, Essen-Werden [1992].

510 Lobbedey, Uwe, Das Grab des Gründerbischofs Friedrich I. 1084–1576–1970, in: 238: St. Mauritz Münster Westfalen, S. 253–259.

511 Lobbedey, Uwe, St. Mauritz in Münster und die frühen Wölbungsbauten in Westfalen, in: Baukunst des Mittelalters in Europa. Hans Erich Kubach zum 75. Geburtstag, hg. v. Franz Josef Much, Stuttgart 1987, S. 155–172.

512 Lobbedey, Uwe, Der spätromanische Westbau des Domes zu Münster, in: Westfalen 67 (1989), S. 1–21.

513 Löffler, Klemens, Hermann II., Bischof von Münster, in: Westfälische Lebensbilder 3 (1934), S. 161–174.

514 Löffler, Klemens, Der hl. Liudger, in: Westfälische Lebensbilder 1,1 (1930), S. 1–17.

515 Löffler, Klemens, Rudolf von Langen, in: Westfälische Lebensbilder 1,1 (1930), S. 344–357.

516 Löffler, Klemens/Bauermann, Johannes, Erpho, in: Westfälische Lebensbilder 3 (1934), S. 313–327.

517 Löwe, Heinz, Liudger als Zeitkritiker, in: Historisches Jahrbuch 74 (1955), S. 79–91; auch in: ders., Von Cassiodor zu Dante. Ausgewählte Aufsätze zu Geschichtsschreibung und politischer Ideenwelt des Mittelalters, Berlin/New York 1973, S. 111–122.

518 Die westfälischen Maler der Spätgotik 1440–1490, Münster 1952.

519 Meckstroth, Ursula, Das Verhältnis der Stadt Münster zu ihrem Landesherrn bis zum Ende der Stiftsfehde (1457), in: 279: Quellen und Forschungen zur Geschichte der Stadt Münster NF 2, S. 1–196.

520 Meisterernst, Bernhard, Die Grundbesitzverhältnisse in der Stadt Münster im Mittelalter (Münstersche Beiträge zur Geschichtsforschung 36), Münster 1909.

521 Metzen, Joseph, Die ordentlichen, direkten Staatssteuern des Mittelalters im Fürstbistum Münster, in: Zeitschrift für vaterländische Geschichte und Alterthumskunde 53 (1895), Teil I, S. 1–95.

522 Mühlen, Franz, Der Dom zu Münster und seine Stellung in der mittelalterlichen Architektur, in: 243: Monasterium, S. 55–118.

523 Müller, Eugen, Die altmünsterischen Fleischhauer-Gilden, Münster 1922.

524 Münster – Westliches Münsterland – Tecklenburg, 2 Bde. (Führer zu vor- und frühgeschichtlichen Denkmälern 45/46), Mainz 1980/1981.

525 Niesert, Joseph, Rudolfs von Langen, Domherrn zu Münster und Probsten im alten Dom, litterarische Verdienste. Ein Beitrag zur Geschichte der Litteratur in dem Münsterlande am Ende des 15. und am Anfange des 16. Jahrhunderts, in: Magazin für Westfalen 1816, S. 152–194.

526 Nordhoff, Joseph Bernhard, Die Johanniterkapelle zu Münster, in: Zeitschrift für vaterländische Geschichte und Alterthumskunde 38 (1880), Teil I, S. 142–148.

527 Nordhoff, Joseph Bernhard, Die Steinhauer Bunekeman zu Münster, in: Zeitschrift für vaterländische Geschichte und Alterthumskunde 56 (1898), Teil I, S. 125–128.

528 Nottarp, Hermann, Die Vermögensverwaltung des münsterischen Domkapitels im Mittelalter, in: Zeitschrift für vaterländische Geschichte und Altertumskunde 67 (1909), Teil I, S. 1–48; auch in: 2497: ders., Aus Rechtsgeschichte und Kirchenrecht, S. 3–44.

529 Nottarp, Hermann, Zur Wirtschaftsgeschichte des münsterischen Domkapitels, in: Westdeutsche Zeitschrift für Geschichte und Kunst 29 (1910), S. 193–204; auch in: 2497: ders., Aus Rechtsgeschichte und Kirchenrecht, S. 45–57.

530 Oeser, Wolfgang, Die Brüder des gemeinsamen Lebens in Münster als Bücherschreiber, in: Börsenblatt für den Deutschen Buchhandel 18 (1962), S. 979–1079; auch in: Archiv für Geschichte des Buchwesens 5 (1964), Sp. 197–398.

531 Paatz, Walter, Münster, Bremen und Lübeck. Ein Beitrag zur Geschichte der Bildhauerkunst des frühen 15. Jahrhunderts, in: Festschrift Martin Wackernagel zum 75. Geburtstag, Köln/Graz 1958, S. 75–81.

532 Der Paulus-Dom zu Münster. Eine Dokumentation zum Stand der neuen Grabungen und Forschungen, hg. v. Thomas Sternberg, Münster 1990.

533 Perger, Ludwig, Otto von Ritberg, Bischof von Münster. (1301–1308.). Nach größtentheils bisher ungedruckten Quellen dargestellt, Münster 1858.

534 Peus, Busso, Das Münzwesen der Bischöfe von Münster bis zum beginnenden 13. Jahrhundert, in: 228: Liudger und sein Erbe 2, S. 187–213.

535 Philippi, Friedrich, Ursprüngliche Standesverhältnisse der Münsterischen Erbmänner und insbesondere der Familie Kerkerink zur Borg, in: Westfalen 12 (1924), S. 1–18.

536 Pieper, Paul, Eine westfälische Bildhauerwerkstatt am Anfang des 15. Jahrhunderts, in: Westfalen 24 (1939), S. 56–79.

537 Pieper, Paul, Bildwerke der frühen und hohen Gotik, Münster 1974.

538 Pieper, Paul, Heinrich Brabender. Ein Bildhauer der Spätgotik in Münster, Münster 1984.

539 Pieper, Paul, Ein Passionsaltar des Meisters von Liesborn. Zu einer Neuerwerbung des Stadtmuseums Münster, in: Westfalen 66 (1988), S. 8–18.

540 Poth, Karl, Die Ministerialität der Bischöfe von Münster, in: Zeitschrift für vaterländische Geschichte und Altertumskunde 70 (1912), Teil I, S. 1–108.

541 Prinz, Joseph, Die Anfänge des Ludgeriviertels und seiner Stiftskirche, in: 266: Sancti Ludgeri parochia, S. 9–33.

542 Prinz, Joseph, Unbekannte Drucke aus der Offizin des Dietrich Tzwivel, 1514–1527, in: 265: Ex officina literaria, S. 55–72.

543 Prinz, Joseph, Mimigernaford — Münster. Die Entstehungsgeschichte einer Stadt (Geschichtliche Arbeiten zur westfälischen Landesforschung 4 = Veröffentlichungen der Historischen Kommission für Westfalen im Provinzialinstitut für Westfälische Landes- und Volksforschung des Landschaftsverbandes Westfalen-Lippe 22), 3., durchgesehene Auflage, Münster 1981.

544 Prinz, Joseph, Die Parochia des heiligen Liudger. Die räumlichen Grundlagen des Bistums Münster, in: 228: Liudger und sein Erbe 1, S. 1–83.

545 Prinz, Joseph, Prebenda regis, in: 243: Monasterium, S. 511–545.

546 Prinz, Joseph, Probleme der Stadtkernforschung in Münster, in: Westfälische Forschungen 19 (1966), S. 6–7.

547 Prinz, Joseph, Der Verleger und Buchdrucker Laurentius Bornemann in Münster, 1498(?)–1511, in: 265: Ex officina literaria, S. 9–34.

548 Prinz, Joseph, Das Westwerk des Domes zu Münster. Eine geschichtliche Untersuchung, in: Westfalen 34 (1956), S. 1–51.

549 Rademacher, Heinrich, Mystik und Humanismus der Devotio Moderna in den Predigten und Traktaten des Johannes Veghe. Ein Beitrag zur Geistesgeschichte Münsters um 1500, Hiltrup 1935.

550 Reichling, Dietrich, Zur Geschichte der Münsterschen Domschule in der Blütezeit des Humanismus, in: 143: Königliches Paulinisches Gymnasium zu Münster, S. 1–12.

551 Reichling, Dietrich, Johannes Murmellius. Sein Leben und seine Werke. Nebst einem ausführlichen bibliographischen Verzeichniß sämmtlicher Schriften und einer Auswahl von Gedichten, Freiburg 1880.

552 Reichling, Dietrich, Die Reform der Domschule zu Münster im Jahre 1500. Zur Erinnerung an das 400jährige Bestehen der Anstalt als humanistisches Gymnasium Ostern 1900 (Texte und Forschungen zur Geschichte der Erziehung und des Unterrichts in den Ländern deutscher Zunge 2), Berlin 1900.

553 Rensing, Theodor, Der Meister von Schöppingen, München/Berlin 1959.

554 Richter, Hans, Ein Blick in das städtische Leben Westfalens im 13. Jahrhundert nach dem Palpanista, in: Hansische Geschichtsblätter 15 (1909), S. 475–481.

555 Sauer, Wilhelm, Die bischöfliche Burg auf dem Bispinghofe zu Münster. Ein Beitrag zur ältern Topographie und Geschichte der Stadt Münster, in: Zeitschrift für vaterländische Geschichte und Alterthumskunde 32 (1874), Teil I, S. 160–195.

556 Sauerländer, Willibald, Die kunstgeschichtliche Stellung der Figurenportale des 13. Jahrhunderts in Westfalen. Zum Stand der Forschung, in: Westfalen 49 (1971), S. 1–76.

557 Schieffer, Rudolf, Artikel „Altfrid von Münster", in: Die deutsche Literatur des Mittelalters. Verfasserlexikon 1, 2., völlig neu bearbeitete Auflage, hg. v. Kurt Ruh u. a., Berlin/New York 1978, Sp. 295–296.

558 Schieffer, Rudolf, Die Anfänge des Domstifts Münster, in: 532: Der Paulus-Dom zu Münster, S. 6–14.

559 Schieffer, Rudolf, Zur Frühgeschichte des Domstifts von Münster, in: Westfälische Forschungen 28 (1976/1977), S. 16–29.

560 Schieffer, Rudolf, Artikel „Liudger von Münster“, in: Die deutsche Literatur des Mittelalters, Verfasserlexikon 5, 2., völlig neu bearbeitete Auflage, hg. v. Kurt Ruh u. a., Berlin/New York 1985, Sp. 852–854.

561 Schmid, Karl, Die „Liudgeriden“. Erscheinung und Problematik einer Adelsfamilie, in: Geschichtsschreibung und geistiges Leben im Mittelalter. Festschrift für Heinz Löwe zum 65. Geburtstag, hg. v. Karl Hauck/Hubert Mordek, Köln/Wien 1978, S. 71–101; auch in: Schmid, Karl, Gebetsgedenken und adliges Selbstverständnis im Mittelalter. Ausgewählte Beiträge. Festgabe zu seinem sechzigsten Geburtstag, Sigmaringen 1983, S. 305–335.

562 Schmitz, Ludwig, Die Erhebung Heinrichs von Schwarzburg auf den bischöflichen Stuhl zu Münster (1466), in: Zeitschrift für vaterländische Geschichte und Alterthumskunde 56 (1898), Teil I, S. 86–108.

563 Schnurr, Otto, Bischof Otto IV. von Münster, Graf von Hoya. 1392 bis 1424, Diss., Münster [1919].

564 Schröer, Alois, Das geistliche Bild Liudgers, in: Das erste Jahrtausend. Kultur und Kunst im werdenden Abendland an Rhein und Ruhr, Textband 1, 2. Auflage, Düsseldorf 1963, S. 194–215.

565 Schröer, Alois, Ist der „Dodo-Dom“ zu Münster geschichtlich erwiesen?, in: Westfälische Zeitschrift 96 (1940), Teil I, S. 38–47.

566 Schröer, Alois, Der Erpho-Dom zu Münster, seine Geschichte und sein angeblicher Vorgänger. Ein Beitrag zur westfälischen Kulturgeschichte des Hochmittelalters, in: Westfalen 36 (1958), S. 3–24.

567 Schröer, Alois, Untersuchungen zur Geschichte der münsterischen Bischöfe des Mittelalters. Von den Anfängen des Bistums bis zur vollendeten Ausbildung der fürstlichen Landeshoheit (792–1204), Diss., Münster 1943.

568 Schröer, Alois, Chronologische Untersuchungen zum Leben Liudgers, in: 228: Liudger und sein Erbe 1, S. 85–138.

569 Schulte, Gottfried, Die Verfassungsgeschichte Münsters im Mittelalter, in: 279: Quellen und Forschungen zur Geschichte der Stadt Münster 1, S. 1–160.

570 Schütte, Albert, In welchem Jahre ist das Bistum Mimigerneford (Münster) entstanden?, in: Westfalen 21 (1936), S. 92–98.

571 Schütte, Leopold, Enlope lude und Verwandte. Bezeichnungen für eine soziale Randgruppe in Westfalen im Mittelalter, in: Vierteljahrschrift für Sozial- und Wirtschaftsgeschichte 77 (1990), S. 29–74.

572 Schütz, Rudolf Ludger, Leben und Werk [Liudgers], in: 509: St. Liudger, S. 33–41.

573 Schwarz, Wilhelm Eberhard, Der Wohltätigkeitssinn der Münsterischen Domgeistlichkeit im 15. Jahrhundert und die Stiftung der Dom-Eleemosyne, in: Zeitschrift für vaterländische Geschichte und Altertumskunde 77 (1919), Teil I, S. 46–105.

574 Senger, Basilius, Liudger, Leben und Werk, 4. Auflage, Münster 1986.

575 Senger, Basilius, Liudger in der Utrechter Väter-Tradition, in: 2720: Studia Westfalica, S. 341–353.

576 Senger, Basilius, Die benediktinische Prägung des heiligen Liudger, in: Erbe und Auftrag 35 (1959), S. 376–387.

577 Spieckermann, Heinrich, Beiträge zur Geschichte des Domkapitels zu Münster im Mittelalter, Emsdetten 1935.

578 Stapper, Richard, Die Feier des Kirchenjahres an der Kathedrale von Münster im hohen Mittelalter, in: Zeitschrift für vaterländische Geschichte und Altertumskunde 75 (1917), Teil I, S. 1–181.

579 Stehkämper, Hugo, Die reichspolitische Tätigkeit Bischof Hermanns II. von Münster (1174–1203), in: Westfälische Zeitschrift 106 (1956), S. 1–78.

580 Tewes, Ludger, Zwischen Köln und Münster. Kooperation und politische Interaktion im 14. Jahrhundert, in: Soester Zeitschrift 97 (1985), S. 29–41.

581 Thiekötter, Hans, Die ständische Zusammensetzung des Münsterschen Domkapitels im Mittelalter (Münstersche Beiträge zur Geschichtsforschung 56), Münster 1933.

582 Tibus, Adolph, Der letzte Dombau zu Münster, Münster 1883.

583 Tibus, Adolph, Ergänzungen zu meiner Schrift: „Das Grab Bischof Dietrichs III. geb. Grafen von Isenburg im Dom zu Münster", in: Zeitschrift für vaterländische Geschichte und Alterthumskunde 51 (1893), Teil I, S. 181–185.
584 Tibus, Adolph, Das Grab Bischof Dietrich's III., geb. Grafen von Isenburg, im Dom zu Münster, Münster 1886.
585 Tiefenbach, Heinrich, Mimigernaford – Mimigardeford. Die ursprünglichen Namen der Stadt Münster, in: Beiträge zur Namensforschung NF 19 (1984), S. 1–20.
586 Trenkamp, Über Otto I, Bischof von Münster (1203–1218), Grafen von Oldenburg, Vechta 1882.
587 Tumbült, Georg, Die Münsterische Bischofswahl des Jahres 1203, in: Westdeutsche Zeitschrift für Geschichte und Kunst 3 (1884), S. 355–372.
588 Twickel, Maximilian Freiherr von, Die verfassungsgeschichtliche Entwicklung und persönliche Zusammensetzung des Hohen Domkapitels zu Münster in der Zeit von 1400–1588, Diss., Münster 1952.
589 Wagener, Heinz, Liudger (um 742–809). Begründer des westfälischen Kirchengesangs, in: Westfalen 66 (1988), S. 94–112.
590 Weiers, Hans-Josef, Studien zur Geschichte des Bistums Münster im Mittelalter (Kölner Schriften zu Geschichte und Kultur 8), Köln 1984.
591 Weingärtner, Joseph, Die ältesten Münzen von Münster und Paderborn, in: Zeitschrift für vaterländische Geschichte und Alterthumskunde 22 (1862), S. 305–315.
592 Werland, Peter, Musikinstrumente vor 700 Jahren. Das Friesband im Dom-Paradies, in: Paulus und Ludger. Ein Jahrbuch aus dem Bistum Münster, Münster 1947, S. 77–82.
593 Wieschebrink, Theodor, Der Dom des heiligen Ludgerus in Münster, in: Westfalen 21 (1936), S. 195–199.
594 Wieschebrink, Theodor, Der Palast des Bischofs von Münster im Mittelalter, in: Westfalen 38 (1960), S. 137–143.
595 Witte, Otto, Die Bedeutung des münsterischen Humanismus für die Entwicklung des Bildungswesens im Ostseeraum, in: Nordrhein-Westfalen und der deutsche Osten (Veröffentlichungen der Ostdeutschen Forschungsstelle im Lande Nordrhein-Westfalen A/12), Dortmund 1967, S. 46–68.
596 Zuhorn, Karl, Die Beginen in Münster. Anfänge, Frühzeit und Ausgang des münsterischen Beginentums, in: Westfälische Zeitschrift 91 (1935), Teil I, S. 1–149.
597 Zuhorn, Karl, Vom Münsterschen Bürgertum um die Mitte des XV. Jahrhunderts, in: Westfälische Zeitschrift 95 (1939), S. 88–193.

3. Von der Reformation bis zum Westfälischen Frieden

3.1 Quellenpublikationen und überlieferungskritische Untersuchungen

598 Die Abrechnung des Johannes Hageboke über die Kosten der Belagerung der Stadt Münster 1534–1535. Nebst der Abrechnung des Heinrich Flyncterinck über Büchsenmeister, Artillerie u. a., hg. v. Ernst Müller (Die Geschichtsquellen des Bistums Münster 8 = Veröffentlichungen der Historischen Kommission des Provinzialinstituts für westfälische Landes- und Volkskunde 3), Münster 1937.
599 Actions publiques de M. François Ogier, Prestre et Predicateur, Paris 1652.
600 Adami Adami ... relatio historica de pacificatione Osnabrvgo-Monasteriensi ex avtographo avctoris restitvta atqve actorvm pacis Vestfalicae testimoniis avcta et corroborata accvrante Joanne Godefredo de Meiern, Leipzig 1737.
601 Aengenvoort, Johannes, Quellen und Studien zur Geschichte des Graduale Monasteriense. Mit besonderer Berücksichtigung des Graduale Monasteriense impr. 1536 (Alopecius-Druck) (Kölner Beiträge zur Musikforschung 9), Regensburg 1955.
602 Stadtmünsterische Akten und Vermischtes, bearbeitet v. Helmut Lahrkamp (Acta Pacis Westphalicae, Serie III, Abt. D, 1), Münster 1964.
603 Die Akten der Visitation des Bistums Münster aus der Zeit Johanns von Hoya (1571–1573), hg. und erläutert v. Wilhelm Eberhard Schwarz (Die Geschichtsquellen des Bistums Münster 7), Hannover 1913.

604 Appendices. A. Ratio studiorum scholae Monasteriensis saeculi XVI. (1551). B. Leges scholae Monasteriensis. (1574), in: 143: Königliches Paulinisches Gymnasium zu Münster, S. 137–149.

605 Bahlmann, Paul, Mönstersche Inquisitio, ein 1583 nächtlicher Weile in Münster verbreitetes Buch, in: Zeitschrift für vaterländische Geschichte und Alterthumskunde 47 (1889), Teil I, S. 98–120.

606 Bauermann, Johannes, Die neue Lehre in St. Ludgeri in Münster. Eine evangelische Inschrift über der südlichen Pforte der Kirche aus dem Jahr 1537, in: Auf Roter Erde 35 (1979), Nr. 219, S. 2–3.

607 Berichte der Augenzeugen über das münsterische Wiedertäuferreich, hg. v. Carl Adolf Cornelius, Münster 1853, 2., unveränderter Nachdruck der 1. Auflage, mit Nachwort von Robert Stupperich (Die Geschichtsquellen des Bistums Münster 2 = Veröffentlichungen der Historischen Kommission für Westfalen 3), Münster 1983.

608 Bitter, Hermann, Der monsterschen ketter bichtbok. Eine Satire aus der Wiedertäuferzeit, Münster 1908.

609 Brecht, Martin, Die Lieder der Täufer in Münster und ihr Gesangbuch, in: Jahrbuch für Westfälische Kirchengeschichte 78 (1985), S. 43–48.

610 Chigi, Fabio, Gedichte zu seinem Aufenthalt in Münster von 1644–1649, 6. Auflage, Münster 1986.

611 Chronik des Schwesterhauses Marienthal, genannt Niesinck, in Münster, in: 607: Berichte der Augenzeugen, S. 419–441.

612 Aus der Correspondenz des Münsterischen Stadtsyndicus Johann von der Wieck mit dem Herzoge Ernst von Braunschweig-Lüneburg, in: Zeitschrift für vaterländische Geschichte und Alterthumskunde 34 (1876), Teil I, S. 134–148.

613 Depping, Georg Bernhard, Reise eines Franzosen nach Münster während der Unterhandlungen des Westfälischen Friedens, in: Westfalen 27 (1948), S. 138–143.

614 Detmer, Heinrich, Ungedruckte Quellen zur Geschichte der Wiedertäufer in Münster, in: Zeitschrift für vaterländische Geschichte und Alterthumskunde 51 (1893), Teil I, S. 90–118.

615 Diarium Chigi 1639–1651 1, bearbeitet v. Konrad Repgen (Acta Pacis Westphalicae, Serie III, Abt. C, 1), Münster 1984.

616 Diarium Lamberg 1645–1649, bearbeitet v. Herta Hageneder (Acta Pacis Westphalicae, Serie III, Abt. C, 4), Münster 1986.

617 Diarium Volmar 1643–1649, bearbeitet v. Joachim Foerster/Roswitha Philippe, 3 Bde. (Acta Pacis Westphalicae, Serie III, Abt. C, 2), Münster 1984.

618 Diarium Wartenberg 1644–1648, bearbeitet v. Joachim Foerster, 2 Bde. (Acta Pacis Westphalicae, Serie III, Abt. C, 3), Münster 1987/1988.

619 Johann Rudolf Wettsteins Diarium 1646/47, bearbeitet v. Julia Gaus (Quellen zur Schweizer Geschichte NF 8), Bern 1962.

620 Dorpius, Henricus, Warhafftige historie, wie das Evangelium zu Münster angefangen und darnach durch die Widderteuffer verstöret widder aufgehört hat . . ., in: Schriften von evangelischer Seite gegen die Täufer, bearbeitet v. Robert Stupperich (Die Schriften der münsterischen Täufer und ihrer Gegner 3 = Veröffentlichungen der Historischen Kommission für Westfalen 32), Münster 1983, S. 220–245.

621 Erhard, Heinrich August, Urkunden zur Geschichte der Resignation des erwählten Bischofs von Münster, Wilhelm Ketteler, in: Zeitschrift für vaterländische Geschichte und Alterthumskunde 2 (1839), S. 234–261.

622 Geisberg, Max, Zwei zeitgenössische Darstellungen der Belagerung Münsters 1534/35, in: Westfalen 5 (1913), S. 74–89.

623 Geisberg, Max, Die münsterischen Wiedertäufer und Aldegrever. Eine ikonographische und numismatische Studie (Studien zur deutschen Kunstgeschichte 76), Straßburg 1907.

624 Geisberg, Max, Die Wiedertäufer in Münster (Bildwiedergaben ausgewählter Urkunden und Akten zur Geschichte Westfalens, Mappe 4), Velen 1930.

625 Hageneder, Herta, Zum kirchlichen Alltag in Münster und Osnabrück 1644–1649. Aus den Tagebüchern des Grafen Johann Maximilian Lamberg, in: Ecclesia Peregrinans. Josef Lenzenweger zum 70. Geburtstag, hg. v. Karl Amon u. a., Wien 1986, S. 195–200.

626 Hergemöller, Bernd-Ulrich, Das Verhör des „Sodomiticus“ Franz von Alsten (1536/37). Ein Kriminalfall aus dem nachtäuferischen Münster, in: Westfälische Zeitschrift 140 (1990), S. 31–47.

627 Hövel, Ernst, Das Bürgerbuch der Stadt Münster 1538 bis 1660 (Quellen und Forschungen zur Geschichte der Stadt Münster i. W. 8 = Veröffentlichungen der Historischen Kommission des Provinzialinstituts für Westfälische Landes- und Volkskunde), Münster 1936.

628 Hövel, Ernst, Das Rechenbuch des münsterschen Goldschmiedes Johann Boemer, in: Westfalen 18 (1933), S. 93–95.

629 Hövel, Ernst, Das Toversichtsbuch von 1561–1604, in: 279: Quellen und Forschungen zur Geschichte der Stadt Münster 2, S. 123–147.

630 Hsia, Ronnie Po-chia, Civic Wills As Sources For The Study of Piety in Muenster, 1530–1618, in: The Sixteenth Century Journal 14 (1983), S. 321–348.

631 Hüsing, Augustin, Der Kampf um die katholische Religion im Bisthum Münster, nach Vertreibung der Wiedertäufer 1535–1585. Actenstücke und Erläuterungen, Münster 1883.

632 Huyskens, Viktor, Ein Bittschreiben Gerhard Gröningers an den Rat der Stadt Münster vom 7. Januar 1636, in: Zeitschrift für vaterländische Geschichte und Altertumskunde 64 (1906), Teil I, S. 256–258.

633 Huyskens, Viktor, Der Eid des Rates und der Bürger von Münster, dem Bischofe geschworen 1536, in: Zeitschrift für vaterländische Geschichte und Altertumskunde 61 (1903), Teil I, S. 210–211.

634 Huyskens, Viktor, Aus dem Grutherrenregister des Jahres 1533, in: Zeitschrift für vaterländische Geschichte und Alterthumskunde 58 (1900), Teil I, S. 229–231.

635 Huyskens, Viktor, Aus der „Rekenschop van Hinrik Bispinck van den winkelder“, in: Zeitschrift für vaterländische Geschichte und Alterthumskunde 60 (1902), Teil I, S. 197–199.

636 Huyskens, Viktor, Aus dem Verzeichnisse der Ausgaben für Arbeiten am Chore der Ludgerikirche und für die Anschaffung von Utensilien nach der Wiedertäuferzeit, in: Zeitschrift für vaterländische Geschichte und Altertumskunde 64 (1906), Teil I, S. 269–271.

637 Instrumenta Pacis Westphalicae. Die Westfälischen Friedensverträge 1648. Vollständiger lateinischer Text mit Übersetzung der wichtigeren Teile und Regesten, bearbeitet v. Konrad Müller (Quellen zur neueren Geschichte 12/13), 2. Auflage, Bern 1966.

638 Joly, Claude, Voyage fait à Munster en Westphalie, et autres lieux voisins, en 1646 & 1647. Avec quelques Lettres de M. Ogier, Prestre & Predicateur, & autres choses mentionnées en la page suivante, Paris 1670.

639 Kellerhoff, F., Specificatio deren Kösten, welche zur Bezwing- und Vertilgung der Widertäufferen auffgewendet, und von dem damahligen Hochstiffts Münsterischen Pfenning-Meistern Joan Hageböke berechnet worden, in: Zeitschrift für vaterländische Geschichte und Alterthumskunde 24 (1864), S. 297–336.

640 Hermanni a Kerssenbroch Anabaptistici furoris Monasterium inclitam Westphaliae metropolim evertentis historica narratio. Im Auftrage des Vereins für vaterländische Geschichte und Altertumskunde hg. v. H. Detmer, 2 Bde. (Die Geschichtsquellen des Bistums Münster 5/6), Münster 1899/1900; deutsche Übersetzung: Geschichte der Wiedertäufer zu Münster in Westfalen. Aus einer lateinischen Handschrift des Hermann von Kerssenbroick übersetzt. Originalgetreue Wiedergabe des Erstdruckes von 1771, mit einer Einleitung und neuen Bildern ausgestattet von S. P. Widmann, 3. Auflage, Münster 1929.

641 Kerssenbrock, Hermann von, Beichtbuch der Wiedertäufer in Münster, hg. v. Hermann Bitter, Wulfen o. J.

642 Kirchhoff, Karl-Heinz, Berichte über das münsterische Täuferreich 1534/35 in einer Hamburger Chronik, in: Westfälische Zeitschrift 131/32 (1981/82), S. 191–195.

643 Kirchhoff, Karl-Heinz, Eine münsterische Bürgerliste des Jahres 1535, in: Westfälische Zeitschrift 111 (1961), S. 75–94.

644 Kirchhoff, Karl-Heinz, Kerssenbrock oder Vruchter. Wer schrieb 1534 das Bichtbok, die Kampfschrift gegen Reformation und Täufertum in Münster?, in: Jahrbuch für Westfälische Kirchengeschichte 68 (1975), S. 39–50.

645 Kirchhoff, Karl-Heinz, Zwei Quellen zur Geschichte der Stadtbefestigung Münsters 1531/1536, in: Westfalen 44 (1966), S. 218–224.

646 Die Kommune der Wiedertäufer. Bericht aus der befreiten und belagerten Stadt Münster 1534, hg. v. Horst Karasek, Berlin 1977.

647 Lahrkamp, Helmut, Dokumentation zur vom münsterischen Domkapitel geplanten Versperrung des Domplatzes während der Friedensverhandlungen 1643–1645, in: 279: Quellen und Forschungen zur Geschichte der Stadt Münster NF 6, S. 123–154.

648 Lahrkamp, Helmut, Ein vergessener Friedensappell des münsterschen Arztes Dr. Bernhard Rottendorff aus dem Jahre 1647, in: Westfälische Forschungen 27 (1975), S. 118–128.

649 Lahrkamp, Helmut, Der Friedenskongreß zu Münster im Spiegel der Ratsprotokolle, in: 279: Quellen und Forschungen zur Geschichte der Stadt Münster NF 2, S. 197–297.

650 Lahrkamp, Helmut, Die Friedensproteste des päpstlichen Nuntius Chigi, in: 279: Quellen und Forschungen zur Geschichte der Stadt Münster NF 5, S. 281–287.

651 Lahrkamp, Helmut, Friedensunterzeichnung und Ratifikation 1648/49 nach dem Tagebuch Lampadius, in: 279: Quellen und Forschungen zur Geschichte der Stadt Münster NF 5, S. 287–289.

652 Lahrkamp, Helmut, Münstersche Kirchenbucheintragungen aus der Zeit des Westfälischen Friedenskongresses, in: Beiträge zur westfälischen Familienforschung 21 (1963), S. 105–115.

653 Lahrkamp, Helmut, Ein münsterischer „Kriminalfall" des Jahres 1637, in: Westfalen 42 (1964), S. 240–252.

654 Lahrkamp, Helmut, Münster im Tagebuch des Basler Bürgermeisters Wettstein, in: 279: Quellen und Forschungen zur Geschichte der Stadt Münster NF 5, S. 271–276.

655 Lahrkamp, Helmut, Nachlese zur Edition der stadtmünsterischen Kongreßakten, in: 279: Quellen und Forschungen zur Geschichte der Stadt Münster NF 5, S. 247–259.

656 Löffler, Klemens, Der selbständige Teil von Kerssenbrochs „Catalogus episcoporum Mymingardevordensium, nunc Monasteriensium" (1532–1577), in: Zeitschrift für vaterländische Geschichte und Altertumskunde 71 (1913), Teil I, S. 290–308.

657 Lüdicke, Reinhard, Vier münsterische Hofordnungen des 16. Jahrhunderts, in: Zeitschrift für Kulturgeschichte 9 (1901/1902), S. 137–162.

658 Münster 1570. Der Kupferstich des Remigius Hogenberg nach einer Zeichnung des Hermann tom Ring, erläutert von Karl-Heinz Kirchhoff/Paul Pieper, Münster 1980.

659 Ogier, François, Journal du Congrès de Munster, publié par Auguste Boppe, Paris 1893.

660 Overmann, Alfred, Eine französische Beschreibung der Stadt Münster aus der Zeit des Friedenscongresses, 1645, in: Zeitschrift für vaterländische Geschichte und Alterthumskunde 57 (1899), Teil I, S. 143–146.

661 Die Protokolle des geistlichen Rates in Munster (1601–1612), hg. v. Herbert Immenkötter (Reformationsgeschichtliche Studien und Texte 104), Münster 1972.

662 Rave, Wilhelm, Das Stammbuch des Georg Rave, in: Westfälische Zeitschrift 95 (1939), S. 1–44.

663 Remling, Ludwig, Eine Ergänzung zu Ernst Hövels Bürgerbuch der Stadt Münster, in: Beiträge zur westfälischen Familienforschung 41 (1983), S. 136–174.

664 Remling, Ludwig, Fastnacht und Gegenreformation in Münster. Diarien, Chroniken und Litterae annuae der Jesuiten als Quellen, in: Jahrbuch für Volkskunde 5 (1982), S. 51–77.

665 Richtering, Helmut, Die Familienchronik des Johann Wedemhove von 1610, in: Westfalen 40 (1962), S. 133–149.

666 Schiedung, Hans, Beiträge zur Bibliographie und Publizistik über die Münsterischen Wiedertäufer, Münster 1934.

667 Schmitz-Kallenberg, Ludwig, Eine Chronik des Fraterherrenhauses in Münster über die Jahre 1650–1672, in: Zeitschrift für vaterländische Geschichte und Altertumskunde 68 (1910), Teil I, S. 338–362.

668 Schmitz-Kallenberg, Ludwig, Die Münsterische Kanzleiordnung vom J. 1574, in: Zeitschrift für vaterländische Geschichte und Altertumskunde 63 (1905), Teil I, S. 249–256.

669 Die Schriften Bernhard Rothmanns, bearbeitet v. Robert Stupperich (Die Schriften der münsterischen Täufer und ihrer Gegner 1 = Veröffentlichungen der Historischen Kommission Westfalens 32), Münster 1970.

670 Schriften von katholischer Seite gegen die Täufer, bearbeitet von Robert Stupperich (Die Schriften der münsterischen Täufer und ihrer Gegner 2 = Veröffentlichungen der Historischen Kommission für Westfalen 32), Münster 1980.

671 Zwei Schriften des Münsterschen Wiedertäufers Bernhard Rothmann. Mit einer Einleitung über die zeitgeschichtlichen Verhältnisse, bearbeitet v. Heinrich Detmer/Robert Krumbholtz, Dortmund 1904.

672 Schulte, Eduard, Das Danziger Kontorbuch des Jacob Stöve aus Münster (Hansische Maße, Münzen, Waren, Wege und Zölle um 1560), in: Hansische Geschichtsblätter 62 (1937), S. 40–72.

673 Schulte, Eduard, Kleine Listen zur Personengeschichte des 16. und 17. Jahrhunderts, in: 279: Quellen und Forschungen zur Geschichte der Stadt Münster 3, S. 39–54.

674 Schulze, Rudolf, Die älteste Fassung der domkapitularischen Gödingsartikel vom Jahre 1578, in: Zeitschrift für vaterländische Geschichte und Altertumskunde 76 (1918), Teil I, S. 212–222.

675 Schulze, Rudolf, Klosterchronik Überwasser während der Wirren 1531–33, in: 279: Quellen und Forschungen zur Geschichte der Stadt Münster 2, S. 149–165.

676 Schwarz, Wilhelm Eberhard, Vermächtnisse des Domherrn Adolph v. Bodelschwingh († 1541) für Kultus- und Wohltätigkeits-Zwecke, in: Zeitschrift für vaterländische Geschichte und Altertumskunde 77 (1919), Teil I, S. 150–155.

677 Stupperich, Robert, Zwei bisher unveröffentlichte eigenhändige Briefe Berndt Knypperdollyncks, in: Jahrbuch für Westfälische Kirchengeschichte 77 (1984), S. 41–58.

678 Sturmberger, Hans, Das Tagebuch des Grafen Johann Maximilian von Lamberg. Zur Geschichte des westfälischen Friedenskongresses, in: Mitteilungen des Obersten Landesarchivs 1, Linz 1950, S. 275–289.

679 Stüve, Carl, Briefe des osnabrückschen Bürgermeisters G. Schepeler aus Münster im Jahre 1647, in: Mittheilungen des Vereins für Geschichte und Landeskunde von Osnabrück 15 (1890), S. 303–339.

680 Symann, Ernst, Brandordnung der Stadt Münster vom Jahre 1554, in: 279: Quellen und Forschungen zur Geschichte der Stadt Münster 3, S. 102–106.

681 Symann, Ernst, Liber tutorum et curatorum, in: 279: Quellen und Forschungen zur Geschichte der Stadt Münster 2, S. 31–92, S. 165–293.

682 Tekotte, Willibald, Beiträge zur Publizistik des Westfälischen Friedens (Graphik und Malerei), Ahlen [1934].

683 Tourtual, Florenz, Actenstücke vom westfälischen Friedenscongresse. Aus dem Chigi'schen Archive zu Rom, in: Zeitschrift für vaterländische Geschichte und Alterthumskunde 28 (1869), S. 348–358.

684 Tourtual, Florenz, Der Gesandtschaftsbericht des venetianischen Gesandten am westfälischen Friedenscongreß, in: Zeitschrift für vaterländische Geschichte und Alterthumskunde 27 (1867), S. 369–370.

685 Urkunden zur Geschichte der Resignation des erwählten Bischofs von Münster, Wilhelm Ketteler, in: Zeitschrift für vaterländische Geschichte und Alterthumskunde 2 (1839), S. 234–261.

686 Vogler, Günter, Das Täuferreich zu Münster als Problem der Politik im Reich. Beobachtungen anhand reichsständischer Korrespondenzen der Jahre 1534/35, in: Mennonitische Geschichtsblätter 42 (1985), S. 7–23.

687 Vogler, Günter, Das Täuferreich zu Münster im Spiegel der Flugschriften, in: Flugschriften als Massenmedium der Reformationszeit. Beiträge zum Tübinger Symposion 1980, hg. v. Hans-Joachim Köhler (Spätmittelalter und Frühe Neuzeit 13), Stuttgart 1981, S. 309–351.

688 Wachter, F., Aufruf an die Gemeinde zu Münster, den König Johann von Leiden gefangen zu nehmen. 1. Mai 1535, in: Zeitschrift des Bergischen Geschichtsvereins 28 (1892), S. 220–222.

689 Waters, Gustav, Die münsterischen katholischen Kirchenliederbücher vor dem ersten Diözesangesangbuch 1677. Eine Untersuchung ihrer textlichen Quellen (Forschungen und Funde 4,4), Münster 1917.

690 Die Weiheregister des Bistums Münster 1593–1674, hg. v. Wilhelm Kohl (Die Geschichtsquellen des Bistums Münster 9 = Veröffentlichungen der Historischen Kommission für Westfalen 3), Münster 1991.

691 Wolkan, Rudolf, Die Lieder der Wiedertäufer. Ein Beitrag zur deutschen und niederländischen Literatur- und Kirchengeschichte, Berlin 1903.

3.2 Dokumentationen und Kataloge

692 Heinrich Aldegrever und die Bildnisse der Wiedertäufer. Landschaftsverband Westfalen-Lippe – Westfälisches Landesmuseum für Kunst und Kulturgeschichte Münster, 5. Mai bis 17. Juni 1985, Münster 1985.

693 Der Westfälische Frieden. Stadtmuseum Münster, 11. März–30. Oktober 1988, 2 Bde., Münster 1987.

694 Haller, Bertram, Der Buchdruck Münsters 1485 bis 1583. Eine Bibliographie, Münster 1986.

695 Haller, Bertram, Bernhard Rothmanns gedruckte Schriften. Ein Bestandsverzeichnis, in: Jahrbuch für Westfälische Kirchengeschichte 78 (1985), S. 83–102.

696 Kirchhoff, Karl-Heinz, Utopia 1534/35. Entstehung und Untergang der „Gemeinde Christi", der sogenannten Wiedertäufer (Geschichte original – am Beispiel der Stadt Münster 3), 3. Auflage, Münster 1983.

697 Lahrkamp, Helmut, Der Westfälische Friede. Zur Kulturgeschichte des Friedenskongresses (Geschichte original – am Beispiel der Stadt Münster 12), Münster 1983.

698 Täufertum in Münster 1534/35. Katalog der Ausstellung „Täufertum in Münster 1534/35" – 28. 9.–14. 10. 1984 im Westfälischen Landesmuseum für Kunst und Kulturgeschichte. Zusammengestellt v. Wilhelm H. Neuser, Münster 1984.

699 Gerard Ter Borch. Zwolle 1617–Deventer 1681. Landesmuseum Münster, 12. Mai 1974–23. Juni 1974, [Münster 1974].

700 Thiekötter, Hans, Bibliographie zur Geschichte des Westfälischen Friedens, in: 265: Ex officina literaria, S. 301–364.

701 Die Werke der münsterschen Malerfamilie tom Ring. Ausstellung des Landesmuseums der Provinz Westfalen Juli–September 1924, Münster [1924].

702 Die Wiedertäufer in Münster. Stadtmuseum Münster, Katalog der Eröffnungsausstellung vom 1. Oktober 1982 bis 27. Februar 1983. Mit Anhang: Münzen und Medaillen auf die Wiedertäufer in Münster, 5., verbesserte und erweiterte Auflage, Münster 1986.

3.3 Spezialstudien

703 Aders, Günter, Der Domdechant Arnold von Büren (gest. 1614) und seine Nachkommen. Zugleich ein Beitrag zur Verfassungsgeschichte der Zünfte in Münster, in: Westfalen 40 (1962), S. 123–132.

704 Alfing, Sabine, Hexenjagd und Zaubereiprozesse in Münster. Vom Umgang mit Sündenböcken in den Krisenzeiten des 16. und 17. Jahrhunderts, Münster/New York 1991.

705 Aschoff, Diethard, Der Prozeß des Gerhard Schroderken gegen den Juden Jakob vor dem Stadtgericht Münster im Jahre 1554, in: 80: Beiträge zur Stadtgeschichte, S. 245–252.

706 Aschoff, Diethard, Die Stadt Münster und die Juden im letzten Jahrhundert der städtischen Unabhängigkeit (1562–1662), in: Westfälische Forschungen 27 (1975), S. 84–113.

707 Bakker, Willem J. de, Civic Reformer in Anabaptist Münster: Bernhard Rothmann. 1495–1535, Diss., o. O. 1987.

708 Bakker, Willem J. de, Bernhard Rothmann. Die Dialektik der Radikalisierung in Münster, in: Radikale Reformatoren. 21 biographische Skizzen von Thomas Müntzer bis Paracelsus, hg. v. Hans-Jürgen Goertz (Beck'sche Schwarze Reihe 183), München 1978, S. 167–178.

709 Bakker, Willem J. de, Bernhard Rothmann: Civic Reformer in Anabaptist Münster, in: The Dutch Dissenters. A Critical Companion to their History and Ideas. With A Bibliographical Survey of Recent Research Pertaining to the Early Reformation in the Netherlands, hg. v. Irvin Buchwalter Horst (Kerkhistorische Bijdragen 13), Leiden 1986, S. 105–116.

710 Bakker, Willem J. de, De vroege theologie van Bernhard Rothmann. De gereformeerde achtergrond van het Munsterse Doperrijk, in: Doopsgezinde Bijdragen 3 (1977), S. 9–20.

711 Bartmann, Johannes, Das Gerichtsverfahren vor und nach der Münsterischen Landgerichtsordnung von 1571 und die Aufnahme des römischen Rechts im Stifte Münster (Deutschrechtliche Beiträge 2,3), Heidelberg 1909.

712 Becker-Huberti, Manfred, Die Entlassung des Münsterer Weihbischofs Dr. theol. Johannes Sterneberg genannt Düsseldorf im Jahr 1653, in: 106: Ecclesia Monasteriensis, S. 71–99.

713 Blanke, Fritz, Das Reich der Wiedertäufer zu Münster 1534/35, in: ders., Aus der Welt der Reformation. Fünf Aufsätze. Mit einer Liste der Veröffentlichungen des Verfassers, Zürich/Stuttgart 1960, S. 48–71.

714 Böger, Richard, Franz von Waldeck. Ein Zeitbild aus dem Jahrhundert der Reformation, in: Jahresbericht des Historischen Vereins für die Grafschaft Ravensberg 33 (1919), S. 89–172.

715 Bömer, Alois, Der münsterische Buchdruck im ersten Viertel des 16. Jahrhunderts, in: Westfalen 10 (1919), S. 1–48.

716 Bömer, Alois, Der münsterische Buchdruck vom zweiten Viertel bis zum Ende des 16. Jahrhunderts. Mit einem Überblick über die weitere Entwicklung, in: Westfalen 12 (1924/1925), S. 25–76.

717 Bömer, Alois, Die ältesten Münsterischen Schulgesetze aus der Rektoratszeit Kerssenbrocks (1574), in: Zeitschrift für vaterländische Geschichte und Alterthumskunde 55 (1897), Teil I, S. 103–114.

718 Bosbach, Franz, Die Kosten des Westfälischen Friedenskongresses. Eine strukturgeschichtliche Untersuchung (Schriftenreihe der Vereinigung zur Erforschung der Neueren Geschichte e.V. 13), Münster 1984.

719 Braubach, Max, Der Westfälische Friede, Münster 1948.

720 Brecht, Martin, Die Ulmer Kirchenordnung von 1531, die Basler Reformationsordnung von 1529 und die Münsteraner Zuchtordnung von 1533, in: 2483: Niederlande und Nordwestdeutschland, S. 154–163.

721 Brecht, Martin, Die Theologie Bernhard Rothmanns, in: Jahrbuch für Westfälische Kirchengeschichte 78 (1985), S. 49–82.

722 Brendler, Gerhard, Die täuferische Reformationsbewegung in Münster in Westfalen als Teilerscheinung der frühbürgerlichen Revolution in Deutschland, in: Wissenschaftliche Zeitschrift der Karl-Marx-Universität Leipzig 14 (1965), S. 501–505.

723 Brendler, Gerhard, Das Täuferreich zu Münster 1534/35 (Leipziger Übersetzungen und Abhandlungen zum Mittelalter B/2), Berlin-Ost 1966.

724 Bücker, Hermann, Der Nuntius Fabio Chigi (Papst Alexander VII) in Münster 1644–1649. Nach seinen Briefen, Tagebüchern und Gedichten, in: Westfälische Zeitschrift 108 (1958), S. 1–90.

725 Buhr, Gerhard de, Hinrich Krechting, der „Kanzler“ der Münsterschen Wiedertäufer, in: Ostfriesische Familienkunde 1 (1960), S. 29–46.

726 Cornelius, Carl Adolf, Geschichte des Münsterischen Aufruhrs in drei Büchern, 2 Bde., Leipzig 1855/1860.

727 Cornelius, Carl Adolf, Verkauf des Stifts Münster 1532, in: Zeitschrift für vaterländische Geschichte und Alterthumskunde 21 (1861), S. 363–376.

728 Cornelius, Carl Adolf, Die Niederländischen Wiedertäufer während der Belagerung Münsters 1534 bis 1535, München 1869.

729 Dassel, Werner, Zur Geschichte der Grundherrschaft Überwasser von der Reformation des Klosters im letzten Drittel des 15. Jahrhunderts bis zum Ende des dreissigjährigen Krieges, Münster 1906.

730 Dethlefs, Gerd, Münzen und Geld im „Neuen Zion“. Geldpolitik, Münzprägung und Herrschaftssymbolik der münsterischen Wiedertäufer, in: Der Münzensammler 1982, 6, S. 6–15.

731 Detmer, Heinrich, Bilder aus den religiösen und sozialen Unruhen in Münster während des 16. Jahrhunderts, 3 Bde., Münster 1903–1904.

732 Detmer, Heinrich, Das Religionsgespräch zu Münster (Westf.) am 7. und 8. August 1533. Ein Beitrag zur Geschichte Bernhard Rothmanns und des sog. Anabaptismus, in: Monatshefte der Comenius-Gesellschaft 9 (1900), S. 273–300.

733 Dickmann, Fritz, Der Westfälische Friede, 6. Auflage, hg. v. Konrad Repgen, Münster 1992.

734 Diekamp, Wilhelm, Beiträge zur Geschichte der katholischen Reformation im Bisthume Münster, in: Zeitschrift für vaterländische Geschichte und Alterthumskunde 42 (1884), Teil I, S. 158–175.

735 Döhmann, Karl, Bunickman und Brabender genannt Beldensnider. Ein kritischer Beitrag zur Geschichte der münsterischen Bildhauer im 16. Jahrhundert, in: Westfalen 7 (1915), S. 33–87.

736 Dollinger, Robert, Die Beteiligung Bayerns und Frankens an der Niederwerfung des Münsterischen Aufstandes (1534/35), in: Zeitschrift für Bayerische Kirchengeschichte 10 (1935), S. 97–112.

737 Dülmen, Richard van, Das Täufertum und das Königreich Sion in Münster 1534/35, in: 2063: ders., Reformation als Revolution, S. 169–367.

738 Ebers, Gotthard Jos., Die Archidiakonal-Streitigkeiten in Münster im 16. und 17. Jahrhundert, in: Zeitschrift der Savigny-Stiftung für Rechtsgeschichte, Kanonistische Abteilung 3 (1913), S. 364–412.

739 Eickel, Hans, Heinrich Brabender, Münster 1977.

740 Fast, Heinold, Bemerkungen zur Taufanschauung der „Täufer", in: Archiv für Reformationsgeschichte 57 (1966), S. 131–151.

741 Die Fastnachtslustbarkeiten der Stadt Münster im 16ten Jahrhunderte. Ein Beitrag zur Sittengeschichte Westphalens von M. Röchel. Als Probe aus dessen Chronik hg. v. Ludwig Troß, Hamm 1825.

742 Fischer, Franz, Die Reformationsversuche des Bischofs Franz von Waldeck im Fürstbistum Münster (Beiträge für die Geschichte Niedersachsens und Westfalens 6), Hildesheim 1907.

743 Fleitmann, Wilhelm, Postverbindungen für den Westfälischen Friedenskongreß 1643–1648, in: 1967: Beiträge zur Geschichte der Post, S. 23–48.

744 Forschungen und Studien zur Geschichte des Westfälischen Friedens. Vorträge bei dem Colloquium französischer und deutscher Historiker vom 28. April bis 30. April 1963 in Münster (Schriftenreihe der Vereinigung zur Erforschung der Neueren Geschichte e.V. 1), Münster 1965.

745 Der Westfälische Friede. Ein Gedenkbuch zur 250jähr. Wiederkehr des Tages seines Abschlusses am 24. Oktober 1648, unter Mitwirkung v. A. Pieper/E. Spannagel/F. Runge hg. v. Friedrich Philippi, Münster 1898.

746 Geisberg, Max, Heinrich Aldegrever (Westfälische Kunsthefte 9), Dortmund 1939.

747 Geisberg, Max, Die tom Rings, in: Westfälische Lebensbilder 2 (1931), S. 30–50.

748 Gellinek, Christian, Hugo Grotius und Gerard Ter Borch. Neues zum Kampf um den Westfälischen Frieden, in: Simpliciana. Schriften der Grimmelshausen-Gesellschaft 3, Bern/München 1981, S. 17–38.

749 Goeters, Johann Friedrich Gerhard, Taufaufschub, Endzeiterwartung und Wiedertaufe. Erwägungen zur Vorgeschichte des Täuferreichs von Münster, in: Calvin. Erbe und Auftrag. Festschrift für Wilhelm Neuser zu seinem 65. Geburtstag, hg. von Willem van t'Spijker, Kampen 1991, S. 305–317.

750 Gördes, Elisabeth, Heilkundige in Münster i. W. im 16. und 17. Jahrhundert (Beiträge für die Geschichte Niedersachsens und Westfalens 46), Hildesheim 1917.

751 Grüter, Josef, Johann Kuper und die Holzschnitzereien der Renaissance in Münster während des 16. Jahrhunderts (Beiträge zur Westfälischen Kunstgeschichte 6), Münster 1914.

752 Günter, Roland, Neue Ergebnisse zum Werk des Johann Wilhelm Gröninger, in: Westfalen 49 (1971), S. 124–143.

753 Haas, Martin, Die Täuferkirchen des 16. Jahrhunderts in der Schweiz und in Münster – ein Vergleich, in: Zwingliana 13 (1969/1973), S. 434–462.

754 Happel, Reinhold/Schulte, Birgit, Gerhard Gröninger, 1582–1652. Zu Biographie und Architektur des westfälischen Bildhauers, Münster 1989.

755 Heger, Adolf, Die Landespolitik Herzog Ernsts von Bayern als Administrator von Münster, Göttingen 1931.

756 Hennig, Matthias, Askese und Ausschweifung. Zum Verständnis der Vielweiberei im Täuferreich zu Münster 1534/35, in: Mennonitische Geschichtsblätter 40 (1983), S. 25–45.

757 Herwig, Hedda J., Das Münsterische Täufertum. Prototypische Charakteristika und Ursachen einer politischen Erlösungsbewegung, dargestellt am historischen Beispiel, in: Zeitschrift für Religions- und Geistesgeschichte 31 (1979), S. 173–184.

758 Hölker, Karl, Die Malerfamilie tom Ring (Beiträge zur Westfälischen Kunstgeschichte 8), Münster 1927.

759 Homann, Hermann, Drei Käfige am Turm. Aufstieg und Fall des Wiedertäuferreiches in Münster 1534/35, Münster 1977.

760 Honselmann, Wilhelm, Zur älteren Geschichte der Bildhauerfamilie Gröninger in Paderborn und Münster, in: Westfälische Zeitschrift 115 (1965), S. 437–457.

761 Hövel, Ernst, Ein Beitrag zur Geschichte der wiedertäuferischen Bewegung nach 1535, in: 279: Quellen und Forschungen zur Geschichte der Stadt Münster 4, S. 339–352.

762 Hövel, Ernst, Zur Bevölkerungsgeschichte Münsters im 16. und 17. Jahrhundert, in: Festgabe für Alois Fuchs zum 70. Geburtstage am 19. Juni 1947, hg. v. Wilhelm Tack, Paderborn 1950, S. 471–483.

763 Hövel, Ernst, Quartier und Gastlichkeit in der Friedensstadt, in: 847: Pax optima rerum, S. 157–181.

764 Hsia, Ronnie Po-chia, Die neue Form der Ratswahl in Münster 1554/55, in: Westfälische Zeitschrift 131/132 (1981/1982), S. 197–204.

765 Hsia, Ronnie Po-chia, Gesellschaft und Religion in Münster 1535–1618, bearbeitet und hg. v. Franz-Josef Jakobi (Quellen und Forschungen zur Geschichte der Stadt Münster NF 13), Münster 1989; amerikanisches Original: Hsia, Ronnie Po-chia, Society and Religion in Münster, 1535–1618 (Yale Historical Publications, Miscellany 131), New Haven 1984.

766 Hsia, Ronnie Po-chia, Münster and the Anabaptists, in: The German People and the Reformation, hg. v. dems., Ithaca/London 1988, S. 51–69.

767 Hullegie, Gerard, „Goede waeke en scarpe toversicht". Stadhouder Schenck van Toutenberg en de Munsterse Dopers, 1534–1535, in: Doopsgezinde Bijdragen 11 (1985), S. 87–98.

768 Humborg, Ludwig, Die Hexenprozesse in der Stadt Münster. Ein Beitrag zur Kulturgeschichte Münsters (Münstersche Beiträge zur Geschichtsforschung 43), Münster 1914.

769 Huyskens, Viktor, Arbeitslohn in Münster im 16. Jahrhundert, in: Zeitschrift für vaterländische Geschichte und Alterthumskunde 58 (1900), Teil I, S. 231–235.

770 Huyskens, Viktor, Eine Badestube für die Armen in Münster, in: Zeitschrift für vaterländische Geschichte und Altertumskunde 61 (1903), Teil I, S. 211–213.

771 Huyskens, Viktor, Everwin von Droste, Dechant an der Kollegiatkirche St. Martini zu Münster (1567–1604) und die Stiftsschule seiner Zeit 1 (Beilage zum Jahresberichte des Städtischen Gymnasiums und Realgymnasiums zu Münster in Westfalen, Ostern 1907), Münster 1907.

772 Huyskens, Viktor, Zeiten der Pest in Münster während der zweiten Hälfte des 16. Jahrhunderts, 2 Bde. (Beilage zum Jahresberichte des städtischen Realgymnasiums zu Münster i. W. Ostern 1901 und Ostern 1905), Münster 1901/1905.

773 Ilisch, Lutz, Die bischöfliche Münzstätte in Münster am Roggenmarkt, in: Münstersche Numismatische Zeitung im Intermünz-Kurier 76 (1977), S. 3–5.

774 Immenkötter, Herbert, Die Auseinandersetzung des Domkapitels in Münster mit dem Geistlichen Rat, in: Von Konstanz nach Trient. Beiträge zur Geschichte der Kirche von den Reformkonzilien bis zum Tridentinum. Festgabe für August Franzen, hg. v. Remigius Bäumer, Paderborn/Wien 1972, S. 713–727.

775 Jászai, Gêza, Der Martinus-Pokal. Gestalt und Bildprogramm (Bildhefte des Westfälischen Landesmuseums für Kunst und Kulturgeschichte Münster 13), Münster 1980.

776 Jászai, Gêza, Die Sündenfall-Darstellung Johann Brabenders in Münster. Ein frühes Beispiel der Dürerrezeption in der norddeutschen Skulptur des 16. Jahrhunderts, in: Städel-Jahrbuch NF 9 (1983), S. 55–68.

777 Jászai, Gêza, Das Werk des Bildhauers Gerhard Gröninger, Manuskript, Münster 1989.

778 Jászai, Gêza, Das Werk des Bildhauers Gerhard Gröninger 1582–1652 (Bildhefte des Westfälischen Landesmuseums für Kunst und Kulturgeschichte Münster 28), Münster [1989].

779 Jelsma, A. J., De koning en de vrouwen; Münster 1534–1535, in: Gereformeerd theologisch tijdschrift 75 (1975), S. 82–107.

780 Jostes, Franz, Johannes Holtmann von Ahaus. Ein münsterscher Theologe der Wiedertäuferzeit, in: Zeitschrift für vaterländische Geschichte und Altertumskunde 70 (1912), Teil I, S. 272–291.

781 Jostes, Franz, Englische Schauspieler in Münster, in: Niederdeutsches Korrespondenzblatt 13 (1888), S. 37–38.

782 Keller, Ludwig, Die Wiederherstellung der katholischen Kirche nach den Wiedertäufer-Unruhen in Münster 1535–1537, in: Historische Zeitschrift 47 (1882), S. 429–456.

783 Ketteler, Josef, Vom Geschlechterkreise des Münsterschen Honoratiorentums, in: Mitteilungen des Westdeutschen Gesellschaft für Familienkunde 5 (1928), Sp. 421–430.

784 Kirchhoff, Karl-Heinz, Everhard Alerdinck, der Meister des Stadtplanes Münster 1636 und sein gleichnamiger Zeitgenosse, in: Westfalen 45 (1967), S. 279–287.

785 Kirchhoff, Karl-Heinz, Kleine Beiträge zur münsterländischen Volkskunde um 1535, in: Rheinisch-westfälische Zeitschrift für Volkskunde 8 (1961), S. 92–105.

786 Kirchhoff, Karl-Heinz, Die Belagerung und Eroberung Münsters 1534/35. Militärische Maßnahmen und politische Verhandlungen des Fürstbischofs Franz von Waldeck, in: Westfälische Zeitschrift 112 (1962), S. 77–170.

787 Kirchhoff, Karl-Heinz, Einkauf und Transport von Rheinwein für den Bischof von Münster 1561/62, in: Jahrbuch des Kölnischen Geschichtsvereins 50 (1979), S. 119–124.

788 Kirchhoff, Karl-Heinz, Die Endzeiterwartung der Täufergemeinde zu Münster 1534/35. Gemeindebildung unter dem Eindruck biblischer Verheißungen, in: Jahrbuch für Westfälische Kirchengeschichte 78 (1985), S. 19–42.

789 Kirchhoff, Karl-Heinz, Exekutivorgane und Rechtspraxis der Täuferverfolgung im Münsterland 1533–1546, in: Westfälische Forschungen 16 (1963), S. 161–180.

790 Kirchhoff, Karl-Heinz, Gilde und Gemeinheit in Münster/Westf. 1525–1534. Zur legalen Durchsetzung einer oppositionellen Bewegung, in: 2483: Niederlande und Nordwestdeutschland, S. 164–179.

791 Kirchhoff, Karl-Heinz, Die Häuser der Wiedertäufer in Münster 1535. Möglichkeiten der Auswertung einer Quellengruppe zur Geschichte der Stadt Münster, in: Westfälische Forschungen 15 (1962), S. 140–143.

792 Kirchhoff, Karl-Heinz, Das erste Kupfergeld in Münster 1532, in: Westfalen 54 (1976), S. 206–207; auch in: 200: ders., Forschungen zur Geschichte von Stadt und Stift Münster, S. 169–171.

793 Kirchhoff, Karl-Heinz, Das Martini-Viertel im Vogelschauplan von E. Alerdinck 1636, in: 184: 800 Jahre St. Martini, S. 221–228.

794 Kirchhoff, Karl-Heinz, Das Phänomen des Täuferreiches zu Münster 1534/35, in: Der Raum Westfalen 6,1. Im Auftrag des Landschaftsverbandes Westfalen-Lippe hg. v. Franz Petri/Peter Schöller/Alfred Hartlieb von Wallthor, Münster 1989, S. 277–422.

795 Kirchhoff, Karl-Heinz, „In platea montana commorans". Zur Geschichte der Tzwivelschen Druckerei an der Bergstraße in Münster, in: 265: Ex officina literaria, S. 73–76.

796 Kirchhoff, Karl-Heinz, Eine Stadtbesichtigung Münsters im Jahre 1570, in: 124: Geschichte lehren und lernen, S. 97–109.

797 Kirchhoff, Karl-Heinz, Die Täufer in Münster 1534/35. Untersuchungen zum Umfang und zur Sozialstruktur der Bewegung (Geschichtliche Arbeiten zur westfälischen Landesforschung 12 = Veröffentlichungen der Historischen Kommission Westfalens 22), Münster 1973.

798 Kirchhoff, Karl-Heinz, Gab es eine friedliche Täufergemeinde in Münster 1534?, in: Jahrbuch des Vereins für Westfälische Kirchengeschichte 55/56 (1962/1963), S. 7–21; auch in: 200: ders., Forschungen zur Geschichte von Stadt und Stift Münster, S. 33–46.

799 Kirchhoff, Karl-Heinz, Mittelniederdeutsche Versdichtung aus Münster 1500–1534, in: 1965: Niederdeutsche Beiträge, S. 235–243.

800 Klötzer, Ralf, Die Täuferherrschaft von Münster. Stadtreformation und Welterneuerung (Reformationsgeschichtliche Studien und Texte 131), Münster 1992.

801 Kluge, Dietrich, Kirchenordnung und Sittenzucht in Münster (1535), in: Jahrbuch für Westfälische Kirchengeschichte 67 (1974), S. 219–235.

802 Kluge, Dietrich, Die Rechts- und Sittenordnung des Täuferreiches zu Münster, in: Jahrbuch für Westfälische Kirchengeschichte 69 (1976), S. 75–100.

803 Kluge, Dietrich, Die Vorbereitung der Täuferherrschaft in Münster, in: Jahrbuch für Westfälische Kirchengeschichte 68 (1975), S. 23–38.

804 Klümper, Theresia, Landesherr und Städte im Fürstbistum Münster unter Ernst und Ferdinand von Bayern (1585–1650), Emsdetten 1940.

805 Kohl, Wilhelm, Die Durchsetzung der tridentinischen Reformen im Domkapitel zu Münster, in: 2575: Reformatio Ecclesiae, S. 729–747.

806 Kohl, Wilhelm, Heinrich Roll. Beiträge zu seiner Biographie, in: 2720: Studia Westfalica, S. 185–194.

807 Kopp, Friedrich/Schulte, Eduard, Der Westfälische Frieden. Vorgeschichte, Verhandlungen, Folgen, 3. Auflage, München 1943.

808 Krahn, Cornelius, Die niederländischen Täufer und Münster, in: Mennonitische Geschichtsblätter 24 (1967), S. 30–46.

809 Krug-Richter, Barbara, Alltag und Fest. Nahrungsgewohnheiten im Magdalenenhospital in Münster 1558 bis 1635, in: Haushalt und Familie in Mittelalter und früher Neuzeit. Vorträge eines interdisziplinären Symposions vom 6.–9. Juni an der Rheinischen Friedrich-Wilhelms-Universität Bonn, hg. v. Trude Ehlert, Sigmaringen 1991, S. 71–90.

810 Kuratsuka, Taira, Gesamtgilde und Täufer. Der Radikalisierungsprozeß in der Reformation Münsters: Von der reformatorischen Bewegung zum Täuferreich 1533/34, in: Archiv für Reformationsgeschichte 76 (1985), S. 231–270.

811 Lackner, Martin, Von Thomas Münzer zum Münsterschen Aufstand, in: Jahrbuch des Vereins für Westfälische Kirchengeschichte 53/54 (1960/1961), S. 9–42.

812 Lahrkamp, Helmut, Ein Arzt und Dichter im Barockzeitalter. Aus dem Leben des Dr. med. Bernhard Rottendorff, in: 940: Hugenroth, Zum dichterischen Werk, S. 3–55.

813 Lahrkamp, Helmut, Der Aufenthalt der Herzogin von Longueville in Münster, in: 279: Quellen und Forschungen zur Geschichte der Stadt Münster NF 5, S. 277–281.

814 Lahrkamp, Helmut, Französische Ballettaufführungen während des Friedenskongresses zu Münster (1645 und 1646), in: 265: Ex officina literaria, S. 227–242.

815 Lahrkamp, Helmut, Der Einzug des Fürstbischofs Franz Wilhelm von Osnabrück als Gesandter beim Friedenskongreß in Münster, in: Dona Westfalica. Georg Schreiber zum 80. Geburtstag dargebracht von der Historischen Kommission Westfalens, Münster 1963, S. 174–191.

816 Lahrkamp, Helmut, Münstersche Reichskammergerichtsnotare 1549/1651, in: 279: Quellen und Forschungen zur Geschichte der Stadt Münster NF 5, S. 263–271.

817 Lahrkamp, Helmut, Bernhard Rottendorff, in: Westfälische Lebensbilder 10 (1970), S. 19–38.

818 Lahrkamp, Helmut, Rückwirkungen der Türkenkriege auf Münster 1560–1685, in: Westfälische Zeitschrift 129 (1979), S. 89–108.

819 Lahrkamp, Helmut, Münsters Verteidigung 1633/34. Ein Beitrag zur Geschichte des Dreißigjährigen Krieges im Münsterland, in: 80: Beiträge zur Stadtgeschichte, S. 273–292.

820 Laubach, Ernst, Jan Mathys und die Austreibung der Taufunwilligen aus Münster Ende Februar 1534, in: Westfälische Forschungen 36 (1986), S. 147–158.

821 Leonhardt, Karl Friedrich, Johann Bunekemans Altäre für den Dom zu Münster und ihre Stifter, in: Westfalen 6 (1914), S. 65–94.

822 Lethmate, Franz, Die Bevölkerung Münsters i. W. in der zweiten Hälfte des 16. Jahrhunderts (Münstersche Beiträge zur Geschichtlichen Forschung 41), Münster 1912.

823 Lippe, Margarete, Münsterische Bildhauer der Spätrenaissance. Ein Beitrag zur Geschichte münsterischer Plastik von 1570 bis 1610, in: Zeitschrift für vaterländische Geschichte und Altertumskunde 83 (1925), Teil I, S. 182–264.

824 Löffler, Klemens, Glandorp gegen Vruchter. Ein kleiner Beitrag zur münsterischen Schulgeschichte, in: Zeitschrift für vaterländische Geschichte und Altertumskunde 69 (1911), Teil I, S. 86–95.

825 Löffler, Klemens, Reformationsgeschichte der Stadt Münster, in: Jahrbuch des Vereins für die Evangelische Kirchengeschichte Westfalens 20 (1918), S. 92–129.

826 Lucas, Bernhard, Der Buchdrucker Lambert Raesfeldt. Ein Beitrag zur Buchdruckereigeschichte Münsters im 16. und 17. Jahrhundert, Münster 1928.

827 Lüdicke, Reinhard, Die landesherrlichen Zentralbehörden im Bistum Münster. Ihre Entstehung und Entwickelung bis 1650, in: Zeitschrift für vaterländische Geschichte und Alterthumskunde 59 (1901), Teil I, S. 1–169.

828 Marré, Heinrich, Die Wehrverfassung der Stadt Münster von den Wiedertäuferunruhen bis zur Regierungszeit Christoph Bernhards von Galen (1536–1650) (Münstersche Beiträge zur Geschichtsforschung NF 30), Münster 1913.

829 Mauritz, Alfred, Ahnenliste der Geschwister Mauritz, in: Beiträge zur westdeutschen Familienforschung 1 (1938), S. 102.

830 Melchers, Hans, Die westfälische Steinskulptur von 1500–1560, Emsdetten 1931.

831 Mellink, Albert F., Het beeld van het doperse rijk te Munster voorheen en thans, in: Doopsgezinde Bijdragen 10 (1984), S. 45–60.

832 Mellink, Albert F., The Mutual Relations between the Münster Anabaptists and the Netherlands, in: Archiv für Reformationsgeschichte 50 (1959), 1, S. 16–33.

833 Mellink, Albert F., Das münsterische Täufertum und die Niederlande, in: Jahrbuch für Westfälische Kirchengeschichte 78 (1985), S. 13–18.

834 Mellink, Albert F., Groningse Wederdopers te Munster (1538). Een bijdrage tot de geschiedenis der Batenburgse richting, in: Nederlands Archief voor Kerkgeschiedenis 44 (1961), S. 87–100.

835 Menck, Kristiane, Münstersche Goldschmiedekunst von der Wiedertäuferzeit bis zum Klassizismus, Diss., Münster 1978.

836 Müller, Eugen, Der stolze Nachbar des münsterischen Rathauses ein ehemaliges Wiedertäuferhaus, in: Westfalen 11 (1921/1922), S. 14–23.

837 Müller, Eugen, Der Postdienst in Münster während der Westfälischen Friedenstagung (1641–1649), in: Archiv für Post und Telegraphie 47 (1919), S. 144–156.

838 Müller, Eugen, Reichsritter Johann von Reumont, Stadtkommandant von Münster und Oberkommandant im Stift Münster (1600–1672), in: Westfälische Zeitschrift 90 (1934), Teil I, S. 171–192.

839 Mummenhoff, Karl Eugen, Die Profanbaukunst im Oberstift Münster von 1450 bis 1650 (Westfalen, Sonderheft 15), Münster 1961.

840 Nabrings, Arie, Strafrecht und Strafverfolgung im Fürstbistum Münster am Ausgang des 16. Jahrhunderts, in: Westfälische Zeitschrift 135 (1985), S. 9–23.

841 Nachlese zur Geschichte der Wiedertäufer in Münster, in: Zeitschrift für vaterländische Geschichte und Alterthumskunde 17 (1856), S. 236–249.

842 Nachlese zur Geschichte der Wiedertäufer in Münster, in: Zeitschrift für vaterländische Geschichte und Alterthumskunde 27 (1867), S. 255–274.

843 Neuhaus, Helmut, Das Reich und die Wiedertäufer von Münster, in: Westfälische Zeitschrift 133 (1983), S. 9–36.

844 Oer, Rudolfine Freiin von, Münster, in: Die Territorien des Reichs im Zeitalter der Reformation und Konfessionalisierung. Land und Konfession 1500–1650 3. Mit Beiträgen v. Hans-Georg Aschoff u. a., hg. v. Anton Schindling/Walter Ziegler (Katholisches Leben und Kirchenreform im Zeitalter der Glaubensspaltung 51), Münster 1991, S. 108–129.

845 Offenberg, Heinrich, Der Münstersche Münzmeister Peter Köplin, in: Zeitschrift für vaterländische Geschichte und Alterthumskunde 54 (1896), Teil I, S. 140–171.

846 Oltmer, Jochen/Schindling, Anton, Der soziale Charakter des Täuferreichs zu Münster 1534/1535. Anmerkungen zur Forschungslage, in: Historisches Jahrbuch 110 (1990), S. 476–491.

847 Pax optima rerum. Beiträge zur Geschichte des Westfälischen Friedens 1648. Unter Mitwirkung von J. Bauermann u. a. hg. v. Ernst Hövel, Münster 1948.

848 Petri, Franz, Das Reich der Wiedertäufer zu Münster. Ein frühbürgerlicher Vorläufer der proletarischen Revolution des 20. Jahrhunderts?, in: ders., Zur Geschichte und Landeskunde der Rheinlande, Westfalens und ihrer westeuropäischen Nachbarländer. Aufsätze und Vorträge aus vier Jahrzehnten, hg. v. Edith Ennen/Alfred Hartlieb von Wallthor/Manfred van Rey, Bonn 1973, S. 524–538.

849 Peus, Busso, Der Reichsadler auf münsterschen Münzen, in: 279: Quellen und Forschungen zur Geschichte der Stadt Münster 3, S. 31–38.

850 Pieper, Anton, Die Maler des westfälischen Friedenskongresses, in: 745: Der Westfälische Friede, S. 180–201.

851 Pieper, Paul, Ein Muttergottesbild von Hermann tom Ring, in: Anzeiger des Germanischen Nationalmuseums 1964, S. 57–70.

852 Pieper, Paul, Das Rietberg-Bildnis von Hermann tom Ring, in: Westfalen 36 (1958), S. 192–212.

853 Pieper, Paul, Hermann tom Ring als Bildnismaler, in: Westfalen 34 (1956), S. 72–101.

854 Pieper, Paul, Ludger tom Ring d. J. und die Anfänge des Stillebens, in: Münchener Jahrbuch der bildenden Kunst, 3. Folge 15 (1964), S. 113–122.

855 Pieper, Paul, Ludger tom Ring d. J., Hochzeit zu Kana, in: Niederdeutsche Beiträge zur Kunstgeschichte 2 (1962), S. 219–238.

856 Pieper, Paul, Ludger tom Ring d. J. als Porträtist des Adels und des Bürgertums, in: 2696: Stadt im Wandel 3, S. 687–708.

857 Planeth, Elsbeth, Der außerwestfälische Handel münsterscher Kaufleute von 1536–1661. Auf Grund der Quellen im münsterschen Stadtarchiv, Gütersloh 1937.

858 Plümper, Hans-Dieter, Die Gütergemeinschaft bei den Täufern des 16. Jahrhunderts (Göppinger Akademische Beiträge 62), Göppingen 1972.

859 Porter, Jack W., Bernhard Rothmann (1495–1535). Royal Orator of the Münster Anabaptist Kingdom, London 1964.

860 Prinz, Joseph, Beiträge zur Geschichte der Malerei in Münster, in: Westfalen 37 (1959), S. 206–213.

861 Prinz, Joseph, Münster 1648. Gedanken zu einem alten Bild, Münster 1973.

862 Prinz, Joseph, Johannes Münstermann. Zu einem Bildnis von Hermann tom Ring, in: Westfalen 40 (1962), S. 300–307.

863 Prinz, Joseph, Münsterische „Plakatbriefe". Aus der Frühzeit der amtlichen Drucksache, in: 265: Ex officina literaria, S. 81–114.

864 Prinz, Joseph, Hermann tom Ring als Kartograph, in: Westfalen 31 (1953), S. 27–39.

865 Püschel, Erich, Untersuchungen über die Verbreitung einer epidemischen Krankheit in Westfalen. Der Englische Schweiß des Jahres 1529, in: Westfälische Forschungen 10 (1957), S. 57–63.

866 Rammstedt, Otthein, Sekte und soziale Bewegung. Soziologische Analyse der Täufer in Münster (1534/35) (Dortmunder Schriften zur Sozialforschung 34), Köln/Opladen 1966.

867 Rensing, Theodor, Zur Genealogie der Gröninger, in: 243: Monasterium, S. 137–148.

868 Ridder, Bernhard, Die Kontroverse zwischen Petrus Michael Brillmacher S.J. und dem Junker Johann von Münster. Ein Beitrag zur westfälischen Reformationsgeschichte, Münster 1929.

869 Riewerts, Theodor, Deutsches und Niederländisches bei Hermann tom Ring. Beiträge zur Würdigung des Malers, in: Westfalen 23 (1938), S. 276–287.

870 Riewerts, Theodor/Pieper, Paul, Die Maler tom Ring. Ludger der Ältere, Hermann, Ludger der Jüngere (Westfälische Kunst), München/Berlin 1955.

871 Risse, Adolf, Beiträge zu einer Biographie des münsterischen Arztes Dr. med. Bernhard Rottendorff (1594–1671), in: 2720: Studia Westfalica, S. 285–340.

872 Risse, Adolf, Pueri Expositi. In Münster gefundene Findelkinder, in: Rheinisch-westfälische Zeitschrift für Volkskunde 7 (1960), S. 163–177.

873 Ritschl, Anselm, Das neue Jerusalem der münsterischen Anabaptisten. Eine Untersuchung zur Psychologie und Psychopathologie der Massen, München 1963.

874 Ritschl, Hans, Die Kommune der Wiedertäufer in Münster. Ursachen und Wesen des täuferischen Kommunismus, Bonn/Leipzig 1923.

875 Rothert, Hermann, Das Reich der „Wiedertäufer" zu Münster. Überarbeitet v. Karl-Heinz Kirchhoff, 4. Auflage, Münster 1984.

876 Sauer, Wilhelm, Die Bestrebungen Münsters nach Reichsfreiheit, in: Zeitschrift für vaterländische Geschichte und Alterthumskunde 30 (1872), Teil I, S. 103–140.

877 Schafmeister, Karl, Herzog Ferdinand von Bayern, Erzbischof von Köln, als Fürstbischof von Münster (1612–1650), Haselünne 1912.

878 Schilling, Heinz, Aufstandsbewegungen in der Stadtbürgerlichen Gesellschaft des Alten Reiches. Die Vorgeschichte des Münsteraner Täuferreichs, 1525–1534, in: Der deutsche Bauernkrieg 1524–1526, hg. v. Hans-Ulrich Wehler (Geschichte und Gesellschaft, Sonderheft 1), Göttingen 1975, S. 193–238.

879 Schmidt, Maria, Zwei münsterische Prozessions-Stiftungen aus den Jahren 1631/32, in: Rheinisch-Westfälische Zeitschrift für Volkskunde 7 (1960), S. 215–220.

880 Schmitz, Karl Josef, Die Grundlegung eines neuen Kirchentyps in der Jesuitenkirche St. Peter zu Münster, in: 2642: ders., Grundlagen und Anfänge, S. 30–54.

881 Schmitz-Kallenberg, Ludwig, Zur Geschichte des münsterischen Leinwandhandels um 1600, in: Zeitschrift für vaterländische Geschichte und Altertumskunde 84 (1927), Teil I, S. 221–229.

882 Schmitz-Kallenberg, Ludwig, Kleinere Mitteilungen zur münsterischen Kunstgeschichte des 16. und 17. Jahrhunderts, in: Zeitschrift für vaterländische Geschichte und Altertumskunde 73 (1915), Teil I, S. 222–235, und Zeitschrift für vaterländische Geschichte und Altertumskunde 74 (1916), Teil I, S. 299–304.

883 Scholte, J. H., Münster in het werk van Gerard ter Borch, in: Oud-Holland 63 (1948), S. 9–38.

884 Schröer, Alois, Das Tridentinum und Münster, in: Das Weltkonzil von Trient. Sein Werden und Wirken 2. Unter Mitarbeit v. A. Allgeier u. a. hg. v. Georg Schreiber, Freiburg 1951, S. 295–370.

885 Schulze, Rudolf, Das Minoritenkloster zu Münster während des Dreißigjährigen Krieges, in: 228: Liudger und sein Erbe 2, S. 251–290.

886 Schulze, Rudolf, Der niederländische Rechtsgelehrte Viglius van Zuichem (1507–1577) als Bischöflich-Münsterischer Offizial und Dechant von Liebfrauen (Überwasser) zu Münster (Westf.), in: Westfälische Zeitschrift 101/102 (1953), S. 183–230.

887 Schwarz, Wilhelm Eberhard, Die Anfänge des münsterischen Fürstbischofs Johann v. Hoya (1566–1568), in: Zeitschrift für vaterländische Geschichte und Altertumskunde 69 (1911), Teil I, S. 14–71.

888 Schwarz, Wilhelm Eberhard, Exkurs über die Gründe der Resignation des Fürstbischofs Bernhard v. Raesfeld, in: Zeitschrift für vaterländische Geschichte und Altertumskunde 69 (1911), Teil I, S. 460–464.

889 Schwarz, Wilhelm Eberhard, Zur Geschichte der Münsterschen Domschule im 16. Jahrhundert, in: Zeitschrift für vaterländische Geschichte und Altertumskunde 76 (1918), Teil I, S. 227–244.

890 Schwarz, Wilhelm Eberhard, Der päpstliche Nuntius Kaspar Gropper und die katholische Reform im Bistum Münster, in: Zeitschrift für vaterländische Geschichte und Altertumskunde 68 (1910), Teil I, S. 1–96.

891 Schwarz, Wilhelm Eberhard, Die Reform des bischöflichen Offizialates in Münster durch Johann v. Hoya (1573), in: Zeitschrift für vaterländische Geschichte und Altertumskunde 74 (1916), Teil I, S. 1–228.

892 Schwarz, Wilhelm Eberhard, Zur Vorgeschichte der Visitation des Bistums Münster unter Joh. v. Hoya, in: Zeitschrift für vaterländische Geschichte und Altertumskunde 79 (1921), Teil I, S. 95–135.

893 Sökeland, Bernhard, Geschichte des Münsterschen Gymnasiums von dem Uebergange desselben an die Jesuiten im Jahre 1588 bis 1630, Münster 1826.

894 Stayer, James M., The Münsterite Rationalization of Bernhard Rothmann, in: Journal of the History of Ideas 28 (1967), S. 179–192.

895 Steffen, Ruth, Unbekannte Drucke Gottfried Tzwivels, in: 265: Ex officina literaria, S. 77–80.

896 Steinbicker, Clemens, Die Buchdruckerfamilie Tzwivel in Münster, in: 265: Ex officina literaria, S. 35–54.

897 Steinbicker, Clemens, Bernhard Frie zum Backhaus. Aus dem Leben eines honoratiorischen münsterischen Kaufmanns des 16. Jahrhunderts, in: Mitteilungen der Westdeutschen Gesellschaft für Familienkunde 21 (1963/1964), Sp. 303–326.

898 Steinbicker, Clemens, Vom Geschlechterkreis der münsterischen Rats- und Bürgermeistersfamilie Timmerscheidt. Ein Beitrag zur Geschichte des münsterischen Honoratiorentums des 17. Jahrhunderts, in: Westfälische Zeitschrift 111 (1961), S. 95–117.

899 Steinbicker, Clemens, Der ermordete Komtur als Ahnherr, in: Archiv für Sippenforschung und alle verwandten Gebiete 3/4 (1961), S. 3–14.

900 Striedinger, Ivo, Die Bildnisse in den Friedenssälen zu Münster und Osnabrück, in: 279: Quellen und Forschungen zur Geschichte der Stadt Münster 4, S. 223–252.

901 Stupperich, Robert, Corvinus und die Münsterschen Wiedertäufer, in: Jahrbuch der Gesellschaft für niedersächsische Kirchengeschichte 53 (1955), S. 1–12.

902 Stupperich, Robert, Das Königreich Zion in Münster (1534/35). Fragen zur Täuferherrschaft in einer belagerten Stadt, in: Massenwahn in Geschichte und Gegenwart. Ein Tagungsbericht, hg. v. Wilhelm Bitter, Stuttgart 1965, S. 208–219.

903 Stupperich, Robert, Landgraf Philipp von Hessen und das münsterische Täufertum, in: Festgabe für W. F. Dankbaar, Amsterdam 1977, S. 98–115.

904 Stupperich, Robert, Straßburg und Münster in ihren Beziehungen 1531–1534, in: Revue d'histoire et de philosophie religieuse 54 (1974), S. 69–77.

905 Stupperich, Robert, Der Münstersche Täuferkrieg im Lichte der Korrespondenzen aus dem Reichsgebiet. Erster Teil, in: Jahrbuch für Westfälische Kirchengeschichte 82 (1989), S. 127–167.

906 Stupperich, Robert, Das Münsterische Täufertum im Blickfeld des Reiches, in: Westfalen 58 (1980), S. 109–116.

907 Stupperich, Robert, Das münsterische Täufertum. Ergebnisse und Probleme der neueren Forschung (Schriften der Historischen Kommission für Westfalen 2), Münster 1958.

908 Stupperich, Robert, Dr. Johann von der Wyck. Ein münsterscher Staatsmann der Reformationszeit, in: Westfälische Zeitschrift 123 (1973), S. 9–50.

909 Thesing, Susanne, Der Gilde-Schild der Goldschmiede zu Münster i. W. aus dem Jahre 1613. Zu einem wiederaufgefundenen Original von Hermann Potthof, in: Zeitschrift für Kunstgeschichte 45 (1982), S. 66–77.

910 Tibus, Adolph, Die Jakobipfarre in Münster von 1508–1523. Ein Beitrag zur Sittengeschichte Münsters, Münster 1885; Zusätze in: Zeitschrift für vaterländische Geschichte und Alterthumskunde 45 (1887), Teil I, S. 182–189.

911 Tophoff, Theodor, Christian von Braunschweig und Johann Jacob Graf von Anholt. Die Verwüstungen der Stifter Paderborn und Münster in den Jahren 1622–23, größtentheils aus ungedruckten Nachrichten in dem Provinzial-Archive zu Münster und einigen städtischen Archiven, in: Zeitschrift für vaterländische Geschichte und Alterthumskunde 13 (1852), S. 91–189.

912 Viehl, Herbert, Die Politik des Basler Bürgermeisters Wettstein in Münster und Osnabrück 1646/47 und die Reichsstände, Diss., Mainz 1967.

913 Vogler, Günter, Das Täuferreich zu Münster im Spannungsfeld von Täuferbewegung und Reichspolitik, in: Zeitschrift für Geschichtswissenschaft 36 (1988), S. 23–35.

914 Volk, Paulus, Der Friedensbevollmächtigte Adam Adami aus Mülheim a. Rh. bei den Verhandlungen in Münster und Osnabrück (1645–1648). Aus unbekannten Briefen, in: Annalen des Historischen Vereins für den Niederrhein 142/143 (1943), S. 84–146.

915 Warnke, Martin, Durchbrochene Geschichte? Die Bilderstürme der Wiedertäufer in Münster 1534/1535, in: Bildersturm. Die Zerstörung des Kunstwerks, hg. v. dems. (Kunstwissenschaftliche Untersuchungen des Ulmer Vereins für Kunstwissenschaft 1), München 1973, S. 65–98.

916 Wolgast, Eike, Herrschaftsorganisation und Herrschaftskrisen im Täuferreich von Münster 1534/35, in: Archiv für Reformationsgeschichte 67 (1976), S. 179–202.

917 Zurbonsen, Friedrich, Aus den Censurenlisten des Gymnasiums 1636–1647, in: 143: Königliches Paulinisches Gymnasium zu Münster, S. 51–71.

4. Vom Westfälischen Frieden bis zur Säkularisation

4.1 Quellenpublikationen und überlieferungskritische Untersuchungen

918 Akten und Urkunden zur Außenpolitik Christoph Bernhards von Galen (1650–1678), hg. v. Wilhelm Kohl, 3 Bde. (Quellen und Forschungen zum Absolutismus in Westfalen 1 = Veröffentlichungen der Historischen Kommission für Westfalen 42), Münster 1980/1986.

919 Gleichzeitige Aufzeichnungen über die Belagerung Münsters durch die Alliirten 1759, in: Zeitschrift für vaterländische Geschichte und Altertumskunde 61 (1903), Teil I, S. 23–51.

920 Die Aufzeichnungen Corfeys zur Geschichte des münsterschen Max-Clemens-Kanals, hg. v. Helmut Lahrkamp, in: 924: Corfey, Reisetagebuch, S. 301–324.

921 Münsters Bevölkerung um 1685, hg. v. Helmut Lahrkamp (Quellen und Forschungen zur Geschichte der Stadt Münster NF 6), Münster 1972.

922 Bevölkerung und Topographie Münsters um 1770, hg. v. Helmut Lahrkamp (Quellen und Forschungen zur Geschichte der Stadt Münster NF 10), Münster 1980.

923 Münsterische Chronick oder begebenheiten im siebenjährigen Kriege in Münster, in: Zeitschrift für vaterländische Geschichte und Alterthumskunde 36 (1878), Teil I, S. 82–198, und Zeitschrift für vaterländische Geschichte und Alterthumskunde 37 (1879), Teil I, S. 3–112.

924 Corfey, Lambert Friedrich, Reisetagebuch 1698–1700, hg. v. Helmut Lahrkamp (Quellen und Forschungen zur Geschichte der Stadt Münster NF 9), Münster 1977.

925 Dohm, Christian Wilhelm von, Denkwürdigkeiten meiner Zeit oder Beiträge zur Geschichte vom lezten Viertel des achtzehnten und vom Anfang des neunzehnten Jahrhunderts, 1788–1806 1, Lemgo/Hannover 1814.

926 Erler, Georg, Bruchstück eines Tagebuches der Belagerung von Münster vom 19. bis zum 23. August 1657, in: Zeitschrift für vaterländische Geschichte und Altertumskunde 69 (1911), Teil I, S. 175–178.

927 Erler, Georg, Die Denkschrift des Reichsfreiherrn Clemens August Maria von Kerkering zur Borg über den Zustand des Fürstbistums Münster im Jahre 1780, in: Zeitschrift für vaterländische Geschichte und Altertumskunde 69 (1911), Teil I, S. 403–450.

928 Erler, Georg, Zwei Quellen zur Geschichte Münsters im 18. Jahrhundert, in: Zeitschrift für vaterländische Geschichte und Altertumskunde 62 (1904), Teil I, S. 155–192.

929 Erler, Georg, Tagebuch der Belagerung von Münster vom 8. August bis zum 30. Oktober 1657, in: Zeitschrift für vaterländische Geschichte und Altertumskunde 69 (1911), Teil I, S. 96–174.

930 Fraatz, Paul, Briefe Chr. Ludwig Hoffmanns an seine Patientin, die Fürstin Adelheid Amalie v. Gallitzin, aus den Jahren 1781–93, in: Westfälische Zeitschrift 96 (1940), Teil I, S. 153–174.

931 Franz Freiherr von Fürstenberg, Schulordnung 22. Januar 1776. Zum 150. Todestag des Gründers der Westfälischen Wilhelms-Universität Münster am 16. September 1960 im Auftrage des Rektors und des Kuratoriums mit einem Nachwort hg. v. Siegfried Sudhof, Münster 1960.

932 Franz von Fürstenberg. Sein Leben und seine Schriften, hg. v. Josef Esch, in: Bibliothek der katholischen Pädagogik 4, Freiburg 1891, S. 57–316.

933 Franz von Fürstenbergs Leben und Schriften über Erziehung und Unterricht; sowie die Schulgesetzgebung im ehemaligen Fürstentum Münster, bearbeitet und erläutert v. Konrad Ernesti (Sammlung der bedeutendsten pädagogischen Schriften aus alter und neuer Zeit 14), Paderborn 1893.

934 Fürstenberg, Fürstin Gallitzin und ihr Kreis. Quellen und Forschungen. Zusammengestellt v. Erich Trunz, Münster 1955.

935 Geisberg, Max, Eine Darstellung des Prinzipalmarktes um 1716, in: 279: Quellen und Forschungen zur Geschichte der Stadt Münster 3, S. 1–8.

936 Geisberg, Max, Die Fürstbischöflich Münsterschen Offiziere in den Hofkalendern 1776–1802, in: Westfälisches Familien-Archiv 1 (1920), S. 11–13, Westfälisches Familien-Archiv 2 (1921), S. 27–28, Westfälisches Familien-Archiv 3 (1922), S. 42–44, Westfälisches Familien-Archiv 4 (1924), S. 51–53, Westfälisches Familien-Archiv 5 (1926), S. 74–76.

937 Gruner, Justus, Meine Wallfahrt zur Ruhe und Hoffnung oder Schilderung des sittlichen und bürgerlichen Zustandes Westphalens am Ende des 18. Jahrhunderts 2, Frankfurt 1803.

938 Hövel, Ernst, Judentaufen in den Ratsprotokollen des Stadtarchivs Münster im 17. und 18. Jahrhunderts, in: Beiträge zur westfälischen Familienforschung 1 (1938), S. 41–43.

939 Hövel, Ernst, Quellen zur Personengeschichte Fürstlich Münsterscher Regimenter des 17. und 18. Jahrhunderts, in: Beiträge zur westfälischen Familienforschung 1 (1938), S. 2–14.

940 Hugenroth, Hermann, Zum dichterischen Werk des münsterschen Arztes und Humanisten Bernhard Rottendorff (1594–1671). Mit Beiträgen von Helmut Lahrkamp und Bertram Haller, hg. v. Franz-Josef Jakobi (Quellen und Forschungen zur Geschichte der Stadt Münster NF 15), Münster 1991.

941 Kahle, August, Der erste Entwurf der Fürstenbergschen Schulordnung. Aus einer bisher unbeachteten Handschrift veröffentlicht, in: Festschrift zur Feier der Einweihung des neuen Gymnasialgebäudes, hg. v. Kgl. Paulinischen Gymnasium zu Münster, Münster 1898, S. 73–104.

942 Ketteler, Josef, Die Vormundschaften in den causae pupillares, in: 279: Quellen und Forschungen zur Geschichte der Stadt Münster 2, S. 93–122.

943 Ketteler, Josef, Die Vormundschaften in den Pupillar-Protokollen 1789–1804, in: 279: Quellen und Forschungen zur Geschichte der Stadt Münster 2, S. 295–329.

944 Kluge, Hans, Die Umschreiberegister der Stadt Münster 1775–1804 als Quelle zur Berufs- und Wirtschaftsgeschichte und als Häuserkataster 1, Diss., Münster 1943.

945 Kohl, Wilhelm, Die Notariatsmatrikel des Fürstbistums Münster, in: Beiträge zur westfälischen Familienforschung 20 (1962), S. 3–136.

946 Kohl, Wilhelm, Steuerlisten des Fürstbistums Münster, in: Beiträge zur westfälischen Familienforschung 15 (1957), S. 1–77.

947 Die Korrespondenz des Münsterer Fürstbischofs Christoph Bernhard v. Galen mit dem Heiligen Stuhl (1650–1678), hg. v. Alois Schröer (Westfalia Sacra 3), Münster 1972.

948 Der Kreis von Münster. Briefe und Aufzeichnungen Fürstenbergs, der Fürstin Gallitzin und ihrer Freunde, hg. v. Siegfried Sudhof, 1 Teilbd. in 2 Hälften (Westfälische Briefwechsel und Denkwürdigkeiten 5 = Veröffentlichungen der Historischen Kommission Westfalens 19), Münster 1962/1964.

949 Lahrkamp, Helmut, Brieftagebücher und Korrespondenz des münsterschen Dompropstes und Salzburger Domdechanten Wilhelm von Fürstenberg (1623–1699), in: Westfälische Zeitschrift 115 (1965), S. 459–487.

950 Lahrkamp, Helmut, Alte Geschäftsbücher als Quellen zur lokalen Wirtschaftsgeschichte Münsters, in: 279: Quellen und Forschungen zur Geschichte der Stadt Münster NF 5, S. 290–293.

951 Lahrkamp, Helmut, Ein Kontrakt Schlauns mit dem Lotharinger Kloster in Münster aus dem Jahr 1772, in: Westfälische Zeitschrift 131/132 (1981/1982), S. 205–207.

952 Langemeyer, Gerhard, Kunsthistorische Nachbemerkungen zum Katalog der Werke des Johann Bockhorst, in: Westfalen 60 (1982), S. 185–199.

953 Marquardt, Ernst, Fürstenberg über die politischen und militärischen Ereignisse seiner Zeit. Nach seinen Briefen an die Fürstin Gallitzin 1781 bis 1801, in: Westfalen 33 (1955), S. 55–73.

954 Minn, Josef, Die Lebensbeschreibungen des Fürstbischofs Christoph Bernhard von Galen im 17. Jahrhundert. Mit besonderer Berücksichtigung der von Johannes von Alpen verfaßten Biographie (Beiträge für die Geschichte Niedersachsens und Westfalens 9), Hildesheim 1907.

955 Müller, Helmut, Westfälische Freibriefe aus dem Bestand der Ordenskommende St. Georg in Münster, in: Beiträge zur westfälischen Familienforschung 30/32 (1972/1974), S. 79–85.

956 Der wissenschaftliche und juristische Nachlaß von Anton Matthias Sprickmann, hg. v. Günther Goldschmidt, Münster 1979.

957 Overberg, Bernard, Anweisung zum zweckmäßigen Schulunterricht für die Schullehrer im Hochstifte Münster, Münster 1793.

958 Prinz, Joseph, Ein Totenregister des Domherrenfriedhofs in Münster 1590–1742, in: Beiträge zur westfälischen Familienforschung 11 (1952), 2, S. 16–23.

959 Die Schul-Ordnung des Hochstifts Münster vom Jahre 1776. Mit vergleichender Rücksicht auf die Bedürfnisse, Wünsche und Verirrungen der Pädagogik unserer Zeit kritisch und litterarisch erläutert und mit einer historischen Einleitung über das frühere Schulwesen in den katholischen Staaten Deutschlands überhaupt und im Hochstifte Münster insbesondere versehen v. Emil Ferdinand Vogel, Leipzig 1837.

960 Schulte, Eduard, Die letzte Rangliste des Münsterschen Militärs, in: Westfalen 15 (1930), S. 157–162.

961 Thomasen, Anne-Liese, Berichte des dänischen Gesandten in Münster über Ferdinand von Fürstenbergs Krankheit und Tod 1683, in: Westfälische Zeitschrift 123 (1973), S. 181–187.

962 Tumbült, Georg, Cerocensualität und Bürgerschaft, in: Zeitschrift für vaterländische Geschichte und Alterthumskunde 45 (1887), Teil I, S. 73–81.

963 Das Urteil des Reichskammergerichts im Münsterschen „Erbmännerprozeß" vom 30. Oktober 1685, bearbeitet v. Rudolfine Freiin von Oer (Westfälische Quellen im Bild 20 – Beilage zu „Archivpflege in Westfalen und Lippe" 26), o. O. 1986.

964 Veddeler, Peter, Französische Emigranten in Westfalen 1792–1802. Ausgewählte Quellen (Veröffentlichungen der staatlichen Archive des Landes Nordrhein-Westfalen C/28), Münster 1989.

965 Welter, Hans W., Streitschriften zur Münsterer Koadjutorwahl 1667/68. Ein Versuch der Einordnung, in: 2720: Studia Westfalica, S. 376–402.

966 Wiens, Eberhard, Die Belagerung der Stadt Münster im Jahre 1661 durch Christoph Bernard v. Galen. Aus einer gleichzeitigen Handschrift, in: Zeitschrift für vaterländische Geschichte und Alterthumskunde 10 (1847), S. 170–189.

967 Wiens, Eberhard, Sammlung fragmentarischer Nachrichten über Christoph Bernard von Galen, Fürstbischof zu Münster 1, Münster 1834.

4.2 Dokumentationen und Kataloge

968 Jan Boeckhorst 1604–1668. Maler der Rubenszeit. Rubenshaus Antwerpen 7. 7. – 2. 9. 1990, Westfälisches Landesmuseum für Kunst und Kulturgeschichte Münster 16. 9. – 11. 11. 1990, Freren 1990.

969 Bommen Berend. Das Fürstbistum Münster unter Bischof Christoph Bernhard von Galen 1650–1678. Landesmuseum Münster, Münster 1972.

970 Dethlefs, Gerd, Zwei Münzschatzfunde im Stadtmuseum Münster, in: Münstersche Numismatische Zeitung 11 (1981), S. 55–70.

971 Galen, Hans, Durchsetzung des Absolutismus (Geschichte original – am Beispiel der Stadt Münster 1), Münster 1978.

972 Johann Georg Hamann 1730–1788. Quellen und Forschungen, hg. v. Renate Knoll. Katalog zu den Ausstellungen von Universitätsbibliotheken anläßlich des 200. Todestages von Hamann und des Fünften Internationalen Hamann-Kolloquiums in Münster in Verbindung mit der Kulturstiftung der deutschen Vertriebenen, Bonn 1988.

973 Kampf um Münster 1657. Faksimile des Belagerungsplanes „Abris der Mvnsterischen Belegerung“. Stadtmuseum Münster, 16. November 1990 – 6. Januar 1991, Münster 1990.

974 Kurfürst Clemens August. Landesherr und Mäzen des 18. Jahrhunderts. Ausstellung in Schloß Augustusburg zu Brühl 1961, Köln 1961.

975 Lahrkamp, Helmut, Werkverzeichnis [Johann Bockhorst], in: Westfalen 60 (1982), S. 23–184.

976 Münster, Wien und die Türken 1683–1983. Ausstellung zur 300jährigen Wiederkehr der Befreiung Wiens 1683. Stadtmuseum Münster, 27. Mai bis 21. August 1983, Münster [1983].

977 Johann Christoph Rincklake, hg. v. Max Geisberg. Mit einer Einleitung von Burkhard Meier, Münster 1914.

978 Johann Conrad Schlaun 1695–1773. Ausstellung zu seinem 200. Todestag, 21. Oktober – 30. Dezember 1973, Landesmuseum Münster. Im Auftrage des Landschaftsverbandes Westfalen-Lippe hg. v. Klaus Bußmann, 2 Bde. (Schlaunstudie 1), Greven [1973].

979 Schulte, Eduard, Die Mitglieder des Rates 1661–1802, in: 279: Quellen und Forschungen zur Geschichte der Stadt Münster 3, S. 205–225.

980 Siekmann, Mechthild, Der große Brand im Martini-Viertel 1759. Eine Liste der 225 abgebrannten Wohnungen, in: 184: 800 Jahre St. Martini, S. 229–237.

981 Siekmann, Mechthild, Konkordanzen zu den Numerierungen der Häuser Münsters von 1769, 1784 und 1873, in: 922: Bevölkerung und Topographie Münsters um 1770, S. 137–288.

982 1789. Wien – Münster – Paris am Vorabend der Revolution. Stadtmuseum Münster, 1. September bis 31. Dezember 1989, hg. im Auftrage der Stadt v. Hans Galen, Münster 1989.

4.3 Spezialstudien

983 Aschoff, Hans Georg, Niels Stensen – Seelsorger in der nordischen Diaspora, in: Die Diözese Hildesheim in Vergangenheit und Gegenwart (Jahrbuch des Vereins für Heimatkunde im Bistum Hildesheim 55), Hildesheim 1987, S. 89–96.

984 Bading, Theodor, Die innere Politik Christoph Bernhards von Galen, Fürstbischofs von Münster, in: Zeitschrift für vaterländische Geschichte und Altertumskunde 69 (1911), Teil I, S. 179–303.

985 Bahlmann, Paul, Die Münsterische Korntaxe von 1559 bis 1760, in: Zeitschrift für vaterländische Geschichte und Alterthumskunde 49 (1891), Teil I, S. 75–96.

986 Bahlmann, Paul, Die Militär-Akademie zu Münster i. W., in: Westdeutsche Zeitschrift für Geschichte und Kunst 13 (1894), S. 397–404.

987 Baum, Wilhelm, Die Wahl des Erzherzogs Maximilian Franz zum Koadjutor des Kurstiftes Köln und des Fürstbistums Münster (1779/80), in: Mitteilungen des Instituts für Österreichische Geschichtsforschung 81 (1973), S. 139–147.

988 Becker, Manfred P., Die Ernennung von Johannes Alpen zum Generalvikar und Siegler durch Christoph Bernhard von Galen. Ein Beitrag zu den Archidiakonalstreitigkeiten im Bistum Münster im 17. Jahrhundert, in: 2720: Studia Westfalica, S. 53–75.

989 Becker-Huberti, Manfred, Die tridentinische Reform im Bistum Münster unter Fürstbischof Christoph Bernhard v. Galen 1650 bis 1678. Ein Beitrag zur Geschichte der katholischen Reform (Westfalia Sacra 6), Münster 1978.

990 Beilmann, Mechthild, Achilles unter den Töchtern des Lykomedes. Boeckhorsts profane Historienmalerei, dargestellt am Beispiel eines antiken Sagenstoffes, in: 968: Jan Boeckhorst 1604–1668, S. 133–139.

991 Berghaus, Peter, Künstler und Handwerker im Dienst Fürstbischof Christoph Bernhards von Galen, in: Westfalen 58 (1980), S. 133–138.

992 Beusker, Gerd, Bemerkungen zu Gerd Dethlefs Artikel „Zur Frühgeschichte der münsterischen Hofkapelle 1660–1683“, in: Westfalen 66 (1988), S. 152–153.

993 Beusker, Gerd, Die Münsterische Dom-, Hof- und Musikkapelle 1650–1802. Ein Beitrag zur Musikgeschichte der Stadt Münster, Kassel/Basel/Tours/London 1978.

994 Bierbaum, Max, Niels Stensen, Weihbischof von Münster (1680–1683), und seine Beziehungen zum Paulus-Dom, in: 243: Monasterium, S. 455–469.

995 Bleckwenn, Hans, Zur Formation und Ausrüstung Münsterischer Truppen im 18. Jahrhundert, in: 1160: Schlaun als Soldat und Ingenieur, S. 173–205.

996 Böker, Hans Josef, Unbekannte Planzeichnungen Lambert Friedrich Corfeys, in: Westfalen 67 (1989), S. 171–183.

997 Borgmann, Richard, Offiziere und Unteroffiziere der Münsterschen Armee 1713, in: Beiträge zur westfälischen Familienforschung 2 (1939), S. 26–31.

998 Braubach, Max, Die Aussenpolitik Max Friedrichs von Königsegg, Kurfürsten von Köln und Fürstbischofs von Münster (1761–1784), in: Annalen des Historischen Vereins für den Niederrhein 115 (1929), S. 330–353.

999 Braubach, Max, Das Domkapitel zu Münster und die Koadjutorwahl des Erzherzogs Maximilian (1780), in: Historische Aufsätze Aloys Schulte zum 70sten Geburtstag gewidmet, Düsseldorf 1927, S. 239–251.

1000 Braubach, Max, Max Franz von Österreich, letzter Kurfürst von Köln und Fürstbischof von Münster. Versuch einer Biographie auf Grund ungedruckter Quellen, Münster 1925.

1001 Braubach, Max, Maria Theresias jüngster Sohn Max Franz, letzter Kurfürst von Köln und Fürstbischof von Münster, Wien/München 1961.

1002 Braubach, Max, Politisch-militärische Verträge zwischen den Fürstbischöfen von Münster und den Generalstaaten der Vereinigten Niederlande im 18. Jahrhundert, in: Westfälische Zeitschrift 91 (1935), Teil I, S. 150–194.

1003 Brox, Franz, Die Einführung der neuhochdeutschen Schriftsprache in Münster, Diss., Münster 1922.

1004 Brühl, Heinrich, Franz von Fürstenberg als Mensch, in: Westfalen 3 (1911), S. 1–24.

1005 Brühl, Heinrich Joseph, Die Tätigkeit des Ministers Franz Freiherrn von Fürstenberg auf dem Gebiet der inneren Politik des Fürstbistums Münster 1763–1780, in: Zeitschrift für vaterländische Geschichte und Altertumskunde 63 (1905), Teil I, S. 167–248.

1006 Bruns, Alfred, Die Barmherzigen Brüder in Münster/Westfalen 1731/32–1818, in: 350 Jahre Barmherzige Brüder in Bayern, Regensburg 1972, S. 128–135.

1007 Büschleb, Hermann, Westfalen und die preußischen Truppen 1795–1802. Ein Kapitel Militärpolitik und Landesgeschichte (Studien zur Militärgeschichte, Militärwissenschaft und Konfliktforschung 33), Osnabrück 1987.

1008 Busen, Hermann, Die Clemenskirche zu Münster. Planung und Wirklichkeit, in: Westfalen 37 (1959), S. 276–286.

1009 Bußkamp, Barbara, Johann Conrad Schlaun 1695–1773. Die Sakralbauten (Schlaunstudie 5), Münster 1992.

1010 Bußmann, Klaus, Wilhelm Ferdinand Lipper. Ein Beitrag zur Geschichte des Frühklassizismus in Münster (Westfalen, Sonderheft 18), Münster 1972.

1011 Bußmann, Klaus, Zur Planungs- und Baugeschichte der münsterischen Residenz, in: 978: Johann Conrad Schlaun, Textteil, S. 178–194.

1012 Dahl, Wilhelm, Die innere Politik Franz Arnolds von Wolff-Metternich zur Gracht, Bischofs von Münster und Paderborn (Beiträge für die Geschichte Niedersachsens und Westfalens 27), Hildesheim 1910.

1013 Dehio, Ludwig, Zur Verfassungs- und Verwaltungsgeschichte des Fürstbistums Münster im 17. und 18. Jahrhundert, in: Zeitschrift für vaterländische Geschichte und Altertumskunde 79 (1921), Teil I, S. 1–24.

1014 Deter, Gerhard, Handwerksförderung in den westfälischen Territorien des 18. Jahrhunderts, in: Westfälische Zeitschrift 138 (1988), S. 67–78.

1015 Deter, Gerhard, Rechtsgeschichte des westfälischen Handwerks im 18. Jahrhundert: Das Recht der Meister (Geschichtliche Arbeiten zur westfälischen Landesgeschichte, Wirtschafts- und sozialgeschichtliche Gruppe 8 = Veröffentlichungen der Historischen Kommission für Westfalen 22 A), Münster 1990.

1016 Dethlefs, Gerd, Beiträge zur neuzeitlichen Münzgeschichte des Fürstbistums Münster, in: Münstersche Numismatische Zeitung 9 (1979), S. 38–43, Münstersche Numismatische Zeitung 10 (1980), S. 5–10, S. 33–34, S. 49–51, und Münstersche Numismatische Zeitung 12 (1982), S. 29–32.

1017 Dethlefs, Gerd, Zur Frühgeschichte der münsterischen Hofkapelle 1660–1683, in: Westfalen 64 (1986), S. 110–124.

1018 Dethlefs, Gerd, Leprosenhaus – Werkhaus – Armenhaus. Die stadtmünsterische Leprosenstiftung Kinderhaus als Objekt fürstbischöflicher Wirtschafts- und Sozialpolitik 1661–1686, in: 81: Beiträge zur neueren Stadtgeschichte, S. 1–33.

1019 Dethlefs, Gerd, Rudolph von der Tinnen (1612–1702). Erbmann – Gutsherr – Bürgermeister, in: 191: Stiftung Rudolph von der Tinnen, S. 15–72.

1020 Dethlefs, Gerd, Zur Zusammensetzung der münsterischen Hofkapelle 1660–1683, in: Westfalen 66 (1988), S. 153–154.

1021 Diembach, Thomas, Belastung durch militärische Einquartierung – dargestellt für die Stadt Münster 1763/64–1802, Magisterarbeit, Münster 1991.

1022 Donner, Heinrich, Ein Werk des Johann Mauritz Gröninger in der Pfarrkirche zu Nottuln, in: Westfalen 22 (1937), S. 28–29.

1023 Druffel, P., Das Münsterische Medizinalwesen von 1750 bis 1818, in: Zeitschrift für vaterländische Geschichte und Altertumskunde 65 (1907), Teil I, S. 44–128.

1024 Eickhoff, Hermann, Der Protestantismus in der Diözese Münster am Ausgange des 17. Jahrhunderts, in: Jahrbuch des Vereins für die Evangelische Kirchengeschichte Westfalens 9 (1907), S. 203–210.

1025 Erhard, Heinrich August, Die beiden letzten münsterschen Fürstenwahlen, in: Allgemeines Archiv für Geschichtskunde des Preußischen Staates 15 (1834), S. 3–46, S. 97–136.

1026 Esser, Wilhelm, Franz von Fürstenberg. Dessen Leben und Wirken nebst seinen Schriften über Erziehung und Unterricht, Münster 1842.

1027 Esterhues, Elisabeth, Die Seidenhändlerfamilie Zurmühlen in Münster i. W. Ein Beitrag zur Handelsgeschichte Westfalens im 17./18. Jahrhundert (Schriften zur Rheinisch-Westfälischen Wirtschaftsgeschichte 4), Köln 1960.

1028 Foerster, Joachim, Kurfürst Ferdinand von Köln. Die Politik seiner Stifter in den Jahren 1634–1650 (Schriftenreihe der Vereinigung zur Erforschung der Neueren Geschichte e.V. 6), Münster 1976.

1029 Francken, A., Das münsterische Priesterseminar unter der Leitung Overbergs, in: 1140: Bernard Overberg als pädagogischer Führer seiner Zeit, S. 147–164.

1030 Frank, Louise, Lebensmittelpolitik der Stadt Münster i. W. von der Mitte des 17. bis zum Anfang des 19. Jahrhunderts, Münster 1915.

1031 Frielinghaus, Herta, Johann Mauritz Gröningers Arbeiten für Kloster Frenswegen, in: Westfalen 24 (1939), S. 122–127.

1032 Fritz, Rolf, Wolfgang Heimbach, Hofmaler Christoph Bernhards von Galen, in: Westfalen 40 (1962), S. 315–332.

1033 Fuchs, Alois, Zur Forschung über die Paderborner Gröninger, in: Westfalen 27 (1948), S. 110–115.

1034 Funcke, Ruth, Grenzen und Möglichkeiten quantitativ-statistischer Untersuchungen zur Bevölkerung von Münster von 1661 bis 1700, Examensarbeit, Münster o. J.

1035 Ferdinand von Fürstenberg. Fürstbischof von Paderborn und Münster 1661–1683, hg. v. Ferdinand Molinski, Paderborn 1963.

1036 Gimpel, Klaus, Münsters Huldigung beim Einzug des Fürstbischofs Ferdinand von Fürstenberg (1679), in: 81: Beiträge zur neueren Stadtgeschichte, S. 287–295.

1037 Gimpel, Klaus, Nachrichten über die Henker (Büttel, Scharfrichter) in Münster. Henkersturm und Büttelei, in: Westfälische Zeitschrift 141 (1991), S. 151–168.

1038 Gimpel, Klaus, Neubürger der Stadt Münster 1661–1815, in: Beiträge zur westfälischen Familienforschung 40 (1982), S. 199–256.

1039 Gimpel, Klaus, Die münsterische Zinnprobe, in: Zinn in Westfalen 3, hg. v. Margarete Pieper-Lippe/Karl-Heinz Husmann (Westfalen, Sonderheft 24), Münster 1988, S. 34–45.

1040 Göres, Jörn, Veränderungen 1774 : 1794. Goethe, Jacobi und der Kreis von Münster, in: Staat und Gesellschaft im Zeitalter Goethes. Festschrift für Hans Thümmler zu seinem 70. Geburtstag, hg. v. Peter Berglar, Köln/Wien 1977, S. 273–284.

1041 Grinten, Ludwig van der, Beiträge zur Gewerbepolitik des letzten Kurfürsten von Köln und Fürstbischofs von Münster Maximilian Franz 1784–1801 (Beiträge für die Geschichte Niedersachsens und Westfalens 14), Hildesheim 1908.

1042 Grote, Udo, Johann Mauritz Gröninger (1651/52–1708), Diss., Münster 1986.

1043 Haas, Isabel, Probleme der Gerichtsverfassung der Stadt Münster, insbesondere der Zuständigkeitskonkurrenz zwischen der Stadt und dem Landesherrn (ca. 1580 bis ca. 1660), Manuskript, Münster 1990.

1044 Haas-Tenckhoff, Bruno, Das Fürstbischöflich-Münsterische Militär im 18. Jahrhundert, in: Westfalen 15 (1930), S. 141–156.

1045 Hanschmidt, Alwin, Zur Armenpolizei der Stadt Münster im ausgehenden 16. Jahrhundert, in: Civitatum Communitas. Studien zum europäischen Städtewesen. Festschrift Heinz Stoob zum 65. Geburtstag 2. In Verbindung mit Friedrich Bernward Fahlbusch und Bernd-Ulrich Hergemöller hg. v. Helmut Jäger/Franz Petri/Heinz Quirin (Städteforschung A/21), Köln/Wien 1984, S. 655–682.

1046 Hanschmidt, Alwin, Franz von Fürstenberg als Staatsmann. Die Politik des Münsterschen Ministers 1762–1780 (Westfälische Biographien 5 = Veröffentlichungen der Historischen Kommission Westfalens 18), Münster 1969.

1047 Hanschmidt, Alwin, Von der Normalschule in Münster (1784) zur Normalschule in Vechta (1830). Zur Vorgeschichte der Lehrerbildung für das Oldenburger Münsterland, in: Von der Normalschule zur Universität. 150 Jahre Lehrerausbildung in Vechta 1830–1980, hg. v. dems./ Joachim Kuropka (Geschichte der oldenburgischen Lehrerbildung 4), Bad Heilbrunn 1980, S. 9–54.

1048 Hanschmidt, Alwin, Die erste münstersche Universität 1773/80–1818. Vorgeschichte, Gründung und Grundzüge ihrer Struktur und Entwicklung, in: 334: Die Universität Münster 1780–1980, S. 3–28.

1049 Hanstein, Thomas, Das Handwerk in Münster im 18. Jahrhundert. Soziale Lage und zünftige Organisation unter den Bedingungen von Stadtentwicklung und Gewerbepolitik, bearbeitet v. Oliver Janz, in: 81: Beiträge zur neueren Stadtgeschichte, S. 34–138.

1050 Hardewig, Heinrich, Die Tätigkeit des Freiherrn Franz von Fürstenberg für die Schulen des Fürstbistums Münster, Hildesheim 1912.

1051 Hartlieb von Wallthor, Alfred, Apollinaris Sammelmann (1770–1832). Konventuale und Guardian des Minoriten-Klosters in Münster, in: 172: 700 Jahre Apostelkirche, S. 111–119.

1052 Hartlieb von Wallthor, Alfred, Der Münstersche Studienfonds. Entstehung und Entwicklung des Vermögens der alten Universität Münster, in: 334: Die Universität Münster 1780–1980, S. 29–35.

1053 Hartmann, Heinrich, Johann Conrad Schlaun, Herr zu Rüschhaus und Hülshoff, kurfürstlich-cölnischer und fürstlich-münsterischer General-Major, Oberst und Kommandant der münsterischen Artillerie, Gouverneur zu Meppen, Oberbaudirektor und Oberlandingenieur im Fürstbistum Münster. Sein Leben und seine Bautätigkeit mit besonderer Berücksichtigung des königlichen Schlosses zu Münster i. W. Ein Beitrag zur Geschichte der westfälischen Architektur des 18. Jahrhunderts (Beiträge zur westfälischen Kunstgeschichte 5), Münster 1910.

1054 Hasenkamp, Johannes, Sprickmann und der Kreis von Münster, Diss., Münster 1955; gekürzt und leicht verändert unter dem Titel „Anton Matthias Sprickmanns geistige Welt. Ein Beitrag zur Geistesgeschichte Westfalens um die Wende des 18. Jahrhunderts, in: Westfälische Zeitschrift 108 (1958), S. 99–175.

1055 Heers, Franz, Die Wahl Christoph Bernhards von Galen zum Fürstbischof von Münster (Beiträge für die Geschichte Niedersachsens und Westfalens 15), Hildesheim 1908.

1056 Heidemann, Hugo, Bevölkerungszahl und berufliche Gliederung Münsters i. W. am Ende des 17. Jahrhunderts (Münstersche Beiträge zur Geschichtsforschung 49), Münster 1917.

1057 Held, Julius S., Nachträge zum Werk des Johann Bockhorst (alias Jan Boeckhorst), in: Westfalen 63 (1985), S. 14–37.

1058 Hellinghaus, Otto, Die letzte Pestepidemie in Münster (1666–1667) und ihre Bekämpfung durch Bischof Christoph Bernhard von Galen, in: Karl Jansen, Sechsundvierzigster Jahresbericht über das Realgymnasium zu Münster i. W., Münster 1898, S. 3–16.

1059 Hengst, Karl, Universität und katholische Reform. Zur Vorgeschichte der Universität Münster, in: 2575: Reformatio Ecclesiae, S. 749–777.

1060 Hesse, Herta, Anton Josef und Anton Ferdinand Stratmann als Porträtmaler, in: Westfalen 44 (1966), S. 250–260.

1060a Hesse-Frielinghaus, Herta, Die Kappers als Bildnismaler, in: Westfalen 27 (1948), S. 131–137.

1061 Hesse-Frielinghaus, Herta, Johann Christoph Rincklakes Ausbildungsweg, in: Westfalen 29 (1951), S. 257–263.

1062 Hesse-Frielinghaus, Herta, Johann Christoph Rincklake, in: Westfälische Lebensbilder 6 (1957), S. 84–98.

1063 Hoecken, Karl, Innenräume barocker Adelsbauten in Münster und im Münsterland. Ihre Gestalt und plastische Ausstattung, in: Westfälische Forschungen 3 (1940), S. 99–134.

1064 Hoffmann, Hans, Bernard Overberg. Sein Leben und sein Wirken in Zeit und Überzeit (Gestalten des christlichen Abendlandes 5), München 1940.

1065 Hogrebe, Josef, Die Reform des Gymnasiums zu Münster durch den Minister Freiherrn Franz von Fürstenberg in ihrem zeitgeschichtlichen Zusammenhange (1776), in: Zeitschrift für vaterländische Geschichte und Altertumskunde 86 (1929), Teil I, S. 1–58.

1066 Holzhausen, Walter, Clemens August und die Malerei, in: 974: Kurfürst Clemens August, S. 76–85.

1067 Höper, Eva-Maria, Ambrosius von Oelde. Ein Kapuzinerarchitekt des Frühbarock im Dienst der westfälischen Fürstbischöfe (Rhenania Franciscana antiqua 5), Dülmen 1990.

1068 Horstkötter, Maria, Feuerschutz, Brandbekämpfung und Schadenverhütung in Münster (Westf.) vom 16.–18. Jahrhundert, Münster [1941].

1069 Hüer, Hans, Fürstbischof Christoph Bernhard von Galen und sein Baumeister Peter Pictorius (Westfalen, Sonderheft 3), Münster 1923.

1070 Huppertz, Aegidius, Münster im Siebenjährigen Kriege. Insbesondere die beiden Belagerungen des Jahres 1759, Münster 1908.

1071 Hüsing, Augustin, Fürstbischof Christoph Bernard von Galen, ein katholischer Reformator des 17. Jahrhunderts. Unter Benutzung bisher ungedruckter archivalischer Dokumente dargestellt, Münster/Paderborn 1887.

1072 Huyskens, Viktor, Das St. Clemens-Hospital zu Münster. Seine Gründung (1731–1754) und Entwicklung (1754–1904). Ein geschichtlicher Überblick. Festschrift zum 150jährigen Bestehen des am Feste Mariä Geburt, Sonntag, 8. September 1754, feierlich seiner Bestimmung übergebenen Krankenhauses, Münster [1904].

1073 Inkmann, Sophia, Overbergs Wirken am Kloster der Lotharinger Chorfrauen, in: 1140: Bernard Overberg als pädagogischer Führer seiner Zeit, S. 64–79.

1074 Jacob, Gudrun, Die Hofkammer des Fürstbistums Münster von ihrer Gründung bis zu ihrer Auflösung (1573–1803), in: Westfälische Zeitschrift 115 (1965), S. 1–100.

1075 Jászai, Géza, Barockskulptur, Münster 1979.

1076 Jászai, Géza, Der Gartensaal des bischöflichen Hofes zu Münster am Nordflügel des Domkreuzganges. Ein Festsaal des europäischen Rokoko, Münster 1984.

1077 Jászai, Géza, Johann Mauritz Gröninger, in: Westfälische Lebensbilder 15 (1990), S. 47–63.

1078 Jeiler, Josef, Die Siegelkammer der Bischöfe von Münster, in: Zeitschrift für vaterländische Geschichte und Altertumskunde 64 (1906), Teil I, S. 137–190.

1079 Kahl, Wilhelm, Nachwirkungen Overbergs, in: 1140: Bernard Overberg als pädagogischer Führer seiner Zeit, S. 219–245.

1080 Kaspar, Fred/Krug, Barbara/Belker, Jürgen, Zum funktionalen Wandel karitativer Einrichtungen. Interdisziplinäre Studien zum Leprosorium in Münster-Kinderhaus, in: Wandel der Volkskultur in Europa. Festschrift für Günter Wiegelmann zum 60. Geburtstag 2, hg. v. Niels-Arvid Bringeus u. a. (Beiträge zur Volkskultur in Nordwestdeutschland 60,2), Münster 1988, S. 669–695.

1081 Katz, Johannes, Das letzte Jahrzehnt des Fürstbistums Münster unter besonderer Berücksichtigung der Tätigkeit des Geheimen Staatsreferendars Johann Gerhard Druffel, Würzburg 1933.

1082 Keinemann, Friedrich, Zur Beurteilung des Fürstbischofs Franz Arnold von Wolff-Metternich, in: Westfälische Zeitschrift 118 (1968), S. 382–386.

1083 Keinemann, Friedrich, Das Domkapitel zu Münster im 18. Jahrhundert. Verfassung/persönliche Zusammensetzung/Parteiverhältnisse (Geschichtliche Arbeiten zur westfälischen Landesforschung 11 = Veröffentlichungen der Historischen Kommission Westfalens 22), Münster 1967.

1084 Keinemann, Friedrich, Die letzte münstersche Fürstbischofswahl im Jahre 1801, in: 279: Quellen und Forschungen zur Geschichte der Stadt Münster NF 5, S. 209–246.

1085 Keinemann, Friedrich, Franz Friedrich Wilhelm von Fürstenberg, in: Fürstenbergische Geschichte 4, bearbeitet v. Norbert Andernach u. a., Münster 1979, S. 101–224.

1086 Keinemann, Friedrich, Zur rechtlichen und finanziellen Stellung der Beamten in den Münsterischen Regierungskollegien im 18. Jahrhundert. Ein Beitrag zum Status der Staatsdiener in den geistlichen Territorien des alten Reichs, in: Westfälische Forschungen 21 (1968), S. 250–258.

1087 Keinemann, Friedrich, Wahlbewegungen in den westfälischen Fürstbistümern 1769–1801, in: Westfalen 47 (1969), S. 52–81.

1088 Kersken, Norbert, Zur Geschichte der alten Universität Münster 1780–1818, in: 177: 200 Jahre zwischen Dom und Schloß, S. 9–19.

1089 Ketteler, Josef, Die Aufnahmen in die Kramergilde 1662–1797, in: 279: Quellen und Forschungen zur Geschichte der Stadt Münster 4, S. 253–295.

1090 Kirchhoff, Karl-Heinz, Das Dienstgebäude des Oberpostamts Münster 1772–1809. Zur Geschichte des Hauses Roggenmarkt 14, in: 1968: Neue Beiträge zur Geschichte der Post in Westfalen, S. 67–68.

1091 Kirchhoff, Karl-Heinz, Münster, in: Westfälischer Städteatlas (in Vorbereitung).

1092 Kirchhoff, Karl-Heinz/Siekmann, Mechthild, Münster um 1668. Topographie und Erscheinungsbilder städtischen Lebens um die Mitte des 17. Jahrhunderts (Arbeitstitel, in Vorbereitung).

1093 Kissenkoetter, Jobst Anton, Kanonikus Wilhelm Ferdinand Lipper (1733–1800), Hochfürstlich Münsterischer Oberbau- und Landbau-Direktor (1777–1800). Ein Beitrag zur westf. Kunstgeschichte des 18. Jahrhunderts, Diss., Münster 1918.

1094 Klocke, Friedrich von, Domherrn-Aufnahme beim alten Münsterschen Domkapitel. Am Beispiel des Domherrn und späteren Ministers Franz Freiherrn von Fürstenberg, in: Westfälisches Adelsblatt 4 (1927), S. 23–33.

1095 Knemeyer, Franz-Ludwig, Das Notariat im Fürstbistum Münster, in: Westfälische Zeitschrift 114 (1964), S. 1–142.

1096 Knüfermann, Heinrich, Geschichte des Max-Clemens-Kanals im Münsterland (Beiträge für die Geschichte Niedersachsens und Westfalens 10), Hildesheim 1907.

1097 Koch, A., Der Weihbischof Hermann Citrensis, in: Zeitschrift für vaterländische Geschichte und Alterthumskunde 35 (1877), Teil II, S. 96–101.

1098 Koch, Ferdinand, Die Gröninger. Ein Beitrag zur Geschichte der westfälischen Plastik in der Zeit der Spätrenaissance und des Barock (Beiträge zur westfälischen Kunstgeschichte 1), Münster 1905.

1099 Kochendörffer, Heinrich, Der Einzug des Bischofs Ferdinand von Fürstenberg in Münster 1679 und des Bischofs Hermann Wolff Metternich in Paderborn 1684, in: Westfälisches Adelsblatt 6 (1929), S. 11–36.

1100 Kohl, Wilhelm, Christoph Bernhard von Galen. Politische Geschichte des Fürstbistums Münster 1650–1678 (Westfälische Biographien 3 = Veröffentlichungen der Historischen Kommission Westfalens 18), Münster 1964.

1101 Kohl, Willy, Grundzüge der Politik Christoph Bernhards von Galen 1650–1678, in: Westfalen 34 (1956), S. 103–132.

1102 Korn, Ulf-Dietrich, Der Erbdrostenhof in Münster (Westfälische Kunststätten 50), Münster 1988.

1103 Krabbe, Caspar Franz, Leben Bernard Overberg's, 4. Auflage, Münster 1896.

1104 Krass, Max, Geschichte der Münsterschen Normalschule, Münster 1894.

1105 Kuntze, Eugen, Bernard Overberg als Förderer der Lehrer- und Lehrerinnenbildung, in: 1140: Bernard Overberg als pädagogischer Führer seiner Zeit, S. 14–58.

1106 Küster, Thomas, Das Krameramt in Münster und die Auswirkungen staatlicher Zunft- und Gewerbepolitik (1661–1810), in: 215: Krameramtshaus, S. 93–135.

1107 Lahrkamp, Helmut, Zur Biographie des Malers Jan Boeckhorst, in: 968: Jan Boeckhorst 1604–1668, S. 12–38.

1108 Lahrkamp, Helmut, Corfey und Pictorius. Notizen zur Barockarchitektur Münsters 1700–1722, in: Westfalen 58 (1980), S. 139–152.

1109 Lahrkamp, Helmut, Ferdinand von Fürstenberg, in: Westfälische Lebensbilder 8 (1959), S. 37–56.

1110 Lahrkamp, Helmut, Ferdinand von Fürstenberg in seiner Bedeutung für die zeitgenössische Geschichtsforschung und Literatur, in: Westfälische Zeitschrift 101/102 (1953), S. 301–400.

1111 Lahrkamp, Helmut, Der „Lange Jan". Leben und Werk des Barockmalers Johann Bockhorst aus Münster, in: Westfalen 60 (1982), S. 3–22.

1112 Lahrkamp, Helmut, Der Siebenjährige Krieg nach den Patientenlisten des münsterschen Clemenshospitals, in: Beiträge zur westfälischen Familienforschung 30/32 (1972/1974), S. 75–78.

1113 Lahrkamp, Helmut, Münsterische Ostindienfahrer des 17. und 18. Jahrhunderts, in: Westfälische Forschungen 19 (1966), S. 167–169.

1114 Lahrkamp, Helmut, Register der Häuser, Dienste und Eigentümer der Aegidii-Leischaft 1676, in: 921: Münsters Bevölkerung um 1685, S. 157–180.

1115 Lahrkamp, Helmut, Wanderbewegungen im 18. Jahrhundert. Tiroler Maurer, skandinavische Hutmacher, reisende Buchdrucker, böhmische Glashändler und italienische Kaminfeger in Münster, in: Westfälische Forschungen 26 (1974), S. 123–132.

1116 Lahrkamp, Helmut, Weihbischof Niels Stensen und das Kloster Ringe in Münster, in: Westfalen 48 (1970), S. 38–44.

1117 Lahrkamp, Helmut, Galens städtische Widersacher. Streiflichter zur Erhellung der münsterischen Opposition gegen den Fürstbischof Christoph Bernhard, in: Westfalen 51 (1973), S. 238–253.

1118 Lang, Hans Otto, Die Vereinigten Niederlande und die Fürstbischofs- und Coadjutorwahlen in Münster im 18. Jahrhundert (Münstersche Beiträge zur Geschichtsforschung 54/55), Münster 1933.

1119 Lehmkuhl, Hanna, Ein Johann Mauritz Gröninger in Vreden, in: Westfalen 19 (1934), S. 334–337.

1120 Luckhardt, Jochen, Die Dominikanerkirche des Lambert Friedrich Corfey zu Münster. Studien zu Geschichte, Form und Funktion einer Ordenskirche „um 1700", Diss., Münster 1978.

1121 Marquardt, Ernst, Franz von Fürstenberg als Staatsmann. Eine Charakterstudie, in: Westfalen 31 (1953), S. 58–74.

1122 Marquardt, Ernst, Christoph Bernhard von Galen, Fürstbischof von Münster. Ein Versuch, Münster 1951.

1123 Meier, Burkhard, Artikel „Gröninger", in: Allgemeines Lexikon der bildenden Künstler von der Antike bis zur Gegenwart, begründet v. Ulrich Thieme/Felix Becker 15, Leipzig 1922, S. 68–70.

1124 Meiners, Uwe, Zur Wohnkultur der münsterschen Bevölkerung in der zweiten Hälfte des 18. Jahrhunderts. Eine Fallstudie anhand von Nachlaßverzeichnissen, in: Rheinisch-Westfälische Zeitschrift für Volkskunde 25 (1979/80), S. 80–103.

1125 Merx, Otto, Zur Geschichte des bischöflich Münsterschen Militärs in der ersten Hälfte des 18. Jahrhunderts, in: Zeitschrift für vaterländische Geschichte und Altertumskunde 67 (1909), Teil I, S. 168–211.

1126 Michels, Paul, Der Bildhauer Theodor Gröninger, in: Westfalen 23 (1938), S. 249–253.

1127 Moßmaier, Eberhard, Beiträge zur Geschichte des ehemaligen Kapuzinerklosters zu Münster i. W. (1615–1811), Paderborn 1937.

1128 Müller, Eugen, Münsterische Botenanstalten im 16. und 17. Jahrhundert, in: Archiv für Post und Telegraphie 46 (1918), 12, S. 469–480.

1129 Müller, Eugen, Altmünstersches Gesellschaftsleben, in: Westfalen 9 (1917/1918), S. 33–69.

1130 Müller, Eugen, Fürstbischöflich Münsterische Personenposten (1665–1802), in: Archiv für Post und Telegraphie 51 (1923), 9, S. 345–358.

1131 Müller, Eugen, Fürstbischöflich-Münsterische und Fürstlich-Thurn-Taxissche Postbeamte im Hochstift Münster (1534–1803), in: Zeitschrift für vaterländische Geschichte und Altertumskunde 77 (1919), Teil I, S. 120–135.

1132 Mummenhoff, Karl Eugen, Beiträge zum architektonischen Œuvre des Lambert Friedrich Corfey, in: Westfalen 62 (1984), S. 93–128.

1133 Mummenhoff, Karl Eugen, Haus Rüschhaus (Westfälische Kunststätten 40), Münster 1986.

1134 Mummenhoff, Karl Eugen, Das Wohnhaus Johann Conrad Schlauns, in: 978: Johann Conrad Schlaun, Textteil, S. 158–177.

1135 Niehues, Bernhard, Zur Geschichte des Hexenglaubens und der Hexenprozesse vornehmlich im ehemaligen Fürstbisthum Münster, in: Jahresbericht des Historischen Vereins zu Münster 1875, S. 1–151.

1136 Noehles, Karl, Die Clemenskirche und das Hospital der Barmherzigen Brüder in Münster, in: 978: Johann Conrad Schlaun, Textteil, S. 125–157.

1137 Nordhoff, Joseph Bernhard, Johann Christoph Rincklake, in: Westdeutsche Zeitschrift für Geschichte und Kunst 3 (1884), S. 135–148.

1138 Oer, Rudolfine Freiin von, Die „verdrießliche Negotiation" des Syndikus Heerde am Kaiserhof in den Jahren 1708 bis 1710, in: Westfälische Zeitschrift 137 (1987), S. 9–23.

1139 Ostrand, Janice Elinor, Jan Bockhorst. His Life and Work, Diss., Columbia (Missouri) 1975.

1140 Bernard Overberg als pädagogischer Führer seiner Zeit. Festschrift zum Hundertjahrgedächtnis seines Todestages (9. Nov. 1826), im Auftrage des Deutschen Instituts für wissenschaftliche Pädagogik hg. v. Richard Stapper, Münster 1926.

1141 Pieper, Anton, Die alte Universität Münster 1773–1818. Ein geschichtlicher Überblick. Mit einem Verzeichniß der Universitätslehrer von P. Bahlmann, Münster 1902.

1142 Pieper, Paul, Johann Christoph Rincklake. Ein Maler der Goethezeit in Münster (Das schöne Münster NF 4), Münster 1955.

1143 Plachta, Bodo, Literaturvermittlung und Zensur. Die Auseinandersetzungen beim Betreiben einer Leihbibliothek in Münster zwischen 1798 und 1802, in: Westfalen 66 (1988), S. 113–123.

1144 Rasch, Gunnar, Die Geschichte der Städtebaupolizei von Münster (Westfalen) von den Anfängen bis zum Ende des Hochstiftes im Jahre 1803, Diss., Münster 1977.

1145 Reekers, Stephanie, Die Manufakturen in den Zucht- und Fabrikenhäusern Westfalens im 18. Jahrhundert, in: Westfälische Forschungen 31 (1981), S. 34–72.

1146 Reinhard, Ewald, Die münsterische Familia sacra und ihre Schweizer Freunde, in: Westfälische Zeitschrift 98/99 (1949), Teil I, S. 128–148.

1147 Reinhard, Ewald, Die Münsterische „Familia sacra". Der Kreis um die Fürstin Gallitzin: Fürstenberg, Overberg, Stolberg und Freunde, Münster 1953.

1148 Rensing, Franz Joseph, Geschichte des Postwesens im Fürstbistum Münster (Beiträge für die Geschichte Niedersachsens und Westfalens 20), Hildesheim 1909.

1149 Rensing, Theodor, Fürstbischof Friedrich Christian von Plettenberg als Auftraggeber und Mäzen, in: Westfalen 38 (1960), S. 174–201.

1150 Rensing, Theodor, Clemens August von Vagedes. Ein Beitrag zur Geschichte der Kunst zur Zeit Fürstenbergs, in: Westfalen 39 (1961), S. 143–178.

1151 Rensing, Theodor, Das Vorbild zu Schlauns Erbdrostenhof, in: Westfalen 43 (1965), S. 272–275.

1152 Rensing, Theodor/Kordt, Walter, Adolf von Vagedes, in: Westfalen 26 (1941), S. 243–290.

1153 Reuter, Rudolf, Der äußere Aufbau der münsterischen Domorgel von 1752/55, in: Westfalen 44 (1966), S. 325–342.

1154 Richter, Wilhelm, Ferdinands v. Fürstenberg Bildungsgang und litterarische Thätigkeit, in: Zeitschrift für vaterländische Geschichte und Alterthumskunde 56 (1898), Teil II, S. 33–72.

1155 Rothert, Hermann, Münster im Zeichen der Aufklärung, in: Westfalen 28 (1950), S. 38–47.

1156 Sauer, Wilhelm, Das Theater zu Münster zur Zeit der letzten Fürstbischöfe, in: Zeitschrift für die Kulturgeschichte NF 1873, S. 553–570.

1157 Scharlach, Friedrich, Fürstbischof Friedrich Christian von Plettenberg und die münsterische Politik im Koalitionskriege 1688–97, in: Zeitschrift für vaterländische Geschichte und Altertumskunde 80 (1922), Teil I, S. 1–35, und Westfälische Zeitschrift 93 (1937), Teil I, S. 79–127.

1158 Schaumburg, Ernst von, Fürst-Bischof Bernhard von Galen und die Stadt Münster. Eine historische Studie, Münster 1853.

1159 Schindling, Anton, Kurfürst Clemens August, der „Herr Fünfkirchen". Rokokoprälat und Reichspolitiker 1700–1761, in: 2040: Clemens August, S. 15–28.

1160 Johann Conrad Schlaun 1695–1773. Schlaun als Soldat und Ingenieur. Im Auftrage des Landschaftsverbandes Westfalen-Lippe – Westfälisches Landesamt für Denkmalpflege hg. v. Ulf-Dietrich Korn (Schlaunstudie 3), Münster 1976.

1161 Schmidt, Maria, Das Wohnungswesen der Stadt Münster im 17. Jahrhundert (Schriften der Volkskundlichen Kommission des Landschaftsverbandes Westfalen-Lippe 15), Münster 1965.

1162 Schmitz, Karl Josef, Die Observantenkirche zu Münster und die Stellung A. Hülses im Barock, in: 2642: ders., Grundlagen und Anfänge, S. 107–115.

1163 Schmitz-Eckert, Hans-Georg, Die hochstift-münsterische Regierung von 1574–1803. (Zuständigkeit und Organisation), in: Westfälische Zeitschrift 116 (1966), S. 27–100.

1164 Schröder, August, Overberg und Fürstenberg in ihrer Bedeutung für die geistige und kulturelle Hebung der ländlichen Bevölkerung (Münstersche Beiträge zur Geschichtsforschung 66), Münster 1937.

1165 Schröer, Alois, Christoph Bernhard v. Galen und die katholische Reform im Bistum Münster, Münster 1974.

1166 Schröer, Alois, Niels Stensen, in: Westfälische Lebensbilder 6 (1957), S. 14–36.

1167 Schücking, Walther, Die Organisation der Landwehr im Fürstbistum Münster, in: Festschrift dem Hansischen Geschichtsverein und dem Verein für niederdeutsche Sprachforschung dargebracht zu ihrer Jahresversammlung in Göttingen, Pfingsten 1900, Göttingen 1900, S. 20–33.

1168 Schulze, Ingrid/Schulze, Wolfgang-Georg, Die fürstbischöflich-münsterschen Münzen der Neuzeit, Münster 1973.

1169 Siekmann, Mechthild, Die Brandversicherung im Hochstift Münster 1768–1805. Entstehung, Arbeitsweise, Quellen, in: Westfälische Forschungen 31 (1981), S. 154–168.

1170 Siekmann, Mechthild, Die Stadt Münster um 1770. Eine räumlich-statistische Darstellung der Bevölkerung, Sozialgruppen und Gebäude (Siedlung und Landschaft in Westfalen 18), Münster 1989.

1171 Sommer, Karl, Die Wahl des Herzogs Clemens August von Bayern zum Bischof von Münster und Paderborn (1719), zum Coadjutor mit dem Rechte der Nachfolge im Erzstift Cöln (1722), zum Bischof von Hildesheim und Osnabrück (1724 u. 1728), Hildesheim 1908.

1172 Steinbicker, Clemens, Das Beamtentum in den geistlichen Fürstentümern Nordwestdeutschlands im Zeitraum von 1430–1740, in: Beamtentum und Pfarrstand 1400–1800. Büdinger Vorträge 1967, hg. v. Günther Franz (Deutsche Führungsschichten in der Neuzeit 5), Limburg (Lahn) 1972, S. 121–148.

1173 Steinbicker, Clemens, Die Gründer des Civilclubs und ihre Familien, in: 174: 200 Jahre Civilclub zu Münster, S. 7–20.

1174 Steinhaus, Hubert, Bernhard Overbergs „Anweisung zum zweckmäßigen Schulunterricht für die Schullehrer“ (1793). Die Rezeption der Aufklärungspädagogik im Fürstbistum Münster, in: Westfälische Zeitschrift 137 (1987), S. 89–126.

1175 Stöcker, Wilhelm, Die Wahl Maximilian Friedrichs von Königsegg-Rottenfels zum Erzbischof von Köln und Bischof von Münster 1761/62 (Beiträge für die Geschichte Niedersachsens und Westfalens 22), Hildesheim 1910.

1176 Strohmann, Dirk, Johann Georg Rudolphi. Ein Beitrag zur Malerei des 17. Jahrhunderts in Westfalen (Denkmalpflege und Forschung in Westfalen 10), Bonn 1986.

1177 Stürzbecher, Manfred, Zur Geschichte der Medizinalgesetzgebung im Fürstbistum Münster im 17. und 18. Jahrhundert, in: Westfälische Zeitschrift 114 (1964), S. 165–199.

1178 Sudhof, Siegfried, Von der Aufklärung zur Romantik. Die Geschichte des „Kreises von Münster“, Berlin 1973.

1179 Sudhof, Siegfried, Goethe und der „Kreis von Münster“, in: Goethe-Jahrbuch 98 (1981), S. 72–85.

1180 Tessin, Georg, Beiträge zur Formationsgeschichte des Münsterischen Militärs. Überarbeitet und ergänzt v. Hans-Joachim Behr, in: Westfälische Forschungen 32 (1982), S. 87–111.

1181 Thesmann, Jochen, Die Auseinandersetzungen zwischen der Stadt Münster und Bischof Christoph Bernhard von Galen, Examensarbeit, Münster 1981.

1182 Trunz, Erich, Franz Freiherr von Fürstenberg, seine Persönlichkeit und seine geistige Welt, in: Westfalen 39 (1961), S. 2–44.

1183 Tücking, Karl, Nikolaus Drachter, Syndikus der Stadt Münster unter Christoph Bernhard von Galen, in: Zeitschrift für vaterländische Geschichte und Alterthumskunde 24 (1864), S. 203–248.

1184 Tücking, Karl, Geschichte des Stifts Münster unter Christoph Bernhard von Galen. Unter Benutzung vieler bisher ungedruckter, archivalischer Dokumente, Münster 1865.

1185 Venhofen, Johannes, Anton Matthias Sprickmann als Mensch und Dichter 1749–1781. Ein Beitrag zur westfälischen Literaturgeschichte des 18. Jahrhunderts, Münster 1910.

1186 Verspohl, Theodor, Das Heerwesen des Münsterschen Fürstbischofs Christoph Bernhard von Galen 1650–1678 (Beiträge für die Geschichte Niedersachsens und Westfalens 18), Hildesheim 1909.

1187 Vey, Horst, Die Gemälde des Kurfürsten Clemens August, in: Wallraf-Richartz-Jahrbuch 25 (1963), S. 193–226.

1188 Vierkotten, Ursula, Zur Geschichte des Apothekenwesens von Stadt und Fürstbistum Münster, in: 279: Quellen und Forschungen zur Geschichte der Stadt Münster NF 5, S. 95–208.

1189 Völker, Anton Joseph, Die innere Politik des Fürstbischofs von Münster, Friedrich Christian von Plettenberg (Beiträge für die Geschichte Niedersachsens und Westfalens 12), Hildesheim 1908.

1190 Wahle, W., Das Offizierskorps des Fürstbistums Münster vor Ausbruch des Siebenjährigen Krieges, in: Mitteilungen der Westdeutschen Gesellschaft für Familienkunde 12 (1940/1944), Sp. 39–116, und Mitteilungen der Westdeutschen Gesellschaft für Familienkunde 14 (1950), Sp. 51–62.

1191 Weidekamp, Maria, Der kurfürstlich-kölnische Leibarzt Christoph Ludwig Hoffmann. Sein Leben und sein Wirken in dem Hochstift Münster von 1764–1785, Berlin 1937.

1192 Westhoff-Krummacher, Hildegard, Johann Christoph Rincklake. Ein westfälischer Bildnismaler um 1800, München/Berlin 1984.

1193 Wiens, Eberhard, Beiträge zur Geschichte der Verschwörung des Adam von der Kette gegen das Land und Leben des Fürstbischofs von Münster Christoph Bernhard von Galen, in: Zeitschrift für vaterländische Geschichte und Alterthumskunde 4 (1841), S. 289–321.

1194 Wieschebrink, Theodor, Die astronomische Uhr im Dom zu Münster, hg. v. Erich Hüttenhain, mit einem Beitrag v. Paul Pieper und Bildern v. Wilhelm Rösch, 2., durchgesehene Auflage, Münster 1983.

1195 Winter, Gundolf, Gestaltungstendenzen im Spätwerk J. C. Schlauns, in: 978: Johann Conrad Schlaun, Textteil, S. 195–213.

1196 Wohl, Dietmar, Eine Nachricht zum Grabmal Friedrich Christian von Plettenbergs und zur Astronomischen Uhr im Dom zu Münster, in: Westfalen 66 (1988), S. 138.

1197 Wolf, Ottmar, Die Fürstin Amalie von Gallitzin und Friedrich Leopold Graf zu Stolberg-Stolberg. Ein Beitrag zur Stellung des Gallitzin-Kreises in der deutschen Literatur- und Geistesgeschichte, Diss., Würzburg 1952.

1198 Wormstall, Albert, Das Schauspiel zu Münster im 16. und 17. Jahrhundert, in: Zeitschrift für vaterländische Geschichte und Alterthumskunde 56 (1898), S. 75–85.

1199 Zeigert, Dieter, Die Artillerietruppe des Fürstbistums Münster 1655–1802. Erster Teil: Errichtung, Organisation und Einsatz der Artillerie unter Fürstbischof Christoph Bernhard von Galen (1650–1678), in: Westfälische Zeitschrift 134 (1984), S. 9–106.

1200 Zeigert, Dieter, Die Artillerietruppe des Fürstbistums Münster 1655–1802. Zweiter Teil: Vom Ende des 17. Jahrhunderts bis zur Auflösung 1803, in: Westfälische Zeitschrift 136 (1986), S. 19–110.

1201 Zeigert, Dieter, Das münstersche Heer im Siebenjährigen Krieg 1756–1763, in: Westfälische Zeitschrift 137 (1987), S. 25–87.

1202 Zeigert, Dieter, Die münsterschen Truppen und ihre Übernahme in das preußische Heer 1802/1803. Das münstersche Militär während der Regierungszeit des letzten Kurfürsten Max Franz (1784–1801), in: Westfälische Zeitschrift 141 (1991), S. 193–240.

1203 Zinkann, Karin Elisabeth, Der Typ der Maison de Plaisance im Werke von Johann Conrad Schlaun (Schlaunstudie 4), Münster 1989.

5. 19. und frühes 20. Jahrhundert

5.1 Quellenpublikationen und überlieferungskritische Untersuchungen

1204 Bauermann, Johannes, Aufhebung der Universität Münster 1818. Der Wortlaut der Kabinettsordre Friedrich Wilhelms III. vom 18. Oktober 1818, in: Sieben Aufsätze, Jugenderinnerungen und Schriftenverzeichnis von Johannes Bauermann. Mit einem Beitrag v. Gerhard Theuerkauf, hg. v. Wilhelm Kohl (Schriften der Historischen Kommission für Westfalen 12), Münster 1987, S. 23–26.

1205 Berghaus, Karl, Wallfahrt durchs Leben vom Baseler Frieden bis zur Gegenwart. Von einem Sechsundsechziger, 9 Bde., Leipzig 1862.

1206 Bierbaum, Max, Ein documentum pietatis des münsterschen Großen Kaland aus dem Jahre 1803, in: 2720: Studia Westfalica, S. 76–83.

1207 Briefe Ferdinand Augusts von Spiegel zum Diesenberg, Domdechanten zu Münster und Erzbischofs von Köln, an Karl vom und zum Stein 1802–1831. Gesammelt v. Walter Lipgens. Eingeleitet und kommentiert v. Wilhelm Kohl (Westfälische Briefwechsel und Denkwürdigkeiten 9 = Veröffentlichungen der Historischen Kommission für Westfalen 19), Münster 1989.

1208 Illustrierte Chronik der Stadt Münster für das Jahr 1897 und Münster'scher Kalender 1898, hg. v. Rudolf Strietholt, Münster [1897].

1209 Geschichtliche Darstellung der Lage der Münsterischen-Kirche, veranlaßt durch das von dem Professor Georg Hermes zu Münster in Druck gegebene Gutachten, Frankfurt 1815.

1210 Denkwürdigkeiten des Preussischen Generals der Infanterie Eduard von Fransecky, hg. v. Walter von Bremen, 2., neu bearbeitete, durch Aufzeichnungen des Generals v. Fransecky und Mitteilungen anderer ergänzte Auflage, Berlin 1913.

1211 Die Dezember-Gefangenen in Münster an den Justizminister, Paderborn 1849.

1212 Droste zu Vischering, Clemens Freiherr, Über die Genossenschaften der barmherzigen Schwestern, insbesondere über die Einrichtung Einer derselben, und deren Leistungen in Münster, 2. Ausgabe, Münster 1838.

1213 Einem, Karl von, Erinnerungen eines Soldaten 1853–1933, 2. Auflage, Leipzig 1933.

1214 Erhard, Heinrich August, Rede bei der feierlichen Versammlung des Vereins für Geschichte und Alterthumskunde Westfalens, zu Münster, am 16. Oktober 1840, in: Zeitschrift für vaterländische Geschichte und Alterthumskunde 4 (1841), S. 11–41.

1215 Vier Erklärungen veranlaßt durch die Geschichtliche Darstellung der Lage der Münsterischen Kirche etc. Frankfurt am Main. 1815, [Münster 1815].

1216 Evels, Friedrich W., Münster oder das nordische Rom, Münster 1887.

1217 Geisberg, Max, Meine Jugend im alten Münster, hg. v. Paul Pieper. Mit einem genealogischen Beitrag v. Clemens Steinbicker, Münster 1984.

1218 Münsterische Geschichten, Sagen und Legenden nebst einem Anhange von Volksliedern und Sprüchwörtern, Münster 1825.

1219 [Guilleaume, Franz], Topographisch-historisch-statistische Beschreibung der Stadt Münster. Ein Handbuch für Einheimische und Fremde, Münster 1836.

1220 Luise Hensel und Christoph Bernhard Schlüter. Briefe aus dem deutschen Biedermeier 1832–1876. Mit Einführung und Erläuterungen unter Benutzung neuer Quellen hg. v. Josefine Nettesheim, Münster 1962.

1221 Hermes, Georg, Gutachten in Streitsachen des Münsterschen Domkapitels mit dem General-Vikar des Kapitels. Mit Bewilligung des Hochwürdigen Domkapitels hg. vom Verfasser, Münster 1815.

1222 Hosäus, Wilhelm, Aus den Briefen Anton Matthias Sprickmann's an Jenny von Voigts, geb. Möser, in: Zeitschrift für vaterländische Geschichte und Alterthumskunde 40 (1882), Teil I, S. 3–49.

1223 Hüffer, Hermann, Lebenserinnerungen, hg. v. Ernst Sieper, Berlin 1914.

1224 Hüffer, Johann Hermann, Lebenserinnerungen, Briefe und Aktenstücke. Unter Mitwirkung v. Ernst Hövel bearbeitet und hg. v. Wilhelm Steffens (Westfälische Briefwechsel und Denkwürdigkeiten 3 = Veröffentlichungen der Historischen Kommission des Provinzialinstituts für westfälische Landes- und Volkskunde 19), Münster 1952.

1225 Huldigungs-Feyer der Provinz Westphalen. Den 18. October 1815, Münster 1816.

1226 Jahresbericht über den Stand der Gemeinde-Angelegenheiten der Stadt Münster 1885–1915, Münster 1886–1915.

1227 Jakobi, Franz-Josef, Wandlungsprozesse sozialer und wirtschaftlicher Strukturen des 18. und 19. Jahrhunderts im Spiegel der lokalen Überlieferung – Beispiele aus dem Stadtarchiv Münster, in: Archivpflege in Westfalen und Lippe 28 (1988), S. 3–8.

1228 [Kappen, Hermann Joseph], Erinnerungen aus alter und neuer Zeit von einem alten Münsteraner, Münster 1880.

1229 Karsch, Anton, Nicht Revision sondern strengste Handhabung der Maigesetze, Münster 1877.

1230 Kirchenkalender der evangelischen Gemeinde Münster 5 (1895)–27 (1917).

1231 Kochendörffer, Heinrich, Vier Denkschriften des Münsterschen Domdechanten Spiegel Freiherrn zum Desenberg, in: Westfälisches Adelsblatt 6 (1929), S. 106–122.

1232 Kohlrausch, Friedrich, Erinnerungen aus meinem Leben, Hannover 1863.

1233 Kügelgen, Wilhelm von, Lebenserinnerungen des Alten Mannes in Briefen an seinen Bruder Gerhard 1840–1867, bearbeitet und hg. v. Paul Siegwart von Kügelgen/Johannes Werner, Leipzig 1923.

1234 Der Kulturkampf in Münster. Aufzeichnungen des Kreisgerichtsrates a. D. Stadtrates Ludwig Ficker, bearbeitet und veröffentlicht v. Otto Hellinghaus (Quellen und Forschungen zur Geschichte der Stadt Münster 5 = Veröffentlichungen der Historischen Kommission für die Provinz Westfalen), Münster 1928.

1235 Lahrkamp, Helmut, Georg Bernhard Depping oder Erinnerungen aus dem Leben eines Deutschen in Paris, in: 81: Beiträge zur neueren Stadtgeschichte, S. 304–310.

1236 Lahrkamp, Helmut, Münsters Militär im Vormärz nach den „Denkwürdigkeiten" Eduard v. Franseckys, in: 81: Beiträge zur neueren Stadtgeschichte, S. 311–319.

1237 Die Lambertus-Pyramide. Gesellige Lieder und Singspiele aus Münster und dem Münsterland. Gesammelt, bearbeitet und hg. v. Heribert Limberg. Mit Musizier- und Spielanweisungen sowie mit Akkordbezifferungen für Begleitinstrumente, Münster o. J.

1238 Die Lebenserinnerungen des Johann Matthias Gierse (1807–1881). Herausgegeben und erläutert von Karl Hüser, in: Westfälische Zeitschrift 121 (1971), S. 71–95.

1239 Lepping, Nikolaus Antonius, Mittheilungen aus einer kurz gefaßten Chronik der Jahre 1794–1832 (Abgedruckt aus dem Westfälischen Merkur 1883), Münster 1883.

1240 Lieder für die Lambertusfeier, gesammelt v. L. Koch. In 4., revidierter und durch den Anhang „Feier und Ursprung des Lambertusspieles" vermehrter Auflage hg. v. Peter Werland, Münster [1927].

1241 Lieder zum Lambertusspiel. Mit einer Einführung von Dietmar Sauermann und Renate Brockpähler, Münster 1978.

1242 „Es ist das erste Mal in Preußen". Proceß-Verhandlungen vom 7. December 1876, gegen den hochwürdigsten Bischof Dr. Johann Bernard, Prälat und Dom-Capitular Dr. Giese und Herren Fievez, Haversath, v. Noël, Dr. Richters und Schürmann. Corrigirter und ergänzter Separat-Abdruck aus dem „Westfälischen Merkur" nach stenographischer Aufnahme, Münster 1876.

1243 Mémoires du Comte Beugnot, ancien ministre (1783–1815), publiés par le Comte Albert Beugnot, 3. Auflage, Paris 1889.

1244 Mémorial administratif du département de la Lippe, août 1811–octobre 1813, Münster 1811–1813.

1245 Müffling, Friedrich Carl Ferdinand Freiherr von, Aus meinem Leben, Berlin 1851.

1246 Münster und seine Bewohner 1803–1810. Nach Karl Berghaus' Wanderungen durchs Leben bearbeitet und durch mehr als 100 Erläuterungen ergänzt von Peter Werland, Münster 1925.

1247 Münster im deutschen Kaiserreich. Die Stadtchronik 1870–1873, verfaßt von Adolf Hechelmann im amtlichen Auftrag, hg. v. Helmut Lahrkamp, in: 80: Beiträge zur Stadtgeschichte, S. 1–126.

1248 Pape, Heinz, Die Kulturlandschaft des Stadtkreises Münster um 1828 auf Grund der Katasterunterlagen (Forschungen zur deutschen Landeskunde 93), Remagen 1956; ebenso: Westfälische Geographische Studien 9, Münster 1956.

1249 Peters, Engelbert, Prozessions-Büchlein für die Stadt Münster, Münster 1857.

1250 Der Waldeck'sche Prozeß. Authentischer Bericht über die öffentlichen Verhandlungen des Berliner Schwurgerichts in der Waldeck'schen Untersuchungssache, nach den vollständigen stenographischen Aufzeichnungen und Mittheilungen betheiligter Personen, Berlin 1849.

1251 Raßmann, Friedrich, Hermanns Schatten. Ein Beitrag zur Münsterschen Huldigungsfeier am 18. October 1815, Münster 1815.

1252 Sauermann, Dietmar, Lambertuslieder, in: Jahrbuch für Volksliedforschung 13 (1968), S. 123–173.

1253 Schlaten, Mathilde, Veröffentlichungen aus des Münsterischen Medizinaldirektors Christoph Ludwig Hoffmann schriftlichem Nachlaß, Diss., Lengerich 1939.

1254 Schlüter und die Droste. Dokumente einer Freundschaft. Briefe von Christoph Bernhard Schlüter an und über Annette von Droste-Hülshoff, hg. v. Josephine Nettesheim, Münster 1956.

1255 Christoph Bernhard Schlüter an Wilhelm Junkmann. Briefe aus dem deutschen Biedermeier 1834–1883. Mit Erläuterungen hg. v. Josefine Nettesheim, Münster 1976.

1256 Schulte, Eduard, Münstersche Chronik zu Novemberrevolte und Separatismus 1918. Tagebücher, Berichte, Akten, Briefe, Zeitungen, Plakate, Bilder (Quellen und Forschungen zur Geschichte der Stadt Münster 7 = Veröffentlichungen der Historischen Kommission des Provinzialinstituts für Westfälische Landes- und Volkskunde), Münster 1936.

1256a Sigismund, Carl Otto, Statistisch-topographisch-historische Nachrichten den Königlich-Preussischen Regierungs-Bezirk Münster betreffend 1, Hamm/Münster 1823.

1257 Sigismund, Carl Otto, Versuch einer topographisch-statistischen Darstellung des ganzen Bezirks der Königlich Preussischen Regierung zu Münster in drei Abtheilungen nebst alphabetischem Ortschafts-Register. Aus zuverlässigen Quellen entnommen und verwebt mit historischen Notizen, soweit selbige auf Topographie, Statistik und Staatsverwaltung Bezug haben, Hamm 1819.

1258 Die ferdinandeische Stiftung und ihre Beschlagnahme durch den Königl. Commissar für die bischöfliche Vermögensverwaltung. Statut und Aktenstücke zunächst für die auf die Stiftung angewiesenen Missionspriester, Münster 1876.

1259 Sturm, Adelheid, Lebens-Erinnerungen einer Professorenfrau, Breslau 1912.

1260 Die Tagebücher des Oberpräsidenten Ludwig Freiherrn von Vincke 1813–1818, bearbeitet v. Ludger Graf von Westphalen (Westfälische Briefwechsel und Denkwürdigkeiten 7 = Veröffentlichungen der Historischen Kommission für Westfalen 19), Münster 1980.

1261 Verhandlungen des Kgl. Schwurgerichtshofes zu Hamm in der Anklagesache gegen die Theilnehmer des am 18. und 19. November 1848 zu Münster abgehaltenen westfälischen Kongresses . . ., Paderborn 1851.

1262 Nationaler Wahlverein Münster i. W. Bericht über die Wahlversammlung am 15. Januar 1907, o. O. o. J.

1263 Warnecke, Theodor, Erinnerungen an den „Westfälischen Merkur", Manuskript, Münster 1934.

1264 Zumbroock, Ferdinand, Poetische Versuche in plattdeutscher Mundart, Münster 1847.

5.2 *Dokumentationen und Kataloge*

1265 Bahlmann, Paul, Die Fastnachtsspiele im Zoologischen Garten zu Münster in Westfalen. Eine kurze Geschichte der Zoologischen Abendgesellschaft mit vollständigem Verzeichnis ihrer handschriftlichen, autographierten und gedruckten Werke, [Münster 1898].

1266 Behörden der Übergangszeit 1802–1816, bearbeitet v. Wilhelm Kohl/Helmut Richtering (Das Staatsarchiv Münster und seine Bestände 1), Münster 1964.

1267 Die geistlichen Direktoren der Ordensgenossenschaft der Schwestern von der göttlichen Vorsehung. Von Eduard Michelis bis Karl Stindt, Münster 1964.

1268 Fastnachtsspiele im Zoologischen Garten zu Münster 1884–1935, Münster [1935].

1269 Haunfelder, Bernd, Erhebung der Bürger 1848–1849 (Geschichte original – am Beispiel der Stadt Münster 4), 2., verbesserte Auflage, Münster 1983.

1270 Friedrich Hundt. Fotopionier in Münster 1840–1885. Stadtmuseum Münster, 1. Juni 1990 – 19. August 1990, hg. im Auftrag der Stadt Münster v. Hans Galen, Münster 1990.

1271 Lahrkamp, Monika, Die napoleonische Zeit 1800–1815. Auswirkungen der Säkularisation (Geschichte original – am Beispiel der Stadt Münster 6), Münster 1981.

1272 Die westfälischen Länder i. J. 1801. Politische Gliederung. Übersichtskarte 1:500000, bearbeitet v. Günther Wrede (Geschichte in Karten 1 = Veröffentlichungen der Historischen Kommission des Provinzialinstituts für westfälische Landes- und Volkskunde 26), Münster 1953.

1273 Melchior Lechter. Gedächtnisausstellung zur hundertsten Wiederkehr seines Geburtstages. Westfälischer Kunstverein Münster, 17. Oktober bis 14. November 1965, Recklinghausen [1965].

1274 Otto Modersohn. Zeichnungen, hg. v. Ernst-Gerhard Güse, München 1988.

1275 Münster und das Zeitalter Napoleons. Eine Ausstellung der LVM-Versicherungen, Münster o. J.
1276 Pötter, Karlheinz, Otto Modersohn in und um Münster 1884–1889. Stadtmuseum Münster, 2. Oktober 1992 – 3. Januar 1993, Münster/Fischerhude 1992.
1277 Sagebiel, Herta, Der Kulturkampf im Bismarckreich (Geschichte original – am Beispiel der Stadt Münster 11), Münster 1983.
1278 Stadterweiterungen und Eingemeindungen Münsters im 19. und 20. Jahrhundert. Dokumentation (Das Stadtarchiv erinnert), Münster 1991.
1279 Westhoff-Krummacher, Hildegard, Katalog der Gemälde des 19. Jahrhunderts im Westfälischen Landesmuseum für Kunst und Kulturgeschichte (Kataloge des Westfälischen Landesmuseums für Kunst und Kulturgeschichte im Auftrage des Landschaftsverbandes Westfalen-Lippe), Münster 1975.

5.3 Spezialstudien

1280 Ahnodt, A., Ergänzungen zur Geschichte der Medizinisch-Chirurgischen Lehranstalt zu Münster in Westfalen (1821–1848), Diss., Münster 1942.
1281 Asbach, Julius, Entwurf zur Einrichtung einer Bergischen Landesuniversität zu Münster (1808/9), Düsseldorf 1901.
1282 Bahlmann, Paul, Münsterische Fastnachts-Belustigungen, in: Zeitschrift für Kulturgeschichte 1 (1894), S. 220–240.
1283 Bahlmann, Paul, Fremden-Führer durch die Provinzial-Hauptstadt Münster i. W. und ihre Umgebung. Mit einem Stadtplan, 5., vermehrte und verbesserte Auflage, Münster 1902.
1284 Bahlmann, Paul, Die Lambertus-Feier zu Münster i. W., in: Zeitschrift des Vereins für Volkskunde 5 (1895), S. 174–180.
1285 Beck, Wilhelm/Fleitmann, Wilhelm, Als die Post auf den Domplatz zog. Von der Kurie des Domprobstes zum Postgebäude, in: 1968: Neue Beiträge zur Geschichte der Post in Westfalen, S. 69–74.
1286 Beelert, Friedrich, Dr. Bernard Georg Kellermann. Domkapitular, Domprediger, Professor der Theologie, erwählter Bischof von Münster, † 29. März 1847. Das Leben eines fast Vergessenen, das unvergessen bleiben müßte, Münster 1935.
1287 Behr, Hans-Joachim, Der Gewerberat in Münster 1851–1853, in: Westfälische Zeitschrift 140 (1990), S. 131–147.
1288 Bein, Alex, in Verbindung mit Hans Goldschmidt, Friedrich Hammacher. Lebensbild eines Parlamentariers und Wirtschaftsführers 1824–1904, Berlin 1932.
1289 Bichel, Ulf, Karl Wagenfeld. Gedanken und Gedenken zu seinem 120. Geburtstag am 5. April 1989 und zu seinem 50. Todestag am 19. Dezember 1989, in: Jahrbuch der Augustin-Wibbelt-Gesellschaft 6 (1990), S. 7–22.
1290 Bickhoff, Max, Friedrich Steinmann. Ein westfälischer Publizist und Politiker (1801–1875), Dortmund 1915.
1291 Blotevogel, Hans Heinrich, Standorte und Einzugsbereiche von Universitäten und Gymnasien in Westfalen im 18. und 19. Jahrhundert, in: Probleme des Städtewesens im industriellen Zeitalter, hg. v. Helmut Jäger (Städteforschung A/5), Köln/Wien 1978, S. 49–98.
1292 Blume, Wilhelm von, Geschichte des Infanterie-Regiments Herwarth von Bittenfeld (1. Westfälischen) Nr. 13 im 19. Jahrhundert, Berlin 1902.
1293 Bodelschwingh, Ernst von, Leben des Ober-Präsidenten Freiherrn von Vincke 1. Nach seinen Tagebüchern bearbeitet, Berlin 1853.
1294 Böger, Gisela, Zur Geschichte der ersten Medizinischen Fakultät (1773–1818) und der Chirurgenschule (1821–1849) in Münster, Diss., Münster 1956.
1295 Böger, Klaus, Aus dem Leben und Wirken des Medizinalrates und Professors der ersten Medizinischen Fakultät zu Münster Franz Ferdinand von Druffel, Diss., Münster 1961.
1296 Böker, Marion, Malerinnen in Münster – Ein Bild gewinnen, in: 118: FrauenLeben in Münster, S. 300–324.
1297 Borscheid, Peter, unter Mitarbeit v. Michael Jenrich/Georg Weßling, Saison- und Etappenwanderung in Münster 1880–1900, in: ders. u. a, Entwicklungsprobleme einer Region: Das

Beispiel Rheinland und Westfalen im 19. Jahrhundert, hg. v. Fritz Blaich (Schriften des Vereins für Socialpolitik NF 119), Berlin 1981, S. 9–45.

1298 Botzenhart, Manfred, Franz Leo Benedikt Waldeck (1802–1870), in: Westfälische Lebensbilder 13, Münster 1985, S. 108–129.

1299 Braubach, Max, Der Freiherr vom Stein und die Brüder Spiegel, in: Westfalen 35 (1957), S. 72–80.

1300 Braun, Siegfried, Die Marks-Haindorfsche Stiftung, in: Hans Chanoch Meyer, Aus Geschichte und Leben der Juden in Westfalen. Eine Sammelschrift, Frankfurt 1962, S. 47–54.

1301 Brilling, Bernhard, Beginn und Ende der Jüdischen Kultusgemeinde von Münster 1810–1945, in: Festschrift zur Weihe der neuen Synagoge in Münster/Westf., [Münster 1961], S. 24–32.

1302 Brilling, Bernhard, Alexander Haindorf – seine Bemühungen um Anstellung als Universitätsprofessor (1812–1815) und seine Tätigkeit als Dozent in Münster (1816–1818 und 1825–1847), in: Westfälische Zeitschrift 131/132 (1981/1982), S. 69–120.

1303 Brilling, Bernhard, Ein Kapitel aus dem Kampf der preußischen Juden um ihre Gleichberechtigung. Der Fall des Feldmessers und Bauführers Baruch Sutro in Münster (1853), in: Theokratia 2 (1970/1972), S. 273–306.

1304 Brilling, Bernhard, Abraham Sutro (1784–1869). Ein Beitrag zum Leben und Wirken des letzten münsterschen Landrabbiners, in: Westfälische Zeitschrift 123 (1973), S. 51–64.

1305 Brockpähler, Renate, Opernaufführungen im münsterischen Komödienhaus (1775–1890), in: Westfalen 44 (1966), S. 355–370.

1306 Brückmann, O. H., Altes und Neues aus dem Münsterland und seinen Grenzbezirken. Ein Beitrag zur Kunde Westfalens, Paderborn 1863.

1307 Brune, Friedrich, Das Werden einer evangelischen Kirche im Münsterlande (1802–1806), in: Jahrbuch des Vereins für Westfälische Kirchengeschichte 45/46 (1952/1953), S. 193–223.

1308 Burgbacher, Wilhelm, Die Verdienste des Freiherrn vom Stein um die Gründung der evangelischen Gemeinde Münster i. W. 1802–1804. Ein Erinnerungsblatt zur 100jährigen Wiederkehr seines Todestages, in: Jahrbuch des Vereins für Westfälische Kirchengeschichte 32 (1931), S. 1–14.

1309 Bußmann, Klaus, Stätten münsterischen Musiklebens, in: Westfalen 44 (1966), S. 346–354.

1310 Cramer, Wilhelm, Johann Bernard, Bischof von Münster (Deutschlands Episcopat in Lebensbildern 3, Heft 6), Würzburg 1875.

1311 Determann, Andreas, Reaktion und Revolution im Raume Münster 1848–1850, Magisterarbeit, Münster 1983.

1312 Elbers, Theodor, Die geschichtliche Entwicklung des niederen Schulwesens der Stadt Münster i. W. vom Ausgange des dreißigjährigen Krieges bis zur Gegenwart, Münster 1904.

1313 Elfert, Gustav, Die Sparkasse des Kreises Münster 1858–1908, Münster 1908.

1314 Ellerich, Martin, Münster im Ersten Weltkrieg. Politik und Gesellschaft 1914–1918, Examensarbeit, Münster 1990.

1315 Engelking, H. A., Die evangelische Schule in Münster im ersten Jahrhundert ihres Bestehens 1804–1904. Festschrift zur Einweihung der Lutherschule, Münster 1904.

1316 Engler, Bruno, Die Verwaltung der Stadt Münster von den letzten Zeiten der fürstbischöflichen bis zum Ausgang der französischen Herrschaft 1802–1813 (Beiträge für die Geschichte Niedersachsens und Westfalens 2), Hildesheim 1905.

1317 Erler, Georg, Die Entwicklung der Stadt Münster in den letzten 150 Jahren, in: Münsterische Heimatblätter 1 (1913/1914), S. 3–14.

1318 Erler, Georg, Zur Geschichte der münsterischen Studentenschaft im Jahre 1848, in: Westfalen 2 (1910), S. 105–119.

1319 Ernst, Barbara, Die Marks-Haindorf-Stiftung. Ein jüdisches Lehrerseminar in Münster als Beispiel für die Assimilation der Juden in Westfalen im 19. Jahrhundert, Arbeit zum Schülerwettbewerb des Bundespräsidenten 1988/1989, Münster 1989.

1320 Ewerhart, Rudolf, Friedrich Schmidt (1840–1923). Domchordirektor, Domkapitular und Domdechant in Münster, in: 243: Monasterium, S. 297–333.

1321 Filbry, Gerd, Die Einführung der Revidierten Preußischen Städteordnung von 1831 in der Stadt Münster, in: Westfälische Zeitschrift 107 (1957), S. 169–234.

1322 Freund, Susanne, Die Entwicklung des höheren Mädchenschulwesens in Preußen 1872–1924, unter besonderer Berücksichtigung der Annette-von-Droste-Hülshoff-Schule und der Freiherr-vom-Stein-Schule in Münster, Magisterarbeit, Münster 1990.

1323 Frie, Ewald/Küster, Thomas, Privatwohltätigkeit und Kommunalisierung. Die Modernisierung öffentlicher Armenfürsorge im 19. Jahrhundert am Beispiel der Stadt Münster, in: Westfälische Forschungen 40 (1990), S. 645–660.

1324 Frie, Thea, Die Industrialisierung der Stadt Münster in Westfalen im 19. Jahrhundert, Diss., Köln 1943.

1325 Frings, Bernhard, Liberale Strömungen an der Akademie Münster in der Zeit des Kulturkampfes, Magisterarbeit, Münster 1990.

1326 Fürsorge für die Kriegerfamilien in der Stadt Münster, [Münster 1914].

1327 Katholische Fürsorgearbeit in Münster (1902–1920). Die Geschichte und die Tätigkeit des katholischen Fürsorgevereins für Mädchen, Frauen und Kinder, Ortsgruppe Münster. Dargestellt nach den Akten des Vereins, nach mündlichen und schriftlichen Berichten seiner tätigen Mitglieder und nach Besichtigungen seiner Anstalten und Einrichtungen, Münster [1921].

1328 Geisberg, Heinrich, Der Lamberti-Thurm zu Münster, in: Zeitschrift für vaterländische Geschichte und Alterthumskunde 20 (1859), S. 343–361.

1329 Gimpel, Klaus, Von den Anfängen der heimischen Lithographie in Münster, in: Westfalen 57 (1979), S. 81–100.

1330 Gimpel, Klaus, Patriotische Einflüsse im münsterischen Gute-Montags-Brauch des 19. Jahrhunderts, in: Westfälische Forschungen 28 (1976/1977), S. 197–199.

1331 Gimpel, Klaus, Revolutionäre Töne im Karneval von 1834, in: Westfälische Nachrichten, 23. 12. 1986.

1332 Gimpel, Klaus, Westfalens erstes Zeicheninstitut, in: Westfalenspiegel 31 (1982), 2, S. 12–13.

1333 Glasmeier, Heinrich, Geschichte des Kürassier-Regiments von Driesen (Westf.) Nr. 4. Im Auftrage des Vereins der Offiziere des früheren Kürassier-Regiments von Driesen (Westf.) Nr. 4, Oldenburg 1932.

1334 Göken, Ferdinand, Die Entwicklung des Gewerbes in Münster i. W. während des neunzehnten Jahrhunderts, Diss., Münster 1924.

1335 Gruber, Johann Gottfried, Etwas über Franz von Sonnenbergs Leben und Charakter, in: Franz von Sonnenberg, Donatoa. Epopöie 2,2, Halle 1807, S. 219–468.

1336 Gründer, Horst, Arme, Armut und Armenwesen in der Stadt Münster im 19. Jahrhundert, in: Westfälische Zeitschrift 139 (1989), S. 161–178.

1337 Gründer, Horst, Kommunale Armenfürsorge im 19. Jahrhundert am Beispiel der Stadt Münster, in: 2388: Kommunale Leistungsverwaltung und Stadtentwicklung, S. 59–70.

1338 Gutschow, Niels, Stadtplanungsprojekte in Münster/Westf. zwischen 1854 und 1880. Stadterweiterung in den vorstädtischen Gärten, in: Stadterweiterungen 1800–1875. Von den Anfängen des modernen Städtebaues in Deutschland, hg. v. Gerhard Fehl/Juan Rodriguez-Lores (Stadt, Planung, Geschichte 2), Hamburg 1983, S. 303–314.

1339 Haas, Reimund, War die erste deutsche Bischofskonferenz im Jahre 1845 in Münster? Hintergründe und Perspektiven des Goldenen Bischofsjubiläums von Bischof Caspar Max Droste zu Vischering, in: 106: Ecclesia Monasteriensis, S. 171–260.

1340 Haas, Reimund, Domkapitel und Bischofsstuhlbesetzungen in Münster 1813–1846 (Westfalia Sacra 10), Münster 1991.

1341 Haas, Reimund, Kurzfassung des Vortrags „Die Wahl von Bischof Hermann Dingelstad (1889) und die Beilegung des Kulturkampfes in Münster“, in: Westfälische Zeitschrift 126/127 (1976/1977), S. 176–178.

1342 Haas-Tenckhoff, Bruno, Münster als preußische Garnisonstadt im 19. Jahrhundert (1815–1914), Manuskript, Universitätsbibliothek Münster o. O. o. J.

1343 Hänsel-Hohenhausen, Markus, Clemens August Freiherr Droste zu Vischering, Erzbischof von Köln 1773–1845. Die moderne Kirchenfreiheit im Konflikt mit dem Nationalstaat, 2 Bde., Egelsbach 1991.

1344 Hänsel-Hohenhausen, Markus, Neues über Kapitularvikar Clemens August Droste zu Vischering, in: 106: Ecclesia Monasteriensis, S. 155–169.

1345 Hartlieb von Wallthor, Alfred, Johann Gerhard von Druffel, in: Westfälische Lebensbilder 8, Münster 1959, S. 84–100.

1346 Hartlieb von Wallthor, Alfred, Fürstenberg und Stein, in: Westfalen 39 (1961), S. 76–84.

1347 Haunfelder, Bernd, Die Revolution von 1848/49 in Münster, Magisterarbeit, Münster 1976.

1348 Haunfelder, Bernd, Die politischen Wahlen im Regierungsbezirk Münster 1848–1867, 2 Bde., Münster 1982.

1349 Heemann, Annegret, Männergesangvereine im 19. und frühen 20. Jahrhundert. Ein Beitrag zur städtischen Musikgeschichte Münsters (Europäische Hochschulschriften 36/74), Frankfurt/Berlin/New York/Paris 1992.

1350 Hegemann, Emil, Die Entwickelung des Verkehrs und die wirtschaftliche Bedeutung der Dortmund-Ems-Kanal-Häfen Dortmund und Münster i. Westf., Gelsenkirchen 1914.

1351 Heithoff, Jörg, Militär und Stadtentwicklung in Münster 1871–1914, Magisterarbeit, Münster 1991.

1352 Hellenbroich, Heinrich, Die Armen-Stiftungen der Stadt Münster i. W., Münster 1900.

1353 Hellinghaus, Otto, Die Ausweisung der Gesellschaft vom hl. Herzen Jesu (du sacré cœur) aus Marienthal bei Münster, in: Unsere Heimat 3 (1928), S. 19.

1354 Hellinghaus, Otto, Die Ausweisung der Jesuiten aus Münster vor 55 Jahren (Ende 1872), in: Unsere Heimat 3 (1928), S. 1–3.

1355 Helmrich, Wilhelm, Die Industrialisierung und wirtschaftliche Verflechtung des Münsterlandes (Westfälische Forschungen 1/1), Münster 1937.

1356 Die Münstersche Herrengesellschaft „Vergnügtes Krokodil“. Festschrift zu ihrem 70jährigen Bestehen 1863–1933, Münster [1933].

1357 Herrmann, Horst, Deutschland darf den Willen Gottes vollstrecken! Katholische Kriegsdoktrin von 1914–1918 an der Universität Münster, in: 177: 200 Jahre zwischen Dom und Schloß, S. 34–46.

1358 Hilgert, Anton, Die Finanzen der Stadt Münster i. W. von 1816–1908 (Abhandlungen aus dem staatswissenschaftlichen Seminar zu Münster i. W. 9), Leipzig 1910.

1359 Hochheim, Ludwig, Bodenpreisentwicklung der Stadt Münster i. W. von 1874–1914, Diss., Erlangen 1921.

1360 Hoffschulte, H., Die Oberrealschule in Münster in Westfalen 1900–1925. Erinnerungsblätter, Münster 1925.

1361 Hogreve, Anja, Die Stellung der Juden in Münster in der zweiten Hälfte des 19. Jahrhunderts. Untersuchungen zum Prozeß der jüdischen Assimilation, Examensarbeit, Münster 1990.

1362 Hoth, Wolfgang, Der Arbeiterverein in Münster, in: Westfälische Zeitschrift 135 (1985), S. 119–122.

1363 Hoyer, Ulrich, Johann Wilhelm Hittorf, in: 334: Die Universität Münster 1780–1980, S. 437–445.

1364 Hülsmann, Heinrich, Geschichte der Verfassung der Stadt Münster von den letzten Zeiten der fürstbischöflichen bis zum Ende der französischen Herrschaft. 1802–1813, in: Zeitschrift für vaterländische Geschichte und Altertumskunde 63 (1905), Teil I, S. 1–90.

1365 Humborg, Ludwig, Die Entstehung der Industrie- und Handelskammer Münster. Ein kultur- und wirtschaftsgeschichtlicher Beitrag zur 100-Jahrfeier, in: Nachrichten der Industrie- und Handelskammer zu Münster 1954, Sonderausgabe zur 100-Jahrfeier und zur Übernahme des neuen Kammergebäudes, [Münster 1954], S. 3–14.

1366 Hüser, Karl, Der westfälische Kongreß für die Sache und die Rechte der preußischen Nationalversammlung und des preußischen Volkes vom 18./19. November 1848 in Münster, in: Westfälische Zeitschrift 119 (1969), S. 121–155.

1367 Jeismann, Karl-Ernst, Christoph Bernhard Ludwig Natorp, in: Westfälische Lebensbilder 15 (1990), S. 108–134.

1368 Jeismann, Karl-Ernst, Johann Wilhelm Süvern in Münster Juli 1815. Ein Beitrag zur Geschichte der Bildungsreform in Preußen, in: Westfalen 58 (1980), S. 164–171.

1369 Jung, Julius, Julius Ficker (1826–1902). Ein Beitrag zur deutschen Gelehrtengeschichte, Innsbruck 1907.

1370 Jungnitz, Bernhard, Zur Gründungsgeschichte des Evangelischen Krankenhauses Johannisstift zu Münster in Westfalen, in: Historia Hospitalium 14 (1981/1982), S. 79–94.

1371 Jungnitz, Bernhard, Die konfessionellen Krankenhäuser der Stadt Münster im achtzehnten und neunzehnten Jahrhundert (Studien zur Geschichte des Krankenhauswesens 18), Herzogenrath 1981.

1372 Kappen, Hermann Josef, Clemens August, Erzbischof von Köln. Ein Lebensbild, Münster 1897.

1373 Kaumann, Julius, Entwurf einer Laut- und Flexionslehre der münsterischen Mundart in ihrem gegenwärtigen Zustande 1, Münster 1884.

1374 Keinemann, Friedrich, Der Beleidigungsstreit zwischen Domherren und preußischen Offizieren in Münster (1803/04), in: Westfalen 45 (1967), S. 307–313.

1375 Keinemann, Friedrich, Schülertumulte im Kölner Kirchenstreit. Vorwürfe gegen Gymnasiasten wegen angeblicher Beteiligung an den Unruhen in Münster und Paderborn im Dezember 1837 und Januar 1838, in: Westfälische Zeitschrift 122 (1972), S. 51–60.

1376 Kessemeier, Kristina, Arbeitsplatz Kanal. Ausländische Arbeiter beim Bau des Dortmund-Ems-Kanals Münster und Umgebung 1892–1899, Beitrag zum Schülerwettbewerb Deutsche Geschichte um den Preis des Bundespräsidenten, Münster 1989.

1377 Kill, Susanne, Vom alten Münster zur preußischen Provinzialhauptstadt (1780–1816), in: Vom alten zum neuen Bürgertum. Die mitteleuropäische Stadt im Umbruch 1780–1820, hg. v. Lothar Gall (Historische Zeitschrift, Beihefte NF 14), München 1991, S. 105–141.

1378 Kochendörffer, Heinrich, Die Affaire Vahlkampf-Duvignau, in: Westfalen 17 (1932), S. 8–13.

1379 Kochendörffer, Heinrich, Vincke, 2 Bde., Soest 1932/1933.

1380 Kochendörffer, Heinrich, Vincke und Spiegel zur Frage der Westfälischen Universität im Jahre 1805, in: Westfalen 16 (1931), S. 152–163.

1381 Kohl, Wilhelm, Die Bemühungen um den Ausbau der Theologisch-Philosophischen Akademie zu Münster im 19. Jahrhundert, in: 334: Die Universität Münster 1780–1980, S. 37–68.

1382 König, J., Die landwirthschaftliche Versuchs-Station in Münster i. W. in ihrer Entwickelung während der ersten 25 Jahre. Eine Denkschrift, Münster 1896.

1383 Köster, Heinz, Die Westfälische Wilhelms-Universität zu Münster während des ersten Weltkrieges und der Novemberrevolution (1914–1919), Diss., Münster 1941.

1384 Krabbe, Wolfgang R., Von der Armenpflege zur lokalen Sozial- und Gesundheitsverwaltung. Wandlungen im kommunalen Pflichtaufgabenbereich unter dem Druck der Modernisierung am Beispiel westfälischer Städte (1800–1914), in: Beiträge zur Geschichte Dortmunds und der Grafschaft Mark 76/77 (1985), S. 155–215.

1385 Krabbe, Wolfgang R., Die Eingemeindungen und Stadterweiterungen Münsters im 19. und frühen 20. Jahrhundert. Bevölkerungsdruck, städtischer Flächenbedarf und Zwang zum staatlich-kommunalen Verwaltungshandeln, in: 80: Beiträge zur Stadtgeschichte, S. 127–153.

1386 Krabbe, Wolfgang R., Kommunalpolitik und Industrialisierung. Die Entfaltung der städtischen Leistungsverwaltung im 19. und frühen 20. Jahrhundert. Fallstudien zu Dortmund und Münster (Schriften des Deutschen Instituts für Urbanistik 74), Stuttgart/Berlin/Köln/Mainz 1985.

1387 Krabbe, Wolfgang R., Die Oberbürgermeister von Dortmund und Münster im Zeitalter der Industrialisierung, in: Westfälische Forschungen 34 (1984), S. 65–75.

1388 Krabbe, Wolfgang R., Eine Ring-Stadt um Münster als Alternative zur Eingemeindung? Zum Stand der münsterschen Stadterweiterungsfrage in den sechziger Jahren des 19. Jahrhunderts, in: Westfälische Zeitschrift 130 (1980), S. 64–69.

1389 Krabbe, Wolfgang R., Kommunale Schul- und Kulturpolitik im 19. Jahrhundert. Münster und Dortmund im Vergleich, in: 81: Beiträge zur neueren Stadtgeschichte, S. 139–182.

1390 Krabbe, Wolfgang R., Städtische Wirtschaftsbetriebe im Zeichen des „Munizipalsozialismus“: Die Anfänge der Gas- und Elektrizitätswerke im 19. und frühen 20. Jahrhundert, in: 2388: Kommunale Leistungsverwaltung und Stadtentwicklung, S. 117–135.

1391 Krabbe, Wolfgang R., Wirtschafts- und Sozialstruktur einer Verwaltungsstadt des 19. Jahrhunderts. Das Beispiel der Provinzialhauptstadt Münster, in: Rheinland-Westfalen im Industriezeitalter. Beiträge zur Landesgeschichte des 19. und 20. Jahrhunderts in vier Bänden 1. Im Auftrag des Kultusministers des Landes Nordrhein-Westfalen hg. v. Kurt Düwell/Wolfgang Köllmann, Wuppertal 1983, S. 197–206.

1392 Kröger, Udo, Einquartierung und Kasernierung in Münster 1815–1914. Zivil-militärische Beziehungen, gesellschaftliche und wirtschaftliche Auswirkungen, Examensarbeit, Münster 1988.

1393 Kuntze, Eugen, Geschichte des staatlichen Lehrerinnen-Seminars zu Münster i. Westfalen mit Beziehung auf den Kreis um Overberg, Münster 1925.

1394 Kurz, Lothar, Die münsteraner Akademie im Kulturkampf (1870–1880), in: 177: 200 Jahre zwischen Dom und Schloß, S. 20–33.

1395 Kuse, Norbert, Johann Bernhard Brinkmann als Bischof in der Kulturkampfzeit 1870–1889, in: In Cruce Salus. Gedenkschrift anläßlich des 100. Todestages des Bekennerbischofs Johann Bernard Brinkmann 1870–1889, Warendorf 1989, S. 9–39.

1396 Lahrkamp, Helmut, Opfer der napoleonischen Kriege aus Münster und seinem Umland, in: 80: Beiträge zur Stadtgeschichte, S. 293–297.

1397 Lahrkamp, Monika, Münster in napoleonischer Zeit 1800–1815. Administration, Wirtschaft und Gesellschaft im Zeichen von Säkularisation und französischer Herrschaft (Quellen und Forschungen zur Geschichte der Stadt Münster NF 7/8), Münster 1976.

1398 Das Landes-Museum der Provinz Westfalen. Festschrift zur Eröffnung des Museums am 17. März 1908, Münster [1908].

1399 Landois, Hermann, Die alte und die neue Tuckesburg in Münster, in: Jahresbericht des Westfälischen Provinzial-Vereins für Wissenschaft und Kunst 17 (1888), S. XXXXV–LII.

1400 Lange, Robert, Der Einfluß des Krieges auf den natürlichen Bevölkerungswechsel der Stadt Münster (nachgewiesen auf Grund des statistischen Materials der Jahre 1913–1920), Diss., Münster [1921].

1401 Lechtape, Wilhelm, Die Bevölkerung der Stadt Münster in den hundert Jahren vor dem Weltkriege. (Eine statistische Studie), Diss., Münster [1919].

1402 Lipgens, Walter, Ferdinand August Graf Spiegel und das Verhältnis von Kirche und Staat 1789–1835. Die Wende vom Staatskirchentum zur Kirchenfreiheit, 2 Teilbde. (Westfälische Biographien 4 = Veröffentlichungen der Historischen Kommission Westfalens 18), Münster 1965.

1403 Lüdicke, Reinhard, Der Straßenauflauf in Münster am 11. Dezember 1837 und Generalmajor Freiherr v. Wrangel, in: Westfalen 13 (1927), S. 27–47.

1404 Lütteken, Laurenz, Profile eines „Rückzuggebietes“. Zur Musikgeschichte Münsters im 19. Jahrhundert, in: 1637: Fritz Volbach, S. 1–53.

1415 Maass, August, Das Münsterische Intelligenzblatt als Zeitung und Zeitspiegel. Ein Beitrag zur westfälischen Zeitungs- und Kulturgeschichte, Diss. (Auszug), Osnabrück 1923.

1406 Massenkeil, Joseph, Der Westfälische Merkur. Ein Beitrag zur Geschichte des westfälischen Zeitungswesens, Münster 1914.

1407 Mehler, Josef, Die Ereignisse des Kulturkampfes in den Jahren 1871–1877 in der Diözese Münster aus der Sicht des „Sonntagsblattes“, Theologische Zulassungsarbeit, Bonn 1968.

1408 Meier, Burkhard, Das Landesmuseum der Provinz Westfalen in Münster 1, hg. v. Max Geisberg, Berlin 1914.

1409 Menn, Walter, Der Oberpräsident v. Vincke und die Aufhebung der Universität Münster, in: Westfälische Studien. Beiträge zur Geschichte der Wissenschaft, Kunst und Literatur in Westfalen. Alois Bömer zum 60. Geburtstag gewidmet, Leipzig 1928, S. 160–178.

1410 Merveldt, Dietrich Graf von, Der erste Bischof von Münster nach der Neuordnung, Caspar Maximilian Droste zu Vischering (1825–1846) und der Bekennerbischof Johann Bernard Brinkmann (1870–1889), in: 103: Das Domkapitel zu Münster 1823–1973, S. 205–249.

1411 Mickholz, Ralf, Kulturkampf in Preußen 1877–1887. Die Ereignisse im Spiegel des „Sonntagsblattes für katholische Christen“ unter besonderer Berücksichtigung der Stadt Münster, Magisterarbeit, Münster 1991.

1412 Müller, Eugen, Ein Fastnachtsball vor 100 Jahren, in: Heimatblätter der Roten Erde 1 (1919/1920), S. 176–177.

1413 Müller, Eugen, Albert Lortzing. Ein Lebensbild des berühmten Musikers unter besonderer Berücksichtigung seines Wirkens und Schaffens in Münster, Münster 1921.

1414 Müller, Georg, 60 Jahre Herz-Jesu Münster (1886–1946). Chronik der Herz-Jesu-Kirche, Münster 1946.

1415 Müller, Josef, Das Domkapitel zu Münster zur Zeit der Säkularisation, in: Zeitschrift für vaterländische Geschichte und Altertumskunde 71 (1913), Teil I, S. 1–104.

1416 Münster als Getreide- und Viehhandelsplatz. Von einem Münsteraner, Münster 1870.

1417 Mütter, Bernd, Wilhelm Diekamp (1854–1885). Zum Verhältnis von Katholizismus und Historismus nach dem Kulturkampf, in: Westfälische Zeitschrift 124/125 (1974/1975), S. 179–205.

1418 Mütter, Bernd, Die Geschichtswissenschaft in Münster zwischen Aufklärung und Historismus unter besonderer Berücksichtigung der historischen Disziplin an der münsterschen Hochschule (Geschichtliche Arbeiten zur westfälischen Landesforschung, Geistesgeschichtliche Gruppe 1 = Veröffentlichungen der Historischen Kommission für Westfalen 22 B), Münster 1980.

1419 Mütter, Bernd, Aloys Meister (1866–1925), in: Westfälische Zeitschrift 121 (1971), S. 173–247.

1420 Nettesheim, Josefine, Christoph Bernhard Schlüter. Eine Gestalt des deutschen Biedermeier, dargestellt unter Benutzung neuer Quellen mit einem Anhang bisher unveröffentlichter Briefe von Schlüter (Quellen und Forschungen zur Sprach- und Kulturgeschichte der germanischen Völker NF 5), Berlin 1960.

1421 Nettesheim, Josefine, Die geistige Welt der Dichterin Annette Droste zu Hülshoff, Münster 1967.

1422 Neugebauer, Emil, Oeffentliche Armenpflege in Münster von den ersten Jahren der franz. Herrschaft bis zur Gründung des Deutschen Reiches (1806–1871), Diss., Münster [1925].

1423 Niebour, Hermann, Die westfälischen Abgeordneten der Frankfurter Nationalversammlung, in: Westfalen 3 (1911), S. 33–44.

1424 Noehles, Gisela, Zum Bildprogramm des Landesmuseums in Münster von 1908, in: Westfalen 54 (1976), S. 167–203.

1425 Overhagen, Rolf, Jahreszeitliche Schwankungen der Geburtsfrequenzen in der Stadt Münster/Westf. Vergleich der Jahre 1890–1899 und 1965–1974, Diss., Münster 1980.

1426 Pieper, Anton, Wegführung und Verlust des Münsterer und Paderborner Domschatzes im Jahre 1806, in: Zeitschrift für vaterländische Geschichte und Altertumskunde 61 (1903), Teil I, S. 139–162.

1427 Pieper, H., Die Judenschaft in Münster (Westfalen) im Ablauf des 19. Jahrhunderts (unter besonderer Berücksichtigung freimaurerischer Einflüsse), Manuskript Münster 1940.

1428 Pieper, Paul, Cornelis Springer und der Prinzipalmarkt in Münster, Münster 1987.

1429 Der westfälische Provinzialverein für Wissenschaft und Kunst während der ersten 25 Jahre seines Bestehens. 1872–1896, Münster 1897.

1430 Rahe, Thomas, Statistische Daten zur Geschichte der Juden in Münster im 19. und 20. Jahrhundert. Eine erste Bestandsaufnahme, in: Westfälische Forschungen 38 (1988), S. 212–223.

1431 Redemann, Barbara, Die Verwirklichung des Tridentinischen Seminars. Ludgerianum und Borromaeum 1849–1874, Magisterarbeit, Münster 1991.

1432 Reeker, Das Provinzialmuseum für Naturkunde, in: 2676: Die provinzielle Selbstverwaltung Westfalens, S. 77–82.

1433 Reinhard, Ewald, Aus dem Werdegang des „Bekennerbischofs" Clemens August Frhr. Droste zu Vischering, in: 228: Liudger und sein Erbe 2, S. 291–299.

1434 Ribbentrop, K. R., Der Arbeits-Unterricht für die arme Jugend in der Stadt Münster, Münster 1805.

1435 Ribbrock, Gerhard, August und Wilhelm Rincklake. Historismusarchitekten des späten 19. Jahrhunderts (Denkmalpflege und Forschung in Westfalen 7), Bonn 1985.

1436 Röttger, Lotte, Erhebungen über die Geburten und Sterbefälle in der Stadt Münster in Westfalen während des neunzehnten Jahrhunderts, Aachen 1940.

1437 Sauermann, Dietmar, Das Lambertusfest und verwandte Bräuche, in: Rheinisch-westfälische Zeitschrift für Volkskunde 15 (1968), S. 69–118.

1438 Schem, Franz, Aus dem Leben des Hochwürdigsten Hochwohlgebornen Herrn Caspar Maximilian Bischofs von Münster Reichsfreiherrn Droste zu Vischering. Zur Feier des fünzigjährigen Bischofs-Jubiläum's Seiner Bischöflichen Gnaden am 6. September 1845, Münster 1845.

1439 Schepper-Lambers, Friederike, Beerdigungen und Friedhöfe im 19. Jahrhundert in Münster dargestellt anhand von Verordnungen und Archivalien (Beiträge zur Volkskultur in Nordwestdeutschland 73), Münster 1992.

1440 Schlautmann-Overmeyer, Rita, Die jüdische Gemeinde in Münster zwischen Emanzipation und Nationalsozialismus. Untersuchungen zur innergemeindlichen Situation, Magisterarbeit, Münster 1991.

1441 Schlief, A., 25 Jahre Steuerwesen der Stadt Münster i. W. vom 1. April 1895 bis zum 31. März 1920, Münster 1920.

1442 Schorer, Hans, Das Theaterleben in Münster in der zweiten Hälfte des 19. Jahrhunderts. Mit Ausblicken auf das westfälische und lippesche Theater dieser Zeit (Die Schaubühne 10), Emsdetten 1935.

1443 Schreiner, Ludwig, Die Neueinrichtung der Apostelkirche zu Münster durch Karl Friedrich Schinkel 1818–1824, in: Westfalen 47 (1969), S. 170–201.

1444 Schrörs, Heinrich, Bernard Aumöller. Der erste Pfarrer von St. Mauritz bei Münster 1845–1859, Münster 1956.

1445 Schulte, Eduard, Die Erbhuldigung zu Münster am 18. October 1815, in: 279: Quellen und Forschungen zur Geschichte der Stadt Münster 3, S. 59–62.

1446 Schürmann, Johannes, Johann Bernard Brinkmann, Bischof von Münster, im Kulturkampf, 8. bis 10., vermehrte Auflage, Münster 1925.

1447 Schwanitz, Hedwig, Krankheit – Armut – Alter. Gesundheitsfürsorge und Medizinalwesen in Münster während des 19. Jahrhunderts (Quellen und Forschungen zur Geschichte der Stadt Münster NF 14), Münster 1990.

1448 Simon, Irmgard, Zu den „Münsterischen Geschichten, Sagen und Legenden ..." von 1825, in: 1965: Niederdeutsche Beiträge, S. 251–281.

1449 Simon, Irmgard, Franz Jostes 1858–1925. Sein Wirken im Rahmen des Vereins für Geschichte und Altertumskunde Westfalens, in: Westfälische Zeitschrift 124/125 (1974/1975), S. 219–236.

1450 Sirringhaus, Friedrich, Die Entwicklung des Verkehrs in den Dortmund-Ems-Kanal-Häfen Dortmund und Münster unter dem Einfluß des Krieges und des Rhein-Weser-Kanals, [Münster 1922].

1451 Spannagel, Karl, 100 Jahre Historischer Verein in Münster i. W., in: Westfalen 17 (1932), S. 141–150.

1452 Stockmar, Hertha, Die Entwicklung der Jugendfürsorge in Münster seit 1900, Diss. (Auszug), Münster 1924.

1453 Stupperich, Robert, Die kirchliche Bedeutung Münsters im 19. und beginnenden 20. Jahrhundert, in: Jahrbuch für Westfälische Kirchengeschichte 70 (1977), S. 149–165.

1454 Sturm, Christoph, „Gebet, Gesang und Gottesdienst". Eine Untersuchung des katholischen Elementarschulwesens der Stadt Münster in der Zeit des Kulturkampfes 1870–1880, Examensarbeit, Münster 1991.

1455 Terner, Rudolf, Kaiserzeitliche Wohnhausfassaden im Nordviertel zu Münster, Manuskript, Münster o. J.

1456 Vahle, Hans, Das Ende des Klosters der Barmherzigen Brüder und die Einführung der Elisabetherinnen in das Klemenshospital zu Münster, in: Zeitschrift für vaterländische Geschichte und Altertumskunde 73 (1915), Teil I, S. 173–212.

1457 Vahle, Hans, Der Streit um die münsterische Domelemosyne 1810–1834, in: Zeitschrift für vaterländische Geschichte und Altertumskunde 80 (1922), Teil I, S. 36–54.

1458 Vahle, Johannes, Das städtische Armenwesen Münsters vom Ausgange der fürstbischöflichen Zeit bis zum Beginne der französischen Herrschaft einschließlich. Ein Beitrag zur Geschichte des Armenwesens im Zeitalter der Aufklarung, in: Zeitschrift für vaterländische Geschichte und Altertumskunde 71 (1913), Teil I, S. 331–494.

1459 Wagenfeld, Karl, Die münsterische Bürgergarde 1848. In: Münsterische Heimatblätter 2 (1919), S. 17–24.

1460 Walter, Bernd, Die Beamtenschaft in Münster zwischen ständischer und bürgerlicher Gesellschaft. Eine personengeschichtliche Studie zur staatlichen und kommunalen Beamtenschaft in Westfalen (1800–1850) (Geschichtliche Arbeiten zur westfälischen Landesforschung, Wirtschafts- und sozialgeschichtliche Gruppe = Veröffentlichungen der Historischen Kommission für Westfalen 22 A), Münster 1987.

1461 Webbeler, Theodor, Dr. Johann Bernhard Brinkmann, Bischof von Münster, und seine Stellungnahme zum Kulturkampf, Introitusarbeit, Everswinkel 1962.

1462 Weber, H., Die volkswirtschaftliche Bedeutung der katholischen Ordensschwestern. (Mit besonderer Berücksichtigung des Bistums Münster), Münster 1919.

1463 Weber, Heinrich, Die Katholische Anstaltsfürsorge im Bistum Münster, Düsseldorf o. J.

1464 Weiß, Gisela, „Herrliche Kaisertage" in Münster. Zur politischen Festkultur des Zweiten deutschen Kaiserreiches, Examensarbeit, Münster 1990.

1465 Werland, Walter, Münsters Professor Landois. Begebenheiten und Merkwürdigkeiten um den Zoogründer, Münster 1975.

1466 Westhoff-Krummacher, Hildegard, Carl Joseph Haas (1775–1852), ein unbekannter münsterischer Porträtist, in: Westfalen 54 (1976), S. 146–166.

1467 Widmann, Simon Peter, Johann Hermann Hüffer, in: Westfälische Lebensbilder 4 (1933), S. 229–252.

1468 Wiemer, Sigrid, Das Leben in Münsteraner Armenhäusern während des 19. Jahrhunderts (Beiträge zur Volkskultur in Nordwestdeutschland 71), Münster 1988.

1469 Wienecke, Ute, Die Entwicklung der Provinzialgewerbeschule zu Münster in der ersten Hälfte des 19. Jahrhunderts, Examensarbeit, Münster 1989.

1470 Wilmans, Roger, Zur Geschichte der Universität Münster in den Jahren 1802–1818. Nach archivalischen Quellen, in: Zeitschrift für deutsche Kulturgeschichte NF 4 (1875), S. 257–299.

1471 Witte, Leopold, Das Leben D. Friedrich August Gottreu Tholuck's, 2 Bde., Bielefeld/Leipzig 1884/1886.

1472 Wolters, Franz, Die Restauration der Liebfrauenkirche zu Münster, Münster 1882.

1473 Zumegen, Ferdinand, Caspar Franz Krabbe als münsterländischer Schulorganisator und Pädagoge, Münster [1926].

1474 Zurbonsen, Friedrich, Der ehemalige Freischarenführer v. Lützow in Münster und sein Kreis 1817–1830, in: Zeitschrift für vaterländische Geschichte und Alterthumskunde 58 (1900), Teil I, S. 186–217.

1475 Zurbonsen, Friedrich, General von Wrangel und die Münsterschen Dezember-Unruhen 1837, in: Zeitschrift für vaterländische Geschichte und Altertumskunde 63 (1905), Teil I, S. 257–268.

1476 Zwei-Löwen-Klub in Münster (Westf.). Festschrift zum Hundertjährigen Jubiläum im Jahre 1896, Münster 1896.

6. Weimarer Zeit und Nationalsozialismus

6.1 Quellenpublikationen und überlieferungskritische Untersuchungen

1477 Aschoff, Diethard, In der Hölle des Ostens. Ein junger Münsteraner Jude berichtet von seinen Erlebnissen in lettischen Konzentrations- und Arbeitslagern 1941–1944, in: 81: Beiträge zur neueren Stadtgeschichte, S. 320–336.

1478 Baldauf, Wolfgang, „Es war kein aktives politisches Wehren". Aus einem Gespräch mit Herbert Terkotten, Mitglied der Katholischen Sturmschar in Münster, in: 1632: Überwältigte Vergangenheit, S. 60–68.

1479 Ballhorn, Franz, Die Kelter Gottes. Tagebuch eines jungen Christen 1940–1945, Nachdruck der 1. Auflage, Münster 1980.

1479a Behnke, Heinrich, Semesterberichte. Ein Leben an deutschen Universitäten im Wandel der Zeit, Göttingen 1978.

1480 Statistischer Bericht der Provinzialhauptstadt Münster 1 (1928)–6 (1933), Münster 1929–1934.

1481 Bischof Clemens August Graf von Galen. Akten, Briefe und Predigten 1933–1946, bearbeitet v. Peter Löffler, 2 Bde. (Veröffentlichungen der Kommission für Zeitgeschichte A/42), Mainz 1988.

1482 Bischof Graf von Galen spricht! Ein apostolischer Kampf und sein Widerhall, hg. v. Heinrich Portmann (Das christliche Deutschland 1933 bis 1945. Dokumente und Zeugnisse, Katholische Reihe 3), Freiburg 1946.

1483 Dunschen, Maria Lucia, Von Hilfsbereitschaft und von Angst: eine Münsteranerin berichtet über Leben und Deportation jüdischer Mitbürger, in: 1632: Überwältigte Vergangenheit, S. 98–102.

1484 [Haas-Tenckhoff, Bruno], Aus den Tagen der November-Revolution in Münster von einem ehemaligen Angehörigen des Feldartillerie-Regiments 22, Münster 1929.

1485 Hawkins, Ian, Münster, 10. Oktober 1943. Alliierte und deutsche Kampfflieger und Betroffene in der Stadt schildern die schrecklichen Ereignisse während des Luftangriffs, Münster 1983.

1486 Herbermann, Nanda, Der gesegnete Abgrund. Schutzhäftling Nr. 6582 im Frauenkonzentrationslager Ravensbrück, 2. Auflage, Nürnberg/Bamberg/Passau 1948.

1487 Iserloh, Erwin, Rückschau auf 70 Lebensjahre (1915–1985), Privatdruck, Münster 1985.

1488 Meldungen aus Münster 1924–1944. Geheime und vertrauliche Berichte von Polizei, Gestapo, NSDAP und ihren Gliederungen, staatlicher Verwaltung, Gerichtsbarkeit und Wehrmacht über die politische und gesellschaftliche Situation in Münster. Eingeleitet u. bearbeitet v. Joachim Kuropka, Münster 1992.

1489 Muckermann, Friedrich, Im Kampf zwischen zwei Epochen. Lebenserinnerungen, bearbeitet u. eingeleitet v. Nikolaus Junk, Mainz 1973.

1490 Portmann, Heinrich, Dokumente um den Bischof von Münster, Münster 1948.

1491 Preuß, Sabine/Wienold, Hanns, Münsteraner Alltag im Spiegel vertraulicher Berichte (1936/37), in: 1604: Münster – Spuren aus der Zeit des Faschismus, S. 123–153.

1492 Provinzialhauptstadt Münster (Westf.) 1926–1945, Manuskript, Münster o. J.

1493 Provinzialhauptstadt Münster (Westf.). Statistischer Bericht für die Jahre 1938–1948, Münster o. J.

1494 Schaal, Josef/Cleve, Hans Günther, Neudeutschland im Liudger-Gau, Münster. Ein Gespräch, in: Löscht den Geist nicht aus. Der Bund Neudeutschland im Dritten Reich. Erlebnisberichte, hg. v. Rolf Eilers, Mainz 1985, S. 109–118.

1495 Schulte, Eduard, Münstersche Chronik zu Spartakismus und Separatismus Anfang 1919. Aktenstücke, Berichte, Bilder, Flugblätter, Plakate, Pressestimmen, Tagebücher (Quellen und Forschungen zur Geschichte der Stadt Münster 10 = Veröffentlichungen der Historischen Kommission des Provinzialvereins für Wetsfälische Landes- und Volkskunde), Münster 1939.

1496 Schulte, Eduard, Kriegschronik der Stadt Münster 1914/18 (Quellen und Forschungen zur Geschichte der Stadt Münster 6 = Veröffentlichungen des Provinzialinstituts für Westfälische Landes- und Volkskunde), Münster 1930.

1497 Schwarze, Hans-Dieter, Geh aus mein Herz. Erinnerung an eine Jugend 1926 bis 1945, Münster 1990.

1498 Verwaltungs-Bericht der Stadt Münster vom 1. 4. 1915 bis 31. 3. 1926, Münster o. J.

1499 Vienerius, Josef, Der Widerstand im Kreuzfeuer der Gestapo. Erlebnisse aus dem Kirchenkampf des Dritten Reiches, [Münster 1970].

1500 Wust, Peter, Ein Abschiedswort, 11. Auflage, Münster 1984.

6.2 Dokumentationen und Kataloge

1501 Beer, Wilfried, Im Inferno des Bombenkrieges (Geschichte original – am Beispiel der Stadt Münster 9), Münster 1983.

1502 Bomben auf Münster. Ausstellung über die Luftangriffe auf Münster im Zweiten Weltkrieg. Stadtmuseum Münster, 10. Oktober 1983 bis 29. April 1984, Münster 1983.

1503 Die Westdeutsche Funkstunde. Frühgeschichte des WDR in Dokumenten. Zusammengestellt und erläutert v. Wolfgang Schütte (Annalen des Westdeutschen Rundfunks 1), Köln/Berlin 1973.

1504 Fritz Grotemeyer 1864–1947. Gemälde – Zeichnungen. Eine Auswahl aus der Sammlung des Stadtmuseums. 21. August–24. Dezember 1986, [Münster 1986].

1505 Der Judenpogrom vom 9./10. November 1938 in Münster. Die Ereignisse und ihre Bedeutung in Geschichte und Gegenwart. Dokumentation der Ausstellung des Stadtarchivs in der Bürgerhalle des Rathauses, 9. 11. bis 14. 12. 1988, Münster 1989.

1506 Der Kaiserbesuch von 1907. Ein Blick auf Münster in Wilhelminischer Zeit. Dokumentation einer Ausstellung des Stadtarchivs im Universitätsgebäude Fliednerstraße vom 23. 11. – 18. 12. 1987 (Das Stadtarchiv erinnert), Münster 1990.

1507 Krabbe, Wolfgang R., Auf dem Wege zur modernen Großstadt. Münster um 1900 (Geschichte original – am Beispiel der Stadt Münster 17), Münster 1990.

1508 Kuropka, Joachim, Die Machtergreifung der Nationalsozialisten (Geschichte original – am Beispiel der Stadt Münster 2), Münster 1978.

1509 Fritz Levedag 1899–1951. Gemälde und Zeichnungen. Westfälisches Landesmuseum für Kunst und Kulturgeschichte, hg. im Auftrage des Landschaftsverbandes Westfalen-Lippe v. Eva Schmidt, [Münster 1991].

1510 Hanns Hubertus Graf von Merveldt 1901–1969. Gemälde, hg. v. Klaus Bußmann/Mario-Andreas von Lüttichau, Köln 1991.

1511 Münster auf alten Postkarten. Ausstellung der Jugendarbeitsgemeinschaft für Stadtgeschichte. Stadtmuseum Münster, 1. Juni 1984 bis 15. Juli 1984, Münster 1984.

1512 Münster wird preußisch. Von der fürstbischöflichen Residenzstadt zur Provinzialhauptstadt. Dokumentation (Das Stadtarchiv erinnert), Münster 1992.

1513 Neiber, Barbara, Unterwegs zur Weisheit. Erinnerung an Leben und Werk des Philosophen Peter Wust. Eine Ausstellung der Diözesanbibliothek und der Stadtbücherei Köln, Köln 1990.

1514 Bernhard Pankok 1872–1943. Malerei, Graphik, Münster-Wolbeck 1984.

1515 Bernhard Pankok. Malerei, Graphik, Design im Prisma des Jugendstils. Westfälisches Landesmuseum für Kunst und Kulturgeschichte Münster – Landschaftsverband Westfalen-Lippe, 14. September – 9. November 1986, Greven 1986.

1516 Bernhard Pankok 1872–1943. Kunsthandwerk – Malerei – Graphik – Architektur – Bühnenausstattungen. Ausstellung des Württembergischen Landesmuseums Stuttgart Altes Schloß, 24. Mai bis 29. Juli 1973, Stuttgart [1973].

1517 Bernhard Pankok – Münster und das Münsterland. Stadtmuseum Münster, 12. Februar 1987–24. Dezember 1987, hg. v. Hans Galen, Münster 1986.

1518 Veddeler, Peter, Erster Weltkrieg und Revolution (1914–1919) (Geschichte original – am Beispiel der Stadt Münster 14), Münster 1986.

1519 Das Verzeichnis der Münster'schen Juden aus den Jahren 1933–1945, in: 1574: Juden in Münster, S. 12–31; auch in: 1604: Münster – Spuren aus der Zeit des Faschismus, S. 167–186.

1520 Weidner, Marcus, Ein unbequemes Erbe? Ausgewähltes Verzeichnis von Stätten und Quellen zur Geschichte der NSDAP, der Judenverfolgung und des Krieges in der Stadt Münster, in: 124: Geschichte lehren und lernen, S. 141–178.

6.3 Spezialstudien

1521 Allhoff, Karin, Die sozialen, wirtschaftlichen und Wohnungsverhältnisse in der Stadt Münster und ihre Beziehungen zum Verlauf der Erkrankungs- und Sterbefälle an Scharlach und Diphtherie 1912–30, [Münster] 1933.

1522 Schon fast vergessen. Alltag in Münster 1933–1945. Mit Beiträgen v. Susanne Bäumer u. a., hg. v. Heinz-Ulrich Eggert (Schriftproben 4), Münster 1986.

1523 Ammermann, Ottilie, Die Gesundheitsfürsorge für Säuglinge und Kleinkinder in der Stadt Münster, Berlin 1934.

1524 Auling, Franz, Geschichte und Beschreibung der Herz-Jesu-Pfarrkirche zu Münster i. W., Münster 1934.

1525 Baldauf, Wolfgang, Zwischen Staatstreue und Widerstand – Katholische Jugend in Münster nach 1933, in: 1632: Überwältigte Vergangenheit, S. 29–59.

1526 Bauermann, Johannes, Denkmalinventar und Stadtgeschichte. Betrachtungen und Bemerkungen zu Max Geisberg, Die Stadt Münster, in: Blätter für deutsche Landesgeschichte 83 (1937), S. 118–127.

1527 Beaugrand, Günter, Kardinal Graf von Galen (Große Gestalten des Glaubens), Aschaffenburg 1985.

1528 Beer, Wilfried, Kriegsalltag an der Heimatfront. Alliierter Luftkrieg und deutsche Gegenmaßnahmen zur Abwehr und Schadensbegrenzung, dargestellt für den Raum Münster, Bremen 1990.

1529 Behr, Hans-Joachim, „Reichsausstellung" und „Forschungsstelle Westfälischer Frieden". Zwei nationalsozialistische Kulturvorhaben in Münster, in: Westfalen 61 (1983), 2, S. 9–24.

1530 Beuvink-Jenke, Christiane, Die Anfänge des akademischen Frauenstudiums in Preußen im ersten Drittel des 20. Jahrhunderts mit besonderem Blick auf die Westfälische Wilhelms-Universität, Examensarbeit, Münster 1989.

1531 Bierbaum, Max, Nicht Lob, nicht Furcht. Das Leben des Kardinals von Galen nach unveröffentlichten Briefen und Dokumenten, 9. Auflage, Münster 1984.

1532 Bölke, Dorothee, Die Lokalseiten des Münsterischen Anzeigers als Spiegel des alltäglichen Nationalsozialismus, Münster 1981.

1533 Borchard, Alfred, Erhebungen über die hygienischen und sozialen Verhältnisse bei den Offentuberkulösen der Stadt Münster, Bielefeld 1939.

1534 Brand, Albert, Die Säuglingssterblichkeit in der Stadt Münster in den Jahren von 1900 bis 1929, mit besonderer Berücksichtigung der Witterungsverhältnisse, Bottrop 1932.

1535 Brüning/Zimmermann, Das Landesmuseum, in: 2676: Die provinzielle Selbstverwaltung Westfalens, S. 51–58.

1536 Cohors-Fresenborg, Agnes, Die Säuglingssterblichkeit im Stadt- und Landkreis Münster vor, während und nach dem Kriege, Diss., Münster 1950.

1537 Ditt, Karl, Kulturpolitik aus Opportunismus? Der Stadtarchivar Dr. Eduard Schulte in Münster 1933–1945, in: 1589: Kulturpolitik, S. 39–61.

1538 Drerup, Martha, Grundstücksmarkt und Wohnungswesen der Stadt Münster im Rahmen der Leistungen städtischer Bodenpolitik, Münster 1930.

1539 Sankt Elisabeth Münster, hg. v. Ferdinand Ludwig, Wiesbaden 1967.

1540 Elkemann, Hugo/Götz, Wolfgang/Kranz, Brigitte, Die Universität in der Weimarer Republik (1918–1920). Die Münsteraner Studentenschaft in der Novemberrevolution, dem Kapp-Putsch und den Ruhrkämpfen, in: 177: 200 Jahre zwischen Dom und Schloß, S. 47–63.

1541 Felker, Bernhard, Über die Sterblichkeit an Kreislaufserkrankungen in der Stadt Münster in den Jahren 1912–1931, Münster 1932.

1542 Festschrift zum 50jährigen Bestehen der Trinitatis-Kirchengemeinde, hg. im Auftrag des Presbyteriums der Trinitatis-Kirchengemeinde in Münster zum Trinitatis-Fest am 9. Juni 1974 v. Traugott Wendt, Münster [1974].

1543 Fox, Otto, Hygienische und sozialhygienische Gesichtspunkte zu den Stadtrandsiedlungen der Stadt Münster i. Westf., Münster 1934.

1544 Franke, Klaus-Dieter, Die Zeit der Weimarer Republik, in: 190: 100 Jahre SPD in Münster, S. 23–31.

1545 Frieling, Christian, Priester aus dem Bistum Münster im KZ. 38 Biographien, Münster 1992.

1546 Von der Westdeutschen Funkstunde zum WDR, hg. v. Michael Stoffregen-Büller, Münster 1989.

1547 Clemens August Graf von Galen. Neue Forschungen zum Leben und Wirken des Bischofs von Münster, hg. v. Joachim Kuropka, Münster 1992.

1548 Gerritz, Kurt, Max Franz Apffelstaedt (1863–1950) und die Gründung der Zahnklinik der Westfälischen Wilhelms-Universität zu Münster (Münstersche Beiträge zur Geschichte und Theorie der Medizin 1), Münster 1970.

1549 Die Geschichte der Polizeischule Münster 1920–1960, Münster 1961.

1550 Gies, Karl, Der Einfluß der Wohnungsverhältnisse auf Geburtenbewegung, Erkrankung und Sterblichkeit nach einer Untersuchung an drei verschiedenen Wohnvierteln der Stadt Münster i. W., Münster 1932.

1551 Grevelhörster, Ludger, Anfänge und Entwicklung der NSDAP in Münster bis zur „Machtergreifung“, in: 80: Beiträge zur Stadtgeschichte, S. 155–195.

1552 Grevelhörster, Ludger, Münster zwischen Revolution und Überwindung der Inflation. Gesellschaft, Wirtschaft und kommunalpolitisches Handeln in der westfälischen Provinzialhauptstadt 1918 bis 1924, Diss., Paderborn 1992.

1553 Grevelhörster, Ludger, Die Schlußphase der Weimarer Republik in Münster unter besonderer Berücksichtigung der „Machtergreifung“ durch den Nationalsozialismus, Examensarbeit, Münster 1983.

1554 Grevelhörster, Ludger, Münsters Weg von der Revolution bis zur Kapitulation: Brennpunkte der städtischen Geschichte zwischen 1918 und 1945, in: 124: Geschichte lehren und lernen, S. 43–83.

1555 Gröblinghoff, Beate, Planmäßige Siedlungserweiterung Münsters seit 1875 unter besonderer Berücksichtigung der Versorgung mit Grünflächen. Ein Beitrag zur Bewertung stadtplanerischer Konzepte, 2 Bde., Examensarbeit, Münster 1987.

1556 Gutschow, Niels, Gestaltungssatzungen in Münster 1904–1980, in: Baumeister 78 (1981), S. 39–43.

1557 Gutschow, Niels/Wolf, Johann A., Historische Entwicklung und Perspektiven der Stadtplanung in Münster, in: 2810: Westfalen und angrenzende Regionen, S. 205–220.

1558 Unterm Hakenkreuz, in: Das schöne Münster 5 (1933), S. 225–248.

1559 Hasenkamp, Gottfried, Der Kardinal. Taten und Tage des Bischofs von Münster Clemens August Graf von Galen, 3. Auflage, Münster 1985.

1560 Hautkappe, Franz, Friedrich Beelert. Eines edlen Priesters Leben und Wirken (1858–1940), hg. v. Bernhard Hautkappe, Gelsenkirchen-Buer 1950.

1561 Henningsen, Wiltrud, Die Entstehung des Kinos in Münster. Versuch einer Historiographie, Münster 1990.

1562 Heuwing, Dieter/Sosna, Bärbel, Die Verfolgung der Münsteraner Juden, in: 1632: Überwältigte Vergangenheit, S. 69–97.

1563 Hillebrand, Albert, Die Entwicklung der Finanzen der Stadt Münster in der Zeit von 1924–33. Mit kritischen Betrachtungen des Oberbürgermeisters Pg. A. Hillebrand, Münster [1933].

1564 Hohl, Rainer, Schulkampf in der Stadt Münster 1918–1923. Ein Beitrag zur politischen Kultur der Weimarer Republik im katholischen Milieu, Magisterarbeit, Münster 1990.

1565 Hörster-Philipps, Ulrike/Vieten, Bernward, Die Westfälische Wilhelms-Universität beim Übergang zum Faschismus. Zum Verhältnis von Politik und Wissenschaft 1929–1935, in: 177: 200 Jahre zwischen Dom und Schloß, S. 77–103.

1566 Huneke, Hans Werner, Stadt und Garnison Münster in der Revolution von 1918/19, Examensarbeit, Münster 1981.

1567 Hunold, Hildegard, Räumliche Gliederung und Abgrenzung des Citygebietes der Stadt Münster vor dem 2. Weltkrieg. Erarbeitet anhand der Ausstattung mit Einzelhandels- und ausgewählten Dienstleistungsfunktionen, Examensarbeit, Münster 1979.

1568 Iserloh, Erwin, Clemens August Graf von Galen, in: Westfälische Lebensbilder 14, Münster 1987, S. 189–208.

1569 50 Jahre St. Elisabeth Münster 1929–1979, [Münster 1979].

1570 1920–1930. Zehn Jahre Freie Künstlergemeinschaft Schanze zu Münster i. W. Eine Festschrift, Münster [1930].

1571 15 Jahre NSDAP Münster 1922–1937. Kreistreffen 15.–17. Okt., [Münster 1937].

1572 50 Jahre Westfälische Schule für Musik in der Provinzialhauptstadt Münster 1919–1969. Ein Bericht, Münster [1969].

1573 60 Jahre Städtisches Symphonieorchester 1919/1979, hg. v. der Stadt Münster (Dokumentation 2/79), Greven 1979.

1574 Juden in Münster 1933–1945. Eine Gedenkschrift, hg. v. Bernhard Brilling/Ulrich Dieckmann, Münster 1960.

1575 Karneval in Münster! Helau! Hurra!, in: Das schöne Münster 6 (1934), S. 17–32.

1576 Kaschner, Gerhard, Das städtische Orchester. Kurzgefaßte Chronik anläßlich des 40jährigen Bestehens (Das schöne Münster 19), Münster 1959.

1577 Kaufmann, Doris, Katholisches Milieu in Münster 1928–1933. Politische Aktionsformen und geschlechtsspezifische Verhaltensräume (Düsseldorfer Schriften zur Neueren Landesgeschichte und zur Geschichte Nordrhein-Westfalens 14), Düsseldorf 1984.

1578 Kaufmann, Doris, Ein „Warner gegen die Mächte der Finsternis". Pater Friedrich Muckermanns Kampf gegen Bolschewismus und Nationalsozialismus in Münster 1924–1934, in: 1632: Überwältigte Vergangenheit, S. 13–28.

1579 Klein, Herbert, Die Stellung des Münsteraner Mittelstandes zum und im Nationalsozialismus, in: 1604: Münster – Spuren aus der Zeit des Faschismus, S. 57–63.

1580 Klein, Herbert, Der Weg zur Macht – Nationalsozialisten in Münster, in: 1604: Münster – Spuren aus der Zeit des Faschismus, S. 43–55.

1581 Kluge, Ulrich, Der Generalsoldatenrat in Münster und das Problem der bewaffneten Macht im rheinisch-westfälischen Industriegebiet, in: Arbeiter- und Soldatenräte im rheinisch-westfälischen Industriegebiet. Studien zur Geschichte der Revolution 1918/19, hg. v. Reinhard Rürup, Wuppertal 1975, S. 315–392.

1582 Kneppe, Alfred/Wiesehöfer, Josef, Friedrich Münzer. Ein Althistoriker zwischen Kaiserreich und Nationalsozialismus. Zum 20. Oktober 1982. Mit einem kommentierten Schriftenverzeichnis v. Hans-Joachim Drexhage, Bonn 1983.

1583 König, J./Tormin, W., Die Wasserversorgung der Stadt Münster, in: 114: Festschrift zur 84. Versammlung Deutscher Naturforscher, S. 213–232.

1584 Kramann, Heinrich, Über die Sterblichkeit an Lungen- u. Kehlkopftuberkulose in Münster in den Jahren 1912–1928, [Münster] 1931.

1585 Der Krieg frißt eine Schule. Die Geschichte der Oberschule für Jungen am Wasserturm in Münster 1938–1945. Verfaßt vom Grundkurs 11e Geschichte des Wilhelm-Hittorf-Gymnasiums Münster im Schulhalbjahr 1982/83, hg. v. Heinz-Ulrich Eggert (Schriftproben 1), Münster 1984.

1586 Kroos, Franz, Friedrich Muckermann (1883–1946), in: Zeitgeschichte in Lebensbildern 2, hg. v. Rudolf Morsey, Mainz 1975, S. 48–63.

1587 Krüger, Gerd, „Treudeutsch allewege!". Gruppen, Vereine und Verbände der Rechten in Münster (1887–1929/30) (Quellen und Forschungen zur Geschichte der Stadt Münster NF 16), Münster 1992.

1588 Kühn, Jens, Christuskreuz oder Hakenkreuz. Die Heilig-Geist-Pfarre in Münster im 2. Weltkrieg, Münster 1983.

1589 Kulturpolitik in Münster während der nationalsozialistischen Zeit. Referate und Diskussionsbeiträge der Tagung am 8. und 9. Juni 1990 im Franz-Hitze-Haus Münster, hg. v. Franz-Josef Jakobi/Thomas Sternberg, Münster 1990.

1590 Kuropka, Joachim, Vom Antisemitismus zum Holocaust. Zu Vorgeschichte und Folgen des 9. November 1938 unter Berücksichtigung der Stadt Münster, in: Westfälische Zeitschrift 140 (1990), S. 185–205.

1591 Kuropka, Joachim, Aspekte des kulturellen Lebens in Münster während der NS-Zeit. Theater – Büchereiwesen – Schulen, in: 1589: Kulturpolitik, S. 96–118.

1592 Kuropka, Joachim, Clemens August Graf von Galen. Das Bild des Bischofs zwischen zeitgenössischer Bewunderung und neuerer Kritik, in: Oldenburger Profile, hg. v. dems./Willigis Eckermann (Vechtaer Universitätsschriften 6), Cloppenburg 1989.

1593 Kuropka, Joachim, Clemens August Graf von Galen. Politisch interessierter Seelsorger in Münster 1929 bis 1933, in: Den Menschen lebensstark machen. Festschrift für Bernd Thonemann, hg. v. Hermann Bringmann/Hubert Stuntebeck, Hannover 1991, S. 117–128.

1594 Kuropka, Joachim, Grundwerte leben dargestellt am Leben und Wirken des Kardinals Clemens August von Galen, in: Der Auftrag 21 (1987), S. 12–26.

1595 Kuropka, Joachim, Auf dem Weg in die Diktatur. Zu Politik und Gesellschaft in der Provinzialhauptstadt Münster 1929–1934, in: Westfälische Zeitschrift 134 (1984), S. 157–199.

1596 Kuropka, Joachim, Widerstand gegen den Nationalsozialismus in Münster. Neuere Forschungen zu einigen Problemfeldern, in: Westfälische Zeitschrift 137 (1987), S. 159–182.

1597 Lahrkamp, Beatrix, Zur Auseinandersetzung zwischen katholischer Kirche und Nationalsozialismus im Münsterland. Eine Analyse kirchlicher Erlebnisberichte, in: Westfälische Zeitschrift 136 (1986), S. 111–177.

1598 Lüers, Heinrich Bernhard, 50 Jahre Niederdeutsche Bühne Münster. Ein halbes Jahrhundert Arbeit an der Mundart, Münster 1970.

1599 Marshall, Barbara, The Political Development of German University Towns in the Weimar Republic: Göttingen and Münster 1918–1930, Diss., London 1972.

1600 Morsey, Rudolf, Clemens August Kardinal von Galen. Größe und Grenze eines konservativen Kirchenfürsten (1933–1946), in: Jahres- und Tagungsbericht der Görres-Gesellschaft 1990, S. 5–25.

1601 Morsey, Rudolf, Clemens August Kardinal von Galen. Versuch einer historischen Würdigung, in: Clemens August Kardinal von Galen. Gedenkstunde zum 20. Jahrestag seines Todes im Stadttheater zu Münster am Sonntag, dem 24. April 1966, Münster 1967, S. 9–24.

1602 Morsey, Rudolf, Clemens August Kardinal von Galen. Bischöfliches Wirken in der Zeit der Hitler-Herrschaft, Düsseldorf 1987.

1603 Morsey, Rudolf, Georg Schreiber, der Wissenschaftler, Kulturpolitiker und Wissenschaftsorganisator. Aus Anlaß der Wiederkehr seines 100. Geburtstags am 5. Januar 1982, in: Westfälische Zeitschrift 131/132 (1981/1982), S. 121–159.

1604 Münster – Spuren aus der Zeit der Faschismus. Zum 50. Jahrestag der nationalsozialistischen Machtergreifung, hg. v. Hans-Günter Thien/Hanns Wienold unter Mitarbeit v. Sabine Preuß (Arbeitshefte zur materialistischen Wissenschaft 19), Münster 1983.

1605 Muermann, Sabine, Die Schulen in Münster 1900–1933, unter besonderer Berücksichtigung des städtischen Einflusses auf ihre Entwicklung, Examensarbeit, Münster 1991.

1606 Mummenhoff, Karl Eugen, Bemerkungen zu Bauten Alfred Hensens in Münster, in: Westfalen 56 (1978), S. 193–212.

1607 Mussinghoff, Heinz, Rassenwahn in Münster. Der Judenpogrom 1938 und Bischof Clemens August Graf von Galen, Münster 1989.

1608 Pankok, Hulda, Otto Pankok. Gedanken zur letzten Ausstellung 1935 im Westfälischen Kunstverein in Münster, in: Westfalen 59 (1981), S. 136–137.

1609 Pöppinghege, Rainer, Das politische Verhalten der Studenten der Westfälischen Wilhelms-Universität 1919–1923, Magisterarbeit, Münster 1990.

1610 Portmann, Heinrich, Der Bischof von Münster. Das Echo eines Kampfes für Gottesrecht und Menschenrecht, Münster 1947.

1611 Portmann, Heinrich, Kardinal von Galen. Ein Gottesmann seiner Zeit. Mit einem Anhang: Die drei weltberühmten Predigten, 15. Auflage, Münster 1978.

1612 Prahl, Anton, Die eigenwirtschaftliche Tätigkeit der Stadt Münster i. Westf., Emsdetten 1936.

1613 Prinz, Joseph, Die Bilanz des tausendjährigen Reiches, Manuskript, Stadtarchiv Münster 1955.

1614 Rahner, Stefan u. a., „Treu deutsch sind wir – wir sind auch treu katholisch“. Kardinal von Galen und das Dritte Reich, Münster 1987.

1615 Reckendrees, Alfred, Wohnungspolitik in Münster 1918–1933, Magisterarbeit, Münster 1989.

1616 Reploh, Heinz, Die Gesundheitsverhältnisse in der Stadt Münster und ihre Lehren. Eine statistische Untersuchung über die Entwicklung während der Kriegs- und Nachkriegsjahre, Münster 1935.

1617 Rest, Walter, Der geistige Widerstand Peter Wusts in seiner Zeit, Manuskript o. O. o. J.

1618 Rump, Bernhard, Die Kriegsteilnehmerfürsorge in Deutschland unter besonderer Berücksichtigung von Münster i. W., Diss., Münster 1925.

1619 Sandberger, Wolfgang, „Selbstbesinnung zu deutschem Wesen in der Kunst . . .“. Der Komponist und Musikpädagoge Franz Ludwig in der NS-Zeit, in: 1589: Kulturpolitik, S. 66–85.

1620 Sandstede-Auzelle, Marie-Florentine/Sandstede, Gerd, Clemens August Graf von Galen. Bischof von Münster im Dritten Reich, Münster 1986.

1621 Sarrazin, Otto, Regierungsbaumeister Alfred Hensen (1869–1931), in: Westfalen 56 (1978), S. 189–192.

1622 Das Schillergymnasium Münster, zur 75-Jahr-Feier hg. v. Kollegium des Schillergymnasiums, Münster 1977.

1623 Schirmeyer, Karl, Die öffentliche Bautätigkeit in neuerer Zeit, in: 257: Münster/Westfalen, S. 9–12.

1624 Schmidt, Hubert, Die Tuberkulosefürsorge in der Stadt Münster (Westf.), Quakenbrück 1934.

1625 Schmidt, Reinhold, Der Kardinal und das 3. Reich. Legende und Wahrheit über Kardinal von Galen (Schriftenreihe Zeitgeschichtliche Dokumentation, 3. Jahrgang 16/17), 3. Auflage, Münster 1980.

1626 Schwarze, Gisela, Widerstand und Verweigerung im Münsterland 1933–1945. Eine Untersuchung zu Oppositionsformen gegen das NS-Regime in Westfalen, in: Westfälische Forschungen 34 (1984), S. 207–219.

1627 Suermann, Herbert, Untersuchungen über die Krankheitsverhältnisse der erwerbstätigen Jugendlichen in der Stadt Münster, Quakenbrück 1935.

1628 Taube, Friedrich, Fruchtfolgen im Stadt- und Landkreis Münster und ihre betriebswirtschaftliche Zweckmäßigkeit, Diss., Emsdetten 1933.

1629 Tekotte, Hedwig, Die Mehl- und Brotversorgung der Stadt Münster i. W. in der Kriegs- und Inflationszeit (1914–1923). Ein Beitrag zur Wirtschaftsgeschichte, Emsdetten 1932.

1630 Teppe, Karl, Karl Zuhorn, in: Land und Bund, hg. v. Walter Först (Beiträge zur Neueren Landesgeschichte des Rheinlandes und Westfalens 9), Köln/Stuttgart/Berlin/Mainz 1981, S. 147–168.

1631 Thamer, Hans-Ulrich, Kultur und Propaganda. Zur Funktion kultur- und kunsthistorischer Ausstellungen in der NS-Zeit, in: 1589: Kulturpolitik, S. 17–34.

1632 Überwältigte Vergangenheit – Erinnerungsscherben. Faschismus und Nachkriegszeit in Münster i. W., hg. v. Hans-Günter Thien/Hanns Wienold/Sabine Preuß, Münster 1985.

1633 Vieten, Bernward, Medizin ohne Menschlichkeit. Rassenhygiene und Kriegsforschung an der Medizinischen Fakultät Münster, in: 177: 200 Jahre zwischen Dom und Schloß, S. 104–116.

1634 Vieten, Bernward, Medizinstudenten und Medizinische Fakultät in Münster im „Dritten Reich", in: 1604: Münster – Spuren aus der Zeit des Faschismus, S. 201–218.

1635 Vieten, Bernward, Medizinstudenten in Münster. Universität, Studentenschaft und Medizin 1905 bis 1945 (Pahl-Rugenstein Hochschulschriften Gesellschafts- und Naturwissenschaften [Serie: Studien zu Theorie und Praxis der Medizin] 87), Köln 1982.

1636 Vogt, Bettina, Gefangen, gelitten und vergessen. Kriegsgefangene im Einsatz bei der Stadtverwaltung Münster 1940–1945, Beitrag zum den Schülerwettbewerb Deutsche Geschichte um den Preis des Bundespräsidenten 1988/89, [Münster 1989].

1637 Fritz Volbach (1861–1940). Komponist, Dirigent und Musikwissenschaftler. Festschrift zum 60jährigen Bestehen des Musikwissenschaftlichen Seminars der Westfälischen Wilhelms-Universität Münster, hg. v. Klaus Hortschansky (Beiträge zur westfälischen Musikgeschichte 20), Hagen 1987.

1638 Volk, Ludwig, Clemens August Graf von Galen. Schweigen oder Bekennen? Zum Gewissensentscheid des Bischofs von Münster im Sommer 1941, in: Stimmen der Zeit 194 (1976), S. 219–224.

1639 Volkswille. Ein Stück deutsche Geschichte in Karikaturen. Geschichte einer münsteraner Zeitung für Sozialdemokraten und Gewerkschaften, hg. v. Peter Froese, Münster 1989.

1640 Wankum, Angela, Die erste Phase der nationalsozialistischen Judenverfolgung in Münster und ihre Auswirkungen auf die Universität, Examensarbeit, Münster 1989.

1641 Weidner, Marcus, Nur Gräber als Spuren. Das Leben und Sterben von Kriegsgefangenen und „Fremdarbeitern" in Münster während der Kriegszeit 1939–1945, Münster 1984.

1642 Weidner, Marcus, Zwischen „Tod durch Arbeit" und KZ. Der Alltag ausländischer Kriegsgefangener und Zwangsarbeiter in Münster während des Zweiten Weltkrieges – Hinweise zur eigenen „Spurensuche", in: PC-Korrespondenz Münster 5 (1987), S. 22–29.

1643 Weißgerber, Otto, Die Neubauten der Kliniken und medizinischen Institute der Universität Münster (Monographien des Bauwesens 5), Berlin [1926].

1644 Wenge, Christoph, Die Ortsgruppe der KPD in Münster 1920–1933, Examensarbeit, Münster 1988.

1645 Wessing, Gudrun, Bernhard Pankok als Porträtmaler, Münster 1988.

1646 Wiegelmann-Uhlig, Edith, Berufspendler in Westfalen 1930–1970. Ein Beitrag zur regionalen Mobilität, Diss., Münster 1987.

1647 Zahnow, Gregor, Judenverfolgung in Münster 1933–1945, Magisterarbeit, Münster 1990.

7. Nachkriegszeit

7.1 Quellenpublikationen und überlieferungskritische Untersuchungen

1648 Bekanntmachungen der Stadt Münster (Westf.) Nr. 6, 1. März 1946, [Münster 1946].

1649 Statistischer [Vierteljahres-]Bericht, hg. v. der Stadt Münster, Münster 1949ff.

1650 Bericht über die Tätigkeit des Rates und der Stadtverwaltung Münster 1945–1948, Manuskript, Münster 1948.

1650a Kleinräumige Bevölkerungsprognose 1990 (Beiträge aus Statistik und Stadtforschung 52, hg. v. der Stadt Münster), Münster o. J.

1651 Böggering, Laurenz, Erinnerung und Erlebnisse 1954–1984. Dreißig Jahre Mitarbeit in der Diözesanleitung des Bistums Münster, Recklinghausen [1984].

1652 Fechtrup, Hermann, Am Beginn der 80er Jahre. Rede aus Anlaß der Einbringung des Haushaltsplanes 1980, 12. Dezember 1979, hg. v. der Stadt Münster, [Münster 1980].

1653 Fechtrup, Hermann, Die Rolle Münsters in der Region. Oberstadtdirektor Dr. H. Fechtrup beim Friedensmahl 1987 im Rathaus zu Münster, Münster 1987.

1654 Zum Haushaltsplan 1990. Finanzplan und Investitionsprogramm 1989–1993. Rede des Stadtkämmerers am 6. Dez. 1989, hg. von der Stadt Münster, [Münster 1990].

1655 Hoemberg, Elisabeth, Thy People, My People, London 1950.

1656 Hüffner, H. C. C., Münster in Schutt und Asche. Texte von Wolfgang Schemann, Münster 1983.

1657 Industrie- und Handelskammer Münster/Westfalen. Jahresbericht 1966, o. O. [1966].

1658 Industrie- und Handelskammer zu Münster. Jahresbericht 1987, o. O. 1988.

1659 Industrie- und Handelskammer zu Münster. Jahresbericht 1990, o. O. 1991.

1660 Iter para tutum. Apostolat in der modernen Welt. Hirtenworte des Bischofs von Münster Dr. Michael Keller, hg. v. Laurenz Böggering, 2. Auflage, Münster 1962.

1661 10 Jahre Wiederaufbau in Münster. Bericht gegeben von Oberstadtdirektor Heinrich Austermann in der Sitzung des Rates der Stadt Münster vom 15. 10. 1956, [Münster 1956].

1662 Statistischer Jahresbericht der Stadt Münster 1949ff., hg. v. der Stadt Münster, Münster 1950ff.

1663 Jahreswirtschaftsbericht 1984. Die wirtschaftliche Lage in Münster, hg. v. der Stadt Münster, [Münster 1985].

1664 Jahreswirtschaftsbericht 1990. Die wirtschaftliche Lage in Münster (Wirtschaft und Wirtschaftspolitik in Münster 18), hg. v. der Stadt Münster, Münster 1991.

1665 Lage- und Tätigkeitsbericht über das Jahr 1948 der Industrie- und Handelskammer Münster, Münster 1948.

1666 Loy, Wilhelm, Sonne – Wolken – Glockenklang. Erlebte Zeit, erlebte Welt in Münster, im Münsterland und draußen. Notizen eines betroffenen Zeitgenossen, Münster 1992.

1667 Münster 1967–1972. Bericht des Oberstadtdirektors über das kommunale Geschehen und die Arbeit von Rat und Verwaltung, hg. v. der Stadt Münster, Münster 1973.

1668 Pohlschneider, Johannes, Jahre des Aufbaus im Bistum Münster 1948–1954. Erinnerungen, Donauwörth 1977.

1669 Provinzialhauptstadt Münster (Westf.) 1955–1960. Bericht des Oberstadtdirektors, hg. v. der Stadt Münster, Münster o. J.

1670 Provinzialhauptstadt Münster/Westf. 1961–1966. Bericht des Oberstadtdirektors, hg. v. der Stadt Münster, Münster o. J.

1671 Provinzialhauptstadt Münster/Westfalen. Ein Jahrzehnt Wiederaufbau, hg. v. der Stadt Münster, [Münster 1955].

1672 Provinzialhauptstadt Münster/Westf. Verwaltungsbericht 1945–1954, hg. v. der Stadt Münster, [Münster 1954].

1673 Tätigkeit des Rates und der Stadtverwaltung. 1945–1948 (Druckschriften der Städtischen Ämter 1), Münster 1948.

7.2 Dokumentationen und Kataloge

1674 Münster Altstadt. Fußgängerbereiche, hg. v. der Stadt Münster, Münster 1979.

1675 Neues Bauen in alten Städten: Münster. Dokumentation einer Fachtagung des DAI, Deutscher Architekten- und Ingenieurverband, am 27. September 1975 in Münster. Mit Beiträgen v. Gerhard Rabeler/Harald Deilmann/Dietrich Ellger (DAI-Texte 1), Wuppertal 1976.

1676 Bahnhofsbereich Münster. Städtebaulicher Ideenwettbewerb. Dokumentation, hg. v. der Stadt Münster, Münster 1986.

1677 Beyer, Lioba/Heineberg, Heinz, Stadtexkursion Münster, in: 2087: Exkursionen in Westfalen, S. 9–30.

1678 Denkschrift über die Wohnraumsituation in der Stadt Münster und ihre voraussichtliche Entwicklung, hg. v. der Stadt Münster, [Münster 1962].

1679 Diözesansynode 1958 des Bistums Münster, 2 Bde., Münster [1958].

1680 Dokumentation Wiederaufbau Münster. Materialsammlung, hg. v. der Stadt Münster (Beiträge zur Stadtforschung, Stadtentwicklung, Stadtplanung 6/1980), [Münster 1980].

1681 Dokumente zur kommunalen Neugliederung im Kreis Münster, hg. v. Oberkreisdirektor des Kreises Münster, Münster 1969.

1682 Dr. Hermann Fechtrup. Oberstadtdirektor 1973–1989. Dokumentation, hg. v. der Stadt Münster, [Münster 1989].

1683 Die Eignung der Stadt Münster als Standort für neue Industriebetriebe. Bericht für die Stadtverwaltung Münster/Westf., Frankfurt 1966.

1684 Erwerbstätige, Beschäftigte, Pendler in Stadt und Kreis Münster. Ergebnisse der Volks-, Berufs- und Arbeitsstättenzählung 1970, hg. v. der Stadt Münster (Beiträge zur Stadtentwicklung 3), Münster 1973.

1685 Europareservat „Rieselfelder Münster“, hg. von der Biologischen Station Rieselfelder Münster, Münster 1989.

1686 Flächennutzungsplan, Erläuterungsbericht zum Flächennutzungsplan, hg. v. der Stadt Münster, Münster 1981.

1687 Flächennutzungsplan. Kurzfassung des Erläuterungsberichtes, hg. v. der Stadt Münster, Münster 1983.

1688 Generalverkehrsplan 1962, hg. v. der Stadt Münster, [Münster 1962].

1689 Gesamtverkehrsplan Münster in Westfalen 1969, [Münster 1969].

1690 Gesamtverkehrsplan Münster in Westfalen 1971, [Münster 1971].

1691 Gesamtverkehrsplan Münster GVP 1974, hg. v. Provinzialhauptstadt Münster (Westf.), aufgestellt durch V.I.P. Verkehrs- und Industrieplanung GmbH Frankfurt/M., o. O. o. J.

1692 Gesamtverkehrsplan Münster GVP ’86, hg. v. der Stadt Münster (Stadtplanung – Information – Dokumentation – Bürgergespräch 22), Münster 1988.

1693 Gewerbeflächenbericht 1987. Bereitstellung, Verbrauch, Reserven, Planung, hg. v. der Stadt Münster (Beiträge zur Stadtforschung, Stadtentwicklung, Stadtplanung 1/1988), [Münster 1988].

1694 Gewerbeflächenuntersuchung. Bestand und Planung Münster 1980, hg. v. der Stadt Münster (Beiträge zur Stadtforschung, Stadtentwicklung, Stadtplanung 3/1980), Münster [1980].

1695 Grünordnung Münster, hg. v. der Stadt Münster, Münster 1980.

1696 Gutschow, Niels/Stiemer, Regine, Dokumentation Wiederaufbau der Stadt Münster 1945–1961, Münster 1982.

1697 Holst, Mathias/Stürmer, Wilhelmine, unter Mitarbeit von Thomas Friedrichs, Chancen und Handlungsgrundlagen der Stadt Münster für eine gezielte Standortpolitik im oberzentralen Dienstleistungsbereich – Endbericht. Untersuchung im Auftrag des Stadtplanungsamtes der Stadt Münster, Basel/Berlin 1990.

1698 Hoppe, Werner, unter Mitarbeit v. Rolf Tiggemann, Gutachten zur kommunalen Neugliederung im Raum Münster, erstattet im Auftrag der Gemeinde Hiltrup, Münster 1973.

1699 12 Jahre Bauverwaltung 1966–1978. Arbeitsbericht, hg. v. der Stadt Münster, [Münster] 1978.

1700 Kulturadreßbuch 1985, hg. v. der Stadt Münster, [Münster 1985].

1701 Kulturpflege 1970–1989 (Landschaftsverband Westfalen-Lippe, Daten, Fakten, Trends 1), Münster 1990.

1702 Kuropka, Joachim, 1945/1946. Ende und Neubeginn (Geschichte original – am Beispiel der Stadt Münster 15), Münster 1987.

1703 Kuropka, Joachim, unter Mitarbeit v. Maria-Anna Zumholz, Clemens August Graf von Galen. Sein Leben und Wirken in Bildern und Dokumenten, Cloppenburg 1992.

1704 Landschaftsplan Werse. Erläuterungsbericht, textliche Darstellungen und Festsetzungen mit Erläuterungen, Entwicklungs- und Festsetzungskarte, hg. v. der Stadt Münster, Münster o. J.

1705 Materialien zur Verkehrsplanung (Textteil, Anlageteil), hg. v. der Stadt Münster (Beiträge zur Stadtforschung, Stadtentwicklung, Stadtplanung 5/1983), [Münster 1983].

1706 Nahverkehrskonzept 2000, hg. v. der Stadt Münster, Münter 1991.

1707 Demokratischer Neubeginn vor 40 Jahren. Erste Kommunalwahl nach dem Kriege am 13. Oktober 1946. Dokumentation (Das Stadtarchiv erinnert), Münster 1987.

1708 Kommunale Neugliederung im Raum Münster, hg. v. der Stadt Münster, Münster 1971.

1709 Parkraum-Untersuchung in der Innenstadt. Analyse, hg. v. Stadt Münster, Münster 1972.

1710 ÖPNV-Förderprogramm Münster 1991, hg. v. der Stadt Münster (Beiträge zur Stadtforschung, Stadtentwicklung, Stadtplanung 4/1991), Münster 1991.

1711 Planungen Bahnhof – City. Arbeitsbericht 1987, hg. v. der Stadt Münster (Stadtplanung – Information – Dokumentation – Bürgergespräch 16), Münster [1987].

1712 Planungen Bahnhof – Hansaviertel. Städtebauliches Maßnahmenkonzept, hg. v. der Stadt Münster (Stadtplanung – Information – Dokumentation – Bürgergespräch 17), Münster o. J.

1713 Planungsatlas, hg. v. Stadt Münster, 1. Lieferung, Münster 1982.

1714 Probleme des Städtebaus und der Wohnraumversorgung. Bericht aus Anlaß des Besuches des Landtagsausschusses für Städtebau und Wohnungswesen am 25. März 1981, hg. v. der Stadt Münster, Münster 1981.

1715 Die Rieselfelder Münster. Europareservat für Wat- und Wasservögel, Münster 1981.

1716 Scholz, Gerhard, Generalverkehrsplan der Region Münster, Düsseldorf 1970.

1717 Schrand, Hermann, Kern-Rand-Wanderung und Stadterneuerung (Geographie konkret – am Beispiel der Stadt Münster 1), Münster 1987.

1718 Skulptur. Ausstellung in Münster. Westfälisches Landesmuseum für Kunst und Kulturgeschichte, Schloßgarten, Universität, Aasee. 3. 7.–13. 11. 1977, 2 Bde., Greven [1977].

1719 Skulptur-Projekte in Münster 1987. Katalog zur Ausstellung des Westfälischen Landesmuseums für Kunst und Kulturgeschichte in der Stadt Münster, 14. Juni bis 4. Oktober 1987, hg. v. Klaus Bußmann/Kasper König, Köln 1987.

1720 Spengelin, Friedrich, Strukturplan Münster-Gievenbeck, o. O. o. J.

1721 Biologische Station Rieselfelder. Bau und Einrichtung einer Biologischen Station im Europareservat Rieselfelder Münster (Schriftenreihe des Bundesministers für Ernährung, Landwirtschaft und Forsten A/302), Münster 1984.

1721a Struktur und Entwicklung der Westfälischen Wilhelms-Universität Münster, Münster 1989.

1722 Die land- und forstwirtschaftliche Struktur und ihre Entwicklungstendenzen in der Stadt Münster (Land- und forstwirtschaftlicher Fachbeitrag 87), [Münster] 1977.

1723 Die Struktur des Fluggastaufkommens auf dem Flughafen Münster/Osnabrück. Ergebnisse der Fluggastbefragung 1987, Greven 1989.

1724 Die Struktur der Land- und Forstwirtschaft und deren Entwicklungsmöglichkeiten im Bereich des Landschaftsplanes „Werse“, Stadt Münster (Landwirtschaftlicher und forstbehördlicher Fachbeitrag 175), [Münster] 1982.

1725 Stürmer, Wilhelmine/Walter, Manfred, Analyse und Empfehlungen zur Einzelhandelspolitik sowie zur städtebaulichen und stadtstrukturellen Rahmenpolitik für den Einzelhandel. Untersuchung im Auftrag der Stadt Münster (Wirtschaft & Wirtschaftspolitik in Münster 10), Basel 1988.

1726 Die Umgehungsstraße. Bürgerinformation der Stadt Münster zum Planfeststellungsverfahren B 51, hg. v. der Stadt Münster, Münster 1986.

1727 UmweltBericht 1988, hg. v. der Stadt Münster (Beiträge zur Stadtforschung, Stadtentwicklung, Stadtplanung 1/1989), Münster [1989].

1728 Ungebautes in Münster. 2. Bauforum. Stadt Münster, AAI, (BDA, BDB, MAIV, VFA), Fachhochschule Münster. Ausstellung 31. 1.–21. 2. 1988, Westfälisches Landesmuseum Münster (Planung – Information – Dokumentation – Bürgergespräch 20, hg. v. der Stadt Münster), Münster 1988.

1729 Verkehrsmittelwahl im Einkaufsverkehr der Stadt Münster. Begleituntersuchung im Rahmen des Programms „Fahrradfreundliche Stadt Münster“, hg. v. der Stadt Münster (Beiträge zur Stadtforschung, Stadtentwicklung, Stadtplanung 4/1992), Münster 1992.

1730 Innerstädtische Wanderungen in Münster. Ergebnisse der Wanderungsmotivbefragung 1981, hg. v. der Stadt Münster (Beiträge aus Statistik und Stadtforschung 44), Münster 1983.

7.3 Spezialstudien

1731 Alder, Alois, Die Friedensschule. Portrait einer von katholischen Christen gestalteten Schule, in: Erziehung als Auftrag. Beiträge zur Konzeption katholischer Schulen in freier Trägerschaft. Im Auftrage des Münsterschen Gesprächskreises für wissenschaftliche Pädagogik hg. v. Reinhard Schilmöller/Meinolf Peters/Joachim Dikow. Aloysius Regenbrecht zum 60. Geburtstag

(Münstersche Gespräche zu Themen der wissenschaftlichen Pädagogik, Beiheft 1), Münster 1989, S. 216–230.

1732 Altemöller, Sandra, Der Aaseemarkt in Münster. Akzeptanzuntersuchung eines Nahversorgungszentrums und Versuch einer Erfolgskontrolle, Diplomarbeit, Münster 1990.

1733 Austermann, Heinrich, Münstersche Wirtschaftsförderung nach dem Zweiten Weltkrieg, in: Wirtschaftsreport 13 (1983), hg. v. der Stadt Münster, S. 35–37.

1734 Baumeister, Beate, Warenhäuser im Umbruch, in: Wirtschaftsreport 19 (1989/1990), hg. v. der Stadt Münster, S. 50–51.

1735 Beckel, Albrecht, Die Akademie Franz Hitze Haus. Vorgeschichte und erste Generation (1950–1988), hg. v. Thomas Sternberg, Münster [1991].

1736 Bekel, Hilde, Der Freizeitwert eines innerstädtischen Erholungsgebietes. Raum: Der Aasee in Münster, in: dies. u. a., Schülerexkursionen Münster und Umgebung 2. Beispiele für die Vorbereitung, Durchführung und Auswertung von Exkursionen im Heimatraum (Schriftenreihe des Westfälischen Heimatbundes, Fachstelle Schule 11), Münster 1987, S. 8–32.

1737 Beyer, Lioba/Kröll, Ulrich, Münster. Das Stadtbild als Ausdruck sozialökonomischer Differenzierung früher und heute, in: Westfälische Städte. Ein geographisch-landeskundlicher Exkursionsführer, hg. im Auftrag der Fachstelle Geographische Landeskunde des Westfälischen Heimatbundes v. Lioba Beyer/Helga Kreft-Kettermann (Landschaftsführer des Westfälischen Heimatbundes 14), Münster 1992, S. 112–128.

1738 Bischof Heinrich Tenhumberg 1915–1979. Eine Gedenkschrift, Lünen 1979.

1739 Boer, Gisela, Die soziale Struktur der Stadt Münster, Diss., Münster 1949.

1740 Breßer, Peter, Zum Wiederaufbau der Arbeiterparteien und Gewerkschaften in Münster, in: 1632: Überwältigte Vergangenheit, S. 120–140.

1741 Breßer, Ralf-Peter, SPD und Gewerkschaft in Münster. Eine Studie zum Wiederaufbau und zur Entwicklung der organisierten Arbeiterbewegung 1945–1949, Magisterarbeit, Münster 1985.

1742 Städtische Bühnen Münster 1945–1983, hg. v. Frieder Lorenz, [Münster 1983].

1743 Bußmann, Klaus, Zwei Skulpturenausstellungen in Münster. Eine Bilanz, in: Unerwünschte Monumente. Moderne Kunst im Stadtraum, hg. v. Walter Grasskamp, München 1989, S. 129–139.

1744 Chronik der Fürstin-von-Gallitzin-Realschule ehemals Kath. Mädchen-Mittelschule, Münster 1984.

1745 Diehl, Peter, Verkehrsmittelwahl und zurückgelegte Distanzen der Einpendler nach Münster, dargestellt anhand der Volkszählung 1987, Diplomarbeit, Münster 1991.

1746 Im Dienst für Entwicklung und Frieden. In memoriam Bischof Heinrich Tenhumberg, hg. v. Hans Thieme/Wilhelm Wöste (Entwicklung und Frieden. Dokumente, Berichte, Meinungen 12), München/Mainz 1982.

1747 Dikow, Joachim, Gründung und Entwicklung der Friedensschule, in: 20 Jahre Friedensschule. Bilanz eines Schulversuchs, hg. v. Aloysius Regenbrecht/Joachim Dikow/Alois Alder (Die Friedensschule 10), Münster 1991, S. 19–64.

1748 Dopheide, Susanne, Die Stadtgestaltung in der Innenstadt Münsters in den 80er Jahren und ihre Voraussetzungen. Eine empirische Analyse untersucht am Beispiel der beiden Fußgängerzonen Ludgeristraße und Salzstraße, Diplomarbeit, Münster 1990.

1749 Dornieden, Ulrich/Peise, Günter/Schulte, Peter, Konsumentenverhalten beim Einkauf in großflächigen Betrieben des SB-Einzelhandels, dargestellt am Großraum Münster (Berichte aus der Fachhochschule 2), Münster 1981.

1750 Erdmann, Johannes, Die bauliche Entwicklung der Universität Münster nach 1945, in: 334: Die Universität Münster 1780–1980, S. 129–141.

1751 Faber, Bernd, Der Berufspendelverkehr im dezentralen Verflechtungsbereich von Münster nach der Volkszählung 1987. Ein Beitrag zur Zentralitätsforschung, Diplomarbeit, Münster 1991.

1752 Festschrift des Wilhelm-Hittorf-Gymnasiums. Aus Anlaß der feierlichen Übergabe des neuen Schulgebäudes am 28. September 1960, hg. im Auftrage des Kollegiums und der Elternschaft v. Franz Scholle, Münster 1960.

1753 Franke, Reinhart, Untersuchungen über die Luftverunreinigungen in der Stadt Münster, Diss., Münster 1962.

1754 Franz, Helmut, 40 Jahre CDU-Münster. Vom Gründungsauftrag in die Zukunft, Münster 1985.

1755 Frenk, Joachim, Die städtebauliche Entwicklung des Südviertels von Münster, [Münster] 1986.

1756 Goike, Marga, Der Send in Münster. Unter besonderer Berücksichtigung der Zeit nach 1945. Ein wirtschaftsgeographischer Beitrag zur Heimatkunde des Münsterlandes (Institut für Wissenschaftliche Heimatkunde der Pädagogischen Akademie Dortmund 192), Dortmund 1960.

1757 Gorys, Ulrike, unter Mitarbeit v. Paul-Helmuth Burberg, Strukturuntersuchung Münster – Münsterland, 2 Bde., Münster 1974.

1758 Gründler, Georg, Aus der ersten Nachkriegszeit in Münster, in: Jahrbuch für Westfälische Kirchengeschichte 71 (1978), S. 223–236.

1759 Günther, Walter, Der Wiederaufbau der Stadtwerke Münster (Westf.), Münster 1954.

1760 Gutschow, Niels, Der Wiederaufbau des Prinzipalmarktes in Münster 1945–1961. Wiedergewinnung (Rekonstruktion) des städtischen Raumes – Neugestaltung der Giebelarchitektur, in: Deutsche Kunst- und Denkmalpflege 38 (1980), S. 41–49.

1761 Gutschow, Niels/Pick, Gunnar, Bauen in Münster. Ein Architektur-Führer, Münster 1983.

1762 Hansen, Hans-Peter/Mylius, Karl Heinrich, Die soziale Situation der Studenten. Ergebnisse einer Befragung der Studentenschaft an der Universität Münster (HIS Brief 49), Pullach 1974.

1763 Haunfelder, Bernd, Phönix aus der Asche. Zum Untergang und Wiederaufbau des Rathauses von Münster, Münster 1988.

1764 Heineberg, Heinz, Shopping Areas in the City of Münster/Germany – Their Development and Mixture of Retail and Service Facilities as Indicator of Differing Attractiveness, in: The Attraction of Retail Locations. IGU-Symposium 5.–8. August 1991 1, Kallmünz/Regensburg 1992, S. 133–153.

1765 Heineberg, Heinz/Lange, Norbert de, Die Cityentwicklung in Münster und Dortmund seit der Vorkriegszeit – unter besonderer Berücksichtigung des Standortverhaltens quartärer Dienstleistungsgruppen, in: 2810: Westfalen und angrenzende Regionen, S. 221–285.

1766 Heineberg, Heinz/Lange, Norbert de, Wirtschaftsfaktor Student, in: Wirtschaftsreport 19 (1989/1990), hg. v. der Stadt Münster, S. 43–45.

1767 Heineberg, Heinz/Neubauer, Christoph, Das Kiepenkerl-Viertel in Münster/Westf. Nutzungswandel, Akzeptanz und Perspektiven des Einzelhandels. Eine empirische Studie im Auftrag der Werbegemeinschaft Kiepenkerl-Viertel e.V. (Berichte des Arbeitsgebietes „Stadt und Regionalentwicklung" am Institut für Geographie der Westfälischen Wilhelms-Universität Münster 3), Münster 1992.

1768 Heineberg, Heinz/Steltemeier, Franz, Standortdezentralisierung von Bürobetrieben und Weiterbildungseinrichtungen im Oberzentrum Münster. Ein Vergleich der Entwicklung im neuen „Bürozentrum Nord" mit der Dynamik im „Südwestsektor", in: 112: Erträge geographisch-landeskundlicher Forschung, S. 431–460.

1769 Heineberg, Heinz/Tappe, Hans-Ulrich, Projekt „Nutzungsanalyse Münster-Innenstadt 1990" (Berichte des Arbeitsgebietes „Stadt- und Regionalentwicklung" 2), Münster 1991.

1770 Henseling, Eckhard, Der Fremdenverkehr in der Stadt Münster unter besonderer Berücksichtigung des Kongress- und Tagungsverkehrs (Arbeitsgemeinschaft Angewandte Geographie Münster e.V., Arbeitsberichte 5), Münster 1984.

1771 Herzler, Matthias, Wohltätigkeit – nicht leicht gemacht. Der Wiederaufbau der ev. Erlöserkirche zu Münster in den Jahren 1947–51, Manuskript, Münster 1984.

1772 Heuvelmann, Magdalene/Hüppe, Barbara, „Ein Zurück zum alten Zustand ist unmöglich". – Frauen 1945 bis 1949 in Münster, in: 118: FrauenLeben in Münster, S. 89–108.

1773 Hofste, Hans, Entwicklung, potentielle Standortbereiche und Chancen von Verbrauchermärkten im Raum Münster unter besonderer Berücksichtigung ausgewählter Fachmärkte und großflächiger Einzelhandelsunternehmen im Stadtgebiet, Diplomarbeit, Münster 1984.

1774 Hömberg, Eckhard/Löschcke, Eberhard, Bevormundung statt Aufklärung? Berufsverbote an der WWU, in: 177: 200 Jahre zwischen Dom und Schloß, S. 227–239.

1775 Hoss, Karl, Heinrich Austermann – sein Leben, in: Heinrich Austermann 1909–1984. Ehrenbürger der Stadt Münster, hg. v. der Stadt Münster, Münster o. J., S. 13–26.

1776 Hoss, Karl, Kultur in der Stadt Münster. Theater und Musik 1945–1976, Münster 1987.

1777 Hoss, Karl, Das Schulwesen der Stadt Münster 1945–1976, Münster o. J.

1778 Hoss, Karl, Der Sport in der Stadt Münster 1945–1976, Münster 1982.

1779 Hueck-Ehmer, Britta, Skulptur-Projekte Münster 1987, in: Das Kunstwerk 40 (1987), 4/5, S. 52–96.

1780 Hürten, Heinz, Michael Keller (1896–1961), in: Zeitgeschichte in Lebensbildern 4, hg. v. Jürgen Aretz/Rudolf Morsey/Anton Rauscher, Mainz 1980, S. 208–224.

1781 10 Jahre Fachhochschule Münster 1971–1981, Münster 1981.

1782 25 Jahre I. Korps 1956–1981. Geschichte und Chronik der Heeresverbände im nordwestdeutschen Raum, Osnabrück 1982.

1783 40 Jahre Margaretenschule Münster. 1949–1989, Münster 1989.

1784 25 Jahre Katholische Pfarrgemeinde St. Pius, hg. v. Pfarrgemeinderat der Gemeinde St. Pius, [Münster 1989].

1785 40 Jahre Volksbühne Münster. Festschrift, Münster 1988.

1786 Janetzki, Annemarie, Technologiehof ausgebucht, in: Wirtschaftsreport 18 (1988/1989), hg. v. der Stadt Münster, S. 58–59.

1787 Janning, Ulrich, Strukturen der Entwicklung Münsters nach 1945, in: 124: Geschichte lehren und lernen, S. 84–96.

1788 Klössel, Barbara, Moderne Kunst in Münster, Münster 1986.

1789 Kluczka, Georg, Zentralörtliche Struktur und Umlandverflechtungen im Kreis Münster. Forschungsgutachten im Auftrage des Kreises Münster, Bonn-Bad Godesberg 1972.

1790 [Kühne-Büning, Litwinna], Die Existenzgrundlagen der Bevölkerung in der Stadt Münster (Institut für Siedlungs- und Wohnungswesen der Westfälischen Wilhelms-Universität Münster (Westf.), Sonderdruck 21), [Münster 1958].

1791 Kultur in Münster 1945–1955. Aus dem geistigen und künstlerischen Leben der westfälischen Hauptstadt, hg. von Wilhelm Vernekohl, Münster o. J.

1792 Kuropka, Joachim, Eine diplomatische Aktion aus dem Jahre 1945 um die Romreise des Bischofs Clemens August von Münster. Zur Problematik des Verhältnisses von Kirche und Besatzungsmacht in den ersten Monaten nach der Kapitulation, in: Westfälische Forschungen 28 (1976/1977), S. 206–211.

1793 Kurz, Lothar/Witte, Klaus, Die Entnazifizierung an der Universität Münster, in: 177: 200 Jahre zwischen Dom und Schloß, S. 117–126; auch in: 1604: Münster – Spuren aus der Zeit des Faschismus, S. 221–233.

1794 Kutzner, Ulrike, Weiterbildungseinrichtungen in der Stadt Münster Ein geographischer Beitrag zur Bildungsforschung, Examensarbeit, Münster 1988.

1795 Lengeling, Emil, Die Neugestaltung des Innenraumes der Hohen Domkirche zu Münster, in: 103: Das Domkapitel zu Münster 1823–1973, S. 155–189.

1796 Mattes, Hermann, Die Rieselfelder Münster – Europareservat für Wat- und Wasservögel. Beispiel einer gelungenen Biotop-Planung, in: 2087: Exkursionen in Westfalen, S. 31–34.

1797 Mayr, Alois, Der studentische Einzugsbereich der Universität Münster in Vergangenheit und Gegenwart, in: 334: Die Universität Münster 1780–1980, S. 211–232.

1798 Mayr, Alois, Entwicklung und Stellung des Raumes Münster im Luftverkehr. Ein Beitrag zur Verkehrsgeographie Nordwestdeutschlands, in: Westfalen – Nordwestdeutschland – Nordseesektor. Wilhelm Müller-Wille zum 75. Geburtstag von seinen Schülern, hg. v. Hans Kleinn u. a. (Westfälische Geographische Studien 37), Münster 1981, S. 157–176.

1799 Meschede, Friedrich, „Skulptur 1977“ und „Skulptur-Projekte in Münster 1987“, in: Kunst im öffentlichen Raum. Anstöße der 80er Jahre, hg. v. Volker Plagemann (DuMont Dokumente), Köln 1989, S. 132–148.

1800 Michaelis, Karl, Die Universität Münster 1945–1955. Ihr Wiederaufbau im Zusammenhang mit der Entwicklung ihrer Verfassung (Akademische Reden und Beiträge 3), Münster 1988.

1801 Milbradt, Georg, Technologie- und Wissenschaftspark. Neue High Tech-Chancen im Nordwesten der Stadt, in: Wirtschaftsreport 20 (1990/1991), hg. v. der Stadt Münster, S. 14–17.

1802 Milbradt, Georg H., Flexible Vollzugssteuerung auf kommunaler Ebene am Beispiel der Stadt Münster, in: Haushaltsplanung – Haushaltsvollzug – Haushaltskontrolle. XI. Konstanzer Verwaltungsseminar 1986, hg. v. Heinrich Mäding (Schriften zur öffentlichen Verwaltung und öffentlichen Wirtschaft 109), Baden-Baden 1987, S. 189–197.

1803 Morsey, Rudolf, Zwischen Verwaltung und Parteipolitik. Hermann Pünder und die Gründung der CDU in Münster 1945, in: 2797: Weltpolitik, Europagedanke, Regionalismus, S. 529–545.

1804 Müller, Helmut, fünf vor null. Die Besetzung des Münsterlandes 1945, 4. Auflage, mit Ortsverzeichnis, Münster 1972.

1805 Müller-Wille, Wilhelm, in Gemeinschaft mit E. Bertelsmeier/H. F. Gorki/H. Müller, Der Landkreis Münster, Regierungsbezirk Münster (Die deutschen Landkreise. Die Landkreise in Nordrhein-Westfalen B/2), Münster/Köln 1955.

1806 Musche, Heinz, Neue Gewerbegebiete im größeren Münster, in: Wirtschaftsreport 6 (1975), hg. v. der Stadt Münster, S. 8–10.

1807 Narman, Halil, Türkische Arbeiter in Münster. Ein Beitrag zum Problem der temporären Akkulturation (Beiträge zur Volkskultur in Nordwestdeutschland 10), Münster 1978.

1808 Nipper, Josef, Mobilität der Bevölkerung im engeren Informationsfeld einer Solitärstadt, dargestellt am Beispiel der Stadt Münster (Gießener Geographische Schriften 33), Gießen 1975.

1809 Eine Partei in Ihrer Stadt. Die SPD in Münster von 1945 bis heute. Im Auftrag des Unterbezirks-Vorstandes hg. v. Peter Breßer-Barnebeck/Klaus-Dieter Franke, Münster 1987.

1810 Pasquay, Anja, Zwischen Tradition und Neubeginn. Walter Hagemann in Münster 1946–1959, in: Von der Zeitungskunde zur Publizistik. Biographisch-institutionelle Stationen der deutschen Zeitungswissenschaft in der ersten Hälfte des 20. Jahrhunderts, hg. v. Otto B. Roegele, Frankfurt 1986, S. 249–273.

1811 Pipahl-Meyer zum Felde, R., Vom Luftgau zur Luftwaffenunterstützungsgruppe Nord. 1957–1982, Münster 1982.

1812 Die S. K. Polizei Münster. Entwicklung und Aufbau seit 1945. Jahresbericht 1948, [Münster 1948].

1813 Poll, Roswitha, Universitätsbibliothek, in: Uni – Kunst – Kultur. Wintersemester 1990/91, hg. v. der Rektorin der Westfälischen Wilhelms-Universität Münster, Münster 1990, S. 53–54.

1814 Pünder, Tilman, Münster und Westfalen (focus 11), Münster 1992.

1815 Pünder, Tilman, Das Münsterland stellt sich künftigen Herausforderungen, in: Wirtschaftsreport 20 (1990/1991), hg. v. der Stadt Münster, S. 10–12.

1816 Pünder, Tilman, Polis und Regio – Münster in der Region (focus 5), Münster 1990.

1817 Rehm, Leo, Selbstmordstatistik der Stadt Münster/Westf. Untersuchungen über die Jahre 1971–1981, Diss., Münster 1985.

1818 Rosinski, Roswitha, Der Umgang mit der Geschichte beim Wiederaufbau des Prinzipalmarktes in Münster/Westf. nach dem 2. Weltkrieg (Denkmalpflege und Forschung in Westfalen 12), Bonn 1987.

1819 Röwekamp, Barbara, Die Wohnumfeldverbesserung als Auslöser von Lagewert- und Mietpreiserhöhungen. Studien zum Innenstadtprogramm der Stadt Münster und planerische Konsequenzen, Examensarbeit, Münster 1986.

1820 Schäfers, Bernhard, Bodenbesitz und Bodennutzung in der Großstadt. Eine empirisch-soziologische Untersuchung am Beispiel Münster (Beiträge zur Raumplanung 4), Bielefeld 1968.

1821 Schäfers, Gottfried, Als unser Münster sich wieder machte. Erinnerungen an den Wiederaufbau, 3. Auflage, Münster 1983.

1822 Die Schanze. Organ für Kunst und Kritik 1, Münster 1951.

1823 Johann-Conrad-Schlaun-Gymnasium Münster in Westfalen. 1975–1985, Münster 1985.

1824 Schnell, Peter, Naherholungsraum und Naherholungsverhalten untersucht am Beispiel der Solitärstadt Münster, in: Westfalen und Niederdeutschland. Festschrift 40 Jahre Geographische Kommission für Westfalen 1 (Spieker 25), Münster 1977, S. 179–217.

1825 Schnell, Peter, Naherholungsraum und Naherholungsverhalten der Münsteraner. Raumdistanzielle und strukturelle Veränderungen 1875–1985, in: 112: Erträge geographisch-landeskundlicher Forschung, S. 481–497.

1826 Schnettler, Rainer, Kunst im öffentlichen Raum. „Skulptur-Projekte in Münster '87" (Westfalen im Bild. Reihe Kunst und Kultur der Gegenwart 4), Münster 1987.

1827 Schröter, Paul, Münster – die Bundesbahndirektion zwischen Ruhr und Nordsee, in: Die Bundesbahn 31 (1957), S. 627–641.

1828 Sedlacek, Peter, Zum Problem intraurbaner Zentralorte, dargestellt am Beispiel der Stadt Münster (Westfälische Geographische Studien 28), Münster 1973.

1829 Siemers, Dirk, Die Entwicklung des individuellen Kraftfahrzeugverkehrs sowie Aufgaben und Ziele der Verkehrsplanung in Münster. Ein Beitrag zur Verkehrsgeographie, Examensarbeit, Münster 1989.

1830 Siewert, Klaus, Masematte. Zur Situation einer regionalen Sondersprache, in: Zeitschrift für Dialektologie und Linguistik 58 (1991), S. 44–56.

1831 Simer, Ralf, Park-and-Ride in Münster. Voraussetzungen, Rahmenbedingungen und Chancen innerhalb eines integrierten Verkehrskonzeptes, Diplomarbeit, Münster 1991.

1832 Sommer, Werner, Die Reichweite der Ausstrahlungskraft der Stadt Münster, Manuskript, Münster 1988.

1833 Die Städtefreundschaft zwischen Münster und Mühlhausen. Eine wissenschaftliche Festschrift, hg. v. Hans-Jörg Dieckmann u. a., Münster 1991.

1834 Strunge, Margret/Kassenbrock, Karl, Masematte. Das Leben und die Sprache der Menschen in Münsters vergessenen Vierteln, Münster 1980.

1835 Thieken, Hermann, Demokratiegründung auf kommunaler Ebene. Politischer Neubeginn am Beispiel der Stadt Münster, Examensarbeit, Münster 1984.

1836 Uber, Ursula, Freiplastiken in Münster, Münster 1977.

1837 Uber, Ursula, Stadtbildgestaltung durch Freiplastiken – Paradigma Münster (Westf.), Diss., Münster 1976.

1838 Wallmann, Jürgen P., Ansichten zum kulturellen Klima in Münster, in: Westfalenspiegel 23 (1974) Nr. 11, S. 18–24.

1839 Weidner, Marcus, Skizzen zur Situation ausländischer Kriegsgefangener und Zwangsarbeiter in Münster nach dem Zusammenbruch der nationalsozialistischen Gewaltherrschaft 1945–1946, in: 1632: Überwältigte Vergangenheit, S. 103–119.

1840 Welp, Hubert, Das Wirtschaftsleben der Stadt Münster (Westf.) in seiner räumlichen Struktur – eine Analyse und Synthese, Diss., Münster 1963.

1841 Werland, Walter, In Münster spukt der Morio, Münster 1978.

1842 Wienecke, Günter, Innerstädtische Wanderungen in Münster. Eine Analyse mit Hilfe von Wanderungsmodellen (Materialien und Manuskripte/Universität Bremen – Schwerpunkt Geographie 7), Bremen 1983.

1843 Wilking, Rainer, Bestandsaufnahme und Bewertung der baulichen Nutzungen im Außenbereich der Stadt Münster (Arbeitsgemeinschaft Angewandte Geographie Münster e.V., Arbeitsberichte 11), Münster 1987.

1844 Wilking, Rainer/Grewe-Wacker, Marianne, Räumliche Klassifikation der Stadt Münster nach sozialstatistischen Daten und ihre Umsetzung in die Verwaltungspraxis (Arbeitsgemeinschaft Angewandte Geographie Münster e.V., Arbeitsberichte 7), Münster 1985.

1845 Wirtschaftsreport, hg. v. der Stadt Münster, Münster 1970ff.

8. Zur Geschichte der bis 1975 integrierten Ortschaften

1846 Albachten 1142–1992. Geschichte, Kultur, Gemeindeleben, hg. v. Ulrich Töns/Norbert Espenkott/Josef Häming, Münster 1992.

1847 Albsmeier, Werner, Die westliche Geist. Von der „Ur-Siedellandschaft" zum großen Wohngebiet im Grünen, in: 50 Jahre miteinander, 1937–1987. Siedlungsgemeinschaft Düesbergweg, Münster 1987, S. 7–27.

1848 Altenhövel, Ludger, Die Siedlungsgeschichte des Ortes Gelmer einschließlich der Bauerschaften Gittrup, Fuestrup und Overeschenhoek, in: 100 Jahre MGV Constantia Gelmer 1881–1981. Festschrift, Münster-Gelmer 1981, S. 89–103.

1849 Brands, Reinhard, Die älteste urkundliche Bezeugung für Coerde. Ein Beitrag zur Urkunde Bischof Siegfrieds, in: Westfälische Zeitschrift 126/127 (1976/1977), S. 9–25.

1850 Brands, Reinhard, Von Haus Körde bis St. Norbert Münster-Coerde, Münster 1976.

1851 Casser, Paul, Aus Wolbecks Vergangenheit, Wolbeck 1926.

1852 Chronik Angelmodde, Bd. 1ff, Münster 1990ff.

1853 Chronik von Nienberge, hg. v. Karl Moritz, 2., verbesserte Auflage, Münster 1984.

1854 Chronik der Pfarrgemeinde St. Michael Münster-Gievenbeck, Münster 1987.

1855 Coerde. Das Entstehen eines Stadtteils. Demonstrativprogramm des Landes Nordrhein-Westfalen, Münster 1969.

1856 Dobelmann, Werner, Albersloh. Geschichte einer Landgemeinde, Münster 1976.

1857 Dobelmann, Werner, Angelmodde. Geschichte einer Stadtrandgemeinde, Münster 1974.

1858 Dobelmann, Werner, Amelsbürener Chronik. Geschichte einer ländlichen Gemeinde, Hiltrup 1974.

1859 Dobelmann, Werner, Handorf gestern und heute. Geschichte einer dörflichen Siedlung, Münster 1984.

1860 Dobelmann, Werner, Kirchspiel und Stift Sankt Mauritz in Münster. Ursprung und Werdegang eines Stadtviertels und seines Vorlandes, Münster 1971.

1861 Dobelmann, Werner, Münster-St. Mauritz. Ursprung und Werdegang eines Stadtviertels und seines Vorlandes, in: 238: St. Mauritz Münster Westfalen, S. 1–225.

1862 Egger, Elisabeth, Hiltruper Chronik, in: 25 Jahre Heimatfreunde Hiltrup, Münster-Hiltrup 1986, S. 14–17.

1863 Egger, Elisabeth, Pfarrgemeinde St. Clemens Münster-Hiltrup, Münster-Hiltrup 1984.

1864 Egger, Elisabeth/Reisener, Bärbel, Hiltrup in Bildern gestern und heute, Münster 1987.

1865 Elsner, Salesius, Die Genossenschaft der Krankenschwestern des hl. Franziskus von St. Mauritz-Münster. Eine Geschichte dienender Liebe. Nach meist ungedruckten Quellen, Münster 1948.

1866 Espenkott, Josef, Albachten von der ersten Siedlungstätigkeit bis zum Jahre 1979, zusammengestellt und hg. v. Norbert Espenkott, Münster-Albachten 1979.

1867 Espenkott, Norbert, Unterwegs in Albachten. Begegnungen in Bildern, o. O. [1986].

1868 Evers, Stefan, Geschichte der Juden in Wolbeck (Veröffentlichungen zur Wolbecker Ortsgeschichte 2), 2. Auflage, Münster 1992.

1869 Finke, Walter, Änderung der Flurformen und Wandel der ackerbaulichen Nutzung von Haken und Pflug in der frühmittelalterlichen sächsischen Siedlung Gittrup (Münster-Ost). Vorbericht, in: Ausgrabungen und Funde in Westfalen-Lippe 1 (1983), S. 65–70.

1870 Füser, Heinrich, Die Kirche St. Agatha in Angelmodde und die Fürstin von Gallitzin, hg. v. Alfred Schürmann, Telgte [1957].

1871 Füser, Heinrich, St. Nikolaus in Wolbeck (Beiträge zur Geschichte der Pfarre und Kirche 1), Münster o. J.

1872 Füser, Heinrich, Wolbeck, Wolbeck 1974.

1873 Kardinal-von-Galen-Schule 1946–1986. Festschrift zum 40jährigen Jubiläum des Gymnasiums, Münster-Hiltrup 1986.

1874 Greuling, Hedwig, Die Dyckburg bei Münster. Aus der Geschichte des Hauses und der Kapelle, [Münster 1950].

1875 Gymnasium St. Mauritz 1897–1987. Festschrift zum 90jährigen Jubiläum, Münster 1987.

1876 Heimatblatt für Nienberge, Bd. 1ff, Münster 1986ff.

1877 Hömberg, Philipp R., Haskenau bei Handorf, in: 524: Münster – Westliches Münsterland – Tecklenburg 2, S. 190–194.

1878 75 Jahre St. Clemens Hiltrup. Festschrift zur Geschichte der Pfarrkirche und Pfarrgemeinde, Münster-Hiltrup 1988.

1879 250 Jahre Dyckburg-Kirche Münster, Münster 1990.

1880 10 Jahre Immanuel-Kant-Gymnasium, Münster-Hiltrup 1984.

1881 650 Jahre Leben in Kinderhaus, 1342–1992. Festschrift, Münster 1992.

1882 75 Jahre Missionsschwestern vom heiligsten Herzen Jesu von Hiltrup 1900–1975, Münster-Hiltrup 1975.

1883 700 Jahre Pfarrgemeinde St. Petronilla Handorf 1282–1982. Festschrift zum Jubiläum, Münster 1982.

1884 800 Jahre Roxel. Beispiele seiner Geschichte, ausgewählt v. Helmut Müller, Münster-Roxel 1978.

1885 50 Jahre Sandrup – Sprakel – Coerde e.V., 1938–1988. Chronik des Heimatvereins, [Münster 1988].

1886 Immanuel-Kant-Gymnasium (Münster-Hiltrup), Münster-Hiltrup 1988.

1887 Kinderhaus. Gestern – Heute – Morgen. Portrait eines Stadtteils, hg. v. Heinrich Heidbrink u. a., Münster 1972.

1888 Kinderhaus im Mittelalter. Ausstellungskatalog zur Geschichte von Kinderhaus, Münster-Kinderhaus 1988.

1889 Kinderhauskatalog 1978, Münster 1978.

1890 Das Kirchspiel Amelsbüren, hg. v. Martin Berger/Ekkehard Enselein/Richard Vennemann in Verbindung mit der Katholischen Kirchengemeinde St. Sebastian zu Amelsbüren, Münster-Amelsbüren 1985.

1891 Das Kirchspiel Amelsbüren. Ergänzung und Register, hg. v. Martin Berger/Ekkehard Enselein/Richard Vennemann in Verbindung mit der Katholischen Kirchengemeinde St. Sebastian zu Amelsbüren, Münster-Amelsbüren 1989.

1892 Aus dem Kirchspiel Amelsbüren, hg. v. Martin Berger/Ekkehard Enselein/Richard Vennemann in Verbindung mit der Katholischen Kirchengemeinde St. Sebastian zu Amelsbüren, Münster 1988.

1893 Könemann, Heinrich, Erinnerungen aus meiner Amtszeit als Pfarrer in Roxel. Ein Beitrag zur Geschichte Roxels in den Jahren 1937–1959, Roxel 1960.

1894 Mecklenbeck. Von der Bauerschaft zum Stadtteil, hg. v. Karlheinz Pötter, Münster 1979.

1895 Moormann, Bernhard, 14 Jahre Kommunalpolitik für Roxel. Von der Dorfgemeinde zum Stadtteil, o. O. o. J.

1896 Mühlen, Franz, Die sog. „Schiffahrt" bei Gelmer, in: 524: Münster – Westliches Münsterland – Tecklenburg 2, S. 194–195.

1897 Nettelbusch, Petra, Die Genossenschaft der Schwestern von der Göttlichen Vorsehung zu Münster i. Westf. Ihr Werden, Wachsen und Wirken 1842–1928, Münster 1928.

1898 Pötter, Karlheinz, Der Speicher von Haus Kump, erbaut 1549 (Mecklenbecker Schriftenreihe zur Orts- und Kulturgeschichte 1), Münster 1989.

1899 Pröbsting, Josef, Vom Heidorn bis zum Ächterhoek, von Altenroxel bis zum Brock. Bilder, Geschichten und Erzählungen aus Roxel, o. O. [1987].

1900 Rathert, Gernot, Die Geschichte des Leprosenhauses in Kinderhaus bei Münster/Westfalen, Diss., Münster 1968.

1901 Richter, Ulrich, unter Mitarbeit v. Uwe Gebhard, 40 Jahre SPD-Ortsverein 4401 Wolbeck. Wolbeck, 1. Juli 1946–1. Juli 1986 (Veröffentlichungen zur Wolbecker Ortsgeschichte 1), Münster 1986.

1902 Rosenow, Ernst, Die Polizei-Führungsakademie in Hiltrup, Diss., Münster [1975].

1903 Roxel. Aus der Geschichte des Kirchspiels von den Anfängen bis 1865. Die Denkwürdigkeiten der Pfarre Roxel von August Wittover, neu hg. v. Helmut Müller (Heimat- und Kulturkreis Roxel e.V., Beiträge zur Ortsgeschichte, zur Kultur- und Landschaftspflege 3), Münster 1989.

1904 Schlünder, Georg, Roxel. Eine Bilddekoration, Münster 1979.

1905 Schulze-Buschhoff, Hedwig, Mein Handorf. In Bildern gesammelt und erläutert, 2 Bde., Münster-Handorf 1975/1977.

1906 Temlitz, Klaus, Aaseestadt und Neu-Coerde. Bildstrukturen neuer Wohnsiedlungen in Münster und ihre Bewertung (Landeskundliche Karten und Hefte der Geographischen Kommission für Westfalen, Reihe Siedlung und Landschaft in Westfalen 9), Münster 1975.

1907 Wentrup, Adolf, Hiltrup einst und jetzt, 2., stark vermehrte Auflage, Hiltrup 1955.

1908 Wilhelmi, Klemens, Ein mehrperiodiger Siedlungsplatz bei Sprakel, Gemeinde St. Mauritz, Kr. Münster, in: Westfälische Forschungen 24 (1972), S. 214–226.

1909 Wollheim, Ulrich, Haus Rüschhaus. Münster-Nienberge, Westfalen (Kleine Kunstführer 1661), München 1987.

B. Nachweis der sonstigen benutzten Literatur

1910 Abel, Sigurd/Simson, Bernhard, Jahrbücher des Fränkischen Reiches unter Karl dem Großen 2 (Jahrbücher der deutschen Geschichte 5,2), Leipzig 1883.

1911 Abelshauser, Werner, Die Langen Fünfziger Jahre. Wirtschaft und Gesellschaft der Bundesrepublik Deutschland 1949–1966 (Historisches Seminar 5), Düsseldorf 1987.

1912 Abelshauser, Werner, Wirtschaftsgeschichte der Bundesrepublik Deutschland (1945–1980), 3. Auflage, Frankfurt 1983.

1913 Acta Pacis Westfalicae, Bd. 1ff, Münster 1962ff.

1914 Niederländische Akten und Urkunden zur Geschichte der Hanse und zur deutschen Seegeschichte 2, bearbeitet v. Rudolf Häpke, Lübeck 1923.

1915 Albers, Veronika, Katholische Privatschulen zur Zeit des Nationalsozialismus in der Rheinprovinz und in Westfalen (Arbeitshilfen für die katholische Schule in freier Trägerschaft 17), Münster 1986.

1916 Alcuin, The Bishops, Kings and Saints of York, edited by Peter Godman (Oxford Medieval Texts), Oxford 1982.

1917 Alcuini (Albini) Carmina, hg. v. Ernst Dümmler, in: Monumenta Germaniae historica, Poetae latini aevi Carolini 1, Berlin 1881, S. 160–351.

1918 Alcuini sive Albini Epistolae, hg. v. Ernst Dümmler, in: Monumenta Germaniae historica, Epistolae Karolini aevi 2, Berlin 1895.

1919 Althoff, Gerd, Ein Sachsenherzog in Klosterhaft. Hypothesen über das Schicksal des Widukind, in: Damals, November 1988, S. 938–954.

1920 Althoff, Gerd, Der Sachsenherzog Widukind als Mönch auf der Reichenau. Ein Beitrag zur Kritik des Widukind-Mythos, in: Frühmittelalterliche Studien 17 (1983), S. 251–279.

1921 Amelunxen, Rudolf, Ehrenmänner und Hexenmeister. Erlebnisse und Betrachtungen, München 1960.

1922 Ammann, Hektor, Deutschland und die Tuchindustrie Nordwesteuropas im Mittelalter, in: Hansische Geschichtsblätter 72 (1954), S. 1–63.

1923 Amstadt, Jakob, Südgermanische Religion seit der Völkerwanderungszeit, Stuttgart/Berlin/Köln 1991.

1924 Anczykowski, Maria, Westfälische Kreuze des 13. Jahrhunderts (Westfalen, Sonderheft 26), Münster 1992.

1925 Anczykowski, Maria/Karrenbrock, Reinhard, Christus am Kreuz. Der Gekreuzigte in der mittelalterlichen Skulptur Westfalens. Ev. Stadtkirche Unna, 22. Oktober – 2. Dezember 1990, Unna 1990.

1926 Angenendt, Arnold, Das Frühmittelalter. Die abendländische Christenheit von 400–900, Stuttgart/Berlin/Köln 1990.

1927 Angenendt, Arnold, Kaiserherrschaft und Königstaufe. Kaiser, Könige und Päpste als geistliche Patrone in der abendländischen Missionsgeschichte (Arbeiten zur Frühmittelalterforschung 15), Berlin/New York 1984.

1928 Angenendt, Arnold, Willibrord im Dienste der Karolinger, in: Annalen des Historischen Vereins für den Niederrhein 175 (1973), S. 63–113.

1929 Les annales de Flodoard, publiés d'après les manuscrits, avec une introduction et les notes par Philippe Lauer (Collection des textes pour servir à l'étude et à l'enseignement de l'histoire 39), Paris 1905.

1930 Annales Laureshamenses, Alamannici, Guelferbytani et Nazariani, hg. v. Georg Heinrich Pertz, in: Monumenta Germaniae historica, Scriptores 1, Hannover 1826, S. 19–60.

1931 Annales Patherbrunnenses. Eine verlorene Quellenschrift des zwölften Jahrhunderts aus Bruchstücken wiederhergestellt von Paul Scheffer-Boichorst, Innsbruck 1870.

1932 Archäologie in Nordrhein-Westfalen. Geschichte im Herzen Europas, hg. v. Hansgerd Hellenkemper u. a. (Schriften zur Bodendenkmalpflege in Nordrhein-Westfalen 1), Mainz 1990.

1933 Arnold, Klaus, Frauen in den mittelalterlichen Hansestädten – Eine Annäherung an die Realität, in: Hansische Geschichtsblätter 108 (1990), S. 13–29.

1934 Aschoff, Diethard, Die Juden in Westfalen zwischen Schwarzem Tod und Reformation (1350–1530), in: Westfälische Forschungen 30 (1980), S. 78–106.

1935 Aschoff, Diethard, Das münsterländische Judentum bis zum Ende des Dreißigjährigen Krieges. Studien zur Geschichte der Juden in Westfalen, in: Theokratia 3 (1973/1975 [1979]), S. 125–184.

1936 Assmann, Jan, Kollektives Gedächtnis und kulturelle Identität, in: Kultur und Gedächtnis, hg. v. dems./Tonio Hölscher, Frankfurt 1988, S. 9–19.

1937 Athanasius [Adolph ten Hompel], Das Cölner Osterdienstags-Protokoll. Ein Beitrag zur Würdigung latenter Kulturgegensätze im Katholizismus der Gegenwart, Bonn 1909.

1938 Aubin, Hermann, Das westfälische Leinengewerbe im Rahmen der deutschen und europäischen Leinwanderzeugung bis zum Anbruch des Industriezeitalters (Vortragsreihe der Gesellschaft für Westfälische Wirtschaftsgeschichte e.V. 11), Dortmund 1964.

1939 Autobiographische Aufzeichnungen des münsterländischen Bauern Philipp Richter (1815–1890), hg. v. Helmut Müller (Beiträge zur Volkskultur in Nordwestdeutschland 17), Münster 1979.

1940 Bahlmann, Paul, Jesuiten-Dramen der niederrheinischen Ordensprovinz (15. Beiheft zum Centralblatt für Bibliothekswesen), Leipzig 1896.

1941 Bahlmann, Paul, Münsterländische Märchen, Sagen, Lieder und Gebräuche, Münster 1898.

1942 Bahlmann, Paul, Der Regierungsbezirk Münster. Seine Zusammensetzung, Eintheilung und Bevölkerung. Nach amtlichen Quellen dargestellt, Münster 1893.

1943 Bailey, Keith, The Middle Saxons, in: 2509: Origins of Anglo-Saxon Kingdoms, S. 108–122, 265–269.

1944 Balzer, Manfred, Grundzüge der Siedlungsgeschichte (800–1800), in: 2135: Westfälische Geschichte 1, S. 231–273.

1945 Balzer, Manfred, Siedlungsgeschichte und topographische Entwicklung Paderborns im Früh- und Hochmittelalter, in: Stadtkernforschung, hg. v. Helmut Jäger (Städteforschung A/27), Köln/Wien 1987, S. 103–147.

1946 Balzer, Manfred, Widukind. Sachsenherzog – und Mönch auf der Reichenau?, in: Stadt Enger – Beiträge zur Stadtgeschichte 3 (1983), S. 9–29.

1947 Balzer, Manfred, Widukind. Sachsenherzog – und Mönch auf der Reichenau?, in: Westfälischer Heimatbund, Rundschreiben 11/12 (1987), S. 1–6.

1948 Banner, Gerhard, Von der Behörde zum Dienstleistungsunternehmen, in: VOP. Verwaltungsführung, Organisation, Personal 1991, S. 9–11.

1949 Banner, Gerhard, Zur politisch-administrativen Steuerung in der Kommune, in: Archiv für Kommunalwissenschaften 21 (1982), S. 26–47.

1950 Barmeyer, Heide, Zum Wandel des Verhältnisses von Staat und Gesellschaft im 19. Jahrhundert. Die soziale Funktion von historischen Vereinen und Denkmalsbewegung in der Zeit liberaler bürgerlicher Öffentlichkeit, in: Westfälische Forschungen 29 (1978/1979), S. 119–145.

1951 Baron, Salo Wittmayer, A Social and Religious History of the Jews, 18 Bde., second edition, revised and enlarged, New York u. a. 1952–1983.

1952 Bauermann, Johannes, „herescephe". Zur Frage der sächsischen Stammesprovinzen, in: Westfälische Zeitschrift 97 (1947), Teil I, S. 38–68; auch in: ders., Von der Elbe bis zum Rhein. Aus der Landesgeschichte Ostsachsens und Westfalens. Gesammelte Studien (Neue Münstersche Beiträge zur Geschichtsforschung 11), Münster 1968, S. 1–23.

1953 Bauks, Friedrich Wilhelm, Die evangelischen Pfarrer in Westfalen von der Reformationszeit bis 1945 (Beiträge zur Westfälischen Kirchengeschichte. Neue Folge der Beihefte für Westfälische Kirchengeschichte 4), Bielefeld 1980.

1954 Baumann, Clarence, Gewaltlosigkeit im Täufertum (Studies in the History of Christian Thought), Leiden 1967.

1955 Baumgart, Franzjörg, Zwischen Reform und Reaktion. Preußische Schulpolitik 1806–1859, Darmstadt 1990.

1956 Bausinger, Hermann, Bürgerlichkeit und Kultur, in: Bürger und Bürgerlichkeit im 19. Jahrhundert, hg. v. Jürgen Kocka, Göttingen 1987, S. 121–142.

1957 Becker, Winfried, Der Kulturkampf als europäisches und als deutsches Phänomen, in: Historisches Jahrbuch 101 (1981), S. 422–446.

1958 Becks, Friedrich, Die Agrarwirtschaft Westfalens und ihre räumliche Differenzierung, in: 112: Erträge geographisch-landeskundlicher Forschung, S. 223–238.

1959 Venerabilis Baedae historia ecclesiastica gentis Anglorum, Historia abbatum, Epistola ad Ecbertum una cum Historia abbatum auctore anonymo, hg. v. Charles Plummer, Oxford 1896.
1960 Beda der Ehrwürdige, Kirchengeschichte des englischen Volkes, übersetzt v. Günter Spitzbart, 2 Bde. (Texte zur Forschung 34), Darmstadt 1982.
1961 Bede's Ecclesiastical History of the English People, edited by Bertram Colgrave/R. A. B. Mynors (Oxford Medieval Texts), Oxford 1969.
1962 Beenken, Hermann, Bildwerke Westfalens, Bonn 1923.
1963 Behr, Hans-Joachim, Die Provinz Westfalen und das Land Lippe 1813–1933, in: 2135: Westfälische Geschichte 2, S. 45–164.
1964 Behr, Hans-Joachim, Rheinland, Westfalen und Preußen in ihrem gegenseitigen Verhältnis 1815–1945, in: Westfälische Zeitschrift 133 (1983), S. 37–56.
1965 Niederdeutsche Beiträge. Festschrift für Felix Wortmann zum 70. Geburtstag, hg. v. Jan Goossens (Niederdeutsche Studien 23), Köln/Wien 1976.
1966 Urkundliche Beiträge zur Geschichte des älteren Westfälischen Münzwesens, in: Zeitschrift für vaterländische Geschichte und Alterthumskunde 1 (1838), S. 327–350.
1967 Beiträge zur Geschichte der Post in Westfalen, Münster 1969.
1968 Neue Beiträge zur Geschichte der Post in Westfalen, Münster 1981.
1969 Bemmann, Klaus, Neue Aspekte zur Entstehung der sächsischen Gogerichte, in: Zeitschrift der Savigny-Stiftung für Rechtsgeschichte, Germanistische Abteilung 109 (1992), S. 95–128.
1970 Benz, Karl Josef, Untersuchungen zur politischen Bedeutung der Kirchweihe unter Teilnahme der deutschen Herrscher im hohen Mittelalter. Ein Beitrag zum Studium des Verhältnisses zwischen weltlicher Macht und kirchlicher Wirklichkeit unter Otto III. und Heinrich II. (Regensburger Historische Forschungen 4), Kallmünz 1975.
1971 Bérenger, Daniel, Die römische Kaiserzeit, in: 2135: Westfälische Geschichte 1, S. 167–185.
1972 Bérenger, Daniel, Das frühmittelalterliche Körpergräberfeld von Fürstenberg im Sintfeld, Stadt Wünnenberg, Kreis Paderborn. Vorbericht über die Grabung 1983–1984, in: Ausgrabungen und Funde in Westfalen Lippe 4 (1986), S. 139–166.
1973 Berg, Dieter, Die Franziskaner in Westfalen, in: 2808: Monastisches Westfalen, S. 143–163.
1974 Berghaus, Peter, Westfälische Münzgeschichte des Mittelalters, Münster 1974.
1975 Bericht des Ministers für Landes- und Stadtentwicklung zur Überprüfung und Fortschreibung des Landesentwicklungsplans I/II (MLS informiert 1, 1982), Düsseldorf 1982.
1976 Berichte des SD und der Gestapo über Kirchen und Kirchenvolk in Deutschland 1934–1944, bearbeitet v. Heinz Boberach (Veröffentlichungen der Kommission für Zeitgeschichte bei der Katholischen Akademie in Bayern A/12), Mainz 1971.
1977 Bering, Kunibert, Die Ritterorden in Westfalen, in: 2808: Monastisches Westfalen, S. 89–110.
1977a Berkum, A. van, Sint Ludger en zijn betrekkingen met Gelderland, in: Gelre. Bijdragen en Mededelingen 62 (1965/1967), S. 81–99.
1978 Berschin, Walter, Biographie und Epochenstil im lateinischen Mittelalter, 3 Bde. (Quellen und Untersuchungen zur lateinischen Philologie des Mittelalters 8–10), Stuttgart 1991.
1979 Beumann, Helmut, Die Hagiographie „bewältigt". Unterwerfung und Christianisierung der Sachsen durch Karl den Großen, in: ders., Ausgewählte Aufsätze aus den Jahren 1966–1986. Festgabe zu seinem 75. Geburtstag, hg. v. Jürgen Petersohn/Roderich Schmidt, Sigmaringen 1987, S. 289–323.
1980 Bevölkerung und Wirtschaft 1872–1972. Herausgegeben anläßlich des 100jährigen Bestehens der zentralen amtlichen Statistik, Stuttgart/Mainz 1972.
1981 Bibliographie des Täufertums 1520–1630, hg. v. Hans-Joachim Hillerbrand (Quellen zur Geschichte der Täufer 10 = Quellen und Forschungen zur Reformationsgeschichte 30), Gütersloh 1962.
1982 Bildungsbürgertum im 19. Jahrhundert 3, hg. v. M. Rainer Lepsius (Industrielle Welt 47), Stuttgart 1992.
1983 Biller, Carl, Der Rückgang der Hand-Leinwandindustrie des Münsterlandes (Abhandlungen aus dem staatswissenschaftlichen Seminar zu Münster i. W. 2), Leipzig 1906.
1984 Binding, Günther/Mainzer, Udo/Wiedenau, Anita, Kleine Kunstgeschichte des deutschen Fachwerkbaus, Darmstadt 1975.
1985 Die Bischöfe der deutschsprachigen Länder 1785/1803 bis 1945. Ein biographisches Lexikon, hg. v. Erwin Gatz, Berlin 1983.

1986 Die Bischöfe des Heiligen Römischen Reiches 1648 bis 1803. Ein biographisches Lexikon, hg. v. Erwin Gatz unter Mitwirkung v. Stephan M. Janker, Berlin 1990.

1987 Blackbourn, David, Volksfrömmigkeit und Fortschrittsglaube im Kulturkampf (Institut für europäische Geschichte Mainz, Vorträge 81), Stuttgart 1988.

1988 Bleiber, Waltraud, Fränkisch-karolingische Klöster als Grundherren in Friesland, in: Jahrbuch für Wirtschaftsgeschichte 1965, 3, S. 127–175.

1989 Bleicher, Wilhelm, Die vorrömischen Metallzeiten, in: 2135: Westfälische Geschichte 1, S. 113–142.

1990 Blessing, Werner K., Staatsintegration als soziale Integration. Zur Entstehung einer bayerischen Gesellschaft im frühen 19. Jahrhundert, in: Zeitschrift für Bayerische Landesgeschichte 41 (1978), S. 633–700.

1991 Bloch, Peter/Grzimek, Waldemar, Das klassische Berlin. Die Berliner Bildhauerschule im neunzehnten Jahrhundert, Frankfurt/Berlin/Wien 1978.

1992 Blok, D. P., De oudste particuliere oorkonden van het klooster Werden. Een diplomatische studie met einige uitweidingen over het ontstaan van dit soort oorkonden in het algemeen, Assen 1960.

1993 Blotevogel, Hans Heinrich, Aktuelle Entwicklungstendenzen des Systems der Zentralen Orte in Westfalen, in: 112: Erträge geographisch-landeskundlicher Forschung, S. 461–479.

1994 Blotevogel, Hans Heinrich u. a., Zentralörtliche Gliederung und Städtesystementwicklung in Nordrhein-Westfalen (Duisburger Geographische Arbeiten 7), Dortmund 1990.

1995 Blotevogel, Hans Heinrich, Zentrale Orte und Raumbeziehungen in Westfalen vor der Industrialisierung (1780–1850) (Veröffentlichungen des Provinzialinstituts für Westfälische Landes- und Volksforschung des Landschaftsverbandes Westfalen-Lippe 1/19), Münster 1975.

1996 Blotevogel, Hans Heinrich, Das Städtesystem in Nordrhein-Westfalen, in: 2810: Westfalen und angrenzende Regionen, S. 71–103.

1997 Bloth, Hugo Gotthard, Johann Julius Hecker (1707–1768) und seine Universalschule, Dortmund 1968.

1998 Bloth, Hugo Gotthard, Pädagoge im Vorfeld der Revolution. Johann Friedrich Hähn (1710–1789) und die Einführung des Curriculum Scholasticum, Paderborn 1972.

1999 Bockhorst, Wolfgang, Geschichte des Niederstifts Münster bis 1400 (Geschichtliche Arbeiten zur westfälischen Landesforschung 17 = Veröffentlichungen der Historischen Kommission für Westfalen 22), Münster 1985.

2000 Boehm, Laetitia, Katholizismus, Bildungs- und Hochschulwesen nach der Säkularisation, in: Katholizismus, Bildung und Wissenschaft im 19. und 20. Jahrhundert, hg. v. Anton Rauscher (Beiträge zur Katholizismusforschung, Reihe B), Paderborn 1987, S. 9–59.

2001 Boer, H. W. J. de/Bruch, H., Adriaan Pauw (1585–1653). Staatsman en ambachtsheer. Gedenkuitgave van de Vereniging Oud-Heemstede – Bennebroek ter gelegenheid van het vierhonderdste geboortejaar van Adriaan Pauw, onder redactie van H. Krol, Heemstede 1985.

2002 Böhme, Günther, Bildungsgeschichte des europäischen Humanismus, Darmstadt 1986.

2003 Böhme, Günther, Bildungsgeschichte des frühen Humanismus, Darmstadt 1984.

2004 Böhme, Horst Wolfgang, Das Land zwischen Elb- und Wesermündung vom 4. bis 6. Jh., in: Das Elb-Weser-Dreieck 1 (Führer zu vor- und frühgeschichtlichen Denkmälern 29), Mainz 1976, S. 205–226.

2005 Bölling, Rainer, Sozialgeschichte der deutschen Lehrer. Ein Überblick von 1800 bis zur Gegenwart, Göttingen 1983.

2006 Boosen, Jan Derk, Römische Kaiserzeit und frühe Völkerwanderungszeit im westlichen und zentralen Münsterland, in: 524: Münster – Westliches Münsterland – Tecklenburg 1, S. 156–174.

2007 Borch, Herbert von, Obrigkeit und Widerstand. Zur politischen Soziologie des Beamtentums, Tübingen 1954.

2008 Borgolte, Michael, Artikel „Gau", in: Lexikon des Mittelalters 4, München/Zürich 1989, Sp. 1141.

2009 Born, Friedrich, Die Beldensnyder. Ein Beitrag zur Kenntnis der westfälischen Steinplastik im sechzehnten Jahrhundert (Beiträge zur westfälischen Kunstgeschichte 2), Münster 1905.

2010 Börsting, Heinrich, Geschichte des Bistums Münster, Bielefeld 1951.

2011 Börsting, Heinrich/Borger, Hugo/Elbern, Victor Heinrich, Sankt Liudger. Gedenkschrift zum 1150. Todestage des Heiligen, Essen-Werden 1959.

2012 Börsting, Heinrich/Schröer, Alois, Handbuch des Bistums Münster, 2 Bde., 2. Auflage, Münster 1946.

2013 Brandt, Ahasver von, Die Hanse als mittelalterliche Wirtschaftsorganisation. Entstehung, Daseinsformen, Aufgaben, in: 2014: ders. u. a., Deutsche Hanse, S. 9–37.

2014 Brandt, Ahasver von u. a., Die Deutsche Hanse als Mittler zwischen Ost und West (Wissenschaftliche Abhandlungen der Arbeitsgemeinschaft für Forschung des Landes Nordrhein-Westfalen 27), Köln/Opladen 1963.

2015 Brandt, Hans Jürgen/Hengst, Karl, Die Bischöfe und Erzbischöfe von Paderborn, Paderborn 1984.

2016 Braubach, Max, Der Einsiedler von St. Pantaleon, in: ders., Kurköln. Gestalten und Ereignisse aus zwei Jahrhunderten rheinischer Geschichte, Münster 1949, S. 1–18.

2017 Braubach, Max, Zwei deutsche Historiker aus Westfalen. Briefe Heinrich Finkes an Aloys Schulte, in: Westfälische Zeitschrift 118 (1968), S. 9–113.

2018 Braubach, Max, Von den Schloßbauten und Sammlungen der kölnischen Kurfürsten des 18. Jahrhunderts. Lesefrüchte aus politischen Akten, in: Annalen des Historischen Vereins für den Niederrhein 153/154 (1953), S. 98–147.

2019 Braubach, Max, Eine Tragödie am Hofe des Kurfürsten Clemens August von Köln. Der Tod des Komturs von Roll und seine Folgen. Unter Benutzung des von Joseph Greven † gesammelten Materials, in: Annalen des Historischen Vereins für den Niederrhein 130 (1937), S. 43–93 und Annalen des Historischen Vereins für den Niederrhein 131 (1937), S. 63–119.

2020 Braunfels, Wolfgang, Abendländische Stadtbaukunst. Herrschaftsform und Gestalt, Köln 1976.

2021 Breuer, Ekkehard, Das Verhältnis der Ärzte und Fachärzte zur Gesamtbevölkerung im Deutschen Reich und der Bundesrepublik Deutschland in der Zeit von 1825–1958, München 1958.

2022 Breuer, Klaus, Die Westfälische Provinzialkirche im Zeitalter von Liberalismus und Kulturkampf 1861 bis 1879 (Beiträge zur Westfälischen Kirchengeschichte. Neue Folge der Beihefte zum Jahrbuch für Westfälische Kirchengeschichte 5), Bielefeld 1984.

2023 Blüchers Briefe. Vervollständigte Sammlung des Generals E. v. Colomb, hg. v. W. v. Unger, Stuttgart/Berlin 1913.

2024 Brinckmann, Anton Erich, Barockskulptur. Entwicklungsgeschichte der Skulptur in den romanischen und germanischen Ländern seit Michelangelo bis zu Beginn des 18. Jahrhunderts (Handbuch der Kunstwissenschaft 17), Berlin/Neubabelsberg 1917.

2025 Brockhoff, Maria Elisabeth, Musik seit 1800, in: 2135: Westfälische Geschichte 2, S. 519–542.

2026 Brockmann, Heinrich, Die Gliederung und Entwicklung der Hauptberufe des Regierungsbezirks Münster in den letzten drei Jahrzehnten des 19. Jahrhunderts, Borna/Leipzig 1910.

2027 Brüggemeyer, Maria, Die Plastik Westfalens im 14. Jahrhundert, Diss., Münster 1952.

2028 Brunhölzl, Franz, Geschichte der lateinischen Literatur des Mittelalters 1, München 1975.

2029 Brüning, Heinrich, Memoiren 1918–1934, Stuttgart 1970.

2030 Bücher, Karl, Die Handwerkerfrage, in: Verhandlungen der am 23., 24. und 25. September 1879 in Köln a. Rh. abgehaltenen Generalversammlung des Vereins für Socialpolitik über die Handwerkerfrage, den ländlichen Personalkredit und die Handhabung des Vereins- und Koalitionsrechts der Arbeiter im Deutschen Reiche (Schriften des Vereins für Socialpolitik 76), Leipzig 1898, S. 16–34.

2031 Burg, Peter, Einführung, in: 2809: Westfalen und Preußen, S. 21–23.

2032 Büschleb, Hermann, Scharnhorst in Westfalen. Politik, Administration und Kommando im Schicksalsjahr 1795, Herford 1979.

2033 Calov, Gudrun, Museen und Sammler des 19. Jahrhunderts in Deutschland (Museumskunde 38), Berlin 1969.

2034 Capelle, Torsten, unter Mitarbeit von Rainer Halpaap u. a., Das Gräberfeld Beckum I (Veröffentlichungen der Altertumskommission im Provinzialinstitut für Westfälische Landes- und Volksforschung, Landschaftsverband Westfalen-Lippe 7), Münster 1979.

2035 Capitularia regum Francorum 1, hg. v. Alfred Boretius (Monumenta Germaniae historica, Leges 2,1), Hannover 1883.

2036 Christaller, Walter, Die Zentralen Orte in Süddeutschland. Eine ökonomisch-geographische Untersuchung über die Gesetzmäßigkeit der Verbreitung und Entwicklung der Siedlungen mit städtischen Funktionen, 2., unveränderte Auflage, Darmstadt 1968.

2037 Die Chronik Ekkehards von Aura, in: Frutolfs und Ekkehards Chroniken und die anonyme Kaiserchronik. Übersetzt v. Franz-Josef Schmale/Irene Schmale-Ott (Ausgewählte Quellen zur deutschen Geschichte des Mittelalters. Freiherr vom Stein-Gedächtnisausgabe 15), Darmstadt 1972, S. 123–377.

2038 Die Chroniken der schwäbischen Städte 4 (Die Chroniken der deutschen Städte vom 14. bis in's 16. Jahrhundert 4), Leipzig 1865.

2039 Die Chroniken der westfälischen und niederrheinischen Städte 1 (Die Chroniken der deutschen Städte vom 14. bis ins 16. Jahrhundert 20), Leipzig 1887.

2040 Clemens August. Fürstbischof, Jagdherr, Mäzen. Katalog zu einer kulturhistorischen Ausstellung aus Anlaß des 250jährigen Jubiläums von Schloß Clemenswerth, Bramsche 1987.

2041 Conrad, Horst, Kommunaler Konstitutionalismus und preußischer Parlamentarismus. Die Revidierte Städteordnung in der Provinz Westfalen 1831–1850, in: 2809: Westfalen und Preußen, S. 47–81.

2042 Cornelius Tacitus, Annalen. Erläutert und mit einer Einleitung versehen v. Erich Koestermann, 3 Bde., Heidelberg 1963–1967.

2043 Cramp, Rosemary, Excavations at the Saxon Monastic Sites of Wearmouth and Jarrow, Co. Durham: an Interim Report, in: Medieval Archaeology 13 (1969), S. 21–66.

2044 Damberg, Wilhelm, Der Kampf um die Schulen in Westfalen 1933–1945 (Veröffentlichungen der Kommission für Zeitgeschichte B/43), Mainz 1986.

2045 Dedert, Hartmut, Die Erzählung im Sturm und Drang. Studien zur Prosa des achtzehnten Jahrhunderts (Germanistische Abhandlungen 66), Stuttgart 1990.

2046 Deimann, Wilhelm, Hermann Löns. Sein Leben und Wirken 1, Dortmund o. J.

2047 Kommunale Demokratie zwischen Politik und Verwaltung, hg. v. Oscar W. Gabriel (Beiträge zur Kommunalwissenschaft. Studies in Local Government and Politics. Interdisziplinäre Reihe 29), München 1989.

2048 Deppermann, Klaus, Melchior Hoffman. Soziale Unruhen und apokalyptische Visionen im Zeitalter der Reformation, Göttingen 1979.

2049 Depping, Georg Bernhard, Erinnerungen aus dem Leben eines Deutschen in Paris, Leipzig 1832.

2050 Derlien, Hans-Ulrich, Regierungswechsel, Regimewechsel und Zusammensetzung der politisch-administrativen Elite, in: Die alte Bundesrepublik. Kontinuität und Wandel, hg. von Bernhard Blanke/Hellmut Wollmann (Leviathan, Sonderheft 12), Opladen 1991.

2051 Deter, Gerhard, Handwerksgerichtsbarkeit zwischen Absolutismus und Liberalismus. Zur Geschichte der genossenschaftlichen Jurisdiktion in Westfalen im 18. und 19. Jahrhundert (Münsterische Beiträge zur Rechtswissenschaft 26), Berlin 1987.

2052 Devliegher, Luc, De huizen te Brugge, 2 Bde. (Kunstpatrimonium van West-Vlaanderen 2–3), Tielt/Den Haag 1968.

2053 Im Dienst am Menschen. Das Kolpingwerk heute, Köln 1988.

2054 Innerstädtische Differenzierung und Prozesse im 19. und 20. Jahrhundert. Geographische und historische Aspekte, hg. v. Heinz Heineberg (Städteforschung A/25), Köln/Wien 1987.

2055 Dollinger, Philippe, Die Hanse, 4., erweiterte Auflage, Stuttgart 1989.

2056 Donat, Peter, Zur Herausbildung der frühmittelalterlichen Gehöftformen im Südlichen Nordseegebiet, in: Studien zur Sachsenforschung 6 (1987), S. 23–54.

2057 Drewek, Peter, Zum Strukturwandel des nordrhein-westfälischen Bildungssystems 1946–1982, in: Rheinland-Westfalen im Industriezeitalter. Beiträge zur Landesgeschichte des 19. und 20. Jahrhunderts in vier Bänden 4, hg. v. Kurt Düwell/Wolfgang Köllmann, Wuppertal 1982, S. 181–208.

2058 Drögereit, Richard, Werden und der Heliand. Studien zur Kulturgeschichte der Abtei Werden und zur Herkunft des Heliand (Beiträge zur Geschichte von Stadt und Stift Essen 66), Essen 1951.

2059 Droste-Hülshoff, Annette von, Sämtliche Werke 1, hg. v. Günther Weydt/Winfried Woesler, 3. Auflage, München 1989.

2060 Duchhardt, Heinz, Westfälischer Friede und internationales System im Ancien Regime, in: Historische Zeitschrift 249 (1989), S. 529–543.

2061 Duhr, Bernhard, Geschichte der Jesuiten in den Ländern deutscher Zunge, Bd. 1–2, Freiburg 1907–1913, Bd. 3–4, München/Regensburg 1921–1928.

2062 Duhr, Bernhard, Die Studienordnung der Gesellschaft Jesu (Bibliothek der katholischen Pädagogik 9), Freiburg 1896.

2063 Dülmen, Richard van, Reformation als Revolution. Soziale Bewegung und religiöser Radikalismus in der deutschen Reformation, München 1977.

2064 Durth, Werner/Gutschow, Niels, Träume in Trümmern. Planungen zum Wiederaufbau zerstörter Städte im Westen Deutschlands 1940–1950, 2 Bde. (Schriften des Deutschen Architekturmuseums zur Architekturgeschichte und Architekturtheorie), Braunschweig 1988.

2065 Ehbrecht, Wilfried, Hanse und spätmittelalterliche Bürgerkämpfe in Niedersachsen und Westfalen, in: Niedersächsisches Jahrbuch für Landesgeschichte 48 (1976), S. 77–105.

2066 Ehbrecht, Wilfried, Stadtrechte und Geschichtslandschaft in Westfalen, in: Der Raum Westfalen 6,1. Im Auftrag des Landschaftverbandes Westfalen-Lippe hg. v. Franz Petri/Peter Schöller/Alfred Hartlieb von Wallthor, Münster 1989, S. 215–250.

2067 Ehbrecht, Wilfried, Verhaltensformen der Hanse bei spätmittelalterlichen Bürgerkämpfen in Westfalen, in: Westfälische Forschungen 26 (1974), S. 46–59.

2068 Ehbrecht, Wilfried, Luise von Winterfelds Untersuchung „Das westfälische Hansequartier" im Lichte der Forschung mit besonderer Berücksichtigung der kleinen Städte, in: Der Raum Westfalen 6,1. Im Auftrag des Landschaftsverbandes Westfalen-Lippe hg. v. Franz Petri/Peter Schöller/Alfred Hartlieb von Wallthor, Münster 1989, S. 251–276.

2069 Ehmann, Eugen, Markt und Sondermarkt. Zum räumlichen Geltungsbereich des Marktrechtes im Mittelalter (Nürnberger Werkstücke zur Stadt- und Landesgeschichte 40), Nürnberg 1987.

2070 Ein- und Auspendler für den IHK-Bezirk Münster auf Gemeindeebene, hg. v. der Industrie- und Handelskammer Münster, Münster 1990.

2071 Elbern, Victor Heinrich, St. Liudger und die Abtei Werden. Gesammelte kunsthistorische Aufsätze, hg. und eingeleitet v. Basilius Senger, Essen 1962.

2072 Elm, Kaspar, Das männliche und weibliche Zisterziensertum in Westfalen von den Anfängen bis zur Reformation, in: 2808: Monastisches Westfalen, S. 45–59.

2073 Engel, Gustav, Politische Geschichte Westfalens, 4., stark veränderte und ergänzte Auflage, Köln/Berlin 1980.

2074 Engelbrecht, Helmut, Geschichte des österreichischen Bildungswesens. Erziehung und Unterricht auf dem Boden Österreichs 3, Wien 1984.

2075 Engeli, Christian, Neuanfänge der Selbstverwaltung nach 1945, in: 2175: Handbuch der kommunalen Wissenschaft und Praxis, S. 114–132.

2076 Ennen, Edith, Frühgeschichte der europäischen Stadt. Nachtrag: Bemerkungen zum gegenwärtigen Forschungsstand, 3., um einen Nachtrag erweiterte Auflage, Bonn 1981.

2077 Ennen, Edith, Die europäische Stadt des Mittelalters, 4., verbesserte Auflage, Göttingen 1987.

2078 Ennen, Edith, Das Städtewesen Nordwestdeutschlands von der fränkischen bis zur salischen Zeit, in: Das erste Jahrtausend. Kultur und Kunst im werdenden Abendland an Rhein und Ruhr, Textbd. 2, Düsseldorf 1964, S. 785–820; auch in: Die Stadt des Mittelalters 1, hg. v. Carl Haase (Wege der Forschung 243), Darmstadt 1969, S. 139–195.

2079 Epitaphia Werthinensia, hg. v. Karl Strecker, in: Monumenta Germaniae historica, Poetae latini aevi Carolini 4,3, Berlin 1923, S. 1038–1040.

2080 Erichsen, Hans-Uwe, Kommunalrecht des Landes Nordrhein-Westfalen, Siegburg 1988.

2081 Erler, Georg, Beiträge zur Geschichte der Nordkirchener Gemäldegalerie, in: Westfalen 4 (1912), S. 22–29, S. 59–65.

2082 d'Ester, Carl, Das Zeitungswesen in Westfalen von den ersten Anfängen bis zum Jahre 1813. In seiner geschichtlichen Entwicklung und kulturellen Bedeutung dargestellt (Münstersche Beiträge zur neueren Literaturgeschichte 1–2), Münster 1907.

2083 Ester, Matthias M., Biedermeier und Beamtentum. Warendorfs erster Stadtdirektor Clemens August Schlüter, in: Warendorfer Schriften 11/12 (1981/1982), S. 140–165.

2084 Ethos und Pathos. Die Berliner Bildhauerschule 1786–1914, hg. v. Peter Bloch, 2 Bde., Berlin 1990.

2085 Ewig, Eugen, Die Civitas Ubiorum, die Francia Rinensis und das Land Ribuarien, in: Rheinische Vierteljahrsblätter 19 (1954), S. 1–29; auch in: Siedlung, Sprache und Bevölkerungsstruktur im Frankenreich, hg. v. Franz Petri (Wege der Forschung 49), Darmstadt 1973, S. 403–446.

2086 Ewig, Eugen, Die Franken am Rhein. Bemerkungen zu Hans Kuhn, Das Rheinland in den germanischen Wanderungen, in: Aspekte der Nationenbildung im Mittelalter. Ergebnisse der Marburger Rundgespräche 1971–1975, hg. v. Helmut Beumann/Werner Schröder (Nationes 1), Sigmaringen 1978, S. 109–126.

2087 Exkursionen in Westfalen und angrenzenden Regionen. Festschrift zum 44. Deutschen Geographentag in Münster 1983 2, hg. v. Heinz Heineberg/Alois Mayr (Münstersche Geographische Arbeiten 16), Paderborn 1983.

2088 Faber, Karl-Georg, Deutsche Geschichte im 19. Jahrhundert. Restauration und Revolution. Von 1815 bis 1851 (Brandt/Meyer/Just, Handbuch der Deutschen Geschichte 3,1, 2. Teil), Wiesbaden 1979.

2089 Fahlbusch, Friedrich Bernward, Bemerkungen zur Führungsgruppe des hansischen Verbandes 1560–1576, in: Recht, Verfassung und Verwaltung in der frühneuzeitlichen Stadt, hg. v. Michael Stolleis (Städteforschung A/31), Köln/Wien 1991, S. 63–89.

2090 Fahlbusch, Friedrich Bernward, Osnabrück, seine „Beistädte" und die Theorie vom hansischen Unterquartier, in: Hansische Geschichtsblätter 109 (1991), S. 43–63.

2091 Fahlbusch, Friedrich Bernward/Hemann, Friedrich-Wilhelm/Hergemöller, Bernd-Ulrich, Beiträge zur westfälischen Hansegeschichte, Warendorf 1988.

2092 Fechtrup, Hermann, Die Kommunen im Zugriff von Gesetz, Aufsicht, Finanzzuweisung und Rechtsprechung, in: Eildienst. Informationen für Rat und Verwaltung 1988, 24, S. 748–751.

2093 Fedders, Wolfgang, Aspekte einer variablenlinguistischen Untersuchung zur ravensbergisch-lippischen Schreibsprachlandschaft, in: Franco-Saxonica. Münstersche Studien zur niederländischen und niederdeutschen Philologie. Jan Goossens zum 60. Geburtstag, Neumünster 1990, S. 49–70.

2094 Fedders, Wolfgang, Variablenlinguistische Studien zur mittelniederdeutschen Urkundensprache Coesfelds, in: Niederdeutsches Wort 27 (1987), S. 95–130.

2095 Fehrenbach, Elisabeth, Verfassungs- und sozialpolitische Reformen und Reformprojekte in Deutschland unter dem Einfluss des napoleonischen Frankreich, in: Deutschland zwischen Revolution und Restauration, hg. v. Helmut Berding/Hans-Peter Ullmann, Königstein 1981, S. 65–90.

2096 Fehring, Günter P., Stadtarchäologie in Deutschland, in: L'archeologia urbana e il centro antico di Napoli. Atti del convegno 1983, Neapel 1984, S. 49–58.

2097 Felbiger, Johann Ignaz von, General-Landschul-Reglement. Eigenschaften, Wissenschaften und Bezeigen rechtschaffener Schulleute. Methodenbuch. Besorgt v. Julius Scheueling, Paderborn 1958.

2098 Fellerer, Karl Gustav, Westfalen in der Musikgeschichte, in: Der Raum Westfalen 4,1, hg. v. Hermann Aubin/Franz Petri/Herbert Schlenger, Münster 1958, S. 189–265.

2099 Festgabe zum hundertfünfzigjährigen Bestehen des Vereins für Geschichte und Altertumskunde Westfalens 1824–1974 = Westfälische Zeitschrift 124/125 (1974/1975).

2100 Festschrift des Königlich Preußischen Statistischen Bureaus zur Jahrhundertfeier seines Bestehens 3, Berlin 1905.

2101 Finke, Walter, Die Jungsteinzeit im westlichen und zentralen Münsterland, in: 524: Münster – Westliches Münsterland – Tecklenburg 1, S. 67–85.

2102 Finke, Walter, Frühmittelalterliche Siedlungen im Münsterland, in: 1932: Archäologie in Nordrhein-Westfalen, S. 282–285.

2103 Fischer, Wolfram, Bergbau, Industrie und Handwerk 1850–1914, in: Handbuch der deutschen Wirtschafts- und Sozialgeschichte 2, hg. v. Wolfgang Zorn, Stuttgart 1976, S. 527–562.

2104 Fleischmann-Bisten, Walter/Grote, Heiner, Protestanten auf dem Wege: Geschichte des Evangelischen Bundes, Göttingen 1986.

2105 Der linke Flügel der Reformation. Glaubenszeugnisse der Täufer, Spiritualisten, Schwärmer und Antitrinitarier, hg. v. Heinold Fast (Klassiker des Protestantismus 4), Bremen 1962.

2106 Foerste, William, Geschichte der niederdeutschen Mundarten, in: Deutsche Philologie im Aufriß 1. Unter Mitarbeit zahlreicher Fachgelehrter hg. v. Wolfgang Stammler, 2., überarbeitete Auflage, Berlin 1957, Sp. 1729–1898.

2107 Foerste, William, Die germanischen Stammesnamen auf -varii, in: Frühmittelalterliche Studien 3 (1969), S. 60–70.

2108 Foerste, William, Untersuchungen zur westfälischen Sprache des 9. Jahrhunderts (Münstersche Forschungen 2), Marburg 1950.

2109 Franke, Eugen, Heinrich Gröninger, der Bildhauer zur Zeit der Gegenreformation in Paderborn, in: Westfälische Zeitschrift 90 (1934), Teil II, S. 1–69.

2110 Frau Rath. Briefwechsel von Katharina Elisabeth Goethe. Nach den Originalen mitgeteilt v. Robert Keil, Leipzig 1871.

2111 Frauen in der Ständegesellschaft. Leben und Arbeiten in der Stadt vom späten Mittelalter bis zur Neuzeit, hg. v. Barbara Vogel/Ulrike Weckel (Beiträge zur deutschen und europäischen Geschichte 4), Hamburg 1991.

2112 Freise, Eckhard, Das Frühmittelalter bis zum Vertrag von Verdun (843), in: 2135: Westfälische Geschichte 1, S. 275–335.

2113 Freise, Eckhard, Geiseln als Vertrags- und Friedensgaranten im Mittelalter, in: Träger und Instrumentarien des Friedens im hohen und späten Mittelalter, hg. v. Johannes Fried (Vorträge und Forschungen 44), Sigmaringen 1993 (im Druck).

2114 Freise, Eckhard, Kalendarische und annalistische Grundformen der Memoria, in: Memoria. Der geschichtliche Zeugniswert des liturgischen Gedenkens im Mittelalter, hg. v. Karl Schmid/Joachim Wollasch (Münstersche Mittelalter-Schriften 48), München 1984, S. 441–577.

2115 Freise, Eckhard, Die Sachsenmission Karls des Großen und die Anfänge des Bistums Minden, in: An Weser und Wiehen. Beiträge zur Geschichte und Kultur einer Landschaft. Festschrift für Wilhelm Brepohl (Mindener Beiträge 20), Minden 1983, S. 57–100.

2116 Freise, Eckhard, Widukind in Attigny. Taufpatronat und Treueidleistung als Ziele der sächsischen Unterwerfungs- und Missionskriege Karls des Großen, in: 1200 Jahre Widukinds Taufe, hg. im Auftrag der Stadt Enger und der Ev.-Luth. Kirchengemeinde Enger v. Gerhard Kaldewei, Paderborn 1985, S. 12–45.

2117 Freitag, Werner, Volks- und Elitenfrömmigkeit in der frühen Neuzeit. Marienwallfahrten im Fürstbistum Münster (Veröffentlichungen des Provinzialinstituts für westfälische Landes- und Volksforschung des Landschaftsverbandes Westfalen-Lippe 29), Paderborn 1991.

2118 Freund, Anna, Karte: Wandern/Naherholung und Kurzzeittourismus, in: Geographisch-landeskundlicher Atlas von Westfalen, Lieferung 3, Doppelblatt 4, Münster 1987.

2119 Freund, S., Die Emanzipation der Juden in Preußen, 2 Bde., Berlin 1912.

2120 Fritz, Johann Michael, Goldschmiedekunst der Gotik in Mitteleuropa, Münster 1982.

2121 Fritze, Wolfgang H., Zur Entstehungsgeschichte des Bistums Utrecht. Franken und Friesen 690–734, in: Rheinische Vierteljahrsblätter 35 (1971), S. 107–151.

2122 Fuchs, Alois, Unbekannte Werke der Paderborner Gröninger, in: Westfalen 40 (1962), S. 169–179.

2123 Städtische Führungsgruppen und Gemeinde in der werdenden Neuzeit, hg. v. Wilfried Ehbrecht (Städteforschung A/9), Köln/Wien 1980.

2124 Gabrielsson, Artur, Das Eindringen der hochdeutschen Sprache in die Schulen Niederdeutschlands im 16. und 17. Jahrhundert, in: Niederdeutsches Jahrbuch 58/59 (1932/1933), S. 1–79.

2125 Gabrielsson, Artur, Die Verdrängung der mittelniederdeutschen durch die neuhochdeutsche Schriftsprache, in: Handbuch zur niederdeutschen Sprach- und Literaturwissenschaft. Unter Mitarbeit zahlreicher Fachgelehrter hg. v. Gerhard Cordes/Dieter Möhn, Berlin 1983, S. 119–153.

2126 Gastaldi, Ugo, Storia dell'Anabattismo, 2 Bde., Turin 1972/1981.

2127 Gegenreformation in Westfalen und am Niederrhein. Actenstücke und Erläuterungen, zusammengestellt v. Ludwig Keller, 3 Bde., Leipzig 1881–1895.

2128 Gemeindelexikon für die Provinz Westfalen. Mit einem Anhange, betreffend die Fürstenthümer Waldeck und Pyrmont. Auf Grund der Materialien der Volkszählung zum 1. Dezember

1885 und anderer amtlicher Quellen bearbeitet vom Königlichen statistischen Bureau, Berlin 1887.

2129 Die Gemeindeordnung in der in Nordrhein-Westfalen geltenden Fassung nebst Gemeindewahlgesetz und Amtsordnung. Erläutert von Walter Odenbreit (Aschendorffs Juristische Handbücherei 3), 8. Auflage, Münster 1949.

2130 Genesis, in: 2206: Heliand und Genesis, S. 217–256.

2131 Genrich, Albert, Altsächsische Kriegergräber und Pferdebestattungen in Niedersachsen und ihre Bedeutung für die Religionsgeschichte, in: Nachrichten aus Niedersachsens Urgeschichte 28 (1959), S. 20–36.

2132 Gerchow, Jan, Die Gedenküberlieferung der Angelsachsen. Mit einem Katalog der libri vitae und Necrologien (Arbeiten zur Frühmittelalterforschung 20), Berlin/New York 1988.

2133 Gerhardt, Martin, Ein Jahrhundert Innere Mission. Die Geschichte des Central-Ausschusses für die Innere Mission der Deutschen Evangelischen Kirche, 2 Bde., Gütersloh 1948.

2134 Die Germania des Tacitus. Erläutert v. Rudolf Much. 3., beträchtlich erweiterte Auflage, unter Mitarbeit v. Herbert Jankuhn hg. v. Wolfgang Lange, Heidelberg 1967.

2135 Westfälische Geschichte in drei Textbänden und einem Bild- und Dokumentarband. Unter Mitarbeit v. Manfred Balzer u. a. hg. v. Wilhelm Kohl, 4 Bde. (Veröffentlichungen der Historischen Kommission für Westfalen im Provinzialinstitut für Westfälische Landes- und Volksforschung des Landschaftsverbandes Westfalen-Lippe 43), Düsseldorf 1982–1984.

2136 Die Geschichte Thidreks von Bern. Übertragen von Fine Erichsen (Thule 22), Düsseldorf/Köln 1967.

2137 Zur Geschichte von Wissenschaft, Kunst und Bildung an Rhein und Ruhr, nebst Resümees der Historiker- und Kunsthistoriker-Tagung in Essen vom Juni 1982. Im Auftrag des Kultusministers des Landes Nordrhein-Westfalen hg. v. Kurt Düwell/Wolfgang Köllmann (Rheinland-Westfalen im Industriezeitalter 4), Wuppertal 1985.

2138 Glaser, Hermann, Kleine Kulturgeschichte der Bundesrepublik Deutschland 1945–1989, Bonn 1991.

2139 Gesetz-Bulletin des Großherzogthums Berg. Bulletin des lois du Grand-Duché de Berg, Bd. 1ff, Düsseldorf 1810–1813.

2140 Gesetz-Sammlung für die Königlich Preußischen Staaten, Bd. 1ff, Berlin 1810ff.

2141 Gierke, Otto von, Das deutsche Genossenschaftsrecht 1, Berlin 1868.

2142 Giese, Ernst/Hoehl, Peter/Langer, Gerhard, Anziehungskraft und Wettbewerbsfähigkeit wissenschaftlicher Hochschulen in der Bundesrepublik Deutschland, in: Beiträge zur Hochschulforschung 1/2 (1986), S. 5–62.

2143 Gilden und Zünfte. Kaufmännische und gewerbliche Genossenschaften im frühen und hohen Mittelalter, hg. v. Berent Schwineköper (Vorträge und Forschungen 29), Sigmaringen 1985.

2144 Gleba, Gudrun, Die Gemeinde als alternatives Ordnungsmodell. Zur sozialen und politischen Differenzierung des Gemeindebegriffs in den innerstädtischen Auseinandersetzungen des 14. und 15. Jahrhunderts. Mainz, Magdeburg, München, Lübeck (Dissertationen zur mittelalterlichen Geschichte 7), Köln/Wien 1989.

2145 Gödden, Walter/Bühren, Georg, Ansichten aus der Traumstadt. Der Dichter Peter Paul Althaus (1892–1965), Münster 1992.

2146 Gödden, Walter/Nölle-Hornkamp, Iris, Dichter, Stätten, Literatouren (Kulturlandschaft Westfalen 1), Münster 1992.

2147 Goertz, Hans-Jürgen, Die Täufer. Geschichte und Deutung, 2., verbesserte und erweiterte Auflage, München 1988.

2148 Goethe, Johann Wolfgang von, Campagne in Frankreich (Werke, Hamburger Ausgabe 10), Hamburg 1959.

2149 Goethe und der Kreis von Münster. Zeitgenössische Briefe und Aufzeichnungen. In Zusammenarbeit mit Waltraud Loos hg. v. Erich Trunz (Westfälische Briefe und Denkwürdigkeiten 6 = Veröffentlichungen der Historischen Kommission Westfalens 19), Münster 1971.

2150 Goffart, Walter, The Narrators of Barbarian History (A. D. 550–800). Jordanes, Gregory of Tours, Bede, and Paul the Deacon, Princeton 1988.

2151 Gold & Silber aus dem Münsterland von der Renaissance bis zum Klassizismus. Eine Ausstellung des Kreises Unna. Ev. Stadtkirche Unna, 7. September–11. Oktober 1981, Unna 1981.

2152 Gönner, Rudolf, Die österreichische Lehrerbildung von der Normalschule bis zur pädagogischen Akademie, Wien 1967.

2153 Gönner, Rudolf, Felbigers Schulreform und die Auswirkungen über Österreich hinaus, in: Regionale Schulentwicklung im 19. und 20. Jahrhundert. Vergleichende Studien zur Schulgeschichte, Jugendbewegung und Reformpädagogik im süddeutschen Sprachraum, hg. v. Lenz Kriss-Rettenbeck/Max Liedtke (Schriftenreihe zum Bayerischen Schulmuseum Ichenhausen 2), Bad Heilbrunn 1984, S. 17–30.

2154 Goossens, Jan, Sprache, in: 2135: Westfälische Geschichte 1, S. 55–80.

2155 Gorki, Hans Friedrich, Verwaltungsorte und ihre Bereiche im inneren Münsterland, in: Westfälische Forschungen 10 (1957), S. 121–148.

2156 Graf, Klaus, Schlachtengedenken in der Stadt, in: Stadt und Krieg. 25. Arbeitstagung in Böblingen 1986, hg. v. Bernhard Kirchgässner/Günter Scholz (Stadt in der Geschichte 15), Sigmaringen 1989, S. 83–104.

2157 Gramulla, Gertrud Susanna, Handelsbeziehungen Kölner Kaufleute zwischen 1500 und 1650 (Forschungen zur internationalen Sozial- und Wirtschaftsgeschichte 4), Köln/Wien 1972.

2158 Graulich, Willi u. a., Christa E., Westfälische Bürgerhäuser des Klassizismus. Ein kunsthistorischer Beitrag mit Beispielen der Architekten: Wilhelm Ferdinand Lipper, Clemens August von Vagedes und Adolph von Vagedes, Bochum 1975.

2159 Greyerz, Kaspar von, Stadt und Reformation: Stand und Aufgaben der Forschung, in: Archiv für Reformationsgeschichte 76 (1985), S. 6–63.

2160 Grosse, Rolf, Das Bistum Utrecht und seine Bischöfe im 10. und frühen 11. Jahrhundert (Kölner historische Abhandlungen 33), Köln/Wien 1987.

2161 Gröttrup, Hendrik, Die kommunale Leistungsverwaltung. Grundlagen der gemeindlichen Daseinsvorsorge (Schriftenreihe des Vereins für Kommunalwissenschaften e.V. Berlin 37), Stuttgart/Berlin/Köln/Mainz 1976.

2162 Gründer, Horst, Nation und Katholizismus im Kaiserreich, in: Katholizismus, nationaler Gedanke und Europa seit 1800, hg. v. Albrecht Langner (Beiträge zur Katholizismusforschung, Reihe B), Paderborn/München/Wien/Zürich 1985, S. 65–87.

2163 Gründer, Horst, Rechtskatholizismus im Kaiserreich und in der Weimarer Republik unter besonderer Berücksichtigung der Rheinlande und Westfalens, in: Westfälische Zeitschrift 134 (1984), S. 107–155.

2164 Grundmann, Herbert, Vom Ursprung der Universität im Mittelalter, 2., mit einem Nachtrag versehene Auflage, Darmstadt 1976.

2165 Gudlaugsson, S. J., Gerard ter Borch, 2 Bde., Den Haag 1959/1960.

2166 Günther, K., Alt- und Mittelsteinzeit im Bereich der Westfälischen Bucht, in: 524: Münster – Westliches Münsterland – Tecklenburg 1, S. 52–66.

2167 Gysseling, Maurits, Die nordniederländische Herkunft des Helianddichters und des „Altsächsischen“ Taufgelöbnisses, in: Jahrbuch des Vereins für niederdeutsche Sprachforschung 103 (1980), S. 14–31.

2168 Haase, Carl, Die Entstehung der westfälischen Städte (Veröffentlichungen des Provinzialinstituts für westfälische Landes- und Volksforschung des Landschaftsverbandes Westfalen-Lippe 1/11), 4. Auflage, mit einem neuen Vorwort, Münster 1984.

2169 Haase, Carl, Die mittelalterliche Stadt als Festung. Wehrpolitisch-militärische Einflußbedingungen im Werdegang der mittelalterlichen Stadt, in: Studium Generale 16 (1963), S. 379–390.

2170 Haase, Carl, Stadtbegriff und Stadtentstehungsschichten in Westfalen. Überlegungen zu einer Karte der Stadtentstehungsgeschichten, in: Westfälische Forschungen 11 (1958), S. 16–32; auch in: Die Stadt des Mittelalters 1, hg. v. dems. (Wege der Forschung 243), Darmstadt 1969, S. 60–94.

2171 Hammerstein, Notker, Aufklärung und katholisches Reich. Untersuchungen zur Universitätsreform und Politik katholischer Territorien des Heiligen Römischen Reichs deutscher Nation im 18. Jahrhundert (Historische Forschungen 12), Berlin 1977.

2172 Hammerstein, Notker, Jus und Historie. Ein Beitrag zur Geschichte des historischen Denkens an deutschen Universitäten im späten 17. und im 18. Jahrhundert, Göttingen 1972.

2173 Hammerstein, Notker, Die Universitätsgründungen im Zeichen der Aufklärung, in: Beiträge zu Problemen deutscher Universitätsgründungen der frühen Neuzeit, hg. v. Peter Baumgart/Notker Hammerstein (Wolfenbütteler Forschungen 4), Nendeln 1978, S. 263–298.

2174 Geschichtlicher Handatlas von Westfalen, Lieferung 1ff, Münster 1975ff.

2175 Handbuch der kommunalen Wissenschaft und Praxis 1, hg. in Verbindung mit den kommunalen Spitzenverbänden v. Günter Püttner. Unter Mitarbeit v. Michael Borchmann, 2., völlig neu bearbeitete Auflage, Berlin/Heidelberg/New York 1981.

2176 Hanschmidt, Alwin, Das 18. Jahrhundert, in: 2135: Westfälische Geschichte 1, S. 605–685.

2177 Hanschmidt, Alwin, Das Niederstift Münster unter Kurfürst Clemens August, in: 2040: Clemens August, S. 29–46.

2178 Die Hanse. Lebenswirklichkeit und Mythos, 2 Bde., Hamburg 1989.

2179 Hanseakten aus England 1275 bis 1412, bearbeitet v. Karl Kunze (Hansische Geschichtsquellen 6), Halle 1891.

2180 Hanselmann, Jan F., Der Codex Vat. Pal. lat. 289. Ein Beitrag zum Mainzer Skriptorium im 9. Jahrhundert, in: Scriptorium 41 (1987), S. 78–87.

2181 Hansen, Joseph, Westfalen und Rheinland im 15. Jahrhundert, 2 Bde., (Publicationen aus den K. Preußischen Staatsarchiven 34 und 42), Leipzig 1888/1890.

2182 Harmening, Dieter, Superstitio. Überlieferungs- und theoriegeschichtliche Untersuchungen zur kirchlich-theologischen Aberglaubensliteratur des Mittelalters, Berlin 1979.

2183 Hart, Heinrich, Gesammelte Werke 3, hg. v. Julius Hart unter Mitwirkung von Wilhelm Bölsche u. a., Berlin 1907.

2184 Hartig, Joachim, Fragen zum Verhältnis der beiden Handschriften des Freckenhorster Heberegisters, in: Niederdeutsche Mitteilungen 28 (1972), S. 97–108.

2185 Hartig, Joachim, Soziokulturelle Voraussetzungen und Sprachraum des Altniederdeutschen (Altsächsischen), in: 2690: Sprachgeschichte, S. 1069–1074.

2186 Hartlieb von Wallthor, Alfred, Auftakt zum Vormärz in Preußen. Die preußische Verfassungsfrage auf dem 3. Westfälischen Provinziallandtag von 1830/31 (Beiträge zur Geschichte der preußischen Provinz Westfalen 3 = Veröffentlichungen der Historischen Kommission für Westfalen 38), Münster 1988.

2187 Hartlieb von Wallthor, Alfred, Höhere Schulen in Westfalen vom Ende des 15. bis zur Mitte des 19. Jahrhunderts, in: Westfälische Zeitschrift 107 (1957), S. 1–105.

2188 Haubrichs, Wolfgang, Die Anfänge: Versuche volkssprachiger Schriftlichkeit im frühen Mittelalter (ca. 700–1050/60) (Geschichte der deutschen Literatur von den Anfängen bis zum Beginn der Neuzeit 1,1), Frankfurt 1988.

2189 Haubrichs, Wolfgang, Die Angelsachsen und die germanischen Stämme des Kontinents im frühen Mittelalter: Sprachliche und literarische Beziehungen, in: Irland und die Christenheit. Bibelstudien und Mission, hg. v. Próinséas Ní Chatháin/Michael Richter (Veröffentlichungen des Europa Zentrums Tübingen, Kulturwissenschaftliche Reihe), Stuttgart 1987.

2190 Hauck, Albert, Kirchengeschichte Deutschlands 2, 8., unveränderte Auflage, Berlin/Leipzig 1954.

2191 Hauck, Karl, Die Herkunft der Liudger-, Lebuin- und Marklo-Überlieferung. Ein brieflicher Vorbericht, in: Festschrift für Jost Trier zum 70. Geburtstag, hg. v. William Foerste/Karl Heinz Borck, Köln/Graz 1964, S. 221–239.

2192 Hauck, Karl, Ein Utrechter Missionar auf der altsächsischen Stammesversammlung, in: Das erste Jahrtausend. Kultur und Kunst im werdenden Abendland an Rhein und Ruhr, Textband 2, Düsseldorf 1964, S. 734–745.

2193 Haucke, Karlheinz, August Reinking 1776–1819. Leben und Werk des westfälischen Architekten und Offiziers (Schriften zur Kunstgeschichte Westfalens), Münster 1991.

2194 Heckel, Martin, Der Westfälische Friede als Instrument internationaler Friedenssicherung und religiös-weltanschaulicher Koexistenzordnung, in: Juristische Schulung 28 (1988), S. 336–341.

2195 Heckel, Martin, Kulturkampfaspekte. Der Kulturkampf als Lehrstück modernen Staatskirchenrechts, in: Staat, Kirche, Wissenschaft in einer pluralistischen Gesellschaft. Festschrift zum 65. Geburtstag von Paul Mikat, hg. v. Dieter Schwab u. a., Berlin 1989, S. 545–563.

2196 Heffter, Heinrich, Die deutsche Selbstverwaltung im 19. Jahrhundert. Geschichte der Ideen und Institutionen, 2., überarbeitete Auflage, Stuttgart 1969.

2197 Hegel, Eduard, Die katholische Kirche 1800–1962, in: 2135: Westfälische Geschichte 2, S. 341–384.

2198 Hegel, Eduard/Stupperich, Robert/Brilling, Bernhard, Kirchen und Religionsgemeinschaften in der Provinz Westfalen (Beiträge zur Geschichte der preußischen Provinz Westfalen 2 = Veröffentlichungen der Historischen Kommission für Westfalen 38), Münster 1978.

2199 Heidinga, H. A., Zwischen Friesen, Franken und Sachsen: Einige Bemerkungen zur Gruppenbildung im frühen Mittelalter in den Niederlanden, in: Studien zur Sachsenforschung 6 (1987), S. 55–71.

2200 Heil, Wilhelm, Artikel „Alkuin", in: Theologische Realenzyklopädie 2, Berlin/New York 1978, S. 266–276.

2201 Wirtschaftlicher Heimatführer für Westfalen, Düsseldorf [1920].

2202 Heimeshoff, Jörg A. E., Historische Architektur in Theorie und Ausführung. Der Baumeister Emil von Manger (Denkmalpflege und Forschung in Westfalen 4), Bonn 1982.

2203 Heimpel, Hermann, Das Wesen des deutschen Spätmittelalters, in: Archiv für Kulturgeschichte 35 (1953), S. 29–51; auch in: ders., Der Mensch in seiner Gegenwart. Sieben historische Essais, Göttingen 1954, S. 109–135.

2204 Hein, Dieter, Zwischen liberaler Milieupartei und nationaler Sammlungsbewegung. Entwicklung und Struktur der Freien Demokratischen Partei 1945–1949 (Beiträge zur Geschichte des Parlamentarismus und der politischen Parteien 76), Düsseldorf 1985.

2205 Der Heliand. Ausgewählte Abbildungen zur Überlieferung, hg. v. Burkhard Taeger. Mit einem Beitrag zur Fundgeschichte des Straubinger Fragments von Alfons Huber (Litterae 103), Göppingen 1985.

2206 Heliand und Genesis, hg. v. Otto Behagel, 9. Auflage, bearbeitet v. Burkhard Taeger (Altdeutsche Textbibliothek 4), Tübingen 1984.

2207 Hengst, Karl, Jesuiten an Universitäten und Jesuitenuniversitäten. Zur Geschichte der Universitäten in der Oberdeutschen und Rheinischen Provinz der Gesellschaft Jesu im Zeitalter der konfessionellen Auseinandersetzung (Quellen und Forschungen aus dem Gebiet der Geschichte NF 2), Paderborn/München/Wien/Zürich 1981.

2208 Henkel, Martin/Taubert, Rolf, Die deutsche Presse 1848–1850. Eine Bibliographie (Deutsche Presseforschung 25), München 1986.

2209 Henn, Volker, Über die Anfänge des Brügger Hansekontors, in: Hansische Geschichtsblätter 107 (1989), S. 43–66.

2210 Hennig, Martin, Quellenbuch zur Geschichte der Inneren Mission, Hamburg 1912.

2211 Henze, Anton, Westfälische Kunstgeschichte, Recklinghausen 1957.

2212 Heppe, Karl Bernd, Gotische Goldschmiedekunst in Westfalen vom zweiten Drittel des 13. bis zur Mitte des 16. Jahrhunderts, Diss., Münster 1973 [1977].

2213 Hermannus quondam Judaeus, Opusculum de conversione sua, hg. v. Gerlinde Niemeyer (Monumenta Germaniae Historica, Quellen zur Geistesgeschichte des Mittelalters 4), Weimar 1963.

2214 Herzog, Erich, Die ottonische Stadt. Die Anfänge der mittelalterlichen Stadtbaukunst in Deutschland (Frankfurter Forschungen zur Architekturgeschichte 2), Berlin 1964.

2215 Heumann, Günter, Die Entwicklung des allgemeinbildenden Schulwesens in Nordrhein-Westfalen (1945/46–1958). Ein erziehungsgeschichtlicher Beitrag, Frankfurt 1989.

2216 Hey, Bernd, Zur Geschichte der westfälischen Staatspolizeistellen und der Gestapo, in: Westfälische Forschungen 37 (1987), S. 58–90.

2217 Heydebrand, Renate von, Literatur in der Provinz Westfalen 1815–1945. Ein literarhistorischer Modellentwurf (Geschichtliche Arbeiten zur Westfälischen Landesforschung, Geistesgeschichtliche Gruppe 3 = Veröffentlichungen der Historischen Kommission für Westfalen 22 B), Münster 1983.

2218 Heyer, Rolf, Struktur und Wandlung des Quartären Sektors in den vier großen Oberzentren des Ruhrgebietes Duisburg, Essen, Bochum, Dortmund, in: Zeitschrift für Wirtschaftsgeographie 34 (1990), S. 218–228.

2219 Hockerts, Hans Günter, Die Goebbels-Tagebücher 1932–1941. Eine neue Hauptquelle zur Erforschung der nationalsozialistischen Kirchenpolitik, in: Politik und Konfession. Festschrift für Konrad Repgen zum 60. Geburtstag, hg. v. Dieter Albrecht u. a., Berlin 1983, S. 359–392.

2220 Hoffmann, Marguerite, Mein Leben mit Melchior Lechter. Ein Künstler der Jahrhundertwende, der Freund Stefan Georges, 2. Auflage, Amsterdam 1966.

2221 Hoffmann, Walter, Zur Geschichte der Kölner Stadtsprache: Was man weiß, was man wissen möchte, in: Stadtsprachenforschung unter besonderer Berücksichtigung der Verhältnisse der Stadt Straßburg in Spätmittelalter und früher Neuzeit. Vorträge des Symposiums vom 30. März bis 3. April 1987 an der Universität Mannheim, hg. v. Gerhard Bauer (Göppinger Arbeiten zur Germanistik 488), Göppingen 1988, S. 95–121.

2222 Hoffmann, Walter/Mattheier, Klaus J., Stadt und Sprache in der neueren deutschen Sprachgeschichte: eine Pilotstudie am Beispiel von Köln, in: 2690: Sprachgeschichte, S. 1837–1865.

2223 Hoffmann, Walter G./Müller, J. H., unter Mitarbeit v. Heinz König u. a., Das deutsche Volkseinkommen 1851–1957 (Schriften zur angewandten Wirtschaftsforschung 1), Tübingen 1959.

2224 Hofmann, Dietrich, Zur Lebensform mündlicher Erzähldichtung des Mittelalters im deutschen und niederländischen Sprachgebiet: Zeugnisse der þiđreks saga und anderer Quellen, in: 1965: Niederdeutsche Beiträge, S. 191–215.

2225 Hofmann, Wolfgang, Aufgaben und Struktur der kommunalen Selbstverwaltung in der Zeit der Hochindustrialisierung, in: Deutsche Verwaltungsgeschichte 3, hg. v. Kurt G. A. Jeserich u. a., Stuttgart 1984, S. 578–644.

2226 Hofmann, Wolfgang, Die Entwicklung der kommunalen Selbstverwaltung von 1848 bis 1918, in: 2175: Handbuch der kommunalen Wissenschaft und Praxis, S. 71–85.

2227 Hofmann, Wolfgang, Oberbürgermeister als politische Elite im Wilhelminischen Reich und in der Weimarer Republik, in: Oberbürgermeister. Büdinger Forschungen zur Sozialgeschichte 1979, hg. v. Klaus Schwabe (Deutsche Führungsschichten in der Neuzeit 13), Boppard 1981, S. 17–38.

2228 Hohmann, Friedrich Gerhard, Die Soester Konferenzen 1864–1866. Zur Vorgeschichte der Zentrumspartei in Westfalen, in: Westfälische Zeitschrift 114 (1964), S. 293–342.

2229 Höing, Hubert, Die Fraterherren in Westfalen, in: 2808: Monastisches Westfalen, S. 209–216.

2230 Holtmann, Everhard, Kommunale Identität als gemeinschaftliche Inszenierung. Stadtjubiläen in der frühen Nachkriegszeit: 700-Jahr-Feiern in Kamen 1948 und Unna 1950, in: Westfälische Forschungen 41 (1991), S. 89–105.

2231 Holtmann, Everhard, Politik und Nichtpolitik. Lokale Erscheinungsformen Politischer Kultur im frühen Nachkriegsdeutschland. Das Beispiel Unna und Kamen, Opladen 1989.

2232 Hömberg, Albert K., Studien zur Entstehung der mittelalterlichen Kirchenorganisation in Westfalen, in: Westfälische Forschungen 6 (1943/52), S. 46–108.

2233 Hömberg, Albert K., Wirtschaftsgeschichte Westfalens, Münster 1968.

2234 Hommel, Manfred, Zentrenausrichtung in mehrkernigen Verdichtungsräumen an Beispielen aus dem rheinisch-westfälischen Industriegebiet (Bochumer Geographische Arbeiten 17), Paderborn 1974.

2235 Honselmann, Klemens, Die Bistumsgründungen in Sachsen unter Karl dem Großen mit einem Ausblick auf spätere Bistumsgründungen und einem Exkurs zur Übernahme der christlichen Zeitrechnung im frühmittelalterlichen Sachsen, in: Archiv für Diplomatik 30 (1984), S. 1–50.

2236 Honselmann, Klemens, Die Gründung der sächsischen Bistümer 799, Sachsens Anschluß an das fränkische Reich, in: Archiv für Diplomatik 34 (1988), S. 1–2.

2237 Hoppe, Ursula, Die Paderborner Domfreiheit. Untersuchungen zu Topographie, Besitzgeschichte und Funktionen (Münstersche Mittelalter-Schriften 23), München 1975.

2238 Hövel, Ernst, Der Kampf der Geistlichkeit gegen das Theater in Deutschland im 17. Jahrhundert, Münster 1913.

2239 Hrabani Mauri carmina, hg. v. Ernst Dümmler, in: Monumenta Germaniae historica, Poetae latini aevi Carolini 2, Berlin 1884, S. 154–258.

2240 Hradil, Stefan, Epochaler Umbruch oder ganz normaler Wandel? Wie weit reichen die neueren Veränderungen der Sozialstruktur in der Bundesrepublik? in: Umbrüche in der Industriegesellschaft. Herausforderungen für die politische Bildung, Bonn 1990, S. 73–99.

2241 Hubatsch, Walther, Stein-Studien. Die preußischen Reformen des Reichsfreiherrn Karl vom Stein zwischen Revolution und Restauration (Studien zur Geschichte Preußens 25), Köln/Bonn 1975.

2242 Huber, Ernst Rudolf, Deutsche Verfassungsgeschichte seit 1789, 8 Bde., Stuttgart bzw. Stuttgart u. a. 1957–1990; [einige Bände in 2. bzw. 3., wesentlich überarbeiteter Auflage].

2243 Huber, Ernst Rudolf/Huber, Wolfgang, Staat und Kirche im 19. und 20. Jahrhundert. Dokumente zur Geschichte des deutschen Staatskirchenrechts 2, Berlin 1976.

2244 Hübner, Horst, Sozialdemokratische Hochschulpolitik, Ordinarienuniversität und Studentenbewegung 1960–1980. Eine politisch-soziologische Analyse sozialdemokratischer Hochschulreform in Nordrhein-Westfalen unter besonderer Berücksichtigung der Universität Münster, Münster 1982.

2245 Huch, Ricarda, Im alten Reich. Lebensbilder deutscher Städte, Bremen 1960.

2246 Hüfler, Brigitte, Zwölf Bildhauerinnen des 19. Jahrhunderts, in: Zeitschrift des Deutschen Vereins für Kunstwissenschaft 43 (1989), 2, S. 64–79.

2247 Huge, Walter, Literatur (bis 1800), in: 2135: Westfälische Geschichte 1, S. 781–803.

2248 Huge, Walter, Literatur (seit 1800), in: 2135: Westfälische Geschichte 2, S. 543–556.

2249 Humburg, Norbert, Städtisches Fastnachtsbrauchtum in West- und Ostfalen. Die Entwicklung vom Mittelalter bis ins 19. Jahrhundert (Beiträge zur Volkskultur in Nordwestdeutschland 5), Münster 1976.

2250 Huperz, Gottfried, Die Anfänge katholisch-politischer Vereinsbildung in Westfalen. Ein Beitrag zur Geschichte der katholisch-politischen Bewegung in Deutschland in den Jahren 1848 und 1849, o. O. 1927.

2251 Hüser, Karl, Mit Gott für unser Recht. Ein Beitrag zur Geschichte der Gewerkschaftsbewegung im Münsterland, Paderborn 1978.

2252 Hüser, Karl, Franz von Löher (1818–1892) (Studien und Quellen zur westfälischen Geschichte 13), Paderborn 1972.

2253 Hüttenberger, Peter, Nordrhein-Westfalen und die Entstehung seiner parlamentarischen Demokratie (Veröffentlichungen der Staatlichen Archive des Landes Nordrhein-Westfalen C/1), Siegburg 1973.

2254 Hüttenrauch, Hermann, Der Evangelische Bund. Sein Werden, Wachsen und Wirken. Eine Jubiläumsausgabe, Hamburg 1911.

2255 Hüttermann, Wilhelm, Parteipolitisches Leben in Westfalen vom Beginn der Märzbewegung im Jahre 1848 bis zum Einsetzen der Reaktion im Jahre 1849, in: Zeitschrift für vaterländische Geschichte und Altertumskunde 68 (1910), Teil I, S. 97–230.

2256 Ide, Adolf, Die Steinwerke der Stadt Osnabrück. Ein Beitrag zur Erforschung der Bau- und Wohnkultur alter niedersächsischer Städte, Osnabrück 1939.

2257 Ilisch, Peter, Liudger-Patrozinien, in: 419: Vita secunda sancti Liudgeri.

2258 Ilisch, Peter, Münzfunde und Geldumlauf in Westfalen in Mittelalter und Neuzeit. Numismatische Untersuchungen und Verzeichnis der Funde in den Regierungsbezirken Arnsberg und Münster (Veröffentlichungen des Provinzialinstituts für Westfälische Landes- und Volksforschung des Landschaftsverbandes Westfalen-Lippe 1/23), Münster 1980.

2259 Ilisch, Peter, Westfälische Münzgeschichte der Neuzeit vom 16. bis zum 18. Jahrhundert (Bildhefte des Westfälischen Landesmuseums für Kunst und Kulturgeschichte Münster 19), Münster 1982.

2260 Ilisch, Peter, Untersuchungen zur Geldgeschichte des Hochstifts Münster im 15. und 16. Jahrhundert, in: Festgabe Peter Berghaus zum 50. Geburtstag, dargebracht aus dem Kreise seiner Studenten, Münster 1969, S. 41–55.

2261 Imhof, Arthur E., Demographische Aspekte des frühneuzeitlichen Städtewesens, in: Europäische Städte im Zeitalter des Barock. Gestalt – Kultur – Sozialgefüge, hg. v. Kersten Krüger (Städteforschung A/28), Köln/Wien 1988, S. 57–92.

2262 Indexbewegung und Kulturgesellschaft. Eine historische Darstellung. Auf Grund der Akten hg. v. A. ten Hompel in Verbindung mit H. Hellraeth und J. Plaßmann, Bonn 1908.

2263 Inkmann, Sophia, Die pädagogischen Grundsätze in den Konstitutionen der Chorfrauen des heiligen Augustinus, ihre zeitgeschichtliche Bedeutung und ihr Einfluß auf Overberg (Frau und Erziehung 1), Paderborn 1928.

2264 Iosephi Scotti Carmina, hg. v. Ernst Dümmler, in: Monumenta Germaniae historica, Poetae latini aevi Carolini 1, Berlin 1881, S. 149–159.

2265 Irsigler, Franz, Die wirtschaftliche Stellung der Stadt Köln im 14. und 15. Jahrhundert. Strukturanalyse einer spätmittelalterlichen Exportgewerbe- und Fernhandelsstadt (Vierteljahrschrift für Sozial- und Wirtschaftsgeschichte, Beiheft 65), Wiesbaden 1979.

2266 Irsigler, Franz, Zum Kölner Viehhandel und Viehmarkt im Spätmittelalter, in: Internationaler Ochsenhandel (1350–1750). Akten des 7th International Economic History Congress Edinburgh 1978. Eingeleitet und im Auftrage der Economic History Association hg. v. Ekkehard Westermann (Beiträge zur Wirtschaftsgeschichte 9), Stuttgart 1979, S. 219–234.

2267 Isenberg, Gabriele, Die Ausgrabungen an der Bäckerstraße in Minden 1973–1976, in: Westfalen 55 (1977), S. 427–449.

2268 Isenberg, Gabriele, Ausgrabungen 1986 im Dom St. Petrus und Gorgonius zu Minden, in: Ausgrabungen und Funde in Westfalen-Lippe 6 (1991), Teil B, S. 79–110.

2269 Isenberg, Gabriele, Archäologische Beobachtungen zur Ausbildung der Parzellenstrukturen und zur baulichen Nutzung der Grundstücke in mittelalterlichen Städten Westfalens, in: Topographie und Hausbau der Frühzeit in Städten des hansischen Wirtschaftsraumes (Lübekker Schriften zur Archäologie und Kulturgeschichte 20, hg. v. Günter P. Fehring), Bonn 1990, S. 109–118.

2270 Isenberg, Gabriele, Bodendenkmalpflege in Städten und Dörfern, in: Denkmalschutz und Denkmalpflege. 10 Jahre Denkmalschutzgesetz Nordrhein-Westfalen, hg. v. Reinhard Grätz/ Helmut Lange/Hermannjosef Beu, Köln 1991, S. 191–198.

2271 Isenberg, Gabriele, Kirchen- und Krypta-Bau in Werden, in: 419: Vita secunda sancti Liudgeri.

2272 Isenberg, Gabriele, Mittelalter im „Ruhrgebiet“ aus archäologischer Sicht, in: Vergessene Zeiten. Mittelalter im Ruhrgebiet. Katalog zur Ausstellung im Ruhrlandmuseum Essen, 26. September 1990 bis 6. Januar 1991 2, hg. v. Ferdinand Seibt u. a., Essen 1990, S. 274–283.

2273 Isenmann, Eberhard, Die deutsche Stadt im Spätmittelalter 1250–1500. Stadtgestalt, Recht, Stadtregiment, Kirche, Gesellschaft, Wirtschaft, Stuttgart 1988.

2274 Iserloh, Erwin, Devotio moderna – Die „Brüder und Schwestern vom gemeinsamen Leben“ und die Windesheimer Augustiner-Kongregation, in: 2808: Monastisches Westfalen, S. 191–199.

2275 Statistisches Jahrbuch deutscher Gemeinden 57 (1970).

2276 Statistisches Jahrbuch deutscher Gemeinden 75 (1988).

2277 Statistisches Jahrbuch deutscher Städte 1 (1890)–21 (1916); NF 1=22 (1926)–7=28 (1933).

2278 Jahrbuch für die amtliche Statistik des preussischen Staats 2, Berlin 1867.

2279 Jahrbuch für die amtliche Statistik des preussischen Staats 4, Berlin 1876.

2280 25 Jahre Archäologie in Lübeck. Erkenntnisse von Archäologie und Bauforschung zur Geschichte und Vorgeschichte der Hansestadt (Lübecker Schriften zur Archäologie und Kulturgeschichte 17), Bonn 1988.

2281 50 Jahre Verwaltungsraum Westfalen 1815/1965. Ansprachen und Vorträge anläßlich der Festveranstaltung „150 Jahre eigenständiges Westfalen“ am 18. Oktober 1965 in Münster (Schriften des Landschaftsverbandes Westfalen-Lippe 2), Dortmund 1966.

2282 Jakobi, Franz-Josef, Ministerialität und „ius ministerialium“ in Reichsabteien der frühen Stauferzeit, in: 2689: Sprache und Recht, S. 321–352.

2283 Jakoby, Barbara, Der Einfluß niederländischer Tafelmalerei des 15. Jahrhunderts auf die Kunst der benachbarten Rheinlande am Beispiel der Verkündigungsdarstellung in Köln, am Niederrhein und in Westfalen (1440–1490) (Kölner Schriften zu Geschichte und Kultur 12), Köln 1987.

2284 Jansma, Lammert Gosse, Melchiorieten, Munstersen en Batenburgers. Een sociologische analyse van een millennistische beweging uit de 16e eeuw, Buitenpost 1977.

2285 Jászai, Géza, Skulptur, in: 2339: Köln – Westfalen 1180–1980 2, S. 106–115.

2286 Jászai, Géza, Skulpturale Wechselrede: Köln und Westfalen 1180–1780, in: 2339: Köln – Westfalen 1180–1980 1, S. 408–413.

2287 Jockenhövel, Albrecht, Winter im Jahre 406/407 bis Herbst im Jahre 799. Archäologische Quellen zur Frühgeschichte der deutschen Mittelgebirgszone, in: Frühmittelalterliche Studien 24 (1990), S. 36–53.

2288 Johansen, Paul, Der hansische Rußlandhandel, insbesondere nach Novgorod, in kritischer Betrachtung, in: 2014: Brandt, Ahasver von u. a., Deutsche Hanse, S. 39–57.

2289 Jostes, Franz, Schriftsprache und Volksdialecte. Bemerkungen zu einer historischen Grammatik der niederdeutschen Sprache, in: Niederdeutsches Jahrbuch 11 (1885), S. 85–98.

2290 Junk, Heinz-K., Das Großherzogtum Berg. Zur Territorialgeschichte des Rheinlandes und Westfalens in napoleonischer Zeit, in: Westfälische Forschungen 33 (1983), S. 29–83.

2291 Junkmann, W., Elegische Gedichte, Münster 1836.

2292 Jürgens, Arnulf, Die Aufhebung der Leibeigenschaft vornehmlich im Münsterland, in: Westfälische Forschungen 40 (1990), S. 112–149.

2293 Kahl, Hans-Dietrich, Karl der Große und die Sachsen. Stufen und Motive einer historischen „Eskalation“, in: Politik, Gesellschaft, Geschichtsschreibung. Gießener Festgabe für František Graus zum 60. Geburtstag, hg. v. Herbert Ludat/Rainer Christoph Schwinges (Beihefte zum Archiv für Kulturgeschichte 18), Köln/Wien 1982, S. 49–130.

2294 Kahl, Hans-Dietrich, Randbemerkungen zur Christianisierung der Sachsen, in: Vorchristlich-christliche Frühgeschichte in Niedersachsen. Unter Mitwirkung von Hermann Dörries/Richard Drögereit/Eberhard Klügel hg. v. Hans-Walter Krumwiede (Beiheft zum Jahrbuch der Gesellschaft für Niedersächsische Kirchengeschichte 64), Blomberg 1966, S. 118–135; auch in: Die Eingliederung der Sachsen in das Frankenreich, hg. v. Walther Lammers (Wege der Forschung 185), Darmstadt 1970, S. 502–526.

2295 Kaiser-Strohmann, Dagmar, Theodor Wilhelm Achtermann (1799–1884) und Carl Johann Steinhäuser (1813–1879). Ein Beitrag zu Problemen des Nazarenischen in der deutschen Skulptur des 19. Jahrhunderts (Europäische Hochschulschriften 28/49), Frankfurt/Bern/New York 1985.

2296 Karrenbrock, Reinhard, Evert van Roden. Der Meister des Hochaltars der Osnabrücker Johanniskirche. Ein Beitrag zur westfälischen Skulptur der Spätgotik (Osnabrücker Geschichtsquellen und Forschungen 31), Osnabrück 1992.

2297 Karrenbrock, Reinhard, Baumberger Sandstein: Ausstrahlung westfälischen Kunstschaffens in den Ostseeraum, in: 2178: Die Hanse 1, S. 497–505.

2298 Karsch, Anton, Naturgeschichte des Teufels. Drei Vorträge, 4. Auflage, Leipzig 1884.

2299 Kaspar, Fred/Eiynck, Andreas, Baugeschichtliche Untersuchungen zur Johanniterkommende in Steinfurt. Ein Beitrag zur Entwicklung des mittelalterlichen Holzbaus in Westfalen, in: Westfalen 63 (1985), S. 65–103.

2300 Kaufmann, Henning, Genetivische Ortsnamen (Grundfragen der Namenkunde 2), Tübingen 1961.

2301 Keinemann, Friedrich, Das Kölner Ereignis, sein Widerhall in der Rheinprovinz und in Westfalen, 1. Teil (Geschichtliche Arbeiten zur westfälischen Landesforschung 14 = Veröffentlichungen der Historischen Kommission Westfalens 22), Münster 1974; 2. Teil (Publikationen der Gesellschaft für rheinische Geschichtskunde 59), Münster 1974.

2302 Keinemann, Friedrich, Das Kölner Ereignis und die Kölner Wirren (1837–41). Weichenstellungen, Entscheidungen und Reaktionen mit besonderer Berücksichtigung Westfalens. Ein Nachtrag zu: Das Kölner Ereignis, sein Widerhall in der Rheinprovinz und in Westfalen, Hamm 1986.

2303 Keinemann, Friedrich, Soziale und politische Geschichte des westfälischen Adels 1815–1945, Hamm 1976.

2304 Keinemann, Friedrich, Militärgottesdienst und Parität. Bemühungen der Westfälischen und Rheinischen Provinziallandtage um eine verbesserte Fürsorge für den katholischen Militärgottesdienst in der ersten Hälfte des 19. Jahrhunderts, in: Jahrbuch des Vereins für Westfälische Kirchengeschichte 63 (1970), S. 107–125.

2305 Keinemann, Friedrich, Oberpräsidium, Regierungen und Provinzialverband in Westfalen 1945/46 (Aus der Frühgeschichte des Landes Nordrhein-Westfalen 4,1), Hamm 1980.

2306 Keinemann, Friedrich, Westfalen im Zeitalter der Restauration und der Julirevolution 1815–1833. Quellen zur Entwicklung der Wirtschaft, zur materiellen Lage der Bevölkerung und zum Erscheinungsbild der Volksstimmung (Geschichtliche Arbeiten zur westfälischen Landesforschung, Wirtschafts- und sozialgeschichtliche Gruppe 5 = Veröffentlichungen der Historischen Kommission für Westfalen 22 A), Münster 1987.

2307 Keller, Michael, Katholische Aktion. Eine systematische Darstellung ihrer Idee. Herausgegeben im Auftrage Sr. Exzellenz des Hochw. Herrn Bischofs von Osnabrück, Dr. Wilhelm Berning, 3. Auflage, Paderborn 1936.

2308 Kinder, Hermann, Der Schleiftrog, Zürich 1977.

2309 Kindlinger, Venantius [Nikolaus], Münsterische Beiträge zur Geschichte Deutschlandes hauptsächlich Westfalens 1, Münster 1787.

2310 Kintner, Hallie Joanne, The Determinants of Infant Mortality in Germany from 1871 to 1933, Diss., University of Michigan 1982.

2311 Kirchhoff, Hans-Georg, Schulpolitik, in: Vierzig Jahre. Historische Entwicklungen und Perspektiven des Landes Nordrhein-Westfalen, hg. v. Peter Hüttenberger (Düsseldorfer Schriften zur Neueren Landesgeschichte und zur Geschichte Nordrhein-Westfalens 17), Düsseldorf 1986, S. 129–148.
2312 Kirchhoff, Karl-Heinz, Die landständischen Schatzungen des Stifts Münster im 16. Jahrhundert, in: Westfälische Forschungen 14 (1961), S. 117–133.
2313 Kirchhoff, Karl-Heinz, Ständeversammlungen und erste Landtage im Stift Münster 1212–1278 und der Landtagsplatz auf dem Laerbrock, in: Westfälische Forschungen 30 (1980), S. 60–77; auch in: 200: ders., Forschungen zur Geschichte von Stadt und Stift Münster, S. 207–234.
2314 Kirchhoff, Karl-Heinz, Die Täufer im Münsterland. Verbreitung und Verfolgung des Täufertums im Stift Münster 1533–1550, in: Westfälische Zeitschrift 113 (1963), S. 1–109.
2315 Klack-Eitzen, Charlotte, Die thronenden Madonnen des 13. Jahrhunderts in Westfalen (Denkmalpflege und Forschung in Westfalen 6), Bonn 1985.
2316 Klein, Hans-Joachim, unter Mitarbeit von Anneliese Almasan, Der gläserne Besucher. Publikumsstrukturen einer Museumslandschaft (Berliner Schriften zur Museumskunde 8), Berlin 1990.
2317 Klein, Hartmut, Kartographische Quellen zur westfälischen Landeskunde. Zusammenstellung der in Berlin vorhandenen Bestände des 16. bis 19. Jahrhunderts, in: Westfälische Forschungen 28 (1976/1977), S. 135–180.
2318 Klocke, Friedrich von, Das Patriziatsproblem und die Werler Erbsälzer (Geschichtliche Arbeiten zur westfälischen Landesforschung 7 = Veröffentlichungen der Historischen Kommission Westfalens 22), Münster 1965.
2319 Kluckert, Ehrenfried, Die Erzählformen des spätmittelalterlichen Simultanbildes, Diss., Tübingen 1974.
2320 Kluczka, Georg, Nordrhein-Westfalen in seiner Gliederung nach zentralörtlichen Bereichen. Eine geographisch-landeskundliche Bestandsaufnahme 1964–1968 (Landesentwicklung 27), Düsseldorf 1970.
2321 Kluczka, Georg, Zum Problem der zentralen Orte und ihrer Bereiche. Wissenschaftsgeschichtliche Entwicklung in Deutschland und Forschungsstand in Westfalen (Spieker 16), Münster 1967.
2322 Kluge, Dorothea/Hansmann, Wilfried, Westfalen (Dehio, Handbuch der Deutschen Kunstdenkmäler, Nordrhein-Westfalen 2), unveränderte Neuauflage mit Nachträgen, München/Berlin 1986.
2323 Kluge, Ulrich, Militarrevolte und Staatsumsturz. Ausbreitung und Konsolidierung der Räteorganisationen im rheinisch-westfälischen Industriegebiet, in: Arbeiter- und Soldatenräte im rheinisch-westfälischen Industriegebiet. Studien zur Geschichte der Revolution 1918/19, hg. v. Reinhard Rürup, Wuppertal 1975, S. 39–82.
2324 Klüting, Hermann, Soldaten in Westfalen und am Niederrhein. Das Königlich Preußische VII. Armeekorps. Mit einer Bibliographie zur Geschichte der zum Korps gehörenden Einheiten, Beckum 1982.
2325 Knieke, August, Die Einwanderung in den westfälischen Städten bis 1400, Münster 1893.
2326 Knop, Bernd, Die Oberbereiche des Landes Nordrhein-Westfalen. Kurzbeschreibungen der 16 oberzentralen Verflechtungsbereiche des Landesentwicklungsplanes I/II (Landesentwicklung 1.046), Dortmund 1986.
2327 Köbler, Gerhard, Gericht und Recht in der Provinz Westfalen (1815–1945), in: Arbeiten zur Rechtsgeschichte. Festschrift für Gustaf Klemens Schmelzeisen. Im Auftrage der Karlsruher Geistes- und Sozialwissenschaftlichen Fakultät hg. v. Hans-Wolf Thümmel (Karlsruher Kulturwissenschaftliche Arbeiten 2), Stuttgart 1980, S. 166–201.
2328 Koch, Ferdinand, Ein Beitrag zur Geschichte der altwestfälischen Malerei in der zweiten Hälfte des 15. Jahrhunderts, Münster 1899.
2329 Kochendörffer, Heinrich, Die Berichte des Militär- und Civilgouverneurs in den Provinzen zwischen Weser und Rhein 1813–1816, in: Westfälisches Adelsblatt 7 (1930), S. 38–106.
2330 Koenig, Wieland, Studien zum Meister von Liesborn unter besonderer Berücksichtigung der Entstehungsgeschichte des Liesborner Hochaltars und der Sammlung Krüger (Quellen und Forschungen zur Geschichte des Kreises Beckum 6), Beckum 1974.
2331 Kohl, Wilhelm, Die devotio moderna in Westfalen, in: 2808: Monastisches Westfalen, S. 203–207.

2332 Kohl, Wilhelm, Karte: Politische Gliederung 1804, in: Geschichtlicher Handatlas von Westfalen, Erste Lieferung, Münster 1975.

2333 Kohl, Wilhelm, Karte: Politische Gliederung 1809/11, in: Geschichtlicher Handatlas von Westfalen, Erste Lieferung, Münster 1975.

2334 Kohl, Wilhelm, Karte: Politische Gliederung 1818, in: Geschichtlicher Handatlas von Westfalen, Erste Lieferung, Münster 1975.

2335 Kohl, Wilhelm, Das Zeitalter der Glaubenskämpfe (1517–1618), in: 2135: Westfälische Geschichte 1, S. 469–535.

2336 Kolbe, Jürgen, Der Kulturreferent. Eine Selbstbeschreibung im nachhinein, in: Merkur 45 (1991), S. 755–764.

2337 Köllmann, Wolfgang, Die Bevölkerung des Regierungsbezirks Münster im 19. Jahrhundert, in: Westfälische Forschungen 40 (1990), S. 195–222.

2338 Köllmann, Wolfgang, Von der Bürgerstadt zur Regional-„Stadt". Über einige Formverwandlungen der Stadt in der deutschen Geschichte, in: Die deutsche Stadt im Industriezeitalter. Beiträge zur modernen deutschen Stadtgeschichte, hg. v. Jürgen Reulecke, Wuppertal 1978, S. 15–30.

2339 Köln – Westfalen 1180–1980. Landesgeschichte zwischen Rhein und Weser. 26. Oktober bis 18. Januar 1981, Westfälisches Landesmuseum für Kunst und Kulturgeschichte Münster, Landschaftsverband Westfalen-Lippe. 10. April 1981 bis 15. Mai 1981, Josef-Haubrich-Kunsthalle Köln, 2 Bde., Münster [1980].

2340 Der Königspiegel. Konungsskuggsja. Aus dem Altnorwegischen übersetzt v. Rudolf Meissner. Mit einem Beitrag von A. Heiermeier, Halle/Saale 1944.

2341 Die Konzilien Deutschlands und Reichsitaliens 916–1001 1, hg. v. Ernst-Dieter Hehl unter Mitarbeit von Horst Fuhrmann (Monumenta Germaniae historica, Concilia 6,1), Hannover 1987.

2342 Koreny, Fritz, Albrecht Dürer und die Tier- und Pflanzenstudien seiner Zeit, München 1985.

2343 Korte, Hermann, Eine Gesellschaft im Aufbruch. Die Bundesrepublik Deutschland in den sechziger Jahren, Frankfurt 1987.

2344 Korzus, Bernard, Die antiken Münzfunde im Münsterland, in: 524: Münster – Westliches Münsterland – Tecklenburg 1, S. 145–155.

2345 Koselleck, Reinhart, Preußen zwischen Reform und Revolution. Allgemeines Landrecht, Verwaltung und soziale Bewegung von 1791 bis 1848 (Industrielle Welt 7), Sonderausgabe der 2. Auflage von 1975, Stuttgart 1987.

2346 Krabbe, Wolfgang R., Die Gründung städtischer Arbeiterschutz-Anstalten in Deutschland: Arbeitsnachweis, Arbeitslosenfürsorge, Gewerbegericht und Rechtsauskunftstelle, in: Arbeiterexistenz im 19. Jahrhundert. Lebensstandard und Lebensgestaltung deutscher Arbeiter und Handwerker, hg. v. Werner Conze/Ulrich Engel (Industrielle Welt 33), Stuttgart 1981, S. 425–445.

2347 Krabbe, Wolfgang R., Die Lenkungsverwaltung. Eine Sonderform der Leistungsverwaltung, in: 2388: Kommunale Leistungsverwaltung und Stadtentwicklung, S. 159–167.

2348 Krabbe, Wolfgang R., Munizipalsozialismus und Interventionsstaat. Die Ausbreitung der Städtischen Leistungsverwaltung im Kaiserreich, in: Geschichte in Wissenschaft und Unterricht 30 (1979), S. 265–283.

2349 Krabbe, Wolfgang R., Die lokale Polizeiverwaltung in der preußischen Provinz Westfalen (1815–1914), in: Blätter für deutsche Landesgeschichte 119 (1983), S. 141–157.

2350 Krabbe, Wolfgang R., Die deutsche Stadt im 19. und 20. Jahrhundert. Eine Einführung, Göttingen 1989.

2351 Krapf, Friedrich, Landgraf Philipp der Großmütige von Hessen und die Religionskämpfe im Bistum Münster 1532–1536, Diss., Marburg 1951.

2352 Kratzsch, Gerhard, Vereine mit ideellen Zwecken im 19. Jahrhundert. Ein Beitrag zur Vereinsgeschichte der Provinz Westfalen, in: 2797: Weltpolitik, Europagedanke, Regionalismus, S. 193–217.

2353 Kratzsch, Gerhard, Vereinsbildung und Vereinswesen, in: Westfälische Forschungen 39 (1989), S. 1–17.

2354 Krause, Gisela, Altpreußische Militärbekleidungswirtschaft. Materialien und Formen, Planung und Fertigung, Wirtschaft und Verwaltung (Das altpreußische Heer. Erscheinungsbild und Wesen 1713–1807 7,1, hg. v. Hans Bleckwenn), Osnabrück 1983.

2355 Krause, Günter, Stadtarchäologie in Duisburg, in: 1932: Archäologie in Nordrhein-Westfalen, S. 294–303.

2356 Krebs, Walter, Baurecht, in: 2692: Nordrhein-westfälisches Staats-und Verwaltungsrecht, S. 379–424.

2357 Kreft-Kettermann, Helga, Karte: Behörden und ihre Zuständigkeitsbereiche I und II, in: Geographisch-landeskundlicher Atlas von Westfalen, Lieferung 5, Doppelblatt 4 und 5, Münster 1990.

2358 Kreft-Kettermann, Helga, Karte: Eisenbahnen – Netzentwicklung und Personenverkehr, in: Geographisch-landeskundlicher Atlas von Westfalen, Lieferung 4, Doppelblatt 4, Münster 1988.

2359 Kremer, Ludger, „. . . mit deinem entsetzlichen Platt!“ Sprachsoziologische Beobachtungen bei Augustin Wibbelt, in: Jahrbuch der Augustin-Wibbelt-Gesellschaft 4 (1988), S. 44–54.

2360 Kroeschell, Karl, Weichbild. Untersuchungen zur Struktur und Entstehung der mittelalterlichen Stadtgemeinde in Westfalen (Forschungen zur deutschen Rechtsgeschichte 3), Köln/Graz 1960.

2361 Kühlborn, Johann-Sebastian, Die römischen Germanenkriege der Jahre 12 vor bis 16 nach Christi Geburt, in: 524: Münster – Westliches Münsterland – Tecklenburg 1, S. 137–144.

2362 Kühlborn, Johann-Sebastian, Die Zeit der römischen Angriffe, in: 2135: Westfälische Geschichte 1, 143–166.

2363 Kuhn, Hans, Name und Herkunft der Westfalen, in: Westfälische Forschungen 27 (1975), S. 5–11.

2364 Kuhna, Rainer, Die ständische Verfassung in den westfälischen Landesteilen Preußens und im Fürstbistum Münster 1780–1806, Diss., Münster 1963.

2365 Kultur und Gedächtnis, hg. v. Jan Assmann/Tonio Hölscher, Frankfurt 1988.

2366 Kuropka, Joachim, Nationalsozialismus und Lehrerausbildung. Ein Beitrag zum Funktionswandel des Lehrerberufs unter besonderer Berücksichtigung der Provinz Westfalen, in: Westfälische Zeitschrift 131/132 (1981/1982), S. 161–189.

2367 Kuropka, Joachim, Stimmung und Lage der Bevölkerung in Westfalen zu Kriegsbeginn 1939, in: Westfälische Forschungen 30 (1980), S. 169–197.

2368 Kuske, Bruno, Wirtschaftsgeschichte Westfalens in Leistung und Verflechtung mit den Nachbarländern bis zum 18. Jahrhundert (Veröffentlichungen des Provinzialinstituts für westfälische Landes- und Volkskunde 1/4), 2. Auflage, Münster 1949.

2369 Kwack, Tae-Yel, Die Entwicklung von Kommunalunternehmen in Deutschland im 19. und 20. Jahrhundert unter besonderer Berücksichtigung finanz- und sozialpolitischer Aspekte (Empirische Wirtschaftsforschung 8), Münster 1990.

2370 Die Lage der Juden in Deutschland 1933. Das Schwarzbuch – Tatsachen und Dokumente, Paris 1934.

2371 Lahrkamp, Helmut, Die geistlichen Söhne Friedrichs (IV.), in: Fürstenbergische Geschichte 3, bearbeitet v. dems. u. a., Münster 1971, S. 95–168.

2372 Landesentwicklungsbericht Nordrhein-Westfalen 1988 (Landesentwicklung. Schriftenreihe des Ministerpräsidenten des Landes NRW 51), Düsseldorf 1989.

2373 Landesentwicklungsplan I. Einteilung des Landesgebietes in Zonen, Düsseldorf 1966, 1970.

2374 Landesentwicklungsplan II. Entwicklungsschwerpunkte und Entwicklungschancen, Düsseldorf 1970.

2375 Landesentwicklungsplan I/II. Raum- und Siedlungsstruktur, in: Ministerialblatt NRW 32 (1979), S. 1080–1114.

2376 Landesentwicklungsplan III. Umweltschutz durch Sicherung von natürlichen Lebensgrundlagen (Freiraum, Natur und Landschaft, Wald, Wasser, Erholung), Düsseldorf 1976, 1987.

2377 Landois, Hermann, Frans Essink, sien Liäwen und Driewen äs aolt Münstersk Kind. Komischer Roman in 5 Abteilungen, Bd. 1: 12. Auflage, Leipzig 1918, Bd. 2: 9. Auflage, Leipzig 1910, Bd. 5: Leipzig 1900.

2378 Langen, Ruth, Die Bedeutung von Befestigungen in den Sachsenkriegen Karls des Großen, in: Westfälische Zeitschrift 139 (1989), S. 181–211.

2379 Langewiesche, Dieter, „Staat“ und „Kommune“. Zum Wandel der Staatsaufgaben in Deutschland im 19. Jahrhundert, in: Historische Zeitschrift 248 (1989), S. 621–635.

2380 Lapidge, Michael, Aediluulf and the School of York, in: Lateinische Kultur im VIII. Jahrhundert, Traube-Gedenkschrift, hg. v. Albert Lehner/Walter Berschin, St. Ottilien 1989, S. 161–178.

2381 Lapidge, Michael, Surviving Booklists from Anglo-Saxon England, in: Learning and Literature in Anglo-Saxon-England. Studies presented to Peter Clemoes on the occasion of his sixty-fifth birthday, edited by Michael Lapidge/Helmut Gneuss, Cambridge u. a. 1985, S. 33–89.

2382 Last, Martin, Niedersachsen in der Merowinger- und Karolingerzeit, in: Geschichte Niedersachsens 1, hg. v. Hans Patze, 2., unveränderte Auflage, Hildesheim 1985, S. 543–652.

2383 Lebecq, Stéphane, La famille et les apprentissages de Liudger, d'après les premiers chapitres de la Vita Liudgeri d'Altfrid, in: Haut Moyen-Age. Culture, éducation et société. Etudes offertes à Pierre Riche, La Garenne-Colombes 1990, S. 283–299.

2384 Leesch, Wolfgang, Geschichte der Steuerverfassung und -verwaltung in Westfalen seit 1815, in: Westfälische Zeitschrift 131/132 (1981/1982), S. 413–493 und Westfälische Zeitschrift 133 (1983), S. 233–336.

2385 Leesch, Wolfgang, Karte: Steuerverwaltung im 19. und 20. Jahrhundert, in: Geschichtlicher Handatlas von Westfalen, Zweite Lieferung, Münster 1986.

2386 Leesch, Wolfgang, Verwaltung in Westfalen 1815–1945. Organisation und Zuständigkeit (Beiträge zur Geschichte der preußischen Provinz Westfalen = Veröffentlichungen der Historischen Kommission für Westfalen 38), Münster 1992.

2387 Leidinger, Paul, Die Gründung der Zisterzienser-Abtei Marienfeld 1185 und ihre Stifter. Zur politischen Situation der Jahre 1177–1185 in Westfalen, in: Westfälische Zeitschrift 135 (1985), S. 181–238.

2388 Kommunale Leistungsverwaltung und Stadtentwicklung vom Vormärz bis zur Weimarer Republik, hg. v. Hans Heinrich Blotevogel (Städteforschung A/30), Köln/Wien 1990.

2389 Lenger, Friedrich, Bürgertum und Stadtverwaltung in rheinischen Großstädten des 19. Jahrhunderts. Zu einem vernachlässigten Aspekt bürgerlicher Herrschaft, in: Stadt und Bürgertum im 19. Jahrhundert, hg. v. Lothar Gall (Historische Zeitschrift, Beihefte NF 12), München 1990, S. 97–169.

2390 Leopold, Gerhard/Schubert, Ernst, Der Dom zu Halberstadt bis zum gotischen Neubau. Mit Beiträgen von Friedrich Bellmann u. a. sowie einem Geleitwort von Hans Berger, Berlin 1984.

2391 Lepsius, M. Rainer, Parteiensystem und Sozialstruktur: zum Problem der Demokratisierung der deutschen Gesellschaft, in: Deutsche Parteien vor 1918, hg. v. Gerhard A. Ritter, Köln 1973, S. 56–80.

2392 Leudemann, Norbert, Deutsche Bischofsstädte im Mittelalter. Zur topographischen Entwicklung der deutschen Bischofsstadt im Heiligen Römischen Reich, München 1980.

2393 Levison, Wilhelm, England and the Continent in the Eighth Century. The Ford Lectures, Delivered in the University of Oxford in the Hilary Term, 1943, Oxford 1946.

2394 Lill, Rudolf, Die Beilegung der Kölner Wirren 1840–1842. Vorwiegend nach Akten des Vatikanischen Geheimarchivs (Studien zur Kölner Kirchengeschichte 6), Düsseldorf 1962.

2395 Lintzel, Martin, Gau, Provinz und Stammesverband in der altsächsischen Verfassung, in: ders., Ausgewählte Schriften 1. Zur altsächsischen Stammesgeschichte, Berlin 1961, S. 263–292.

2396 Literatur in Westfalen. Beiträge zur Forschung, hg. v. Walter Gödden/Winfried Woesler, Paderborn/München/Wien/Zürich 1992.

2397 Liudger 742–809: De confrontatie tussen heidendom en christendom in de lage landen, hg. v. Klaes Sierksma (Publicatie Stichting Comité Oud Muiderberg), Dieren 1984.

2398 Liudgeri Vita Gregorii abbatis Traiectensis, hg. v. Oswald Holder-Egger, in: Monumenta Germaniae historica, Scriptores 15,1, Hannover 1887, S. 63–79.

2399 Lobbedey, Uwe, Anmerkungen zur archäologischen Stadtkernforschung in Paderborn, in: Stadtkernforschung, hg. v. Helmut Jäger (Städteforschung A/27), Köln/Wien 1987, S. 149–160.

2400 Lobbedey, Uwe, Die Ausgrabungen im Dom zu Paderborn 1978/80 und 1983, 4 Bde. (Denkmalpflege und Forschung in Westfalen 11), Bonn 1986.

2401 Lobbedey, Uwe, Kurze Berichte über Ausgrabungen, in: Westfalen 50 (1972), S. 11–24.

2402 Lobbedey, Uwe, Northern Germany, in: 2753: European Towns, S. 127–157.

2403 Lobbedey, Uwe, Rezension zu 2390: Leopold/Schubert, in: Bonner Jahrbücher 187 (1987), S. 863–867.

2404 Löffler, Klemens, Die Anfänge des Christentums im späteren Bistum Münster. Nebst einer Beilage über die sächsische Stammesversammlung in Markloh, in: Westfalen 9 (1917/1918), S. 70–85.

2405 Löffler, Klemens, Die Anfänge des hebräischen Unterrichts in Westfalen, in: Zeitschrift für vaterländische Geschichte und Altertumskunde 70 (1912), Teil I, S. 304–309.

2406 Löffler, Klemens, Die westfälischen Bischöfe im Investiturstreit und in den Sachsenkriegen unter Heinrich IV. und Heinrich V. (Münstersche Beiträge zur Geschichtsforschung 14), Paderborn 1903.

2407 Löffler, Peter, Studien zum Totenbrauchtum in den Gilden, Bruderschaften und Nachbarschaften Westfalens vom Ende des 15. bis zum Ende des 19. Jahrhunderts (Forschungen zur Volkskunde 47), Münster 1975.

2408 Loth, Wilfried, Katholiken im Kaiserreich. Der politische Katholizismus in der Krise des wilhelminischen Deutschlands (Beiträge zur Geschichte des Parlamentarismus und der politischen Parteien 75), Düsseldorf 1984.

2409 Löwe, Heinz, Entstehungszeit und Quellenwert der Vita Lebuini, in: Deutsches Archiv für Erforschung des Mittelalters 21 (1965), S. 345–370.

2410 Löwe, Heinz, Die Karolinger vom Vertrag von Verdun zum Herrschaftsantritt der Herrscher aus dem sächsischen Hause. Das ostfränkische Reich, in: Wattenbach-Levison, Deutschlands Geschichtsquellen im Mittelalter. Vorzeit und Karolinger 6, Weimar 1990.

2411 Löwe, Heinz, Lateinisch-christliche Kultur im karolingischen Sachsen, in: Angli e Sassoni al di qua e al di la del mare (Settimane di studio del Centro Italiano di studi sull'alto medioevo 32,2), Spoleto 1986, S. 491–536.

2412 Lübbing, Hermann, Der Handelsverkehr zur Zeit der friesischen Konsulatsverfassung in Rüstringen und den Nachbargebieten. Ein Beitrag zur nordwestdeutschen Kulturgeschichte vom Beginn des 13. Jahrhunderts bis über die Mitte des 14. Jahrhunderts, in: Oldenburger Jahrbuch 31 (1927), S. 117–180.

2413 Lucas, Erhard, Märzrevolution im Ruhrgebiet. Vom Generalstreik gegen den Militärputsch zum bewaffneten Arbeiteraufstand, März-April 1920 1, Frankfurt/Main 1970.

2414 Luckhardt, Jochen, Der Hochaltar der Zisterzienserklosterkirche Marienfeld (Bildhefte des Westfälischen Landesmuseums für Kunst- und Kulturgeschichte 25), Münster 1987.

2415 Lüdke, Dietmar, Die Statuetten der gotischen Goldschmiede. Studien zu den „autonomen" und vollrunden Bildwerken der Goldschmiedeplastik und den Statuettenreliquiaren in Europa zwischen 1230 und 1530, 2 Bde. (tuduv-Studien, Reihe Kunstgeschichte 4), München 1983.

2416 Maas, Utz, Sprachliche Verhältnisse in den spätmittelalterlichen und frühneuzeitlichen Städten in Norddeutschland, in: 2696: Stadt im Wandel 3, S. 607–626.

2417 Maier, Hans, Kirche, Religion und Kultur, in: Zäsuren nach 1945. Essays zur Periodisierung der deutschen Nachkriegsgeschichte, hg. von Martin Broszat (Schriftenreihe der Vierteljahrshefte für Zeitgeschichte 61), München 1990, S. 131–139.

2418 Mainz zwischen Rot und Schwarz. Die Mainzer Revolution 1792–1793 in Schriften, Reden und Briefen, hg. v. Claus Träger, Berlin 1963.

2419 Martersteig, Max, Das deutsche Theater im neunzehnten Jahrhundert. Eine kulturgeschichtliche Darstellung, 2., durchgesehene Auflage, Leipzig 1924.

2420 Maschke, Erich, Die Schichtung der mittelalterlichen Stadtbevölkerung Deutschlands als Problem der Forschung, in: ders., Städte und Menschen. Beiträge zur Geschichte der Stadt, der Wirtschaft und Gesellschaft 1959–1977 (Vierteljahrschrift für Sozial-und Wirtschaftsgeschichte, Beihefte 68), Wiesbaden 1980, S. 157–169.

2421 Maschke, Erich, Die Unterschichten der mittelalterlichen Städte Deutschlands, in: Gesellschaftliche Unterschichten in den südwestdeutschen Städten. Protokoll über die V. Arbeitstagung des Arbeitskreises für südwestdeutsche Stadtgeschichtsforschung, Schwäbisch-Hall 11.–13. November 1966, hg. v. dems./Jürgen Sydow (Veröffentlichungen der Kommission für geschichtliche Landeskunde in Baden-Württemberg B/41), Stuttgart 1967, S. 1–74.

2422 Mattenklodt, Herbert-Fritz, Gebiets- und Verwaltungsreform in der Bundesrepublik Deutschland. Ein Sachstandsbericht unter besonderer Berücksichtigung der Verhältnisse in Nordrhein-Westfalen, Münster 1972.

2423 Mattheier, Klaus J., Sozialgeschichte und Sprachgeschichte in Köln. Überlegungen zur historischen Sprachsoziologie, in: Rheinische Vierteljahrsblätter 46 (1982), S. 226–253.

2424 Matzerath, Horst, „Kommunale Leistungsverwaltung". Zu Bedeutung und politischer Funktion des Begriffs im 19. und 20. Jahrhundert, in: 2388: Kommunale Leistungsverwaltung und Stadtentwicklung, S. 3–24.

2425 Matzerath, Horst, Nationalsozialismus und kommunale Selbstverwaltung (Schriftenreihe des Vereins für Kommunalwissenschaften e.V. Berlin 29), Stuttgart/Berlin/Köln/Mainz 1970.

2426 Matzerath, Horst, Urbanisierung in Preußen 1815–1914 (Schriften des Deutschen Instituts für Urbanistik 72), Stuttgart/Berlin/Köln/Mainz 1985.

2427 Matzerath, Horst, Die Zeit des Nationalsozialismus, in: 2175: Handbuch der kommunalen Wissenschaft und Praxis, S. 101–113.

2428 Maué, Hermann, Rheinisch-staufische Bauformen und Bauornamentik in der Architektur Westfalens (7. Veröffentlichung der Abteilung Architektur des Kunsthistorischen Instituts der Universität Köln), Köln 1975.

2429 Mayer, Artur von, Geschichte und Geographie der deutschen Eisenbahnen, 2 Bde., Berlin 1891.

2430 Mayr, Alois, Hochschulsystem und Hochschulstädte in Nordrhein-Westfalen, in: 2810: Westfalen und angrenzende Regionen, S. 157–203.

2431 Mayr, Alois, Universität und Stadt. Ein stadt-, wirtschafts- und sozialgeographischer Vergleich alter und neuer Hochschulstandorte in der Bundesrepublik Deutschland (Münstersche Geographische Arbeiten 1), Paderborn 1979.

2432 Mayr, Alois, Karte: Staatliche und kommunale Verwaltungsgliederung, in: Geographisch-landeskundlicher Atlas von Westfalen, Lieferung 5, Doppelblatt 3, Münster 1990.

2433 Mayr, Alois, Die Wirtschaftsräume Westfalens im Überblick, in: 2135: Westfälische Geschichte 3, S. 1–39 und S. 622–626.

2434 Mayr, Alois/Henseling, Eckhard/Thienel, Rainer, Luftverkehr I. Flugplätze, innerdeutsche Fluggastströme und Flugverbindungen in Nordrhein-Westfalen und im Anschlußraum. Kartenblatt und Textheft (Deutscher Planungsatlas 1, Lieferung 43 = Veröffentlichungen der Akademie für Raumforschung und Landesplanung), Hannover 1985.

2435 Mayr, Alois/Henseling, Eckhard/Thienel, Rainer, Luftverkehr II. Entwicklung, Situation und Probleme der Flugplätze in Nordrhein-Westfalen. Kartenblatt und Textheft (Deutscher Planungsatlas 1, Lieferung 44 = Veröffentlichungen der Akademie für Raumforschung und Landesplanung), Hannover 1990.

2436 Meckseper, Cord, Kleine Kunstgeschichte der deutschen Stadt im Mittelalter, Darmstadt 1982.

2437 Meier, Jürgen/Möhn, Dieter, Die Sprache im Hanseraum, in: 2178: Die Hanse 1, S. 430–435.

2438 Meinardus, Wilhelm, Skizze des Klimas von Münster, in: 114: Festschrift zur 84. Versammlung Deutscher Naturforscher, S. 83–90.

2439 Melzer, Walter, Das frühmittelalterliche Gräberfeld von Wünnenberg-Fürstenberg, Kreis Paderborn. Mit Beiträgen v. Daniel Bérenger u. a. (Bodenaltertümer Westfalens 25), Münster 1991.

2440 Menke, Hubertus, Kurtzweilige Historien und andere Buecher in allerley Kuensten/Teutsch und Saechsisch, in: Jahrbuch des Vereins für niederdeutsche Sprachforschung 102 (1979), S. 91–161.

2441 Meschede, Winfried, Einzugsgebiete ausgewählter Geschäftszentren in Grenznähe zwischen Nordhorn und Venlo, in: Westmünsterland – Ostniederlande. Entwicklung und Stellung eines Grenzraumes. Vorträge auf der Jahrestagung der Geographischen Kommission in Vreden 1983 (Spieker 30), Münster 1984, S. 39–47.

2442 Meschede, Winfried, Geschäftseinzugsbereiche und räumliches Einkaufsverhalten der niederländischen und deutschen Bevölkerung im Raum Enschede-Gronau (Arbeitsgemeinschaft Angewandte Geographie e.V., Arbeitsberichte 2), Münster 1983.

2443 Meschede, Winfried, Geschäftsstandorte und ihre Einzugsgebiete, in: 44. Deutscher Geographentag Münster 1983. Tagungsbericht und Wissenschaftliche Abhandlungen (Verhandlungen des Deutschen Geographentages 44), Wiesbaden 1984, S. 235–247.

2444 Meschede, Winfried, Grenzen, Grössenordnung und Intensitätsgefälle kommerziell-zentraler Einzugsgebiete, in: Erdkunde 25 (1971), S. 264–278.

2445 Meyer, Hans Chanoch, Aus Geschichte und Leben der Juden in Westfalen. Eine Sammelschrift, Frankfurt 1962.

2445a Meyer, Nikolaus, Ode. Den 18. October 1815. Am Tage der Huldigungsfeyer in Münster, o.O. o.J.

2446 Mitteilungen über Ausgrabungen und Funde aus dem Arbeitsbereich des Westfälischen Landesmuseums für Vor- und Frühgeschichte, Münster, und der Altertumskommission für Westfalen, hg. v. Bendix Trier, in: Westfälische Forschungen 28 (1976/1977), S. 87–97.

2447 Moeller, Bernd, Deutschland im Zeitalter der Reformation (Deutsche Geschichte 4), 3., durchgesehene und bibliographisch erneuerte Auflage, Göttingen 1988.

2448 Moeller, Bernd, Reichsstadt und Reformation. Bearbeitete Neuauflage, Berlin 1987.

2449 Molitor, Hansgeorg, Vom Untertan zum Administré. Studien zur französischen Herrschaft und zum Verhalten der Bevölkerung im Rhein-Mosel-Raum von den Revolutionskriegen bis zum Ende der napoleonischen Zeit (Veröffentlichungen des Instituts für europäische Geschichte Mainz 99, Abteilung Universalgeschichte), Wiesbaden 1980.

2450 Möller, Arnold Wilhelm, Friedrich Adolph Krummacher und seine Freunde. Briefe und Lebensnachrichten, 2 Bde., Bremen 1849.

2451 Möller, Holger, Das deutsche Messe- und Ausstellungswesen. Standortstruktur und räumliche Entwicklung seit dem 19. Jahrhundert (Forschungen zur deutschen Landeskunde 231), Trier 1989.

2452 Monasticon Fratrum Vitae Communis 2, bearbeitet v. W. J. Alberts u. a., hg. v. Wolfgang Leesch/Ernest Persoons/Anton G. Weiler (Archives et Bibliothèques de Belgique/Archief- en Bibliotheekwezen in Belgie, Numéro spécial/Extranummer 19), Brüssel 1979.

2453 Morsey, Rudolf, Die Deutsche Zentrumspartei 1917–1923 (Beiträge zur Geschichte des Parlamentarismus und der politischen Parteien 32), Düsseldorf 1966.

2454 Morsey, Rudolf, Die Zentrumspartei in Rheinland und Westfalen, in: Politik und Landschaft, hg. v. Walter Först (Beiträge zur neueren Landesgeschichte des Rheinlandes und Westfalens 3), Köln/Berlin 1969, S. 9–50.

2455 Mosse, George L., Die Nationalisierung der Massen. Politische Symbolik und Massenbewegungen in Deutschland von den Napoleonischen Kriegen bis zum Dritten Reich, Frankfurt/Berlin 1976.

2456 Mühlen, Franz, Baukunst im Mittelalter und in der frühen Neuzeit, in: 2135: Westfälische Geschichte 1, S. 687–728.

2457 Mühlen, Franz, Westfälische Baukunst im Überblick, in: Bulletin van de Koninklijke Nederlandse Oudheidkundige Bond 16 (1963), Sp. 97–118.

2458 Müller, Ernst, Beiträge zu Urkunden Ludwigs des Frommen, in: Neues Archiv der Gesellschaft für ältere deutsche Geschichtskunde 48 (1930), S. 331–353.

2459 Müller, Eugen, Elisabeth Ney. Die seltsamen Lebensschicksale der Elisabeth Ney und des Edmund Montgomery 1833–1907, Leipzig 1931.

2460 Müller, Gunter/Niebaum, Hermann, Sprachliche Gliederungen und Schichtungen Westfalens, in: Der Raum Westfalen 6,1. Im Auftrage des Landschaftsverbandes Westfalen-Lippe hg. v. Franz Petri/Peter Schöller/Alfred Hartlieb von Wallthor, Münster 1989, S. 1–92.

2461 Müller, Hans, Katholische Kirche und Nationalsozialismus. Dokumente 1930–1935. Mit einer Einleitung v. Kurt Sontheimer, München 1963.

2462 Müller, Herbert, Parteien- oder Verwaltungsvorherrschaft? Die Kommunalpolitik der Stadt Kempten (Allgäu) zwischen 1929 und 1953 (Schriften der Philosophischen Fakultäten der Universität Augsburg, Historisch-sozialwissenschaftliche Reihe 35), München 1988.

2463 Müller, Rainer A., Geschichte der Universität. Von der mittelalterlichen Universitas zur deutschen Hochschule, München 1990.

2464 Müller, Thorsten, Ich war ein Widerstand, in: Widerstand und Verweigerung in Deutschland 1933 bis 1945, hg. v. Richard Löwenthal/Patrick von zur Mühlen, Berlin/Bonn 1982, S. 202–210.

2465 Müller-Wille, Michael, Pferdegrab und Pferdeopfer im frühen Mittelalter, in: Berichten van de Rijksdienst voor het Oudheidkundig Bodemonderzoek 20/21 (1970/1971), S. 119–248.

2466 Mummenhoff, Karl Eugen, Die Baudenkmäler in Westfalen. Kriegsschäden und Wiederaufbau, hg. im Auftrage des Kultusministers des Landes Nordrhein-Westfalen v. Hermann Busen, Dortmund 1968.

2467 Mummenhoff, Karl Eugen, Profanbauten des westfälischen Herrenstandes, in: Der Raum Westfalen 4,2, im Auftrag des Landschaftsverbandes Westfalen-Lippe hg. v. Hermann Aubin u. a., Münster 1965, S. 229–260.

2468 Mummenhoff, Karl Eugen, Schlösser und Herrensitze in Westfalen, Frankfurt 1958.

2469 Mummenhoff, Karl Eugen, Wasserburgen in Westfalen (Westfälische Kunst), 4., veränderte und um die Farbtafeln erweiterte Auflage, München/Berlin 1977.

2470 Museen in Westfalen, hg. v. Bernhard Korzus, 2., ergänzte und erweiterte Auflage, bearbeitet v. Karl Heinz Plietek/Harald Reinhold, Münster 1986.

2471 Das kunst- und kulturgeschichtliche Museum im 19. Jahrhundert. Vorträge des Symposions im Germanischen Nationalmuseum, Nürnberg, hg. v. Bernward Deneke/Rainer Kahsnitz (Studien zur Kunst des neunzehnten Jahrhunderts 39), München 1977.

2472 Mutius, Albert von, Aufgabenerfüllung. Traditionelles, funktionales oder neues Selbstverwaltungsverständnis, in: Selbstverwaltung im Staat der Industriegesellschaft. Festgabe zum 70. Geburtstag von Georg Christoph von Murlik, hg. v. Albert von Mutius (Schriftenreihe des Lorenz-von-Stein-Instituts für Verwaltungswissenschaften Kiel 4), Heidelberg 1983, S. 227–263.

2473 Mütter, Bernd/Meyer, Robert, Geschichtswissenschaft und historische Bildung: Zur Entwicklung der Geschichtsvereine in Westfalen während des 19. Jahrhunderts, in: Westfälische Forschungen 39 (1989), S. 57–82.

2474 Nagai, Shigeki, Die Landschaftsdarstellung und die Bilderzählung in der deutschen Tafelmalerei im 14. und 15. Jahrhundert (Westfalen, Sonderheft 23), Münster 1984.

2475 Narr, Karl Josef, Die Steinzeit, in: 2135: Westfälische Geschichte 1, S. 81–111.

2476 Naß, Klaus, Fulda und Brunshausen. Zur Problematik der Missionsklöster in Sachsen, in: Niedersächsisches Jahrbuch für Landesgeschichte 59 (1987), S. 1–62.

2477 Neugebauer, Wolfgang Joachim, Kirchen und Kapellen im Regierungsbezirk Münster aus der ersten Hälfte des 19. Jahrhunderts, Diss., Aachen 1969.

2478 Neumann, Günter, Artikel „Falchovarii", in: Reallexikon der Germanischen Altertumskunde 8, 2., völlig neu bearbeitete und stark erweiterte Auflage, hg. v. Heinrich Beck u. a., Berlin/New York 1991, S. 171–172.

2479 Neumann, Günter, Artikel „Falen", in: Reallexikon der Germanischen Altertumskunde 8, 2., völlig neu bearbeitete und stark erweiterte Auflage, hg. v. Heinrich Beck u. a., Berlin/New York 1991, S. 172–173.

2480 Neumann, Günter/Petrikovits, Harald von, Artikel „Chamaver", in: Reallexikon der Germanischen Altertumskunde 4, 2., völlig neu bearbeitete und stark erweiterte Auflage, hg. v. Heinrich Beck u. a., Berlin/New York 1981, S. 368–370.

2481 Neumann, Günter/Petrikovits, Harald von/Uslar, Rafael von, Artikel „Brukterer", in: Reallexikon der Germanischen Altertumskunde 3, 2., völlig neu bearbeitete und stark erweiterte Auflage, hg. v. Heinrich Beck u. a., Berlin/New York 1978, S. 581–586.

2482 Niederdeutsch. Sprache und Literatur. Eine Einführung 1, hg. v. Jan Goossens, 2., verbesserte und um einen bibliographischen Nachtrag erweiterte Auflage, Neumünster 1983.

2483 Niederlande und Nordwestdeutschland. Studien zur Regional- und Stadtgeschichte Nordwestkontinentaleuropas im Mittelalter und in der Neuzeit. Franz Petri zum 80. Geburtstag, hg. v. Wilfried Ehbrecht/Heinz Schilling (Städteforschung A/15), Köln/Wien 1983.

2484 Niemöller, Klaus Wolfgang, Zur Situation der Cäcilienvereine in Westfalen um 1887, in: Kirchenmusikalisches Jahrbuch 60 (1976), S. 93–103.

2485 Niemöller, Klaus Wolfgang, Untersuchungen zu Musikpflege und Musikunterricht an den deutschen Lateinschulen vom ausgehenden Mittelalter bis um 1600 (Kölner Beiträge zur Musikforschung 54), Regensburg 1969.

2486 Niemöller, Martin, Vom U-Boot zur Kanzel, Berlin 1934.

2487 Nipperdey, Thomas, Deutsche Geschichte 1800–1866. Bürgerwelt und starker Staat, 5., durchgesehene Auflage, München 1991.

2488 Nipperdey, Thomas, Deutsche Geschichte 1866–1918 1, München 1990.

2489 Nipperdey, Thomas, Kommentar: „Bürgerlich" als Kultur, in: Bürger und Bürgerlichkeit im 19. Jahrhundert, hg. v. Jürgen Kocka, Göttingen 1987, S. 143–148.

2490 Nipperdey, Thomas, Religion im Umbruch. Deutschland 1870–1918, München 1988.

2491 Noll, Adolf, Sozio-ökonomischer Strukturwandel des Handwerks in der zweiten Phase der Industrialisierung unter besonderer Berücksichtigung der Regierungsbezirke Arnsberg und Münster, Diss., Münster 1971.

2492 Noltenius, Rainer, Dichterfeiern in Deutschland. Rezeptionsgeschichte als Sozialgeschichte am Beispiel der Schiller- und Freiligrath-Feiern, München 1984.

2493 Nonn, Ulrich, Artikel „Beornrad“, in: Lexikon des Mittelalters 1, München/Zürich 1980, Sp. 1925.

2494 Nonn, Ulrich, Pagus und Comitatus in Niederlothringen. Untersuchungen zur politischen Raumgliederung im früheren Mittelalter (Bonner historische Forschungen 49), Bonn 1983.

2495 Nordhoff, Joseph Bernhard, Buchbinder-Kunst und Handwerk in Westfalen, in: Zeitschrift für vaterländische Geschichte und Alterthumskunde 39 (1881), Teil I, S. 153–185.

2496 Nottarp, Hermann, Das Ludgersche Eigenkloster Werden im 9. Jahrhundert, in: Historisches Jahrbuch 37 (1916), S. 80–98; Nachdruck in: 2497: ders., Aus Rechtsgeschichte und Kirchenrecht, S. 179–197.

2497 Nottarp, Hermann, Aus Rechtsgeschichte und Kirchenrecht. Gesammelte Abhandlungen. Im Auftrage der Rechts- und Staatswissenschaftlichen Fakultät der Julius Maximilians-Universität Würzburg, hg. v. Friedrich Merzbacher, Köln/Graz 1967.

2498 Nutz, Manfred, Räumliche Mobilität der Studierenden und Struktur des Hochschulwesens in der Bundesrepublik Deutschland. Eine Analyse des Entscheidungsverhaltens bei der Standortwahl und der Einzugsgebiete der Universitäten (Kölner Geographische Arbeiten 54), Köln 1991.

2499 Oer, Rudolfine Freiin von, Säkularisation und Kreditwesen, in: Die Säkularisation geistlicher Institutionen im 16. und 18./19. Jahrhundert, hg. v. Irene Crusius (Studien zur Germania Sacra 19) (im Druck).

2500 Oer, Rudolfine Freiin von, Zur Stellung der Städte in der landständischen Verfassung des Hochstifts Münster vor dem 30jährigen Krieg. Innerstädtische und zwischenständische Konflikte um Verteidigungslasten, in: Mentalitäten und Lebensverhältnisse. Beispiele aus der Sozialgeschichte der Neuzeit. Rudolf Vierhaus zum 60. Geburtstag, hg. v. Mitarbeitern und Schülern, Göttingen 1982, S. 108–120.

2501 Oexle, Judith, Merowingerzeitliche Pferdebestattungen – Opfer oder Beigaben?, in: Frühmittelalterliche Studien 18 (1984), S. 122–172.

2502 Oexle, Otto Gerhard, Forschungen zu monastischen und geistlichen Gemeinschaften im westfränkischen Reich (Münstersche Mittelalter-Schriften 31), München 1978.

2503 Oexle, Otto Gerhard, Artikel „Memoria, Memorialüberlieferung“, in: Lexikon des Mittelalters 6, 3. Lieferung, München/Zürich 1992, Sp. 510–513.

2504 Oexle, Otto Gerhard, Die mittelalterliche Zunft als Forschungsproblem. Ein Beitrag zur Wissenschaftsgeschichte der Moderne, in: Blätter für deutsche Landesgeschichte 118 (1982), S. 1–44.

2505 Oldiges, Martin, Polizei- und Ordnungsrecht, in: 2692: Nordrhein-westfälisches Staats- und Verwaltungsrecht, S. 236–304.

2506 Olfers, C. von, Beiträge zur Geschichte der Verfassung und Zerstückelung des Oberstiftes Münster besonders in Beziehung auf Jurisdiktions-Verhältnisse, Münster 1848.

2507 Oppenheim, Karl, Verzeichnis der Richter und Staatsanwälte der Gerichte des Münsterlandes seit 1815, in: Westfälische Zeitschrift 109 (1959), S. 109–142.

2508 Oppermann, Otto, Rheinische Urkundenstudien 1 (Publikationen der Gesellschaft für rheinische Geschichtskunde 39,1), Bonn 1922.

2509 The Origins of Anglo-Saxon Kingdoms, edited by Steven Bassett, London/New York 1989.

2510 Paatz, Walter, Prolegomena zu einer Geschichte der deutschen spätgotischen Skulptur im 15. Jahrhundert (Abhandlungen der Heidelberger Akademie der Wissenschaften, Philosophisch-historische Klasse 1956), Heidelberg 1956.

2511 Paatz, Walter, Verflechtungen in der Kunst der Spätgotik zwischen 1360 und 1530: Einwirkungen aus den westlichen Nachbarländern auf Westdeutschland längs der Rheinlinie und deutsch-rheinische Einwirkungen auf diese Länder (Abhandlungen der Heidelberger Akademie der Wissenschaften, Philosophisch-historische Klasse 1967), Heidelberg 1967.

2512 Packull, Werner O., The Sign of Thau: The Changing Conception of the Seal of God's Elect in Early Anabaptist Thought, in: The Mennonite Quarterly Review 61 (1987), S. 363–374.

2513 Padberg, Lutz von, Heilige und Familie. Studien zur Bedeutung familiengebundener Aspekte in den Viten des Verwandten- und Schülerkreises um Willibrord, Bonifatius und Liudger, Diss., Münster 1981.

2514 Padberg, Lutz von, Die Liudger-Viten in der angelsächsischen Tradition der Missionsarbeit im geistlichen Familienverband, in: 419: Vita secunda sancti Liudgeri.

2515 Padberg, Lutz von, Wynfreth-Bonifatius, Wuppertal/Zürich 1989.

2516 Panofsky, Erwin, Die deutsche Plastik des elften bis dreizehnten Jahrhunderts, 2 Bde., München 1924.

2517 Paulsen, Friedrich, Geschichte des gelehrten Unterrichts auf den deutschen Schulen und Universitäten vom Ausgang des Mittelalters bis zur Gegenwart. Mit besonderer Rücksicht auf den klassischen Unterricht, 2 Bde., 3., erweiterte Auflage, hg. und in einem Anhang fortgesetzt v. Rudolf Lehmann, Berlin/Leipzig 1919/1921.

2518 Pescatore, Anni, Der Meister der bemalten Kreuzigungsreliefs. Ein Beitrag zur Geschichte der niederdeutschen Plastik im fünfzehnten Jahrhundert, Straßburg 1918.

2519 Peters, Robert, Das Mittelniederdeutsche als Sprache der Hanse, in: Sprachkontakt in der Hanse. Aspekte des Sprachausgleichs im Ostsee- und Nordseeraum. Akten des 7. Internationalen Symposions über Sprachkontakt in Europa, Lübeck 1986, hg. v. P. Sture Ureland, Tübingen 1987, S. 65–88.

2520 Peters, Robert, Projekte zur Erforschung spätmittelalterlicher westfälischer Schreibsprachen, in: Korrespondenzblatt des Vereins für niederdeutsche Sprachforschung 94 (1987), S. 49–55.

2521 Peters, Robert, Mittelniederdeutsche Sprache, in: 2482: Niederdeutsch, S. 66–115.

2522 Peters, Robert, Überlegungen zu einer Karte des mittelniederdeutschen Sprachraums, in: Niederdeutsches Wort 24 (1984), S. 51–59.

2523 Peters, Robert, Überlegungen zum Problem einer frühhansischen Verkehrssprache im Ostseeraum, in: Niederdeutsch in Skandinavien II. Akten des 2. nordischen Symposions „Niederdeutsch in Skandinavien" in Kopenhagen 18.–20. Mai 1987. Unter Mitwirkung von Kurt Erich Schöndorf hg. v. Karl Hyldgaard-Jensen/Vibeke Winge/Birgit Christensen (Beihefte zur Zeitschrift für deutsche Philologie 5), Berlin 1989, S. 54–64.

2524 Peus, Busso, Der westfälische Münzmeister Lambert Vlemynck, hingerichtet zu Osnabrück 1531, in: Zeitschrift für vaterländische Geschichte und Altertumskunde 88 (1931), Teil I, S. 113–130.

2525 Peyer, Hans Conrad, Von der Gastfreundschaft zum Gasthaus. Studien zur Gastlichkeit im Mittelalter (Monumenta Germaniae historica, Schriften 31), Hannover 1987.

2526 Pfeiffer, Gerhard, Die Bündnis- und Landfriedenspolitik der Territorien zwischen Weser und Rhein im späten Mittelalter, in: Der Raum Westfalen 2,1, hg. v. Hermann Aubin/Franz Petri, Münster 1955, S. 77–137.

2527 Philippi, Friedrich, Zur Verfassungsgeschichte der Westfälischen Bischofsstädte, Osnabrück 1894.

2528 Pieper, Paul, Westfälische Maler der Spätgotik. Katalog der Ausstellung des Landesmuseums, in: Westfalen 30 (1952), S. 77–132; Ergänzung in: Westfalen 32 (1954), S. 75–103.

2529 Pieper, Paul, Meisterwerke der gotischen Malerei Westfalens, Honnef [1956].

2530 Pieper, Paul, Die deutschen, niederländischen und italienischen Tafelbilder bis um 1530 (Westfälisches Landesmuseum für Kunst und Kulturgeschichte Münster – Landschaftsverband Westfalen-Lippe, Bestandskataloge), 2., verbesserte und um das Register erweiterte Auflage, Münster 1990.

2531 Pieper, Paul, Das Westfälische in Malerei und Plastik (Der Raum Westfalen 4,3. Im Auftrag des Landschaftsverbandes Westfalen-Lippe hg. v. Hermann Aubin u. a.), Münster 1964.

2532 Pieper, Willi, Unedierte westfälische Kupfermünzen, Marken und Medaillen. Nachträge zu Joseph Weingärtners Kupfermünzen Westfalens; mit vollständiger Neubearbeitung der Soester Münzen, Berlin 1928.

2533 Pieper-Lippe, Margarete, Die alten Bezeichnungen der westfälischen Zünfte und ihrer Mitglieder, in: Niederdeutsches Wort 3 (1963), S. 47–64.

2534 Pieper-Lippe, Margarete, Zur Geschichte des westfälischen Handwerks, in: Westfalen 40 (1962), S. 76–95.

2535 Pieper-Lippe, Margarete, Zinn im nördlichen Westfalen. Münsterisches Zinn bis 1700. Minden-Ravensberger Zinn. Dülmener Zinn (Westfalen, Sonderheft 21), Münster 1980.

2536 Pieper-Lippe, Margarete, Westfälische Zunftsiegel (Geschichtliche Arbeiten zur westfälischen Landesforschung 8 = Veröffentlichungen der Historischen Kommission Westfalens 22), Münster 1963.

2537 Pilz, Wolfgang, Das Triptychon als Kompositions- und Erzählform in der deutschen Tafelmalerei von den Anfängen bis zur Dürerzeit, München 1970.

2538 Pinder, Wilhelm, Die Kunst der ersten Bürgerzeit bis zur Mitte des 15. Jahrhunderts, Text (ders., Vom Wesen und Werden deutscher Formen. Geschichtliche Betrachtungen 2), 3. Auflage, Frankfurt 1952.

2539 Pinder, Wilhelm, Die deutsche Plastik des fünfzehnten Jahrhunderts, München 1924.

2540 Pinder, Wilhelm, Die deutsche Plastik vom ausgehenden Mittelalter bis zum Ende der Renaissance, 2 Bde. (Handbuch der Kunstwissenschaft 1), Wildpark/Potsdam 1924.

2541 Piroth, Walter, Ortsnamenstudien zur angelsächsischen Wanderung. Ein Vergleich von -ingas, -inga-Namen in England mit ihren Entsprechungen auf dem europäischen Festland (Frankfurter historische Abhandlungen 18), Wiesbaden 1979.

2542 Plagemann, Volker, Das deutsche Kunstmuseum 1790–1870. Lage, Baukörper, Raumorganisation, Bildprogramm (Studien zur Kunst des neunzehnten Jahrhunderts 3), München 1967.

2543 Pochat, Götz, Figur und Landschaft. Eine historische Interpretation der Landschaftsmalerei von der Antike bis zur Renaissance, Berlin/New York 1973.

2544 Poeschel, Hans-Claus/Stonjek, Diether, Osnabrücker Land. Fremdenverkehr, industrielle Entwicklung, Stadt Osnabrück, in: 2087: Exkursionen in Westfalen, S. 267–280.

2545 Polenz, Hartmut, Die vorrömischen Metallzeiten im West- und Zentral-Münsterland, in: 524: Münster – Westliches Münsterland – Tecklenburg 1, S. 86–136.

2546 Polenz, Hartmut, Römer und Germanen in Westfalen (Einführung in die Vor- und Frühgeschichte Westfalens 5), Münster 1985.

2547 Poppe, Roswitha, Das Osnabrücker Bürgerhaus (Schriften des Niedersächsischen Heimatbundes e.V. NF 11 = Provinzial-Institut für Landesplanung und niedersächsische Landes- und Volksforschung Hannover-Göttingen, Veröffentlichungen A/2), Oldenburg 1944.

2548 Priester unter Hitlers Terror. Eine biographische und statistische Erhebung. Im Auftrag der Deutschen Bischofskonferenz unter Mitwirkung der Diözesanarchive bearbeitet v. Ulrich von Hehl (Veröffentlichungen der Kommission für Zeitgeschichte A/37), 2. Auflage, Mainz 1985.

2549 Prinz, Adolf, Die Entwicklung der allgemeinen Sterblichkeit nach dem 2. Weltkriege in den Städten Bochum, Dortmund und Münster, Diss., Münster 1955.

2550 Prinz, Joseph, Die Corveyer Annalen. Textbearbeitung und Kommentar (Abhandlungen zur Corveyer Geschichtsschreibung 7 = Veröffentlichungen der Historischen Kommission für Westfalen 10), Münster 1982.

2551 Prinz, Joseph, Greven an der Ems. Die Geschichte der Stadt und des Amtes Greven, Greven [1950].

2552 Prinz, Joseph, Das Territorium des Bistums Osnabrück (Studien und Vorarbeiten zum Historischen Atlas Niedersachsens 15), Göttingen 1934.

2553 Püttmann, Kristin, Orangerien und Gewächshäuser in den Gärten westfälischer Schlösser, Münster [1988].

2554 Quellen zum modernen Gemeindeverfassungsrecht in Deutschland, bearbeitet v. Christian Engeli/Wolfgang Haus (Schriften des deutschen Instituts für Urbanistik 45), Stuttgart/Berlin/Köln/Mainz 1975.

2555 Quellen zur Geschichte des Kölner Handels und Verkehrs im Mittelalter, hg. v. Bruno Kuske, 4 Bde. (Publikationen der Gesellschaft für Rheinische Geschichtskunde 33), Bonn 1917/1934.

2556 Quellen zur Geschichte des Rheinlandes im Zeitalter der Französischen Revolution 1780–1801 2. Gesammelt und hg. v. Joseph Hansen (Publikationen der Gesellschaft für Rheinische Geschichtskunde 42), Bonn 1933.

2557 Quellen zur Geschichte der Stadt Köln 2, hg. v. Leonard Ennen/Gottfried Eckertz, Köln 1863.

2558 Quellen zur politischen und sozialen Geschichte Westfalens im 19. Jahrhundert, hg. v. Friedrich Keinemann, 2 Bde., Hamm 1975/1976.

2559 Rabeler, Gerhard, Wiederaufbau und Expansion westdeutscher Städte 1945–1960 im Spannungsfeld von Reformideen und Wirklichkeit. Ein Überblick aus städtebaulicher Sicht (Schriftenreihe des Deutschen Nationalkomitees für Denkmalschutz 39), Bonn 1990.

2560 Rahe, Wilhelm, Eigenständige oder staatlich gelenkte Kirche? Zur Entstehung der westfälischen Kirche 1815–1819 (Beihefte zum Jahrbuch des Vereins für Westfälische Kirchengeschichte 9), Bethel 1966.

2561 Rasmussen, Jörg, Barockplastik in Norddeutschland, Mainz 1977.

2562 Raßmann, Friedrich, Münsterländisches Schriftsteller-Lexicon, ein Beitrag zur Geschichte der westfälischen Literatur, Lingen bzw. Münster 1814–1833.

2563 Ratio Studiorum et Institutiones Scholasticae Societatis Jesu per Germaniam olim vigentes collectae concinnatae dilucidatae a Georg Michael Pachtler, 4 Bde. (Monumenta Germaniae Paedagogica 2, 5, 9, 16), Berlin 1887–1894.

2564 Der Raum Dortmund. Entwicklung, Strukturen und Planung im östlichen Ruhrgebiet. Jahrestagung der Geographischen Kommission in Dortmund 1985 (Spieker 32), Münster 1988.

2565 Der Raum Westfalen. Im Auftrag der Provinz Westfalen zuerst hg. v. Hermann Aubin/Ottmar Bühler/Bruno Kuske/Aloys Schulte. Im Auftrag des Landschaftsverbandes Westfalen-Lippe fortgeführt v. Hermann Aubin/Franz Petri/Herbert Schlenger/Peter Schöller/Alfred Hartlieb von Wallthor, 6 Bde., Berlin bzw. Münster 1931ff.

2566 Raumer, Kurt von, Deutschland um 1800. Krise und Neugestaltung, 1789–1815, in: ders./Botzenhart, Manfred, Deutsche Geschichte im 19. Jahrhundert (Brandt/Mayer/Just, Handbuch der deutschen Geschichte 3,1, 1. Teil), Wiesbaden 1980, S. 1–430.

2567 Rave, Wilhelm, Das westfälische Bürgerhaus 1 (Westfälische Kunsthefte 1), 2. Auflage, Dortmund 1937.

2568 Das Reagenzglas, hg. von Peter Paul Althaus, Mai 1921.

2569 Rebentisch, Dieter, Die Selbstverwaltung in der Weimarer Zeit, in: 2175: Handbuch der kommunalen Wissenschaft und Praxis, S. 86–100.

2570 Reck-Malleczewen, Friedrich Percyval, Bockelson. Geschichte eines Massenwahns, Neuausgabe Stuttgart 1968.

2571 Reekers, Stephanie, Beiträge zur statistischen Darstellung der gewerblichen Wirtschaft Westfalens um 1800, Teil 1: Paderborn und Münster, in: Westfälische Forschungen 17 (1964), S. 83–176.

2572 Reekers, Stephanie, Westfalens Bevölkerung 1818–1955. Die Bevölkerungsentwicklung der Gemeinden und Kreise im Zahlenbild (Veröffentlichungen des Provinzialinstituts für westfälische Landes- und Volkskunde 1/9), Münster 1956.

2573 Reekers, Stephanie, Die Gebietsentwicklung der Kreise und Gemeinden Westfalens 1817–1967 (Veröffentlichungen des Provinzialinstituts für westfälische Landes- und Volksforschung des Landschaftsverbandes Westfalen-Lippe 1/18), Münster 1977.

2574 Reekers, Stephanie/Schulz, Johanna, Die Bevölkerung in den Gemeinden Westfalens 1818–1950, Dortmund 1952.

2575 Reformatio Ecclesiae. Beiträge zu kirchlichen Reformbemühungen von der Alten Kirche bis zur Neuzeit. Festgabe für Erwin Iserloh, hg. v. Remigius Bäumer, Paderborn/München/Wien/Zürich 1980.

2576 Reformationsgeschichte Westfalens, hg. v. Klemens Löffler (Hermann Hamelmanns Geschichtliche Werke. Kritische Neuausgabe 2 = Veröffentlichungen der Historischen Kommission für die Provinz Westfalen 9), Münster 1913.

2577 Ravensberger Regesten, bearbeitet v. Gustav Engel, 2 Bde. (7. Sonderveröffentlichung des Historischen Vereins für die Grafschaft Ravensburg), Bielefeld/Dortmund/Münster 1985.

2578 Region und Kultur, hg. v. Franz Schuster, St. Augustin 1989.

2579 Reichling, Norbert, Akademische Arbeiterbildung in der Weimarer Republik (Reihe Arbeiterkultur 10), Münster 1983.

2580 Reif, Heinz, Westfälischer Adel 1770–1860. Vom Herrschaftsstand zur regionalen Elite (Kritische Studien zur Geschichtswissenschaft 35), Göttingen 1979.

2581 Reif, Heinz, Umbruchserfahrung und Konflikt. Adel und Bauern im Münsterland, in: Deutschland zwischen Revolution und Restauration, hg. v. Helmut Berding/Hans-Peter Ullmann, Königstein 1981, S. 228–257.

2582 Reimann, Norbert, Die Grafen von der Mark und die geistlichen Territorien der Kölner Kirchenprovinz (1313–1368) (Monographien zur Geschichte Dortmunds und der Grafschaft Mark 4), Dortmund 1973.

2583 Reininghaus, Wilfried, Zünfte, Städte und Staat in der Grafschaft Mark. Einleitung und Regesten von Texten des 14. bis 19. Jahrhunderts (Geschichtliche Arbeiten zur westfälischen Landesforschung, Wirtschafts- und sozialgeschichtliche Gruppe 7 = Veröffentlichungen der Historischen Kommission für Westfalen 22 A), Münster 1989.

2584 Germanische Religionsgeschichte. Quellen und Quellenprobleme, hg. v. Heinrich Beck/Detlev Ellmers/Kurt Schier (Ergänzungsbände zum Reallexikon der Germanischen Altertumskunde 5), Berlin/New York 1992.

2585 Remling, Ludwig, Bruderschaften in Franken. Kirchen- und sozialgeschichtliche Untersuchungen zum spätmittelalterlichen und frühneuzeitlichen Bruderschaftswesen (Quellen und Forschungen zur Geschichte des Bistums und Hochstifts Würzburg 35), Würzburg 1986.

2586 Rensing, Theodor, Die Bauherren des frühen Barock in Westfalen, in: Westfalen 29 (1951), S. 234–239.

2587 Rensing, Theodor, Monumenta memoriae, in: Westfalen 36 (1958), S. 60–90.

2588 Reulecke, Jürgen, Bildungsbürgertum und Kommunalpolitik im 19. Jahrhundert, in: Bildungsbürgertum im 19. Jahrhundert 4, hg. v. Jürgen Kocka (Industrielle Welt 48,4), Stuttgart 1989, S. 122–145.

2589 Reulecke, Jürgen, Geschichte der Urbanisierung in Deutschland, Frankfurt 1985.

2590 Reuter, Rudolf, Musik, in: 2135: Westfälische Geschichte 1, S. 765–780.

2591 Reuter, Rudolf, Orgeln in Westfalen. Inventar historischer Orgeln in Westfalen und Lippe. Im Auftrag des Landschaftsverbandes Westfalen-Lippe hg. v. Hermann Busen (Veröffentlichungen der Orgelwissenschaftlichen Forschungsstelle im Musikwissenschaftlichen Seminar der Westfälischen Wilhelms-Universität 1), Kassel/Basel/Paris/London/New York 1965.

2592 Richter, Bodo, Die nordrhein-westfälische Gemeindeordnung – Entwicklung und Vergleich mit anderen deutschen Gemeindeverfassungen, in: Kommunale Selbstverwaltung und Kommunalpolitik in Nordrhein-Westfalen, hg. v. Uwe Andersen (Schriften zur politischen Landeskunde Nordrhein-Westfalens 3), Köln/Stuttgart/Berlin/Mainz 1987, S. 53–77.

2593 Richtering, Helmut, Quellen des französischen Nationalarchivs zur Geschichte der Lande zwischen Rhein und Weser in napoleonischer Zeit, in: Westfälische Forschungen 24 (1972), S. 87–152.

2594 Rixen, Carl, Geschichte und Organisation der Juden im ehemaligen Stifte Münster, Münster 1906.

2595 Röber, Ralph, Die Keramik der frühmittelalterlichen Siedlung von Warendorf. Ein Beitrag zur sächsischen Siedlungsware Nordwestdeutschlands (Universitätsforschungen zur prähistorischen Archäologie 4), Bonn 1990.

2596 Roeder, Ulrich, Auswirkungen von Bundeswehrgarnisonen auf die regionale Wirtschaftsstruktur (Nürnberger wirtschafts- und sozialgeographische Arbeiten 41), Nürnberg 1981.

2597 Rolevinck, Werner, Ein Buch zum Lobe Westfalens des alten Sachsenlandes. Der Text der lateinischen Erstausgabe vom Jahre 1474 mit deutscher Übersetzung, hg. v. Hermann Bücker, Münster 1953.

2598 Romeyk, Horst, Kleine Verwaltungsgeschichte Nordrhein-Westfalens (Veröffentlichungen der Staatlichen Archive des Landes Nordrhein-Westfalen C/25), Siegburg 1988.

2599 Rörig, Fritz, Die Entstehung der Hanse und der Ostseeraum, in: 2601: ders., Wirtschaftskräfte, S. 542–603.

2600 Rörig, Fritz, Rheinland-Westfalen und die deutsche Hanse, in: 2601: ders., Wirtschaftskräfte, S. 392–420.

2601 Rörig, Fritz, Wirtschaftskräfte im Mittelalter. Abhandlungen zur Stadt- und Hansegeschichte, 2. Auflage, Wien/Köln/Graz 1971.

2602 Rosenberg, Alfred, Letzte Aufzeichnungen. Ideale und Idole der nationalsozialistischen Revolution, Göttingen 1955.

2603 Rösener, Werner, Zur Struktur und Entwicklung der Grundherrschaft in Sachsen in karolingischer und ottonischer Zeit, in: Le grand domaine aux époques mérovingienne et carolingienne. Die Grundherrschaft im frühen Mittelalter. Actes du colloque international, Gand, 8–10 septembre 1983. Abhandlungen des internationalen Kolloquiums, Gent, 8.p–10. September 1983, hg. v. Adriaan Verhulst (Belgisch Centrum voor Landelijke Geschiedenis – Centre Belge d'Histoire Rurale. Publikatie – Publication 81), Gent 1985, S. 173–207.

2604 Roth, Elisabeth, Der volkreiche Kalvarienberg in Literatur und Bildkunst des Spätmittelalters (Philologische Studien und Quellen 2), 2., überarbeitete Auflage, Berlin 1967.

2605 Rothert, Hermann, Westfälische Geschichte, 3 Bde., Gütersloh 1949–1951.

2606 Rötting, Hartmut, Stadtarchäologie in Braunschweig. Ein fachübergreifender Arbeitsbericht zu den Grabungen 1976–1984. Mit Beiträgen v. Bert Bilzer u. a. (Forschungen der Denkmalpflege in Niedersachsen 3), Hameln 1985.

2607 Rudzio, Wolfgang, Die Neuordnung des Kommunalwesens in der Britischen Zone. Zur Demokratisierung und Dezentralisierung der politischen Struktur: eine britische Reform und ihr Ausgang (Quellen und Darstellungen zur Zeitgeschichte 17), Stuttgart 1968.

2608 Runge, Wolfgang, Politik und Beamtentum im Parteienstaat. Die Demokratisierung der politischen Beamten in Preußen zwischen 1918 und 1933 (Industrielle Welt 5), Stuttgart 1965.

2609 Ruppert, Karsten, Die kaiserliche Politik auf dem Westfälischen Friedenskongreß (1643–1648) (Schriftenreihe der Vereinigung zur Erforschung der Neueren Geschichte e.V. 10), Münster 1979.

2610 Saal, Friedrich-Wilhelm, Das Schul- und Bildungswesen, in: 2135: Westfälische Geschichte 3, S. 533–618 und S. 638–645.

2611 Saldern, Adelheid von, Die Stadt in der Zeitgeschichte. Überlegungen zur neueren Lokalgeschichtsforschung, in: Die alte Stadt 18 (1991), S. 127–153.

2612 Salmen, Walter, Geschichte der Musik in Westfalen. Bis 1800, Kassel/Basel/London/Paris/New York 1963.

2613 Salmen, Walter, Geschichte der Musik in Westfalen im 19. und 20. Jahrhundert, Kassel/Basel/London/Paris/New York 1967.

2614 Salmen, Walter, Das Volkslied in Westfalen, in: Der Raum Westfalen 4,1, hg. v. Hermann Aubin u. a., Münster 1958, S. 153–185.

2615 Sammlung kirchlicher Erlasse für die Diözese Münster, 3. Auflage, Münster 1951.

2616 Sammlung der Gesetze und Verordnungen, welche in dem Königlich Preußischen Erbfürstenthume Münster und in den standesherrlichen Gebieten Horstmar, Rheina-Wolbeck, Dülmen und Ahaus-Bocholt-Werth über Gegenstände der Landeshoheit, Verfassung, Verwaltung und Rechtspflege vom Jahre 1359 bis zur französischen Militair-Occupation und zur Vereinigung mit Frankreich und dem Großherzogthume Berg in den Jahren 1806 und resp. 1811 ergangen sind. Im Auftrage des Königlichen Preußischen Staats-Ministeriums gesammelt und herausgegeben, 3 Bde., Münster 1842.

2617 Sammlung der Präfekturverfügungen des Emsdépartements, Münster 1809 (Nov.)–1811 (Apr.).

2618 Sanders, Willy, Sachsensprache, Hansesprache, Plattdeutsch. Sprachgeschichtliche Grundzüge des Niederdeutschen, Göttingen 1982.

2618a Sanders, Willy, Altsächsische Sprache, in: 2482: Niederdeutsch, S. 28–65.

2619 Sauer, Michael, Volksschullehrerbildung in Preußen. Die Seminare und Präparandenanstalten vom 18. Jahrhundert bis zur Weimarer Republik (Studien und Dokumentationen zur deutschen Bildungsgeschichte 37), Köln/Wien 1987.

2620 Sauermann, Dietmar, Pfingstbraut und Pfingstblume. Ein Beitrag zur deutsch-niederländischen Kulturverflechtung, in: Westfälische Forschungen 22 (1969/1970), S. 106–118.

2621 Savory, Reginald, His Britannic Majesty's Army in Germany During The Seven Years War, Oxford 1966.

2622 Schäfer, Rudolf, Die kommunale Bauleitplanung, in: 2047: Kommunale Demokratie zwischen Politik und Verwaltung, S. 239–260.

2623 Schaller, Dieter, Artikel „Alkuin (Alchuine)“, in: Die deutsche Literatur des Mittelalters. Verfasserlexikon 1, 2., völlig neu bearbeitete Auflage, hg. v. Kurt Ruh u. a., Berlin/New York 1978, Sp. 241–253.

2624 Scheibe, Friedrich-Carl, Alcuin und die Admonitio generalis, in: Deutsches Archiv für die Erforschung des Mittelalters 14 (1958), S. 221–229.

2625 Schepers, Josef, Bürger- und Bauernhäuser in Westfalen, in: ders., Vier Jahrzehnte Hausforschung. Beiträge zur Baugeschichte in Nordwest-Europa. Festgabe zum 65. Geburtstag, hg. v. Stefan Baumeier/Alois Hüser, Sennestadt 1973, S. 95–112.

2626 Schepers, Josef, Münsterländische Speichergeschichte im europäischen Zusammenhang, in: Eggert, Alfons/Schepers, Josef, Spieker, „Bauernburgen“, Kemenaden. Bäuerliche Speicherbauten im Münsterland. Ihre Bau-, Funktions- und Sozialgeschichte im europäischen Zusammenhang, Münster 1985, S. 1–37.

2627 Schepers, Josef, Westfalen in der Geschichte des nordwestdeutschen Bürger- und Bauernhauses, in: Der Raum Westfalen 4,2, im Auftrag des Landschaftsverbandes Westfalen-Lippe hg. v. Hermann Aubin u. a., Münster 1965, S. 125–228.

2628 Schieffer, Rudolf, Die Anfänge der westfälischen Domstifte, in: Westfälische Zeitschrift 138 (1988), S. 175–191.

2629 Schieffer, Rudolf, Die Entstehung von Domkapiteln in Deutschland (Bonner historische Forschungen 43), Bonn 1976.

2630 Schieffer, Rudolf, Papsttum und Bistumsgründungen im Frankenreich, in: Studia in honorem eminentissimi Cardinalis Alphonsi M. Stickler curante Rosalio Josepho Card. Castillo Lara (Studia et textus historiae iuris canonici 7), Rom 1992, S. 517–528.

2631 Schieffer, Theodor, Winfrid-Bonifatius und die christliche Grundlegung Europas. Mit einem Nachwort zum Neudruck. Unveränderter reprographischer Nachdruck der 1. Auflage Freiburg 1954, Darmstadt 1972.

2632 Schilling, Heinz, Die politische Elite nordwestdeutscher Städte in den religiösen Auseinandersetzungen des 16. Jahrhunderts, in: Stadtbürgertum und Adel in der Reformation. Studien zur Sozialgeschichte der Reformation in England und Deutschland. The Urban Classes, the Nobility and the Reformation. Studies on the Social History of the Reformation in England and Germany, hg. v. Wolfgang J. Mommsen in Verbindung mit Peter Alter/Robert W. Scribner (Veröffentlichungen des Deutschen Historischen Instituts London 5), Stuttgart 1979, S. 235–308.

2633 Schilling, Heinz, Die Konfessionalisierung im Reich. Religiöser und gesellschaftlicher Wandel in Deutschland zwischen 1555 und 1620, in: Historische Zeitschrift 246 (1988), S. 1–45.

2634 Schindling, Anton, Humanistische Hochschule und freie Reichsstadt. Gymnasium und Akademie in Straßburg 1538–1621 (Veröffentlichungen des Instituts für Europäische Geschichte Mainz 77, Abteilung Universalgeschichte), Wiesbaden 1977.

2635 Schleier, Bettina, Territorium, Wirtschaft und Gesellschaft im östlichen Münsterland (1750–1850) (Quellen und Forschungen zur Geschichte des Kreises Warendorf 23), Warendorf 1990.

2636 Schlüter, Wolfgang, Das Osnabrücker Land während der jüngeren römischen Kaiserzeit und der Völkerwanderungszeit, in: Osnabrücker Mitteilungen 88 (1982), S. 13–129.

2637 Schmidt, Heinrich, Über Christianisierung und gesellschaftliches Verhalten in Sachsen und Friesland, in: Niedersächsisches Jahrbuch für Landesgeschichte 49 (1977), S. 1–44.

2638 Schmidt-Wiegand, Ruth, Artikel „Indiculus superstitionum et paganiarum“, in: Die deutsche Literatur des Mittelalters. Verfasserlexikon 4, 2., völlig neu bearbeitete Auflage, Berlin/New York 1983, Sp. 376–378.

2639 Schmidt-Wiegand, Ruth, Artikel „Lex Francorum Chamavorum“, in: Handwörterbuch zur Deutschen Rechtsgeschichte 2, Berlin 1978, Sp. 1915–1916

2640 Schmidt-Wiegand, Ruth, Wik und Weichbild. Möglichkeiten und Grenzen der Rechtssprachgeographie, in: Zeitschrift der Savigny-Stiftung für Rechtsgeschichte, Germanistische Abteilung 95 (1978), S. 121–157.

2641 Schmitt, Carl, Glossarium. Aufzeichnungen der Jahre 1947–1951, hg. v. Eberhard Freiherr von Medem, Berlin 1991.

2642 Schmitz, Karl Josef, Grundlagen und Anfänge barocker Kirchenbaukunst in Westfalen (Studien und Quellen zur westfälischen Geschichte 10), Paderborn 1969.

2643 Schmitz-Kallenberg, Ludwig, Die Landstände des Fürstbistums Münster bis zum 16. Jahrhundert, in: Westfälische Zeitschrift 92 (1936), Teil I, S. 1–88.

2644 Schmöger, Karl Gerhard, Leben der gottseligen Anna Katharina Emmerich, 3., verbesserte Auflage, Freiburg 1907.

2645 Schmolke, Michael, Die schlechte Presse. Katholiken und Publizistik zwischen „Katholik“ und „Publik“ 1821–1968, Münster 1971.

2646 Schneider, Heinrich, Die Ortschaften der Provinz Westfalen bis zum Jahre 1300 nach urkundlichen Zeugnissen und geschichtlichen Nachrichten (Münstersche Beiträge zur Geschichtsforschung 63), Münster 1936.

2647 Schnell, Ralf, Literarische Innere Emigration 1933–1945, Stuttgart 1976.

2648 Schnurmann, Claudia, Ghen Engellandt. Der Weseler Stahlhändler Franz Brecht und seine Kölner Konkurrenz 1565–1594, in: „zu Allen theilen Inß mittel gelegen". Wesel und die Hanse an Rhein, Ijssel und Lippe. Stadtarchiv und Städtisches Museum Wesel, 13. 9.–15.12. 1991, Willebrordi Dom, hg. v. Werner Arand/Jutta Prieur, Wesel 1991, S. 156–167.

2649 Scholle, Manfred, Die preußische Strafjustiz im Kulturkampf 1873–1880 (Marburger rechts- und staatswissenschaftliche Abhandlungen A/23), Marburg 1974.

2650 Schopf, Regine von, Barockgärten in Westfalen (Grüne Reihe – Quellen und Forschungen zur Gartenkunst 10), Worms 1988.

2651 Schoppmeyer, Heinrich, Hansische Organisationsformen in Westfalen. Entwicklung und Struktur, in: Hansische Geschichtsblätter 100 (1982), S. 69–86.

2652 Schrade, Hubert, Das Deutsche Nationaldenkmal. Idee, Geschichte, Aufgabe, München 1934.

2653 Schrader, Franz, Gestalt und Entstehung der mittelalterlichen Pfarrorganisation der Stadt Halberstadt und die Gründung des Bistums Halberstadt, in: Veröffentlichungen des Städtischen Museums Halberstadt 22 (1989) = Nordharzer Jahrbuch 14 (1989), S. 45–85.

2654 Schreiner, Ludwig, Architektur des 19. und 20. Jahrhunderts, in: 2135: Westfälische Geschichte 2, S. 431–488.

2655 Schreiner, Ludwig, Westfalen (Karl Friedrich Schinkel. Lebenswerk 13), Berlin 1969.

2656 Schröer, Alois, Die Kirche in Westfalen vor der Reformation. Verfassung und geistliche Kultur, Mißstände und Reformen, 2 Bde., Münster 1967.

2657 Schröer, Alois, Die Kirche in Westfalen im Zeichen der Erneuerung (1555–1648), 2 Bde., Münster 1986/1987.

2658 Schröer, Alois, Die Reformation in Westfalen. Der Glaubenskampf einer Landschaft, 2 Bde., Münster 1979/1983.

2659 Schrörs, Heinrich, Die Kölner Wirren (1837). Studien zu ihrer Geschichte, Berlin/Bonn 1927.

2660 Schücking, Levin, Lebenserinnerungen, 2 Bde., Breslau 1886.

2661 Schulte, Karl Josef, Die höheren Schulen Westfalens und ihre Verwaltung 1945 bis 1946. Ein Beitrag zur Zeitgeschichte, in: Westfälische Zeitschrift 110 (1960), S. 139–175.

2662 Schulte, Wilhelm, Westfälische Köpfe. 300 Lebensbilder bedeutender Westfalen. Biographischer Handweiser, 3., ergänzte Auflage, Münster 1984.

2663 Schulte, Wilhelm, Volk und Staat. Westfalen im Vormärz und in der Revolution 1848/49, Münster 1954.

2663a Das höhere Schulwesen in Preußen. Historisch-statistische Darstellung, im Auftrage des Ministers der geistlichen, Unterrichts- und Medicinal-Angelegenheiten hg. v. L. Wiese, 4 Bde., Berlin 1864–1902.

2664 Schulz, Günther, Wohnungspolitik und Wirtschaftsordnung: Die Auseinandersetzung um die Integration der Wohnungspolitik in die Marktwirtschaft (1945–1960), in: Ordnungspolitische Weichenstellungen nach dem Zweiten Weltkrieg. Von Werner Abelshauser u. a., hg. v. Dietmar Petzina (Schriften des Vereins für Socialpolitik NF 203), Berlin 1991, S. 123–143.

2665 Schulze, Hans Kurt, Artikel „Gau", in: Handwörterbuch zur deutschen Rechtsgeschichte 1, Berlin 1971, Sp. 1392–1403.

2666 Schulze, Hans Kurt, Die Grafschaftsverfassung der Karolingerzeit in den Gebieten östlich des Rheins (Schriften zur Verfassungsgeschichte 19), Berlin 1973.

2667 Schütte, Leopold, Wik. Eine Siedlungsbezeichnung in historischen und sprachlichen Bezügen (Städteforschung A/2), Köln/Wien 1976.

2668 Schütte, Sven, 5 Jahre Stadtarchäologie. Das neue Bild des alten Göttingen, Göttingen 1984.

2669 Schwabe, Klaus, Wissenschaft und Kriegsmoral. Die deutschen Hochschullehrer und die politischen Grundfragen des Ersten Weltkriegs, Göttingen/Zürich/Frankfurt 1969.

2670 Schwarz, Michael Viktor, Höfische Skulptur im 14. Jahrhundert. Entwicklungsphasen und Vermittlungswege im Vorfeld des Weichen Stils, 2 Bde. (Manuskripte für Kunstwissenschaft in der Wernerschen Verlaggesellschaft), Worms 1986.

2671 Schwarze, Gisela, Eine Region im demokratischen Aufbau. Der Regierungsbezirk Münster 1945/46 (Düsseldorfer Schriften zur Neueren Landesgeschichte und zur Geschichte Nordrhein-Westfalens 11), Düsseldorf 1984.

2672 Seeger, Hans-Joachim, Westfalens Handel und Gewerbe vom 9. bis 14. Jahrhundert (Studien zur Geschichte der Wirtschaft und Geisteskultur 1), Berlin 1926.

2673 Seegrün, Wolfgang, Die Anfänge des Bistums Osnabrück im Lichte neuerer Forschungen, in: Osnabrücker Mitteilungen 85 (1979), S. 25–48.

2674 Seifert, Angelika, Westfälische Altarretabel (1650–1720). Ein Beitrag zur Interpretationsmethodik barocker Altarbaukunst (Habelts Dissertationsdrucke, Reihe Kunstgeschichte 7), Bonn 1983.

2675 Seiler, Harald, Die Anfänge der Kunstpflege in Westfalen (Beitrag zur Wesensforschung des Biedermeier) (Westfalen, Sonderheft 6), Münster 1937.

2676 Die provinzielle Selbstverwaltung Westfalens. Aus Anlaß des fünfzigsten Zusammentritts des Westfälischen Provinziallandtages dargestellt von Landeshauptmann Dr. Hammerschmidt und den oberen Provinzialbeamten, Münster 1909.

2677 Semmler, Josef, Mönche und Kanoniker im Frankenreiche Pippins III. und Karls des Großen, in: Untersuchungen zu Kloster und Stift (Studien zur Germania Sacra 14 = Veröffentlichungen des Max-Planck-Instituts für Geschichte 68), Göttingen 1980, S. 78–111.

2678 Semmler, Josef, Zehntgebot und Pfarrtermination in karolingischer Zeit, in: Aus Kirche und Reich. Studien zu Theologie, Politik und Recht im Mittelalter. Festschrift für Friedrich Kempf zu seinem fünfundsiebzigsten Geburtstag und fünfzigjährigen Doktorjubiläum, hg. v. Hubert Mordek, Sigmaringen 1983, S. 33–44.

2679 Severing, Carl, Mein Lebensweg, 2 Bde., Köln 1950.

2680 Sicken, Bernhard, Stadt und militärische Anlagen. Historische Entwicklung im Stadtraum – dargestellt am Beispiel der Landstreitkräfte, in: 2694: Stadt und militärische Anlagen, S. 15–148.

2681 Siedlungen der 20er Jahre. Dokumentation der Tagung des Deutschen Nationalkomitees für Denkmalschutz in Zusammenarbeit mit dem Gesamtverband Gemeinnütziger Wohnungsunternehmen e.V., Köln, und dem Verband Berliner Wohnungsbaugenossenschaften und -gesellschaften e.V., Berlin vom 13. bis 15. Mai 1985, Berlin – Rathaus Charlottenburg (Schriftenreihe des Deutschen Nationalkomitees für Denkmalschutz 28), Bonn o. J.

2682 Siekmann, Mechthild, Brände, Brandkollekten und Brandversicherungen in Westfalen, in: Feuer! Stadtbrand in Westfalen. Eine Ausstellung des Westfälischen Museumsamtes, Münster 1990/1991, [Münster 1991], S. 42–48.

2683 Simonetti, Theo, Die Entwicklung der Baumwollindustrie des Münsterlandes im 19. Jahrhundert und in den ersten Jahren des 20. Jahrhunderts, Diss., Münster o. J.

2684 Sneller, Z. W., Deventer, die Stadt der Jahrmärkte (Pfingstblätter des Hansischen Geschichtsvereins 25), Weimar 1936.

2685 Sociabilité et société bourgeoise en France, en Allemagne et en Suisse, 1750–1850. Geselligkeit, Vereinswesen und bürgerliche Gesellschaft in Frankreich, Deutschland und der Schweiz, 1750–1850. Sous la direction d'Etienne François (Travaux et mémoires de la Mission historique française en Allemagne, Göttingen), Paris 1986.

2686 Sonnenberg, Franz von, Gedichte. Nach dessen Tod hg. v. Johann Gottfried Gruber, Rudolstadt 1808.

2687 Sozialgeschichte der Bundesrepublik Deutschland. Beiträge zum Kontinuitätsproblem, hg. v. Werner Conze/M. Rainer Lepsius (Industrielle Welt 34), Stuttgart 1983.

2688 Spahn, Martin, Glossen zur katholischen Literaturbewegung, in: Hochland 6 (1909), S. 600–605.

2689 Sprache und Recht. Beiträge zur Kulturgeschichte des Mittelalters. Festschrift für Ruth Schmidt-Wiegand zum 60. Geburtstag 1, hg. v. Karl Hauck u. a., Berlin/New York 1986.

2690 Sprachgeschichte. Ein Handbuch zur Geschichte der deutschen Sprache und ihrer Erforschung, Halbbd. 2, hg. v. Werner Besch/Oskar Reichmann/Stefan Sonderegger (Handbücher zur Sprach- und Kommunikationswissenschaft 2,2), Berlin/New York 1985.

2691 Sprickmann, Anton Matthias, Etwas über das Nachahmen allgemein, und über das Göthisieren insbesondere, in: Deutsches Museum 1776.

2692 Nordrhein-westfälisches Staats- und Verwaltungsrecht, hg. v. Dieter Grimm/Hans-Jürgen Papier, Frankfurt 1986.

2693 Die Stadt. Gestalt und Wandel bis zum industriellen Zeitalter, hg. v. Heinz Stoob (Städtewesen 1), Köln/Wien 1979.

2694 Stadt und militärische Anlagen. Historische und raumplanerische Aspekte (Veröffentlichungen der Akademie für Raumforschung und Landesplanung, Forschungs- und Sitzungsberichte 114), Hannover 1977.

2695 Stadt und Kultur. Arbeitshilfen des Deutschen Städtetages zur städtischen Kulturpolitik, bearbeitet v. Jürgen Grabbe (Neue Schriften des Deutschen Städtetages 55), Stuttgart/Berlin/Köln/Mainz 1986.

2696 Stadt im Wandel. Kunst und Kultur des Bürgertums in Norddeutschland 1150–1650, Ausstellungskatalog, 4 Bde., hg. v. Cord Meckseper, Stuttgart-Bad Cannstatt 1985.

2697 Stadtadel und Bürgertum in den italienischen und deutschen Städten des Spätmittelalters, hg. v. Reinhard Elze/Gina Fasoli (Schriften des Italienisch-Deutschen Historischen Instituts in Trient 2), Berlin 1991.

2698 Westfälisches Städtebuch, hg. v. Erich Keyser (Deutsches Städtebuch 3,2), Stuttgart 1954.

2699 Städte- und Kreisstatistik Ruhrgebiet 1990. Essen 1990.

2700 Der Stalhof der Deutschen Hanse in London in wirtschafts- und kunsthistorischen Bildwerken, hg. v. Theodor Gustav Werner (Scripta Mercaturae 2–1973), München [1973].

2701 Stange, Alfred, Deutsche Malerei der Gotik. Nordwestdeutschland in der Zeit von 1450 bis 1515 (Deutsche Malerei der Gotik 6), München/Berlin 1954.

2702 Stange, Alfred, Kritisches Verzeichnis der deutschen Tafelbilder vor Dürer 1 (Bruckmanns Beiträge zur Kunstwissenschaft), München 1967.

2703 Stapper, Richard, Zur Geschichte des Bistums Münster, Münster 1927.

2704 Preussische Statistik 1–48, Berlin 1859/61–1879.

2705 Statistik des zollvereinten und nördlichen Deutschlands 2, hg. v. Georg von Viebahn, Berlin 1862.

2706 Statistik des Deutschen Reichs 1–63, Berlin 1873–1883; NF 1–601, Berlin 1884–1944.

2707 Staubach, Nikolaus, „Cultus divinus“ und karolingische Reform, in: Frühmittelalterliche Studien 18 (1984), S. 546–581.

2708 Freiherr vom Stein, Briefe und amtliche Schriften 1, bearbeitet v. Erich Botzenhart. Neu hg. v. Walter Hubatsch, Stuttgart 1957.

2709 Steitz, Walter, Die Entstehung der Köln-Mindener Eisenbahngesellschaft. Ein Beitrag zur Frühgeschichte der deutschen Eisenbahnen und des preußischen Aktienwesens (Schriften zur rheinisch-westfälischen Wirtschaftsgeschichte 27), Köln 1974.

2710 Stellmacher, Dieter, Niederdeutsche Sprache. Eine Einführung (Germanistische Lehrbuchsammlung 26), Bern/Frankfurt/New York/Paris 1990.

2711 Stephan, Hans Georg, Archäologie und Stadtgeschichte. Reflexionen zu Möglichkeiten, Grenzen und Nutzen archäologischer Stadtforschung in der Bundesrepublik Deutschland, in: Gedenkschrift für Jürgen Driehaus, hg. v. Frank M. Andraschko/Wolf Rüdiger Teegen, Mainz 1990, S. 287–325.

2712 Stern, Klaus/Püttner, Günter, Die Gemeindewirtschaft. Recht und Realität. Zum staats- und kommunalverfassungsrechtlichen Standort der kommunalen Wirtschaft (Schriftenreihe des Vereins für Kommunalwissenschaften e.V. Berlin 8), Stuttgart/Berlin/Köln/Mainz 1965.

2713 Steuer, Heiko, Helm und Ringschwert. Prunkbewaffnung und Rangabzeichen germanischer Krieger. Eine Übersicht, in: Studien zur Sachsenforschung 6 (1987), S. 189–236.

2714 Stolz, Heinrich, Die Entwicklung der Bühnenverhältnisse Westfalens von 1700–1850, Münster 1909.

2715 Stoob, Heinz, Forschungen zum Städtewesen in Europa 1, Köln 1970.

2716 Storck, Gerhard, Probleme des modernen Bauens und die Theaterarchitektur des 20. Jahrhunderts in Deutschland, Diss., Bonn 1971.

2717 August Stramm. Literatur, Kunst, Kultur im Expressionismus. Eine interdisziplinäre Veranstaltungsfolge, 1. Sept. bis 16. Dez. 1990. Programmheft, hg. v. Lothar Jordan, Münster 1990.

2718 Strecker, Karl, Studien zu karolingischen Dichtern, in: Neues Archiv der Gesellschaft für ältere deutsche Geschichtskunde 44 (1922), S. 209–251.

2719 Strunk, Innocenz M., Wilhelm Achtermann. Ein westfälisches Künstlerleben, Vechta 1931.

2720 Studia Westfalica. Beiträge zur Kirchengeschichte und religiösen Volkskunde Westfalens. Festschrift für Alois Schröer, hg. v. Max Bierbaum (Westfalia Sacra 4), Münster 1973.

2721 Studien zu den Anfängen des europäischen Städtewesens. Reichenau-Vorträge 1955–1956 (Vorträge und Forschungen 4), Konstanz/Lindau 1958.

2722 Stupperich, Reinhard, Römische Funde in Westfalen und Nordwest-Niedersachsen (Boreas, Beiheft 1), Münster 1980.
2723 Stupperich, Robert, Die Bedeutung der Lateinschule für die Ausbreitung der Reformation in Westfalen, in: Jahrbuch des Vereins für Westfälische Kirchengeschichte 44 (1951), S. 83–112.
2724 Stupperich, Robert, Die Confessio Augustana in Westfalen, in: Jahrbuch für Westfälische Kirchengeschichte 74 (1981), S. 43–56.
2725 Stupperich, Robert, Die evangelische Kirche in Westfalen 1815–1945, in: 2198: Hegel, Eduard/Stupperich, Robert/Brilling, Bernhard, Kirchen und Religionsgemeinschaften, S. 41–104.
2726 Stüwer, Wilhelm, Die Reichsabtei Werden an der Ruhr (Das Erzbistum Köln 3 = Germania Sacra NF 12,3), Berlin/New York 1980.
2727 Süßmilch, Johann Peter, Die göttliche Ordnung bei der Veränderung des menschlichen Geschlechts aus der Geburt, dem Tode und der Fortpflanzung desselben erwiesen 1, Berlin 1741.
2728 Sybel, Heinrich von, Die Gründung der Universität Bonn. Festrede zum Fünfzigjährigen Jubiläum der Rheinischen Friedrich-Wilhelms-Universität, in: ders., Kleine Historische Schriften 2, München 1869, S. 407–473.
2729 Gemeinsame Synode der Bistümer in der Bundesrepublik Deutschland. Beschlüsse der Vollversammlung. Offizielle Gesamtausgabe, 2 Bde., 2., durchgesehene und verbesserte Auflage, Freiburg/Basel/Wien 1976/1977.
2730 Tabellen und amtliche Nachrichten über den Preussischen Staat für das Jahr 1849 (Tabelle der Fabrikations-Anstalten und Fabrik-Unternehmungen aller Art für 1849 und 1852) 6. in zwei Abtheilungen, nämlich: Abtheilung A. Die Tabelle aller Fabrikations-Anstalten und Fabrik-Unternehmungen aller Art für das Jahr 1849, speciell für die einzelnen Städte und Kreise jedes Regierungsbezirks. Seite 1 bis 995. Abtheilung B. Erläuterungen zur Tabelle der Fabrikations-Anstalten und Fabrik-Unternehmungen aller Art, nach den Aufnahmen für 1849 und 1852. Seite 997 bis mit 1586, Berlin 1854.
2731 Tabellen und amtliche Nachrichten über den preußischen Staat für das Jahr 1858 (X. Bd.), Berlin 1860.
2732 Die Tagebücher Kaspars von Fürstenberg, bearbeitet v. Alfred Bruns, 2 Bde. (Westfälische Briefwechsel und Denkwürdigkeiten 8 = Veröffentlichungen der Historischen Kommission für Westfalen 19), Münster 1985.
2733 Tappe, Hans-Ulrich, Innovationszentren in Westfalen und ihre Einbindung in das kommunale und regionale Umfeld, in: Westfälische Forschungen 41 (1991), S. 220–248.
2734 Taschenbuch für Vaterländische Geschichte. Erster Jahrgang, Münster 1833.
2735 Techen, Friedrich, Die Gründung Wismars, in: Hansische Geschichtsblätter 31 (1903), S. 119–134.
2736 Teepe, Paul/Niebaum, Hermann/Schophaus, Renate, Die niederdeutschen Mundarten, in: 2482: Niederdeutsch, S. 130–198.
2737 Tenbruck, Friedrich H., Bürgerliche Kultur, in: Kultur und Gesellschaft. René König, dem Begründer der Sonderhefte, zum 80. Geburtstag gewidmet, hg. v. Friedhelm Neidhart/M. Rainer Lepsius/Johannes Weiss (Kölner Zeitschrift für Soziologie und Sozialpsychologie, Sonderheft 27), Opladen 1986, S. 263–285.
2738 Teppe, Karl, Zwischen Besatzungsregiment und politischer Neuordnung (1945–1949). Verwaltung – Politik – Verfassung, in: 2135: Westfälische Geschichte 2, S. 269–339.
2739 Teppe, Karl, Johannes Gronowski, in: Aus dreißig Jahren. Rheinisch-Westfälische Politiker-Porträts, hg. v. Walter Först, Köln/Berlin 1979, S. 20–37.
2740 Teppe, Karl, Johannes Gronowski (1874–1958). Arbeitersekretär – Oberpräsident – Parteiführer, in: Westfälische Zeitschrift 129 (1979), S. 119–144.
2741 Teppe, Karl, Die Oberpräsidenten der Provinz Westfalen 1919–1945. Eine sozialhistorische Studie, in: Mentalitäten und Lebensverhältnisse. Beispiele aus der Sozialgeschichte der Neuzeit. Rudolf Vierhaus zum 60. Geburtstag, hg. v. Mitarbeitern und Schülern, Göttingen 1982, S. 260–274.
2742 Teppe, Karl, Bernhard Wuermeling 1854–1937. Oberpräsident der Provinz Westfalen 1919–1922, in: Epistulae Saxoniae 33 (1984), S. 14–21.
2743 Terhalle, Hermann, Die Berkelschiffahrt in der Wirtschaftsgeschichte des niederländisch-westfälischen Grenzraumes (Beiträge des Heimatvereins Vreden zur Landes- und Volkskunde 4), Vreden 1975.

2744 Teuteberg, Hans-Jürgen, Vom Agrar- zum Industriestaat (1850–1914), in: 2135: Westfälische Geschichte 3, S. 163–311.

2745 Theuerkauf, Gerhard, Land und Lehnswesen vom 14. bis zum 16. Jahrhundert. Ein Beitrag zur Verfassung des Hochstifts Münster und zum nordwestdeutschen Lehnrecht (Neue Münstersche Beiträge zur Geschichtsforschung 7), Köln/Graz 1961.

2746 Thiele, Gunnar, Die Organisation des Volksschul- und Seminarwesens in Preußen 1809–1819. Mit besonderer Berücksichtigung der Wirksamkeit Ludwig Natorps (nebst ungedruckten Entwürfen) (Sammlung von Abhandlungen aus dem Gebiete der wissenschaftlichen Pädagogik 1), Leipzig 1912.

2747 Thümmler, Hans, Neue Funde zur mittelalterlichen Baukunst Westfalens, in: Westfalen 31 (1953), S. 274–303.

2748 Tiefenbach, Heinrich, Altsächsisches und Althochdeutsches im Latein Alkuins, in: Sprachwissenschaft 5 (1980), S. 320–338.

2749 Tiemann, K., Die Werkkunstschule in Westdeutschland (Berufserziehung im Handwerk 2), 2. Auflage, Köln 1954.

2750 Tietmeyer, Heidi, Wind von allen Seiten, Düssseldorf 1984.

2751 Tilly, Richard H., Die Industrialisierung des Ruhrgebiets und das Problem der Kapitalmobilisierung (Vortragsreihe der Gesellschaft für Westfälische Wirtschaftsgeschichte e.V. 15), Dortmund 1969.

2752 Tourtual, Florenz, Urkunden zur westfälischen Geschichte während des dreißigjährigen Krieges. Aus dem Chigi'schen Archiv zu Rom, in: Zeitschrift für vaterländische Geschichte und Alterthumskunde 27 (1867), S. 335–359.

2753 European Towns. Their Archaeology and Early History, hg. v. M. W. Barley, London/New York/San Francisco 1977.

2754 Trende, Adolf, Aus der Werdezeit der Provinz Westfalen. Herausgegeben anläßlich des hundertjährigen Bestehens der Landesbank der Provinz Westfalen, Münster 1933.

2755 Trier, Eduard, Bildhauertheorien im 20. Jahrhundert, Berlin 1971.

2756 Trier, Eduard, Figur und Raum. Die Skulptur des XX. Jahrhunderts, Berlin 1960.

2757 Uitz, Erika, Zur Darstellung der Stadtbürgerin, ihrer Rolle in Ehe, Familie und Öffentlichkeit in der Chronistik und in den Rechtsquellen der spätmittelalterlichen deutschen Stadt, in: Jahrbuch für die Geschichte des Feudalismus 7 (1983), S. 130–156.

2758 Urbanisierung im 19. und 20. Jahrhundert. Historische und geographische Aspekte, hg. v. Hans-Jürgen Teuteberg (Städteforschung A/16), Köln/Wien 1983.

2759 Die Urbare der Abtei Werden a. d. Ruhr. A. Die Urbare vom 9.–13. Jahrhundert, hg. v. Rudolf Kötzschke (Rheinische Urbare 2 = Publikationen der Gesellschaft für Rheinische Geschichtskunde 20), Bonn 1906.

2760 Die Urkunden Friedrichs I. 1168–1180, bearbeitet von Heinrich Appelt unter Mitwirkung von Rainer Maria Herkenrath/Walter Koch (Monumenta Germaniae historica, Die Urkunden der deutschen Könige und Kaiser 10,3), Hannover 1985.

2761 Urkunden zur Geschichte des Bauernkrieges und der Wiedertäufer, hg. v. H. Böhmer (Kleine Texte für theologische Vorlesungen und Übungen 50/51), Bonn 1910.

2762 Dortmunder Urkundenbuch 1,1, bearbeitet v. Karl Rübel, Dortmund 1881.

2763 Hansisches Urkundenbuch, Bd. 1ff, Halle bzw. Leipzig bzw. München/Leipzig 1876ff.

2764 Liv-, Esth- und Curländisches Urkundenbuch nebst Regesten 4, hg. v. Friedrich-Georg von Bunge, Reval 1859.

2765 Urkundenbuch der Stadt Osnabrück 1301–1400, bearbeitet v. Horst-Rüdiger Jarck (Osnabrükker Urkundenbuch 6 = Veröffentlichungsreihe des Vereins für Geschichte und Landeskunde von Osnabrück), Osnabrück 1989.

2766 Urkundenbuch der Stadt und des Stiftes Bielefeld, hg. auf Veranlassung des Historischen Vereins für die Grafschaft Ravensberg im Auftrage der Stadtverwaltung v. Bernhard Vollmer, Bielefeld/Leipzig 1937.

2767 Westfälisches Urkundenbuch, Bd. 1ff, Münster 1847ff.

2768 Uytfanghe, Marc van, Lotusa und Zele. Ein merkwürdiges Band zwischen dem Friesen Liudger (ca. 742–809), seiner Abtei zu Werden und den südlichen Niederlanden, in: 509: St. Liudger, S. 183–203.

2769 Vierck, Hayo, Ein westfälisches Adelsgrab des 8. Jahrhunderts n. Chr. Zum archäologischen Nachweis der frühkarolingischen und altsächsischen Oberschichten, in: Studien zur Sachsenforschung 2 (1980), S. 457–488.

2770 Vierhaus, Rudolf, Einrichtungen wissenschaftlicher und populärer Geschichtsforschung im 19. Jahrhundert, in: 2471: Das kunst- und kulturgeschichtliche Museum, S. 109–117.

2771 Vincke, Carl, Die Bekleidungsämter des deutschen Heeres unter besonderer Berücksichtigung der Vergebung der Heereslieferungen an Handwerkerkorporationen, Dortmund 1912.

2772 Vita Godefridi comitis Cappenbergensis, hg. v. Philipp Jaffé, in: Monumenta Germaniae historica, Scriptores 12, Hannover 1856, S. 513–530.

2773 Vita Lebuini antiqua, hg. v. Adolf Hofmeister in: Monumenta Germaniae historica, Scriptores 30,2, Hannover 1934, S. 789–795.

2774 Vita Lebuini antiqua (Selectio). Das alte Leben Lebuins (Auswahl). Unter der Leitung von Herwig Wolfram neu übertragen v. Herbert Haupt, in: Quellen zur Geschichte des 7. und 8. Jahrhunderts (Ausgewählte Quellen zur deutschen Geschichte des Mittelalters. Freiherr-vom-Stein-Gedächtnisausgabe 4a), Darmstadt 1982, S. 381–391.

2775 Vita s. Willehadi, hg. v. Albert Poncelet, in: Acta Sanctorum, November III, Brüssel 1910, S. 842–846.

2776 Vita Willibrordi archiepiscopi Traiectensis auctore Alcuino, hg. Wilhelm Levison, in: Monumenta Germaniae historica, Scriptores rerum Merovingicarum 7, Hannover/Leipzig 1920, S. 81–141.

2777 Vita Willibrordi metrica, hg. v. Ernst Dümmler, in: 1917: Alcuini (Albini) Carmina, S. 207–220.

2778 Ex vita sancti Willibrordi auctore Thiofrido abbate, hg. v. Ludwig Weiland, in: Monumenta Germaniae historica, Scriptores 23, Hannover 1874, S. 23–30.

2779 Voesse + Goesen. Westfalen im Spanisch-Niederländischen Krieg (1566–1609). Ausstellung des Nordrhein-Westfälischen Staatsarchivs Münster 1982 (Veröffentlichungen der staatlichen Archive des Landes Nordrhein-Westfalen D/14), Münster 1982.

2780 Volk – Nation – Vaterland. Der deutsche Protestantismus und der Nationalismus, hg. v. Horst Zilleßen, Gütersloh 1970.

2781 Vondung, Klaus, Magie und Manipulation. Ideologischer Kult und politische Religion des Nationalsozialismus, Göttingen 1971.

2782 Wadstein, Elis, kleinere altsächsische sprachdenkmäler mit anmerkungen und glossar (Niederdeutsche Denkmäler 6), Norden/Leipzig 1899.

2783 Wagner, Gisela, Justus Möser und das Osnabrücker Handwerk in der vorindustriellen Epoche, in: Osnabrücker Mitteilungen 90 (1985), S. 143–161.

2784 Wampach, Camillus, Geschichte der Grundherrschaft Echternach im Frühmittelalter. Untersuchungen über die Person des Gründers, über die Kloster- und Wirtschaftsgeschichte auf Grund des liber aureus Epternacensis (698–1222) 1,2, Luxemburg 1930.

2785 Wand, Albert, Die „Westfälische Provinzialzeitung" (1873–1882). Ein Beitrag zur Geschichte des Kulturkampfes in Westfalen, in: Dortmunder Beiträge zur Zeitungsforschung 2 (1978), S. 61–70.

2786 Wand, Gabriele, Beobachtungen zu Bestattungssitten auf frühgeschichtlichen Gräberfeldern Westfalens, in: Studien zur Sachsenforschung 3 (1982), S. 249–314.

2787 Weber, Max, Die Stadt. Eine soziologische Untersuchung, in: Archiv für Sozialwissenschaft und Sozialpolitik 47 (1920/1921), S. 621–772; teilweise auch in: Die Stadt des Mittelalters, hg. v. Carl Haase, Bd. 1, Darmstadt 1969, S. 34–59.

2788 Weber, Ulrich, Die niederdeutsche Dialektliteratur Westfalens im 19. Jahrhundert. Ihre Anfänge und ihre Ausbreitung, in: Jahrbuch der Augustin-Wibbelt-Gesellschaft 7 (1991), S. 41–72.

2789 Weber, Ulrich, Zur frühmittelniederdeutschen Urkundensprache Osnabrücks. Variablenlinguistische Untersuchung einer ostwestfälischen Stadtsprache, in: Niederdeutsches Wort 27 (1987), S. 131–162.

2790 Wegener, Wilhelm, Der Reichsschluß von 1731 (Die sogenannte Reichszunftordnung), in: Annales Universitatis Saraviensis, Rechts- und Wirtschaftswissenschaften 5 (1956/1957), S. 36–47.

2791 Wegmann, Dietrich, Die leitenden staatlichen Verwaltungsbeamten der Provinz Westfalen 1815–1918 (Geschichtliche Arbeiten zur westfälischen Landesforschung, Wirtschafts- und sozialgeschichtliche Gruppe 1 = Veröffentlichungen der Historischen Kommission Westfalens 22 A), Münster 1969.

2792 Weidemann, Konrad, Das Land zwischen Elbe- und Wesermündung vom 6.–8. Jh., in: Das Elb-Weser-Dreieck 1 (Führer zu vor- und frühgeschichtlichen Denkmälern 29), Mainz 1976, S. 227–250.

2793 Weingärtner, Joseph, Beschreibung der Kupfer-Münzen Westfalens nebst historischen Nachrichten 1, Paderborn 1872.

2794 Weingärtner, Joseph, Erzählungen aus Westfalen, Münster 1890.

2795 Weis, Eberhard, Napoleon und der Rheinbund, in: Deutschland und Italien im Zeitalter Napoleons. Deutsch-Italienisches Historikertreffen in Mainz, 29. Mai – 1. Juni 1975, hg. v. Armgard von Reden-Dohna (Veröffentlichungen des Instituts für Europäische Geschichte Mainz, Abteilung Universalgeschichte, Beiheft 5), Wiesbaden 1979, S. 57–80; auch in: Weis, Eberhard, Deutschland und Frankreich um 1800. Aufklärung, Revolution, Reform, hg. v. Walter Demel/ Bernd Roeck, München 1990, S. 186–217.

2796 Weiß, Gisela, Eli Marcus – ein jüdischer Mundartautor Westfalens, in: Jahrbuch der Augustin-Wibbelt-Gesellschaft 5 (1989), S. 70–77.

2797 Weltpolitik, Europagedanke, Regionalismus. Festschrift für Heinz Gollwitzer zum 65. Geburtstag am 30. Januar 1982, hg. v. Heinz Dollinger/Horst Gründer/Alwin Hanschmidt, Münster 1982.

2798 Wenskus, Reinhard, Artikel „Amsiwarier", in: Reallexikon der Germanischen Altertumskunde 1, 2., völlig neu bearbeitete und stark erweiterte Auflage, hg. v. Heinrich Beck u. a., Berlin/ New York 1973, S. 257.

2799 Wenskus, Reinhard, Artikel „Angelsächsische Stämme", in: Reallexikon der Germanischen Altertumskunde 1, 2., völlig neu bearbeitete und stark erweiterte Auflage, hg. v. Heinrich Beck u. a., Berlin/New York 1973, S. 323–329.

2800 Wenskus, Reinhard, Artikel „Angriwarier", in: Reallexikon der Germanischen Altertumskunde 1, 2., völlig neu bearbeitete und stark erweiterte Auflage, hg. v. Heinrich Beck u. a., Berlin/ New York 1973, S. 333.

2801 Wenskus, Reinhard, Sächsischer Stammesadel und fränkischer Reichsadel (Abhandlungen der Akademie der Wissenschaften in Göttingen, Philologisch-Historische Klasse, 3. Folge 93), Göttingen 1976.

2802 Wensky, Margaret, Die Stellung der Frau in der stadtkölnischen Wirtschaft im Spätmittelalter (Quellen und Darstellungen zur hansischen Geschichte NF 26), Köln/Wien 1980.

2803 Werner, Matthias, Adelsfamilien im Umkreis der frühen Karolinger. Die Verwandtschaft Irminas von Oeren und Adelas von Pfalzel. Personengeschichtliche Untersuchungen zur frühmittelalterlichen Führungsschicht im Maas-Mosel-Gebiet (Vorträge und Forschungen, Sonderband 28) Sigmaringen 1982.

2804 Wesenberg, Rudolf, Frühe mittelalterliche Bildwerke. Die Schulen rheinischer Skulptur und ihre Ausstrahlung, Düsseldorf 1972.

2805 Weskamp, Albert, Das Heer der Liga in Westfalen zur Abwehr des Grafen von Mansfeld und des Herzogs Christian von Braunschweig (1622–23), Münster 1891.

2806 Wesoly, Kurt, Der weibliche Bevölkerungsanteil in spätmittelalterlichen und frühneuzeitlichen Städten und die Betätigung von Frauen im zünftigen Handwerk (insbesondere am Mittel- und Oberrhein), in: Zeitschrift für die Geschichte des Oberrheins 128 (1980), S. 69–117.

2807 Als Westfalen lesen lernte. „Von den Musen wachgeküßt . . .", Paderborn 1990.

2808 Monastisches Westfalen. Klöster und Stifte 800–1800, hg. v. Géza Jászai, Münster 1982.

2809 Westfalen und Preußen. Integration und Regionalismus, hg. v. Karl Teppe/Michael Epkenhans (Forschungen zur Regionalgeschichte 3), Paderborn 1991.

2810 Westfalen und angrenzende Regionen. Festschrift zum 44. Deutschen Geographentag in Münster 1983 1, hg. v. Peter Weber/Karl-Friedrich Schreiber (Münstersche Geographische Arbeiten 15), Paderborn 1983.

2811 Westfalia Judaica. Quellen und Regesten zur Geschichte der Juden in Westfalen und Lippe 1, hg. v. Bernhard Brilling/Helmut Richtering. 2. Auflage, mit Nachträgen v. Diethard Aschoff, Münster 1992.

2812 Westhoff-Krummacher, Hildegard, Georg Oswald May, ein Wandermaler vom Main in Westfalen, in: Westfalen 57 (1979), S. 40–58.

2813 Westphalen, Ludger Graf von, Der junge Vincke (1774–1809). Die erste Lebenshälfte des westfälischen Oberpräsidenten Ludwig Freiherrn Vincke, hg. v. Ruth Gräfin von Westphalen (Vereinigte Westfälische Adelsarchive e.V., Veröffentlichung 6), Münster 1987.

2814 Wibbelt, Augustin, Schulte Witte. Erzählung in Münsterländer Mundart 1 (Augustin Wibbelt, Gesammelte Werke in Einzelausgaben 8), 6. Auflage, Rheda-Wiedenbrück 1985.

2815 Wiese, H./Bölts, J., Rinderhandel und Rinderhaltung im nordwesteuropäischen Küstengebiet vom 15. bis zum 19. Jahrhundert (Quellen und Forschungen zur Agrargeschichte 14), Stuttgart 1966.

2816 Willibrord – Apostel der Friesen. Seine Vita nach Alkuin und Thiofrid, Lateinisch–Deutsch. Mit einer Einführung versehen, übersetzt und erläutert von Hans-Joachim Reischmann, Sigmaringendorf 1989.

2817 Willibrord, Apostel der Niederlande, Gründer der Abtei Echternach. Gedenkgabe zum 1250. Todestag des angelsächsischen Missionars, hg. von Georges Kiesel/Jean Schroeder, 2. Auflage, Luxemburg 1990.

2818 Winckler, Josef, Im Banne des Zweiten Gesichtes. Schicksale und Gestalten um Haus Nyland, Berlin 1930.

2819 Windhoff-Héritier, Adrienne, Kommunale Sozialpolitik, in: 2047: Kommunale Demokratie zwischen Politik und Verwaltung, S. 261–275.

2820 Winkelmann, Wilhelm, Die Ausgrabungen in der frühmittelalterlichen Siedlung bei Warendorf (Westfalen), in: Neue Ausgrabungen in Deutschland, Berlin 1958, S. 492–517.

2821 Winkelmann, Wilhelm, Beiträge zur Frühgeschichte Westfalens. Gesammelte Aufsätze (Veröffentlichungen der Altertumskommission im Provinzialinstitut für Westfälische Landes- und Volksforschung, Landschaftsverband Westfalen-Lippe 8), Münster 1984.

2822 Winkelmann, Wilhelm, Frühgeschichte und Frühmittelalter, in: 2135: Westfälische Geschichte 1, S. 187–230.

2823 Winkelmann, Wilhelm, Zur Frühgeschichte des Münsterlandes, in: 524: Münster – Westliches Münsterland – Tecklenburg 1, S. 175–210; auch in: 2821: ders., Beiträge, S. 168–179.

2824 Winkelmann, Wilhelm, Das sächsische Fürstengrab von Beckum, in: Stadt Beckum. Ereignisse und Entwicklung in 750 Jahren und Bericht über die Ausgrabung des sächsischen Fürstengrabes, Oelde 1974, S. 293–305; auch in: 2821: ders., Beiträge, S. 135–139 und Tafeln 100–107.

2825 Winter, Johanna Maria van, Utrecht am Rhein. Mittelalterlicher Rheinlauf und Entstehungsgeschichte der Stadt Utrecht, in: Die Stadt in der europäischen Geschichte. Festschrift Edith Ennen, hg. v. Werner Besch u. a., Bonn 1972, S. 138–152.

2826 Winterfeld, Luise von, Das westfälische Hansequartier, in: Der Raum Westfalen 2,1, hg. v. Hermann Aubin/Franz Petri, Münster 1955, S. 255–352.

2827 Winterfeld, Luise von, Die stadtrechtlichen Verflechtungen in Westfalen, in: Der Raum Westfalen 2,1, hg. v. Hermann Aubin/Franz Petri, Münster 1955, S. 171–254.

2828 Die Wirtschaft des Landes Nordrhein-Westfalen, hg. v. Ludwig Bußmann (Schriften zur politischen Landeskunde Nordrhein-Westfalens 4), Köln/Stuttgart/Berlin/Mainz 1988.

2829 Wirtz geb. Henningsen, Anna, Die Geschichte des Hamalandes, in: Annalen des Historischen Vereins für den Niederrhein 173 (1971), S. 7–84.

2830 Wischermann, Clemens, An der Schwelle der Industrialisierung (1800–1850), in: 2135: Westfälische Geschichte 3, S. 41–162.

2831 Wittkämper, Gerhard W., Zur Entstehung und Entwicklung kommunaler Aufgabenfelder im 19. Jahrhundert. Forschungsprobleme zwischen Verwaltungswissenschaft und Kommunalgeschichte, in: 2388: Kommunale Leistungsverwaltung und Stadtentwicklung, S. 25–41.

2832 Woesler, Winfried, Modellfall der Rezeptionsforschung. Droste-Rezeption im 19. Jahrhundert. Dokumentation, Analysen, Bibliographie. Erstellt in Zusammenarbeit mit Aloys Haverkusch/ Lothar Jordan, 2 Bde., Frankfurt/Bern/Cirencester 1980.

2833 Wolf, Manfred, Das 17. Jahrhundert, in: 2135: Westfälische Geschichte 1, S. 537–604.

2834 Wolter, Hans-Joachim, Der Beigeordnete. Amt und Rechtsstellung in der geschichtlichen Entwicklung, Göttingen 1978.

2835 Wriedt, Klaus, Zum Profil der lübischen Führungsgruppen im Spätmittelalter, in: Neue Forschungen zur Geschichte der Hansestadt Lübeck, hg. v. Antjekathrin Graßmann (Veröffentlichungen zur Geschichte der Hansestadt Lübeck B/13), Lübeck 1985, S. 41–49.

2836 Spiritual and Anabaptist Writers. Documents Illustrative of the Radical Reformation, London 1957.

2837 Wukadinovic, Spiridon, Franz von Sonnenberg, Halle (Saale) 1927.

2838 Wunder, Bernd, Geschichte der Bürokratie in Deutschland (Neue Historische Bibliothek), Frankfurt 1986.

2839 Zaika, Adalbert, Die Sozialdemokratie im Regierungsbezirk Münster in der Zeit des Kaiserreichs (1875–1914), Examensarbeit, Münster 1975.

2840 Zinn in Westfalen 3, hg. v. Margarete Pieper-Lippe/Karl-Heinz Husmann (Westfalen, Sonderheft 24), Münster 1988.

2841 Zurbonsen, Friedrich, Der Westfälische Städtebund von 1253 bis zum Territorialfrieden von 1298. Beitrag zur Geschichte der städtischen Bewegungen im Mittelalter, Münster 1881.

2842 Zurbonsen, Friedrich, Eine westfälische Städtefehde, 1274, in: Zeitschrift für vaterländische Geschichte und Alterthumskunde 56 (1898), Teil I, S. 113–116.

Register der Autoren und Herausgeber

Register

Das Gesamtregister erfaßt Ortsangaben und Personennamen, Namen münsterischer Straßen (auch veraltete Straßennamen) und Gebäude sowie die Namen von Institutionen, Körperschaften und Vereinen, die ihren Sitz in Münster hatten bzw. haben. Abgesehen von den später ins Stadtgebiet eingemeindeten Ämtern, Gemeinden und Bauerschaften wurden Territorien, Verwaltungsgliederungen und Gebietskörperschaften nicht berücksichtigt.

Bei Personen, die vor 1500 gelebt haben, ist in der Regel der Vorname vorangestellt; entsprechend wird für die Zeit nach 1500 der Nachname zuerst aufgeführt. Von dieser Regel wurde dann abgewichen, wenn der Nachname noch nicht fest ausprägt erschien oder Angehörige einer Familie dadurch unter verschiedenen Registereinträgen hätten geführt werden müssen. Regierende Fürsten erscheinen unter ihren Vornamen. Zusätzliche Berufs- oder Amtsbezeichnungen wurden den Personennamen gelegentlich hinzugefügt, um in Zweifelsfällen eine genauere Identifizierung zu ermöglichen. Der einfache Zusatz „Bischof“ bezieht sich stets auf das Bischofsamt in Münster. Zwei- oder mehrgliedrige Bezeichnungen sind – abweichend von der alphabetischen Reihenfolge – ihrem Bezugswort zugeordnet.

(Rainer Auts/Axel Koppetsch)

Autorinnen und Autoren

ASCHOFF, DIETHARD Prof. Dr., Oberstudienrat am Gymnasium Hammonense zu Hamm, Honorarprofessor an der Westfälischen Wilhelms-Universität Münster

BALZER, MANFRED Prof. Dr., Landesverwaltungsdirektor beim Landschaftsverband Westfalen-Lippe/Abteilung Kulturpflege, Honorarprofessor an der Universität/Gesamthochschule Paderborn

BAUKS, FRIEDRICH WILHELM Verwaltungsdirektor, Leiter des Kreiskirchenamtes Münster

BEHR, HANS-JOACHIM Dr., Ltd. Staatsarchivdirektor, Leiter des Nordrhein-Westfälischen Staatsarchivs Münster

BROCKHOFF, MARIA ELISABETH Prof. Dr., Professorin a.D. für Musikwissenschaften an der Westfälischen Wilhelms-Universität Münster

BUSSMANN, KLAUS Prof. Dr., Direktor des Westfälischen Landesmuseums für Kunst und Kulturgeschichte Münster

DUCHHARDT, HEINZ Prof. Dr., Professor für Neuere Geschichte und Direktor des Historischen Seminars der Westfälischen Wilhelms-Universität Münster

EHBRECHT, WILFRIED Dr., Akademischer Oberrat am Historischen Seminar der Westfälischen Wilhelms-Universität Münster

FREISE, ECKHARD Prof. Dr., Professor für Mittelalterliche Geschichte an der Universität Mannheim

GRÜNDER, HORST Prof. Dr., apl. Professor für Neuere und Neueste Geschichte an der Westfälischen Wilhelms-Universität Münster

HANSCHMIDT, ALWIN Prof. Dr., Professor für Neuere Geschichte und Didaktik der Geschichte an der Universität Osnabrück/Standort Vechta

HEINEBERG, HEINZ Prof. Dr., Professor für Geographie und Direktor des Geographischen Instituts der Westfälischen Wilhelms-Universität Münster

ISENBERG, GABRIELE Dr., Hauptkonservatorin am Westfälischen Museum für Archäologie/Amt für Bodendenkmalpflege Münster

JAKOBI, FRANZ-JOSEF Prof. Dr., Städt. Archivdirektor, Leiter des Stadtarchivs Münster, apl. Professor für Mittelalterliche Geschichte und Didaktik der Geschichte an der Westfälischen Wilhelms-Universität Münster

JÁSZAI, GÉZA Dr., Wissenschaftlicher Referent am Westfälischen Landesmuseum für Kunst und Kulturgeschichte Münster, Kustos der Domkammer zu Münster

JEISMANN, KARL-ERNST Prof. Dr., emeritierter Professor für Neuere und Neueste Geschichte und Didaktik der Geschichte an der Westfälischen Wilhelms-Universität Münster

JEISMANN, MICHAEL Dr., Feuilletonredakteur der „Frankfurter Allgemeinen Zeitung" (bis 1992 Wissenschaftlicher Mitarbeiter am Sonderforschungsbereich 177 „Sozialgeschichte des neuzeitlichen Bürgertums" an der Universität Bielefeld)

JOHANEK, PETER Prof. Dr., Professor für Westfälische Landesgeschichte und Mittelalterliche Geschichte und Direktor des Historischen Seminars der Westfälischen Wilhelms-Universität Münster, Wissenschaftlicher Vorstand des Instituts für vergleichende Städtegeschichte

KAISER, JOCHEN-CHRISTOPH Privatdozent, Dr., Hochschuldozent für Neuere und Neueste Geschichte sowie kirchliche Zeitgeschichte an der Westfälischen Wilhelms-Universität Münster

KIRCHHOFF, KARL-HEINZ Dr., Landesverwaltungsdirektor a.D. am Provinzialinstitut für Westfälische Landes- und Volksforschung (heute: Westfälisches Institut für Regionalgeschichte) Münster

KOHL, WILHELM Prof. Dr., Ltd. Staatsarchivdirektor a.D., ehem. Leiter des Nordrhein-Westfälischen Staatsarchivs Münster, Honorarprofessor an der Westfälischen Wilhelms-Universität Münster

KRABBE, WOLFGANG R. Prof. Dr., apl. Professor für Neuere Geschichte an der Universität Dortmund

KUROPKA, JOACHIM Prof. Dr., Professor für Geschichte (Neueste Geschichte) an der Universität Osnabrück/Standort Vechta

LAHRKAMP, HELMUT Dr., Städt. Archivdirektor a.D., ehem. Leiter des Stadtarchivs Münster

LAHRKAMP, MONIKA Dr., Studiendirektorin i.K. am St. Christophorus-Gymnasium Werne

LAMBACHER, HANNES Dr., Städt. Oberarchivrat am Stadtarchiv Münster

LAUBACH, ERNST Dr., Akademischer Oberrat am Historischen Seminar der Westfälischen Wilhelms-Universität Münster

LORENZ, ANGELIKA Dr., Wissenschaftliche Referentin am Westfälischen Landesmuseum für Kunst und Kulturgeschichte Münster

MAYR, ALOIS Prof. Dr., Professor für Geographie und Regionalplanung (Raumplanung) an der Westfälischen Wilhelms-Universität Münster

MUMMENHOFF, KARL EUGEN Prof. Dr., Hauptkonservator a.D. am Westfälischen Amt für Denkmalpflege Münster, Honorarprofessor an der Ruhr-Universität Bochum

OER, RUDOLFINE FREIIN VON Prof. Dr., Professorin für Geschichte und ihre Didaktik an der Westfälischen Wilhelms-Universität Münster

PETERS, ROBERT Dr., Akademischer Oberrat an der Niederdeutschen Abteilung des Germanistischen Instituts der Westfälischen Wilhelms-Universität Münster

PETZINA, DIETMAR Prof. Dr., Professor für Sozial- und Wirtschaftsgeschichte, gesch. Leiter des Zentrums für interdisziplinäre Ruhrgebietsforschung (ZEFIR), Mitglied des Vorstands des Instituts für Deutschlandforschung sowie des Instituts für Europäische Arbeiterbewegung an der Ruhr-Universität Bochum

PIEPER, PAUL Prof. Dr., Direktor a.D. des Westfälischen Landesmuseums für Kunst und Kulturgeschichte Münster, Honorarprofessor an der Westfälischen Wilhelms-Universität Münster

REIMANN, NORBERT Dr., Ltd. Landesarchivdirektor, Leiter des Westfälischen Archivamtes Münster, Direktor der Vereinigten Westfälischen Adelsarchive

REMLING, LUDWIG Dr., Leiter des Stadtarchivs Lingen (Ems)

RIBBAT, ERNST Prof. Dr., Professor für Neuere deutsche Literatur an der Westfälischen Wilhelms-Univeristät Münster

SAUERMANN, DIETMAR Prof. Dr., Geschäftsführer der Volkskundlichen Kommission für Westfalen, Honorarprofessor an der Westfälischen Wilhelms-Universität Münster

SCHÖNEMANN, BERND Prof. Dr., Professor für Fachdidaktik Geschichte an der Universität Leipzig (bis zum Wintersemester 1992/93: Wissenschaftlicher Mitarbeiter am Institut für Didaktik der Geschichte der Westfälischen Wilhelms-Universität Münster)

SICKEN, BERNHARD Prof. Dr., Professor für Neuere Geschichte und Militärgeschichte an der Westfälischen Wilhelms-Universität Münster

SOMMER, WERNER Referent im Sächsischen Staatsministerium für Umwelt und Landesentwicklung Dresden

SOWADE, HERBERT Dr., Oberarchivrat i.K., Leiter des Bistumsarchivs Münster

TEPPE, KARL Dr., Wissenschaftlicher Direktor des Westfälischen Instituts für Regionalgeschichte Münster

TEUTEBERG, HANS-JÜRGEN Prof. Dr., Professor für Neuere und Neueste Sozial- und Wirtschaftsgeschichte und Direktor des Historischen Seminars der Westfälischen Wilhelms-Universität Münster

THAMER, HANS-ULRICH Prof. Dr., Professor für Neuere und Neueste Geschichte und Direktor des Historischen Seminars der Westfälischen Wilhelms-Universität Münster

TILLY, RICHARD H. Prof. Dr., Professor für Wirtschafts- und Sozialgeschichte und Direktor des Instituts für Wirtschafts- und Sozialwissenschaften und des Instituts für Wirtschafts- und Sozialgeschichte der Westfälischen Wilhelms-Universität Münster

WALTER, BERND Dr., Wissenschaftlicher Referent am Westfälischen Institut für Regionalgeschichte Münster

WESTHOFF-KRUMMACHER, HILDEGARD Dr., Wissenschaftliche Referentin am Landesmuseum für Kunst und Kulturgeschichte Münster

Gesamtinhaltsverzeichnis

Band 1

Band 2

Das 19. und 20. Jahrhundert (bis 1945)

1. Stadtgeschichte im zeitlichen Verlauf

2. Strukturen und ihre Veränderungen

Band 3

1. Die Nachkriegszeit und die Perspektiven der Stadtentwicklung

2. Bildende Kunst, Musik, Sprache und Literatur

Anhang